Norbert Myschker, Roland Stein

Verhaltensstörungen bei Kindern und Jugendlichen

Erscheinungsformen – Ursachen – Hilfreiche Maßnahmen

8., erweiterte und aktualisierte Auflage

Verlag W. Kohlhammer

8., erweiterte und aktualisierte Auflage 2018

Alle Rechte vorbehalten
© W. Kohlhammer GmbH, Stuttgart
Gesamtherstellung: W. Kohlhammer GmbH, Stuttgart

Print:
ISBN 978-3-17-032966-9

E-Book-Formate:
pdf: ISBN 978-3-17-032967-6
epub: ISBN 978-3-17-032968-3
mobi: ISBN 978-3-17-032969-0

Für den Inhalt abgedruckter oder verlinkter Websites ist ausschließlich der jeweilige Betreiber verantwortlich. Die W. Kohlhammer GmbH hat keinen Einfluss auf die verknüpften Seiten und übernimmt hierfür keinerlei Haftung.

Inhaltsverzeichnis

Aus dem Vorwort zur 1. Auflage

Es mag als Hybris aufgefasst und kann als Wagnis angesehen werden, sich angesichts der Komplexität der Thematik und des Umfangs vorliegender Untersuchungen, Konzepte und Theorien als alleiniger Autor mit Verhaltensstörungen bei Kindern und Jugendlichen zu befassen. Der Begriff Hybris (altgriechisch: Übermut, Vermessenheit, Herausforderung der Götter) scheint mir deshalb am Platze zu sein, weil es für einen Einzelnen unmöglich ist, die gesamte relevante Literatur zu bearbeiten und mit eigenen Erkenntnissen und Vorstellungen zu verarbeiten. Es gilt also auszuwählen, Schwerpunkte, Akzente zu setzen und dennoch die Thematik sachgerecht und zeitgemäß, d. h. dem gegenwärtigen Forschungs- und Erkenntnisstand entsprechend, darzustellen. So ist auch das Wagnis gegeben, nicht auf das notwendige Verständnis zu stoßen, insbesondere bei denjenigen Fachkolleginnen und -kollegen, die nicht die entsprechende Berücksichtigung fanden oder andere Aspekte präferieren. Es lässt sich also vieles anders und vielleicht auch besser machen. Ich möchte deshalb den/die Leser/-in bitten, sich mit konstruktiv-kritischen Hinweisen und Anregungen an mich zu wenden.

Trotz der aufgezeigten Problemkonstellation lege ich das Buch vor aus der Überzeugung heraus, dass eine möglichst umfassende – wenn auch in Teilen verkürzte – Darstellung über Verhaltensstörungen im Kindes- und Jugendalter aus pädagogischer Sicht von historischen Betrachtungen bis zur Drogenabhängigkeit notwendig ist, um dem wachsenden Informationsbedürfnis einer breiteren Öffentlichkeit, insbesondere aber der Eltern und all derer zu genügen, die sich professionell mit schwierigen, hilfsbedürftigen jungen Menschen beschäftigen.

Eigene Arbeiten aus früherer Zeit, die auch gegenwärtig relevant erscheinen, wurden überarbeitet in den Text einbezogen.

Berlin, im Januar 1993   Prof. Dr. Norbert F. Myschker
Freie Universität

Vorwort zur 8. Auflage

Das Buch erschien erstmals 1993 und wurde bis zur 6. Auflage 2009 in alleiniger Autorenschaft aktualisiert, überarbeitet und in Teilbereichen ergänzt. Es fand großen Anklang und lohnte deshalb die vielen mit den Neuauflagen verbundenen Arbeiten und Mühen. Es ist also mittlerweile seit 25 Jahren auf dem Markt und wird von einigen Rezensenten als »Standardwerk« bezeichnet.

Ab der 7. Auflage zeichnen nunmehr zwei Autoren verantwortlich. Fachszene und Fachdiskussion haben sich weiter erheblich ausdifferenziert und befinden sich in einer enormen Dynamik. Es schien sinnvoll, die Last der Aktualisierung und der Ergänzung des Buches auf mehrere Schultern zu verteilen. Im Rahmen eines Autorenteams konnte diese Herausforderung angenommen werden.

Auch für die 8. Auflage war wieder viel Arbeitsaufwand nötig. Um eine stets angestrebte möglichst große Aktualität zu halten, musste eine Fülle von Daten in den Tabellen und Abbildungen sowie teilweise auch der darauf Bezug nehmende Text neu recherchiert und aufbereitet werden. Die Dynamik der Diskussion um die UN-Behindertenrechtskonvention und das Thema Inklusion wurde wieder verstärkt mit aufgenommen. Als schwierig gilt nach wie vor, dass sich nicht nur Sichtweisen und Strukturen verändern, dass Organisationsstrukturen wie etwa Beschulungsformen neu gedacht und konzipiert werden, sondern dass sich diese Entwicklung zudem in einem unwägbaren Fluss befindet. Soweit es zum aktuellen Zeitpunkt notwendig und sinnvoll erschien, wurde versucht, beiden Aspekten in der Textüberarbeitung sowie in den Ergänzungen Rechnung zu tragen.

Die Bologna-Reform zog für das Buch einige Konsequenzen nach sich: Berufsbilder und Studiengänge sind in erheblicher Veränderung begriffen; auch dies fand im Hinblick auf die Darstellung zu unterschiedlichen Professionen Berücksichtigung.

Ein herzlicher Dank gilt Sarah Rech und Philipp Hascher, stud. paed., für Anregungen und die gemeinsame kritische Diskussion. Weitere Danksagungen für den intensiven inhaltlichen Austausch im Kontext der Pädagogik bei Verhaltensstörungen sowie nützliche Hinweise gehen an das gesamte Kollegium des Lehrstuhls für Sonderpädagogik V der Universität Würzburg, für diese 8. Auflage besonders an Sophie Holtmann, Msc. Psychologie, sowie Dr. Tony Hofmann, Dipl.-Psych.

Weil am Rhein und Würzburg, November 2017
Norbert Myschker und Roland Stein

Einleitung

Kinder und Jugendliche, die Verhaltensstörungen, Verhaltensauffälligkeiten, Verhaltensschwierigkeiten – oder wie immer die Problematik bezeichnet werden kann – zeigen, bringen durch ihr Verhalten zum Ausdruck, dass ihre Entwicklung, ihr Leben durch innere und/oder äußere Bedingungen beeinträchtigt, vielleicht sogar bedroht ist. Ihr Verhalten ist als Hilferuf aufzufassen. Noch nicht lange werden Verhaltensstörungen so gesehen und mit Hilfsmaßnahmen beantwortet. In einem historischen Überblick wird deshalb im Kapitel 1 zunächst dargestellt, wie früher mit Kindern und Jugendlichen, die unerwünschtes, als störend empfundenes Verhalten zeigten, umgegangen wurde. Ihnen wurden »Kinderfehler« zugeschrieben, sie galten als böswillig, schwer erziehbar oder gar unerziehbar und wurden hart bestraft. Nach der für »Problemkinder« äußerst schwierigen, ja gefährlichen Zeit der nationalsozialistischen Diktatur kommen erst in der Gegenwart verstärkt Erziehungs- und Unterrichtskonzepte zum Tragen, die den Bedürfnissen und Möglichkeiten dieser Kinder und Jugendlichen weitgehend gerecht werden.

Verhaltensstörungen stellen eine komplexe Problematik dar, die sich sowohl terminologisch als auch definitorisch nur annäherungsweise und unvollkommen fassen lässt. Gerade deshalb ist eine Auseinandersetzung mit relevanten Begriffen notwendig und bedeutsam. Wenn nach eingehender begrifflicher Diskussion eine terminologische Festlegung im 2. Kapitel vorgenommen wird, handelt es sich jedoch weniger um eine Definition im Sinne von etwas Endgültigem als vielmehr um einen Umschreibungsversuch, der für Veränderungen offen ist und seine Legitimation aus der Notwendigkeit zur Verständigung bezieht.

So verschieden, wie die Veranlagungen sind, mit denen Kinder auf die Welt kommen, sind die Bedingungen, unter denen sie aufwachsen und menschengerecht, sozialadäquat erzogen oder auch verzogen, vernachlässigt, misshandelt, missbraucht werden. Diese Verschiedenartigkeit drückt sich in ihrem Sein und – bei pathogenen Bedingungen – in den durch ihr Verhalten demonstrierten Hilferufen aus.

Es wird also ausführlich auf die Erscheinungsformen einzugehen sein – und auch auf die Verbreitung von Verhaltensstörungen, denn nur wenn zu der Prävalenz einer Problematik Aussagen gemacht werden können, werden die notwendigen Ressourcen zu beantragen und evtl. auch zu erhalten sein (▶ Kap. 3).

Ausführlichkeit im Rahmen des Möglichen gebührt auch den Ursachen und der Genese von Verhaltensstörungen (▶ Kap. 4). Dabei ist zu explizieren, dass Verhaltensstörungen sich multidimensional darstellen und multifaktoriell bedingt sind. Das Verhalten des Menschen wird bestimmt durch das interdependente Wirken genetischer, sozialer und arbiträrer Komponenten, d. h. durch Anlage und

Vererbung, durch Umweltbedingungen und durch Selbststeuerungsmöglichkeiten und Selbstbestimmungstendenzen. Sowohl die mehr den Vererbungstheorien zuneigenden Forscher (z. B. Mediziner, Humanethologen, Soziobiologen)[1] als auch die stärker den Milieutheorien verpflichteten Wissenschaftler (z. B. Soziologen, Tiefenpsychologen, Lernpsychologen) sowie die Vertreter der Selbstorganisation (Kybernetik, Kommunikations- und Systemtheorie) machen bedeutsame Aussagen zu Verhaltensaspekten des Menschen, aber erst die Zusammenschau ihrer Ergebnisse beleuchtet das menschliche Verhalten umfassend. Die Ursachen und die Genese von Verhaltensstörungen lassen sich weder monokausal noch multikausal, sondern nur unter einem komplexen Aspekt erkennen und erklären, der die Einsichten verschiedener monistischer Konzepte einbezieht und auf das interdependente Zusammenwirken der Faktoren abhebt. Ein solcher Aspekt, der hier vertreten wird, versucht das gesamte Erscheinungs- und Bedingungsgefüge zu berücksichtigen und ist somit als ganzheitlich, synthetisch oder integrativ zu bezeichnen.

Unter einem Aspekt wird nachfolgend verstanden, dass phänomenologische und ätiologische Komplexe und Strukturen in den Blick genommen werden, deren Kenntnis die Voraussetzung ist für einen Ansatz, mit dem als Konsequenz Konzepte für Interventionen, praktisches Handeln und Behandeln entwickelt werden.

In Kapitel 5 ist das zentrale Anliegen, einen Überblick zu geben über relevante diagnostische Ansätze und Verfahren und einen vertiefenden Einblick in die Komplexität des theoretischen Konstrukts zu vermitteln, das als Verhaltensstörung(en) bezeichnet wird. Diagnostik wird dabei als prozessorientiert (Förderdiagnostik) verstanden, d. h. ihr wird große Bedeutung für eine evaluierende Begleitung aller Interventionen beigemessen. Im Wesentlichen aus diesem Grund werden viele Verfahren vorgestellt, die beispielhaft für verschiedene diagnostische Bereiche stehen und der Praxis dienlich sein können.

Wer auf Verhaltensstörungen bei Kindern und Jugendlichen einwirken will, muss ein/-e Vielkönner/-in sein. Er/sie muss nicht nur über ein möglichst umfassendes Wissen zu den Erscheinungsformen, zur Verursachung und zur Genese von Verhaltensstörungen verfügen, er/sie muss sich auch Fähigkeiten und Fertigkeiten aneignen, eine in eine unerwünschte Richtung geratene Entwicklung eines Kindes oder Jugendlichen so zu beeinflussen, dass es zu einer psychischen Umorganisation kommt, zu einer Änderung des Lebensplans bzw. zu sozial adäquaten Lerneffekten im Hinblick auf das Verhaltensrepertoire. Diese sehr schwierige Aufgabe ist nur zu bewältigen, wenn auf alle zielrelevanten Möglichkeiten zurückgegriffen werden kann. Junge Menschen mit Verhaltensstörungen brauchen alle Hilfen, die verfügbar, Erfolg versprechend und verantwortbar sind. Sie haben einen Anspruch darauf, dass an erster Stelle von ihren Bedürfnissen und Möglichkeiten und erst an zweiter Stelle von wissenschaftlichen und theoretischen Erwägungen ausgegangen wird. Fragen nach stringenter theoretischer Ableitung und Begründung von Kon-

---

1 Wenn im Folgenden aus Gründen der besseren Lesbarkeit nur die männliche Form eines Begriffs verwendet wird, so sind, wenn nicht ausdrücklich anders erwähnt, sowohl Frauen als auch Männer gemeint.

zepten und Verfahren – so wichtig sie letztlich sind – erscheinen zunächst als ebenso zweitrangig wie die – nach praktischer Handhabung vorgeschalteten – breiten und genauen Ansprüchen genügenden Effizienzkontrollen bzw. Evaluationsstudien. Zudem kommen Fragen der »Effizienz« in Erziehungskontexten durchaus auch an Grenzen. Nichtsdestotrotz hat Effizienz, häufig unter dem Begriff der »Evidenzbasierung« firmierend, in den letzten Jahren eine durchaus berechtigte verstärkte Aufmerksamkeit gewonnen und muss unbedingt berücksichtigt werden.

Wenn angesichts akuter Problemlagen Handlungsbedarf besteht, muss die Praxis hier und heute im Vordergrund stehen und ihren Aufgaben so gut wie möglich gerecht werden. Die Menschen vergangener Jahrhunderte sorgten für sauberes Trinkwasser, bevor sie etwas über Bakterien wussten. Umweltschutz ist in unserer Zeit zu betreiben, bevor die negative Wirkung aller Faktoren und das Bedingungsgefüge aller Negativfaktoren erforscht sind. Im Sinne dieser Überlegungen werden im 6. Kapitel verschiedene Interventionsansätze und -verfahren behandelt. Sie haben alle – gerade wegen ihrer Verschiedenheit – ihre Berechtigung, auch weil die Menschen, die sie anwenden, wie diejenigen, die von ihnen profitieren sollen, so sehr verschieden sind. Sie bieten als Ganzes oder in Elementen Möglichkeiten, Anregungen, Komponenten für verbindende, auf spezifische Situationen ausrichtbare Konzepte. Mit den Ausführungen insgesamt wird – wie bei der Ursachenbetrachtung von Verhaltensstörungen – für einen eklektizistischen, synthetischen oder integrativen Interventionsansatz plädiert. Mit diesem Ansatz wird der Überzeugung Rechnung getragen, dass Intervention bei Verhaltensstörungen, um den Bedürfnissen und Möglichkeiten der Kinder und Jugendlichen genügen zu können, multimodal und multiprofessionell sein muss. Deshalb wird neben verschiedenen Ansätzen und Verfahren auch ein flexibel zusammenstellbares und einsetzbares sowie auf Kooperation ausgerichtetes integratives Konzept vorgestellt. Es erscheint zudem sehr bedeutsam herauszustellen, dass es für den Intervenierenden wichtig, ja nahezu lebenswichtig ist, um nicht vorzeitig auszubrennen bzw. eine Burn-out-Symptomatik zu entwickeln, das Interventionskonzept auf die persönlichen Verhältnisse und Möglichkeiten einzustellen, um es adäquat realisieren und sich voll und ganz mit dem eigenen Tun identifizieren zu können. Aus der individuellen Kompetenzabsicherung kann sich dann auch die so notwendige Bereitschaft zur Kooperation ergeben. Zur Verdeutlichung der angemessenen und notwendigen Umsetzung dieser Erkenntnis auf der Ebene der Institutionen und der helfenden Berufe wird nach der Behandlung der für die Intervention bei Verhaltensstörungen wichtigen Institutionen in Kapitel 7 im folgenden Kapitel 8 auf die für die Interventionsmaßnahmen wichtigsten Berufsgruppen eingegangen. Dabei sollte auch deutlich werden, dass die verschiedenen auf dem Gebiet der pädagogisch-therapeutischen Hilfe Tätigen eine Ausbildung auf gleichem Niveau brauchen, woraus auch eine gleiche Bezahlung resultieren sollte. Dadurch würden auch organisatorische Probleme leichter und besser lösbar, und das Betriebsklima allgemein in Einrichtungen für Kinder und Jugendliche mit Verhaltensstörungen könnte positiv beeinflusst werden.

Im 9. Kapitel über »Spezielle Störungen« werden wichtige Teilbereiche der Thematik mit der möglichen Ausführlichkeit behandelt, die in sich eine gewisse Geschlossenheit haben und deren Integration in den vorausgegangenen Teilen die

Darstellung einerseits zu sehr aufgebläht und andererseits zerrissen hätte. Zudem werden Inhalte angesprochen, die – wie Angst und Aggressivität – in allen Lebensbereichen des Menschen und insbesondere bei psychischen Störungen große Bedeutung haben oder Störungen sind, die – wie Suizidalität und Delinquenz – zwar »spezielle«, aber doch allgemeinmenschliche Problemlagen bezeichnen, oder – wie psychophysische und psychopathologische Störungen – alle Menschen mehr oder weniger bedrohen und unerwartet über jeden bzw. über jede Gruppe oder Familie hereinbrechen können.

Die Darstellung versucht

- möglichst umfassend zu sein, ohne dabei alle Theorien, Ansätze oder gar Untersuchungen berücksichtigen zu können, die für die gesamte Thematik bedeutsam sind,
- möglichst anschaulich zu sein, wozu Abbildungen, Grafiken und Beschreibungen herangezogen werden und
- möglichst allgemein verständlich zu sein.

Insgesamt ist eine gewisse Redundanz gegeben, die sich nicht eingeschlichen hat, sondern beabsichtigt ist. Das Buch muss nicht unbedingt systematisch vom Anfang bis zum Ende durchgelesen werden; einzelne Kapitel sollen auch für sich stehen, gelesen und verstanden werden können – unabhängig von den vorausgegangenen Darstellungen.

Kinder und Jugendliche mit Verhaltensstörungen werden nach den Vereinbarungen der deutschen Kultusminister hierzulande heute zumindest im schulischen Bereich als Schülerinnen und Schüler mit »Förderbedarf im Bereich der emotionalen und sozialen Entwicklung« bezeichnet. Das klingt umständlich und ist in diesem Buch auch nicht durchgängig anzuwenden, dient aber evtl. einem Sinneswandel dahin, dass diesen jungen Menschen ihre Schwierigkeiten nicht mehr als Charakteristikum oder gar als Krankheit zugeschrieben werden, sondern dass sie unter dem Aspekt der – häufig entwicklungsbedingten – Hilfs- und Förderbedürftigkeit gesehen werden. Eine solche Absicht verdeutlichte sich schon einmal im 19. Jahrhundert gegenüber einer anderen Klientel, als die später als Lernbehinderte bezeichneten Jungen und Mädchen im schulischen Bereich Hilfsschüler genannt wurden.

1 Historischer Überblick

Kinder und Jugendliche, deren Verhaltensweisen die Umwelt als unerwünscht und störend empfindet und die sich selbst in ihrer Lebensgestaltung und Entwicklung beeinträchtigen, hat es in allen Kulturen und zu allen Zeiten gegeben. Bewertungen der Auffälligkeiten und Reaktionen der Umwelt geschahen und werden weiterhin realisiert in Abhängigkeit von gesellschaftlichen Verhältnissen, d. h. insbesondere von kulturellen, religiös-ethischen und nicht zuletzt ökonomischen Bedingungen. Die Reaktionen waren durch die Jahrhunderte hindurch sehr vielfältig und unterschiedlich. Sie reichten im europäischen Kulturraum von den verschiedenen Formen körperlicher Züchtigung über Isolationsmaßnahmen bis hin zur Tötung einerseits und zu verständnisvoller Akzeptanz mit umfassender Hilfe zur Selbstentfaltung andererseits. Die harten Maßnahmen, denen verhaltensabweichende junge Menschen unterworfen wurden, gipfelten in der ideologisch begründeten »Ausmerzung« während des Terrorregimes der Nationalsozialisten in Deutschland.

Soweit das Leben geschont wurde, lassen sich die Reaktionen durch die Jahrhunderte hindurch mit den Begriffen Separieren, Isolieren, Disziplinieren und Normalisieren zusammenfassend bezeichnen (siehe auch Kobi 2004, 107 ff.).

Bereits die ersten Einrichtungen, die sich – wie die Findelhäuser und Klöster – Kindern mit und in Schwierigkeiten pflegerisch und erzieherisch annahmen, waren separierende und isolierende Anstalten mit harter Zucht. Die Schulen, zunächst der Klöster und der Gemeinden, später des Staates, konnten lange auf dauerhafte Separierung und Isolation der »Störenfriede« verzichten. Durch religiös begründete körperliche Züchtigungen erreichten und hielten auch sie Disziplin aufrecht, d. h. ein »Verhalten nach den vorgegebenen Ordnungsgeboten« (Hagemeister 1968, 25). Als dann, erst im 20. Jahrhundert, körperliche Züchtigung in Verruf kam, wurden die »psychopathischen« oder »schwer erziehbaren« Kinder und Jugendlichen in Sonderklassen separiert und isoliert, um sie noch besser disziplinieren und normalisieren zu können. Sie wurden aus der Gemeinschaft der anderen ausgesondert, psychisch und physisch vereinzelt und besonderen Maßnahmen unterzogen, um sie zu befähigen, sich möglichst »normal« zu verhalten, also situativen und übergreifenden Erfordernissen der Gemeinschaft zu genügen und so zu werden wie die anderen.

1.1   Fünf historiografische Linien

Die besonderen Einrichtungen, die für Kinder und Jugendliche mit Verhaltensstörungen entstanden und das Erfahrungsfeld waren für die Entwicklung einer
differentiellen Pädagogik, die wir heute als Pädagogik bei Verhaltensstörungen
bezeichnen, lassen sich von ihren Ursprüngen über ihre Entfaltung und Konsoli-
dierung oder auch ihren Niedergang in fünf historiografischen Linien verfolgen,
und zwar über:

1. die sozialpädagogische Linie:
   Waisenhäuser – Rettungshäuser – Erziehungsheime – Heimschulen,
2. die kriminalpädagogische Linie:
   Zuchthäuser – Jugendstrafvollzug – Gefängnisschule,
3. die schulpädagogische Linie:
   Beobachtungsklassen – Erziehungsklassen – Kleinklassen, Sonderklassen – Sonderschulen – Integrierte Fördereinrichtungen – inklusive Schulen,
4. die pädagogisch-psychiatrische Linie:
   Einrichtungen der Psychopathenfürsorge – Kliniken für Kinder- und Jugendpsychiatrie – Klinikschulen,
5. die berufspädagogische Linie:
   Arbeitserziehung – Industrieschulen – Fortbildungsschulen – Berufsschulen –
   Berufsbildungswerke (vgl. Myschker 1989).

Innerhalb der einzelnen historiografischen Linien spiegeln sich jeweils spezifische
Entwicklungen in theoretischer, praktischer und organisatorischer Hinsicht wie-
der. Neue Möglichkeiten und Konzepte wurden häufig von Gemeinschaften,
Gruppen Gleichgesinnter, aber auch von Einzelpersonen initiiert und getragen.
Einige Einrichtungen gibt es nicht mehr: Rettungshäuser, Zuchthäuser und die
»Psychopathen«-Fürsorge, Industrieschulen, Fortbildungsschulen gehören der
Vergangenheit an. Heime und Heimschulen reduzieren sich oder sind in einigen
Bundesländern bereits völlig abgebaut. Das Sonderklassen- und Sonderschulwesen
für Kinder und Jugendliche mit Verhaltensstörungen wurde seit Beginn der 2000er
Jahre zunächst weiterentwickelt (siehe Opp 2003), befindet sich aber nun in einer
neuen Legitimationskrise durch die Inklusionsdiskussion, bei allerdings aktuell
bundesweit steigender Feststellung von Förderbedarf, insbesondere im hier relevanten Förderschwerpunkt emotional-soziale Entwicklung.

1.1.1   Die sozialpädagogische Linie: Waisenhäuser –
Rettungshäuser – Erziehungsheime – Heimschulen

Verwaister, verlassener, ausgesetzter, bedrohter oder verwahrloster Kinder und
Jugendlicher nahmen sich im Bereich abendländischer Kultur zuerst christliche
Ordensleute in Klöstern und Hospitälern, später auch in speziell gegründeten
Findelhäusern an. Sie handelten aus der Verpflichtung zur Nächstenliebe heraus

und um der Kinder wie der eigenen Seligkeit willen. Diese religiöse Motivation war über Jahrhunderte hinweg tragend. Die mittelalterlichen Mönch-Pädagogen waren tief verwurzelt in der christlichen Anschauung von der »Verderbtheit des Fleisches« und dem »Körper als Sitz des Bösen«. Ihre Erziehung, die sie entsprechend auf Rute und Peitsche gründeten, war »von barbarischer Strenge« (Günther et al. 1976, 57).

Im 15. Jahrhundert stieg mit der Veränderung der ökonomischen Verhältnisse die Zahl verwahrloster, hilfsbedürftiger Kinder stetig an und führte Mitte des 16. Jahrhunderts dazu, dass viele Eltern »selbst ihre Kinder weder regieren und unterrichten, noch sie etwas Gutes lehren können«, und die Kinder nur »rabauten« und betteln lernten (zitiert nach: Scherpner 1979, 33). In dieser Zeit wurden einerseits in vielen Ländern Europas Waisenhäuser in großer Zahl gegründet, andererseits gegen Armut und Bettel verschärfte Gesetze erlassen (Karl Marx: »Blutgesetzgebung«), die Erwachsene und auch Kinder an den Galgen brachten.

Nach der Katastrophe des Dreißigjährigen Krieges kam es in der Pädagogik zu einer Neubesinnung auf christliche Werte und Lebensgestaltung – auch und gerade mit dem Blick auf heranwachsende junge Menschen. Gottgefälligkeit wurde zur Maxime und bestimmte auch das Handeln der pädagogisch bedeutsamen pietistischen Theologen wie Philipp Jakob Spener (1635–1705) und August Hermann Francke (1663–1727). Beide gründeten Waisenhäuser bzw. Erziehungseinrichtungen mit Vorbild-Charakter. Spener, der »Vater des Pietismus«, und Franke, dessen Hallesche Anstalten ein Großunternehmen und weltberühmt wurden, erkannten die Bedeutung der liebevollen Zuwendung und des engen pädagogischen Bezuges und versuchten, ihre Erziehung entsprechend auszurichten. Ihr Vorbild bestimmte das Handeln späterer neupietistischer Theologen, unter denen Johann Hinrich Wichern (1808–1881) als Gründer des »Rauhen Hauses« in Hamburg und der »Inneren Mission« sowie als kämpferischer Anwalt der Rettungshaus-Bewegung der bekannteste wurde (vgl. Wichern 1956, Lindmeier 1998, Birnstein 2007). Im »Rauhen Haus«, einem differenziert organisierten, neupietistisch geprägten Kinderdorf für »verkommene«, »mißratene«, »sittlich verwahrloste« Jungen und Mädchen waren die drei wesentlichen Faktoren des Rettungswerkes »Familie, Schule und Arbeit«, die »eine organische Einheit bilden« sollten (Wichern 1833 und 1868, Janssen Bd. 2, 33 und 258). Wichern hat in seinen Schriften wie auch in seiner pädagogischen Praxis im »Rauhen Haus« deutlich zum Ausdruck gebracht, dass bei Kindern und Jugendlichen mit Verhaltensschwierigkeiten nicht Strafe angebracht, sondern liebevolles Akzeptieren in einer tragenden, erziehenden Gemeinschaft vonnöten ist.

Diese Überzeugung verbreitete sich – nicht zuletzt durch die von Wichern initiierte, konzentriert wirkende und die gesamte Kinder- und Jugendfürsorge beeinflussende »Innere Mission«. Sie wirkte sich aus auf das Reichsstrafgesetzbuch (RSTGB) von 1871, das Kinder bis zum vollendeten 12. Lebensjahr als strafunmündig sowie die 12 bis 17 Jahre alten Jugendlichen als bedingt strafmündig bezeichnete und für diese, wenn sie strafbares Verhalten zeigten bzw. sich ihre Erziehung als gefährdet erwies, mit der Novelle von 1876 auf Anordnung des Vormundschaftsrichters die Unterbringung in einer Erziehungs- oder Besserungsanstalt vorsah. Mit dieser gesetzlichen Regelung »war die Grundlage geschaffen für die sogenannte Zwangserziehung, aus der die heutige Fürsorgeerziehung hervorging« (Scherpner 1979, 162).

21

Abb. 1: August Hermann Francke und seine Halleschen Anstalten

Von zentraler Bedeutung für alles Erziehungsdenken gerade auch gegenüber »verwilderten« Kindern und Jugendlichen wurde – auch im Hinblick auf Wichern und sein pädagogisches Konzept der Familienerziehung – Johann Heinrich Pestalozzi (1746–1827).

Pestalozzi gehört zu den ersten, dessen Hinwendung zu den alleine gelassenen, schwierigen Kindern und Jugendlichen nicht mehr primär in religiösen, sondern in humanistischen Vorstellungen und einer den Bedürfnissen und Möglichkeiten der Menschen zugewandten Aufklärung begründet war. Seine Erkenntnisse, die er über Erziehung und Unterrichtung schwieriger Kinder z. B. in dem berühmten Brief an einen Freund über den Aufenthalt in Stans zusammenfasste, wurden für die Pädagogik bei Verhaltensstörungen – in sonder- wie in sozialpädagogischer Ausrichtung – grundlegend und sind auch in der Gegenwart noch höchst bedeutungsvoll. Die Kinder brauchen Zuwendung, Liebe – Liebe auf Vorschuss –, um dem Erzieher zu vertrauen, um ihn akzeptieren zu können. Nicht der »Zwang einer äußeren Ordnung und Ordentlichkeit« oder ein »Einpredigen von Regeln und Vorschriften« (1799, 18) macht ihre Gefühle und Kräfte für eine positive Entwicklung bereit, sondern »die Befriedigung ihrer täglichen Bedürfnisse« (a. a. O., 19). Sozialverhalten lässt sich durch Gewöhnung trainieren; die »Angewöhnung an die bloße Attitüde« kann zum »inneren Halt« (Moor) werden. Das Zusammenleben wie in »einer großen Haushaltung« (a. a. O.), wie in einer großen Familie muss das Ziel öffentlicher Erziehung sein. Mit letzterer Erkenntnis brachte Pestalozzi in die Erziehungs- und Rettungshaus-Bewegung eine Leitvorstellung ein, die als »Familienprinzip« die Entwicklung bis in unsere Zeit charakterisiert.

Abb. 2: Johann Heinrich Pestalozzi (nach einem Gemälde, das F. G. A. Schöner zugeschrieben wird)

Sein kinderfreundliches, kinderförderliches Tun fand später eine Fortführung z. B. in der Arbeit von Johannes Trüper (1855–1821), August Aichhorn (1878–1949), Bruno Bettelheim (1903–1990) und Fritz Redl (1902–1988).

Wenn die historiografische Linie von den Klöstern über Findelhäuser, Rettungshäuser und Erziehungsheime als sozialpädagogisch typisiert werden kann, so lässt sich eine weitere für die heutige Pädagogik bei Verhaltensstörungen relevante Linie als kriminalpädagogisch bezeichnen, die zwar immer einen gewissen Zusammenhang mit der sozialpädagogischen Linie, aber doch auch eine deutliche Eigenständigkeit hatte.

1.1.2 Die kriminalpädagogische Linie: Zuchthäuser – Jugendstrafvollzug – Gefängnisschule

Der Strafvollzug an delinquenten Jugendlichen und Heranwachsenden als Freiheitsentzug und Erziehungsmaßnahme hat eine relativ kurze Geschichte (vgl. Myschker 1982 und 1989b). Über Jahrhunderte wurden selbst Kinder und natürlich auch Jugendliche und Heranwachsende wie Erwachsene behandelt.

Die schweren, gegen die Ehre, den Leib oder gegen das Leben gerichteten Strafen des Mittelalters entsprangen dem Sühnedenken und zielten in brutaler Weise auf Abschreckung. Sie wurden – mit regionalen Unterschieden – auch an Kindern nach Vollendung des siebten bzw. zwölften Lebensjahres vollzogen. Kinder, die einen Menschen getötet hatten, wurden hingerichtet.

23

Staatlicher Strafvollzug und Freiheitsentzug als Strafmaßnahme kamen erst im 13. Jahrhundert auf. Aber der Freiheitsentzug war als Einsperrung in dunkle, kalte, feuchte Verließe im Turm, im Lochgefängnis, im Karzer oder im Gefängnis mit Fesselung oder gar Ankettung, mit dauerndem Hunger und Krankheiten eher eine häufig zum Tode führende Leib- und Lebensstrafe.

Wirtschaftliche Wandlungsprozesse und ein Überangebot an Arbeitskräften bzw. an besitzlos gewordenen freien »Lohnarbeitern« führten im ausgehenden 16. und beginnenden 17. Jahrhundert infolge des Fehlens öffentlicher Sozialmaßnahmen zu einer Massenkriminalität, auf die die Regierungen mit grausamen Strafen reagierten. In England z. B. wurden unter Königin Elisabeth 300 bis 400 Landstreicher und Diebe auf einmal hingerichtet.

Da einerseits selbst die brutalsten Strafen einen Abstumpfungseffekt hatten und somit an abschreckender Wirkung verloren, sich andererseits die Menschen dagegen zu sträuben begannen, dass die Strafen auch an Kindern und Jugendlichen vollzogen wurden, begann ein Nachdenken über andere Maßnahmen gegen straffällige junge Menschen.

Aus humanitären Motiven delinquenten Kindern und Jugendlichen gegenüber in Verbindung mit der große Verbreitung findenden Glaubenslehre des Reformators Jean Calvin (1509–1564) einerseits und andererseits zum Zwecke der Resozialisierung für einen aufnahmefähigen Arbeitsmarkt wurde 1595 in Amsterdam das erste Zuchthaus (secreete tuchthuis) gegründet; weitere folgten. Im Sinne Calvins waren harte Arbeit, strenge Zucht, Seelsorge und Unterricht die Erziehungsmittel. Es galt, die Seelen der vom rechten Weg abgeirrten Straftäter zu retten. Mit Arbeitsprämien, gemeinsamer Arbeit tagsüber und der Unterbringung in Einzelzellen zur Nacht sowie mit Spiel und Sport nach Arbeit und Unterricht wurde ein für die damalige Zeit erstaunlich fortschrittliches Erziehungs- und Besserungskonzept realisiert. Die Amsterdamer Zuchthäuser wurden zu weithin wirkenden Vorbildern.

Die Zuchthäuser, die nach Amsterdamer Vorbild in ganz Deutschland, vor allem in den Hansestädten gegründet wurden (z. B. in Bremen 1609, in Hamburg 1622, in Danzig 1636), realisierten für männliche wie für weibliche Kinder und Jugendliche ein Arbeits- und Erziehungskonzept. Diese Anstalten können als Vorläufer der Einrichtungen der Fürsorgeerziehung und des Jugendstrafvollzugs angesehen werden.

Merkantilistische Ideen und die äußerst ungünstigen Bedingungen nach dem Dreißigjährigen Krieg brachten in den Zuchthäusern Ausbeutung der Arbeitskraft der Insassen und strafverschärfende Verhältnisse mit sich. Mit dem beginnenden 19. Jahrhundert, als es in Deutschland mindestens 60 Zuchthäuser gab, begann die Entwicklung von einer der Zucht bzw. Erziehung dienenden Einrichtung zu einer Institution schwerer Strafe, die als »Hochschule des Verbrechens« typisiert wurde. Zur Zeit ihrer Auflösung in den Jahren ab 1960 waren die strukturgewandelten deutschen Zuchthäuser Strafanstalten für erwachsene Schwerverbrecher ohne nennenswerte pädagogische Fördermöglichkeiten.

Im ausgehenden 18. und beginnenden 19. Jahrhundert verstärkten sich wieder Tendenzen, den Strafvollzug allgemein und insbesondere für Jugendliche zu einem Besserungsvollzug zu machen. Beccaria in Italien, Howard in England, Pestalozzi in der Schweiz und Wagnitz in Deutschland gehörten zu den Reformern des Strafvollzugs, die im Sinne humanistischer und aufklärerischer Tendenzen besondere Bedingungen für delinquente Jugendliche und einen systematischen Unterricht in der Gefängnisschule erstrebten und erreichten. Bei Gefängnisneubauten wurden auch Schulen errichtet, wie z. B. in Berlin-Moabit, wo 1846 eine neue Anstalt entstand. Im Vordergrund des Unterrichts standen nunmehr die Kulturtechniken. Es entwickelte sich eine übermäßig optimistische Einstellung, nach der durch intensive Bildungsmaßnahmen nicht nur die Heilung des Schwachsinns, sondern auch eine Besserung der Straftäter erwartet wurde. Die Gefängnisschule wurde zu einer wichtigen Einrichtung innerhalb der Anstalt; die Lehrer gewannen an Bedeutung.

In den letzten Jahrzehnten des 19. Jahrhunderts geriet die Gefängnisschule in den Widerstreit der Meinungen. So bezeichnete z. B. 1874 der Anstaltsleiter Krell die Schule als »eine Übertreibung, die zugleich ein Unrecht gegen den freien, ehrlichen Mann ist« (vgl. Myschker 1989, 167). Die Gefängnisschule verlor an Bedeutung; Unterricht wurde zu einer freiwilligen Einrichtung, wurde nunmehr nur ungern geduldet, um den negativen Sozialisationsbedingungen der Anstalt (Prisonisierung) entgegenzuwirken. Diese Auffassung ist auch noch in der Gegenwart in weiter Verbreitung wirksam.

Die als sozialpädagogisch und als kriminalpädagogisch bezeichneten historiografischen Linien griffen an verschiedenen Stellen ineinander, z. B. auch dann, als Wichern und die »Innere Mission« auf die Kodifizierung des Reichsstrafgesetzbuches von 1871 einwirkten, das die Straf*un*mündigkeit für Kinder bis zum vollendeten 12. Lebensjahr festschrieb und Jugendliche bis zum 17. Lebensjahr als nur bedingt strafmündig bezeichnete. Der Strafvollzug an Jugendlichen sollte getrennt von dem für Erwachsene stattfinden. Mit der Novelle von 1876 wurde die Unterbringung von »Übeltätern« in Erziehungs- oder Besserungsanstalten auf Anordnung eines Vormundschaftsrichters vorgesehen. Der Deutsche Bundesrat formulierte 1897 Grundsätze für den Jugendstrafvollzug, nach denen die jugendlichen Gefangenen in allen Fächern der Volksschule unterrichtet werden sollten.

Um die Jahrhundertwende entwickelten sich unter Juristen im Sinne der Reformpädagogik Bestrebungen, Straftaten Jugendlicher in speziellen, getrennten Verfahren zu verhandeln. Es entsprach ganz den Intentionen der »Jugendgerichtsbewegung«, dass am 1. August 1912 in Wittlich an der Mosel das erste deutsche Jugendgefängnis gegründet wurde. Mit dem Ende des Ersten Weltkrieges und dem Zusammenbruch des Kaiserreichs sowie einem Anstieg der Jugendkriminalität fanden die Forderungen der »Jugendgerichtsbewegung« nach speziellen Gerichtsverfahren und speziellen Anstalten für Jugendliche verstärkt Gehör. Es verbreitete sich die Einsicht, dass Jugendliche – getrennt von den erfahrenen und alle kriminellen Tricks beherrschenden erwachsenen Straftätern – unter annähernd Gleichaltrigen eine ihrem Alter und ihrer Reife entsprechende Erziehung und Bildung erfahren sollten. Im Bereich der Jurisdiktion kam nunmehr eine Entwicklung zum Abschluss, die zum seinerzeit sehr fortschrittlichen Jugendwohlfahrtgesetz (JWG von 1922) und zum Jugendgerichtsgesetz (JGG von 1923) führte. Das JGG schränkte gegenüber Jugendlichen die Straf- und Vergeltungsintentionen zugunsten des Erziehungsgedankens ein. JWG und JGG stellten eine weltweit bedeutende und fortschrittliche

Gesetzgebung dar (▸ Kap. 7.2 und Kap. 7.3), die im Wesentlichen die Nazi-Zeit überdauerte und die mit geringfügigen Veränderungen nach dem Zweiten Weltkrieg von der Bundesrepublik Deutschland übernommen wurde. Erst 1990 kam es zu einer völligen Überarbeitung des JWG zu einem Kinder- und Jugendhilfegesetz (KJHG) sowie zu einigen Änderungen des JGG, das aber – zum Verdruss vieler Fachleute – im Wesentlichen beibehalten wurde. Der heutige Jugendstrafvollzug macht weitestgehend von Möglichkeiten des – im JGG vorgesehenen – offenen Vollzugs Gebrauch. Die Gefängnisschule sollte im Vollzug bei Jugendlichen nach dem 1960 von der Kultusministerkonferenz (KMK) beschlossenen »Gutachten zur Ordnung des Sonderschulwesens« eine sonderschulische Einrichtung, »eine Berufsschule von betont heilpädagogischer Prägung« sein. Diese bildungspolitische Aufgabenstellung wurde fallengelassen. In den »Empfehlungen zur Ordnung des Sonderschulwesens« der KMK von 1972 wurde die Schule in der Jugendstrafanstalt nicht mehr berücksichtigt. Sie konnte niemals eine deutliche Struktur und ein ausgeprägtes Selbstverständnis entwickeln, da sie immer im Widerstreit der Meinungen stand, von den Behörden – nicht zuletzt im Hinblick auf die Öffentlichkeit – kurzgehalten wurde und der Entwicklung im übrigen Schulwesen hinterherhinkte. Schüler wie Lehrer leiden nach wie vor unter diesen Umständen.

In den vergangenen Jahren wurde der Jugendstrafvollzug in seiner Struktur dadurch verändert, dass in den Anstalten mehr und mehr ausländische und erwachsene Straftäter einsitzen. Zum Stichtag 31.3.2012 waren von den 5796 Strafgefangenen 2506 21 Jahre und älter. Etwa 90 % der Klientel waren nicht mehr Jugendliche und junge Menschen, sondern Erwachsene (Statistisches Bundesamt 2012 f., 14). Es besteht die Gefahr, dass die im JGG fixierten pädagogischen Aufgaben nicht mehr zufriedenstellend erfüllt werden können.

1.1.3 Die schulpädagogische Linie

Auf die Unterrichtung von Kindern und Jugendlichen mit Verhaltensstörungen und die Etablierung einer eigenständigen akademischen Fachrichtung der Sonderpädagogik beziehen sich die beiden historiografischen Linien, die zum einen Beobachtungsklassen, Erziehungsklassen und Kleinklassen, zum anderen Sonderklassen, Sonderschulen und Maßnahmen integrierter Förderung umfassen und in der Zusammenschau als schulpädagogische Linie zu typisieren sind.

1.1.3.1 Beobachtungsklassen – Erziehungsklassen – Kleinklassen

Spezielle Fördereinrichtungen für Kinder und Jugendliche mit Verhaltensstörungen wurden seit Mitte der 1920er Jahre in der Schweiz und in Deutschland gegründet, und zwar 1926 in Zürich als »Beobachtungsklassen« und in Berlin 1928 als »Erziehungs-Klassen« (E-Klassen). Zur Gründung dieser Kleinklassen kam es

- zum einen im Zuge von Separierungs- und Isolierungstendenzen, um die übrigen Schüler vor den »psychopathischen« und »schwer erziehbaren« Kindern und Jugendlichen zu schützen, und

- zum anderen im Zuge von Normierungs- und Normalisierungstendenzen, um abweichende Kinder und Jugendliche den übrigen wieder anzugleichen.

Die Kleinklassen bekamen in der Schweiz wie in Deutschland die Aufgabe und Zielsetzung, mit besonders befähigten Lehrern, besonderen Methoden und in kleinen Gemeinschaften im Regelschulwesen als nicht mehr tragbar eingestufte Schüler in einem Zeitraum von zwei bis vier Jahren so zu verändern, dass sie wieder zurückgeschult werden konnten (vgl. Sidler/Moos 1928, Sidler 1937, Fuchs 1930). Die Klassen sollten sich nicht zu Sonderschulen weiterentwickeln, sondern als Durchgangseinrichtungen Teil der Regelschule bleiben. Der Initiator der Berliner E-Klassen, der Magistratsschulrat Arno Fuchs, erklärte ausdrücklich: »Der Ausbau einer aus E-Klassen bestehenden E-Schule kann nicht gutgeheißen werden, da hierdurch die unbedingt innezuhaltende Unauffälligkeit und engste Zugehörigkeit zur Normalschule, sowie der leitende Zweck einer vorübergehenden Heilbehandlung aufgehoben wäre« (Fuchs 1930, 48 f.). Die Organisationsform der Berliner E-Klassen (▶ Kap. 7.1) wurde auch von anderen deutschen Städten übernommen. Sowohl in der Schweiz als auch in Deutschland bewährten sich diese Klassen, wie z. B. auch die Hilfsschulen und -klassen, die aus ähnlichen Tendenzen heraus entstanden waren.

Nach dem Zweiten Weltkrieg wurden die E-Klassen, nachdem die Nationalsozialisten sie aus ideologischen Gründen in Deutschland aufgelöst hatten (▶ Kap. 1.3), in Berlin neugegründet und in ähnlicher Form auch in anderen Städten (z. B. in Bremen und Hamburg) eingerichtet. Nach dem »Gutachten zur Ordnung des Sonderschulwesens« der KMK von 1960 sollten sie in der notwendigen Verbreitung Einrichtungen zwischen der Sonderschule für Verhaltensgestörte und der Regelschule sein und Schüler aufnehmen, »die durch ihr Verhalten die Klassengemeinschaft nachhaltig stören, bei denen aber zu erwarten ist, dass durch stärkere Einzelbetreuung die Fehlhaltungen gemildert oder beseitigt und damit eine Rückführung in die allgemeine Klasse ermöglicht oder vorbeugend eine weitere Gefährdung vermieden werden kann« (KMK 1960, 35). Ähnlich organisierte Klassen wurden in den neuen Bundesländern eingerichtet, wo sie auch zu Schulen zusammengefasst werden konnten und sich – insgesamt gesehen – bewährten (vgl. Großmann/Gerth 1990).

Separierende Kleinklassen wurden lange kritisch gesehen und standen in einer Legitimationskrise. Materiell wie personell wurden sie in den Regelschulen nicht adäquat ausgestattet, wurden zu »Rüpelklassen« oder zum isolierten Getto und konnten häufig in der verfügbaren Zeit die Problemkinder nicht wesentlich bessern. Zudem ist der Zug der Zeit auf Inklusion, d. h. auf die gemeinsame Erziehung und Unterrichtung behinderter und nichtbehinderter Schüler ausgerichtet, wobei allerdings Kinder und Jugendliche mit Verhaltensstörungen die größten Schwierigkeiten bereiten dürften (vgl. Stein/Müller 2015). So ist anzunehmen, dass auf Kleinklassen nicht verzichtet werden kann und diese bei adäquater äußerer wie innerer Organisation auch einen sinn- und effektvollen Platz in einem gestuften schulischen System haben können (▶ Kap. 7.1; Grissemann 1992). Auch in den »Empfehlungen zur emotionalen und sozialen Entwicklung« der Kultusminister der deutschen Länder, die in Ergänzung zu den »Empfehlungen zur sonderpädagogischen Förderung in den Schulen in der Bundesrepublik Deutschland. Beschluss der Kultusministerkonferenz vom 06.05.1994« am 10.3.2000 herausgeben wurden, finden sie ihren Platz: »Schülerinnen und Schüler mit Sonderpädagogischen Förderbedarf im Bereich des emotionalen Erlebens und des sozialen Handelns, für die eine hinreichende Förderung in allgemeinen Schulen nicht gewährleistet werden kann, werden in Sonderschulen oder in Schulen und Klassen für Erziehungshilfe unterrichtet (Die Bezeichnung der entsprechenden Sonderschulen ist in den Ländern unterschiedlich)« (KMK 2000, 23) – allerdings wiederum eingeschränkt durch das Recht auf inklusive schulische Bildung (KMK 2011) im Zuge der Bemühungen um Umsetzung der durch Deutschland ratifizierten UN-Behindertenrechtskonvention (VN-BRK 2008).

1.1.3.2 Sonderklassen – Sonderschulen – Integrierte Fördereinrichtungen

Die öffentlichen »Sonderschulen für Verhaltensgestörte« entwickelten sich in Westdeutschland nach dem Zweiten Weltkrieg aus zunächst als Provisorien eingerichteten Sonderklassen zu voll ausgebauten Systemen. Die Sonderklassen wurden insofern aus einer Notsituation heraus eingerichtet, als – wie z. B. in Bremen – »kriegsgeschädigte« Kinder in den großen Klassen auffällig wurden »durch Nervosität, Unkonzentriertheit, leichte Ermüdbarkeit und durch ihr gestörtes soziales Integriertsein« (Klink 1962, 92). Mit den Jahren veränderte sich die Population der Sonderklassen, und es handelte sich nunmehr um »leistungsgehemmte, lernunwillige bzw. lernentmutigte und leicht erregbare Kinder« (Senator für das Bildungswesen in Bremen, zitiert nach Klink 1962, 113). Die Sonderklassen begannen ein Selbstverständnis als notwendige Einrichtung zur speziellen Förderung besonders schwieriger Schüler und zur notwendigen Entlastung der Regelschule zu entwickeln, und die Regelschulen nahmen die Entlastung zunächst dankbar an und forderten sie später geradezu. Die zu Schulen gewordenen Sonderklassen nannten sich z. B. »Sonderschule für Entwicklungsgestörte«, »…für Erziehungsschwierige«, »…für Verhaltensgestörte«, »für Verhaltensbehinderte« oder – neutraler und heute noch gern verwendet – »Schule für Erziehungshilfe «. Sie wurden, gestützt und gefördert durch das Gutachten von 1960 und die Empfehlungen der KMK von 1972 und 1977, zu gut ausgebauten Systemen, die sich in Abgrenzung zu den Heimschulen der Jugendhilfe dadurch definierten, dass sie nur solche Schüler und Schülerinnen aufnahmen, die den Schulweg selbstständig absolvieren konnten, gruppenfähig waren und ein förderndes Elternhaus hatten. Diese Abgrenzung ist auch gegenwärtig noch relevant, kann aber nicht mehr völlig aufrechterhalten werden, zumal die Schulen auf Zubringerdienste durch Schulbusse oder Taxis zurückgreifen können. Auch geriet die Variante der Halbtagsschule ohne direkten Verbund mit anderen Einrichtungen wie Heimen oder Tagesgruppen zunehmend in die Kritik (Willmann 2007a, 24 ff.). Andererseits haben sich auch Heimschulen, soweit sie nicht wegen ihrer stark separierenden Organisationsform und der Gefahr der Stigmatisierung abgeschafft wurden, auch »externen« Schülern und Schülerinnen geöffnet. Die öffentlichen Sonderschulen versuchen durch ein differenziertes System, von der Einzel- bis zur Großgruppenförderung, von ambulanten Maßnahmen im Regelschulbereich bis hin zum Ganztagsunterricht über mehrere Jahre, das gesamte Aufgabengebiet von den leichteren bis hin zu den schweren Verhaltensstörungen abzudecken (▶ Kap. 7.1). Einige Sonderschulen für Erziehungshilfe haben Dependancen in Regelschulen, in denen Sonderpädagogen in speziell eingerichteten und ausgestatteten Klassen, die als integrierte Fördereinrichtungen verstanden werden können, Schülern je nach Notwendigkeit in pädagogisch-therapeutischer Ausrichtung Teilzeitunterricht mit wenigen Wochenstunden oder auch Vollzeitunterricht geben (vgl. z. B. Soetemann/Wormland 1976, Sarges/Würtl 1976). Einige Einrichtungen arbeiten mittlerweile auch als »Schulen ohne Schüler«.

Eine Untersuchung zur Verbreitung der Sonderschulen in den 1970er Jahren resümierten die Wissenschaftler mit der Feststellung: »Die geringe Anzahl von Städten mit E-Schulen zeigt uns an, dass die schulischen Aktivitäten für verhaltensauffällige Kinder sehr häufig noch in den Anfängen stecken« (Benzel/Kluge 1974, 15). Im Rückblick wird deutlich, dass die Verbreitung der E-Schulen in den Anfängen stecken blieb. Gründe dafür liegen in der grundsätzlichen Problematik der Separierung und in der Empfehlung des Deutschen Bildungsrats von 1973 »Zur pädagogischen Förderung behinderter und von Behinderung bedrohter Kinder und Jugendlicher«, mit der »der bisher vorherrschenden schulischen Isolation Behinderter ihre schulische Integration« entgegengestellt wurde (Deutscher Bildungsrat/Bildungskommission 1973/1974, 15–16).

Ab 1965 entstand auch eine eigenständige Verhaltensgestörtenpädagogik in der damaligen DDR. Gesellschaftliche Erklärungsversuche für das Entstehen von Verhaltensstörungen waren hier nicht anerkannt; auffälliges Verhalten wurde generell auf intra- und interpersonelle Gründe zurückgeführt und damit in die Familien »verwiesen«. In Chemnitz, Dresden und Leipzig wurden Grundschulen mit Hortunterbringung zur Rehabilitierung und Rückführung von Kindern mit Verhaltensstörungen gegründet. Es bestand insgesamt eine sehr begrenzte rehabilitationspädagogische Arbeit, da nur wenige Menschen von Sonderschulen wissen sollten. Erst 1981 gab das Ministerium für Volksbildung eine »Anweisung über Grundsätze bei der Förderung von Kindern mit wesentlichen physisch-psychischen Störungen im Bereich des Sozial- und Leistungsverhaltens (Verhaltensstörungen)« heraus (vgl. Müller 2014) und räumte somit indirekt das Vorhandensein von Kindern und Jugendlichen mit Verhaltensstörungen ein. Als abweichendes und auffälliges Verhalten wurden in der DDR auch Verhaltensweisen bezeichnet, die als systemgefährdend galten (beispielsweise Rowdytum) oder die sich an westlichen Lebensstilen orientierten. Das Verständnis von Verhaltensstörungen entsprach also zumindest in den 1960er und 1970er Jahren nicht den westdeutschen Sichtweisen.

Die pädagogische Auffassung zum Umgang mit Verhaltensstörungen bestand darin, dass unter Berufung auf die erzieherischen Überlegungen Makarenkos Störungen durch den Einsatz korrektiv-erzieherischer Methoden abgebaut werden sollten, um nach drei bis vier Jahren wieder die Beschulung in einer Regelschule zu ermöglichen. Es entstanden Spezialkinderheime für schwererziehbare Kinder. Vormundschaftsgerichte und die Fürsorge waren bis hin zur Berufsausbildung für junge Menschen aus »erziehungsuntüchtigen Milieus« mit daraus resultierenden sozialen »Fehlentwicklungen« verantwortlich. Dies wurde oft stark ehrenamtlich, also wenig professionell realisiert. Zudem bestanden Sonderschulen mit Ausgleichsklassen, in denen Kinder mit Verhaltensstörungen diagnostiziert und in den Klassenstufen 2–4 unterrichtet wurden. Spätestens nach der 4. Klasse musste jedoch wieder der Besuch einer Regelschule erfolgen. Die Schulen verfügten oft über Internate. Zudem entstanden über das gesamte Gebiet der DDR verteilte Jugendwerkhöfe, in die besonders erziehungsschwierige Jugendliche zwischen 14 und 18 Jahren eingewiesen wurden; darunter waren aber durchaus auch Waisenkinder. Wer von den Vorstellungen hinsichtlich Disziplin und Ordnung in diesen Einrichtungen abwich und/oder auch aus diesen mehrfach entwich, wurde in den geschlossenen Jugendwerkhof Torgau verlegt, welcher den Charakter einer Strafanstalt hatte. Jugendliche waren in diesen Einrichtungen in erheblichem Maße der Willkür, verschiedenen Misshandlungen sowie generellem Machtmissbrauch durch Erwachsene ausgesetzt (vgl. Zimmermann 2004, Müller 2014 sowie die differenzierte Aufarbeitung zu Torgau in Beyer/Strobl/Müller 2016).

In Torgau war der geschlossene Jugendwerkhof von 1964 bis zur Wende 1989 in einem großen Gebäudekomplex untergebracht – einem ehemaligen Gefängnis –, durch hohe Mauern und Wachtürme gesichert. Die Fenster der Anstalt waren vergittert, es gab Dunkelzellen und Arrestzellen sowie Gemeinschaftszellen mit Dreistockbetten. Im großen Innenhof fanden der Freizeit- und der Zwangssport statt. Auf Abb. 3 ist die bei den Jugendlichen verhasste sog. Sturmbahn mit einer 2,30 Meter hohen Eskaladierwand zu sehen, wo die Jugendlichen brutalen Strafmaßnahmen ausgesetzt waren (▶ Abb. 3). Die gesamte Anlage war – wohl absichtlich – in einem schlechten baulichen Zustand. Es konnten 60 Jugendliche für maximal sechs Monate aufgenommen werden, die auf zwei Gruppen für männliche und auf eine Gruppe für weibliche Jugendliche verteilt wurden, wobei auf eine strenge Trennung der Geschlechter geachtet wurde. Die Einrichtung war hermetisch von der Außenwelt abgeschlossen, war in der DDR ein Tabu und nahezu unbekannt. Die Jugendlichen mussten sich schriftlich verpflichten, über die Anstalt und ihr Leben dort zu schweigen. Über ihr Martyrium konnten sie erst nach der Wende sprechen. Ein Team von der Universität Würzburg, das ehemalige »Zöglinge« der GJWH Torgau interviewte, kam in der Beurteilung des Effekts der demütigenden, brutalen, unmenschlichen »Umerziehungs«-Maßnahmen zu dem Resümee: »Sie wurden als andere Menschen aus Torgau entlassen – als gebrochene, traumatisierte Menschen. Sie verloren das Vertrauen in andere und können nur schwer jemanden an sich heranlassen; reagieren in bestimmten Situationen mit einem Verhalten, das für Außenstehende nicht immer nachvollziehbar ist« (Beyer/Strobl/Müller 2016, 108; siehe dazu z. B. YouTube.: Schlimmer als Knast – Die Jugendwerkhöfe der DDR – Teil III; Grit Poppe: Weggesperrt, Hamburg [7]2016, ein gut recherchierter, realistischer Roman).

Die Legitimationskrise der Sonderschulen für Kinder und Jugendliche mit Verhaltensstörungen in Deutschland hält trotz der differenzierenden Organisation und einer von Lehrern wie von Schülern zumeist als erfolgreich eingeschätzten Arbeit an; sie verschärft sich in der aktuellen Inklusionsdiskussion. Die Forderung, auch Kinder und Jugendliche mit Verhaltensstörungen grundsätzlich gemeinsam mit anderen Schülern in Regelschulen zu unterrichten und dies durch verbesserte Bedingungen im Regelschulbereich und über unterstützende Maßnahmen durch Sonderpädagogen sowie durch eine verbesserte Lehrerbildung zu ermöglichen, hat

Abb. 3: Der Geschlossene Jugendwerkhof Torgau mit der »Sturmbahn« für Zwangs- und Strafsport um 1978 (nach einem Foto der »Gedenkstätte Geschlossener Jugendwerkhof Torgau« *oder Archiv DIZ Torgau*).

bereits zu vielfältigen Innovationen geführt (vgl. Stein/Müller 2015). Es scheint aber auch heute noch, gerade angesichts der gestiegenen Förderquoten, die Erfahrung des Kollegiums der Wuppertaler Schule für Erziehungshilfe zutreffend zu sein, »dass auch bei sehr günstigen allgemeinen Schulverhältnissen eine nicht unerhebliche Anzahl von Schülern verbleiben wird, die ihren Sozialisierungsprozess oder Resozialisierungsprozess nur in einem besonderen Rahmen werden absolvieren können. Für diese ist die Sonderschule für Erziehungshilfe wohl auch in Zukunft nicht zu entbehren« (Kollegium 1981, 747). Diese Ansicht hatte sich zu Beginn des 21. Jahrhunderts wohl in der deutschen Schuladministration durchgesetzt. In den »Empfehlungen zum Förderschwerpunkt emotionale und soziale Entwicklung« der Kultusminister der Länder in der Bundesrepublik Deutschland vom 10.3.2000 ist der sonderpädagogischen Förderung in Sonderschulen ein eigener Abschnitt gewidmet (vgl. KMK 2000, 23–25; ▶ Kap. 7.1.1). So ist es konsequent und für die betreffenden Einrichtungen hilfreich, dass zeitgemäße, effizientere Konzepte für die Sonderschule für Erziehungshilfe elaboriert und evaluiert werden (siehe dazu Opp 2003), unter Einschluss gestufter Maßnahmen.

In der Zusammenarbeit der schulischen Sondereinrichtungen für Kinder und Jugendliche mit Verhaltensstörungen mit den sonderpädagogischen Studienstätten an den Universitäten und Hochschulen haben sich unterschiedliche Konzepte für Erziehung, Unterricht und pädagogisch-therapeutische Interventionen elaborieren lassen. Die wichtigsten Konzepte können wegen ihrer weitgehenden Ausrichtung auf den theoretischen Hintergrund bildende psychologische Ansätze als psychoanalytisch, individualpsychologisch, lerntheoretisch, humanistisch-psychologisch oder wegen ihres Rückgriffs auf verschiedene Ansätze und der Berücksichtigung aller relevanten Erkenntnisse und Gegebenheiten als synthetisch bzw. integrativ bezeichnet werden (siehe Benkmann 1989; Vernooij/Wittrock 2008).

Aktuelle kritische Analysen aus der Fachszene beschäftigen sich auch grundsätzlich mit Fragen schulischer Ausgrenzung und Teilhabe, der Professionalität und interprofessionellen Kooperation, der zukünftigen Rolle von Schule im Hinblick auf Verhaltensstörungen sowie mit den Verbindungen zwischen den hier als »Linien« dargestellten Teilsystemen der Erziehungshilfe (vgl. etwa Herz/Zimmermann/ Meyer 2015; Wevelsiep 2015; Zimmermann/Meyer/Hoyer 2016).

1.1.4 Die pädagogisch-psychiatrische Linie: Einrichtungen der Psychopathenfürsorge – Kliniken für Kinder- und Jugendpsychiatrie – Klinikschulen

Abb. 4: Ärzte, die berühmte Heilpädagogen wurden (Itard, Séguin, Montessori)

Die Beurteilung der Kinder und Jugendlichen, die Schwierigkeiten im Umgang mit sich und der Umwelt zeigen, hat sich im Laufe der Jahrhunderte mehrfach verändert (vgl. für das 19. und 20. Jahrhundert: Göppel 1989, Buchinger 1998). Im Mittelalter – und mancherorts auch später noch – galten sie schlechthin als »böse«, deren sündige Bosheit mit harten Körperstrafen ausgetrieben werden musste.

Im Zuge der Aufklärung verbreitete sich die Erkenntnis, dass Umwelteinflüsse, Mängel in der Bedürfnisbefriedigung und in der Erziehung im Zusammenhang zu sehen sind mit »sittlicher Verwilderung« und »Verwahrlosung« und dass liebevolle Zuwendung, Pflege und planvolle Erziehung vonnöten sind (vgl. Pestalozzi: Stanser Brief, 1799). Unter dem Einfluss von Jean-Jacques Rousseau (1712–1778) und der Französischen Revolution war es nicht mehr möglich, kindliches Problemverhalten unter dem Aspekt einseitiger Schuldzuweisung zu sehen.

Großes Interesse für »abnorme« Kinder und Jugendliche rief in ganz Europa das Schicksal des »Wilden von Aveyron« hervor. Er war etwa zwölf Jahre alt, lief auf allen Vieren und benahm sich auch sonst wie ein Tier. Jäger hatten ihn 1798 in den Wäldern des französischen Departements Aveyron eingefangen. Der als schwachsinnig eingeschätzte Junge konnte weglaufen, wurde wieder eingefangen und dann dem ersten Versuch zugeführt, »der je gemacht wurde, um ein geistig beschränktes

Individuum zu erziehen« (Alexander/Selesnick 1969, 470). In der Taubstummen-anstalt von Paris wurde er dem Arzt Jean Itard (1774–1838) übergeben, der – in der Tradition von Pinel und Esquirol – mit viel Zuwendung, Verständnis und Phantasie dem Jungen Sprache und menschliches Benehmen beizubringen versuchte. Mit seinen einfallsreichen und differenzierten Methoden trug er fundierend zur Heil-pädagogik bei. Édouard Séguin entwickelte den Interventionsansatz von Itard zu einer physiologischen Sinnesbildung weiter, die wiederum Ausgangspunkt war für Maria Montessori zur Elaborierung ihres psychodidaktischen Ansatzes (▸ Abb. 4). In dem Verständnis von Itard und Séguin liegen die Wurzeln der als pädagogisch-psychiatrisch zu bezeichnenden historiografischen Linie, die mit den Anfängen einer wissenschaftlichen Psychologie und Psychopathologie in der zweiten Hälfte des vorigen Jahrhunderts eine deutliche Ausprägung bekam, als das Bemühen wuchs, problematische Verhaltensweisen von Kindern und Jugendlichen zu ver-stehen und sie als Krankheiten im Vorfeld der Geisteskrankheiten zu sehen. Auf die systematischen Beobachtungen und gesammelten Erfahrungen zur Psychopatho-logie des Kindesalters ging erstmals ausführlicher W. Griesinger ein, und der Leipziger H. Emminghaus schrieb 1887 das erste Lehrbuch über »Die psychischen Störungen des Kindesalters«. Die bereits von Emminghaus festgestellten extremen Seelenzustände verdichteten dann Pädagogen und Psychiater zum Konstrukt der »psychopathischen Minderwertigkeiten« (vgl. Koch 1891–1893, Trüper 1893). Im Gegensatz zu dem Konzept der »pädagogischen Pathologie« des Philosophen und Pädagogen Ludwig von Strümpell (1890/1910), das über 300 »Kinderfehler im pädagogischen Sinne« darstellte und weite Verbreitung und Anerkennung fand, aber mit dem Ersten Weltkrieg unterging, erwies sich das Psychopathie-Konzept als sehr langlebig und wurde immer mehr verfeinert (vgl. Strohmayer 1910, Ziehen 1926). Es hat vielen Kindern und Jugendlichen mit psychischen Störungen in den kinderpsychiatrischen Abteilungen der Nervenkliniken und in den zumeist päd-agogisch geleiteten Heilerziehungsanstalten, unter denen das von Trüper gegrün-dete Heim und Sanatorium auf der Sophienhöhe bei Jena international bekannt wurde und weltweite Anerkennung fand, die notwendige Hilfe ermöglicht. Auch durch den »Verein zur Fürsorge für jugendliche Psychopathen« kam es zu positiver Wirkung (vgl. von der Leyen 1923). Die Nationalsozialisten jedoch, die einseitig und übermäßig eine dem Konzept immanente »anlagebedingte Minderwertigkeit« betonten, missbrauchten es für harte Maßnahmen gegen Leib und Leben der als »psychopathisch« diagnostizierten Kinder und Jugendlichen (siehe dazu Ab-schnitt 1.3). Trotz dieser historischen Hypothek und vieler Ungereimtheiten hielt es sich bis in die Zeit nach dem Zweiten Weltkrieg (vgl. Schneider 1950) und ist rudimentär noch heute wirksam, wurde dann aber seit 1948 durch die Weltge-sundheitsorganisation (WHO) auf empirischer Basis in dem Klassifikationssystem ICD (*International Statistical Classification of Diseases and Related Health Pro-blems*) vollständig neu gefasst und findet sich im Wesentlichen für Deutschland in der aktuellen ICD-10-GM Version 2017 in den Untergruppierungen Paranoide Persönlichkeitsstörung und Dissoziale Persönlichkeitsstörung wieder (▸ Kap. 3.1, S. 67–68).

Kinder- und jugendpsychiatrische Versorgung wurde bis in die zweite Hälfte des 19. Jahrhunderts hinein vorwiegend durch Pädagogen und pädagogische Einrichtungen geleistet. Es waren vor allem die so genannten Rettungshäuser und später die Heilerziehungsanstalten, die »abnorme«, »abartige«, »minderwertige« Kinder und Jugendliche – wie man damals sagte – aufnahmen. Ärzte und Pädagogen arbeiteten gleichberechtigt oder unter pädagogischer Leitung zusammen. Noch in den 1920er Jahren galt es als notwendig, dass der Leiter einer Heilerziehungseinrichtung ein Pädagoge war, da dieser »für die Erziehbarkeit und Bildsamkeit allein zuständig bleibt« und »die heilpädagogischen Maßnahmen bestimmt« (Knauthe 1920, 388/389).

Pädagogen schrieben anerkannte psychopathologische Abhandlungen, wie z. B. Christian Ufer, dessen 1891 erschienenes Buch über »Geistesstörungen in der Schule« von dem Psychiater Ziehen 1926 zu der kleinen Zahl brauchbarer Spezialwerke, die alle Kinderpsychosen behandelten, gezählt wurde. Auch Trüpers Bücher von 1893 über »Psychopathische Minderwertigkeiten im Kindesalter« und von 1902 über »Die Anfänge der abnormen Erscheinungen im kindlichen Seelenleben« hatten Geltung in der Psychiatrie.

Die erste kinderpsychiatrische Einrichtung gründete in Deutschland der als Autor des »Struwwelpeter« berühmt gewordene Nervenarzt H. Hoffmann 1864 in Frankfurt/Main. Später wurden auch eigenständige kinder- und jugendpsychiatrische Kliniken eingerichtet, die weltweit vorbildlich waren.

Nachdem in der Zeit des Faschismus und im Zweiten Weltkrieg die medizinischen Disziplinen wegen ihrer Kriegswichtigkeit besonders gefördert und heilpädagogische Maßnahmen als »marxistische Gefühlsduselei« abgelehnt worden waren, behielt nach dem Ende des Weltkrieges und dem Zusammenbruch des »Dritten Reiches« der Mediziner eine übergeordnete und der Pädagoge bzw. auch der Psychologe verblieben in nachgeordneten Stellungen. In Überbewertung der medizinischen Maßnahmen schien sich zeitweilig Kindern und Jugendlichen mit Verhaltensstörungen gegenüber eine Entwicklung anzubahnen, die ein Buch mit dem bezeichnenden Titel »Pillen für den Störenfried« als verhängnisvoll, inhuman und letztlich ineffektiv kritisierte (vgl. Voss 1983).

Inzwischen wird die Fragwürdigkeit des Griffs nach dem Pharmakon bei Verhaltensstörungen deutlich gesehen, und Heil- und Sonderpädagogen sowie Psychologen bekommen mit ihren Möglichkeiten und Verfahren mehr und mehr Bedeutung im kinder- und jugendtherapeutischen Prozess, allerdings unter der Ägide des Arztes, der allein als weisungsbefugt und verantwortlich angesehen wird. Dabei manifestieren sich allerdings auch Gegentrends, insbesondere in der Diskussion des Umganges mit Aufmerksamkeits- und Hyperaktivitätsstörungen (▶ Kap. 9.3).

In den gegenwärtigen Kliniken für Kinder- und Jugendpsychiatrie sowie in den angeschlossenen Klinikklassen und -schulen steht die Arbeit für psychosozial gestörte und psychisch kranke Kinder in der Tradition, die mit Jean Itard (1774–1838) und seiner verständnisvollen und einfallsreichen Erziehung des »Wilden von Aveyron« begann, über Édouard Séguin und Maria Montessori fortgeführt wurde, durch Sigmund Freud eine tiefenpsychologische und durch Kinder- und Jugendpsychiater wie Asperger und Stutte eine heilpädagogische Ausrichtung bekam, die sich in diagnostischen und pädagogisch-therapeutischen Maßnahmen, vor allem aber in einer menschlich warmen, dialogischen Beziehung zwischen Kindern und

34

Jugendlichen und ihren Helfern zeigt. Gegenwärtig haben auch lernpsychologische Konzepte einen wichtigen Stellenwert.

1.1.5 Die berufspädagogische Linie: Arbeitserziehung – Industrieschulen – Fortbildungsschulen – Berufsschulen – Berufsbildungswerke – Benachteiligtenförderung

Junge Menschen mit Verhaltensstörungen haben Schwierigkeiten, sich in die Berufs- und Arbeitswelt einzugliedern. Diese Problematik wird gesehen und zumindest ansatzweise berücksichtigt, seit – mit der beginnenden Neuzeit – die Beschränkung auf Strafmaßnahmen und die Vorbereitung auf ein Bettelleben als inadäquat und unbefriedigend erkannt worden waren. Erziehungs- und Strafanstalten, später dann – mit der Etablierung der allgemeinen Schulpflicht – auch öffentliche Schulen, machten es sich zur Aufgabe, die Jugendlichen durch Arbeit zur Arbeit bzw. für ein unabhängiges, erwerbsfähiges, wirtschaftlich selbstständiges Leben zu erziehen.

Mittelpunkt des Konzepts der Amsterdamer Zuchthäuser, nach deren Vorbild europaweit Gründungen erfolgten, war die, allerdings noch sehr einseitige, Arbeitserziehung. Im Zuchthaus für männliche »Übeltäter« z. B. wurde vorwiegend Holz geraspelt (Rasphuis), im Zuchthaus für Frauen vorwiegend gesponnen (Spinnhuis). Die Inschrift über dem Spinnhaus gibt die damalige Einstellung wieder und charakterisiert das Konzept (zitiert nach Hippel 1898, 457):

> »Fürchte dich nicht!
> Ich räche nicht Böses, sondern zwinge zum Guten.
> Hart ist meine Hand, aber liebreich mein Gemüt.«

Nach der Zeit des Niedergangs infolge des Dreißigjährigen Krieges im 17. Jahrhundert brachte das 18. Jahrhundert insbesondere mit den Pietisten ein weit verbreitetes Engagement für die Erziehung zur Arbeitsfähigkeit und zur wirtschaftlichen Selbstständigkeit auch schwieriger junger Menschen. In den von Francke gegründeten Halleschen Anstalten war neben der Erziehung zur Frömmigkeit auch die Erziehung zur »Nützlichkeit« ein Hauptziel. Die Kinder und Jugendlichen wurden systematisch in handwerkliches Arbeiten eingeführt.

Mit der aufkommenden Industrieproduktion kam es zur Gründung von arbeitsbezogenes Wissen vermittelnden »Sonntagsschulen« und von »Industrieschulen«, in denen nicht nur arme und verwahrloste, sondern auch schwererziehbare Kinder aus gutsituierten Familien zur »Industriosität« erzogen wurden, d. h. sie sollten die für die industrielle Produktion notwendigen Fähigkeiten und Fertigkeiten erlernen. Eine der ersten und mit Vorbildcharakter wirkenden Industrieschulen war die von Pastor Wagemann 1784 in Göttingen gegründete Einrichtung (vgl. Trost 1930).

In dem ebenfalls für ganz Deutschland vorbildhaft wirkenden, 1833 gegründeten neupietistischen »Rauhen Haus« in Hamburg legte Wichern, der Gründer und Leiter der Anstalt, großen Wert auf die Erziehung zur Arbeit durch Arbeit (vgl. Lindmeier 1998, 188 ff.), für ihn der dritte bedeutsame Erziehungsfaktor neben Familie und Schule. Wenn sowohl in den Zuchthäusern als auch in vielen Rettungshäusern und Industrieschulen die Arbeit der Kinder und Jugendlichen einen deutlichen ökonomischen Zweck hatte und nicht selten zur Ausbeutung der Arbeitskraft der jungen Menschen pervertierte, so hat für Wichern die Arbeit der Kinder und Jugendlichen einen eindeutig pädagogischen Zweck, der zum einen »in der durch sie nach festen technischen Regeln geordneten Übung des Willens und der Hand«, zum anderen in der »Vorbereitung auf den künftigen Beruf« liegt (Wichern 1958, 260–261). »Geistlose Arbeiten« wie »Werg-, Ross- und Kuhhaarzupfen, Kopal-, Kaffee- und Wollsortieren, Pappschachtel- und Streichhölzerfabrikation u. dgl.« wurden deshalb ebenso entschieden abgelehnt wie die »Überlassung von Zöglingen an Fabrikanten« (a. a. O., 259). In diesem Sinne war die Erziehung zur komplexen Arbeitsfähigkeit über Charakterbildung und die Aneignung handwerklicher Fähigkeiten ein Grundanliegen der ganz Deutschland erfassenden Rettungshausbewegung. Den Erfolg dieser auf das Arbeitsleben vorbereitenden und in die Berufswelt einführenden Erziehung und Bildung im »Rauhen Haus« dokumentierte Wichern für die Jahre von 1833 bis 1867 mit einer Erfolgsquote von 82 %. Von den 604 »ordentlich Entlassenen« betrugen sich 55 schlecht (9,1 %), 433 gut (71,7 %, »nähren sich redlich mit ihrer Hände Arbeit«) und 62 »mittelmäßig, d. h. schwankend« (10,3 %). 54 bzw. 8,9 % waren ausgewandert, verschollen usw., konnten also nicht beurteilt werden (Wichern a. a. O., 315). Dieser aus der Sicht Wicherns große Erfolg kann allerdings auch als Manipulation für ein christlich-demütiges, den Produktionsverhältnissen angepasstes und auf einfache Arbeitstätigkeit reduziertes Leben verstanden werden (vgl. Ahlheim et al. 1971, 42–43).

Diese kurz skizzierte erste Phase einer berufspädagogisch-historiografischen Linie, die – wie deutlich wurde – noch in enger Verbindung mit der sozial- und der kriminalpädagogischen Linie zu sehen ist, mündet hinein in eine zweite Phase, die mit den Fortbildungs- und späteren Berufsschulen, mit der Berufsschulpflicht seit 1938 und dem »dualen System« beruflicher Bildung – Betrieb und Berufsschule sind aufeinander bezogene, aber eigenständige Lernorte – eine neue Qualität gewinnt.

Aus allgemeinen Fortbildungsschulen, die seit dem ausgehenden 18. Jahrhundert der »Nachholung, Wiederholung und Fortbildung« junger Leute mit einer einfachen Schulbildung dienten (Spranger 1949, 67) und anfangs auf Betreiben der Kirche, später auch des Gewerbes gegründet wurden, entwickelten sich seit dem letzten Jahrzehnt des 19. Jahrhunderts auf Berufsbildung ausgerichtete schulische Einrichtungen, wie spezialisierte Fortbildungsschulen und Gewerbeschulen. Derartige Einrichtungen sahen die engagierten Vertreter der Hilfsschulbewegung, welche die Gründung der als Hilfsschulen bezeichneten schulischen Sondereinrichtungen für die »schwachbefähigten« bzw. »intelligenzschwachen«, auch damals schon – wie sich zeitgenössischen Beschreibungen und Untersuchungen entnehmen lässt – zum großen Teil Verhaltensstörungen zeigenden Kinder und Jugendlichen betrieben, für die berufliche Eingliederung ihrer ehemaligen Schüler als unbedingt notwendig an. Es wurden zunächst – z. B. in Frankfurt seit 1897, in

Nürnberg seit 1899 – besondere Kurse für ehemalige Hilfsschüler an Fortbildungsschulen eingerichtet, die dann in besondere Fortbildungseinrichtungen hineinmündeten. Zur Gründung der ersten Hilfsfortbildungsschule Deutschlands kam es 1906 in Berlin. Bis zum Ersten Weltkrieg gab es in vielen deutschen Städten selbstständige Hilfsfortbildungsschulen oder Hilfsfortbildungsklassen, die den Hilfsschulen angegliedert waren. Das Hilfsberufsschulwesen existierte mit gemischten Klassen für lernschwache und schwierige ehemalige Volksschüler zusammen mit Hilfsschülern sowie mit reinen Hilfsschülerklassen bis in die Zeit der nationalsozialistischen Herrschaft hinein, wurde in Nord- und Mitteldeutschland sogar weiter ausgebaut. In den 1920er Jahren änderte sich – der Terminologie der Reichsschulkonferenz entsprechend – die Bezeichnung Fortbildungsschule in Berufsschule.

Mit umfangreichen statistischen Erhebungen bemühte sich der »Verband der Hilfsschulen Deutschlands (VDHD)«, dem die meisten Hilfsschullehrer angehörten, darum, die »Erwerbsfähigkeit« bzw. die erfolgreiche berufliche Eingliederung der ehemaligen Schüler nachzuweisen. Nach einer Statistik z. B., welche die zwischen 1906 und 1909 hilfsschulentlassenen über 9000 Schüler und Schülerinnen erfasste, wurden 71,24 % als völlig erwerbsfähig, 22,35 % als teilweise erwerbsfähig und nur 6,31 % als nicht erwerbsfähig festgestellt. In einer »Berufsstatistik« von 1926, die von insgesamt 44 182 zwischen 1918 und 1925 entlassenen Hilfsschülern 40 963 junge Menschen einbeziehen konnte, wurden 91,33 % als erwerbstätig und nur 8,76 % als nicht beschäftigt klassifiziert, Zahlen, die angesichts der damals herrschenden großen Arbeitslosigkeit beachtlich sind (siehe dazu ausführlicher Myschker 1969, 144–156).

Mit dem Zusammenbruch des »Dritten Reiches« endete die Existenz selbstständiger Hilfsberufsschulen, deren Tradition jedoch innerhalb des Berufsvorbereitungs- und Berufsausbildungswesens der bundesdeutschen Gegenwart weiterlebt.

In der Aufbauperiode nach dem Zweiten Weltkrieg zeigten die Behindertenpädagogen im Hinblick auf die berufliche Eingliederung ihrer ehemaligen Schülerinnen und Schüler zunächst eine auffallende, allerdings aus den Zeitverhältnissen zu erklärende Zurückhaltung (vgl. Ellger-Rüttgardt 1982, 59). Mit den 1970er Jahren begann in diesem Bereich ein Erwachen, in gewisser Hinsicht auch als Reaktion auf das als unbefriedigend empfundene »Berufsbildungsgesetz« (BBiG) von 1969, dem sich die »Handwerksordnung« (HwO) von 1953 anpasste und das von vielen Erziehungswissenschaftlern vehement kritisiert wurde. Es entwickelte sich ein sich ausbreitendes Engagement, und eine dritte Phase innerhalb der berufspädagogischen Linie begann.

Es ging von nun an nicht mehr nur um Erziehung zur Erwerbsfähigkeit und um Eingliederung in die Bereiche *einfacher* Arbeitstätigkeit, sondern um eine den Bedürfnissen und Möglichkeiten Behinderter angepasste berufliche Qualifizierung auf der Basis von Chancengleichheit und Solidarität mit der Integration allgemeiner und beruflicher Bildung und in Überwindung der Dualität im beruflichen Ausbildungswesen. Ansatzpunkte lieferte neben dem BBiG das ebenfalls 1969 erlassene »Arbeitsförderungsgesetz« (AFG), vor allem aber der »Strukturplan für das Bildungswesen« des Deutschen Bildungsrats von 1970. Das BBiG sieht im § 48 (heute: §§ 64–66) Sonderregelungen für körperlich, geistig und seelisch Behinderte vor.

Seit den frühen 1970er Jahren wurde im Rahmen eines Netzwerkplanes zunächst in Westdeutschland, nach der Wiedervereinigung auch in den östlichen Bundesländern ein flächendeckendes Netz von aktuell 52 Berufsbildungswerken geschaffen, die, spezialisiert auf bestimmte Formen von Behinderungen, Maßnahmen der beruflichen Bildung für junge Menschen mit Behinderungen anbieten und hierzu, unter einem Dach, die notwendigen Dienste vereinigen: in der Regel berufsbildende Werkstätten, staatliche oder private Berufsschule, begleitende Dienste, Internatsbereich und Verwaltung. Eine Kategorie »Verhaltensstörungen« ist hier nicht vorgesehen. Traditionell wurden viele junge Menschen mit Verhaltensstörungen, über eine entsprechende Diagnostik der Agentur für Arbeit, in Berufsbildungswerken für Lernbehinderte ausgebildet; einzelne Werk haben sich jedoch – zunehmend – auch auf seelische Behinderungen bzw. psychische Störungen spezialisiert. Die Ausbildung erfolgt in gesonderten Ausbildungsgängen nach BBiG, aber auch mit allgemein anerkannten, regulären Abschlüssen (Biermann 2008, Stein/Orthmann Bless 2009).

Ausgehend von einem Modellversuch in den 1980er Jahren und zunächst verankert im AFG hat sich das parallele System der »Benachteiligtenförderung« entwickelt. Ziel war die Förderung solcher jungen Menschen, die »zwischen den Stühlen« der regulären beruflichen Bildung und, mangels Behindertenstatus, der beruflichen Rehabilitation landen. Hierzu zählen sicher viele junge Menschen mit Verhaltensstörungen, und so tauchen sie in der Definition personaler Benachteiligungen auch auf. Parallel werden Benachteiligungen durch die Umstände beschrieben, im Sinne von Benachteiligungen des Arbeitsmarktes. Ziel der Benachteiligtenförderung ist, soweit irgend möglich, eine unterstützte reguläre Berufsausbildung. Unterstützungsmaßnahmen sind ausbildungsbegleitende Hilfen (abH; im Sinne von Förderunterricht und sozialpädagogischer Begleitung) sowie die Ausbildung in überbetrieblichen Werkstätten immer dann, wenn (und solange wie) kein regulärer Ausbildungsplatz verfügbar ist (siehe etwa Bojanowski/Ratschinski/Straßer 2005). Die Benachteiligtenförderung ist mit ihrem Konzept sozialpädagogisch orientierter Berufsausbildung über die letzten drei Jahrzehnte zu einem gewaltigen Komplex öffentlich geförderter beruflicher Bildung geworden.

Die zentralen gesetzlichen Regelungen wurden in den letzten Jahren im Sozialgesetzbuch neu geordnet; hier floss auch das alte AFG mit ein. Von besonderer Bedeutung für die berufliche Bildung junger Menschen mit Verhaltensstörungen sind die SGB-Kapitel II (Grundsicherung für Arbeitssuchende), III (Arbeitsförderung), VIII (Kinder- und Jugendhilfe), IX (Rehabilitation) sowie XII (Sozialhilfe) (Sozialgesetzbuch 2012; 2015).

Seit den 1970er Jahren sind vielfältige Maßnahmen und Einrichtungen zur Berufsvorbereitung, Berufsberatung und Berufseingliederung etabliert worden, die – wie z. B. das Berufvorbereitungsjahr (Schroeder/Thielen 2009) und die Berufsvorbereitenden Bildungsmaßnahmen (BvB) (INBAS 2004) mit der Ermöglichung des Hauptschulabschlusses und umfassender Neigungsprüfung, die Ausbildung in überbetrieblichen Einrichtungen mit ihrem komplexen Stützapparat und die Berufsbildungswerke mit ihrer nahezu erreichten Überwindung der Dualität der beruflichen Ausbildung – auch jungen Menschen mit Lernbeeinträchtigungen und Verhaltensstörungen gute Hilfen bieten können, in ein befriedigendes Arbeits- und

Berufsleben zu finden (siehe dazu Biermann 2008, Stein/Orthmann Bless 2009 sowie ausführlicher ▶ Kap. 7.5). Das Berufsbildungsreformgesetz und die daraus resultierende Überarbeitung des BBiG sollten die Ausbildung von Menschen mit Behinderungen primär auf reguläre, anerkannte Berufsbilder fokussieren; inwiefern dies gelungen und wie sinnvoll es ist, bleibt abzuwarten. Das gesamte Unterstützungssystem hat sich erheblich ausdifferenziert; ein Beispiel ist die Arbeit der Integrationsfachdienste (IFD) zur Akquise von Arbeitsplätzen für Menschen mit Behinderungen sowie zur Sicherung der Arbeitsplätze. Auf der anderen Seite ist daraus ein schier unübersehbarer Förderdschungel geworden, der zugleich auf einem »Theorie-Steinbruch« (Biermann 2008) basiert. Im Zuge der Diskussion um Inklusion sind auch die besonderen Einrichtungen in diesem Bereich in Kritik geraten; ihre Neuausrichtung ist derzeit ebenso im Gange wie ein Veränderungsprozess des gesamten Systems arbeits- und berufsbezogener Förderung (Biermann/Bonz 2012; Biermann 2015; Stein/Kranert/Wagner 2016). So wird sich für die Berufsbildungswerke eine erhebliche Umstrukturierung ergeben: vermutlich eine Reduzierung der Zahl – und ganz sicher eine deutliche Veränderung der Angebote und ein Umbau der behinderungsspezifischen Angebotsstruktur. Zugleich richtet sich der Blick stärker auf die Frage, inwiefern schon in den allgemeinbildenden Schulen eine Vorbereitung auf die Arbeitswelt stattfinden kann (Thielen 2011). Es muss dabei aber auch die Frage gestellt werden, inwiefern dies sinnvoll und wünschenswert ist.

1.2 Begründer wichtiger Konzepte für die Pädagogik bei Verhaltensstörungen

In der Vergangenheit haben sich – wie weiter oben bereits dargestellt wurde – Theologen und Pädagogen, vereinzelt auch Mediziner, mit der Erziehung und Bildung schwieriger Kinder und Jugendlicher beschäftigt.

Für die pädagogische Konzeptbildung wurden seit den 1920er Jahren im Hinblick auf diese jungen Menschen psychologische Modellvorstellungen richtungweisend, und zwar zunächst diejenigen der Tiefenpsychologen Sigmund Freud und Alfred Adler (▶ Kap. 6.1.2. und Kap. 6.1.3), später dann – in den auslaufenden 1960er Jahren – die der Lernpsychologen Iwan P. Pawlow, Burrhus F. Skinner und Albert Bandura (▶ Kap. 6.1.5) sowie in den vergangenen 30 Jahren die der humanistischen Psychologie, insbesondere diejenigen von Carl Rogers (▶ Kap. 6.1.5). Die aktuell einflussreichen systemischen und konstruktivistischen Konzepte sind weniger mit einzelnen »Gründerpersönlichkeiten« verbunden.

Da Konzepte, Theorien, Leistungen schlechthin in engem Zusammenhang zu sehen und erst richtig einschätzbar sind vor dem Hintergrund biografischer Daten oder gar spezifischer Problemlagen ihrer Autoren, sollen einige Hinweise zum privaten und wissenschaftlichen Leben dieser Humanwissenschaftler gegeben werden.

Abb. 5: Sigmund Freud, Alfred Adler, Carl Rogers

Der Begründer der Psychoanalyse ist *Sigmund Freud*, der mit seinen psychologischen Erkenntnissen das Weltbild der Menschen in einer Weise veränderte wie wohl nur noch Einstein mit seiner Relativitätstheorie. Sigmund Freud wurde im Mai 1856 im österreichisch-ungarischen Freiberg als erster Sohn in der zweiten Ehe seines Vaters, eines jüdischen Wollkaufmanns, geboren. Als er drei Jahre alt war, brachte ihn der Umzug der Familie nach Wien, wo er auf dem Gymnasium ein sehr guter Schüler wurde, wo er aus praktischen Überlegungen heraus Medizin studierte, eine Familie gründete und wo er mit nur kurzen Unterbrechungen bis 1938 lebte.

Freud war in seiner wissenschaftlichen Arbeit zunächst ganz auf anatomische und physiologische Forschung ausgerichtet. Viele Jahre verbrachte er in Laboratorien mit Forschungen über die Anatomie des zentralen Nervensystems, über neuropathologische Fragestellungen und u. a. auch über die Wirkungsweise des Kokains, die er auch an sich selbst überprüfte. Gehirnanatomische und -physiologische Fragestellungen waren es auch, die ihn nach Paris an die berühmte Klinik Salpetriere führten. Charcot, der Leiter der Nervenklinik, konfrontierte ihn mit Forschungen über Hysterie und Hypnose und stellte damit dem nunmehr fast 30-jährigen Arzt aus Wien seine Lebensaufgabe: die Erforschung psychischer Störungen und Krankheit und deren Heilung. Nach seinen Studien in Frankreich ließ sich Freud 1886 als Facharzt für Nervenleiden nieder und sah sich dann auch in der Lage, endlich zu heiraten. Er beschäftigte sich zwar zunächst noch mit cerebral bedingten Lähmungserscheinungen bei Kindern, arbeitete auch über Aphasie, widmete sich dann aber mehr und mehr der Ätiologie und Therapie von Neurosen. Gute Möglichkeiten der Neurosenbehandlung sah er in der Hypnose, die er in Frankreich erlernte, die er in Kooperation mit seinem Wiener Kollegen Breuer bei hysterischen Zuständen erfolgreich einsetzte und die ihn veranlasste, sich vertieft und weitergehend mit unbewussten Vorgängen zu beschäftigen und ihrer gesunden wie auch pathogenen Wirksamkeit nachzugehen. Für seine Erkenntnisse und theoretischen Vorstellungen fand er den Namen Psychoanalyse, die ihn in den folgenden Jahren so bekannt machte, dass bereits 1908 ein erster internationaler

Kongress in Salzburg stattfinden konnte. Er fand wichtige, die psychoanalytische Theorie befruchtende Weggefährten wie C. G. Jung und Alfred Adler, die sich jedoch mit der verstärkten naturwissenschaftlichen, mechanistischen, deterministischen und triebmythologischen Theorie Freuds nicht mehr identifizieren konnten und eigene Wege gingen. Adler überwarf sich 1911 mit Freud, Jung trennte sich in einem längeren Ablösungsprozess zwischen 1911 und 1913 von ihm.

Nach seiner Heirat und nachdem sich Kindersegen einzustellen begann, mietete Freud eine große Wohnung in Verbindung mit Praxisräumen in zentraler Lage in der Wiener Berggasse. In dieser Wohnung, in der er die Technik der freien Assoziation fand, in der er die berühmt gewordene Couch aufstellte, von und mit den Patienten viel lernte und über diese Lernprozesse die Psychoanalyse weiterentwickelte, in der er den unbewussten Widerstand kennen lernte, die Bedeutsamkeit der frühkindlichen Sexualität erforschte, Übertragung und Abwehrmechanismen zu spüren bekam usw., lebte er in erstaunlicher wissenschaftlicher und literarischer Produktivität bis ins hohe Alter hinein, bis ihn – nach dem Anschluss Österreichs an das nationalsozialistische Deutschland – das totalitäre, faschistische System vertrieb. Im Juni 1938 musste er nach London emigrieren. Als er Wien verließ, war er bereits ein todkranker Mann. Im September 1939 starb er im Londoner Exil.

Der Begründer der Individualpsychologie ist *Alfred Adler*, der 1870 als zweites von sechs Kindern eines jüdischen Kaufmanns in Wien geboren wurde. Als kleiner Junge erlebte er die von ihm geschilderte »Organminderwertigkeit« in verstärktem Maße durch verschiedene Krankheiten, von denen eine schwere Lungenentzündung lebensbedrohlich war. Die Bedeutsamkeit der von ihm später herausgestellten Stellung des Kindes in der Geschwisterreihe erfuhr er in den Rivalitätskonflikten mit seinem älteren Bruder. So ist seine Lehre – wie bei vielen Wissenschaftlern – sehr deutlich durch die eigene Biografie geprägt. Seine im Krankheitserleben erlittene Todesfurcht bestimmte wesentlich seine Berufswahl. Er studierte Medizin und praktizierte zunächst als Augenarzt, dann als Psychiater. Schicksalhaft wurde für ihn die Begegnung mit Sigmund Freud, mit dem er ab 1902 in der so genannten »Mittwochsgesellschaft«, zu der Freud in seine Wohnung in der Wiener Berggasse einlud, an der Entwicklung der psychoanalytischen Lehre zusammenarbeitete. Sein Selbstständigkeitsstreben, sein Ehrgeiz, vor allem aber seine andere Auffassung von der Bedeutsamkeit der Sexualität für die Genese von Neurosen, seine andere Auffassung vom Menschen allgemein und von den Bedingtheiten des Seelenlebens führten ihn zunächst zu scharfen Auseinandersetzungen, später dann – 1911 – zum Bruch mit Freud. In seinen Veröffentlichungen – 1907: Studie über die Minderwertigkeit der Organe, 1912: Über den nervösen Charakter, 1913: Heilen und Bilden – entfaltete er schon vor dem Ersten Weltkrieg eine eigene Psychologie, die in Abgrenzung zu Freud den Menschen als soziales Wesen herausstellte, kausal-mechanistische sowie triebmythologische und instanzenhaft-zergliedernde Vorstellungen verwarf, um ein pädagogisch höchst bedeutsames Verständnis zu entwickeln. Seine psychologischen und politischen Überzeugungen brachten ihn dazu, sich verstärkt der Erziehung – insbesondere der Erziehung der Erzieher – zuzuwenden: Ab 1920 richtete er in Wien Erziehungsberatungsstellen ein, von denen es Mitte der 1930er Jahre mehr als 30 gab. Er wurde 1924 Dozent am Pädagogischen Institut der Stadt Wien und vermittelte auch in Volkshochschulvorträgen seine psychologischen und pädagogischen Überzeugungen. Mit dem Nationalsozialismus erwuchs ihm eine Gegnerschaft, derer er sich nicht erwehren konnte. Als Jude drohte ihm Verfolgung, seine Lehre wurde als »marxistischer Unsinn« verdammt, seine Bücher wurden verbrannt. Erwünscht war er jedoch in den nichtfaschistischen Ländern Europas, besonders auch in den USA, wo seine Vorträge, seine pädagogischen und psychologischen Lehren großen Anklang fanden. Auf einer Vortragsreise starb er im Mai 1937 im schottischen Aberdeen. Seine Urne wird in Edinburgh aufbewahrt.

Noch Anfang der 1970er Jahre sah es nicht gut aus für die Zukunft der Individualpsychologie: In einem Standardwerk der Tiefenpsychologie stellte der Psychotherapeut Elhardt fest, Adlers »Schulrichtung« sei »zahlenmäßig wegen des Mangels an einem der komplexeren Wirklichkeit gerechter werdenden, klinisch differenzierteren Grundmodells der Neurose im Schwinden begriffen«. Adler ist für ihn »das historische Beispiel einer seinerzeit wohl notwendigen Opposition gegen die Einseitigkeit der frühen Psychoanalyse, einer Opposition, die jedoch durch die Weiterentwicklung der Psychoanalyse selbst eingeholt und überrundet wurde, weil sie ihrerseits durch einen zu eindimensionalen Ansatz in ihrem theoretischen und therapeutischen Modell nicht entwicklungsfähig war« (Elhardt 1971,[12]1990, 167). Diese Einschätzung erscheint heute als unzutreffend, ja kurios. Die Individualpsychologie Alfred Adlers erlebt seit drei Jahrzehnten eine Renaissance. Aus dem individualpsychologischen Ansatz sind sowohl Erklärungsmodelle für psychische Störungen weiterentwickelt als auch Interventionskonzepte erstellt worden (vgl. z. B. Bleidick 1985, Dreikurs 1968 und 1989, Dinkmeyer/Dreikurs 1970, Vernooij 1991, Vernooij/Wittrock 2008), wobei auch die Nähe des Menschenbildes zur Humanistischen Psychologie und die entsprechende »Vorreiterposition« sowie auch die funktionsbezogene und »finale« Sicht von Störungen diskutiert werden (Kleber/Stein 2001).

Zu den ganz großen Forschern der neueren Wissenschaft gehört der Physiologe *Iwan Petrowitsch Pawlow* (1849–1936). Pawlow war der Sohn eines russisch-orthodoxen Theologen. Auch er wollte zunächst Geistlicher werden, brach dann aber die Ausbildung ab, um in St. Petersburg Medizin zu studieren. Schon als Student interessierte er sich für neurophysiologische Fragen und beschäftigte sich z. B. mit der Innervation der Bauchspeicheldrüse. Diese (mit einer Goldmedaille ausgezeichnete) Arbeit öffnete ihm den Weg in eine wissenschaftliche Laufbahn. Er arbeitete zunächst im Bereich der Pharmakologie, ab 1890 dann als Professor für Physiologie an der militärärztlichen Akademie in St. Petersburg. Für eine weltweit beachtete Arbeit über die Hauptverdauungsdrüsen bekam er 1904 den Nobelpreis für Medizin.

Über die Forschungen eines Doktoranden, der über die Speichelsekretion bei Hunden arbeitete, wurde Pawlows Interesse für die Funktionen der höheren Nerventätigkeiten geweckt. Die von seinem Doktoranden als störend empfundene Reaktion der Hunde, nämlich schon Speichel abzusondern, bevor sie etwas zu fressen bekamen, wurde für Pawlow zum Ausgangspunkt weitreichender Forschung. Er nahm an, dass der Reflex der Speichelsekretion, der eigentlich erst durch das Fressen im Maul ausgelöst wird, über andere Reize stimuliert werden musste. Zur vollständigen Kontrolle der Versuchsbedingungen wurden für die Hunde licht-

und schalldichte Boxen gebaut. Vor der Fütterung der Hunde ließ Pawlow Klingelzeichen geben. Nachdem dieser Vorgang einige Male wiederholt worden war, sonderten die Hunde schon Speichel ab, wenn das Klingelzeichen ertönte, auch wenn sie dann kein Fressen bekamen. Pawlow hatte den bedingten Reflex entdeckt, d. h. einen Lernvorgang, der einen zunächst neutralen Stimulus (Klingelzeichen) mit einem unbedingten Reflex, dem der Speichelabsonderung bei Futtergabe, verbindet. Die Verknüpfung zwischen einem neutralen Stimulus und einer Reaktion unter bestimmten Bedingungen über einen Lernprozess wurde klassisches Konditionieren genannt. Diese Entdeckung machte Pawlow zum »Vater der Lerntheorien«. Durch Veränderung der Experimentalbedingungen, d. h. durch Überforderung der Hunde bzw. durch Stress, konnte Pawlow neurotische und hysterische Verhaltensweisen induzieren. Weitreichende Folgen hatte auch seine zufällige Entdeckung des Hemmungszusammenbruchs. Hochwasser der Neva hatte seine Hunde in ihren Käfigen in die Gefahr des Ertrinkens gebracht. Durch die Verängstigung und Erregung wurden bei den Tieren die über klassisches Konditionieren gelernten Verhaltensweisen vollständig gelöscht. Unter Experimentalbedingungen wurden diese Zusammenhänge weiter erforscht und führten dann leider auch zu einer angewandten Reflexologie, die Stalin bereits für seine Schauprozesse missbrauchte und die später im Westen als eine Methode der »Gehirnwäsche« bekannt wurde.

Abb. 6: Iwan Petrowitsch Pawlow, John B. Watson, Burrhus Frederic Skinner

Wenn aufgrund der Forschungen Pawlows davon ausgegangen werden kann, dass bedingte Reaktionen auch beim Menschen eine große Rolle spielen und sich an die verschiedenen Körperfunktionen binden lassen, so war es doch auch schon Pawlow selbst, der sich gegen mechanistische Vorstellungen wandte und herausstellte, dass die höhere Nerventätigkeit des Menschen bzw. die Funktionen des Gehirns in ihrem Zusammenspiel gesehen werden müssen: »Die Großhirnhemisphären stellen während ihrer Tätigkeit ein System dar, dessen sämtliche Teile sich untereinander in Wechselwirkung befinden. Die Großhirnrinde ist ein äußerst kompliziertes funktionelles Mosaik aus einzelnen Elementen, von denen jedes einzelne eine bestimmte physiologische Wirkung hat: eine positive oder eine hemmende. Andererseits ist es ebenso zweifellos, dass alle diese Elemente in jedem gegebenen Augenblick zu einem System vereinigt sind, in dem jedes derselben sich in Wechselwirkung mit allen übrigen befindet. (…) Jede neue lokale Einwirkung auf dieses System wirkt sich mehr oder weniger auf das Gesamtsystem aus« (zitiert nach Asratjan 1980, 24–25).

Pawlows Lehre von den bedingten Reaktionen wurde bereits Ende der 1920er Jahre in Amerika breit rezipiert. Auf der Basis seiner Forschungen entstand in Verbindung mit der Assoziationstheorie von Thorndike (1874–1949), der das Gesetz des Erfolges formulierte, der Behaviorismus, für den programmatisch das Buch von John Broadus Watson (1878–1958) mit dem Titel »Psychology as the behaviorist views it« von 1913 steht. In der Nachfolge Watsons sind dann Lerntheoretiker wie Skinner und Bandura zu sehen.

Als »Vater des Operanten Konditionierens« kann *Burrhus Frederic Skinner* bezeichnet werden. Skinner wurde 1904 als Sohn eines Rechtsanwaltes in Pennsylvania geboren. An der Harvard-Universität in Boston nahm er 1928 das Studium der Psychologie auf. Nach seiner Ernennung zum Professor im Jahre 1948 lehrte und forschte er dort sein ganzes Berufsleben lang bis zu seiner Emeritierung 1974. Seine grundlegenden Forschungen machte er mit Tauben, denen er Pingpong spielen und komplizierte Tanzschritte beibringen konnte. In seiner »Skinner-Box« ließ er vielfältige Versuche ablaufen, die ihm das komplexe System der Operanten Konditionierung erschlossen. Sein 1948 publiziertes Buch »Walden II«, das in Deutschland unter dem Titel »Futurum II« erschien, wurde ein weltweiter Bestseller. Das Buch stellte die Bedeutung professioneller Verhaltenssteuerung heraus und zeigte die Möglichkeit menschlichen Zusammenlebens ohne Strafe und Zwang auf. Skinners Wirken steht auch in engem Zusammenhang mit der Entwicklung von Lernmaschinen. Skinner starb 1990 als 86-Jähriger im US-amerikanischen Cambridge.

Carl R. Rogers wurde 1902 in Oak Park in den Vereinigten Staaten geboren. Er studierte zunächst einige Semester Agrarwissenschaften und Theologie, bevor er zur Psychologie fand. Stark beeinflussten ihn die Philosophen Buber und Kierkegaard, der Gestaltpsychologe Kurt Lewin und vor allem der Tiefenpsychologe Otto Rank (1884–1939). In der »Gesellschaft zur Verhinderung von Grausamkeiten an Kindern« fand er 1928 eine Anstellung und eine ihn sehr motivierende Tätigkeit, in der er breite Erfahrungen in der Beratung unterprivilegierter Kinder und ihrer Eltern sammeln konnte. Wesentliche Elemente seines Beratungs- bzw. Therapie-Ansatzes finden sich bereits im Werk Otto Ranks, wie z. B. die Berücksichtigung der Selbstaktualisierungstendenz des Menschen im Sinne von »Wachsen, Reife, Lebensbereicherung« (Rogers 1983, 491), die therapeutische Ausrichtung auf das Gefühlserleben und auf die Verbesserung der Kongruenz zwischen dem Erleben des Organismus und dem Selbstkonzept sowie auf eine Veränderung der Selbstwahrnehmung. Rank kann somit als »Wegbereiter personenzentrierter Psychotherapie« bezeichnet werden (Pfeiffer 1980, 93–101). Auch von Alfred Adler profitierte Rogers stark, unter anderem dadurch, dass er die »Prinzipien individualpsychologischer Gesprächsführung« übernahm (Bleidick 1985, 4). Der der humanistischen Psychologie zuzurechnende Ansatz von Rogers wurde zunächst als nondirektiv, dann als klientenzentriert und später als personenzentriert bezeichnet. Zur Verbreitung des Ansatzes in Deutschland trug wesentlich R. Tausch bei, der seit den 1960er Jahren den Verbalisationsaspekt unter der Bezeichnung »Gesprächspsychotherapie« in den Mittelpunkt stellte (vgl. Tausch 1970). Spätere Darstellungen, die Rogers allgemein zum Lernen in Gruppen und Schulklassen machte, sowie seine Sicht des Lehrers als Facilitator bzw. Lernförderer regten in der Pädagogik bei Verhaltensstörungen zur Konzipierung schülerzentrierten Unterrichts an (vgl. Goetze/Neukäter 1982). Rogers war als Professor an Universitäten in Ohio, in Chicago und Wisconsin tätig. Weithin bekannt wurde sein Beratungszentrum in Chicago. Rogers starb 1987.

1.3 Kinder und Jugendliche mit Verhaltensstörungen in der Zeit der nationalsozialistischen Diktatur

Den schwerwiegendsten Einschnitt in die gesamte Pädagogik bei Verhaltensstörungen in Deutschland hat es innerhalb der aufgezeigten historiografischen Linien in jüngerer Vergangenheit durch den Machtmissbrauch der Nationalsozialisten in den Jahren von 1933 bis 1945 gegeben. Auch wenn dies für viele Menschen heute als längst vergangen erscheinen mag, ist es aus historischer Sicht keineswegs lange her, und immer noch existieren sogar Zeitzeugen dieser Phase. Die in dieser Zeit in unerhörter Form in Wirklichkeit umgesetzten Bedrohungsszenarien für Menschen, die von der Norm abweichen, existieren nach wie vor und können jederzeit wieder lebendig werden. Deshalb – und um die Zusammenhänge deutlicher zu machen – wird nachfolgend auf diese Zeit ganz explizit in einem gesonderten Abschnitt eingegangen.

Mit der Machtübernahme durch die Nationalsozialisten wurden Ideen von Erziehung und Bildung realisiert, die für Kinder und Jugendliche mit abweichenden, unerwünschten Verhaltensweisen kein Verständnis zuließen, sondern zur Etablierung eines totalen Systems brutaler Anpassung und radikaler Ausmerzung führten. Zu diesem System sind als markante Institutionen die Hitlerjugend (HJ), der Sicherheitsdienst (SD), die Hilfsschulen, die Fürsorgeeinrichtungen, die Arbeits- und Bewahrungshäuser, die Jugendschutzlager und die Kinderfachabteilungen an Nervenkliniken zu rechnen. Die miteinander verzahnten Institutionen in diesem System richteten sich gegen »Abweichler«, wie »Arbeitsbummelanten«, die »Swing-Jugend«, die »Edelweiß-Piraten«, Kinder und Jugendliche mit Lern- und Verhaltensschwierigkeiten bzw. Hilfsschüler, gegen »Fürsorgezöglinge«, »Psychopathen«, »Kriminelle« und »geborene Verbrecher«.

Hitlerjugend (HJ) und Sicherheitspolizei/Sicherheitsdienst (SD)

Für die Verbreitung der nationalsozialistischen Weltanschauung hatte konzeptionell und de facto die HJ eine zentrale Bedeutung. Das Gesetz über die HJ vom

1.12.1936 formulierte das Erziehungsziel, das über die herrische und skrupellose Einwirkung durch die HJ in allen Erziehungsinstitutionen realisierte wurde. Darin heißt es: »Die gesamte deutsche Jugend ist außer in Elternhaus und Schule in der Hitlerjugend körperlich, geistig und sittlich im Geiste des Nationalsozialismus zum Dienste am Volk und zur Volksgemeinschaft zu erziehen.« Dieser Paragraph 2 des HJ-Gesetzes wurde als ein »Erziehungs-Grundgesetz« für das deutsche Volk verstanden (Muthesius 1944, 115).

Diese Zielsetzung wurde nach der nationalsozialistischen Machtübernahme umgehend in die Erziehungsinstitutionen, gerade auch in solche für Kinder und Jugendliche mit Verhaltensabweichungen hineingetragen und praktisch umgesetzt. So berichtet z. B. das Berliner Landes-Wohlfahrts- und Jugendamt bereits im Jahresbericht von 1934 über die Arbeit im städtischen Landerziehungsheim Struveshof: »Die Erziehungswege des Führers: Körperliche Ertüchtigung, Disziplin, charakterliche Festigung, produktive Arbeit, soziale und politische Schulung führten auch hier zu sichtbaren Erfolgen. Es herrscht ein frischerer Geist unter den Jugendlichen, sie haben Verständnis für den Sinn der Erziehung und fühlen sich gegenüber der Gemeinschaft mehr verpflichtet, als dies früher der Fall war. Turnen, Sport, besonders aber Geländesport wurden eifrig gepflegt. Die neu eingerichtete Wehrsportgruppe hat sich in jeder Beziehung bewährt und bildet eine ausgezeichnete Vorbereitungsschule für den freiwilligen Arbeitsdienst, für die Hitlerjugend und SA. Die äußere Disziplin unterscheidet sich wesentlich von derjenigen früherer Jahre. Parallel mit der äußeren hat naturgemäß auch die innere Disziplinierung Schritt gehalten« (Landesarchiv Berlin, Rep. 57/862).

Die HJ wurde zur ersten Interventionsinstanz bei Verhaltensschwierigkeiten bzw. Vorstößen gegen die geforderte Ordnung und Disziplin für alle 10-bis 18-jährigen Jugendlichen. Ihr übertrug die »Erste Durchführungsverordnung zum Gesetz über die Hitlerjugend« vom 25.03.1939 weitreichende Kompetenz in allen Angelegenheiten der Jugendpflege. Die Disziplinierungsmaßnahmen der HJ reichten bis zur Verhängung eines »Jugenddienstarrestes« von drei bis acht Tagen. Hart wurde gegen Vergehen gegen die Arbeitsdisziplin und Arbeitsbummelei vorgegangen. Die als Arbeitsvertragsbrüche verstandenen Vergehen wurden zunächst der Hitlerjugend als Jugendpflegemaßnahmen im Rahmen ihrer Dienststrafgewalt überlassen. Zeigten diese Maßnahmen keine Wirkung, griffen die Gerichte ein durch die Anordnung von Schutzaufsicht, Fürsorgeerziehung, Jugendarrest oder einer bis zu dreimonatigen Arbeitserziehung in einem Arbeitserziehungslager. Träger dieser Arbeitserziehungslager, die in Ostpreußen, der Rheinprovinz, im Moselland, in Hamburg, in Hannover und in Thüringen eingerichtet wurden, waren die Fürsorgeerziehungsbehörden und die Hitlerjugend (vgl. dazu Sieverts 1944, 61–82).

Ihren für das faschistische System so wichtigen Erziehungsauftrag verfolgte die HJ-Führung mit tatkräftiger Unterstützung durch die Sicherheitspolizei und den Sicherheitsdienst (SD). Bei »der nachrichtendienstlichen Beobachtung aller Lebensgebiete« war der SD auch zuständig für »alle Jugendprobleme, die überhaupt auftauchen können« (Kaltenbrunner 1944, 27). Die Geheime Staatspolizei als die eine und die Kriminalpolizei als die andere Säule der Sicherheitspolizei verfolgten alle politischen bzw. asozialen oder kriminellen »Störer der Volks- und Gemeinschaftsordnung« (a. a. O., 26). Diese Dienste hatten sich – auch während des Krieges – mit verhaltensabweichenden Jugendlichen zu beschäftigen, die – wie Kaltenbrunner feststellte – sich »lässig geben, salopp gekleidet sind, durch unmöglichen Haarschnitt auffallen, angelsächsische Schlager lieben und negerhafte Tänze pflegen und v. a. m.« (S. 28) und unter dem Namen »Swing-Jugend« zusammengefasst wurden, sowie mit Jugendlichen, denen »die Ablehnung oder Interessenlosigkeit gegenüber den Pflichten innerhalb der Volksgemeinschaft oder der Hitlerjugend« gemeinsam ist (S. 29) und die als »Cliquen« und später dann als »Edelweiß-Piraten« bezeichnet wurden. Sowohl die zumeist aus Mittelschichtverhältnissen stammenden »Swing-Jugendlichen« als auch die aus den unteren Schichten stammenden »Edelweiß-Piraten« wurden verfolgt, aufgegriffen und brutal diszipliniert. Zur Strafe wurde ihnen das Haupthaar geschoren, sie kamen in den Kerker, in die Fürsorgeerziehung, ins Jugend-KZ, als Kanonenfutter an die Front oder durch den Strang zu Tode, wie jene »Rädelsführer der Edelweiß-Piraten«, die noch kurz vor Kriegsende im November 1944 in Köln-Ehrenfeld zur Abschreckung öffentlich aufgehängt wurden. Darunter war auch ein 16-Jähriger (vgl. Peukert 1982).

Hilfsschulen

Die pädagogischen Maßnahmen der Weimarer Republik für Kinder und Jugendliche mit Verhaltensstörungen wurden von den Nazis als »kriminelle Torheiten« und »marxistische Gefühlsduselei« verunglimpft. Den Nationalsozialisten ging es um »Volksgesundung«, um die »Aufartung der germanischen Rasse« und in Verbindung damit um die »Ausmerzung geschädigter Erbträger«. Wer für den Dienst am Volk wenig Effektivität erwarten ließ oder nicht fähig oder bereit war, sich in die Volksgemeinschaft einordnen zu lassen, wurde als »Ballastexistenz« verstanden, die es aus dem Erbgang des deutschen Volkes zu eliminieren galt. Dafür brauchte das Regime Sammelbecken, als die sich die weit verbreiteten Hilfsschulen anboten. Die Sammelbeckenfunktion der Hilfsschule wurde im April 1938 durch die »Allgemeine Anordnung über die Hilfsschulen in Preußen« (AAoPr) und 1942 reichseinheitlich durch die »Richtlinien für die Erziehung und den Unterricht in Hilfsschulen« festgeschrieben. Die Schülerschaft der Hilfsschulen sollte aus solchen Kindern bestehen, »die bildungsfähig sind, die im Allgemeinen Bildungsgang der Volksschule aber wegen ihrer Hemmungen in der körperlich-seelischen Entwicklung und ihren Störungen im Erkenntnis-, Gefühls- und Willensleben unterrichtlich und erzieherisch nicht zu folgen vermögen«. Somit konnten nicht nur die als schwachsinnig verstandenen Schüler, sondern auch die nach der heutigen Terminologie als verhaltensgestört bezeichneten Kinder und Jugendlichen reichsweit gesondert erfasst und gegebenenfalls den von den Erbgesundheitsgerichten angeordneten Sterilisationsmaßnahmen zugeführt werden. Im Sinne nationalsozialistischer Vorstellung und Ziele waren die eugenischen Maßnahmen sehr effektiv: Allein zwischen 1934 und 1943 wurden 99 534 Menschen unfruchtbar gemacht (vgl. Bonhoeffer 1949, 2). Insgesamt gesehen muss damit gerechnet werden, dass 300 000 bis 350 000 Menschen zu Sterilisationsopfern geworden sind (vgl. Rudnick 1980, 93).

Einrichtungen der Jugendhilfe und der Jugendfürsorge

Über die Jugendhilfe, die Jugendfürsorge und die Jugendgerichtsbarkeit schuf sich der totalitäre NS-Staat einen weiteren umfassenden Apparat, um bei unerwünschten Verhaltensweisen von Kindern und Jugendlichen zu intervenieren. Die nach dem Jugendwohlfahrtsgesetz (JWG) von 1922 gegründeten und organisierten Einrichtungen der Jugendpflege für Erziehungsschwierige, von Verwahrlosung bedrohte und verwahrloste Kinder und Jugendliche wurden nach kurzer Zeit des kooperativen und friedlichen Nebeneinanders der Spitzenverbände der Wohlfahrtspflege sehr bald von der »Nationalsozialistischen Volkswohlfahrt« (NSV) vollständig dominiert, die »alle Bestrebungen wohlfahrtspflegerischer Art innerhalb Deutschlands zusammenfassen und auf das nationalsozialistische Ziel ausrichten sollte« (Althaus 1937, 23).

Für die NSV stand im Sinne nationalsozialistischer Weltanschauung die gesunde deutsche Familie, die »Gesundung und Aufartung« des deutschen Volkes im Mittelpunkt aller Maßnahmen. So stellte der Reichsamtsleiter Althaus im Hauptamt für Volkswohlfahrt fest: »Nicht der einzelne Gefährdete wird Objekt individualistischer Fürsorge, vielmehr dient die nationalsozialistische Volkspflege der gesunden Familie als der Zelle und Blutsträgerin des Volkes. Die asoziale Sippe und der asoziale Einzelne werden aus der Betreuung ausgeschlossen, soweit nicht – um der gesunden Umgebung Willen – Maßnahmen überwachender und einschränkender Art eingeleitet werden müssen« (Althaus 1944, 107).

Die Fürsorgeerziehung hatte die Aufgabe, sich dadurch überflüssig zu machen, dass erbbiologisch gesunde und wertvolle Familien stark unterstützt und zur stärkeren Fortpflanzung angeregt wurden und die als erbbiologisch unwertig erachteten Problemfamilien mithilfe verschiedener gesetzlicher Regelungen zum Aussterben gebracht oder ausgemerzt wurden. In diesem Sinne war es von größter Wichtigkeit, die sozial gefährdeten, aber besserungsfähigen, d. h. erziehbaren Kinder und Jugendlichen von denen zu trennen, die als gemeinschaftsunfähig und gemeinschaftsfremd, d. h. als unerziehbar verstanden wurden.

Die Aufnahmestationen der Fürsorgeerziehungsheime wurden zum Sammelbecken für Kinder und Jugendliche mit den unterschiedlichsten Lern- und Verhaltensschwierigkeiten sowie zum erbbiologischen Sieb – und das bereits kurz nach der Machtübernahme. So ist schon im Jahresbericht von 1935 des Berliner Landes-Wohlfahrts- und Jugendamtes über ein städtisches Erziehungsheim nachzulesen: »Im Landeserziehungsheim Struveshof, das gleichzeitig Beobachtungs- und Verteilungsstelle für schulentlassene Minderjährige ist, wurden im Berichtsjahr 241 Minderjährige neu aufgenommen. Der monatliche Zugang betrug gleichbleibend etwa 20 Minderjährige. Für 58 von den 241 neu überwiesenen Minderjährigen ist Anzeige aufgrund des Gesetzes zur Verhütung erbkranken Nachwuchses gestellt worden. Die Anzeige erfolgte in allen Fällen wegen festgestellten oder vermuteten Schwachsinns« (Landesarchiv Berlin REP. 57/862).

Im Hinblick auf Sterilisations- oder andere Sondermaßnahmen hatte der Psychiater der Berliner Fürsorgeerziehungsbehörde bereits einen Zahlenschlüssel gefunden: »Es zeigen nach wie vor ungefähr 40 % der Zöglinge Regelwidrigkeiten und zwar 25 % in der Richtung des Schwachsinns verschiedenen Grades und 15 %

fallen in den Bereich der verschiedenen Formen der Psychopathie« (Landesarchiv Berlin REP. 57/862).

Da in den Fürsorgeerziehungsheimen nur diejenigen Kinder und Jugendlichen betreut und gefördert werden sollten, bei denen gute Erfolgsaussichten bestanden und die als erbbiologisch akzeptabel angesehen wurden, überführte man die als unerziehbar eingestuften Zöglinge in Arbeits- und Bewahrungshäuser. In dem differenzierten System der Disziplinierung und Auslese gab es dann neben den Regelformen der Fürsorgeerziehungsheime und den Arbeits- und Bewahrungshäusern noch polizeiliche »Jugendschutzlager« oder – wie sich treffender sagen lässt – Jugend-Konzentrationslager. Die »Jugendschutzlager« wurden auf Anweisung des Reichsführers der SS Heinrich Himmler im Februar 1940 als Ergänzung der Fürsorgeeinrichtungen für anlagemäßig kriminelle Minderjährige eingerichtet – und zwar in Moringen für 800 männliche Jugendliche und in Uckermark für 600 weibliche Minderjährige. Die Einweisung in die Jugend-KZ geschah durch das Reichskriminalpolizeiamt auf Antrag der Kriminalpolizeistellen und betraf »Minderjährige, für die Fürsorgeerziehung wegen Erreichung der Altersgrenze oder wegen Unerziehbarkeit nicht oder nicht mehr angeordnet oder aufrechterhalten werden sollte« (Werner 1944, 97).

War der Alltag in den regulären Heimen im Sinne von Zucht und Ordnung für die Kinder und Jugendlichen schon sehr schwer geworden, so muss er in den Jugend-KZ unerträglich gewesen sein. Die ca. 700 männlichen Jugendlichen im Alter von 16–21 Jahren, die in Moringen untergebracht waren, wurden durch den Kommandanten, einen SS-Sturmbannführer, durch 70 Wachmänner, einen leitenden Erzieher und zwölf Erzieher systematisch zur straffen Disziplin, Sauberkeit, Ordnung und zur größtmöglichen Arbeitsleistung gezwungen. Zur Individualisierung der Maßnahmen, die auch harte Strafen einschlossen (straff stehen über zwei bis sechs Stunden, Entziehung des Essens, verschärfter Arrest bei Wasser und Brot), wurden Gruppen gebildet und zu »Blöcken« zusammengefasst. So gab es den Block der Untauglichen, den Block der Störer, den Block der Dauerversager, den Block der Gelegenheitsversager und den Block der fraglich Erziehungsfähigen. Der harte Arbeitstag begann um 5.15 Uhr und endete um 18.15 Uhr. Von den über 1000 Jugendlichen, die bis Herbst 1943 Moringen durchlaufen hatten, waren 75,6 % ungelernte, 9,2 % angelernte Arbeiter und 15,2 % ohne Beruf; fast 60 % kamen aus der Fürsorgeerziehung; 23 wurden unfruchtbar gemacht; 24 starben eines natürlichen Todes, drei starben an Unfallfolgen, zwei begingen Selbstmord, einer wurde auf der Flucht erschossen (Werner 1944, 95–106).

Diese Zahlen über Unfruchtbarmachung, »natürlichen« Tod und Unfalltod, Selbstmord und Erschießung entstammen offiziellen Angaben des Terror-Regimes. Sie können nur ahnen lassen, wie furchtbar die Gräuel, die Qualen waren, denen unangepasste Jugendliche ausgesetzt wurden. So kann es nicht verwundern, dass allein schon die Existenz, der fürchterliche Ruf des Lagers disziplinierende Funktion gewann.

Ab 1939 arbeiteten die Fürsorgeeinrichtungen eng mit den neu installierten Kinderfachabteilungen an Nervenkliniken zusammen. Die Wiener Klinik »Am Steinhof« war eine der ersten mit einer Kinderfachabteilung. »Die Nervenklinik für Kinder wurde am 24.07.1940 in Betrieb genommen und diente zur Beobachtung so genannter psychopathischer und erbkranker Kinder, die hier nach ihrer wissenschaftlichen Begutachtung ermordet wurden. Mit Beimengungen von Morphium, Veronal oder Luminal in das Essen wurden die Kinder getötet. Zwischen Juli 1942 und April 1945 wurden so mehr als 200 Kinder in dieser Klinik getötet« (Romey 1984, 170).

Mit zunehmender Routine der Mordkommissionen brauchten die Kinder nicht einmal mehr »beobachtet« zu werden. Auf Vernichtungsmittel wurde verzichtet: Eingeschränkte Ernährung, eine Hungerkost, führte zum Tode (vgl. Dörner 1967, Ehrhardt 1965, Schmeichel 1982).

Wieweit die rassistischen Wahnideen und »Aufartungs«-Ansprüche des Staates sowie der Zustand der Rechtlosigkeit und der servilen Eigenmächtigkeit die Menschen – auch Mediziner, auch Psychiater – pervertierten, wird daraus deutlich, »dass medizinische Wissenschaftler die Dienstwilligkeit der Kinderfachabteilungen ausnutzten, um für sie interessante Fürsorgezöglinge töten zu lassen und den Rücktransport der Leichen zu bewerkstelligen« (Schmeichel 1982, 94).

Die harten Sanktions- und Disziplinierungsmaßnahmen des nationalsozialistischen Regimes gegen Kinder und Jugendliche mit abweichenden, unerwünschten Verhaltensweisen stehen zwar in der europäischen Tradition des mittelalterlichen Strafrechts einerseits und der sozialdarwinistischen Bestrebungen des 19. und beginnenden 20. Jahrhunderts andererseits, sie nahmen aber im Hitler-Staat eine teuflische Systematik und eine grauenvolle Perfektion in Dimensionen an, die vorher nicht denk- und vorstellbar waren.

2 Begrifflichkeit

Kinder und Jugendliche, die ihrer Umwelt Schwierigkeiten machen und mit sich selbst Schwierigkeiten haben, sind in der Vergangenheit mit den unterschiedlichsten Begriffen bezeichnet worden. Beispielhaft sind zu nennen: entwicklungsgehemmt, entwicklungsgestört, erziehungsschwierig, fehlentwickelt, führungsresistent, gemeinschaftsschwierig, integrationsbehindert, neurotisch, psychopathisch, schwererziehbar, schwersterziehbar, unerziehbar, verwahrlost, verwildert.

Einige dieser Begriffe sind aus dem Sprachgebrauch verschwunden oder haben den Charakter von Unterbegriffen angenommen, die eine spezifische Sichtweise angeben und sich einem Oberbegriff subsumieren lassen, andere sind aus verschiedenen Gründen abzulehnen.

Einer der ersten Sonderpädagogen, der sich intensiver mit schwierigen Kindern und Jugendlichen befasste, war der Berliner Schulrat Arno Fuchs. Er lenkte Blick und Interesse der pädagogischen Fachwelt auf die »nicht geringe Zahl der normalen, nur mit leichten und vorübergehenden psychopathischen Wesenszügen behafteten Schwererziehbaren« (Fuchs 1930, 7). Seine Charakterisierung der Kinder und Jugendlichen erfolgte aus pädagogischer Sicht, d. h. die Erschwerung des Erziehungs- und Bildungsprozesses wurde herausgestellt. Bedeutsam ist, dass die Symptome zwar als schwer beeinflussbar, aber dennoch als korrigierbar und somit als vorübergehend gewertet wurden. Aus diesem Grunde hat sich wohl der Begriff Schwererziehbarkeit bis in unsere Zeit als Sammelbegriff erhalten (vgl. z. B. Kluge 1969). Allerdings legt er die Deutung nahe, dass die Ursachen nur oder vorwiegend beim Kinde liegen und das Kind Schuld hat an den Erschwernissen. Gleiches gilt für Erziehungsschwierigkeit, eine Bezeichnung, die häufig in den 1950er und beginnenden 1960er Jahren gebraucht wurde (vgl. z. B. Klink 1962, Müller 1962).

Für Heinrich Hanselmann, den bedeutenden Schweizer Heilpädagogen, waren die in Rede stehenden Kinder und Jugendlichen Schwererziehbare und – von seiner Gesamtsystematik aus gesehen – »ausgabeabwegige Entwicklungsgehemmte« (Hanselmann 1930, 15), wenn Anlagebedingungen im Vordergrund stehen, oder Entwicklungsgestörte, »wenn keine Anlagemängel im Kinde vorliegen, sondern wenn seine Entwicklung in einer erzieherisch und seelisch-gesundheitlich ungünstigen Umwelt sich vollzieht« (Hanselmann 1954, 80). In seinem heilpädagogischen System unterschied er im Hinblick auf körperliche, seelische und geistige Beeinträchtigungen zwischen aufnahmegeschädigten (Mindersinnigen), verarbeitungsschwachen (Geistesschwachen) und ausgabeabwegigen Entwicklungsgehemmten und Entwicklungsgestörten. Der Begriff der Entwicklungshemmung ist zu stark auf konstitutionelle Bedingungen ausgerichtet, impliziert die Fiktion einer norm- bzw.

phasengerechten Entwicklung und wird heute auch gern wegen des vieldeutigen Gehalts des Wortes Hemmung vermieden. In der Nachfolge Hanselmanns werden schwierige Kinder und Jugendliche auch in neuerer Zeit als entwicklungsgestört bezeichnet (vgl. von Bracken 1968). In Bremen gab es eine »Sonderschule für entwicklungsgestörte Kinder«. Sehr beliebt bei Fachautoren war eine Zeit lang der Terminus Gemeinschaftsschwierigkeit (vgl. z. B. Mücke 1966), der zu stark die Probleme in der Gemeinschaft betont und nicht deutlich werden lässt, dass die Kinder und Jugendlichen meistens Schwierigkeiten mit sich selbst haben und ihre Ängste und Aggressionen sehr häufig destruktiv auch gegen sich selbst richten.

Kaum Beachtung gefunden hat die Wortprägung »integrationsbehindert« (Lauckert 1962), obwohl sie die besonderen Probleme schwieriger Kinder in zweifacher Hinsicht gut zusammenfasst und eine terminologische Ebene zu anderen Behinderungen herstellt (vgl. geistig behindert, körperbehindert, sehbehindert, sprachbehindert usw.). In dieser Bezeichnung klingt an, dass schwierige Kinder darin behindert sind, personale und soziale Ansprüche harmonisch in ihre Gesamtpersönlichkeit zu integrieren sowie sich in Gruppen einzugliedern und Gruppennormen anzupassen und dass sie bei Integrationsversuchen von der Umwelt nicht nur nicht unterstützt, sondern häufig auch behindert werden (vgl. dazu Kluge/Vosen 1975). Als unangemessen kann die Parallelisierung mit anderen Behinderungen erscheinen, wenn von einem eng gefassten, nur irreversible, dauerhafte Schädigungen umfassenden Behinderungsbegriff ausgegangen wird. Es hat sich aber im Hinblick auf Hilfeleistungen nicht nur bei vielen Fachautoren, sondern auch beim Gesetzgeber durchgesetzt, den Behinderungsbegriff weiter zu fassen und ein Kind unter pädagogisch-psychologischem Aspekt als behindert zu bezeichnen, das »in seinen pädagogischen Vollzugsbereitschaften, im Lernprozess und in der erzieherischen Ansprechbarkeit verändert, defizient und gestört« ist (Bleidick 1972, 202). Insofern sind – auch wenn keine Defekte vorliegen – auch schwierige Kinder und Jugendliche behindert und somit in besonderer Weise hilfsbedürftig.

Gegenwärtig finden zwei Oberbegriffe, die oft auch als Synonyme verstanden werden, am häufigsten Verwendung: Verhaltensauffälligkeit und Verhaltensstörung. Der Begriff Verhaltensauffälligkeit ist wohl gebräuchlich geworden, weil er als wertneutral gilt. Er lässt sich aber auch aus verschiedenen Gründen kritisieren: Zum einen werden nicht alle Kinder und Jugendliche mit beeinträchtigenden Schwierigkeiten durch ihr Verhalten auffällig, wie z. B. solche mit resignativen, depressiven, ängstlich-gehemmten oder regressiven Erscheinungsformen; und nicht alle auffälligen Kinder und Jugendliche haben mit sich oder mit der Umwelt tiefgreifende und andauernde Schwierigkeiten wie z. B. besonders talentierte bzw. hochbegabte. Zum anderen ist jeder Mensch hin und wieder in seinem Verhalten auffällig, z. B. wenn er übermüdet, überarbeitet, übermäßig ausgelassen oder auch angetrunken ist. Außerdem müsste zwischen positiver und negativer Verhaltensauffälligkeit unterschieden werden. Der Begriff Verhaltensauffälligkeit ist also zu allgemein, mehrdeutig, wenig prägnant und unscharf und ist deshalb als Oberbegriff für den wissenschaftlichen Sprachgebrauch nicht gut geeignet.

Der Begriff Verhaltensstörung hat im administrativen wie im wissenschaftlichen Bereich die größte Verbreitung gefunden. In den 1960er Jahren hat seine Verwendung im Vergleich zu Alternativbegriffen hochsignifikant zugenommen (vgl. Schultheis 1974, 1983). Er setzte sich sowohl in der damaligen DDR als auch in der Bundesrepublik Deutschland im amtlichen Sprachgebrauch bildungspolitischer Instanzen und Gremien auf Bundes- und Länderebene sowie in der Diktion vieler Fachautoren durch, wohl weil er das Gemeinte relativ deutlich zum Ausdruck bringt, interdisziplinär verständlich ist, in ähnlicher Diktion in anderen Sprachen benutzt wird, z. B. in dem für die westliche Wissenschaft so wichtigen Englischen und Amerikanischen (behavior disorders, behaviorally disordered), also gut in andere Sprachen zu übersetzen ist und somit der internationalen Kommunikation dient. Geprägt wurde er international 1950 auf dem Ersten Weltkongress für Psychiatrie in Paris als Sammelbegriff für alle »Abwegigkeiten und Handlungen und Haltungen von den einfachsten ›Ungezogenheiten‹, dem Ungehorsam, dem Jähzorn, den Tics, den Ess- und Schlafstörungen bis zu den schwersten Formen der Verwahrlosung und Kriminalität« (Wiesenhütter 1964, 138). Inzwischen hat es sich als notwendig erwiesen, den Begriff enger zu fassen und nur dann zu verwenden, wenn die Verhaltensschwierigkeiten nicht kurzdauernd, vorübergehend, sondern länger andauernd sind, und wenn sie nicht punktuell unter spezifischen Reizbedingungen, sondern unter unterschiedlichen Bedingungen in verschiedenen Situationen auftreten. Vorübergehender Ungehorsam, nicht-überdauernde Störungen des Unterrichts oder passagere Ungezogenheiten sind nach diesem Verständnis keine Verhaltensstörungen. Störung im Sinne von Verhaltensstörung meint, dass nicht nur vorübergehend eine Problemkonstellation gegeben ist, dass vielmehr längerfristig individuelles und soziales Leben beeinträchtigt ist, dass für das Kind oder den Jugendlichen die Gefahr besteht, sich das soziokulturelle Erbe nicht adäquat aneignen und Mündigkeit, Unabhängigkeit, Selbstverwirklichung nicht erreichen zu können. Störung meint aber auch, dass Störfaktoren zu eliminieren sind, dass die Beeinträchtigung aufgehoben werden kann, dass durch Hilfeleistung der Weg wieder frei zu machen ist für die weitere adäquate Sozialisation, so wie bei einer Verkehrsstörung die Räumung der Straße von behindernden Unfallautos den Weg auf das Fahrziel wieder freigibt. In diesem Sinne kann man Verhaltensstörungen verstehen: als »fixierte seelische Konfliktlage« (Atzesberger/ Frey 1979, 12), als »permanente Unbalancen« in der Ich-Identität (Martikke 1979, 10), als »Abweichung vom Regelverhalten«, die »derart gravierend ist, dass sie eine besondere erzieherische Hilfe für das Kind oder den Jugendlichen erforderlich macht, um soziale Desintegration abzuwenden und soziale Integration zu ermöglichen« (Speck 1979, 8), wie es auch aktuelle Auseinandersetzungen mit dem Gegenstand verstehen (z. B. Hillenbrand 2008).

Unklarheit besteht darin, ob im Plural von Verhaltensstörungen oder im Singular von Verhaltensstörung gesprochen werden soll. Beide Möglichkeiten kommen in der Fachliteratur vor und haben etwas für sich. Für die Pluralform ist anzuführen, dass die Symptomatik immer multidimensional ist, sich Störungen in den verschiedenen Lebensbereichen des Affektiven, Motorischen, Somatischen, Sozialen, der Arbeit und Leistung zeigen sowie in individuell so unterschiedlichen Kombinationen auftreten, dass von einem spezifischen Syndrom Verhaltensstörung keine Rede sein kann. Die Pluralform findet auch unter dem Gesichtspunkt Sinn, dass Problemverhalten nicht ständig auftritt, dass es Zeiten mit und ohne Störung gibt, Störung aber auf Störung folgt und somit ein Nacheinander vieler Störungen charakteristisch ist.

Andererseits aber ist bei aller Verschiedenheit der Symptomatik die Problematik sowohl von den Reaktionen der Umwelt als auch von den Beeinträchtigungen für den Betroffenen her ziemlich einheitlich, sodass von einem normabweichenden, negativ auffälligen Fehlverhalten gesprochen werden kann, das pädagogisch-therapeutische Interventionen notwendig macht und gerade wegen dieser Notwendigkeit das Signalwort Verhaltensstörung braucht. Verhaltensstörung signalisiert dann eine überdauernde Krisenkonstellation, die der Betroffene ohne Hilfe von außen nicht oder nur unzulänglich oder nur in einem sehr langen Zeitraum überwinden kann. Nach diesem Verständnis hat ein Betroffener nicht viele qualitativ unterschiedliche Verhaltensstörungen, die in ihrer Gesamtheit eigentlich auch eine neue, zusammenfassende Bezeichnung bräuchten, er hat vielmehr zahlreiche, unangemessene, beeinträchtigende Verhaltensweisen, die in ihrer Gesamtheit als Verhaltensstörung bezeichnet werden.

Da Plural- wie Singularform als sinnvoll und in ihrem Sinngehalt einander ergänzend erscheinen, könnte Verständigung darüber angestrebt werden, je nach Kontext und spezieller Akzentuierung die eine wie andere Form nebeneinander zu benutzen. Auf diese Weise wird in den weiteren Ausführungen verfahren.

Der Gebrauch der pauschalisierenden Kurzformel »Verhaltensgestörte« bzw. »verhaltensgestörte Schüler« wird abgelehnt. Mit dieser Formel wird der pädagogische Sachverhalt verkürzt und die persönlichkeitsspezifische Komplexität verwischt, »denn ein Kind mit Verhaltensstörungen ist nicht nur verhaltensgestört«. Es könnte nach den Umständen, bei Betonung anderer Merkmale, »auch als ›hochbegabt‹, als ›sensibel‹, als ›durchsetzungsstark‹ positiv etikettiert werden« (Speck 1979, 2). Es besteht die Gefahr einengender Sicht und Beurteilung, was im Hinblick auf den Betroffenen wie auf den Beurteiler negative Konsequenzen haben kann und deshalb unbedingt vermieden werden sollte. Ganz analog beschwor auch die lange Zeit verbreitete Bezeichnung »Verhaltensgestörtenpädagogik« für die sonderpädagogische Fachrichtung an Universitäten und Hochschulen die angesprochene Gefahr herauf. Deshalb ist zu begrüßen, dass das Fachgebiet an vielen Studienstätten als »Pädagogik bei Verhaltensstörungen« bezeichnet wird.

Gegen den Begriff Verhaltensstörung gibt es Einwände. Solange der Mensch lebt, verhält er sich. So kann Verhalten nicht eigentlich gestört, sondern nur qualitativ oder quantitativ in Relation zu einer Norm anders oder verändert sein. Störungen liegen in den Bereichen, die Verhalten konstituieren. Insofern ist es richtiger, statt von Verhaltensstörungen von psychophysischen oder auch psychosozialen Störungen zu sprechen. Zudem wird dem Begriff Verhaltensstörung eine diffamierende Wirkung zugeschrieben. Es wird geltend gemacht, mit ihm würden Handlungen, die für das Individuum als sinnhaft verstanden werden können, pathologisiert, da er die Allgemeingültigkeit von Normen impliziere und einen Anklang an Ordnungswidrigkeit habe (vgl. dazu z. B.: Jetter/Schönberger 1979, 9–10). Wie jedoch die Erfahrung lehrt, kann jeder zunächst noch so neutrale Begriff zur Diffamierung missbraucht und zum Schimpfwort werden, wenn das, worauf er zielt, missverstanden, abgelehnt, verhöhnt wird. Die Bezeichnungen geisteskrank, Hilfsschüler, Idiot, Krüppel, Spastiker und verrückt sind hier beispielhaft zu nennen. Die Geschichte der Heil- und Sonderpädagogik ist reich an Versuchen, durch Etikettveränderungen auch die mit diesen Etiketten verbundenen Stigmatisierungen loszuwerden – mit dem Tatbestand, dass auch die neuen Etikette Stigmatisierungen nach sich ziehen. Es muss also darum gehen, Einstellungen, nicht Begriffe zu verändern. Die zweifellos bestehende Notwendigkeit, Normen und Werte nicht als ewig und für alle Menschen als gültig anzusehen, darf in pädagogischer Verantwortung nicht dazu führen, Normabweichungen bei noch so deutlich gegebener individueller Sinnhaftigkeit zu tolerieren oder gar durch Nichtbezeichnung zu ignorieren, wenn sie die Entwicklung und Erziehung eines Kindes oder Jugendlichen beeinträchtigen, d. h. eine adäquate Entwicklungs- und Leistungsfähigkeit im emotionalen, kognitiven, psychomotorischen und sozialen Bereich stören oder verhindern – oder auch massive Gefährdungen anderer Personen nach sich ziehen. Ablehnungen des Begriffs Verhaltensstörung resultieren auch aus Missverständnissen oder spezifischen theoretischen Positionen (vgl. z. B. Göppel 1989, 288–289, siehe dazu auch weiter unten). Der Begriff Verhaltensstörung zielt vom Wortsinn her sehr deutlich auf erhebliche Normabweichungen und beinhaltet nicht, dass ein Kind z. B. unter Verstoß gegen die Schulordnung während des Unterrichts isst, was sich jedoch als Problemverhalten bezeichnen ließe. Eine mit den weiteren Ausführungen zu erläuternde Definition des Begriffs Verhaltensstörung soll deutlich machen, dass es nicht darum geht, zeit- und kulturbedingte Normen zu stabilisieren und banale Ordnungswidrigkeiten zu pathologisieren, sondern ein normabweichendes, fehlleitendes Verhalten zu kennzeichnen, um vor allem im Interesse des Betroffenen und in mitmenschlicher Verantwortlichkeit helfende Maßnahmen einzuleiten.

Unter Verhalten wird hier die Gesamtheit menschlicher Aktivitäten verstanden, die im Wechselspiel zwischen Organismus und Umwelt generiert werden und von einfachen Reaktionen auf Reize bis zu willentlichen, komplexen, umweltverändernden Handlungen reichen. Im Sinne eines weiten Verständnisses impliziert damit Verhalten nach außen hin sichtbare Reaktionen und das innere Erleben. Verhalten kann in einer Grobdifferenzierung in adaptive und maladaptive Modi unterteilt werden. Adaptives Verhalten ist das Ergebnis adäquater Wahrnehmung, Verarbeitung, Einschätzung und Aktivierung. Es dient situativ und allgemein zur optimalen Umweltbewältigung (vgl. Stott et al. 1975). Maladaptives Verhalten dagegen basiert auf dysfunktionalen Rezeptionen, Emotionen und Kognitionen. Es ist durch unangemessene, unvorteilhafte und sozial unverträgliche Situations- und Lebensbewältigung charakterisiert (zu dieser interaktionspädagogischen Sicht vgl. Myschker 2008).

Aus einer konsequent interaktionistischen Perspektive kann das auffällige Verhalten eines Kindes oder Jugendlichen als eine Art Symptom oder Signal für eine dahinterstehende Störung eines Systems betrachtet werden – mit problematischen Folgen für die betroffenen Personen selbst und/oder ihr Umfeld. Verhaltensstörungen sind aus dieser Sicht Störungen im Funktionsgleichgewicht des Person-Umwelt-Bezugs (vgl. Seitz/Stein 2010, Stein 2017). Aus dieser Sicht heraus entsteht noch keine Festlegung, welcher Faktor wesentlichen Einfluss auf die Genese der Verhaltensstörung hat; es müssten vielmehr verschiedene grundlegende Erklärungsmöglichkeiten in Betracht gezogen werden (▶ Kap. 4).

So kann ein auffälliges Verhalten auch vorrangig durch situative Gegebenheiten bedingt sein, relativ unabhängig davon, welche Eigenarten die betreffende Person mitbringt: beispielsweise extrem belastende Situationen wie Mobbing in der Schulklasse oder die schwere Erkrankung eines Elternteils. Andererseits schließt eine solche Sichtweise auch Fälle ein, in denen eine Person auffälliges Verhalten zeigt, das weitgehend unabhängig von situativen Bedingungen auftritt und auf bestimmte überdauernde Personeigenarten zurückgeführt werden kann – wobei in diesem Fall von Verhaltensstörungen der Person gesprochen werden kann (vgl. ebd.). Von Verhaltensstörungen in diesem Sinne kann beispielsweise dann ausgegangen werden, wenn ein Schüler in unterschiedlichsten Situationen (Pause, Lernsituation im Unterricht, Sport) und gegenüber diversen Personen immer wieder aggressive Verhaltensweisen zeigt.

Im Folgenden liegt der Fokus auf solchen Verhaltensstörungen, bei deren Genese Verhaltensauffälligkeiten der Person im Vordergrund stehen. Dieser spezielle Aspekt interaktionistischer Auffassung ist von besonderer Bedeutung, und daher ist es nicht nur sinnvoll, sondern auch wichtig, ihn in diesem Buch in der Folge zentral in den Fokus der Aufmerksamkeit und differenzierten Betrachtung zu stellen. Verfestigte Verhaltensproblematiken von Kindern und Jugendlichen stellen ein gravierendes, spezielles Problem für die Betroffenen und ihr Umfeld dar. Unter Berücksichtigung dieser Erwägungen wird »Verhaltensstörung« folgendermaßen definiert:

> Verhaltensstörung ist ein von den zeit- und kulturspezifischen Erwartungsnormen abweichendes maladaptives Verhalten, das organogen und/oder milieureaktiv bedingt ist, wegen der Mehrdimensionalität, der Häufigkeit und des Schweregrades die Entwicklungs-, Lern- und Arbeitsfähigkeit sowie das Interaktionsgeschehen in der Umwelt beeinträchtigt und ohne besondere pädagogisch-therapeutische Hilfe nicht oder nur unzureichend überwunden werden kann.

Mit dieser Definition soll – was im Hinblick auf Missverständnisse und spezifische theoretische Positionen anzumerken ist – ein Begriff, der sich eingebürgert hat, der sehr unterschiedliche Phänomene zusammenfasst (siehe nachfolgende Symptomliste sowie ▸ Kap. 3 grundsätzlich), die mit den unterschiedlichsten Ursachen zusammenhängen können, in einer Weise präzisiert werden, dass er der fachlichen Kommunikation auf hohem Abstraktionsniveau, aber auch einem so wichtigen Bereich wie der Diagnostik dienlich sein kann (▸ Kap. 5). Abstrahiert wird dabei auf die wesentlichen Merkmalsbereiche, die sich nicht nur auf das Kind/den Jugendlichen, sondern ganz wesentlich auch auf die Umwelt beziehen (»Erwartungsnormen«, »milieureaktiv«).

Verhaltensstörung ist also ein phänomenologischer Oberbegriff. Ihm lassen sich – wiederum eine Vielzahl von Erscheinungsformen zusammenfassende – Unterbegriffe subsumieren, die in verschiedenen wissenschaftlichen Disziplinen beheimatet sind und aus der Sicht dieser Disziplinen spezielle Probleme akzentuieren.

In Tab. 1 wird ein Überblick über dieses Begriffsgefüge gegeben (▶ Tab. 1). Auf die angegebenen Unterbegriffe wird an anderer Stelle näher eingegangen.

Tab. 1: Verhaltensstörung (phänomenologischer Oberbegriff)

pädagogisch	Subtermini medizinisch-psychologisch	juristisch
Erziehungsschwierigkeit Schwererziehbarkeit so genannte Unerziehbarkeit Kinder mit Förderbedarf emotionale u. soziale Entwicklung	Neurose, Psychose Aufmerksamkeits-Defizit- Hyper-/Hypo-Aktivitäts- Störung (ADHS) Hirnstörungen psychische Störung, schmerzbasiertes Verhalten	Verwahrlosung (JWG, bis 31.12.90) Seelische Behinderung (AFG, BBuG, BSHG, SGB) Schädliche Neigung/ Kriminalität (JGG)

Der soziologische Begriff des abweichenden Verhaltens (Böhnisch 1999) hat weder eine Funktion als Alternativbegriff für Verhaltensstörung noch als Subterminus: Er ist innerhalb der Definition von Verhaltensstörung *ein* Bestimmungsstück in der Präzisierung als abweichendes Fehlverhalten, da hier nicht Spleens bzw. Allüren z. B. von Künstlern gemeint sind, sondern im Hinblick auf oberste Erziehungsziele wie Emanzipation/Autonomie, Solidarität, Leistungsfähigkeit und Leistungswilligkeit (▶ Kap. 6.1.7) fehlgeleitete und fehlleitende Verhaltensweisen.

Die vorgenommene Begriffsanalyse und terminologische Festlegung ist – vor allem auch international gesehen – nicht Allgemeingut. Nach wie vor ist die Situation so zu kennzeichnen, wie sie der renommierte amerikanische Sonderpädagoge Kaufman charakterisierte: Fakt sei, dass die Terminologie auf dem Gebiet, das hier im Deutschen als Pädagogik bei Verhaltensstörungen bezeichnet wird, häufig so verwirrend (»confused«) sei wie die Kinder und Jugendlichen, denen wir die Bezeichnungen zuschreiben (Kauffman 2005, 6). International hat sich dennoch als Oberbegriff – wie seinerzeit 1950 auf dem Weltkongress für Psychiatrie vorgeschlagen – »behavior disorders« weitgehend durchgesetzt mit der Differenzierung – insbesondere im Hinblick auf Kinder und Jugendliche – »emotional and behavioral disorders« (siehe z. B. Rutherford/Quinn/Mathur 2007, Yell/Meadows/ Drasgow 2008, Kauffman/Landrum 2012), die gleichfalls Verhalten in weitem Sinne als Störungen des (äußeren) Verhaltens (behavioral) in Verbindung mit dem (inneren) Erleben (emotional) meint.

3 Erscheinungsformen, Klassifikation und Verbreitung von Verhaltensstörungen

3.1 Erscheinungsformen (Symptome und Syndrome)

Verhaltensstörungen stellen sich mit einer Vielzahl von Erscheinungsformen in individuell außerordentlich unterschiedlichen Erscheinungsbildern dar. Die Erscheinungsformen werden von verschiedenen wissenschaftstheoretischen Standpunkten aus entweder als Symptome verstanden, d. h. als Merkmale für eine ursächlich wirkende intrasomatische oder intrapsychische Erkrankung, Schädigung oder Störung, oder sie gelten als die Störung selbst. Nach letzterer Auffassung ist nicht von Symptomen, sondern von in problematischer Weise abweichendem Verhalten in verschiedenen Erscheinungsformen zu sprechen (▶ Kap. 5.3). Da beide Standpunkte bedeutsam sind, sich nicht ausschließen müssen, vielmehr auch als einander ergänzend angesehen werden können, werden die Bezeichnungen Symptome und Erscheinungsformen hier als Synonyme benutzt.

Für die Vielzahl der Erscheinungsformen ist sowohl über die Umgangssprache als auch über die Fachsprachen der humanwissenschaftlichen Disziplinen wie Allgemeinmedizin, Pädagogik, Pädiatrie, Psychiatrie, Psychologie, Soziologie u. a. im Laufe der Zeit ein umfangreicher Begriffsapparat geschaffen worden, auf den in der Folge noch einzugehen sein wird.

Im Folgenden wird – ohne Anspruch auf Vollständigkeit – in alphabetischer Reihenfolge eine Zusammenstellung von Symptombezeichnungen gegeben, wobei zusammenfassende Begriffe wie z. B. Erziehungsschwierigkeit und Schwererziehbarkeit aus pädagogischer Sicht, Neurose, Psychose und Psychosyndrome aus medizinischer Sicht sowie die rechtswissenschaftlich relevanten Sammelbegriffe psychische Behinderung, Verwahrlosung und schädliche Neigung (bzw. Kriminalität oder Delinquenz) ausgenommen bleiben; auf sie wird gesondert eingegangen. Mit der Zusammenstellung bzw. Auflistung ist nicht in der Nachfolge Ludwig von Strümpells ein Klassifikationssystem vorzustellen (▶ Kap. 1.1.4); es soll zunächst ein vorhandener Begriffsapparat wiedergegeben und ein Eindruck von der Vielfalt der Erscheinungsformen vermittelt, des Weiteren aber auch auf die Problematik verwiesen werden, die sich daraus ergibt, dass spezielle Verhaltensweisen ganzheitlich und äußerst komplex agierender und reagierender Menschen isoliert gesehen und über Zeichen kommunizierbar gemacht werden und dass dadurch immer die Gefahr einer auf dieses Verhalten reduzierten Sicht besteht. Somit ist nachdrücklich anzumerken, dass nicht einzelne Symptome aus diesem Begriffsapparat schon auf eine »Verhaltensstörung« oder auf einen pathologischen Zustand verweisen.

Für Symptombezeichnungen, die nicht allgemein geläufig sind (wie z. B. Enkopresis und Mutismus) oder die in ihrem fachwissenschaftlichen Inhalt präzisiert werden müssen (wie z. B. Ängstlichkeit und Geschwätzigkeit), sind Kurzerklärungen beigegeben.

Symptomliste der Verhaltensstörungen

Affektlabilität (schneller, unbeherrschter
    Wechsel der Gefühle)
Affektstauung
Affektüberschwang
Aggressivität (Bereitschaft zur Verletzung
    und Zerstörung)
Ängstlichkeit (Bereitschaft zur Aktivierung
    von Bedrohtheitsgefühlen)
Anorexia nervosa (Magersucht)
Antisozialität, Antisoziale Störung
    (gemeinschaftsschädliches Verhalten)
Antriebshemmung
Apathie (Teilnahmslosigkeit)
Atemfunktionsstörung
Aufdringlichkeit
Auffassungsstörungen
Aufmerksamkeitsstörung
Autistische Züge
Bewusstseinsstörungen
Bindungsschwäche
Bindungsstörung
Brutalität
Bulimie (Wechsel von Fressanfällen und
    Erbrechen)
Clownerien
Daumenlutschen
Denkstörungen
Depressionen (tiefe Missgestimmtheit,
    Gefühle der Angst, der Sinn- und
    Hoffnungslosigkeit)
Distanzlosigkeit
Drogensucht
Durchfall, nervöser
Eifersucht, übersteigerte
Elternfeindlichkeit
Einzelgängertum
Enkopresis (Einkoten)
Enuresis (Einnässen)
Ess-Störungen
Ess-Sucht
Erbrechen, nervöses
Ermüdbarkeit, vorschnelle
Euphorie (unangemessenes Gefühl
    gesteigerten Wohlbefindens)
Exhibitionismus (Drang zum öffentlichen
    Zeigen der Geschlechtsteile)

Faulheit
Fortlaufen
Frustrationstoleranz, geringe
    (eingeschränkte Fähigkeit, Misserfolge zu
    ertragen)
Gedächtnisstörungen
Gefühlskälte
Gefühlsüberschwang
Geltungsdrang
Geschwätzigkeit (exzessives Reden)
Grimassieren
Haarausreißen
Halluzinationen (irreale Wahrnehmungen,
    Wahrnehmungstäuschungen)
Haltlosigkeit
Hautausschlag, nervöser
Hyperaktivität
Hyperkinetische Störung
Hypochondrie (Einbildung von
    Krankheiten)
Hysterie (gesteigerte
    Störungsempfindlichkeit)
Impulsivität
Initiativlosigkeit
Initialhemmung (Schwierigkeit,
    Unternehmungen zu beginnen)
Intoleranz
Interesselosigkeit
Jaktationen (Schaukelbewegungen mit Kopf
    und Oberkörper)
Kopfschmerzen, nervöse
Kommunikationsstörungen
Konzentrationsschwäche
Kontaktschwäche
Kränkeln
Labilität (Bereitschaft zu schnellen
    Zustandsschwankungen)
Legasthenie (Lese-Rechtschreib-Schwäche,
    LRS)
Lehrerfeindlichkeit
Leistungsschwäche
Leistungsunfähigkeit
Leistungsverweigerung
Lernstörungen
Lethargie (träges, teilnahmsloses Verhalten)
Lügen, exzessives

Magersucht
Manie (übererregtes, dranghaft-
    unkontrolliertes Verhalten)
Minderwertigkeitsgefühle
Motorische Koordinationsstörungen
Mutismus/elektiver Mutismus
    (Sprechhemmung)
Nahrungsverweigerung
Nägelkauen
Negativismus (abweisendes,
    kontaktverweigerndes Verhalten)
Nervosität (erhöhte Stör- und Erregbarkeit)
Neurotizismus (Tendenz zu emotionaler und
    vegetativer Labilität)
Onanie, exzessive (übersteigerte sexuelle
    Selbstbefriedigung)
Oppositionelle Grundhaltung
Oppositionelles Trotzverhalten
Organ-neurotische Störungen (Einwirkung
    psychischer Probleme auf
    Organfunktionen)
Pavor nocturnus (nächtliches ängstliches
    Aufschrecken)
Perversion (abschreckend-widernatürliches
    Verhalten)
Phantasien, exzessive
Phobien (unangemessene Furcht vor Dingen,
    Räumen, Tieren, Menschen)
Pica (Essen von Ungenießbarem)
Prostitution
Pyromanie (dranghaftes Feuerlegen)
Quengelei
Rauschgiftsucht
Rechenschwäche (Dyskalkulie)
Regressivität (Rückfall in frühkindliche
    Verhaltensformen)
Reizbarkeit
Renitenz (widerspenstiges, uneinsichtig-
    blehnendes Verhalten)
Rigidität (starres, unflexibles Verhalten)
Ruminations-Störung (Hochwürgen und
    Ausspucken oder Wiederkäuen von
    Nahrung)
Sadismus (lustvolles Verletzen anderer)
Schlägereien
Schlafstörungen
Schulabsentismus
Schulangst
Schuldgefühle, unangemessene
Schulabsentismus

Schuleschwänzen
Schulverweigerung
Schwächeanfälle
Schwindelgefühle
Selbstkontrolle, geringe
Selbstwertgefühl, übersteigertes oder
    mangelndes
Sensibilität, übersteigerte
Spielstörung
Spielunfähigkeit
Sprachstörungen
Streitsüchtigkeit
Stehlen
Stereotypien (sinnlose, immer
    wiederkehrende verbale und motorische
    Ausdrucksmuster)
Stimmungsschwankungen
Störung des Sozialverhaltens
Stottern
Suizidneigung (Selbstmordabsichten)
Ticstörungen (plötzliche Muskelzuckungen
    und sinnlose Lautproduktionen)
Tierquälerei
Transvestismus (dranghaftes Tragen der
    Kleider des anderen Geschlechts)
Träumereien
Triebhaftigkeit
Trotz
Überangepasstheit
Überempfindlichkeit
Übererregbarkeit
Übergefügigkeit
Ungehorsam
Unselbstständigkeit
Unruhe, motorische
Vagabundieren (Herumstrolchen)
Vasomotorische Störungen (nervöse
    Störungen der Blutgefäßmuskulatur)
Verfügungsschwäche
Verlangsamung
Verschüchterung
Verspieltheit
Wahrnehmungsstörungen
Weinerlichkeit
Wutanfälle
Zähneknirschen
Zerstörungssucht
Zwangsgedanken
Zwangshandlungen

Die bei Verhaltensstörungen auffindbaren Symptomkombinationen sind einerseits unterschiedlich, zeigen andererseits aber auch eine geschlechts-, zeit- und gesell-schaftsformübergreifende Ähnlichkeit. Eine solche Symptomatik, welche Erzie-hung, Bildung und soziale Position eines jungen Menschen erheblich zu beeinträchtigen vermag, lässt sich gut anschaulich machen anhand von vier kurzen Fallbeispielen aus Deutschlands Vergangenheit und Gegenwart.

Das erste Beispiel stammt aus einem der historisch bedeutsamsten Bücher deutscher Schulpädagogik bei Kindern und Jugendlichen mit Verhaltensstörungen. Arno Fuchs, Schulrat in Berlin, beschrieb 1930 in seinen richtungsweisenden Ausführungen über »Erziehungsklassen für schwererziehbare Kinder der Volksschule« in einer kasuistischen Sammlung einen 9-jährigen Jungen namens Paul A. folgendermaßen: »begabt, unsauber, beschuldigt sofort andere für die Unsauberkeit seines Platzes, lässig und liederlich in seinen Arbeiten; im Unterricht absichtlich unbeteiligt, starrt vor sich hin, steckt den Finger in den Mund, beschmiert den Tisch, kramt in seinen Sachen, geht vom Platz, isst mitten in der Stunde, sucht die Nachbarn abzulenken, tritt die Nachbarn, sticht sie mit der Feder, schießt eine Kinderpistole ab, schlägt einen Mitschüler, geht aus der Reihe, sucht die Klasse durch Faxen und andere Mittel auf sich aufmerksam zu machen; allein in der Klasse, z. B. morgens, jagt er unter lautem Spektakel umher, antwortet dem Lehrer frech auf Zurechtweisung, hat immer recht und stets Freude über den Erfolg seiner Ungehörigkeiten, ohne Ehrgefühl, ohne Anschluss in der Klasse, lauert seinen Mitschülern auf der Straße auf, schlägt sie; nur bei Turnspielen in gewissem Maße interessiert und pfiffig dabei; lügt; bedient sich unflätiger Reden in Gegenwart Erwachsener; steht feindlich zur Schule, stört jede Zusammenarbeit der Klasse, muss allein sitzen und bedarf ständiger Aufsicht, ist nach dem übereinstimmenden Urteil von fünf Lehrern in der Klasse ohne Gefährdung der übrigen Schüler und jedes Unterrichtserfolges nicht zu ertragen, ist Gegenstand häufiger Beschwerden der Eltern anderer Kinder; wurde drei Monate durch ärztliches Zeugnis wegen Nervosität vom Schulbesuch befreit, trieb sich in dieser Zeit auf der Straße herum und verwahrloste, da die Mutter der Schule abgeneigt und einsichtslos ist, völlig« (Fuchs 1930, 23–24).

Im gleichen Jahr, in dem Fuchs die Problematik des Jungen aus seiner Sicht schilderte, beschäftigte sich Grete Stulz in einer Dissertation ausführlich mit einem schwererziehbaren Mädchen. Über das Verhalten des Mädchens, nachdem es mit sechs Jahren in die Schule gekommen war, schreibt sie: »In dieser Schule fiel G. wieder durch Unsauberkeit in ihren Heften, Büchern, an Kleidern und an ihrem Körper auf. Sie hatte nie eine Freundin, weil sie zu grob mit den Klassenkameradinnen umging; sie schimpfte sie ›Kamel‹, ›Kalb‹ usw., während sie sich aber wohl hütete, solche Ausdrücke vor der Mutter zu gebrauchen. Sie versuchte zu intrigieren und zu klatschen; die Mitschülerinnen wollten nicht mehr mit ihr verkehren; sie zogen sich von ihr zurück. Ihre Schularbeiten machte sie entweder gar nicht oder nur unvollständig; nie aber war sie um eine Ausrede verlegen, wenn sie deshalb vom Lehrer zur Rede gestellt wurde. Ihre Leistungen in der Schule waren dabei gut; sie fasste sehr schnell auf, hatte ein auffallend gutes Gedächtnis und war besonders im Rechnen eine gute Schülerin, wenn es sich nur um Zahlenoperationen handelte. Sobald es aber galt, sie praktisch anzuwenden, versagte sie. Während sie also in der Schule im Allgemeinen gut mitkam, häuften sich ihre Eigentumsdelikte und Lügen in Schule und Haus. Sie schlich sich in den Pausen an den Lehrertisch, schloss diesen auf und nahm alles mit, was ihr gefiel: Gummi, Bleistifte, kleine Bildchen, Geld. Zu Hause stahl sie silberne Löffel, Schmuck und Geld aus der Börse der Mutter. Zur Rede gestellt, leugnete sie entweder oder sagte: »Die anderen stehlen auch«. Wenn

61

die Mutter versuchte, durch Vorhaltungen auf ihr Ehrgefühl einzuwirken, oder wenn sie sie dadurch bessern wollte, dass sie ihr sagte, sie bereite ihr nur Kummer und Sorge mit diesem Verhalten, blieb Gertrud gleichgültig und teilnahmslos« (Stulz 1930, 8–9).

Natürlich gab es auch in den sozialistischen Staaten des früheren Warschauer Pakts Verhaltensstörungen, und zwar nicht nur organisch bedingte, wie im Hinblick auf eine allseits positiv wirkende sozialistische Umwelt aus ideologischer Überzeugung angenommen wurde, sondern auch milieureaktive. Fachwissenschaftler in der ehemaligen Deutschen Demokratischen Republik (DDR) konnten relativ früh pathogene Umweltbedingungen zugeben und sich komplex mit dem Problem der Verhaltensstörung auseinandersetzen. So konstatierten Großmann und Schmitz 1969 für den 8-jährigen Lothar »eine deutliche Minderbegabung« und eine »eindeutige Milieuschädigung«. Zu den Verhaltensstörungen des Jungen zitieren sie aus dem Bericht der Schule: »Lothars Leistungen waren im ersten Halbjahr völlig ungenügend. Mit Beginn des zweiten Halbjahres wurden ihm besondere Aufgaben gestellt; er nimmt nur an zwei Unterrichtsstunden täglich teil, da er sich höchstens 15–20 Minuten auf die Schularbeit konzentrieren kann. Er arbeitet nur, wenn der Lehrer an seinem Platz steht, dauernd Anleitungen gibt und ständig kontrolliert. Verlässt der Lehrer seinen Platz, hört Lothar auf zu arbeiten, singt, brummt und stört durch Bewegungen seine Mitschüler. Auch rutscht er auf dem Fußboden umher. Lothar beherrscht einige Großbuchstaben, er liest sie auch mit den *Koch*schen Fingerzeichen. Zahlvorstellungen hat Lothar nicht entwickelt, auch die Zahlwortreihe ist noch nicht vorhanden, Zahlwörter werden in ungeordneter Reihenfolge genannt. Lothars Verhalten zu anderen Kindern muss oft getadelt werden. Er ist ständig in Schlägereien verwickelt und zerstört mutwillig, was ihm in die Hände kommt. Seine Mitschüler lehnen ihn ab. Den Anordnungen der Lehrer folgt er nur widerwillig. Sauberkeit und Ordnung sind ungenügend, die Hefte immer zerrissen und unbrauchbar« (Großmann/Schmitz 1969, 249).

Über den 9-jährigen Karl-Heinz, der zur Umschulung in eine Sonderschule für Verhaltensgestörte in Hamburg angemeldet worden war, berichtet die Sonderschullehrerin nach einer Hospitation in seiner Grundschulklasse: »Karl-Heinz war dauernd in Bewegung, sprang auf, setzte sich an einen anderen Platz, lief zur Lehrerin, spitzte Buntstifte an, ging in die Garderobe, um dort laut herumzutoben, steckte sich eine Wolljacke als Schwanz hinten in die Hose und kasperte damit vor der Klasse herum. Saß er am Platz, begann er sofort ausdauernd zu schwatzen und störte dadurch sämtliche für ihn erreichbare Nachbarn. Einen Klassenkameraden, der auf ihn schimpfte, schlug er. Am Unterricht beteiligte er sich so gut wie gar nicht. Ermahnungen der Lehrerin schien er nicht zu hören – jedenfalls reagierte er in keiner Weise darauf. Nur etwa fünf Minuten lang während der ganzen Stunde schrieb er fast unleserlich in sein Heft. Die Klasse hatte für diese Arbeit etwa 20 Minuten zur Verfügung« (Aktennotiz).

Obwohl die Berichte sich mit Jungen und Mädchen aus unterschiedlichen zeitlichen und gesellschaftlichen Verhältnissen befassen und nur nach formalen Gesichtspunkten ausgewählt wurden, finden sich inhaltlich deutliche Übereinstimmungen. Die Kinder verhalten sich aggressiv und motorisch unruhig, sind impulsiv, leicht ablenkbar, haben eine schlechte Arbeitshaltung, erbringen unbefriedigende

Leistungen und sind erzieherischer Beeinflussung nicht oder nur schwer zugänglich. Diese bzw. eine ähnliche Symptomatik findet sich bei vielen solcher Kinder (siehe Fallbeispiele bei Winkler 1996).

Bisher können auf der Basis empirischer Forschungen unter Kindern und Jugendlichen mit Verhaltensstörungen mit genügender Sicherheit grundsätzlich zwei große gegensätzliche Gruppen unterschieden werden. Die eine zeigt externalisierende Symptome, die sich nach außen, gegen die Umwelt richten. Dazu gehören Phänomene wie Aggressivität, Hyperaktivität, Konzentrationsmangel, Renitenz, Wutanfälle. Kinder und Jugendliche, die dieser Gruppe zuzuordnen sind, fallen unter begrenzenden Bedingungen – wie sie z. B. in der Schule gegeben sind – besonders schnell und heftig auf. Sie stören die Lehrer und die Klassenkameraden. Weniger auffällig, aber deshalb nicht weniger belastet und gefährdet, ist die zweite Gruppe, in der internalisierende Symptome im Mittelpunkt stehen, die wie Ängstlichkeit, Empfindlichkeit, Gehemmtheit, psychosomatische Störungen, selbstbeeinträchtigend wirken. Weniger gut belegt sind zwei weitere Gruppen, nämlich Kinder und Jugendliche mit unreifem, altersinadäquaten Verhalten und solche, deren Verhaltensweisen als sozialisierte Delinquenz bezeichnet werden (vgl. Achenbach 1966, Thalmann 1971, Quay 1972, Havers 1978; ▶ Tab. 2).

Tab. 2: Klassifikation von Kindern und Jugendlichen mit Verhaltensstörungen

Gruppierung	Symptomatik
1. Kinder und Jugendliche mit externalisierendem, aggressiv-ausagierenden Verhalten	Aggressiv, überaktiv, impulsiv, exzessiv streitend, aufsässig, tyrannisierend, regelverletzend, Aufmerksamkeitsstörungen
2. Kinder und Jugendliche mit internalisierendem, ängstlich-gehemmten Verhalten	Ängstlich, traurig, interesselos, zurückgezogen, freudlos, somatische Störungen, kränkelnd, Schlafstörungen, Minderwertigkeitsgefühle
3. Kinder und Jugendliche mit sozial-unreifem Verhalten	Nicht altersentsprechend, leicht ermüdbar, konzentrationsschwach, leistungsschwach, Sprach- und Sprechstörungen
4. Kinder und Jugendliche mit sozialisiert-delinquentem Verhalten	Verantwortungslos, reizbar, aggressiv-gewalttätig, leicht erregt, leicht frustriert, reuelos, Normen missachtend, risikobereit, niedrige Hemmschwellen, Beziehungsstörungen

(vgl. Peterson, Quay/Tiffany 1961, Quay/Morse/Cutler 1976, Quay/Werry 1972)

Die vier in den Fallberichten vorgestellten Kinder gehören zweifellos zur Gruppe der Ausagierenden, die Schule, Elternhaus und die weitere Umwelt vor besonders große Probleme stellt und deshalb in Literatur und Praxis im Vordergrund steht. Die Benachteiligung der ängstlichen, gehemmten, sensitiven Kinder und Jugendlichen erscheint jedoch sowohl von der qualitativen (Schwere der Störung) als auch von der quantitativen Problematik (Anzahl der Fälle) her als nicht gerechtfertigt. Die internalisierende Symptombelastung hat zwar im Hinblick auf »spontane

Remissionen« häufig eine bessere Prognose, ist aber für den aktuellen personalen Werdeprozess nicht weniger bedrohlich als die externalisierende. Zahlenmäßig überwiegt der Anteil der ausagierenden gegenüber ängstlich-gehemmten Jungen; bei den Mädchen ist eindeutig der Anteil der ängstlich-gehemmten sehr viel größer als der aggressiv-ausagierenden, wie sich aus Ergebnissen empirischer Forschung entnehmen lässt. Weil externalisierende Jungen sich stärker als Störer bemerkbar machen, erscheinen sie eher als behandlungsbedürftig als internalisierende Jungen und Mädchen (vgl. Kämmerer 2001, Faltermaier 2005).

Bei einer Untersuchung zur Quantität und Qualität von Verhaltensstörungen bei lernbehinderten Sonderschülern in Hamburg wurden bei den als verhaltensgestört qualifizierten Kindern eine aggressiv-externalisierende Symptomatik einerseits und eine ängstlich-internalisierende Symptomatik andererseits festgestellt, und zwar im Sinne geschlechtsspezifischer Unterschiede dahingehend, dass bei den Jungen für die Symptome »geringe Selbstkontrolle«, »motorische Unruhe«, »Geltungsdrang« und »Wutanfälle« die Werte signifikant höher lagen als bei den Mädchen, bei denen die Symptome »geringe Frustrationstoleranz« und »Ängstlichkeit« höher besetzt waren (vgl. Myschker 1980). Die qualitative Unterschiedlichkeit von Verhaltensstörungen bei den Geschlechtern erbrachte auch eine Untersuchung von Frederking, der für Jungen einen signifikant höheren Anteil bei allen Aggressionssymptomen, bei den Mädchen einen signifikant höheren Anteil bei allen Angstsymptomen konstatierte (Frederking 1975, 208; vgl. auch: Achenbach 1966; Harnack 1958; Kluge 1975; Kämmerer 2001; Hartmann/Mutzeck/Fingerle 2003). Die geschlechtsspezifischen Unterschiede können somatogener Natur sein, sie sind im Wesentlichen aber wohl auf Sozialisationsbedingungen zurückzuführen. Jungen werden noch häufig von klein auf darin bestärkt, egoistische Tendenzen auszuleben, sich in den Vordergrund zu spielen, Probleme zu externalisieren, Mädchen hingegen darin, altruistisch (mütterlich) zu sein, sich zurückzuhalten, Probleme zu internalisieren. So ist zu sehen, dass Mädchen mehr zu Konformität angehalten und mit ihren Verhaltensstörungen nicht so auffällig werden wie Jungen, da externalisierendes, ausagierendes Verhalten, wenn es einen gewissen Schwellenwert überschreitet, weit weniger toleriert wird als internalisierendes resignatives Verhalten.

Symptome, die zum Erscheinungsbild einer Verhaltensstörung gehören können, sind qualitativ und quantitativ unterschiedlich bedeutsam. So ist z. B. im Allgemeinen das Problem der Tagträumerei nicht so gravierend wie – um auf einer Ebene zu bleiben – das der Schlafstörungen. Es gibt Symptome, die relativ selten zu finden sind, wie z. B. Pavor nocturnus (nächtliches Aufschrecken), und andere, die allein für sich oder in Kombination mit anderen sehr häufig auftreten, wie mangelnde Konzentrationsfähigkeit und überstarke psychomotorische Aktivität. Thalmann fand in einer epidemiologischen Untersuchung bei 150 sieben- bis zehnjährigen Reutlinger Jungen mangelnde Konzentrationsfähigkeit als Kernsymptom in sehr signifikanter Korrelation mit den Symptomen: Aggressive Aufdringlichkeit im Kameradenkontakt, Aggressivität, Psychomotorische Aktivität, Vagabundieren, Nägelkauen, Schuleschwänzen, Schlafstörungen, Ess-Störungen, Negativismus, Lust, mit Feuer zu spielen, und Lügen. Überstarke Psychomotorische Aktivität wies sich als Kernsymptom in sehr hoher Korrelation mit folgenden Symptomen aus: Aggressive Aufdringlichkeit im Kameradenkontakt, Aggressivität, Konzentrationsschwäche,

Aufdringlichkeit, Sadismus, Masochismus, nervöse Magenbeschwerden, Vagabundieren, Stereotypien/Tics und Lügen (Thalmann 1971, 113–114).

Die quantitativ herausragende Bedeutung der von Thalmann in einer Jungenstichprobe vorgefundenen Kernsymptome wird bestätigt durch die empirischen Daten von Frederking, der in einer gemischtgeschlechtlichen Stichprobe bei 419 Jungen und Mädchen (54,5 %, 45,5 %) in einer sozialmedizinischen Untersuchung problematische Verhaltensweisen festzustellen suchte. Die Symptome Unkonzentriertheit und »Nervosität« (bzw. psychomotorische Unruhe) zeigten sich weit vor allen anderen bei 63 % bzw. 61 % der Probanden. Ebenfalls bei mehr als der Hälfte der Jungen und Mädchen wurden die Symptome »alle Formen von Schlafstörungen« (54 %) und »Empfindlichkeit« (52 %) nachgewiesen. Insgesamt kamen 22 Symptome bei 21 und mehr Prozent und 29 Symptome bei 20 und weniger Prozent der Stichprobe vor.

Wenn auf Basis des Forschungsstandes (vgl. dazu den nächsten Abschnitt) davon auszugehen ist, dass ein beträchtlicher Prozentsatz der Kinder und Jugendlichen während ihrer Entwicklung länger oder kürzer unter starken Verhaltensproblemen im Sinne einer Verhaltensstörung zu leiden haben, dann können einzelne Symptome für sich genommen, die bei mehr als ca. 20 % der Population in Erscheinung treten, als »normal« bezeichnet werden: sie sind zu erwartende Phänomene in der Entwicklung eines Kindes. Dies gilt allerdings nur – um es im Sinne der Definition von Verhaltensstörung mit ausschließenden Kriterien zu präzisieren –, wenn sie einzeln und nicht in Kombination mit anderen Symptomen auftreten, sich nicht übermäßig oft zeigen, nicht gravierend sind bzw. einen kritischen Stärkegrad nicht überschreiten und eine Behandlung nicht notwendig machen. Die als Kernsymptome ausgewiesenen Erscheinungsformen »mangelndes Konzentrationsvermögen« bzw. »Unkonzentriertheit« und »psychomotorische Unruhe« bzw. »Nervosität« sollten jedoch immer verstärkte Beachtung auslösen, da – wie aufgezeigt wurde – Begleitsymptome zu vermuten sind und dem nachzugehen ist, ob eine Verhaltensstörung vorliegt.

Ausgesprochen als Warnsignale sind unter diesem Aspekt Symptome zu sehen, die weniger häufig als bei ca. 20 % der Population auftreten, und zwar deshalb, weil sie wegen ihrer relativen Seltenheit zum einen den Betroffenen zu stigmatisieren drohen und zum anderen von besonderer Bedeutung sein können. Unter diesem Aspekt bekommen z. B. die Symptome »Enkopresis« (Einkoten; bei 1 %), »psychogenes Erbrechen« (bei 2 %), »Tic« und »Weglaufen« (bei jeweils 3 %) ein besonderes Gewicht.

Problemen, die Kinder und Jugendliche mit Verhaltensstörungen in der Schule während des Unterrichts zeigen, sind Kluge und Kuhlmann über Lehrereinschätzungen in den Grundschulen einer Industrie-Großstadt nachgegangen, wobei sie 9200 Schüler erfassten. Für die als verhaltensgestört beurteilten Jungen und Mädchen nehmen sie in Auswertung ihrer Untersuchung »weitgehend homogene Devianzstrukturen (an), die unabhängig vom Alter und/oder Geschlecht des Kindes sind« (Kluge 1975, 74). Den verhaltensgestörten Schulkindern werden folgende Symptomkombinationen bzw. »Devianzverbindungen« zugeschrieben: »Sie können sich nicht konzentrieren, sind uninteressiert, träumen, schweifen ab, sind passiv oder beschäftigen sich mit Dingen, die nicht zum Unterrichtsstoff gehören;

gegenüber ihren Mitschülern sind sie aggressiv, ›vergreifen‹ sich an ihrem Schulmaterial, sind unehrlich und (als Mädchen) zanken und streiten sich, sie haben infolgedessen soziale Kontaktschwierigkeiten, im Unterricht schwatzen sie und rufen dazwischen, springen dauernd von ihren Plätzen auf und (Jungen) bewegen sich in der Klasse; auf Instruktionen ihres Lehrers reagieren sie nicht oder fast nicht, laufen aber andererseits (als Mädchen) häufig zum Lehrer; außerdem sind sie motorisch unruhig und (Jungen) kauen an ihren Nägeln« (Kluge 1975, 59).

In ähnlicher Weise, wie sich externalisierendes ausagierendes und internalisierendes gehemmtes Verhalten unterscheiden lässt, sieht Kluge im Hinblick auf das Leben in der Schulgruppe zwei große Kategorien unterschiedlichen Verhaltens:

Gruppenresistentes Verhalten zeigen Schüler, die sich »gegen ihre Gruppenmitglieder, gegen Gruppennormen, gegen Sachobjekte und/oder gegen sich selbst« richten und mit diesem »Negativverhalten« das »Gruppenlernen in schulpädagogischen Situationen« beeinträchtigen. Gruppenpassives Verhalten ist dadurch gekennzeichnet, »dass Kinder und Jugendliche sich in ihrer Gruppe zurückhalten, verängstigt wirken, Kommunikationsarmut zeigen und sich aus der Gruppe zurückziehen« (Kluge 1976, 139). Unter Akzentuierung dieser beiden Kategorien, die an die in der Vergangenheit häufig verwandte Einteilung nach »gemeinschaftsbedrängendem« und »gemeinschaftsbedrängtem« Verhalten erinnern (Dohrmann 1955), versucht er in Auswertung seiner epidemiologischen Erhebungen und der relevanten Fachliteratur eine »Typologie von abweichendem Schülerverhalten in schulpädagogischen Situationen« zu erstellen. Er unterscheidet sechs Typen störenden und gestörten Verhaltens:

Typ A: »Gruppenresistentes Verhalten in Verbindung mit Misserfolgsmotivation, Konzentrationsproblemen und durchschnittlicher bis überdurchschnittlicher Intelligenz

Typ B: Gruppenresistentes Verhalten in Verbindung mit Misserfolgsmotivation, Konzentrationsproblemen und unterdurchschnittlicher Intelligenz

Typ C: Autoaggressives Verhalten in Verbindung mit Misserfolgsmotivation, Konzentrationsproblemen und durchschnittlicher bis überdurchschnittlicher Intelligenz

Typ D: Autoaggressives Verhalten in Verbindung mit Misserfolgsmotivation, Konzentrationsproblemen und unterdurchschnittlicher Intelligenz

Typ E: Gruppenpassives Verhalten in Verbindung mit Misserfolgsmotivation, Konzentrationsproblemen und durchschnittlicher bis überdurchschnittlicher Intelligenz

Typ F: Gruppenpassives Verhalten in Verbindung mit Misserfolgsmotivation, Konzentrationsproblemen und unterdurchschnittlicher Intelligenz« (Kluge 1976, 139–140).

Wenn sich auch die von Kluge vorgelegte Typologie als so brauchbar erweisen sollte, dass alle Kinder und Jugendlichen mit Verhaltensstörungen einem der sechs Typen zugeordnet werden können, dann impliziert dies jedoch keine Aussagen über die Ursachen der spezifizierten Verhaltensstörung und über die notwendigen pädagogisch-therapeutischen Maßnahmen. Die Typologie erfüllt also zunächst nur eine an wissenschaftlichen Ansprüchen orientierte Ordnungs- bzw. Klassifikationsfunktion, ihre Relevanz für die Praxis bleibt aufzuzeigen.

Für klassifikatorische Maßnahmen (Diagnosen) sowie für die Verständigung unter Fachleuten über psychosoziale Störungen der verschiedenen Erscheinungsformen und Schweregrade sind schon seit langem zwei Klassifikationssysteme von großer Bedeutung, und zwar das »Diagnostical and Statistical Manual of Mental Disorders«, in deutscher Version »Diagnostisches und Statistisches Manual Psychischer Störungen«, (DSM-IV und seit 2013 DSM-5®) der »American Psychiatric Association« (APA) sowie die »International Classification of Diseases, Chapter V (F): Mental and Behavioural Disorders – including disorders of psychological development«, in deutscher Version »Internationale Klassifikation psychischer Störungen, Kapitel V (F)«, (neueste Form: ICD-10) der »World Health Organization« (WHO) (DIMDI 2016). Diese Bedeutung erreichten die Klassifikationssysteme nicht nur in der Medizin, sondern auch in der Psychologie. Auch in einer sich integrationswissenschaftlich verstehenden Pädagogik bei Verhaltensstörungen – sowohl in der Sonder- als auch in der Sozialpädagogik – müssen sie im Hinblick auf ihre ordnende und Verständigung ermöglichende Funktion Berücksichtigung finden.

Sowohl das DSM als auch die ICD sind multiaxial angelegte Systeme, die Symptome auf fünf bzw. sechs Achsen darstellen. Im DSM-IV werden mit der ersten Achse die klinischen Störungen sowie andere klinisch relevante Probleme, mit der zweiten Persönlichkeitsstörungen und Geistige Behinderung, mit der dritten medizinische Krankheitsfaktoren bzw. körperliche Symptome und Zustände, mit der vierten psychosoziale Belastungen oder umgebungsbedingte Faktoren und mit der fünften Achse in globaler Beurteilung das psychosoziale Funktionsniveau erfasst (vgl. APA 1996, 17–27).

Das DSM, das in der Version IV mit ca. 1000 Kriterien sehr differenziert 395 Störungen erfasste, hat für den europäischen Kulturraum gegenüber der ICD-10 Vorteile. Es muss sich nicht auf weltweit verständliche und akzeptierte Kompromisse einlassen, kann auf europäisch-amerikanischer Forschungsbasis differenziert und präzise diagnosebestimmende Kriterien angeben und auf – der interkulturellen Verständigung dienende – Unschärfen und Unverbindlichkeiten verzichten. Gegenüber älteren Versionen zeigen sich Auffassungswandel, Forschungsfortschritt und Bemühung um Kompatibilität zur ICD-10 z. B. darin, dass im DSM-IV nicht mehr von »einem Schizophrenen«, sondern »einer Person mit Schizophrenie«, nicht mehr von Schulleistungs-, sondern von Lernstörungen die Rede ist, dass Kriterienlisten innovativ modifiziert und erweitert wurden, die Aufmerksamkeitsdefizit- und Hyperaktivitätsstörung, die Störung des Sozialverhaltens differenzierter zu bestimmen sind sowie unter den autistischen Störungen auch das Asperger-Syndrom Berücksichtigung fand (nun im DSM-5® integriert in die »Autismus-Spektrum-Störungen«).

Die ICD-10 nennt – neben den auch auf das Erwachsenenalter bezogenen Kategorien Schizophrenie, Affektive Störungen (Manie und/oder Depression), Neurotische/Belastungs-/somatoforme Störungen (Phobien, andere Angststörungen, Zwangsstörungen), Verhaltensauffälligkeiten mit körperlichen Störungen (z. B. Ess- und Schlafstörungen), Persönlichkeits- und Verhaltensstörungen (z. B. paranoide, schizoide, dissoziale, Borderline-Persönlichkeitsstörung, abnorme Gewohnheiten, Störungen der Geschlechtsidentität, der psychosexuellen Entwicklung) – als im Bereich der Verhaltensstörungen bei Kindern und Jugendlichen relevante Erscheinungsformen Entwicklungsstörungen sowie Verhaltens- und emotionale Störungen:

Entwicklungsstörungen,

die im Kleinkindalter und in der Kindheit beginnen. Zu ihnen gehören Störungen des Sprechens und der Sprache, Störungen schulischer Fertigkeiten (z. B. Lese-Rechtschreibstörung, Rechenstörung), Störungen der Motorik (z. B. Dyspraxie) und tiefgreifende Entwicklungsstörungen, wie die Syndrome des frühkindlichen Autismus und der autistischen Psychopathie.

Verhaltens- und emotionale Störungen,

die ihren Beginn in der Kindheit und in der Jugend haben. Zu ihnen gehören hyperkinetische Störungen (z. B. Aktivitäts- und Aufmerksamkeitsstörung, hyperkinetische Störung des Sozialverhaltens), Störungen des Sozialverhaltens (z. B. Störung des Sozialverhaltens in der Familie, Störung des Sozialverhaltens bei fehlenden sozialen Bindungen, Störung des Sozialverhaltens mit oppositionellem, aufsässigem Verhalten), kombinierte Störungen des Sozialverhaltens und der Emotionen (z. B. Störungen des Sozialverhaltens mit depressiver Störung), emotionale Störungen des Kindesalters (z. B. emotionale Störung mit Trennungsangst, phobische emotionale Störung, Störung mit sozialer Überempfindlichkeit, emotionale Störung mit Geschwisterrivalität), Störungen sozialer Funktionen mit Beginn in der Kindheit und Jugend (elektiver Mutismus, reaktive Bindungsstörung, Bindungsstörung mit Enthemmung), Ticstörungen sowie andere Verhaltens- und emotionale Störungen mit Beginn in der Kindheit und Jugend (Enuresis – sprich Einnässen –, Enkopresis – sprich Einkoten –, Pica – sprich Essen ungenießbarer Gegenstände –, Stottern, Poltern) (DIMDI 2016).

Ein großer Teil der Verhaltensstörungen im Kindes- und Jugendalter, die in allen pädagogischen Einrichtungen zum verstärkt auftretenden Problem werden, wird nach dem DSM-5® klassifikatorisch erfasst mit den Begriffen »Störung des Sozialverhaltens« und »Störung mit oppositionellem Trotzverhalten«.

Die Störung des Sozialverhaltens wird nach dem Alter des Kindes/Jugendlichen bei Störungsbeginn mit drei Typen bestimmt als:

1. Typ mit Beginn in der Kindheit: »Die Person zeigt mindestens ein charakteristisches Symptom der Störung des Sozialverhaltens vor dem Alter von 10 Jahren«.
2. Typ mit Beginn in der Adoleszenz: »Die Person zeigt kein charakteristisches Symptom der Störung des Sozialverhaltens vor dem Alter von 10 Jahren« (APA 2015, 253).
3. Ist wegen unzureichender Information die Beurteilung des Beginns der Problematik nicht möglich, kann ein entsprechender dritter Typ codiert werden.

Des Weiteren wird die Verhaltensstörung nach drei Schweregraden erfasst als:

1. »Leicht[2]: Zusätzlich zu den für die Diagnose erforderlichen Symptomen sind wenige oder keine weiteren Probleme des Sozialverhaltens vorhanden, und die Probleme des Sozialverhaltens fügen anderen nur geringen Schaden zu …
2. Mittel: Die Anzahl der Probleme des Sozialverhaltens und die Auswirkung auf andere liegen zwischen denen, die als leichtgradig, und jenen, die als schwergradig beschrieben werden …
3. Schwer: Zusätzlich zu den für die Diagnose erforderlichen Symptomen sind viele weitere Probleme des Sozialverhaltens vorhanden oder die Probleme des Sozialverhaltens fügen anderen beträchtlichen Schaden zu …« (a. a. O., 254 f.).

Nach einem präzisen, auf empirischen Daten beruhenden Kriterienkatalog wird die Störung diagnostiziert:

A. »Es liegt ein repetitives und anhaltendes Verhaltensmuster vor, durch das die grundlegenden Rechte anderer oder wichtige altersentsprechende gesellschaftliche Normen oder Regeln verletzt werden. Dies manifestiert sich im Auftreten von mindestens drei der folgenden 15 Kriterien aus einer der nachfolgenden Kategorien während der letzten zwölf Monate, wobei mindestens ein Kriterium in den letzten sechs Monaten erfüllt sein muss:
Aggressives Verhalten gegenüber Menschen und Tieren
   (1) Schikaniert, bedroht oder schüchtert andere häufig ein.
   (2) Beginnt häufig Schlägereien.
   (3) Hat Waffen benutzt, die anderen schweren körperlichen Schaden zufügen können (z. B. Schlagstock, Ziegelstein, zerbrochene Flasche, Messer, Schusswaffe).
   (4) War körperlich grausam zu Menschen.
   (5) Quälte Tiere.
   (6) Hat in Konfrontation mit dem Opfer gestohlen (z. B. Überfall, Taschendiebstahl, Erpressung, bewaffneter Raubüberfall).
   (7) Hat jemanden zu sexuellen Handlungen gezwungen,
Zerstörung von Eigentum
   (8) Hat vorsätzlich Brandstiftung begangen mit der Absicht, schweren Schaden zu verursachen.
   (9) Hat vorsätzlich fremdes Eigentum zerstört (jedoch nicht durch Brandstiftung).
Betrug oder Diebstahl
   (10) Ist in eine fremde Wohnung, ein fremdes Gebäude oder Auto eingebrochen.
   (11) Lügt häufig, um sich Güter oder Vorteile zu verschaffen oder um Verpflichtungen zu entgehen (d. h. ›legt andere herein‹),
   (12) Hat Gegenstände von erheblichem Wert ohne direkten Kontakt mit dem Opfer gestohlen (z. B. Ladendiebstahl, jedoch ohne Einbruch, sowie Fälschungen).

---

2 »leicht«, »mittel« und »schwer« im Original fett gesetzt

Schwere Regelverstöße

(13) Bleibt schon vor dem Alter von 13 Jahren trotz elterlicher Verbote häufig über Nacht weg.

(14) Ist mindestens zweimal über Nacht von zu Hause weggelaufen, während er/ sie noch bei den Eltern oder bei einer anderen Bezugsperson wohnte, oder kam einmal erst nach einem längeren Zeitraum zurück).

(15) Schwänzt schon vor dem Alter von 13 Jahren häufig die Schule.

B. Die Verhaltensstörung verursacht in klinisch bedeutsamer Weise Beeinträchtigungen in sozialen, schulischen oder beruflichen Funktionsbereichen.

C. Bei Personen, die 18 Jahre oder älter sind, sind die Kriterien einer Antisozialen Persönlichkeitsstörung nicht erfüllt« (APA 2015, 252 f.).

Die ebenfalls nach einem empirisch begründeten Kriterienkatalog diagnostizierbare Störung mit oppositionellem Trotzverhalten tritt üblicherweise vor dem achten Lebensjahr auf. Ein Kriterium in dem Diagnoseschema gilt – wie bei den meisten Störungen im Kindes- und Jugendalter – »nur dann als erfüllt, wenn das Verhalten häufiger auftritt, als typischerweise bei Personen vergleichbaren Alters und Entwicklungsniveaus beobachtet wird«.

A. »Ein mindestens sechs Monate anhaltendes Muster von ärgerlicher/gereizter Stimmung, streitsüchtigem/trotzigem Verhalten oder Rachsucht, nachgewiesen durch mindestens vier Symptome irgendeiner der folgenden Kategorien, das sich in der Interaktion mit mindestens einer Person zeigt, die keine Geschwister sind.

Ärgerliche/gereizte Stimmung

(1) Wird schnell wütend

(2) Ist häufig reizbar oder lässt sich leicht ärgern.

(3) Ist häufig verärgert und beleidigt.

Streitsüchtiges/trotziges Verhalten

(4) Streitet sich häufig mit Autoritätspersonen oder – bei Kindern und Jugendlichen – mit Erwachsenen.

(5) Widersetzt sich häufig aktiv den Anweisungen von Autoritätspersonen oder Regeln oder weigert sich, diese zu befolgen.

(6) Verärgert andere häufig absichtlich.

(7) Schiebt häufig die Schuld für eigene Fehler oder eigenes Fehlverhalten auf andere.

Rachsucht

B. War boshaft oder rachsüchtig, mindestens zweimal in den vergangenen Monaten« (APA 2015, 249).

Zwecks Abgrenzung von entsprechenden Verhaltensweisen im Normbereich wird empfohlen, Persistenz und Häufigkeit des auffälligen Verhaltens heranzuziehen – ergänzt durch Kriterien wie Entwicklungsniveau, Geschlecht sowie kulturellen Hintergrund.

B. »Die Verhaltensstörung ist verbunden mit Leidensdruck für die Person selbst oder für andere Personen im unmittelbaren sozialen Umfeld (...) oder sie hat negative Auswirkungen auf soziale, pädagogische, berufliche oder andere wichtige Funktionsbereiche.

C. Die Verhaltensweisen treten nicht ausschließlich im Verlauf einer psychotischen, depressiven oder bipolaren Störung oder bei einer Substanzkonsumstörung auf. Ebenfalls sind nicht die Kriterien einer Disruptiven Affektregulationsstörung erfüllt« (APA 2015, 250).

Nachdem das DSM-5® dem DSM-IV nachgefolgt ist, ist die ICD 11 in Vorbereitung.

In den letzten Jahren zeigen Kinder und Jugendliche auch in Deutschland verstärkt schwerwiegende Verhaltensprobleme, die zunächst in den skandinavischen und angelsächsischen Ländern, inzwischen auch weltweit zusammenfassend als Mobbing oder Bullying bezeichnet werden. In den Familien, auf den Straßen, in den Schulen steigern sich Gewaltakte in einem niemals zuvor beobachteten Ausmaß. Hinter den Begriffen Mobbing (mob = Pöbelhaufen) bzw. Mobverhalten oder Bullying (bully = gewalttätiger, brutaler Mensch) verbergen sich mutwillige Norm- und Wertverletzungen in extremem Ausmaß, wobei sich Mobbing mehr auf eine Gruppe, Bullying eher auf einen Einzelnen bezieht (vgl. Juul 1991, Kasper 2002, Kindler 2002, Krowatschek 2003, Olweus ³2002). Bei diesen Verhaltensweisen stehen häufig nicht psychische Störungen im Hintergrund, es handelt sich um soziogene Entwicklungsstörungen bzw. Fehlentwicklungen und es wirkt sich eine sozialisationsbedingte Entkoppelung von jenen Normen und Werten aus, die menschliches Zusammenleben ermöglichen, die das Humanum ausmachen (vgl. Speck 1991, Myschker 1994). In diesem Kontext ist auch die Jugendgewalt in den neuen Bundesländern zu diskutieren, in denen der Zusammenbruch einer Gesellschaftsordnung mit Wert- und Autoritätsverlusten bzw. dem Verlust stabilisierender Strukturen sowie mit Perspektivlosigkeit und sich steigernden Zukunftsängsten verbunden ist.

Mobbing, von Juul als »bösartige Form von Verhaltensstörung« bezeichnet, wird in den skandinavischen Ländern bereits seit den 1970er Jahren systematisch untersucht, um diese sowohl für die Täter wie für die Opfer entwicklungsbedrohende Form der Gruppengewalt bzw. des Gruppenterrors zu reduzieren. Mobbing bzw. Bullying reicht von einfachen Formen des Schikanierens, des Bedrohens, Demütigens, Erniedrigens, Beschimpfens und Verspottens bis hin zu Schlägen, Tritten, Ohrfeigen und schwereren Formen der Körperverletzung, in einigen Fällen bis hin zu Selbsttötung und Mord. In den skandinavischen Ländern zeigte sich, dass, mit Unterschieden zwischen den einzelnen Untersuchungen und großen Unterschieden zwischen den untersuchten Schulen, 5 %–10 % der Schüler Täter und ebenso viele Opfer sind; Schubarth (vgl. 2010, 59) geht von jeweils 5 % aus und bezeichnet die »Mehrfachtäterrate« mit 2–3 %. Dabei können Täter- und Opferrollen verwischen, etwa in Form der »provozierenden Opfer«.

Eine Untersuchung unter Berücksichtigung biologischer, psychodynamischer und milieubezogener Konzepte sowohl bei Opfern als auch bei Tätern erbrachte einige typische Merkmale. So wurden die Opfer als ängstlich, physisch schwach und eher passiv, als vorsichtig, sensibel, scheu charakterisiert, die sich als unattraktiv und dumm einschätzten. Die Täter dagegen zeigten hohe Aggressivität, physische Stärke, Impulsivität, starkes Dominanzstreben, hatten Selbstbewusstsein und ein »positives Verhältnis zum Gebrauch von gewalttätigen Mitteln« (Juul 1991, 57). Gegenwärtig wird nach differenzierterer Forschung im Sinne der frühen

71

Erkenntnisse des Mobbing-Forschers Olweus (1978, [3]2002) zwischen passiven und aggressiven Opfern unterschieden. Aggressive und impulsive bzw. sich vehement wehrende Kinder und Jugendliche werden häufig nicht als Opfer identifiziert, sondern sogar als Täter gesehen (vgl. Alsaker 2006).

In den USA hat die Gewalt in den Erziehungs- und Unterrichtseinrichtungen inzwischen ein derartiges Ausmaß angenommen, dass es oft für die Lehrer nicht mehr darum geht, möglichst guten Unterricht zu machen und darauf hinzuarbeiten, dass alle Schüler das Klassenziel erreichen, es geht teilweise vielmehr nur noch darum, die Unterrichtszeit unbeschadet zu überstehen und ohne Belästigungen und Verletzungen wieder nach Hause zu kommen.

Ein anschauliches, beeindruckendes Beispiel für diese Situation bietet der Film »The Principal« (Regie: Christopher Cain, USA 1987). Der Film spielt in der Brandel Highschool, die in einem Arme-Leute-Bezirk (Slumgebiet) liegt. In der Schule mit den langen Fluren und den vielen Türen sieht es schmuddelig aus. Schüler handeln ganz offen mit Drogen. Viele tragen Waffen bei sich: stehende Messer, Schlagringe, auch Feuerwaffen. Es herrscht das nackte Faustrecht. Banden bekämpfen sich. Die Lehrer unterrichten nur die einigermaßen willigen Schüler, kümmern sich nicht um die anderen, sind vielmehr froh, dass diese erst gar nicht in ihren Klassen erscheinen. Um die schlimmsten Ausschreitungen der Schüler untereinander und der Schüler gegen die Lehrer zu verhindern, gibt es einen Sicherheitsdienst. Eine Lehrerin kann nur in letzter Minute vor einer Vergewaltigung durch einen Schüler gerettet werden. Sie trägt schwere Verletzungen davon. Ein Schüler, ein Bandenboss, macht dem neuen Schulleiter (Principal) die Rolle streitig: »Die Schule gehört mir«. Es kommt zu einem Kampf auf Leben und Tod. Im Film siegt der Principal, weil er kräftig, mutig, rigoros ist, boxen, treten, mit dem Baseball-Schläger umgehen kann, und weil es eben ein Film ist. Das – nicht ganz ernst gemeinte – Fazit aus diesem Film könnte sein: Lehrer sollten körperlich kräftig sein, Boxen, Karate oder ähnliches beherrschen und mit Waffen umzugehen gelernt haben.

Inzwischen lassen sich für die Situation in Deutschland manche Ähnlichkeiten mit derjenigen in den USA feststellen. Kinder und Jugendliche kommen bewaffnet in die Schule und setzen ihre Waffen auch rigoros und brutal ein (vgl. z. B. Fasel 1991). Eine Situationsveränderung erzwangen die Morde im Frühjahr 2002 in einer Erfurter Schule. Vielfältige Projekte und Maßnahmen zur Prävention und Intervention sind seitdem entwickelt und durchgeführt worden, die auf die Schulorganisation insgesamt, die Lehrer, die Schüler und die Eltern ausgerichtet sind (▶ Kap. 9.1.4 in diesem Buch, vgl. z. B. Uhle 2007, 245–272; Döpfner/Schürmann/ Wolff Meternich 2006, 11–36; siehe auch das Konzept einer »präventiven Schule« bei Hennemann et al. 2015).

Die mit Verhaltensstörungen einhergehenden Symptome haben für Kinder und Jugendliche, auch wenn sie sich überheblich, uneinsichtig, Hilfe ablehnend zeigen, eine ihr Leben beeinträchtigende Wirkung, die häufig genug leidvoll erlebt wird. Die Beeinträchtigungen und Unfähigkeiten sind komplex und manifestieren sich meist in allen Lebensbereichen, d. h. sowohl im Lern- und Leistungsbereich als auch im sozialen, im emotionalen und im psychosomatischen Bereich. Sie belasten gegenwärtiges Sein und künftige Entwicklung. Die Gefährdung adäquater Persönlichkeitsentwicklung ist stets gegeben. Eine differenzierte Betrachtung verdeutlicht, dass Kinder und Jugendliche mit Verhaltensstörungen komplex belastet und gefährdet sind:

1. durch ein beeinträchtigtes Lernvermögen und
2. durch die beeinträchtigte Fähigkeit, zu arbeiten und/oder zu spielen und/oder mit Kindern und Erwachsenen befriedigende menschliche Beziehungen aufzubauen, und/oder
3. durch die Unfähigkeit, altersgemäß zu handeln, und/oder
4. durch die Unfähigkeit, sich als Menschen zu erleben, der der Zuwendung und Liebe anderer wert ist, und/oder
5. durch die Unfähigkeit, auf Stresssituationen ohne Krankheitssymptome zu reagieren (vgl. Bower/Lambert 1966).

Zu betonen ist insbesondere im Hinblick auf schulische Anforderungen eine kognitive Problematik, die in der Einschränkung metakognitiver Prozesse liegt. Metakognition ist ein bei Kindern und Jugendlichen mit Lern- und Verhaltensstörungen bisher wenig beachteter, aber außerordentlich wichtiger Bereich, wie neuere Forschungen aufzeigen (vgl. etwa Guldimann/Lauth 2004; Hartke 2008, 803). Unter Metakognition werden die Prozesse verstanden, die mit der Beobachtung und Veränderung der eigenen kognitiven Vorgänge zu tun haben. Im Einzelnen geht es um Planungs-, Kontroll- und Regulationsprozesse bei den eigenen kognitiven Abläufen. In einer Untersuchung wurden metakognitive Fähigkeiten beim Problemlösen sowohl bei 10-jährigen Jungen und Mädchen aus Grundschulen als auch aus Schulen für Lernbehinderte und aus Einrichtungen für Verhaltensgestörte verglichen. Zur Datenerhebung dienten der CMM-LB (Intelligenztest) und der Bonner-Aufmerksamkeitstest von Wagner (BAUT). Der BAUT wurde ausgewählt, weil er verdeutlichen kann, inwieweit metakognitive Strategien genutzt worden sind. Als wichtigstes Ergebnis ist herauszustellen, dass im Vergleich zu den Grundschülern die Schüler mit Lernbehinderungen und Verhaltensstörungen »sowohl signifikant weniger richtige Lösungen als auch signifikant kürzere Bearbeitungszeiten« aufwiesen. Die Untersucher folgerten, dass »den Sonderschülern das planvolle und genau kontrollierte Vergleichen der dargebotenen Figuren nur sehr beschränkt« gelingt. »Da Planen, Überwachen und Kontrollieren Zeit kosten, Sonderschüler jedoch im Vergleich zu den Grundschülern durchschnittlich 6 Minuten eher fertig sind, stellt das vorliegende Ergebnis einen Hinweis auf mangelhafte Benutzung metakognitiver Prozesse dar« (Neukäter/Schröder 1991, 193). Zu resümieren ist aufgrund dieser Untersuchung und ähnlicher Studien, »dass bei lernbehinderten und verhaltensgestörten Sonderschülern ein gravierender Mangel in der Aktivierung metakognitiver Funktionen festzustellen ist« (a. a. O., 193). Metakognition erweist sich hier als eine Art »Metaphänomen« hinter bzw. jenseits von beiden Störungsgruppen.

Die genannten Beeinträchtigungen und Unfähigkeiten behindern die Kinder und Jugendlichen in ihrer kognitiven, sozialen, emotionalen und somatischen Tüchtigkeit und Entwicklung.

Die Prognose fällt bei den verschiedenen Formen der Verhaltensstörung sehr unterschiedlich aus. Während für junge Menschen mit emotionalen Problematiken die Aussicht gut ist, dass sich ihre Problematik bis in das Erwachsenenalter verliert, ist sie bei der hyperkinetischen und der dissozialen bzw. antisozialen Störung, d. h. bei aggressiv-delinquentem Verhalten, schlecht. Hinweise in dieser Hinsicht gibt z. B. eine Langzeitstudie aus Mannheim zum Verlauf psychogener Störungen (vgl. Esser/Schmidt 1987). 400 Kinder im Alter von 8 Jahren wurden 1977 erstmals untersucht. Eine Nachuntersuchung erfolgte, als die Jungen 13 Jahre alt waren. 340 dieser inzwischen jugendlichen Probanden wurden dann nochmals mit 18 Jahren untersucht. In der repräsentativen Stichprobe wurden bei 16,2 % der 8-Jährigen, bei 17,8 % der 13-Jährigen und bei 16 % der 18-Jährigen mäßige und ausgeprägte psychische Störungen festgestellt. Bei den Störungen handelt es sich zum einen um neurotisch-emotionale und zum anderen um dissoziale Störungen. Eine differenzierte Betrachtung ermöglicht die nachfolgende Tab. 3 (► Tab. 3).

Tab. 3: Neurotisch-emotionale und dissoziale Störungen bei Kindern und Jugendlichen

	Neurotisch-emotionale Störungen			Dissoziale Störungen		
Alter in Jahren	8	13	18	8	13	18
%	6,0	5,8	7,2	1,8	8,4	6,6

Bei den 7,2 % der 18-Jährigen mit neurotisch-emotionalen Störungen ist zu berücksichtigen, dass sich nach deutlichen Spontanremissionen einer Gruppe (vom 8. bis zum 13. Lebensjahr) eine Störungsentwicklung bei vorher Unauffälligen zwischen dem 13. und 18. Lebensjahr ergeben hatte.

Im Geschlechtervergleich zeigte sich, dass bei den 8-Jährigen Jungen und Mädchen emotionale Störungen etwa gleich verteilt waren, bei den 13-Jährigen waren deutlich stärker die Jungen vertreten, bei den 18-Jährigen dagegen die Mädchen. Ausgeprägt dissoziale Störungen wurden nur bei den 8-Jährigen Jungen konstatiert, bei den 13-Jährigen hatten Jungen und Mädchen etwa gleiche Anteile und bei den 18-Jährigen überwogen deutlich die Jungen. Die Untersuchung verdeutlichte, dass sich bei emotionalen Störungen eine große Zahl stabiler Spontanremissionen ergab, während die dissozialen Störungen weitestgehend persistierten. Ein relativ großer Teil der Kinder, bei denen mit 8 Jahren eine hyperkinetische Störung diagnostiziert worden war, musste mit 13 Jahren der Kategorie dissoziale Störung zugeordnet werden (Esser/Schmidt 1987, 183–186, ► Kap. 9).

3.2 Verhaltensstörungen und Lernstörungen

Lern- und Verhaltensstörungen kovariieren häufig miteinander, wobei nicht immer zu erkennen ist, welche Störung am Beginn des Fehlentwicklungs-Prozesses stand, oder ob sich nicht beide Störungen in einem gemeinsamen Prozess manifestierten (siehe dazu ausführlich Schröder/Wittrock 2002, vgl. auch z. B. Gruber/Ledl/Geiger 2014). Lernstörungen führen zu Kompensationsversuchen. Diese Kompensationsversuche können für die Umwelt im Bereich des Akzeptablen liegen und nicht als auffällig gelten. Werden sie jedoch nicht akzeptiert, vielmehr abgelehnt, können sie sich bei dem Betroffenen zu Verhaltensstörungen entwickeln.

Wie Verhaltensstörungen lassen sich auch Lernstörungen nur auf dem Hintergrund von Normen kennzeichnen, seien es Erwartungsnormen, unter denen die Umwelt ein Kind sieht oder unter denen das Kind sich selbst sieht, oder objektivierbare Normen im Sinne von Leistungskriterien (z. B. Lernziele). Ebenso wie bei Verhaltensstörungen wird auch von Lernstörungen nur dann gesprochen, wenn eine mindestens durchschnittliche Intelligenz gegeben ist. So versteht denn auch Corell unter Lernstörungen »das Absinken der Lernleistung unter das Niveau, das durch die individuelle psychisch-intellektuelle Begabung und Entwicklung angedeutet wird« (1969, 7). Kindern mit Lernstörungen werden Symptome zugeschrieben wie:

- Leistungsversagen, partieller oder genereller Art,
- Konzentrationsstörungen,
- geringe Lernmotivationen,
- vorzeitiges Ermüden und Abschalten,
- beeinträchtigte Steuerung und Kontrolle,
- geringes Selbstvertrauen,
- Aktivitätsreduzierung,
- reduziertes Anspruchsniveau,
- gestörter Realitätsbezug
  (vgl. z. B. Corell 1969; Tarnopol 1981; Betz/Breuninger 1987; Schröder 2005).

Unter ätiologischem Aspekt sind neurogene und psychogene Lernstörungen zu unterscheiden. Neurogene Lernstörungen stehen im Zusammenhang mit Entwicklungsverzögerungen, zentralen Funktionsstörungen wie Störungen der sensorischen und kognitiven Aufnahme und Integration sowie mit Stoffwechselstörungen (▶ Kap. 9.2). Psychogene Lernstörungen resultieren aus Umweltbedingungen, können mit der Familiensituation (sehr große Familie, Konfliktfamilie, fehlleitende Erziehungspraktiken, Vernachlässigung und Misshandlung) und mit der schulischen Situation (Schüler-Lehrer-Probleme, Über- oder Unterforderung, zu große Klassen usw.) zusammenhängen. Häufig ist jedoch nicht auszumachen, ob organische oder Umweltbedingungen primäre Faktoren sind, sodass in der Regel von einer Kovarianz dieser beiden Bedingungen auszugehen ist.

Nach dem internationalen Klassifikationssystem psychischer Störungen ICD-10 werden die vor allem auf biologisch bedingte »Beeinträchtigungen der kognitiven Informationsverarbeitung« zurückzuführenden neurogenen Lernstörungen wie die Lese- und Rechtschreibstörung (Dyslexie), die isolierte Rechtschreibstörung sowie die Rechenstörung (Dyskalkulie, Entwicklungs-Akalkulie) den »umschriebenen Entwicklungsstörungen schulischer Fertigkeiten« zugerechnet.

Die Diagnose gilt als schwierig, da eine Vielzahl von Bedingungen zu berücksichtigen ist. Erstens soll die Beeinträchtigung eindeutig sein und spezielle schulische Fertigkeiten umfassen. Als Hilfen zur Beurteilung sind gegeben:

- »Die schulischen Bewertungen (d. h. eine bei weniger als 3 % der Schulkinder erwartete Bewertung).
- Vorausgegangene Störungen in der Entwicklung (d. h. den Schulschwierigkeiten sind Entwicklungsverzögerungen oder -abweichungen in den Vorschuljahren vorausgegangen – meist in den Bereichen Sprechen oder Sprache).
- Begleitende Probleme (wie Unaufmerksamkeit, Überaktivität, emotionale Störungen und Verhaltensschwierigkeiten).
- Das Störungsmuster (d. h. Vorhandensein qualitativer, in der normalen Entwicklung nicht vorkommender Auffälligkeiten).
- Die Beeinflussbarkeit (d. h. die schulischen Schwierigkeiten gehen nicht rasch und problemlos zurück, wenn zu Hause oder in der Schule vermehrt Hilfen gegeben werden)« (WHO 1991, 255).

Zum zweiten soll die Störung spezifisch, d. h. nicht auf eine Reduzierung der allgemeinen Intelligenz zurückführbar sein. Der Leistungsstand liegt also deutlich unter dem demonstrierten oder erwarteten Intelligenzalter.

Drittens ist die Störung entwicklungsbezogen, sie zeigte sich von Anfang an und nicht erst im Laufe der Schulzeit.

Viertens sind äußere Faktoren auszuschließen, wie beeinträchtigte Lernmöglichkeiten, längere Abwesenheit oder häufiges Fehlen in der Schule sowie schlechter Unterricht durch die Lehrer.

Fünftens muss ausgeschlossen werden, dass optische oder akustische Beeinträchtigungen vorliegen, die nicht korrigiert worden sind (WHO 1991, 255–256).

Lernstörungen sind zur Lernbehinderung durch den Schweregrad, den Umfang und die Dauer der Beeinträchtigungen abzugrenzen, wobei Lernstörungen sich über Generalisierungs- und Habitualisierungsprozesse zur Lernbehinderung ausweiten können (vgl. Kanter 1989, 106). Von Lernbehinderung wird im deutschsprachigen Raum gesprochen, wenn die Lern-Leistungs-Prozesse spezifischen Veränderungen und Einschränkungen unterliegen und in der Regel einen subnormalen Intelligenzquotienten erbringen, sodass von einer leichten Intelligenzminderung gesprochen werden muss. Schüler mit Lernbehinderung werden mehr und mehr integriert bzw. inklusiv zusammen mit allen anderen Kindern und Jugendlichen beschult, können jedoch auch eine Schule mit dem Förderschwerpunkt Lernen besuchen. Letztere Möglichkeit mag angezeigt sein, wenn die Lernbehinderung stark ausgeprägt ist und in Verbindung mit sozial sehr belastenden Verhaltensstörungen auftritt (▶ Kap. 3.3).

3.3   Mehrfachbehinderung und Verhaltensstörungen

Verhaltensstörungen zeigen sich nicht nur in Verbindung mit verschiedenen Krankheiten (siehe dazu z. B. Lempp 1989), sondern auch in Verbindung mit anderen Formen von Behinderung in dem Erscheinungsbild der so genannten Mehrfachbehinderung. Mehrfachbehinderung manifestiert sich in vielfältigen Kombinationen, wobei obligate (zwangsläufige) und non-obligate Mehrfachbehinderungen unterschieden werden (vgl. Solarová 1970). Verhaltensstörungen treten in Verbindung mit anderen Behinderungen zumeist non-obligat auf, d. h. sie sind das Ergebnis inadäquater Umweltreaktionen und somit sekundäre Störungen (▶ Abb. 7). Linear-kausale Beziehungen zwischen Behinderungen und Verhaltensstörungen sind auszuschließen. Die vorliegenden Untersuchungen zum Problem der Mehrfachbehinderung unter dem Aspekt der Verhaltensstörung verdeutlichen eher die Gefahren für die sozial-emotionale Entwicklung als eindeutige Konsequenzen, die mit einer gewissen Notwendigkeit eintreten.

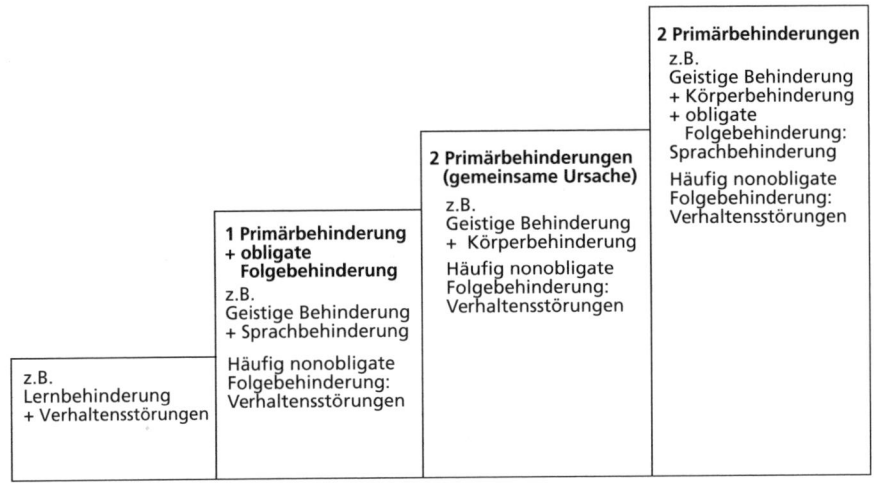

Abb. 7: Mehrfachbehinderung als Verbindung verschiedener Behinderungen

Eingegangen wird – der in der Pädagogik bei Behinderten üblichen Einteilung folgend – auf Verhaltensstörungen bei Kindern und Jugendlichen mit Sinnesschäden oder -beeinträchtigungen, die blind oder sehbehindert, gehörlos oder schwerhörig sind, auf Kinder und Jugendliche mit geistiger Behinderung, mit Körperbehinderung, mit Lernbeeinträchtigungen und mit Sprachbehinderungen.

Bei allen Behinderungen ist die Gefahr inadäquaten Erziehungsverhaltens besonders groß. Überbehütendes Verhalten sowie Ablehnung, Unterforderung wie Überforderung sind häufige Umweltreaktionen, die bei diesen Kindern als besonders pathogen anzusehen sind.

Kinder mit einer Sinnesbehinderung sind im Hinblick auf psychosoziale Störungen besonders gefährdet infolge ihrer eingeschränkten und veränderten Kommunikationsmöglichkeiten. Es hängt jedoch immer von den Verarbeitungsmöglichkeiten der betroffenen Kinder wie von den Reaktionen in der Umwelt ab, ob kommunikative Einschränkungen und Andersartigkeiten zu psychosozialen Störungen führen oder nicht. Es muss jedoch gesehen werden, dass fehlende oder eingeschränkte visuelle oder akustische Stimulation schon von früher Kindheit an

z. B. durch Abhängigkeitsgefühle, Selbstwertprobleme und – in den späteren Jahren – durch Zukunftsängste eine adäquate sozial-emotionale Entwicklung gefährden kann. Es liegen Hinweise dafür vor, dass Kindern und Jugendlichen mit Sinnesschädigungen die Bewältigung der ersten fünf Phasen nach dem Entwicklungsmodell von Erikson (Vertrauen gegen Ur-Misstrauen; Autonomie gegen Scham und Zweifel; Initiative gegen Schuldgefühl; Leistung gegen Minderwertigkeitsgefühl; Identität gegen Rollenkonfusion; ▸ Kap. 4.2.1) nur dann recht gelingt, wenn sehr günstige Umwelt- und Erziehungsbedingungen gegeben sind.

Weniger blinden als vielmehr sehbehinderten Kindern und Jugendlichen wurde in der Vergangenheit sozial unerwünschtes und erziehungsschwieriges Verhalten zugeschrieben. In Unselbstständigkeit, Kontaktarmut und Hilflosigkeit einerseits und überkompensierendem Ehrgeiz und Aggravation andererseits werden die Hauptprobleme gesehen. Wie eine zusammenfassende Betrachtung über Zusammenhänge zwischen psychosozialen Störungen und Sehbehinderung zeigt, ist bei vielen Kindern und Jugendlichen mit einer Sehbehinderung mit der Entwicklung sozial-emotionaler Störungen zu rechnen (vgl. Mersi 1975 und 1985).

Die problematische Situation, in der Kinder und Jugendliche mit Schwerhörigkeit aufwachsen, verdeutlicht anschaulich Claußen. Bei Schwerhörigen ist – wie er aufzeigt – eine »Gefährdung der sozialen Eingliederung, der Entwicklung der eigenen Persönlichkeit sowie der Entfaltung der Lern- und Leistungsfähigkeit« gegeben; »Schwerhörige und Ertaubte werden leicht zur geduldeten Randfigur« (Claußen 1992, 20/21).

Die Gefährdung resultiert aus vielerlei Problemen. Schon die vorsprachliche Kommunikation ist dadurch eingeschränkt, dass das Kind weitgehend auf den optischen Kanal angewiesen ist. Die Verständigung mit den Eltern ist oft schwierig; dadurch wird u. a. die Entwicklung des Urvertrauens bedroht. Schwierig ist die Eingliederung in Sekundärgruppen. Ihr stehen nicht nur Vorurteile entgegen. Die bei Schwerhörigen häufig anzutreffenden Sprechfehler wirken auf manche Menschen abstoßend; eine freundliche Plauderei wird wegen der Wahrnehmungs- und sprachlichen Verstehensschwierigkeiten für den Schwerhörigen, aber auch für den gut Hörenden anstrengend und verfehlt ihr Ziel, soziale Beziehungen anzubahnen und zu erhalten. Zuweilen haben Schwerhörige Schwierigkeiten, eine soziale Situation richtig einzuschätzen und erlernte Rollen flexibel einzusetzen (vgl. Claußen 1992).

Die Prävalenzraten für psychosoziale Störungen bei Kindern und Jugendlichen mit Hörschädigungen liegen zwischen 8 % und 30 % (Krüger 1987, 56). Gegenüber schwerhörigen verstärkt sich bei gehörlosen Kindern und Jugendlichen die Problematik noch.

Eine ganze Schulpopulation gehörloser Kinder und Jugendlicher untersuchte Dagmar Kunz (1988) in Berlin. Sie erfasste 81 Schüler (53,1 % Jungen; 46,9 % Mädchen). Die Schüler kamen aus allen Bezirken Westberlins. Der Ausländeranteil betrug 40 %. Zusammenfassend kommt sie zu folgendem Ergebnis: »Ein Drittel der untersuchten gehörlosen Schüler zeigen auffälliges Verhalten, sowohl nach den Urteilen von Eltern, Lehrern und Erziehern als auch nach den Urteilen der Schüler selbst. Bei diesem Anteil der untersuchten Probanden sind die Auffälligkeiten durchgehend und werden von allen Beurteilergruppen festgestellt« (a. a. O., 177). Mit einer qualitativen Analyse kann sie verdeutlichen, dass gehörlose Schulkinder in signifikanter Abweichung zu hörenden Schulkindern größere Ängstlichkeit, stärkere vegetative Labilität, häufigere psychosomatische Beschwerden, schlechteres Konzentrationsvermögen und geringere Konzentrationsleistungen und ein dominanteres Verhalten zeigen. Trotz dieser Belastungsmomente ist jedoch ihre Arbeitshaltung besser als die vergleichbar hörender Schulkinder (a. a. O., 179).

Im Zusammenhang mit spezifischen Bedingungen im Gehörlosenmilieu sieht Gorman, der seine Untersuchung in England durchführte, das Ensemble von Verhaltensweisen, das hörgeschädigte Kinder zeigen können. Über die zu Syndromen zusammengefassten Verhaltensweisen gibt Löwe (1985) die nachfolgende zusammenfassende Übersicht:

- Übermäßige Neugierde = das »Naseweiß-Syndrom«
- übermäßiger Gebrauch körperlicher Vergeltung = das »Auge-um-Auge/-Zahn-um-Zahn-Syndrom«
- die übermäßige Abhängigkeit vom Lehrer oder Erzieher bei der Weiterführung oder Vollendung einer Aufgabe = das »Ich-kann-es-nicht-allein-Syndrom«
- die Einstellung, fremdes Eigentum ungefragt benützen zu dürfen, und die geringe Bereitschaft, Eigenbesitz mit anderen zu teilen = das »Mir-alles-dir-nichts-Syndrom«
- die geringe Bereitschaft zu einer Mitarbeit bei einer Konfrontation mit einer neuen Situation = das »Niemals-zuvor-Syndrom«
- der Mangel an Führerschaft = das »Ich-nicht-Syndrom«
- die Unfähigkeit, als Gruppe zu arbeiten = das »Lieber-allein-Syndrom«
- die Unfähigkeit, wohl überlegte Entscheidungen zu treffen = das »Unbesonnenheitssyndrom«
- die Unfähigkeit, moralische oder soziale Fragen differenziert zu beurteilen = das »Schwarz-weiß-Syndrom«
- die Starrheit im Stellen und Beantworten von Fragen = das »Tier-Dressur-Syndrom«
- das übermäßige Aufmerksam-Machen des Lehrers auf Handlungen von Mitschülern = das »Haltet-den-Dieb-Syndrom«
- der stark begrenzte Umfang an Gesprächsstoff und der eng umrissene Interessenbereich = das »Kirchturm-Horizont-Syndrom« (a. a. O., 90).

Für schwerhörige wie gehörlose Kinder und Jugendliche stellte Beck zusammenfassend »Störungen und Retardationen vor allem der emotionalen und sozialen Entwicklung« fest (Beck 1995, 76). Sarimski und Lang kommen in Auswertung des Forschungsstandes und in Zusammenfassung der Ergebnisse aus eigenen Untersuchungen zu folgendem Resümee:

> »Destruktive, aggressive oder selbstverletzende Verhaltensweisen, Abwehr gegen Anforderungen, impulsive Reaktionen bei Veränderungen gewohnter Abläufe und die Neigung zu stereotypen und repetitiven Verhaltensweisen stellen Belastungen für die soziale Teilhabe von Kindern und Jugendlichen mit einer Hörschädigung dar« (Sarimski/Lang 2016, 35).

Eine geistige Behinderung wird den Menschen attestiert, die eine ausgeprägte Intelligenzminderung mit einem Intelligenzquotienten unter 60 in Verbindung mit

»sensorischen, motorischen, verbalen, psychischen und emotional-sozialen Beeinträchtigungen« haben (Neise 1987, 118). Zu dem deutlich subnormalen Intel-
ligenzniveau kommt eine Intelligenzstruktur im Sinne geringerer Ausdifferenzierung. Deutliche Andersartigkeiten im Sozialverhalten zeigen in besonders starkem
Ausmaß Kinder mit geistiger Behinderung und frühkindlichem Autismus. Aber
auch die übrigen Kinder und Jugendlichen mit den verschiedenen Formen geistiger
Behinderung tendieren zu unerwünschtem Verhalten aufgrund motorischer,
sprachlicher und kognitiver Beeinträchtigungen. Besonders deutlich sind distanz-
loses und gehemmtes Verhalten. Im Hintergrund stehen aber immer Ängste und
Unsicherheiten, deren Minderung oder Verstärkung von Umweltreaktionen abhängig ist (vgl. Sarimski 2006).

Nach den Erfahrungen eines Nestors der Pädagogik bei Menschen mit geistiger
Behinderung, Otto Speck, wirkt das Verhalten von Kindern und Jugendlichen mit
geistiger Behinderung »störend und gestört. Diese Kinder sind schwer zu verstehen,
schwierig zu erziehen und manchmal kaum zu ertragen« (1979, 66). Damit soll
allerdings nicht gesagt sein, dass es nicht auch geistigbehinderte Kinder gibt, die als
brav, lieb, unauffällig zu bezeichnen sind.

Nach Speck sind Verhaltensstörungen bei Kindern und Jugendlichen mit geistiger Behinderung unter vier verschiedenen theoretischen Aspekten zu sehen. Unter
dem Aspekt der Defekttheorie, die in Anlehnung an die Sowjetunion in der ehemaligen DDR vertreten wurde, ist bei Geistigbehinderten eine »Abartigkeit des
Gesamts« gegeben, was dazu führt, dass alle Geistigbehinderten als »verhaltens-
defekt« anzusehen sind. Die Verhaltensdefekte bzw. Charakterauffälligkeiten zeigen sich in acht Bereichen als matt-kraftlos, gleichgültig-unbekümmert-faul,
schwermütig-unkindlich-ernsthaft, schwerfällig-schleppend-stumpf, gehemmt-
verkrampft, nervös-gehetzt-fahrig, verhaltensschwierig-indifferent (Speck 1979,
Scholz-Ehrsam 1962). Unter dem Aspekt der Entwicklungstheorien bzw. der Re-
tardierungstheorie ist bei geistigbehinderten Kindern und Jugendlichen eine Verlangsamung bzw. ein Zurückbleiben der Entwicklung gegeben. Verhaltensabweichungen und Minderleistungen resultieren jedoch nicht aus organischen
Intelligenzdefekten, sondern stehen im Zusammenhang mit Erfahrungswerten und/
oder motivationalen Faktoren. Lerntheoretische Ansichten, nach denen auch bei
Geistigbehinderten das Verhalten im Wesentlichen im Zusammenhang mit Lernprozessen und nicht mit Veranlagung oder Hirnschädigungen zu sehen ist, betrachtet Speck als nicht haltbar. Auch der biologische Rahmen müsse gesehen
werden. Die traditionelle Auffassung im Sinne psychoanalytischer Theorien, wo-
nach mentale Insuffizienz und Neurose sich ausschließen, wird als nicht mehr aktuell betrachtet. Auch bei Kindern und Jugendlichen mit geistiger Behinderung
muss die familiäre Dynamik als bedeutsamer Faktor bei Verhaltensstörungen gesehen werden (siehe dazu auch Mühl [4]2000).

Neue empirische und theoretische Arbeiten weisen ebenfalls sehr deutlich auf
Verhaltensstörungen als einen Brennpunkt in der Arbeit mit Menschen mit geistigen Behinderungen hin (vgl. Dworschak/Kannewischer/Ratz/Wagner 2012; Ratz
2012).

Zur Verhaltensproblematik körperbehinderter Kinder stellt Schönberger zusammenfassend fest: »In nichts sind sich die in der Förderung körperbehinderter

Kinder Tätigen heute einiger als darin, dass ihnen ›Perzeptionsstörungen‹ und ›Verhaltensstörungen‹ das Geschäft mehr erschweren als selbst die schwersten Einschränkungen der Bewegungsfähigkeit« (Schönberger 1979, 67). Dieser Beurteilung entsprechen Untersuchungsergebnisse wie z. B. von Kunert, die bei einem deutlich größeren Teil der körperbehinderten Kinder abweichende Verhaltensformen konstatierte. Sie fand Erscheinungsformen wie verlangsamtes Arbeitstempo, geringe Konzentrationsfähigkeit, Trotz, Aggressivität, Überempfindlichkeit, Übergefügigkeit, vermehrtes Geltungsbedürfnis, geringere Kontaktfähigkeit, vermehrte Bedürfnisspannungen, Retardierung, Entwicklungsrückstände, Regressionen (Kunert 1973). Steinhausen/Wefers, die jeweils 104 Kinder aus Sonderschulen für Körperbehinderte und Volksschulen im Alter von neun bis achtzehn Jahren miteinander verglichen, kamen zu dem Ergebnis, dass Kinder und Jugendliche mit Körperbehinderungen weniger extravertiert und emotional stabil sowie reflektiver, zweifelnder und zögernder sind. Diese Feststellungen führten zu der Zusammenfassung, dass bei den Kindern und Jugendlichen eine konfliktfreie emotionale Integration erschwert ist (Steinhausen/Wefers 1977, 101). Insgesamt gesehen hielten sie jedoch die Persönlichkeitsstruktur körperbehinderter und gesunder Kinder für nahezu identisch. Dazu ist allerdings zu fragen, ob nicht gerade bei den älteren Kindern und Jugendlichen mit Körperbehinderungen – die größte Untersuchungsgruppe stellten die 14-Jährigen – die relativ geringe Sekundärsymptomatik der Verhaltensstörungen als Effekt der Sonderbeschulung verstanden werden kann. In der Untersuchung von Kunert bestand die Hauptgruppe der Untersuchung aus 6- bis 9-Jährigen – einer Altersgruppe, die milieubedingte psychosoziale Störungen ggf. noch stärker verdeutlicht als die älteren Sonderschüler.

Zusammenhänge zwischen Körperbehinderungen einerseits sowie Emotionalität und sozialer Kompetenz andererseits erörtert auch Lelgemann (vgl. 2010). Er weist darauf hin, dass auffälliges Verhalten häufig aus der spezifischen Biographie heraus zu verstehen ist.

Die größte Gruppe unter den Behinderten insgesamt bilden nach wie vor die so genannten Lernbehinderten, die umfassende, schwerwiegende und zeitlich überdauernde Lern-/Leistungsbeeinträchtigungen haben mit deutlichen Manifestationen in Intelligenz- und Schulleistungstests (IQ ca. 60–85). Von Kindern und Jugendlichen aus Schulen mit dem Förderschwerpunkt Lernen ist seit langem bekannt, dass sie zum größten Teil aus den unteren sozialen Schichten kommen und wegen ungünstiger Sozialisationsbedingungen (geringes Einkommen, Wohnraumnot, autoritär-aggressive und punitive Erziehungseinstellung) auch häufig schwererziehbar sind – wie in der Frühzeit der Hilfsschule gesagt wurde – bzw. Verhaltensstörungen zeigen. Nach einer recht umfangreichen Untersuchung, die an Hamburger Lernbehindertenschulen durchgeführt wurde und 1031 Schüler erfasste (59 % Jungen; 41 % Mädchen), haben nach der Beurteilung durch ihre Lehrer 332 Jungen (32 %) und 148 Mädchen (14 %), insgesamt also 46 % der Stichprobe Verhaltensstörungen. Eine qualitative Analyse erbrachte deutliche Unterschiede zwischen Jungen und Mädchen im Erscheinungsbild der Verhaltensstörungen. Während Jungen vorwiegend die Symptome Affektlabilität, geringe Frustrationstoleranz, geringe Selbstkontrolle, Aggressivität, Reizbarkeit und motorische Unruhe zeigten, waren bei den Mädchen die herausragenden Symptome geringe Frustrationstoleranz, Affektlabilität, Ängstlichkeit, Stimmungsschwankungen, Reizbarkeit und Antriebshemmung. Die Werte der Jungen waren bei den Symptomen »geringe Selbstkontrolle«, »motorische Unruhe«, »Geltungsdrang« und »Wutanfälle« signifikant höher als bei Mädchen, bei denen die Symptome »geringe Frustrationstoleranz« und »Ängstlichkeit« signifikant höher besetzt waren als bei den Jungen. Der Anteil der als verhaltensgestört bezeichneten Jungen war um das 2,2-fache höher als derjenige der Mädchen (vgl. Myschker 1980/81). Klicpera/Gasteiger Klicpera (vgl. 2008) diskutieren die häufigen Zusammenhänge zwischen Lernstörungen und Störungen der sozial-emotionalen Entwicklung und weisen auf die unklaren Kausalrichtungen hin, für die unterschiedliche Ursache-Wirkungs-Modelle angenommen werden könnten; auch sind bei einem Kind Verstärkungsprozesse zwischen beiden Problematiken im weiteren Verlauf möglich.

Als sprachbehindert gelten Menschen, »die beeinträchtigt sind, ihre Muttersprache in Laut oder Schrift impressiv und/oder expressiv altersgerecht zu gebrauchen und dadurch in ihrer Persönlichkeits- und Sozialentwicklung sowie in der Ausformung und Ausnutzung ihrer Lern- und Leistungsfähigkeit behindert werden« (Knura 1982, 3). Die Sprachbehinderung beeinflusst also die Persönlichkeits- und Sozialentwicklung, andererseits können sich aber auch Sprachbehinderungen aus Störungen der Persönlichkeits- und Sozialentwicklung ergeben oder durch diese verstärkt werden. Störungen der Sprache und des Sprechens führen also leicht über Störungen in den Kommunikationsabläufen mit der Umwelt zu Störungen in den interpersonellen Beziehungen. Bei Kindern und Jugendlichen mit Sprachbehinderungen kann es leicht im Sinne eines Teufelskreis-Prozesses zu Verhaltensstörungen dadurch kommen, dass sich über die Sprachbeeinträchtigung, inadäquate Umweltreaktionen, Unsicherheit und Misserfolgserwartung Fehlverhaltensweisen generieren, die wiederum sowohl die personale Situation des betroffenen Kindes oder Jugendlichen störend beeinflussen als auch die Interaktion mit der Umwelt, wodurch die psychosozialen Störungen weiter verstärkt werden können. Diese Problematik ist besonders in der Schule relevant, in der Sprache nicht nur Bildungsmittel, sondern auch Bildungsinhalt ist. In allen Unterrichtsfächern spielt sie eine große Rolle, sodass durch die Sprachbehinderung der gesamte Lern-Leistungsbereich in einer Weise emotional negativ besetzt werden kann, dass es zu Lernstörungen mit Aufmerksamkeits- und Konzentrationsstörungen, Interessenverlust, reduzierter Leistungsfähigkeit und Ausdauer sowie zu so belastenden Symptomen der Verhaltensstörung wie »Enuresis, Gewalttätigkeit, Daumenlutschen, Nägelbeißen, Erethismus, Torpidität, Triebhaftigkeit, Verführbarkeit, Affektlabilität, Gefühlsarmut, Passivität, Geltungssucht, Verlogenheit« kommen kann (Meixner 1985, 18). Es ist auch hier schwierig, dahingehend zu differenzieren, welche Erscheinungen ursächlichen und konsekutiven Charakter haben. Auch für das Stottern, das verbreitet als psychoneurotische Störung gilt, ist es schwer auszumachen, ob originäre und spezifische intrapersonale oder interpersonale Bedingungen die Sprachbehinderung erbrachten. Für ein Kind, dessen Eltern ein ängstlich-besorgtes, streng-forderndes oder zwiespältiges Erziehungsverhalten realisieren und »das einerseits ständig zu korrektem Sprechen aufgefordert, andererseits für sein Sprechverhalten durchweg kritisiert wird, entsteht ein ›situativer Erlebnisnotstand‹, aus dem Stottern als ›Notlösungsverhalten‹ resultiert« (Keese 1987, 81).

Bei einer Untersuchung, die Baumgartner (1978) in elf Sprachbehindertenschulen und 21 schulvorbereitenden Einrichtungen machte, stellte sich heraus, dass 47 % der Schüler als eindeutig und 11 % als zweifelhaft verhaltensgestört zu bezeichnen waren und im Vergleich zu Regelschulpopulationen ein instabileres Leistungsverhalten, größeres Angstverhalten, größere Unsicherheit sich selbst und anderen gegenüber sowie Auffälligkeit im Sozialkontakt mit Erwachsenen und Gleichaltrigen zeigten. Im Arbeitsverhalten waren Jungen und Mädchen gleich auffällig, die Jungen unterschieden sich jedoch von den Mädchen durch größere Aggressivität und motorische Unruhe und die Mädchen von den Jungen durch größere Gehemmtheit und Ängstlichkeit. In den schulvorbereitenden Einrichtungen fielen die Kinder durch Isolationstendenzen, geringe Initiativen, Passivität, Abhängigkeit von Erwachsenen, aggressive Verhaltensweisen, insbesondere auch körperliche Auseinandersetzungen auf (a. a. O.).

3.4 Verhaltensstörungen und Hochbegabung

Hochbegabte bzw. besonders talentierte Kinder und Jugendliche zeichnen sich aus durch besondere Potenzen in allen oder einem der folgenden Bereiche:

* Intelligenz (herausragende kognitive Fähigkeiten, effiziente und/oder spezielle Formen der Informationsaufnahme und -verarbeitung, überdurchschnittliche sprachliche und/oder psychomotorische Fähigkeiten, flexible Anpassungsfähigkeit),
* Kreativität (Einfallsreichtum, Originalität, häufig besondere Talente im Musischen) und
* Aufgabenengagement (Leistungsstreben, Zielstrebigkeit, Anstrengungsbereitschaft, Metakognition, häufig unkonventionelle Lern- und Arbeitsmethoden, Leistungsexzellenz, breite Interessen; vgl. dazu Renzulli 1993; Mönks 1992; Heller/Perleth 1994; Stumpf 2012).

Ein mehrdimensionales Verständnis von Hochbegabung macht es möglich, nicht nur Kinder und Jugendliche z. B. mit Sinnes- und Körperbehinderungen, sondern auch solche mit Lern- und Verhaltensstörungen (z. B. der blinde Dichter, der geistigbehinderte Maler, der Asperger-Autist) als hochbegabt bzw. besonders talentiert zu bezeichnen.

Auch hochbegabte Kinder und Jugendliche brauchen materielle und soziale Unterstützung, um ihre Talente zu entfalten, die verkümmern oder auch kontraproduktiv werden können, wenn die Heranwachsenden in einer verständnislosen Umwelt leben müssen. Im Bereich der nonkognitiven Persönlichkeitsmerkmale, »wie z. B. Stressbewältigung, Leistungsmotivation, Arbeits- und Lernstrategien (Prüfungs-)Angst« brauchen sie ebenso Hilfen wie auch ihrem sozialen Umfeld gegenüber, d. h. in der Familie, in der Schule und in der peer-group (Quitmann

83

2007, 126). In einer Fülle von Einzelfallstudien wird über hochbegabte Kinder und Jugendliche berichtet, die infolge ihrer besonderen Fähigkeiten in Konflikte mit ihrer Umwelt geraten und auf Unverständnis, Ablehnung, Unterforderung und Langeweile insbesondere in schulischen Settings mit sozial-emotionalen Störungen reagieren und somit einen besonderen Förderbedarf haben (vgl. Stapf 1998, Hoyningen-Süess/Lienhard 1998).

Die Kinderärztin und Entwicklungsneurologin von Loh fasst die Probleme, die nicht wenige hochbegabte Kinder haben, folgendermaßen zusammen:

- »Teilleistungsschwächen, LRS (NM: Lese-Rechtschreib-Schwäche) ADS (NM/ RS: Aufmerksamkeits-Defizit-Störung) im Rahmen der Hochbegabung: Versehentliche Orientierung an den Schwachstellen, Übersehen der Hochbegabung,
- erwartungswidrige Minderleistung (ohne besondere Schwächen), ›underachievement‹,
- sehr kreative, eigenwillige Lernmethode
- verhaltensauffällig: passt nicht zum Unterricht, stört, wird abgelehnt. Folge: innerer Rückzug,
- mangelnde familiäre Unterstützung, Unverständnis bezüglich der Bedürfnisse des Kindes,
- mangelnde Motivation des Kindes; negatives Selbstbild,
- Anfeindungen durch Neid, Ausgrenzung als ›Streber‹,
- Selbstüberforderung durch Leistungsdruck oder zu hohen Eigenanspruch« (von Loh 2003, 327).

Hochbegabte, insbesondere extrem intellektuell hochbegabte Menschen wurden seit dem 19. Jahrhundert unter dem Einfluss des italienischen Arztes Lombroso (1836–1909) auch noch im vergangenen Jahrhundert in einem Zusammenhang von Genie und negativer Persönlichkeit/Wahnsinn gesehen, und es bedurfte der umfassenden Studien des Amerikaners Terman (1877–1956), diese Anschauung zu widerlegen (Terman, L.: Genetic studies of genius 1925). Er stellte in einer Langzeituntersuchung an 1528 Kindern mit einem IQ über 140 fest, dass diese ein deutlich erfolgreicheres und gesünderes Leben führten als die Vergleichsgruppe durchschnittlich Begabter (vgl. Ministerium für Bildung... Schleswig-Holstein 2000, 7–8).

Während jedoch in den USA nach dem »Sputnik-Schock« von 1958 »The Great Talent Hunt« ausgerufen und betrieben wurde, war es noch bis vor wenigen Jahren für viele deutsche Wissenschaftler und insbesondere Pädagogen ein Tabu, sich mit Hochbegabung zu beschäftigen oder gar eine besondere Förderung für diese Kinder und Jugendlichen zu fordern. Der Elitegedanke schien sich nicht mit dem Anspruch auf Gleichheit, wie er seit der französischen Revolution für die Gesellschaft gefordert wurde, zu vertragen (vgl. Urban 1996). Erst in der Gegenwart wird auch Hochbegabten der grundgesetzlich verankerte Anspruch auf eine adäquate Bildung und Erziehung zuerkannt (vgl. z.B. Ministerium für Bildung... Schleswig-Holstein 2000).

Wenn auch neuere empirische Untersuchungen im Gefolge Termans mit den Durchschnitt erfassenden Gruppenvergleichen ausweisen, dass hochbegabte junge Menschen nicht häufiger Verhaltensstörungen zeigen als andere Populationen (vgl.

z. B. Rost 1993), so wird doch mehr und mehr gesehen, dass diese Kinder und Jugendlichen durch sich selbst und ihre Umwelt in der Gefahr stehen, in ihrer Entfaltung beeinträchtigt zu werden oder gar psychische Störungen zu entwickeln, dass sie Verständnis, Akzeptanz und eine adäquate Lernumwelt brauchen, d. h. dass ihnen »von Anfang an die für ihre geistigen Bedürfnisse ausreichenden Entwicklungsanreize, Lernangebote und Gestaltungsmöglichkeiten zu bieten« sind (Weinert 1992; siehe dazu Stumpf 2012).

3.5   Verbreitung von Verhaltensstörungen

Angaben über die Verbreitung von Verhaltensstörungen sind insbesondere aus bildungspolitischen bzw. planungstechnischen Gründen wichtig. Sie dienen als Grundlage für Entscheidungen über die Höhe der Ressourcen, die für prophylaktische und pädagogisch-therapeutische Maßnahmen bereitzustellen sind. Als verhängnisvoll sind daher zu niedrig ansetzende Werte anzusehen, da sie personelle und materielle Engpässe zu Folge haben und die notwendige Hilfe in dem erforderlichen Umfang nicht gewährt werden kann.

Erhebungen über die Verbreitung von Verhaltensstörungen variieren stark. Aus einer Übersicht, die Remschmidt/Walter (1990) gaben und die 15 Untersuchungen mit 36 547 Kindern und Jugendlichen zwischen fünf und achtzehn Jahren erfasste, lässt sich entnehmen, dass bei einer Streuung der Prävalenzraten der einzelnen Untersuchungen zwischen 13,0 % und 31,0 % die durchschnittliche Prävalenzrate bei einem Wert von 20,15 % liegt. Die großen Unterschiede in den Ergebnissen empirischer Untersuchungen resultieren aus Definitionsschwierigkeiten, aus der Unterschiedlichkeit der Untersuchungskonzeptionen und aus zeit- wie lokalspezifischen Bedingungen. In anderen westlichen Ländern stellt sich die Problematik der Untersuchungen zur Häufigkeit von Verhaltensstörungen ähnlich dar wie in Deutschland. Der prominente amerikanische Sonderpädagoge Kauffman führt z. B. zu dieser Thematik aus: »Die Wirkung von Unterschieden in den Definitionen zur Erfassung der Verbreitung von Verhaltensstörungen braucht nicht weiter ausgeführt zu werden. Selbst dann aber, wenn dieselbe Definition gebraucht wird, sind Erhebungen unterschiedlich gewesen. Es ist bedenkenswert, dass eine Umfrage der Staatsdirektoren für Sonderpädagogik Unterschiede zur Verbreitung erbrachte, die in den verschiedenen Staaten zwischen 5 % und 15 % reichten. Die relevanteste Frage für die Diskussion ist hier, was ist eine vernünftige Erhebung in Prozenten von Schulkindern, deren Verhalten so dauerhaft schwierig ist, dass sonderpädagogische Förderung wünschenswert ist, wobei vorausgesetzt ist, dass die Definitionen, auf welchen die Erhebungen beruhen, adäquat sind. Der beste verfügbare Befund zeigt an, dass die Erhebung von 2 % zu vorsichtig geschätzt ist, obwohl sie über zwei Jahrzehnte durch das Federal Bureau of Education for the Handicapped benutzt wurde (heute: Büro für sonderpädagogische Programme im Referat für Erziehung)« (Kauffman 1985, 26).

Frühere offizielle Stellungnahmen bildungspolitischer Gremien der Bundesrepublik sahen »1 % eines schulpflichtigen Jahrgangs ... verhaltensgestört und damit behindert« (Kultusministerkonferenz 1972, Deutscher Bildungsrat 1973). »Weitere 3 % bis 4 % sind durch andauernde Misserfolge in der Schule oder negative soziale Bedingungen von Behinderung bedroht« (Deutscher Bildungsrat 1973). Diese Angaben waren schon seinerzeit – eher Schätzzahlen denn Ergebnis empirischer Forschung – zu niedrig angesetzt und entsprechen ganz und gar nicht den gegenwärtigen Verhältnissen. Allein für rund 2 % der Kinder im Alter von 3 bis 15 Jahren wurde im Jahr 2000 die Diagnose Hyperkinetisches Syndrom (HKS) auf dem Krankenschein dokumentiert. »Am höchsten lag der Anteil in der Altersgruppe der 6- bis 10-Jährigen mit 3,2 %« (Die Drogenbeauftragte der Bundesregierung 2004, 36), im Grundschulalter also.

Der quantitative Aspekt von Verhaltensstörungen ist in Deutschland wegen methodischer Schwierigkeiten einerseits und des für eine gegenstandsadäquate Untersuchung zu treffenden zeitlichen, personellen und materiellen Aufwands andererseits nicht so gründlich bearbeitet, wie es seiner Bedeutung entspricht. Es gibt hierzulande nur wenige Untersuchungen, die wissenschaftlichen Kriterien einigermaßen genügen. Bisher ist für Verhaltensstörungen keine Definition oder forschungsdienliche Deskription als letztlich verbindlich akzeptiert worden. So spiegeln die vorliegenden Untersuchungen die unterschiedlichen Auffassungen der Forscher und/oder der beurteilenden oder schätzenden Experten wieder. In vielen Untersuchungen ist eine Beschränkung auf das Lehrerurteil gegeben, um den Aufwand für die Untersuchung gering zu halten und eine Belastung der Kinder zu vermeiden. Insbesondere im Bereich der Persönlichkeitscharakteristik ist jedoch die Problematik der Beurteilung durch Lehrer nicht gering einzuschätzen (vgl. z. B. Kleber 1978). Ein Teil der Probleme lässt sich durch Vorgaben, die den verschiedenen beurteilenden Lehrern einheitliche Kriterien vermitteln, eliminieren. Von den vielen Untersuchungen mittels der Expertenbefragung soll die von Steuber kurz vorgestellt werden, da sie intensiv auf gemeinsame Kriterien der Lehrer zielte und relativ neu ist. Als methodisch völlig zufrieden stellend kann jedoch nur eine Untersuchung gelten, die sich mit einem den Gütekriterien entsprechenden und die wesentlichen Aspekte von Verhaltensstörungen berührenden Instrumentarium nicht nur an nahestehende Bezugspersonen (Eltern, Erzieher, Lehrer usw.), sondern vor allem an die Kinder selbst wendet, und zwar an Jungen und Mädchen. Um kognitive, emotionale, soziale und somatische Daten zu erheben, ist eine interdisziplinäre Kooperation von Pädagogen, Psychologen, Medizinern und Sozialpädagogen vonnöten (▶ Kap. 5). Eine solche Untersuchung liegt bis heute in Deutschland nicht vor. Ältere anerkannte Untersuchungen stammten von Harnack (1958) und Thalmann (1971); ergänzend sei auf eine Hamburger Untersuchung hingewiesen (Myschker 1974). Auf diese Untersuchungen soll nachfolgend etwas näher eingegangen werden.

Anglo-amerikanische Erhebungen werden nur zum Vergleich herangezogen. Wegen der diversen kulturellen Unterschiede – nicht zuletzt im sprachlichen Bereich – sind sie für deutsche Verhältnisse nur bedingt relevant.

Von Harnack erhob 1956 bei 1335 vorwiegend 10- bis 11-jährigen Schülern (männlich 674, weiblich 661), einer für Hamburg repräsentativen Stichprobe,

Daten im Hinblick auf Verhaltensstörungen, indem er die Kinder medizinisch untersuchte, Gespräche mit ihnen führte, die Lehrer anhand eines Untersuchungsbogens befragte und zum Teil Auskünfte bei Schulärzten und Fürsorgerinnen einholte. Für die Kinder und die bei ihnen festgestellten Daten bildete er ein Klassifikationssystem mit drei Kategorien, die durch Beispiele erläutert werden (vgl. von Harnack 1958, 21 f.):

- »verhaltensgestört in ausgeprägtem Maße«
- »Verhaltensstörungen nachweisbar«
- unberücksichtigt (bei allenfalls einzelnen, vorübergehenden, gelegentlichen Symptomen)

Nach dieser Klassifikation wurden 5,9 % der Jungen und 1,5 % der Mädchen, durchschnittlich also 3,7 %, als »verhaltensgestört im ausgeprägtem Maße« festgestellt. Weitere 4 % der Jungen und 0,45 % der Mädchen, durchschnittlich 2,2 %, wurden als verwahrlost diagnostiziert, wobei »typische« Verwahrlosungssymptome (Stehlen, Schuleschwänzen, Verlogenheit usw.) das Erscheinungsbild charakterisieren. Weniger ausgeprägte, aber nachweisbare und – wie die beiden Beispiele vermitteln – mehrdimensionale Verhaltensstörungen fanden sich bei 19,6 % der Jungen und 12,8 % der Mädchen, also bei durchschnittlich 16,2 %. Für die ausgeprägt Verhaltensgestörten und die Verwahrlosten errechnete von Harnack nach Abzug der Doppelbelastungen einen Anteil von 5,6 %. Diese Kinder wurden als seelisch ernsthaft gefährdet bzw. gestört bezeichnet (a. a. O., 83).

Es lässt sich zusammenfassen, dass von Harnack mit seiner Untersuchung bei 21,9 % der Kinder (16,3 % + 5,6 %) mehr oder weniger ausgeprägte Verhaltensstörungen nachweisen konnte. Der Schichtenvergleich erbrachte eine etwa gleiche Verteilung der verhaltensgestörten Kinder auf die höheren und die unteren sozialen Schichten. Für die unteren Schichten wurde eine größere Milieubelastung im Sinne pathogener Bedingungen konstatiert.

Diese Untersuchung weist aus heutiger Sicht Mängel auf, die z. B. im Fehlen genauer Definitionen, in einem problematischen Schichtenmodell und in der Zuordnung zu den Belastungskategorien allein durch den Forscher liegen.

Thalmann erfasste 1968 in einer Untersuchung über »Verhaltensstörungen bei Kindern im Grundschulalter« 150 7- bis 10-jährige Reutlinger Jungen. Zur Datensammlung benutzte er bei Müttern, Vätern und Lehrern ein halbstandardisiertes Interview.

Nach der durch die Untersuchung erfassten Gesamtsymptomatik wurde jedes Kind einem von fünf Graden einer Symptombelastungsskala durch ein Psychologenteam zugeordnet. Die Definitionen für die einzelnen Stufen der Skala werden nachfolgend wiedergegeben:

»Grad 1: völlig frei von Symptomen psychischer Störungen. (Dieser Gruppe wurden auch Kinder zugeteilt, die – ohne andere Symptomatik – nach Ansicht der Eltern oder Lehrer ein wenig sensibel oder unkonzentriert waren).

Grad 2: leicht symptombelastet. Dabei können wenige Symptome in leichter Form oder ein Symptom in mittelschwerer Form auftreten. Voraussetzung für die

Zuteilung eines Kindes zu dieser Gruppe war, dass es leicht ohne fremde Hilfe seine Symptome bewältigen konnte.

Grad 3: mäßig symptombelastet. Das Kind zeigt eine Reihe leichte oder einige mittelschwere Symptome, aufgrund derer es bereits eine gewisse Sonderstellung in der Familie, unter den Spielkameraden oder in der Klasse einnimmt. Es kann aber seine Probleme mit Mühe gerade noch selbst bewältigen. Dieser Gruppe wurden Kinder zugeteilt, für die psychohygienische Präventivmaßnahmen als notwendig erachtet wurden.

Grad 4: stark symptombelastet (Problemkinder). Einige Symptome treten in schwerer Form oder viele Symptome in leichter bis mäßiger Form auf, sodass das Kind in seinem Verhalten deutlich außerhalb der Norm steht und selbst seine Probleme nicht bewältigen kann, sondern bereits psychotherapeutische Behandlung brauchte.

Grad 5: stark symptombelastet (Anstaltsfälle). Das Kind kann aufgrund der auftretenden Symptome nicht mehr in seiner natürlichen Umwelt gelassen werden. Der Unterschied zu Grad 4 liegt weniger in der Zahl und Schwere der Symptome als vielmehr in ihrer Art. (Hochgradige phobische Angst würde z. B. Grad 4, völlig unkontrollierte und für die Umgebung gefährliche Aggressivität aber Grad 5 zugeteilt werden)« (Thalmann 1971, 68–69).

Die Zuordnung der Kinder nach ihrer Symptombelastung auf die fünfstufige Skala erbrachte, dass die eine Hälfte der Jungen als symptomfrei oder leicht symptombelastet gelten konnte; die andere Hälfte erschien jedoch als mäßig bis stark symptombelastet (▶ Tab. 4). Eine schwedische Untersuchung durch Jonsson und Kälvesten, an die sich Thalmann weitgehend anlehnte und die deshalb vergleichbar ist, kam zu ähnlichen Ergebnissen.

Tab. 4: Verteilung der Kinder nach ihrer Symptombelastung (nach Thalmann 1971, 74)

Belastungsstufe	N	%	
1. symptomfrei	33	22,0	
2. leicht symptomfrei	43	28,7	
3. mäßig symptombelastet	44	29,3	
4. stark symptombelastet	28	*18,7*	} 20,0 % = Kinder mit
5. stark belastet: Anstaltsfälle	2	*1,3*	Verhaltensstörungen
Summe	150		

Der Anteil der Kinder mit Verhaltensstörungen betrug hier 20,0 %.

Mängel der Untersuchung liegen darin, dass bei den Kindern selbst keinerlei Daten erhoben wurden, die Gewichtung der Symptomatik – und damit die Einordnung in die Belastungsskala – subjektiv erfolgte und nicht aus einer Quantifizierung resultierte sowie, dass Verhaltensstörungen einseitig auf psychoanalytischem Hintergrund als Symptome »psychischer Erkrankungen« verstanden

werden (vgl. S. 17), wodurch beispielsweise einige nicht unbedeutsame Symptome
unberücksichtigt bleiben (z. B. Geschwätzigkeit), andere hingegen hoch bewertet
werden (z. B. Mutterfixierung). Auch ist zu bedenken, dass die sehr spezifische
Stichprobe (Jungen aus Reutlingen) kaum Generalisierungen erlauben dürfte.

Steuber (1973) machte in zwei Göttinger Grundschulen sozial unterschiedlicher
Wohngebiete eine Untersuchung »Zur Häufigkeit von Verhaltensstörungen im
Grundschulalter« über die Befragung der Klassenlehrer in einer differenzierten und
relativ gründlichen Vorgehensweise, wobei ein mehrstündiges, intensives Interview
der Lehrer im Mittelpunkt stand. Von den 621 Schülern (männlich 299, weiblich
322) wurden 103 Jungen (34,4 %) und 54 Mädchen (16,7 %) als verhaltensauffällig bezeichnet, d. h. 157 bzw. 25,3 %.

Eine Zuordnung der negativ auffälligen Verhaltensweisen auf sechs verschiedene Bereiche erbrachte die in Tab. 5 dargestellte Verteilung (▸ Tab. 5).

Tab. 5: Häufigkeit von Verhaltensstörungen in sechs Bereichen

1.	körperliche Symptomatik	22,3 %
2.	Sprachstörungen (Stottern, Stammeln, Artikulationsstörungen u. ä.)	14,7 %
3.	Ersatzbefriedigungen (Lutschen, Knabbern, Onanieren u. ä.)	19,6 %
4.	gestörtes Sozialverhalten (aggressives, egozentrisches, kontaktgestörtes Verhalten, Schwindeln, Weglaufen u. ä.)	63,0 %
5.	Störungen im Leistungsverhalten (Konzentrationsstörungen, spezifisches oder allgemeines Leistungsversagen, unrealistisch hohe Leistungsziele u. ä.)	73,8 %
6.	Störungen im emotionalen Bereich (Ängstlichkeit, depressive Stimmung, Minderwertigkeitsgefühle, Stimmungslabilität u. ä.)	37,0 %

Im Schichtenvergleich stellt sich die Symptomatik derartig dar, dass im Hinblick
auf Leistungsprobleme bei den vorwiegend aus Unterschichtverhältnissen (US)
stammenden Kindern allgemeines Leistungsversagen, bei jenen vorwiegend aus
Mittel- und Oberschichtverhältnissen (MS/OS) vorwiegend unrealistisch hohe
Leistungsziele im Vordergrund standen. Im Bereich des gestörten Sozialverhaltens zeigten die US-Kinder signifikant mehr Störungen als die MS/OS-Kinder,
für die im Bereich der emotionalen Störungen deutlich höhere Werte zutage
traten.

Die nicht nur in der Datenerhebung, sondern auch in der Datenverarbeitung
liegenden Mängel der Untersuchung schränken die Gültigkeit der Ergebnisse ein.

Unter Verwendung einer umfangreichen Testbatterie wurde in Hamburg zur
Qualität und Quantität von Verhaltensstörungen eine Untersuchung an 123 Kindern und Jugendlichen gemacht. Bei dieser Untersuchung wurden Daten bei den
Eltern (Elternurteil), bei den Lehrern (Lehrerurteil) und bei den Kindern und Jugendlichen selbst erfasst. Aus einer Population von Schülern und Schülerinnen einer
sechsten Klasse, die allgemein bildende öffentliche Schulen besuchten und durchschnittlich zwölf Jahre alt waren, wurden die Stichproben so zusammengestellt,

dass die Geschlechterverteilung, die Verteilung auf die verschiedenen Schularten und die Verteilung im Sinne eines Schichtenmodells – auf die Mittel- und Oberschicht einerseits und die Unterschicht andererseits – den Verhältnissen in der Grundgesamtheit entsprachen. Die Schichtenzuordnung erfolgte nach dem System von Kleining/Moor anhand sozialstatistischer Indikatoren. Zur Datengewinnung bei den Eltern wurden ein Anamnesebogen (erarbeitet vom Psychologischen Institut der Universität Hamburg) und die Hamburger Verhaltens-Liste (HAVEL) verwendet. Zur Datengewinnung über die Lehrer wurde ein Lehrerfragebogen (erarbeitet vom Psychologischen Institut der Universität Hamburg) eingesetzt. Die Daten bei den Kindern wurden über den Kinder-Angst-Test (KAT), die Hamburger Neurotizismus- und Extraversionsskala (HANES), einen Aggressionsfragebogen (AGG), den Konzentrationsverlaufstest (KVT), das Leistungsprüfsystem (LPS), einen Rechtschreibtest (RST 4+), den Test Verständiges Lesen (VL 5/6), den Test Zahlenrechnen (ZR 4+) und die Marburger Skalen zur Erfassung des elterlichen Erziehungsstils (MAR) erfasst. Neben diesen Verfahren wurde als Interviewbogen ein Status-Bogen eingesetzt, der Kinder zur schulischen und familiären Situation befragt. Die Untersuchung wurde in sieben Schulen und 18 Klassen in den Hamburger Stadtteilen Billstedt und Blankenese durchgeführt.

Da Verhaltensschwierigkeiten als relative und in mehreren Bereichen auftretende Problematik zu verstehen sind, wurden diejenigen Schülerinnen und Schüler als problembelastet definiert, die in drei und mehr faktorenanalytisch erfassten Merkmalsbereichen zu den unteren 25 % ihrer Stichprobe gehörten. Die faktorenanalytisch erfassten Merkmalsbereiche wurden benannt als Leistungsvermögen, elterliche Unterstützung, Sensitivität, aggressives Ausagieren, Alter der Eltern, elterliche Strenge, Konzentrationsfähigkeit und Neurotizismus. Über Faktorenscores wurden diejenigen Jungen und Mädchen identifiziert, die im Sinne der Zugehörigkeit zum unteren Quartil negativ bewertete Ausprägungen zeigten. Für die symptomatologisch relevanten Faktoren Leistungsvermögen, Sensitivität, aggressives Ausagieren, mangelnde Konzentrationsfähigkeit und Neurotizismus hatten 17 von den 123 Schülerinnen und Schülern Extremdaten in mindestens drei Merkmalsbereichen. Diese 17 Kinder, d. h. 13,8 % der Gesamtstichprobe, können im Sinne von Verhaltensschwierigkeiten deutlich als symptombelastet bezeichnet werden. Elf Kinder waren der Unterschicht, 16 der Mittel- und Oberschicht zugeordnet worden. Das Geschlechterverhältnis war bei den symptombelasteten Kindern ausgewogen (acht von 62 Jungen = 12,9 %; neun von 61 Mädchen = 14,8 %). Im Schichtenvergleich zeigten die Kinder aus Unterschichtverhältnissen mit 20 % einen größeren Anteil als die Kinder aus der Mittel- und Oberschicht (8,8 %). Ein qualitativer Vergleich verdeutlichte stärkere neurotische Störungen (Charakteristikum: sensitiv-neurotizistisch) bei Kindern aus der Mittel- und Oberschicht und stärkere Belastung im Sinne von Verwahrlosungssymptomen (Charakteristikum: aggressiv-ausagierend) bei Kindern aus Unterschichtverhältnissen. Sensitivität/Neurotizismus in Verbindung mit aggressivem Ausagieren verdeutlichte sich als Kernsymptomatik bei Kindern aus der Mittel- und Oberschicht, während bei Kindern aus Unterschichtverhältnissen mangelnde Konzentrationsfähigkeit in Verbindung mit aggressivem Ausagieren stand. Bei zehn der 17 symptombelasteten Schüler (62,5 %) trat die Symptombelastung in Verbindung mit unterdurchschnittlichen Leistungen im Lesen, Rechtschreiben und Rechnen auf, wobei diese Verbindung für alle Jungen festzustellen war (vgl. Myschker 1974).

Eine Prävalenzstudie legten 2001 Goetze und Julius vor, die zufallsverteilt eine Stichprobe von 654 Jungen und Mädchen der Schulklassen 3 und 6 im Brandenburger Landkreis Uckermark mit einer deutschen Version der »Teachers Report Form (TRF)« untersuchten. Sie kamen zu dem Ergebnis, dass 15,3 % der Drittklässler und 14,1 % der Sechstklässler als klinisch auffällig einzustufen sind (▶ Tab. 6, Goetze 2001, 39).

Tab. 6: Prävalenz von Verhaltensstörungen bei Grundschülern (nach: Goetze 2001, 39)

	Klasse 3	Klasse 6
Jungen	20,9 %	14,4 %
Mädchen	10,9 %	13,9 %
Gesamt	15,3 %	14,1 %

Die dargestellten Untersuchungen geben an, dass etwa 15 % bis 25 % der Kinder im Grundschulalter Verhaltensstörungen zeigen. Unter Berücksichtigung dessen, dass im Altersbereich zwischen dem sechsten und dem zwölften Lebensjahr Verhaltensstörungen häufiger zu sein scheinen als in den nachfolgenden Jahren (Kluge 1975), wird für das Kindes- und Jugendalter ein reduzierter Wert anzunehmen sein, der zwischen 15 % und 20 % liegt. Barkmann/Schulte-Markwort (2010) ermittelten eine präzisionsgewichtete durchschnittliche Primärstudienprävalenz von 17,6 %.

Nach sozialmedizinischen Untersuchungen sind 12,5 % bis 31 % der Kinder und Jugendlichen als psychisch gestört und behandlungsbedürftig zu bezeichnen. Aus einer Übersicht über 15 Untersuchungen bei Kindern und Jugendlichen zwischen 5 und 18 Jahren, die zwischen 1953 und 1987 gemacht wurden, lässt sich eine durchschnittliche Prävalenzrate von 20,2 % ermitteln (vgl. Frederking 1975, Winkel 1977, Remschmidt/Walter 1990).

Englische Untersuchungen, die zum Teil von sehr großen Stichproben ausgehen (bis 11 000 Kinder), kommen für stark verhaltensgestörte Kinder und Jugendliche auf Anteile von 14 %–20 % bei einem durchschnittlichen Wert von 15,6 % (vgl. Shephard et al. 1973, Rutter et al. 1977).

Amerikanische Untersuchungen erbringen einen durchschnittlichen Anteil von 10 % verhaltensgestörter Kinder und Jugendlicher, wobei die Werte zwischen 6 % und 30 % liegen. Kauffman bringt zur Situation in den USA folgende Zusammenfassung: »Eine angemessene Schätzung liegt zwischen 6 % und 10 %« (vgl. Achenbach/Edelbrock 1981, Glidewell/Swallow 1968, Graham 1979, Rutter et al. 1977). Bower, der seine eigene Definition und Daten über Ratings von Lehrern, Gleichaltrigen und den Kindern selbst benutzte, schätzt, dass etwa 10 % eines Schülerjahrgangs emotional gestört sind (Bower 1981). Eine der gründlichsten und umfangreichsten Erhebungen zur Verbreitung von emotionalen Störungen aus Sicht des Erziehungspersonals ist die Longitudinalstudie von Rubin und Balow (1978).

Jedes Jahr fragten sie Lehrer anhand eines Fragebogens, ob die Kinder in ihren Kursen Verhaltensprobleme gezeigt hatten. Die Entscheidung darüber, was als Problem verstanden werden sollte, blieb den einzelnen Lehrern überlassen. Über die Hälfte der Kinder in ihrem Sample (N = 1586) war zu irgendeiner Zeit während der Schuljahre von wenigstens einem Lehrer als mit Verhaltensproblemen belastet angesehen worden. Über die Jahre hinweg wurden von wenigstens einem Lehrer etwa 20 % – 30 % der Kinder als Problemfälle bezeichnet. Als besonders wichtig ist anzusehen, dass 7,4 % der Kinder (11,3 % der Jungen und 3,5 % der Mädchen) von allen Lehrern, die sie über einen Zeitraum von drei Jahren beurteilten, als Problemfälle bezeichnet wurden« (Kauffman 1985, 26). Für ca. 18 % einer Kindergarten-Population wurden in Braunschweig Verhaltensstörungen und Behandlungsbedürftigkeit festgestellt (Müller Hahlweg 2001, 45), was 2004 in einer repräsentativen Stichprobe für 10–18 % 4- bis 18-jähriger Kinder und Jugendlicher der Fall war (Barkmann 2004, 20).

Das Robert Koch-Institut führte zwischen 2003 und 2006 einen bundesweiten Kinder- und Jugendgesundheitssurvey (KiGGS) durch – nach R. Kurth, Präsident des Robert Koch-Instituts, eine europaweit einmalige Studie, mit der insgesamt 17 641 Kinder und Jugendliche im Alter von 0–17 Jahren, 8656 Mädchen und 8985 Jungen, erfasst wurden. In einer speziellen Untersuchung (BELLA-Studie) aus dieser Population in 2863 Familien mit Kindern im Alter von 7–17 Jahren zum seelischen Wohlbefinden und Verhalten und der Quantität und Qualität spezifischer psychischer Auffälligkeiten wurden bei ca. 22 % psychische Auffälligkeiten festgestellt, und ca. 10 % aller Kinder und Jugendlichen wurden im engen Sinn als psychisch auffällig beurteilt. Im Zusammenhang mit der KiGGS wurden auch 7604 Kinder und Jugendliche im Alter von 11–17 Jahren sowie 7466 Eltern mit dem »Strengths and Difficulties Questionnaire (SDQ)« befragt (Erfassung von Verhaltensauffälligkeiten und Stärken in den Bereichen emotionale Probleme, Hyperaktivität, Verhaltensprobleme, Probleme mit Gleichaltrigen und prosoziales Verhalten). Ca. 19 % der Mädchen und 16 % der Jungen gaben Verhaltensauffälligkeiten bzw. emotionale Probleme an, wobei Störungen des Sozialverhaltens (10 %), Ängste (7,6 %) und Depressionen (5,4 %) am häufigsten auftraten. Interessant ist dieses Ergebnis insofern, als mit der Selbsteinschätzung deutlich wird, dass sehr viele Mädchen ihre Störungen internalisieren und nach außen wenig oder gar nicht auffällig werden (Bundesgesundheitsblatt – Gesundheitsforschung – Gesundheitsschutz 2006, 49, 1050–1058; siehe dazu auch: Robert Koch-Institut (Hrsg.): Erste Ergebnisse der KiGGS-Studie. Zur Gesundheit von Kindern und Jugendlichen in Deutschland. Berlin Dezember 2006; Hölling/Erhart/Ravens-Sieberer/Schlack 2007). Die Ergebnisse wurden im Wesentlichen durch weitere Analysen bestätigt (Hölling/Schlack/Petermann/Ravens-Sieberer/Mauz 2014).

Angaben über die Verbreitung von Verhaltensstörungen bei Kindern und Jugendlichen lassen sich in Auswertung epidemiologischer Untersuchungen nur annäherungsweise machen, da viele Untersuchungen Mängel und ihre Daten nur Gültigkeit haben im Rahmen der jeweiligen Definitionen und Gewichtungen. Mit einiger Sicherheit kann jedoch davon ausgegangen werden, dass die Angaben amtlicher bundesdeutscher Stellen (Kultusministerkonferenz, Deutscher Bildungsrat) zu niedrig sind. Unter Einbeziehung der unterschiedlichen Verteilung auf jüngere und ältere Jahrgänge, sozialmedizinischer Angaben und der Daten amerikanischer und europäischer Untersuchungen wird für Kinder und Jugendliche ein Anteil angenommen, der ca. 15 % beträgt (vgl. Göppel 2007, Petermann 2005). Dieser Wert dürfte – auch in Anbetracht dessen, dass das Problem der Verhaltensstörungen bei Kindern und Jugendlichen qualitativ und quantitativ größer zu werden scheint – dem Bedarf an prophylaktischer sowie pädagogisch-therapeutischer Hilfe im schulischen und nach- bzw. außerschulischen Raum besser gerecht werden als die – wohl mit Blick auf die finanziellen Konsequenzen sehr zurückhaltenden – amtlichen Schätzungen.

Dies wird auch bestätigt durch eine jüngere, sorgfältige Metaanalyse von Ihle/Esser (2002): Sie filterten die seriösen epidemiologischen Studien der vergangenen drei Jahrzehnte zu psychischen Störungen heraus und entwickelten für diese ein Gesamtbild. Dabei ergibt sich eine durchschnittliche Periodenprävalenzrate von 18 % – mithin weist also im Schnitt aller hier eingegangenen Studien eine solche hohe Rate von Kindern und Jugendlichen in einem umschriebenen Zeitintervall von etwa einem halben Jahr deutliche psychische Problematiken auf. Ganz ähnlich geht der KiGGS-Survey des Robert-Koch-Instituts von einer Risikogruppe von ca. 20 % der Kinder und Jugendlichen aus (Hölling et al. 2007; Hölling et al. 2014). Die Persistenzrate, also die Rate von Störungen über längere Zeit hinweg, schätzen Ihle/Esser (2002) auf etwa 10 %. Maßgebliche Geschlechtsunterschiede zwischen Mädchen und Jungen entsprachen bei Ihle/Esser (2002) dem zu Erwartenden, waren aber nicht so eindeutig wie in den älteren Studien. Es scheint, als finde hier eine sukzessive Annäherung der Raten statt, wobei noch immer die externalisierenden Problematiken eher »typisch« für Jungen, die internalisierenden für Mädchen sind.

Angaben zur Verbreitung einzelner Syndrome, die unter Verhaltensstörungen zu subsumieren sind oder häufig in Verbindung mit diesen auftreten, lassen sich u. a. im DSM-IV der American Psychiatric Association (APA), im Pschyrembel (Psy) und bei Gaebel/Müller-Spahn (2002; G/M-S) finden. Nachfolgende Zusammenstellung gibt einen Überblick:

- Angststörung, generalisierte, Beginn zumeist in der Kindheit oder in der Adoleszenz – Ein-Jahres-Prävalenz ca. 3 %, Lebenszeitprävalenz 12 % der Allgemeinbevölkerung (APA, 498).
- Anorexia Nervosa – 0,5–1,0 % der Frauen in Adoleszenz und jungem Erwachsenenalter (a. a. O., 617), 1 % bei Frauen, bei Männern 0,08 %, Altersgipfel bei Frauen zwischen 10 und 25 Jahren (Psy 2004, 88).
- Antisoziale Persönlichkeitsstörung (ab vollendetem 18. Lebensjahr, wenn vor Vollendung des 15. Lebensjahres eine Störung des Sozialverhaltens festgestellt wurde) – ca. 3 % der männlichen, ca. 1 % der weiblichen Allgemeinbevölkerung (APA, 732).
- Aufmerksamkeitsdefizit-Hyperaktivitätsstörung (ADHS) bei Schulkindern wird auf 3–5 % geschätzt (a. a. O., 120, Miller/Hahlweg 2001, Barkmann 2004).
- Autistische Störung – 0,02–0,05 % ohne Asperger-Störung, Desintegrative Störung und Rett-Störung (a. a. O., 106), Frühkindlicher Autismus 0,02–0,14 % der Kinder, Asperger-Störung 0,03 % – bei Jungen achtmal häufiger als bei Mädchen (G/M-S 2002, 693).

- Borderline-Persönlichkeitsstörung – 2 % in der allgemeinen Bevölkerung (APA, 737), 1,7–4,6 % der Normalbevölkerung, â weibliche Personen (G/M-S, 627).
- Bulimia Nervosa – 1–3 % der Frauen in Adoleszenz und jungem Erwachsenenalter, bei Männern ca. ein Zehntel des angegebenen Prozentwertes (APA, 624).
- Depression – bei Kindern 5–10 %, bei Jugendlichen bis zu 18 % (McKnew et al. 1985, 27; Essau 2002, 48 ff.).
- Dissoziale Persönlichkeitsstörung – »1–3 % innerhalb der Normalbevölkerung«, männliche Personen vier- bis fünfmal häufiger als weibliche betroffen (G/M-S, 624).
- Entwicklungsbezogene Koordinationsstörung – »6 % aller Kinder zwischen 5 und 11 Jahren« (APA, 90).
- Enkopresis – 1–2 % aller Schulkinder (von Gontard), 4 % der 4-Jährigen, 1,5 % der 7- bis 8-Jährigen, bei Jungen drei- bis viermal häufiger als bei Mädchen (G/M-S, 721).
- Enuresis – 16 % der 5-Jährigen, 7 % der 7-Jährigen (a. a. O.).
- Epilepsie – 5 % aller Menschen (Psy 507).
- Kombinierte Rezeptiv-Expressive Sprachentwicklungsstörung – ca. 3 % der Schulkinder (APA, 96).
- Lese-Rechtschreib-Schwäche – 2–8 % im Schulalter, bei Jungen drei- bis viermal häufiger als bei Mädchen (G/M-S 685).
- Lesestörung – ca. 4 % der Schulkinder in den USA (APA, 84).
- Oppositionelles Trotzverhalten – 2–16 %, vor der Pubertät »bei Jungen häufiger als bei Mädchen, nach der Pubertät ist das Verhältnis wahrscheinlich ausgeglichen« (a. a. O., 131). Nach einer Elternbefragung in Deutschland zeigen 6 % der Jungen und 3 % der Mädchen im Alter von vier bis sechs Jahren »ausgeprägte oppositionelle Verhaltensstörungen« (Döpfner/Schürmann/Lehmkuhl 2000, 39).
- Phonologische Störung (früher: Entwicklungsbezogene Artikulationsstörung) – »bei ca. 2–3 % der 6- und 7-jährigen Kinder treten mittelschwere bis schwere Phonologische Störungen auf. Die Prävalenz leichterer Störungen ist jedoch höher« (APA, 98).
- Reaktive Bindungsstörung – »scheint … sehr selten zu sein« (a. a. O., 157).
- Rechenstörung bei Schulkindern in den USA – ca. 1 % (APA, 86), im deutschsprachigen Raum ca. 5 % (G/M-S, 686).
- Schizophrenie – Lebenszeitprävalenz durchschnittlich in der Bevölkerung ca. 1 % (G/M-S, 248 und 1168).
- Soziale Phobie – Lebenszeitprävalenzen zwischen 3 % und 13 % (APA, 476).
- Störung des schriftlichen Ausdrucks – »kommt selten ohne eine weitere Lernstörung vor« (a. a. O., 88); (Entwicklungsbezogene Schreibstörung bei 2 %–8 % der Schulkinder nach DSM-III-R).
- Störung des Sozialverhalten – 6–16 % der Jungen und 2–9 % der Mädchen unter 18 Jahren (APA, 127), 4–5 % der Kinder und Jugendlichen, bei Jungen viermal häufiger als bei Mädchen (G/M-S, 706).

Der Blick auf die Differenzierung hinsichtlich der Verbreitung bestimmter Auffälligkeiten in der oben erwähnten, aktuelleren Metaanalyse von Ihle/Esser (2002) vermittelt Raten, welche die Diskussion in der Öffentlichkeit verändern können:

Als häufigste Störungen treten hier mit einer durchschnittlichen Prävalenz von 10,4 % Angststörungen auf. Erst an zweiter Stelle finden sich mit 7,5 % dissoziale Störungen. Relativ gleichauf folgen dann mit jeweils 4,4 % depressive Störungen und hyperkinetische Störungen. Für autistische Störungen wird von Prävalenzraten bis zu 0,12 % ausgegangen. Essstörungen finden sich vorwiegend bei Mädchen, hier mit Gesamtprävalenzraten von ca. 3 %. Für Störungen durch Substanzgebrauch im Kindes- und Jugendalter sind die Raten insgesamt uneindeutig, werden jedoch recht hoch eingeschätzt, vor allen Dingen für Alkoholmissbrauch.

4 Verursachung und Entstehung von Verhaltensstörungen

Bei der Entstehung von Verhaltensstörungen spielen zumeist mehrere Ursachen eine Rolle. Verschiedene pathogene Faktoren wirken in einem längeren Prozess miteinander: Verhaltensstörungen sind multifaktoriell bedingt.

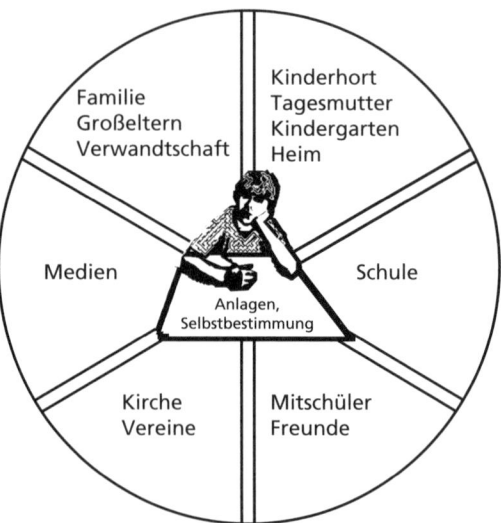

Abb. 8: Multifaktorielle Bedingtheit von Verhaltensstörungen

Diese Faktoren sind einerseits in den Anlagen, in den individuellen Informationsaufnahme- und -verarbeitungsmustern, in den verschiedenen lernbiografisch bedingten Eigenheiten, in den schon früh wirksam werdenden Selbstbestimmungs- und Selbstorganisationstendenzen sowie in den übergeordneten soziokulturellen Gegebenheiten zu sehen wie andererseits in den vielfältigen größeren und kleineren sozialen Systemen zu suchen, die – wie Familie, Kindergarten, Schule, peer-group usw. – auf die heranwachsenden jungen Menschen einwirken. Dabei ist, was in der Abbildung nicht zum Ausdruck gebracht werden konnte, die Einwirkung durch die Familie naturgemäß am größten (▶ Abb. 8). Die Verursachung und Genese von Verhaltensstörungen ist also nicht einseitig personbezogen, sondern unter Einbeziehung der Umweltfaktoren systemisch-interaktionistisch in den Blick zu nehmen. Dabei muss sich der Fokus auf vier Bereiche richten:

- Aspekte einer (auffälligen) Persönlichkeit auf Basis der organisch-genetischen Ausstattung des Menschen;
- Aspekte der Situation, die zu Problemverhalten führen (etwa bestimmte Belastungen oder auch Provokationen);
- Aspekte der Interaktion im Sinne der »Aufschaukelung« oder auch der Frage, ob es nur beim Zusammenkommen bestimmter Personen mit bestimmten situativen Bedingungen zu Auffälligkeiten kommt;
- Aspekte der Beobachter-Wahrnehmung im Sinne der Kriterien, die ein Beobachter an die Bestimmung von Kindern oder Jugendlichen als verhaltensgestört anlegt (vgl. Stein 2017).

Die Genese von Verhaltensstörungen lässt sich mit einem Drei-Phasen-Modell typisieren, nach dem sich nach einer

- Anfangsphase relativer Plastizität in einer
- zweiten Phase die maladaptiven Verhaltensweisen ausformen und
- in einer Endphase habitualisieren (▶ Abb. 9).

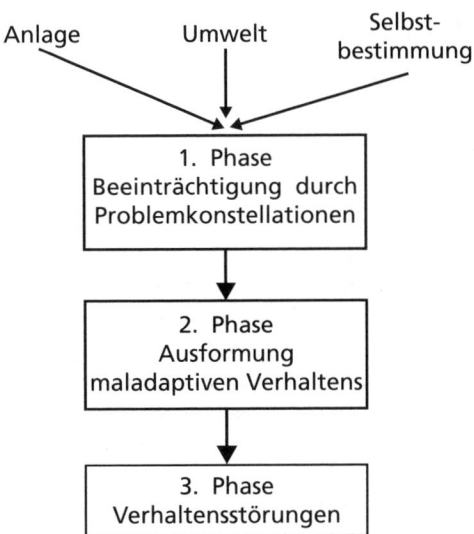

Abb. 9: Drei-Phasen-Modell der Genese von Verhaltensstörungen

Die Lehre von den Ursachen von Verhaltensstörungen ist pädagogisch von großer Bedeutsamkeit, weil baldmöglichst pathogene Bedingungen erkannt und möglichst schon in der Anfangsphase helfende Maßnahmen einsetzen, also Maßnahmen der Früherkennung und Frühbehandlung durchgeführt werden sollten (siehe dazu Brack 1986, zur Prävention ▶ Kap. 6).

Dabei steht im Hinblick auf Verhaltensstörungen eine Ätiologie immer in der Problematik, dass sich eine äquifinale Gesetzmäßigkeit nicht aufzeigen lässt. Verschiede Ursachen können zu gleichen Erscheinungsformen führen, gleiche Ursachen können sehr unterschiedliche Erscheinungsformen erbringen. Allgemeine Aussagen zur Ätiologie von Verhaltensstörungen können deshalb nur Hinweischarakter haben. Für den Einzelfall ist immer von ganz individuellen ätiologischen Konstellationen auszugehen (vgl. z. B. Butollo et al. 1978, Derbolowsky 1983).

Die multifaktorielle Bedingtheit sowie der multifinale Aspekt von Verhaltensstörungen lassen sich an einem Beispiel verdeutlichen: Der kleine Sebastian wird schon im ersten Schuljahr wegen Lern- und Verhaltensschwierigkeiten auffällig. In der Anamnese wird deutlich, dass es bei seiner Geburt Komplikationen gab, kurzzeitig Sauerstoffmangel eingetreten ist, sodass er als »blaues Baby« zur Welt kam. Eine geringfügige Gehirnschädigung kann deshalb nicht ausgeschlossen werden. Die Herstellung eines linearen Zusammenhangs zwischen der möglichen Hirnschädigung und den Lern- und Verhaltensschwierigkeiten des kleinen Sebastian erwies sich aber bei der weiteren Ursachenforschung als unzutreffend. Es stellte sich nämlich heraus, dass der Junge in seiner weiteren Entwicklung von den Eltern übermäßig verzärtelt und verwöhnt wurde. Da das Kind eine so schwierige Geburt hatte, meinten die Eltern, ihm alle Schwierigkeiten abnehmen zu müssen, keine Forderungen an ihn stellen zu können und ihm jeden Wunsch erfüllen zu müssen. Die Änderung des Erziehungsverhaltens nach entsprechender Erziehungsberatung machte deutlich, dass nicht eine leichte Hirnschädigung, sondern die elterliche Überbehütung die Schwierigkeiten erbracht hatte. Eine geringfügige cerebrale Beeinträchtigung, so sie vorgelegen haben sollte, war wahrscheinlich schon im Laufe des ersten Lebensjahres kompensiert worden.

In der Ätiologie von Verhaltensstörungen sind also monokausale Erklärungen nicht möglich; auch mehrfaktorielle Kausalmodelle sind nicht sehr hilfreich, da eindeutige Kausalzusammenhänge nicht herstellbar sind. Vielmehr ist ein »biosozial-interaktionales Erklärungssystem« (Speck 1979, 82) zu entwickeln, das Risikofaktoren, ihr mögliches Zusammenwirken sowie mögliche Symptome bzw. Symptomverbindungen aufzeigt. Das ist jedoch nur zu leisten, wenn die Erkenntnisse der verschiedenen Humanwissenschaften herangezogen werden. Von besonderer Bedeutung für eine interdisziplinär agierende Pädagogik bei Verhaltensstörungen sind in dieser Hinsicht Forschungsergebnisse und Theorien aus der Medizin und der Humanethologie, der Psychologie, der Soziologie und der Pädagogik/Sonderpädagogik.

Nachfolgend soll auf mögliche Ursachen von Verhaltensstörungen unter biophysischem, psychologischem, soziologischem und pädagogischem Aspekt eingegangen werden.

4.1 Der biophysische Aspekt

Da sowohl der Medizin als auch der Humanethologie eine biologische und Anlagebzw. Entwicklungsbedingungen in den Vordergrund rückende Sichtweise eigen ist, werden diese beiden Disziplinen unter der zusammenfassenden Bezeichnung des biophysischen Aspekts behandelt.

4.1.1 Der medizinische Aspekt

Unter medizinischem Aspekt werden Bedingungen oder auch Kombinationen von Bedingungen in genetischer, neuraler, biochemischer und entwicklungsmäßiger Hinsicht in den Blick genommen. Verhaltensstörungen z. B. im Zusammenhang mit Hirnschädigungen bzw. zentralen Funktionsstörungen oder Allergien zu sehen, ist ein Aspekt des medizinischen Ansatzes (▶ Kap. 9.2).

Der medizinische Aspekt steht aus historischen und systematischen Gründen am Anfang der Betrachtung. Die Beschäftigung mit jenen Syndromen, die wir heute dem Oberbegriff Verhaltensstörungen subsumieren, gehörte schon zum Aufgabengebiet der Medizin, als es die Psychologie, die Soziologie und die wissenschaftliche Pädagogik noch nicht gab. Bei Verhaltensstörungen ist zudem eine mögliche Biogenese stets in Betracht zu ziehen. Es muss also frühzeitig der Frage nachgegangen werden, ob Schädigungen, Beeinträchtigungen oder Störungen im medizinischen Sinne eine Rolle spielen.

Da für das Denken, Fühlen und Wollen, für das Erleben und das Verhalten des Menschen das Nervensystem mit dem Gehirn, dem Rückenmark und den einzelnen Nerven biophysisch gesehen bestimmend ist, unter medizinischem Aspekt Verhaltensstörungen häufig mit Schädigungen, Erkrankungen oder Funktionsstörungen dieses Systems in Zusammenhang zu bringen sind und neuroanatomische, neurophysiologische und neuropsychologische Kenntnisse für das Verständnis von Entwicklungs-, Lern- und Sozialisations-Prozessen sowie von zuzuordnenden Beeinträchtigungen und für den Einsatz spezifischer pädagogisch-therapeutischer Maßnahmen verstärkt an Bedeutung gewinnen (vgl. z. B. Ayres 1979; 1984; Gaddes 1991; Grissemann 1986; Pflüger 1991; Radigk 1989; 1991; Bauer 2005; Steinhausen 2006; Speck 2008), soll in einem Überblick auf das Zentralnervensystem (ZNS) sowie wichtige Teilbereiche des übrigen Nervensystems eingegangen werden.

Das Gehirn mit einem durchschnittlichen Gewicht von 1245 Gramm bei Frauen und 1375 Gramm bei Männern hat ca. 100 Milliarden spezialisierte Nervenzellen oder Neuronen, deren Vernetzung über 100 Billionen Synapsen (Verbindungsstellen) eine Länge von ca. einer Million Kilometer hat, was etwa dem Dreifachen der Entfernung zwischen Erde und Mond entspricht. Während es seit den Anfängen differenzierter Hirnforschung zur Lehrmeinung dieser Wissenschaft gehörte, dass sich die Nervenzellen des menschlichen Gehirns von der Kindheit ab sukzessive und bei Krankheiten wie Alzheimer und Parkinson dramatisch reduzieren, nicht aber regenerieren können, weil keine entwickelbare Substanz vorhanden ist, besteht gegenwärtig die begründete Überzeugung, dass sich z. B. im Bereich des Hippocampus neue Neuronen entwickeln und zur Ausreifung kommen. Für die Pädagogik bei Verhaltensstörungen, die es durchaus immer wieder auch mit Kindern und Jugendlichen mit zerebralen Beeinträchtigungen zu tun hat, sind diese Erkenntnisse von Bedeutung.

Das Gehirn bildet eine Einheit, in der alle Teile miteinander verbunden sind. Sowohl von der Phylogenese als auch von der Ontogenese und der Funktion des Gehirns her lassen sich verschiedene Regionen ausmachen.

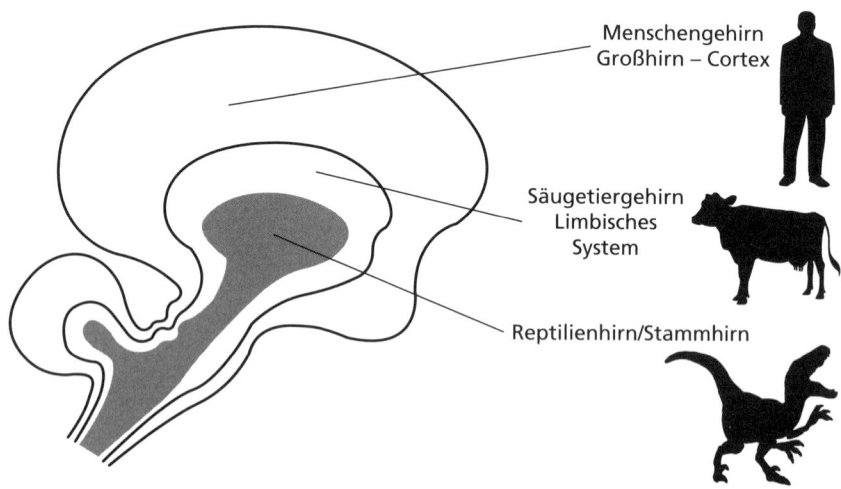

Menschengehirn
Großhirn – Cortex

Säugetiergehirn
Limbisches
System

Reptilienhirn/Stammhirn

Abb. 10: Die drei Module des menschlichen Gehirns

Interessant, anschaulich, eingängig und – noch? – spekulativ ist das Modell, nach dem das menschliche Gehirn phylogenetisch bedeutsame Phasen und Entwicklungen in drei Gehirnstrukturen wiederspiegelt: Auf das Stammhirn hat nach der Theorie des amerikanischen Gehirnforschers MacLean (Paul D. MacLean, ehemals Professor und Direktor des Laboratoriums für Hirnentwicklung und Verhaltensforschung am National Institute of Mental Health, Bethesda, Maryland, † 2007) die Evolution das Limbische System und darauf wiederum – in einer relativ kurzen – sogar zu kurzen – Entwicklung das menschliche Großhirn gestülpt mit dem Ergebnis einer unzureichenden Koordination der drei Module. Aus ältester Zeit – von vor ca. 500 Millionen Jahren – stammt das »Reptiliengehirn«, auf dem sich das »Säugetiergehirn« aufbaut, das sich vor ca. 250 Millionen Jahren entwickelte. Der phylogenetisch jüngste Bereich ist das menschliche Großhirn mit dem Neocortex, das die spezifischen Anlagen des homo sapiens sapiens bündelt und sich erst vor ca. 50 Millionen Jahren in höheren Säugetieren zu konstituieren begann. Das »Reptiliengehirn« bzw. das Stammhirn ähnelt dem vollständigen Gehirn z. B. eines Krokodils und regelt die grundlegenden Funktionen des Lebens wie Herzschlag, Blutkreislauf, Atmung, Schlaf, Darmtätigkeit. Ein limbisches System haben alle Säugetiere, denen biologisch ja auch der Mensch zuzurechnen ist. Es ist Kontrollzentrum für Gefühle und Sexualität und hat auch in Verbindung mit anderen Hirnregionen größte Bedeutung für Aufmerksamkeit, Gedächtnis und Lernen. Auf das menschliche Großhirn mit seinen beiden Hemisphären wird noch ausführlich einzugehen sein. Zu dem Drei-Hirne-Modell (triune brain) gehört auch die Annahme, dass die drei Module nicht immer optimal kooperieren, woraus sich vielfältige Konfusionen ergeben, die der Mensch mit Verwirrung und Unverständnis erlebt und zu überstehen hat (siehe dazu z. B. Cory/Gardner 2002). Diese Theorie hat insbesondere Anhänger in der Wirtschaft und sich in Führungs- und Verkaufstrainings niedergeschlagen. Für die Pädagogik bei Verhaltensstörungen könnte sie interessante – und evtl. auch verständnisfördernde – Hypothesen und Erkenntnisse erbringen.

Als Zentralnervensystem wird die Einheit von Gehirn und Rückenmark bezeichnet. Aufgabe des ZNS ist es, Reize aufzunehmen, zu verarbeiten und ggf. mit adäquaten Reaktionen zu beantworten. Aus der Reizverarbeitung können sich folgende Handlungsarten ergeben:

1. »Unbedingter Reflex: dieser Reflex ist angeboren. Ein präformierter Reflexbogen ist bereits vorhanden.
2. Bedingter Reflex: dieser Reflex wird erst durch Konditionierung ausgebildet (Klassische Konditionierung nach Pawlow).
3. Instrumentelle Reaktion: Probleme werden aktiv nach dem ›Versuch-und-Irrtums-Prinzip‹ (trial and error) gelöst (Operante Konditionierung nach Skinner).
4. Primär kognitive Prozesse: stellt die höchste Ebene der neuronalen Verarbeitung dar. Bewusste Reaktionen auf wahrgenommene Reize werden eingeleitet: es handelt sich um die Auseinandersetzung des Menschen mit seiner Umwelt. Im Gegensatz zu 2. und 3. können Reiz und Reaktion zeitlich auseinander liegen« (Weis/Thaller/Villringer/Wenger 1992, 7). Auch Modell- oder Imitationslernen, die nach Klassischem und Operantem Konditionieren dritte Kategorie der Lerngesetze, ist dieser Handlungsart zuzuordnen.

Zum Prosencephalon (Vorderhirn) gehören das Telencephalon (Endhirn) und das Diencephalon (Zwischenhirn). Als Hirnstamm werden das Mesencephalon (Mittelhirn), die Pons (Brücke) und die Medulla oblongata (verlängertes Mark) bezeichnet. Der Bereich des Metencephalons (Hinterhirn) mit Pons und Cerebellum (Kleinhirn) sowie Myelencephalon (Nachhirn) mit der Medulla oblongata werden unter der Bezeichnung Rhombencephalon (Rautenhirn) zusammengefasst. Zum Telencephalon werden die beiden durch eine Furche (Fissura longitudinalis cerebri) getrennten und durch das Corpus callosum (Balken) teilweise verbundenen Großhirnhemisphären mit den Basalganglien (eingelagerte Gruppe von Nervenzellkörpern) gerechnet. Besonders bei den Großhirnhemisphären fallen farblich unterschiedliche Substanzen auf, die so genannte graue (Substantia grisea) und die weiße Substanz (Substantia alba). Bei Einfärbungen erscheinen die Perikaryen der Neuronen und die Dendriten grau, die Axone weiß. Der Cortex cerebri (Großhirnrinde) bildet die obere, nur zweieinhalb Millimeter dicke Struktur der beiden Hemisphären; er besteht aus dicht gelagerten Nervenzellen. Er hat unterschiedlich spezialisierte Bereiche, die z. B. der Wahrnehmung (Sehzentrum, Gehörzentrum), der motorischen Steuerung (Bewegungszentrum) und der impressiven und der expressiven Sprache (Sprachzentren) dienen. Die Lokalisierung von Hirnfunktionen ist jedoch nicht im Sinne exakter und eingrenzender Kartografie zu verstehen. Die modernen bildgebenden Verfahren zur Erfassung von Hirnfunktionen zeigen vielmehr, dass mit steigender Komplexität psychischer Funktionen auch die Beteiligung anderer Areale steigt und sich nach dem Prinzip der Plastizität der Hirnorganisation auch Ausweichlokalisationen bilden können.

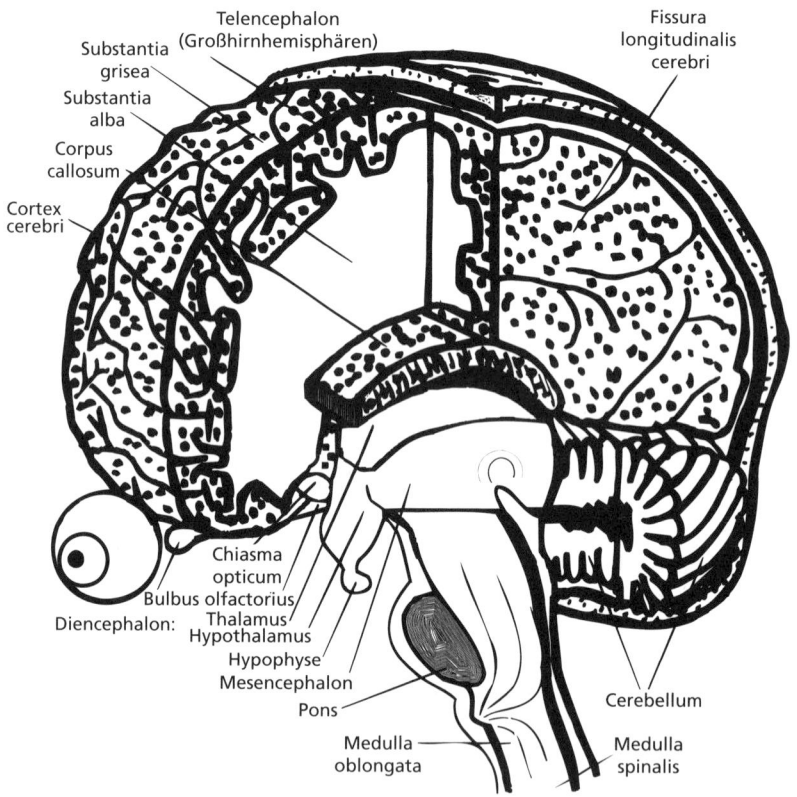

Abb. 11: Modell des menschlichen Gehirns mit verschiedenen Längs- und Querschnitten

Die beiden Großhirnhemisphären haben unterschiedliche Schwerpunkte der Informationsaufnahme und -verarbeitung (▶ Abb. 12, nach Remschmidt 1981, 46/ 47). Beim Rechtshänder sind die sprachlichen Funktionsbereiche und die analytischen sowie arithmetischen Fähigkeiten in der Regel der linken Hemisphäre zugeordnet. Die rechte Hemisphäre ist dagegen auf musische Fähigkeiten, optische Beziehungserfassung, ganzheitliches, synthetisches Denken ausgerichtet und wohl auch »auf emotionale Bewusstheit und Reaktionen spezialisiert« (Krech et al. 1985, Bd. 5, 117). Es spricht viel für die Annahme, dass in zivilisierten und technisierten Kulturen die Potenzen der linken Hemisphäre sehr viel stärker trainiert und genutzt werden als die der rechten. Männern bringt ihre im Vergleich zu Frauen größere Hirnmasse kaum Vorteile, da sie einseitig stärker die linke Hemisphäre nutzen, Frauen dagegen gleichermaßen mit beiden Hemisphären operieren. Grundsätzlich – und auch im Hinblick auf die Hemisphärenorganisation – ist festzustellen, dass alle cerebralen Funktionen verschachtelt ablaufen, einander in positiver wie negativer Hinsicht beeinflussen, d. h. reduzierend bzw. hemmend oder auch ergänzend bzw. stimulierend wirken können.

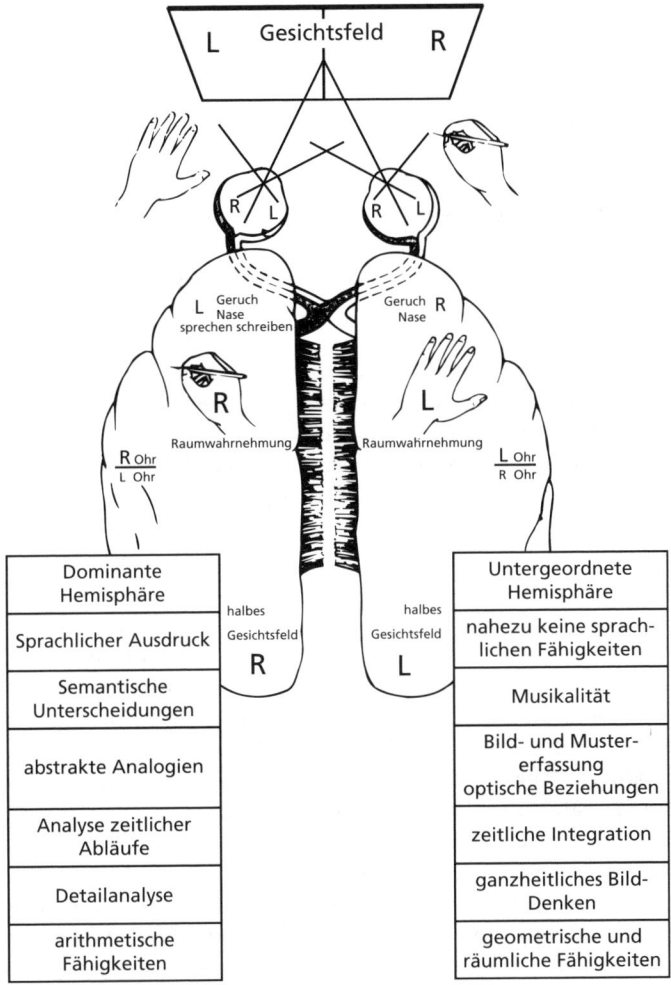

Abb. 12: Aufsicht auf die Großhirnhemisphären mit dem verbindenden Balken (Corpus callosum) (nach Remschmidt 1981, 46/47)

Die kindliche Großhirnrinde entwickelt sich mit Schwerpunkten in der Art, dass zunächst um die Zentralfurche herum das motorische Zentrum und das Somästhetische Zentrum (Informationen der Haut, der Muskeln, Gelenke usw.), dann das Sehzentrum und das akustische Zentrum reifen. Mit der quantitativen Hirnreifung verändert sich auch die Qualität der Funktionen hin zu komplexeren Strukturen. Die Entwicklung eines recht differenzierten Verhaltensrepertoires bereits in den ersten Lebenswochen und -monaten ist jedoch nicht nur auf genetisch angelegte

Entfaltungs- und Reifungsprozesse im Zentralnervensystem (ZNS), sondern auch auf Lernprozesse – in unverzichtbarer Verbindung mit mindestens einer Dauerbezugsperson – zurückzuführen.

Unter neurowissenschaftlichem Aspekt ist für die kindliche ZNS-Entwicklung exemplarisch herauszustellen und im Umgang mit Kindern zu beachten, dass Jungen wie Mädchen

- etwa vom sechsten Monat an Ablauf und Ziel von Bewegungssequenzen speichern;
- etwa vom neunten Monat ab Objektkonstanz entwickeln: sie lernen, dass Dinge auch dann weiter existieren, wenn sie sie nicht sehen;
- im Alter von 12 bis 14 Monaten Ziele und Absichten von Handlungen, die sie beobachten, voraussehen bzw. antizipieren und verstehen;
- zwischen dem 12. und 18. Lebensmonat die Unterscheidung zwischen dem Selbst und den Anderen ausbilden;
- die Fähigkeit, Handlungen gezielt zu beobachten und zu imitieren, etwa vom 18. Monat ab entwickeln; die Spiegelsysteme haben sich etabliert und Modelllernen ist in unendlicher Vielfalt möglich;
- kurz vor dem Ende des zweiten Lebensjahres Handeln und Fühlen in unterschiedlichen Rollen im Spiel zu erproben beginnen;
- vor dem dritten bis vierten Lebensjahr noch kein ausgereiftes Gedächtnis haben und deshalb aus dieser Phase keine Erinnerungen bestehen;
- vom ca. 4. Lebensjahr ab die Verbindungen zwischen beiden Hemisphären optimieren und umfassend Empathie und Antizipation realisieren können;
- in der Hirnreifung im 6. Lebensjahr große Fortschritte machen und Kontroll- und Steuerungsfunktionen im Fühlen und Denken ausformen mit dem Ergebnis z. B. von logischem Denken, Urteils- und Rechenfähigkeit, Frustrationstoleranz, verbesserter Konzentrations- und Lernfähigkeit;
- im Alter von ca. 6 bis 12 Jahren eine starke Zunahme der hinteren grauen Gehirnsubstanz haben mit dem Ergebnis z. B. der Optimierung von Sprache und räumlicher Vorstellung und – mit ca. 12 Jahren – die Gehirnleistung eines Erwachsenen erreichen;
- mit etwa 10 Jahren beginnend eine Umstrukturierung und vor allem Ökonomisierung des Gehirns in dem Sinne durchmachen, dass nichtgebrauchte Vernetzungen getilgt und vielgebrauchte verstärkt werden: »Was benutzt wird, führt zu einer Verstärkung der neurobiologischen Schaltkreise, was nicht trainiert wird, reduziert sie – Use it or loose it!« (Bauer, 2005, 157). (Siehe dazu z. B. Eliot 2001; Bauer 2005; Moll/Dawirs/Niescken 2006; Textor 2008).

Aus der Vielfalt der Regionen mit ihren lebenswichtigen Prozessen sind einige herauszuheben, die besondere Relevanz für das Verhalten haben. Wenn von diesen Regionen auch kurzgeschlossene Handlungen ausgehen können, so ist doch zu betonen, dass sie sozusagen unter der Aufsicht des Großhirns agieren, in der Regel also kognitiv kontrolliert sind, was jedoch nicht bedeutet, dass Prozesse bewusst ablaufen.

Der Thalamus, der den größten Teil des Dienzephalon ausmacht, ist eine Schaltstelle für Informationen, die von der Haut und den Muskeln des Leibes und der Gliedmaßen sowie aus den Basalganglien und dem Cerebellum (Kleinhirn) kommen. Er hat große Bedeutung für die Motorik und ist für das gesamte Verhalten höchst bedeutsam, da er in Verbindung mit dem Hypothalamus, der ebenfalls aus miteinander verbundenen Zellkernen (Nuklei) besteht, wesentlich an der Generierung und Kontrolle von Emotionen und Motivationen mitwirkt.

Das Limbische System, eine zusammenfassende Bezeichnung für verschiedene Bereiche um die Thalamuskerne herum, umgibt ringförmig den Hirnstamm; es hat bedeutende Funktionen für die Homöostase (Aufrechterhaltung notwendiger körperlicher Zustände im Hinblick auf Wärme, Flüssigkeit, Blutkonsistenz usw.), reguliert das Sexualverhalten, steuert und kontrolliert in Kooperation mit dem Hypothalamus die Hypophyse, dient der Steuerung und Kontrolle von Emotionen und Motivationen, hat aber auch Einfluss auf Lernen und Gedächtnis. Als umfassendes Kontrollzentrum für Emotionen gilt als Teil des limbischen Systems der Mandelkern. Eine adäquate Entwicklung des Mandelkerns verhilft dem Menschen zu einem respekt- und liebevollen Umgang mit seinen Mitmenschen. »Dieser Kern ist eine Art Gefühlsmanager und für unsere emotionalen Reaktionen zuständig. Ohne ihn wäre unser Leben aber nicht nur eintönig, sondern auch gefährlich. Der Mandelkern übernimmt nämlich zum einen die Funktion einer Alarmanlage, die alle Signale aus den Wahrnehmungsarealen des Gehirns bewertet. Bei Gefahr lässt uns der Mandelkern blitzschnell mit Angriffs- oder Fluchtverhalten reagieren.« Er hat auch »intensive Kontakte zu fast allen anderen Gehirnregionen und arbeitet als eine Art Sekretär im Vorzimmer des Gedächtnisses. Hierbei überprüft er alle eingehenden Signale auf ihre emotionale Bedeutung. Werden Signale als bedeutsam eingestuft, so verhilft ihnen der Mandelkern zu einer Stelle im Langzeitgedächtnis« (Moll/Dawirs/Niescken 2006, 11–12). Als neurobiologische Korrelate für Gefühle sind auch die Insula (Körpergefühl), die Amygdala (Angstgefühle) und der Gyrus cinguli (»Lebensgrundgefühl, emotionales Ich-Gefühl«) von zentraler Bedeutung. In diesen Hirnarealen befinden sich Spiegelneuronen, die einerseits der Selbstwahrnehmung und andererseits »– in ihrer Eigenschaft als Spiegelsysteme – zugleich dazu (dienen), in uns Vorstellungen von anderen Personen zu erzeugen« (Bauer 2005, 88).

Die Hypophyse ist sozusagen die »Chef-Drüse«, die über Hormone direkt oder über die Anregung anderer Drüsen Körper, Psyche, Verhalten beeinflusst. Wie in anderen Hirnregionen sind jedoch auch diese Funktionen – um das noch einmal zu betonen – in ein Regelkreis-System einbezogen.

Das zum Großteil das Mittelhirn ausmachende Retikularsystem (formatio reticularis) steuert und kontrolliert Erregungsniveau und Aktionsbereitschaft, vermittelt reflektorische Impulse und steuert vegetative Abläufe.

Wie das Cerebrum (Großhirn) besteht auch das Cerebellum (Kleinhirn) aus zwei Hemisphären mit einem Cortex. Es hat vielfältige Verbindungen zu den übrigen Hirnbereichen, kontrolliert den Tonus der Muskeln, reguliert das Gleichgewicht, hat regulierende und koordinierende Funktionen für die Motorik.

Die Pons hat verbindende Funktionen für Groß- und Kleinhirn, steuert den Schlaf- und Wachrhythmus. Die Medulla oblongata (verlängertes Mark), an die sich das Rückenmark anschließt, ist der große Kreuzungsbereich des Nervensystems, wo die Nervenfasern die Seite wechseln, von rechts nach links und umgekehrt.

Seine Fortsetzung findet das ZNS im peripheren Nervensystem, das aus Hirnnerven und Spinalnerven besteht und Reize bzw. Informationen sowohl von der Peripherie als auch vom Inneren des Körpers zum ZNS leitet, das wiederum über dieses System Antwortsignale gibt.

Das Nervensystem besteht aus Bereichen, die willentlich beeinflussbar sind, und solchen, die nicht oder nur begrenzt willkürliche Steuerung ermöglichen. Während die Skelettmuskulatur über das cerebrospinale Nervensystem willkürlich zu innervieren ist, ist die der Steuerung der Drüsen, der Gefäße sowie der Eingeweide dienliche glatte Muskulatur sowie der Herzmuskel anlagemäßig autonom gesteuert. Der »autonome« Bereich, in den nur durch gezieltes Training (z. B. Biofeedback) eingegriffen werden kann, wird auch als vegetatives Nervensystem bezeichnet. Das für den inneren Betrieb des Organismus zuständige vegetative Nervensystem steuert die im Wesentlichen unbewusst und unwillkürlich ablaufenden Funktionen. Es wird auch Eingeweidenervensystem genannt und setzt sich aus Sympathikus und Parasympathikus zusammen (▶ Abb. 13).

Der Sympathikus wirkt zumeist als Antagonist zum Parasympathikus und wird von einigen Regionen des ZNS, insbesondere vom Hypothalamus, von Bereichen des Mittelhirns und der Medulla oblongata in einem Erregungszustand (Sympathikotonus) gehalten. Seine Wirkung ist in der Regel ergotrop, d. h. leistungssteigernd. Der Sympathikus stellt den Körper auf Bereitschaft und Aktion ein, z. B. auf Flucht oder Kampf durch eine auf Verengung der Blutgefäße zurückzuführende erhöhte Blutzirkulation; er erweitert die Bronchien, steigert die Herztätigkeit, hemmt die Magen-Darm-Aktivitäten, mobilisiert Leberglykogen. Die synaptische Erregungsleitung vollzieht sich durch den Transmitter Noradrenalin.

Das parasympathische System umfasst den Augenmuskel, den Gesicht-, den Zungen-, den Schlund- und den Eingeweidenerv. Parasympatische Funktionen werden vor allem über das Azetylcholin hervorgerufen. Sie wirken tropotroph, d. h. antagonistisch zum Sympathikus mit Verlangsamung der Herztätigkeit, Hemmung der Atmung, Reduzierung des Blutdrucks, Anregung des Verdauungssystems, gesteigerter Durchblutung der Geschlechtsorgane usw. Er stellt also den Körper auf Erholung, Regeneration und reduzierte Leistung ein. Die übersteigerte Funktion eines Teilbereichs des vegetativen Nervensystems – insbesondere des Sympathikus (▶ Kap. 4.4) gefährdet das Wohlbefinden des Menschen ebenso wie Regulationsstörungen zwischen beiden Teilsystemen.

Das Nervensystem verfügt über zwei Möglichkeiten der Erregungsleitung. Über die Axone oder Neuriten – lange, schnurartige, mit hellem Fett umgebene Fortsätze der Nervenzellen – verläuft die Impulsleitung elektrisch, über die Synapsen chemisch. Durch Synapsen (griechisch: synapsis = Verbindung) werden Nervenzellen oder Neuronen untereinander und mit Erfolgsorganen (z. B. Drüsen, Muskeln) in einem komplizierten chemischen Prozess verbunden. Zu einer Synapse gehören mit der Prä-Synapse, dem Ende einer Nervenfaser, und der Post-Synapse,

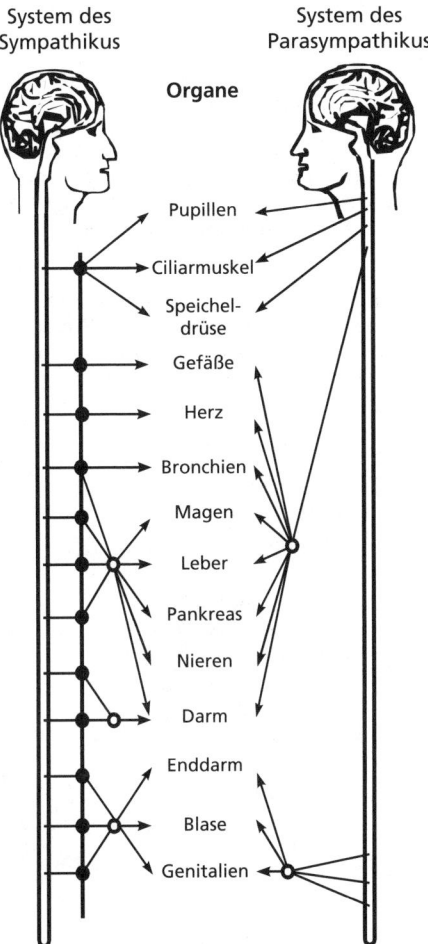

System des
Sympathikus

System des
Parasympathikus

Organe

Pupillen

Ciliarmuskel

Speichel-
drüse

Gefäße

Herz

Bronchien

Magen

Leber

Pankreas

Nieren

Darm

Enddarm

Blase

Genitalien

Abb. 13: Systeme des Sympathikus und des Parasympathikus

einer zellulären Kontaktstelle, zwei Zellbereiche. In der Synapse wird der Kontakt durch Neurotransmitter (griechisch/lateinisch: Überträgerstoffe) hergestellt. Nach heutigen Erkenntnissen sind unter der großen Anzahl von Neurotransmittern (ca. 30) Dopamin, Noradrenalin und Seretonin die wichtigsten. Sie sind für die Physiologie des Gehirns und das menschliche Verhalten sowie für psychische Störungen so bedeutsam, dass sie mit einigen wichtigen Funktionen in einer Tabelle (▶ Tab. 7) kurz vorgestellt werden sollen:

Die Neurotransmitter werden aus kleinen Bläschen innerhalb der Präsynapse freigesetzt und stellen die Verbindung zur postsynaptischen Zelle über eine Änderung der Membrandurchlässigkeit her (Ionentheorie der Erregung). Gifte, Drogen und Arzneimittel (z. B. Psychopharmaka) beeinflussen die Synapsenfunktion (▶ Abb. 14, modifiziert nach Krech et al. 1985, 123).

Tab. 7: Die wichtigsten Neurotransmitter (Bauer 2005; Simchen 2008, 62; Max-Planck-Gesellschaft 2008)

Dopamin	steuert Antrieb und Motivation, erbringt zielorientiertes Verhalten und fein- und grobmotorische Abstimmung sowie Daueraufmerksamkeit und Konzentration, reguliert Stirnhirn und das Wissensgedächtnis.
Noradrenalin	sorgt für Aufmerksamkeit, reguliert Stimmungen, ermöglicht schmerzhemmende Wirkung und Gedächtnis für Handlungsabläufe (Automatisierung), bei Mangel Konzentrationsstörung und gestörte Impulssteuerung.
Serotonin	steuert Impulsivität und adäquates Verhalten, reguliert die Gefühle und deren Gedächtnis, erbringt Gefühle des Wohlbefindens, bei Mangel Aggressionen, Ängste, niedrige Frustrationstoleranz, Panik, Zwänge.

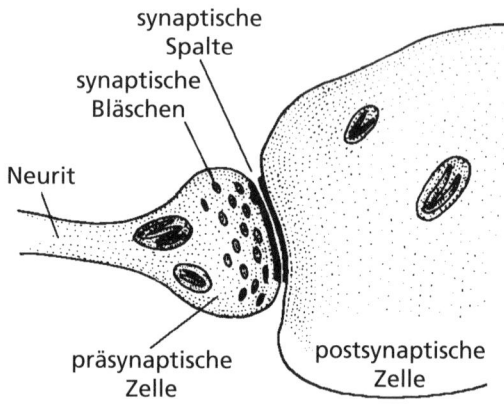

Abb. 14: Modellhafte Ansicht einer Synapse

Die Hirnforschung hat in den letzten Jahren große Fortschritte gemacht, wozu vor allem die modernen Bildgebungsverfahren wie die funktionelle Kernspintomographie und die Positronen-Immissions-Tomographie beigetragen haben. Mit diesen Verfahren lässt sich am lebendigen Objekt die Gehirntätigkeit erfassen und feststellen, welche Regionen an welchen Funktionen beteiligt sind. So war auch den Spiegelneuronen auf die Spur zu kommen und es wurden Erkenntnisse gesammelt, Abläufe und Zusammenhänge erfasst, die für die Pädagogik bei Verhaltensstörungen von großer Bedeutung sind (siehe dazu z. B. Bauer 2006, Herrschkowitz 2008, Speck 2008). Es konnte belegt werden, dass spezielle Neuronen so programmiert sind, dass sie nicht nur die für das menschliche Handeln und Verhalten so wichtigen Fähigkeiten erbringen, die als Empathie, Antizipation und Intuition bezeichnet werden, sondern diese auch in Verbindung bringen mit Handlungsbereitschaften. Für diese komplexen Fähigkeiten hat das Neugeborene Anlagen verfügbar, die in seinen frühen Lebensjahren – vor allem im Rahmen fester sozialer Bindungen – angesprochen und trainiert werden müssen, damit sich in seinem Gehirn ein umfassendes Netzwerk entwickeln kann. Es zeigt sich, wie umfassend und stark die Gene sind, es zeigt sich aber auch, dass sie wirksam zu beeinflussen sind – in positiver wie in negativer Hinsicht. Auf der Basis der neuen Erkenntnisse, mit denen »das Wissen um die Grundlagen von Lernen und Erziehung« erweitert wird und aufzuzeigen ist, »wie sehr z. B. unsichere emotionale Bindungen, unverbindliche pädagogische Führung, Dauer-Fernsehen, Angst und Stress, Über- und Unterforderung hemmend auf die Hirnentwicklung und damit auf das Verhalten und Lernen einwirken« (Speck 2008, 84, 178), kann pädagogisch differenzierter und effektiver agiert werden.

Dem weiteren Erkenntnisgewinn ist es durchaus dienlich, wenn einige Forschungsergebnisse bzw. deren Interpretation bei Pädagogen und Philosophen Verwirrung oder gar Empörung auslösen. Für Aufregung sorgten z. B. – und sorgen noch immer – die Experimente des amerikanischen Hirnforschers Libet und die erfolgten Anschlussexperimente, die dahingehend interpretiert wurden, dass Menschen Aktionen schon dann durchführten, bevor sie diese willentlich veranlasst hatten (Libet 2005). Nach der Überzeugung, dass das Gehirn entscheidet, was der Mensch tut (»You are your brain«), kam es dazu, dass der freie Wille angezweifelt wurde. Seine Existenz wurde aber auch vehement verteidigt. Der renommierte Heil- und Sonderpädagoge Otto Speck, der sich mutig, ausführlich, informativ und überzeugend mit der Bedeutung neuerer Hirnforschung für die Pädagogik auseinandersetzt, wehrt sich dagegen, den freien Willen und das Bewusstsein als Fiktionen und das Ich als »eine Art Neuro-Marionette« aufzufassen (Speck 2008, 41). Schuld, Verantwortlichkeit und Moral, bei einer Leugnung des freien Willens ebenfalls Fiktionen, sind für ihn »keine physikalisch-physiologischen Begriffe und können nicht bündig von der Hirnphysiologie geklärt werden« (a. a. O., 67). Der Mensch aber braucht, wie die Geistes- und Sozialwissenschaften verdeutlichen, Ich-Bewusstsein und Freiheitsgefühl, Bindungen und Verantwortlichkeit, Moral und Schuldgefühl.

Eine vermittelnde Rolle nimmt der Psychoneuroimmunologe Bauer ein, der in Zusammenfassung der neueren Hirnforschung konstatiert, dass der Wille »an die Gesamtheit der im eigenen Gehirn gespeicherten Programme für Handeln, körperliches Empfinden und emotionales Fühlen gebunden« sowie auf die Berücksichtigung innerer und äußerer Aspekte hin festgelegt ist (Bauer 2005, 161 f.). »Nichts anderes als das, was vom Individuum auf der Basis dieser Situation entschieden wird, ist der – auf Grund einer gesellschaftlichen Übereinkunft so genannte – freie Wille. Ein so definierter freier Wille ergibt auch neurobiologisch Sinn« (a. a. O., 163).

Das Fazit der Analyse von Otto Speck zur neueren Hirnforschung lautet: »Die neurobiologische Sicht auf das Gehirn bedarf nach wie vor der sozialwissenschaftlichen Ergänzung. Das Gehirn ist nicht der Determinator für Wachstum und Reifung schlechthin. Selbstbestimmung und Kooperation auf der Basis gegenseitiger Achtung lassen sich nicht auf neurale Funktionen reduzieren, wie sich auch umgekehrt soziale Beziehungen nicht ohne eine natürliche biologische Basis erklären und gestalten lassen« (Speck 2008, 187).

Medizinisch relevante Schädigungs- bzw. Störungsmöglichkeiten sind äußerst vielfältig und treten pränatal, subnatal und postnatal sowie in der weiteren Entwicklung auf. Dabei sind insbesondere genetische, hirnorganische, bio- bzw. neurochemische und allergologische Bedingungen und Bedingungskombinationen zu berücksichtigen.

Als pränatal wirksame genetische Ursachen kommen Gametopathien und Chromosomenaberrationen in Frage. Die Gameten, d. h. die männlichen und weiblichen Geschlechtszellen, können z. B. durch Gifte, Krankheiten und Strahlungen geschädigt werden, was beim Kind intrauterine Entwicklungsstörungen zur Folge hat.

Auf Aberrationen der Geschlechtschromosomen X und Y gehen z. B. das Klinefelter-Syndrom (XXY, Häufigkeit 1:590), das XYY-Syndrom (Häufigkeit 1:1000), das Turner-Syndrom (XO, Häufigkeit 1:4000) und das Martin-Bell-Syndrom (Häufigkeit 1:2000 männliche Neugeborene) zurück. Während die männlichen Kinder und Jugendlichen mit der Klinefelter-Anomalie häufig sehr groß werden, »Sprachentwicklungsverzögerung, Lernstörungen und Verhaltensprobleme«, Müdigkeit, Konzentrationsschwäche und reduzierte körperliche Leistungsfähigkeit sowie eher als Sekundärsymptomatik ausgeprägtere Verhaltensstörungen zeigen (orpha.net 2013; Pschyrembel 2004, 938), sind für die ebenfalls hochwüchsigen jungen Menschen mit dem XYY-Syndrom »Gefühlsarmut, Kontaktschwäche und psychische Labilität« typische Symptome (campus.doccheck.com 2013). Die weiblichen Kinder und Jugendlichen mit dem Turner-Syndrom sind kleinwüchsig (maximal 150 cm), typisiert durch »sexuellen Infantilismus« (a. a. O.), im Kindesalter häufig unauffällig, aber auch einerseits antriebsarm, andererseits distanzlos, und entwickeln als Jugendliche wegen des Kleinwuchses und der fehlenden Pubertät häufig sekundäre Verhaltensstörungen (vgl. Steinhausen 1988, 198). Unter dem Martin-Bell-Syndrom – auch Fragiles-X-Syndrom – leiden vor allem Jungen, da bei Mädchen das von der Mutter eingebrachte zweite X-Chromosom kompensierend wirkt. Dieser Gendefekt bewirkt bei Jungen neben einer intellektuellen Beeinträchtigung Störungen der Impulssteuerung, der Konzentrationsfähigkeit und der Aufmerksamkcit sowie Hyperaktivität und Aggressivität (vgl. Pschyrembel 2004, 1769).

Die weiteren Ursachen für pränatale Entwicklungsstörungen sind von unterschiedlicher Bedeutung in Abhängigkeit davon, ob sie in der Embryonalzeit bis zum Ende des dritten Schwangerschaftsmonats oder in der Fetalperiode zwischen dem Anfang des vierten Monats und der Geburt eintreten. Die Gefährdung des werdenden Kindes ist in den ersten drei Monaten während der Entwicklung der Organe größer als in der Folgezeit, wenn die Organbildung beendet ist.

Ursächlich für Embryopathien sind Virusinfektionen der Mutter wie Röteln, Grippe, Masern, Stoffwechselerkrankungen wie Diabetes-Mellitus, Sauerstoffmangel infolge von Herz- und Lungenkrankheiten, Einwirkungen über Medikamente oder auch Röntgen- und Radiumbestrahlung.

Fetopathien sind zurückzuführen auf mütterliche Virusinfektionen wie Herpes, Poliomyelitis und Windpocken, Bakteriumsinfektionen wie Syphilis und Tuberkulose, auch durch Haustiere übertragbare Infektionen wie Milzbrand und Toxoplasmose sowie auf Rhesusfaktorunverträglichkeit.

Groß ist auch die Zahl der perinatalen Schädigungsmöglichkeiten. Die perioder subnatale Phase umfasst mit einer Woche den Zeitraum kurz vor, während und kurz nach der Geburt. Auf Einwirkungen unter der Geburt – aber auch nachgeburtlich auf Unfall, Krankheit und deprivierende Entwicklungsbedingungen – sind Schädigungen, Beeinträchtigungen und Störungen des Zentralnervensystems zurückzuführen, mit denen die meisten organisch bedingten Verhaltensstörungen zusammenhängen. Zu beachten ist, dass im gesamten Zeitraum der ersten vier Lebensjahre die Vulnerabilität (Verletzbarkeit) besonders groß ist, da in dieser Zeit die Hirnreifung 80 % des Endzustandes erreicht.

Psychoorganisch bedingte Verhaltensstörungen zeigen sich bei Kindern und Jugendlichen sehr verschiedenartig und müssen stets im Zusammenhang mit Umweltbedingungen gesehen werden (vgl. Eliot 2001; von Loh 2003; Moll/Dawirs et al. 2006). Als Symptome werden häufig genannt: körperliche Entwicklungsverzögerung (Retardierung), motorische Störungen (Inkoordination), Ablenkbarkeit und Bewegungsunruhe (sensorische und motorische Hyperaktivität), verringerte Umstellbarkeit (Perseveration), Gestaltgliederungsschwäche (Dissoziation und Reversion), Sprech- und Sprachstörungen, Aufmerksamkeits- und Konzentrationsstörungen sowie Gedächtnisschwäche, Gefühls- und Wertarmut, Distanz- und Kommunikationsstörungen und abrupte Anpassungs- und Leistungsschwankungen (▶ Kap. 6.1.1 und Kap. 9.2).

Verhaltensstörungen können auch organisch bedingt sein durch Drüsenstörungen (endokrine Funktionsstörungen). Von Bedeutung sind insbesondere Störungen der Schilddrüse, der Nebenschilddrüse, der Nebennieren und der Keimdrüsen. Störungen im hormonalen System bzw. Endokrinopathien werden mit dem »Endokrinen Psychosyndrom« (Bleuler) beschrieben, das durch übersteigerte oder reduzierte Stärke einzelner Triebe oder des gesamten Antriebs und durch Stimmungsveränderungen in Erscheinung tritt. Es zeigen sich ähnliche Symptome wie bei hirnorganischen Schädigungen bzw. Störungen.

Verhaltensstörungen zeigen sich auch im Zusammenhang mit Neurosen, präpsychotischen Tendenzen und Borderline-Störungen, mit Psychosen, frühkindlichem Autismus und mit epileptischen Syndromen. Das diagnostische Konstrukt der Neurose gehört zu den ältesten und langlebigsten psychiatrischen Klassifikationen. Es wurde 1787 von dem Engländer W. Cullen eingeführt und muss heute, da es zu umfassend bzw. »unscharf« ist und differenziertere Kategorien vorliegen, als überholt und veraltet angesehen werden. Dennoch hat das Konstrukt Neurose schon wegen seiner Verwendung insbesondere in den verschiedenen psychologischen »Schulen« seine Bedeutung. Als Neurose wurden und werden milieureaktive psychische Funktionsstörungen bezeichnet, die nicht organisch bedingt sind. Sie manifestieren sich in einer Vielfalt von Fehlverhaltensweisen (von Autoaggressionen bis Zwangshandlungen), aber auch in körperlichen Symptomen (z. B. Herz-, Verdauungs-, Entleerungs-, Schlafstörungen). Sie werden tiefenpsychologisch auf unbewusst wirkende psychodynamische Konflikte infolge traumatisierender (verletzender) Erlebnisse insbesondere in früher Kindheit zurückgeführt, lerntheoretisch aus fehlleitenden Lernvorgängen oder dem Fehlen von Lernprozessen erklärt. In der internationalen Klassifikation der Krankheiten ICD-9 wurden Neurosen bezeichnet als »psychische Störungen ohne jede nachweisbare organische Grundlage, in denen der Patient beträchtliche Einsicht und ungestörte Realitätswahrnehmung haben kann und im Allgemeinen seine krankhaften subjektiven Erfahrungen und Phantasien nicht mit der äußeren Realität verwechselt. Das Verhalten kann stark beeinträchtigt sein, obwohl es im Allgemeinen innerhalb sozial akzeptierter Grenzen bleibt, aber die Persönlichkeit bleibt erhalten. Die wesentlichen Symptome umfassen: Ausgeprägte Angst, hysterische Symptome, Phobien, Zwangssymptome, Depression« (ICD 9 1980, 49).

Das Konstrukt der Neurose bezieht seinen Eigenwert aus dem Unterschied zum Konstrukt der Psychose. Im aktuellen internationalen Klassifikationssystem ICD-10 wird die »traditionelle Unterscheidung zwischen Neurose und Psychose nicht beibehalten« (ICD-10 1991, 17). Psychosen sind nach tradiertem Verständnis psychische Krankheiten, die mit den Symptomkomplexen der Schizophrenie, der depressiven Störungen und des frühkindlichen Autismus auftreten (▶ Kap. 9.5).

4.1.2 Der humanethologische Aspekt

Seit Mitte der 1960er Jahre entwickelt sich die Human-Ethologie, die biologische Verhaltensforschung am Menschen, als Gegenrichtung gegen kulturellen Relativismus und extreme milieutheoretische Positionen. Sie ist darauf ausgerichtet, stammesgeschichtliche und kulturelle Anpassungen im menschlichen Verhalten, die im Sinne des kritischen Realismus als Abbildungen einer außersubjektiven Wirklichkeit verstanden werden, sowie die Grammatik sozialen Verhaltens zu untersuchen (vgl. Eibl-Eibesfeldt 1984, 13 f.). Letztlich besteht unter dem Eindruck bedrohlicher Bevölkerungsexplosion, weltweiter Konflikte und ökologischer Zerstörungen das Ziel darin, »durch Einsicht in die biologischen Abläufe eine Überlebensethik« zu entwickeln (a. a. O., 16).

Die Human-Ethologie hat inzwischen Forschungsergebnisse vorgelegt, die weit verbreitete, ideologisch begründete Wunschvorstellungen und Leitlinien im Hinblick auf den Menschen möglicherweise verändern können. So werden z. B. die romantischen Vorstellungen von Rousseau und Marx, die beide noch nicht auf weltweite Forschungsergebnisse zurückgreifen konnten, vom edlen, glücklichen, guten Urmenschen, den die gesellschaftliche Entwicklung verdorben hat, vom Kinde, das durch das gesellschaftliche Leben verdorben wird, kritisch hinterfragt werden müssen. Das biologische Erbe aus einer hunderttausende Jahre während Periode, in der die menschlichen Vorfahren als raubtierartige Jäger, umherschweifende Sammler und aggressive, brutale Kämpfer in kleinen Verbänden lebten, steckt nach humanethologischer Auffassung noch in jedem heutigen Menschen, wirkt unter gegenwärtigen Verhältnissen dysfunktional, unberechenbar und bedrohlich, wenn es negiert und nicht systematisch in der Erziehung berücksichtigt wird (vgl. Eibl-Eibesfeldt 1988). In dieser Periode, »die etwa 98 Prozent unserer Geschichte ausmacht« (a. a. O., 10), entwickelten sich – in Anpassung an die Umwelt und im Hinblick auf ein Überleben der Art wie des Einzelnen – Programme, die verhaltenssteuernd wirkten und nach wie vor Einfluss auf das Verhalten haben. Sie erklären die bei allen Menschen dieser Erde feststellbaren starken Nachahmungstendenzen und Nachahmungsfähigkeiten, das Erfassen und Verstehen basaler Emotionen auf den Gesichtern, wie Angst, Wut, Verachtung, Trauer, das anderen Leid zufügende aggressive Durchsetzen, auch Tieren gegenüber, oder auch die Lerndispositionen für spezielle Fähigkeiten. Die Lerndispositionen sind umfassend und reichen von der Flucht zum Ranghöheren – was z. B. misshandelte Kinder so fest an ihre Eltern bindet – bis hin zum Erwerb der Sprache (a. a. O., 80). Verhaltenssteuernde Programme wie spezielle Lerndispositionen äußern sich auch heute noch »in Rangstreben, Familialität, Bereitschaft zum Gefolgsgehorsam, Neigung zur Bildung geschlossener Gruppen, Gruppenintoleranz und Territorialität«, determinieren den Menschen jedoch nicht; sie sind vielmehr veränderbar und somit erzieherisch zu beeinflussen (a. a. O., 87). Will man jedoch ihre Wirkung verhindern, müssen sie als biologische Faktoren erkannt und systematisch durch Erziehung modifiziert werden (vgl. von Cube/Alshuth 1986; von Cube 1991). Unter humanethologischem Aspekt erscheinen einige Verhaltensschwierigkeiten von Kindern und Jugendlichen als Resultat der Nichtbeachtung humanethologischer Einsichten.

Humanethologische Erkenntnisse stehen im Kreuzfeuer der Kritik. Problematisch wird Humanethologie sicher dann, wenn Erkenntnisse, die aus Tierbeobachtungen gewonnen wurden, unreflektiert auf den Menschen übertragen werden. Humanethologie versteht sich als Naturwissenschaft, untersucht das Verhalten unter biologischem Aspekt. Es ist jedoch ungerecht, Humanethologen grundsätzlich vorschnelle und unkritische Übertragung ihrer Erkenntnisse aus Tierbeobachtungen auf den Menschen vorzuwerfen. Auch wird der Mensch nicht als durch biophysische Bedingungen determiniert angesehen. Es wird allerdings betont, dass biophysische Bedingungen »an der Bestimmung der Verhaltensrichtungen einen mehr oder weniger gewichtigen, kaum je ganz zu vernachlässigenden Anteil haben« (Hassenstein 1972, 169) – eine Einsicht, die auch in die pädagogische Diskussion Eingang gefunden hat (vgl. von Cube/Alshuth 1986; von Cube 1991). Weitgehender Konsens herrscht heute unter Wissenschaftlern darüber, dass das Verhalten des Menschen auch biophysisch und phylogenetisch mitbestimmt ist. Daneben wirken Konditionierungen durch die soziale Umwelt und die kognitive Selbststeuerung bzw. Selbstorganisation.

Seit Mitte der 1970er Jahre wird mit der Disziplin der Soziobiologie der Versuch gemacht, in Überwindung des Denkens in biologisch-determinierenden Kategorien eine Annäherung an die Forschungsergebnisse der Sozial- und Humanwissenschaften zu finden.

4.2 Der psychologische Aspekt

Für die Erklärung der Verursachung und der Genese von Verhaltensstörungen aus psychologischer Sicht sind Psychoanalyse, Individualpsychologie, Humanistische Psychologie und Lerntheorie von besonderer Bedeutung.

4.2.1 Der psychoanalytische Aspekt

Die psychodynamische oder psychoanalytische Theorie versteht im Sinne von Sigmund Freud Verhaltensstörungen als das Ergebnis unangepasster psychologischer Prozesse. Ihre Wurzeln hat die psychoanalytische Theorie im medizinischen Konzept der Geisteskrankheit. Nach dieser theoretischen Position bringt eine Kombination von biologischen Prädeterminanten und Wechselbeziehungen mit der Umwelt die Bedingungen hervor, unter denen Kinder mit Störungen ein Selbstkonzept entwickeln, das zu internalisierten Gefühlen wie Schuld, Angst, Furcht, Unzulänglichkeit usw. führt. Die Theorie hebt hervor, dass die Störung eine Funktion psychischer Prozesse ist, die zu einer inadäquaten Ich-Entwicklung geführt haben. In der Unfähigkeit, Verhalten in Übereinstimmung mit den Forderungen der Umwelt zu regulieren, zeigt sich das inadäquate, als »schwach« bezeichnete Ich. Die psychoanalytische Theorie Sigmund Freuds kann unter dem Aspekt psychodynamischer Zusammenhänge zum Verständnis der Ätiologie und der Genese von Verhaltensstörungen beitragen.

Von besonderer Bedeutung sind in dieser Hinsicht folgende Ergebnisse psychoanalytischer empirischer Forschung und Theoriebildung:

- das Instanzenmodell der Persönlichkeit,
- das Triebmodell,
- das Phasenmodell der Triebentwicklung – sowie
- das Konzept der psychischen Abwehrmechanismen und die »Störungslehre«.

Das Instanzenmodell der Persönlichkeit

Sozial-emotionale Probleme, die – wenig differenziert – unter dem Terminus Neurose zusammengefasst wurden, machten für Freud die Entwicklung einer psychologischen Persönlichkeitstheorie notwendig. Freud versteht die Psyche als Apparat, der verschiedene Teile mit verschiedenen Aufgaben hat. Die Hauptbereiche des psychischen Apparates nannte er das Es, das Ich und das Über-Ich (▸ Abb. 15).

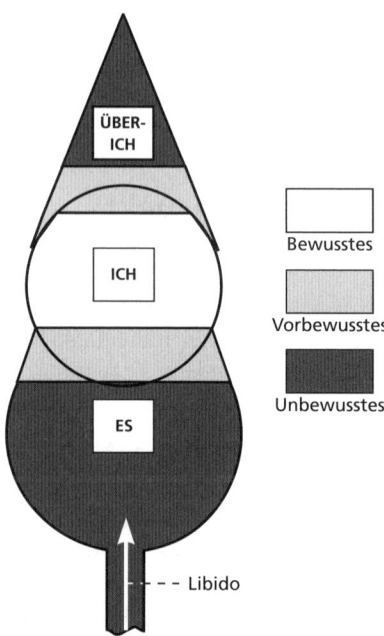

Abb. 15: Strukturmodell der Persönlichkeit

Das Es ist der älteste Bereich, der das Ererbte, das Konstitutionelle, d. h. vor allem die gesamte Trieborganisation enthält. Der Bereich des Es ist dem Unbewussten zuzuordnen. Vom Es gehen die Wünsche, Begierden, die Triebansprüche aus und drängen auf Realisation. Im Es herrschen Abläufe nach eigenen Gesetzen, die als Primärvorgang bezeichnet werden.

Aus dem Es entwickelt sich das Ich – aus der Notwendigkeit heraus, eine Vermittlung zwischen den drängenden Realisationstendenzen des Es und den Realisationsmöglichkeiten in der Außenwelt herzustellen. So sammeln sich im Ich unter anderem die Funktionen der Wahrnehmung, d. h. der Erfassung und Beeinflussung von Reizen, um Unlust zu vermeiden und Lust zu ermöglichen.

Freuds Erkenntnisse über das Ich komplettierte und differenzierte der psychoanalytische Pädagoge Fritz Redl. Redl systematisierte im Laufe seiner theoretischen und praktischen Arbeit zentrale Funktionen, die das Ich hat. Aufgabe des Ich ist es nach Redl, ein Verhältnis zur Umwelt herzustellen, ohne dass es zu allzu ernsthaften Konflikten kommt. Für diese Aufgabe stehen dem Ich verschiedene Funktionen zur Verfügung, die Redl herausarbeitet. Dabei geht er über die bisherige psychoanalytische Konzeption hinaus und kommt zu einer eigentlichen Ich-Psychologie, d. h. er gewinnt eine beschreibbare und in der pädagogischen Arbeit anwendbare Ausdifferenzierung des unbestimmten und in der Psychoanalyse formelhaft gebrauchten Begriffs des Ich. Die grundlegenden, allgemeinen Funktionen des Ich sind:

- die kognitive Funktion
- die Steuerungsfunktion
- die selektive Funktion
- die synthetische Funktion.

Die kognitive Funktion deckt die Aufgaben der Wahrnehmung, der Einschätzung sowie der Prognose intra- und extrapsychischer Realitäten im Hinblick auf Verhaltensmöglichkeiten ab.

Der Steuerungsfunktion obliegt die Abwehr, Unterdrückung, Aufschiebung oder auch Verschiebung von spontanen Impulsen und Triebtendenzen (siehe »Das Konzept der psychischen Abwehrmechanismen« weiter unten).

Hauptaufgabe des selektiven Funktionsbereichs ist es, Entscheidungen zu treffen.

Die synthetische Funktion des Ich besteht darin, die Ansprüche aus Es und Über-Ich auszubalancieren und den gesamten psychischen Apparat in einem Zustand des Gleichgewichts (Homöostase) zu halten.

Innerhalb dieser allgemeinen Definition der Funktionsbereiche des Ich gewinnt Redl zahlreiche einzelne Ich-Funktionen dadurch, dass er einzelne Störungen bei Kindern als Störungen eigenständiger Ich-Funktionen erkennt. Diese Funktionen des Ich sind voneinander relativ unabhängig und können in ganz verschiedener Weise einzeln gestört sein. Störungen von einzelnen Ich-Funktionen können neben intakten Funktionen bestehen. So erarbeitet Redl ungefähr dreißig verschiedene Formen von Störungen der Ich-Funktionen. Die wichtigsten Störungen sind:

- fehlende Frustrationstoleranz
- Verlust der Ich-Kontrolle bei Ansteckung durch die Gruppe (Gruppenerregung)
- Ängste
- fehlendes eigenes Beschränkungssystem in Versuchungssituationen
- fehlende Funktion des Ich, die den Situationen und Dingen eigentümlichen Strukturen wahrzunehmen
- gestörte Schuldgefühle
- Probleme der Zeit (Unfähigkeit, Bedürfnisbefriedigung aufzuschieben), Unfähigkeit, Erfolg, Misserfolg und Versagen angemessen zu bewerten
- Ausfall der Signalfunktion des Ich (das Ich signalisiert nicht drohende Konsequenzen einer Handlung)
- Unfähigkeit, die Realität richtig zu interpretieren.

Die Kindheit mit ihrer langen Abhängigkeit von den Eltern führt zur Entwicklung und Ausgestaltung des dritten großen Bereichs im psychischen Apparat, den Freud das Über-Ich nannte, weil er als eine moralische Instanz über dem Ich wacht, das Ich leitet und sich ihm auch entgegenstellt. Zwischen den beiden Bereichen, die – wie das Es – die ererbte Vergangenheit und – wie das Über-Ich – das Erbe sozialer Kontrolle ausmachen, muss das Ich einen Gleichgewichtszustand halten. Es muss also dafür sorgen, dass die Ansprüche aus dem Es, aus dem Über-Ich und aus der Realität in Übereinstimmung gebracht werden. Das Es setzt Bedürfnisse und drängt auf ihre Befriedigung; über die Realitätsprüfung lässt das Ich diese Bedürfnisbefriedigung zu, verschiebt sie oder lässt sie auch nicht zu, wobei auch die befriedigungseinschränkenden Tendenzen des Über-Ich eine gewichtige Rolle spielen.

Hilfreich bei diesem homöostatischen Auspendeln, Ausgleichen oder Regulieren sind dem Ich spezifische Funktionen, die in der psychoanalytischen Theorie als Abwehrmechanismen bezeichnet werden. Nach der Betrachtung des Triebmodells sowie dem Phänomen und der Bedeutung der Entwicklungsphasen insbesondere in früher Kindheit stehen diese Schutz- und Abwehrfunktionen zur Behandlung an.

Das Triebmodell

Die aus dem Es generierenden Bedürfnisspannungen nennt Freud Triebe. Die vielen unterscheidbaren Triebe versucht er auf zwei Grundtriebe zu reduzieren und kommt so zu Eros und Thanatos. Eros, der Liebestrieb, zielt auf die Herstellung von Einheiten, auf Erhaltung und Bindung. Thanatos, der Destruktions- oder Todestrieb zielt auf Auflösung, Zerstörung, letztlich darauf, »das Lebende in den anorganischen Zustand zu überführen« (Freud 1938; 1953, 11). Aus den Mischungen dieser beiden Grundtriebe ergeben sich die vielen verschiedenen Triebe, die sich im Leben der Menschen zeigen. Essen ist Destruktion und (Selbst-)Erhaltung wie die körperliche Liebe Herstellung von Einheit und Erhaltung, aber auch Aggression ist. Energie, die hinter dem Eros steht, nannte Freud Libido, für die hinter dem Thanatos stehende Energie fand er keine analoge Bezeichnung.

116

Wenn Freud für die Libido »somatische Quellen« annahm, dann verwies er auf Zusammenhänge, die sich später bestätigen sollten. Moderne Gehirnphysiologie sieht den Generator psychischer Energie als ARAS (Aufsteigendes Retikuläres Aktivations-System) im uralten Stammhirn.

Den Bedürfnissen und Tendenzen des Es zu folgen, nannte Freud, nach dem Lustprinzip zu leben. Das Ich muss das Realitätsprinzip verkörpern.

Das Phasenmodell der Triebentwicklung

Die Persönlichkeit entwickelt sich über Phasen bzw. Stadien, von denen die psychosexuellen Entwicklungsphasen der frühen Kindheit die bedeutendsten sind. Wenn es in einer dieser Phasen zur Nichtbewältigung und zur Fixierung kommt, hat dies Auswirkungen auf das ganze weitere Leben.

Nach der psychoanalytischen Theorie durchläuft das Kind von der Geburt bis zum 5./6. Lebensjahr die psychosexuellen Entwicklungsphasen. Diese Phasen werden als oral, anal und urethral-phallisch bezeichnet. Drei Bestimmungsstücke charakterisieren sie:

- »Die Prävalenz einer bestimmten Triebqualität«,
- das »Überwiegen auch der physiologischen Funktion der zugehörigen Körperöffnung« und
- eine jeweils »völlig andersartige Zentrierung des Weltbildes« (Kemper 1969, 34–36).

In der oralen Phase steht entwicklungsmäßig der Mund, in der analen Phase der After und in der urethral-phallischen Phase das Geschlechtsteil im Mittelpunkt.

Die drei jeweils phasenbestimmenden Komponenten müssen in jeder Phase »zu einer funktionalen Einheit« verschmelzen (a. a. O., 36). Gelingt eine solche Verschmelzung nicht, d. h. werden die phasenspezifischen Entwicklungsaufgaben nicht bewältigt, kommt es zu Entwicklungsbeeinträchtigungen und im Weiteren zu Fehlentwicklungen – denn Fehlentwicklungen in einer Phase verhindern das normale Durchlaufen der nächsten Phase, und diese Beeinträchtigung in einer Phase wirkt sich »noch verhängnisvoller auf die Ausformung der nachfolgenden Phase« aus (a. a. O., 37). Störungen der Persönlichkeitsentwicklung sind also umso größer, je früher die Fehlentwicklung eintritt. Eine gesunde Persönlichkeit kann sich somit nur entwickeln, wenn alle Phasen adäquat durchlaufen werden, d. h. wenn die Partialtriebe und die ihnen zugehörigen Erlebniskategorien zu »einer harmonischen Verschmelzung« kommen, die als Grundstruktur bzw. als Ordnungsprinzip wirkt und die weitere Entwicklung bestimmt. Bei einer labilen Grundstruktur herrscht zwischen den Instanzen kein Gleichgewicht, was z. B. bedeutet, dass zwischen Trieben und Abwehr ein instabiler, gefährdeter Gleichgewichtszustand besteht.

Aus heutiger Sicht klingt es fast wie eine Satire. Orthodoxe Analytiker mögen dem Störungssystem noch etwas abgewinnen können. Vor einem knappen halben

Jahrhundert war die Akzeptanz noch sehr groß, dass nämlich den nachfolgend dargestellten Störungen in den verschiedenen Entwicklungsphasen die verschiedensten Fehlentwicklungen zugeordnet werden können – auch mit spezifischen Verbindungen zu einzelnen Phasen. So sollen sich Fehlentwicklungen äußern

(1) »als abwegige Charakterzüge (anal z. B. als Geiz, Pedanterie)
(2) als Neurose in den bekannten verschiedenen Neurosestrukturen (anal z. B. als Zwangsneurose)
(3) als Perversion (anal als Sadomasochismus)
(4) als psychosomatische Krankheitsbilder (oral z. B. als Sucht oder Anorexie)
(5) als Kriminalität (oral z. B. als Raub, Kleptomanie)
(6) als Psychose (oral z. B. als manisch-depressives Zustandsbild)« (a. a. O., 37).

Diesem Störungssystem sind auch die Lehrmeinungen immanent, nach denen bei einem Menschen mit einer nicht gesund entwickelten, labilen Grundstruktur »Versuchungs- und Versagungssituationen« als auslösende Faktoren für den Symptomausbruch wirken: Belastungen, die z. B. die Schule mit sich bringt, bereits zum Symptomausbruch führen können oder auch erst Belastungen in der Berufsausübung, von der Schwere und Dauer der situativen Einwirkung einerseits und von der besonderen Qualität der Strukturlabilität andererseits es abhängt, ob es »zu einer Neurose, Perversion, Organsymptomatik, Psychose, Kriminalität, Verwahrlosung, Sucht usw. in ihren verschiedenen Spielarten und Kombinationen kommt, und ebenfalls, ob dies nur als flüchtig-passagere Symptomatik sich äußert, oder es schon bald in einer zur Chronifizierung neigenden Dauerform geschieht« (a. a. O., 38).

Besondere Belastungen bringen zum Ende der dritten psychosexuellen Phase der für den Jungen eintretende Ödipuskomplex und der im Mädchen aufkommende Elektrakomplex, die, wie Freud meint, jeder menschliche Neuankömmling zu bewältigen hat. »Wer es nicht zustande bringt, ist der Neurose verfallen« (Freud 1905). Der, wie Ahrbeck (2000) meint, in der Vergangenheit fast in Vergessenheit geratene Ödipus-(Elektra-)Komplex wird gegenwärtig wieder deutlicher in seiner Relevanz gesehen: Jedes Kind muss sich unabdingbar mit der Existenz zweier Geschlechter auseinandersetzen, was nur in der triangulären Struktur mit einer innerlich verfügbaren Vater- und Mutterfigur gelingen kann. Dazu »gehört auch die Auseinandersetzung mit den vorgegebenen Generationsgrenzen. Sie führt dazu, dass sich eine Zeitdimension psychisch etabliert – das Kind gelangt zu der Einsicht, dass ihm nicht alles sofort möglich ist und Entwicklungen Zeit und Geduld brauchen« (a. a. O., 137 f.).

Eine gesunde Entwicklung im Sinne der Bewältigung der phasenspezifischen Aufgaben ist für das Kleinkind nur möglich, wenn sich die maßgebliche Umwelt kindgerecht verhält, wenn die Grundbedürfnisse nach Liebe, Geborgenheit, Sicherheit, Beachtung, Anerkennung und Erfolg befriedigt werden. Maßgebliche Umwelt sind die Eltern oder Dauerbezugspersonen, auf die sich das Kind fixieren kann. Eine längere Trennung von der Dauerbezugsperson im ersten Lebensjahr beeinträchtigt nicht nur die gesunde Entwicklung, sondern bedroht das Leben des Kindes. Es kommt zu schweren seelischen und körperlichen Verfallserscheinungen (Spitz: anaklitische Depression), die – wenn die Trennung länger als fünf Monate dauert – zum Tode führen oder in das Erscheinungsbild des Hospitalismus einmünden können. Diese Zusammenhänge hat insbesondere René Spitz (1887–1974) erforscht (Spitz 1971a, 1971b). Er verglich z. B. Kinder straffälliger Mädchen aus einem Säuglingsheim mit Kindern zumeist sozial gut angepasster Mütter aus einem Findelhaus und stellte diese unter besonderen Verhältnissen aufwachsenden Kindergruppen Kindern aus Akademikerfamilien und aus einer Dorfbevölkerung gegenüber. Im Säuglingsheim wie im Findelhaus waren die hygienischen Verhältnisse gleichermaßen gut. Ein großer Unterschied bestand jedoch hinsichtlich der Pflegekontakte. Während im Säuglingsheim jedes Kind von der intensiven Fürsorge seiner Mutter oder wenigstens einer Ersatzmutter umgeben war, wurden im Findelhaus die Kinder nach dreimonatiger Stillzeit von den Müttern getrennt und »zur Einzelhaft in ihren Bettchen verurteilt« (Spitz 1971, 93). Für sieben bis neun Findelhauskinder stand nur eine Schwester zur Verfügung.

Einen Überblick über den Entwicklungsstand der Kinder aus allen vier Stichproben in den ersten vier Monaten und den letzten vier Monaten des ersten Lebensjahres gibt Tabelle 8. Während der Entwicklungsquotient (EQ) der Kinder aus den Akademikerfamilien, der Dorfbevölkerung und dem Säuglingsheim nahezu gleich blieb, fiel er bei den Findelhauskindern von dem Wert 124 (zweithöchster Wert der vier Populationen) um 52 Punkte auf den Wert 72, womit er noch um 29,5 Punkte unter dem Wert der Säuglingsheimkinder liegt, die nach der Erstmessung mit 101,5 Punkten den niedrigsten Wert der vier Stichproben hatten (▸ Tab. 8).

Tab. 8: Entwicklungsstand von Kindern aus vier Stichproben

Kinder aus:	Durchschnittlicher EQ der ersten 4 Monate des 1. Lebensjahres	Durchschnittlicher EQ der letzten 4 Monate des 1. Lebensjahres
Akademiker-Familien	133,0	131
Dorf-Familien	107,0	108
Säuglingsheim	101,5	105
Findelhaus	124,0	72

Bei einigen Kindern aus dem Säuglingsheim stellte Spitz in der zweiten Hälfte des ersten Lebensjahres Weinerlichkeit, dann Kontaktverweigerung, Gewichtsverlust und Schlaflosigkeit fest. Dieser Zustand wurde nach drei Monaten schlimmer: die Kinder bekamen eine »gefrorene Starre des Gesichtsausdrucks« (Spitz 1967, 281) und verweigerten jede Kontaktaufnahme, wurden lethargisch, ihr Entwicklungsquotient sank. Allen Kindern, die diese Symptome zeigten, war gemeinsam, dass ihnen zwischen dem sechsten und achten Lebensmonat die Mutter entzogen worden war.

Spitz nannte das gefundene Syndrom anaklitische Depression. Nach dreimonatiger Trennung von der Mutter beginnt für Kinder mit anaklitischer Depression
eine Übergangszeit, in der sich die Symptome verfestigen oder, wenn der Kontakt
mit der Mutter wiederhergestellt wird, abbauen. Dauert die Trennung länger als
fünf Monate, ergibt sich das Bild des Hospitalismus. Während anaklitische Depression das Ergebnis temporären Entzugs der affektiven Zufuhr ist, ist der
Hospitalismus das Ergebnis andauernden Entzugs affektiver Zufuhr. Die Kinder
im Findelhaus machten nach der Trennung von der Mutter zunächst eine Entwicklung durch, in der sie Symptome zeigten, wie sie die anaklitische Depression
kennzeichnen. Nach Ablauf von drei Monaten wurden sie völlig passiv, lagen nur
auf dem Rücken, zeigten einen leeren, oft schwachsinnigen Gesichtsausdruck,
konnten die Augen nicht mehr recht koordinieren, machten quasiathetotische
Fingerbewegungen. Bis zum Ende des zweiten Lebensjahres sank der Entwicklungsquotient auf die Stufe des Idioten. Mit vier Jahren konnten die meisten
»weder sitzen noch stehen, laufen noch sprechen« (Spitz 1967, 290) – die meisten
derjenigen, die bis dahin überlebt hatten. Der körperliche und psychische Kräf-
teverfall führte bei mindestens 34 von den 91 im Findelhaus untergebrachten
Kindern bis zum Ende des zweiten Lebensjahres zum Tode. Im Säuglingsheim
dagegen starben in einem Zeitraum von vier Jahren von 220 Kindern nur zwei
Kinder. Die Beobachtungen von Spitz werden prinzipiell z. B. durch Untersuchungen von J. Bowlby, A. Freud, M. Mahler, A. Dührssen und Meierhofer/Keller
gestützt. Der englische Psychoanalytiker John Bowlby (1907–1990) entwickelte
aus seinen Forschungen und Erkenntnissen über die Mutter-Kind-Beziehung die
so genannte Bindungstheorie, die gegenwärtig verstärkt an Bedeutung gewinnt
(vgl. Bowlby 2001; Holmes 2002; Julius/Goetze 2000; Spangler/Zimmermann
1999; Julius 2003 und 2005; Brisch 2011).

Meierhofer und Keller untersuchten zwischen 1958 und 1961 im Kanton Zürich
391 Kinder in Säuglings- und Kleinkinderheimen unter der »Bedingung des
Heimmilieus und der Mutterentbehrung« (Meierhofer/Keller 1970). Die wichtigsten Ergebnisse der Untersuchung werden durch folgende Zitate zusammengefasst:

»Die 376 Kinder im Alter von 15 Tagen bis 33 Monaten und weitere 65 im Alter
von drei bis sieben Jahren … wiesen im Vergleich mit den gleichaltrigen Famili-
enkindern auf allen Gebieten einen merklichen Rückstand in ihrer Entwicklung
auf« (a. a. O., 151).

»Von 50 Säuglingen im Alter von 1 bis 3 Monaten zeigten die dreimonatigen
bereits einen viel tieferen Mittelwert des EQ … als die 2 Monate alten, und diese
wiederum wiesen einen größeren Entwicklungsrückstand auf als die nur einen
Monat alten Säuglinge« (a. a. O., 152). »Die Testresultate … der 326 Säuglinge und
Kleinkinder im Alter von 3 bis 30 Monaten … blieben vom Alter von 3 Monaten an
dauernd um 10 bis 20 oder mehr Einheiten unter der Testnorm und weit unterhalb
der Mittelwerte der EQ, die bei der Vergleichsgruppe der Familienkinder erhoben
worden waren« (a. a. O., 152 f.). Es zeigte sich, dass »auch das körperliche
Wachstum eine analoge Beeinträchtigung aufwies. Die Durchschnittsgewichte der
Heimkinder … auf den Altersstufen 3, 6, 9 und 12 Monate blieben sowohl bei den
Knaben als auch bei den Mädchen unterhalb der 50-Prozentwerte der Familien-

kinder, ja, auf gewissen Stufen sogar unterhalb der 23-Prozentilwerte« (a. a. O., 153).

In Zusammenfassung der Darstellungen zur Hospitalismus-Störung ist festzuhalten, dass die Störung vor dem 5. Lebensjahr beginnt, aber auch schon im 1. Lebensmonat diagnostiziert werden kann. Die Störung zeigt sich in der beeinträchtigten Fähigkeit oder auch Unfähigkeit zu sozialen Interaktionen oder in Distanzlosigkeit. Schwere Formen der Störung können sich in reduzierter Gewichtszunahme und in kognitiven, emotionalen und motorischen Entwicklungsstörungen manifestieren.

Die Störung hängt mit schweren Pflegemängeln zusammen: Die Grundbedürfnisse des Kindes nach Geborgenheit, Anregung und Liebe werden nicht erfüllt; übermäßig strenge Bestrafungen, andauernde Vernachlässigung und andauernder Wechsel der Hauptpflegeperson/Hauptbezugsperson sind die wichtigsten ätiologischen Faktoren.

Wenn die pathogenen Faktoren aufgehoben werden und das Kind liebevolle Zuwendung und Fürsorge erfährt, ist die Störung reversibel, allerdings können Beeinträchtigungen zurückbleiben (vgl. APA 1991, 127–130).

Die Fesseln der triebgebundenen Phasenentwicklung, wie sie Freud konzipierte, überwand Erikson, indem er Phasen einer psychosozialen Entwicklung formulierte. In Abhängigkeit von altersspezifischen Anforderungen muss der Mensch nach Erikson psychosoziale Krisen durchleben, welche die Phasen markieren und bestimmen. Den Krisen sind Institutionen zugeordnet, die hilfreiche Funktionen erfüllen. Für das menschliche Leben fand Erikson acht Phasen (Erikson 1968):

1. Vertrauen gegen Urmisstrauen
2. Autonomie gegen Scham und Zweifel
3. Initiative gegen Schuldgefühl
4. Leistung gegen Minderwertigkeitsgefühl
5. Identität gegen Rollenkonfusion
6. Intimität gegen Isolierung
7. Zeugende Fähigkeit gegen Stagnation
8. Ich-Integrität gegen Verzweiflung.

Vom Kindes- bis zum Jugendalter sind es fünf Phasen bzw. Krisen, die durchlebt und bewältigt werden müssen und die im späteren Jugendalter über Identitätsdiffusionen zu einer Identitätsfindung führen müssen. Was Freud als orale Phase bezeichnet, ist bei Erikson das Stadium mit dem psychosozialen Kernproblem Urvertrauen gegen Misstrauen, in dem das Kind seine Position zur Welt zu bestimmen lernt und sie als Schutz, Geborgenheit, Sicherheit, Wärme, Akzeptanz, Zuneigung gewährenden und einer optimistischen Perspektive würdigen Raum kennen lernt oder auch nicht. Mit dem Aufbau von Urvertrauen wird eine zweite, soziale Geburt vollzogen. Diese und die weiteren Entwicklungsphasen mit ihren psychosozialen Aufgaben, Gefährdungen und Zielen verdeutlicht Tabelle 9 (► Tab. 9).

Tab. 9: Psychosoziale Entwicklungsphasen der Kindheit und Jugend nach Erikson (1968, 241–270)

Phasen nach Freud	Kernkonflikt		Erfolglose Konfliktlösung/ Fehlentwicklung	Erfolgreiche Konfliktlösung/gesunde Entwicklung	Bleibende Werte (Grundtugenden)
	entwicklungsfördernde gegen	entwicklungsbeeinträchtigende Ich-Qualität			
I. Oral-sensorisch 1. Lebensjahr	Urvertrauen gegen	Misstrauen	Komplexe Entwicklungsstörungen, schizoide und depressive Persönlichkeit[1]	Selbstgewissheit, Zuversicht, Wohlsein, Güte	Antrieb und Hoffnung
II. Muskulär-anal 2.–3. Lebensjahr	Autonomie gegen	Scham und Zweifel	Unsicherheit, Trotz, zwanghaftes Verhalten, Machttendenzen, Paranoide Ängste und Zwangsneurosen[1]	Selbstentfaltung, Selbstkontrolle, Kooperationsfähigkeit, Leistungsstolz, Gerechtigkeitsgefühl	Selbstbeherrschung und Willenskraft
III. Lokomotorisch-genital 3.–5. Lebensjahr	Initiative gegen	Schuldgefühl	Resignation, Angst, Selbstbestrafung, Übergehorsam, Argwohn, hysterische Verleugnungen, Großtuerei, psychosomatische Störungen[1]	Aktivität, Zielstrebigkeit, geistige Beweglichkeit, Entscheidungskraft, Verantwortlichkeit[1]	Richtung und Zweckhaftigkeit
IV. Latenz 6.–12. Lebensjahr	Leistung, Fleiß gegen	Minderwertigkeits-, Unzulänglichkeitsgefühl	Leistungsunwilligkeit, eingeschränkte Aufmerksamkeit, Selbstbeschränkung, Pessimismus	Arbeitshaltung, Leistungswilligkeit, Leistungsfähigkeit	Methode und Können
V. Pubertät und Adoleszenz	Identität gegen	Rollen-Konfusion	Identitätsstörungen, Verfestigung diffuser Ich-Bilder, Intoleranz	Personale und soziale Identität, Emanzipation, Solidarität	Hingebung und Treue

1 = im späteren Alter

Die Entwicklungstheorie von Erikson hat, seit sie vorgelegt wurde, nichts an Bedeutsamkeit eingebüßt, wie Kegan mit einem Spiralmodell der Entwicklung des Selbst im Sinne einer Weiterentwicklung des Erikson-Konzepts verdeutlicht (Kegan 1986). Auf den einzelnen Entwicklungsstufen stellen sich spezifische Entwicklungsaufgaben zwischen den Polen Unabhängigkeit und Zugehörigkeit, wobei zugeordnete Institutionen, Sozialisationsinstanzen bzw. »einbindende Kulturen« Aufgaben im Sinne der Funktionen Loslassen, Festhalten, In-der-Nähe-Bleiben zu erfüllen haben. Kegans »Entwicklungsstufen des Selbst« können nicht nur Verständnis für Aufgaben und Probleme im Entwicklungs- und Wachstumsprozess vermitteln, sie ermöglichen auch die Ableitung adäquater Interventionsmaßnahmen durch Erziehung, Beratung und Therapie, wenn die einbindenden Kulturen ihre Aufgaben nicht angemessen erfüllen und sich Verhaltensstörungen einstellen.

Das Konzept der psychischen Abwehrmechanismen und die »Störungslehre«

Zur Bewältigung belastender oder auch nur unangenehmer Gegebenheiten sowie zur Angst- und Konfliktbewältigung hat die Psyche Funktionen, die als Abwehrmechanismen bezeichnet werden. Abwehrmechanismen sind unbewusste psychische Funktionen der Verhaltenskontrolle. Sie dienen der Adaption, wobei es zu realitäts- und ich-gerechten, aber auch zu realitätsverzerrenden und ich-beeinträchtigenden Ergebnissen kommen kann.

Als Entdecker der psychischen Funktionen der Abwehr gilt Sigmund Freud, der insbesondere die pathogene Bedeutung der Verdrängung herausstellte.

Abwehrmechanismen werden nicht mehr nur auf dem Hintergrund psychoanalytischer Theoriebildung gesehen und eingeordnet, sie gehören vielmehr inzwischen allgemein in Psychologie und Psychiatrie zum Basisrepertoire des Verständnisses und der Erklärung psychischen Geschehens. Sie lassen sich definieren als »Muster von Gefühlen, Gedanken oder Verhaltensweisen, die relativ unwillkürlich in Abhängigkeit von der Wahrnehmung psychischer Bedrohung auftauchen« (APA 1991, 465). Sie werden eingesetzt, um angstbesetzte oder angstauslösende intra- oder extrapsychische Momente leichter ertragen oder verbergen zu können. Sie lassen sich vielleicht besser als psychische Schutzmechanismen bezeichnen, die lebensnotwendig sind und der Identitätsbalance dienen. Sie werden auf der Basis von Anlagen von früher Kindheit an zur Bewältigung von Konflikten und Ängsten gelernt und eingeübt. Erst in ihren Übersteigerungen werden sie krankhaft, engen ein, bedrohen Entwicklung, Selbstwerdung und Lebensgestaltung.

Während Sigmund Freud zunächst nur gleichsetzend von Abwehr oder Verdrängung sprach (vgl. Freud 1926), konnte Anna Freud unter Rückgriff auf die Erkenntnisse ihres Vaters bereits zehn Abwehrmechanismen zusammenstellen (vgl. Freud, A. 1971). Die amerikanische Vereinigung der Psychiater nannte im DSM-III-R 18 Abwehrmechanismen; im DSM-IV waren es bereits 27, die zu sieben Abwehr-Niveaus zusammengefasst werden können (APA 1996, 842–849). Abwehrmechanismen können unterschieden werden als zumeist unangepasst (z. B. Ausagieren, Projektion, Spaltung), in Abhängigkeit vom Ausprägungsgrad unangepasst oder auch als angepasst (z. B. Unterdrückung, Verleugnung). Sublimation und Humor sind zumeist angepasste Abwehrmechanismen. Zum einen sind Abwehrmechanismen Teil des »psychologischen Alltags«; zum anderen sind die meisten Abwehrmechanismen unter neurosepsychologischem Aspekt als pathogen zu bezeichnen.

In einer Zusammenschau psychiatrischer und psychologischer Erkenntnisse sind folgende Abwehr-, Bearbeitungs- bzw. Schutzmechanismen zu nennen:

- Abwertung/Entwertung: Inadäquate negative Selbst- und Fremdeinschätzung;
- Affektisolierung: Gefühle werden von den ursprünglich mit ihnen verbundenen Gefühlen getrennt;
- Affiliation: Hilfeersuchen an andere, um Erschwernisse mit diesen zu teilen;
- Altruismus: Bedürfnisbefriedigende Hinwendung zu anderen;
- Antizipation: Vorwegnehmendes gefühlsmäßiges Erleben von künftigen Ereignissen zur Reflexion möglicher Reaktionen;
- Ausagieren: Handeln ohne nachzudenken oder die eigenen Gefühle zu reflektieren, sozusagen »ohne Rücksicht auf Verluste«;
- autistisches Phantasieren: Vermeidung realitätsgerechter Handlungen zugunsten von Tagträumen;
- Dissoziation: Passagere Bewusstseins- oder Identitätsveränderungen werden beibehalten;
- Hilfe zurückweisendes Klagen: Klagen und Hilfeersuchen verdeckt Feindseligkeitsgefühle und lässt die Annahme von Hilfsangeboten nicht zu;
- Humor: Bewältigung von erregenden Es- wie Über-Ich-Tendenzen durch Scherze, Witze, Lachen mit distanzierender, umdeutender, befreiender, erleichternder Wirkung;
- Idealisierung: Übertriebene positive Fremd- oder Selbsteinschätzung;
- Identifikation und Introjektion: Konfliktlösung durch verinnerlichte Gleichsetzung mit dem Denken, Fühlen, Wollen anderer Personen, auch mit angstauslösenden äußeren Bedrohungen (z. B. Identifikation mit dem Angreifer);
- Intellektualisierung: Vermeidung von unangenehmen Gefühlen zugunsten abstrakten Denkens;
- Isolierung: Ausblendung affektiver Anteile, was zur Beeinträchtigung synchronen kognitiven und affektiven Erlebens führt;
- Omnipotenz: Konflikten oder Belastungen werden Überlegenheitsgefühle oder die Demonstration besonderer Potenzen oder Fähigkeiten entgegengesetzt;
- passive Aggression: Aggressionen gegen andere werden indirekt und wenig durchsetzungsstark geäußert;
- Projektion: Übertragung nicht akzeptabler Gedanken, Gefühle, Tendenzen auf andere Personen;
- Rationalisierung: Logische, aber inadäquate Beurteilung fremden oder eigenen Verhaltens im Sinne persönlicher Zweckmäßigkeit;
- Reaktionsbildung: Umbildung nicht akzeptablen Denkens, Fühlens und Handelns in gegensätzliche Ausformungen;
- Regression: Rückfall auf eine frühere, nicht altersgemäße Entwicklungsstufe;
- Selbstbehauptung: Indifferenter Ausdruck von Gedanken und Gefühlen;

- Selbstbeobachtung: eigene Gefühle, Tendenzen, Verhaltensweisen werden wahrgenommen und in adäquate Reaktionen umgesetzt;
- Somatisierung und Konversion: Umsetzung von Triebimpulsen oder emotionalen Motiven in körperliche Symptome (z. B. Flucht in die Krankheit);
- Spaltung: Extrem positive oder negative Selbst- oder Fremdeinschätzung in Verbindung mit der Unfähigkeit zur Integration der positiven und negativen Anteile zu einer Gesamtsicht;
- Sublimierung: Ablenkung von Triebimpulsen, Wünschen, Begehrlichkeiten auf sozial höher bewertete Ziele;
- Substitution: Umlenkung der Triebenergie von dem ursprünglichen auf ein anderes Objekt;
- Ungeschehenmachen: Durch quasi symbolische Handlungen wird versucht, vorausgegangenes Fühlen, Denken, Handeln als nicht geschehen zu betrachten;
- Unterdrückung: Störende Reflexionen über Fühlen, Wollen, Handeln werden nicht zugelassen;
- Verdrängung/Repression: Ausblendung störenden Denkens, Fühlens, Wollens und Handelns aus dem Bewusstsein und der Erinnerung;
- Verleugnung: Erkennbare äußere Gegebenheiten werden nicht akzeptiert;
- Verschiebung: Triebtendenzen, Gefühle oder Intentionen werden von dem angstbesetzten Objekt auf andere Objekte umgeleitet;
- Wendung gegen die eigene Person: Triebimpulse oder negativ bewertete Affekte werden statt gegen andere Personen gegen das eigene Selbst gerichtet (Spezialfall der Verschiebung).

Abwehrmechanismen bedürfen einer bestimmten Energie. So werden auch Konflikte ins Unbewusste verschoben und dort gehalten. Wenn die Abwehrmechanismen nicht mehr ausreichend greifen, insbesondere weil der akute Konflikt zu stark ist, kommt es zur Bildung eines neurotischen Symptoms, beispielsweise einem Zwang oder einer Phobie.

Mit der psychoanalytischen Theorie konnte Freud im Verein mit seinen Anhängern viel zum besseren Verständnis der Verursachung und Genese von Verhaltensstörungen beitragen. Sein Strukturmodell der Persönlichkeit mit dem Ich als steuernder und kontrollierender Instanz und Schutz- bzw. Abwehrfunktionen bei Bedrängnissen von innen wie von außen, die auf dem Hintergrund einer Triebdynamik zu verstehenden frühkindlichen Entwicklungsphasen sowie die eruierte Problematik der Deprivation und psychischen Labilisierung in früher Kindheit mit psychischen und physischen Folgen bis ins Erwachsenenalter hinein haben großen Einfluss auf alle Humanwissenschaften ausgeübt und zu weit reichenden praktischen Konsequenzen geführt. Insofern ist die Psychoanalyse nach wie vor bedeutend (vgl. etwa Mertens 1992), wenn sich auch Komponenten der Theorie nicht haben beweisen lassen oder sich empirischer Überprüfung entziehen (vgl. dazu allerdings etwa Dornes 1993; 1997; 2000). Die Hauptproblematik der Freudschen Theorie besteht sicher darin, dass sich immer Erklärungen finden für Verhaltensweisen, Gefühlslagen, Aussagen usw., diese jedoch häufig sowohl das eine als auch das ganz andere bedeuten können.

4.2.2 Der individualpsychologische Aspekt

So wie Alfred Adlers Lehre für die Erziehung allgemein bedeutsam ist, ist sie es auch für das Verständnis von Erschwernissen im Erziehungsprozess bzw. für das Verständnis psychischer Störungen und der »Schwererziehbarkeit« von Kindern und Jugendlichen (vgl. Adler 1974a-b; 1976a-c; 1977a-b; Ansbacher/Ansbacher 1975).

Adlers Theorie geht davon aus, dass die Menschen als soziale Wesen mit einer Tendenz zur Gemeinschaft, mit einem »Gemeinschaftsgefühl« auf die Welt kommen. In ihrer Kleinheit, in ihrer Abhängigkeit, mit ihrer geringen Kraft und eingeschränkten Bewegungsfähigkeit erleben sie sich als minderwertig. Das aus der naturgemäßen »Organminderwertigkeit« resultierende »Minderwertigkeitsgefühl« wird als belastend und bedrohlich, aber auch als stimulierend und optimierend für die weitere Entwicklung erlebt. Es ist der Gemeinschaft dienlich und der »nützlichen Seite des Lebens« zuzurechnen, wenn aus der erlebten Minderwertigkeit Kompensationstendenzen, Geltungsstreben, Überlegenheitsstreben in dem Sinne resultieren, dass organische Unfähigkeiten abgebaut, körperliche und psychische Fähigkeiten auch in Überwindung von Hindernissen aus dem Selbst und aus der Umwelt aufgebaut werden, um in der Gesellschaft »jemand« sein zu können, um der Gesellschaft dienliche Anforderungen erfüllen und den sich stellenden Aufgaben »überlegen« sein zu können. Wenn das Gemeinschaftsgefühl intakt ist und das Minderwertigkeitsgefühl nicht übermäßig stark wird, sind die menschlichen Entwicklungs- und Bewältigungstendenzen gemeinschaftsförderlich: sie sind auf der »nützlichen Seite des Lebens«. Das Gemeinschaftsgefühl kann jedoch Schaden nehmen und das Minderwertigkeitsgefühl kann sich übermäßig verstärken bis hin zum Minderwertigkeitskomplex. Um seine Tendenzen zur Gemeinschaft hin bewahren zu können, muss das Kind Gemeinschaft positiv erleben können. Diese Aufgabe hat die Mutter bzw. die erste Dauerbezugsperson zu erfüllen, von der aus das Gemeinschaftsgefühl ausgeweitet wird auf andere Bezugspersonen, auf den Vater, die Geschwister, die ganze Familie. Die Erfahrungen in der Familie sind grundlegend für eine positive oder auch negative Gefühlsbesetzung im Hinblick auf die nähere und weitere Umgebung, auf die Gesellschaft, die Menschen allgemein. Versagt in dieser Hinsicht die Mutter, versagen die näheren Bezugspersonen durch Ablehnung, Härte, Verwahrlosung oder auch durch unrealistische Erwartungen setzende und Kompensationstendenzen wie Anstrengungsbereitschaft, Fleiß, Widerstandsfähigkeit reduzierende Verzärtelung, dann kann sich das Gemeinschaftsgefühl nicht weiter ausbilden, es verkümmert und stirbt im Extremfall ganz ab. Das entmutigte Kind wendet sich gegen die Gemeinschaft, entwickelt ein Machtstreben, richtet die Leitlinien seines Handelns, seinen Lebensplan, auf Ziele aus, die auf der »unnützlichen Seite des Lebens« liegen. Es kann Erwachsenen nicht vertrauen, kann sich nicht führen lassen, wird »schwer erziehbar«, entwickelt Symptome wie Aggressivität, Bettnässen, Essprobleme, auch Schüchternheit, Faulheit, Lügen oder Stehlen, später dann Neurosen oder möglicherweise Psychosen sowie kriminelles Verhalten.

Was der Mensch auch tut oder an Eigenheiten zeigt, ist zielorientiert, unterliegt dem Prinzip der Finalität. Diese finale Ausrichtung wiederum bezieht für das Handeln die quantitativen und qualitativen Dimensionen aus zum Teil unbewussten Leitlinien, die sich als Lebensplan in den ersten 5–6 Lebensjahren in der schöpferischen Auseinandersetzung mit der Umwelt und der eigenen Stellung in dieser Welt herausbilden. Deshalb sind Mutter und Vater, die Geschwister und die frühen Erfahrungen mit Mitmenschen so wichtig. Allerdings determiniert der Lebensplan den Menschen nicht; er ist beeinflussbar und veränderbar.

Das als Lebensplan bezeichnete Element aus Adlers Theorie ist bedeutsamer Bestandteil des humanistisch-psychologischen Ansatzes von Carl Rogers geworden.

Wie Minderwertigkeitsgefühl und Kompensation stehen auch die Begriffe Gemeinschaftsgefühl und Machtstreben in einem vital-dialektischen Verhältnis zueinander. Sozial adäquates, solidarisches, kooperatives Verhalten, das im Begriff des Gemeinschaftsgefühls zusammengefasst wird, führt den Menschen auf die »nützliche Seite des Lebens«, egoistisches, sozial inadäquates Verhalten jedoch bringt ihn – wie Adler meint – auf die »unnützliche Seite des Lebens«. Im »Lebensplan« oder »Lebensstil« prägen sich auf dem Hintergrund bereits frühkindlicher Erfahrungen Ganzheit und Finalität und letztlich die charakterliche Entwicklung aus. »Charakter ist eine seelische Stellungnahme, die Art und Weise, wie ein Mensch seiner Umwelt gegenübersteht, eine Leitlinie, auf der sich sein Geltungsstreben in Verbindung mit seinem Gemeinschaftsgefühl durchsetzt« (Adler 1976a, 146). Die Lebensleitlinie ist deshalb so schwer zu verändern, insbesondere dann, wenn das Kind, der Jugendliche einen »nervösen Charakter«, d. h. Verhaltensstörungen, entwickelt hat. Durch neurotisches Verhalten wird der Versuch gemacht, Minderwertigkeit zu überwinden, Überlegenheit zu gewinnen und »sich jedem Zwang der Gemeinschaft *durch einen Gegenzwang* zu entziehen« (Adler 1974b, 40). Bei einer pädagogisch-therapeutischen Intervention muss es darum gehen, die »Symptomsprache«, den Lebensplan des Kindes/Jugendlichen zu verstehen.

Adlers Ansatz ist in der Pädagogik und Sonderpädagogik leider zu wenig berücksichtigt worden. Er hat der später auf den Plan tretenden Strömung der Humanistischen Psychologie wesentliche Impulse mitgegeben (Kleber/Stein 2001) und ist auch heute noch für das tiefere Verständnis mancher Problematik des Verhaltens und Erlebens sehr bedeutsam und hilfreich. Ähnlich wie für die Psychoanalyse gilt auch hier, dass sich Kritik an dieser Theorie insbesondere an dem stark spekulativen Charakter entzündet.

4.2.3 Der humanistisch-psychologische Aspekt

Aus der humanistisch-psychologischen Perspektive von Carl Rogers ist der Mensch »ein positives und soziales Lebewesen«, und es hängt von den Umweltgegebenheiten ab, ob diese Prädisposition verstärkt oder negativ verändert wird (Rogers 1973, 109 f.). Maladaptive Verhaltensweisen resultieren daraus, dass das »innere Gute« beeinträchtigt wird und sich die humanen Potenziale und Kapazitäten nicht entfalten können (vgl. auch Maslow 1973).

Basis und Grundlage der menschlichen Entwicklung ist Rogers zufolge der »Organismus«, ein »Ort aller Erfahrungen«. Wichtig ist die Entwicklung des Potenzials im Menschen, diese Erfahrungen auch ohne maßgebliche Verzerrungen und Verleugnungen aufzunehmen und sich auf dieser Basis weiterzuentwickeln. Erfahrungen kommen von innen (Bedürfnisse, Gefühle), aber auch von außen (Umweltgegebenheiten).

Zentrales Element in Rogers Theorie vom Menschen ist die angeborene Selbstaktualisierungstendenz, »eine inhärente Tendenz zur Erhaltung aller Kräfte ..., die der Erhaltung oder dem Wachstum des Organismus dienen« (Rogers 1977, 35). Durch ungünstige Umweltgegebenheiten kann diese Tendenz gestört werden und es kann zu Beeinträchtigungen und Störungen kommen. In seiner Entfaltung und in seinem Handeln richtet sich der Mensch nach seinem Selbstkonzept, das gestaltet und organisiert ist aus »den Wahrnehmungen der Charakteristika und der Fähigkeiten der Person, den Wahrnehmungen und Vorstellungen vom Selbst in Bezug zu anderen und zur Umgebung; den Wertgehalten, die als verbunden mit Erfahrungen und Objekten wahrgenommen werden; und den Zielen und Idealen, die als positiv oder negativ wahrgenommen werden« (Rogers 1972, 135). Zu Verhaltensstörungen kann es durch dem Selbstkonzept widersprechende und in das Selbstkonzept nicht zu integrierende Erlebnisse und Erfahrungen kommen. Rogers spricht hier von »Inkongruenzen«, die zwischen Organismus und Selbstkonzept, zwischen subjektiv wahrgenommener und tatsächlicher Realität sowie auch zwischen wahrgenommenem und idealem Selbst auftreten können.

Auch der humanistisch-psychologischen Persönlichkeitstheorie wird vorgeworfen, dass sie bisher durch empirische Untersuchungen nicht verifiziert werden konnte. Wegen unterstellter spekulativer Anteile wird sie insbesondere von lerntheoretisch ausgerichteten Wissenschaftlern abgelehnt. In der Erziehungswissenschaft stößt sie teilweise auf deutliche Kritik, da sie durch ihre Dominanz über viele Jahre – wie kürzlich Ahrbeck pointiert formulierte – mit der Forderung, Kinder und Jugendliche sollten »ihre inneren Kräfte möglichst ungestört entfalten und den ihnen innewohnenden goldenen Kern freilegen«, den verbreiteten Rückzug der Erwachsenen aus den Erziehungsaufgaben forcierte und deren Erziehungswilligkeit und -fähigkeit reduzierte (Ahrbeck 2004b, 14). Auf der anderen Seite gilt für die Konzepte der Humanistischen Psychologie, zu denen auch die Gestalttherapie und die Themenzentrierte Interaktion zu zählen sind (Stein 2005), dass sie viele Anregungen geben, Problemverhalten vertieft zu verstehen und Menschen in ihrer Persönlichkeit so zu akzeptieren, wie sie sind (was nicht gleichzusetzen ist mit der Akzeptanz jeden Verhaltens). Im Vergleich zu psychoanalytischen und lerntheoretischen Sichtweisen betrachten sie deutlich stärker den Menschen als aktiven Gestalter seiner selbst.

4.2.4 Der lerntheoretische Aspekt

Nach lerntheoretischen Erkenntnissen ist jedes Verhalten (angepasstes wie unangepasstes) auf die gesetzmäßige Realisation der Prinzipien der Verstärkung und Löschung in Verbindung mit Anlagebedingungen und kognitiven Prozessen bzw. Selbstbestimmungstendenzen zurückzuführen. Diese Theorie geht zurück auf die etwa gleichzeitigen Arbeiten des russischen Physiologen Iwan P. Pawlow (1849–

1936) und des amerikanischen Psychologen Edward. L. Thorndike (1874–1949). Sie wurde insbesondere durch Lerntheoretiker wie John. B. Watson (1878–1958), Burrhus F. Skinner (1904–1990), Albert Bandura (*1925) und Arnold Lazarus (*1932) weiterentwickelt.

Nach Wolpe ist neurotisches Verhalten eine unangepasste Verhaltensgewohnheit, die von einem psychologisch normalen Organismus über Lernvorgänge erworben wurde (vgl. Wolpe 1952).

Auf der Basis konstitutioneller Gegebenheiten, deren Bedeutung nicht übersehen wird, führen Lernvorgänge in allen Altersphasen hauptsächlich nach den Prinzipien des klassischen Konditionierens, des operanten Konditionierens und des Modelllernens zum Aufbau und zur Modifikation von Verhaltensweisen.

Erste Versuche zum klassischen Konditionieren machte um die vorletzte Jahrhundertwende der russische Physiologe Pawlow. Er konnte nachweisen, dass sich ein neutraler Reiz, wie ein akustisches oder optisches Signal, mit einer autonomen Reiz-Reaktionsfolge so verbinden lässt, dass er unabhängig von dem natürlichen Reiz die Reflexkette auslösen kann. Berühmt wurde sein Hundeexperiment, in dem es gelang, nach mehrmaliger gleichzeitiger Darbietung des natürlichen, unkonditionierten Reizes Futter und des neutralen Stimulus Licht- oder Tonsignal den Reflex Speichelfluss ohne Futter nur durch das Signal auszulösen, d. h. den neutralen zu einem konditionierten Stimulus zu machen. Indem er den konditionierten Stimulus differenzierte und die Futtergabe von der Lösung von Diskriminationsaufgaben abhängig machte, konnte er aggressive und resignative Verhaltensstörungen erzeugen, d. h. die Möglichkeit experimenteller Neurosen aufzeigen. Durch weitere Forschungen stützte er seine These, nach der tierisches und menschliches Verhalten aus dem Zusammenwirken von Hemmungs- und Erregungsprozessen resultiert. Verhaltensstörungen wie Neurosen und Psychosen sind das Resultat starker Konflikte zwischen beiden Prozessen und sind charakterisiert durch die unterschiedliche Gewichtung von Hemmung und Erregung.

Das klassische Konditionieren ist nach Mowrer wesentlich an der Übernahme von Normen bzw. der Gewissensbildung beteiligt. Konditionierte Vermeidungsreaktionen sind als Hemmungen sozial inadäquaten Verhaltens für den Sozialisationsprozess von großer Bedeutung.

Schon das ganz kleine Kind übernimmt in diesem Sinne die Normen der Bezugspersonen, indem unerwünschte Verhaltensweisen von den relevanten Bezugspersonen missmutig oder strafend beantwortet werden, dies beim Kind Unbehagen oder gar Schmerz auslöst, was wiederum dazu führt, dass bei einer engen Verbindung des sozial inadäquaten Verhaltens mit den unangenehmen Reaktionen künftighin bereits das sozial inadäquate Verhalten unangenehme vegetative Reaktionen auslöst. Um diese Reaktionen zu vermeiden, verhält sich das Kind sozusagen automatisch, ohne immer eine bewusste Entscheidung zu vollziehen, sozial adäquat: Das heißt, sein Gewissen steuert es im Sinne sozial adäquaten Verhaltens. Als sozial adäquat muss dabei das Verhalten verstanden werden, welches der sozialen Bezugsgruppe entspricht, d. h. von dieser gewünscht wird. Dieses Verhalten kann in Relation zur Gesamtgesellschaft auch als delinquent bzw. kriminell verstanden werden. So können sich denn auch kriminelle Verhaltensbereitschaften von frühester Kindheit an ausbilden.

In Verarbeitung der Erkenntnisse der amerikanischen Behavioristen beschäftigte sich Burrhus F. Skinner mit den Kontingenzen zwischen Verhaltensweisen und den Folgeereignissen. Er erkannte, dass ein Verhalten, das situativ belohnt wird, in ähnlichen späteren Situationen eine erhöhte Auftretenswahrscheinlichkeit hat. Positive Konsequenzen wirken also verstärkend, sodass auch von »Verstärkungslernen« gesprochen wird. Auf ein Verhaltenskontingent (unmittelbar) folgende angenehme Konsequenzen werden Verstärker genannt. Zu unterscheiden ist zwischen primären und sekundären Verstärkern sowie zwischen positiver und negativer Verstärkung. Primäre Verstärker sind mit Trieben und Bedürfnissen bzw. Wünschen verbunden, mit Hunger und Durst, mit Sexualität usw. Sekundäre Verstärker resultieren aus sehr frühen Lernprozessen im Bereich sozialer Bedürfnisse und sind als Zuwendung, Lob, Anerkennung usw. häufig auch personabhängig. So ist für einen delinquenten Jugendlichen das Lob eines Aufsichtsbeamten eher unangenehm und im Kreise von Mitgefangenen auch aversiv und löst Ablehnung aus. Den sekundären Verstärkern zuzurechnen sind auch angenehme Aktivitäten, die mit Interessen verbunden sind wie Musik hören, eine Geschichte lesen, einen Film ansehen usw. Zu unterscheiden sind auch positive und negative Verstärkung. Positive Verstärkung erhöht durch angenehme Konsequenzen die Verhaltensrate. Negative Verstärkung erhöht die Verhaltensrate, indem ein unangenehmer Zustand oder Reiz beendet wird. Negative Verstärker können z. B. unangenehme Gerüche sein, die dazu führen, dass man den Ort oder die Person meidet, oder der übermäßige Lärm einer Schulklasse, der die Lehrerin dazu bringt, den Raum zu verlassen. Aber gerade das letzte Beispiel macht deutlich, dass negative Verstärkung in sozialen Situationen häufig auch mit positiver Verstärkung verbunden sein kann: Die Lehrerin wird negativ verstärkt, sie meidet das unangenehme Ereignis und lernt, künftig in der gleichen Situation ebenfalls die Vermeidungsreaktion zu zeigen; die Schüler jedoch werden positiv verstärkt, sie können nun frei allen gewünschten Aktivitäten nachgehen.

Lernprozesse sind dann besonders wirksam, wenn in der Anfangsphase kontinuierlich verstärkt wird, d. h., wenn auf jede gewünschte Reaktion eine Verstärkung erfolgt. Im weiteren Verlauf von Lernprozessen ist Verstärkung jedoch dann besonders wirksam, wenn sie intermittierend erfolgt, d. h. wenn die Verstärker in unterschiedlichen Zeitabständen wirksam werden. Intermittierend verstärkte Verhaltensweisen sind besonders löschungsresistent. Menschliches Verhalten wird in Alltagssituationen sehr häufig unsystematisch und intermittierend verstärkt. Geht die Mutter mit ihrem kleinen Sohn einkaufen und folgt seinem quälenden Bitten, ihm etwas Süßes zu kaufen, dann wird er, wenn er etwas bekommt, das nächste Mal sein quälendes Bitten verstärken und dieses Verhalten aufrechterhalten und weiter intensivieren, wenn er nur so dann und wann und nicht regelmäßig etwas bekommt, wenn er also unsystematisch intermittierend verstärkt wird. Nicht wenige Lehrer haben in ähnlicher Weise Probleme mit Schülern, denen sie ebenso dann und wann auf ihr lärmendes Melden hin das Wort geben und sie auf diese Weise sehr löschungsresistent verstärken, sich lärmend zu melden. Auf diese Weise verstärken Lehrer häufig ein Störverhalten bei ihren Schülern, das sie eigentlich durch hin und wieder erfolgendes Schimpfen, Zurechtweisen usw. abbauen möchten.

Die meisten Lernpsychologen gehen davon aus, dass – modifiziert durch biologische Determinanten – sowohl aggressives als auch ängstliches Verhalten durch operantes Konditionieren entwickelt und aufrechterhalten wird. So kann sich Aggressivität als sozialinadäquate Verhaltensbereitschaft etablieren, weil Aggressionen, durch die eigene Bedürfnisse befriedigt und die anderer schnell in schädigender Weise eingeschränkt werden können, durch Anerkennungen aus der Umwelt fremdverstärkt und durch eigene starke Erfolgserlebnisse selbstverstärkt werden (▶ Kap. 9.1).

Die dritte bedeutsame, grundlegende Lernform ist das Modelllernen. Wie der Amerikaner Bandura aufzeigen konnte, werden nicht nur einzelne Verhaltensweisen, sondern ganze Verhaltensketten durch Beobachtung und anschließende Nachahmung gelernt. Aufmerksam beobachtet und gemerkt werden insbesondere solche Verhaltensweisen, die beliebte Personen zeigen, welche erfolgreich sind und gefallen. Modelle können Personen der Umgebung, insbesondere die Eltern und Geschwister, die Lehrer in der Schule, aber auch Schauspieler in Filmen oder sogar Figuren in Zeichentrickfilmen sein. Allerdings sind Beobachtungen in vivo wirkungsvoller als Filmbetrachtungen. Zur Wirkung der Modelle beim Verhaltensaufbau kommen zumeist noch andere beeinflussende Lernprinzipien wie klassisches und operantes Konditionieren hinzu. Aber auch intrapsychische Prozesse, wie Wahrnehmungsmodi, Aufmerksamkeitsverhalten, Gedächtnisfunktionen sowie Erwartungen haben große Bedeutung (vgl. Bandura 1976; Bandura/Walters 1970). Modelllernen scheint in der Weise altersspezifische Schwerpunkte zu haben, dass Kinder in jüngeren Jahren Bewegungen und Handlungen, in älteren Jahren die die Bewegungs- und Handlungsabläufe bestimmenden Motive und als Jugendliche Einstellungen und Werte übernehmen (vgl. Jacobi/Bastine 1980, 138).

Gerade Angstproblematiken können auf dem Wege des klassischen Konditionierens entstehen, indem es zu einer Verknüpfung eines traumatischen Ereignisses oder mehrerer subtraumatischer Ereignisse mit einem neutralen Reiz kommt, sodass der neutrale Reiz als bedingter Reiz die Funktion des traumatischen Ereignisses, des unbedingten Reizes also, übernimmt und zu einem autonomen Störfaktor wird. Sowohl der bedingte als auch der unbedingte Reiz könnten nun die fehlangepasste emotionale Reaktion hervorrufen (vgl. etwa Eysenck/Rachman 1970, 15). So kann z. B. ein Kind, das bei Dunkelheit einer schrecklichen Angst ausgesetzt wurde und traumatisierende vegetative Reaktionen erlebte, diese unangenehmen Reaktionen künftig auch unabhängig von dem Angstauslöser immer zeigen, wenn es dunkel ist, d. h. eine Dunkelangst entwickeln.

Auf der anderen Seite entstehen gerade externalisierende Problematiken wie Aggressivität häufig über Prozesse des operanten Konditionierens, indem sie positiv verstärkt werden, beispielsweise durch die Aufmerksamkeit oder Anfeuerung von Klassenkameraden. Das Vermeiden von unangenehmen Situationen wie etwa die Erbringung von Leistungen in der Schule könnte dadurch negativ verstärkt werden, dass unangenehme Gefühle wie Druckerleben oder Versagensangst durch die Vermeidungsreaktion verschwinden; in der Folge entsteht die Tendenz, dieses Verhalten erneut oder häufiger zu zeigen.

Der Aufbau von Verhaltensmustern für die unterschiedlichsten Situationen geschieht häufig durch ein Zusammenwirken der verschiedenen Lerngesetze.

Nicht denkbar ist jedoch ein solcher komplexer Verhaltensaufbau ohne die Mechanismen der Stimulus-Generalisierung und der Reaktions-Generalisierung. Stimulus-Generalisierung ermöglicht es, dass das konditionierte Verhalten auch durch Stimuli ausgelöst wird, die dem konditionierten Reiz ähnlich sind. Reaktions-Generalisierung führt dazu, dass ein Stimulus auch der konditionierten Reaktion ähnliche Reaktionen hervorrufen kann. Es werden Transfer-Leistungen erbracht, die spezielles Lernen verallgemeinern. Sie erklären, dass phobische Reaktionen nicht nur auf den konditionierten Reiz »weiße Ratte« hin auftreten, sondern auch durch alles Pelzige, Baumwolle oder einen langen weißen Bart ausgelöst werden, oder dass der Stimulus Frustration neben Wutverhalten, verbaler und materieller Aggression auch motorische Unruhe und Fluchtverhalten erbringen kann. Generalisierungsprozesse müssen durch Diskrimination modifiziert werden. Ein Kind muss also lernen, dass das konditionierte Verhalten nicht in allen Situationen angebracht ist, dass z. B. nicht alle Frauen »Tanten« sind, dass das im Heimatmilieu gelernte aggressive Durchsetzen im Kindergarten oder in der Schule nicht eingesetzt werden darf. »Viele der so genannten Verhaltensstörungen mögen »auf ungenügende Diskrimination zurückzuführen« sein (Kuhlen 1973, 30). Bei der Ausformung diskriminativer Verhaltenskontrolle spielen aber auch kognitive Prozesse eine bedeutende Rolle. Informationen über Erwartungen bzw. verbale Belehrungen über erwünschtes und unerwünschtes Verhalten müssen gegeben werden, damit sich ein sozialadäquates Verhaltensrepertoire entwickeln kann. Dafür ist eine affektiv gute Erzieher-Kind-Beziehung notwendig, und zwar auch nach naturwissenschaftlichen Erkenntnissen, nach denen es »ohne Annahme anderer keinen sozialen Prozess gibt« (Maturana/Varela 1987, 266). Auch aus lerntheoretischer Sicht beeinträchtigen Beziehungsstörungen die Verhaltensausformung und können die Basis für die Entwicklung von Verhaltensstörungen sein.

Zu betonen ist jedoch noch einmal, dass das komplexe Verhalten des Menschen durch ein Zusammenwirken der verschiedenen Arten des Lernens zustande kommt. Neben den dargestellten Lernarten, die Verhaltenstendenzen bzw. Reaktionsbereitschaften oder auch Einstellungen erbringen, sind in weitergehender Differenzierung Lernprozesse auszumachen, bei denen die Aneignung von Leistungsfähigkeiten oder Fertigkeiten im Vordergrund steht. In seinem hierarchisch ausgerichteten System der Lernarten verweist z. B. Gagné auf die Bedeutung des Signallernens, des Reiz-Reaktions-Lernens, der motorischen und sprachlichen Kettenbildung (verhaltensmäßiger Sequenzen, sprachlicher Assoziationen), des Diskriminationslernens, Begriffslernens, Regellernens und des problemlösenden Lernens bzw. des Lernens im Sinne »kognitiver Strategien« und verdeutlicht, dass die Lernarten in ihrer Verbindung zu sehen sind, da sie aufeinander aufbauen, einander ergänzend wirken, kooperativ funktionieren (Gagné 1980). Von nicht geringer Bedeutung auch im menschlichen Leben ist die Habituation oder Gewöhnung, die als die »primitivste Form des Lernens« bezeichnet wird (Wendt 1989, 189).

4.3 Der soziologische Aspekt

Aus soziologischer Sicht bestimmen vor allem sozio-kulturelle Faktoren die Verhaltensmöglichkeiten eines Menschen. Verhaltensstörungen werden in Abhängigkeit von fixierten und unausgesprochenen Regeln gesehen. Kinder und Jugendliche, die gegen diese Regeln verstoßen, werden als sozial abweichend bezeichnet. Neben Zuschreibungs- bzw. Etikettierungsprozessen spielen auch andere soziale Bedingungen eine Rolle, die in soziologischen Theorien und in den nachfolgenden Ausführungen berücksichtigt werden. Zusammenfassend ist festzuhalten, dass aus soziologischer Sicht die Kernproblematik der Verhaltensstörung nicht im Individuum, sondern in sozialen Gegebenheiten und Erwartungen zu suchen ist.

In den Anfängen soziologischer Forschung versuchte der Franzose Émile Durkheim den weiten Bereich abweichenden Verhaltens unter spezifischem Aspekt durch die Theorie der Anomie zu erklären. Nach dieser Theorie, die die Forschung immens stimulierte und auch gegenwärtig ihre Bedeutung nicht verloren hat, resultieren Zustände von Normlosigkeit aus sozialen Bedingungen (vgl. etwa Durkheim 1966).

Der Amerikaner Robert K. Merton elaborierte den Anomie-Ansatz unter dem Aspekt der Wert-Mittel-Diskrepanz und leitete fünf verschiedene Typen abweichenden Verhaltens ab:

1. Konformität als Akzeptierung sowohl der kulturellen Ziele als auch der institutionalisierten Mittel zur Erreichung dieser Ziele ist in einer stabilen Gesellschaft am weitesten verbreitet.
2. Innovation kennzeichnet die Situation der Akzeptierung des Ziels, Ablehnung der üblichen Mittel zur Erreichung dieses Ziels und der Anwendung neuer Mittel zur Zielerreichung (z. B. White-Collar-Crime). Wirtschaftskriminalität als innovative Anpassungsform ist in der Mittel- und Oberschicht relativ häufig, Diebstahl und Raub scheinen in der Unterschicht die bevorzugten Mittel zu sein. Innovative Anpassungsformen werden zumeist als kriminelles Verhalten definiert.
3. Ritualismus ist gekennzeichnet durch Negierung der kulturellen Ziele und Akzeptierung der institutionalisierten Mittel. Gewohnheitsmäßig werden institutionalisierte Mittel realisiert, wobei eine Ausrichtung auf aktuelle kulturelle Ziele fehlt. Angesprochen ist die Situation der Statusunsicherheit, wie sie z. B. in der Wilhelminischen Tradition geschulte Offiziere in der Weimarer Republik verkörperten.
4. Apathie ist die Anpassungsform der Negation: sowohl die kulturellen Ziele als auch die institutionalisierten Mittel werden abgelehnt (z. B. Landstreicher, Süchtige, Aussteiger).
5. Rebellion ist die Anpassungsform der Auflehnung bei ambivalenter Akzeptanz der Ziele und der Mittel. Eine neue Sozialstruktur wird angestrebt, wobei neue Ziele und Mittel noch nicht deutlich präsent sind (Merton 1968).

Als »sozio-kulturelle Wert-Mittel-Diskrepanz« lässt sich in Anlehnung an Merton die Situation vieler Schüler bezeichnen, die Generator für abweichendes Verhalten werden kann (Merton 1968, Wurr/Trabandt 1980, 22).

Den durch die Schule gesetzten Zielen, gute Noten in den Klassenarbeiten, Erreichen des Klassenziels, Erreichen eines Schulabschlusses usw., können sich die Schüler nicht entziehen. Sie haben aber nicht die für das Erreichen der gesetzten Ziele notwendigen sozio-kulturellen Mittel. In der Familie wurden ihnen die schulisch bedeutsamen Fähigkeiten und Fertigkeiten, Einstellungen und Handlungsweisen nicht vermittelt, die von der Umwelt im Hinblick auf Sprache, Umgangsformen, Leistungsbereitschaft usw. verlangt werden. Sie haben nicht gelernt, sozial adäquat zu kommunizieren, eigene Verhaltensweisen in Frage zu stellen (Metakommunikation), die Verhaltensweisen in der Schule entsprechen nicht denen im Elternhaus, Streitigkeiten können sie nicht verbal, sondern häufig nur mit körperlichen Mitteln führen.

Im Sinne der Klassifikation Mertons können folgende schulische Anpassungstypen beschrieben werden (vgl. Wurr/Trabandt 1980, 21–27):

- »Konformität« meint die Situation, in welcher der Schüler versucht, seine Defizite durch Hilfe von außen, z. B. Nachhilfeunterricht, auszugleichen oder diese Defizite zu akzeptieren und sich, z. B. durch Überweisung auf eine Schule mit dem Förderschwerpunkt Lernen, auf einen unteren Leistungslevel einzustellen.
- Als »deviante Innovation« lässt es sich bezeichnen, wenn zur Erreichung der vorgeschriebenen Leistungen illegitime Mittel benutzt werden, wenn z. B. beim Klassenkameraden abgeschrieben wird.
- »Ritualismus« oder »Opportunismus« ist eine Form der Scheinanpassung, d. h., der Schüler verhält sich »im Hinblick auf die geltenden Normen konform, … obwohl er ein indifferentes oder auch ablehnendes Verhältnis zu den entsprechenden Zielen hat« (a. a. O., 26).
- »Rebellion« ist das Setzen und Durchsetzen eigener Ziele durch Stören des Unterrichts, um von eigenen Defiziten abzulenken und Zuwendung oder sogar Anerkennung zu erfahren.
- Als »Apathie« lassen sich ein innerer oder auch äußerlicher »Rückzug« wie etwa Schweigen und Sich-Verweigern im Unterricht oder auch Schuleschwänzen bezeichnen.

Die Anomietheorie ist auch heute noch eine der einflussreichen, erklärungsmächtigen soziologischen Theorien (vgl. Lamnek 1996; Böhnisch 1999).

Zur Erklärung abweichender und störender Verhaltensweisen sind nach dem Ansatz des »labeling approach« Etikettierungs-, Stigmatisierungs- und Selbststigmatisierungsprozesse heranzuziehen (vgl. z. B. Goffman 1975; Krappmann 1978; Lamnek 1996). Im Sinne des Labeling- oder Etikettierungsansatzes gab Quensel anschaulich und eindringlich den Entwicklungsprozess delinquenten bzw. kriminellen Verhaltens in acht Phasen wieder. Damit soll verdeutlicht werden, dass Kriminalität nicht eine spezielle Qualität eines Menschen, sondern das Ergebnis eines Prozesses ist, in dem einseitige Situationsdefinitionen und spezielle Umstände negative Typisierungen und Sanktionen mit entsprechenden Reaktionen erbrachten:

1. *Phase:* Ein Jugendlicher begeht ein kleines Delikt zur Lösung eines kleinen Problems (Elternkonflikt – Diebstahl).
2. *Phase:* Der Jugendliche hat kein Glück: Es kommt zu keiner Problemlösung, vielmehr zu einer Bestrafung.
3. *Phase:* Das Problem wird größer. Die Ablehnung der Umwelt wächst. Der Jugendliche sucht nach Selbstbestätigung bei gleich gesinnten Jugendlichen. Er lehnt die Bestrafung als »Ungerechtigkeit« ab.
4. *Phase:* Ein weiteres Delikt wird als »Rückfall« interpretiert und erbringt die Gefahr eines Aufschaukelprozesses: Das delinquente Verhalten und die Bestrafungen verstärken sich gegenseitig.
5. *Phase:* Der Jugendliche wird als Delinquent definiert. Er wird aktenkundig und behandlungsbedürftig (Jugendarrest, Heim). Er übernimmt die Definition »Delinquenter« in sein Selbstbild: Die Schwelle zum Verbotenen wird niedriger, die ungelöste Problematik wird größer.
6. *Phase:* Der Jugendliche wird zum Außenseiter. Techniken delinquenter Problembewältigung verfestigen sich, werden zur Typisierung im Sinne »schädlicher Neigungen« (der aggressive Schläger, der Wegläufer, der Manipulator, der Punker, der Süchtige). Mit der Übernahme der delinquenten Rolle zeichnet sich eine delinquente Karriere ab.
7. *Phase:* Der Jugendliche kommt in die Strafanstalt. Mit der nunmehr eindeutigen Rollenfestlegung ist eine deutliche Problemverstärkung verbunden.
8. *Phase:* Nach der Entlassung ist der Jugendliche ein Vorbestrafter. Verwiesen auf das Milieu Gleichartiger, ist für den Jugendlichen ein Rückfall naheliegend. Der Rückfall führt zu härterer Bestrafung. Es kommt zu einem Teufelskreis, zu einem »sich wechselseitig hochschaukelnden Interaktionsprozess zwischen dem Jugendlichen und seiner sozialen Umwelt unter Einschluss der staatlichen Sanktionsinstanz« (vgl. Quensel 1970, 375 ff.).

Der Etikettierungsansatz kann im Zusammenhang gesehen werden mit der »Sündenbocktheorie«, nach der eine Gesellschaft Abweichler braucht, unter anderem deshalb, weil deren Bestrafung als Gratifikation für eigenes Wohlverhalten erlebt werden kann und sozialkonformes Verhalten stabilisiert. Eine solche Rolle können im Schulsystem unter Umständen Schüler mit Lern- und Verhaltensstörungen spielen. Sie werden selektiert und in Sondereinrichtungen umgeschult. Die für sie eingeleiteten Maßnahmen können für die übrigen Schüler einerseits als Gratifikation für erwartungsgemäßes Lern- und Sozialverhalten, andererseits aber auch als Abschreckung dienen. Auf diesem Hintergrund funktionieren Drohungen von Lehrern und Eltern gegen Schüler, etwa in der Art: »Wenn du dich nicht anstrengst, kommst du auf die Hilfs-, Lernbehinderten-, Doofen-Schule!« Sondereinrichtungen können in diesem Sinne systemstabilisierende Funktionen einnehmen; sie ziehen potenziell Etikettierung, Stigmatisierung und Selbststigmatisierung nach sich und stimulieren durch ihre bloße Existenz Bedrohung und Bedarf (vgl. Hußlein 1983).

Mit dem Ansatz des »labeling approach« kann – wie oben dargestellt – eine sich steigernde negative Entwicklung aufgezeigt werden, für die Verursachung dieser Entwicklung hält er jedoch keine Erklärungen bereit.

Der Ansatz des »labeling approach« geht zurück auf den »Symbolischen Interaktionismus« von G. H. Mead, nach dem »das Individuum im Laufe seiner Erfahrungen mit sozialen Symbolen ein Selbstverständnis (self) erwirbt, das wesentlich durch die Interpretation beeinflusst wird, die dieses Individuum anderen in Bezug auf sich selbst zuschreibt« (Hartmann in Keupp 1972, 162).

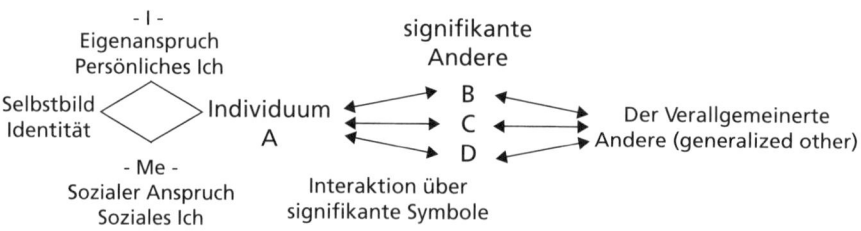

Abb. 16: Strukturmodell zum Symbolischen Interaktionismus

In sozialen Interaktionen lernen wir über die Umwelt und über uns selbst und befähigen uns, über eine differenzierte signifikante Symbolik im verbalen und nonverbalen Bereich, digital und analog zu kommunizieren. Es formen sich die personale und die soziale Identität (»I« und »Me«), mit denen sich Grundqualifikationen für adäquates soziales Handeln etablieren (▸ Abb. 16). Hierzu gehören insbesondere Empathie, Rollendistanz, Ambiguitätstoleranz und die Fähigkeit zur Metakommunikation (vgl. Krappmann 1978):

Empathie ist die Fähigkeit, sich in den Interaktionspartner einzufühlen und die Rollenerwartungen des Interaktionspartners berücksichtigen zu können. Rollendistanz meint die Fähigkeit, sein Rollenverhalten auf veränderte Situationen hin einstellen und korrigieren zu können. Unter Ambiguitätstoleranz wird die Fähigkeit verstanden, divergierende eigene Bedürfnisse oder Rollenerwartungen auszuhalten und sich im Spannungsverhältnis unterschiedlicher Tendenzen sozial adäquat zu verhalten. Metakommunizieren heißt, über sein eigenes Verhalten und/oder das Verhalten anderer zu reflektieren und zu kommunizieren.

Die Umwelt erwartet, dass ein Mensch diese für Interaktionen bedeutsamen Qualifikationen entwickelt und sie im Sinne gesellschaftlicher Normen realisiert. Entspricht ein Mensch der einen und/oder anderen Erwartung nicht, kann sein Verhalten als abweichend definiert werden. Im Sinne der »Interaktionstheorie abweichenden Verhaltens« (Becker 1973) ist es so, »dass gesellschaftliche Gruppen abweichendes Verhalten dadurch schaffen, dass sie Regeln aufstellen, deren Verletzung abweichendes Verhalten konstituiert, und dass sie diese Regeln auf bestimmte Menschen anwenden, die sie zu Außenseitern stempeln. Der Mensch mit abweichendem Verhalten ist ein Mensch, auf den diese Bezeichnung erfolgreich angewandt worden ist; abweichendes Verhalten ist Verhalten, das Menschen so bezeichnen« (a. a. O., 8). Die als Reaktion auf eine »primäre Devianz« durch die Umwelt erfolgende Typisierung und Stigmatisierung kann im Sinne der »self-fulfilling prophecy « den Erwartungen entsprechende weitere abweichende Verhaltensweisen erbringen (vgl. z. B. Smale 1983), die als sekundäre Devianz bezeichnet werden können. Typisierungen und Stigmatisierungen verändern also die Selbstdefinition durch Identifikation mit dem Fremdbild, was insbesondere bei Kindern und Jugendlichen Leben, Lernen, Arbeiten und Verhalten und selbst das körperliche Wohlbefinden wesentlich beeinflussen kann. »Schüler, die von Lehrern und Mitschülern als leistungsschwach, unbeliebt und delinquent eingestuft werden, halten sich im Vergleich zur jeweils entgegengesetzten Gruppe für fauler, »unaufmerksamer«, »unordentlicher«, »ungehorsamer«, »unfairer«, »unbeliebter«, »unruhiger«, »unfreundlicher«, »unaufrichtiger«, »eingebildeter«, »geltungsbedürftiger«, »aggressiver« und »streitsüchtiger« (Brusten/Hurrelmann 1974, 98).

Im Bereich der Interaktionstheorien hat sich im Hinblick auf die Erklärung von Interaktions- bzw. Verhaltensstörungen die Kommunikationstheorie der amerikanischen Palo-Alto-Schule als bedeutsam und effizient erwiesen, die in Deutschland vor allem Watzlawick bekannt machte (vgl. Watzlawick et al. 1969, 1985, 1989).

Kommunikation wird als Mitteilung, Interaktion als »ein wechselseitiger Ablauf von Mitteilungen zwischen zwei oder mehreren Personen« (Watzlawick et al. 1969, 50) verstanden. Interaktionen verlaufen in Regelkreisen, sind nach der Systemtheorie »offene Systeme«, in denen sich Kommunikanten rückkoppelnd aufeinander einstellen. Zwischenmenschliche Kommunikationssysteme sind also dadurch charakterisiert, dass »das Verhalten jedes einzelnen Individuums das jeder anderen Person bedingt und seinerseits von dem Verhalten aller anderen bedingt wird« (a. a. O., 32).

Kommunikationssysteme sind auch durch »Ganzheit« charakterisiert in der Art, »dass eine Änderung in einem Teil eine Änderung in allen Teilen und damit dem ganzen System verursacht« (a. a. O., 118). Für die ätiologische Betrachtung von Verhaltensschwierigkeiten bei Kindern und Jugendlichen ist es somit von höchster Bedeutung, nicht nur das individuelle Verhalten, sondern die Systeme in den Blick zu nehmen, in denen sich als pathologisch oder störend bezeichnete Verhaltensweisen zeigen.

Da sich in einem kommunikativen Zirkel die Interaktionspartner verbal wie nonverbal beeinflussen, ist ein ständiger Kommunikationsfluss gegeben, sodass Watzlawick et al. als erstes Axiom innerhalb ihrer Kommunikationstheorie formulieren: »Man kann nicht nicht kommunizieren!« (a. a. O., 50). Goffman formulierte – ganz ähnlich – prägnant: »Ein Mensch kann aufhören zu sprechen, er kann aber nicht aufhören, mit seinem Körper zu kommunizieren« (Goffman 1971, 43). So kann Verhalten unterschiedlich qualifiziert werden als richtig oder falsch, angepasst oder störend; es kann aber nicht behindert sein. Eine »Verhaltensbehinderung« (Bach 1989, 8) kann es nicht geben.

Auf ein Kommunikationsangebot kann auf viererlei Weise reagiert werden: Mit Annahme, mit Abweisung, mit Entwertung und mit der Entwicklung eines Symptoms. Die Entwertung, d. h. ein Nicht-ernst-Nehmen, Ironie oder Zynismus als Antwort, wird als besonders belastend empfunden und kann ein Schüler-Lehrer-Verhältnis tiefgreifend stören. Psycho-physische Symptome entwickeln insbesondere Rangniedrigere oder Abhängige in einem Kommunikationszusammenhang, wie z. B. Kopfschmerzen, Müdigkeit, Magen-Darm-Störungen oder auch die unterschiedlichsten Krankheiten.

Das zweite kommunikationstheoretische Axiom lautet: »Jede Kommunikation hat einen Inhalts- und einen Beziehungsaspekt, derart, dass letzterer den ersteren bestimmt und daher eine Metakommunikation ist« (a. a. O., 53).

Nach diesem Axiom wird nicht nur auf der Inhaltsebene, sondern stets auch – wenn auch unbewusst – auf der Beziehungsebene kommuniziert. Selbst beim Austausch banaler Informationen geben die Interaktionspartner einander durch Tonfall der Stimme, durch Mimik, durch Gestik, durch die gesamte Körperhaltung Signale über ihre Beziehung. Erfahrungen, Intuition, Empathie befähigen die Partner, Signale auf der Beziehungsebene wahrzunehmen, zu deuten und zu verstehen, wobei bewusstes wie unbewusstes Verarbeiten der Signale als Reflexion über Verhalten (Metakommunikation) Einstellungen, Reaktionsmöglichkeiten, emotionale Verbindungen oder auch Brüche verfügbar macht. Kommunikation auf der Beziehungsebene realisiert das kleine Kind von der Zeit an, da sich die symbiotische Verbindung zur Mutter auflöst und es sich seiner selbst als Einzelwesen gewahr wird.

Metakommunikation ist zwar bei allen Interaktionen beteiligt, bedarf jedoch zur Weiterentwicklung für eine bewusste Verhaltenssteuerung und -kontrolle differenzierter Lernprozesse, die für alle notwendig sind, die andere Menschen betreuen, fördern, beraten, heilen, erziehen, unterrichten.

Kommunikationsstörungen im Sinne des zweiten Axioms ergeben sich häufig daraus, dass Partnerunstimmigkeiten, die auf der Beziehungsebene liegen, auf der Inhaltsebene ausgetragen werden oder auch umgekehrt. Zur Professionalität in pädagogischen Berufen gehört es, derartige Unstimmigkeiten durch Metakommunikation zu erkennen und aufzulösen. In Familien belasten sie jedoch häufig das Klima und bringen Kinder, die in der Regel ein feines Gefühl für derartige Unstimmigkeiten haben, dazu, harmonisierend zu wirken – z. B. durch die Übernahme einer Sündenbockrolle, durch die Entwicklung neurotischer Störungen oder die Flucht in die Krankheit.

Schwerste Störungen können Kinder entwickeln, wenn sie auf der Inhalts- und auf der Beziehungsebene einander widersprechende Informationen bekommen. Sie sind verwirrt, zerrissen, verstört, sind in einer Situation, die als »double bind« oder auch als »Beziehungsfalle« bezeichnet wird. Diese Situation kann, wenn sie andauert, überaus pathogen wirken und psychotische Störungen bis hin zur ausgebildeten Schizophrenie nach sich ziehen. Eine singuläre Wiederholung allein kann schizophrene Patienten, die bereits gute Fortschritte im Gesundungsprozess erfahren haben, wieder in einen tiefen psychotischen Zustand bringen. So berichtet z. B. Bateson: »Ein junger Mann, der sich von einem akuten schizophrenen Schub ziemlich gut erholt hatte, erhielt im Hospital Besuch von seiner Mutter. Er freute sich, sie zu sehen, und legte ihr impulsiv den Arm um die Schulter, worauf sie erstarrte. Er zog seinen Arm zurück, und sie fragte: ›Liebst du mich nicht mehr?‹ Er wurde rot, und sie sagte: ›Lieber, du musst nicht so leicht verlegen werden und Angst vor deinen Gefühlen haben.‹ Der Patient war danach nicht mehr in der Lage, länger als ein paar Minuten mit ihr zu verbringen, und nachdem sie weggegangen war, griff er einen Assistenten an ...« (Bateson et al. 1969, 29, siehe auch 1956 und 1981).

Nach dem dritten Axiom ist »die Natur einer Beziehung ... durch die Interpunktion der Kommunikationsabläufe seitens der Partner bestimmt« (Watzlawick et al. 1969, 61).

Mit diesem Axiom wird der schwierige Bereich der Wahrnehmung und Interpretation von Realität angesprochen. Es ist häufig den Definitionen der Interaktionspartner überlassen, ob sie eigenes Verhalten als Reaktion auf das Verhalten des anderen oder das Verhalten des anderen als Reaktion auf das eigene Verhalten verstehen wollen. Das heißt, es hängt von jedem einzelnen Interaktionspartner ab, wo er im Ablauf der Kommunikationen die Interpunktionen setzt. Bei der Setzung der Interpunktionen wirkt erschwerend und belastend, dass »Interpunktionskonflikte mit der tief im Innern verwurzelten und meist unerschütterlichen Überzeugung zu tun haben, dass es nur eine Wirklichkeit gibt, nämlich die Welt, wie ich sie sehe, und dass jede Wirklichkeitsauffassung, die von der meinen abweicht, einen Beweis für Irrationalität des Betreffenden oder seine böswillige Verdrehung der Tatsachen sein muss« (a. a. O., 93).

Andauernde unterschiedliche Interpunktionen stören die Interaktion und belasten oder zerstören gar eine gute Beziehung: »Diskrepanzen auf dem Gebiet der Interpunktion sind die Wurzel vieler Beziehungskonflikte« (a. a. O., 58). So kommen einzelne Schüler, ja ganze Schulklassen in eine eskalierende Interpunktionsstörung, wenn Schüler nicht gut mitarbeiten oder der Lehrer sich nicht gut vorbereitet. Die Schüler setzen die Interpunktion folgendermaßen: Wir arbeiten nicht gut mit, weil der Lehrer sich nicht gut vorbereitet. Der Lehrer setzt die Interpunktion ganz anders: Ich bereite mich nicht gut vor, weil es bei dieser, nicht gut mitarbeitenden, Klasse sowieso keinen Zweck hat.

Für einen einzelnen Schüler kann eine Interpunktionsproblematik folgendermaßen aussehen: Der Lehrer schimpft und tadelt, der Schüler nörgelt, ist passiv und zieht sich zurück. Der Lehrer meint zu schimpfen und zu tadeln, weil der Schüler nörgelt, passiv ist und sich zurückzieht; der Schüler ist für sich davon überzeugt, dass er passiv ist und sich zurückzieht, weil der Lehrer ihn dauernd tadelt (▶ Abb. 17).

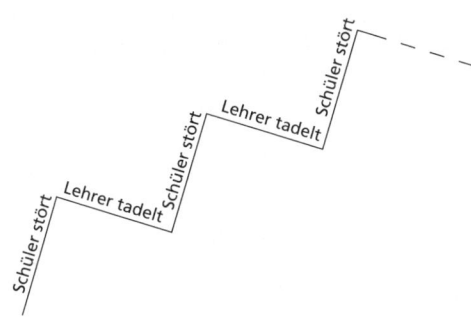

Abb. 17: Kommunikative Interpunktionsproblematik

Derartige Diskrepanzen zwischen Selbstdefinition und Fremddefinition können zur »Beziehungsblindheit« (a. a. O., 89) und, im Sinne der self-fulfilling prophecy, zur Veränderung der Identität führen, indem die negative Fremddefinition (passiv, zurückgezogen, faul) in das Selbstkonzept übernommen wird und künftiges Verhalten bestimmt.

Das vierte Axiom bezieht sich auf verbale und nonverbale Kommunikation: »Menschliche Kommunikation bedient sich digitaler und analoger Modalitäten. Digitale Kommunikationen haben eine komplexe und vielseitige logische Syntax, aber eine auf dem Gebiet der Beziehung unzulängliche Semantik. Analoge Kommunikationen dagegen besitzen dieses semantische Potenzial, ermangeln aber der für eine eindeutige Kommunikation erforderlichen logischen Syntax« (a. a. O., 68).

Verbale Kommunikation verfügt also über ein eindeutiges, logisch verknüpftes Symbolsystem, das inhaltliche Informationen gut zu transportieren vermag, auf der Beziehungsebene jedoch unzureichend und unzulänglich ist. Kommunikative Signale jedoch, die über den Körper vermittelt (Haltung, Gestik, Mimik, Tonfall der Stimme) und häufig unbewusst und unkontrollierbar gegeben werden, können viele, aber nicht eindeutige Hinweise geben. Wahrnehmung und Deutung der analogen Kommunikation ihres Kindes ermöglichen es so Eltern, ein Kind besser zu verstehen als es durch Worte möglich wäre. Andererseits erschwert aber die Uneindeutigkeit analoger Kommunikation häufig eine adäquate Interaktion. So ist es von entscheidender Bedeutung, wie Interaktionspartner für sich etwa folgende Fragen beantworten: Werde ich aus- oder angelacht? Sucht jemand Nähe zu mir, weil er mich mag, oder weil er sich Vorteile erhofft? Weint jemand, weil er psychische oder physische Schmerzen hat oder weil er Mitleid erhaschen will? Fehlinterpretationen analoger Kommunikation führen häufig zu schwerwiegenden Beziehungsproblemen und Interaktionsstörungen.

Mit dem fünften Axiom werden sozial-positionelle Verhältnisse in der Kommunikation angesprochen:

»Zwischenmenschliche Kommunikationsabläufe sind entweder symmetrisch oder komplementär, je nachdem, ob die Beziehung zwischen den Partnern auf Gleichheit oder Unterschiedlichkeit beruht« (a. a. O., 68).

In symmetrischen Beziehungen kommunizieren die Interaktionspartner auf der gleichen Ebene, keiner ist über-, keiner ist untergeordnet. In komplementären Beziehungen dagegen sind Unterschiedlichkeiten derart gegeben, dass ein Partner die primäre bzw. superiore Position einnimmt, während der andere Partner eine sekundäre bzw. inferiore Position hat. Symmetrische Beziehungen sind z. B. gegeben, wenn – sich gegenseitig akzeptierende – Kollegen interagieren oder wenn sich als gleich gestellt empfindende Eheleute eine Partnerschaft realisieren. Die Beziehungen zwischen Mutter und Kind, Arzt und Patient oder Lehrer und Schüler sind dagegen in der Regel komplementär, können aber entwicklungs-, zeit- oder kontextabhängig zu symmetrischen Beziehungen werden. Die pädagogische Aufgabe im Eltern-Kind-Verhältnis sowie auch im Lehrer-Schüler-Verhältnis besteht geradezu darin, aus der komplementären eine symmetrische Beziehung erwachsen zu lassen.

Interaktionsstörungen ergeben sich daraus, dass die wechselseitigen Beziehungsdefinitionen nicht akzeptiert werden, dass Partner in ihrer symmetrischen Beziehung miteinander wetteifern und es zu einer symmetrischen Eskalation kommt oder dass kein Freiraum gegeben wird für die Entwicklung einer komplementären zu einer symmetrischen Beziehung. Ein beeindruckendes Beispiel für eine solche Eskalation ist der »Potlatch« bei den Indianern der kanadischen Nordwestküste, die sich in immer beeindruckendere Geschenke hineinsteigern konnten, bis zum persönlichen Ruin.

In pädagogischen Beziehungen ergeben sich Störungen häufig dadurch, dass Lehrer nicht die superiore und Schüler nicht die inferiore Rolle realisieren können. Insbesondere unerfahrene oder schwache bzw. instabile Lehrer versuchen, sich bei ihren Schülern anzubiedern, »auf Kumpan zu machen«, den Schülern zu vermitteln, alle wären Gleiche unter Gleichen. Schüler empfinden ein solches Verhalten jedoch als unrealistisch, verlogen und heuchlerisch. Einerseits wissen sie, dass der Lehrer sie erziehen und unterrichten, d. h. auch führen soll, sie beurteilen und ihnen Zeugnisse ausstellen muss, andererseits wollen sie aber auch erfahren, dass der Lehrer ihnen – noch – vieles voraus hat, dass er mehr weiß, dass er eine gereifte, mündige Persönlichkeit ist, die Halt zu vermitteln vermag, dass er ihnen mit Rat und Hilfe zur Seite stehen kann. Aus diesem Dilemma heraus werden sie dann dazu neigen, wirr, haltlos-undiszipliniert, ablehnend oder aggressiv zu reagieren.

In einer schwierigen Lage, wenn es darum geht, eine komplementäre Rolle zu realisieren, befinden sich Schüler, wenn sich ihre Eltern gegen die Schule stellen, die Lehrer schlecht machen oder wenn die Schüler z. B. durch übermäßiges Verwöhnen oder auch durch Verwahrlosung echte, weiterführende komplementäre Beziehungen in ihrer primären Sozialisation nicht kennen gelernt haben und nicht in der Lage sind, den Lehrer als einen superioren Beziehungspartner zu akzeptieren.

Da Interaktionen Kreisprozesse sind, in denen die wechselseitigen Beziehungsdefinitionen berücksichtigt werden, muss jedes Verhalten in seiner Kontextgebundenheit gesehen werden. Divergierende Beziehungsdefinitionen der Interaktionspartner, unterschiedliche Interpunktionen der Kommunikationsabläufe, Probleme in der Deutung analoger Kommunikation (Mimik, Gestik, Tonfall, Lachen usw.), widersprüchliche und insbesondere paradoxe Handlungsforderungen (Doppelbindungen) können vorübergehende Unstimmigkeiten, aber auch – bei starker und dauerhafter Wirksamkeit – neurotische und sogar psychotische Störungen (z. B. Schizophrenie) hervorrufen (zur Komplexität von Kommunikation vgl. Hofmann 2016; zur Sicht auf emotional-soziale Entwicklungsstörungen vgl. Wevelsiep 2015).

4.4 Der pädagogische Aspekt

Unter pädagogischem Aspekt, der hier als integrationswissenschaftlich verstanden wird (Roth 1965), werden Verhaltensstörungen im Sinne eines synthetischen, integrativen Paradigmas gesehen, welches wesentlich beeinflusst ist durch systemisch-konstruktivistische Erkenntnisse. Alles Verhalten beruht auf der Interaktion zwischen dem Individuum mit seinen Anlagen und Selbstbestimmungs- und Selbstorganisationstendenzen und den verschiedenen Agenturen bzw. Systemen seiner

Umwelt. Es ist relational und kontextabhängig und basiert nicht auf Input und Output oder objektiven Informationen, sondern auf einer eigenen Dynamik in Verbindung mit einer je eigenen, subjektiven Wahrnehmung bzw. Konstruktion von Welt (vgl. Maturana/Varela 1987). Verhaltensstörungen werden also weder einseitig als Resultante organischer Bedingungen oder Entwicklungsbedingungen eines Individuums noch der Umweltbedingungen, sondern als das Ergebnis eines Interaktionsprozesses (Wechselwirkungsprozesses) zwischen dem genetisch einzigartigen Kind oder Jugendlichen mit seinen individuellen Tendenzen und ganz spezifischen Gegebenheiten in der Umwelt auf ihren verschiedenen Systemebenen aufgefasst. Somit werden auch Sichtweisen einbezogen, wie sie die ökologische und systemische sowie die konstruktivistische Forschung herausgestellt haben und wie sie in der Pädagogik – insbesondere in der Sonderpädagogik – eine lange Tradition haben (Benkmann 1989; Bronfenbrenner 1981; Lewin 1963; Martikke 1978; Wöhler 1986; Speck 2003; Reiser 2006; ▶ Kap. 6.2.5).

Nach dem synthetischen Ansatz sind im Hinblick auf die Verursachung und die Genese von Verhaltensstörungen alle Einsichten und Erkenntnisse zu berücksichtigen, die individuelle wie Umweltfaktoren verdeutlichen und in einen interaktionalen Zusammenhang bringen können. Insofern sind die verschiedenen, den Menschen betreffenden Theorien integrativ in ein Konzept einer Pädagogik bei Verhaltensstörungen zu fassen – eine Aufgabe, die bisher nur ansatzweise und punktuell gelöst ist (vgl. z. B. Rhodes/Tracy 1972; Myschker 1977; Rich 1982; Stein 2017). Als grundlegend bzw. richtungsweisend wird dabei eine Auffassung angesehen, wie sie bereits von Lewin entwickelt wurde und von Bronfenbrenner verbreitet wurde, nach der menschliches Verhalten zurückzuführen ist auf die »nichtadditive Wirkung eines Bündels von unabhängigen Variablen, die in nichtlinearer Weise zusammenspielen und ein integriertes System ... bilden« (Lüscher/Bronfenbrenner 1976, 207; vgl. auch Lewin 1963; Martikke 1978; Kleber/Stein 2001).

Unter pädagogischem Aspekt hat das Erziehungsverhalten der Dauerbezugspersonen für die Kinder und Jugendlichen höchste, ja entscheidende Bedeutung. Ältere Erfahrungen und Untersuchungen fasste Lückert in den erzieherischen Konzepten der inegalen Erziehung, der Zurückweisung, der Liebesüberflutung, der Herrschsucht und der Unterordnung unter das Kind zusammen (vgl. Lückert 1964). Ein inegaler Erziehungsstil mit wechselnden Erziehungspraktiken kann dazu führen, dass das Kind keine überdauernden Einstellungen findet, sich auf Erwartungen nicht ausrichten kann. Es reagiert mit Unsicherheit, mit Angst, Nervosität, es versucht, übergefügig zu sein und es allen recht zu machen oder mit Raffinesse die Erzieher gegeneinander auszuspielen. Zurückweisung macht es dem Kind unmöglich, Urvertrauen zu entwickeln und die nächste Umwelt als Modell für die Übernahme sozialadäquater Normen zu akzeptieren. Verlassenheits- und Minderwertigkeitsgefühle verbunden mit übersteigertem Selbstbehauptungsstreben und Bindungsschwäche können sich in berechnenden, aggressiv-grausamen, unsozialen und kriminellen Verhaltensweisen äußern. Mit der Liebesüberflutung zeigen sich die unterschiedlichen Varianten der herrschsüchtig-verzärtelnden und nachsichtig-verzärtelnden Erziehung. Während herrschsüchtig-verzärtelndes Erziehungsverhalten die Individuation beeinträchtigt sowie reduzierte Eigeninitiative,

Unselbstständigkeit und geringes Durchsetzungsvermögen zeitigt, droht nach-sichtig-verzärtelnde Erziehung zu Egoismus, unrealistischer Selbsteinschätzung, Befehlsgebaren und Renommiersucht zu führen. Autoritäre bzw. herrschsüchtige Erziehung kann im Kind starke aggressive und opportunistische Tendenzen we-cken, die sich im »Radfahrerverhalten« zeigen (nach oben buckeln, nach unten treten), sowie die Bereitschaft zu destruktiv-oppositionellem, aber auch ängstlich-resignativem Verhalten grundlegen. Unterordnung unter das Kind hat häufig so-ziale Lerndefizite, irreale Wunschtendenzen, Herrschsucht und eine geringe Frus-trationstoleranz zur Folge. Neuere Untersuchung zum elterlichen Erziehungsver-halten differenzieren diese Einsichten, bestätigen sie aber im Wesentlichen. Im Klassiker eines zweidimensionalen Bekräftigungsmodells mit den bipolaren, von-einander unabhängigen Dimensionen Strenge und Unterstützung wird davon ausgegangen, dass streng und vorwiegend negativ verstärkend erzogene Kinder ängstlicher, intoleranter, intelligenz- und schulleistungsschwächer sowie bei Gleichaltrigen unbeliebter als unterstützend und vorwiegend positiv verstärkend erzogene Kinder werden. Große elterliche Strenge in Verbindung mit geringer Unterstützung und geringe Strenge in Verbindung mit geringer Unterstützung müssen als besonders ungünstige, pathogenetisch bedeutsame Erziehungsmodi angesehen werden (vgl. Stapf et al. 1972). Ein Unterschied im Erziehungsverhalten zwischen Eltern aus Unterschichtverhältnissen auf der einen und Mittel- und Oberschichtverhältnissen auf der anderen Seite wurde in einer Hamburger Un-tersuchung in der Art festgestellt, dass erstere mehr zu einem strengen, dirigisti-schen, letztere mehr zu einem unterstützenden Erziehungsverhalten neigten, wobei die Eltern der ersten Gruppe ein signifikant niedrigeres Unterstützungsverhalten und ein signifikant höheres Strengeverhalten realisierten (vgl. Myschker 1974). Damit mag teilweise zu erklären gewesen sein, dass die relativ größere Anzahl an Kindern mit Verhaltensstörungen aus Unterschichtverhältnissen kam. Für die Gegenwart ist festzustellen, dass in den letzten Jahrzehnten Unsicherheit im Er-ziehungsverhalten in der gesamten Bevölkerung ein bedrohliches Ausmaß ange-nommen hat.

Wie problematisch elterliches Erziehungsversagen ist, zeigt sich darin, dass schon kleine Kinder die fehlende elterliche Kontrolle übernehmen und sie ihrerseits gegen die Eltern in einer Weise anwenden, dass von den kleinen Tyrannen ge-sprochen wird (vgl. Prekop 1990; Weber-Nau 1989; Winterhoff 2010). Spätestens seit dem Ende der 1980er Jahre werden die kleinen Tyrannen von Fachleuten als großes Problem erkannt, aber jetzt erst, über zwanzig Jahre später, ist auch für weite Kreise der Bevölkerung das Problem so bedrohlich geworden, dass ein Buch über das Erziehungsversagen der Erwachsenen zum Bestseller werden kann, dem der Kinder- und Jugendpsychiater Winterhoff (2010) den Titel gab: »Warum un-sere Kinder Tyrannen werden – Oder: Die Abschaffung der Kindheit«. Wie der Untertitel deutlich macht, hat sich eine neue Sichtweise der Problemlage ergeben. Zwar haben ältere Untersuchungen, wie sie Damon (1989) zusammengetragen hat, nach wie vor ihre Gültigkeit, nach denen elterliche Nachgiebigkeit in hohem Maße korreliert mit aggressivem Verhalten der Kinder. In starkem Ausmaß entwickelt sich bei Kindern und Jugendlichen Aggressivität, wenn Nachgiebigkeit und stren-ges Strafen seitens der Eltern kombiniert werden. Übermäßige Kontrolle, zu starke

Lenkung und zu strenges Strafen sind ebenso problematisch wie fehlende oder zu geringe soziale Kontrolle, Nachgiebigkeit bzw. erzieherische Zurückhaltung. Eltern, aber auch Erziehern und Lehrern, die sich Kindern gegenüber übermäßig »liberal« und tolerant, unter Vermeidung von Grenzsetzungen glauben verhalten zu müssen, passiert es, dass sie die sich steigernden aggressiven und impulsiven, lustprinziporientierten Verhaltensweisen der Kinder und Jugendlichen eines Tages nicht mehr ertragen können und nun ihrerseits mit unkontrollierter Gewalt reagieren. Es ist auszumachen, dass z. B. Lustprinziporientierung, Aggressivität, Impulsivität und Rücksichtslosigkeit der Kinder und Jugendlichen in heutiger Zeit zumeist daraus resultieren, dass Eltern eine partnerschaftliche, nicht mehr altersgemäße symbiotische Beziehung realisieren, welche die kleinen und inzwischen auch größeren »Tyrannen« in einem Zustand des frühkindlichen Narzissmus verharren lässt, ihnen eine altersgemäße Erziehung bzw. Kindheit vorenthält und eine gesunde psychische Entwicklung mit guter Lern- und Arbeitsfähigkeit verunmöglicht. Eine Korrektur ist deshalb so schwierig, weil ein mühevoller Nachreifungsprozess ermöglicht werden müsste, mit entsprechend verändertem Erzieherverhalten – angesichts der verfestigten Problematik ein außerordentlich schwieriger Prozess. Dies ist von Eltern und selbst von Fachleuten in schulischen Gruppen kaum zu bewältigen und bedarf häufig intensiver Erziehungshilfe, unter Umständen auch psychiatrischer Intervention. Vor allem aber ist zu verhindern, dass sich der Zustand der Fehlleitung durch die Eltern perpetuiert: Schon in frühester Kindheit muss verhindert werden, dass sich tyrannische, lern- und arbeitsunfähige junge Menschen entwickeln. Dazu sind dringend Elternberatung, Elternschulung und Elterntrainings vonnöten, die verstärkt angeboten und – in entsprechenden Fällen – auch zur Verpflichtung gemacht werden müssten (siehe z. B.: Heinrichs/Hahlweg et al. 2006; Lauth/Heubeck 2005; Tschöpe-Scheffler 2005).

Als extrem pathogen im Hinblick auf die Entwicklung von Verhaltensstörungen müssen Handlungen und unterlassene Handlungen bezeichnet werden, die sich gegen Kinder und Jugendliche richten und als Kindesmisshandlung bezeichnet werden (siehe dazu z. B.: Amelang/Krüger 1995; Engfer 1986; Honig 1992; Hartke 2003; Julius 2001; 2003; Deegener/Körner 2005; Landolt/Heubeck 2007). Gemeint sind körperliche und seelische Verletzungen oder Beeinträchtigungen, die bewusst herbeigeführt werden oder aus Vernachlässigung resultieren. In diesem Sinne ist auch sexueller Missbrauch von Kindern und Jugendlichen bzw. – besser ausgedrückt – sexuelle *Gewalt* gegen Kinder und Jugendliche Kindesmisshandlung.

Misshandlungen kommen zumeist in der Familie vor, durch Eltern und andere Erziehungsberechtigte, aber auch durch ältere Geschwister. Auch bei sexuellem Missbrauch gehören die weitaus meisten Täter der Familie bzw. dem Verwandten- und Bekanntenkreis an (vgl. Hurrelmann 1990, 50 ff.; Honig 1992; Amann/Wipplinger 2005). In jüngster Zeit kommen jedoch vermehrt sexuelle Übergriffe durch »professionelle Betreuungspersonen« vor, d. h. Ärzte, Babysitter, Jugendgruppenleiter und Lehrer, selbst Klerikale werden zu Tätern. Pädagogische und therapeutische Berufe bieten unter Umständen ein Aktionsfeld für sexualisierte Gewalt (Unabhängiger Beauftragter für Fragen des sexuellen Kindesmissbrauchs 2013).

Misshandlungen umfassen ein breites Spektrum, sowohl hinsichtlich der Tatwerkzeuge als auch hinsichtlich der Verletzungen. Misshandler benutzen nicht nur ihre Hände und Füße zum Schlagen, Stoßen, Würgen, Treten, sondern auch Werkzeuge aller Art von Stöcken und verschiedensten Schlaginstrumenten über Schnüre zum Fesseln und Anbinden, glühende Zigaretten und heiße Eisen bis hin zu Stich- und Schusswaffen. Kindesmisshandlungen kommen auch in einer schwer zu erkennenden Form vor, bei der Mütter Störungen und Krankheiten bei ihren Kindern stimulieren, die zu Krankenhausaufenthalten und häufig auch zu unangenehmen Eingriffen bei den Kindern führen (Münchhausen-Stellvertreter-Syndrom, vgl. Steinhausen 1988, 252).

Als Verletzungen wurden lange Zeit nur körperliche Symptome gesehen, die medizinisch als leicht und schwer klassifiziert werden. Zu den leichteren Formen gehören Schürfwunden und kleinere offene Wunden, blaue Flecken und leichte Brüche. Zu den schwereren Formen gehören größere Blutergüsse, gebrochene Gliedmaßen, innere Blutungen und Skelettveränderungen. Die leichteren Verletzungen, die häufig nicht als Misshandlungseffekte erkannt werden, werden etwa zehnmal häufiger festgestellt als die schwereren Formen (vgl. Steinhausen 1988, 248; siehe auch Remschmidt 2000, 296 ff.). Nicht weniger schwerwiegend als die Folgen körperlicher Verletzungen sind die Folgen psychischer Misshandlung. Zu psychischen Misshandlungen sind vor allem Ablehnung durch Abwertung und Beschimpfungen, Isolierung von sozialen Kontakten, Terrorisierung in Form von Drohungen, Ignorierung und Liebesentzug, nicht alters- und entwicklungsgemäße Anforderungen sowie auch massive Überbehütung zu rechnen (vgl. DKSB 2012, 7).

Das Verhalten von Kindern und Jugendlichen, die in physischer, psychischer und oder sozialer Hinsicht schwere Verletzungen erlebt haben, wird in Anlehnung an neuere kanadische und US-amerikanische Studien als »Schmerzbasiertes Verhalten« (pain-based-behavior) bezeichnet (Opp 2017). Im Fokus sind junge Menschen, die Redl und Wineman 1970 als »Kinder, die hassen« bezeichneten (▶ Kap. 6.1.2). Schmerzreaktionen resultieren daraus, dass den jungen Menschen »die Anerkennung, die sie für ihre Entwicklung benötigen, verweigert wird, wenn sie vernachlässigt, gedemütigt oder körperlich verletzt werden oder sich sozial ausgeschlossen fühlen« (Opp 2017, 26). Sie »entwickeln eine Gefühlslage der Wertlosigkeit, nicht liebenswert, machtlos und gleichzeitig auch mit schuld zu sein an ihrer prekären Lage. Sie haben wenig Vertrauen in eine Welt, in der ihnen die Befriedigung grundlegendster Bedürfnisse nach Sicherheit und Zuwendung versagt wurde. Von Erwachsenen wurden sie bitter enttäuscht. Mit wenig Hoffnung blicken Sie in die Zukunft« (Opp 2017, 23). Ihre destruktiven Erfahrungen müssen durch positive, unterstützende, entwicklungsfördernde Angebote überlagert werden, wie sie z. B. in einem »spezifisch strukturierten Lebens-und Lernfeld« angeboten werden (▶ Kap. 6.1.7.2) und in den »Pädagogisch-therapeutischen Verfahren« zur Verfügung stehen (▶ Kap. 6.1.7.3). In Deutschland ist die Prügelstrafe seit 2000 zwar verboten. Unter diesem »Erziehungsmittel« haben dennoch Tausende Kinder so sehr zu leiden, dass die Prügel zu körperlichen Schäden führen. 2011 »starben 146 Kinder unter 14 Jahren aufgrund von Gewalt oder Vernachlässigung« (DKSB 2012, 12). Allerdings sind solche Zahlen je nach Art der Erhebung uneinheitlich und die Dunkelziffer recht hoch, aber nicht genau bestimmbar (vgl. Jacobi 2008, 48 ff.). Es muss angenommen werden, dass »viele Totenscheine für Kinder falsch ausgestellt« werden, d. h., dass Gewaltanwendung den Tod herbeiführte, ohne dass es zu einer entsprechenden Eintragung in den Totenschein kam (W. Bärsch, Ehrenpräsident des Kinderschutzbundes, in: Braunschweiger Zeitung, Nr. 186, 1992, 3).

Von Kindesmisshandlung sind alle Altersgruppen betroffen, vom frühesten Säuglingsalter bis hinein ins Jugendalter und unabhängig vom Geschlecht. Die hohe Dunkelziffer verhindert jedoch verlässliche Angaben bezüglich dieser Variablen. Allgemein kann gesagt werden, dass kleinere Kinder eher unter körperlicher Misshandlung zu leiden haben, während vor allem Jugendliche in der Pubertät Opfer sexuellen Missbrauchs werden. Mit Blick auf das Geschlecht sind Jungen physischen Angriffen häufiger ausgesetzt als Mädchen, während Letztere eher sexuell missbraucht werden (vgl. Weltgesundheitsorganisation 2003, 21). Insbesondere sexueller Missbrauch von Kindern und Jugendlichen ist bis in die Gegenwart von der Gesellschaft verdrängt, nicht entsprechend zur Kenntnis genommen oder unterbewertet worden.

Die kindlichen Opfer von Misshandlungen können die gesamte Vielfalt von Symptomen zeigen, welche den Verhaltensstörungen zugerechnet werden. Dabei ist eine Abhängigkeit vom Alter insofern gegeben, als Säuglinge Entwicklungsverzögerungen in kognitiver, emotionaler, motorischer und sozialer Hinsicht zeigen (▶ Kap. 4.2.1: Hospitalismus-Symptomatik), Ess-Störungen haben und insgesamt gesehen den Habitus der »frozen watchfulness« (erstarrte Wachsamkeit) aufweisen. Auffällig bei Kleinkindern sind Erscheinungsformen der Spielbeeinträchtigung sowie eine ausgeprägte affektive Labilität mit abrupt wechselnden Verhaltensweisen zwischen Regression und Aggression. In der Schulzeit leiden misshandelte Kinder häufig unter Lernstörungen und Symptomen, wie sie für das Hyperaktivitätssyndrom beschrieben werden (▶ Kap. 9.2). Im Jugendalter, das ohnehin für alle Betroffenen eine Zeit der Krise, der leidvollen Auseinandersetzung mit sich und mit der Umwelt ist, wird für junge Menschen, die Misshandlungen erlebt haben, die Vergangenheit übermäßig belastend und nahezu unerträglich, sodass es häufig zu suizidalen Handlungen oder auch zu delinquenten Verhaltensweisen kommt. Bei Inzest-Opfern stehen Beziehungsstörungen im Vordergrund. Allen misshandelten Kindern gemeinsam ist eine erhöhte Krankheitsanfälligkeit.

Kindesmisshandler sind zumeist die eigenen Väter und Mütter der Kinder. Häufig befinden sie sich in ökonomischer Armut und erfahren dabei keine Unterstützung in ihrem Umfeld. In vielen Fällen haben die Eltern Schwierigkeiten dabei, in ausreichendem Maße Verantwortung für sich und ihr Kind zu tragen, sei es aufgrund psychischer, sozialer oder mentaler Einschränkungen wie Depressionen, geistigen Behinderungen oder Persönlichkeitsstörungen (vgl. Jacobi 2008, 100 ff.). Die Wahrscheinlichkeit einer familiären Wiederholungsrate im Zuge eigener kindlicher Missbrauchserfahrungen schwankt je nach Autor zwischen 10 und 100 % (vgl. a. a. O., 105). Neben anderen Merkmalen kann für Lehrpersonen in Schulen ein markanter Hinweis auf Kindesmisshandlung darin liegen, dass ein Kind häufig in der Schule fehlt und gehäuft Leistungsverweigerungen auftreten (vgl. a. a. O., 101).

Vernachlässigung zeigt sich in Verwahrlosungserscheinungen. Mit Verwahrlosung ist der psycho-physische Zustand von Kindern und Jugendlichen gemeint, die sozialadäquate Normen und Verhaltensweisen nicht lernen konnten, weil sie nicht Bewahrung fanden in einer Liebe, Schutz und Sicherheit bietenden Umwelt, weil sie nicht »Urvertrauen« aufbauen und nicht durch fordernde Unterstützung kognitive, emotionale und soziale Fähigkeiten sowie sittlich-moralische Ansprüche ausbilden konnten. Es wird eine Situation des Erziehungsnotstandes angesprochen, die durch unzureichende Pflege, Bedürfnisbefriedigung und Erziehung gekennzeichnet ist und dazu führt, dass Kinder und Jugendliche Triebimpulse nicht oder nur schlecht kontrollieren können, die Schule oder die Arbeit schwänzen, vagabundieren oder Straftaten begehen (siehe auch Aichhorn 1971; Vent 1979).

Es liegt eine Vielzahl verschiedener Ansätze zur Erklärung kindesmisshandelnden Verhaltens vor, unter denen in der Vergangenheit der psychopathologische und der soziologische im Vordergrund standen. Im Gegensatz zu den in diesen Ansätzen erbrachten Ergebnissen zeigen neuere Analysen jedoch, dass misshandelnde Eltern weder zumeist psychische Störungen aufweisen noch nur in bestimmten sozialen Schichten zu finden sind. Auch Kindesmisshandlung wird als multifaktoriell bedingt angesehen. Das bedeutet, dass nur ein interaktionaler bzw. systemischer Ansatz der Problematik gerecht werden kann. Aus gegenwärtiger Sicht stehen Elternmerkmale, Kindesmerkmale und Umweltgegebenheiten in einem interdependenten Zusammenhang, der misshandelndes Verhalten begünstigt. Misshandelnde Familien sind meist kinderreich, unvollständig, zerrüttet, belastet sowohl in beziehungsdynamischer als auch in sozioökonomischer Hinsicht. Bei den Müttern spielen die Merkmale ungewollte Schwangerschaft, unvollständige Familie, mangelhafte schulische und berufliche Bildung sowie schlechte Bewältigungsmechanismen eine bedeutende Rolle. Besonders problematisch ist in dieser Hinsicht, d. h. nicht grundsätzlich, sondern bei einer Kovarianz ungünstiger Bedingungen, die Situation alleinerziehender Mütter. Wie sich empirisch belegen lässt, steigt bei ihnen die »Wahrscheinlichkeit für Misshandlungen um das achtzehnfache gegenüber den Müttern an, die in eine Partnerschaft eingebunden sind« (Stöhr 1990, 36).

Unter misshandelten Säuglingen finden sich drei spezifische Merkmale, nämlich:

1. häufiges und langes Schreien,
2. Unberechenbarkeit hinsichtlich biologischer Bedürfnisse (Nahrungsaufnahme, Verdauen, Schlafen),
3. Aufmerksamkeit ist insbesondere im Sozialkontakt nur schwer zu erregen und aufrechtzuerhalten.

Es lässt sich jedoch bislang nicht eindeutig klären, ob diese Auffälligkeiten Ursache oder Ergebnis ablehnenden, misshandelnden Verhaltens sind. Schwierige Säuglinge werden nicht generell häufiger misshandelt. Wenn Eltern die Schwierigkeiten, die ihre Kinder machen, auf organische Belastungen oder Beeinträchtigungen, z. B. nach einer schwierigen Geburt, zurückführen können, sind die Kinder weniger misshandlungsgefährdet (Laucht 1990, 45–47).

Interventionen bei Kindesmisshandlungen müssen mit größter Vorsicht durchgeführt werden. Das Wohl des Kindes muss im Vordergrund stehen, ggf. auch unter Hintanstellung von Straf- und Rachegedanken. Kindesmisshandlungen müssen aufgedeckt, sollten allerdings nicht publik gemacht werden. Es liegt im Interesse des Kindes, dass die Aufdeckung schnellstmöglich erfolgt, wenn sich charakteristische Merkmale häufen. Je länger die Misshandlung andauert, desto katastrophaler sind die Folgen. Es ist jedoch dafür Sorge zu tragen, dass die Misshandlungen zwar sofort, aber unter Erhaltung der für das Kind wichtigen Familienfunktionen beendet werden. Nur in Notfällen, d. h. bei schweren Misshandlungen und ungünstigen Prognosen für eine Stabilisierung der Familie in sozialadäquatem Sinne, muss das Kind aus der Familie herausgenommen werden. In der Regel ist eine multiprofessionelle Intervention notwendig, um Entwicklungsstörungen, Verhaltensstörungen, Kommunikationsstörungen innerhalb der Familie zu reduzieren und die Erziehungskompetenz der Eltern zu verbessern. Dafür sind, in Abhängigkeit von der individuellen Problemlage, medizinische, psychologische und pädagogischtherapeutische Maßnahmen anzusetzen.

Obwohl sich nicht sagen lässt, dass elterliches Versagen zwangsläufig an die nächste Generation weitergegeben wird, gilt es aber doch als bekannte Tatsache, »dass ungünstige psychosoziale Umstände sich generationsübergreifend auswirken« (Schmidt 1991, 189). Prävention ist also dringend notwendig. Wie sich elterliches Erziehungsversagen sozusagen fortschreibt, verdeutlichten Quinton/Rutter 1988 in einem Schaubild (▶ Abb. 18, zitiert nach Schmidt 1991, 189), in dem »Heirat« auch als »eheähnliche Beziehung« gelesen werden kann.

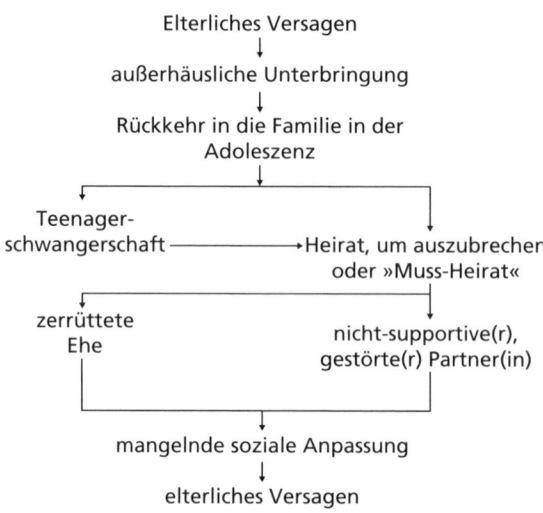

Abb. 18: Tradierung elterlichen Erziehungsversagens

Verhaltensstörungen verhindern und ein sozial adäquates, selbstständiges, verantwortliches Verhalten etablieren kann am ehesten ein Erziehungsverhalten, das durch emotionale Wärme, hilfreiche Kontrolle im Sinne notwendiger Grenzsetzungen, kommunikative Offenheit und unterstützendes, positiv verstärkendes Verhalten gekennzeichnet ist (vgl. z. B. Tausch/Tausch 1991; Schneewind 1979; Seitz 1981; Kegan 1986; Damon 1989). Eltern müssen sich Kindern und Jugendlichen gegenüber einschätzbar verhalten, d. h. sie müssen Konsistenz in ihrem Erziehungsverhalten realisieren. Sie müssen auch die Heranwachsenden dazu anhalten, Pflichten zu übernehmen, sich Ziele zu setzen und diese zu verfolgen. Dabei ist das elterliche Verhalten als Hilfe zur Selbsthilfe in dem Sinne zu verstehen, dass mit wachsender Selbstständigkeit und Verantwortlichkeit Fremdbestimmung ab- und Selbstbestimmung zunimmt (vgl. Zumkley-Münkel 1984).

Im Hinblick auf die Verursachung und die Genese von Verhaltensstörungen spielt neben der Familie auch die Schule eine bedeutende Rolle. Es muss, deutlicher als bisher geschehen, herausgestellt werden, dass Schüler schola- und magistrogene reaktive Verhaltensstörungen entwickeln können oder – wenn sie ihre Schulzeit bereits mit Verhaltensschwierigkeiten beginnen – mehr Chancen haben, diese zu verstärken als sie abzubauen.

Aus ihren Erfahrungen als Schulpsychologen und Beratungslehrer kamen Redlich/Schley zu einer mancherorts auch gegenwärtig noch relevanten Auflistung von Attributen für den schulischen Unterricht und das Lehrerverhalten, die diese Zusammenhänge deutlich macht (Redlich/Schley 1981, 9):

- »Unterricht läuft überwiegend in der traditionellen Form lehrerzentrierten Frontalunterrichts ab.
- Lehrer dominieren bereits rein sprachlich im Unterricht, sie reden im Allgemeinen genauso häufig bis zweimal so viel wie alle Schüler zusammengenommen.
- Der Unterricht wird kaum differenziert nach unterschiedlichen Lernausgangslagen und Arbeitstempo, er richtet sich in der Regel am Schüler des guten Durchschnitts aus. Es gibt in den Klassen stets überforderte und unterforderte Schüler.
- Kleingruppenarbeit bleibt seltene Episode im schulischen Alltag.
- Außenseiter und auffällige Schüler erfahren vom Lehrer häufig keine Hilfe, eher führen größere psychologische Kenntnisse bei fehlenden Handlungsmöglichkeiten dazu, dass Lehrer über Etikettierungsprozesse die Karriere abweichenden Verhaltens ungewollt fördern.
- Die Lehrerrolle reduziert sich auf die Funktionen, Lehrstoff zu vermitteln und Leistungen zu überprüfen. Der Lehrer als Sozialerzieher bleibt auf der Strecke.«

Ein von Schule und Elternhaus häufig nicht in der notwendigen Deutlichkeit gesehenes und angegangenes Problem stellen bei Kindern und Jugendlichen im Hinblick auf die Genese, Verstärkung und Verfestigung von Verhaltensstörungen das Schuleschwänzen, Schuleverweigern und das elterliche Zurückhalten von der Schule dar – Verhaltensweisen, die in Anlehnung an englischen und französischen Sprachgebrauch zusammenfassend als Schulabsentismus bezeichnet werden (vgl. Neukäter/Ricking 2000, 814–823; Herz/Puhr/Ricking 2004; Döpfner/Walter 2006, 218–235; Schulze/Wittrock 2008; Ricking/Schulze/Wittrock 2009). Untersuchungen belegen die alte Erfahrung, dass Schulfernbleiber »eine Risikogruppe für Schulversagen und soziale Devianz« bilden (Neukäter/Ricking 2000, 814; Haymoz/Herrmann et al. 2008, 54). Wenn trotz dieser Erkenntnis in vielen Schulen, Schulen mit den Förderschwerpunkten Lernen und emotional-soziale Entwicklung, aber auch Haupt- und Berufsschulen hohe Abwesenheitsraten zu konstatieren sind und nicht immer intensiv etwas dagegen unternommen wird, dann hängt dies damit zusammen, dass die kleiner gewordene Gruppe und das Fernbleiben potenzieller Störer von allen Beteiligten als angenehm empfunden werden, dass die Lehrer nicht mit den verfügbaren Mitteln den Schulzwang durchsetzen wollen bzw. können und/oder häufig nicht recht wissen, mit welchen Möglichkeiten effektiv interveniert werden kann.

Die relativ große Zahl der Schulabbrecher bzw. der ohne Schulabschluss bleibenden jungen Menschen und die nach wie vor nicht wirklich zufrieden stellenden Ergebnisse der PISA-Studien (PISA = Programme for International Student Assessment) müssen wohl auch mit diesem Problem im Zusammenhang gesehen werden. Zwar bescheinigen die Forscher der letzten ausgewerteten PISA-Studie 2009 Deutschland deutliche Fortschritte über die vergangenen zehn Jahre, aber immer noch wirkt ein größerer Teil der Schülerinnen und Schüler »abgehängt«: 18,5 % der 15-Jährigen weisen schwache Lesekompetenz auf; Jugendliche mit Migrationshintergrund haben im Schnitt nach wie vor einen erheblichen Rückstand (DIPF 2013). Nicht nur der Zustand des deutschen Schulwesens ist zu überdenken, sondern es sind auch verschiedene weitere Faktoren zu hinterfragen – insbesondere die Motivationslage, die Leistungs- und Anstrengungsbereitschaft sowie die Selbstdisziplin der Schülerinnen/Schüler und auch die Erziehungsbereitschaft und das Erziehungsvermögen ihrer Eltern.

In den USA ist eine Vielzahl von Konzepten zur Prävention und Intervention von Schulabsentismus entwickelt und evaluiert worden, die zumeist multimodal angelegt sind. Einigkeit herrscht trotz unterschiedlicher Vorgehensweisen darüber, dass auf Fernbleiben von der Schule so schnell wie möglich reagiert werden muss. Eine regelmäßige Kooperation von Schule und Elternhaus bietet dafür die notwendige Voraussetzung (vgl. Ganther-Bührer 1991; Thimm 2000; Ellinger 2007 sowie spezifisch Schultz 2009).

Neukäter/Ricking bescheinigen dem Konzept der Amerikaner Schloss, Kane und Miller, bei adäquater Anwendung Schulabsentismus »drastisch« reduzieren zu können. Das Konzept, das hier beispielhaft umrissen wird, umfasst im Sinne eines multimodalen Ansatzes mit vielfältigen Möglichkeiten die drei Bereiche Zufriedenheit beim Schulbesuch, verminderte Zufriedenheit bei Schulabsenz und erhöhter Profit vom Schulbesuch:

1. Erhöhung der Zufriedenheit beim Schulbesuch
   - Leistungsanforderungen senken und Erfolgserlebnisse schaffen.
   - Schülerbeziehungen sollten gefördert werden, um Spannungen zu vermeiden.
   - Darbietung häufiger sozialer Verstärkung für erfüllte Aufgaben.
   - Die Eltern sollten dafür gewonnen werden, erbrachte schulische Leistungen mit zusätzlichen Freizeitangeboten zu belohnen.
   - Die Eltern sollten zu einer angemessenen Zeit für die Bettruhe des Schülers sorgen.
   - Der Schüler sollte zu häufigen offenen Gesprächen über die Unterrichtsgestaltung ermuntert werden.
2. Minderung der Zufriedenheit bei Schulabsenz
   - Einem Schulversäumnis sollte unmittelbar ein Hausbesuch folgen.
   - Wenn der Schüler krank ist, sind ihm die Arbeitsaufträge zuzustellen.
   - Ist der Schüler zu Hause und nicht krank, sollte er (möglichst in Begleitung der Eltern) zur Schule gebracht werden.

– Verweigert der Schüler, zur Schule gebracht zu werden, treten vorarrangierte Sanktionen (z. B. Fernsehverbot) in Kraft (response-cost-Strategien).
3. Solche Fertigkeiten sind zu vermitteln, die die Fähigkeit erhöhen, vom Schulbesuch zu profitieren
– Gruppenunterricht ist zu ermöglichen, um soziale Fertigkeiten zu fördern.
– Besondere Interessen und Neigungen des Schülers sollten im Unterricht Berücksichtigung finden (Übers. der Verf.) (Neukäter/Ricking 2000, 817 f.).

Im heutigen Alltagsleben ganz allgemein, besonders aber im schulischen Bereich, sind Kinder und Jugendliche Überforderungs- und pathogenen Stresssituationen ausgesetzt, auf die nicht selten Schulabsentismus in den Formen der Schulmüdigkeit, der Schulverdrossenheit, der Schulverweigerung und der Schulangst zurückzuführen ist (vgl. Döpfner/Walter 2006, 220 ff., Ellinger 2007, 175 ff.).

Im Erziehungs- und Bildungsprozess besteht immer die Gefahr, dass die Umwelt mehr von dem Heranwachsenden verlangt, als er zu leisten vermag. Übersteigt die Leistungsanforderung die verfügbaren körperlichen und geistig-seelischen Kräfte, ist eine Überforderungssituation gegeben, der das Individuum zunächst durch Anpassung zu begegnen versucht. Sowohl in der pädagogisch-psychologischen Überforderungsforschung als auch in der medizinisch-physiologischen Stressforschung werden drei Phasen beschrieben. Auf eine Aggressionsphase, in der alle Kräfte zur Bewältigung aktiviert werden, folgt eine Regressionsphase, die durch resignatives Verhalten und Leistungsabfall charakterisiert ist. In der folgenden Restitutionsphase erfolgt eine Neuorientierung, die zur Leistungssteigerung führt. In den beiden ersten Phasen kann es zu Fixierungen kommen, die sich in Verhaltensstörungen manifestieren (vgl. schon Mierke 1957). In ähnlicher Weise unterscheidet der Stressforscher Selye im Rahmen seines Allgemeinen-Anpassungs-Syndroms drei Phasen, und zwar:

• die Alarmphase
• die Widerstandsphase und
• die Erschöpfungsphase (▶ Abb. 19; vgl. Selye 1957; Vester 1980).

Die Stadien Alarmreaktion und Widerstand ermöglichen Energiebereitstellung und Situationsbewältigung. Sind die Stressoren zu stark und zu lange wirksam, kommt es in Verbindung mit kürzer bzw. ineffektiver werdenden Erholungspausen zum Endstadium der Erschöpfung. Als Folgen des Syndroms können sich Adaptationskrankheiten mit psychischen und physischen Wirkungen manifestieren; im schlimmsten Falle kann sogar der Tod eintreten (vgl. Selye 1957; siehe auch Vester 1980; Hurrelmann 1990).

In differenzierender Betrachtung sind im Hinblick auf Stress Eustress – als stimulierend und befriedigend erlebte Anforderung – sowie Disstress zu unterscheiden. Disstress wird verstanden als »ein emotionaler Zustand von (vorübergehender) Belastung, der vor allem durch zwei Merkmale gekennzeichnet ist: 1. wird eine Diskrepanz empfunden zwischen Anforderungs- und Bewältigungsmöglichkeiten und 2. werden die Folgen dieser Diskrepanz von der Person als bedrohlich empfunden« (Ulich 1982, 195). Neben der Bedrohung werden beim Stress aber auch

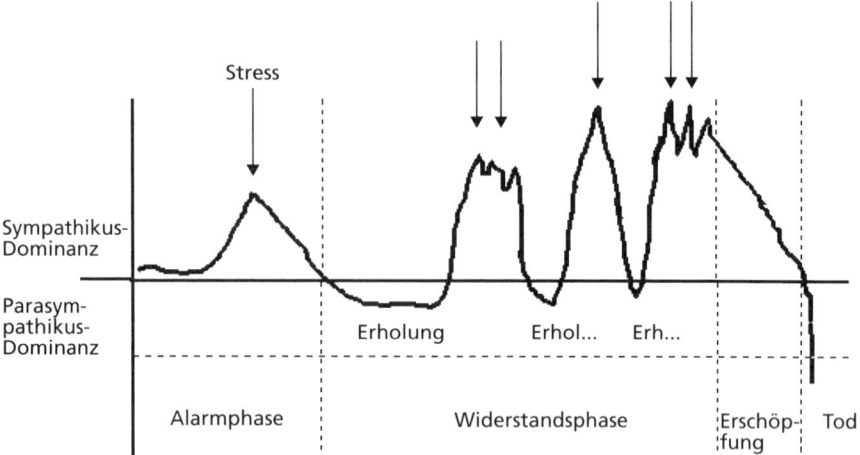

Abb. 19: Reaktionsphasen auf Stress

Unsicherheit, Ärger, Frustriertheit und Zuversicht erlebt (a. a. O., 192). Dass Stressmomente sich schon bei Kindern außerordentlich negativ auswirken können, verdeutlicht eine Vielzahl von Untersuchungen. So lässt sich schon seit langem belegen, dass durch psychische, soziale und physikalische Stressoren die unterschiedlichsten Leiden wie infektiöse und andere gravierende organische Erkrankungen, Herzbeschwerden, akute Schizophrenie und Depressionen ausgelöst werden können (vgl. Miltner 1986, 40 f.). Die Problematik negativ wirkender Stressoren stellt sich umso gefährlicher und bedrohlicher dar, als nachgewiesen wurde, dass diese häufig gar nicht bewusst registriert werden, jedoch in das Langzeitgedächtnis eingehen und zu einer pathogenen Langzeitwirkung führen können. In der Folge entwickeln sich möglicherweise ohne bewusste Kenntnis von Anlässen – z. B. über die Angst vor Misserfolgen – so deutliche Probleme wie etwa Interessenlosigkeit, Mangel an Leistungsmotivation, Mutlosigkeit bis hin zu schweren Beeinträchtigungen des Selbstkonzepts bzw. der Identitätsbalance mit aggressiven oder regressiven Verhaltensweisen im Sinne schwerer Verhaltensstörungen.

Helfer bei psychosozialen Schwierigkeiten im Kindes- und Jugendalter müssen, wie deutlich gemacht wurde, um mögliche Belastungsfaktoren und ihre Bedeutung für Kinder und Jugendliche Bescheid wissen. Nachfolgend wird deshalb im Sinne einer Zusammenfassung bisheriger Ausführungen eine beispielhafte Übersicht gegeben, die die amerikanische psychiatrische Vereinigung (APA) vorlegte (▶ Tab. 10, nach: APA 1991, 31).

Neben den in dieser Tabelle genannten Belastungsfaktoren sollten die folgenden weiteren berücksichtigt werden: »Art der Beziehung bzw. Verhaltensweisen gegenüber dem Kind (z. B. kalt, feindselig, das Kind bedrängend, missbrauchend, konfliktgeladene oder verwirrend inkonsistente Beziehung der Eltern untereinander); körperliche Erkrankungen oder psychische Störungen anderer Familienmitglieder; das Fehlen elterlicher Anleitung oder exzessive, strenge oder inkonsistente elterliche Kontrollen; unzureichende, exzessive oder verwirrende soziale oder kognitive Stimulierung des Kindes; eine anomale Familiensituation, z. B. komplexe und inkonsistente Muster von Beaufsichtigung und Besuchsregelungen; Pflegeeltern; Heimerziehung und Verlust engerer Familienmitglieder« (APA 1991, 43).

Tab. 10: Skala der Schwere der psychosozialen Belastungsfaktoren bei Kindern und Heranwachsenden. Beispiele für Belastungsfaktoren

Grad der Belastung	Akute Ereignisse	Länger andauernde Lebensumstände
leicht	Auseinanderbrechen der Freundschaft mit Freund oder Freundin; Schulwechsel	beengte Wohnsituation; familiäre Streitigkeiten
mittel	Schulausschluss; Geburt eines Geschwisters	chronisch behindernde Krankheit eines Elternteils; ständiger Streit der Eltern
schwer	Scheidung der Eltern; unerwünschte Schwangerschaft; Gefängnisaufenthalt	strenge oder zurückweisende Eltern; chronische, lebensbedrohliche Krankheit eines Elternteils; verschiedene Aufenthalte in Pflegeheimen
sehr schwer	sexueller Missbrauch oder körperliche Misshandlung; Tod eines Elternteils	wiederholter sexueller Missbrauch oder körperliche Misshandlung
katastrophal	Tod beider Eltern	chronische lebensbedrohende Krankheit

Es ist zwar schon lange bekannt, wird aber in den letzten Jahren intensiver untersucht, dass Kinder sehr unterschiedlich auf schwere Belastungen reagieren: In Gegenüberstellung der Extreme treten bei den einen bedrohliche Symptome bis hin zum Exitus auf, die anderen zeigen nur leichte, vorübergehende oder gar keine Symptome bzw. auffällige Verhaltensweisen. Das positive Reaktionsvermögen einer Person wird als Resilienz (englisch: resilience = Elastizität, Spannkraft) bezeichnet (vgl. Göppel 1997; Wustmann 2004; Fingerle 2008). Unter Resilienz kann die Summe der Ressourcen verstanden werden, die ein Mensch emotional, mental und im Sinne sozialer Kompetenz zur Verfügung hat, um schwere Belastungen auszuhalten und letztlich weitgehend oder gänzlich unbeschadet zu überstehen.

In der Forschung geht es darum, diejenigen Faktoren – auch im Hinblick auf Prävention – herauszufinden, die bei Kindern aus Risikoverhältnissen das positive, resiliente Reaktionsvermögen bestimmen. Als wichtige protektive Faktoren kristallisieren sich bei resilienten Kindern heraus:

- gute Bindungsfähigkeit,
- ausgeprägte Effizienzerwartung (Erwartung, effizient zu handeln),
- starke Kontrollüberzeugungen (Überzeugung, Umweltereignisse und sich selbst unter Kontrolle halten zu können),
- Verantwortungsübernahme und -bereitschaft,

- hohe soziale Kompetenz,
- Bereitschaft zur Selbstoffenbarung (um potenzielle Helfer zu informieren und zu aktivieren),
- hohe intellektuelle Begabung (vgl. Julius/Goetze 2000, 294–298).

Als wichtig hat sich auch die Verfügbarkeit zumindest einer stabilisierenden Kontaktperson erwiesen. Zur Entfaltung und Stärkung der genannten personalen Ressourcen von belasteten Risikokindern liegen – vor allem in Adaption amerikanischer Verfahren – Trainingsprogramme vor, die das maladaptive Bewertungsmuster positiv zu verändern und realistische Kontrollüberzeugungen zu stimulieren vermögen (siehe z. B. Julius/Goetze 1999; Fröhlich-Gildhoff/Rönnau/ Dörner 2007; Fingerle 2010).

5   Diagnostik bei Verhaltensstörungen

Diagnostik bei Verhaltensstörungen meint die Lehre von den wissenschaftlichen Verfahren, die zur Beurteilung der Erscheinungsweisen sowie möglichen Ursachen solcher Störungen gebraucht werden – Ziel ist dabei letztlich deren Reduzierung. Diese Feststellung verweist auf einige Grundfragen: Was soll unter Verhaltensstörungen verstanden werden? Ist der Akt der Beurteilung im Hinblick auf Erfassung und Reduzierung von Verhaltensstörungen per se hilfreich oder kann er auch schädigend sein? Wenn es um die Reduzierung von Verhaltensstörungen geht, muss dann Diagnose nicht ein ständiger Prozess sein, muss nicht regelmäßig überprüft werden, ob sich die diagnostischen Daten ändern und ob ggf. auch die Interventionsformen verändert werden müssen? Es sind auch Fragen des Menschenbildes angesprochen: Wird der Mensch in seinen Potenzen und Möglichkeiten stärker durch Erb- oder durch Umweltfaktoren bestimmt? Werden Verhaltensstörungen im Zusammenhang gesehen mit zielgerichteten, im Lebenskontext sinnvollen Entscheidungen oder eher mit Anlagebedingungen, Krankheiten, organischen oder psychischen Störungen? Steht nur die Person, die irgendwelche sozialen und emotionalen Störungen zeigt, im Mittelpunkt des diagnostischen Interesses oder sind auch extrapersonale Faktoren zu berücksichtigen? Sind nur solche diagnostischen Verfahren als wissenschaftlich zu bezeichnen und deshalb ohne Bedenken zu verwenden, die mathematisch überprüfbaren Gütekriterien entsprechen? Und können gerade diese Verfahren der ganz spezifischen Eigenart des Einzelnen gerecht werden, wo doch schon unberücksichtigt bleibende regionale Unterschiede Probleme aufwerfen können? Es muss auch die grundsätzliche Frage gestellt werden, ob Diagnose als separater Vorgang überhaupt notwendig ist, ob sie ggf. besser als in die Intervention integrierter Bestandteil zu realisieren oder gar völlig verzichtbar ist (siehe spezifisch dazu für die Sonderpädagogik z. B. Eberwein/Knauer 1998, Spiess 1998). In Beantwortung dieser Fragen können unterschiedliche Auffassungen deutlich werden, die sich idealtypisch in verschiedenen diagnostischen Ansätzen verdichten. Unter einem Ansatz soll ein System von Erkenntnissen über Erscheinungsformen, Ursachen und die Genese kindlicher und jugendlicher Verhaltensstörungen in Verbindung mit handlungsleitenden Aussagen zur hilfreichen Diagnose und Intervention verstanden werden.

In der Diagnostik bei Verhaltensstörungen lassen sich mindestens fünf bedeutsame Ansätze unterscheiden, die im Spektrum der Frage einer Reduzierung oder Behebung von Verhaltensstörungen oder der bestmöglichen Anpassung zwischen Person und Umfeld eine unterschiedliche Positionierung aufweisen:

1. der medizinische Ansatz,
2. der psychodynamische Ansatz,

3. der lerntheoretische Ansatz,
4. der interaktionistische Ansatz,
5. der sonderpädagogische Ansatz.

Die ersten vier Ansätze werden nachfolgend in kurzer Typisierung vorgestellt. Auf den sonderpädagogischen Ansatz soll dann im Hinblick auf Verhaltensstörungen ausführlich eingegangen werden.

5.1 Der medizinische Ansatz

Aus medizinischer Perspektive interessiert zuvorderst das Individuum als Träger der Störung. Entsprechende Hypothesen zielen zunächst auf organische oder funktionelle Schädigungen, Beeinträchtigungen und Störungen sowie auf Anlagebedingungen. Entsprechend wird die diagnostische Vorgehensweise sein und sich vorwiegend auf das betroffene Individuum richten. Mediziner fokussieren in der Regel auch einen anderen Zusammenhang zwischen Diagnose und Therapie als z. B. Pädagogen bzw. Psychologen, und zwar insofern, als ggf. eine medikamentöse Behandlung in Erwägung gezogen wird, die von anderen Helfern nicht verordnet werden darf. Verhaltensstörungen können mit sehr vielen Krankheiten im Zusammenhang stehen (vgl. Lempp 1989, Remschmidt 2000). Insofern ist eine medizinische Diagnose unter Umständen breit anzulegen und als Ergänzung zu anderen diagnostischen Ansätzen empfehlenswert.

5.2 Der psychodynamische Ansatz

Tiefenpsychologisch ausgerichtete Diagnostiker, die entsprechend ausgebildet sein und breite Erfahrung mit psychodynamischen Methoden gesammelt haben müssen, werden sich in ihrer Hypothesenbildung z. B. auf frühkindliche Traumata, auf Probleme in der psycho-sexuellen Entwicklung, auf Beziehungsstörungen und familiäre Strukturbedingungen ausrichten und dementsprechende diagnostische Verfahren einsetzen. Dazu können als spezielle Methoden projektive Tests gerechnet werden, wie z. B. der Rorschach-Test, der Sceno-Test von Gerhild von Staabs, der Welttest von Margaret Lowenfeld, der Thematische Apperzeptionstest von Henry A. Murray (Form für Kinder: L. Bellak), der Picture-Frustration-Test von Saul Rosenzweig, der Schwarzfuß-Test von Louis Cormann oder die Fabel-Methode von Luisa Düss. Diese diagnostischen Verfahren werden dann auch im Zusammenhang gesehen mit entsprechenden Interventionsmethoden wie tiefenpsychologischer Spieltherapie, Psychodrama, tiefenpsychologischer Musik- oder Kunsttherapie oder tiefenpsychologisch orientierter Familientherapie.

5.3 Der lerntheoretische Ansatz

Aus dem lerntheoretischen Ansatz heraus werden Hypothesen auf dem Hintergrund einer Lerngeschichte gebildet. Es wird also danach gefragt, ob Verhaltensprobleme auf dem Lernen unerwünschter bzw. auf dem Nicht-Lernen erwünschter Verhaltensweisen beruhen. So geht es darum, das Problemverhalten genau zu definieren, es zu differenzieren und zu operationalisieren, d. h. bestimmte Verhaltensweisen im Zusammenhang mit relevanten Situationen zu sehen, festzustellen, ob das Problemverhalten durch spezifische situative Bedingungen aufrechterhalten wird sowie zu untersuchen, ob sich das Problemverhalten durch eine Modifizierung der Bedingungen verändert bzw. das Verhalten im Umgang mit bestimmten Bedingungen angepasst wird.

Für den lerntheoretischen Ansatz ist systematische Verhaltensbeobachtung von größter Bedeutung. Dazu liegt eine Vielzahl von Verfahren vor (vgl. z. B. Fassnacht 1979, Schulte 1993, Rost 2010).

5.4 Der interaktionistische Ansatz

Der interaktionistische oder sozialwissenschaftliche Ansatz folgt insbesondere handlungstheoretischen sowie system- und kommunikationstheoretischen Erkenntnissen. Es wird davon ausgegangen, dass auch Verhaltensstörungen als Ergebnis eines Interaktionsprozesses zu sehen sind. Ein Kind, ein Jugendlicher mit Verhaltensstörungen ist wie jeder Mensch in seinem Verhalten im Zusammenhang zu sehen mit den vielfältigen Bedingungen seiner Umwelt. Innerhalb spezifischer Systeme stellen sich die Interaktionspartner in kommunikativen Kreisprozessen aufeinander ein: Alles Verhalten des einen Partners ist mitbedingt durch das Verhalten des anderen Partners. So können Verhaltensstörungen nicht für sich gesehen und auch nicht individuenzentriert diagnostiziert werden. Alle Beteiligten müssen auf ihre Perzeptionen hin sowie auf soziale Wahrnehmung, Selbst- und Fremdwahrnehmung, Selbst- und Fremdbeurteilung, auf Beziehungsdefinitionen und Interpunktionen in Verhaltensabläufen hin in den Blick genommen werden. Dazu sind gute Kenntnisse der Theorie des Symbolischen Interaktionismus, der Kommunikationstheorie und gruppendynamischer Zusammenhänge notwendig. Eine solche Diagnostik erfordert häufig eher den Einsatz qualitativer Verfahren, die auch Empathie, soziales Gespür und Einschätzungsvermögen, Menschenkenntnis und Intuition seitens eines sich als Interaktionspartner verstehenden Diagnostikers als erforderlich erscheinen lassen. Unter den qualitativen Verfahren bieten sich die verschiedenen Formen des Interviews, informelle Gespräche, teilnehmende Beobachtung, gruppendynamische Spiele bzw. Interaktionsspiele usw. an. Theorie und Praxis interaktionistischer Diagnostik stehen noch in den Anfängen (vgl. Furch-Krafft 1989, Seitz 1992, 2003).

5.5 Der sonderpädagogische Ansatz

Mit dem sonderpädagogischen Ansatz der Diagnostik wird versucht, bedeutsame Einsichten und Verfahren der anderen Ansätze in einen integrativen Zusammenhang zu bringen. Es sollen sowohl »die Bedingungen im Probanden als Effekte der stattgehabten bzw. versäumten Entwicklung« gesehen werden (Kleber 1978, 17), darunter auch die Lernbiografie, als auch jene Bedingungen Berücksichtigung finden, die sich aus dem aktuellen Verhaltens-und Erlebensumfeld ergeben (siehe dazu Ledl 1994; van der Kooij/Been 1996; Seitz 1992; 2003). Sonderpädagogische Diagnostik folgt in diesem Sinne einem integrativen Ansatz und muss als komplexe Prozessdiagnostik kooperativ sein, d. h. sie muss von Medizinern, Psychologen, Sozialpädagogen, Pädagogen und – eben – Sonderpädagogen durchgeführt werden. Die durch den Mediziner erfassten somatischen Daten und Bedingungen werden zwar als bedeutsam, aber nicht als hinreichend für die pädagogisch-therapeutische Praxis angesehen. Sie werden sowohl in die Beurteilung als auch in die Konzeptionierung der daraus resultierenden Fördermaßnahmen mit einbezogen, können jedoch nicht als grundlegend gelten. Als überaus wichtig steht auch an, neben den individuellen Entwicklungsbedingungen und Entwicklungsereignissen seit frühester Kindheit soweit wie möglich das interaktionale Umfeld zu erfassen. Sonderpädagogische Diagnostik versteht sich insofern als zugleich multidimensionale und multiprofessionelle Diagnostik. Immer stellt sich auch die kritische Frage der »Normalität« und der anzulegenden Normen (vgl., Stein 2017, 24 ff.) – Ein hier geringfügig modifiziertes Strukturmodell von Kleber (1978, 18) bietet nach wie vor einen guten Überblick über Zielbereiche und Struktur sonderpädagogischer Diagnostik bei Verhaltensstörungen (▶ Abb. 20; vgl. auch Kleber 1992).

Die sonderpädagogische Diagnostik bei Verhaltensstörungen wird im Folgenden in der notwendigen Breite dargestellt, wobei es gilt, die Problematik und Komplexität von Verhaltensstörungen sowie die Notwendigkeit einer interdisziplinären Kooperation zu verdeutlichen. Dabei liegt ein Schwerpunkt auf der Person der betroffenen Kinder und Jugendlichen, ergänzt durch einige stärker interaktionistische Aspekte.

5.5.1 Diagnostische Fragestellungen

Da nicht diagnostiziert werden kann, was nicht definiert wird, soll von der eingangs bereits formulierten Definition für Verhaltensstörung ausgegangen werden, die in der Wiederholung in Erinnerung gerufen wird, da sie für den diagnostischen Ansatz wesentliche Kriterien beinhaltet:

Verhaltensstörung ist ein von den zeit- und kulturspezifischen Erwartungsnormen abweichendes maladaptives Verhalten (Problemverhalten), das organogen und/oder milieureaktiv bedingt ist, wegen der Mehrdimensionalität, der Häufigkeit und des Schweregrades die Entwicklungs-, Lern- und Arbeitsfähigkeit sowie das Interaktionsgeschehen in der Umwelt beeinträchtigt und ohne besondere pädagogisch-therapeutische Hilfe nicht oder nur unzureichend überwunden werden kann. Dabei werden unter Verhalten im weiteren Sinne auch Probleme des Erlebens subsumiert.

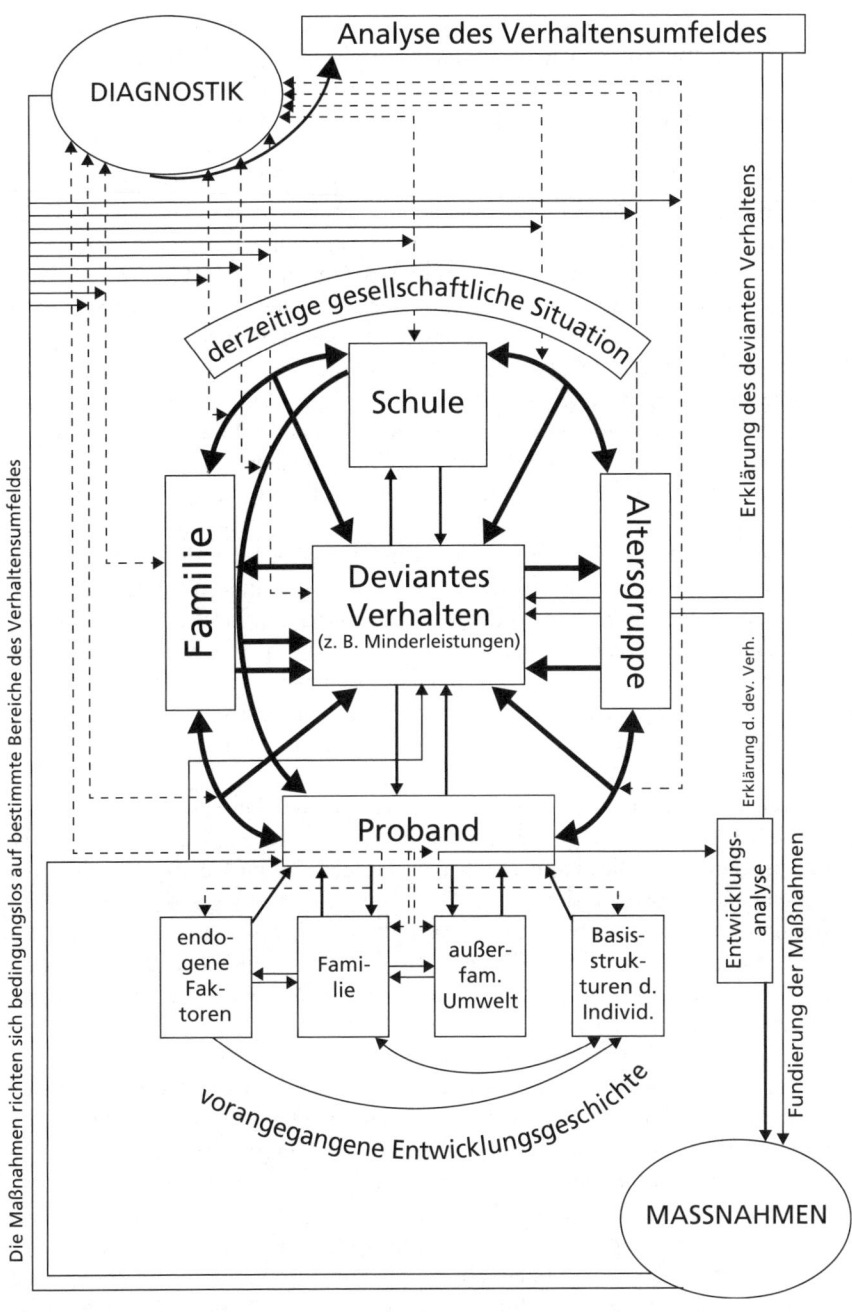

Abb. 20: Strukturmodell

Im Sinne dieser Definition werden – um die Komplexität von Verhaltensstörungen und einer verantwortungsbewussten diagnostischen Vorgehensweise zu verdeutlichen – diagnostische Fragen formuliert und – weiter unten – in Verbindung gebracht mit Verfahren, die Antworten zu geben vermögen.

a) Welche problematischen Verhaltensweisen zeigen sich? Diese Frage nach den Symptomen bzw. den beeinträchtigenden Verhaltensweisen lässt sich in einem ersten Überblick durch Aktenauswertung und über Berichte verschiedener Lehr- und Erziehungspersonen, vor allem aber durch diagnostische Gespräche mit den Kindern und Jugendlichen selbst und mit relevanten Bezugspersonen sowie durch teilnehmende Beobachtung, systematische Verhaltensbeobachtung oder Screening-Verfahren beantworten (▶ Kap. 5.5.2.1 Gespräche, Exploration und Anamnese; ▶ Kap. 5.5.2.2 Verhaltensbeobachtung – Verhaltensbeurteilung).
b) Ist eine Mehrdimensionalität gegeben; sind verschiedene Bereiche betroffen?
c) Treten die Problematiken des Kindes oder Jugendlichen sehr häufig auf?
d) Erreichen die Verhaltensprobleme eine wesentlich abweichende Intensität?

Den Fragen b), c) und d) nach dem Syndromcharakter bzw. der Kovarianz verschiedener Symptome, nach überdauernden, unerwünschten normabweichenden Verhaltensbereitschaften/-dimensionen und nach der Stärke des unerwünschten, beeinträchtigend wirkenden Verhaltens kann über Verhaltensbeobachtung sowie ein- und mehrdimensionale Persönlichkeitstests nachgegangen werden, in denen sich die Kinder und Jugendlichen selbst über ihre Probleme äußern (▶ Kap. 5.5.2.2 Verhaltensbeobachtung; ▶ Kap. 5.5.2.5 Persönlichkeitsverfahren).

e) In welcher Hinsicht und in welchen Zusammenhängen erzeugen die Verhaltensstörungen Belastungen und Leid beim Betroffenen, bei den Eltern, bei Pädagogen usw.? Dies kann durch Befragungen der im Geschehen relevanten Beteiligten erhoben werden.
f) Beeinträchtigt das problematische Verhalten die Entwicklungsfähigkeit? Mit dieser Frage wird der Entwicklungsstatus, die Altersgemäßheit der kognitiven, emotionalen, psychomotorischen und sozialen Entwicklung angesprochen. Antworten sind schwierig, wie auch bei den Fragen unter f), g) und h), da im Hinblick auf die Auswirkungen Interdependenzen zwischen Möglichkeiten bzw. potenziellen Fähigkeiten und sich manifestierenden Verhaltensweisen bestehen, und nur im Zusammenhang mit anderen Daten möglich. Hinweise sind zu gewinnen über allgemeine und spezielle Entwicklungstests (▶ Kap. 5.5.2.6 zu Entwicklungstests sowie Kap. 5.5.2.8 zu Motodiagnostischen Verfahren).
g) Beeinträchtigt das Fehlverhalten Leistungsvermögen und Lernfähigkeit? Eine Klärung dieser Frage, die auf Intelligenzleistung, Schulleistung und Lernverhalten zielt, ist über die Hinzunahme sprachlich orientierter und sprachfreier Intelligenztests sowie über Schulleistungstests und den Vergleich der Ergebnisse beider Instrumente möglich; allerdings ist die Wechselseitigkeit des Zusammenhanges zwischen Lern- und Verhaltensstörungen zu bedenken. Zur Erfassung der Schulleistung sind allgemeine klassenbezogene und auch fachbezogene Tests konstruiert worden, die z. B. auch spezifische Momente des Lernverhaltens

zu erfassen suchen (▸ Kap. 5.5.2.3 zu Schulleistungstests sowie Kap. 5.5.2.4 zu Intelligenztests und speziellen Leistungstests).

h) Beeinträchtigt das Fehlverhalten die Arbeitsfähigkeit und -willigkeit? Zur Beantwortung dieser Frage stehen spezielle Tests zur Konzentrationsfähigkeit, zur Belastbarkeit sowie zur Anstrengungsbereitschaft und Motivation zur Verfügung. Auf die Erfassung von Ausdauer sind Arbeitskurven ausgerichtet, die für sich oder in Verbindung mit Intelligenztests gegeben werden (▸ Kap. 5.5.2.4 zu Intelligenztests und speziellen Leistungstests).

i) Beeinträchtigt das Fehlverhalten die soziale Kompetenz? Diese Frage zielt auf soziale Einstellungen, soziales Verhalten, soziales Einschätzungsvermögen, den sozialen Status in Gruppen. Hier haben Verhaltensbeurteilungslisten, Problemfragebogen und Fragebogen zum Selbstkonzept (Persönlichkeitsverfahren) sowie Verfahren zur Erfassung sozialer Einstellung und Beziehungen ihren Platz (▸ Kap. 5.5.2.2 zu Verhaltensbeobachtung, Kap. 5.5.2.5 zu Persönlichkeitsverfahren; Kap. 5.5.2.7 zu soziografischen Verfahren).

j) Liegen organische Schädigungen, Beeinträchtigungen oder Störungen vor? Diese Fragen, die Mediziner beantworten müssen, zielen bei Ausschluss von Krankheiten auf Chromosomenaberrationen, Hirnschädigungen/Hirnfunktionsstörungen, Transmitterstörungen, Drüsenfunktionsstörungen, Allergien oder aus Fehl- oder Mangelernährung resultierende Probleme (▸ Kap. 5.5.2.9 zu neuropsychologischen sowie Kap. 5.5.2.10 zu medizinischen Verfahren).

k) Welche Milieubedingungen bewirken und verstärken das Fehlverhalten oder halten es aktuell aufrecht? Dieser sehr komplexe Fragenbereich zielt auf die Erfassung pathogener Bedingungen in Elternhaus, Schule und anderen relevanten Gruppen. Informationen sind im Gespräch mit allen Beteiligten, über Verhaltensbeobachtung, Anamneseerhebung und Exploration zu erhalten (▸ Kap. 5.5.2.1 zu Gespräch, Exploration und Anamnese sowie Kap. 5.5.2.2 zu Verhaltensbeobachtung).

l) In welchem Maße ist das Kind/der Jugendliche zur Überwindung seiner Verhaltensprobleme auf Hilfe von außen angewiesen? Diese Frage zielt auf Leidensdruck, Veränderungswilligkeit und -fähigkeit bei dem Betroffenen und in seiner Umwelt. In dieser Hinsicht haben neben ausführlichen diagnostischen Gesprächen Persönlichkeitsverfahren eine wesentliche Funktion.

Weitere Fragen zielen auf Interventionsmöglichkeiten und auf eine Prognose:

m) In welcher Institution und durch welche Maßnahmen kann dem Betroffenen am besten geholfen werden? Es geht um eine optimale Platzierung sowie um adäquate Methoden, darum also, ob das Kind/der Jugendliche in seinem bisherigen Milieu verbleiben kann, um dort ambulante bzw. inklusive Förderung zu erfahren, ob ambulante Maßnahmen in speziellen Einrichtungen durchgeführt werden sollen oder ob ein Milieuwechsel in ein Heim, eine andere (spezielle) Schule usw. angezeigt ist.

n) Wie groß ist der Zeitraum für Interventionen zu bemessen? Damit ist die Frage nach den zeitlichen Grenzen innerhalb eines Erziehungs- und ggf. Therapieplanes in der in Aussicht genommenen Institution angesprochen. Von Anfang an sollte eine Intervention zeitlich begrenzt und damit auch im Zusammenhang mit überprüfbaren Veränderungen gesehen werden.

o) Wie werden die Chancen für eine Verhaltensänderung beurteilt? Es geht um Prognose auf dem Hintergrund der diagnostischen Daten im Zusammenhang mit den in Aussicht genommenen Maßnahmen.

Die Fragen a) bis n) sind in der Zusammenschau aller erhobenen Daten in Verbindung mit relevanten Bezugspersonen, möglichen Helfern und ggf. den betroffenen Kindern und Jugendlichen zu beantworten.

Wenn auch die Diagnostik bei Verhaltensstörungen im Zusammenhang steht mit Platzierungsfragen, so zielen alle diagnostischen Erhebungen im Sinne einer Förderdiagnostik letztlich auf »die Indikation, Planung, Durchführung, Kontrolle und Evaluation von Fördermaßnahmen« (Kornmann et al. 1983, 11; siehe auch Bundschuh 1984 und 1985; Seitz 2003). Die Diagnose dient also primär der Anbahnung von Lösungen für individuelle Probleme; sie ist Teil eines Förderkonzepts, wobei die Erhellung und Veränderung der Ursachen für den speziellen Förderbedarf von großer Wichtigkeit ist (vgl. Westmeyer 1972; Seitz 2003).

Fokussiert man auf das Feld Schule, so ist der Förderbedarf entsprechend den KMK-»Empfehlungen zum Förderschwerpunkt emotionale und soziale Entwicklung « (Beschluss der Kultusministerkonferenz vom 10.03.2000) »auf der Basis einer Person-Umfeld-Analyse zu erheben«. Dabei »werden Informationen aus folgenden Bereichen herangezogen:

• Stärken und Kräfte in der Person und in ihrem Umfeld,
• individuelle Lebens- und Erziehungsumstände sowie die soziale Einbindung,
• psychosoziale Grunderfahrungen und deren Entwicklung,
• Formen der Klärung und Bewältigung aktueller Lern- und Lebenssituationen,
• schulisches Umfeld, Beziehungen zu Lehrkräften, Schülerinnen und Schülern und anderen Personen,
• allgemeiner Entwicklungs- und Leistungsstand, Wahrnehmung, Belastbarkeit, Ausdauer und Konzentration,
• soziale, emotionale, motorische und kognitive Entwicklung in schulischen Lernzusammenhängen und außerschulischen Erfahrungssituationen sowie in unmittelbaren Sachbegegnungen,
• Fähigkeit zum sprachlichen Handeln, Eigentätigkeit und Selbstverantwortung,
• Gruppenbewusstsein, Zugehörigkeitsgefühl, Fähigkeit zur Zusammenarbeit,
• Verlauf der Entwicklung und gegebenenfalls Ergebnisse bisheriger Förderung.« (KMK 2000, 11–12)

Diagnose bei Verhaltensstörungen ist ein Prozess. Er wird von denjenigen begonnen, die sich von der Problematik betroffen fühlen. Das können Eltern, Erzieher, Lehrer oder auch die Kinder und Jugendlichen selbst sein. Sie sprechen bei einer beratenden Institution vor oder reichen auch schriftliche Berichte ein. Diese Gespräche bzw. Berichte führen zwangsläufig bei den beteiligten Diagnostikern zu Hypothesenbildungen, die von Fall zu Fall verschieden sind und verschiedene diagnostische Verfahren erfordern. In einzelnen Fällen wird auf vorgegebene diagnostische Instrumente, insbesondere auf standardisierte und normierte Verfahren, verzichtet werden können. Es muss jedoch bedacht werden, dass das Problem der Verhaltensstörungen immer in Verbindung zu sehen ist mit der Normenfrage. So ist es bei der Beurteilung von Verhalten sehr oft hilfreich, gesicherte Vergleichsmöglichkeiten mit der Altersgruppe zu haben. Insofern haben auch Tests und andere standardisierte Verfahren, wenn sie gezielt und eingebunden in eine breite Perspektive eingesetzt werden, ihre Berechtigung. Sie sind sogar unverzichtbar, wenn es um ökonomische Datengewinnung mit geringer Irrtumswahrscheinlichkeit und Objektivierung der Beurteilung geht – vorausgesetzt, sie erfüllen die Gütekriterien Standardisierung, Normierung, Objektivität, Reliabilität (Zuverlässigkeit) und Validität (Gültigkeit).

Wenn in der Vergangenheit insbesondere in der Sonderpädagogik jedweder Diagnostik häufig mit starker Skepsis oder gar rüder Diffamierung und vehementer Ablehnung begegnet wurde, so kann Schuck mit weitestgehender Zustimmung rechnen, wenn er sagt: »Diagnostik ist eine Aktivität, die zu jedem pädagogischen Prozess gehört« (Schuck 2004, 350).

5.5.2 Diagnostische Verfahren

Die vorgestellten Verfahren haben einerseits Beispielcharakter und haben sich andererseits als praktikabel und hilfreich erwiesen. Sie stellen in ihrer Gesamtheit einen verfügbaren Apparat dar, aus dem nach Bedarf in Abhängigkeit von den individuellen Problemlagen der Kinder und Jugendlichen sowie der Hypothesenbildung des Diagnostikers ausgewählt werden kann. Dabei sollten die Intentionen nicht auf ein Maximum, vielmehr auf ein gut begründetes Minimum an diagnostischen Instrumenten gerichtet sein.

Zu den wichtigen Verfahrensbereichen einer multidimensionalen sonderpädagogischen Diagnostik bei Verhaltensstörungen zählen:

1. Gespräche, Exploration und Anamnese
2. Verhaltensbeobachtung – Verhaltensbeurteilung
3. Schulleistungstests
4. Intelligenztests und spezielle Leistungstests
5. Persönlichkeitsverfahren und projektive Tests
6. Entwicklungstests
7. Soziografische Verfahren
8. Motodiagnostische Verfahren
9. Neuropsychologische Verfahren
10. Medizinische Verfahren.

5.5.2.1 Gespräche, Exploration und Anamnese

Eine lange Tradition im Hinblick auf diagnostische Vorgehensweisen bei Störungen hat das Gespräch. Schon für den Individualpsychologen Alfred Adler und seine Nachfolger war und ist das einfühlsame, verstehende Gespräch die via regia zur Erfassung bedeutsamer diagnostischer Hinweise. Im Sinne seines Ansatzes stellt

Alfred Adler Fragen nach dem Beginn der Verhaltensproblematik und nach der Situation in verschiedensten relevanten Bereichen, wie Familie, Schule usw. (Adler 1976b, 123–126). Wichtige Aspekte sind hier beispielsweise mögliche Ursachen von Minderwertigkeitsgefühlen, Kontaktfähigkeit, Geschwisterbezüge, Berufswünsche, Lieblingsspiele, älteste Erinnerungen, körperliche Auffälligkeiten und Eigenheiten, der Umgang mit Entmutigungen sowie auch positive Leistungen. Aus diesen Fragen soll sich ein »Bild der Persönlichkeit« ergeben, das »die Fehlschläge wohl nicht als berechtigt, aber als begreiflich« und verstehbar erscheinen lässt (Adler 1976b, 126). Alle diese Fragen zielen hier darauf, den Lebensplan des Kindes oder Jugendlichen mit Verhaltensschwierigkeiten zu erkennen.

Die bedeutende diagnostische und therapeutische Valenz des Gesprächs betonte auch Carl R. Rogers, der seine Art der Gesprächsführung zunächst als Beratungs-Interview, später als Gesprächspsychotherapie bezeichnete (▶ Kap. 6.1.7.3 und Kap. 6.2.4).

Für Gespräche in der sonderpädagogischen Diagnostik können verschiedene Varianten unterschieden werden (Seitz 2003, 230 ff.):

- Das Gespräch könnte unstandardisiert und ganz offen geführt werden, was der Berücksichtigung des Individuellen dienlich ist, andererseits aber die Gefahr einseitiger Gewichtungen in sich birgt;
- es könnte aber auch, wie ein Interview, vorab standardisiert werden, wodurch der Untersucher die Fragen bestimmt, was ein sehr gezieltes Vorgehen und eine Gleichheit verschiedener Gespräche ermöglicht, andererseits aber auch das Spektrum der Antwortaspekte potenziell einschränkt;
- als die Vorzüge beider Strategien kombinierend können halbstandardisierte Gespräche geführt werden, bei denen zwar vorab Frageaspekte festgelegt wurden, zugleich aber eine größere Offenheit hinsichtlich der Antworten der Befragten eingeplant wird, etwa auch in Form von Nachfragen zu Aspekten, die im Gesprächsverlauf unerwartet oder neu auftauchen.

Gerade Gespräche geben die Möglichkeit, einen Sachverhalt offen nach allen Seiten hin zu untersuchen, auch neben offenkundigen Problemen und Defiziten Ressourcen in den Blick zu nehmen, bevor bestimmte Aspekte vertieft untersucht oder aber standardisierte Verfahren eingesetzt werden. Dabei ist stets die Perspektive des jeweiligen Gesprächspartners kritisch zu berücksichtigen, da diese grundlegenden Einfluss auf die Informationen hat.

Solche psychodiagnostischen Gespräche, die deutlich die Aspekte und Hintergründe von Themen wie etwa Verhaltensstörungen ausloten, werden häufig als »Exploration« bezeichnet. Die Exploration umfasst durch ihre Tiefe auch eine »Anamnese«, »deren Ziel darin liegt, faktische Ereignisse aus der zurückliegenden Lebensgeschichte des Probanden aufzudecken, etwa im familiären, schulisch-beruflichen, gesundheitlichen und im Freizeit-Bereich. Das Interesse der Exploration geht über die Feststellung objektiver Fakten hinaus« (Seitz 2003, 231).

Kinder und Jugendliche mit Verhaltensstörungen können sich häufig nicht so ohne weiteres auf ein diagnostisches, verstehendes, hilfreiches Gespräch einlassen. Man könnte im Sinne eines »Eisbrechers« einfach mit ihnen gemeinsam etwas spielen; sehr förderlich kann es jedoch auch sein, wenn ihnen Materialien angeboten werden, mit denen sie handelnd, motivierend und in sie befriedigender Weise umgehen können. Dabei ist an Spiel- sowie Zeichen-, Malmaterialien und die vielen Stoffe zu denken, die insbesondere in Techniken aus der Kunst Anwendung finden. Im Umgang mit diesen Materialien bieten Kinder und Jugendliche eine Vielzahl diagnostisch relevanter Hinweise, von Bedeutung ist aber das verstehend geführte Gespräch über die Auswahl der Materialien, den Gestaltungsvorgang und das Gestaltungsergebnis. Materialien und Möglichkeiten, die sich in dieser Hinsicht anbieten, finden sich beispielsweise im Sceno-Test sowie dem Verfahren »Familie in Tieren« und dem Mensch-Zeichen-Test. Auf diese Verfahren wird im Bereich »Persönlichkeit« eingegangen. Grundsätzlich ist hierbei gerade aus sonderpädagogischer Perspektive auch die Sicht der befragten Kinder und Jugendlichen selbst und ihre individuelle Interpretation mit zu berücksichtigen.

Die Anamnese zielt darauf, die wichtigsten Bereiche zu erfassen, und zwar systematisch und ökonomisch. Hilfen zur Anamneseerhebung haben deshalb Fragebogencharakter im Sinne standardisierter Interviews, lassen jedoch Vergleiche mit einer Bezugsgruppe anhand von Normierungen nicht zu. Es liegen einige gute Hilfen für die Anamneseerhebung vor (vgl. Kemmler 1972; Deegener 1984). Beispielhaft soll der Diagnostische Elternfragebogen (DEF) vorgestellt werden. Im Hinblick auf die Exploration bei Kindern und Jugendlichen wird dann auf zwei Problemfragebogen für 14- bis 19-jährige Jugendliche eingegangen (▶ Kap. 5.5.2.5).

Diagnostischer Elternfragebogen (DEF)

Autoren: Dehmelt, P./Kuhnert, W./Zinn, A. (1993)
Fragebogen in 5., veränderter Auflage seit 1989, Manual in 3., veränderter Auflage seit 1993 in Anwendung
Zielgruppe: Eltern mit Kindern im Kindergarten-, Vorschul- und Schulalter (5 bis 13 Jahre)

Form und Inhalt:
Der DEF ist gut geeignet für eine systematische und ökonomische Anamneseerhebung. Die insgesamt 71 Fragenbereiche sind gegliedert in sieben Kategorien (▶ Tab. 11).

Tab. 11: Kategorien für die Anamneseerhebung

Kategorie	Intention
I Familienverhältnisse	ungünstige Umweltverhältnisse
II Körperliche und geistige Entwicklung	Auffälligkeiten in der Entwicklung
III Erziehung	Erziehungsstil, Verhältnis der Eltern zueinander, zum Kind

165

Tab. 11: Kategorien für die Anamneseerhebung – Fortsetzung

Kategorie	Intention
IV Interessen und Fähigkeiten	Freizeitgestaltung, Interessen
V Beziehungen zu anderen Personen	Sozialverhalten
VI Schule	Schulschwierigkeiten, Lernstörungen
VII Entwicklung des Problemverhaltens	Zusammenhänge Problemverhalten – Umweltgegebenheiten

Durchführung:
Der DEF wendet sich an die Eltern und wird im Sinne eines standardisierten Interviews durchgegangen, wobei Zusatzfragen möglich sind.

Auswertung:
Eine standardisierte Auswertungsmöglichkeit ist nicht gegeben. In der Handanweisung finden sich Interpretationshinweise.

Problemfragebogen für 11- bis 14-Jährige (PF 11–14)

Autoren: Westhoff, K./Geusen-Asenbaum, C./Leutner, D./Schmidt, M. (1981)
Zielgruppe: Jugendliche (11–14-Jährige, eingeschränkt 9–16-Jährige)

Form und Inhalt:
Mit dem Problemfragebogen PF 11–14 können systematisch und umfassend Probleme von 11- bis 14-jährigen männlichen und weiblichen Kindern und Jugendlichen in getrennten Formen exploriert werden.

Die 233 Items der Fragebögen M und W sollen die Grundlage bieten für entscheidungsorientierte diagnostische Gespräche. Fünf Problembereiche werden angesprochen: 1. Über mich; 2. Meine Familie; 3. Ich und die anderen; 4. Meine Schule; 5. Allgemeines.

Durchführung:
Ein Zeitlimit ist nicht vorgesehen. Die Bearbeitungsdauer variiert nach der Lesefertigkeit, dem Leseverständnis und der Entscheidungsfreudigkeit zwischen 45 und 90 Minuten. Es liegt eine computergestützte Fassung vor.

Auswertung:
Zu den verschiedenen Problembereichen sowie für eine zusammenfassende Betrachtung sind alters- und geschlechtsspezifische Häufigkeiten errechnet worden, die Vergleiche und die Einordnung der Problematik nach ihrer Bedeutsamkeit und Schwere ermöglichen. Die Auswertung kann auch nach einer Einteilung der Items entsprechend der Hierarchie der Bedürfnisse von Maslow vorgenommen werden.

Problemfragebogen für Jugendliche (PfJ)

Autoren: Süllwold, F./Berg, M./Roth, H. (1967)
Zielgruppe: Jugendliche von 14 bis 18 Jahren

Form und Inhalt:
Der PfJ ist für Jugendliche mit getrennten Formen für Jungen und Mädchen konstruiert worden. Er kann als Fragebogen zur Exploration bzw. zum besseren Verständnis der Probleme, Sorgen und Nöte von Jugendlichen verstanden werden. Mit dem umfangreichen Item-Pool wird auf Gegebenheiten und Probleme eingegangen, die für die Entwicklung von Jugendlichen charakteristisch sind.

Der Fragebogen hat 306 Items, die nach 8 Problembereichen gegliedert sind: 1. Meine Schule, 2. Nach der Schulzeit (bzw. Lehre), 3. Über mich selbst, 4. Ich und die anderen, 5. Zu Hause, 6. Jungen und Mädchen, 7. Gesundheit, 8. Allgemeines.

Der PfJ ist die deutsche Fassung des SRA Youth Inventory (Remmers, H. H./ Shimberg, B./Purdue 1960).

Durchführung:
Jedes Item kann über 4 Stufen (großes, mittleres, gelegentliches, kein Problem) beantwortet werden. Eine Zeitbegrenzung ist nicht vorgesehen. Es ist jedoch etwa mit 45–60 Minuten zu rechnen.

Auswertung:
Je nach Beantwortung werden für jedes Item null bis drei Punkte gegeben, die für die einzelnen Problembereiche zu Rohwerten summiert werden. Über die Rohwerte der einzelnen Problembereiche sowie die Rohwertsumme aller Problembereiche können – getrennt für Alter und Geschlecht – Prozentränge ermittelt werden. Bedeutsam erscheint jedoch die qualitative Auswertung, d. h. die Analyse auf Itemebene. Im Hinblick auf die einzelnen Items vermittelt eine Tabelle zur Häufigkeitsverteilung eine Einschätzung darüber, ob das Problem entwicklungsspezifisch oder als ungewöhnlich anzusehen ist. So ist ein Einblick in ungünstige, beeinträchtigende Lebens- und Lernsituationen möglich. Leider ist nach wie vor nur die Fassung von 1967 verfügbar.

5.5.2.2 Verhaltensbeobachtung – Verhaltensbeurteilung

Verhaltensbeobachtung liefert Informationen über Interaktionspartner in ihrer natürlichen Umgebung oder auch in einer Labor-Situation. So können Kinder und Jugendliche mit Verhaltensstörungen im Kindergarten, in der Vorschule, in der Schule, während des Unterrichts, während der Pausen oder auch in der diagnostischen Situation der Erhebung von Daten beobachtet werden (siehe dazu für die Pädagogik Ledl 1994). Dies kann offen oder auch verdeckt erfolgen (weitere Aspekte siehe Seitz 2003, 229 f.). Neben der Beobachtung in natürlichen Situationen des Spiels, der Arbeit, des Gesprächs usw. ist auch eine Beobachtung in künstlichen Situationen durch einen Einwegspiegel oder auch indirekt über Videoaufzeichnungen möglich. Aufgezeichnete Verhaltenssequenzen können nachträglich analysiert werden. Bei der direkten Beobachtung ist nach dem Verfahren der teilnehmenden Beobachtung eine Datenfixierung meist nur nach längeren Zeiteinheiten und verdeckt möglich. Systematische Verhaltensbeobachtung arbeitet mit Beobachtungssystemen und Zeiteinheiten und im Hinblick auf das Beobachtungsfeld und den Kodierungsvorgang mit streng einzuhaltenden Verfahrensvorschriften. Zu unterscheiden sind zwei verschiedene Systeme der Verhaltensregistrierung: Kategoriensysteme und Zeichensysteme. Kategoriensysteme sind auf einen bestimmten Verhaltensaspekt, z. B. aggressives Verhalten mit entsprechenden Operationalisierungen, ausgerichtet. Zeichensysteme beinhalten dagegen verschiedene Merkmale, die nach einer bestimmten Problem- oder Fragestellung zusammengestellt worden sind. Mit welchem System auch immer gearbeitet wird, bei Kindern und Jugendlichen mit Verhaltensstörungen sollten immer auch die unmittelbaren Interaktionspartner mit in den Blick genommen werden. Allerdings ist zu beachten, dass niemals die gesamte Wirklichkeit erfasst werden kann, notwendig sind Einschränkungen, um Beobachter nicht zu sehr zu belasten oder die Beobachtung gar unmöglich zu machen. Zu berücksichtigen ist ohnehin, dass bei der Beobachtung und Beurteilung Fehler unterlaufen: Erwartungsfehler resultieren aus der bewussten oder unbewussten Beeinflussung des/der Observanden durch die Erwartungen des Beobachters. Einstellungs- oder Projektionsfehler meinen, dass der Beobachter Wünsche, Gefühle usw. auf den zu Beobachtenden projiziert. Mit dem Halo- oder Hofeffekt ist gemeint, dass sich ein Gesamteindruck im Sinne von Sympathie oder Antipathie auf die Bewertung einzelner Merkmale auswirkt. Zu beachten sind des Weiteren Fehler bei der Registrierung der Daten infolge falscher Einschätzungen oder Eintragungen. Diese Fehlermöglichkeiten lassen sich durch Beobachterschulung reduzieren – und auch dadurch, dass in der Beobachtungssituation nicht nur ein Beobachter Aufzeichnungen macht, sondern mehrere Beobachter zur Verfügung stehen (und eine Interrater-Reliabilität als Zuverlässigkeitsmaß der Beobachtung ermittelt wird). Bei der späteren Interpretation und Beurteilung sind auch mögliche Fehler zu beobachten wie Generalisierungstendenzen, logische Fehler, indem vermeintliche Zusammenhänge gesehen werden, Fehler durch Schlussfolgerungen und Wertungen. Verhaltensbeobachtung kann gut einen ersten Überblick über Problemverhalten vermitteln, Zusammenhänge im sozialen Kontext aufzeigen und zur diagnostischen Hypothesenbildung beitragen (siehe dazu insbesondere auch für die sonderpädagogische Praxis: Ledl 1994). Interaktionalen Zusammenhängen kann vertiefend mit den Verfahren der Interaktionsanalyse nachgegangen werden (vgl. z. B. Innerhofer 1977).

Erste Hinweise auf Problemverhalten vermögen auch Verfahren der Verhaltensbeurteilung zu liefern, die Beobachtung von Eltern oder Lehrern und Erziehern innerhalb eines bestimmten Zeitraums abfragen. Gut geeignet sind in dieser Hinsicht der Beobachtungsbogen für Kinder im Vorschulalter (BBK 3–6) sowie der Verhaltensbeurteilungsbogen für Vorschulkinder (VBV 3–6), zwei Verfahren, die sich an Pädagogen in Kindergarten und Vorschule wenden. Ein älteres Verfahren für den Grundschulbereich ist die Marburger Verhaltensliste (MVL; Ehlers/ Ehlers/Makus 1978). Als aktuellere Verfahrensgruppe sollen hier zum einen der »Strengths and Difficulties Questionnaire« (SDQ) sowie, auch wenn sie über den Bereich der reinen »Verhaltensbeurteilung« hinaus auch Erlebensaspekte – und beides zudem situationsunabhängig – erfassen, die international verwendeten und inzwischen auch in Deutschland gut etablierten Achenbach-Skalen vorgestellt werden. Ausgehend von der »Child Behavior Check List« (CBCL), die sich an die Adresse der Eltern wendet, wurden mit der »Teacher's Report Form« (TRF) ein analoges Verfahren für die Einschätzung durch Lehrer sowie mit dem »Youth Self Report« (YSR) ein Fragebogen für Kinder und Jugendliche entwickelt. Ein besonderer Vorteil dieser Batterie besteht darin, dass die verschiedenen Bögen zur Selbst- und Fremdbefragung in einer Zusammenschau Vergleiche und eine kohärente Beurteilung erlauben, was sowohl der Forschung als auch der diagnostischen Praxis sehr zugute kommt.

Zu bedenken ist für diese Verfahren, die hier unter »Verhaltensbeurteilung« subsumiert werden, dass letztlich kein konkretes Verhalten beobachtet, sondern generalisierte Beurteilungen erfragt werden, in die neben nach außen sichtbaren Verhaltensaspekten sehr ausführlich auch Momente inneren Erlebens eingehen. Es handelt sich letztlich um Screeningverfahren für Probleme, teilweise ergänzend auch für Kompetenzen.

Ergänzend sei darauf hingewiesen, dass auch verschiedene Verfahren existieren, die bestimmte Problembereiche erfassen. Ein Beispiel hierfür ist das »Beobachtungssystem zur Analyse aggressiven Verhaltens in schulischen Settings« (BASYS; Wettstein 2008).

Beobachtungsbogen für Kinder im Vorschulalter (BBK 3–6)

Autoren: Frey, A./Duhm, E./Althaus, D. unter Mitarbeit von P. Heinz und C. Mengelkamp (2008)
Zielgruppe: Kinder (ca. 3–6 Jahre)

Form und Inhalt:
Der BBK 3–6 stellt die Weiterentwicklung des etablierten BBK 4–6 dar. Die grundlegende Überarbeitung dient der Diagnostik des Entwicklungsstands von Kindern im Alter von drei bis sechs Jahren und eignet sich damit zur Identifizierung von Begabungen und/oder Entwicklungsgefährdungen. Der BBK 3–6 ist unterteilt in die Fähigkeitsbereiche

* Aufgabenorientierung,
* Erstlesen-Erstrechnen-Erstschreiben,
* Kommunikation,
* Reflexivität,
* Sprachentwicklung, Literaturverständnis,
* Feinmotorik, Grobmotorik,
* Medientechnik,

- Spielintensität,
- Aggression und
- Schüchternheit.

Durchführung:
Der BBK wird von Diplom-Pädagogen oder Erziehern in Kindertagesstätten entweder als Beobachtungs- oder Durchführungsaufgabe angewandt. Die Beobachtungsaufgaben nehmen etwa 45 Minuten, die Durchführungsaufgaben 10 Minuten in Anspruch.

Auswertung:
Für die Auswertung des BBK 3–6 stehen Normtabellen für vier Altersgruppen zur Verfügung, welche nach Geschlecht gegliedert und auch für nichtdeutsche Muttersprachler vorhanden sind. Das Verfahren ermöglicht einen umfassenden Einblick in Stärken und Schwächen des überprüften Kindes und kann so Grundlage für weitere Testungen oder Fördermaßnahmen sein.

Verhaltensbeurteilungsbogen für Vorschulkinder (VBV 3–6)

Autoren: Döpfner, M./Berner, W./Fleischmann, T./Schmidt, M. (1993)
Zielgruppe: Kinder (3–6 Jahre)

Form und Inhalt:
Dieses Verfahren dient dem verhaltensorientierten Screening von Auffälligkeiten im vorschulischen Bereich auf Basis der Angaben von Eltern (VBV 3–6 EL) sowie Erziehern (VBV 3–6 ER); es liegen zwei getrennte Fragebogenversionen vor, jeweils ergänzt durch eine Symptomliste. Die Items werden in vier Dimensionen strukturiert: sozial-emotionale Kompetenzen, oppositionell-aggressives Verhalten, Aufmerksamkeitsschwäche/Hyperaktivität vs. Spieldauer sowie emotionale Auffälligkeiten.

Durchführung:
Für die Durchführung der Elternversion werden 20–30 Minuten, für diejenige der Erzieherinnen und Erzieher 30–40 Minuten veranschlagt. Nach Vorlage der Fragebogen werden die Eltern bzw. Erzieher zusätzlich gefragt, welche der erfragten Verhaltensweisen ihnen am meisten Sorge bereiten.

Auswertung:
Die Auswertung erfolgt mit Hilfe von Schablonen. Das Verfahren bietet Normen für eine Normalpopulation, aufgeschlüsselt nach Alter sowie Geschlecht und ergänzt durch Referenzdaten für bestimmte umschriebene Diagnosegruppen.
    Die Reliabilität erweist sich zwar als nicht allzu hoch, was aber an der sehr jungen Zielgruppe liegen dürfte (Retest-Reliabilitäten zwischen $r = .51$ und $r = .80$; Interrater-Reliabilitätswerte für Erzieher-FB zwischen $r = .56$ und $r = .62$).

Strengths and Difficulties Questionnaire (SDQ)

Autoren: Goodman (1997); deutsche Übersetzung Woerner et al. (2002)
Zielgruppe: Kinder und Jugendliche (3–16 Jahre)

Form und Inhalt:
Beim »Strengths and Difficulties Questionnaire« (SDQ) handelt es sich um ein in Großbritannien entwickeltes Instrument zur Erfassung von Verhaltensstärken sowie -auffälligkeiten bei Kindern und Jugendlichen im Alter von 4 bis 16 Jahren. Das knappe und damit ökonomische Screening-Verfahren existiert in einer Eltern-, einer Lehrer- sowie einer Selbstberichts-Version für Jugendliche. Das Verfahren wurde nachfolgend ins Deutsche übersetzt (SDQ-Deu) und hier auch normiert (Woerner et al. 2002).

Die Items des SDQ sind, jeweils in Fünfergruppen, fünf Bereichen zugeordnet: emotional symptoms, conduct problems, hyperactivity/inattention, peer relationship problems sowie prosocial behavior.

Die Versionen des SDQ können kostenfrei im Internet heruntergeladen werden (http://www.sdqinfo.com/). Dort finden sich auch Normen.

Durchführung:
Der Fragebogen kann aufgrund seiner wenigen Items (die Lehrerversion umfasst 25 Items und sechs Zusatzfragen) in etwa fünf Minuten ausgefüllt werden. Da der SDQ in vielen Sprachen verfügbar ist, kann er auch sehr gut bei Eltern mit nicht-deutschem muttersprachlichem Hintergrund zum Einsatz kommen.

Auswertung:
Für viele Sprachen, so auch Deutsch, bietet die SDQ-Homepage ausdruckbare Auswertungsfolien.

Es ließen sich recht enge Korrelationen mit der deutlich längeren CBCL feststellen. Auch ist die Diskrimination zwischen klinischen und nichtklinischen Gruppen gut.

Der SDQ wird insbesondere für klinische und für Forschungszwecke genutzt; hier ist er mittlerweile aufgrund seiner ökonomischen Anwendbarkeit und seiner Kürze sehr verbreitet. Zunehmend findet er aber auch Eingang in die Diagnostik in pädagogischen und sonderpädagogischen Handlungsfeldern, wofür er explizit vorgesehen ist. Für diese Zwecke ist die Stärken-Schwächen-Orientierung hervorzuheben.

Achenbach-Skalen

Die deutschsprachigen Versionen der »Achenbach-Skalen«, also der »Child Behavior Check List« und ihrer Zusatzverfahren, haben mittlerweile für das Screening von psychischen Problematiken ein hohes Renommee gewonnen; sie werden gerade in den letzten Jahren in verschiedenen Feldern häufig eingesetzt. Die CBCL bietet eine multiple Verhaltens- und Psychodiagnostik von Verhaltensstörungen bei Kindern und Jugendlichen; mit unterschiedlichen parallelisierten Teil-instrumenten können verschiedene Adressaten befragt werden, wobei für den vorliegenden Kontext neben dem Elternfragebogen (CBCL) die auf dessen Basis analog entwickelten Verfahren der Teacher Report Form (TRF; Lehrerfragebogen) sowie des Youth Self-Report (YSR; Kinder- und Jugendlichen-Fragebogen) be-sonders interessant sind. Ein besonderer Vorteil des Gesamtverfahrens besteht darin, dass unterschiedliche Perspektiven (Eltern, Erzieher und Lehrer) miteinander verglichen werden können und auch die Sicht der betroffenen Kinder und Ju-gendlichen selbst mit berücksichtigt ist.

Aufgrund des analogen Aufbaus wird zunächst die Grundstruktur aller drei Verfahren betrachtet; anschließend folgen Spezifika.

Child Behavior Check List (CBCL)

Autoren: Für die CBCL: Achenbach, Th.; Arbeitsgruppe Deutsche Child-Behavior-Checklist (2008; CBCL 1 ½–5); Achenbach, Th.; Arbeitsgruppe Deutsche Child-Behavior-Checklist (1998b; CBCL 4–18); Döpfner et al. 2014
Für die TRF: Achenbach, Th./Döpfner, M./Melchers, P. (Arbeits-gruppe Kinder-, Jugend- und Familiendiagnostik – KJFD) 1994; Döpfner et al. 2014
Für den YSR: Achenbach, Th./Döpfner, M./Plück, S./Bölte, P. et al. (Arbeitsgruppe Kinder-, Jugend- und Familiendiagnostik – KJFD) 1998a; Döpfner et al. 2014
Zielgruppen: CBCL: Vorschulkinder zwischen 1 ½ und 5 Jahren sowie Kinder und Jugendliche zwischen 4 und 18
Jahren TRF: Kinder und Jugendliche im Alter von 6 bis 18
Jahren YSR: Kinder und Jugendliche im Alter von 11 bis 18 Jahren

Form und Inhalt:
Alle zu den Achenbach-Skalen gehörenden Verfahren umfassen bis knapp über 100 Items, mit denen Eigenschaften und Verhaltensweisen von Kindern und Ju-gendlichen beobachtet werden können, die zur Zeit und/oder in den vergangenen Monaten zu beachten sind bzw. waren, sowie weitere Fragen, insbesondere zu sozialer Erwünschtheit (YSR) bzw. zur Schulsituation und zum Lehrer-Schüler-Verhältnis (TRF). Die Items bieten im Einzelnen mit einer dreistufigen Skalierung nur wenige Beurteilungsmöglichkeiten; sie werden zu einer Reihe von Problem-skalen zusammengefasst. Bis auf die CBCL-Vorschulcheckliste werden Kompe-tenzskalen berücksichtigt; in allen Verfahren finden sich zudem Problemskalen – insbesondere zu folgenden Aspekten:

- sozialer Rückzug
- körperliche Beschwerden
- Angst/Depressivität
- soziale Probleme
- schizoid/zwanghaft

- Aufmerksamkeitsstörung
- dissoziales Verhalten
- aggressives Verhalten

Diese Skalen fließen wiederum in drei übergreifende Kategorien zusammen: zum einen internalisierende versus externalisierende Auffälligkeiten, zudem kann ein Score für Gesamtauffälligkeiten gebildet werden. Die Skalenbildung basiert auf faktorenanalytischen Untersuchungen an großen Stichproben, insbesondere in den USA, mittlerweile aber auch in Deutschland.

Die deutschen Achenbach-Skalen beziehen sich bis auf die CBCL 4–18 sowie den YSR auf amerikanische Normen, weil eine endgültige Normierung für deutsche Schülerinnen und Schüler noch nicht vorliegt und bisherige deutsche Studien nur geringfügige Abweichungen zu den amerikanischen Normen erbrachten. Für die CBCL 4–18 sowie den YSR wurde dies mit großen deutschen Stichproben geleistet (siehe aber mittlerweile auch Döpfner et al. 2014). Von der KJFD werden eine Zusammenfassung der deutschen Studien und ein computergestütztes Auswertungs-Programm angeboten (www.uni-koeln.de/med-fak/kjp¬/kjfd).

Diese Verfahren können aufgrund der Durchführungs- und Auswertungsstandardisierung als befriedigend objektiv gelten. Auch die Reliabilität ist recht gut, wenn auch nicht durchgängig für alle Teilskalen. Des Weiteren finden sich für die Validität sehr positive Befunde – hinsichtlich der Differenzierungsmöglichkeit unterschiedlicher Störungsformen sowie zwischen klinischen und nichtklinischen Gruppen. In den vergangenen 15 Jahren gab es recht viel – insbesondere klinische – Forschung zum Einsatz und zur Normierung dieser Instrumente.

Wichtige Vorteile der Achenbach-Skalen sind die relative Kürze der Fragebögen sowie die Berücksichtigung eines breiten Spektrums wichtiger Störungsbereiche, des Weiteren die größtenteils gute Vergleichbarkeit zwischen den verschiedenen Versionen. Probleme liegen in der unsicheren Stabilität einiger Skalen, im Abstraktionsgrad der Items sowie in dem geringen Differenzierungsgrad der Antwortmöglichkeiten.

Durchführung:
Der Fragebogen wird von den jeweiligen Adressaten bearbeitet. Hierzu ist eine standardisierte Instruktion verfügbar.

Auswertung:
Die Itemwerte werden in ein Profilblatt übertragen, für jedes Syndrom ein Summenwert errechnet und im Profil markiert. Verfügbar sind Prozentrang und T-Wert sowie – anhand von in die Skalierung eingetragenen Grenzbereichen – die Beurteilung als Unauffälligkeit, im Übergangsbereich zur Auffälligkeit oder Auffälligkeit.

»Child Behavior Checklist« (CBCL):
Die CBCL existiert in zwei Versionen: erstens im Hinblick auf Klein- und Vorschulkinder (1 ½ bis 5 Jahre), zweitens bezogen auf Kinder und Jugendliche zwi-

schen 4 und 18 Jahren. Für die Bearbeitung werden ca. 15 Minuten kalkuliert, für die Auswertung weitere 5–10 Minuten.

Lehrerfragebogen über das Verhalten von Kindern und Jugendlichen – »Teacher's Report Form« (TRF):
Die TRF erfasst im ersten Teil soziale Kompetenzen und schulische Leistungen, im zweiten Teil über 113 Items Problematiken des Erlebens und Verhaltens. Sie ist einsetzbar im Hinblick auf Kinder und Jugendliche von 4–18 Jahren. Zu bedenken ist, dass hier immer noch auf amerikanische Normen zurückgegriffen wird, wobei Studien die Vergleichbarkeit zur deutschen Situation aufgezeigt haben. Validität und Reliabilität dieser Skalen wurden jedoch auch für deutsche Stichproben weitgehend bestätigt. Die Durchführungsdauer beträgt mindestens 15 Minuten.

Fragebogen für Jugendliche – Youth Self-Report for ages 11–18 (YSR):
Der YSR wurde entwickelt für Jugendliche von 11–18 Jahren. Die Normierung wurde anhand einer bundesweiten, repräsentativen und relativ großen Stichprobe (N = 1800) durchgeführt. Die Bearbeitungszeit dürfte individuell sehr unterschiedlich sein; sie wird mit 15–20 Minuten angegeben. Für die Auswertung werden auch hier 5–10 Minuten kalkuliert.

Für Jungen und Mädchen wurden getrennt Prozentränge und T-Werte errechnet. Für die Auswertung mit den deutschen Normen liegen Formulare und Auswertungsschablonen vor.

Die gleichartige Konstruktion der Fragebögen von CBCL, TRF und YSR ermöglicht einen Vergleich der Ergebnisse und eine kohärente Beurteilung der Probanden.

5.5.2.3 Schulleistungstests

Schulleistungstests liegen in allgemeiner Form zur Erfassung schulischer Leistung in verschiedenen Unterrichtsfächern sowie in spezieller Ausrichtung auf einzelne Unterrichtsfächer bzw. einzelne Kulturtechniken vor. Sie haben hier Bedeutung insbesondere aufgrund der Verschränkung von Schulleistungsproblemen und Verhaltensstörungen. Von grundsätzlicherer Natur sind allgemeine Aspekte des Lern- und Arbeitsverhaltens, für die auch beispielhaft gleich eingangs ein Verfahren dargestellt werden soll. Allgemeine Schulleistungstests wurden z. B. für die Klassen 2, 3 und 4 konstruiert. Spezielle Verfahren zur Erfassung der Leistung z. B. im Lesen, im Rechtschreiben und im Rechnen haben besonderen Wert, wenn sie »diagnostisch«, d. h. auf das Aufspüren individualtypischer Fehler, Schwächen und Fördermöglichkeiten ausgerichtet sind. Für jeden der genannten Bereiche wird beispielhaft ein bewährtes Verfahren vorgestellt.

Lern- und Arbeitsinventar (LAVI)

Autoren: Keller, R./Thiel, R. D. (1998)
Zielgruppe: Schülerinnen und Schüler der Klassen 5–10

Form und Inhalt:
Das LAVI zielt auf die differenzierte Erfassung des Lern- und Arbeitsverhaltens ab, insbesondere im Hinblick auf Schülerinnen und Schüler, deren Lern- und Leistungsschwierigkeiten vermutlich auf Defizite im Lern- und Arbeitsverhalten zurückzuführen sind. Es besteht aus 58 Items, die den drei Skalen »Arbeitshaltung«, »Stressbewältigung« sowie »Lerntechnik« zugeordnet sind. Es handelt sich um typische Lernsituationen. Auf Basis einer genauen Diagnose soll sich die Möglichkeit ergeben, gezielt lernfördernde Modifikationsverfahren zu wählen.

Durchführung:
Es liegen ein Frage- und ein Antwortbogen vor. Auf dem Antwortbogen findet sich eine genaue Testinstruktion. Für die Bearbeitung des Fragebogens wird keine Zeitvorgabe gemacht; es ist mit etwa 30 Minuten Zeitbedarf zu rechnen.

Auswertung:
Die Gütekriterien des Verfahrens erweisen sich als befriedigend, auch die Übereinstimmung mit Schulleistungen ist recht hoch. Die Auswertung nimmt nur wenige Minuten in Anspruch. Es liegen T-Wert-Normen für die Klassen 5 bis 10 der Sekundarstufe vor. Im Manual finden sich Anleitungen für die Einleitung von Änderungsprozessen des Lern- und Arbeitsverhaltens, auch hinsichtlich verschiedener Bereiche.

Allgemeiner Schulleistungstest für zweite Klassen (AST 2)

Autor: Rieder, O. (1991)
Zielgruppe: Schüler am Ende der 2. Klasse

Form und Inhalt:
Der AST 2 erfasst spezifische Leistungen in den Fächern Deutsch, Rechnen und Sachwissen. In ähnlicher Form liegt er auch für weitere Schuljahre vor. Er besteht aus sechs Untertests mit insgesamt 124 Items. Im Fach Deutsch wird auf den Wortschatz, das Leseverständnis und die Rechtschreibung eingegangen. Im Fach Rechnen werden Zahlenrechnen und Textaufgaben angeboten. Im Bereich Sachwissen werden allgemeine Kenntnisse aus den Bereichen Natur und Technik abgefragt.

Durchführung:
Der Test soll in der zweiten Hälfte bzw. in den letzten drei Monaten der 2. Klasse angeboten werden. Er kann als Gruppen- und Individualtest durchgeführt werden. Jeder Schüler erhält ein Testheft, der Testleiter liest die Anweisungen aus einem Beiheft vor. Benötigt werden zwei Unterrichtsstunden.

Auswertung:
Die Auswertung geschieht mithilfe eines Auswertungsschlüssels. Die ausgezählten Rohpunkte werden für die einzelnen Fächer zu Gesamtrohpunkten zusammenge-

fasst und in Prozentränge sowie T-Werte umgerechnet. Eine Normentabelle lässt Vergleiche mit der Standardisierungsstichprobe zu. Der Test liegt in zwei parallelen Formen (A und B) vor.

ELFE 1–6 – ein Leseverständnistest für Erst- bis Sechstklässler

Autor: Lenhard, W./Schneider, W. (2006)
Zielgruppe: 1. bis 6. Schuljahr

Form und Inhalt:
Bei Elfe 1–6 handelt es sich um einen Leseverständnistest. Dieser steht in Papierform (auch zur Gruppentestung) oder als Computerversion zur Verfügung. Im Vordergrund steht die Erfassung von Wort-, Satz- und Textverständnis sowie der Lesegeschwindigkeit.

Durchführung:
Die reine Testzeit beträgt in den Klassenstufen 1–4 13 Minuten, in der Computerversion 15 Minuten. In den höheren Klassenstufen wird die Zeit reduziert, sodass die Bearbeitung in 10 Minuten erfolgt. Die Gesamtzeit, inklusive den personenbezogenen Daten sowie der Instruktion, liegt unter einer halben Stunde.

Auswertung:
Für die Interpretation der Ergebnisse stehen Z- und T-Äquivalenznormen sowie Prozentrangbänder (Vergleich Schuljahresende) zur Verfügung. Die Computerversion bietet eine automatische, graphische Auswertung und die Möglichkeit des Exports (bspw. zur Verwendung in einem Gutachten).

Diagnostischer Rechtschreibtest für 3. Klassen (DRT 3)

Autor: Müller, R. (1983, 4., aktualisierte Auflage 2003)
Zielgruppe: Schüler am Ende der 3., Anfang der 4. Klasse

Form und Inhalt:
Der DRT 3 ist ein gut konstruierter, standardisierter, bewährter und aktualisierter Schulleistungstest im Bereich der Rechtschreibung. Der Test besteht aus einem Lückentext, in den nach Diktat 44 Wörter eingesetzt werden müssen. Die fehlenden Wörter haben zunehmende Schwierigkeiten und stellen die Leistungsanforderung an die Schüler dar.

Durchführung:
Der Test kann in den letzten vier Monaten des 3. Schuljahres und den ersten drei Monaten des 4. Schuljahres sowie in der 5. und 6. Klasse der Sonderschulen für Sprach- und Lernbehinderte durchgeführt werden. Die Schüler tragen in Testhefte mit Lückensätzen die vom Testleiter diktierten Wörter in einem Zeitraum von 25 bis 45 Minuten ein.

Auswertung:
Es besteht die Möglichkeit zur quantitativen wie zur qualitativen Auswertung. Die quantitative Auswertung erfolgt über Rohpunkte und Prozentränge. Die qualitative Auswertung führt über eine Fehleranalyse zum Vergleich mit einer Fehlertypologie.

Hamburger Schreib-Probe (HSP 1–9)

Autor: May, P. (6. Auflage 2002)
Zielgruppe: Kinder und Jugendliche Mitte Klasse 1 bis Klasse 9

Form und Inhalt:
Bei der HSP handelt es sich um ein Instrument zur Erfassung der grundlegenden Rechtschreibstrategien von Kindern und Jugendlichen von der ersten bis zur neunten Klasse. Es liegen verschiedene Testhefte und Auswertungsmanuale mit bundesweiten Vergleichswerten für die jeweiligen Klassenstufen vor, welche sich teilweise sogar nach Schulform (Sonderschule, Haupt-, Real- & Gesamtschulen, Gymnasien) unterscheiden.

Durchführung:
Die Durchführung der HSP ist sowohl in der Einzelfalldiagnostik als auch im Klasseneinsatz möglich. Die zu bearbeitenden Wörter werden von der Testleitung (Lehrkraft) vorgelesen und sind zusätzlich in den Testheften illustriert. Die Bearbeitungszeit liegt in der Regel unter 30 Minuten.

Auswertung:
Die Rechtschreibleistung wird im Wesentlichen durch die Graphemtreffer (Anzahl richtiger Grapheme) erfasst. Zusätzlich bietet die HSP die Möglichkeit, ein Strategieprofil des Schülers zu erstellen und somit die dominanten Rechtschreibstrategien zu erheben. Die HSP unterscheidet alphabetische Strategien (Verschriftlichung des Lautstroms eines Wortes), orthographische Strategien (Integration von Merk- und Regelelementen), morphematische Strategien (morphosemantisches Bedeutungswissen & morphologisches Strukturwissen) und ab der vierten Klasse zusätzlich wortübergreifende Strategien (Einbeziehung der Wortart/Wortsemantik). Zudem werden überflüssige orthographische Elemente und Oberzeichenfehler (Schreibsorgfalt) registriert. Für sämtliche Versionen liegen Prozentrang- und T-Wert-Bänder vor.

Sprachstandsüberprüfung und Förderdiagnostik für Ausländer- und Aussiedlerkinder (SFD)

Autor: Hobusch, A./Lutz, N./Wiest, U. (2012)
Zielgruppe: Schüler 1. bis 4. Schulklasse

177

Form und Inhalt:
Der SFD ist ein Einzeltest und umfasst Aufgaben zum deutschen Wortschatz und in der Erstsprache des Kindes. Zusätzlich werden das Hörverständnis, Singular und Plural, Präpositionen und Farbenkenntnisse überprüft. Das Verfahren ist geeignet zu überprüfen, ob das Kind die sprachlichen Voraussetzungen erfüllt, um dem Unterricht der allgemeinen Schule zu folgen, oder ob spezielle Vorbereitungskurse von Nöten sind.

Durchführung:
Im Wortschatztest Deutsch muss das Kind 72 vorgesprochene Wörter auf dazu passenden Bildkarten in ihrer Bedeutung erkennen. In der Erstsprache erfolgt das Vorlesen von der CD; es sind 16 Sprachen verfügbar. Das Hörverständnis wird sowohl anhand von kurzen Sätzen, die einfache Tätigkeiten beschreiben, als auch anhand einer kurzen Geschichte, zu der das Kind Fragen beantworten muss, überprüft. Die Überprüfung des Farbverständnisses erfolgt anhand der Benennung von zehn Farben, die Singular-/Pluralbildung über die Vervollständigung mehrerer Sätze.

Auswertung:
Der SFD erlaubt zum einen den Vergleich der Leistungen des Kindes mit deutschen Muttersprachlern und zum anderen mit Kindern mit Deutsch als Zweitsprache. Prozentränge – auch für deutsche Muttersprachler – sind vorhanden. Die Auswertung unterteilt in drei Sprachgruppen; für die niedrigste (1) wird ein Vorbereitungskurs empfohlen, für Sprachgruppe 2 empfiehlt sich eine Förderung im Sinne von Deutsch als Zweitsprache. Die Einstufung in Sprachgruppe 3 lässt erwarten, dass das Kind die sprachlichen Anforderungen der allgemeinen Schule erfüllt.

Deutscher Mathematiktest (DEMAT)

Autor: Hrsg. Hasselhorn, M./Marx. H. und Schneider, W.
           DEMAT 1+ K. Krajewski, P. Küspert, W. Schneider unter Mitarbeit von M. Visé (2002)
           DEMAT 2+ K. Krajewski, S. Liehm und W. Schneider (2004)
           DEMAT 3+ T. Roick, D. Gölitz und M. Hasselhorn (2004)
           DEMAT 4+ D. Gölitz, T. Roick und M. Hasselhorn (2006)
           DEMAT 9 S. Schmidt, M. Ennemoser und K. Krajewski (2012)
Zielgruppe: Erste bis vierte sowie neunte Klassen

Form und Inhalt:
Der DEMAT ist zur Erfassung der Mathematikleistungen ganzer Schulklassen und zur Identifizierung einer Rechenschwäche geeignet. Orientiert an den Lehrplänen aller deutschen Bundesländer, bietet er in der jeweiligen Version eine gute diagnostische Möglichkeit.

Durchführung:
Die Durchführung im Gruppentest nimmt etwa 45 Minuten in Anspruch. In der Einzelfalldiagnostik liegt die Testzeit in der Regel darunter.

Auswertung:
Die Auswertung erfolgt anhand von bundesweiten klassen- und geschlechtsspezifischen Normen. Neben der Orientierung an Individualnormen besteht auch die Möglichkeit, die Leistungen einer ganzen Schulklasse zu vergleichen.

5.5.2.4 Intelligenztests und spezielle Leistungstests

Hamburg-Wechsler-Intelligenztest für Kinder – IV (HAWIK®-IV)

Autoren: Petermann, F./Petermann, U. (2010a)
Zielgruppe: Kinder und Jugendliche (6;0 bis 16;11 Jahre)

Form und Inhalt:
Der HAWIK-IV ist an der Wechsler-Tradition orientiert und dient der Messung allgemeiner und spezifischer intellektueller Fähigkeiten. Die neue Normierung erfolgte an 1650 Kindern aus Deutschland, Österreich und der Schweiz.

Durchführung:
Der HAWIK-IV besteht aus 15 Untertests, welche in festgelegter Reihenfolge vorgelegt werden. Den Anfang bildet ein Mosaik-Test, anschließend werden im Wechsel Untertests zum Sprachverständnis und zum wahrnehmungsgebundenen logischen Denken sowie Untertests zum Arbeitsgedächtnis und der Verarbeitungsgeschwindigkeit durchgeführt. Die festgelegte Reihenfolge bietet Abwechslung, um das Interesse der Kinder aufrecht zu erhalten.

Auswertung:
Die Auswertung des HAWIK-IV ermöglicht es, einen Gesamt-IQ sowie vier weitere Indizes zu ermitteln. Diese sind sprachliches Verständnis, wahrnehmungsgebundenes logisches Denken, Arbeitsgedächtnis und die Bearbeitungsgeschwindigkeit. Der Test reduziert damit die Intelligenzdiagnose nicht lediglich auf einen abstrakten IQ-Wert, er ermöglicht es vielmehr, ein differenziertes Bild über den kognitiven Entwicklungsstand zu erstellen. Zur Unterstützung der Auswertung ist eine Computerversion erhältlich.

Snijders-Oomen non-verbaler Intelligenztest (SON-R 5 ½–17)

Autoren: Tellegen, P. J./Laros, J. A. (2005)
Zielgruppe: Kinder und Jugendliche (13–16 Jahre)

Form und Inhalt:
Die SON ist ein sprachfreier Intelligenztest. Er ist zunächst für Gehörlose konstruiert worden und kann nach wie vor bei diesen erfolgreich eingesetzt werden. Er ist der Test der Wahl bei Probanden, die bei an Schulleistungsanforderungen erinnernden Aufgaben blockieren. Mit seinem vielfältigen Testmaterial ist er motivierend und durch die differenzierten Aufgabenstellungen auch sehr informativ. Für die vorschulische Altersgruppe von 2 ½ bis 7 Jahren ist ein eigenes Verfahren verfügbar (vgl. Tellegen/Laros 2007).

Die SON besteht aus sieben Untertests: Kategorien, Analogien, Situationen, Bildgeschichten, Mosaike, Zeichenmuster und Suchbilder. Während die ersten drei Subtests Mehrfachwahlverfahren sind, sind die übrigen Handlungstests. Abb. 21 gibt ein Beispiel (► Abb. 21): Unvollständige Figuren sollen symmetrisch vervollständigt werden (Figurergänzung, nach Snijders-Oomen [2]1964). Die Durchführung einer verkürzten Version mit vier Subtests ist möglich.

Abb. 21: Vorlage zum »Figurenergänzen« in der SON

Durchführung:
Die Durchführung erfolgt als Einzeltest; es werden ca. 90 Minuten veranschlagt, für die verkürzte Version etwa die halbe Zeit. Zur Überwindung von eventuell gegebenen Ängsten und Hemmungen kann ein spielerischer Vortest eingesetzt werden. Die Probanden brauchen auf die Testaufgaben nur nonverbal zu reagieren. Der

Testleiter füllt den Testbogen aus. Um nicht eine Unterforderungssituation herbeizuführen, können auch Aufgaben übersprungen werden.

Auswertung:
Die ermittelten Rohwerte der Subtests werden in Standardwerte umgesetzt, wobei nach dem Alter geordnete Tabellen – getrennt für Hörende und Gehörlose – verwendet werden. Mit der Summe der Standardwerte und der Anzahl der durchgeführten Subtests kann anhand einer Tabelle der Intelligenz-Quotient (IQ) abgelesen werden. Es kann aber auch für jeden Subtest einzeln ein Subtestalter errechnet werden, sodass in Relation zum chronologischen Alter der spezifische Entwicklungs- bzw. Leistungsstatus festgestellt werden kann.

Seit 2012 ist der neue SON-R 6–40 mit nur noch vier Untertests auf dem Markt (vgl. Tellegen/Laros/Petermann 2012); diese seien reliabler als die alte Variante mit mehr Untertests, und auch die Vergleichbarkeit mit dem SON-R 2 ½–7 sei besser (vgl. a. a. O.), was gerade im Hinblick auf Verlaufsdiagnostik Bedeutung hat.

Standard Progressive Matrices/Raven-Matrizen-Test (SPM)

Autor: Raven, J. C. – Deutsche Bearbeitung: Kratzmeier, H. (1988); Handbuch mit deutschen Normen seit 1998 von Heller, K./Kratzmeier, H./Lengfelder, A. Aktuelle Testversion: Raven, J. C./Horn, K. (2009)
Zielgruppe: Kinder (ab 5 Jahren), Jugendliche und Erwachsene

Form und Inhalt:
Der SPM ist ein nonverbaler Intelligenztest, der sich auf die Allgemeinbefähigung (g-Faktor) bezieht. »Der Test soll die gesamte kognitive Entwicklung erfassen, vom Kind, das begreift, dass es das fehlende Stück einer Figur finden soll, bis zur maximalen Fähigkeit eines Menschen, Vergleiche zu bilden und in Analogien zu denken« (SPM-Manual 1979, 7).

Der SPM hat insgesamt 60 Aufgaben, die nach fünf Serien geordnet sind, wobei sich sowohl bei den Serien (A-E) als auch bei den jeweils zwölf Aufgaben pro Serie der Schwierigkeitsgrad progressiv (deshalb: progressive Matrizen) steigert. Die Matrizen sind Folgen abstrakter Muster und Zeichen, von denen das letzte im Multiple-Choice-Verfahren aus sechs bis acht Antwortmöglichkeiten auszuwählen ist.

Für die aktuelle »SPM Plus«-Version wurde das Verfahren um einige Aufgaben mit hohem Schwierigkeitsgrad erweitert, wobei zugleich einige Items mittlerer Schwierigkeit entfernt wurden. Hintergrund waren die durchschnittlich in den vergangenen Jahrzehnten gestiegenen Testleistungen der Probanden.

Durchführung:
Die Sequenzen der Muster und Figuren haben einen hohen Aufforderungscharakter dahingehend, die richtige Lösung zu finden und die Lücke auszufüllen. Verbale Hinweise erübrigen sich eigentlich, werden jedoch, gerade auch im Hinblick auf jüngere und psychisch behinderte Kinder, nach Vorschrift gegeben. Die

181

ersten beiden Aufgaben der ersten Serie werden sogar mit dem/den Probanden durchgegangen. Es stehen Durchschreibeantwortbögen zur Verfügung, auf denen die 60 Matrizen mit den jeweils sechs bzw. acht Antwortmöglichkeiten aufgedruckt sind. Für jede Serie ist mit dem Bleistift die richtige Antwortmöglichkeit anzukreuzen. Jeder Proband bekommt ein Testheft mit den 60 Matrizen und einen Durchschreibeantwortbogen sowie einen Bleistift bzw. Kugelschreiber. Es gibt auch eine sprachfreie Instruktion für Gehörlose und anderssprachige Testpersonen.

Auswertung:
Die Durchschrift des Antwortbogens ermöglicht eine schnelle und übersichtliche Auswertung, die auch computergestützt möglich ist. Für den weltweit an ca. 20 000 Personen geeichten Test liegen deutsche Prozentrangnormen auch für Kinder und Jugendliche zwischen 10 und 15 Jahren vor, die zu IQ-Werten transformiert werden können.

Für die Durchführung besteht keine Zeitbegrenzung; es sind ca. 45 Minuten anzusetzen.

Der Test ist objektiv und erreicht für Reliabilität und Validität gute Werte. Grenzen hat er hinsichtlich der Differenzierung zwischen kleinen Kindern und sehr intelligenten Erwachsenen. Ergänzende Formen des SPM, die Coloured Progressive Matrices (CPM) für 3;9- bis 11;8-jährige Kinder und auch für ältere Menschen sowie die Advanced Progressive Matrices (APM) für hochintelligente Erwachsene, können bei diesen speziellen Zielgruppen hilfreich sein.

Das Manual bietet eine Vielzahl von repräsentativen Altersnormen für 6- bis 18-jährige sowie Tabellen für hörbeeinträchtigte und lernbehinderte Schüler, für Studenten zwischen 19 und 35 Jahren sowie für ältere Menschen über einem Alter von 60 Jahren.

Grundintelligenztest Skala 2 – Revision – (CFT 20-R) mit Wortschatztest und Zahlenfolgentest – Revision (WS/ZF-R)

Autor: Weiß, R. H. (2008)
Zielgruppe: 8;5–19 Jahre (CFT 1 5;3–9;5 Jahre)

Form und Inhalt:
Der CFT 20-R ist ein sprachfreier Intelligenztest, orientiert an dem fluiden Intelligenzmodell von Cattell. Er besteht aus zwei gleichartig aufgebauten Testteilen mit den jeweils vier Untertests Reihenfortsetzen, Klassifikationen, Matrizen und topologische Schlussfolgerungen. Die sprachfreien Testaufgaben sollen Personen mit geringen Deutschkenntnissen und/oder mangelnden Kulturtechniken nicht benachteiligen, so dass der Test insbesondere für Personen mit Migrationshintergrund geeignet ist. Der Wortschatztest liefert Anhaltspunkte für Allgemeinbildung, der Zahlenfolgetest zielt auf das Erkennen von Gesetzmäßigkeiten numerischer Aufgaben ab.

Durchführung:
Der Test ist als Einzel- und Gruppentest durchführbar. Die Testzeit umfasst etwa 60 Minuten.

Auswertung:
Der Rohwert ergibt sich aus der Anzahl richtig gelöster Aufgaben. Es stehen Normtabellen sowie ein Auswertungsprogramm für den PC zur Verfügung.

Aufmerksamkeits- und Konzentrationstest (d2-R)

Autor: Brickenkamp, R./Schmidt-Atzert, L./Liepmann, D. (2010)
Zielgruppe: 9 bis 60 Jahre

Form und Inhalt:
Bei diesem Test handelt es sich um ein ökonomisches Verfahren zur Diagnostik von Aufmerksamkeit und Konzentration. Der d2-R stellt eine Weiterentwicklung des seit Jahrzehnten bewährten d2 dar. Es handelt sich um einen Durchstreichtest für bestimmte Zeichen. Es liegen deutsche Normen für den Altersbereich zwischen 9;0 und 60 Jahren vor.

Durchführung:
Die Durchführung dauert unter 10 Minuten und ist als Einzel- und Gruppentestung möglich; für die reine Testbearbeitung sind nicht einmal fünf Minuten vorgesehen. Die Aufgabe an den Probanden besteht darin, jedes zweigestrichene »d« durchzustreichen. Insgesamt gibt es 16 verschiedene Zeichen, die aus der Kombination von »d« oder »p« mit zwei bis vier Strichen zusammengesetzt sind. Eine Kurzanleitung in türkischer Sprache ist verfügbar.

Auswertung:
Der d2 unterscheidet zwischen der Gesamtzahl der bearbeiteten Zeichen (GZ), dem Fehlerrohwert (F), dem Fehlerprozentwert (F %), der Gesamtleistung (GZ-F) und der Konzentrationsleitung (KL). Er eignet sich daher gut zur Überprüfung einzelner Teilbereiche von Konzentration und Aufmerksamkeit. Die Auswertung erfolgt manuell und ist in fünf Minuten möglich.

Anstrengungsvermeidungstest (AVT)

Autoren: Rollett, D./Bartram, M. (1981; 3., überarbeitete Auflage 1998)
Zielgruppe: Kinder und Jugendliche (10–15 Jahre)

Form und Inhalt:
Der AVT ist auf den schulischen Bereich bezogen. Er soll die Neigung von Schülern erfassen, schulischen Anstrengungen aus dem Wege zu gehen, und ist für Schüler des 5.–9. Schuljahres konzipiert.

71 Items sind auf Anstrengungsvermeidung ausgerichtet, d. h. es wird eine Verhaltenssituation vorgegeben, auf die mit Anstrengungsvermeidung reagiert werden kann. 41 Items messen mit zwei Antwortalternativen die Tendenz zur Anstrengungsvermeidung und den so genannten Pflichteifer. Zusätzliche Informationen für pädagogisch-therapeutische Maßnahmen sind über 30 Items zu erhalten. Mit der 3. Auflage werden die Interventionshinweise ausgeweitet. Die mit dem Test erfasste Anstrengungsvermeidung korreliert positiv mit Angst, Schulunlust und Angst vor Misserfolg, negativ mit Erfolgserwartung.

Durchführung:
Der AVT kann als Einzel- oder Gruppentest durchgeführt werden. Eine Zeitbegrenzung ist nicht vorgesehen. Zu rechnen ist mit 10–20 Minuten. Der Test sollte in der 2. oder 3. Schulstunde durchgeführt werden, damit die Schüler noch frisch sind und nicht wegen ihrer Abgespanntheit Anstrengungsvermeidungsverhalten zeigen. Nach wörtlicher Instruktion anhand des Manuals entnehmen die Schüler die Items einem Fragebogen und tragen die Antworten mit Bleistift in ein Testheft ein.

Auswertung:
Die Auswertung erfolgt mit einer Schablone zur Trennung der Anstrengungsvermeidungs- und Pflichteifer-Items. Die Rohpunkte werden für die beiden Skalen addiert, die erhaltenen Rohwerte ermöglichen Vergleiche mit der Altersgruppe über Prozent- und Standardwerte; das Verfahren entspricht den Testgütekriterien; die Daten können nach Klassenstufe (5–6 und 7–9), nach Schulart (Hauptschule/ weiterführende Schulen) und nach Geschlecht differenziert ausgewertet werden. Mit dem Verfahren werden zwei Typen von Anstrengungsvermeidern erfasst: 1. »Störenfriede«, die einen desorganisierten Arbeitsstil haben, nur kurze Zeit arbeiten können, abgelenkt, labil und vergesslich sind; die Eltern sind häufig materiell verwöhnend, aber emotional vernachlässigend, oft sind sie überlastet. 2. »Desinteressierte« mit einem apathischen Arbeitsstil, die extrem langsam, frühzeitig überfordert sind. Für diese beiden Typen werden Hinweise für pädagogisch-therapeutische Hilfen gegeben.
Der Test kann in einer computergestützten Fassung eingesetzt werden.

5.5.2.5 Persönlichkeitsverfahren und projektive Tests

Unter Persönlichkeit soll die Summe der charakteristischen Verhaltensmuster verstanden werden, die aus den Einstellungen und Wertungen, Gefühlen und Beziehungen einer Person zu sich selbst, zur Umwelt und zu ihrer Stellung im Kosmos resultieren.
Mit Persönlichkeitsverfahren wird versucht, Einblick zu bekommen in Persönlichkeitsdimensionen/Verhaltensbereitschaften von Personen wie z. B. Aggressivität, Ängstlichkeit, Depressivität, Introversion, Extraversion, Neurotizismus usw. Allgemeine Persönlichkeitstests sind auf möglichst viele dieser Dimensionen ausgerichtet; spezielle Verfahren hingegen widmen sich einzelnen Aspekten und

Problembereichen wie etwa Ängstlichkeit oder Aggressivität. Die Verfahren sind auf offene Mitarbeit der Probanden angewiesen; einige Verfahren beinhalten zusätzlich Lügenitems und Items zur sozialen Erwünschtheit, um das Ausmaß der Offenheit zu erfassen. Bei zu geringer Offenheit verliert das Verfahren seine Aussagekraft. Beispielhaft für multidimensionale Tests sollen zwei Verfahren vorgestellt werden, die sich bei Kindern (PFK 9–14) bzw. bei Jugendlichen und Erwachsenen (FPI) seit langem bewährt haben und gut standardisiert sind. Der persönlichkeitstheoretische Hintergrund für PFK 9–14 und FPI wird weitgehend durch das Persönlichkeitsmodell von Eysenck abgedeckt (▶ Abb. 22, nach: Eysenck 1978, 134). Dies wird ergänzt durch den NEO-FFI als neueres, auf dem »Big-Five«-Konzept basierendes Verfahren. Anschließend finden beispielhaft für verschiedene Teilsyndrome ein Verfahren zur Ängstlichkeit und eines zur Aggressivität Berücksichtigung. Da die Fähigkeit zur Emotionsregulation über verschiedene Problembereiche hinweg besondere Bedeutung hat, werden auch hierzu zwei Verfahren vorgestellt. Schließlich finden Verhaltensstörungen häufig ein Abbild auf der Ebene des Selbstkonzepts der Betroffenen; zwei entsprechende Instrumente sollen bedacht werden.

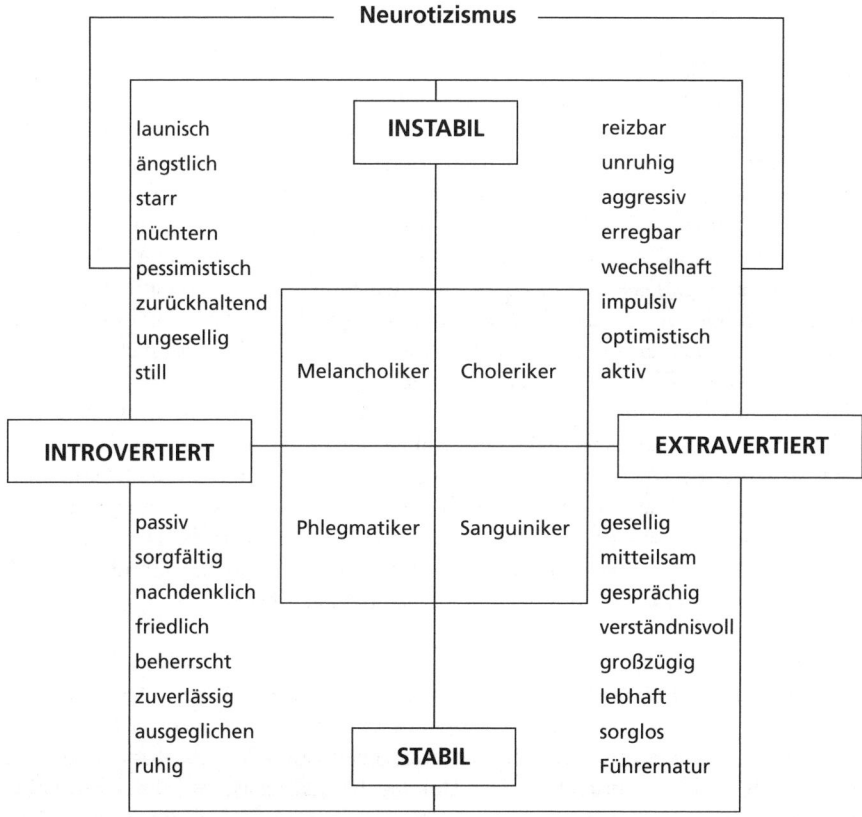

Abb. 22: Das Persönlichkeits-Modell von Eysenck

Nachdem Fragebögen für die Untersuchten recht transparent offenbaren, was sie erheben, und die Ergebnisse damit auch mehr oder weniger bewusst beeinflussbar sind, werden in einem letzten Teil einige ausgewählte projektive Verfahren angesprochen. Für deren Anwendung und Auswertung bedarf es in aller Regel einer spezifischen, vertieften Qualifizierung des Diagnostikers. Andererseits können sie, vorsichtig eingesetzt und interpretiert, die diagnostische Arbeit erheblich bereichern. Zudem lassen sie sich bei gleicher Vorsicht auch für die informelle Arbeit im Sinne einer ersten Eindrucksbildung verwenden. Weitere, hier nicht vorgestellte projektive Verfahren, die – eingedenk der geäußerten Bedenken – auch sonderpädagogisch relevant sind, sind das stark informell orientierte »Rotter-Satzergänzen« sowie klassische Apperzeptionsverfahren (TAT und CAT) (vgl. Seitz 2003, 235 f.), des Weiteren der »Schulangst-Test« (SAT) (Husslein 1978).

Persönlichkeitsfragebogen für Kinder zwischen 9 und 14 Jahren (PFK 9–14)

Autoren: Seitz, W./Rausche, A. ([4]2004)
Zielgruppe: Kinder und Jugendliche von 9 bis 14 Jahren

Form und Inhalt:
Der PFK 9–14 ist bereits seit 1976 im Gebrauch. Es handelt sich um ein in verschiedensten psychologischen und pädagogischen Praxiskontexten sehr häufig eingesetztes Verfahren. Gerade auch für sonderpädagogische Arbeitsfelder ist der PFK 9–14 ein sehr wichtiges Diagnostikum. Die Zielsetzung des Verfahrens liegt in der Einschätzung der Testprobanden im Hinblick auf eine Reihe zentraler, primär nichtleistungsbezogener Merkmale der Persönlichkeit. Dies geschieht in Form der Selbstbeurteilung. Das Verfahren ist als mehrdimensionaler Persönlichkeitstest strukturiert: Die verschiedenen Merkmale werden also jeweils als bipolare Dimensionen betrachtet und gehandhabt. Zentrale Dimensionen der nichtleistungsbezogenen Persönlichkeit, die hier berücksichtigt werden, sind Verhaltensstile (als überdauernde Verhaltenseigenheiten), Motive (als »hinter« dem konkreten Verhalten stehend) sowie Aspekte des Selbstbildes. Diese Bereiche werden als »traits«, als überdauernde Wesenszüge verstanden; ihnen werden insgesamt 15 Dimensionen zugeordnet: Hierbei beziehen sich vier Dimensionen auf den Bereich der Verhaltensstile, sechs auf den der Motive und fünf auf Selbstbildaspekte. Diese »Primärdimensionen« werden auf Basis der großen Eichstichprobe über Faktorenanalysen zu »Faktoren II. Ordnung« zusammengeführt.

Durchführung:
Zu jedem der drei Hauptbereiche gibt es ein gesondertes Testheft. Der PFK kann grundsätzlich im Einzel- sowie im Gruppenverfahren durchgeführt werden. Für die Bearbeitung werden etwa 30 Minuten angegeben; leseschwache Kinder dürften aber durchaus länger brauchen. Der Untersuchungsgegenstand, die Selbstwahrnehmung der eigenen Persönlichkeit, ist für den Befragten recht klar erkennbar. Insofern besteht, wie bei allen ähnlichen Verfahren der Selbstbeurteilung, ein

grundsätzliches Verfälschungs- und Verzerrungsrisiko. Alle Items werden mit »stimmt/stimmt nicht« beantwortet.

Auswertung:

Das Verfahren wurde 2004 in 4. Auflage neu normiert, auch auf Basis einer gesamtdeutschen Stichprobe. Die Bögen sind einfach über Schablonen auswertbar. Ergänzend ist aber auch ein Testauswerteprogramm verfügbar. Das Testmanual enthält Normtabellen mit Prozentrang- und T-Werten im Hinblick auf die Primärdimensionen sowie die Faktoren II. Ordnung für die Gesamtstichprobe und auch für verschiedene Teilstichproben: Alter und Geschlecht (auch in Kombination) sowie Schulart.

Sowohl Durchführungs- als auch Auswertungs-Objektivität können als gut gelten. Es gibt genaue Vorgaben für beide Phasen. Die Reliabilität der Primärskalen liegt durchgängig über .6 bzw. .7, diejenige der Faktoren II. Ordnung in drei Fällen über .9, in einem Fall bei knapp .8. Zur internen, insbesondere aber zur externen Validität wurde eine beeindruckende Fülle von (eigenen, in der Literatur zu findenden sowie vergleichend herangezogenen) Befunden zusammengetragen.

Zur inhaltlichen Interpretation der einzelnen Skalen und Faktoren werden gezielte, knappe Orientierungen gegeben. Hinzu kommen ergänzende Befunde und Hinweise, die nun nicht mehr nach Testdimensionen strukturiert sind, sondern nach Problemzusammenhängen (einerseits Aspekten der Persönlichkeit und andererseits etwa Alter, Schulzensuren, Sozialverhalten oder Delinquenz) – und somit für den Diagnostiker eine unmittelbarere Verwertbarkeit erbringen. Das Testhandbuch mit all diesen Hinweisen aus der Forschung ist allerdings sehr umfangreich; eine gute Einarbeitung in das Verfahren ist vor dem Einsatz dringend empfehlenswert.

Freiburger Persönlichkeitsinventar (FPI-R)

Autoren: Fahrenberg, J./Hampel, R./Selg, H. (1970, [5]1989 (FPI-R), [6]1994, [7]2001, [8]2010)
Zielgruppe: Jugendliche (ab 16 Jahre) und Erwachsene

Form und Inhalt:

Das Freiburger Persönlichkeitsinventar ist seit Jahrzehnten auf dem Markt und hat sich vielfältig bewährt. Nach Revision auf Basis einer 1999 für die 7. Auflage gewonnenen zweiten Repräsentativerhebung, die auch die östlichen Bundesländer umfasste, besteht das FPI-R aus 138 Items, die sich auf zehn Hauptskalen und zwei Sekundärskalen verteilen. Die Hauptskalen haben die Bezeichnungen Lebenszufriedenheit, soziale Orientierung, Leistungsorientierung, Gehemmtheit, Erregbarkeit, Aggressivität, Beanspruchung, körperliche Beschwerden, Gesundheitssorgen, Offenheit. Bei den beiden Sekundärskalen handelt es sich um Extraversion sowie Emotionalität im Sinne Eysencks.

Der Test gilt für das Jugendalter ab dem 16. Lebensjahr und für das Erwachsenenalter. Neben der deutschen sind auch eine kroatische und eine rumänische Version lieferbar.

Durchführung:
Das FPI kann als Einzel- oder Gruppentest durchgeführt werden. Es liegt in vier Formen vor, als Gesamtform, als Halbform A, Halbform B und als Kurzform. Die Items werden mit »stimmt« oder »stimmt nicht« beantwortet. Die Bearbeitungsdauer des FPI-R mit 138 Items beträgt 20 bis 30 Minuten.

Auswertung:
Die Auswertung erfolgt mithilfe von Schablonen. Die Rohwerte werden für die einzelnen Skalen summiert. Nach Umwandlung der Rohwerte in Standardwerte können die Ergebnisse für die einzelnen Skalen mit Normwerten verglichen und in ein Profilschema eingetragen werden. Alternativ wird eine Testauswertungs-Software angeboten. Seit 2001 liegt die 7. Auflage des »FPI-R« vor (ab 16 Jahren und für Erwachsene), für die nach Geschlecht und sieben Altersgruppen differenziert neue Normen an einer sehr umfangreichen und repräsentativen Stichprobe von $N = 3740$ gewonnen wurden, die auch die östlichen Bundesländer umfasste. Durchführung und Auswertung werden durch eine computergestützte Fassung und ein Auswertungsprogramm erleichtert. Im Handbuch finden sich auch neuere Untersuchungsbefunde sowie eine Diskussion von Antworttendenzen zur sozialen Erwünschtheit.

NEO-Fünf-Faktoren-Inventar nach Costa und McCrae (NEO-FFI)

Autoren: Borkenau, P./Ostendorf, F. ([2]2008)
Zielgruppe: Jugendliche und Erwachsene

Form und Inhalt:
Das NEO-FFI basiert auf dem »Big-Five«-Ansatz von fünf klassischen zentralen Persönlichkeitsdimensionen. Es ist vorgesehen für den Einsatz in Klinischer Psychologie, Schullaufbahn-, Studien- und Berufsberatung, personal- und organisationspsychologische Fragestellungen sowie zu Forschungszwecken. Die berücksichtigten, durch umfangreiche Faktorenanalysen belegten Dimensionen sind: Neurotizismus, Extraversion, Offenheit für Erfahrung, Verträglichkeit sowie Gewissenhaftigkeit.

Durchführung:
Für die Bearbeitung werden ca. 10 Minuten kalkuliert. Das Verfahren kann im Paper-and-Pencil-Modus oder über ein Programm durchgeführt werden.

Auswertung:
Die Auswertung ist über Schablonen sowie über eine Software möglich. Es liegen nach Geschlecht und Alter differenzierte Normen vor, die für die zweite Auflage auf einer sehr großen Eichstichprobe aus Deutschland, Österreich und der Schweiz mit einem vergleichbaren Parallelverfahren basieren. Die Items entsprechen denjenigen der ersten Auflage.

Für das Verfahren werden gute Reliabilitätswerte berichtet; für die Gültigkeit finden sich nachvollziehbare Hinweise. Es hat sich gut etabliert und liegt für verschiedene Sprachen vor.

Kinder-Angst-Test II (KAT II)

Autoren: Thurner, F./Tewes, U. (2000)
Zielgruppe: Kinder und Jugendliche von 9 bis 15 Jahren

Form und Inhalt:
Der KAT II ist kaum noch vergleichbar mit seinem Vorgänger, dem »Kinder-Angst-Test« von 1969. In der aktuellen Version handelt es sich um ein Selbstauskunftsverfahren zur Erhebung kindlicher Ängste – und zwar sowohl im Sinne dispositioneller Ängstlichkeit (als Persönlichkeitseigenschaft) als auch hinsichtlich situationsbezogener Befürchtungen.

Insofern setzt sich der KAT-II aus drei Fragebögen zusammen: ein Fragebogen zur Erfassung der dispositionellen Ängstlichkeit (Form »A«, Trait-Skala) mit 20 Fragen sowie zwei Angstzustandsfragebögen (Formen »P« sowie »R«, State-Skalen) mit jeweils zwölf Fragen. Form P (Prospektiv) erhebt dabei die akute Erwartungsangst vor einem furchtbesetzten Ereignis, Form R (Retrospektiv) hingegen die erinnerte Angst nach einem solchen Ereignis. Die Items bieten die beiden Antwortalternativen »ja«/»nein«. Dabei sind die beiden ersten Items jeder Fragebogenform für eine Einstimmung reserviert; sie gehen nicht in die Auswertung ein.

Zwar gibt es keine weiteren Subskalen, aber die Items lassen sich fünf inhaltlichen Bereichen zuordnen. Für Form A sind es die folgenden:

- Denk- und Vorstellungsinhalte im Sinne von Sorgen und Ängsten ohne konkrete Inhalte,
- Denk- und Vorstellungsinhalte im Sinne von Existenzängsten, sozialen Ängsten, Bewertungs- und Leistungsängsten (in den situationsorientierten Fragebögen bezogen auf die konkrete Belastungssituation),
- Häufigkeit von Angsterlebnissen,
- psychophysische Begleitsymptome von Angst und Sorgen – sowie
- direkte und indirekte Zuschreibungen von Verhaltens- und Reaktionsweisen, die auf Ängstlichkeit (für die Formen P/R: Angst) hinweisen.

Durchführung:
Den drei Fragebögen ist jeweils eine kurze, kindgerecht formulierte Instruktion vorangestellt. Die Beantwortung der Items nimmt für Form A zwischen 5 und 15 Minuten in Anspruch; für die Formen P und R wird jeweils ca. die Hälfte dessen kalkuliert. Die daraus resultierende Streubreite der Gesamtbearbeitung zwischen 10 und 30 Minuten erklärt sich aus der unterschiedlichen Bearbeitungsgeschwindigkeit der befragten Kinder.

Auswertung:
Die Auswertung beansprucht nur wenige Minuten.

Die Normtabellen für Form A ermöglichen eine nach Geschlecht differenzierte Ermittlung von Prozenträngen und Centilwerten. Die Befunde aus den Formen P und R können nach Belastungssituationen differenziert werden; hier lassen sich anhand der Rohwerte Quartile bestimmen. Anschließend kann der Rohwertdifferenz der beiden Zustandsangstskalen (R-P) ein Prozentrang zugeordnet werden. Die Normen basieren auf einer Eichstichprobe von über 2000 Kindern (dabei diente eine Teilstichprobe der Normierung der Formen P und R). Die Zuverlässigkeit erwies sich als gut bis sehr gut. Die KAT-II-Ergebnisse korrelieren eng mit anderen angstbezogenen Verfahren sowie entsprechenden Teiltests aus Persönlichkeitsfragebögen.

Gerade aus einer interaktionistischen Sicht von Verhaltensstörungen heraus ist der KAT-II mit seiner parallelen Berücksichtigung sowohl dispositioneller als auch situationsbezogener Ängste interessant.

Erfassungsbogen für aggressives Verhalten in konkreten Situationen (EAS)

Autoren: Petermann, F./Petermann, U. (4., überarbeitete Auflage 2000)
Zielgruppe: Kinder (9–13 Jahre)

Form und Inhalt:
Dieses Verfahren beinhaltet zwei Formen. Die eine Form richtet sich an Jungen (EAS-J), die andere an Mädchen (EAS-M). Es besteht aus 22 Items bzw. Bilddarstellungen mit einem erläuternden Text zum Situationsverständnis. Die durch Bild und Text dargestellten Geschichten haben drei Lösungsmöglichkeiten, von denen eine gewählt werden soll. Die Geschichten beziehen sich auf Interaktionskonflikte, Aggressionen gegen andere Personen wie gegen Gegenstände sowie auf Autoaggressionen. Beispielsweise werden folgende Situationen dargestellt: Hausaufgaben abschreiben, fremdes Fahrrad fahren wollen, Schultaschen vertauschen, ins Wasser gestoßen werden, Platzansprüche am See haben, Steine werfen usw. Von jeweils drei Wahlmöglichkeiten ist eine sozial erwünscht, zwei sind sozial unerwünscht. Der Test kann als Grundlage dienen für adäquate Hilfen, wie sie die Autoren seit 1978 in dem Buch »Training mit aggressiven Kindern« aufgezeigt haben. Mit seinen ansprechenden Bildern gehört der Test zu den noch wenigen Verfahren, mit denen sich auseinanderzusetzen Kindern Freude machen kann, die nicht nur abfragen, sondern in Situationen einbeziehen und aus diesem Miterleben heraus die Gefahr der verfälschten Antworten reduzieren.

Durchführung:
An Jungen wird der Bogen EAS-J, an Mädchen der Bogen EAS-M verteilt, die Bögen enthalten genaue Anweisungen für die Durchführung. Unter anderem wird folgender Hinweis gegeben: Es gibt »Lügengeschichten«, an denen erkannt werden kann, ob du ehrlich geantwortet hast oder nicht. Auf diese Weise soll der Aufforderung, ehrlich anzukreuzen, Nachdruck verliehen werden.

Auswertung:
Für die Auswertung steht ein Auswertungsbogen zur Verfügung. Es kann eine Gesamtpunktzahl errechnet werden, die über Normierungstabellen, getrennt für Jungen und Mädchen, über Prozentränge und T-Werte einen Vergleich mit der Altersgruppe möglich macht. Die Neunormierung erfolgte 1999 an 1185 Kindern. Bedeutsamer als die Gesamtauswertung ist jedoch die Verwertung des Informationsgehalts, der aus reaktionsbezogenen Tylermatrizen für anschließende gezielte

pädagogisch-therapeutische Hilfen entnommen werden kann. Es lässt sich ein kindspezifisches Reaktionsprofil erstellen, das aggressive Tendenzen und Verhaltensdefizite in verschiedenen Bereichen verdeutlicht.

Die Situationsdarstellungen des EAS lassen sich auch als Arbeitsmaterial für soziales Lernen im Unterricht einsetzen.

Fragebogen zur Erhebung der Emotionsregulation bei Kindern und Jugendlichen (FEEL-KJ)

Autoren: Grob, A./Smolenski, C. (2009)
Zielgruppe: Kinder und Jugendliche von 10;0 bis 19;11 Jahre

Form und Inhalt:
Der FEEL-KJ soll mehrdimensional und emotionsspezifisch die Emotionsregulationsstrategien für die drei Emotionen Angst, Trauer und Wut abbilden. Dabei werden zum einen adaptive Strategien erfasst (problemorientiertes Handeln, Zerstreuung, Stimmung anheben, Akzeptieren, Vergessen, Umbewerten und kognitives Problemlösen), zum anderen ebenso auch maladaptive Vorgehensweisen (Aufgeben, aggressives Verhalten, Rückzug, Selbstabwertung und Perseveration). Hinzu kommen Strategien, die keinem dieser beiden als Sekundärskalen geführten Bereiche zuzuordnen sind (Ausdruck, soziale Unterstützung und Emotionskontrolle). Das Verfahren berücksichtigt nicht nur Störungen, sondern auch psychosoziale Kompetenzen und Ressourcen.

Durchführung:
Der Einsatz kann als Individual- und als Gruppentest erfolgen. Für die Bearbeitung werden, in Abhängigkeit vom Alter, zwischen 10 und 30 Minuten angesetzt.

Auswertung:
Anhand der Rohwerte können zum einen Prozentränge, zum anderen auch Standardwerte (T-Werte und T-Wertbänder) ermittelt werden. Es liegen Normen zu allen 15 Strategien der Emotionsregulation vor – sowie für die beiden Hauptskalen Adaptive und Maladaptive Strategien. Für die Strategie Soziale Unterstützung werden, entsprechend den Befunden bei der Testeichung, auch alters- und geschlechtsspezifische Normen angeboten. Im Handbuch zur aktuellen Fassung wurden gerade die Informationen zur Auswertung und zur Interpretation erweitert und durch Praxisbeispiele ergänzt. Das Verfahren weist gute bis sehr gute interne Konsistenzen auf; die Subskalen sind recht unabhängig voneinander. Die Struktur und Gültigkeit wurden differenziert untersucht. Es steht ergänzend eine Durchführungs- und Auswertungs-Software zur Verfügung.

Inventar zur Erfassung von Impulsivität, Risikoverhalten und Empathie bei 9- bis 14-jährigen Kindern (IVE)

Autoren: Stadler, C./Janke, W./Schmeck, K. (2004)
Zielgruppe: Kinder und Jugendliche von 9–14 Jahren

Form und Inhalt:
Dieses Verfahren empfiehlt sich für den Einsatz in der Erziehungsberatung, schulpsychologische Untersuchungen sowie in Kliniken sowie Praxen der Kinder- und Jugendpsychiatrie, von Kinderärzten, Klinischen Psychologen und Beratungslehrkräften. Über letztere Gruppe ist es auch von direkter sonderpädagogischer Relevanz. Es besteht aus den drei im Titel angesprochenen Skalen mit je 16–18 Items:

- Impulsivität: kognitive und motivationale Impulsivität
- Risikoverhalten: riskantes und sensationssuchendes Verhalten
- Empathie: Einfühlungsvermögen und Sensitivität gegenüber den Gefühlen anderer Menschen

Durchführung:
Auf Basis einer Instruktion wird der Fragebogen bearbeitet. Für diese Bearbeitung werden, je nach Alter, 5 bis 15 Minuten angegeben.

Auswertung:
Die Auswertung erfolgt mit einer Schablone; es entsteht ein individuelles Ergebnisprofil. Geschlechtsspezifische Normen (T-Werte und Prozentränge) liegen vor.

Durchführungs- und Auswertungsobjektivität sind solide gegeben. Für alle drei Subskalen werden stabile Zuverlässigkeitswerte berichtet. Auch die Überprüfung der Validität gibt positive Hinweise; so konnte auf Basis der Ergebnisse aus diesem Verfahren gut zwischen Kindern mit und ohne einer diagnostizierten Störung (ADHS; Störung des Sozialverhaltens) diskriminiert werden.

Bildertest zum sozialen Selbstkonzept (BSSK)

Autoren: Langfeldt, H.-P./Prücher, F. (2004)
Zielgruppe: Kinder der Klassenstufen 1 und 2

Form und Inhalt:
Ziel dieses Verfahrens ist es, die besondere Facette des Selbstkonzepts von Kindern in Beziehung zu Gleichaltrigen zu erfassen. Dazu werden 18 Bildpaare geboten, die alterstypische Situationen zeigen, etwa beim Malen, Basteln, beim Erledigen der Hausaufgaben oder beim Spiel im Freien. Ein weiteres Beispiel-Item wird vorgeschaltet und nicht gewertet. Die Bildpaare unterscheiden sich durch die Zahl der Akteure (ein Kind bzw. drei Kinder); die Kinder sollen angeben, welche Situationen jeweils ihnen entsprechen. Mit zwei optionalen weiteren Items kann erhoben werden, wie viel Spaß das Kind bei der Bearbeitung hatte und inwiefern es dabei Anstrengung erlebt hat. Das Verfahren ist sprachfrei. Während die Reliabilität als gut gelten kann, ist die Validität mangels ausreichender Vergleiche der endgültigen Testversion mit anderen Verfahren und Maßstäben derzeit noch eher kritisch. Auch sind die Bildsituationen sehr frei interpretierbar.

192

Durchführung:
Der BSSK ist im Gruppen- sowie im Einzelverfahren durchführbar. Für die Bearbeitung werden etwa 20 Minuten angesetzt. Die Testinstruktionen sind nur teilweise standardisiert. Eine Computerversion ist verfügbar; auch Testing-On-Demand über das Internet wird angeboten.

Auswertung:
Die Angaben werden zu einem Gesamtwert verrechnet; die sehr einfache Auswertung nimmt in der Regel nur wenig Zeit in Anspruch. Es bestehen Prozentrang- sowie T-Wert-Normen, gewonnen anhand der Eichstichprobe von 863 Kindern.

Skalen zur Erfassung des schulischen Selbstkonzepts (SESSKO)

Autoren: Schöne, C./Dickhäuser, O./Spinath, B./Stiensmeier-Pelster, J. (2., überarbeitete und neu normierte Auflage 2012)
Zielgruppe: Schülerinnen und Schüler der Klassenstufen 4 bis 10

Form und Inhalt:
Das Fähigkeitsselbstkonzept im Sinne des Bildes, das eine Schülerin oder ein Schüler von den eigenen Fähigkeiten hat, stellt eine zentrale Variable der Motivationsdiagnostik dar und soll mit diesem Verfahren erfasst werden, auch, um mögliche Ursachen von Minderleistungen identifizieren zu können. Die 22 Items des Verfahrens sind vier Dimensionen zugeordnet: schulisches Selbstkonzept kriterial, individuell, sozial sowie absolut. Ein Beispiel-Item: »Ich kann in der Schule … weniger als meine Mitschüler(innen) … mehr als meine Mitschüler(innen).« Die Bearbeitung der Items erfolgt im Ratingsystem anhand von Fünf-Punkte-Skalen.

Die Reliabilität des Verfahrens ist gut; es liegen auch zentrale Befunde zur kriterienbezogenen Validität vor, die etwa Zusammenhänge zwischen SESSKO-Scores und Schulnoten zeigen. Es wird ergänzend eine Computerversion angeboten.

Durchführung:
Die SESSKO sind sowohl im Einzel- als auch im Gruppentest durchführbar. Als Bearbeitungszeit werden 12 bis 25 Minuten angegeben. Eine Instruktion wird im Manual vorgegeben; die Bearbeitung der Items erfolgt anhand von Fünf-Punkte-Skalen. Die SESSKO sind für alle Schulformen vorgesehen; allerdings wurden in der Normierungsstichprobe Förderschulen nicht berücksichtigt.

Auswertung:
Die Auswertung erfolgt mit Hilfe zweier Schablonen. Sie nimmt nur etwa drei Minuten in Anspruch. Es werden Prozentrang- sowie T-Wert-Normen angeboten, die anhand einer großen Stichprobe gewonnen wurden.

Der Rosenzweig Picture Frustration Test (PFT)

Autor: Rosenzweig, S.; deutsche Version für Kinder: Duhm, E./Hansen, J. (Hrsg.) (1957); Handbuch: Rauschfleisch, U. (1979a, 1979b)

Zielgruppe: Kinder von 7 bis 14 Jahren

Form und Inhalt:

Mit diesem projektiven Verfahren sollen Frustrationen, der Umgang mit diesen sowie die individuelle Frustrationstoleranz bzw. Belastbarkeit in sozialen Situationen erhoben werden. Es werden 24 skizzenhaft gezeichnete Situationen vorgegeben, in denen eine Person frustrierende Äußerungen gegenüber einer zweiten äußert; deren Antwort sollen die Versuchspersonen assoziativ ergänzen. 15 dieser Situationen zeigen Konflikte zwischen Erwachsenen und Kindern, der Rest Kind-Kind-Konflikte. Rosenzweig unterscheidet drei Reaktionsformen auf Frustrationen: extrapunitive, intropunitive sowie impunitive. Des Weiteren unterscheidet er zwischen »Obstacle-Dominance« (im Vordergrund des Erlebens steht die Belastung), »Ego-Defense« (es findet eine Abwehr gegen die Gefahr des Ichs statt) sowie »Need-Persistence« (Lösungsbezug trotz auftretendem Hindernis). Die Kombination der drei Reaktionstypen und der verschiedenen Aggressionsrichtungen bildet die Auswertungsgrundlage für den PFT, ergänzt durch die Unterscheidung von Erwachsenen-Kind- und Kind-Kind-Konflikten.

Durchführung:

Der PFT kann sowohl im Einzel- als auch im Gruppenverfahren umgesetzt werden. Veranschlagt werden insgesamt 15–20 Minuten; die anschließende Befragung dauert ca. 5 Minuten.

Auswertung:

Die Antworten der Probanden werden nach Reaktionsformen signiert (etwa: aggressive Reaktionen, Selbstbeschuldigungen, Resignation, Ausweichen, Eigeninitiative usw.). Diese Ergebnisse lassen sich auf einem Profilblatt im Überblick darstellen.

Die Reliabilität ist aufgrund der Form des Verfahrens schwer bestimmbar; die bisher anhand der Retestmethode vorliegenden Koeffizienten schwanken enorm, was aber auch an Gegenstand und Erhebungsform liegt. Hinsichtlich der Validität des Verfahrens scheint die grundlegende Differenzierung zwischen Kindern mit Verhaltensstörungen und anderen Kindern sehr gut zu sein (Rauschfleisch 1979a, 317). Es liegen Stanine-Normen aus einer Eichstichprobe vor, die allerdings recht betagt sind.

Das Verfahren ist in unveränderter Anwendung seit 1957. Die zu erhebenden Frustrationen und die individuelle Frustrationstoleranz sind von großer Bedeutung für sonderpädagogische Diagnostik. Allerdings wäre eine Neufassung der Testhefte und der Auswertung dringend vonnöten (siehe auch Rauschfleisch 1979a, 1979b). In diesem Rahmen wäre evtl. auch die Neuerhebung von Normen möglich.

Der Sceno-Test

Autorin: von Staabs, G. (9. Auflage 2004)
Zielgruppe: Kinder ab 3 Jahre

Theoretischer Hintergrund des Sceno-Tests ist die Psychoanalyse. Der Proband soll die Möglichkeit haben, bewusste wie unbewusste psychische Tendenzen, Gefühle, Einstellungen, Wünsche auf Materialien zu projizieren, die nach psychoanalytischen Gesichtspunkten ausgewählt worden sind. Diagnostische und therapeutische Absichten gehen ineinander über. »In die Therapie eingesetzt, mobilisiert der Sceno-Test durch ansprechende Affekte verdrängte Antriebe und verhilft, sie in der Distanz der Miniaturwelt auszuspielen, sie realitätsgerecht zu verarbeiten und dadurch eine gesunde Lebenshaltung zu gewinnen« (von Staabs 1964, 9).

Sehr hilfreich als Information zum Verfahren und seinen Hintergründen, aber auch zum Einsatz ist das »Scenotest-Handbuch« (Ermert 1997).

Form und Inhalt:
Die Materialien sind in einem Kasten untergebracht, auf dessen Deckel (52 cm × 36 cm) mit den Spielmaterialien agiert werden soll. Zum Standardmaterial gehören 16 biegsame Puppenfiguren, die mit Großeltern, Eltern, größeren und kleineren Kindern zur Darstellung der drei Generationen und mit Arzt, Prinzessin, einer Hausgehilfin umfangreiche Projektionsmöglichkeiten bieten. Zum Standardmaterial gehören weiterhin Tiere, Bäume, Blumen, bunte Klötze, Kleinspielzeug, Fahrzeuge, Gebrauchsgegenstände des täglichen Lebens, Gegenstände mit Symbolcharakter.

Durchführung:
Das Kind wird aufgefordert, Materialien herauszusuchen, mit denen es spielen möchte. Die Darstellung der Szenerie soll auf dem Deckel des Kastens erfolgen. Jede Stellungnahme oder gar Beeinflussung soll vermieden werden.

Auswertung:
Das Kind wird beim Spielen beobachtet; dies wird durch einen Beobachtungsbogen unterstützt. Nach Beendigung des Szenenaufbaus wird das Kind aufgefordert zu erzählen, was es aufgebaut hat. Anschließend soll die Szene fotografiert oder skizziert werden. Als zweites Dokumentationsinstrument steht ein Protokollblatt zur Verfügung.

Die Auswertung des Szenenaufbaus selbst sowie die Gesamtinterpretation folgen tiefenpsychologischen Gesichtspunkten; ein verantwortungsvoller Einsatz ist daher nur mit einer entsprechenden Qualifikation möglich. Allerdings ist der Einsatz des Sceno-Tests auch in der sonderpädagogischen Diagnostik, also durch Diagnostiker ohne eine dezidiert psychoanalytische Ausbildung, dann machbar, wenn sehr sorgsam bedacht wird, dass es nicht um eine »Tiefenhermeneutik« gehen kann. Nichtsdestotrotz wird man auch hier davon ausgehen, dass das Kind etwas darstellt, was in irgendeiner Weise für es bedeutsam ist. Erklärungen geben die Kinder häufig schon beim Spielvorgang. Nachfragen können auf die Auswahl der Materialien, auf die Bedeutung der Materialien für das Kind, auf Beziehungen zwischen den Menschen, Tieren, Gegenständen in der szenischen Darstellung

195

bezogen sein. Speziellere Fragen können sein: Wer von all den Menschen, Tieren usw. in der Darstellung hat es deiner Meinung nach am besten? Wer hat es am schlechtesten? Welche Rolle als Mensch oder auch als Tier würdest du übernehmen wollen, wenn die Szene in natürlicher Größe dargestellt werden sollte und du mitspielen könntest? (vgl. dazu Knehr 1961, 20). Für die sonderpädagogische Diagnostik ist der Sceno-Test damit auch ein Vehikel dafür, mit dem Kind über sich, seine Wünsche und Befürchtungen, seine Einstellungen zu sich und seiner Umwelt in ein diagnostisches Gespräch zu kommen. Sehr vorsichtig eingesetzt, kann er daher auch als informelles Verfahren dienen, um einen Zugang zum Kind zu gewinnen.

Familie in Tieren

Autor: Brem-Gräser, L. (11. Auflage 2014)
Zielgruppe: Kinder und Jugendliche (ca. 7–16 Jahre)

Form und Inhalt:
Mit dem Test »Familie in Tieren« soll die Familiendynamik eines Kindes oder Jugendlichen erfasst werden. Der Test geht davon aus, dass Tiere im Leben von Kindern wie von Völkern allgemein eine große Rolle spielen und häufig zur symbolischen Darstellung benutzt werden. So verwundert es nicht, dass in einer Untersuchung von 2000 Kindern im Alter von 10 Jahren jene Tiere am häufigsten gezeichnet wurden, die in der Menschheitsgeschichte besondere symbolische Bedeutung gewannen und spezielle Eigenschaften zum Ausdruck bringen. Die fünf am häufigsten gezeichneten Tiere waren: Schlange, Hase, Fisch, Vogel, Pferd (vgl. Brem-Gräser 1980, 30). Der Test entstand aus der Erziehungs- und Schulberatung. Er dient der Erfassung der Familiengeschichte und -situation.

Durchführung:
Als Materialien werden Bleistifte, ggf. auch Buntstifte oder Wachsstifte und ein mindestens DIN-A4-großer Papierbogen benötigt. Das Verfahren kann bei Kindern und Jugendlichen zwischen 7 und 16 Jahren eingesetzt werden. Der Proband bekommt folgende Anweisung: »Du kennst doch Märchen, da werden oft Menschen in Tiere verwandelt und umgekehrt. Stelle dir einmal vor, deine Familie wäre eine Tierfamilie und zeichne euch alle, natürlich auch dich selbst, als Tiere. Nummeriere bitte die Reihenfolge, nach der du zeichnest, und schreibe unter jedes Tier, wen es darstellen und was für ein Tier es sein soll. Es kommt nicht darauf an, dass du besonders schön zeichnest, sondern nur darauf, was du darstellen willst« (a. a. O., 29). Abb. 23 zeigt 1. den »Papa«, 2. das Mädchen selbst, 3. die »Mama«, 4. die »Tante«, 5. die »Oma«, 6. den »Onkel« und 7. den »Opa« (ein Walfisch) (▸ Abb. 23).

Auswertung:
Die Auswertung gemäß Testhandbuch erfolgt zum einen formal, indem eine differenzierte Analyse von Strichstrukturen, Flächen- und Formdarstellungen vorgesehen ist. Zum anderen sollen die Zeichnungen inhaltlich nach folgenden Hauptmerkmalen untersucht werden: Reihenfolge des Zeichnens der Tiere, Tierdarstellungen der Familienmitglieder, Gruppierung, Größenverhältnisse,

Abb. 23: Zeichnung der Familie in Tieren eines 8-jährigen Mädchens

Ausdrucksgebaren, Charakter der Tiere sowie auch eine Deutung der Darstellungen in Bezug auf die Problematik des Kindes.

Auch hier gilt, dass ohne einen adäquaten theoretischen Ausbildungshintergrund eine vertiefte Deutung unverantwortlich ist. Zugleich kann das Verfahren »Familie in Tieren« jedoch zusätzlich bei sehr vorsichtiger Handhabung als Vehikel für ein diagnostisches Gespräch dienen und ein »Türöffner« zur Erlebenswelt eines Kindes sein. Naheliegende Fragen sind zunächst zu beantworten, die mit der Reihenfolge der Darstellungen, der Größe, der Bedeutung, der Beziehungen der Einzeldarstellungen zueinander zu tun haben. Die Erfahrung zeigt, dass sich Kinder und Jugendliche zu diesen Fragen gern äußern, dass sie über sich und ihre nähere Umwelt anhand der Zeichnung gern ins Gespräch kommen, dass sie über Dinge sprechen, über die sie sonst nicht sprechen würden, und Gegebenheiten und Zusammenhänge mitteilen, die ihnen sonst nicht so deutlich bewusst sind oder über die sie noch gar nicht gesprochen haben.

Der Mensch-Zeichen-Test (MZT)

Autoren: Goodenough, F. (1926); Machover, K. (1941); Abraham, A. (1978); Ziler, H. (1950) ([10]1997, neu bearbeitete Auflage [11]2007 von H. Brosat, N. Tötemeyer, unveränderter Nachdruck 2010)
Zielgruppe: Kinder (ca. 3–14)

Form und Inhalt:
Verschiedene Formen des Mensch-Zeichen-Tests wurden im Laufe der vergangenen Jahrzehnte von verschiedenen Autoren vorgelegt aus der Erkenntnis heraus zum einen, dass Kinder, wenn ihnen Freiheit zur zeichnerischen Darstellung gegeben ist, gern Menschen zeichnen, und zum anderen, dass in den Zeichnungen mit fortschreitendem Alter eine entwicklungsbedingte Differenzierung von sehr einfachen Formen (Kopffüßler) bis hin zu detaillierten, realitätsgerechten Menschendarstellungen deutlich wird.

Autoren, die sich mit der Menschendarstellung zu diagnostischen Zwecken beschäftigten, sind z. B. Goodenough 1926, Machover 1941, Ziler 1950, Abraham 1978. Goodenoughs Methode wird als formalistisch-additiv bezeichnet. Machover und Abraham zielen darauf, mit der Menschendarstellung auf psychoanalytischem Hintergrund Projektionen zu erfassen. Ziler, der auf den Erfahrungen von Goodenough aufbaut, begrenzte den Darstellungsauftrag auf das männliche Geschlecht. Nach Ziler ist folgende Anweisung zu geben: »Male einen Mann, so gut du kannst!« Eine derartige Einschränkung erscheint als nicht angemessen. Besser ist die Formulierung: »Zeichne einen Menschen (Junge oder Mädchen, Mann oder Frau), so gut du kannst!« Ziler sah den von ihm konzipierten Mann-Zeichen-Test (MZT) als »Ergänzungstest zum Binet-Simon-Intelligenztest beim Aufnahmeverfahren in die Hilfsschule« (Ziler 1977, 2) an. Im Ansatz wird das Verfahren Zilers auch heutigem Praxisbedarf gerecht, eine Möglichkeit an die Hand zu geben, mit der verdeutlicht werden kann, ob die Darstellung altersgemäß ist oder nicht (siehe Ziler 1997). Die »detailstatistische Auswertung«, die Ziler anhand von 52 Merkmalen durchführt, ist jedoch nicht eindeutig und vollständig. So kann der errechnete Mann-Zeichen-Quotient wohl ungefähre Hinweise auf Altersgemäßheit oder Retardierungen im Hinblick auf die Wahrnehmung und geistige Durchdringung der Umwelt am Beispiel einer markanten Erscheinung geben, er kann jedoch nicht exakt sein, nicht »Auskunft über die geistige Entwicklung des Kindes« schlechthin geben (a. a. O., 18), erst recht nicht »einer ersten Beurteilung und Rangeinteilung« im Hinblick auf Intelligenz dienen (a. a. O., 32). Da jedoch die zeichnerische Darstellung des Menschen durch das Kind seine Bedeutung hat, vielfältige Hinweise zu geben vermag, Anlass sein kann für ergiebige diagnostische Gespräche, ist es für den Beurteiler schon wichtig, ungefähr einschätzen zu können, inwieweit die Darstellung den Fähigkeiten Gleichaltriger entspricht. Eine Neubearbeitung der detailstatistischen Auswertung legten 2007 Brosat/Tötemeyer vor.

Durchführung:
Das Kind bekommt den Auftrag: »Male einen Menschen, so gut du kannst«, auf einem DIN-A4-Blatt mit einem Bleistift – ggf. auch unter Verwendung von Buntstiften. Dieser Auftrag kann von Kindern vom 4. Lebensjahr ab erfüllt werden.

Auswertung:
Eine vage Antwort auf die Frage, ob die Darstellung altersgemäß ist, kann eine detailstatistische Auswertung nach Ziler geben, wenn man sich die Mühe machen will, die als bedeutsam angesehenen Details anhand einer Liste von 52 Merkmalen zu überprüfen. Die erfasste Punktzahl wird durch vier geteilt, da vier Punkte für ein Jahr des zu errechnenden Mann-Zeichen-Alters (MZA) stehen. Dem Ergebnis der Divisionsaufgabe werden drei Punkte hinzugefügt, weil ein 3-jähriges Kind noch keinen Punkt erreichen kann. Das erreichte MZA wird durch das Lebensalter (LA) geteilt, sodass sich ein Quotient ergibt, der mit »1« Altersgemäßheit angibt und analog zum Intelligenzquotienten nach den Verfahren von Binet und Nachfolgern mit 100 multipliziert wird (MZQ). In der 10. Auflage von 1997 wird für den Mann-Zeichen-Test ein Altersbereich von 6–14 Jahren angegeben. Für die 11. Auflage

wurden die Zeichnungen von 1125 Kindern im Alter von 3–14 Jahren ausgewertet (Brosat/Tötemeyer 2007).

Die zeichnerische Menschen-Darstellung hat für die sonderpädagogische Diagnostik ihren Wert darin, dass sich eine für das Kind als entlastend und freudvoll empfundene Situation nonverbaler Kommunikation ergibt, die erste Kontakte schafft und über die Darstellung zu einem ergiebigen diagnostischen Gespräch führen kann, auch evtl. zu möglichen Belastungen und Problemen. Anlass zum Gespräch können Fragen nach der Person der Darstellung, nach der Wahl des Geschlechts, der Größe, zum Aussehen oder zu den verschiedenen Details sein. So mag es für das Kind seine besondere Bedeutung haben, wenn es eine Person ohne Mund, mit einem Stock in der Hand oder einem Messer im Bauch darstellt.

Abb. 24: Mensch-Zeichnungen zweier 13 Jahre alter Mädchen mit einem MZQ von 70 bzw. von 100

5.5.2.6 Entwicklungstests

Entwicklungstests haben in der Pädagogik und in der Psychologie eine lange Tradition. Weithin bekannt geworden sind die Entwicklungstests von Charlotte Bühler und Hildegard Hetzer, die jedoch heutigen Ansprüchen an Validität und Reliabilität nicht mehr genügen.

Zu unterscheiden sind Screening-Verfahren, die einen groben Überblick vermitteln und erste Hinweise auf Entwicklungsstörungen ermöglichen können, und ausführliche differenzierte Entwicklungstests, die den Entwicklungsstand genauer angeben. Zur ersten Kategorie gehören die Denver-Entwicklungsskalen, der zweiten Kategorie sind der Entwicklungstest für das Schulalter (Schenk-Danzinger 1971) sowie die Griffith-Entwicklungsskalen (Brandt-Sticker 2001) zuzuordnen. Als Beispiele für aktuelle Verfahren dienen hier die Griffith-Skalen sowie der Entwicklungstest sechs Monate bis sechs Jahre.

Griffith Entwicklungsskalen (GES)

Autoren: Griffith, R., deutsche Bearbeitung: Brandt, I./Sticker, E. J. (2, überarbeitete und erweiterte Auflage 2001)
Zielgruppe: Kinder im ersten und zweiten Lebensjahr (1–24 Monate)

Form und Inhalt:
Der Test hat fünf Subskalen, die folgendermaßen benannt sind:

a) Motorik
b) Persönlich-sozial
c) Hören und Sprechen
d) Auge und Hand
e) Leistungen

Für jede der fünf Subskalen sind für den Altersbereich von 24 Monaten Aufgaben benannt und zum Teil Materialien bereitgestellt, die dem Bedürfnis der kleinen Kinder nach spielerischem Umgang entgegenkommen, motivierend sind und Freude bereiten.

Die Testdurchführung beginnt mit besonders aussagefähigen Aufgaben, die als »Meilensteine der Entwicklung« angesehen werden. Diese Einstiegsaufgaben sind einem Altersbereich entnommen, der ca. drei Monate vor dem des zu testenden Kindes liegt. Auf diese Weise sollen Erfolgserlebnisse vermittelt und positive Motivationen geschaffen werden. Die weitere Bearbeitung erfolgt in flexibler Weise nach der dem Alter des Kindes zuzuordnenden Tabelle. Einzelne im Test vorgesehene Leistungen können auch während der Vorgespräche mit der Dauerbezugsperson (z. B. der Mutter) oder während der Beschäftigung mit anderen Aufgaben beobachtbar und somit als erfüllt betrachtet werden. Für jede Aufgabe sind zwei Versuche vorgesehen. Wenn das Kind bei sechs Aufgaben einer Skala nicht das gewünschte Ergebnis erreicht, wird der Test für diesen Bereich beendet.

In Abhängigkeit vom Alter und von der Leistungsfähigkeit des Kindes beträgt die Testdauer 30 bis 60 Minuten.

Der Testleiter muss bei entsprechender Vorbildung als Arzt, Psychologe oder Sonderpädagoge einen mindestens einwöchigen Kurs zur Einführung in die Griffith-Skalen absolviert haben.

Auswertung:
Die Auswertung erfolgt einfach durch Summierung der in jeder Subskala für gelöste Aufgaben vergebenen Punkte unter Einbeziehung der als gelöst zu betrachtenden Aufgaben der früheren Monate. Das Entwicklungsalter ergibt sich aus der Division der Gesamtpunktzahl durch 10, der Entwicklungsquotient aus der Division von Entwicklungsalter und Lebensalter sowie der Multiplikation mit 100. Für besondere Gruppen (Frühgeborene, < 3 Monate) können Korrekturberechnungen vorgenommen werden. Vergleiche mit der Altersgruppe sind auch über Normwerte und Entwicklungsprofile möglich.

Bei der Interpretation ist zu berücksichtigen, dass die Testergebnisse in starker Abhängigkeit von situativen Bedingungen und der momentanen Befindlichkeit des Kindes stehen.

Mit der erweiterten Neuauflage liegen Entwicklungsprofile von Kindern mit körperlicher und geistiger Behinderung vor.

Entwicklungstest sechs Monate bis sechs Jahre (ET 6–6)

Autoren: Petermann, F./Stein, I. A./Macha, T. (3. Auflage, 2008)
Zielgruppe: Kinder von 0;6 bis 5;11 Jahren

Form und Inhalt:
Der ET 6–6 erfasst folgende Aspekte kindlicher Entwicklung: Körpermotorik, Handmotorik, kognitive Entwicklung (mit den Komponenten Gedächtnis, Handlungsstrategien, Kategorisieren, Körperbewusstsein), Sprachentwicklung (rezeptive sowie expressive), Sozialentwicklung, emotionale Entwicklung – und zusätzlich findet sich für den Vorschulalterbereich ein Subtest Nachzeichnen. Die Entwicklungsbereiche werden je nach Alter ggf. untergliedert. Zu all diesen Bereichen enthält der Test eine große Fülle von unterschiedlichen Materialien. Über 67 Elternfragen werden insbesondere Informationen zur sozialen und emotionalen Entwicklung erhoben.

Die Objektivität wird durch detaillierte Vorgaben gewährleistet. Aufgrund des Inventarcharakters war die Reliabilität im Sinne interner Konsistenz nicht sinnvoll ermittelbar. Der Test dürfte aber motivierend auf Kinder wirken und damit eine gültige Leistungsüberprüfung ermöglichen. In verschiedenen Studien konnte gezeigt werden, dass das Verfahren gut hinsichtlich frühgeborener und entwicklungsverzögerter Kinder, aber auch hinsichtlich Verhaltensstörungen differenzierte.

Durchführung:
Der Test wird als Einzeltest eingesetzt. Für die Durchführung werden je nach individuellem Arbeitstempo 12–50 Minuten angegeben. Die Testaufgaben werden bis auf wenige Aufgaben zweikategoriell (erfüllt/nicht erfüllt) bewertet.

Auswertung:
Für die Auswertung werden 5–15 Minuten veranschlagt. Anhand der einzelnen Subtests wird ein Profil erstellt; es stehen für unterschiedliche Entwicklungsbereiche und Altersstufen spezifische Normdaten mit Mittelwerten und Standardabweichungen zur Verfügung. Das Handbuch gibt verschiedene, auch vertiefende Interpretationshilfen.

5.5.2.7 Soziografische Verfahren

Das Soziogramm ist ein bewährtes Verfahren, um Beziehungen in einer Gruppe zu verdeutlichen. Es geht darum, die Sympathiebezüge, die Ablehnungen, die Spannungen zwischen den einzelnen Gruppenmitgliedern zu erfassen, Rangordnungen aufzuzeigen und insbesondere auch herauszufinden, welche Kinder eine Rand- oder

Außenseiterposition einnehmen, d. h. ignoriert oder aber von vielen Gruppenmitgliedern abgelehnt werden. Es ist unmittelbar evident, dass das Wissen um soziale Isolation einzelner Kinder, um Cliquenbildung, um soziale Stars in der Gruppe, um Freundschaften und Feindschaften, um die Rangordnung insgesamt für Pädagogen von größter Bedeutung ist. Durch wiederholte soziografische Erhebungen können gruppendynamische Prozesse erfasst werden, und dem Pädagogen verdeutlicht sich gegebenenfalls, ob seine Maßnahmen zur Reduzierung von Isolation, von Cliquenbildung und Rangordnungskämpfen erfolgreich waren. Die soziografische Methode besteht in einer indirekten Befragung zu Sympathien und Antipathien in verschiedenen sozialen Kontexten, in der Erstellung einer Tabelle, die Befragungsergebnisse festhält, sowie in einer grafischen Darstellung, mit der der gruppendynamische Status quo sichtbar gemacht wird (▶ **Abb. 25**, nach: Höhn/Schick 1954, 32). Den Schülern können z. B. folgende Fragen gestellt werden:

- »Neben wem möchtest du sitzen?«
- »Mit wem möchtest du zusammenarbeiten?«
- »Wen würdest du zu deinem Geburtstag einladen?«
- »Wer soll Klassen- oder Gruppensprecher sein?« (Vgl. Höhn/Schick 1954, 10 ff.)

Weitere Fragen könnten sein:

- »Mit wem würdest du bei einer Klassenfahrt gern ein Zimmer teilen?«
- »Wen würdest du auf eine einsame Insel mitnehmen?«

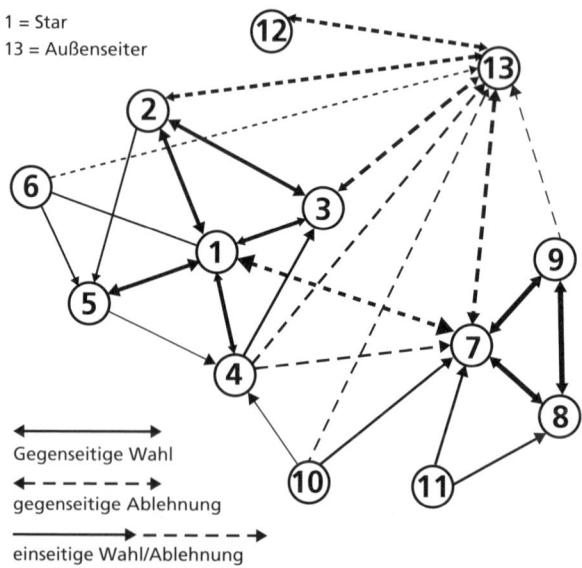

Abb. 25: Soziogramm einer Klasse mit 13 Schülern

Die Anzahl der Nennungen lässt sich zur Erleichterung der Auswertung beschränken. Möglich sind auch negative Fragestellungen (z. B.: »Neben wem möchtest du nicht sitzen?«), die allerdings problematisch sind und entsprechender Voraussetzungen sowie bearbeitender Gespräche bedürfen. Ohnehin ist es dringend empfehlenswert, vor Anwendung soziografischer Methoden die Folgen zu durchdenken. Sehr häufig werden auch befragte Kinder die Ergebnisse wissen wollen, und deren »Rückspiegelung« sollte gut durchdacht sein, denn sie kann einigen Schaden anrichten – etwa, wenn ein Außenseiter ergänzend durch die Erhebung nochmals deutlich als solcher identifiziert wird.

Ein differenziertes Verfahren zur Erfassung sozialer Strukturen liegt mit dem Diagnostischen Soziogramm vor; ein neueres Verfahren ist die Soziometrische Rating-Methode:

Diagnostisches Soziogramm (DSO)

Autor: Müller, R. (1980)
Zielgruppe: Kinder und Jugendliche (ca. 6–15 Jahre)

Form und Inhalt:
Mit dem DSO soll eine Beurteilung von Gruppen und einzelnen Mitgliedern von Gruppen ermöglicht werden. Es sollen Gruppenstrukturen, soziale Beziehungen zwischen einzelnen Kindern, der Status einzelner Gruppenmitglieder sowie die soziale Urteils- und Orientierungsfähigkeit der einzelnen Gruppenmitglieder erfasst werden.

Das DSO will als Grundlage dienen für eine zielgerichtete soziale Erziehung. Den Schülern wird ein Fragebogen vorgelegt, der drei Fragegruppen mit jeweils zwei Fragen beinhaltet:

- Aktive Wahlen
  - »Mit welchen Mädchen oder Jungen deiner Klasse möchtest du am liebsten zusammensitzen? Warum?«
  - »Mit welchen Mädchen oder Jungen deiner Klasse möchtest du auf keinen Fall zusammensitzen? Warum?«
- Individualvermutungen
  - »Was meinst du: Wer möchte wohl am liebsten mit dir zusammensitzen?«
  - »Was meinst du: Wer möchte wohl auf keinen Fall mit dir zusammensitzen?«
- Sozialvermutungen
  - »Welche Jungen oder Mädchen sind wohl am beliebtesten in der Klasse?«
  - »Welche Mädchen oder Jungen sind wohl am unbeliebtesten in der Klasse?«

Diese Fragen zielen auf positive und negative Optionen, auf Selbst- und Fremdeinschätzung, auf das Image von Schülern bzw. die Einschätzungsfähigkeit einzelner Schüler im Hinblick auf das Gruppengeschehen. Jede Frage kann mit mehreren Nennungen oder auch gar nicht beantwortet werden.

Durchführung:
Das DSO kann in den Klassen 1 bis 9 durchgeführt werden, wobei mit einem Zeitaufwand von ca. 30 Minuten zu rechnen ist.

Auswertung:
Die Nennungen werden nach verschiedenen Gesichtspunkten aufgeschlüsselt und in vorgedruckte Matrizen übertragen. Eine Weiterverarbeitung ist über Einzel- und Gruppenauswertungsbögen möglich. Die Auswertung ist relativ zeitaufwändig; oft wird die einfachste Analyseform den Zwecken genügen.

Soziometrische Rating-Methode für die Diagnostik und Planung von Interventionsstrategien bei schwierigen Schulklassen und gefährdeten Schülern an Sekundarschulen (SORAT-M)

Autor: Hrabal, V. (2010)
Zielgruppe: Kinder und Jugendliche ab der 6. Klasse

Form und Inhalt:
Das SORAT-M ist ein neueres soziometrisches Verfahren; es richtet sich an Beratungslehrer sowie Schulpsychologen und soll den Einsatz von Interventionen bei schwierigen Schulklassen und gefährdeten Schülern an Sekundarschulen unterstützen. Anvisierte Aspekte sind »Einfluss« sowie »Sympathie«. Die Schüler einer Klasse sollen sich dahingehend gegenseitig einschätzen.

Durchführung:
Das Verfahren wird in der Regel mit einer Gruppe, hier einer Schulklasse durchgeführt. Es handelt sich um ein Paper-and-Pencil Verfahren; für die Durchführung werden bei einer Klasse von 20 Schülern 20–30 Minuten angesetzt; für sonderpädagogische Kontexte sollte man etwas darüber hinaus kalkulieren. Die Beurteilungen der beiden Zielparameter seitens der Befragten erfolgen über ein fünfstufiges Punktesystem. Zusätzlich sollen für Sympathieurteile Begründungen gegeben werden.

Auswertung:
Eine Normierung wurde nicht vorgenommen; die Auswertung erfolgt qualitativ. Hierzu steht ein Auswertungsprogramm zur Verfügung. Das Programm berechnet anhand der Werteeingaben je Schüler vier Dimensionswerte: erhaltene Sympathien, erhaltener Einfluss, abgegebene Sympathien sowie abgegebener Einfluss. Möglich ist die Ausgabe von Matrizen sowie von Netzwerkdiagrammen. Auch weitergehende Interpretationshilfen werden zur Verfügung gestellt.

Die Durchführungsobjektivität dieses Verfahrens ist gegeben; fraglich ist allerdings die Auswertungsobjektivität. Die anhand der Normierungsstichprobe (Prager Berufsschüler) gewonnenen Retest-Reliabilitätswerte sprechen für gute Stabilität im Hinblick auf den Parameter »Einfluss«, während sich für »Sympathie« je nach Klassenstufe ein sehr weites Stabilitätsspektrum eröffnet. Zur Validität gibt das Testhandbuch einige relevante Hinweise. Auf Basis des theoretischen, konzeptionellen und empirischen Entwicklungsstandes des Verfahrens kann seine Durchführung interessante qualitative Hinweise geben, die aber mit Vorsicht zu behandeln sind.

5.5.2.8 Motodiagnostische Verfahren

Es lassen sich drei Gruppen motodiagnostischer Verfahren unterscheiden: motoskopische, motometrische und motografische Verfahren. Mit motoskopischen Verfahren werden Bewegungs- und Haltungsmerkmale beobachtet und protokolliert. Motometrie zielt auf die Messung motorischer Merkmale, wobei in Relation zu spezifischen Anforderungen Fehler, Genauigkeit, Zeiteinheiten erfasst werden. Bei motografischen Verfahren werden die motorischen Merkmale nicht gemessen, sondern – für eine spätere Auswertung – aufgezeichnet.

Es liegen einige gute motometrische Tests vor, mit denen differenziert motorische Fähigkeiten erfasst und in Relation zur Altersgruppe beurteilt werden können.

Standardisierte motorische Tests sind z. B. der Körperkoordinationstest für Kinder und die deutsche Adaption der Lincoln Oseretzky Motor Development Scale, die allerdings mittlerweile recht veraltet ist (Eggert 1974). Ein sehr aktuelles Verfahren für einen breiten Alterskreis ist das Movement Assessment for Children.

Körperkoordinationstest für Kinder (KTK)

Autoren: Kiphard, E. J./Schilling, F. (2., überarbeitete und ergänzte Auflage, 2007)

Zielgruppe: Kinder (5–14 Jahre)

Form und Inhalt:
»Die Aufgaben des KTK fordern vom Probanden Bewegungsleistungen, die in der Alltagsmotorik relativ selten zu finden sind. Das hat den Vorteil, dass die geforderten Bewegungsaufgaben nicht geübt sind. Sie messen somit keine Fertigkeit, sondern eine motorische Fähigkeit, die mit dem Alter (bis etwa 12 Jahre) ständig zunimmt. Der KTK wird damit zu einem wichtigen Entwicklungsindikator« (Kiphard 1978, 103).

Objektivität bei der Durchführung wie bei der Auswertung sind weitgehend gegeben. Der Test kann gut zur Feststellung von Fördereffekten dienen. Der KTK ist auf vier Aufgabenbereiche ausgerichtet:

1. Balancieren rückwärts
2. Monopedales Überhüpfen
3. seitliches Hin- und Herspringen
4. seitliches Umsetzen.

Dafür werden mit dem Test gelieferte Balancierbalken, rechteckige Schaumstoffplatten, rutschfeste Sperrholzplatten sowie Holzleisten benötigt.

Durchführung:
Um zu gewährleisten, dass die Kinder die Aufgabenstellungen gut verstanden haben, werden Vorübungen gemacht. Rückwärts balancieren erfolgt über schmaler werdende Balken mit Breiten von 6,0, 4,5 und 3,0 cm. Beim monopedalen Überhüpfen müssen Schaumstoffteile nur mit dem rechten oder nur mit dem linken Fuß übersprungen werden, wobei sich die Höhe steigert. Seitliches Hin- und Herspringen erfolgt über Holzleisten innerhalb einer Zeiteinheit von 15 Sekunden. Beim seitlichen Umsetzen sind zwei Sperrholzplatten weiterzubewegen, wobei das Kind auf einer Platte steht, eine Platte in Zielrichtung versetzt, sich dann auf diese Platte stellt und die nächste versetzt usw.

Auswertung:
Für die einzelnen Aufgabenbereiche werden die Rohwerte summiert und zu Moto-Quotienten (MQ) zusammengefasst. Die Summe der Moto-Quotienten lässt sich in einem Gesamt-MQ zusammenfassen. »Kinder mit einem MQ-Wert ≤ 85 sind als auffällig in der Körperbeherrschung anzusehen, Kinder mit einem MQ-Wert ≤ 70 müssen als gestört in der Körperbeherrschung eingestuft werden« (KTK-Manual 1974, 36).

Movement Assessment for Children (Movement ABC-2)

Autor: Petermann, F. (2008 und 2009)
Zielgruppe: Kinder und Jugendliche von 3;0 bis 16;11 Jahren

Form und Inhalt:
Die Movement ABC ist ein mit englischsprachigem Ersterscheinen 1992 und Veröffentlichung der zweiten Auflage 2007 noch recht neues Verfahren zur Überprüfung motorischer Kompetenzen bei Kindern und Jugendlichen. Derlei Kompetenzen werden hier explizit auch als wichtige Voraussetzungen für soziale Integration und schulischen Erfolg gesehen. Es wird auf deutliche Komorbiditäten zwischen Störung der motorischen Fertigkeiten einerseits sowie Problemen im visuell-räumlichen Bereich, Sprech-/Sprachstörungen, Leseschwierigkeiten, Aufmerksamkeitsstörungen und Problemen im sozialen, emotionalen und Verhaltensbereich hingewiesen.
Die Batterie besteht aus drei Teiltests für folgende Altersgruppen:

- Altersgruppe 1 (3;0–6;11 Jahre)
- Altersgruppe 2 (7;0–10;11 Jahre)
- Altersgruppe 3 (11;0–16;11 Jahre)

Dabei werden drei zentrale Komponenten motorischer Funktionen untersucht: Handgeschicklichkeit, Ballfertigkeit sowie statische und dynamische Balance. Untersucht werden Präzision, aber auch die Fähigkeit zur Koordination unter Zeitdruck. Für die drei Komponenten werden in jeder Altersgruppe acht Aufgaben vorgesehen. Beispielaufgaben für die Altersgruppe 2 sind: Stifte einstecken, Schnur einfädeln, Spur nachzeichnen, zweihändiges Fangen, Bohnensäckchen werfen, Ein-Brett-Balance, Laufen »Ferse an Zeh« vorwärts sowie Mattenhüpfen.

Das Verfahren kann als zuverlässig gelten; es gibt Nachweise zur Validität durch Expertenurteile und klinische Studien.

Durchführung:

Das Verfahren ist nur in der Einzeltestung einsetzbar und kann der Status- wie der Verlaufsdiagnostik dienen. Als Bearbeitungsdauer werden ca. 20–30 Minuten angegeben, bei Kindern mit Einschränkungen allerdings möglicherweise auch mehr Zeit. Die Einzeltests sollen in der vorgegebenen Reihenfolge durchgeführt werden; es ist aber auch möglich, eine Aufgabe abzubrechen und später wieder aufzunehmen. Unterschieden werden jeweils Demonstration, Übungsphase sowie Testdurchführung. Zusätzlich zur quantitativen Frage der Leistungsbewertung werden auch qualitative Aspekte notiert: Art der Aufgabenbearbeitung, mögliche Einflüsse sowie Verhaltensbeobachtungen.

Auswertung:

Für die quantitative Auswertung werden je Kind etwa fünf Minuten kalkuliert. Die Erstellung eines differenzierten Leistungsprofils anhand der Ergebnisse ermöglicht auch bereits erste Hinweise auf Förderung bzw. Therapie. Verfügbar sind altersbezogene Prozentränge und Standardwerte. Einfache »Ampelunterscheidungen« in grün, gelb und rot erlauben die, allerdings wiederum recht grobe, Einschätzung als »therapiebedürftig«, »kritisch« bzw. »unauffällig«. Die Normen basieren auf einer britischen Stichprobe, ergänzt durch eine etwas kleinere deutsche (allerdings nur bis 10;11 Jahre), welche die britische Normierung im Wesentlichen bestätigte.

5.5.2.9 Neuropsychologische Verfahren

Während zur Einschätzung neuropsychologischer Problematiken und organischer Hirnfunktionsstörungen bisher ausschließlich verschiedene psychologische Testverfahren im Einsatz waren, treten zunehmend moderne bildgebende Verfahren wie Craniale Computertomographie (CCT) oder Magnet-Resonanz-Tomographie (MRT) und ihre objektiven Möglichkeiten an deren Seite. Durch solche Verfahren sind teilweise validere Nachweise von hirnorganischen Veränderungen möglich. Heute bilden solche technischen Möglichkeiten eine Ergänzung traditioneller Testverfahren im Rahmen der neuropsychologischen und -psychiatrischen Diagnostik; wichtig ist oft die Zusammenschau. Daher werden hier zwei einschlägige Testverfahren kurz dargestellt. In jedem Falle empfiehlt sich beim Verdacht auf neuropsychologische Problematiken die Heranziehung einer differenzierten medizinischen Diagnostik.

Diagnosticum für Cerebralschädigung II (DCS-II)

Autoren: Weidlich, S./Derouiche, A./Hartje, W. (2011)
Zielgruppe: Kinder ab 6. Lebensjahr bis ins hohe Erwachsenenalter

Form und Inhalt:
Das DCS-II basiert auf dem früheren Diagnosticum für Cerebralschädigung (Weidlich/Lamberti 1980). Der Anspruch des bis 2001 in vier Auflagen entwickelten früheren Verfahrens, eine spezifische Diagnostik organischer Hirnfunktionsstörungen ermöglichen zu können, wurde mit dem DCS-II aufgegeben. Dieses firmiert nun als Lern- und Merkfähigkeitstest für figurales Material, welcher die Fähigkeit zum Einprägen sowie zum freien Gedächtnisabruf von sinnfreien Figuren untersuchen soll. Insofern ist die Beibehaltung der bisherigen deutschen Bezeichnung weniger glücklich als der englischsprachige Titel: »Visual Learning and Memory Test for Neuropsychological Assessment«. Das Besondere des Verfahrens besteht in der gegebenenfalls mehrmaligen Vorlage und Reproduktion der Materialien. Testmaterialien und Instruktionen der früheren Version blieben erhalten; allerdings wurde die Auswertung modifiziert, und es wurden neue Normwerte erhoben.

Der Test besteht aus neun Karten, auf denen verschiedene sinnfreie, aber assoziationsfähige Zeichen abgebildet sind, und fünf Holzstäbchen, mit denen die Figuren nachgelegt werden.

Die Normierung erfolgte an einer Stichprobe zwischen 5 und 88 Jahren. Mit einer deutlichen Steigerung der Fehlerquote ist bei Kindern unter 7 Jahren und bei Erwachsenen über 60 Jahren zu rechnen.

Durchführung:
Die Karten werden in Einzeldiagnostik nacheinander für je zehn Sekunden gezeigt. Sie werden übereinandergelegt, so dass jeweils immer nur eine Figur sichtbar ist. Aufgabe der Versuchsperson ist es, die Figuren mit den fünf Holzstäbchen aus dem Gedächtnis nachzulegen. Wenn möglich soll auch die richtige Reihenfolge angegeben werden.

Der gesamte Vorgang wird solange wiederholt, bis alle neun Figuren in einem Durchgang richtig reproduziert werden. Abgebrochen wird der Test, wenn nach sechs Durchgängen die Reproduktion der neun Figuren innerhalb eines Durchgangs nicht erfolgt ist. Die Bearbeitungsdauer liegt bei durchschnittlich 40 Minuten, variiert allerdings aufgrund des bis zu sechsphasigen Vorgehens individuell beträchtlich. Leistungsstärkeren Probanden genügen unter Umständen ca. 20 Minuten.

Auswertung:
Die Auswertung nimmt nur wenige Minuten in Anspruch. Anhand der Rohwerte werden drei Leistungsparameter ermittelt:

• Anzahl richtiger Reproduktionen
• ein Lerneffizienzindex anhand von Lerngeschwindigkeit und Erinnerungssicherheit
• ein Fehlerindex

Es werden Prozentrangnormen angeboten. Für die Anzahl richtiger Reproduktionen bestehen zehn nach Alter und Bildungsniveau differenzierte Normgruppen, für den Lerneffizienz- sowie den Fehlerindex drei nach Bildung unterschiedene Gruppen.

Entgegen der früheren Auflagen wird keine qualitative Fehleranalyse mehr durchgeführt.

Das DCS-II ist ein wichtiges Verfahren für die klinisch-neuropsychologische Diagnostik und damit für die entsprechenden Professionellen in diesem Bereich. Es hat sich über verschiedene Auflagen erheblich weiterentwickelt. Allerdings wurde die Normierungsstichprobe nicht systematisch gewonnen, und die Angaben zu Reliabilität und Validität sind ebenso optimierbar wie die Hinweise zur Interpretation. Weitere Arbeiten an diesen Aspekten wären sicher gewinnbringend.

Southern California Sensory Integration Test (SCSIT); Sensory Integration and Praxis Tests (SIPT)

Autorin: Ayres, A. J. (1979, 74–75, 3. Auflage 1991)
Zielgruppe: Kinder zwischen 4 und 8;11 Jahren

Diese Test-Batterie entspricht nicht den Testgütekriterien; zu bedenken ist auch ihr Alter. Andererseits liefert sie aber, bei Bewertung der Befunde mit einiger Vorsicht, eine Fülle von praxisrelevanten Informationen und wird deshalb sehr von Pädagogen präferiert, die mit Kindern mit Aufmerksamkeits- und Hyperaktivitätsstörungen bzw. mit Lern- und/oder Integrationsstörungen arbeiten (vgl. z. B. Brand et al. 1985). Normdaten, die auf einer Stichprobe von mehr als 2000 Kindern zwischen vier Jahren und acht Jahren, elf Monaten beruhen, liegen für jeden Subtest vor. Die Testbatterie hat 17 Subtests, die in nachfolgender Übersicht der Autorin beschrieben werden:

- Raumvorstellung: Formtafeln werden benutzt, um die visuelle Wahrnehmung von Form und Raum sowie die mentale Manipulation von Objekten im Raum zu fördern.
- Figur-Grund-Wahrnehmung: Reizfiguren werden übereinandergelegt bzw. eingebettet, die die Auswahl einer Vordergrundfigur vor einem ähnlichen Hintergrund erfordern.
- Position im Raum: Einfache geometrische Formen werden zur Wiedererkennung in verschiedenen Anordnungen und Sequenzen dargeboten.
- Muster-Nachzeichnen: Die visuell-motorische Aufgabe erfordert die Duplikation eines Musters auf einem gepunkteten Gitter.
- Motorische Exaktheit: Die visuell-motorische Aufgabe erfordert, dass das Kind eine Linie über einer vorgedruckten Linie zeichnet. Die motorische Koordinationskomponente stellt größere Anforderungen als die visuelle.
- Kinästhesie: Das Kind versucht, mit geschlossenen Augen seinen Finger auf einen Punkt zu legen, auf den er zuvor vom Versuchsleiter gelegt worden war.
- Manuelle Formwahrnehmung: Der Test erfordert den Vergleich des visuellen Gegenstücks einer geometrischen Form, die in der Hand gehalten wird.

- Fingeridentifikation: Das Kind zeigt auf den Finger an seiner Hand, der zuvor vom Versuchsleiter berührt wurde, ohne dass das Kind es beobachten konnte.
- Graphästhesie: Das Kind zeichnet ein einfaches Muster auf seinen Handrücken, indem es versucht, das Muster zu kopieren, das der Versuchsleiter zuvor an die gleiche Stelle gezeichnet hat.
- Lokalisation taktiler Reize: Das Kind soll seinen Finger auf einen Fleck auf seiner Hand oder seinen Arm legen, den der Versuchsleiter zuvor berührt hat.
- Wahrnehmung doppelter taktiler Reize: Zwei taktile Reize werden gleichzeitig sowohl auf die Wange und die Hand appliziert, und das Kind soll dann identifizieren, wo es berührt wurde.
- Imitation von Stellungen: Das Kind soll eine Reihe von Positionen und Haltungen einnehmen, die der Versuchsleiter ihm zeigt; ein Prozess, der motorische Planung erfordert.
- Kreuzen der Körpermittellinie: Das Kind imitiert den Versuchsleiter, wie er auf eines seiner Ohren oder Augen zeigt.
- Bilaterale motorische Koordination: Die Durchführung dieses Tests erfordert weich ausgeübte Bewegungen und die Interaktion der beiden oberen Extremitäten.
- Rechts-Links-Diskrimination: Das Kind soll rechts von links an ihm selbst, am Versuchsleiter und bezüglich der Lokalisation eines Gegenstandes unterscheiden. Die einzigen verbalen Reaktionen, die der gesamte SCSIT erfordert, beziehen sich auf diese beiden Items dieses Tests.
- Stehbalance mit geöffneten Augen: Der Test misst die Fähigkeit des Kindes zu balancieren, wenn es mit geöffneten Augen auf einem Fuß steht.
- Stehbalance mit geschlossenen Augen: Es wird die Stehbalance mit geschlossenen Augen gemessen.

Die einzelnen Tests können separat in jeweils ca. 10 Minuten oder in ihrer Gesamtheit in ca. zwei Stunden durchgeführt werden.

5.5.2.10 Medizinische Verfahren

Um bei Ausschluss von prozesshaften somatischen Erkrankungen die bedeutsamen organogenen Bedingungen für Verhaltensstörungen zu erfassen, stehen hauptsächlich folgende Verfahren zur Verfügung:

a) Klinisch-neurologische Verfahren
   Funktion des VII., IX. und XII. Hirnnerven durch Inspektion des Mundbereichs; Geruchs- und Geschmacksprüfung; Prüfung der Reflexe, des Muskeltonus und des motorischen Verhaltens; Überprüfung der Koordinationsfähigkeit (z. B. Finger-Nasen- und Knie-Hacken-Versuch);
b) Elektro-Enzephalo-Grafie (EEG)
   Ableitung und Aufzeichnung der elektrischen Hirnaktivität; Auswertung z. B. nach Form der Wellen, Amplitude, Frequenz;
c) Computer-Tomografie (CT bzw. CCT)

Das Gehirn wird bei minimaler Strahlenbelastung in verschiedenen Ebenen geröntgt. Die Daten der Schichtebenen werden verstärkt, vom Computer gespeichert und als Querschnittsbilder detailreich sichtbar gemacht;

d) Magnet-Resonanz-Tomografie (MRT)
   Gehirnstrukturen können ohne Strahlenbelastung erfasst und mit feiner Differenzierung dreidimensional wiedergegeben werden, indem insbesondere Wasserstoffatomkerne zur Abgabe elektromagnetischer Strahlung angeregt werden, die verstärkt und vom Computer verarbeitet wird;

e) Angiografie
   Erfassung von Gefäßstrukturen durch Messung und Sichtbarmachung intravenös injizierter radioaktiver Isotope (z. B. Hirnszintigrafie);

f) Blutuntersuchungen

g) Liquoruntersuchungen
   In der Regel Lumbalpunktion bei örtlicher Betäubung und Entnahme einiger Tropfen Liquor (Hirnflüssigkeit), Untersuchung des Liquors auf Zellgehalt (z. B. ist bei Hirnhautentzündung der Liquor eitrig), auf Eiweißgehalt, Eiweißkonsistenz, Glukosegehalt usw.;

h) Chromosomenuntersuchungen/genetische Untersuchungen

i) Allergietests

j) Untersuchungen mit Ultraschall
   (siehe dazu z. B. Strunk 1989; Steinhausen 1988; Tieber 1987; Weis et al. 1992; Kass/Oldham et al. 1996; Gaebel/Müller-Spahn 2002, 1–71; von Loh 2003; Simchen [4]2004).

6   Erziehung, Unterricht, Therapie und Beratung

Der Mensch lässt sich nach biologischen, philosophischen, psychologischen und soziologischen Erkenntnissen im Sinne strukturmodellhafter Typisierung als Mängelwesen, Triebwesen, Geistwesen und Sozialwesen bezeichnen (vgl. Dienelt 1970; Vernooij 1989). Er kommt für den Lebenskampf sehr mangelhaft ausgestattet, instinktungebunden und völlig hilflos, aber »weltoffen« auf die Welt (Gehlen), ist »polymorph-pervers« seinen Trieben völlig ausgeliefert (Freud, Lorenz). Er muss erst lernen, seine Mängel auszugleichen, seine Triebe zu beherrschen und zu steuern, seine spezifischen Fähigkeiten wie Sprachvermögen, konstruktives Denken, seine Vernunftbegabung allgemein zu entfalten und als ens rationale, als Geistwesen, zu agieren. Als ens sociabilis ist er zwar auf die Gemeinschaft hin angelegt, hat »Gemeinschaftsgefühl« (Adler), muss aber, um »menschliche Eigenschaften« entwickeln und eine soziale Rolle übernehmen zu können (Claessens 1967, 24), nach der physischen Geburt aus dem Mutterleib in der Gemeinschaft mit einer Dauerbezugsperson eine »zweite, soziokulturelle Geburt« (René König) erleben. Als »physiologische Frühgeburt«, als »Nestflüchter« und »sekundärer Nesthocker« (Portmann 1951) ist er ein ens adiuvandum et educandum – ein hilfs- und erziehungsbedürftiges Wesen. Seine dispositionell gegebenen vielfältigen Potenzen kann er nur entwickeln und ausschöpfen, wenn er in Kindheit und Jugend dauerhafte liebevolle Zuwendung und Pflege sowie vielfältige Hilfen für den Umgang mit sich und mit anderen, wenn er Erziehung und Bildung erfährt. Diese Erkenntnis ist konstituierend für die Pädagogik. Sie kommt ebenso zum Ausdruck in der Feststellung von Comenius in der »Didactica magna« (1657): »Wenn der Mensch zum Menschen werden soll, so hat er Bildung nötig« (Comenius 1913, 96), wie in der – ebenfalls überspitzten und im Zeitkontext zu verstehenden – Formulierung von Immanuel Kant »Der Mensch kann nur Mensch werden durch Erziehung. Er ist nichts, als was die Erziehung aus ihm macht« (Kant 1902–1941, 443; vgl. dazu Malson et al. 1979).

Erziehung ist ein Vorgang sozialer Interaktion mit den Aufgaben der Sozialisation, der Personalisation und der Enkulturation. In diesem Vorgang ist der junge Mensch sowohl passives als auch aktives Wesen, das sich auf die Gemeinschaft ausrichtet, Normen und Werte der umgebenden Gruppe und der umgebenden Kultur übernimmt und somit eine soziale Identität gewinnt, das aber auch seinen Selbstbestimmungstendenzen folgt, d. h. in Distanz zur Umwelt ein Individuum wird mit einer einzigartigen personalen Identität. Wenn Kinder und Jugendliche in diesem Erziehungs- und Identitätsfindungsprozess beeinträchtigt werden und Entwicklungs- oder Verhaltensstörungen drohen oder sich zeigen, sind spezielle Hilfen notwendig, die sich mit den Begriffen Prävention und Rehabilitation bzw. präventive und rehabilitative oder kurative Intervention zusammenfassen lassen.

Prävention hat bei differenzierender Betrachtung eine dreifache Ausrichtung (vgl. Caplan 1961). Unter primärer Prävention wird die Verhinderung von psychosozialen Schwierigkeiten und Störungen verstanden. Sekundäre Prävention meint die Erfassung und reduzierende Beeinflussung psychosozialer Störungen schon »in statu nascendi«, d. h. schon dann, wenn sich erste Anzeichen zeigen. Diese beiden Präventionsaspekte müssen auch in vor- und nebenschulischen Einrichtungen sowie im Regelschulbereich breite Berücksichtigung finden. Lehrer vor allem an den Grundschulen wie auch Erzieher in den Heimen der Jugendhilfe müssen deshalb ätiologische Zusammenhänge kennen und über hilfreiche Maßnahmen verfügen. Tertiäre Prävention zielt auf die Verhinderung negativer Folgen einer psychischen Störung ab. In jüngerer Zeit wird das Modell von Caplan zunehmend durch die Unterscheidung universeller, selektiver und indizierter Prävention abgelöst, um den Präventionsgedanken zu schärfen (vgl. etwa Beelmann 2008, 443).

Die Prävention von Verhaltensstörungen in allen Erziehungs- und Bildungseinrichtungen für Kinder und Jugendliche, insbesondere aber im Bereich der Schule, wird hier auf dem Hintergrund einer massiven Kontroverse um Erziehung diskutiert: Auf der einen Seite stehen die Auswirkungen der 1968-Rebellion gegen jede Autorität und gegen Grenzen setzende Erziehung sowie die Impulse der humanistischen Psychologie, auch aus therapeutischen Situationen heraus in den allgemeinen Erziehungsalltag übertragen, mit einem Plädoyer für die Selbstentfaltung des Menschen. Dies führte teilweise zur Herabsetzung elterlicher Führung mit Vorgaben und auch Verboten, teilweise auch zum Vermeiden von Erziehungskonflikten – bis hin zu hedonistisch-subjektbezogenen Positionen auf Kosten von Gemeinschaft (siehe dazu Ahrbeck 2004a und 2004b; Myschker 1994). Dahinter stehen zum Teil auch Missverständnisse der humanistischen Psychologie. Auf der anderen Seite dieser Tendenzen stehen ähnliche Gegenbewegungen hin zu einem Plädoyer für Autorität und eine neue Strenge, wie sie in Buebs »Lob der Disziplin« deutlich werden (Bueb 2006; siehe dazu die Antwort von Brumlik 2007).

Ihrer Bedeutung in der Gegenwart entsprechend befassen sich Pädagogik, Psychologie und Psychiatrie in Theorie und Praxis verstärkt mit präventiven Maßnahmen bei Verhaltensstörungen (siehe z. B. Beelmann 2000; 2008; Denham/Burton 2003; Hennemann 2002; Klein 2002; Vernooij 2004; Borchert/Hartke/Jogschies 2008; Hennemann/Hillenbrand 2010; Durlak et al. 2011; Hennemann et al. 2015).

Der Begriff Rehabilitation (Wiederherstellung, [Wieder-]Eingliederung) wird mit medizinischer, beruflicher, schulischer und sozialer Akzentuierung gebraucht, wobei schulische Maßnahmen als Teil sozialer Rehabilitation zu verstehen sind. Soziale einschließlich schulischer Rehabilitation, die im vorliegenden Kontext relevant ist, meint gezielte und umfassende kurative (umsorgende, fürsorgliche) Intervention bei habitualisierten, verfestigten psychischen Störungen (Beratung, unterrichtliche Förderung, Um- und Nacherziehung, soziales Training, pädagogisch-therapeutische Hilfen, psychosoziale Therapie) mit dem Ziel verbesserter Identitätsbildung, angemessener Ich-Stärke, altersgemäßer Lebenstüchtigkeit so-

213

wie sozialer Integration. Der junge Mensch soll letztlich dazu befähigt werden, künftig, auch als Erwachsener, ein Leben in psychischer Gesundheit zu führen, das nach Jahoda zu charakterisieren ist durch

- »Selbstannahme,
- Integration der Persönlichkeit,
- die Fähigkeit, Stress auszuhalten,
- Autonomie und Unabhängigkeit gegenüber gesellschaftlichen Einflüssen,
- die Wahrnehmung der Realität ohne Verzerrung und
- positive Lebensbewältigung« (Jahoda 1958, 68).

Schulische und soziale Rehabilitation gehören zum Aufgabenbereich speziell ausgebildeter Fachleute (▶ Kap. 8).

Die Frage, wie das Ziel der seelischen Gesundheit – nach den Kriterien von Jahoda bei Kindern und Jugendlichen mit Verhaltensstörungen zweifellos nicht gegeben – zu erreichen ist, steht auch gegenwärtig noch im Streit der Meinungen. Ist ein spezielles therapeutisches Milieu in besonderen Einrichtungen notwendig (eine sonderschulische Einrichtung, ein heilpädagogisches Heim, eine Kinder- und Jugendpsychiatrische Klinik) – oder sollten die Kinder und Jugendlichen grundsätzlich in ihrem gewohnten Umfeld (z. B. in der Allgemeinen Schule und im Elternhaus) verbleiben, also inklusiv gefördert werden? Für eine inklusive bzw. integrative Erziehung spricht sehr viel: Entstandene Bindungen werden nicht gestört oder gar zerstört. Den Kindern und Jugendlichen werden nicht Trennungen und Umgewöhnungen und die damit verbundenen Erschwernisse sowie emotionalen Gefährdungen zugemutet. Sie bleiben umgeben von positiven Modellen und sind nicht so stark gegenseitiger negativer Beeinflussung ausgesetzt. Die Lehrer/Erzieher bleiben auch auf solche Kinder und Jugendliche verwiesen, die größere Schwierigkeiten machen, und müssen sich mühen, einerseits ihre Einstellungen und Kompetenzen zu verbessern, um diese Schwierigkeiten ertragen und reduzieren zu können, und andererseits integrative Hilfen zu erschließen und optimal möglich zu machen. Es darf aber auch nicht übersehen werden, dass Segregierung bzw. die Förderung in besonderen Einrichtungen die bessere Möglichkeit oder gar die *eine* notwendige Maßnahme adäquater Hilfe sein kann, z. B. bei erheblichen Problemstellungen wie Misshandlungen, sexuellem Missbrauch, elterlicher Verwahrlosung, stärkster Ablehnung durch die relevante Umgebung, bei suizidaler Problematik oder anderen schweren psychischen Störungen (▶ Kap. 9.4).

6.1 Erziehung, Unterricht und Therapie

Hilfreiche oder kurative bzw. fürsorgliche Interventionen bei Kindern und Jugendlichen mit Verhaltensstörungen als spezielle erzieherische, unterrichtliche und therapeutische Maßnahmen haben eine kurze Geschichte und kommen erst in der

Gegenwart umfassend zum Tragen (▸ Kap. 1). Wenn hier und im Weiteren von Intervention gesprochen wird, dann soll mit dem Begriff im wörtlichen Verständnis ein »Dazwischentreten« zugunsten junger Menschen gegen Störfaktoren und Beeinträchtigungen, ein Eintreten für ihre Bedürfnisse und Belange, ein Sicheinsetzen zu ihrem Wohle gemeint sein. Das Attribut »kurativ«, welches nicht immer vorangestellt, aber immer mitbedacht werden muss, verdeutlicht die Intentionen.

Kurative Interventionskonzepte entstanden in Umsetzung zeitspezifischer humanwissenschaftlicher Erkenntnisse und erfuhren Modifizierungen in Entsprechung zu neueren Erkenntnissen. Leitend sind wissenschaftliche Ansätze, die zu bezeichnen sind als

1. der biophysische Ansatz,
2. der psychoanalytische Ansatz,
3. der individualpsychologische Ansatz,
4. der entwicklungspsychologische Ansatz,
5. der humanistisch-psychologische Ansatz,
6. der lerntheoretische Ansatz und
7. der pädagogisch-therapeutische oder integrative Ansatz.

Den frühesten Begründungshintergrund bildeten medizinische Einsichten, die schon im 19. Jahrhundert Bedeutung bekamen, aber erst auf der Basis neurophysiologischer Erkenntnisse zu schlüssigen, differenzierten Konzeptbildungen hinleiteten. Anzuführen sind in dieser Hinsicht originär medizinische Maßnahmen – wie pharmakologische und diätetische – sowie pädagogische Anwendungen, die insbesondere von dem Konstrukt der leichten frühkindlichen Hirnschädigung ausgingen. Für die Pädagogik bei Verhaltensstörungen bedeutsam wurde unter diesem Ansatz das Konzept von Cruickshank, welches vielfältige Auswirkungen auf die Praxis hatte, heute jedoch in seiner Gesamtheit differenzierter als problematisch, in Teilbereichen aber nach wie vor als angemessen und hilfreich anzusehen ist. Das Konzept von Cruickshank führte zur Elaborierung von Gegenkonzepten, die zu völlig anderen Schlussfolgerungen kommen, wie z. B. das Konzept von Zentall. Viele neuere Interventionskonzepte, die von medizinischen, insbesondere neurophysiologischen Erkenntnissen ausgehen, haben sich zu umfassenden Modellen entwickelt, die – wie das Konzept von Kephart oder das von Brand et al. – in Deutschland die sonderpädagogische Praxis ebenso stark beeinflussen wie die spezifisch auf die Förderung der Wahrnehmung, der Motorik und der Sprache ausgerichteten Verfahren von Affolter, Ayres, Frostig und Kiphard. Die zunächst ebenfalls auf dem Konstrukt der leichten frühkindlichen Hirnschädigung basierende Psychomotorische Übungsbehandlung von Kiphard und Hünnekens, die inzwischen zu einer auf ganzheitliche Wirkung zielenden Theorie und Methodik weiterentwickelt wurde, wird den pädagogisch-therapeutischen Verfahren zugeordnet und hat deshalb in den Ausführungen zur »Pädagogischen Mototherapie« im Kap. 6.1.7 ihren bedeutsamen Platz (▸ Kap. 6.1.7). Dem biophysischen Ansatz zuzurechnen ist auch die für die Intervention bei Verhaltensstörungen insbesondere im schulischen Bereich gut anwendbare, aber noch wenig einbezogene Suggestopädie sowie die ebenfalls Lernprozesse stützende und optimierende Methodik von Radigk.

Von größter Bedeutung für die Intervention bei Verhaltensstörungen von Kindern und Jugendlichen waren und sind die Erkenntnisse von Sigmund Freud, die insbesondere von August Aichhorn, Fritz Redl und Bruno Bettelheim zu pädagogisch-therapeutischen Konzepten mit weltweiter Ausstrahlung verdichtet wurden.

Nach einer Zeit, in der, wie in den 1950er und 1960er Jahren, das Individualpsychologie-Konzept von Adler weniger Bedeutung hatte und hinter andere Ansätze zurücktreten musste, kann heute vorsichtig von einer gewissen Renaissance des individualpsychologischen Gedankengutes gesprochen werden, welches für die Pädagogik allgemein und für die Pädagogik bei Verhaltensstörungen im Besonderen unkomplizierte, plausible, griffige Erklärungen und Handlungshinweise liefert.

Der lerntheoretische Ansatz hatte im Bereich der Pädagogik bei Verhaltensstörungen in den 1960er und 1970er Jahren einen Bedeutungshöhepunkt. Weiterentwicklungen begegneten den vielfältigen kritischen Stimmen und ermöglichten handlungsleitende Konzeptbildungen, die in den letzten Jahren wegen ihrer guten wissenschaftlichen Fundierung wie auch der praktischen Handhabung wieder in den Mittelpunkt wissenschaftlicher Untersuchungen und praktischer pädagogisch-therapeutischer Intervention gerückt sind und eine große Bedeutung haben (siehe z. B. Schermer et al. 2005 und 2006; Linderkamp 2008).

Entwicklungspsychologisch orientierte Interventionskonzepte basieren häufig auf den Erkenntnissen von Piaget (siehe z. B. Piaget 1954, 1969, 1972). Sie sind noch wenig elaboriert und wenig bekannt; es gibt allerdings Ansätze, im »Förderschwerpunkt emotional-soziale Entwicklung« entsprechend zu arbeiten.

Im Mittelpunkt der Darstellungen dieses Kapitels steht das pädagogisch-therapeutische Konzept, das mit einem holistischen Anspruch verschiedene Ansätze zu integrieren versucht (zum Unterricht bei Verhaltensstörungen siehe zusammenfassend insbesondere Stein/Stein 2014; Hillenbrand 2011).

6.1.1 Der biophysische Ansatz

Unter den biophysischen Ansatz werden Konzepte subsumiert, die konkret auf diagnostisch erfasste psychophysische Symptome bezogen und an Defiziten orientiert sind. Solche Konzepte haben für die Pädagogik bei Verhaltensstörungen eine längere, immer wieder sehr kritisch diskutierte Tradition.

Ein pädagogisches Konzept im Sinne des medizinischen Ansatzes für Kinder mit Verhaltensstörungen, denen eine Minimale Hirnschädigung (Minimal Brain Damage – MBD) attestiert worden war, wurde bereits seit Ende der 1950er Jahre in den USA von Cruickshank und wenig später auch in der damaligen DDR von Großmann/Schmitz entwickelt.

Ausgangspunkt der Konzeptbildung von Cruickshank waren die folgenden Symptome, die als Charakteristika minimal hirngeschädigter Kinder angesehen wurden:

- motorische Hyperaktivität
- Ablenkbarkeit

- Dissoziation
- Figur-Grund-Reversion
- Perseveration
- motorische Inkoordination
- gestörtes Selbstkonzept (Cruickshank 1973).

Infolge der Beeinträchtigungen des Kindes und der Schwierigkeiten, die es erlebt, kann es über vielerlei Misserfolgserlebnisse zu einem negativen Selbstkonzept kommen, wodurch die weitere Entwicklung beeinträchtigt wird. Da sich die Störungen besonders deutlich erst mit Schuleintritt zeigen und nicht zu erwarten ist, dass ein leicht hirngeschädigtes Kind den Anforderungen in der allgemeinen Schule entsprechen kann, hielt Cruickshank eine sonderpädagogische Förderung mit begleitender psychologischer Betreuung für notwendig. Kennzeichnend für das Interventionskonzept Cruickshanks sind zwei Leitideen:

- die allgemeine Reizreduzierung und
- die spezifische Reizerhöhung in punktuellen Bereichen.

Die allgemeine Reizreduzierung bezieht sich im schulischen Bereich auf die gesamte Lernumwelt, auf eine Reduzierung der räumlichen Gegebenheiten und auf eine Reduzierung der Lernprogramme.

So haben die Fenster Milchglasscheiben, alle Lehrmaterialien werden verdeckt aufbewahrt, Wände, Fußböden und Möbel werden gleichfarbig gestaltet. Durch Teppichböden und schalldämpfende Maßnahmen an den Decken sollen die akustischen Reize minimiert werden.

Der Raum soll klein und übersichtlich sein. Alle Aktivitäten des Kindes sollen sich in dem einen speziell gestalteten Raum vollziehen. An den Wänden des Raumes sind für die Kinder an drei Seiten geschlossene Lernkabinen eingerichtet, in denen ihnen, nur mit Wänden vor Augen, auf die Lerninhalte bezogenes Aufmerksamkeitsverhalten erleichtert werden soll. Auch die Kabinen sind einfarbig gestrichen und haben keinerlei Dekorationen, und der Schüler nimmt nur die Materialien mit hinein, die er unbedingt braucht (vgl. Cruickshank/Johnson 1958, 273 ff.). Da es den Kindern schwerfällt, Entscheidungen zu treffen, und sie sich in Entscheidungssituationen bedroht fühlen, sind Tagesablauf und Lehrprogramme detailliert geregelt. Erst mit der Verbesserung des Aufmerksamkeits- und Anpassungsverhaltens vergrößern sich Wahlmöglichkeiten und Entscheidungsspielräume.

Für die im Mittelpunkt der Lernprozesse stehenden Materialien soll der Reizwert erhöht werden. Eine entsprechende Reizanreicherung geschieht durch die Größe, die Form und durch Farben. Diese spezifische Reizanreicherung soll mit zunehmender Leistungsfähigkeit verringert werden. Der Unterricht in seiner Gesamtheit geht stets vom Konkreten zum Abstrakten, ist charakterisiert durch kleine Einheiten und durch weitestgehende Fremdsteuerung sowohl durch den Lehrer als auch über die bereitgestellten Materialien.

Cruickshank hielt es für notwendig, dass das in der Schule realisierte Konzept auch vom Elternhaus übernommen werde und auch die heimische Umgebung reizarm gestaltet und zeitliche Planung wie Tätigkeiten stark strukturiert sind.

Cruickshank hat mit seinem nach medizinischen Daten ausgerichteten bzw. symptomorientierten und die Defekte der Kinder in den Mittelpunkt stellenden Interventionskonzept eine medizinisch-pädagogische Extremvariante in erzieherischer wie didaktisch-methodischer und organisatorischer Hinsicht realisiert, welche auch in der deutschen Pädagogik bei Verhaltensstörungen Einfluss gewann. So wurden z. B. in einer der wenigen speziell für Schüler mit Verhaltensstörungen gebauten Sonderschulen in Deutschland, und zwar in Bremen, Lernkabinen eingerichtet, allerdings niemals konsequent im Sinne Cruickshanks genutzt. Einige Elemente seiner Pädagogik wirkten befruchtend, wie z. B. die zeitliche Strukturierung und die didaktisch-methodischen Hilfen. Die Starrheit seines Konzepts, die Überbetonung der Führung durch den Lehrer/Erzieher sowie die in extremer Form konsequente Reizreduzierung wurden jedoch abgelehnt und haben gegenwärtig keine Relevanz mehr, auch wenn Cruickshank sein Konzept in leicht veränderter Form und in Ausrichtung nunmehr auf »lern- und wahrnehmungsgestörte Kinder« in Amerika 1977, in Deutschland 1981, noch einmal vorlegte. Besonders problematisch ist, dass Möglichkeiten für soziales Lernen nicht nur nicht einbezogen, sondern geradezu verhindert werden. Das Konzept muss heute in seiner Gesamtheit als veraltet gelten, wenn auch einige Elemente moderner Pädagogik bei Verhaltensstörungen dienlich sein und für die Praxis genutzt werden können.

Ein Gegenkonzept zu demjenigen von Cruickshank ist das von Zentall (1979). Während im Gefolge von Strauss/Lehtinen (1947) und Cruickshank zumeist davon ausgegangen wird, dass die zentrale Problematik hyperaktiver Kinder auf eine Situation der *Überstimulation* zurückgeht (▶ Kap. 9.2), verwies Zentall darauf, dass bei diesen Kindern eine *Unterstimulierung* gegeben sei. Infolge der Unterstimulation seien die Kinder permanent auf Reizsuche und stimulierten sich selbst. Beruhigung werde nur erreichbar über die Befriedigung des Reizhungers.

Das Interventionskonzept von Zentall sieht deshalb für die Kinder eine reizreiche Umgebung vor. Der Klassenraum ist nach Zentalls Vorstellungen nicht nur in Lernzentren gegliedert, diese sind auch farbig gestaltet und mit vielfältigen beweglichen Reizen für das Auge ausgestattet – etwa Mobiles, Aquarien und Terrarien mit verschiedenen Tieren. Durch permanente Umgestaltung der Zentren werden immer wieder neue Stimuli gesetzt. Frontalunterricht wird vermieden, Instruktionen werden nur in kleinen Gruppen gegeben. Im Hinblick auf die Lernmaterialien und den Lernstoff sollen die Schüler möglichst selbstbestimmt arbeiten können, wobei die Aufgabenstellungen motivierend sein und einen den Bedürfnissen entsprechenden Wechsel vorsehen sollen, auch im Hinblick auf Bewegungsmöglichkeiten. Methoden der Verhaltensmodifikation werden als hilfreich angesehen, wobei Selbstinstruktionstechniken konzeptionell besondere Bedeutung zukommt (vgl. Zentall 1979). Zentalls Konzept harrt immer noch der Erprobung; Evaluationsstudien sind nicht bekannt.

Auch Kephart hat Kinder mit Lern- und Verhaltensstörungen, insbesondere solche mit hyperkinetischen Störungen (HKS) bzw. Aufmerksamkeitsdefizit- und Hyperaktivitätsstörungen (ADHS) und mit Lernstörungen im Auge, wenn er unter Heranziehung neurophysiologischer und neuropsychologischer sowie entwicklungspsychologischer und sonderpädagogischer Erkenntnisse bei weitgehender Nichtberücksichtigung sozio-kultureller Faktoren ein Interventionskonzept entwirft. Das Zentralnervensystem (ZNS) des Kindes mit ADHS verarbeite »Information ein wenig anders als die Gehirne anderer Kinder. Die Beziehungen zwischen den Bestandteilen einer Information sind gestört, es sieht nicht das, was wir ihm zu zeigen glauben. Es sieht etwas anderes. Es hört nicht, was wir ihm zu sagen glauben. Es stellt zwischen den Informationsbestandteilen, die wir ihm in einer vermeintlich so gut strukturierten Form darbieten, nicht dieselben Verbindungen her wie wir. Sein Zentralnervensystem behandelt diese Teilinformationen anders« (Kephart 1977, 16). So hilft es dem Kind nicht, wenn ihm der Unterrichtsstoff in kleineren Schritten und langsamer sowie mit vielen Übungsmöglichkeiten angeboten wird. Das Kind braucht vielmehr »eine andere Art der Darbietung, bei der die abweichenden Verarbeitungsprozesse das Verstehen des Lernstoffes nicht stören«; und der Lehrer braucht ein Repertoire von Darbietungsweisen und Techniken, um den Lernmöglichkeiten des Kindes gerecht zu werden und seine Lernchancen zu verbessern (a. a. O., 16).

Besondere Bedeutung für das Verständnis von Lernstörungen haben für Kephart Erkenntnisse über den stufenförmigen Verlauf der Entwicklung. Fortschritte auf einer Stufe bestimmen demzufolge quantitativ und qualitativ die Fortschritte auf der nächsten Stufe (vgl. z.B. Erikson, Piaget) sowie des Weiteren Befunde zum Funktionskomplex der Generalisierung, worunter dynamische Muster umfassender Informationsverarbeitung mit den Funktionen der Sammlung und Integration von Daten und situationsübergreifender, flexibler Datenverwertung zu verstehen sind.

Nach Kepharts konzeptionellen Vorstellungen sind bei Kindern mit sehr großen Schwierigkeiten »prothetische« Hilfen zu geben. Differenziert wird nach

- Lern-Prothesen (Fingerhilfe beim Lesen und Rechnen, Betonung von Elementen durch Farbe und Form usw.),
- sozialen Prothesen (kleine Lerngruppe, Vermeidung von Situationen, die Selbstkontrolle erschweren, Entwicklung von Unterrichtsroutinen, Vermeiden plötzlicher Situationsänderungen usw.) und
- Verhaltensprothesen (Lernkabinen, medikamentöse Therapie usw.).

Für die meisten Kinder wird ein unterrichtsbezogenes Lernkonzept für hinreichend erachtet, das an den Erkenntnissen über kindliche Entwicklung und Generalisierung orientiert ist und Übungsmöglichkeiten für perzeptiv-motorisches Verhalten und Zuordnen, für Augenkontrolle (Fixierung und Verfolgung), grobmotorische Bewegungsformen, Orientierung und Richtungssinn (Übung an der Wandtafel) sowie für die Formwahrnehmung vorsieht.

Das Interventionsprogramm basiert auf einer komplexen Diagnose, die sich »auf den ganzen Entwicklungsverlauf erstreckt« und »die Natur der Störung und die Art der daraus entstandenen Kompensationsmechanismen und Verzerrungen des Lernprozesses herausfinden« soll (a. a. O., 156). Aufgabe des Pädagogen ist es, auf den diagnostischen Daten aufbauend ein Lernprogramm so zu gestalten, »dass die Lernstörung in dieser frühesten Phase beseitigt wird und auf der Basis dieses neuen Prozesses das Lernen der späteren Stadien nachgeholt werden kann« (a. a. O.).

Die Schwierigkeiten des Kindes werden also auf ein spezifisches Problem hin eingeengt. Um beim Training in diesem Lernbereich keine »Splitterfertigkeiten« zu entwickeln, sollen die isolierten und künstlichen Aktivitäten möglichst schnell in einen natürlichen Aufgabenkontext eingebunden werden. In diesem Sinne werden spezielle Trainingsphasen mit dem üblichen Unterricht verbunden. Dabei sollen die Aufgaben möglichst alle dem Prinzip der Veridikalität entsprechen. Eine veridikale Leistung entspricht fundamentalen Naturgesetzen und bezieht über diese ihre Erfolgskontrolle. Balancieren auf einem auf dem Boden liegenden Balken stimuliert nicht zu intensiver Auseinandersetzung mit Gleichgewichtsproblemen. Eine derartige Übung wird aber dann veridikal – wie Kephart aufzeigt –, wenn der Balken einen halben Meter Abstand zum Boden hat und sich das Kind deshalb intensiv bemühen muss, Gleichgewicht zu halten, um nicht herunterzufallen.

Valide Leistungen sind dagegen durch Übereinkünfte definiert und beziehen ihre Erfolgskontrolle aus sozialer Zustimmung. Als günstiger ist es somit anzusehen, Lernen und Einüben von Fähigkeiten und Fertigkeiten in ein Projekt einzubetten, statt isolierte Aufgaben anzugehen, da die Erfolgskontrolle im Rahmen von Projekten durch den Gesamtzusammenhang gegeben wird.

Das Konzept von Kephart ist deutlich biophysisch orientiert und hat von daher systemimmanente Schwachstellen. Es ist jedoch konsistent und systematisch aufgebaut, vermittelt eine Fülle von Anregungen, ist praxisdienlich und hat die sonderpädagogische Praxis in Amerika wie in Deutschland insbesondere in den 1980er und 1990er Jahren beeinflusst – so beispielsweise in Form des ausdifferenzierten Konzepts der Maria-Stern-Schule Würzburg (vgl. Brand et al. 1985).

In den 1980er und 1990er Jahren wurden zwei an neurophysiologischen und -psychologischen Erkenntnissen orientierte Lernkonzepte populär, die gerade für den Einsatz in der Arbeit mit Kindern und Jugendlichen mit Lern- und/oder Verhaltensstörungen diskutiert wurden und werden. Das eine, spezieller ausgerichtet, ist als Suggestopädie oder Superlearning weltweit bekannt geworden. Das andere, breiter angelegt, aber noch wenig bekannt, stellt auf der Basis einer Theorie kognitiver Entwicklung (Informationsstufentheorie) Hilfen zur Optimierung cerebraler funktioneller Systeme bereit (Radigk [2]1990).

Zu den neurophysiologischen und -psychologischen Forschungsergebnissen gehört die Erkenntnis einer funktionellen Asymmetrie des Gehirns (Remschmidt 1981, 46; Herschkowitz 2008; Moll/Dawirs et al. 2006). Beide Hirnhemisphären haben also unterschiedliche Funktionen und Aufgaben (▶ Kap. 4.1.1). Aus den erbrachten Forschungsergebnissen kann abgeleitet werden, dass insbesondere bei Kindern und Jugendlichen mit Lern- und Verhaltensstörungen, weil diese es besonders nötig haben, die beiden spezialisierten Hemisphären des Gehirns am Lernprozess beteiligt werden sollten, um das Lernen zu erleichtern und zu verbessern. In Verbindung mit verbaler Information sind also musikalische Inhalte, bildhafte Darstellungen, nonverbale Markierungen über Mimik und Gestik sowie raumerfassende Aktivitäten systematisch anzubieten, da durch diese Verbindungen beide Hemisphären gleichzeitig angesprochen werden und in kooperativer Ergänzung Daten aufnehmen und verarbeiten können. Den Anforderungen auf systematische Einbeziehung beider Hirnhemisphären in den Lernprozess entspricht weitestgehend der didaktisch-methodische Ansatz von Georgi Lozanov, der auch als ganzheitliches Lernen, Superlearning oder Suggestopädie bekannt geworden ist. Der Bulgare Georgi Lozanov, Psychiater in Sofia, entwickelte und überprüfte seit den 1960er Jahren seinen Lernansatz, der durch die Involvierung beider Hemisphären die Codierung und Speicherung von Daten wesentlich verbessern soll. Aus naheliegenden Gründen wurden weltweit insbesondere Untersuchungen in der Fremdsprachendidaktik gemacht. Auch Untersuchungsergebnisse zur Methode der Suggestopädie, die unter streng wissenschaftlichen Bedingungen erbracht wurden, weisen gute Effizienz aus (vgl. Schiffler 1986, 46 f.). Es kann zusammenfassend davon ausgegangen werden, dass dieser Ansatz durch eine Verbesserung der Motivation, der Konzentration und der Gedächtnisleistung der Schüler das Lernen wesentlich erleichtert – auch bei schwierigen Schülern (vgl. Imhof et al. 1986, 101–130; siehe dazu auch Bochow/Wagner 1986).

Das suggestopädische Konzept soll kurz in der Version von Losanov und Philipov – Elisabeth Philipov ist eine Schülerin von Losanov – vorgestellt werden. Das Konzept beinhaltet drei Phasen: Eine kognitive, eine rezeptive und eine aktive Phase. In der ersten, kognitiven Phase wird vorwiegend links-hemisphärisch gearbeitet. In der zweiten, rezeptiven Phase wird die rechte Hemisphäre über Entspannung und Musik angesprochen (bei Linkshändern ist die Hemisphärenspezialisierung in der Regel umgekehrt). Das Lernmaterial wird assimiliert, gespeichert und konsolidiert. Vermittlung und Rezeption von Lernmaterialien werden durch Rhythmus sowie durch Ton und Klang unterstützt. »Durch die Anwendung der kognitiven und rezeptiven Phase kommt es zu einer Wechselwirkung zwischen den beiden Bewusstseinszuständen und Funktionen der Hirnhemisphären. Dieses führt zu einer Aktivierung und optimierten Nutzung des geistigen Potenzials beim Lernen« (Philipov 1986, 21). In der dritten Phase wird der »homo ludens« durch Rollenspiele und gruppendynamische Interaktionsspiele angesprochen.

Neuropsychologische Forschungen vermögen auch Hinweise für eine differenzierte, individualisierende Didaktik und Methodik zu geben, wie Radigk im Rahmen einer Informationsstufentheorie aufzeigt. Beispielsweise sind Hirnfunktionen über die Darstellung des cerebralen Blutflusses genau zu lokalisieren, und es kann angegeben werden, welche Hirnbereiche an welchen Leistungen beteiligt sind. Somit ist auch zu erfassen, welche individuellen Abweichungen, Störungen oder Ausfälle bestimmte Leistungen beeinträchtigen, sodass Aufgaben qualitativ und quantitativ gezielt gestellt werden können. Verdeutlichen lässt sich dies durch Forschungen zum inneren Sprechen bzw. zum Denken. So wird von einem 16-jährigen Jungen berichtet, dem es nicht gelang, Wörter verbo-sensorisch zu durchgliedern und akustisch zu analysieren. Lese- und Schreibübungen halfen nicht. Die Problematik ließ sich erst dann erhellen, als Blutflussuntersuchungen zeigten, dass das Broca'sche Zentrum beim stillen Lesen stärkere Aktivitäten aufweist als beim lauten Lesen, obwohl es doch nach dem bisherigen Wissensstand nur für die Expressivsprache, die Produktion von Lautsprache, zuständig sein sollte. Nach diesen und anderen Untersuchungen wird das Broca'sche Zentrum als ein »Zeichengenerator« verstanden, »der in der Lage ist, die jeweiligen akustischen, visuellen, kinästhetischen und motorischen (verbosensorischen) Speicherungen und Programmierungen durch entsprechende Operationen in verschiedenen Zeichensystemen zu codieren« (Radigk 1985, 247 f.). Es ergab sich somit für den

Jungen die Aufgabe, die Funktionen inneren Sprechens zu trainieren, die konstruktiv bei der Schriftsprache mitwirken. Dies gelang über Tonbandprogramme, mit denen inneres Sprechen nachgeahmt und mit Handlungen in Verbindung gebracht wurde, sodass sich deutliche Fortschritte im Rechtschreiben ergaben (a. a. O., 243–249).

In sozusagen reiner Form folgen dem biophysischen Ansatz die pharmakologische Therapie, die sich in der Stimulanzientherapie zu einem multimodalen Verfahren ausweitet, und die diätetische Therapie – Interventionsformen, die aus unterschiedlichen Gründen als umstritten gelten (vgl. etwa Stiehler 2007a; 2007b). Gerade die medikamentöse Therapie ist allerdings im Hinblick auf die Reduzierung von Aufmerksamkeits- und Hyperaktivitätsstörungen hochaktuell.

Eine Behandlung nach der Hypothese von der pathogenen Wirkung bestimmter Nahrungsbestandteile im Sinne Feingolds oder Hafers besteht darin, durch einen Diätplan die als toxisch vermuteten Substanzen völlig auszuschalten (vgl. Feingold 1975; Hafer 1978). Insbesondere Herta Hafer, die sich als Apothekerin und Mutter eines Kindes mit Verhaltensstörungen berufen fühlte, jede nur mögliche Störungsquelle zu finden und – wenn möglich – auszuschalten, fand in Deutschland großes Publikumsinteresse für ihre aus eigener Erfahrung belegte These von einem Zusammenhang zwischen der Aufnahme von Phosphaten über Nahrungsmittel und hyperaktivem, unaufmerksamem, aggressivem Verhalten. Geradezu begeistert berichtete sie über ihre Erfolge mit dieser Vorgehensweise. Nach ihrer Darstellung veränderte sich das Verhalten ihres Sohnes geradezu dramatisch im Sinne sozialadäquaten Verhaltens, wenn Phosphate in Nahrungsmitteln vermieden wurden, und in äußerst unangenehmer Weise im Sinne hyperaktiven und aggressiven Verhaltens, wenn er Phosphate über Nahrungsmittel zu sich nahm. Ähnliche Erfahrungen machten, wie sie berichtet, auch andere Mütter mit ihren Problemkindern. Es entwickelte sich eine regelrechte Bewegung mit Arbeitskreisen und Selbsthilfegruppen, wie z. B. der »Phosphat-Liga« (vgl. Hafer 1978; Hartmann 1987).

Ein Zusammenhang zwischen Nahrungsmittelzusätzen wie Phosphaten, Geschmacksverstärkern, Konservierungsstoffen und Verhaltensstörungen ließ sich zunächst trotz differenzierter Forschung nicht umfassend und schlüssig beweisen. Mehrere empirische Untersuchungen verwiesen darauf, dass es sich bei diätetischen Therapien um Placebo-Effekte handelte (vgl. z. B. Neukäter 1988; Steinhausen 1982). Folgende Studien schließen jedoch nicht mehr aus, dass bei einigen Kindern mit Verhaltensstörungen allergische Reaktionen auf Nahrungsbestandteile eine Rolle spielen (vgl. Steinhausen 1995). Einigen Kindern, bei denen Nahrungsmittelallergene festgestellt wurden, konnte durch eine Hyposensibilisierung mit Antiallergenen geholfen werden, wie mit einem Doppelblindversuch aufgezeigt wurde (Egger/Stolla 1992).

Ernährung rückt in jüngster Zeit wieder in den Fokus der Forschung bei ADHS und jüngste Untersuchungen mit einer ganz anderen Methode stützen diese Ergebnisse.

Die Klinik für Kinder und Jugendliche an der Universität Freiburg arbeitet zur Zeit an einer Langzeitstudie, mit der die Variable Ernährung bei der Verursachung und Behandlung der ADHS untersucht wird. Auf die recht aufwendige Methode mit drei Phasen – genannt Oligoantigene Diätetische Behandlung – soll eingegangen werden, weil sie eindeutige Ergebnisse erwarten lässt und richtungsweisend sein kann. Erste Ergebnisse liegen bereits vor.

1. Diagnosephase
   Nur Lebensmittel mit wenig Unverträglichkeitspotential dürfen in dieser Phase, die als Auslassdiät verstanden wird, gegessen werden (Beispiele für verbotene Lebensmittel ▶ Tab. 12).
   Die Phase dauert vier Wochen.

Tab. 12: Verbotene Lebensmittel und Zusatzstoffe (nach Clement/Fleischhaker 2016, 299)

Nahrungsbestandteile	Funktion	Nahrungsmittel
Lebensmittelfarbstoffe: Azorubin (El 22), Tatrazin (El 02), Gelborange (El 10), Ponceau 4 R (El 24), Cholingelb (El 04) Allurarot (El 29)	Färbung, Aussehen	Getränke, Süßigkeiten, Desserts, diverse Käsesorten, Zahnpasta ...
Süßstoffe	Geschmack, Haltbarkeit	Fertigprodukte, Süßigkeiten, Milchprodukte, Getränke, Kaugummi
Kennzeichnungspflichtige Lebensmittel mit häufiger Unverträglichkeit		Milch, Eier, glutenhaltiges Getreide, Fisch, Krusten- und Weichtiere, Soja, Lupine, Erdnüsse, Schalenfrüchte, Sellerie, Senf, Sesam
Solicylate, Glutamate, Phosphate	Geschmack, Haltbarkeit	Wurstwaren, Käse, Fertigprodukte, Medikamente, Kosmetika

2. Wiedereinführungsphase
   Unter Beachtung des individuellen Essverhaltens dürfen wieder alle Lebensmittel gegessen werden. Nacheinander wird die Verträglichkeit der verschiedenen Lebensmittelgruppen getestet.
   Die Phase der Wiedereinführung dauert 12–16 Wochen.
3. Individuelle Ernährungsempfehlung
   Der Testprozess in den beiden ersten Phasen führt zu einer individuellen Ernährungsempfehlung (Oligoantigene Diät), die strikt durchgehalten werden muss. »Damit die Umsetzung gelingt, erhalten die Familien alle notwendigen Informationen über die Auswahl an diätkonformen Produkten, eine ausführliche Rezeptsammlung bis hin zu gemeinsamen Kochangeboten, um die Diät sicher, erfolgreich und genussvoll durchführen zu können« (Clement/ Fleischhaker a. a. O.).
   In Abhängigkeit von der Entwicklung des Kindes dauert die Phase individueller Ernährung zunächst ca. ein Jahr und kann zu einer neuen Überprüfung führen.

In der 1. Phase kann es mit der Ausschaltung von Unverträglichkeiten zu einer Erholung, zu einer Normalisierung im Immunsystem und im Verdauungsprozess sowie zu einer Veränderung der Darmflora kommen. Insgesamt zeigt sich, dass eine deutliche »Besserung des gesamten Gesundheitsstatus, auch der ADHS Symptome« erreicht werden kann (Clement/Rehm 2017, 4).

In der 2. Phase treten Unverträglichkeiten mit einer Verschlechterung der Befindlichkeit und der ADHS-Symptome auf.

In der 3. Phase können sich »Körperreaktionen … auf allen Ebenen im Organismus« verändern (ADHD_oligoantigenen_Infoveranstaltung_2017_01_24_Vor tragsversion2.pdf – Zugriff am 23.04.2017).

Erste Ergebnisse weisen aus, dass vor allem folgende Stoffe und Lebensmittel Unverträglichkeitsreaktionen mit ADHS-Symptomatik auslösen können: z. B. Geschmacksverstärker-, Farb-, Konservierung- und Süßstoffe, Eier, Glutenhaltiges Getreide, Kuhmilch, Krustentiere, Nüsse, Sellerie, Sesam, Tomaten. Die Therapieeffizienz soll im Sinne einer deutlichen Verbesserung der Symptome bei 60 % liegen, »in einzelnen Fällen sind sie in Teilbereichen sogar verschwunden. Dies gilt für alle Schweregrade und alle Ausprägungsformen von ADHS« (Clement/Rehm 2017, 4). Mit einigen Rückmeldungen illustrieren die Forscher der Universität Freiburg den bisherigen Erfolg mit der Oligoantigenen Diätetischen Behandlung der gründlich diagnostizierten AHDS-Kinder:

> »So berichtet eine Mutter nach der dritten Diätwoche: ›Wir hatten seit Jahren zum ersten Mal wieder eine normale Familie ohne diesen permanenten Streit unter den Geschwistern.‹ Eine andere Mutter, die für den Ferienaufenthalt alle Lebensmittel gutvorbereitet mitgegeben hat, erzählt stolz: ›Die Lehrerin hat gesagt, dass mein Sohn im Schullandheim genau so unauffällig war, wie die anderen Kinder.‹ Ein Vater gibt das Lob aus dem Verein weiter: ›Der Fußballtrainer lobte seine Aufmerksamkeit und sein faires Verhalten im Spiel, w o er doch sonst immer als aggressiv und störend erlebt wurde‹« (Clement/Fleischhaker 2016, 299).

Für die medikamentöse Behandlung werden bei Verhaltensstörungen die verschiedensten Substanzen herangezogen, wie die als Psychopharmaka bezeichneten Psychostimulanzien (z. B. Ritalin®, Medikinet®, Captagon®), Neuroleptika (z. B. Atosil®, Truxal®, Melleril®), Antidepressiva und Tranquilizer (z. B. Tofranil®, Librium®) oder auch Antihistamine und Vitamine (vgl. Arnold 1976; Voss 1983; Schulz et al. 2000). Stimulanzien erbringen insbesondere bei Kindern mit hyperaktiven Verhaltensstörungen einen so genannten »paradoxen Effekt«, d. h. statt zu stimulieren wirken sie beruhigend. Auch Erwachsene, die in der Kindheit eine ADHS hatten, reagieren häufig auf Stimulanzien im Sinne des »paradoxen Effektes« (Wender 2002, 128).

Die Behandlung mit den genannten Psychopharmaka gilt als problematisch. Jüngere neurophysiologische Forschungen weisen auf einen eindeutigen Bezug zwischen der Ursache der Störung und der Behandlung mit Methylphenidat (z. B. Ritalin®, Captagon®) hin. Der Neurotransmitter Dopamin (▶ Kap. 4.1) kann im synaptischen Spalt nicht ausreichend lange wirken; Methylphenidat macht eine längere Wirksamkeit möglich (vgl. Breitenbach 2005, 113 f.). Mit der Gefahr der Sucht bzw. der psychischen oder physischen Abhängigkeit ist wohl für Kinder bei der Behandlung mit dem Wirkstoff Methylphenidat (z. B. Ritalin®, Captagon®)

nicht zu rechnen: »Kinder werden von diesen Medikamenten nicht abhängig, diese Gefahr besteht absolut nicht« (Wender 2002, 66). Vor schweren Nebenwirkungen wird insbesondere bei den übrigen psychotropen Medikamenten gewarnt: »Stimulanzien können Wachstumsstörungen sowie als paradoxe Wirkung Steigerungen der Hypermotorik hervorrufen. Neuroleptika können zu Späthyperkinesen, zu Interaktionen mit blutdrucksenkenden Substanzen und gelegentlich zu epileptischen Anfällen führen. Von trizyklischen Antidepressiva sind Interaktionen mit blutdrucksenkenden Substanzen sowie mit Schilddrüsenhormonpräparaten bekannt, ferner paradoxe aggressive Reaktionen. Bei Tranquilizern wurden als paradoxe Wirkungen Angst und Agitation sowie die so genannte paradoxe Wutreaktion beobachtet« (Remschmidt 1980, 636). Hingegen weisen Schulz et al. (2000, 398) darauf hin, Stimulanzien machten nicht abhängig.

Auch verantwortungsbewusste Pädagogen und Psychologen schließen zu Beginn der Intervention bei besonders schwierigen Kindern mit hyperkinetischen Verhaltensstörungen eine begleitende Behandlung z. B. mit Methylphenidat nicht aus, da sich bei ca. 80 % der Kinder doch sehr deutliche Besserungen zeigen wie:

- Besserung des allgemeinen Verhaltens,
- statt Unruhe und planloser Betriebsamkeit gezielte Aktivitäten,
- Abnahme der Aggressivität,
- Verlängerung der Konzentrationsphasen,
- Abnahme der Impulsivität zugunsten planmäßigen Handelns,
- Verbesserung der Feinmotorik,
- Verbesserung des Gedächtnisses,
- Verbesserung der Motivation,
- Verbesserung des Selbstkonzepts (vgl. Hechtmann/Weiss 1977, 21; Freed/Parsons 2001; Döpfner/Lehmkuhl 2002).

Eisert/Eisert kommen nach gründlicher Abwägung des Für und Wider zu dem Ergebnis, dass z. B. Methylphenidat in Verbindung mit Verhaltensmodifikation eine sehr wirksame und auch pädagogisch-psychologisch verantwortbare multimodale Interventionsform darstellt (vgl. Eisert/Eisert 1982; Döpfner et al. 2004; Döpfner/Schürmann/Metternich 2006). Der Drogenbericht von 2004 verweist darauf, dass »nach dem Stand der medizinischen Wissenschaft … Methylphenidat für die Behandlung des Aufmerksamkeits-Defizit-Hyperaktivitäts-Syndroms (ADHS) im Rahmen einer multimodalen Therapie geeignet« ist (Die Drogenbeauftragte der Bundesregierung 2004, 35). Gerade diese Multimodalität darf aber nicht übersehen werden: Befunde deuten darauf hin, dass die medikamentöse Behandlung ein Zeitfenster öffnet, in dem weitere Maßnahmen erfolgen müssen (vgl. Walter 2001). Dabei stehen insbesondere die bereits erwähnten verhaltenstherapeutischen Konzepte im Vordergrund; eine multimodale Förderung im Sinne der Verbindung der Medikamentengabe mit gezielten pädagogischen Maßnahmen wird bisher deutlich zu wenig berücksichtigt. Mit Kephart, der sich schon vor mehr als dreißig Jahren entsprechend äußerte, ist zu resümieren: »Das Medikament lehrt nichts und löst kein Verhaltensproblem. Es kann dem Kind aber ermöglichen, an einer kontrollierten Lernsituation teilzunehmen, die ihm

Struktur vermittelt und auf diese Weise das Verhaltensproblem angeht« (Kephart 1977, 172).

Medikamente wurden über die letzten Jahre hinweg in Deutschland immer häufiger eingesetzt. Der BARMER GEK Arztreport 2013 mit dem Schwerpunkt Aufmerksamkeitsdefizit-/Hyperaktivitätsstörungen hält diesbezüglich einige aufschlussreiche Informationen bereit (vgl. Barmer GEK 2013, 135 ff.): Die größte Rolle bei der medikamentösen Behandlung von ADHS spielen Methylphenidat und Atomoxetin. Für den Zeitraum zwischen den Jahren 2006 und 2011 ist alters- und geschlechtsübergreifend eine erhebliche Zunahme der Personen mit Verordnungen von Methylphenidat um 39 % von 2,96 auf 4,11 je 1000 Personen festzustellen. Das Verordnungsvolumen von Methylphenidat stieg in der gleichen Zeit von 570 auf 827 Tagesdosen je 1000 Personen, mithin um 45 %. Die durchschnittlich verschriebene Menge für jeden Betroffenen hingegen unterlag vergleichsweise geringfügigen Schwankungen zwischen 192 und 218 Tagesdosen.

Noch höher sind diese Raten in der Altersgruppe der betroffenen 0–19-jährigen Kinder und Jugendlichen. Deren Anzahl stieg zwischen 2006 und 2011 von 14,76 auf 19,86 pro 1000 Gleichaltrige. Für die verschriebene Menge an Tagesdosen je 1000 Personen dieser Altersgruppe ist eine Zunahme von knapp 2859 auf 4142 festzustellen. Im Jahr 2011 erhielt jeder Betroffene zwischen 0 und 19 Jahren durchschnittlich 209 Tagesdosen. Die Gruppe der 9–11-jährigen Kinder ist dabei besonders betroffen: 2006 bekamen von 1000 Mitgliedern dieser Altersgruppe 33,70 Kinder rund 6196 Tagesdosen verschrieben. Bis 2011 stieg diese Zahl auf 42,16 Betroffene und ca. 8350 definierte Tagesdosen.

Dieser enorme Anstieg an medikamentierten Personen und verschriebenen Tagesdosen ist nicht etwa durch eine Erhöhung der durchschnittlichen individuell verschriebenen Menge zu erklären. Zwar stieg diese von 192 im Jahr 2006 auf 218 im Jahr 2009. Im Jahr 2011 fiel dieser Spitzenwert allerdings wieder auf 201 Tagesdosen je Betroffenem. Zur Erklärung herangezogen werden kann eher die Zunahme der Diagnoseraten von Hyperkinetischen Störungen (HKS). Die Zahl dieser Diagnosen stieg seit 2006 über alle Altersgruppen hinweg – die der 0–4-jährigen Kinder ausgenommen – kontinuierlich an. Insgesamt ist bis 2011 eine Zunahme von 49 % zu verzeichnen. In der Gruppe der 0–19 Jahre alten Kinder und Jugendlichen erhöhte sich die Rate um 42 %, in der der 9–11-jährigen um 34 %.

Die Zahl der männlichen Kinder und Jugendlichen mit der Diagnose HKS überstieg im Jahre 2011 altersgruppenübergreifend die der weiblichen um ein Vielfaches: Sie lag je nach Alter etwa zwei- bis viermal so hoch. In der Gruppe der 0–19-jährigen kamen auf 1000 Personen 61,32 männliche und 20,40 weibliche Kinder und Jugendliche, bei den 9–11-jährigen ergab sich mit 116,80 (männlich) zu 42,67 (weiblich) ein vergleichbares Bild. Dementsprechend erhielten von 1000 Kindern und Jugendlichen zwischen dem 1. und 20. Lebensjahr 30,63 männliche und 8,51 weibliche Personen Methylphenidat. Dieses Verhältnis stellte sich in der Gruppe der 9–11-jährigen mit 63,96 Jungen und 19,24 Mädchen ähnlich dar. Die Diagnose von HKS sowie die Verordnung von Methylphenidat variieren je nach Bundesland stark. Während die Diagnoseraten im Jahr 2011 in Bremen und Mecklenburg-Vorpommern um etwa ein Viertel unterhalb des Bundesdurchschnittes lagen, übertrafen ihn die in Bayern und Rheinland-Pfalz um ca. ein Fünftel. Ein ähnliches Bild ergibt ein Blick auf die Verordnungen von Methylphenidat, die in Bremen und Mecklenburg-Vorpommern den bundesweiten Durchschnitt um 33 % bzw. 43 % unterschritten, wohingegen ihn die Werte für Rheinland-Pfalz (33 %) und Bayern (24 %) deutlich überstiegen. Auffällig hohe Diagnoseraten sind dabei vor allem in Unterfranken zu finden, das »6 der 13 Kreise mit den bundesweit höchsten Diagnoseraten« (Barmer GEK 2013, 167) beinhaltet. Die Autoren schließen erhöhte Erkrankungsrisiken in dieser Region sowie soziale und wirtschaftliche Risikofaktoren aus und sehen die Erklärung dafür stattdessen in einem »überdurchschnittlich hohen Grad an spezialisierter ambulanter Versorgung psychischer Erkrankungen bei Kindern in Unterfranken« (a. a. O., 173).

6.1.2 Der psychoanalytische Ansatz

Psychische Störungen sind nach Freud in der Regel auf Erlebnisse in der frühen Kindheit zurückzuführen (▸ Kap. 4.2.1). »Es scheint, dass Neurosen nur in der ersten Kindheit (bis zum sechsten Jahr) erworben werden, wenn auch ihre Symptome erst viel später zum Vorschein kommen mögen« (Freud 1953, 57).

Freud bezeichnete fünf Quellen für die psychoanalytische Arbeit, und zwar: 1. Mitteilungen, 2. freie Assoziationen, 3. Übertragungen, 4. Träume, 5. Fehlleistungen.

Als erster Pädagoge setzte der Schweizer Hans Zulliger auf diese Quellen in seiner Arbeit mit schwierigen Schülern. Er ließ die Kinder Aufsätze über frei gewählte Themen oder auch zu Reizworten schreiben. Über freies Spielen der Kinder und mit den Kindern gewann er weitere Hinweise (Zulliger 1967). Aus seiner Sicht arbeitet der psychoanalytische Pädagoge »bewusst mit den Phänomenen der Massenübertragung, Gegenübertragung, Versagung, Verzicht, Identifikationswunsch der Kinder; er tut es, ohne zu analysieren, sondern durch entsprechende Reaktion und Gegenreaktion, durch sein Verhalten« (zitiert nach Rehm 1968, 145). Freies Spielen führte mit großem Erfolg Melanie Klein in die Intervention bei Kindern ein. Freies Zeichnen, Tagträume und Nachträume nutzte Anna Freud in ihrer Kinderanalyse und hielt sie für ebenso bedeutsam wie in der Erwachsenenanalyse (Freud, A. 1973, 35).

Die Psychoanalyse hat seit ihren Anfängen auf die Pädagogik einen starken Einfluss ausgeübt, der sich auch gegenwärtig noch bzw. auch wieder deutlich zeigt (vgl. z. B. Bittner/Ertle 1985; Heinemann et al. 1992; Datler 1995; Ahrbeck 1998; Reiser 2006). Psychoanalytisch orientierten pädagogischen Interventionskonzepten ist ein Drei-Phasen-Ablauf gemeinsam:

1. Der Lehrer/Erzieher realisiert »Liebe auf Vorschuss« (Denk 1967) und macht sich zum Übertragungs- wie zum Identifikationsobjekt. In der Übertragung projiziert das Kind/der Jugendliche seine Probleme, pathogenen Erlebnisse, emotionalen Schwierigkeiten mit relevanten Bezugspersonen auf den Lehrer/Erzieher und macht sie so bearbeitbar.
2. Der junge Mensch erbringt kognitive, emotionale, soziale Leistungen um der Liebe des Lehrers/Erziehers wegen und übernimmt im Internalisierungsprozess

dessen Normen und Werte. Über psychische Umstrukturierung/Stabilisierung und verbesserte Fähigkeiten zur Konfliktbewältigung entwickelt sich Ich-Stärke.
3. Mit Normen- und Werte-Internalisierung und Ich-Stärke erreicht das Kind/der Jugendliche Selbstständigkeit, Unabhängigkeit, soziale Verantwortlichkeit und somit einen Status, der einen Ablösungsprozess von dem Lehrer/Erzieher ermöglicht.

Unter den psychoanalytisch orientierten Konzepten sind besonders die Konzepte von August Aichhorn, Bruno Bettelheim und Fritz Redl bekannt geworden, auf die nachfolgend in der gebotenen Kürze eingegangen wird.

August Aichhorn (1887–1949) gilt als der Begründer psychoanalytischer Pädagogik. Der gebürtige Wiener war zunächst Volksschullehrer. 1918 bekam er den Auftrag, im österreichischen Oberhollabrunn ein Erziehungsheim für verwahrloste Kinder einzurichten. Das 1919 in einem ehemaligen Flüchtlingslager eröffnete Heim war in verschiedenen Baracken auf einem Grüngelände untergebracht. Über die Arbeit in diesem Heim, das später nach St. Andrä verlegt wurde, publizierte er nach der Auflösung der Anstalt im Jahre 1922 sein weltberühmt gewordenes Buch »Verwahrloste Jugend«. Seit 1923 gründete er als Beamter des Städtischen Jugendamtes Wien Erziehungsberatungsstellen, die weltweit Vorbildcharakter bekamen. Die Pädagogik August Aichhorns lässt sich durch folgende Prinzipien charakterisieren:

- Realisierung grenzenloser Milde und Güte
- befreiendes Verstehen
- Stimulierung und Bearbeitung von Übertragungen.

Das Buch »Verwahrloste Jugend – Die Psychoanalyse in der Erziehung« wurde 1925 veröffentlicht und hat seitdem mehrere Auflagen erlebt. Unter dem Begriff »Verwahrloste Jugend« fasst Aichhorn »nicht nur alle Typen von kriminellen und dissozialen Jugendlichen, sondern auch schwer erziehbare und neurotische Kinder und Jugendliche verschiedener Art« zusammen.

Aichhorn unterscheidet zwei Zustandsformen der Verwahrlosung: »Die Verwahrlosungserscheinungen oder -äußerungen sind nur die Symptome eines nicht mehr sozial gerichteten Kräfteablaufes im Individuum. Ehe es zu den Verwahrlosungserscheinungen kam, war schon ein Zustand vorgebildet, den wir latente Verwahrlosung genannt haben. In diesem sind die Verwahrlosungsmechanismen bereits ausgebildet, das Individuum hat nun die Neigung zu Verwahrlosungsäußerungen. Es bedarf nur mehr eines entsprechenden Anlasses, um die Mechanismen so zum Ablauf zu bringen, dass das bisher verborgen gebliebene, scheinbar nicht Vorhandene, nun deutlich sichtbar in Erscheinung tritt. Die latente Verwahrlosung wird zur manifesten, zu dem Zustand, den man gewöhnlich als Verwahrlosung bezeichnet« (Aichhorn 1971, 43). Als Ursachen für Verwahrlosung sieht Aichhorn Erbanlagen bzw. Konstitution und »erste Kindheits- und sonstige Erlebnisse, die ähnlich denen sein müssen, die für die Ätiologie (Ursache) der Neurose und Psychose von Bedeutung sind« (a. a. O., 43). In Zusammenfassung seiner Erfahrungen kann Aichhorn »fast ausnahmslos feststellen, dass die Dissozialen zerstörtem,

zerrüttetem oder unharmonischem Familienmilieu entstammten. Es hat den Anschein, als ob die Stöße, die das soziale Leben dem Einzelnen gibt, nur dann zu
ertragen seien, wenn diese einen Ruhepunkt finden, der für unsere Gesellschaftsordnung normalerweise in der Familie liegt. Ist dieser vorhanden, so bewegen sich
die Äußerungen des Trieblebens innerhalb sozial erträglicher Grenzen; fehlt er, so
wird der ohnehin nicht sehr stabile Gleichgewichtszustand noch leichter gestört.
Diese Gleichgewichtsstörungen rufen Dauerwirkungen hervor, die, wenn sie als
Verwahrlosung in Erscheinung treten, die Fürsorgeerziehung zu beheben hat. Die
Art ihrer Einflussnahme auf den Zögling muss sich daher, namentlich anfangs,
wesentlich von der Erziehung des normalen Kindes unterscheiden« (a. a. O., 135).

Als Aichhorn im Dezember 1918 die Leitung des Erziehungsheims für verwahrloste Kinder und Jugendliche in Oberhollabrunn übernahm, erschien ihm die
Gruppierung der Zöglinge nach Geschlecht sowie nach Schulkindern und Schul-
entlassenen wegen der enormen Führungsschwierigkeiten als ungünstig. Er bildete
folgende Gruppierungen:

1. Intellektuelle Defekte;
2. Soziale Mängel, die unter dem Einfluss der neuen Umgebung ohne besondere
   Schwierigkeiten zu überwinden sind;
3. Soziale Mängel, die tiefer gegriffen haben und fester verankert sind; neben dem
   Einfluss der neuen Umgebung ist aktive Erziehung notwendig;
4. Charakterologische Fehler neben den sozialen Mängeln bei höherer Intelligenz;
5. Gleichgewichtsstörungen mit gelegentlicher, motivierter Aggression neben
   charakterologischen Fehlern und sozialen Mängeln;
6. Aggression verschiedenster Form, die unmotiviert zum Ausbruch kommt, neben
   den früher genannten Fehlern und Mängeln« (a. a. O., 126).

Der Gruppierungsgedanke erwies sich als ökonomisch und wurde auch als Hei-
lungsprinzip verstanden.

Zwölf Schuljungen, »die in Folge ihrer argen Unverträglichkeit in keiner Gruppe
geduldet wurden« (a. a. O., 146), bildeten die Gruppe der »Aggressiven«. Sie waren
die schwierigsten Fälle: »Nicht selten sah man sie mit Tischmessern aufeinander
losgehen, sich die Suppenteller gegenseitig an den Kopf schleudern. Auch der Ofen
wurde umgeworfen, um einen Feuerbrand als Angriffswaffe zu erhalten« (a. a. O.,
146).

Gegen den Rat des Anstaltspsychiaters und anderer Erzieher vertrat Aichhorn
auch diesen Jungen gegenüber das Prinzip der »absoluten Milde und Güte«, ausgehend von folgender Überzeugung: »Typisch für jeden Verwahrlosten ist die geringe Fähigkeit, Triebregungen unterdrücken und von primitiven Zielen ablenken
zu können, sowie die ziemliche Wirkungslosigkeit der für die Gesellschaft geltenden
sittlichen Normen; dazu kommt für den weitaus größten Prozentsatz der Fürsor-
geerziehungszöglinge ein offener Konflikt mit der Gesellschaft als Folge eines in der
Kindheit unbefriedigt gebliebenen Zärtlichkeitsbedürfnisses. In Erscheinung tritt
sehr gesteigerter Lusthunger, primitive Form der Triebbefriedigung, Hemmungs-
losigkeit und verdecktes, aber desto größeres Verlangen nach Zuneigung« (a. a. O.,
130).

»Absolute Milde und Güte« haben also die Funktion, Zuneigung zu vermitteln und Zuneigung zu erreichen. So kann das Liebesdefizit nach und nach ausgeglichen werden. Die Qualität der sich abreagierenden, destruktiven Affekte verändert sich über Scheinaggressionen, Wutweinen und eine Phase der Labilität so weitgehend, dass sich die verdrängte normale, zärtliche Libido durchsetzen und als geeignetes Objekt die Erzieherin bzw. den Erzieher besetzen kann. Über die so hergestellte positive Übertragung werden Identifikationsprozesse möglich.« »Wir hatten so das Schauspiel vor uns, wie ein bisher allein stehender Dissozialer sich allmählich affektiv einer sozialen Gesellschaft (Masse) einzuordnen beginnt. Der explosionsartig weiterschreitende Auflockerungsprozess lässt fortgesetzt bisher dissozial verwendete Libido freiwerden, normalen Zielen zuwenden, und den Zögling so für das Leben in der Gruppe sozial werden« (a. a. O., 154).

»Absolute Milde und Güte« sind pädagogische Faktoren und so zu verstehen, »dass Erzieherinnen und Erzieher den Zöglingen keinerlei Widerstand entgegenstellen durften, und wenn sich solche aus der Natur der Sache nicht vermeiden ließen, diese milderten. Wollte beispielsweise einer etwas tun, das aus dem Rahmen der jeweiligen Beschäftigung herausfiel, so war das zu erlauben, ohne zu fragen, warum er sich von den anderen absonderte. Behagte einem zweiten das Sitzen beim Mittagstische nicht, so durfte er sich mit seinem Teller auch in irgendeine Ecke des Tagraumes begeben. War einem dritten das Spielen unangenehm, so konnte er es abbrechen. Es gab wohl festgesetzte Zeiten: für das Aufstehen, das Essen, das Spiel, Schlafengehen usw. Diese waren aber für den einzelnen dieser Gruppe nicht bindend. Die Devise war: soweit nur immer möglich, gewähren lassen. Erzieherinnen und Erzieher hatten sich zu bemühen, durch noch so arge Überschreitungen nicht aus der Fassung zu kommen. Bei Streit-, Rauf- und Wutszenen war nur zu trachten, Unglück zu verhüten, dabei aber jedwede Parteinahme für einen der streitenden Teile zu unterlassen« (a. a. O.).

Aichhorn konnte zwar mit dem psychoanalytisch-pädagogischen Modellversuch seine theoretischen Leitideen bestätigen, allerdings zu Lasten von Menschen und Sachen. Zwei Erzieherinnen erlitten schwere Zusammenbrüche. Die Unterkunft der Jungen wurde zu einer Ruine.

Bruno Bettelheim bezog sich in seiner praktischen Arbeit und seiner Konzeptionsbildung ausdrücklich auf August Aichhorn. Auch ihm ging es darum, den Kindern und Jugendlichen zu ermöglichen, in der Kindheit fehlgelaufene oder auch fehlende Entwicklungen und Erfahrungen nachzuholen, um auf dieser Basis die Persönlichkeit neu organisieren zu können. Seine Erkenntnisse und Erfahrungen sammelte er an der »University of Chicago Sonia Shankman Orthogenic School«, die er als Professor an der Chicagoer Universität gründete und leitete. Die Schule war eigentlich eine Internatsschule für 34 Kinder, die durchschnittlich oder überdurchschnittlich intelligent waren, keine körperlichen Krankheiten hatten, aber an schweren psychischen Störungen litten.

Nach Bettelheims Aussagen umfassten die Störungen »den gesamten Symptomkreis von Verwahrlosung oder funktioneller Leseunfähigkeit (Legasthenie) bis zur Schizophrenie der Kindheit (Hebephrenie)« (Bettelheim 1970, 25). Die Kinder waren zum größten Teil bereits in verschiedenen psychiatrischen und psychotherapeutischen Einrichtungen behandelt worden. Um ihnen eine sozial adäquate Organisation ihrer Persönlichkeit zu ermöglichen, wurde die gesamte Einrichtung im Sinne eines therapeutischen Milieus strukturiert. Er sah es für die Internatsschule als charakteristisch an, »dass wir versuchen, ein Gesamtmilieu zu schaffen, das alle wichtigen Tätigkeiten der Kinder umfasst und ihnen erlaubt, sich darauf zu konzentrieren, aus ihrem Leben ein geschlossenes Ganzes zu machen« (a. a. O., 39). Zu spezifischen Aspekten dieses zusammenfassend als Milieutherapie bezeichneten Konzepts gehören die Organisation der Bedürfnisbefriedigung und des Unterrichts. Vorbedingung für alle weitere Arbeit war es für Bettelheim, »dass vor allem anderen ein Kind zutiefst davon überzeugt sein muss, dass – im Gegensatz zu seinen früheren Erfahrungen – diese Welt angenehm sein kann, bevor es irgendeinen Antrieb verspüren kann, in ihr weiterzukommen« (a. a. O., 36). Über die Befriedigung der kindlichen Bedürfnisse sollte sich eine positive Beziehung zu den Erwachsenen entwickeln. So bekam die Befriedigung der kindlichen Nahrungsbedürfnisse einen hohen Stellenwert, das Essen sollte den Kindern zum Vergnügen werden. Für die Kinder standen nicht nur rund um die Uhr Nahrungsmittel zur Verfügung, sie konnten die Zeit für die Befriedigung ihrer Nahrungsbedürfnisse selbst bestimmen, und sie hatten jederzeit einen wohlgefüllten Schrank mit Süßigkeiten aller Art zur Verfügung: »Dieser Schrank mit seinem Vorrat von vielerlei Keksen, Süßigkeiten, Schokolade usw. ist für viele Kinder ... eine Quelle des Geborgenheitsgefühls« (a. a. O., 176). Die Erzieher stoppten die Kinder in ihrer teilweise exzessiven Bedürfnisbefriedigung nicht; sie ermöglichten ihnen, positive Erfahrungen im Sinne von Vertrauen und Zuverlässigkeit zu machen und zu den Betreuern positive Bindungen aufzubauen. »Wenn diese Beziehung stark genug wird, können wir sie benützen, um das Kind weiter zu zähmen« (a. a. O., 174). Wie alle Mitarbeiter waren auch die Lehrer in die Organisation des therapeutischen Milieus einbezogen; sie nahmen an den regelmäßigen Mitarbeiterbesprechungen teil, erfuhren von den Beobachtungen der anderen Mitarbeiter und gewannen so, wie Bettelheim betont, zusätzliche Sicherheit im Umgang mit einem schwierigen Kind. Die Lerngruppen waren mit fünf bis acht Schülern angemessen klein, die Lehrer brauchten auf schulische Leistungen nicht zu drängen, konnten vielmehr jedem Kind Zeit lassen für seine Lernfortschritte und ließen ihm auch Freiheit in der Wahl der Lerninhalte. Von höchster Bedeutung war es aber auch für die Lehrer, eine positive Beziehung zu den Kindern herzustellen: »Wie immer hängen auch hier von der persönlichen Beziehung mehr als von den technischen Verfahrensweisen Erfolg oder Misserfolg unserer Bemühungen ab« (a. a. O., 139).

Bettelheims orthogenische Schule und Anstalt wurde weltweit zu einem Vorbild als Lebens- und Lernraum für Kinder mit sozialen und emotionalen Schwierigkeiten. Den Erfolg seiner und seiner Mitarbeiter Arbeit sah er mit Recht darin dokumentiert, »dass mehr als 80 % unserer früheren Schüler in den Jahren seit ihrer Entlassung ihre Sache gut gemacht haben, manchmal viel besser, als wir angesichts der Schwere ihrer ursprünglichen Störungen zu hoffen gewagt hatten« (a. a. O., 364). Allerdings mussten sich die Mitarbeiter dafür viel abverlangen, praktisch rund um die Uhr im Einsatz sein und auf vieles verzichten, z. B. das Privatleben als nachrangig bewerten (vgl. Jurgensen 1976; Krumenacker 1998).

Fritz Redl stammt ebenfalls aus Wien. In den 1920er und 1930er Jahren arbeitete er dort als Pädagoge, Psychoanalytiker und Schulpsychologe. 1936 emigrierte er in die USA. Dort beschäftigte er sich in verschiedenen Projekten mit sozial-emotional gestörten Kindern und Jugendlichen. Seine Erfahrungen im Pioneer House, einem Erziehungsheim in Detroit, und mit dem Bethesda-Modell, einem Projekt an einer kinderpsychiatrischen Klinik in Washington, verdichtete er zu pädagogisch-psychologischen Konzepten, die der Pädagogik bei Verhaltensstörungen bedeutsame Einsichten vermittelten und die Praxis befruchteten (vgl. Redl 1970; 1971; 1978). Sein Interesse lag auch in der Vermittlung zwischen langfristig angelegter psychoanalytischer Arbeit und dem Bedarf der Praxis an solchen Verfahren, die kurzfristige Effekte anzielen.

Auf die bedeutsamen Erkenntnisse zur Ich-Psychologie wurde bereits eingegangen (▸ Kap. 4.1.2). Zum Erzieher-/Lehrerverhalten bei Kindern und Jugendlichen mit Verhaltensstörungen gibt Redl aus seinen Erfahrungen und Erkenntnissen mit 17 Interventionstechniken ganz praxisbezogene Hinweise, die nicht nur psychoanalytisch orientiert sind, vielmehr über diesen Theorieansatz hinausgehen und sich teilweise anderen Ansätzen – z. B. dem lerntheoretischen – weitgehend annähern (Redl 1971, 206 f.; Redl/Wineman 1976). Die 17 Interventionstechniken zur Verhaltenssteuerung, auch »psychohygienische Techniken des Eingreifens«, dienen der Unterbindung eines unerwünschten und dem Hervorrufen eines erwünschten Verhaltens (Redl/Wineman 1976, 19). Sie müssen hinsichtlich ihrer Nebenwirkungen für das pädagogisch-therapeutische Ziel unschädlich sein und können »vom therapeutisch orientierten Praktiker in der Gruppenarbeit und, mit Abwandlungen, auch von Eltern und Erziehern angewandt werden« (a. a. O., 20). Im Folgenden werden sie zusammengefasst dargestellt:

1. Bewusstes Ignorieren
2. Eingriff durch Signale (Lehrer/Erzieher als externes »Kontrollinstrument«, wenn interne Kontrolle nicht funktioniert)
3. Kontrolle durch körperliche Nähe und Berührung
4. Engagement in einer »Interessengemeinschaft«:
   Das Interesse des Erwachsenen am Tun des Kindes fördert seine Aktivität. Kinder erfahren eine »Wiederbelebung der Vitalität ihrer Interessensgebiete durch die unmittelbare Anteilnahme der Erwachsenen« (a. a. O., 32).
5. Affektive Zuwendung
6. Spannungsentschärfung durch Humor
7. Hilfestellung zur Überwindung von Hindernissen (»Hürden-Hilfe«):
   Manche Kinder haben ihre heftigsten oder gefährlichsten Wutausbrüche nicht aus heiterem Himmel, sondern dann, wenn ihnen der Weg zu einem anvisierten Ziel versperrt ist. Gibt man dem Kind kurz vor dem sich ankündigenden Ausbruch eine Hilfestellung, die Situation zu meistern, so treten keine massiven Komplikationen auf.
8. Deutung als Eingriff:
   Diese Technik meint nicht die Bearbeitung unbewussten Materials, sondern die Berücksichtigung der sozialen Einschätzungsschwäche des Kindes bzw. »den Versuch, einem Kind zu helfen, die Bedeutung einer Situation, die es falsch interpretiert hat, richtig zu verstehen, oder ihm dabei zu helfen, seine eigene Motivationslage in konkreten Problemsituationen in den Griff zu bekommen« (a. a. O., 44).

9. Umgruppierung (Ausschluss aus der Institution, Klassenwechsel, Arrangements innerhalb einer Gruppe):
Sie ist dann vorzunehmen, wenn ein Problemverhalten in Zusammenhang mit »gruppenpsychologischen Konstellationen« steht bzw. wenn sich eine »Wechselwirkung zwischen der Pathologie des Einzelnen, der Gruppenatmosphäre und anderer gruppenpsychologischer Faktoren« aufbaut (a. a. O., 47).

10. Umstrukturierung (Planung verändern):
Sie ist dann vorzunehmen, wenn ein gut geplantes, an den Bedürfnissen der Kinder orientiertes Programm plötzlich außer Kontrolle gerät.

11. Direkter Appell:
Der direkte Appell ist nur dann möglich, wenn im Kind eine Art Kontrollinstanz besteht; d. h., dass das Ich und Über-Ich des Kindes bereits erstarkt sein müssen.

12. Einschränkung der räumlichen Bewegungsfreiheit und der Verfügbarkeit von Gegenständen:
Diese Methode teilt sich auf in zwei Ebenen:
   a) Ebene des Vermeidens: Beispielsweise darf kein Geld herumliegen, wenn damit kleptomanische Kinder in Versuchung geführt werden könnten.
   b) Räumlich-dingliche Begrenzung: Einem Kind werden Werkzeuge oder Räumlichkeiten bei missbräuchlicher Benutzung verwehrt. Benutzt z. B. ein Kind ein Schnitzmesser in der Gruppe oder im Unterricht so, dass es gefährlich wird, so muss ihm das Messer weggenommen werden. Das Wegnehmen eines Gegenstandes ist eine Maßnahme, aber keine Bestrafung. Der Eingriff wird als »vorübergehende Kontrollmaßnahme« verstanden (a. a. O., 67).

13. Antiseptischer Hinauswurf (oder situative Entfernung):
Antisepsis meint, dass die Technik zur Steuerung eines Verhaltens hinsichtlich ihrer Nebenwirkungen den eigentlichen Therapieverlauf nicht beeinträchtigt. In gewissen Fällen stellt die Entfernung eines Kindes aus einer Konfliktszene die einzige Möglichkeit dar, die mit dieser Situation verbundenen Verhaltensweisen bei dem einzelnen Kind oder bei der Gruppe zu beeinflussen. Es handelt sich nicht um Strafe.

14. Physisches Eingreifen:
Das physische Eingreifen ist dann notwendig, wenn dem Kind durch Übererregtheit alle Kommunikationskanäle zu seinem Ich blockiert werden. Es verhält sich hemmungslos und destruktiv, und das an den Tag gelegte Verhalten kann im Interesse des Kindes und der Gruppe nicht geduldet werden. Das physische Eingreifen hat keinerlei strafende Funktion.

15. Erlaubnis und autoritatives Verbot:
Das Erlauben teilt sich auf in drei Kategorien:
   a) Erlauben zum Einleiten einer gewünschten Verhaltensweise
   b) Erlauben zum Unterbinden einer Verhaltensweise
   c) Erlauben als Kontrolltechnik, um einem unerwünschten Verhalten (z. B. Beschimpfen) den »negativistischen Anstrich« zu nehmen (a. a. O., 93). Das autoritative Verbot bedeutet schlichtweg »Nein!«. »Dieses ›Nein‹ wird nicht aufgeweicht durch irgendwelche Erklärungen oder Argumente« (a. a. O., 95). Es ist frei von Angst, Zorn oder Feindseligkeit.

16. Versprechen und Belohnung:
    Hiermit wird das Lustprinzip angesprochen. Ein Vertrag mit Erwartungen und Konsequenzen kann geschlossen werden. Bei Kindern mit schweren Störungen haben Versprechungen und Belohnungen häufig nicht die erwünschte Wirkung.
17. Bestrafungen und Drohungen:
    Bestrafungen und Drohungen setzen komplexe und intakte kognitive Strukturen und ein Kontrollsystem voraus, über das Kinder mit erheblichen Problematiken häufig nicht verfügen, sodass die Maßnahmen »verheerende Folgen haben« können. Sie dürfen nur dann angewendet werden, wenn die Ich-Funktionen des Kindes wiederhergestellt und stabilisiert sind, sonst sind sie kontraindiziert (vgl. a. a. O., 106–123).

Redls Interventionsformen sind nicht als pauschale »Rezepte« zu verstehen. In Auseinandersetzung mit seinen Schriften stößt man auf differenzierte Hinweise dahingehend, gut zu reflektieren, welche Intervention in welcher konkreten Realisierung für welche konkrete Herausforderung jeweils angemessen und sinnvoll sein könnte – und welche vielleicht auch nicht.

6.1.3 Der individualpsychologische Ansatz

Die zentralen Begriffe der Individualpsychologie wie Minderwertigkeitsgefühl, Geltungsstreben, Kompensation und Überkompensation, Lebensplan bzw. Lebensstil und Gemeinschaftsgefühl (▶ Kap. 4.2.2) sind heute so weitgehend in den allgemeinen Sprachgebrauch eingegangen, dass sie gar nicht mehr als Teil einer speziellen psychologischen Lehre empfunden werden. Für die Pädagogik bei Verhaltensstörungen gehören sie in ihrem theoretischen Kontext zum Allgemeingut, wirken prägend auf das Denken der Lehrer und Erzieher und beeinflussen – ohne dass spezielle, elaborierte individualpsychologische Konzepte vorliegen müssen – die pädagogische und pädagogisch-therapeutische Arbeit. Die individualpsychologischen Interventionen bei Lern- und Verhaltensstörungen, welche Adler in den 1920er Jahren in von ihm eingerichteten Erziehungsberatungsstellen ausgiebig erproben konnte, bilden mit den drei Phasen »Verstehen des Lebensplans – Aufklärung des Probanden über seinen Lebensstil – Stärkung des Gemeinschaftsgefühls« ein einfaches, eingängiges Grundmuster (Bleidick 1985, 63). Da das Konzept pädagogischer Theorie und Praxis sehr nahesteht, findet es bei dem gegenwärtigen Bedürfnis nach praktikablen Modellen in Schule, Heim und Erziehungsberatung verstärkt Beachtung und Verbreitung. Die von Elhardt zu Beginn der 1970er Jahre vertretene Auffassung, die Individualpsychologie habe sich überlebt, hat sich durch die neuere Entwicklung als unrichtig erwiesen (vgl. Elhardt 1971, 1990).

   Auf der Individualpsychologie Alfred Adlers basiert das Konzept der »Integralen Komplettierung« von Vernooij (1992). Dieses Konzept ist für Kinder mit Verhaltensstörungen insofern integral, als es ganzheitlich sein soll, d. h. auf die Gesamtpersönlichkeit des Kindes ausgerichtet. Komplettierung meint, dass die fehlentwickelte oder auch noch nicht voll entwickelte Persönlichkeitsstruktur des Kindes

»vervollständigt, abgerundet, vervollkommnet, eben komplettiert werden soll« durch die Ermöglichung einer »Weiterentwicklung im körperlichen, im geistigen und im seelischen Bereich« mit dem Ziel einer »Verbesserung sozialer, kognitiver und pragmatischer Kompetenzen« (Vernooij 1992, 124). Individualpsychologisch fundiert ist ihr Konzept für Vernooij insofern, als »das natürliche Streben des Menschen immer von Nichtkönnen zum Können, von der Minderwertigkeit zur Höherwertigkeit« geht, »Eltern, Pädagogen und Therapeuten zuversichtlich auf diese strebungsvollen Eigenkräfte des Menschen Bezug nehmen« können, wobei diese bei Kindern mit Verhaltensstörungen zeitweilig verschüttet und nicht nutzbar sind, also »erst behutsam freigelegt und gestärkt werden (müssen), damit eine Entwicklungs-Eigendynamik in Gang kommen kann« (a. a. O., 125). Methode und Ziel dieses Komplettierungs-Konzeptes ist es demnach, die »Entwicklungs-Eigendynamik anzustoßen und den neu beginnenden Prozess anerkennend, fördernd und stützend zu begleiten« (a. a. O.). Das Erziehungs- und Unterrichtskonzept hat fünf Phasen:

1. Die Beziehungsphase
2. Die Leistungsphase
3. Die Sozialisierungsphase
4. Die Individualisierungsphase
5. Die Nachbetreuungsphase.

In der Beziehungsphase geht es zunächst darum, die Ängste und Verunsicherungen des Kindes zu reduzieren, eine positive Beziehung aufzubauen, Minimalregeln für den sozialen Umgang konsequent zu beachten und von Leistungsdruck zu entlasten. Über das konsequente Zuwendungsverhalten des Lehrers/Erziehers kann sich beim Kind Vertrauen und zum Erwachsenen eine tragfähige Beziehung entwickeln, die Voraussetzung sind für die nächste Phase.

In der Leistungsphase wachsen Vertrautheit und Leistungsmotivation des Kindes, es wird konsequent ermutigt, kann neben Aufgaben, die es gut beherrscht, bereits auch schon solche übernehmen, in denen sich noch Schwächen zeigen, bei sozialen Problemen wird es konsequent unterstützt. Auf diese Weise sollen sich Lernblockaden aufheben, Minderwertigkeitsgefühle reduzieren und das Selbstwertgefühl sowie das schulische Leistungsvermögen verbessern.

In der Sozialisierungsphase geht es wesentlich um soziale Lernprozesse und Aktivitäten. Das Kind ist nun emotional stabiler, leistungswilliger und leistungsfähiger, kann selbstständiger arbeiten und insgesamt entspannter sein und eine positive Grundstimmung haben. Die positive Beeinflussung der psychischen Fehlentwicklung ist daran zu erkennen, dass sich das Selbstwertgefühl stabilisiert hat, im Wahrnehmen und Erleben nur noch »minimale, lebensstilbedingte Realitätsverschobenheit« und des Weiteren ein hoher Grad an Gemeinschaftsfähigkeit gegeben sind (a. a. O., 129).

In der Individualisierungsphase zeigen sich bereits eine erhöhte Leistungsbereitschaft, vermehrte sozialadäquate Aktivitäten, eine weiter zunehmende Selbstständigkeit sowie erste intrinsisch motivierte Lernaktivitäten. Die Beziehung zum Lehrer/Erzieher soll sich nun etwas lockern, um eine Ablösung anzubahnen. Wenn das Kind eine Sonderklasse besuchte, soll nun die Rückschulung in eine Regelklasse vorbereitet werden.

Nach der vierten Phase ist die »integrale Komplettierung« im Grunde vollzogen, das Kind ist jedoch noch im Hinblick auf neue Situationen verunsichert und ängstlich und sollte deshalb in einer Phase der Nachbetreuung gestützt werden und Gelegenheit bekommen, auftretende Probleme zu bearbeiten.

Für Kinder mit Verhaltensstörungen muss der Lehrer/Erzieher ein Verhalten realisieren, welches von der individualpsychologischen Erkenntnis ausgeht, dass der Mensch eine »zielgerichtete Ganzheit« ist und alles Verhalten einem in der Regel unbewussten, aber bewusstseinsfähigen Lebensplan bzw. Lebensstil folgt, der in der frühen Kindheit entwickelt wurde. Für die Erziehung leitet Vernooij vier wichtige Maximen ab:

»Jedes kindliche Verhalten kann unter einer Zielperspektive betrachtet werden (was erreicht es mit seinem Verhalten?).

Die Ziele des Stör- oder Fehlverhaltens entsprechen kindlichen Bedürfnissen, denen Rechnung getragen werden muss.

Jedes Eingehen auf dieses Verhalten, im Sinne des angestrebten Ziels, erhellt das Symptom.

Konsequentes Lehrerverhalten, bezogen auf die Verhinderung der Zielerreichung, bei gleichzeitiger Befriedigung des kindlichen Bedürfnisses in neutralen Situationen, führt zur Verhaltensänderung« (a. a. O., 133).

Nachdrücklich betont die Autorin, dass das Lehrer-/Erzieherverhalten nicht nur konsequent sein muss bezogen auf die Ziele des Kindes, sondern auch bezogen auf die Anbahnung von Verhaltensweisen, die Wertschätzung und Zuwendung, die Ermutigung, das Selbstwertgefühl des Kindes und die Beachtung von Regeln und Abmachungen, damit es für das Kind zuverlässig einschätzbar wird (a. a. O.).

Eine Einbeziehung der Eltern in die Erziehungs- und Unterrichtsarbeit wird als unabdingbar notwendig gesehen; eine Umsetzung des Konzepts der integralen Komplettierung in einer Regelschulklasse als schwer durchführbar. Für eine erfolgreiche Anwendung gilt die Situation einer Sonder- bzw. Kleinklasse als Voraussetzung, in der nicht mehr als zehn Kinder sein sollten.

Das konsequent individualpsychologisch ausgerichtete Konzept, welches auf Erfahrungen z. B. in der Beroschim-Schule im israelischen Tel Aviv und in der Versuchsschule Oskar Spiels in Wien zurückgreifen kann, harrt nach wie vor breiterer Realisierung und Evaluation. Insbesondere im Hinblick auf Kinder mit Aufmerksamkeits- und Hyperaktivitätsstörungen ist zu bedenken, dass dieser Ansatz biophysische bzw. neurophysiologische Erkenntnisse weitestgehend unberücksichtigt und nur psychologische und pädagogische Aspekte gelten lässt.

6.1.4 Der entwicklungspsychologische Ansatz

Entwicklungspsychologische Konzepte orientieren sich an den vielfältigen, zum Teil auch widersprüchlichen Erkenntnissen, die über kindliche Entwicklung gewonnen wurden. Einige dieser Erkenntnisse, die für pädagogisch-therapeutische Interventionen bedeutsam sind, haben allgemeine Akzeptanz gefunden. Weitgehende Übereinstimmung scheint darin zu bestehen,

- dass sich Entwicklung in physischer, emotionaler wie sozialer Hinsicht in Phasen vollzieht;
- dass inadäquate Entwicklung in einer Phase sich nachteilig auf die Entwicklung in den folgenden Phasen auswirkt;
- dass es in den Entwicklungsprozessen sensible Perioden bzw. besonders günstige Voraussetzungen für Lernprozesse bzw. für die Aneignung von Fähigkeiten, Fertigkeiten und Handlungsweisen gibt;
- dass die Entwicklungsphasen nicht einem starren Schema folgen, sondern von den Kindern auf ganz individuelle Art und Weise durchlebt werden;
- dass sich Entwicklung in Auseinandersetzung mit der Umwelt vollzieht, wobei zwischen Reifungsprozessen und Umweltgegebenheiten wechselseitige Anpassungsprozesse ablaufen (z. B. nach Piaget: Assimilation und Akkommodation);
- dass psychische Störungen und Beeinträchtigungen, die sich in der kindlichen Entwicklung durch inadäquate Umweltfaktoren ergeben haben, durch ein adäquates Umweltarrangement mit pädagogisch-therapeutischen Hilfen positiv zu beeinflussen sind (vgl. Juul 1979, 71).

Ein vielbeachtetes, auf entwicklungspsychologischen Erkenntnissen beruhendes und auf entwicklungsgerechte Erziehung und Bildung ausgerichtetes Konzept elaborierte und evaluierte seit Mitte der 1970er Jahre in den USA Mary Wood (Wood 1975a; 1975b). Auch aus Deutschland, wo dieses Konzept eine wachsende Anhängerschaft findet, liegen positive Berichte und Analysen vor (vgl. z. B. Juul 1979; Wegler 1979; Neukäter/Goetze 1989; Bergsson 1995; 1999; Bönder 2004). Sonderschulen für Erziehungshilfe und Grundschulen in großer Zahl arbeiten nach diesem Konzept (siehe z. B. Schule Mindenerwald 2013; Jakob-Muth-Schule Essen 2013; Senat der Stadt Berlin 2013 sowie grundlegend: www.etep.org). Fünf Grundüberzeugungen bestimmen das Konzept von Mary Wood:

(1) »Bei Kindern sind Verhaltensstörungen eng mit normalen, unauffälligen Verhaltensweisen verwoben und daher schwer voneinander abzuheben. Die gesunden normalen Aspekte bei einem gestörten Kind werden oftmals übersehen oder als nicht typisch fehlinterpretiert.

(2) Die normalen Prozesse körperlicher und psychischer Entwicklung erfolgen in einer Hierarchie von Stufen und Sequenzen, die in der psychologischen Forschung und Literatur dokumentiert sind. Diese Entwicklungsprozesse führen bei normalen und gestörten Kindern in verhältnismäßig kurzen Zeiträumen spontan zu völlig neuen Verhaltensweisen und einem erweiterten Verhaltensrepertoire.

(3) Der normale Entwicklungsprozess ist einerseits einzigartig und individuell, andererseits aber auch vorhersagbar, da er in Beziehung steht zu den bestehenden Umweltbedingungen, den biologischen Faktoren und den Erfahrungen aus der früheren Lerngeschichte.

(4) Das Wissen des Kindes von sich selbst, sein Selbstvertrauen und seine Bereitschaft, in neue Situationen einzutreten, erwächst aus bedeutsamen, freudvollen und befriedigenden Erfahrungen.

(5) Das Kind lernt und entwickelt sich durch eigene Erfahrungen und handelnden Umgang« (Wood 1975, 3 f., zitiert nach Wegler 1979, 102 f.).

Als integrale Bestandteile gehören zum entwicklungstherapeutischen Konzept: ein handlungsleitendes Curriculum für Diagnose und Therapie, förderliche Aktivitäten und Materialien, spezifische pädagogisch-therapeutische Interventionstechniken, eine spezifische Organisation, in der Gruppenlehrer, Assistenzlehrer und Beobachtungslehrer kooperieren – sowie die ständige Kooperation mit den Eltern.

Das Entwicklungscurriculum ist fixiert in einem detaillierten Lernzielkatalog, der 144 Items umfasst. Die Zielsetzungen verlaufen über fünf Stufen, die nach der sozial-emotionalen Entwicklung ausgerichtet sind. Sie beziehen sich auf die Lernbereiche Verhalten, Kommunikation, Sozialisation und schulische Fähigkeiten und Fertigkeiten. Die im Sinne eines Entwicklungsgitters zusammengefassten Ziele bzw. Beobachtungsitems dienen sowohl der Diagnose als auch entwicklungsorientierten Interventionsplanung. Die Operationalisierungen im Hinblick auf Denken, Fühlen und Handeln fokussieren nicht nur auf genaue Beobachtung, sondern vor allem statt der ausschließlichen Erfassung von defizitären Gegebenheiten auch auf positive Möglichkeiten und (rudimentäre) Kompetenzen, an denen Fördermaßnahmen ansetzen können. Über die detaillierte Itemliste kommt ein operationalisierter Erziehungsplan zustande, der auf eine möglichst wirksame Intervention ausgerichtet ist, Fortschritte deutlich macht und den beteiligten Lehrern wechselseitige Verständigung, Kooperation und Planung erleichtert sowie den Eltern zur detaillierten Information zu dienen vermag. Das Entwicklungscurriculum ist für Kinder zwischen drei und vierzehn Jahren entwickelt und überprüft worden. Die zur Verlaufsdokumentation und individuellen Bestimmung konkreter Förderziele vorgesehenen »Entwicklungstherapeutischen Lernziel-Diagnose-Bögen« (ELDiB) wurden in deutschen Versionen für Lehrer, für Eltern und Erzieher, für Kinder und Jugendliche sowie für Gruppen vorgelegt (Bergsson 1995).

Der Einsatz der Aktivitäten und Materialien ist stufenspezifisch. Der Unterricht ist auf selbstständiges Handeln mit starker Akzentuierung musischer Aktivitäten sowie Wahrnehmungs-, Motorik- und Sprachtrainings ausgerichtet. Den entwicklungsbedingten Möglichkeiten der Kinder entsprechend werden auf den unteren Stufen mehr Aktivitäten in einem schnelleren Wechsel angeboten als auf den oberen Stufen. Die vielfältigen Materialien sind auf die einzelnen Lernziele bezogen und können individualisierend eingesetzt werden.

Auch der Verhaltens- und Lehrstil der Lehrerinnen und Lehrer ist konkret auf die einzelnen Entwicklungsstufen hin orientiert. So sind z. B. Körperkontakt und körperliches Eingreifen auf der ersten Stufe sehr häufig eingesetzte Techniken, die jedoch auf der Stufe drei nur noch selten und auf der Stufe vier gar nicht mehr vorgesehen werden. Andererseits werden Interpretationen, Konfrontationen oder auch das Life Space Interview (ein intensives Krisengespräch) mit den jüngeren Schülern auf der Stufe eins gar nicht, auf den höheren Stufen dagegen sehr oft bzw. vorwiegend realisiert. Insgesamt gesehen folgt das Lehrer-Erzieher-Verhalten einem synthetischen Ansatz, d. h. es werden sowohl tiefenpsychologische als auch lernpsychologische und humanistisch-psychologische Verfahren mit einbezogen.

Die organisatorischen Bedingungen werden den Bedürfnissen und Notwendigkeiten bei der Unterrichtung und Erziehung von Kindern mit Verhaltensstörungen weitestgehend gerecht. Die Kinder werden in kleinen Klassen von fünf bis acht Schülern zusammengefasst. Jeder Kleinklasse ist ein Lehrerteam zugeordnet mit einem Klassenlehrer, einem Assistenzlehrer und einem Beobachtungs- bzw. Koordinationslehrer. Der Klassenlehrer, der eine sonderpädagogische Ausbildung hat, ist für die Realisation der individuellen Erziehungspläne sowie für ein förderliches Zusammenleben der Gruppe verantwortlich. Der Assistenzlehrer, der vom Konzept her häufig Student der Sonderpädagogik ist, arbeitet ständig mit dem Klassenlehrer zusammen und unterstützt ihn bei allen Aktivitäten. Er hat ähnliche Funktionen, wie sie in Deutschland für einen Assistenzlehrer vorgesehen sind (▶ Kap. 8.7). Als Beobachtungslehrer kann nur tätig sein, wer als Klassenlehrer tätig war und sich weitergebildet hat. Der Beobachtungslehrer organisiert die Aufnahme- wie die Nachbetreuungsmaßnahmen, er koordiniert alle Aktivitäten, ist primär für die Elternarbeit zuständig, macht sich ein genaues Bild von Schülern und Lehrern (auch über einen laut Konzept in jeder Klasse vorhandenen Einwegspiegel) und setzt seine Beobachtungen in Vorschläge um oder bringt sie in die von ihm durchgeführte Supervision ein.

Die entwicklungstherapeutisch geförderten Kinder bleiben Schüler ihrer Stammklasse in einer allgemeinen Schule und besuchen den Förderunterricht in Abhängigkeit von der zugeordneten Entwicklungsstufe täglich für zwei Stunden, an vier Tagen für zwei Stunden oder an drei Tagen für eineinhalb Stunden.

Sehr intensiv ist die Elternarbeit. Über fünf Organisationsformen wird versucht, die Eltern durch ständige Information bis hin zu Maßnahmen zur Verbesserung der Erziehungskompetenz in das Förderprogramm einzubinden. Angeboten werden wöchentliche Elternkonferenzen, Hausbesuche durch den Beobachtungslehrer, Elterngespräche nach der Beobachtung der Förderklasse durch die Einwegscheibe, monatliche Treffen der Eltern zum Kennenlernen und zum Erfahrungsaustausch sowie Elterntrainings zur Verbesserung der Erziehungskompetenz, die auch in eine Assistenzlehrertätigkeit mit einmünden können. Ähnlich intensiv ist auch die Zusammenarbeit mit der Stammschule. Das entwicklungstherapeutische Team besucht die Stammschule, Klassenlehrer der Stammschule besuchen die Förderklassen, Förderklassenlehrer arbeiten mit im Aufnahmeverfahren sowie bei Konferenzen zur Entlassung eines Kindes und stehen mit Rat und Tat bei Schwierigkeiten in der Stammklasse und bei der Planung und Durchführung von Förderprogrammen zur Seite. Der hohe Personalaufwand hat sich als notwendig und sehr nützlich erwiesen. Evaluationsstudien erbrachten, dass in durchschnittlich einem halben Jahr die angestrebten entwicklungstherapeutischen Ziele erreicht werden konnten, wobei die Streuung zwischen 2,5 und 15 Monaten lag (vgl. etwa Bergsson 1995). Insbesondere folgende positive Komponenten des entwicklungstherapeutischen Konzepts sind hervorzuheben:

- die Ermöglichung von Arbeitsteilung und Kooperation zwischen drei Lehrkräften;
- die konsequente Berücksichtigung entwicklungspsychologischer Einsichten;
- die Ermöglichung einer integrativen Förderung mit dem Verbleib der Kinder in einer Stammklasse;
- die Verfügbarkeit eines detaillierten Erziehungsplans auf der Grundlage eines operationalisierten förderdiagnostischen Instruments;
- die intensive Kooperation mit den Eltern und der Stammschule sowie
- der sich nach relativ kurzer Zeit einstellende Interventionserfolg.

Kritisch zu berücksichtigen sind deutliche Inkonsistenzen in der Verarbeitung verschiedener Erkenntnisse und Theorien, wie sie u. a. von Bandura, Erikson, Kohlberg, Lowenfeld und Piaget vorgelegt wurden. Damit ist die konzeptionelle Basis des Entwicklungskonzepts und der ELDiBs ebenso problematisch wie die Erarbeitung der konkreten Lernbereiche und der Lehrziele; diese sind z. B. nicht trennscharf (vgl. auch Stein/Stein 2014, 145 ff.). Kritisieren lassen sich weiterhin »das hohe Ausmaß an ständiger Fremdkontrolle durch Leistungsmessung und die Entpersonalisierung der Förderung in Lehrerteams, die von Stufe zu Stufe wechseln« (Goetze/Neukäter 1989, 537). Auch stößt die prozessorientierte Erhebung von Daten über die ELDiBs auf praktische Grenzen der Arbeitsbelastung. Zu bedenken ist allerdings wiederum, dass im Sinne einer förderdiagnostischen wie einer entwicklungspsychologisch orientierten Vorgehensweise in möglichst kurzen Abständen Veränderungen festgestellt werden müssen, um das Programm um- bzw. neu einzustellen. Auch bezieht sich das Programm ja für ein einzelnes Kind in der Regel nur auf eine Stufe, sodass es einen Wechsel des Lehrerteams gar nicht erlebt. Insgesamt gesehen lässt sich das Konzept »trotz einiger theoretischer Ungereimtheiten und mangelhafter empirischer Absicherung« (ebd.) als ein praxiserprobtes und praxisdienliches Modell bezeichnen, das Kindern mit Schwierigkeiten eine möglichst kurzzeitige erfolgreiche Förderung und den Lehrkräften deutliche Orientierung im Hinblick auf ihr Tun sowie die Verhinderung übermäßiger Inanspruchnahme verspricht.

6.1.5 Der humanistisch-psychologische Ansatz

Unter den humanistischen Psychologen nimmt Rogers eine zentrale Stellung für die pädagogische Theorie und Praxis ein. In seiner Theorie vom Menschen (▸ Kap. 4.2.3) ist die angeborene Selbstaktualisierungstendenz von großer Bedeutung, nach der es in jedem Menschen eine kräfteerhaltende, wachstumsfördernde, konstruktive Tendenz gibt (Rogers 1977, 35). Ungünstige Umweltgegebenheiten können diese Tendenz sowie das individuelle Selbstkonzept insofern stören, als dem Selbstkonzept widersprechende Erlebnisse und Erfahrungen nicht zu integrieren sind, sodass sich Verhaltensstörungen entwickeln können. Im Beratungs- oder Therapieprozess muss sich das Selbstkonzept so verändern, dass es zu einer Umorganisation bzw. Neustrukturierung kommt – ein Ziel, das sozusagen dem Menschen immanent ist, da er »eher zur Reorganisation als zur Desintegration« neigt (Rogers 1972, 185). Der intervenierende Helfer muss im Sinne des Selbstkonzepts des Klienten agieren und reagieren. Er muss versuchen, »das innere Bezugssystem des Klienten zu übernehmen, die Welt so zu sehen, wie der Klient sie sieht, den Klienten zu sehen, wie er sich selbst sieht« (a. a. O., 42).

Möglichkeiten pädagogischer Intervention bei Verhaltensstörungen unter Berücksichtigung der Prinzipien von Rogers werden teilweise im strukturiert-schülerzentrierten Unterrichtskonzept von Neukäter/Goetze (1978; 1980; 1982) deutlich:

Bei der Entwicklung ihres Konzepts fokussierten die beiden Sonderpädagogen auf Hirnschädigungen sowie Hyperaktivität. Sie bezogen in ihr Konzept die Ergebnisse einer Auswertung vorliegender Konzepte und die Möglichkeiten und

Notwendigkeiten einer spezifischen Schülergruppe ein. Die Schülergruppe bestand aus 15 Jungen im Alter zwischen 12 und 15 Jahren, die hyperaktiv waren und auch andere Verhaltensstörungen zeigten. Bei allen war ein neurologischer Befund festgestellt worden, und sie besuchten deshalb eine Schule für Erziehungshilfe an einer Einrichtung der Kinder- und Jugendpsychiatrie.

Da schulpädagogische Maßnahmen bei diesen Kindern und Jugendlichen ganz auf die individuelle Problematik bezogen sein müssten (schülerzentriert), erhoben Neukäter/Goetze umfangreiches Datenmaterial, welches ihnen in der Zusammenfassung auch für allgemeinere Aussagen zur Hirnorganizität diente. Bei der Entwicklung ihres Interventionskonzepts ließen sie sich von zwei Theorieansätzen leiten:

1. »Im Sinne lerntheoretischer Erklärungsansätze wird von einer anfänglich stärker fremdstrukturierten Lernsituation ausgegangen, die allmählich zugunsten eines stärker schülerkontrollierten Unterrichts aufgegeben wird, damit der Schüler auf den drei Lernebenen des kognitiven, des sozial-emotionalen und handlungsgebundenen sich selbst zu steuern lernt« (Neukäter/Goetze 1978, 52).
2. »Im Rahmen einer Selbsttheorie müssen zunächst Bedingungen hergestellt werden, die ganz auf die Schwierigkeiten des Kindes abgestimmt sind. Erst dann kann eine Reorganisation des kindlichen Selbst mit dem Ziel der vermehrten Selbstkongruenz durch den Lehrer als Facilitator in die Wege geleitet werden. Am Ende steht ein Schüler, der in selbstdirektiver Weise eigene Lernziele aufsucht und auch aufgrund der bereitgestellten Mittel erreicht« (a. a. O.).

Im Sinne dieser theoretischen Vorgaben wurde Unterricht so organisiert, dass ein systematisches Verstärkungsprogramm eingerichtet, Reizstrukturierung durch halbprogrammierte Lernmaterialien vorgenommen und Lernzentren eingerichtet wurden. Die Überprüfung dieses Settings, die als Eigenkontrollgruppendesign durchgeführt wurde, erbrachte folgende Ergebnisse (Neukäter/Goetze 1978):

- Störverhaltensraten nahmen ab;
- unterrichtsbezogene Verhaltensweisen stiegen an;
- eine Raumstrukturierung in Lernzentren erleichtert den Schülern die soziale Orientierung;
- Reizreduktion (vgl. Cruickshank), d. h. z. B. nur jeweils ein Aufgabenblatt, und
- strukturierte Reizanreicherung (vgl. Zentall), z. B. bei der Gestaltung eines Arbeitsblattes, lassen sich miteinander verbinden;
- Aktivitätsverstärker erwiesen sich als wirkungsvoll.

Aus ihren Erfahrungen mit diesem Unterrichtsversuch leiten Neukäter und Goetze ein Dreiphasenkonzept ab:

1. Phase:
Herstellung einer »Kontingenz für sozial-emotionale Aktivitäten zwischen Spielphasen und Unterrichtsaktivitäten« mit dem Ziel der Ermöglichung einer persönlichen und sozialen Orientierung.

2. Phase:
Auflösung der Kontingenz zugunsten der Trennung von unterrichtlichen Arbeitsphasen und sozial-emotionalen Aktivitäten mit dem Ziel gesteigerter Selbstfindung.
3. Phase:
Sozial-integrativer Unterricht: Unterrichtsstrukturierung und sozial-emotionale Aktivitäten sind integriert (a. a. O., 78 f.).

In ihrem Unterrichtsversuch konnten Neukäter und Goetze nur die erste Phase zufrieden stellend abschließen, die zweite Phase setzten sie zu kurz an, und sie vermuten wohl sehr zu Recht, dass die dritte Phase »erst nach längerer Zeit realisiert werden kann« (a. a. O., 80). Untersuchungsergebnisse wie weitere Erfahrungen überzeugten die Autoren davon, dass ihr strukturiert-schülerzentrierter Ansatz den Bedürfnissen der hyperaktiven Kinder entspricht, sodass sie ihn weiterverfolgten und im Sinne humanistisch-psychologischer Vorstellungen elaborierten.

In das strukturiert-schülerzentrierte Unterrichtskonzept gehen personenzentrierte und -strukturierte Anteile ein, die aus klientenzentrierten und verhaltenstheoretischen Änderungsmodellen abgeleitet werden. Als schülerzentriert ist Unterricht für Neukäter und Goetze dann zu bezeichnen, »wenn die Basisvariablen

- offenes Auseinandersetzen mit dem eigenen Erleben,
- Achtung, Wärme, Rücksichtnahme,
- einfühlendes, nicht wertendes Verstehen,
- Echtheit und Selbstkongruenz,
- fördernde, nicht-dirigierende Einzeltätigkeiten

verwirklicht werden« (Neukäter/Goetze 1982, 97).

Strukturiert ist das Konzept insofern, als unter direktem Anknüpfen an das Lernverhalten des einzelnen Schülers gezielte Interventionen durchgeführt werden wie die Strukturierung des Raumes, eine Strukturierung der Materialien, Stimuluskontrolle, systematisches Verstärken sowie Schließen eines Vertrags. Das Konzept hat drei Phasen, ähnlich den bereits genannten, die präzisiert werden:

1. Phase: Charakterisiert durch verstärkte Fremdsteuerung;
2. Phase: Charakterisiert durch teilweise Selbststeuerung;
3. Phase: Charakterisiert durch weitgehende Selbststeuerung.

In der 1. Phase sollen die Schüler lernen zuzuhören, Aufgaben zu erledigen, am Platz zu bleiben, sich nach Gruppenregeln zu richten, helfendes Verhalten zu realisieren usw. Der Unterricht verläuft mit einem Wechsel von Arbeits- und Spielsequenzen, wobei die Spielsequenzen nach der Aufgabenerledigung als positive Verstärker eingesetzt werden. Die Spielsequenzen werden als Aktivitätsverstärker realisiert, weil die Schüler gerne spielen, weil den Spielen soziale Lernprozesse immanent sind und weil die Spielaktivitäten die zweite Phase vorbereiten.

Während die Spielaktivitäten in der ersten Phase weitgehend durch den Lehrer/Spielleiter bestimmt werden, wird in der zweiten Phase die kontingente Verbindung von Arbeiten und Spielen aufgelöst, wobei aber auf verhaltensmodifikatorische Veränderungshilfen wie Selbstbeobachtung, Selbstüberwachung, Selbstbekräftigung und Selbstbewertung nicht verzichtet wird.»Im Gegensatz zum Beginn des strukturiert-schülerzentrierten Unterrichts, bei dem die sozial-emotionalen Aktivitäten vor allem vom Lehrer angeregt werden, werden die Spielphasen zunehmend von den Schülern gestaltet. Die Spielphasen ähneln zu diesem Zeitpunkt eher einem nicht direktiven, kindzentrierten Spieltherapiesetting. Der Lehrer bringt weniger eigene Spielangebote ein, versucht dagegen mehr auf die Gefühlswelt der Kinder einzugehen, um von diesem personenzentrierten Ansatz bei den Schülern Selbstkongruenz zu fördern« (Neukäter/Goetze 1980, 176).

In der 3. Phase sind Arbeiten und Spielen in den Unterricht integriert.»Die Schüler schließen mit sich Arbeitsverträge, definieren selbstständig Verhaltens- und Lernziele, greifen sozial-emotionale Konflikte und persönliche Schwierigkeiten auf und lösen die Probleme in personenzentrierter Weise. Der Lehrer versteht sich im Sinne von Rogers als Lernhelfer, der für die kognitive Arbeit alle erforderlichen Lernhilfen bereitstellt und sich im affektiven Bereich als Person einbringt. Damit ist er nicht mehr Manager des Lernens, sondern Mitlernender und Partner der Kinder« (a. a. O.).

Neukäter und Goetze meinen, dass sich ihr Modell erfolgreich im Unterricht mit Kindern mit Verhaltensstörungen realisieren lässt. Sie stellen heraus,»dass es als pädagogisches Handlungsmodell direkt an den Stärken und Schwächen des Kindes ansetzt« und»pädagogische und therapeutische Elemente verknüpft« (1982, 100). Sie räumen aber auch ein, dass eine Integration der verschiedenen theoretischen Ansätze nicht hinreichend gelöst ist und dass das Konzept als Rehabilitationsmodell zu verstehen ist, d. h. davon ausgeht, dass die Schüler separiert erzogen und unterrichtet werden (siehe auch die Kritik bei Stein/Stein 2014, 167 ff.).

Neben der personenzentrierten Position von Rogers sind zwei weitere bedeutungsvolle Strömungen humanistischer Psychologie und Pädagogik zu nennen, aus denen Impulse für die Pädagogik bei Verhaltensstörungen kommen: zum einen die Themenzentrierte Interaktion (vgl. z. B. Reiser/Lotz 1995; Langmaack 2004; Reiser 2006), zum anderen die pädagogische Gestaltarbeit (vgl. Burow 1988; Stein 2005).

6.1.6 Der lerntheoretische Ansatz

Die auf Lerntheorien basierende Verhaltensmodifikation, die mit systematischer Verstärkung des erwünschten und mit Löschung des unerwünschten Verhaltens als Verhaltensformung, Verhaltensverkettung, Token-System, Selbstinstruktion, kooperatives Verfahren usw. zum Rüstzeug der Lehrer und Erzieher in der Pädagogik bei Verhaltensstörungen gehört, hat sehr frühe Vorläufer. Schon die Griechen und Römer bedienten sich systematischer Verhaltensbeeinflussung. Als sich in Deutschland im 18. Jahrhundert das Anstalts- und Schulwesen ausweitete, setzten – um den Fleiß zu steigern und die üblichen körperlichen Züchtigungen zu reduzieren – Pädagogen eine Art Token-System ein – wie z. B. in Speners Frankfurter Armen-, Waisen- und Arbeitshaus oder in den Schulen des Münsterlandes. Der Münsterländer Pädagoge Bernhard Overberg vermittelte in der Lehrerbildung die Führung

von »Sittentafeln«, auf denen sowohl für Verhalten als auch für Leistungen »gute«
und »schlechte« Striche vermerkt wurden, auf die nach der Verrechnung »bym
Verteilen der Prämien Rücksicht genommen« wurde (Overberg 1793, 771). Zum
Aufbau erwünschten Verhaltens benutzten in Frankreich Anfang des 19. Jahrhunderts die ideenreichen Erfinder heilpädagogischer Methodik, Itard und Séguin,
Verstärkungsverfahren. Von einer systematischen Erforschung der Lerngesetze und
ihrem gezielten, kontrollierten Einsatz kann allerdings erst seit Anfang des
20. Jahrhunderts die Rede sein (▶ Kap. 4.2.4). Noch vor 1900 entdeckte Iwan P.
Pawlow in St. Petersburg den »bedingten Reflex«, der die Grundlage für das
klassische Konditionieren darstellt. Der Amerikaner Edward L. Thorndike machte
Lernexperimente mit Tieren, die 1911 zur Formulierung des »Law of effect«
führten. Die als Behaviorismus bezeichnete Forschungsrichtung begründete 1913
John B. Watson; mit spektakulären experimentell indizierten Neurosen und gezielten lerntheoretisch begründeten Therapieversuchen bei Menschen mehrte sie
das Wissen um die Genese und die Reduktion psychischer Störungen und begründete einige Verfahren der klinischen Verhaltenstherapie. Neben Watson, Mary
C. Jones und Gilbert V. Hamilton gehört Burrhus F. Skinner zu den ertragreichsten
behavioristischen Forschern. Skinner entwickelte in den 1950er Jahren mit Verhaltensformung und unterschiedlichen Verstärkerplänen das operante Konditionieren, welches die Basistechnik darstellt für die in natürlichen Umwelten praktizierte Verhaltensmodifikation (siehe Holland/Skinner 1971). Mit dem Konzept des
Modelllernens stellte Bandura in den 1960er Jahren im Anschluss an Watsons
»soziale Imitation«»die Grundlagen für die kognitive Wende in der Verhaltensmodifikation« bereit (Benkmann/Neukäter 1984, 21; vgl. Schorr/Kritz 1985;
Myschker 1986; Überblick in Borchert 2000, 146–158, sowie Linderkamp 2008).

An lerntheoretischen Erkenntnissen orientierte Modifikationsprogramme für
Kinder und Jugendliche mit Verhaltensstörungen wurden vor allem in den 1960er
und 1970er Jahren entwickelt und evaluiert und haben nach wie vor ihre Bedeutung
(vgl. z. B. Belschner/Dross 1980; Kern 1974; Kraiker 1974; Ross/Petermann 1987;
Schermer/Weber 2005 und 2006; Linderkamp 2008). Sehr bekannt geworden ist das
Konzept von Hewett für das »emotional gestörte Kind« (emotionally disturbed
child), welches auch in Deutschland Anhänger fand (vgl. Schumacher 1979).

Beispielhaft für die systematische Umsetzung lerntheoretischer Erkenntnisse im
schulischen Bereich steht nachfolgend das klassische Hewett-Konzept. Für eine
Umsetzung im Sinne einer kooperativen Verhaltensmodifikation werden exemplarisch das Unterrichtskonzept von Grabski et al. (1978) sowie das Konzept von
Redlich/Schley (1978) vorgestellt.

Hewett geht bei der Ausgestaltung seines Handlungskonzepts von seinen Erkenntnissen über Lernen und Lernerfolg aus, die er in einem siebenstufigen Entwicklungsmodell zusammenfasst (▶ Abb. 26, nach Hewett 1968).

Dieses Modell, dessen Stufen eine fortschreitende Entwicklung von den einfachsten bis zu den komplexesten und nicht von allen Menschen erreichbaren
Fähigkeiten markieren, ist die Folie für die Erfassung des Förderbedarfs wie für die
Ausarbeitung des Förderprogramms. Für jedes Kind ist also individuell festzustellen, auf welcher Lernstufe es zur Zeit steht, um dann die zugeordneten didaktischen und methodischen Möglichkeiten einzusetzen.

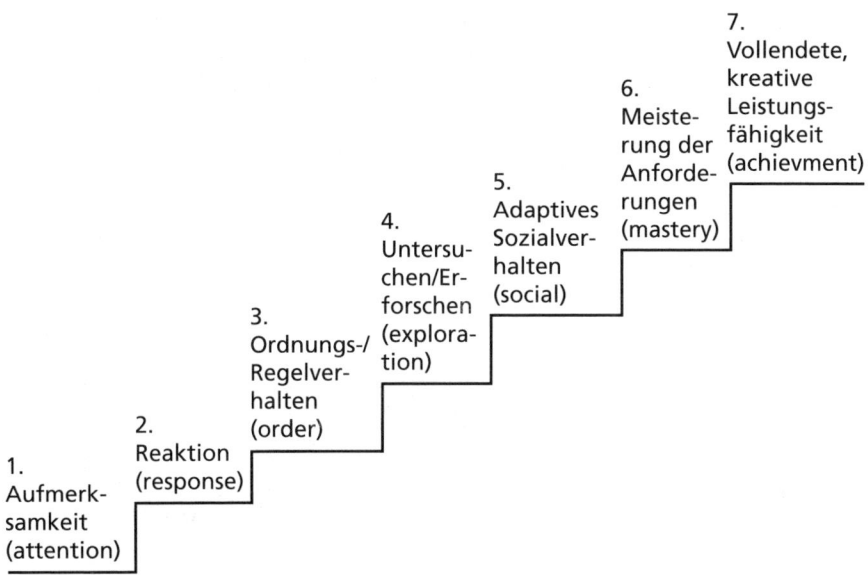

Abb. 26: Hierarchisches Modell der Entwicklung von Verhaltensfähigkeiten (nach Hewett 1968)

Das Kind muss zunächst einmal Aufmerksamkeit realisieren, um dann adäquat reagieren zu können, womit die Voraussetzungen für die dritte Stufe gegeben sind, nämlich Verhalten so zu organisieren, dass Aufträge ordnungsgemäß ausgeführt werden. Auf der vierten Stufe ist es dem Kind möglich, die Umwelt adäquat und unabhängig sowie zielorientiert in Ausrichtung auf eigene Interessen zu erfassen. Auf der fünften Stufe gelingt eine Anpassung an die soziale Umwelt im Sinne sozial konformen Verhaltens und der Gewinnung einer angemessenen sozialen Position. Auf der siebten Stufe ist die Fähigkeit zur Meisterung der umweltbezogenen Möglichkeiten und Notwendigkeiten gegeben durch umfassende Orientierungs- und Strukturierungsfähigkeiten. Auf der siebten Stufe ist völlige Unabhängigkeit erreicht; intrinsische Motivationen und kreative, innovative Fähigkeiten bestimmen die Lern- und Lebensprozesse. Diese Stufe wird nicht von allen Menschen erreicht (vgl. Hewett 1968, 49–54). Hewett kam später zu der Überzeugung, dass zwischen den Niveaustufen starke Überschneidungen gegeben sind, sodass eine diagnostische Zuweisung der Schüler zu den einzelnen Stufen mit einer gewissen Vorsicht vorzunehmen sei (vgl. 1974, 225).

Nach Hewett liegt die Verantwortung beim Lehrer, wenn ein Kind nichts lerne. Es sei Aufgabe des Lehrers festzustellen, auf welcher Entwicklungsstufe sich das Kind befindet, um entsprechende Lernangebote zu machen, Lernfördermöglichkeiten bereitzustellen sowie äußere Stützen zu geben durch Maßnahmen äußerer Organisation wie die Raumgestaltung und ein Verstärkerprogramm (token economy). Auch die Raumgestaltung orientiert sich an dem hierarchischen Modell der Fähigkeiten und Fertigkeiten. Ein großer Teil der Klasse ist mit Einzelplätzen und

245

auch Lernbüros nach Cruickshank auf die Stufen der Meisterung und der Leistung ausgerichtet. Ein etwas kleinerer Bereich mit Funktionseinheiten für wissenschaftliche Tätigkeiten, für Kommunikation und für künstlerische Tätigkeiten zielt auf Inhalte der Stufen vier und fünf. Ein kleiner Bereich ist speziell für die ersten drei Stufen organisiert. Alle Arbeitsbereiche sollen »so kindgerecht-eindrucksvoll und akzeptabel wie möglich« ausgestaltet sein (Hewett 1968, 242). Abb. 27 zeigt den speziell eingerichteten »engineered classroom« in einer deutschen Adaption (nach Schumacher 1975, 242) (▶ Abb. 27).

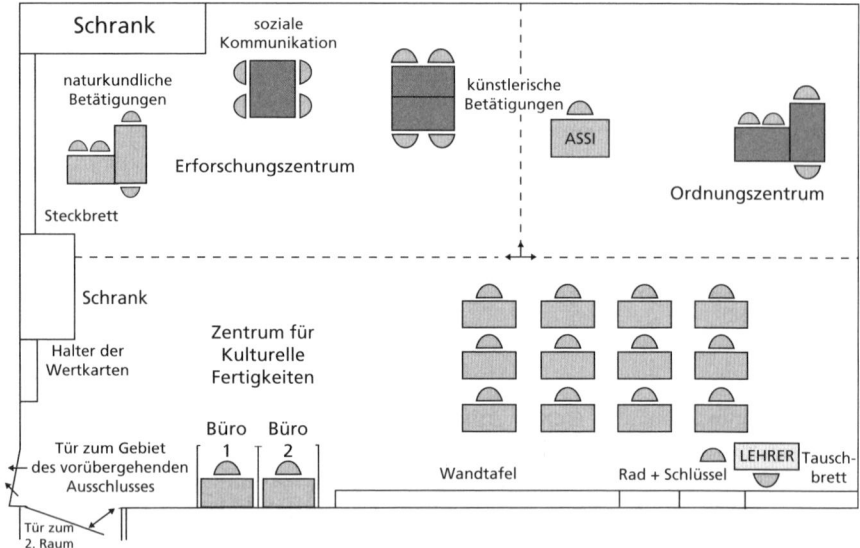

Abb. 27: Grundriss des »engineered classroom« mit verschiedenen Aktivitätsbereichen

Das Verstärkerprogramm ist so organisiert, dass für das Kind auf einer Karte Token eingetragen werden, also eintauschbare »Platzhalter-Verstärker« – für die Aufnahme der Arbeit (2 Token), für die Weiterarbeit über einen Zeitraum von mindestens 5 Minuten 3 Token und für angemessenes Schülerverhalten weitere 5 Token. Die erreichten Token können am Ende der Woche in viele unterschiedliche materielle Verstärker eingetauscht werden, welche über ein Verstärkermenü ausgewiesen werden. Mit fortschreitender Entwicklung des Schülers können die zeitlichen Anforderungen verlängert, die Aufgabenstellungen erschwert und letztlich auch ausgeblendet werden (vgl. Hewett 1968, 248 ff.). Aufgabe des Lehrers ist es dafür zu sorgen, dass die Schüler weder über- noch unterfordert werden, d. h. immer Aufgaben bekommen, die ihren Möglichkeiten entsprechen und für die verstärkt werden kann. So sollte es nur in Ausnahmefällen nötig sein, spezielle Maßnahmen im Sinne eines Konfliktmanagements einzusetzen, die allerdings auch nicht Strafcharakter haben, sondern in besonderen Arrangements bestehen: beispielsweise in der Ermöglichung motorischer Abreaktion, im Auftrag, besondere

Aufgaben zu erledigen, in der Lernkabine zu arbeiten oder auch die Klasse für einige Minuten bzw. für längere Zeit zu verlassen (time-out-of-reinforcement). Nach Ausschluss vom Unterricht für einen ganzen Tag muss sich der Schüler den Weg zurück in die Klasse »verdienen« (Hewett 1968, 264).

Hewett hat die Effizienz seines Konzeptes zu überprüfen versucht. Er konnte ein verbessertes Aufmerksamkeitsverhalten der Schüler und Leistungsverbesserungen in unterrichtlichen Teilbereichen sowie die Wirksamkeit des Verstärkersystems nachweisen. Die unterrichtstechnologische Überbetonung bei Hintansetzung sozialer und emotionaler Aspekte und Fördermöglichkeiten macht es jedoch schwierig, das Konzept insgesamt als empfehlenswert zu bezeichnen (vgl. dazu Goetze/Neukäter 1982, Stein/Stein 2014, 145 ff.).

Ein Modell systematisch-strukturierten Unterrichts, also ein ganz spezifisch auf Unterrichten ausgerichtetes Konzept, legten Grabski, Kissing, Neukäter und Benkmann (1978) vor. Grundlage ihres Konzepts ist die Verhaltenstheorie, wobei neben der Fremdsteuerung insbesondere der Selbststeuerung Gewicht zugemessen wird. Es geht ihnen im Unterricht darum, »durch motivationsfördernden Umgang mit strukturierten Unterrichtsstoffen und Lernmaterialien intensive Steuerreize zu setzen, die es dem Schüler erleichtern, unterrichtsbezogenes Verhalten zeigen zu können« (Grabski et al. 1978, 30).

Kennzeichnend für das strukturierte Unterrichtskonzept von Grabski et al. sind die fünf Komponenten Erziehungsziel, Methoden, Curriculum, Bewertung und Messverfahren. Es gilt also, langfristige Erziehungsziele zu formulieren, aus diesen mittel- und kurzfristige Erziehungsziele abzuleiten und im konkreten Unterricht zu verdeutlichen (▶ Abb. 28, modifiziert nach Grabski et al. 1978, 32).

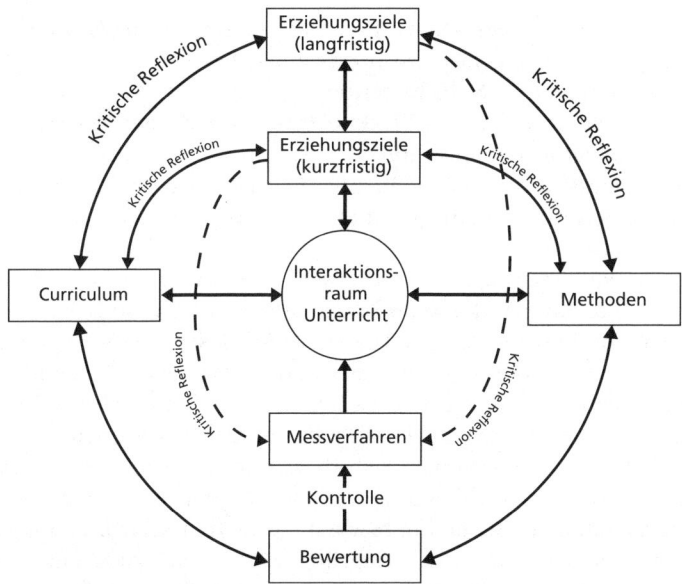

Abb. 28: Hauptkomponenten des Unterrichtskonzepts

247

Der Unterricht muss zum »erziehenden Unterricht« werden, was die Autoren auch mit ihrer Überzeugung zum Ausdruck bringen, dass Schüler mit Verhaltensstörungen nicht in der Lage sind, »das in der Interaktionssituation Unterricht erforderliche Sozialverhalten zu zeigen, sondern im Gegenteil ..., dass im und durch Unterricht Lernprozesse zur Einübung dieser Verhaltensweisen erst angeregt, unterstützt und bekräftigt werden müssen« (a. a. O., 39). Sowohl Sozialkontakte als auch die Verfolgung der Erziehungsziele sollen sich vor allem an durchaus traditionellen Lehrinhalten vollziehen, die allerdings von den Schülern mitbestimmt und variabel sequenziert werden. Unterstützend wirken verhaltensmodifikatorische Techniken wie soziale Verstärkung, Schließung von Verträgen sowie Selbstkontrolle.

Mit einem Unterrichtsversuch strebten sie an, ihr Konzept zu legitimieren. Sie kamen zu dem Ergebnis, dass »erziehungsschwierige Schüler durch strukturierten Unterricht im Sinne einer an den Interessen der Schüler orientierten Konstellation von Steuerreizen in Verbindung mit gezieltem und kontrolliertem Einsatz sozialer Bekräftigung zur verstärkten Äußerung unterrichtsbezogenen Verhaltens motiviert werden können« (a. a. O., 42).

Ähnlich dem Konzept von Grabski et al. basiert das als »Kooperative Verhaltensmodifikation« bezeichnete Interventionskonzept von Redlich/Schley (1978) auf lerntheoretischen Erkenntnissen mit deutlicher Akzentuierung von Strukturierung und Selbststeuerung. Ein Unterschied besteht jedoch insofern, als auf Fremdverstärkung verzichtet werden soll, wobei jedoch angemerkt sei, dass das kooperative Konzept nicht so deutlich auf Kinder und Jugendliche mit Verhaltensstörungen ausgerichtet ist. Die Kooperative Verhaltensmodifikation ist charakterisiert durch vier große Bereiche:

- Die klassische Verhaltensmodifikation, die »als sprachliche Grundlage für die Verständigung im Kooperationsprozess« angesehen wird.
- Das Konzept kognitiver Selbstbewertung.
- Das Kooperationsmodell zur Strukturierung der Zusammenarbeit und zur Verbesserung der Kommunikation.
- Die Handlungsstrategie, die »Orientierungshilfe und flexible Steuerung im Problemlösungsprozess« ermöglicht (a. a. O., 12).

Die klassische Verhaltensmodifikation erweitern sie um die Prinzipien »Selbstbewertung statt Fremdverstärkung«, »Kooperation statt Weisung« und »Strategie statt Schema«. Redlich und Schley vertreten die Auffassung, dass das Verhalten des Menschen sehr viel stärker durch Selbstbewertungsprozesse als durch Fremdverstärkung gesteuert wird. Es muss deshalb gezielt trainiert werden, »das Ergebnis der eigenen Verhaltensweisen im Hinblick auf ein Ziel auszuwerten« (a. a. O., 23). Da die Verhaltenssteuerungen über Selbstbewertungsprozesse mit den Elementen Zielsetzung, Verhaltensbeschreibung, Verhaltensbeobachtung und Selbstbewertung meistens automatisiert und unbewusst sowie »blitzschnell und unsichtbar« ablaufen, müssen sie systematisch eingeübt werden, und zwar individuen- wie gruppenbezogen. Die genannten fünf Elemente beschreiben den Kern der Kooperativen Verhaltensmodifikation.

Eine Gruppe, eine Schulklasse wird als ein System menschlicher Beziehungen verstanden. Das bedeutet, dass Problembedingungen nur zu verstehen und zu verändern sind, wenn alle Beteiligten miteinander kommunizieren und kooperieren. Ergeben sich Schwierigkeiten im Problemlösungsprozess, kann – was sich als hilfreich erwiesen hat – ein Berater hinzugezogen werden. Als ideal ist es anzusehen, »wenn zwei Lehrer ihre Funktion als Berater und Lehrer austauschen« können (a. a. O., 33). In einer Gruppe bzw. einer Schulklasse ist nie ein Einzelner, sondern stets die Gemeinschaft mit allen ihren Mitgliedern »Problemträger«. Gegenstand der Kooperation sind nicht nur Sachinhalte, sondern auch Gefühle wie Ärger, Enttäuschungen, Ängste, die aufgearbeitet werden müssen. Der Kooperationsprozess kann nur dann voll gelingen, wenn die Beteiligten einige Bedingungen erfüllen, nämlich

- unvoreingenommen zuhören zu können (Verständnis-Komponente),
- deutlich Stellung nehmen zu den Botschaften des anderen (Stellungnahme-Komponente),
- Sachinhalte und Gefühle zu vermitteln, wobei die Gefühlsäußerungen Ich-Botschaften sind (Informations-Komponente).

Die der Problemlösung dienende Handlungsstrategie hat drei Hauptphasen:

- die kooperative Diagnose sozialen Verhaltens im Sinne der Erfassung der Lehrer- wie der Schülersicht mit der Erstellung eines gemeinsamen Bedingungsmodells;
- die kooperative Planung der Intervention durch gemeinsame Zielbestimmung, Methodenplanung sowie Zeit- und Kontrollplanung;
- die kooperative Intervention durch Methodeneinsatz über Verträge, Rollenspiel, Selbstbeobachtung und Motivationshilfen usw., Stabilisierung und Abschlussbewertung.

Zwischen den einzelnen Phasen sind laufend Korrekturen möglich.

Mit vielen Projektbeispielen können die Autoren verdeutlichen, dass sich ihr Konzept mit gutem Erfolg in der Schulpraxis realisieren lässt. Besonders hervorzuheben ist die konsequente systemische Orientierung dieses Ansatzes sowie die Miteinbeziehung der Schülerperspektiven und ihre aktive Beteiligung an der Entwicklung und Umsetzung verhaltensmodifikatorischer Programme. Dennoch ist ein manipulativer Missbrauch des Konzepts durch Pädagogen nicht ganz auszuschließen (vgl. Stein/Stein 2014, 123 ff./211 ff.).

6.1.7 Der pädagogisch-therapeutische Ansatz

Da Pädagogik bei Verhaltensstörungen als integrationswissenschaftlich auszurichten verstanden wird, integriert das pädagogisch-therapeutische Konzept pädagogisch wie therapeutisch relevante Erkenntnisse, Intentionen und Verfahren, und zwar im Rahmen eines holistischen Verständnisses. Ausgangspunkt für diesen Ansatz ist

- zuvörderst die Tatsache, dass Kinder und Jugendliche einer Verbindung von pädagogischer und therapeutischer Intervention bedürfen
- und des Weiteren die Einsicht, dass die einzelnen humanwissenschaftlichen Disziplinen und erst recht die verschiedenen »Schulen« innerhalb einzelner Disziplinen das menschliche Verhalten nur sektoral erfassen, erst eine Zusammenschau ein umfassendes Bild gibt und nur in einem multimodalen Interventionsansatz den komplexen Anforderungen der Praxis gerecht werden.

Es wird somit ein synthetisches bzw. integratives Konzept für angemessen und notwendig erachtet, das Erkenntnisse und Verfahren verschiedener humanwissenschaftlicher Disziplinen mit ihren unterschiedlichen theoretischen Ansätzen und »Schulen« auswählt und verknüpft, um den Menschen in seiner Ganzheit sehen und unterstützen zu können. Diesem Grundkonzept in der Pädagogik bei Kindern und Jugendlichen mit Verhaltensstörungen folgt auch die KMK mit ihren »Empfehlungen zum Förderschwerpunkt emotionale und soziale Entwicklung« vom 10.03.2000 sowie Autoren des Fachgebietes (vgl. KMK 2000 sowie beispielsweise Stein/Faas 1999; Stein/Stein 2014). Für eine Auswahl und Verknüpfung der unterschiedlichen Ansätze werden hier die Kriterien

- wissenschaftliche Verifikation und/oder erfolgreiche Praxiserprobung,
- Angemessenheit im Sinne eines Menschenbildes und
- Praktikabilität in pädagogischen Feldern angelegt.

Es sollten also nur solche Elemente eingehen, deren Gültigkeit erfahrungswissenschaftlich oder durch empirische Untersuchungen belegt ist und/oder die sich in der Praxis als bedeutungsvoll erwiesen haben. Basale Funktion in dieser Hinsicht haben die Systemtheorie, der symbolische Interaktionismus, die Kommunikationspsychologie und die Interaktionspädagogik.

Die Erkenntnisse dieser in einem logischen Zusammenhang stehenden und einander ergänzenden Paradigmen sollen nachfolgend in der notwendigen Kürze rekapituliert werden, um sie dann in ihrer integrativen Verbundenheit und ergänzt durch die Erkenntnisse anderer humanwissenschaftlicher Disziplinen im pädagogisch-therapeutischen Ansatz zu verarbeiten. Der pädagogisch-therapeutische Ansatz kann auch als elaborierte, umfassendere Manifestation des Ansatzes verstanden werden, der in anderen Publikationen als interaktionistisch bzw. interaktionspädagogisch bezeichnet wurde und in die vorliegende Darstellung eingeht (vgl. Myschker 2004, 61–81 und 2005, 39–58).

An anderer Stelle im vorliegenden Text werden der Symbolische Interaktionismus, die Kommunikationspsychologie und die Systemtheorie ausführlicher dargestellt (▶ Kap. 4.3 sowie Kap. 6.2.5).

Aus Perspektive der *Systemtheorie* lebt jeder Mensch in gesellschaftswissenschaftlicher Hinsicht in Systemen und Subsystemen, in Makro-, Meso- und Mikrosystemen, die auf ihn einwirken und auf die er einwirkt. Gruppierungen wie die Familie oder die Schulklasse sind offene Systeme, in denen die Interaktionen kreisförmig und rückgekoppelt ablaufen. Das offene System, z. B. das der Familienmitglieder oder der Schüler, ist mehr als die Summe seiner Teile und hat eine

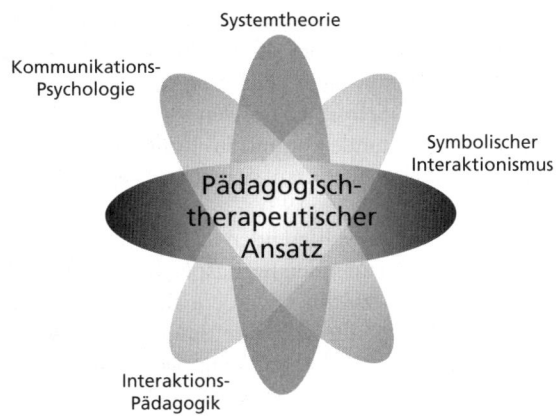

Abb. 29: Basale Elemente im Pädagogisch-therapeutischen Ansatz

immanente, selbstregulierende Tendenz zu Stabilität und Gleichgewicht. Die Selbstregulation funktioniert über Rückkoppelungsprozesse, über positives und negatives Feedback, durch Kalibrierung oder Neu-Kalibrierung und über Regelmodifikation als System-Anpassung an sich wandelnde Verhältnisse. Veränderungen im System wirken sich somit auf das gesamte System aus, was u. a. zu Systemwiderstand führen kann. Dieser Widerstand resultiert beispielsweise daraus, dass Erscheinungen, die von der Außenwelt als Störung qualifiziert werden und modifiziert oder eliminiert werden sollen, innerhalb des Systems eine zweckmäßige, stabilisierende, gleichgewichtserhaltende Funktion haben (vgl. z. B. Richter 1972). So kann es passieren, dass durch eine Intervention Probleme nicht gelöst, sondern innerhalb des Systems von einem Symptomträger auf einen anderen verschoben werden.

Die Verbundenheit und die gegenseitige Beeinflussung aller Mitglieder eines sozialen Systems erbringen für eine gegenwärtige wie eine sich verändernd formende Situation Mitverantwortung aller Mitglieder.

Systemtheoretisch ist somit zirkulär und in größeren Zusammenhängen, in Strukturen, Vernetzungen, Wirkgefügen und Regelvorgaben zu denken. Systemische Sicht bedeutet demnach, die Umgebung und die gesamte Umwelt in den Blick zu nehmen und stets zu bedenken, »dass eine Änderung in einem Teil eine Änderung in allen Teilen und damit dem ganzen System verursacht« (Watzlawick et al. 1969, 118; siehe auch Krieger 1996; Kriz 1999).

Der *Symbolische Interaktionismus* ist eine soziologische Theorie, welche die kulturellen Aspekte menschlichen Verhaltens in den Mittelpunkt der Betrachtung stellt, wobei biologische Elemente aus methodischen Gründen weitgehend unberücksichtigt bleiben (vgl. Cardwell 1976, 18, 121). Interaktion lässt sich umfassend als ein komplexes Wechselspiel zwischen Personen definieren. Es werden Beziehungen definiert, Erwartungen signalisiert und interpretiert sowie Regeln ausgehandelt. Werte werden verdeutlicht, Symbole ausgetauscht, Konflikte analysiert und gelöst, Handlungskonzepte und Zukunftsperspektiven geplant und Situationen strukturiert.

251

Unter menschlicher Identität wird die Summe der Selbstdefinitionen bzw. das Selbstbild verstanden. Identität entwickelt sich in den vielfältigen Interaktionen und impliziten Beziehungsdefinitionen. Für eine adäquate Entwicklung ist ein positives und ausbalanciertes Selbstbild notwendig, welches über die menschentypische Selbstbetrachtung zustande kommt. Im Rollenspiel realisiert ein Kind auf »die einfachste Art und Weise, wie man sich selbst gegenüber ein anderer sein kann« (Mead 1934; vgl. Mead 1988, 193).

Die aus den Interaktionen resultierenden Selbstdefinitionen gehen in ihren wichtigsten Anteilen auf die bedeutenden Bezugspersonen zurück, die mit Mead als die »signifikanten Anderen« bezeichnet werden. Bedeutsamer Anteil der Selbstdefinition ist die Selbstachtung, die sich nur dann voll entwickeln kann, wenn Kinder dauerhafte Bezugspersonen haben, wenn sie Grenzen gesetzt bekommen und diese Grenzen kontrolliert eingehalten werden. Ihre individuellen Tendenzen müssen beachtet und innerhalb der gesetzten Grenzen ein Spielraum gewährt werden. Identität bzw. Selbstbewusstsein stehen in der symbolischen Interaktion immer wieder auf dem Prüfstand, müssen ständig ausbalanciert und für eine gesunde Entwicklung bewahrt werden.

Der Generierung eines persönlichen, der Eigenperspektive und dem Eigenanspruch entsprechenden »I« (persönliches Ich, personale Identität) gegenüber steht die Generierung eines »Me« (soziales Ich, soziale Identität), das den gesellschaftlichen Ansprüchen, den Normen und Werten bzw. den durch Gruppen und Institutionen repräsentierten Verallgemeinerungen (generalized other) entspricht.

Es müssen sich Grundqualifikationen für adäquates soziales Handeln ausformen, die als Empathie, Antizipation, Rollendistanz, Ambiguitätstoleranz und Metakommunikation differenziert werden. Empathie als die Fähigkeit, sich in den Interaktionspartner einzufühlen und auf sein Verhalten einstellen zu können, und Antizipation als die Fähigkeit, Gefühle, Bestrebungen und Verhaltensabsichten anderer erfassen und für das eigene Verhalten berücksichtigen zu können, werden in jüngerer Zeit als dem Menschen mit den Spiegelneuronen angeborene Potenzen diskutiert, welche der Entfaltung unter adäquaten Bedingungen bedürfen (vgl. Speck 2008). Rollendistanz meint die Fähigkeit, das Rollenverhalten auf veränderte Situationen hin einstellen und korrigieren zu können. Ambiguitätstoleranz ermöglicht dem Menschen, divergierende Bedürfnisse oder Rollenerwartungen auszuhalten und sich im Spannungsverhältnis unterschiedlicher Tendenzen sozial adäquat zu verhalten. Metakommunizieren heißt, über sein eigenes Verhalten und/oder das Verhalten anderer zu reflektieren und zu kommunizieren.

Für die menschliche Gesellschaft ist es von großer Wichtigkeit, dass diese für Interaktionen höchst bedeutsamen Qualifikationen geweckt bzw. grundgelegt, eingeübt und im Rahmen gesellschaftlicher Normen realisiert werden.

Das dritte basale Element des pädagogisch-therapeutischen Ansatzes ist die *Kommunikationspsychologie.*

Der Begriff Kommunikation wird in der Fachliteratur nicht immer deutlich gegen den der Interaktion abgegrenzt (siehe dazu Jourdan 1989). Kommunikation bedeutet Mitteilung, wobei dann Interaktion als ein wechselseitiger Austausch von Mitteilungen zwischen Personen zu verstehen ist (vgl. Watzlawick 1969, 50). Durch Kommunikation werden aber nicht nur Mitteilungen gemacht; Kommunikation ist vielmehr auch auf Wirkungen ausgerichtet, wie z. B. Trost zu spenden, zu überzeugen, zu bestimmten Handlungen zu bewegen. Unter pädagogisch-psychologischem Aspekt ist Kommunikation nicht ein Reiz-Reaktions-Vorgang in einem Sender-Empfänger-Verhältnis, sondern ein sich auf der Basis intersubjektiver Symbolik vollziehender verständigungsorientierter Akt in einem zirkulären Prozess. Kommunikation ist somit Voraussetzung für Interaktion.

In einem kommunikativen Zirkel beeinflussen sich die Interaktionspartner ständig verbal wie nonverbal; es ist ein ständiger Kommunikationsfluss gegeben, wie es Watzlawick et al. (1969) im erstes Axiom ihrer Kommunikationstheorie formulieren. In Anknüpfung an die ausführlichere Darstellung im Kap. 4.3 sei an die zentralen Axiome dieser Theorie erinnert (▶ Kap. 4.3):

- »Man kann nicht nicht kommunizieren!« (a. a. O., 50).
- »Jede Kommunikation hat einen Inhalts- und einen Beziehungsaspekt, derart, dass letzterer den ersteren bestimmt und daher eine Metakommunikation ist« (a. a. O., 53).
- Nach dem dritten Axiom ist »die Natur einer Beziehung … durch die Interpunktion der Kommunikationsabläufe seitens der Partner bestimmt« (a. a. O., 61).
- »Menschliche Kommunikation bedient sich digitaler und analoger Modalitäten. Digitale Kommunikationen haben eine komplexe und vielseitige logische Syntax, aber eine auf dem Gebiet der Beziehung unzulängliche Semantik. Analoge Kommunikationen dagegen besitzen dieses semantische Potential, ermangeln aber der für eine eindeutige Kommunikation erforderlichen logischen Syntax« (a. a. O., 68).
- »Zwischenmenschliche Kommunikationsabläufe sind entweder symmetrisch oder komplementär, je nach dem, ob die Beziehung zwischen den Partnern auf Gleichheit oder Unterschiedlichkeit beruht« (a. a. O., 68).
- Ein wichtiges Axiom ist hinzuzufügen: »Jede Kommunikation bedeutet eine Festlegung der an ihr Beteiligten sowohl im Hinblick auf den Gegenstand wie ihre Beziehung. Je länger die Kommunikation dauert, desto größer ist die Festlegung. Eine Festlegung, über die die Interaktionspartner nicht mehr verfügen, soll *Fixierung* heißen; diese ist die problematischste Form der Festlegung« (Baacke 1973, 109).

So passiert es nicht selten, dass jemand eine Rolle übernimmt oder sich gar aufdrängen lässt, aus der er sich umso schwieriger befreien kann, je länger er sie spielt. Das betrifft z. B. den Klassenclown oder auch das als Außenseiter an den Rand gedrängte Kind.

Der Begriff *Interaktionspädagogik* wurde Mitte der 1970er Jahre durch Jürgen Fritz in die pädagogische Diskussion eingeführt (vgl. Fritz 1975, 11). Für Fritz beinhaltet die Interaktionspädagogik die Erziehung und Unterrichtung mit Modellen und Methoden, mit denen sich »die Teilnehmer in ihren eigenen Interaktionen erfahren und Verhaltensänderungen im interpersonalen Bereich angestrebt werden« (a. a. O., 7). Das Verhalten der Beteiligten steht somit im Mittelpunkt aller pädagogischen Bemühungen. Es geht »um die Entwicklung der Kommunikations- und Kooperationsfähigkeit, das Schulen der Beobachtungsfähigkeit, das Üben der

Motorischen Koordination, das Entwickeln mimischer und sprachlicher Fähigkeiten, das Üben in der Konzentrationsfähigkeit, das Erkennen und Herstellen von Sinnzusammenhängen, die Forderung der Aussprachefähigkeit (insbesondere im Gefühlsbereich), das Überwinden von Ängsten, das Entwickeln von Neuem, ganz Anderem, das Sensibilisieren für neue Formen der Wahrnehmung« (a. a. O., 17). Weiterhin geht es aber auch darum, »die für das jeweilige Beziehungsproblem notwendigen Fähigkeiten auszubilden, die dem Kind helfen, das durch die neuen Anforderungen aus dem Gleichgewicht geratene Interaktionssystem wieder auszubalancieren« (a. a. O., 18). Für die Umsetzung in die Praxis nennt Fritz »das Interaktionstraining, das Rollenspiel und das gruppendynamische Training sowie eine Fülle weiterer Formen, die sich direkt oder indirekt aus diesen Grundformen ableiten lassen« (Fritz 1975 a, 12 f.; vgl. auch 1975 b). Dieses sehr allgemein gehaltene und rudimentäre Konzept wird weiterentwickelt, detailliert und elaboriert im pädagogisch-therapeutischen Ansatz, der – wie deutlich zu machen sein wird – zudem insbesondere relevante psychologische Konzepte, unterrichtswissenschaftliche sowie auch sonderpädagogische Erkenntnisse integriert.

Die Komponenten des pädagogisch-therapeutischen Ansatzes implizieren ein Menschenbild, das als Zielvorstellung weitgehend dem von Rogers entspricht und Aspekte des Konstruktivismus nach von Foerster und Maturana/Varela mit einbezieht. Wenn auch jeder Mensch als autopoietisches System zu sehen ist, das in seiner individuell bzw. subjektiv konstruierten Wirklichkeit lebt und nicht eigentlich gelehrt oder gar behandelt werden kann, sondern sich frei zum Lernen und zu Veränderungen entscheiden können muss, so wird doch notwendigerweise berücksichtigt, dass Kinder und Jugendliche mit Verhaltensstörungen, deren Fremd- und Selbstbeobachtungsfähigkeit sowie Selbstaktualisierungstendenzen beeinträchtigt, gestört und fehlleitend sind, bei ihrer Entwicklung ganz allgemein und bei Planungen, Entscheidungen oder Aktionen – sollen sie situations- und sozialadäquat sein – Hilfen brauchen. Sie müssen also erst Selbstbewusstheit im Sinne eines angemessenen Selbstverständnisses, unabhängige und sozialadäquate Entscheidungsfähigkeit sowie erfolgreiche Kommunikationsfähigkeit lernen, um selbstständig und frei zu ihrer und der Gemeinschaft Nutzen agieren zu können (vgl. Rogers 1985, 37, ▶ Kap. 6.2.4). Ein falsches oder überzogenes Verständnis konstruktivistischer Einsichten, das Beliebigkeiten Raum gibt oder zu einem Laisser-faire führt, kann für Kinder und Jugendliche mit Verhaltensstörungen verhängnisvoll sein (siehe dazu Ahrbeck 2004b).

Mit dem Kriterium der Praktibilität ist die verantwortungsbewusste Realisierbarkeit in pädagogischen Feldern gemeint. So werden Erkenntnisse nicht als verantwortungsbewusst realisierbar angesehen, die für Menschen schädigend sein können, auch wenn ihr Erfolg empirisch belegbar ist. Ein Konzept des Gewährenlassens z. B., das für Kinder und Jugendliche letztlich hilfreich sein mag, wird abgelehnt, weil es Lehrer/Erzieher überfordert und bei ihnen zu psychophysischen Schädigungen führen kann (vgl. Aichhorn 1971).

Das Konzept ist darauf ausgerichtet, dass es dem Lehrer/Erzieher wichtige Elemente innerer und äußerer Organisation zur Verfügung stellt, die nach persönlichen Möglichkeiten und im Hinblick auf die jeweils spezifischen Möglichkeiten und Notwendigkeiten der Kinder und Jugendlichen eingesetzt werden müssen. Insofern ist es nicht festlegend und starr, sondern höchstmöglich flexibel: Es soll zeitlichen, räumlichen, persönlichen Gegebenheiten anpassbar sein. Eine theoretische Begründung für die spezifische Ausprägung des Konzepts im Hinblick auf Personen, Zeit und Raum ist also von dem Lehrer/Erzieher zu leisten. Im Rahmen seiner Kompetenz als wissenschaftlich geschulter und praktisch erfahrener Pädagoge ist er in der Lage, konsistent und begründet Lernumgebungen und Lerninhalte jeweils anforderungsgerecht zu planen und zu realisieren. Insofern wird ein Rahmen gegeben, aus dem heraus und in den hinein sich viele spezifische konzeptionelle Modifikationen entwickeln lassen, für die dann Evaluationstudien angesetzt werden können. In diesem Sinne lässt sich z. B. ein Setting aus verhaltensmodifikatorischen und pädagogisch-kunsttherapeutischen oder pädagogisch-mototherapeutischen Aktivitäten herstellen, so wie z. B. Neukäter/Goetze ein Setting aus Verhaltensmodifikation und Spielaktivitäten konzipierten (vgl. Neukäter/Goetze 1978). Allerdings ist die empirische Überprüfbarkeit von komplexen Erziehungs- und Unterrichtskonzepten problematisch und häufig nur für Teilbereiche realisierbar. So wie sich z. B. im Hinblick auf Kinder und Jugendliche zur Untersuchung von Interventionseffekten niemals auch nur annähernd gleiche Experimental- und Kontrollgruppen bilden lassen, so lassen sich auch niemals völlig gleiche Interventionskonzepte und Methoden realisieren (siehe zur Forschungsproblematik in der Pädagogik bei Verhaltensstörungen: Berbalk/Mutzeck 1989, aber auch Grünke/Viganske 2008). Pädagogen prägen als Menschen häufig die eingesetzten Konzepte und Methoden so stark, dass deren potenzielle Wirkungen durch personale Effekte überlagert werden. Die Unterrichtsforschung ist dadurch, aber auch durch Faktoren wie Variablenkontrollierbarkeit oder die angesprochene Einrichtung von Vergleichsgruppen vor ganz besondere Herausforderungen gestellt.

Spezifisch für die Organisation und für den Verlauf des pädagogisch-therapeutischen Konzepts ist ein Fünf-Phasen-Modell, in dem zwischen den Phasen fließende Übergänge bestehen und – nach individuellen Bedingungen – Rückgriffe und auch Vorgriffe auf einzelne Komponenten möglich sind:

1. Phase: Phase der Leistungsentlastung

Bedingungloses Akzeptieren des Kindes/Jugendlichen, nicht der Verhaltensstörungen, liebevolle Zuwendung: Aufbau eines pädagogischen Bezugs

- begrenztes Angebot nach dem schulischen Fächerkanon; Einführung pädagogisch-therapeutischer Verfahren nach individuellen und gruppenbezogenen Bedürfnissen und Möglichkeiten, insbesondere Verhaltensmodifikation und Wahrnehmungstraining, strukturiertes Spielen, Rollenspiel; permanente Ermutigung; zeitliche, räumliche, inhaltliche Strukturierung (»äußerer Halt«): Verbesserung der Selbststeuerung und -kontrolle, Reduzierung der Leistungsunlust/ Schulunlust und der Misserfolgserwartungen.

2. Phase: Phase der Leistungsmotivation

Aufbau eines Vertrauensverhältnisses, Vertiefung des pädagogischen Bezugs; Bearbeitung von Übertragungen

- Ausweitung des Angebots nach dem schulischen Fächerkanon, Ausweitung des Angebots pädagogisch-therapeutischer Verfahren, insbesondere Metakognitions-Training;
- nachholendes Lernen, Anfänge selbstgesteuerten Lernens; Etablierung positiver Gewohnheiten;
- beginnende Übernahme und Internalisierung adäquater individueller ichbezogener Normen wie sozialer/gruppenbezogener Normen.

3. Phase: Phase der Leistungsbereitschaft

Identifikation des Kindes/Jugendlichen mit dem Lehrer/Erzieher, Übernahme und Internalisierung anspruchsvollerer Werte und Normen

- Selbstbeobachtung, Selbstverstärkung, Selbstmodifikation;
- systematische Reduzierung schulischer Leistungsdefizite;
- Phasen offenen Unterrichts, Projekte.

4. Phase: Phase der Selbstständigkeit

Partnerschaftliches Verhältnis zwischen Lehrer/Erzieher und Kind/Jugendlichem

- adäquate kognitive Selbstorganisation des Kindes/Jugendlichen;
- Ausblendung pädagogisch-therapeutischer Intervention;
- freie Aktivitäten, Offener Unterricht;
- Ablösung, ggf. Vorbereitung eines Wechsels der Institution.

5. Phase: Phase der Bewährung

Nachbetreuung, kontinuierliche helfende Kontakte, Intervention bei Krisen.

Organisatorisch wird für notwendig gehalten, dass bei separierender Förderung in entsprechenden Einrichtungen (z. B. Heim, Schule, ▶ Kap. 7) nicht mehr als sechs bis acht Kinder/Jugendliche mit Verhaltensstörungen zu einer Gruppe gehören und bei integrativer Förderung – in Abhängigkeit vom Alter und von dem Schweregrad der Verhaltensstörungen – nicht mehr als drei Kinder/Jugendliche mit Verhaltensstörungen auf eine Gruppe von 15–18 Kindern/Jugendlichen kommen (▶ Kap. 7.1). Wie in Förderschulen für Kinder/Jugendliche mit geistiger Behinderung müssen auch in speziellen schulischen Einrichtungen für Kinder/Jugendliche mit Verhaltensstörungen für jede Gruppe zwei Lehrkräfte (Sonderpädagoge und Schulassistent) zur Verfügung stehen.

Dem pädagogisch-therapeutischen Konzept immanent ist die Verbindung der Elemente Unterricht bzw. Gruppen- und Einzelaktivitäten sowie Erziehung und Therapie. Für das Konzept sind die in ▶ Tab. 13 differenzierten Erziehungsziele leitend.

Tab. 13: Oberste Erziehungsziele

Emanzipation/ Autonomie	Solidarität	Leistungsfähigkeit/ Leistungswilligkeit
Selbstkontrolle	Gemeinschaftssinn	Kognitive Aktivität
Selbstvertrauen	Zusammengehörigkeitsge-	Lernen wollen
Selbstständigkeit	fühl	Arbeitshaltung
Ich-Stärke	Kooperationsfähigkeit	Interesse haben
	Teamgeist	Neugierig sein
Selbstbestimmung	Nachhaltigkeit	
Verantwortungsbewusst-		Kognitive Belastbarkeit
sein	Vertrauen	Konzentrationsfähigkeit
Pflichtgefühl	Mitgefühl	Durchhaltevermögen
	Betroffenheit	Ausdauer
Durchsetzungsvermögen	Hilfsbereitschaft	
	Rücksichtnahme	Soziale Aktivität
Urteilskraft	Gerechtigkeit	Konflikte erkennen
Kritikfähigkeit	Fairness	und lösen können
Bescheidenheit		Kontaktfähigkeit
Achtsamkeit		
Besonnenheit		Soziale Belastbarkeit
Entscheidungsfähigkeit		Konflikte und Unstimmigkeiten
Gemeinschaftssinn		ertragen können
		Kompromissbereitschaft
		Emotionale Aktivität
		Freundschaft
		Zärtlichkeit
		Mitleid
		Begeisterungsfähigkeit
		Emotionale Belastbarkeit
		Ambiguitätstoleranz
		Angst ertragen können
		Frustrationstoleranz
		Psychophysische Belastbarkeit

Während die übrigen Zielsetzungen für sich sprechen, muss das erst in den letzten Jahren relevant gewordene und formulierte Erziehungsziel der Nachhaltigkeit näher erläutert werden. Nachhaltigkeit kann dem obersten Erziehungsziel der Solidarität hinzugerechnet werden. Es wird eine Aufgabenstellung angesprochen, die für künftige Generationen von nicht hoch genug einzuschätzender Bedeutung ist. Geht es doch darum, ein Bewusstsein dafür zu entwickeln, dass die menschliche Kulturwelt getragen wird von einem Netzwerk der Natur, dass der Mensch der Natur gegenüber in der Verantwortung steht, dass ein ständiges Reflexionsanliegen über die Konsequenzen menschlichen Handelns für die Natur und die Zukunft der Menschheit in ihrer Gesamtheit zu internalisieren ist. Das heißt z. B., dass die Ressourcen dieser Erde nur so weit genutzt werden dürfen, wie sie erneuerbar sind, eine Überbevölkerung der Erde vermieden werden muss, Lebensstile und Konsummuster sich verändern müssen, letztlich eine »kulturelle Wende« erforderlich ist (vgl. z. B. Enquete-Kommission 1994; Korff 1995; de Haan/Harenberg 1998).

Eine solche Lernkultur könnte als »selbstgestaltend – demokratisch – vital« beschrieben werden, wobei Vitalität einer Lebens-System-Orientierung entspräche (Kleber/Stein 2001).

In die obersten Zielsetzungen einbezogen sind unter dem speziellen Aspekt der Pädagogik bei Verhaltensstörungen folgende Aspekte: Reduzierung von Schul- bzw. Leistungsunlust, von Ängsten, von Misstrauen, von Aufmerksamkeitsstörungen, von Misserfolgserwartungen, von negativer Selbsteinschätzung – sowie die Verbesserung des Verhältnisses zwischen Erzieher/Lehrer und Kindern/Jugendlichen und der Kinder und Jugendlichen untereinander. Diese notwendigen Zielsetzungen werden bei Kindern und Jugendlichen mit Verhaltensstörungen realisiert:

1. durch ein pädagogisch-therapeutisches Erzieher-/Lehrerverhalten
2. in einem spezifisch strukturierten Lebens- und Lernfeld
3. über pädagogisch-therapeutische Verfahren.

6.1.7.1 Das pädagogisch-therapeutische Erzieher-/Lehrerverhalten

Basis aller pädagogisch-therapeutischen Bemühungen bei Kindern und Jugendlichen mit Verhaltensstörungen ist als eine *conditio sine qua non* ein pädagogischer Bezug (Nohl), d. h. ein enges Vertrauensverhältnis, das »Urmisstrauen« (Erikson) aufzuheben vermag, ein dialogisches Verhältnis (Buber), das ermutigend wirkt und das Selbstvertrauen stärkt, eine enge persönliche Beziehung, die Halt gibt (Moor), wenn Haltlosigkeit beeinträchtigt und gefährdet. Diese alte Erkenntnis wird durch die moderne Bindungsforschung bestätigt und wissenschaftlich untermauert, nach der sehr viele Kinder und Jugendliche mit sozial-emotionalen Störungen negative, schmerzliche Bindungserfahrungen und ein unsicheres oder gar desorientiertes/ desorganisiertes Bindungsmuster entwickelt haben und neue, positive Bindungserfahrungen machen müssen, sollen sie die belastenden Bindungsmuster verändern und im Prozess dieser Veränderung ihre Störungen überwinden können (siehe dazu ausführlich und differenziert Julius 2003; 2005; 2008; ergänzend Julius/Gasteiger-Klicpera/Kißgen 2009; Brisch 2011; spezifisch für Vertrauen Müller 2017). Häufig ist daher eine Ganztagsbeschulung sinnvoll, in der ganztätig und durchgängig dasselbe Team tätig ist (vgl. Ellinger 2007).

Ein bindungsförderliches Verhältnis lässt sich nur herstellen, wenn sich der Lehrer/Erzieher auf die aktuellen Möglichkeiten der Kinder und Jugendlichen einzustellen vermag, welche wiederum auch von situativen Bedingungen abhängen. Die Rolle des Lehrers/Erziehers muss sich sowohl pädagogisch als auch therapeutisch und somit in einer ausgeprägten Doppelfunktion darstellen. Erziehung und psychosoziale Therapie werden dabei als unterschiedliche Aspekte der Förderung junger Menschen angesehen, die sich zwar bipolar typisieren lassen, aber auf einem Kontinuum liegen und ein gemeinsames Grobziel haben. Die bipolare Typisierung verdeutlicht die tabellarische Übersicht (▶ Tab. 14), das verbindende Kontinuum die Graphik in Abb. 30 (▶ Abb. 30).

Tab. 14: Erziehung und Therapie in bipolarer Typisierung (vgl. Kobi 1978; Kleber 1980; Speck 1979)

Erziehung	Therapie
• konstituiert den Menschen	• restituiert als Zusatzmaßnahme den Menschen
• ist immer notwendig – auch bei Therapiebedürftigkeit	• ist zeitlich und örtlich nur punktuell notwendig
• sieht den Menschen in einem dialogischen, interaktionalen Bezug	• sieht den Menschen in einem Behandlungsverhältnis, in einer grundsätzlich komplementären Beziehung
• zielt über den gegenwärtigen Zustand altersgemäßer Selbstverwirklichung hinaus	• versucht, Leid zu reduzieren bzw. eine alters- und situationsgemäße Konfliktverarbeitung und -bewältigung zu erreichen

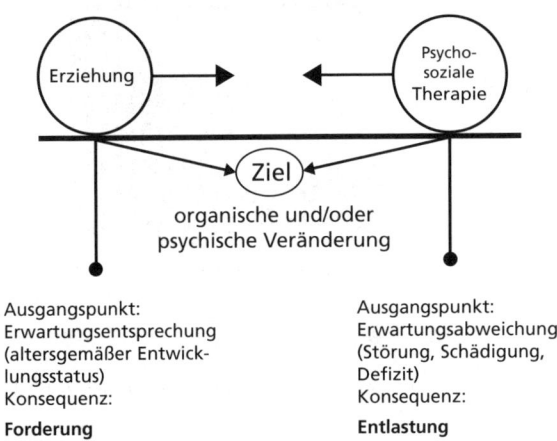

Abb. 30: Erziehung und psychosoziale Therapie

Wenn auch Erziehung und psychosoziale Therapie als auf einem Kontinuum liegend verstanden werden und ein gemeinsames Grobziel darin haben, dass psychische sowie evtl. auch organische Veränderungen angestrebt werden, so ist doch der Ausgangspunkt für Erziehungsmaßnahmen die Erwartungsentsprechung im Hinblick auf Altersgemäßheit, Gesundheit, Aktions- und Reaktionsmöglichkeiten usw. mit der Konsequenz der Leistungsforderung in kognitiver, emotionaler, sozialer und psychomotorischer Hinsicht, um über den altersgemäßen Zustand hinauszukommen. Psychosoziale Therapie dagegen hat zum Ausgangspunkt Erwartungsabweichungen, d. h. Störungen, Schädigungen, Defizite, muss von Leistungsanforderungen entlasten, Leid und Unfähigkeiten eliminieren und alters- und situationsgemäße Fähigkeiten erst einmal etablieren helfen. In der Pädagogik bei

Verhaltensstörungen nähern sich Erziehung und psychosoziale Therapie einander an, was in den pädagogisch-therapeutischen Verfahren und im Lehrer-/Erzieher-verhalten deutlich wird. »Eine Annäherung von Therapie und Pädagogik bleibt so lange relativ unproblematisch, wie Lehrer und Schüler keine in sich widersprüch-lichen Beziehungen eingehen« (Ahrbeck 2000, 869). Dies sollte der Fall sein bei jenen Verfahren, die im vorliegenden Text als pädagogisch-therapeutisch bezeich-net werden, also für die Situation in Erziehung und Unterricht bei Kindern und Jugendlichen mit sozial-emotionalen Problemen konzipiert sind.

Im Sinne der bipolaren Typisierung von Erziehung und Therapie müssen son-derpädagogisch qualifizierte Lehrer/Erzieher eine pädagogische Rolle einerseits und eine therapeutische Rolle andererseits sowohl bezogen auf den einzelnen Schüler als auch auf die gesamte Lerngruppe realisieren. Dabei stehen – wie Abb. 31 veranschaulichen kann – die beiden Rollenanteile in Abhängigkeit vom aktuellen Schwierigkeits- bzw. Störungsgrad der einzelnen Kinder/Jugendlichen wie auch der Gruppe in einem stets wechselnden Verhältnis zueinander (▶ Abb. 31).

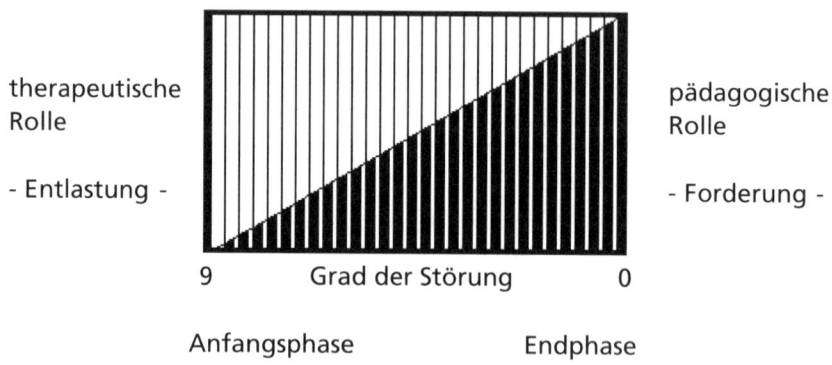

Abb. 31: Die pädagogisch-therapeutische Rolle des Lehrers/Erziehers für Kinder und Jugendliche mit Verhaltensstörungen

Über das eigene Verhalten werden entsprechend qualifizierte Lehrerinnen und Lehrer – unter Bezugnahme auf ihre zugleich pädagogische und therapeutische Rolle – versuchen, den Bedürfnissen und Möglichkeiten der Kinder und Jugendlichen opti-mal gerecht zu werden. Dahinter muss eine entsprechende Haltung stehen.

Das Lehrerverhalten muss aber auch insofern unterstützend sein, als es nach den Forschungen von Kounin Engagement, Situationsübersicht, ständige Hilfsbereit-schaft kommuniziert (vgl. Kounin 1976), was sich als responsiv im Sinne nieder-ländischer Forschungsergebnisse darstellt. Responsives Lehrerverhalten ist eine »Abstimmungsstrategie«, die – wie die Untersuchungsergebnisse belegen – Lern-motivation, Lernkontrolle und Lerneffizienz der Schüler steigert, indem der Lehrer sich intensiv auf die Erkundung der Überlegungen wie auf die Gestimmtheit des Schülers ausrichtet. Dabei versucht er, »sich in die Erwartungen, Machbarkeits-schätzung und Beurteilungskriterien des Schülers zu versetzen. In diesem Fall passt sich der Lehrer an die Perspektive des Schülers an. Es findet ein Dialog statt, um gemeinsam Ziele, Lösungswege, Erwartungen, Machbarkeit und Beurteilungskriterien zu formulieren« (Werkhoven o. J., 4; Castelijns et al. 1992).

Unterstützend und störungsreduzierend wirken Lehrer auch dadurch, dass sie – wie Palmowski herausstellt – den Schülern ermöglichen, zu drei Aspekten positive Erfahrungen zu machen, da diese es dadurch »umso weniger nötig haben werden, mit problematischen Verhaltensweisen auf sich aufmerksam zu machen« (Palmowski [3]2000, 64):

- Liebenswürdigkeit: Für sein Selbstwertgefühl braucht jeder Mensch die Erfahrung, würdig und wert zu sein, geliebt zu werden.
- Kompetenzerfahrung: Die Erfahrung, etwas zu können, etwas zu bewirken, Kontrolle über Situationen zu haben, reduziert Verweigerungs-, Stör- und Fluchtverhalten.
- Selbstorganisation: Die Erfahrung, selbstbestimmt Ziele zu finden und zu verfolgen, eigene Pläne zu ent- oder zu verwerfen, zu realisieren oder aufzugeben, über Lerninhalte und -wege zu entscheiden, reduziert Aversionen gegen andere und Boykottabsichten gegen Vorhaben.

Die Bedeutung und Belastung sonderpädagogisch ausgebildeter Lehrerinnen und Lehrer im Erziehungs- und Unterrichtsprozess bei Kindern und Jugendlichen mit Verhaltensstörungen werden von den deutschen Kultusministern in ihren Empfehlungen zu diesem Förderschwerpunkt deutlich herausgestellt: »Die Persönlichkeit der Lehrkraft ist wesentlich für die Entwicklung der Beziehungen der Schülerinnen und Schüler zu Personen und Dingen. Die Lehrkräfte vermitteln durch ihre Haltung persönliche Orientierung. Sie bieten Schülerinnen und Schülern, die in Konflikten zu gesellschaftlichen Normen stehen, ihre Unterstützung bei der Entwicklung von Lebensperspektiven und der Übernahme gesellschaftlicher Normen und Werte an. Deshalb benötigen die Lehrkräfte wie die Schülerinnen und Schüler zusätzlich Angebote, die sich auf die Weiterentwicklung und Stabilisierung ihrer Persönlichkeit beziehen. Dazu gehören das Verständnis für plötzlich wechselnde und extreme Verhaltensänderungen, das Überprüfen und Relativieren eigener Erwartungshaltungen an das Handeln im sozialen und emotionalen Bereich, das Vertrauen in die Leistungsfähigkeit der Schülerin oder des Schülers, die Annahme der Schülerinnen und Schüler mit ihren vielfältigen Problemen, persönliche Zuwendung in belastenden Situationen, schließlich das Aushalten von Enttäuschungen und Rückschlägen« (KMK 2000, 31).

Wer erziehen will – insbesondere als professioneller Lehrer/Erzieher –, muss sich mit seinem gesamten Verhalten bewusst und ständig auf Ziele ausrichten, hinter denen er stehen, mit denen er sich identifizieren kann. Im Rahmen eines pädagogisch-therapeutischen Konzepts werden die oben genannten Erziehungsziele als weitere bestimmende Maxime für das Lehrer-/Erzieherverhalten angesehen (siehe zum Lehrerverhalten auch ► Kap. 8.3.).

6.1.7.2 Das spezifisch strukturierte Lebens- und Lernfeld

Das Lebens- und Lernfeld in Einrichtungen zur Förderung von Kindern und Jugendlichen mit Förderbedarf in der emotionalen und sozialen Entwicklung, in der Schule wie im Heim, ist hinsichtlich der äußeren wie der inneren Organisation spezifisch strukturiert im Hinblick auf die beeinträchtigte Lern-, Arbeits- und Interaktionsfähigkeit der Kinder und Jugendlichen.

Die Strukturierung zeigt sich in personeller, didaktischer, methodischer, zeitlicher und räumlicher Hinsicht.

- Zum personellen Aspekt: personelle Konstanz sowohl im Hinblick auf die Kinder/Jugendlichen als auch auf die Lehrer/Erzieher, kleine Gruppen (6–10 Kinder/Jugendliche), ein Lehrer/Erzieher für einen längeren Zeitraum von mehreren Jahren, wenige Fachlehrer usw.
- Zum didaktischen Aspekt: lebensbedeutsame Inhalte, Angebot pädagogisch-therapeutischer Verfahren, bedeutsame Geschichten (z. B. auch Dilemma-Geschichten zur moralischen Erziehung), erlebnispädagogische Ausrichtung, evtl. Einsatz von Märchen, Sagen, Mythen usw.
- Zum methodischen Aspekt: learning by doing, wechselnde Aktivitäten, angepasste Einheiten, individualisiertes Lernen, selbstbestimmtes Lernen, Projektunterricht, offener Unterricht usw.
- Zum Zeitaspekt: angepasste Zeiteinheiten, Regelmäßigkeit, Kontinuität, aber auch zeitliche Flexibilität usw.
- Zum Raumaspekt: Möglichkeiten für Einzel-, Kleinstgruppen- und Gesamtgruppenlernen, Einheiten für unterschiedliche Aktivitäten usw.

Wie sich die spezifische Strukturierung im Sinne der oben genannten Erziehungsziele und Strukturelemente in dem Lebens- und Lernfeld Heilpädagogik darstellen kann, gibt die tabellarische Übersicht wieder (▶ Tab. 15).

Für Erziehung und Unterricht im Rahmen schulischer Einrichtungen kann eine spezifische Strukturierung weitgehend den KMK-»Empfehlungen zum Förderschwerpunkt emotionale und soziale Entwicklung« folgen. Nach diesen Empfehlungen, die – wie die Vorgänger-Empfehlungen von 1977 – wesentlichen Einfluss auf die Rahmenpläne der einzelnen Bundesländer für die sonderpädagogische Förderung in Einrichtungen für Schüler mit Verhaltensstörungen haben, macht der Förderbedarf der Kinder und Jugendlichen »eine spezifische Gestaltung der Erziehungs- und Unterrichtsangebote notwendig« (KMK 2000, 14), wobei »es bei der Auswahl und Interpretation lehrplanbezogener Themen und Inhalte sowie bei der Auswahl unterschiedlicher – auch außerschulischer Lernorte – einen großen Ermessensspielraum gibt« (a. a. O., 15–16). Zur allgemeinen Zielsetzung der pädagogischen Arbeit sowie zum Förderangebot der schulischen und außerschulischen Einrichtungen wird ausgeführt:

Tab. 15: Erziehungsziele und äußere/innere Organisation in einem Heim für Kinder und Jugendliche mit Verhaltensstörungen
Emanzipation/Autonomie = *E;* Solidarität = *S;* Leistungsfähigkeit und Leistungswilligkeit = *L*

Erziehungsziele	äußere Organisation	innere Organisation
Vertrauen S Selbstvertrauen E Gemeinschaftssinn S	Kleinheim/ Wohngruppe/ Pflegefamilie/ Kinderdorf	Dauerbezugsperson, stabile menschliche Beziehungen, kein Schichtdienst, Akzeptanz und Ermutigung
Selbstbestimmung/ Selbstständigkeit E	Selbstorganisation des Lebens, z. B. keine Reinigungskräfte, freie Gestaltung der Räume	Selbstständiges Wirtschaften, Selbstversorgung
Selbstkontrolle (Ich-Stärke) E Durchsetzungsvermögen E Kritikfähigkeit E Achtsamkeit E	Planung des Tages, der Woche, des Monats, … des Lebens	Gruppendynamik, Interaktionsspiele und andere Aktivitäten für soziales Lernen
Kooperationsfähigkeit S Teamgeist S Fairness S Rücksichtnahme S Hilfsbereitschaft S	Busfahrt ins Ausland Hüttenaufenthalt, »Jugendheim auf See«	Erlebnis-/Abenteuerpädagogik, Reisen, Feste, Sport und Spiel, Kunst- u. musiktherapeutische Förderung
Kognitive Aktivität und Belastbarkeit L	Räume für Hobbys und Interessengruppen, Leseecke	Bücher, Zeitschriften, ausgewählte Medienangebote, Lernspiele, Meditation
Soziale Aktivität und Belastbarkeit L	Mitgliedschaften in Vereinen, Gruppenprojekte, Auslandskontakte	Konflikttraining, Rollenspiel, Gruppenpädagogische/-therapeutische Aktivitäten (z. B. Musik, Tanz, Theater)
Emotionale Aktivität und Belastbarkeit L	Tierhaltung, Gartenpflege, Diskothek, Altenhilfe, Kontakte zu Geistig-/Körperbehinderten u. Sinnesbeeinträchtigten	Freundschaften, Angst- und Aggressionsbewältigung, Sexualpädagogik
Somatische Aktivität und Belastbarkeit L	Sport-, Gymnastik-, Fitnessraum, Sport-, Spielplatz	Sport, Wanderungen, Pädagogische Mototherapie, Erste-Hilfe-Kurs, adäquater Wach-/Schlafrhythmus, Autogenes Training, Meditation

»Die sonderpädagogische Förderung ist in erster Linie auf die Weiterentwicklung der Fähigkeiten zu emotionalem Erleben und sozialem Handeln gerichtet. Dabei unterstützt und begleitet sie diese Kinder und Jugendlichen durch ein breites Angebot spezifischer individueller Hilfen, die

- die Wahrnehmung für ihr eigenes sowie fremdes Empfinden stärken, ihre Selbststeuerungskräfte aktivieren und dadurch die Motivation für dauerhafte Veränderungen unterstützen und die Steuerungsfähigkeit ihres Verhaltens langfristig stabilisieren,
- die Fähigkeit zur Reflexion ihres eigenen Denkens und Handelns sowie das von anderen erweitern, dabei Rücksichtnahme und Toleranz gegenüber anderen entfalten,
- Interesse für das Lernen, Verständnis für die Zusammenarbeit und Sinn für das Handeln mit anderen vermitteln« (a. a. O., 3).

Die Bedeutung pädagogisch-therapeutischer Verfahren wird im Hinblick auf die Erziehung und Unterrichtung von Kindern und Jugendlichen mit Förderbedarf in der emotionalen und sozialen Entwicklung stärker noch als in den Vorgänger-Empfehlungen von 1977 akzentuiert (▶ Kap. 6.1.7.3). Zu den »vordringlichen Aufgaben« im Lebens-, Erziehungs- und Lernfeld gehört es:

- »die Voraussetzung dafür zu schaffen, dass sich die Schülerinnen und Schüler mit ihrem Selbstkonzept und ihrem eigenen emotionalen Befinden und sozialen Handeln auseinander setzen können,
- Fragen der Orientierung, Grenzsetzung, Identifikation, Annahme und Abgrenzung, der Nähe und Distanz, des Beziehungsaufbaus, der sozialen Verantwortung, der Kooperation und der Gruppenfähigkeit zur Grundlage pädagogischen Handelns zu machen,
- die jungen Menschen mehr und mehr in die Verantwortung für ihre Entscheidungen und für die Lösung ihrer eigenen Probleme zu nehmen,
- Handlungsalternativen durch eine dialogische Problemanalyse und Lösungssuche zu entwickeln und Entscheidungshilfen bei deren Umsetzung, Modifikation und Kontrolle zu geben« (a. a. O., 4).

Dabei wird eine stützende Strukturierung für notwendig erachtet: »Eine klar gegliederte Ordnung innerhalb eines verlässlichen und belastbaren Rahmens bietet den Schülerinnen und Schülern Orientierung für die Gestaltung und Stabilisierung von Beziehungen im Schulalter und darüber hinaus« (a. a. O., 14). »Feste Orientierungspunkte zum Aufbau zwischenmenschlicher Beziehungen, Transparenz in den Entscheidungen, Rituale und ein Rhythmus für alltägliche Abläufe im Schulbereich bedeuten für die einzelnen Schülerinnen und Schüler wie für die Lerngruppe Überschaubarkeit, Verlässlichkeit, Stetigkeit und Sicherheit« (a. a. O., 16).

Dem Geist der KMK-Empfehlungen entsprechen die nachfolgend formulierten Anforderungen, denen der Unterricht für Kinder und Jugendlichen mit Verhaltensstörungen neben den üblichen Anforderungen (vgl. z. B. Meyer 1980) in didaktisch-methodischer Hinsicht in besonderer Weise genügen müsste – es sollten

- intensivpädagogisch-therapeutische Verfahren eingesetzt bzw. verfügbar werden,
- *lebens*bedeutsame Kenntnisse sowie Fähigkeiten, Fertigkeiten und Handlungsmöglichkeiten vermittelt werden,

- die Erfahrungen der Schüler Ausgangspunkt für Lernprozesse sein,
- Lernen durch handelndes Tun (learning by doing) ermöglicht werden,
- weitgehend selbstständige Aneignungsprozesse ablaufen,
- möglichst alle Wahrnehmungskanäle mit einbezogen werden,
- motivierende Medien eingesetzt werden bzw. verfügbar sein,
- Überstimulationen vermieden werden,
- ständig Orientierungshilfen angeboten werden und kontextbezogene Lern- und Verhaltenshilfen zur Verfügung stehen,
- Spaß und Freude ihren Platz haben.

Es sollten des Weiteren

- häufiger Methodenwechsel stattfinden,
- ein angepasstes Lerntempo eingehalten bzw. ermöglicht werden,
- dem Bewegungsdrang Rechnung getragen werden.

> Was Kinder mit sozial-emotionalem Förderbedarf
> von ihren Lehrern und Erziehern erbitten:
> Verwöhne mich nicht. Ich weiß ganz gut, dass ich nicht alles,
> was ich verlange, haben muss. Ich teste dich ja nur.
> Hab keine Angst, mit mir klar und bestimmt umzugehen.
> Ich schätze diese Art, denn dann weiß ich, woran ich bin.
> Sei nicht wechselhaft. Das verwirrt mich und ich versuche desto mehr,
> alles zu erreichen, was ich will.
> Mach nicht, dass ich mich kleiner fühle, als ich bin.
> Tu nichts für mich, was ich selber tun kann.
> Gestehe mir Fehler zu. Ich muss lernen, Fehler zu machen,
> ohne zu glauben, dass ich darum schlechter bin.
> Stelle meine Ehrlichkeit nicht in Frage, aus Angst
> erzähle ich sonst Lügen.
> Schenke meinen kleinen Leiden nicht zu viel Aufmerksamkeit.
> Sonst lerne ich eine schwache Gesundheit schätzen,
> weil sie mir Aufmerksamkeit bringt.
> Entziehe dich nicht, wenn ich wirklich etwas wissen will.
> Denke nicht, es sei unter deiner Würde,
> dich bei mir zu entschuldigen.
> Sorge dich nicht, dass du zu wenig Zeit für mich hast.
> Was zählt, ist, wie wir die Zeit verbringen.
> (Förderzentrum für Erziehungshilfe in Leipzig:
> www.foerderzentrum-erziehungshilfe-leipzig.de/Zugriff 10.05.2008)

Im Rahmen eines pädagogisch-therapeutischen Konzeptes muss sich Unterricht von einer durch die Lehrerpersönlichkeit bestimmten Organisationsform zu einer die Freiheit und Selbstbestimmung der Schülerpersönlichkeit in den Mittelpunkt rückenden Organisationsform entwickeln – Letzteres basierend auf Erkenntnissen des Konstruktivismus. Es handelt sich um einen Prozess, der von einem gewissen Ausmaß an Fremdbestimmung systematisch und zielgerichtet zur Selbstbestimmung führt. In der Anfangsphase ist der Unterricht also strukturiert und vermittelt äußeren Halt durch inhaltliche, zeitliche Vorgaben. In längeren Zwischenphasen wird Fremdbestimmung im Sinne einer »Salami-Taktik« mehr und mehr reduziert. Die vorgegebene Strukturierung verändert sich zugunsten offener, schülerzentrierter Formen, um letztlich zum offenen Unterricht mit weitestgehender Selbstbestimmung zu führen (vgl. weiter oben das Fünf-Phasen-Modell).

1   Offener Unterricht

Die traditionellen Bedingungen der allgemeinen Schule mit einer Klassifizierung der Schüler nach Jahrgängen, mit weitgehend gleichen Anforderungen an alle Schüler eines Jahrgangs, mit auf die gesamte Klasse ausgerichteten Lernangeboten in einem zumeist darbietenden Unterricht durch den Lehrer, mit auf einen »Durchschnittsschüler« hin konzipierten Lernprozessen und Leistungskontrollen, mit konstanter Sitzordnung für die Schüler und einem 45-Minuten-Unterrichtstakt, mit Zeitdruck, Leistungsdruck, Konkurrenzdruck und bedrückenden Disziplinierungsmaßnahmen stellen für viele Schüler eine Überforderung dar und führen zu Protest- und Vermeidungsverhalten sowie zu sozialen und emotionalen Störungen.

Dieser scholagenen Verhaltensproblematik wird in europäischen Ländern seit der Reformpädagogik durch flexiblere, schülerbezogene, individualisierende Unterrichtskonzepte zu begegnen versucht. Während jedoch in Deutschland durch die nationalsozialistische Ideologie, durch Krieg und Zusammenbruch sowie – nach dem Zweiten Weltkrieg – durch eine lernökonomisch und lerntechnologisch ausgerichtete Bildungspolitik kindgemäßes reformpädagogisches Gedankengut verschüttet wurde, verlorenging oder als weniger bedeutsam angesehen wurde, wurden z. B. in England Konzepte etabliert, die – wie der berühmte Jena-Plan von Peter Petersen (vgl. 1955) – entdeckendes, individualisiertes Lernen in altersheterogenen Gruppen innerhalb einer offenen Unterrichtsorganisation ermöglichen. Seit einiger Zeit gewinnt jedoch offenes Unterrichten bzw. selbstbestimmtes Lernen der Schüler an Bedeutung und Verbreitung auch in Deutschland, deren Förderlichkeit durch vielfältige Forschungen untersucht und belegt werden konnte (vgl. z. B. Tausch/Tausch 1991, 243–331; Hanke 2005; Jürgens 2006).

Sehr viel mehr noch als andere brauchen Kinder und Jugendliche mit Verhaltensstörungen Erziehungs- und Unterrichtskonzepte, mit denen auf ihre individuellen Fördermöglichkeiten und -notwendigkeiten eingegangen werden kann. Bei entsprechender Vorbereitung bieten in dieser Hinsicht Formen des offenen Unterrichts gute Möglichkeiten.

Was offener Unterricht ist, erhellt sich in einer Gegenüberstellung zum geschlossenen Unterricht und lässt sich in der Erfüllung von Kriterien verdeutlichen (vgl. Mitzkat/Klewitz 1977; Ramseger 1977; Stein/Stein 2006, 184 ff.; Wenzel 2009, 77 ff.). Konventioneller, in der Regel lehrerzentrierter und geschlossener Unterricht will ökonomisch und rational sein, will durch möglichst exakte Planung im Hinblick auf einen Durchschnittsschüler, durch möglichst angepasste Lernschritte in möglichst kurzer Zeit möglichst viel erreichen. Beim offenen Unterricht wird dagegen davon ausgegangen, dass komplexe Lernprozesse nur begrenzt zu antizipieren und somit nicht adäquat planbar sind, dass vielmehr individuelle Lernstrategien, Spontaneität und Kreativität berücksichtigt werden müssen (vgl. Klewitz/Mitzkat 1977). Die Kinder sollen ihrem Entwicklungs- und Interessenstand, ihren Lebens- und situativen Lernbedingungen sowie ihren sozial-emotionalen Möglichkeiten entsprechend lernen können. Das Konzept lässt sich, wie Goetze aufzeigt, durch die humanistische Psychologie von Carl Rogers theoretisch begründen (vgl. Goetze 1989).

Da offener Unterricht ein idealtypisches Konzept ist, ist er immer nur annäherungsweise zu realisieren (Ramseger 1977, 26). Anhand von Kriterien muss überprüft werden, inwieweit Offenheit gegeben ist. Klassifizierend können eine inhaltliche, eine methodische und eine institutionelle Offenheit differenziert werden (Ramseger 1977; Wallrabenstein 1994). Für diese drei Kategorien werden nachfolgend in Anlehnung an Ramseger (1977) bedeutsam erscheinende Indikatoren angegeben. Im Sinne inhaltlicher Offenheit ist Unterricht offener als anderer Unterricht, wenn

- die Schüler selbst Ideen entwickeln, in den Unterricht einbringen und realisieren können;
- die Schüler die Möglichkeit haben, Planungen des Lehrers zu verändern oder abzulehnen;
- die Schüler unter mehreren Themenangeboten frei wählen können;
- ein Unterrichtsinhalt von verschiedenen Aspekten aus gesehen werden kann und unterschiedliche Meinungen zugelassen werden;
- Fächergrenzen ihre Bedeutung verlieren;
- Lernziele aufhebbar, veränderbar oder auch ersetzbar sind;
- erfolgreiches Handeln ein Maß für den Unterrichtserfolg ist und nicht Klassenarbeiten und Tests die Lerneffizienz angeben sollen;
- nicht nur auf kognitives, sondern auch auf soziales und emotionales Lernen Wert gelegt wird.

Methodische Offenheit ist gegeben, wenn

- die Schüler an der Planung des Unterrichts mitwirken können;
- die Schüler die Möglichkeit haben, Unterrichtsvorhaben des Lehrers zu verändern oder abzulehnen;
- der Unterricht die Lebenswelten der einzelnen Schüler berücksichtigt und nicht alle Schüler an ein gleiches Curriculum bindet;
- ein reichhaltiges Material- und Medienangebot vorhanden ist, das allen Schülern frei zugänglich ist;
- der Lehrer seine Entscheidungen und Ziele den Schülern gegenüber transparent macht, sodass die Schüler sie nachvollziehen können;
- vor allem Fragestellungen der Schüler für den Unterricht bestimmend sind, die vielfältig überprüft werden können;
- nicht alle Schüler in einer Zeiteinheit das Gleiche machen müssen, sondern jeder nach einem individuellen Arbeitsplan arbeiten kann;

- die Schüler die zeitliche Planung bestimmen und nach eigenem Lerntempo lernen können;
- Freiräume gegeben sind für Ideen und Initiativen der Schüler;
- Unterricht vor allem auf Selbsttätigkeit beruht und vielfältiges Probehandeln zulässt;
- die Schüler zwischen den verschiedenen Arbeits- und Sozialformen, Arbeitsbereichen und Lernwegen frei wählen können.

Institutionelle Offenheit liegt vor, wenn

- Schüler und Lehrer nicht einem allgemein verbindlichen Lehrplan folgen müssen;
- Unterricht auf außerschulisches Handeln zielt und die Beeinflussung außerschulischer Realitäten ermöglicht;
- Unterricht nicht nur auf den Klassenraum bezogen bleiben muss, sondern sich auf Flur, Schulgebäude, außerschulisches Gebiet ausdehnen kann und so auch außerschulisches Lernen ermöglicht;
- Vorgaben jedweder Art jederzeit im Sinne der Lernoptimierung veränderbar sind.

Offener Unterricht drückt sich also in der äußeren wie in der inneren Organisation aus:
Zur äußeren Organisation gehört, dass der Klassenraum in verschiedene Lernbereiche gegliedert ist, denen in Schränken, Kisten und Kästen spezifische Materialien zugeordnet sind. Die verschiedenen Lernbereiche und Materialien sind für alle Schüler jederzeit zugänglich. Der Tagesablauf ist durch Offenheit charakterisiert, auch wenn strukturierende Phasen deutlich werden.

In einer Anfangsphase erscheinen die Schüler innerhalb eines verabredeten Zeitraums zum Unterricht und haben, gegebenenfalls auch während eines gemeinsamen Frühstücks, Gelegenheit, sich auf den Schulvormittag einzustellen. Im so genannten Morgenkreis sitzen Schüler und Lehrer beisammen, reflektieren den vergangenen Tag, bringen ihre Wünsche und Befürchtungen zum Ausdruck und planen die weitere schulische Arbeit. Diese Planungsgespräche münden hinein in konkrete, verbindliche Absprachen, die in Tages- und Wochenpläne Eingang finden und eingehalten werden müssen.

Phasen verstärkt gelenkter und eher freier Arbeit können miteinander abwechseln. In mehr gelenkter Form können Lehrer oder auch Schüler neue Themen oder Techniken vorstellen, die dann mit entsprechenden Materialien weiterbearbeitet werden können. In der Phase freier Arbeit wählen die Schüler die sie interessierenden Gegenstände selbst aus, suchen sich entsprechende Informationen und Materialien, arbeiten spielerisch-forschend oder auch systematisch lernend – je nach situativen Möglichkeiten und Fähigkeiten. Von großer Bedeutung ist die Reflexionsphase, in der die Schüler berichten, besprechen, fragen und Schlüsse ziehen usw. Sie verdeutlichen, was sie gelernt haben, wie weit sie ihr Vorhaben erfüllt haben und welche Aufgaben sich anschließen.

Es besteht auch die Möglichkeit projektbezogenen Arbeitens, wozu sich mehrere Schüler zusammenfinden, um in einer größeren oder kleineren Gruppe über einen kurzen oder längeren Zeitraum zusammen an einem Projekt zu arbeiten, um die Ergebnisse dann der gesamten Klasse vorzustellen (siehe dazu weiter unten).

Im offenen Unterricht ist der Lehrer nicht der alleinige Planer und Wissensvermittler, er ist vielmehr ein Moderator und Helfer, der für die Schüler jederzeit ansprechbar ist und ihnen beratend und stützend zur Seite steht. So hat er auch häufig Gelegenheit, sich länger und intensiver einzelnen Schülern zuzuwenden, mit ihnen in näheren Kontakt zu kommen und so einen intensiven pädagogischen Bezug aufzubauen.

Untersuchungen belegen, dass gerade Kinder mit Verhaltensschwierigkeiten in sozial-emotionaler Hinsicht im offenen Unterricht effektiver lernen als im konventionellen Unterricht und in kognitiver Hinsicht durchaus nicht weniger effektiv lernen (vgl. Goetze 1989; 1991). So stellte Goetze z. B. nach einer Experimentalphase mit offenem Unterricht fest, dass sich die Schüler seltener aggressiv verhielten, seltener die Schule schwänzten, häufiger in eine positive Kommunikation untereinander eintraten« und »weit häufiger aufgabenbezogen gearbeitet als gespielt haben« (Goetze 1991, 35 f.).

Offener Unterricht hat allerdings auch seine Probleme. Er muss sukzessive eingeführt werden. Schüler und Lehrer müssen ihre neuen Rollen lernen. Das bedeutet für die Schüler, dass sie selbstständiger, verantwortungsbewusster, rücksichtsvoller, hilfsbereiter werden. Das bedeutet für den Lehrer, dass er sich im Sinne der Therapeutenvariablen von Rogers einzubringen vermag, dass er das Geschehen der Gruppe wie auch Entwicklung und Fortschritte des einzelnen Schülers durchschaut, notwendige Anregungen und Hilfen gibt, einen Überblick über den gesamten Lernprozess hat, wobei ihm systematische Tagebuchaufzeichnungen hilfreich sind. Schwierigkeiten können sich mit der Aufsichtspflicht ergeben, wenn die Schüler an verschiedenen Lernorten arbeiten. Schwierigkeiten resultieren daraus, dass der Lehrer pflichtgemäß auch Beurteiler sein muss, d. h. in der gegenwärtigen Situation auch Zensuren geben muss. Dem Konzept des offenen Unterrichts angemessener sind jedoch die Schüler ermutigende Beschreibungen ihrer Fortschritte in kognitiver, sozial-emotionaler und psychomotorischer Hinsicht. Schwierigkeiten resultieren für die Schüler daraus, dass sie neue Freiräume nicht sinnvoll nutzen können, ein anderes Lehrerverhalten erwarten, als ihnen im offenen Unterricht begegnet, häufig nicht gelernt haben, selbstständig, selbstmotiviert und in eigener Verantwortung zu arbeiten sowie Materialien und Räumlichkeiten in Ordnung zu halten. Die offene Organisation, der Umgang mit den vielen Materialien verleitet gerade dazu, ein chaotisches Durcheinander zu schaffen. Von Anfang an muss das Verantwortungsbewusstsein der Schüler gerade auch auf diesen Bereich gelenkt werden. So kann es nicht angehen, dass Aufräumarbeiten Sache des Lehrers sind und bleiben. Offenheit ist Chance und Gefahr. Beide Möglichkeiten können einer Erziehung zu sozial verantwortlichem Handeln dienlich sein. Die Berücksichtigung dieser Abwägung hat besondere Bedeutung für den Unterricht bei Verhaltensstörungen (vgl. Stein/Stein 2014, 204 ff.).

Sowohl präventiv als auch rehabilitativ hat sich das Konzept des offenen Unterrichts im Hinblick auf Verhaltensstörungen als bedeutsam und wirkungsvoll erwiesen (vgl. z. B. Goetze 1989; Goetze/Jäger 1991). Dabei sind von den einzelnen Lehrern/Lehrerinnen frei konzipierte Formen oder auch solche möglich, die z. B. der Pädagogik von Freinet oder Maria Montessori folgen. Wegen ihrer besonderen

Bedeutung für die Pädagogik bei Verhaltensstörungen soll auf diese beiden Konzepte wenigstens in einer Kurzdarstellung eingegangen werden.

2 Freinet-Pädagogik

Die Freinet-Pädagogik ist – nach entsprechender Hinführung – infolge der vielfältigen Arbeitsmittel, des Lernens durch Suchen und Experimentieren und der individuenbezogenen Arbeitsorganisation gerade für Kinder und Jugendliche mit Verhaltensstörungen eine gute Möglichkeit des Lebens und Lernens in schulischen Gruppen. Nicht nur die Druckerei in Verbindung mit der freien Textgestaltung, der Herstellung einer Klassenzeitung und der Korrespondenz mit anderen Schulen, sondern auch die Klassenbibliothek, die Sammlung von Dokumenten, Erkundungsvorhaben und Expertenbefragungen sowie die freien Formen musischen Gestaltens haben sich als motivierend und lern-leistungssteigernd erwiesen, weil mit ihnen weitestgehend eine Orientierung an den Bedürfnissen, Gefühlen und Wünschen der Kinder erfolgen kann (vgl. z. B. Baillet 1989; Kleber/Stein 2001, 64 ff.). Freinets Pädagogik ermöglicht den Kindern ein ihnen gemäßes, natürliches Lernen, ohne dass sie sich selbst überlassen bleiben und einer Offenheit ausgeliefert sind, die sie nicht ertragen und produktiv gestalten können: »Unsere Aufgabe ist es, die unleugbare Erhabenheit der menschlichen Persönlichkeit soweit als möglich mit den Notwendigkeiten des Gemeinschaftslebens in Einklang zu bringen, selbst wenn uns diese Notwendigkeiten manchmal unlogisch und unvernünftig erscheinen. Sie sind gegeben, und diese Tatsache kann für unser pädagogisches Verhalten nicht gleichgültig sein. Wir werden uns nicht damit begnügen, die Kinder dem Zufall der Umstände selbst zu überlassen, damit sie je nach ihrer Kraft oder Geschicklichkeit ihre Ellbogen gebrauchen. Wir müssen sorgfältig das Schulleben ordnen, damit als Folge dieser Ordnung ganz natürlich Ausgeglichenheit und Harmonie entstehen, die alle Disziplinschwierigkeiten auf wohltuende Weise lösen« (Freinet 1979, 81).

3 Montessori-Pädagogik

Das Lehr- und Lernkonzept von Maria Montessori folgt den beiden Maximen, die zusammenfassend mit der »Freiheit des Kindes« und der »Organisation der Arbeit« zu bezeichnen sind. Ihr Anliegen, das in vielen Schulen und Klassen auch bei Kindern und Jugendlichen mit Verhaltensstörungen realisiert ist (vgl. Hellbrügge 1984), war es, »dem Kind eine Umgebung zu schaffen, die seiner Aktivität angepasst ist, damit es – Herr in dieser Umgebung – sich frei entwickeln kann« (Montessori 1965, 7). In dieser Umgebung »bedarf das Kind einer Ordnung, die einen Teil seines Lebens ausmacht, und die es verteidigt, wo es nur kann. Es liebt die Dinge seiner Umgebung immer auf dem gleichen Platz zu sehen und ist selbst bemüht, diese Ordnung, wenn sie einmal gestört ist, wiederherzustellen« (a. a. O., 10). Die Umgebung muss aber auch »einfach sein, mit den Maßen des kindlichen Körpers übereinstimmen und dadurch in allem seiner Aktivität angepasst sein. Wenn eine Umgebung für das Kind ungeeignet ist, so geht die Aktivität des Kindes zwar nicht verloren, aber sie wird in falsche Bahnen geleitet« (a. a. O., 11). Um den

Tendenzen des Kindes nach Aktivität, Ordnung, vielfältigen Sinneseindrücken, Selbsttätigkeit und Lernen sowie Arbeiten zu genügen, schuf sie vielfältige Materialien. »Wir lehren das Kind, indem wir ihm einen Führer geben, der mit seinen instinktiven Bedürfnissen übereinstimmt, der ihm ein Gefühl der Freude gibt, weil er ihm zu befriedigender Arbeit verhilft. Wir bieten dem Kind mit dem Material geordnete Reize an und lehren also nicht direkt, wie man es sonst mit Kleinkindern zu tun pflegt, sondern vielmehr durch eine Ordnung, die im Material liegt und die das Kind sich selbstständig erarbeiten kann. Wir müssen alles in der Umgebung, also auch alle Gegenstände soweit für das Kind vorbereiten, dass es jede Tätigkeit selbst ausführen kann« (a. a. O., 13). Neben der Gestaltung der Umgebung ist auch die Vorbereitung des Lehrers für sie fundamental. »Immer muss die Haltung des Lehrers die der Liebe bleiben. Dem Kind gehört der erste Platz, und der Lehrer folgt ihm und unterstützt es. Er muss auf seine eigene Aktivität zugunsten des Kindes verzichten. Er muss passiv werden, damit das Kind aktiv werden kann« (a. a. O., 21). Der Lehrer ist ein Facilitator im Sinne Rogers – jemand, der hilft, wenn es nötig ist, und der völlig zurücktritt, wenn sich das Kind in die vorbereitete Umgebung eingelebt hat und selbstständig in ihr leben und lernen kann (siehe auch Montessori 1966 und 1967; Hedderich 2001; Kleber/Stein 2001, 79 ff.).

4 Projektunterricht

Zu den Methoden offenen Unterrichtens gehört auch der Projektunterricht. Projekte sind in wörtlicher Übersetzung aus dem Lateinischen »Vorhaben« oder »Pläne« und bezeichneten um die vorletzte Jahrhundertwende im pädagogischen Bereich eine spezifische Form der Unterrichtsarbeit zunächst im Werkunterricht und in landwirtschaftlichen Berufsschulkursen, dann auch in verschiedenen Zweigen der amerikanischen Berufsausbildung. Der Projektansatz wurde von deutschen Reformpädagogen aufgegriffen, um – nach einer Phase des Vergessens in der Kriegs- und ersten Nachkriegszeit – in den 1960er Jahren wiederbelebt zu werden. Der Projektgedanke ist von Anfang an nicht nur als Gegenbewegung gegen tradierte und verkrustete Schulmethodik, sondern auch als spezifische Form des Unterrichts und der Erziehung zu Selbstständigkeit, Selbsttätigkeit sowie zielgerichtetem Planen und Handeln auf der Grundlage von realen Bedürfnissen und im Hinblick auf reale Zielsetzungen in einer demokratischen Gesellschaft zu sehen. Dewey und Kilpatrick formulierten in dieser Hinsicht die sozialisations- und lerntheoretischen basalen Gedanken. In der Projektmethode können sich die Gesetze des Lernens, wie sie Thorndike erkannte, in einer Weise realisieren,

- dass das Lernen durch Handeln geschieht;
- dass das Handeln bedürfnisorientiert »von ganzem Herzen« vollzogen wird;
- dass ein »Zweckfaktor« zum Tragen kommt, Handeln also zielorientiert ist;
- dass das Handeln auf die soziale Umgebung bzw. auf reale Gegebenheiten bezogen ist;
- dass aus dem konkreten Handeln Effekte ablesbar werden (vgl. Dewey/Kilpatrick 1935, 161–179).

Für den Projektunterricht werden zehn bestimmende Merkmale gesehen (vgl. Gudjons 1984):

1. Situationsbezug, d. h. »Einbettung in eine Lebenssituation« (a. a. O., 262),
2. Interessenbezug, d. h. Ausrichtung an den Interessen von Schülern und Lehrern;
3. Selbstorganisation, d. h. Lehrer und Schüler planen gemeinsam;
4. Selbstverantwortung, d. h., dass sich die Teilnehmer in regelmäßigen »Reflexions- und Koordinationspausen« über Fortgang, Probleme, Zweckentsprechung des Handelns vergewissern (a. a. O., 263);
5. gesellschaftliche Praxisrelevanz, d. h., dass das Handeln Ernstfallcharakter hat und auf einen konkreten Gebrauchswert zielt.
6. Projektarbeit ist zielgerichtet und stellt eine sinnvolle, wichtige, nützliche Tätigkeit dar;
7. viele Sinne werden einbezogen, Kopf und Hand werden angesprochen;
8. soziales Lernen ist methodenimmanent ständig gegeben durch Kooperations- und Konfliktlösungszwänge;
9. interdisziplinäres Arbeiten führt zum Überschreiten der Fächergrenzen;
10. Offenheit zum Lehrgang ist gegeben, d. h., dass auch systematisch geordnetes und methodisch geplantes Sammeln, Informieren, Vergleichen notwendig erscheint (Gudjons 1984, 260–266).

Der Verlauf eines Unterrichtsprojekts lässt sich in vier Phasen einteilen (differenzierter fasst es Frey 1982 in seiner »Projektmethode«):

- Aufgabenfindung, Aufgabenformulierung, Zielbestimmung;
- Planung, Projektvertrag;
- Bearbeitung, Durchführung;
- Reflexion, öffentliche Ergebnisrepräsentation.

Schley (1988) machte zum Projektunterricht von Lehrern fünf Alltagstheorien aus:

- Motivationsthese: Projekte als Vitaminspritze
  Projektunterricht motiviere Schüler so, dass auch resignierte, leistungsschwache und verzagte Schüler zu Erfolgserlebnissen kommen.
- Kompensationsthese: Projekte als Gegengewichte
  Projektunterricht fördere die Eigentätigkeit der Schüler – hier finde produktives, selbstbestimmtes Lernen statt, der im Gegensatz stehe zum reproduktiven, fremdbestimmten Lernen im üblichen Unterricht.
- Stimulierungsthese: Projekte sind High-Lights
  Projektunterricht sei besonderer Unterricht, rage wie ein Fels in der Ebene aus der alltäglichen Unterrichtslandschaft heraus und müsse auch besondere Effekte hervorbringen: »Feuerwerk«, Aktivierung, Begeisterung, Faszination.
- Transferthese: Projekte als Vehikel
  Im Projektunterricht werde anders gelernt, an komplexen Themen mit greifbaren und sichtbaren Ergebnissen, welche die Schüler ansprechen. Von dort aus

ergäben sich Fragen und Zusammenhänge, die auch in den fächerbezogenen Unterricht hineinragten.

- Entlastungsthese: Projekte als Befreiung
Lernen ohne Druck von Zensuren, Zeitfakten und Richtlinien. Schule mache Spaß, wenn sie Projektwochen durchführe und Projektunterricht ermögliche (a. a. O., 109 f.).

Empirische Untersuchungen zum Projektunterricht bei Kindern und Jugendlichen mit Verhaltensstörungen scheinen in diesem Sinne alltagstheoretisch ausgerichteten Lehrern in einigen bedeutsamen Punkten Recht zu geben. In einem Unterrichtsprojekt, in dem sich Schüler der zweiten Klasse einer Schule für Erziehungshilfe mit der Planung, der Gestaltung, dem Druck einer Klassenzeitung beschäftigten (Neukäter 1980), zeigten die Schüler signifikant mehr unterrichtsbezogenes Verhalten und weniger störendes Verhalten »als im Leseunterricht, der als Kontrollphase herangezogen wurde«. Aus dem Unterrichtsversuch wurden folgende Schlüsse gezogen:

(1) »Durch projektorientiertes Lernen lässt sich das Ausmaß an unterrichtsbezogenem Verhalten im Vergleich zu konventionellem Unterricht steigern.

(2) Das vermehrte unterrichtsbezogene Verhalten im projektorientierten Unterricht ist weitgehend durch vermehrte positive Bekräftigung und Hilfestellung des Lehrers in Verbindung damit durch eine Veränderung der sozialen Organisationsform des Unterrichts zu erklären« (Neukäter 1980, 156 f.). Nahezu begeistert wird die Feststellung getroffen: »Der hohe Ausprägungsgrad unterrichtsbezogenen Verhaltens deutet darauf hin, dass die Schüler durch die neue Art des Lernens besonders gefesselt werden. Durch die Verknüpfung von praktischen und kognitiven Tätigkeiten wird offensichtlich der Lerneifer gesteigert. Die bei verhaltensgestörten Schülern oft beobachteten kurzen Motivationsspannen haben sich in Befunden nicht niedergeschlagen. Auch nach sieben Tagen projektorientierten Lernens sind die Schüler mit gleich hohem Eifer bei der Sache« (a. a. O., 157). Dieser Untersuchung kommt Pilotcharakter für die Erprobung und Evaluation projektorientierten Unterrichtens zu; ob allerdings die dem Projektgedanken immanente starke Selbststeuerung der Schüler wirklich realisiert wurde, scheint nicht recht klar (vgl. Stein/Stein 2014, 185 ff.).

5　　Erziehung zu moralischem Urteilen (und Handeln)

Die schwierige Situation, in der sich Erziehungsagenturen wie Familie, Schule, Heim usw., aber auch viele junge Menschen befinden, hängt – wie einige Analysen erbringen – bedeutsam mit einer Überbetonung egoistisch-hedonistischer Werte und Normen zusammen, die sich aufgrund verschiedener gesellschaftlicher Tendenzen seit den 1970er Jahren zunehmend etablierte, auch durch eine missverstandene emanzipatorische Erziehung.

Weitestgehende Liberalisierung und Individualisierung haben demnach zu großer Verunsicherung und zu unerwünschten, ja bedrohlichen Entwicklungen geführt, die noch nicht an ihrem Ende angekommen sind (vgl. z. B. Brezinka 1986;

von Cube 1986; Speck 1991; 1996). Otto Speck zeigte auf, dass die Erziehungskrise eine moralische Krise ist (Speck 1991, 13). Aus dieser Krisensituation gehen »zunehmend orientierungslose und sozial normativ entkoppelte Kinder und Jugendliche« hervor (a. a. O., 14). Alte, aber bewährte Einsichten wurden und werden aufgegeben oder sind gar nicht mehr bekannt: Da der Mensch ein weltoffenes, in die Entscheidung gestelltes Wesen ist, da er weder instinkt- noch triebgebunden ist, muss er handlungsleitende Überzeugungen und Einstellungen aufbauen. Er muss Normen und Werte lernen und als verbindlich übernehmen, die ein selbstständiges, aber auch sozial verantwortliches Leben in der Gemeinschaft der Mitmenschen ermöglichen. Diese Normen und Werte »entwickeln« sich nicht naturgegeben, sie müssen vorgelebt und gezielt vermittelt werden.

Aus den USA kommen gegensteuernde Konzepte, mit denen versucht wird, das Problem effektvoll anzugehen und orientierungslosen, haltlosen, ihren egoistischen Impulsen und Neigungen ausgelieferten Kindern und Jugendlichen wieder Orientierung und Halt in einer stabilisierenden Umwelt zu geben. Eine solche Umgebung kann die von Kohlberg vorgeschlagene »Just Community« sein (vgl. Kohlberg 1981; 1987; Lind 1987; Ott 1988; Kleber/Stein 2001, 181 ff.; Mand 2004, 100–116; Kuhmerker/Gielen/Hayes 1996; Heidbrink 1996, 120 ff.): eine »gerechte Gemeinschaft«, in der die auftretende Probleme und Konflikte im gemeinsamen, demokratischen Diskurs aller erörtert und gelöst werden sollen.

Das Konzept der moralischen Erziehung von Kohlberg (1927–1987) geht aus von der Entwicklungspsychologie Piagets sowie der Philosophie Deweys und verarbeitet auch Einsichten der Psychoanalyse. Sein Kern besteht aus einem Entwicklungsmodell moralischen Urteilens von Kindern und Jugendlichen mit sechs Stufen, von denen immer zwei als zusammenfassende Kategorie bzw. als Abschnitt dargestellt werden.

Erstes/erster Entwicklungs-Niveau/-Abschnitt

1. Furcht vor körperlicher Bestrafung, Vermeidungsverhalten – fremdbestimmte Moral
2. Hedonistische Strebungen – Individualismus

Zweites/zweiter Entwicklungs-Niveau/-Abschnitt

3. Moralische Beurteilungen analog zu denen naher Bezugspersonen und Freunde – erwartungsentsprechende Konformität
4. Gesetze und Vorschriften werden als tradiertes Erbe zur Verpflichtung

Drittes/dritter Entwicklungs-Niveau/-Abschnitt

5. Gesellschaftsvertrag (utilitaristische Ethik): moralische Grundsätze dienen dem Allgemeinwohl
6. Gerechtigkeit als menschenadäquate (humane) Konstante: internalisierte Postulate, welche auf die Freiheit und die Würde aller Menschen gerichtet sind.

Die moralische Entwicklung erfolgt nach Kohlberg stets in der angegebenen Reihenfolge von sechs Stufen; eine Umkehr ist nicht, eine Beendigung auf jeder Stufe möglich. Nach von Ott (1988) zusammengetragenen amerikanischen Untersuchungen befinden sich Kinder und Jugendliche mit Verhaltensstörungen häufig auf den beiden unteren Entwicklungsstufen oder auf der dritten Stufe des Kohlberg-Modells. Als psychopathisch diagnostizierte Personen zeigen eine besonders starke moralische Unterentwicklung und sind zumeist auf der ersten Stufe des Kohlberg-Modells einzuordnen.

Zu bedenken sind allerdings auch Befunde, die zeigen, dass das Potenzial moralischen Urteilens vom tatsächlich realisierten Niveau zu unterscheiden ist und Personen unter Umständen »unter« ihren Möglichkeiten reflektieren und argumentieren (Stein 2017, 281). Des Weiteren ist zu unterscheiden zwischen moralischem Urteilen und dem konkreten Handeln.

Es kann in jedem Fall davon ausgegangen werden, dass viele Kinder und Jugendliche mit Verhaltensstörungen im Hinblick auf moralisches Urteilen besonderer Hilfen bedürfen, für die das aus der Theorie entwickelte Erziehungskonzept von Kohlberg geeignet erscheint (vgl. z. B. Aufenanger et al. 1981). Hauptbestandteil dieses Erziehungs-Konzeptes sind die so genannten Dilemma-Diskussionen. Ausgehend davon, dass sich die Weiterentwicklung in moralischer Hinsicht über persönliche Krisen (Notwendigkeit moralischer Beurteilungs- und Bewertungsschwierigkeiten) vollzieht, werden Kindern Geschichten angeboten, die moralische Problemsituationen wiedergeben. Die verschiedenen Lösungsmöglichkeiten werden herausgearbeitet, diskutiert und bewertet. Diese Bewertungen erfolgen nach Kohlbergs Erfahrungen zumeist auf einer höheren Stufe als der zur Zeit eingenommenen. Allerdings können moralische Bewertungen, die höher als eine Stufe über der eigenen Stufe liegen, im Allgemeinen nicht nachvollzogen werden. So ist es also nötig, moralisch-diagnostisch zu diskutieren, um die Kinder dann entsprechend anzusprechen bzw. zu gruppieren. In diesem Sinne wie auch für moralerziehende Dilemmadiskussionen kann folgende Geschichte mit den anschließenden Lösungsmöglichkeiten als Beispiel für Kohlbergs Konzept gelten:

»Ein Mann namens Heinz hatte eine Frau, die sehr schwer an Krebs erkrankt war. Verschiedene Heilungsversuche hatten bisher keinen Erfolg. Als Heinz erfuhr, dass ein Apotheker ein neues Medikament gegen diese Krankheit entwickelt hatte, versuchte er, es zu kaufen. Leider kostete das Mittel 2000 Dollar, eine Summe, die Heinz auf keinen Fall aufzubringen vermochte. Der Apotheker weigert sich, sein Produkt zu einem niedrigeren Preis abzugeben, da seine Kosten für die Entwicklung dieses Präparates sehr hoch gewesen wären. Heinz verzweifelte und entschloss sich, in die Apotheke einzubrechen, um das Präparat zu stehlen.

Die Frage ist nun folgende: War der Diebstahl moralisch richtig oder nicht? Die mit dieser Geschichte angeregte Dilemma-Diskussion erbringt eine Vielzahl verschiedener Antworten, die bewertet und in das Kohlbergsche Entwicklungskonzept eingebaut werden können.

1. Heinz soll stehlen, weil er seine Frau liebt.
2. Heinz soll nicht stehlen, weil es gegen das Gesetz ist.
3. Heinz soll nicht stehlen, weil Gesetze für das Wohl aller und nicht nur für den Einzelnen gemacht wurden. Wenn jeder stehle, würde die Gesellschaftsordnung zusammenbrechen.

4. Heinz soll nicht stehlen, weil er ins Gefängnis käme.
5. Heinz soll nicht stehlen, weil seine Freunde schlecht über ihn denken würden.
6. Heinz soll stehlen, um seiner Einstellung zu Ehrlichkeit und Gewissen gerecht zu werden. Menschliches Leben steht höher als materielle Betrachtungen.
7. Heinz soll stehlen, weil es gesellschaftlich annehmbar und moralisch recht ist.
8. Heinz soll stehlen, weil er wahrscheinlich sowieso nicht ertappt wird.
9. Heinz soll stehlen, weil niemand seine Mahlzeiten bereiten würde, wenn seine Frau stürbe.
10. Heinz soll stehlen, denn es ist seine Pflicht als Ehemann, alles für seine Frau zu tun, um sie zu retten« (zitiert nach: Ott/Watts 1989, 344).

Durch vielfache Versuche konnte belegt werden, dass sich mit der Methode Kohlbergs die moralische Entwicklung von Kindern und Jugendlichen positiv beeinflussen lässt. So konnten mit Dilemma-Diskussionen über 36 Wochen, die wöchentlich mit 1 ½ Stunden stattfanden, deutliche Verbesserungen erzielt werden. In einem Versuch mit Kindern und Jugendlichen mit Verhaltensstörungen aus desolaten Familienverhältnissen wurde in der Art gearbeitet, dass eine Gruppe Dilemmata auf der nächst höheren Stufe besprach, eine zweite Gruppe auf der bei ihnen vorgefundenen Stufe diskutierte und eine dritte Gruppe keine Förderung erhielt. Die fördernden Diskussionen hatten deutliche Auswirkungen auf das moralische Denken der Jugendlichen. In einem weiteren moralischen Training mit Jugendlichen mit Verhaltensstörungen wurde nicht nur eine deutliche Verbesserung innerhalb der Entwicklungsstufen erzielt; Schüler brauchten nicht mehr zum Schulleiter geschickt zu werden, die Schüler kamen pünktlicher zum Unterricht, verbesserten ihre Leistungen in Sozialkunde, und polizei- sowie gerichtsrelevante Vorfälle nahmen bedeutsam ab (vgl. Ott 1988, 120).

Als einen der drei wichtigsten Angebotsbereiche zur Förderung von Kindern und Jugendlichen mit Verhaltensstörungen nennt die KMK-Empfehlung von 2000 »ein breites Angebot spezifischer individueller Hilfen, die ... die Fähigkeit zur Reflexion ihres eigenen Denkens und Handelns sowie das von anderen erweitern, dabei Rücksichtnahme und Toleranz gegenüber anderen entfalten« (KMK 2000, 3). In diesem Sinne bieten die Lehrkräfte den »Schülerinnen und Schülern, die in Konflikten zu gesellschaftlichen Normen stehen, ihre Unterstützung bei der Entwicklung von Lebensperspektiven und der Übernahme gesellschaftlicher Normen und Werte an« (a. a. O., 31).

Dieser nicht nur für schulische, sondern auch für außerschulische Einrichtungen wichtige Auftrag impliziert auch die Reflexion und Erprobung von Konzepten moralischer Erziehung (vgl. dazu auch Oser et al. 1986; Lickona 1989).

6.1.7.3 Die pädagogisch-therapeutischen Verfahren

Pädagogisch-therapeutische Verfahren gehen von den hilfreichen Einwirkungsmöglichkeiten aus, die der Mensch auf andere Menschen bzw. auf sich selbst hat. Einwirkungsmöglichkeiten bestehen:

- durch Gespräch und verbale Zuwendung mit den Verfahren tiefenpsychologischer Therapien, der Gesprächspsychotherapie und der pädagogisch-therapeutischen Gesprächsführung;
- durch spielerisches und schöpferisch-gestaltendes Tun mit Verfahren der Pädagogischen Spieltherapie, der Pädagogischen Kunsttherapie und der Pädagogischen Musiktherapie;
- durch »Abschalten«, durch Entspannung und Ruhe mit den Verfahren der Hypnose, der Selbstentspannung und der Meditation;
- durch Lernen über klassisches und operantes Konditionieren sowie über Modelllernen mit den Verfahren der Verhaltenstherapie und der Pädagogischen Verhaltensmodifikation;
- durch Körperstimulation und körperliche Aktionen mit den Verfahren Pädagogischer Mototherapie.

Nicht alle diese Verfahren sind durch Lehrer/Erzieher in Einrichtungen für Kinder und Jugendliche mit Verhaltensstörungen einsetzbar. Für die Verfahren jedoch, denen ein »Pädagogisch« vorangesetzt ist, liegen den spezifischen pädagogisch-therapeutischen Intentionen und den organisatorischen Gegebenheiten entsprechende Adaptionen vor. Diese werden durch entsprechend geschulte Pädagogen systematisch und in Abhängigkeit von situativen Bedingungen eingesetzt. Sie kennzeichnen in sehr deutlicher Weise die »therapeutische Dimension« der Tätigkeit eines Pädagogen für Kinder und Jugendliche mit Verhaltensstörungen (vgl. Oevermann 1996). Möglichkeiten des Einsatzes in inklusiven schulischen Kontexten dürften begrenzt sein.

Die Pädagogische Verhaltensmodifikation hat insofern eine herausgehobene Funktion, als sie den Rahmen bildet für unterrichtliche und weitere pädagogisch-therapeutische Maßnahmen. In der Anfangsphase der Intervention strukturiert sie die Handlungen, im weiteren Verlauf wird sie systematisch ausgeblendet und führt in einer Endphase zur Selbststeuerung, d. h. sie wird überflüssig. In das Modifikationsprogramm sind neben individual- und gruppenbezogenen Verstärkerarrangements auch Selbstbeobachtungs-, Selbstbewertungs- und Selbstinstruktionskonzepte einbezogen (vgl. z. B. Myschker 1976; Redlich/Schley 1978; Grabski et al. 1978; Linderkamp 2008).

1 Pädagogisch-therapeutische Gesprächsführung/Hilfreiche Gesprächsführung

Grundlegend für alle Interventionsmaßnahmen bei Verhaltensstörungen ist die Fähigkeit des Pädagogen, Psychologen, Arztes usw., Gespräche hilfreich zu führen. Bei der hilfreichen Gesprächsführung muss es darum gehen, ein Gespräch zu gestalten,

- ohne Ablehnung oder gar Aversionen aufkommen zu lassen,
- ohne Schuldgefühle zu initiieren,
- ohne Erregungen auszulösen oder eine aggressive Auseinandersetzung zu stimulieren.

Mit der Gesprächsgestaltung sind vielmehr Absicht und Vermögen zu realisieren,

- eine angenehme Atmosphäre aufzubauen,
- Ängste zu reduzieren,
- Entlastung zu ermöglichen,
- Entspannung zu vermitteln,
- Probleme zu erkennen,
- Einsicht zu gewinnen und
- Problemlösungen partnerschaftlich zu finden.

Gesprächsführung mit hilfreichen Intentionen stellt sich in den verschiedenen Ansätzen sehr unterschiedlich dar. In klassischen tiefenpsychologischen Therapiegesprächen z. B. ist der Hilfesuchende ein eher untergeordneter Gesprächspartner, der sich mitteilt, der seine Träume erzählt, freie Assoziationen von sich gibt, über seine Wünsche und Begierden spricht. Der analytische Therapeut ist derjenige, der eine übergeordnete Stellung einnimmt, der die Zusammenhänge erkennt und das »Material« professionell interpretiert. Eine ganz andere Auffassung von Gespräch ist diejenige, in der sich die Partner als gleiche verstehen, in der sogar der Hilfesuchende die Führung übernehmen kann, in der der Berater/Therapeut/Helfer nur die Funktion hat, ein Ambiente bzw. eine Atmosphäre zu schaffen, in der sich der Hilfesuchende angenommen fühlt und frei und offen über sich und seine Probleme reden kann, um dann – mit der notwendigen Hilfestellung – selbst eine Problemlösung zu finden. Letzteren Ansatz elaborierte Carl Rogers, auf dessen Konzept eine pädagogisch-therapeutische Gesprächsführung aufbauen kann. Die »hilfreiche Gesprächsführung« im Sinne eines pädagogisch-therapeutischen Verfahrens nach dem Konzept der personenzentrierten Therapie von Rogers auszurichten, resultiert vor allem daraus, dass Bedingungen gesetzt und als effizient nachgewiesen werden können, die in allen Interventionen bei Verhaltensstörungen – wie aufgezeigt wurde – notwendig sind. Zu verweisen ist auf die Herstellung einer angenehmen Atmosphäre, einer positiven Beziehung, eines dialogischen Verhältnisses, auf die Betonung der Bedeutung von Emotionalität, Offenheit, Ehrlichkeit und Selbstständigkeit mit der Intention der Gewährleistung personaler und sozialer Identität.

Professionelle Helfer bei Verhaltensstörungen müssen in der Lage sein, Gespräche nach bestimmten Kriterien so zu führen, dass sie in dem oben dargestellten Sinne für den Gesprächspartner nutzbringend bzw. hilfreich sein können. Für ein hilfreiches, d. h. für den Klienten effektives Gespräch nennt Rogers drei Grundhaltungen, die der Berater/Therapeut/Helfer einbringen muss. Diese drei Grundhaltungen sind:

- Echtheit/Selbstkongruenz (Übereinstimmung mit sich selbst),
- emotionale Wärme und Wertschätzung/positive Zuwendung,
- Empathie/einfühlendes Verstehen (vgl. Rogers 1977, 19 ff.).

Die wichtigste und grundlegende Einstellung bzw. Grundhaltung ist Echtheit/ Selbstkongruenz. Damit es zu einer personalen Begegnung kommen kann, darf der

Helfer sich nicht hinter einer Maske verbergen, er »lebt offen die Gefühle und Einstellungen, die ihn im jeweiligen Augenblick durchströmen«. Er kann diese Empfindungen in die Situation einbringen. Er kann offen er selbst sein, er muss sich nicht verleugnen (a. a. O., 26). Gemeint ist allerdings nicht ein hemmungsloses gefühlsmäßiges Sichausleben. Eingebracht werden die Gefühle, die Gedanken und Vorstellungen, die für die Situation bedeutsam sind, sich als subjektiv darstellen und dem Klienten verdeutlichen, woran er ist. Kommuniziert wird ihm auch, wodurch Offenheit ausgelöst und Vertrauen vertieft werden kann (vgl. Tausch 1970, 126–133).

Nach Rogers' Überzeugung treten Wachstum und Veränderung beim Klienten umso eher ein, je stärker der Helfer in der Lage ist, eine warme, positive akzeptierende Haltung zu realisieren. Der Gesprächspartner wird so akzeptiert, wie er ist, und ihm werden deutlich Interesse, Zuwendung, emotionale Beteiligung vermittelt. Auch durch unerwünschtes Verhalten oder emotionale »Ausfälle« des Gegenübers wird diese Grundhaltung nicht verändert, sodass der andere ganz er selbst sein kann, sich in seinem So-Sein anerkannt fühlen kann. Positive Wertschätzung hat, wie Tausch fand, Effekte der »Gegenkonditionierung von Gefühlen der Angst, Spannung, Unglücklichsein und Unbefriedigtsein«. Positive Wertschätzung befriedigt das Bedürfnis nach Anerkennung und führt zu verstärkter »Selbstachtung und Akzeptierung der eigenen Person« (Tausch 1970, 119–121). Das Individuum »hat nicht mehr das Bedürfnis, seine negativen Gefühle zu verteidigen. Es hat keine Gelegenheit, seine positiven Gefühle überzubewerten. Und in dieser Situation treten Einsicht und Selbstverstehen spontan zutage« (Rogers 1985, 46).

Einfühlendes Verstehen/Empathie verdeutlicht sich im geduldigen, wachen, sensiblen Zuhören, in dem kommunizierten Bemühen, das Fühlen, Erleben, Wollen des Gesprächspartners verstanden zu haben und nachvollziehen zu können. Empathie bedeutet, »dass der Therapeut genau die Gefühle und persönlichen Bedeutungen, die der Klient erlebt, spürt und dass er dieses Verstehen dem Klienten mitteilt. Wenn dies in größtmöglicher Weise gelingt, ist der Therapeut so sehr innerhalb der privaten Welt des anderen, dass er nicht nur die Bedeutungen klären kann, deren sich der Klient bewusst ist, sondern sogar jene, die sich gerade eben unter dem Bewusstseinsniveau befinden« (Rogers 1982, 76). Ohne Distanzierungs- und kritisches Analysevermögen kann allerdings die Vermittlung der empathisch erfassten Fakten nicht gelingen.

Die Verkürzung der als Grundhaltung verstandenen Einfühlung/Empathie auf eine als »Verbalisierung emotionaler Erlebnisinhalte« reduzierte Technik (Tausch 1970, 79) bzw. auf eine »Technik des Widerspiegelns der Gefühle« (Rogers 1976, 34) hat Rogers zutiefst erschreckt und er empfand sie als üble Karikatur. »Ich war so schockiert über diese vollständig verzerrte Darstellung unserer Methode, dass ich ein paar Jahre lang fast gar nichts über einfühlendes Zuhören sagte, und wenn doch, um eine empathische Haltung hervorzuheben, und ich äußerte mich kaum dazu, wie diese in Beziehung zum Klienten eingebracht werden konnte« (a. a. O.).

Ziel des einfühlenden Verstehens ist es also, dem Gesprächspartner zur Klarheit darüber zu verhelfen, was und wie er fühlt, das zu verstehen, was er selbst noch nicht so recht ausdrücken kann, Einstellungen zu erfassen, die noch in der Entwicklung sind sowie Hinweise zu bekommen, mit denen er sich identifizieren kann.

Es kann also nicht darum gehen, die letzten Worte des Gesprächspartners »papageienhaft« zu wiederholen, sondern Inhalte und Gefühle sowie »gefühlsmäßige Bewertung von Ereignissen, Wünschen, Interessen, Erleben der eigenen Person und Erleben der Wirkung der eigenen Person auf andere Menschen« so widerzuspiegeln, dass der Gesprächspartner die Problematik besser erkennt und zu Lösungen finden kann (Tausch 1970, 81).

Inzwischen erscheint es als fraglich, ob die Grundprinzipien Kongruenz, Akzeptanz und Empathie hinreichend für die Erzielung therapeutischer Effekte bei der Gesprächsführung sind – ob nicht weitere Prinzipien hinzukommen müssen. Mit der Verbalisierung hatte bereits Tausch vor längerer Zeit einen erweiternden, allerdings sehr technisierenden Vorschlag gemacht. Als bedeutsam werden »Aktives Bemühen«, »Konkretheit« und »Konfrontation« herausgestellt (Lasogga 1986, 47). Andererseits folgen auch sehr aktuelle Praxiskonzepte nach wie vor den drei klassischen Variablen von Rogers (vgl. Weinberger/Lindner 2011).

Unter Berücksichtigung dieser Erkenntnisse sowie der speziellen Notwendigkeiten und Möglichkeiten in pädagogischen Feldern ist pädagogisch-therapeutische Gesprächsführung zu realisieren. Pädagogisch-therapeutische Gesprächsführung hat ihre Anwendungsbereiche

- bei allgemeinen Lebensproblemen,
- bei spezifischen Lernproblemen,
- bei schul- bzw. jugendrechtlichen Fragen,
- bei Konflikten und psychosozialen Problemen,
- bei Fragen der Schullaufbahn,
- bei Fragen der beruflichen Ausbildung.

Als Gesprächsteilnehmer kommen vor allem in Frage

- Kinder und Jugendliche,
- Eltern,
- Lehrer- bzw. Erzieherkollegen.

In der Praxis erweisen sich Einzel- und Gruppengespräche als notwendig.

Einzelgespräche sind notwendig, wenn intime individuelle Probleme anstehen, wenn zunächst die Sichtweise eines Betroffenen innerhalb einer sozialen Problemkonstellation abgeklärt werden muss, wenn Wünsche oder Selbstschutzintentionen des Betroffenen diese erfordern.

Gruppengespräche haben gerade auch im Hinblick auf Verhaltensstörungen, die ja wesentlich im Zusammenhang zu sehen sind mit Problemkonstellationen in sozialen Kontexten, eine große Bedeutung, weil sich jene Grundhaltungen einüben lassen, die bei Rogers als Therapeutenvariablen bezeichnet werden. Um Akzeptanz realisieren zu können, muss Beziehungsfähigkeit gegeben sein, eine zentrale psychische Leistung, »denn Lernschwierigkeiten, Konflikt in Freundschaft und Liebe, Drogenmissbrauch und viele andere Probleme, in die sich Jugendliche in ihrer Not verstricken, sind mit Defiziten im Beziehungsbereich untrennbar verbunden« (Troch 1984, 90). Im Gruppengespräch können sich Einfühlungsvermögen, Zuhörenkönnen, offenes, aufrichtiges, echtes Verhalten sowie – und dies nicht zuletzt – »eine natürliche und spontane Fähigkeit, in einer hilfreichen, fördernden und therapeutischen Art mit den Schmerzen und Leiden anderer umzugehen«, entwickeln (Rogers 1974, 29). Offenheit/Echtheit realisiert sich im Gespräch sehr deutlich durch Ich-Botschaften. Gruppengespräche haben sich in der Pädagogik bei Verhaltensstörungen von unterschiedlichen Ansätzen her als sehr effektiv erwiesen. Sie haben ihre Bedeutung für die Lösung sozialer Konflikte, für die Betonung der Bedeutsamkeit der Gemeinschaft für den Einzelnen und z. B. für die Realisierung des Life Space Interviews bzw. der Life Space Intervention (LSI) nach Redl (vgl. Redl 1971; Heinemann/Rauchfleisch/Grüttner 1992, 19 f.; Goetze 1995, 108–112; Bergsson 1999, 91). Goetze berichtet über gute Erfahrungen mit der LSI in den USA seit den 1950er Jahren und meint: »In Zeiten zunehmender Belastung durch soziale Konflikte im Unterricht liegen nicht allzu viele bewährte Modelle für Konfliktlösungen vor. Deshalb wird man der LSI in Zukunft vermutlich vermehrte Aufmerksamkeit schenken müssen« (Goetze 1995, 112). Redls Interventionsverfahren realisiert sich in ähnlicher Weise wie das Konzept des hilfreichen Gruppengesprächs nach Gordon, das in sechs Phasen abläuft:

1. Phase – Definition des Problems:
   Einfühlsames Zuhören ermöglicht es, das Problem herauszufinden und zu bestimmen.
2. Phase – Sammlung möglicher Lösungen:
   Eingebrachte Lösungsvorschläge werden schriftlich fixiert.
3. Phase – Wertung der Lösungsvorschläge:
   Der Lehrer/Erzieher kommuniziert sein Verständnis für vorgeschlagene Lösungen, bringt seine eigenen Ansichten, Bedürfnisse und Gefühle im Sinne von Ich-Botschaften ein, vermeidet also Du-Botschaften, und wendet sich gegen unrealistische bzw. inakzeptable Vorschläge.
4. Phase – Entscheidung für die beste Lösung:
   Die von *allen* Gruppenmitgliedern akzeptierte Lösung wird schriftlich fixiert und von der gesamten Gruppe unterschriftlich bestätigt.
5. Phase – Realisierung der Entscheidung:
   Alle Gruppenmitglieder bemühen sich, den gefundenen Lösungsvorschlag umzusetzen.
6. Phase – Bewertung der Effektivität der Lösung:
   In der Realität muss sich die geplante Problem- bzw. Konfliktlösung als wirkungsvoll erweisen. Evaluierende Gespräche führen ggf. zu neuen Lösungsversuchen (vgl. Gordon 1977).

In Gruppengesprächen muss nicht permanent der Lehrer/Erzieher die Gesprächsleitung übernehmen, er kann sie nach einer gewissen Einübungsphase durchaus an ein Kind bzw. einen Jugendlichen übergeben, um umso besser durch sein Modell die Grundprinzipien hilfreicher Gesprächsführung zu verdeutlichen.

Hilfreiche Gesprächsführung spricht dem Helfer eine gewisse Führungsrolle insofern zu, als er strukturieren und zielverfolgend gestalten können muss. Anders als in spezifisch therapeutischen Situationen wird er also nicht eine völlige non-direktive Haltung realisieren können, er muss vielmehr durch Fragen, Denkanstöße, Stellungnahmen, Akzentuierung von Kernpunkten, Zusammenfassungen und Vorschläge das Gespräch vorwärtsführen, strukturieren und zu einem Ergebnis bringen können.

Pädagogisch-therapeutische Gesprächsführung besteht zwar nicht darin, Ratschläge zu erteilen, als hilfreich – und in manchen Fällen sogar als notwendig – kann es jedoch erscheinen, dass der Berater Vorschläge macht, die aus der Lebens- und Gesprächssituation resultieren, die Anknüpfungspunkte geben und anregend wirken, die die Diskussion des Möglichen in Gang bringen, bereichern, vertiefen können (vgl. Pallasch 1990, 187). Für Kinder und Jugendliche, die noch nicht über genügend Lebenserfahrung verfügen, deren Mit- und Weiterdenken durch Konfliktsituationen und Problemlagen blockiert sein mag, können Hinweise und Vorschläge als Orientierungshilfen nahezu unentbehrlich sein. Allerdings ist immer mitzubedenken, dass Ratschläge wie Vorschläge leicht zu Schlägen werden können. Das hilfreiche Gespräch hat idealtypisch vier Phasen:

1. Kontaktaufnahme (Schaffung eines angenehmen Gesprächsklimas)
2. Problemerfassung
3. Problemanalyse
4. Problemlösung(en).

Für die sozialpädagogische und pädagogisch-therapeutische Praxis sind auf der Basis der Erkenntnisse von Rogers und unter Einbeziehung weiterer Ansätze Konzepte vorgelegt worden, deren Vermittlung der Kompetenz für eine hilfreiche Gesprächsführung dienlich sein kann. Sie lassen sich nach Anleitungen einüben, wie sie z. B. von Minsell 1974, Egan 1975, Weber 1975, Weinberger 1980, Hoffmann/Gerbis 1981, Jaeggi et al. 1983, Crisand 1990, Pallasch 1990 oder Weinberger/Lindner 2011 vorgelegt wurden. Wichtig ist allerdings zu bedenken, dass die Konzeption von Rogers nicht auf Methoden und Techniken, sondern letztlich zentral auf der speziellen, von ihm beschriebenen *Haltung* basiert (▸ Kap. 4.2.3).

2 Spielen als pädagogisch-therapeutisches Verfahren

Das Spiel in seinen verschiedenen Formen muss in der Pädagogik bei Verhaltensstörungen einen bedeutsamen Platz haben. Es ist für helfende Pädagogen wie für psychophysisch belastete Kinder eine »via regia« der offenen, informellen Diagnostik wie der hilfreichen Intervention, und zwar insofern, als es in diagnostischer Hinsicht die notwendigen Hinweise zu geben und in pädagogisch-therapeutischer Hinsicht vielfältige Möglichkeiten zur Bewältigung der Schwierigkeiten und zur Reduzierung der psychophysischen Störungen zu bieten vermag.

Die Bedeutung des Spiels für Kinder und Jugendliche mit sozial-emotionalen Schwierigkeiten wird auch in den KMK-Empfehlungen zum Förderschwerpunkt emotional-soziale Entwicklung herausgestellt: »Die Fähigkeit zu spielen ist bei den Kindern und Jugendlichen mit diesem Förderbedarf vielfach unzureichend entwickelt. Spiele in Gruppen erfordern Absprachen, das Einhalten von Regeln und

Durchhaltevermögen. In einer entspannten Spielatmosphäre können sich die Kinder engagieren, überlassen sich der Dynamik der Spielsituation und empfinden Freude und Vergnügen. Aus Beobachtungen während des Spiels lassen sich Hinweise für die schulische Förderung ableiten. Durch Regelspiele können das Gemeinschaftsgefühl gestärkt und das Ertragen von Erfolg und Misserfolg geübt werden« (KMK 2000, 18).

Zur Historie
Über die Bedeutung des Spiels im menschlichen Entwicklungs- und Sozialisationsprozess ist seit den Anfängen unserer Kultur nachgedacht worden (vgl. dazu Scheuerl 1954; 1977; Hering 1979; Flitner 1986).

Platon (427–347a. Chr. n.) betonte die Bedeutung des Spiels für die Bildung, Aristoteles (384–322a. Chr. n.) setzt bereits Spielzeug als Lern- und Beschäftigungsmittel ein. Aus der Römischen Antike ist bekannt, dass Quintilian (35–95p. Chr. n.) unter dem Aspekt des spielenden Lernens Lesen und Schreiben vermittelte. Mit der Entwicklung einer systematischen Pädagogik in der Zeit der Aufklärung wurde auch in deutschen Landen die Bedeutung des kindlichen Spiels herausgestellt, nachdem bereits John Locke (1632–1704) in England, Jean-Jacques Rousseau (1712–1778) in der Schweiz bzw. in Frankreich entwicklungsbedeutsame Funktionen wie Einübung und Erholung herausgestellt hatten. Friedrich Schiller (1759–1805) leitete dann im Anschluss an Immanuel Kant (1724–1804) dazu über, das Spiel unter ästhetischen Gesichtspunkten zu sehen, indem er beispielsweise den vielzitierten Satz prägte: »Der Mensch spielt nur, wo er in voller Bedeutung des Wortes Mensch ist, und er ist nur da ganz Mensch, wo er spielt.« Seit den Erkenntnissen Friedrich Fröbels (1782–1852) über die persönlichkeitsformenden Qualitäten des Spiels und seit seiner Propagierung und Bereitstellung vielfältigen und lernfördernden Spielmaterials hat das Spiel in der Theorie wie in der Praxis immer mehr an Interesse und Bedeutung gewonnen.

Wesen und Funktion des Spiels
Was Spiel eigentlich ist, lässt sich nur sehr schwer fassen und wird deshalb zumeist nur in Teilaspekten berücksichtigt. Definitionsversuche bewegen sich auf deskriptivem Niveau. Wesentliche Merkmale zeigt Hildegard Hetzer, mit Charlotte Bühler eine der ersten spielpsychologischen Forscherinnen, auf: »Das Spiel ist eine Grundform der spontanen Aktivität des Lebendigen bei der Auseinandersetzung mit der Welt. Es entspringt ausschließlich dem aktuellen Bedürfnis, tätig zu sein, ist frei von jeder außerhalb dieser Tätigkeit liegenden Zwecksetzung, wird daher um seiner selbst willen im Bewusstsein der Spielfreiheit betrieben. Fehlen jeglichen spielfremden Zweckes und freie Wahl des Betätigungsfeldes sind ebenso Voraussetzung der Spielfreiheit wie die in keiner Weise durch Berechnung des Verhältnisses von Aufwand und Effekt eingeschränkte Verfügung über den Einsatz der eigenen physischen und psychischen Kräfte, die aufzuwendende Zeit und des in das Spiel einbezogenen Stückes Welt« (Hetzer 1969).

Als Gegensatz sieht sie das »Handeln aus Sorge« im Sinne von Arbeit, Pflichterfüllung und Erfüllung der Forderung, sich anzupassen.

Aus philosophisch-pädagogischer Sicht ist Spiel nicht »Tätigkeitsform«, »nicht Verhaltensweise oder Grundhaltung«, sondern »eine Bewegungsform, von besonderer Ablaufgestalt, auf die man durch Tätigkeiten verschiedener Art zwar Einfluss nimmt, die aber als ganze niemals in diesen Tätigkeiten aufgeht, sondern erst geglückt ist, wenn sie sich ihnen gegenüber verselbstständigt« (Scheuerl 1975, 202). Spiel ist für Scheuerl gekennzeichnet durch die Merkmale:

- Freiheit (Freiwilligkeit, Zweckfreiheit),
- innere Unendlichkeit (zeitliche Ausdehnung, Wiederholungstendenzen),
- Scheinhaftigkeit (Als-ob-Charakter, Quasi-Realität),
- Ambivalenz (Spannungsverhältnisse, z. B. Freiheit: Realität, Unendlichkeit: Begrenzungen),
- Geschlossenheit und
- Gegenwärtigkeit (Scheuerl 1977, 68–115).

Ähnlich, aber in Nuancen anders und erweitert um den »Aktivierungszirkel«, sieht Heckhausen (1978) das Spiel aus psychologischer Sicht. Für ihn sind als Merkmale bedeutsam:

1. »die Zweckfreiheit,
2. der ›Aktivierungszirkel‹, d. h. das Aufsuchen eines Wechsels von Spannung und Lösung, der in vielen Wiederholungen abrollt,
3. die *handelnde* Auseinandersetzung mit einem Stück real begegnender Welt,
4. die undifferenzierte Zielstruktur und die unmittelbare Zeitperspektive,
5. die Quasi-Realität« (a. a. O., 155–174).

Es wurden sehr verschiedene Theorien zur Funktion des Spiels entwickelt, die in den Anfängen spieltheoretischen Denkens zunächst monodimensional ausgerichtet waren, wie z. B. die Kraftüberschusstheorie, die Erholungstheorie, die Vorübungstheorie oder die Rekapitulationstheorie.
Nach der Kraftüberschusstheorie von Herbert Spencer (1820–1903) produziert der Organismus dauernd Energie, die der Erwachsene bei der Arbeit, das Kind im Spiel auf unterschiedlichste Weise abreagieren kann (Spencer 1855). Mit seiner Erholungstheorie verweist Lazarus 1883 darauf, dass das Spiel der Erholung und dem Kraftgewinn nach den Mühen der Arbeit und den Forderungen des Alltags dient. Für Karl Groos hat das Spiel die Funktion der Einübung und Selbstausbildung in Form spielenden Experimentierens. Das Kind nimmt im Spiel die Alltagswelt der Erwachsenen vorweg und bereitet sich auf sie vor (Groos 1901; 1922). Stanley Hall explizierte in seinen spieltheoretischen Überlegungen, dass das Kind im Spiel bedeutsame Aspekte der Phylogenese (der Mensch als Jäger, Sammler usw.) rekapituliert (Hall 1906).
Neuere spieltheoretische Explikationen verweisen auf die Multidimensionalität bzw. Multifunktionalität des Spiels (vgl. z. B. Scheuerl 1954; 1977; Flitner 1986) und beziehen auch insbesondere die Ergebnisse der Forschungen der verschiedenen (tiefen-, entwicklungs-, motivations-)psychologischen sowie der sozialisationstheoretischen Schulen mit ein (vgl. Kluge 1981; Oerter 2002, 221 ff.).

Sigmund Freud entdeckte den Wiederholungszwang im Seelenleben, der sich in Träumen und auch als »Antrieb zum Spiel des Kindes« findet (1920, 232). Er zeigt auf, »dass die Kinder alles im Spiel wiederholen, was ihnen im Leben großen Eindruck gemacht hat, dass sie dabei die Stärke des Eindruckes abreagieren und sich sozusagen zu Herren der Situation machen« (a. a. O., 226). Im Spiel findet sich aber auch, wie er betont, »direkte lustvolle Triebbefriedigung« (Freud 1929, 232). Freuds Schüler, wie seine Tochter Anna, wie Melanie Klein und Hans Zulliger, arbeiteten die Bedeutung des Spiels für eine gesunde Ich-Entwicklung, für Angst- und Konfliktbewältigung, für Diagnostik und Therapie heraus. Unter entwicklungspsychologischem Aspekt haben sich z. B. Karl und Charlotte Bühler, Hildegard Hetzer, Lotte Schenk-Danzinger und Jean Piaget mit dem Spiel beschäftigt. In der Entwicklungspsychologie von Piaget nimmt der Aspekt der Anpassung eine bedeutende Stellung ein. So lassen sich auch seine Erkenntnisse zum Spiel mit dem Terminus Anpassungstheorie zusammenfassen. Für Piaget realisiert das Kind im Spiel die Anpassung von Umweltgegebenheiten an seine Möglichkeiten und Bedürfnisse (Assimilation). »Das Spiel ist so fast reine Assimilation, d. h. es ist Denken, das ausgerichtet ist durch das vorherrschende Bedürfnis nach individueller Bedürfnisbefriedigung« (Piaget 1969, 117). Wie schon Schiller stellt er heraus, dass der Mensch im Spiel ganz er selbst sein, ganz seine Ich-Tendenzen ausleben kann: »Das Spiel ist eine Assimilation der Wirklichkeit an das Ich im Gegensatz zum ›ernsthaften‹ Denken, das den Assimilationsprozess mit einer Akkommodation an die anderen Menschen und an die Dinge äquilibriert« (a. a. O., 191).

Oerter (1999) charakterisiert Spiel durch drei Merkmale: Es ist Handlung um der Handlung willen, konstituiert sich über einen Wechsel des Realitätsbezugs und ist durch Wiederholung und Ritual gekennzeichnet.

Auf einige spieltheoretische Erwägungen soll noch verwiesen werden, die Sutton-Smith einbrachte und die dem Spiel sozialisierende und innovierende Zielgerichtetheit zuschreiben. Danach sind Spiele »Sozialisationssysteme in Bezug auf Konflikt und Macht« (Sutton-Smith 1978, 107). Sutton-Smith geht in seiner Theorie davon aus, »dass die Motivation für die Beteiligung an Spielen in den Ängsten und Konflikten liegt, die im Spieler durch vorhergehende Kindererziehungspraktiken hervorgerufen werden. Der Spieler findet Gefallen an Spielen, weil sie eine symbolische Darstellung dieser Konflikte enthalten und er im Laufe des durch das Spiel ermöglichten gepufferten Lernens die Zuversicht und Fähigkeit entwickelt, mit den Situationen der Wirklichkeit, auf die die ursprünglichen Ängste gerichtet sind, fertig zu werden« (a. a. O., 120).

Spielerisches Lernen
Unter sonderpädagogischem und integrationswissenschaftlichem Aspekt, d. h. im Hinblick auf Erleichterungen und Verbesserungen im Erziehungs- und Bildungsprozess unter erschwerten Bedingungen, sollen die verschiedenen, im Laufe der Jahrzehnte erarbeiteten Erkenntnisse zum Wesen und zur Funktion des Spiels unter Betonung von Multidimensionalität und Multifunktionalität zusammengefasst werden. Im groben Überblick ist deshalb festzuhalten: Spiel ist Aktivität, handelndes Tun und Reflexion und somit Aneignung (vgl. Leontjew, Galparin). Spiel erbringt Veränderungen, ist Verhaltensänderung, ist Lernen in fast allen Bereichen

menschlichen Lebens. Spiel macht Spaß, ist Selbstzweck, spricht Menschen in ihrer Ganzheit an. Detaillierter gesehen ist Spiel:

- intrinsisch-motivierend und lässt auf externe Stimuli verzichten;
- aktives Handeln, welches das Lernen erleichtert und erfolgreicher macht;
- individuell angepasste Aktivität, über die sich Spannungen abbauen lassen;
- affektiv getöntes, ernsthaftes und lustvolles Tun, das zu Generalisierungen führen kann;
- Probehandeln in einer Quasi-Realität, in der trotz intensiver Beteiligung Distanzierung und Reflexion möglich sind;
- vereinfachte, den individuellen Fähigkeiten und Fertigkeiten anpassbare Wirklichkeit;
- eine Möglichkeit, zeitlich unüberschaubare Abläufe zu verdichten und in ihren Zusammenhängen erkennbar zu machen;
- eine Abbildung sozialer Situationen, in denen sozialadäquates Verhalten erprobt und eingeübt werden kann;
- eine Möglichkeit, mit Regeln umzugehen, sie als situationsbezogen und situationsabhängig zu erkennen und so Flexibilität, Kreativität, Toleranz und Konfliktlösungsmuster zu lernen;
- eine Möglichkeit, das persönliche Ich im Sinne von Selbstbestimmung und Selbstbehauptung, aber auch das soziale Ich im Sinne von Rücksichtnahme, Hilfsbereitschaft, Verantwortung zu entfalten und zu stärken (vgl. Preiser 1980, 366 ff.; auch Oerter 1999; 2002).

Spiel hat deshalb in allen Erziehungs- und Bildungseinrichtungen einen bedeutsamen Stellenwert, muss aber bei Kindern und Jugendlichen mit Lern- und Verhaltensstörungen besonders hohe Priorität haben.

Spiel-Klassifikation
Unter entwicklungspsychologischem Aspekt lässt sich das kindliche Spiel in drei große Phasen aufteilen, denen, entwicklungsbedingt, spezifische Spiele zuzuordnen sind.

Nach den ersten beiden Monaten ungesteuerten, unkoordinierten Herumzappelns beginnt der Säugling etwa vom dritten Monat an in der ersten Phase der Spielentwicklung mit den Bewegungs- oder Funktionsspielen. Er verfolgt die spontanen Bewegungen seiner Gliedmaßen und versucht sie zu steuern, greift nach verschiedenen Dingen, die er – um mit Piaget zu sprechen – assimiliert, d. h. seinen Möglichkeiten anpasst und umfunktioniert. Er befühlt, betastet, begreift Gegenstände und freut sich, wenn sie – die Rassel oder Klapper – optisch und akustisch reizvoll sind. Mit dem beginnenden zweiten Lebensjahr werden diese explorativen Spiele ausgeweitet. Das Kind fängt an zu laufen, die Funktionsspiele werden im Hinblick auf Körperbeherrschung differenzierter, Materialien werden im wahrsten Sinne des Wortes ausprobiert.

Etwa mit der Mitte des zweiten Lebensjahres beginnt die zweite Phase der Spielentwicklung. Gegenstände gewinnen Symbolgestalt: Ein Klotz kann ein Auto, mehrere Klötze können eine Eisenbahn sein. Gegenstände werden anthropomorphisiert: Eine Puppe ist die Mutter, eine andere das Kind. Derartige Symbolspiele entwickeln sich weiter zu Erkundungs- und Konstruktionsspielen sowie zu Rezeptions- und Rollenspielen. Das Kind erkundet spielend seine Umwelt, übt mit Bauklötzen und Bausteinen sowie mit entsprechend großen Konstruktionselementen und -werkzeugen planvolles Vorgehen, konstruktives Agieren, versenkt sich spielerisch in bildhafte Darstellungen und in Erzählungen (Märchen), schlüpft in andere Rollen, versucht sie nachzuahmen und nachzuempfinden. Rollen- oder Fiktionsspiele haben für Kinder nach Charlotte Bühler insbesondere zwischen zweieinhalb und fünf Jahren einen besonderen Stellenwert.

All diesen Spielen kommt bis zum Schulalter eine immense Bedeutung für eine gesunde Entwicklung zu; sie sollten nicht durch Fernsehen und Videos reduziert oder gar verdrängt werden, die Phantasie, Kreativität, symbolische Bewältigung der Realität einschränken und Aufnahme- wie Verarbeitungsstörungen induzieren können (vgl. Rittelmeyer 2007). So resümiert Bauer (2005), »dass der Fernsehkonsum im Kleinkindalter statistisch eindeutig mit dem Risiko einer späteren Aufmerksamkeits- und Hyperaktivitätsstörung (ADHS) korreliert« (a. a. O., 120). Die Wichtigkeit spielerischen Tuns gilt natürlich auch für Rollenspiele, mit denen das Kind nicht nur verschiedene soziale Rollen erprobt und sich in andere Personen hineinzufühlen übt, sondern auch und insbesondere Ängste, Erregungen, Spannungen zu ertragen und abzureagieren im Stande ist.

Die dritte Phase der Spielentwicklung beginnt mit dem siebenten bis achten Lebensjahr. Zu den Bewegungs- und Konstruktionsspielen, die ja nicht abgelöst, vielmehr differenzierter, komplexer, realitätsbezogener werden, kommen nun die Regelspiele. Auf dem Hintergrund von Abmachungen lernt das Kind prosoziales Verhalten, sich in eine Gruppe mit ihren Normen und Werten einzuordnen, gemeinsam mit anderen ein Ziel anzustreben und zu erreichen, sich in Teamspielen mit anderen zu messen. Es lernt, Misserfolge zu ertragen, aber auch auf Erfolge und Gewinnen angemessen zu reagieren (vgl. dazu Bühler 1962; Hetzer 1972; Schenk-Danzinger 1984).

Zur beeinträchtigten Spielfähigkeit von Kindern und Jugendlichen mit Lern- und Verhaltensstörungen
Wenn Spiel auch als anthropologische Kategorie gesehen werden kann (»Homo ludens«, Huizinga 1938/1956), so ist doch Spielfähigkeit nicht eine allezeit und allerseits gegebene, unabhängige Konstante. So wie Spielen und Spielfähigkeit durch eine anregungsreiche, motivierende und verstärkende Umwelt förderbar ist, sind auch Einschränkungen, Be- und Verhinderungen durch intra- und extraindividuelle Faktoren möglich. Das gilt für Anlagebedingungen wie – vor allem – für ökonomische, politische und pädagogische Bedingungen. So kann bei Kindern mit Lern- und/oder Verhaltensstörungen nicht davon ausgegangen werden, dass sie auf Spielangebote adäquat einzugehen vermögen, dass sie mit Spielmaterialien oder auch untereinander adäquat spielen können. Hemmungen oder auch passives Verhalten im Spiel können mit organischen und psychischen Störungen und Erkrankungen zusammenhängen. Spielgehemmte Kinder verhalten sich abwartend, beobachtend, sind insbesondere im Gruppenspiel zurückhaltend, können aber im Einzelspiel durchaus aktiv und kreativ sein. Die Spielhemmungen hängen häufig

mit problematischen Strukturen im Elternhaus zusammen, mit übermäßig kontrollierendem oder auch mit überprotektivem Erziehungsverhalten.

Schwere Spielstörungen und -hemmungen können »die Folge einer versteckten Depression sein« (Wurst 1984, 227); sie sind überhaupt häufig mit psychotischen Tendenzen oder auch schweren psychotischen Syndromen, wie z. B. dem frühkindlichen Autismus, in Verbindung zu bringen. Als Spielstörung ist auch übermäßig aggressives Verhalten im Spiel zu verstehen, das unter Umständen aus Erethismus (starker Erregbarkeit) heraus nur dranghafte Destruktivität zulässt (vgl. a. a. O., 229). Spielstörungen zeigen sich auch als Retardierungen (nicht altersgemäßes Spielen), Perseverationen (stereotypes Verhalten, »Kleben« an einer Sache), mangelndes produktives, kreatives Verhalten sowie als hyperkinetisches Spielverhalten (sprunghaftes, unruhiges, affektiv-ungesteuertes, ideenflüchtiges Spielen, vgl. dazu a. a. O., 225–238).

Zusammenhänge zwischen Störungsbildern und Spielstörungen bzw. -hemmungen haben ausführlich Ginott sowie van der Kooij dargestellt (vgl. Ginott 1971, 52 ff.; van der Kooij 1993).

Probleme beim Spielen haben Kinder zumeist auf dem Hintergrund milieureaktiver Störungen. So berichtet Murphy (1974), dass soziokulturell deprivierte, verwahrloste Kinder »im Allgemeinen nicht von selbst auf die Idee (kommen), eine Garage oder eine Feuerwehrstation zu bauen; noch viel weniger versuchen sie Spielzeug und andere Kinder in ein vielfältiges Spielmuster einzubeziehen. Auf einem einfacheren Niveau spielen sie essen oder sich-jagen oder andere Ereignisse, aber sie entwickeln keine Spielfolgen, die erfordern, dass man einen Plan macht und ihn dann ausführt« (a. a. O., 197). Ähnliches berichtet Hebenstreit (1979) über das Spielverhalten soziokulturell benachteiligter Kinder. Aus dem Materialangebot eines Kindergartens nehmen sie sich »ein unbekanntes Spiel, schütten es aus und stehen hilflos davor. Da sie mit dem Spiel nichts anfangen können, holen sie sich das nächste und der gleiche Prozess beginnt von vorne. Nach einer halben Stunde sieht der Raum chaotisch aus« (a. a. O., 109).

Zusammenfassend ist für Kinder mit ernsthaften Verhaltens- und auch Lernstörungen festzustellen:

- dass ihr Spiel häufig ideenlos und ideenflüchtig ist,
- dass sie im Spiel oft nicht planend agieren können,
- dass Funktionsspiele überwiegen,
- dass ihr Spiel eher weniger differenziert und kreativ ist,
- dass sie mit Spielzeug nicht angemessen umgehen können,
- dass Spielzeug für sie nicht den erwarteten Aufforderungscharakter hat,
- dass sie sich an und mit dem Spielzeug häufig destruktiv ausagieren,
- dass sich Ritualisierungen und Stereotypien in ihrem Spiel finden,
- dass sie nicht oder nicht adäquat durchlebte Spielphasen nachholen zu müssen scheinen (vgl. Hetzer 1956; 1972; Millar 1973; Sander 1984; van der Kooij 1993).

Spielzeug

Spielzeug ist in verschiedenster Form schon aus vorgeschichtlicher Zeit bekannt. So wurden z. B. verschiedene Tiere aus Ton und Rasseln aus Bronze oder auch aus Ton gefunden. Aus der Antike sind Puppen aus verschiedenen Materialien, Spielpferde auf Rädern, Wagen, Reifen, Bälle, ja sogar Puppenstuben und Puppenmöbel überliefert. Seit dem ausgehenden Mittelalter gibt es eine Spielfabrikation und einen ausgedehnten Spielzeughandel mit Zentren in Nürnberg, Frankfurt/Main und Ulm. Vom 18. Jahrhundert an waren Zinnfiguren – d. h. insbesondere Soldaten, aber auch Tiere – beliebt, die in feiner Ausarbeitung gegossen und bemalt wurden. Mit der Technisierung und Industrialisierung im 19. Jahrhundert ist das mechanische Spielzeug in Massenfabrikation und für Kinderhand aufgekommen, das seine vorläufigen Entwicklungshöhepunkte in ferngesteuerten Spielzeugautos und -flugzeugen erreicht hat. Die seit alters her bekannten Brett- und Würfelspiele haben ihre moderne Gestalt in vielfältigen Versionen für Computer, Konsolen, Handys und Smartphones.

Spielzeug soll altersgerecht und entwicklungsgemäß sowie funktionsgerecht zum Bewegen, zum Gestalten und zum Liebhaben ausgewählt werden. Für Kinder bis zum Schulalter muss das Spielzeug der Phantasie Freiraum gewähren, vielfältige alternative Möglichkeiten bieten, lebensweltbezogen und verständlich sein, vom Material her angenehm und griffig, von der Farbe her reizvoll sein, einfach in der Form und gut haltbar, von der Mechanik her einsichtig und in der Konstruktion verständlich sein, ein vernünftiges Preis-Leistungsverhältnis haben und im Hinblick auf Größe und Menge altersgerecht sein. So kann ein Kind z. B. eine große Menge Bauklötze oder Lego-Steine haben, sollte sich aber auf nur wenige Schmusetiere fixieren können. Als besonders entwicklungsfördernd und somit nahezu unentbehrlich sind verschiedene Bauklötze, kleinere und größere Fahrzeuge, Puppen, Schmusetiere, Sandspielzeug, Malmaterialien, Werkzeuge und Handarbeitsmaterialien, Bälle, Dreirad, Laufrad und Fahrrad sowie die verschiedensten Gesellschaftsspiele – auch solche mit didaktischen Intentionen – anzusehen. Heimlich (1993) weist darauf hin, dass Spielmittel, welche Kreativität und Phantasie anregen, eher einfach und »niedrig realistisch« (a. a. O., 50), veränderbar sowie umgestalt- und kombinierbar sein und mehr als nur eine Spieloption ermöglichen sollten (siehe auch Einsiedler 1994, 55 ff.).

Dabei sollte Spielzeug nicht geschlechtsspezifisch ausgewählt werden. Seit längerem ist bekannt, dass Mädchen »eine größere Zuneigung zu Jungenspielen (aufweisen) als ehedem, was als Indikator für ihre höhere Leistungsmotivation verstanden werden kann«, dass Jungen allerdings Mädchenspiele nicht in gleicher Weise bevorzugen. »Man könnte dies als Abwehrerscheinung interpretieren; denn mit dem Abbau von Unterschieden zwischen Männern und Frauen mag es für einen Jungen schwerer werden, sich seiner wesensbestimmenden Männlichkeit gewiss zu sein« (Sutton-Smith 1978, 117). Unter dem Aspekt gleichberechtigten Zusammenlebens scheint es heutzutage sinnvoll zu sein, derartigen Abwehrerscheinungen entgegenzuwirken.

Spiel als pädagogisch-therapeutisches Verfahren bei Kindern mit Verhaltensstörungen

Es ist eine alte Erfahrung, dass Kinder, wenn sie allein oder mit anderen spielen, in verbaler und nonverbaler Kommunikation viele Hinweise geben, die diagnostisch bedeutsam sind. So verdeutlichen sie altersgemäßes Spielen, Phantasie und Kreativität, aber auch Spielstörungen, Spielhemmungen, neurotische Tendenzen, Konfliktlagen, erfahrenes Leid, sehnliche Wünsche, Sympathien und Antipathien. Unter diagnostischen Aspekten ausgewählte und arrangierte Spielsachen und der Umgang mit ihnen können, wie auch Beobachtungen bei Interaktions- oder Gesellschaftsspielen usw., sowohl entwicklungspsychologisch als auch begabungs- und persönlichkeits- bzw. konfliktpsychologisch relevante Daten vermitteln.

In den standardisierten Spielzeugsammlungen, die seit den 1930er Jahren konzipiert worden sind, manifestiert sich ein Ideal diagnostischer und therapeutischer Interventionen insofern, als sich im Handeln und Tun und den begleitenden bzw. reflektierenden Gesprächen Diagnose und Therapie miteinander verbinden. Zu diesem Verfahren gehören die bereits Ende der 1920er Jahre von Margaret Lowenfeld entwickelte und herausgegebene Welt-Technik und der Sceno-Test von Gerhild von Staabs (▶ Kap. 5.5).

Spieltherapien als Verfahren der Kinderpsychotherapie sind bestimmten psychologischen Konzepten verpflichtet. Wohl am meisten verbreitet sind die psychoanalytische Spieltherapie und die nicht-direktive Spieltherapie bzw. – in einer Weiterentwicklung – die klientenzentrierte Spieltherapie.

Die psychoanalytische Spieltherapie wurde als Pendant zur Methode der freien Assoziation bei Erwachsenen von Melanie Klein entwickelt, für die das Kind im Spiel in gleicher Weise unbewusste, der Deutung und der Bewusstmachung bedürftige Tendenzen verdeutlicht wie der Erwachsene auf der Couch. Dass psychoanalytisch orientierte Spieltherapie auch ohne Tiefenhermeneutik auskommen kann, zeigt Hans Zulliger (1967) in seinem Buch mit dem für sich sprechenden Titel »Heilende Kräfte im kindlichen Spiel« auf. Es geht also nicht um Deutungen, sondern darum, dem Kind Spielangebote zu machen, damit sich die heilenden Kräfte entfalten können. Im Sinne dieses Verständnisses könnten auch spezifisch psychoanalytisch geschulte Sonderpädagogen spieltherapeutisch fördern, Übertragungen ermöglichen, Konflikte bearbeiten lassen, das Ich stärken (siehe im Überblick Goetze 1993).

Die nicht-direktive Spieltherapie entwickelte Axline auf der Grundlage des humanistisch-psychologischen Ansatzes von Carl Rogers. Im Spiel soll das Kind »angesammelte Gefühle von Spannungen, Frustration, Unsicherheit, Angst, Aggression und Verwirrung ›ausspielen‹« (Axline 1972, 20, 11. Auflage 2016), um selbst zu erfahren und zu erkennen, dass es sie bewältigen und für ein reiferes Leben überwinden kann. Dafür braucht das Kind eine spezifische Umgebung, die nach acht Grundprinzipien zu gestalten ist: Der Therapeut …

- … »muss eine warme, freundliche Beziehung zum Kind aufnehmen, die so bald wie möglich zu einem guten Kontakt führt«;
- … »nimmt das Kind ganz so an, wie es ist«;
- … »gründet seine Beziehung zum Kind auf eine Atmosphäre des Gewährenlassens, sodass das Kind all seine Gefühle frei und ungehemmt ausdrücken kann«;
- … »ist wachsam, um die Gefühle, die das Kind ausdrücken möchte, zu erkennen, und reflektiert sie auf eine Weise auf das Kind zurück, dass es Einsicht in sein eigenes Verhalten gewinnt«;

- ... »achtet die Fähigkeit des Kindes, mit seinen Schwierigkeiten selbst fertig zu werden, wenn man ihm die Gelegenheit dazu gibt, eine Wahl im Hinblick auf sein Verhalten zu treffen. Der Entschluss zu einer Wandlung und das In-Gang-Setzen einer Veränderung sind Angelegenheit des Kindes«;
- ... »versucht nicht, die Handlungen oder Gespräche des Kindes zu beeinflussen. Das Kind weist den Weg, der Therapeut folgt ihm«;
- ... »versucht nicht, den Gang der Therapie zu beschleunigen. Es ist ein Weg, der Schritt für Schritt gegangen werden muss, und der Therapeut weiß das«;
- ... »setzt nur dort Grenzen, wo diese notwendig sind, um die Therapie in der Welt der Wirklichkeit zu verankern und dem Kind seine Mitverantwortung an der Beziehung zwischen sich und dem Kind klarzumachen« (a. a. O. 73).

Jahrzehntelange Erfahrungen mit der non-direktiven Spieltherapie führten zur Weiterentwicklung im Sinne eines synthetischen bzw. integrativen Ansatzes, in den tiefenpsychologische, denk- und intelligenzpsychologische sowie lerntheoretische Einsichten eingingen. Leitlinien wurden die Therapeutenvariablen nach Rogers. Nicht-direktive Spieltherapie ist gekennzeichnet durch vom Therapeuten zu schaffende hilfreiche Bedingungen, die ihn selbst und die Verlaufsgestalt jeder spieltherapeutischen Sitzung wie des gesamten spieltherapeutischen Prozesses betreffen. Ausgangspunkt ist der Grundgedanke von Rogers: Das Individuum trage in sich selbst das Potenzial zur Selbsterkenntnis und zur Veränderung von Selbstkonzept, Einstellungen und eigenem Verhalten – es müsse nur freigesetzt werden, insbesondere durch ein förderliches Klima (vgl. Rogers 1978, 18). Auf dieser Basis nennt Goetze (vgl. 1980) folgende hilfreiche Bedingungen:

- »Einfühlendes Verstehen
- Echtheit, Offenheit, Fassadenlosigkeit
- emotionale Wärme
- zum Ausdruck gebrachte Wertschätzung und Akzeptierung
- ein auf das Kind/den Jugendlichen abgestimmtes Spiel- und/oder Gesprächsangebot
- auf das Kind, den Jugendlichen zugeschnittene weitere konstruktive Hilfen (Lernhilfen, Hilfen zur Verhaltensstabilisierung etc.)« (a. a. O., 198).

Ein derartiges personen- bzw. kindzentriertes spieltherapeutisches Förderkonzept lässt sich durch entsprechend vorbereitete und weitergebildete Pädagogen auch auf den schulischen Bereich übertragen. Allerdings müssen diese Spieleinheiten in den Bezugsrahmen eines übergreifenden Konzepts eingebettet sein, wie es z. B. das pädagogisch-therapeutische Konzept bei Kindern und Jugendlichen mit Verhaltensstörungen darstellt (vgl. Goetze 1980, 198 f.).

Dem als Lehrer- bzw. Erzieher-Facilitator im Sinne spieltherapeutischer Förderung tätigen Pädagogen bieten sich neben dem personenzentrierten Ansatz weitere Konzepte an, wie z. B. die so genannte Mehrfaktorentherapie (Schulze 1968) und die so genannte heilpädagogische Spieltherapie (Just 1973).

Schulze (1968) bietet eine Spielserie an, die mit freiem Spiel beginnt und mit Regelspielen endet, zunächst durch ein Therapeutenverhalten im Sinne der Basismerkmale von Rogers gekennzeichnet ist, dann aber mehr eine »Richtung auf Führung und Erziehung« einnimmt, d. h. »eine liebevoll-konsequente und immer fester werdende heilpädagogische Führung« wird (a. a. O., 485). In der Endphase stehen Rollenspiele im Vordergrund, über die kooperatives Verhalten eingeübt wird.

Just (1973) nennt ihr spieltherapeutisches Förderkonzept »heilpädagogische Spieltherapie«. Das Verhalten des Lehrer-/Erzieher-Facilitators ist durch ein »zurückhaltendes indirektes Lenken« gekennzeichnet, das, in Abhängigkeit von situativen Bedingungen, »einmal sehr passiv, nicht-direktiv, zum anderen mehr aktiv-direktiv« sein kann (a. a. O., 113). Die Spielmittel sollten so ausgewählt werden, dass sie

1. »Kontaktaufnahme mit dem Kind erleichtern,
2. Katharsis hervorrufen,
3. Einsichtsfähigkeit fördern,
4. Sublimierungen ermöglichen,
5. Chancen zur Erprobung der Realität geben« (a. a. O., 113).

Wie Erfahrungen zeigen, werden in Kinderspieltherapien vier Phasen durchlaufen: In der *ersten Phase* werden Kontakte hergestellt, Hemmungen und Ängste aufgelöst. Dem Kind wird eine entspannte Atmosphäre geboten; es kann sich auch mit Grenzüberschreitungen ausagieren, ohne Schuldgefühle haben oder Ablehnung befürchten zu müssen. In der *zweiten Phase* wird ein Vertrauensverhältnis aufgebaut; Aggressionen und Aktivitäten können über Bewegungsspiele ausagiert werden. Die *dritte Phase* dient der »Bindung und Identifikation«: Rollenspiele bekommen einen bedeutenden Stellenwert, Grenzen können vorsichtig gesetzt, Konflikte systematisch bearbeitet werden. Die *vierte Phase* ist die Endphase, in der es zur Ablösung kommt; Konstruktions- und Regelspiele sind realisierbar, Selbstständigkeit entwickelt sich, der Lebensplan wird deutlich (Wendt et al. 1981, 12 f.).

Am Konzept von Rogers orientierte Facilitatoren geben für den spieltherapeutischen Ablauf in seiner Gesamtheit folgende vier Phasen an:

- die *non-personale Phase*, in der sich die Beteiligten noch fremd sind, in der Wärme, Nähe, Offenheit noch fehlen;
- die *non-direktive* Phase, in der nach den Prinzipien Axlines vorgegangen wird, in der aber noch eine gewisse Distanz gegeben ist, insbesondere von Seiten des Facilitators;
- die *klientenzentrierte Phase*, die durch ein gutes Beziehungsverhältnis gekennzeichnet ist, in der nicht nur Gefühle reflektiert, in der auch Erlebnisvorgänge intensiviert werden und der Facilitator mitspielt;
- die *personenzentrierte Phase*, in der der Facilitator zum Partner des Kindes wird, in der die Beziehung bereits belastungsfähig ist, in der sich Erwachsener und Kind mit ihren Bedürfnissen, Vorstellungen und Gefühlen in gleichberechtigter Weise begegnen können, in der auch andere Verfahren wie kunst- und musiktherapeutische Techniken, Entspannungstechniken, gemeinsames Kochen usw. ihren Platz haben (vgl. Goetze 1980).

Ähnliche Phasenangaben macht auch Just (1973, 114) für die »heilpädagogische Spieltherapie«.

Kinder spielen allein, mit anderen Kindern oder mit Erwachsenen, aber auch gern und ausgiebig mit Tieren. Sie tollen herum, streicheln sie und schmusen mit ihnen, füttern und pflegen sie, passen auf sie auf, übernehmen Verantwortung für sie usw. Das Kind lernt vom Tier und das Tier vom Kind. Gemeinsamkeiten und Unterschiede werden entdeckt und modifizieren den Umgang miteinander. Das Miteinander kann als freudvoll erlebt werden und Bedürfnisse nach Zuwendung, Nähe und Wärme auf beiden Seiten befriedigen. Häufig stellt sich eine sehr enge Beziehung ein – und zwar auch dann, wenn diese zu anderen Menschen nicht oder nur schwer zu realisieren ist. Diese Erfahrungen werden seit einigen Jahren nicht nur der pädagogisch-therapeutischen Intervention bei Kindern und Jugendlichen mit Verhaltensstörungen nutzbar gemacht, sondern auch – oftmals auf Anregung von und in Verbindung mit Vereinen – systematisch erforscht. An der Universität Köln hat sich 1999 unter Leitung von Fitting-Dahlmann eine Forschungsgruppe TIPI (»Tiere in Pädagogik integrieren«) gebildet, die bereits eine Reihe von wissenschaftlichen Arbeiten vorgelegt hat. Untersucht wurden die Wirkungen des Kontaktes von Delphin, Esel, Hund, Pferd und Ratte auf sozial-emotional schwierige Kinder und Jugendliche. Folgende positive Wirkungen wurden beobachtet und dokumentiert:

- Abbau von Verhaltensauffälligkeiten bei unsicher gebundenen Kindern,
- Förderung von sozialen und emotionalen Kompetenzen,
- Steigerung des Selbstbewusstseins,
- Abbau von Aggressionen und Ängsten,
- Steigerung der Frustrationstoleranz,
- Förderung von Empathie,
- Förderung von Regelverständnis,
- Steigerung des Verantwortungsbewusstseins,
- Steigerung der Schulmotivation,
- Lernen von Durchsetzungsstrategien,
- Förderung von Unabhängigkeit (Fitting-Dahlmann/Reuter 2004, 48).

Eine systematische Aufarbeitung der Möglichkeiten tiergestützter Intervention haben Vernooij/Schneider (2008) vorgelegt – bezogen auf pädagogische wie therapeutische Möglichkeiten sowie differenziert für verschiedene Tierarten, insbesondere Hunde, Pferde sowie Delfine.

Spieltherapeutische Förderung – insgesamt gesehen – lässt im Hinblick auf Kinder/Jugendliche mit Verhaltensstörungen verschiedene, auch durch Untersuchungen belegte, bedeutsame Effekte erwarten wie: angepassteres Sozialverhalten, Reduzierung auffälligen, symptomatischen Verhaltens, Verbesserungen der Flexibilität im Denken und der psychischen Stabilität, verminderte Ängste und Trauertendenzen und vermehrte emotionale Dominanz und Freude sowie gesteigerte Selbstständigkeit und Unabhängigkeit (vgl. zusammenfassend Goetze 1980, 202 f., und 2002).

Das Rollenspiel als Methode der Verhaltensänderung
Die Schwierigkeiten, die Kinder und Jugendliche mit sich und der Umwelt haben, resultieren häufig aus Lerndefiziten und/oder aus Lernprozessen, die sozial

inadäquate Gewohnheiten und Verhaltensweisen etablierten. Das Rollenspiel bietet sowohl bei diesen Heranwachsenden als auch für die jungen Menschen gute Hilfen, die unter traumatischen Erlebnissen leiden oder in für sie nicht zu bewältigenden Konflikten leben. Das Rollenspiel kann also sowohl als Methode des sozialen Lernens zur Erweiterung oder Verbesserung des Verhaltensrepertoires als auch zur Konfliktdarstellung und -bewältigung dienen (siehe Drinkmann 2005).

In den KMK-Empfehlungen wird Rollenspiel als sehr bedeutsam beurteilt: »Rollenspiele können bei der Entwicklung von Selbst- und Fremdwahrnehmung, von Einfühlungsvermögen, von Rollendistanz und Identität, aber auch beim Aufbau von Frustrationstoleranz und Abbau von Vorurteilen hilfreich sein. Sie bieten für die Bewältigung von konkreten Situationen die Möglichkeit des Probehandelns, um in einem geschützten Rahmen unterschiedliche Versuche zur Lösung eines Problems zu machen, alternative Entscheidungen zu überprüfen und schließlich einen Weg für den Umgang mit diesem Problem zu finden« (KMK 2000, 18).

Kinder und Jugendliche können durch einfache pantomimische Darstellungen, die sich in der Gruppe gut als Ratespiele organisieren lassen, an Rollenspiel herangeführt werden: Berufe, Sprichwörter oder Redewendungen werden pantomimisch dargestellt und müssen von den Gruppenmitgliedern geraten werden. Auch Spiele, wie das synchrone spiegelbildliche Agieren von zwei Teilnehmern oder das Nachstellen einer von einer Person vorgegebenen Haltung bei verbundenen Augen mit einer zweiten Person (»blinder Bildhauer«), sind in dieser Hinsicht typisch und werden mit großer Freude durchgeführt.

Auch Puppenspiel, welches auch für sich genommen einen großen Wert hat, kann eine gute Vorbereitung für das Rollenspiel sein, da die Kinder lernen, versteckt hinter einer Puppe, frei zu sprechen, frei zu agieren, spontanen Tendenzen Ausdruck zu geben.

Rollenspiel lässt sich hinsichtlich der Intentionen und des Ablaufs in vier unterschiedliche Verfahrensweisen unterteilen, von denen jedoch nur die ersten drei für Pädagogen relevant sind.

1. *Didaktisches Rollenspiel*
   Gerade bei Kindern mit Verhaltensschwierigkeiten, die jede nur mögliche Lernunterstützung brauchen, hat didaktisches Rollenspiel einen wesentlichen Platz. Im Mathematikunterricht lassen sich Zahlenoperationen, im Geschichtsunterricht historische Ereignisse durchspielen oder im Fremdsprachenunterricht Redewendungen einüben usw. In nahezu allen Unterrichtsfächern kann Rollenspiel eine motivierende, veranschaulichende, lerneffektsteigernde Funktion haben.

2. *Soziales Rollenspiel*
   Soziales Rollenspiel ist »eine Art von Einübung in die Wirklichkeit« (Shaftel/Shaftel 1977, 52). Unterschiedliche soziale Situationen können durchgespielt, sozialadäquate Verhaltensweisen eingeübt werden. Probehandeln ohne Situationsdruck und ohne Sanktionsbefürchtungen ermöglicht das Ausprobieren unterschiedlicher Verhaltensweisen, kann zu einer Erweiterung des Verhaltensrepertoires führen. »Rollenspiel als Simulationsverfahren ist in einem be-

stimmten curricularen Zusammenhang den verbalen und audiovisuellen Belehrungen und den Realbegegnungen überlegen« (Kochan 1981, 28).

3. *Pädagogisch-therapeutisches Rollenspiel*

Im pädagogisch-therapeutischen Rollenspiel geht es darum, aktuelle und zukünftig mögliche Problemlagen und Konflikte sowie belastende Erlebnisse, Ängste, Aufgabenstellungen darzustellen und zu bewältigen. Über fiktive und reale Ereignisse werden sukzessive Emotionen stimuliert und ihre Beherrschung wird eingeübt. Mit der Meisterung von Situationen und Gefühlen können gruppendynamische Strukturen verbessert, Minderwertigkeitsgefühle reduziert und Selbstwertgefühle verbessert werden (vgl. Kluge 1982; Wendlandt 1977). Besondere Bedeutung im pädagogisch-therapeutischen Rollenspiel haben die Mitwirkung des Pädagogen und der Rollenwechsel.

Alle Formen des pädagogisch relevanten Rollenspiels sollten in drei Phasen ablaufen: An eine Warming-up-Phase mit der Themenfixierung und der Rollenverteilung schließt sich die Aktionsphase, die Spielhandlung an, auf die unverzichtbar eine Reflexionsphase mit der Diskussion des Spielverlaufs und der Herausstellung der Ergebnisse folgt. In der Reflexionsphase werden jedoch Aktionen nicht bewertet, sondern im Hinblick auf Aussagen, emotionale Aspekte, Schlussfolgerungen usw. besprochen.

Rollenspiel hat für aufmerksame Pädagogen auch immer eine diagnostische Funktion. Spontan und unbewusst, manchmal auch gezielt und bewusst geben Kinder und Jugendliche Hinweise auf ihr Selbstkonzept, auf ihre Ängste, Wünsche, Bedürfnisse, auf belastende Erlebnisse oder Konflikte.

4. *Klinisch-therapeutisches Rollenspiel*

Klinisch-therapeutisches Rollenspiel sollte Psychotherapeuten – insbesondere klinischen Psychologen und psychotherapeutisch tätigen Ärzten – vorbehalten sein; in diesem Kontext werden gravierendere psychische Störungen beispielsweise über tiefenhermeneutische oder verhaltenstherapeutische Konzepte angegangen. Die bekannteste Form des therapeutischen Rollenspiels ist das Psychodrama nach Moreno, für dessen Anleitung eine psychoanalytische Ausbildung notwendig erscheint (vgl. Moreno 1954; Kleber/Stein 2001).

Grenzen für den Einsatz von Rollenspielmethoden ergeben sich aus intellektuellen, emotionalen, sprachlichen und konzentrativen Einschränkungen der Kinder und Jugendlichen. Nicht nur praktische Erfahrungen, auch vorliegende Evaluationen sprechen für eine positive Wirksamkeit (vgl. Drinkmann 2005).

3 Pädagogische Kunsttherapie

Kunsttherapie allgemein gehört zu den uralten hilfreichen Verfahren bei seelischen Schwierigkeiten und Krankheiten.

Schon in altägyptischer Zeit und in der griechisch-römischen Antike wurden Verfahren aus dem Bereich darstellender Kunst von Priestern und Ärzten eingesetzt, um psychisches Leid zu lindern (vgl. Schmidbauer 1975). Kunsttherapie in ihrer speziellen Ausprägung als pädagogisch-therapeutisches Verfahren hat ihre Vorläufer gegen Ende des 19. Jahrhunderts in dem Kreis um den Italiener C. Ricci, der die Bedeutung der freien Kinderzeichnung herausstellte, und in der deutschen Kunsterziehungsbewegung (vgl. Myschker 1984). Während sich eine psychologische Kunsttherapie für Kinder und Jugendliche vor allem auf der Basis der Erkenntnisse von S. Freud und C. G. Jung für die spezifischen Belange insbesondere der tiefenpsychologischen Kinderpsychotherapie entwickelte, entstand auch eine Pädagogische Kunsttherapie auf der Basis vor allem heilpädagogischer und hilfsschulpädagogischer Erfahrungen und Erkenntnisse für die speziellen Bedürfnisse und Erfordernisse lern- und verhaltensgestörter Kinder und Jugendlicher in Sondereinrichtungen der Schule und der Jugendhilfe (vgl. z. B. Myschker 1973 und 1989; Richter 1977 und 1984).

Pädagogische Kunsttherapie versteht sich dezidiert als ganzheitliches Konzept für präventive wie rehabilitative Maßnahmen. Ganzheitlich ist das Konzept insofern, als es einerseits kognitive und emotionale, psychomotorische und soziale Bedürfnisse der Kinder und Jugendlichen und Intentionen der Helfer berücksichtigt und andererseits die sektoralen Erkenntnisse verschiedener humanwissenschaftlicher Disziplinen wie psychiatrischer, verhaltensmedizinischer, neurophysiologischer und neuropsychologischer, tiefen-, lern- und humanistisch-psychologischer wie auch allgemein- und sonderpädagogischer Theorieschulen zu einer auf das Individuum in seiner Ganzheit ausgerichteten Betrachtungs- und Interventionsform zusammenzuführen sucht.

Wie die Empirie zeigt, hat pädagogische Kunsttherapie sowohl in der primären als auch in der sekundären und tertiären Prävention hilfreiche Funktionen und führt auch in der Rehabilitation bei psychosozialen Problemstellungen zu guten Erfolgen (vgl. z. B. Myschker 1973; zusammenfassend: Aissen-Crewett 1986).

Das methodische Konzept
Über allgemeine pädagogische Zielsetzungen hinaus geht es in der Pädagogischen Kunsttherapie darum, von Stress und Belastungsgefühlen zu entlasten, übermäßige Angst und Erregbarkeit zu reduzieren sowie Leistungsblockierungen und Schulunlust abzubauen. Die soziale Situation im Hinblick auf das Schüler-Schüler-Verhältnis wie auch auf das Schüler-Lehrer-Verhältnis soll positiver gestaltet werden. Selbstwertgefühl, psychophysische Belastbarkeit, Lern-/Leistungsmotivation, Kooperations- und Interaktionskompetenz – mit den zugeordneten Fähigkeiten der Empathie, der Antizipation, der Rollendistanz, der Ambiguitätstoleranz und der Metakommunikation – sollen ebenso wie die Steuerungs- und Kontrollfähigkeit verbessert werden.

Diese Zielsetzungen müssten in einer Zeit, da Verhaltensstörungen sehr verbreitet sind, von allen pädagogischen Einrichtungen verfolgt werden. Erzieher und Lehrer benötigen daher Methoden, um den sich stellenden Aufgaben gerecht zu werden. Zu diesen Methoden gehört insbesondere die Pädagogische Kunsttherapie, in der, als einer ganzheitlichen Interventionsform, erkennende, kontaktbringende, Freude machende, verschiedene Fähigkeiten fördernde Verfahren aufeinander bezogen sind und einander ergänzen (▶ Abb. 32). Ihr Einsatz erfordert allerdings die Schaffung geschützter, sonderpädagogisch geprägter Kontexte sowie den Einsatz sonderpädagogischer, spezifisch entwickelter Kompetenz.

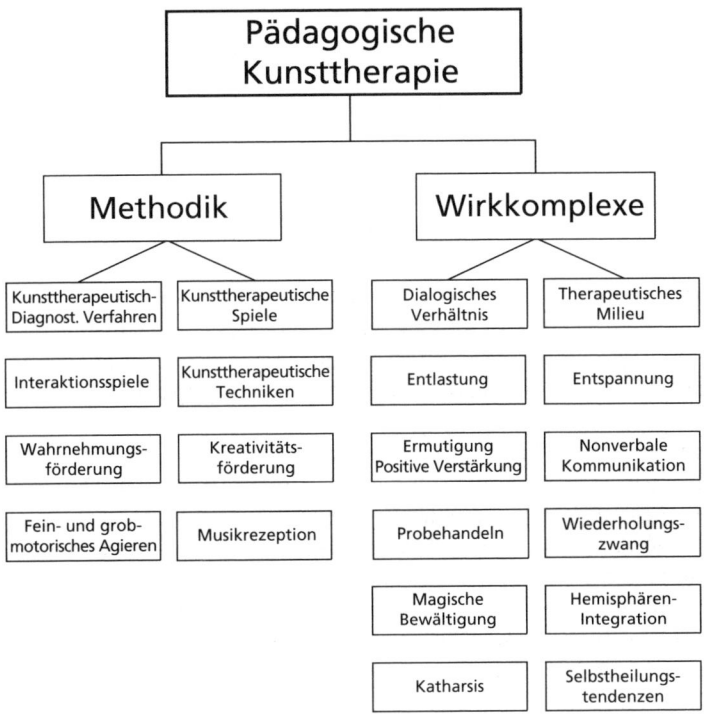

Abb. 32: Strukturmodell zur Pädagogischen Kunsttherapie

Kunsttherapeutisch-diagnostische Verfahren

Verfahren aus der Kunst können auch zu diagnostischen Zwecken verwandt werden, sei es, dass bildhafte Darstellungen wie im Rorschach-Test oder im Thematischen-Apperzeptions-Test (TAT) zu Assoziationen, d. h. zur Stimulation und Verbalisation vor- und unbewusster Inhalte genutzt werden, sei es, dass vom Klienten zeichnerische, malerische, plastizierende oder auch szenisch darstellende Objektivationen verlangt werden, die zu Deutungen oder zu interpretierenden bzw. erklärenden Gesprächen mit großem, diagnostisch wertvollem Ausdrucksreichtum Anlass geben können. Zur letzteren Kategorie gehören Verfahren wie der weltweit verbreitete Draw-A-Man-Test, der Baum-Test, der Wartegg-Zeichen-Test oder auch der Familie-in-Tieren-Test (▶ Kap. 5.5.2.5, auch kritisch zum Einsatz). Mit aller gebotenen Vorsicht eingesetzt, bieten solche Verfahren auch für Pädagogen gute Möglichkeiten, um Kontakt herzustellen, ins Gespräch und in eine engere Beziehung zu kommen. Die Kinder und Jugendlichen werden angeregt, über ihre Darstellungen zu sprechen, Einzelheiten zu erklären, Zusammenhänge aufzuzeigen. Häufig werden ihnen dabei die hinter den Darstellungen stehenden vor- oder unbewussten Inhalte, die verborgenen Traumata und Konflikte, die Ängste und Aggressionen deutlich, ohne dass von Seiten des Helfers Tiefenhermeneutik betrieben werden müsste. Auch szenische Darstellungen mit Mensch- und Tierfiguren, mit modellhaften Darstellungen aus der Natur, der heimischen Umwelt oder anderen relevanten Umwelten bieten gute Möglichkeiten für von Kindern und Jugendlichen als angenehm, freudvoll, interessant erlebte Erstkontakte und bieten Pädagogen vielfältige Hinweise auf die Lebenswelt und insbesondere problematische Bedingungen, die für psychosoziale Schwierigkeiten und Störungen ätiologisch bedeutsam sein könnten.

Kunsttherapeutische Spiele
Kunsttherapeutische Spiele sind kleine, mit wenig Material- und Zeitaufwand zu realisierende Tätigkeiten mit Mitteln der Kunst, die zur Auflockerung, zur Entspannung, zur Gestaltung angenehmer Kommunikation in der Gruppe eingesetzt werden können. Ein Beispiel wäre die Aufgabe, auf einem etwas festeren Blatt Papier vor dem Gesicht und mit zwei Kordelenden festgebunden in Verfolgung der Linien der Augenbrauen, der Nase, des Mundes, der Wangen, der Kinnpartie ein »blindes Selbstbild« zu malen, dessen Urheber in der Gruppe erraten wird. Ein anderes Beispiel wäre, auf einem ziehharmonikaartig gefalteten Papierstreifen von dem einen Teilnehmer etwas zeichnen, von einem anderen dann beschreiben zu lassen. Die Beschreibung wiederum dient als Vorlage für eine weitere Zeichnung usw. Oder da wäre die Idee eines Monogramms, das jeder Teilnehmer auf ein DIN-A4-Blatt zeichnet, das in der Gruppe herumgeht und das mit zeichnerischen Anmerkungen zu dem Betroffenen versehen wird (zeichnerisches Feedback). Kunsttherapeutische Spiele sind auch in kurzen Warming-up-, Umstellungs-, Entspannungs-oder Experimentierphasen freudvolle und effiziente Angebote nicht nur für Kinder und Jugendliche, sondern – im Sinne der Burn-out-Prophylaxe – auch für Erwachsene (siehe dazu Vopel 2016).

Interaktionsspiele
Interaktionsspiele haben innerhalb der pädagogischen Kunsttherapie einen mehrfachen Zweck. Einerseits geht es darum, gerade Kindern und Jugendlichen mit starker Hyperaktivität innerhalb der Sitzungen, die bis zu 90 Minuten dauern können, Gelegenheit zu geben, ihrem Bewegungsdrang zu folgen und motorische Impulse abzureagieren. Andererseits geht es darum, soziale Kontakte – auch Körperkontakte – sowie ein auf verbesserte Selbst- und Fremderfahrung zielendes freudvolles Agieren zu ermöglichen, das für eine angenehme, entspannte, angstfreie Atmosphäre innerhalb der pädagogisch-kunsttherapeutischen Sitzungen von außerordentlich großer Bedeutung ist. Des Weiteren – und das nicht zuletzt – kann Kreativität im spielerischen Umgang miteinander aktiviert werden, z. B. durch die Spiele »Spiegeln«, »blinder Bildhauer«, »Dirigentenspiel«, durch pantomimische Darstellungen von Berufen, Redensarten (sich aufs hohe Ross setzen, ein Auge auf jemanden werfen) oder Sprichwörter (man soll den Tag nicht vor dem Abend loben).

Kunsttherapeutische Techniken
Kunsttherapeutische Techniken verlangen zum Teil einen recht großen Material- und Zeitaufwand. Sie sollen aber weitestgehend voraussetzungslos sein und kein künstlerisches Talent voraussetzen; jedes Kind, jeder Jugendliche soll jederzeit mit den Materialien umgehen und zu befriedigenden, ermutigenden Ergebnissen kommen können. Allerdings ist das Ergebnis nicht das wichtigste, es geht vor allem um den Weg. Der Weg ist schon das Ziel: Das angenehme, freudvolle, interessante Tun soll im

Sinne der Zielsetzungen wirken. Das gestaltete Werk hat allerdings auch seine Effekte, z. B. im Sinne von Ermutigung, Motivation und Steigerung des Selbstwertgefühls.

Kunsttherapeutische Techniken werden in einer phasenhaften Steigerung vom Leichteren zum Schwereren eingesetzt. In der ersten Phase, in der es zunächst gilt, durch Ermutigung, positives Feedback sowie eine angenehme Atmosphäre in der Gruppe Selbstvertrauen und Vertrauen zu den anderen auf- und auszubauen, werden einfache, technisch anspruchslose, aber sehr ergiebige Verfahren wie »Partner-Malen«, »Kritzeln und Projizieren«, »Beidhandzeichnen und -malen«, »Farbenpusten«, »Fingermalen«, »Progressives Klecksografieren«, »Musik-Malen« usw. eingesetzt (▶ Abb. 33 und Abb. 34).

Abb. 33: »Kritzeln und Projizieren« eines Jugendlichen (Ausschnitt)

Abb. 34: Beim »Partnermalen« in enger Form von zwei Schülern gestaltetes Bild, das die verfügbare Fläche mit einer Bildidee ausfüllt. Der zweite Partner setzt jeweils dort fort, wo die Linie des ersten Partners endet.

Neben diesen Techniken werden in der zweiten Phase verschiedene Drucktechniken, vielfältiges Plastizieren, Materialaktionen oder auch die Gestaltung von Szenerien angeboten. Erst in einer dritten Phase werden jene Methoden realisiert, die auf die Auseinandersetzung mit Befindlichkeiten und Gefühlen, auf Konfliktdarstellung und Konfliktbewältigung zielen, wie Phantasiereisen (z. B. Katathymes Bilderleben), die Darstellung der momentanen Gefühlslage über Farbwahl und Farbkomposition, die bildhafte Erzählung über ängstigende und belastende Erlebnisse, über bestimmte Träume oder gar Alpträume, über Zukunftserwartungen und Vergangenheitsbewältigung. Auch gruppendynamische Stimulationen, die über die Methoden des »kommunikativen Malens« oder der »Farb-Interaktionen« zu positiven wie negativen Auseinandersetzungen der Gruppenmitglieder führen können, haben in dieser dritten Phase ihren Platz.

In allen Phasen der Realisation kunsttherapeutischer Techniken schließt sich an die Aktionsphase eine Reflexionsphase an, in der Gruppenleiter und Teilnehmer gemeinsam die einzelnen Darstellungen besprechen. Dabei geht es nicht um schön oder hässlich, gut oder schlecht, sondern nur um das, was die Darstellungen aus der Sicht des Darstellenden oder der Gruppenmitglieder ausdrücken sollen oder können. Zumeist sind jedoch die kreativen Gestaltungen so ein- und ausdrucksvoll, so interessant und farb- wie formschön, dass sie freudig begrüßt und als gelungene Werke akzeptiert werden.

Wahrnehmungsförderung

Wahrnehmungsförderung hat in der Pädagogik bei Verhaltensstörungen einen zentralen Stellenwert. Wer sich weiterentwickeln, wer darstellen und gestalten will, muss lernen, mit allen Sinnen viel, detailliert, genau aufzunehmen, sich das Wahrgenommene bewusst zu machen, es zu strukturieren und zu integrieren. Diese Bedeutung wird auch in den KMK-Empfehlungen zum Förderschwerpunkt emotional-soziale Entwicklung berücksichtigt: »Die Förderung der Wahrnehmung begleitet den gesamten Unterricht und setzt eine genaue Kenntnis des Entwicklungsstandes der Kinder und Jugendlichen voraus. Sie beeinflusst, differenziert und erweitert die individuellen Erfahrungen und die Ausdrucksmöglichkeiten.

Wahrnehmungsförderung unterstützt die Herausbildung kognitiver Fähigkeiten, dazu Konzentrations- und Anstrengungsbereitschaft, Belastbarkeit und Ausdauer, vor allem aber auch Fantasie und Kreativität« (KMK 2000, 16 f.).

Daher sind auch kleinere Spiele und anspruchsvollere Übungen zur Wahrnehmungsförderung Bestandteil Pädagogischer Kunsttherapie. Beispiele für optische Übungen sind das »Bonbon-Spiel« sowie das »Veränderungs-Spiel«, Beispiele für akustische Übungen »Wo tickt der Wecker?«, »Welche Geräusche sind auf dem Tonband zu hören?«, Beispiele für haptische Übungen »Welche Gegenstände sind im Sack?« oder »Gruppenmitglieder blind nach der Größe ordnen« sowie Beispiele für Geruchsübungen das Erriechen von Blättern, Blüten und Gewürzen mit verbundenen Augen.

Musikrezeption

Während der pädagogisch-kunsttherapeutischen Aktivitäten wird die Rezeption von Musik angeboten, welche sich die Kinder und Jugendlichen selbst ausgesucht haben oder die vom Leiter unter Berücksichtigung der besonderen Bedürfnisse bzw. Möglichkeiten der Teilnehmer nach musiktherapeutischen Gesichtspunkten ausgewählt worden ist. Die Musik trägt einerseits zur Schaffung einer angenehmen Atmosphäre bzw. eines emotional positiv besetzten Milieus bei, dient auch der direkten Umsetzung z. B. beim »Malen nach Musik« und beim »Musikmalen«, hat andererseits aber auch die ganz wesentliche Aufgabe, die Funktionen der untergeordneten, in der Regel rechten Hirn-Hemisphäre zu aktivieren bzw. mit dem Ziel der Verstärkung und Ausweitung zu stimulieren.

Wirkkomplexe
Mithilfe der komplexen Methodik werden im Sinne eines ganzheitlichen Ansatzes bedeutsame Wirkkomplexe etabliert bzw. aktiviert. Zu nennen sind vor allem:

- ein dialogisches Verhältnis bzw. ein persönlicher Bezug zwischen Lehrer/ Erzieher und Sozialisanden – die Basis für jede pädagogisch-therapeutische Maßnahme;
- Entlastung von Leistungsforderungen und emotionalen Erschwernissen, vor allem von Ängsten;
- Entspannung durch eine angenehme Gruppenatmosphäre und auch – gezielt – durch Entspannungsverfahren;
- Ermutigung, systematisch eingesetzt durch den Gruppenleiter wie durch die Gruppe, wirksam auch durch die gestalteten Werke und eine erfahrbare Weiterentwicklung bzw. durch deutliche Fortschritte im Sinne der Zielsetzung;
- nonverbale Kommunikation im gemeinsamen Arbeitsvorhaben oder auch nur durch die gemeinsame Erfahrung einer positiv gestalteten Atmosphäre über gemeinsames Agieren, Erleben, Lachen, Traurigsein usw.;
- Probehandeln, durch das über imaginierte Experimente, über dargestellte Phantasien Realisierbarkeit und Realitätsadäquanz überprüft, Gefühle im Hinblick auf wirkliches Geschehen sozusagen probeweise durchlebt werden können;
- grob- und feinmotorisches Agieren, durch das – z. B. beim Fingermalen, Musikmalen, Papierfalten, Plastizieren – psycho- und sensomotorische Defizite und Entwicklungsrückstände kompensiert und weiterentwickelt werden können;
- magische Bewältigung, d. h. im kreativen Prozess werden belastende Inhalte gestaltet und durch die Auseinandersetzung auf einer phantasierten, realitätsnahen Ebene, auf der Symbolebene oder auch durch tatsächliche Aggressionen (z. B. Durchstreichen, Zerknüllen, Zerreißen, Zerstechen, Verbrennen) überwunden;
- Berücksichtigung des Wiederholungszwanges (Freud), der wiederholtes Bearbeiten von Defiziten oder von traumatischen, pathogenen Inhalten im Hinblick auf Lernzuwachs, Konfliktbewältigung und gesunde Weiterentwicklung ermöglicht;
- Katharsis, welche durch die gefühlsgeladene, gestaltende Auseinandersetzung mit der Umwelt-Realität oder mit der Innen-Welt von Spannungen befreien und Blockierungen lösen kann;

- Aktivierung der untergeordneten, musischen, kreativen, bildhaft erfassenden und verarbeitenden – in der Regel rechten – Hirn-Hemisphäre durch Musikrezeption, Verbindung von Musik und Malen, von Musik, systematischer Entspannung, Imaginieren und Gestalten (vgl. Superlearning/Suggestopädie);
- Aktivierung der psychischen Selbstheilungstendenzen (vis medicatrix naturae mentis), die – ähnlich wie im körperlichen Bereich – bei Ruhe und Unterstützung (Bearbeitung, Einstellungsänderung usw.) die »Wunden« abheilen bzw. die pathogenen Faktoren unwirksam werden lassen.

Organisatorische Hinweise

Die meisten Verfahren und Techniken Pädagogischer Kunsttherapie lassen sich sowohl mit einzelnen Kindern und Jugendlichen als auch mit Gruppen durchführen. Der zu setzende Zeitrahmen ist abhängig von der Situation der Kinder und Jugendlichen und von der Auswahl der Verfahren und reicht von ca. 15 bis zu ca. 90 Minuten. Für jeden Teilnehmer sind Tisch und Stuhl (z. B. Schultisch) vorzusehen. Die Tische können für größere Gruppenarbeiten (z. B. Partner-Malen in der Gruppe, Musikmalen, Verfahren des kommunikativen Malens) zusammengestellt werden. Mit den Stühlen können Gesprächskreise gebildet werden. Die Gruppe sollte nicht mehr als zwölf Teilnehmer umfassen. Der Materialaufwand kann anfangs klein gehalten werden. Neben Malblättern in den Formaten DIN-A4 (z. B. für »Kritzeln und Projizieren«), DIN-A3 (z. B. für »Partner-Malen«), DIN-A1 und größer (z. B. für »Kommunikatives Malen«, »Farbinteraktionen«) sind Wachsstifte in verschiedenen Farben, große Pinsel, Farbkästen, Abtön-/Pulver-Farben, Kleister vorzusehen. Später kommen dann Materialien für Drucktechniken, für die Techniken des Plastizierens, des Farbspritzens, des Marmorierens, der szenischen Darstellungen, der Materialaktionen usw. hinzu.

Der Lehrer/Erzieher sollte kein Verfahren einsetzen, das er nicht selbst vorher gut erprobt hat. Die Frage des Aufräumens nach den pädagogisch-kunsttherapeutischen Fördereinheiten ist nach den Fähigkeiten und den Möglichkeiten der Kinder und Jugendlichen zu entscheiden. Es kann durchaus sinnvoll und akzeptabel sein, wenn in der Anfangsphase der Leiter die Ordnung wiederherstellt; mit der Zeit sollten jedoch die Kinder und Jugendlichen dazu angeleitet werden, die Aufräumarbeiten selbstständig durchzuführen.

Mit dem Konzept der Pädagogischen Kunsttherapie liegen vielfältige positive Erfahrungen vor. Eine ähnliche Richtung kunsttherapeutischen Verstehens hat der »alltagsästhetische Ansatz« von Bröcher (vgl. 1997; 1999a; 1999b). Sehr beeindruckend ist die Einbindung kunsttherapeutischer Elemente in die gestalttherapeutische Arbeit bei Oaklander (1981). Basis entsprechender Arbeit, auch schon bei Einsatz Pädagogischer Kunsttherapie, ist immer eine seriöse Aus- bzw. Weiterbildung.

4 Pädagogische Musiktherapie

Über die heilende Kraft der Musik liegen Jahrtausende alte Erfahrungen vor. Im alten Ägypten setzten Priester Musik mit therapeutischen Intentionen ein. Die Bibel berichtet, dass der junge Schafhirte und Musiker David die psychischen Störungen von König Saul mit Harfenspiel heilen konnte. Der Gelehrte Heropalios aus Alexandria erforschte den Zusammenhang zwischen metrisch-musikalischen Gesetzmäßigkeiten und dem menschlichen Pulsschlag und entwickelte eine Pulslehre, die bis in die Neuzeit hinein ihre Auswirkungen hatte (vgl. Kümmel 1974). In der Gegenwart gelingt es, durch Musik stimulierte körperliche Veränderungen nachzuweisen. So ließen sich Veränderungen im Bereich der Atmungsfrequenz, von Pulsschlag, Blutdruck und endokrinem System, im Bereich sensorischer Informationsverarbeitung, im Hinblick auf Muskelenergie, Muskelreflexe, Ermüdungserscheinungen und Arbeitswillen sowie beim Stoffwechsel und im elektrischen Feld des Organismus empirisch belegen (Benenzon 1983, 22; Destunis/Seebandt 1958). Aus psychologischer Sicht werden bei der Erklärung musiktherapeutischer Wirkungen die großen individuellen Reaktionsunterschiede miteinbezogen, wobei auch die Bedeutung individueller Hörerfahrungen und Hörerwartungen gesehen wird. Komplexe Wirkzusammenhänge werden herausgestellt und lineare Erklärungsmodi abgelehnt. Erklärungsmodelle werden aus tiefenpsychologischer, lerntheoretischer und kommunikationstheoretischer Sicht vorgelegt. Aber für die Musiktherapie gilt: »Für einen solchen therapeutischen Prozess ist die menschliche Beziehung entscheidend« (Priestley 1982, 1).

Verschieden wie die theoretischen Ansätze der Musiktherapie sind auch die Verfahrensweisen, die häufig Kombinationsverfahren mit anderen psychotherapeutischen Methoden darstellen (vgl. Decker-Voigt 2001; siehe auch Bruhn 2000). Musiktherapeutische Verfahren lassen sich in einer groben Klassifikation als aktiv und rezeptiv bezeichnen. Verfahren der aktiven Musiktherapie stellen sich dar als ein Agieren mit Instrumenten oder mit der Stimme und/oder als ein Darstellen mit pantomimischen und tänzerischen Mitteln. Die nachfolgende grafische Darstellung gibt einen systematisierenden Überblick über die verschiedenen musiktherapeutischen Verfahren (▶ Abb. 35, nach Myschker 1989; vgl. Schwabe 1979).

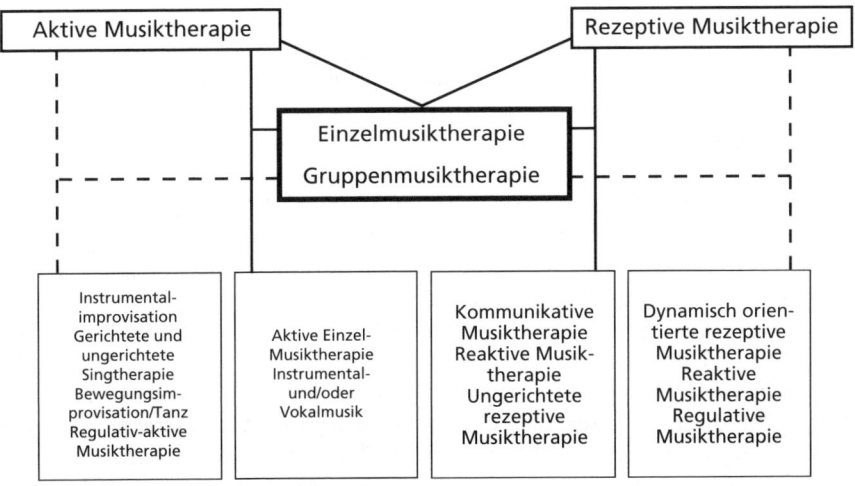

Abb. 35: Musiktherapeutische Verfahren

Im pädagogisch-therapeutischen Bereich wurde von den drei Hauptelementen der Musik, dem Rhythmus, der Melodie und der Harmonie, zunächst der archaische, ausdrucksstarke, mitreißende Rhythmus zum Ausgangspunkt spezifischer Methodenbildung. Emile Jaques-Dalcroze brachten die engen Verbindungen zwischen Musik und Bewegung zur Konzipierung der rhythmisch-musikalischen Erziehung. Durch Elfriede Feudel und Mimi Scheiblauer, die die rhythmisch-musikalischen Übungen in Ordnungsübungen, soziale Übungen, Konzentrationsübungen, Begriffsbildungsübungen und Phantasieübungen differenzierten und ausweiteten, wurde die Methodik weiterentwickelt und auch einbezogen in die »psychomotorische Übungsbehandlung«, die vor allem Kiphard konzipierte (siehe 7. in diesem Kapitel). Rhythmisch-musikalische Erziehung als Verbindung von Musik bzw. Rhythmus und Bewegung hat in der Pädagogik allgemein und in der Heilpädagogik im Besonderen und dort wieder insbesondere im Bereich der Pädagogik bei Verhaltensstörungen bis in die Gegenwart hinein verstärkt an Bedeutung gewonnen.

Bahnbrechend für die Entwicklung einer komplexen pädagogischen Musiktherapie waren die Arbeiten von Rudolf Steiner und Carl Orff. Im Gefolge Rudolf Steiners, dem Begründer einer anthroposophischen Musiktherapie, elaborierte Carl König diesen Ansatz. König zeigte aus seiner Erfahrung heraus die Wirkungen der Hauptelemente der Musik – Rhythmus, Melodie, Harmonie – im Bereich menschlicher Physis und Psyche auf. Demnach soll der Rhythmus als Ton-Eurythmie insbesondere Auswirkungen auf die Stoffwechsel- und Gliedmaßenorganisation und auf das Wollen, die Melodie als Gesang auf die Sinne-Nerven-Organisation und auf das Denken und die Harmonie als Instrumentalmusik auf die Atmungs- und Zirkulations-Organisation und auf das Fühlen haben. Nach diesem Konzept wurden z. B. Kinder mit verschiedenen massiven psychischen Störungen therapiert, und die musikalischen, mit Bewegungsübungen verbundenen Angebote hätten sich, wie König herausstellt, als »hilfreich bei diesen Typen von Kindern erwiesen« (König 1958, 84). Innerhalb des anthroposophischen Ansatzes spielt die Kombination aus *rezeptiver* und *aktiver* Musiktherapie eine bedeutsame Rolle, indem *rezeptiv* eine speziell für die Kinder komponierte und improvisierte Therapiemusik eingesetzt wird und diese Musik auch *aktiv* gespielt werden kann. »Musiktherapie als eine Art spezifisch zweckgebundener Musikausübung soll nach der anthroposophischen Auffassung nicht abgetrennt werden vom allgemeinen Wesen der Musik als umfassende ›menschenseelenprägende‹ Kunst« (Koch-Tremming/Plahl 2005, 36). Das gemeinsame künstlerische Bemühen um Musik von Therapeut und Klient soll hier künstlerisches Empfindungsvermögen, soziale Wahrnehmungsfähigkeit, Eigenständigkeit und Kreativität des Kindes schulen und entwickeln helfen. Die Ausübung von Musik spielt daher eine große Rolle, und es wird Wert auf deren künstlerische Komponente gelegt. Ausschließlich rezeptive Formen der Musiktherapie kommen nur zur Anwendung, wenn der Klient nicht in der Lage ist, ein Instrument zu spielen. Anthroposophische Musiktherapie versteht sich heute nicht als eigenständiges (psycho-)therapeutisches Verfahren, sondern als ergänzende oder unterstützende Therapiemaßnahme in der (anthroposophisch erweiterten) Medizin.

Weite Verbreitung in musikpädagogischen Bereichen wie auch bei musiktherapeutischen Interventionen fand das Instrumentarium, das Carl Orff in den 1930er Jahren mit dem Klavierbauer Carl Maendler entwickelte. Die Stabspiele und das Schlagwerk bieten vielfältige Möglichkeiten musikalischen Ausdrucks auch ohne Vorkenntnisse und werden nach kurzer Einübung auch gerne von Kindern und Jugendlichen mit Verhaltensstörungen angenommen (vgl. z. B. Orff 1974).

Pädagogische Musiktherapie versteht sich in Abgrenzung gegen Musiktherapie in der Medizin oder in Anlehnung an nach psychologischen Schulen praktizierte Musiktherapie als eine eigenständige Interventionsform, die im Rahmen sonderpädagogischer Förderung auf Kinder und Jugendliche mit Behinderungen oder Störungen ausgerichtet ist mit dem Ziel, die Beeinträchtigungen, insbesondere auch Verhaltensstörungen, durch einen mit der Fakultas für Musik ausgewiesenen Sonderpädagogen zu reduzieren (vgl. Probst 1972; Moog 1979). Darstellungen zur Erprobung und Effizienz musiktherapeutischer Förderung im Bereich der Pädagogik bei Verhaltensstörungen liegen seit vielen Jahrzehnten vor. In den 1950er Jahren beschäftigte sich Josef erfolgreich mit der »Gemütspflege bei schwer erziehbaren Kindern durch einfaches Musizieren«, der in den 1960er Jahren die Auswirkungen »selbsttätiger Musik« auf Gruppenbedingungen in einer Sonderschulklasse untersuchte und feststellte, »dass die Musik die Gemeinschaftsfähigkeit steigert«, »dass sie die positiven Zuwendungen erhöht und die Abwendungen verringert« und dass der Lehrer durch Musik »die Sozialität seiner Zöglinge zu steigern vermag« (Josef 1958, 1964, 39–40). Erfahrungsberichte und Untersuchungen zur Wirkung liegen inzwischen nicht nur aus Sonderschulen, sondern auch aus verschiedenen anderen Einrichtungen vor, wie z. B. aus Heimschulen, Gymnasien, musiktherapeutischer Ambulanz, Einrichtungen zur beruflichen Rehabilitation psychisch Behinderter und dem Jugendstrafvollzug. In Schulen für Erziehungshilfe gelingt es, durch musiktherapeutische Einwirkung die Konzentrationsfähigkeit zu steigern, motorische Unruhe positiv zu beeinflussen oder durch Rezeption klassischer Musik Entspannung und Beruhigung herbeizuführen (vgl. Palmowski 1979; 1982).

Dass auch in der Heimerziehung bei verhaltensauffälligen Jugendlichen und Heranwachsenden musiktherapeutische Aktivitäten förderlich sein können, ist für Praktiker ein altbekanntes Faktum. Berichte zeigen, dass Musikrezeption in Verbindung mit Aspekten wie aktiver Umsetzung des Musikerlebens durch Trommeln, Dirigieren mit geschlossenen Augen, ganzkörperlichen Bewegungen, Partnerübungen im paarweisen Dirigieren in Verbindung mit reflektierenden Gesprächen »positive Änderungen der Schüler z. B. in ihrem Sozial- und Arbeitsverhalten« erbringen können (Liebetrau et al. 1977, 40) und dass es für Jugendliche mit Milieubeeinträchtigungen, die Schwierigkeiten im Verbalisieren haben, wichtig und förderlich ist, mit Tönen und Rhythmen nonverbal zu kommunizieren oder auch zu Bildern und Filmen Klangbilder zu produzieren und auf diese Weise Empathie, Antizipation, Rücksichtnahme und Bedürfniskontrolle spielerisch einzuüben (a. a. O., 60–64).

Anspruchsvollere musiktherapeutische Aktivitäten lassen sich, wie Tischler aufzeigt, mit gutem Gewinn für emotional labile Jugendliche durchführen. Durch elementar reproduktives Musizieren sowie durch instrumentale Gruppenimprovisationen wurde eine signifikante Reduzierung der emotionalen Labilität sowie der Depressivität und Gehemmtheit erzielt. Die Stimmungslage insgesamt verbesserte sich und ließ sich durch größere Fröhlichkeit, Vergnügtheit und Konzentriertheit charakterisieren. Das Vorhaben erbrachte für den pädagogisch-therapeutischen Helfer das Ergebnis, »dass eine nicht-aufdeckende, allein mit musikalischen Mitteln arbeitende instrumentale Gruppenmusiktherapie auch im außerklinischen schulpädagogischen Raum bei neurosegefährdeten Schülern mit positiven Effekten einsetzbar ist« (Tischler 1983, 231).

Die Verbindung musiktherapeutischer Verfahren mit mal-, bewegungs- und gesprächstherapeutischen Methoden kann den Bedürfnissen und Möglichkeiten von Kindern und Jugendlichen mit Verhaltensstörungen gut gerecht werden, wie die Arbeit in der musiktherapeutischen Ambulanz zeigte. Auf diese Weise konnte »die Öffnung verdeckter emotionaler Anteile bewirkt« werden und es gelang, »einen schnellen therapeutischen Zugang zu den Grundsymptomen« zu bekommen (vgl. Birkenbihl 1983, 334).

Der psychoanalytische Ansatz hat in der Theorie wie in der Praxis der Musiktherapie einen bedeutsamen Stellenwert, wie z. B. in Deutschland Harm Willms und Juliette Alvin und Mary Priestley in England mit ihren Publikationen verdeutlichen. Im Rückgriff auf das Strukturmodell der Persönlichkeit von Freud erklärt Alvin die Wirkungen der Musik folgendermaßen: »Musik wirkt auf das Es, das Ich und das Über-Ich des Menschen. Sie kann primitive Instinkte aufrühren, zum Ausdruck bringen, gar helfen, sie freizusetzen – sie kann das Ich stärken helfen, Gefühle gleichzeitig freisetzen und beherrschen, dem Zuhörer und dem Ausführenden ein Selbstwertgefühl geben, sie kann bestimmte Gefühle veredeln und den Wunsch nach Vollkommenheit durch hohe ästhetische und geistige Erfahrungen erfüllen. Die Musik kann die ganze Skala menschlicher Erfahrungen zum Ausdruck bringen, da sie mit allen drei Ebenen seiner Persönlichkeit in Beziehung steht« (Alvin 1984, 69). Auch in der pädagogischen Musiktherapie hat die Psychoanalyse Einfluss und handlungsleitende Auswirkungen. Einblicke in psychoanalytisch orientierte pädagogische Musiktherapie vermittelt z. B. Magdalene Schäfer. Die Sonderpädagogin entwickelte musikalische Spiele mit Vorschulkindern und Kindern im frühen Schulalter, die aus einer Notunterkunft stammten und mit Ängsten, Beziehungsstörungen, Minderwertigkeitsgefühlen und Lernstörungen deutliche Problematiken mitbrachten. Mit dem begeistert angenommenen Orff-Instrumentarium gestalteten sie ein »Wolfspiel« und ein »Gewitterspiel« und konnten in der Verfremdung durch das Spiel ihre Probleme und Konflikte verdeutlichen und verarbeiten sowie lernen, »mit diesen umzugehen und sie zu bewältigen« (Schäfer 1976, 102). In den musikalischen Dialogen fanden sie »Ruhe, Geborgenheit und Sicherheit«, konnten »differenziertere zwischenmenschliche Beziehungen« aufnehmen, in der Bewegung nach der Musik ihre Bewegungskontrolle verbessern und insgesamt »Sicherheit und Stärkung des Selbstgefühls« entwickeln (a. a. O., 103).

In der psychologisch orientierten Musiktherapie wird auch ein lerntheoretischer Ansatz vertreten, der vor allem auf die Berücksichtigung der Lernprinzipien des klassischen Konditionierens, des operanten Konditionierens, des Lernens am Modell, des Lernens durch Versuch und Irrtum sowie der Löschung und Generalisierung ausgerichtet ist. In diesem Sinne realisierte Curic in einem Berufsbildungswerk mit psychisch behinderten männlichen und weiblichen Rehabilitanden musiktherapeutische Förderung, wobei genau definierte Lernziele verfolgt wurden. Sowohl in Einzel- als auch in Gruppen- und Großgruppenveranstaltungen wurden Übungen mit dem Instrument, im Gruppenspiel, in gemeinsamer Musikrezeption, in Einzel- und Gruppengesprächen, in Konzertbesuchen, in selbstorganisierten Musikveranstaltungen und letztlich in der Produktion einer Schallplatte realisiert. Im Vergleich mit einer Kontrollgruppe konnte in Prä- und Posttests nachgewiesen werden, dass die musiktherapeutisch geförderten Heranwachsenden signifikante Verbesserungen im Arbeitstempo, im »Umgang mit Werkzeug und Material«, in der »sozialen Verbundenheit« und der »Festigkeit der gegenseitigen Beziehungen« sowie in der Integration erreicht hatten (Curic 1981, 91–107).

Sowohl Maßnahmen aktiver als auch rezeptiver Musiktherapie haben im Jugendstrafvollzug ihren bedeutsamen Platz, sind vielfach erfolgreich durchgeführt worden, werden aber von den zuständigen Behörden nur zögerlich eingesetzt und häufig auch nur dann, wenn engagierte Einzelne als treibende Kraft wirken. Über musiktherapeutische Verfahren könne, wie Kleiber ausführt, die »Willensbildung von innen, von der Empfindung her angesprochen« werden und sie trügen dazu bei, dass es zu »freiwilliger Einfügung und Anpassung« komme (Kleiber 1975, 238). Im Berliner Strafvollzug z. B. konnte verdeutlicht werden, dass die jugendlichen Inhaftierten, in der Mehrzahl psychisch auffällig und emotional labil (vgl. Myschker/Hoffmann 1984), ihrer Einschätzung nach durch Maßnahmen aktiver Musiktherapie leistungs- und lernbereiter werden, sich in ihrer Konzentrationsfähigkeit verbessern, die Freizeit sinnvoll gestalten, Freude haben, aktiver sind und sich wohler fühlen, sich mit ihren Problemen intensiver auseinandersetzen und Anerkennung finden (vgl. Rabe 1990, 69).

In Zusammenfassung wissenschaftlicher Untersuchungen zur Rezeptiven Musiktherapie kommt Hans-Joachim Trappe – Professor an der Ruhr-Universität Bochum und Direktor der Medizinischen Klinik II an der Universitätsklinik Marienhospital Herne – zu interessanten Bewertungen, die nicht nur Pädagogen motivieren können, Musik als heilsames Hörerlebnis sowohl mit Kindern und Jugendlichen als auch – im Sinne einer Burn-out-Prophylaxe – für sich selbst zu realisieren (▶ Tab. 16).

Trappe spricht der Klassischen Musik die stärkste therapeutische Wirkung zu und gibt für drei große Bereiche Musikstücke an, die nachweislich Herzfrequenz und Blutdruck senken, die Atmung regulieren und Stresshormone reduzieren, Ängste, Depressionen und Schmerzempfinden heilsam beeinflussen und Konzentrationsfähigkeit, Gedächtnis, Kreativität und Tatkraft steigern können (▶ Tab. 16). Während Pop- und Rockmusik noch als »Muntermacher« effektiv sind, wird Heavy Metal, Techno und Schlagern heilende Wirkung abgesprochen (Trappe 2010, 28–29).

Bedauerlich ist, dass die Auseinandersetzung mit Musiktherapie und Musikpädagogik in der wissenschaftlichen Fachdiskussion der Pädagogik bei Verhaltensstörungen in den letzten 20 Jahren stark vernachlässigt worden ist. Förderung durch Musik oder auch Kunst spielt in den umfassenderen neueren Grundlagenwerken kaum eine Rolle (Gasteiger Klicpera/Julius/Klicpera 2008; Ahrbeck/Willmann 2010). Eine Wiederbelebung ist dringend vonnöten.

Tab. 16: Zusammenfassung wissenschaftlicher Untersuchungen zur Rezeptiven Musiktherapie (Tabelle nach Trappe 2010, 29)

Herz-Kreislauf-Erkrankungen	Joseph Haydn Sinfonie Nr. 94
Tomaso Albinoni Adagio g-moll für Orgel und Streicher	Wolfgang Amadeus Mozart Klavierkonzerte (schnellere Sätze) Arie „Dies Bild ist bezaubernd schön" (aus der Oper „Zauberflöte") (KV 620)
Johann Sebastian Bach Brandenburgische Konzerte (BWV 1046-1051) Kantate 147 (Herz und Mund und Tat und Leben) (BWV 147) Air (aus der Orchestersuite Nr. 3)(BWV 1068) Das wohltemperierte Klavier (alle Fugen) (BWV 846-869)	Domenico Scarlatti Sonaten
	Antonio Vivaldi Konzerte für Streicher und Cembalo
Arcangelo Corelli Adagio	Charles Marie Widor Toccata (aus der Orgelsinfonie Nr. 5, op. 42)
Georg Friedrich Händel Wassermusik „Ankunft der Königin von Saba" (aus dem Oratorium „Salomon")	**Entspannung, Stärkung des Immun- und Nervensystems**
	Johann Sebastian Bach Goldberg-Variationen (BWV 988)
Wolfgang Amadeus Mozart Andante und Variationen G-Dur für Orgel zu vier Händen (KV 501)	Ludwig van Beethoven Mondscheinsonate (op. 27, Nr. 2) Klavierkonzert Nr. 4 G-Dur (op. 58)
Giuseppe Tartini Adagio cantabile	Frederic Chopin Fantasie-Impromptu (op. 66) Nocturnes
Förderung der Konzentration, Hilfe bei Depressionen	Claude Debussy La Mer
	Wolfgang Amadeus Mozart Sinfonie Nr. 40 g-moll, 2. Satz (KV 550)
Johann Sebastian Bach Englische und französische Suiten (schnellere Sätze) Toccata und Fuge d-moll (BWV 565)	Maurice Ravel Klaviertrio a-moll
Ludwig van Beethoven Klavierkonzert Nr. 4, G-Dur (op. 58)	Camille Saint-Saens Symphonie Nr. 3 c-moll (op. 78)

5 Pädagogische Verhaltensmodifikation

Zur Pädagogischen Verhaltensmodifikation kann eine große Zahl verschiedener Verfahren gerechnet werden (▶ Kap. 6.1.6). Am Beispiel der pädagogisch-therapeutischen Organisation von Erziehung und Unterricht im Jugendstrafvollzug sowie der pädagogisch-therapeutischen Intervention bei Aufmerksamkeits- und Hyperaktivitätsstörungen sollen einige wichtige Aspekte verdeutlicht werden.

Im Mittelpunkt der pädagogischen Arbeit mit Jungtätern muss die Reduzierung der kriminellen Verhaltensbereitschaft stehen. Die Hauptaufgabe besteht somit darin, Lernprozesse einzuleiten, die Verhaltensdefizite aufheben und Fehlanpassungen (z. B. an ein kriminelles Milieu) korrigieren. In einer Vielzahl von Programmen, die überwiegend in den USA durchgeführt wurden, hat sich bei delinquenten Jugendlichen und Heranwachsenden in dieser Hinsicht der systematische Einsatz erprobter Lernprinzipien in spezifisch strukturierten Feldern als erfolgreich erwiesen.

Wie unter den Bedingungen einer deutschen Jugendstrafanstalt in einer schulischen Einrichtung Unterricht mit dem Ziel organisiert werden kann, schulische Leistungen zu verbessern, unerwünschtes Verhalten zu reduzieren und erwünschtes Verhalten zu etablieren (»therapeutischer Unterricht«), soll nachfolgend dargestellt werden (vgl. Myschker 1976, 145–153). Hier wurde mit sechs Sonderpädagogik-Studenten, die auf ihre Aufgaben gründlich vorbereitet worden waren, über sechs Wochen in einem Lehrgang für den Hauptschulabschluss der Schule in der Hamburger Jugendanstalt Hahnöfersand ein verhaltensmodifikatorisches Programm durchgeführt. Mit den zehn Schülern, die durchschnittlich 19,0 Jahre alt waren, wurde das Programm ausführlich diskutiert und dann in seinem Ablauf festgelegt. Auf der Basis der bei den Schülern erhobenen Daten aus Verhaltensbeobachtungen sowie Leistungs- und Persönlichkeitstests wurden die Lernanforderungen in kognitiver und sozial-emotionaler Hinsicht definiert. In Auswertung der Erfahrungen in Erziehung und Unterricht verhaltensgestörter Schüler im Allgemeinen sowie delinquenter Jugendlicher im Besonderen wurden in Verbindung mit den Betroffenen für das Programm folgende Prinzipien festgelegt:

- Das Programm sollte nicht auf die Verstärkung einzelner Verhaltensweisen (wie z. B. »sich vor dem Reden melden«), sondern auf ganze Verhaltenssequenzen ausgerichtet sein, da anders als in einer Therapiesitzung der Lehrer nicht ständig alle Schüler einer Klasse im Auge haben und punktuell erwünschtes Verhalten verstärken kann.
- Das Programm war nicht nur individuenzentriert, sondern auch gruppenzentriert orientiert, da einerseits einzelne Schüler nicht nur ihre eigenen Interessen (individualistischer Aspekt), sondern auch die der gesamten Gruppe (sozialer Aspekt) im Auge haben sollen, andererseits neben egoistischen Tendenzen auch die Einwirkungsmöglichkeiten der gesamten Gruppe auf den Einzelnen (Verstärkung durch die Gruppe) genutzt werden konnten.
- Das Programm arbeitete mit einer Vielzahl sich ergänzender und einander überlagernder Verstärker – neben materiellen mit sozialen Verstärkern, Privilegien und angenehmen Aktivitäten, da hierdurch die notwendige Ablösung der materiellen Verstärker leichter, eine Sättigung vermieden und der Weg von der Fremdverstärkung zur eigenverantwortlichen Selbstverstärkung erleichtert wird.
- Das Programm wurde mithilfe einer token-economy (Verteilung von Werteinheiten/generalisierte Verstärkung) so durchgeführt, dass den Schülern schnell und problemlos der Verhaltens- und der Leistungsaspekt verdeutlicht und symbolhaft und quantifizierbar dokumentiert werden konnten. Verzögerungen und Undeutlichkeiten in der Verstärkungsphase drohen Schüler zu frustrieren, Lehrer zu überfordern und den Effekt zu gefährden.
- Die Verstärker wurden nach den Bedürfnissen der Schüler zusammengestellt und ihrer Funktion entsprechend den Schülern gegenüber als »Lernhilfen« bezeichnet, da sie helfen sollten, kognitive, emotionale und soziale Lernprozesse einzugehen und durchzustehen, d. h. Wissenskomplexe und in Verbindung damit gesteuertes, kontrolliertes, sozialadäquates Verhalten zu erlernen.

Im Sinne dieser Prinzipien wurden im Bereich der individuellen Verstärker für zwei Wochen materielle Verstärker wie Zigaretten, Süßigkeiten, alkoholfreie Getränke, Tee, Kaffee und für die gesamte Schulzeit angenehme Aktivitäten für Zeiteinheiten von 15 Minuten nach erfolgreicher Arbeit über 45 Minuten wie das Lesen von Illustrierten, Comics, Westernheften, Kriminalromanen, das Hören von Schallplatten und Tonbändern, das Anschauen von Kurzfilmen und Videoaufnahmen vorgesehen.

Im Bereich der Gruppenverstärker, die eingesetzt werden sollten, wenn die Schüler 80 % der in einer Woche durch die Gruppe erreichbaren Punktzahl für erbrachte Leistungen erzielten, wurden Kino-, Museums- und Industriebesuche außerhalb der Anstalt sowie Kinofilme und Veranstaltungen mit Hamburger Musikgruppen innerhalb der Anstalt geplant.

Die Konzipierung des Programms mit den Schülern mündete in einen Kontrakt, der von allen Beteiligten unterschrieben, unter der Überschrift »Vereinbarung« vervielfältigt und jedem Schüler ausgehändigt wurde.

Um das Programm im Sinne der dargestellten Prinzipien durchführen zu können, musste das Lernfeld in spezifischer Weise organisiert werden. Die Unterrichtszeit, die von 7.30 Uhr bis 11.45 Uhr angesetzt war, wurde so eingeteilt, dass drei einstündige Einheiten, eine 45-Minuten-Einheit und zwei Kurzeinheiten von je 15 Minuten für eine frei gestaltbare Pause und ein abschließendes standardisiertes Interview sowie ein freies Gespräch zum Verlauf des Vormittags zur Verfügung standen. Jede Unterrichtsstunde wurde in drei Phasen unterteilt: Auf die Bearbeitungsphase (3×35 und 1×20 Minuten) folgte eine quantifizierbare Lernkontrolle (ca. 10 Minuten) und auf diese ein Zeitraum von 15 Minuten zur möglichen Einlösung materieller Verstärker und für die angenehmen Aktivitäten. In der Bearbeitungsphase wurde das verlangte unterrichtsadäquate Verhalten gefördert und unterstützt durch motivierenden, abwechslungsreichen Unterricht. Für diese Phase waren unter der Bezeichnung »Mitarbeit« zehn Punkte zu erreichen. Für eine erfolgreiche Lernkontrolle konnten dann weitere fünf Punkte erzielt werden, sodass in jeder Unterrichtsstunde eine Höchstpunktzahl von 15 zur Verfügung stand.

Die Schüler wurden also nicht für einzelne Verhaltensweisen, sondern für Leistungen verstärkt, deren Erbringung die erwünschten Verhaltensweisen notwendig machte. Je fünf weitere Punkte wurden für gut ausgeführte Hausaufgaben und das Ausfüllen eines Interviewbogens vergeben. Somit konnte ein Schüler maximal 70 Punkte je Tag bekommen, was nach der Vereinbarung für die Zeit der materiellen Verstärkung dem Gegenwert von sieben Zigaretten entsprach. Die erzielten Punkte wurden durch Stempelaufdruck auf einer Wertkarte testiert, die jeder Schüler täglich zu Beginn des Unterrichts ausgehändigt bekam.

Die Wertkarte war die Grundlage für die Einlösung der materiellen Verstärker während der ersten beiden Wochen, der angenehmen Aktivitäten für einzelne Schüler nach jeder Stunde und der Gruppenaktivitäten am Ende der Schulwoche, wenn anhand der Wertkarten ermittelt wurde, ob die Schüler 80 % der möglichen Punkte erreicht hatten. Die materiellen Verstärker während der ersten beiden Unterrichtswochen wurden anfangs nach jeder Stunde, später dann jedoch nur am Ende des Schultages eingelöst. Das Ansparen von Punkten über einen Tag hinaus wurde nicht erlaubt, da die erbrachten Leistungen in möglichst kurzen Zeitabständen materiell belohnt und Neideffekte vermieden werden sollten, welche sich einstellen können, wenn nach mehreren Tagen einzelne Schüler größere materielle Verstärker präsentieren. Zudem können größere Gegenstände zu Sättigungseffekten führen.

Die Zeit von 15 Minuten für die angenehmen Aktivitäten wurde genau eingehalten. Sie gewann für die Schüler mehr und mehr an Bedeutung, da sie zum freudig erwarteten Zielpunkt wurde, welcher die anstrengende Arbeit leichter ertragen ließ, der in der Mühsal eine erfreuliche Perspektive bot. Die erfreuliche Perspektive macht Mut, aktiviert die Kräfte, lässt durchhalten, wie bei den Schülern deutlich zu merken war. Wie sollen sich aber auch emotional labile, lernbeeinträchtigte Jugendliche ohne erfreuliche Perspektive in einem überschaubaren Zeitraum Anstrengungen abverlangen können, wenn ohne sie selbst der trainierte Geistesarbeiter nicht auskommt. So wurde der Zeitraum angenehmer Aktivitäten sehnlich erwartet und voll ausgekostet, und er konnte deshalb auch ein starker Stimulus sein, aufmerksam mitzuarbeiten, um die Lernkontrollen in der vorgesehenen Zeit schaffen zu können. Folgerichtig wurden die fünf Punkte, die wegen mangelnder Mitarbeit nicht gegeben wurden, leichter verschmerzt als die Minuten, die von der Zeit für die angenehmen Aktivitäten abgingen, weil infolge mangelnder Mitarbeit die Lernkontrolle nicht in der angesetzten Zeit zu bewältigen war.

Sehr beliebt unter den angenehmen Aktivitäten wurde das Autofahren. Zwei Hamburger Autogeschäfte hatten Gebrauchtwagen zur Verfügung gestellt. Nach langwierigen Verhandlungen mit der Anstaltsleitung war es möglich, einen Wagen auf das Anstaltsgelände zu bringen und für Versuchsfahrten der Schüler auf einem speziellen Terrain zu benutzen.

Schwierig gestaltete sich die Organisation der Gruppenaktivitäten am Ende der Woche. Ein Kinobesuch außerhalb der Anstalt konnte nur mit drei Schülern durchgeführt werden, da die Anstaltsleitung den übrigen unter Hinweis auf Sicherheitsrisiken den Ausgang verweigerte. Trotzdem wirkte sich dieser Kinobesuch der Kleingruppe sehr positiv aus, da er als Fortschritt gewertet wurde und eine Perspektive bot für eine weitere Entwicklung. Eine Musikgruppe, die kostenlos in der Anstalt spielen wollte, wurde von der Anstaltsleitung abgelehnt.

Autofahren über den ganzen Nachmittag mit der gesamten Schülergruppe und die Vorführung besonderer Kinofilme waren dann aber auch Gruppenaktivitäten, die von allen freudig begrüßt wurden und auf die weitere Arbeit motivierend wirkten. Gruppenaktivitäten konnten am Ende jeder Woche stehen, da die Gruppe die in der Vereinbarung getroffene Anforderung erwartungsgemäß erfüllte. Die Anforderung hätte bei Fortführung des Programms sogar von 80 auf 90 % erhöht werden können, ohne die Schüler einem nur schwer zu bewältigenden Druck auszusetzen.

Zu den Ergebnissen des Programms sollen hier lediglich Schüler- und Lehreräußerungen herangezogen werden. Im Mittelpunkt des gesamten Vorhabens stand die Frage, ob sich ein solches Programm mit jugendlichen Delinquenten realisieren ließe, d. h. ob es akzeptiert würde und auf die schulische Arbeit der Schüler und der Lehrer positive Auswirkungen hätte. Es wurde nicht erwartet, dass das Programm in der relativ kurzen Zeit von vier Unterrichtswochen nachweisbare Effekte im Sinne einer Verhaltensänderung erbringen würde.

Die Einstellung der Jugendlichen zum Unterricht insgesamt, zur Wirkung der Verstärker und zum Lehrerverhalten wurde mit einem zehn Items umfassenden Interviewbogen täglich nach dem Unterricht abgefragt. Es zeigte sich, dass im Durchschnitt neun der zehn Jungen (93 %) der Unterricht gefallen hat (70 % ja, 23 % eher ja). Nur 6 % der Nennungen lauteten »eher nein«; »Nein«-Angaben fehlten völlig. Die Items zu den Verstärkern wurden nicht allgemein darauf gerichtet, ob die Verstärker gut ankamen; sie zielten darauf, ob die Verstärker den Schülern die unterrichtliche Arbeit erleichterten. Diese spezielle Fragestellung, bei der sozusagen extrinsische Motivation eingestanden werden musste, erschwerte eine positive Stellungnahme. Trotzdem äußerten sich zwei Drittel der Jungen positiv, eine eindeutige Verneinung fand sich lediglich in 3 % der Antworten über vier Wochen hinweg.

Der Klassenlehrer stellt in seiner abschließenden Stellungnahme fest, »dass die Lerngruppe eine sehr positive und erfreuliche Lernbereitschaft zeigte, die sich auch auf die Arbeitshaltung und das Engagement der Projektbegleiter (Lehrer) in einer Art Rückkopplung übertrug«. Es konnte sich also eine produktive Kommunikation entwickeln, weil sich Lehrer und Schüler in einer angenehmen Lernatmosphäre gegenseitig verstärkten.

Zwei Monate nach Beendigung des Projekts charakterisierte der Klassenlehrer die Situation seiner Klasse folgendermaßen: »Die Lerngruppe zeigt nach wie vor ein stabiles Lernverhalten; das Bestreben zur Eigenarbeit und das sinnvolle Auswählen und Planen von Gruppenverstärkern (Fernsehfilme, Spielstunden usw.) verläuft reibungslos. Die Arbeit mit den kleineren Verstärkern (Lesen von Heftchen, Musik hören usw.) wird beibehalten und von allen als angenehme und die Leistung steigernde Möglichkeit genutzt. Die Konzentration auf die in einigen Wochen stattfindende Abschlussprüfung fällt keinem Schüler schwer.«

Innerhalb der Verhaltensmodifikationsansätze hat über die vergangenen drei Jahrzehnte insbesondere die kognitive Verhaltensmodifikation an Bedeutung gewonnen. Kognitive Verhaltensmodifikation arbeitet bei Kindern und Jugendlichen mit den Methoden des kognitiven Modellierens und des Selbstinstruktionstrainings. Im Hinblick auf Verhaltensstörungen sind diese Methoden erfolgreich erprobt worden, und sie erwiesen sich sowohl in Therapiesitzungen als auch im Klassenunterricht als effizient (vgl. etwa Linderkamp 2008).

Kognitives Modellieren baut auf den Erkenntnissen auf, die vor allem Bandura zum Modelllernen sammeln konnte (Bandura 1969). Die Methode ist dadurch charakterisiert, dass real – in vivo – durch Personen, aber auch durch Filme Verhaltenssequenzen gezeigt und kommentiert werden, d. h. die Modelle verdeutlichen, warum was getan wird. Kognitive Modelle können nicht nur reale Personen oder gefilmtes Verhalten von Personen sein, sondern auch Figuren in Zeichentrickfilmen, Bildern und Bilderfolgen sowie Beschreibungen (vgl. Jaeggi 1979; Meichenbaum 1979). Kognitives Modellieren ist besonders wirkungsvoll in Verbindung mit Selbstinstruierung. Die Kinder instruieren sich nach dem Beispiel des Modells selbst über die nötigen Handlungsabläufe, wobei Signalkarten eine beliebte Hilfe sind (▶ Abb. 36). Im Training lernen sie, die zunächst laut gesprochenen Selbstanweisungen über leises Sprechen in ein Denken der Anweisungen zu überführen.

Was ist meine Aufgabe?

Ich mache mir einen Plan!

Kenne ich etwas Ähnliches?

Sorgfältig und bedacht!

Halt – Stopp, überprüfen!

Das habe ich gut gemacht!

Abb. 36: Signalkarten (zusammengestellt aus Lauth/Schlottke 2009, Online-Materialien AB 56, S. 1–6)

Ein Beispiel für kognitives Modellieren und Selbstinstruktionstraining mit einem Kind mit Aufmerksamkeits- und Hyperaktivitätsstörungen findet sich bei Lauth (vgl. 1983, 89 ff.):

Ralf ist zehn Jahre alt und Schüler der 3. Klasse. Über Verhaltensbeobachtung und -analyse wird festgestellt, dass er vorschnell zu Aufgabenlösungen kommt, nicht systematisch arbeitet, sich nicht nur bei schulischen Aufgabenstellungen, sondern auch beim Spielen impulsiv verhält, sich leicht ablenken lässt, Frustrationen nur schlecht verarbeitet und sich in Ärgerverhalten oder Clownerien flüchtet sowie deutliche Misserfolgsorientierung zeigt. Für das Training wurde eine zielbezogene Spiele- und Aufgabensammlung zusammengestellt, und es wurden die Instruktionskarten »langsam machen«, »Halt – nachdenken« und »genau gucken« eingesetzt (► Abb. 37, modifiziert nach: Meichenbaum 1977, 38).

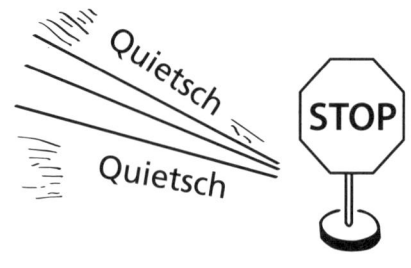

Abb. 37: Instruktionskarten (modifiziert nach Meichenbaum 1977, 38)

Eine token-economy wurde derart eingeplant, dass token nach einer Selbstbeurteilung und Korrektur durch den Trainer für fehlerfreies bzw. fehlerkorrigierendes Arbeiten vergeben wurden und gegen materielle Verstärker eingetauscht werden konnten.

Zur Spielesammlung gehörten »Differix« und »Schau genau« (Bilder sind zu vergleichen; beispielhaft ▶ Abb. 38), Labyrinthaufgaben, Suchbilder, Fragespiele, Puzzles, die Aufgaben Mosaiktests und Bilderordnen nach dem HAWIK (Hamburg-Wechsler-Intelligenz-Test für Kinder), Bastelaktivitäten sowie Aufgaben zur sozialen Konfliktlösung.

Der Trainer diente zunächst als kognitives Modell, wobei sich z. B. bei den Bildervergleichsaufgaben in der ersten von insgesamt zwölf Sitzungen folgende Selbstinstruktionen ergaben:

> *Problemdefinition:* Was soll ich tun? Ich soll dasselbe Bild wie auf den Kärtchen auf der Tafel finden.
> *Problemannäherung:* Wie mache ich das aber nun?
> *Reaktionsverzögerung:* Ich gehe ganz langsam vor.
> *Vorausplanung:* Zuerst schaue ich mir das Kärtchen an.

Abb. 38: Bildervergleich (modifiziert nach Meichenbaum 1977, 26)

Strategie: Ganz genau! Dann vergleiche ich es mit den Bildern auf der Tafel. Ich gehe dabei der Reihe nach vor. Ich fange in der ersten Reihe beim ersten Bild an.
Erste Bildkarte: Dort sehe ich: Der Kopf der Katze ist nach rechts geneigt. Der Kopf der Katze auf der Tafel zeigt nach links. Das ist nicht dasselbe Bild.
Strategie: Ich gehe weiter. Ich sehe mir das nächste Bild in der ersten Reihe an. Ich fange wieder an zu vergleichen.
Reaktionsverzögerung: Ich mache ganz langsam.
Strategie: Ich muss genau hinschauen … (weitere inhaltsspezifische Selbstverbalisierungen).
Vorläufige Entscheidung: Das muss das gleiche Bild sein.
Prüfprozess: Ich schaue noch einmal genau, damit ich nichts übersehe. Es ist dasselbe Bild. Ich lege das Kärtchen auf das Bild.
Kompetenzzuschreibung: Das habe ich gut gemacht« (Lauth 1983, 95).

Eine deutliche Leistungsverbesserung konnte im Vergleich von Vor-, Zwischen- und Nachtests insofern nachgewiesen werden, als sich die Bearbeitungszeiten deutlich verlängerten und sich gegenläufig die Fehlerquote merkbar verringerte, sodass sich die aufsteigende Linie für die Bearbeitungszeit und die fallende Linie für die Fehlerquote bereits während der Trainingszeit schnitten und ihre Ausrichtungen auch in den Langzeitnachtests beibehielten (vgl. Lauth 1983, 100).

Derartige Aufmerksamkeitstrainings brauchen nur bei sehr schwierigen Kindern eine 1-zu-1-Situation, die aber auch im weiteren Trainingsverlauf auf 1-zu-3 ausgedehnt werden kann. Mehr als drei Kinder mit Aufmerksamkeits- und Hyperaktivitätsstörungen sollten jedoch nicht zu einer Trainingsgruppe gehören. Die wöchentlichen Trainingseinheiten werden zunächst auf 30 Minuten geplant und können im weiteren Trainingsverlauf ausgedehnt werden.

Die Eltern sollten in das Training in der Weise einbezogen werden, dass sie Informationen über die Störungen ihrer Kinder bekommen und dass ihnen Trainingsabsichten und -verlauf erläutert werden. Verhaltensmodifikation ist über viele verschiedene Verfahren zu realisieren. Als erfolgreich hat sich auch die Einbeziehung der Eltern in ein Modifikationsprogramm erwiesen. Bei Kindern im Grundschulalter, für die die angestrebten Ziele täglich festgelegt wurden und die für Zielerreichung systematisch sozial verstärkt wurden, wurden die Eltern täglich über die Lernfortschritte informiert und konnten die Kinder, wenn die formulierten Ziele erreicht waren, entsprechend positiv verstärken.

Im Vergleich mit einer Kontrollgruppe führte diese Form der Verhaltensmodifikation bei hyperaktiven Kindern zu einer deutlichen Reduzierung unerwünschter Verhaltensweisen (vgl. O'Leary et al., 1976; siehe auch Lauth/Schlottke 1997).

Programme zur Bewältigung von Aggressionen oder auch Unsicherheiten und Ängsten arbeiten, ganz analog wie oben am Beispiel des Umganges mit Lernaufgaben beschrieben, mit Instruktionskarten, die sich auf verschiedene Aspekte oder auch Phasen der Bewältigung von Affekten richten. Dies ist etwa im »Training mit aggressiven Kindern« (Petermann/Petermann 2008) für die Aspekte »Reflexion«, »Selbstberuhigung« sowie »Zukunftsorientiertheit« der Fall (▶ Abb. 39).

Abb. 39: Instruktionskarten zur Reflexion, Selbstberuhigung und Zukunftsorientiertheit (modifiziert nach Petermann/Petermann 2008, 152–154)

6 Entspannung und Meditation als pädagogisch-therapeutische Verfahren

Durch belastende Bedingungen in Familie und/oder Schule und/oder in anderen Institutionen/Gruppierungen kommen auch immer mehr Kinder und Jugendliche in einen Teufelskreis, in dem sich Anspannung, Verspannung und Verkrampfung mehr und mehr steigern (▶ Abb. 40).

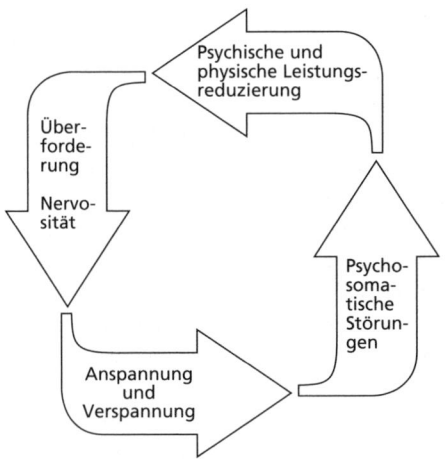

Abb. 40: Der Teufelskreis sich steigernder Verspannung

Hilfreich können in solchen Fällen Entspannungsverfahren sein, die auch in Verbindung mit anderen psychotherapeutischen und pädagogisch-therapeutischen Konzepten und Methoden eingesetzt werden (z. B. bei der Systematischen Desensibilisierung, beim Katathymen Bilderleben, bei Traumreisen). In jüngerer Zeit wird verstärkt auch die Wirkung solcher Verfahren untersucht und belegt (vgl. etwa Petermann/Zimmermann/Menzel 1998) sowie ihr gezielter Einsatz in pädagogischen Handlungsfeldern diskutiert (vgl. etwa Winkler 1998).

Zu den bekanntesten Entspannungsverfahren gehören das »Autogene Training« nach J. H. Schultz und die »Progressive Muskelentspannung« nach Jacobson.

Entspannung hat Bedeutung als präventive Maßnahme, als Teil oder Ergänzung anderer Therapien und als eigenständige Therapie (siehe Vaitl/Petermann 2004; Jungnitsch 2005).

Das Autogene Training als konzentrative Selbstentspannung entwickelte schon in den 1920er und 1930er Jahren der Berliner Mediziner J. H. Schulz. Seine Methode ist in Deutschland am weitesten verbreitet und wird deshalb und wegen vieler Nachweise positiver Effekte näher betrachtet. Die verschiedenen Übungen lassen sich in eine so genannte Unterstufe und in eine Oberstufe einteilen.

Für die pädagogische Praxis relevant ist nur die Unterstufe, in der den ganzen Körper erfassende Schwereübungen (Muskelentspannung) und Wärmeübungen (Gefäßentspannung) durchgeführt sowie die Herzregulierung, die Atemeinstellung,

317

die Regulierung der Bauchorgane und die Einstellung des Kopfgebietes vorgenommen werden.

Die Oberstufe des Autogenen Trainings ist über speziellere Techniken (z. B. Konvergenzstellung der Augen, Farbenerlebnisse) auf den Zugang zu unbewusstem Material ausgerichtet (vgl. z. B. Rosa 1983). Im Rahmen der in Frage kommenden Unterstufe wird also suggestiver Einfluss genommen auf Muskeln, Blutgefäße, Herz, Atmung, Leiborgane (»Sonnengeflecht«) und den Kopf (vgl. Schultz 1967, 14). In der ersten Phase wird eine Ruhigstellung realisiert, indem sich der Übende in bequemer Kleidung und in bequemer Haltung – am besten in der so genannten »Kutscherhaltung« – hinsetzt oder so auf eine Decke am Boden legt, dass die Arme leicht angewinkelt sind. Mit geschlossenen Augen vermittelt er sich, beginnend mit dem bevorrechtigten Arm, durch inneres Sprechen den Vorsatz »Mein rechter (linker) Arm ist schwer, ganz schwer!«. Wichtig ist, dass ein gegenwärtiger Zustand durch die Formulierung »ist schwer« suggeriert wird und nicht ein künftiger Zustand durch »wird schwer« gedacht wird.

An diese Übungsphase schließt sich der Beruhigungsvorsatz »Ich bin ruhig, ganz ruhig!« an, der jeweils nach sechsmaligem Denken der Übungsformel für Schwere wiederholt wird. In gleicher Weise werden auch die Formeln angewandt, die sich auf die übrigen Extremitäten beziehen. Schwere bzw. ein tranceähnlicher Zustand stellt sich nicht gleich ein; ihn zu erreichen bedarf es des Trainings. Wenn die Schwereübung gut beherrscht wird, werden auch die übrigen Bereiche in die Autosuggestion mit einbezogen. Bei Kindern treten die gewünschten Effekte häufig schneller ein als bei Erwachsenen, insbesondere wenn verstärkt heterosuggestive Momente zum Tragen kommen. Da ein tranceähnlicher Zustand erreicht wird, muss dieser durch eine gedachte Formel in Verbindung mit Körperreaktionen beendet werden: »Arme fest!« (kräftiges Beugen und Strecken) – »Tief atmen!« – »Augen auf!«

Ist vorgesehen, nach den Gliedmaßen auch die Organe Herz, Lunge, Solarplexus bzw. Sonnengeflecht und damit die Bauchorgane in das Training mit einzubeziehen, dann sollten, wenn ein mit Autogenem Training gut vertrauter Lehrer/Erzieher die Übungen anleitet, Kinder und Jugendliche vorher den Arzt konsultieren, damit Durchblutungsstörungen oder Organschwächen ausgeschlossen und Risikofaktoren vermieden werden. Wenn alle Übungen erfolgreich durchgeführt werden, kann man sie miteinander verbinden. Ist nach etwa drei Monaten eine tiefe Entspannung bzw. ein autogener Trancezustand erreichbar, dann lassen sich positive Vorsätze formulieren, die der psychischen Situation und dem sprachlichen Verständnis des Übenden angepasst sein müssen (posthypnotischer Auftrag). Die Formel bringt den Vorsatz in positiver und feststellender Formulierung zum Ausdruck – wie z. B. »Ich bin konzentriert. Ich mache meine Arbeit gerne und gut« oder »Ich setze mich gern an den Schreibtisch, ich schaffe es, den Aufsatz zu schreiben«. Lehrer und Erzieher, die mit Trainingsmethoden arbeiten wollen, müssen in der Lage sein, in der Gruppe der Kinder bzw. Jugendlichen eine entsprechende Atmosphäre zu schaffen und auch selbst Modell zu sein für diese Verfahrensweisen.

Kleineren Kindern kann die Entspannung erleichtert werden, indem die Formeln in Märchen oder Geschichten eingebettet werden. Allerdings müssen diese Formeln sehr neutral und allgemein formuliert werden, von allen Kindern verstanden werden können und wirklich das erreichen, worauf die Intentionen sich richten. Zu bedenken ist, dass schon ein falsches Wort, eine unpassende Assoziation Blockierungen oder unerwünschte Nebeneffekte erbringen kann. Wenn also dem Lehrer/ Erzieher die Kinder und Jugendlichen mit ihren Ängsten und Schwächen, ihrem Lebenshintergrund und eventuell belastenden Erlebnissen bekannt sind, dann lassen sich auch Entspannungsgeschichten erzählen, wie z. B. Eberlein vorschlägt: Kinder gehen mit einem Zauberschiff auf die Reise. »Sie liegen auf dem Rücken, haben die Augen geschlossen, summen und singen mit der Silbe OM das Zauberschiff, das babebi herbei. Sie sind vollkommen ruhig, gelöst, entspannt. Das Schiff gleitet ruhig über einen silbrig schimmernden See, leise plätschern die Wellen an den Schiffsboden. Das Schiff wiegt auf und ab. Im schwingenden Rhythmus atmen sie aus und ein, hin und her – vollkommen ruhig, gelöst, entspannt. Die Sonne scheint, es ist warm. Ruhig, schwer, warm, entspannt, gelöst. Und nun landet das Schiff am Strand einer Insel, der Wunschinsel, auf der ein Traumbaum steht. Sie schweben ans Land, geradewegs auf den Baum zu, den Traum- und Wunschbaum. Sie hören den Baum singen und klingen. Es ist ein Baum besonderer Art, was sie denken, was sie sich wünschen, kommt ihnen entgegen« (Eberlein 1984, 93). Das Schiff kann über und unter Wasser fahren, es bringt die Kinder in die verschiedenen Länder. An Land und auf dem Wasser erleben sie Abenteuer, und dabei werden »die Übungen des Autogenen Trainings über das Schwere- und Wärmeerlebnis, über das Empfinden des Herzens und der Atmung durchgeführt und im Sonnengeflecht vertieft« (a. a. O., 101). Als angemessene Gruppengröße für das Autogene Training hat sich eine Zahl von zehn Kindern erwiesen (Langenkamp et al. 1982).

Für die Anwendung des Autogenen Trainings bei Kindern und Jugendlichen mit Verhaltensstörungen, auch mit psychischen Störungen, spricht eine Vielzahl von Untersuchungen, die zum Teil in Verbindung mit anderen Verfahren – eine nicht unwichtige Variable – durchgeführt wurden und positive Ergebnisse erbrachten (vgl. Atzesberger/Frey 1978; Biermann 1975; Leuner 1985; Leuner et al. 1990; siehe auch Petermann et al. 1998). Nach Biermann bestehen bei Kindern und Jugendlichen im Vergleich zu Erwachsenen »bessere Reifungs- und Entwicklungschancen, die in vielen Fällen allein mit dem AT eine endgültige Ausheilung einer Verhaltensstörung, aber auch eines psychosomatischen Leidens erhoffen lassen« (Biermann 1975, 111). Im schulischen Kontext konnte z. B. erreicht werden, dass die Schüler einer »extrem unruhige(n) 4. Klasse einer Schule für Erziehungshilfe ... zunehmend ruhiger, ansprechbarer und aufgeschlossener« wurden; »auch die Gespräche fanden auf einer emotionalen Ebene mit zunehmendem gegenseitigen Verständnis und sich entwickelnder Bereitschaft des Sich-Verstehen-Wollens statt« (Anders 1985, 65).

Meditation (lateinisch meditari: nachdenken, sinnen, betrachten; meditatio: Besinnung, besinnliche Betrachtung, religiöse Versenkung) leitet als mentale Technik in einen Zustand geistig-seelischer Sammlung, der durch verschiedene Verfahren herbeigeführt werden kann. Die verschiedenen Verfahren stammen aus unterschiedlichen Kulturräumen und sind von ihren Ursprüngen her der Theologie und der Philosophie zuzuordnen. Meditationstechniken, die aus ihrem religiösen oder spirituellen Hintergrund losgelöst praktiziert werden, werden gegenwärtig als Achtsamkeitsmeditation bezeichnet und finden in vielen Kliniken und psychotherapeutischen Praxen Anwendung. Achtsamkeit meint, hier und jetzt ganz aufmerksam zu sein, sich nicht auf etwas zu konzentrieren, sondern offen zu sein für alle Wahrnehmungen, um letztlich Geist und Körper zu harmonisieren. In diesem Sinne hat Jon Kabat-Zinn, Professor an der University of Massachusetts Medical School, 1979 die Stress Reduction Clinic und 1995 das Center for Mindfulness in Medicine, Health Care and Society (CFM) gegründet, wo er seine Methode, eine Verbindung von Meditation und Achtsamkeit, die Mindfulness-Based Stress Reduction (MBSR) praktiziert und lehrt (siehe dazu Kabat-Zinn, 2010 und 2013). Die enorme Steigerung der Anzahl von Fachartikeln und Evaluationsstudien zur Meditation allgemein und zur Achtsamkeitsmeditation im Besonderen zeigt, wie sehr sich Meditation in den vergangenen Jahren ausgebreitet hat und effektiv eingesetzt wird, was viel mit den Aktivitäten von Jon Kabat-Zinn zu tun hat. Es ist eine Steigerung der wissenschaftlichen Darstellungen von ca. 150 im Jahr 2000 auf ca. 900 im Jahr 2015 festzustellen, so dass Sedlmeier zu dem begründeten Ergebnis kommen kann, dass Meditation deutlich messbare positive Effekte in physischer wie auch in psychischer Hinsicht erzielt (vgl. Sedlmeier 2016a und 2016b).

In grober Klassifikation lassen sich zwei Hauptgruppen meditativer Verfahren unterscheiden:

a) konzentrative Verfahren
b) kontemplative Verfahren.

Yoga-Verfahren
Zu den im Wesentlichen konzentrativen Techniken gehört das im 2. Jahrtausend vor Christi entwickelte Yoga mit den als Hatha-Yoga bezeichneten diffizilen Körperübungen des Inders Patandschali. Weit verbreitet ist die zu den kontemplativen, öffnenden Verfahren zu rechnende Mantra-Technik. In der Praxis mit Kindern und Jugendlichen setzen sich mehr und mehr Kombinationsverfahren als Mischformen von konzentrativen und kontemplativen Techniken durch (siehe dazu bereits Rozman 1977). Es soll in gebotener Kürze auf das so genannte Hatha-Yoga als Kombinationstechnik wie als »reines« Verfahren und – dies umfassender – auf Mantra-Meditation eingegangen und zu verdeutlichen versucht werden, wie und mit welchem Erfolg diese Verfahren in der Pädagogik bei Verhaltensstörungen einzusetzen sind.

Hatha-Yoga wie Mantra-Verfahren werden seit Mitte der 1970er Jahre in der Bundesrepublik von einem kleinen Kreis Interessierter sonderpädagogisch eingesetzt – im Gegensatz etwa zu den USA, wo die Tradition älter und die Verbreitung größer ist (siehe z. B. Rozman 1977).

Yoga bei Kindern mit Verhaltensstörungen
Über Erfahrungen mit Hatha-Yoga bei Kindern mit Verhaltensstörungen und bei drogenabhängigen Jugendlichen berichtet Kiphard. Für Kiphard ist Yoga eine »komplexe Methode der körperlichen und geistigen Straffung und Selbstdisziplinierung« (Kiphard 1980, 7). Mit übermäßig ängstlichen, aggressiven, antriebsgehemmten oder -enthemmten 10- bis 12-jährigen Kindern hat Kiphard kursmäßige Yoga-Stunden durchgeführt. Vor den Yoga-Übungen gab er den Kindern Gele-

genheit, sich körperlich abzureagieren. Bewährt hat sich seiner Darstellung nach der Aufbau einer Stunde derart, dass eine Viertelstunde die psychomotorischen Bedürfnisse an Geräten freier Wahl befriedigt werden, dass die zweite Viertelstunde den Yoga-Übungen als Körper-Yoga, die dritte Viertelstunde wieder der freien motorischen Entfaltung dient und die letzte Viertelstunde zur Tiefenentspannung (Geistes-Yoga) genutzt wird. Die Unterscheidung zwischen Körper- und Geistes-Yoga wird aus methodischen Gründen vorgenommen. Zum Körper-Yoga gehören Gleichgewichtsübungen (z. B. Storchenhaltung), Wirbelsäulenbeugung (z. B. Bogenhaltung) und Umkehr-Übungen (z. B. Kerze, Kopfstand für ältere Kinder). Zum Geistes-Yoga rechnet Kiphard Tiefenentspannung in Rückenlage verbunden mit Phantasieübungen im Sinne des »Katathymen Bilderlebens« von Leuner und die autosuggestive Formulierung von Leit- bzw. Vorsätzen im Sinne von J. H. Schultz. So ist Yoga bei Kiphard im Grunde ein Kombinationsverfahren, das Körperübungen, »Autogenes Training« und Katathymes Bilderleben verbindet. Diese Yoga-Therapie, wie Kiphard sich ausdrückt, zielt auf

- »körperliche Straffung und Disziplinierung bei gleichzeitiger Fähigkeit zur Entspannung,
- geistige Konzentration und Selbstbeherrschung verbunden mit einer Verhaltensänderung in Richtung auf Ruhe, Gelassenheit und Konflikttoleranz« (Kiphard 1980, 9).

Im Sinne dieser Zielsetzung hat sich Yoga, so betont Kiphard, bei der Rehabilitation von Kindern mit Verhaltensstörungen sowie drogenabhängigen Jugendlichen bewährt.

Sehr positive Erfahrungen mit Hatha-Yoga sind auch bei mehrfachbehinderten Jugendlichen gemacht worden. Hatha-Yoga wurde dabei verstanden als »ein System körperlicher Techniken zur Beeinflussung des psychophysischen Geschehens«; es zielt auf »Freiwerdung der Persönlichkeit« und die »Heilung seelischer Störungen«, kann also für sich stehen und bedarf keiner Zusatztechniken, um zu wirken (Mück 1979, 105). So wurde denn auch – im Gegensatz zu Kiphard, der, wie dargestellt, die Körperübungen im Rahmen eines Kombinationsverfahrens einsetzt – Hatha-Yoga als »reines Verfahren« durchgeführt. Aus der Vielzahl von Übungen hat Mück – didaktisch-methodisch begründet – die fünf Übungen Toter Mann, Kobra, Halbschildkröte, Kaninchen und Berghaltung ausgewählt und jede einzeln für sich oder auch in einer Sequenz zusammengefasst geübt. Bei den täglichen Übungen wurden ein fester Ordnungsrahmen sowie »Ruhe und Abgeschlossenheit« für unbedingt notwendig erachtet. Eine ruhige und entspannte Atmosphäre ließ sich für die Jugendlichen »durch leichte Verdunklung des Raumes und Kerzenlicht« fördern (a. a. O., 109). Über Verhaltensbeobachtung wurden als Effekte festgestellt:

- Ansprechbarkeit für Yoga;
- Bedürfnis und Bereitschaft für Entspannung;
- Freude an den Übungen, positive Einstellung zum Yoga, freiwillige Teilnahme;
- Ausdehnung von Schweigephasen, weniger Ablenkung durch äußere Störungen;

- nach den Yoga-Übungen ruhiges Verhalten, Bedürfnis allein zu sein, Wahl ruhiger Beschäftigungen, auffällige Verträglichkeit auch bei sonst aggressiven Schülern.

Mantra-Meditation

Mantra-Meditation hat eine jahrtausendealte Tradition, die sich von den indischen Veden herleitet. Mantra ist ein altes Sanskrit-Wort. Es bedeutet:»Spruch, dessen Wirkung bekannt ist«.

Für die Meditation werden drei- oder meistens zweisilbige Wörter benutzt. Mantra-Meditation ist sowohl mythologisiert als auch kommerzialisiert worden. Daher ist es besonders wichtig herauszustellen, dass es sich um eine einfach zu erlernende sowie leicht und natürlich durchzuführende Methode handelt, die – ähnlich wie Autogenes Training – für sich steht und nicht einer weltanschaulichen Einbettung oder eines Gurus bedarf, um frappierende Wirkungen zu erzielen, die weit über jene des Autogenen Trainings hinausgehen.

In der Mantra-Meditation wird schnell und leicht der Zustand einer umfassenden körperlichen Entspannung und einer tiefen psychischen Beruhigung bei voller Wachheit der Sinne erreicht. Einleitung und Durchführung der Mantra-Meditation sind so einfach, dass schon beim ersten Versuch viele meditationswillige Probanden den status meditationis – wie dieser besondere Zustand in der Meditation bezeichnet werden könnte – erreichen.

Der Proband wählt sich aus einer Liste von Mantras ein ihn ansprechendes Mantra aus oder er erfindet selbst ein zu ihm passendes Mantra. Das bekannteste Mantra ist wohl der Dreisilber OM-AH-HUM. Dreisilbige Mantras werden so benutzt, dass die erste Silbe beim Einatmen, die zweite beim Ausatmen und die dritte in einer Atempause gedacht werden (vgl. dazu Schwäbisch/Siems 1976). Bei den zweisilbigen Mantras zieht sich nach dem Einatmen über die erste Silbe das Denken der zweiten Silbe über das Ausatmen in die Atempause hinein. Zweisilbige Mantras sind z. B.: EI-MA, SCHE-RIM und SCHI-RAM aus dem indischen Kulturbereich oder auch A-MEN und JAH-VE aus der christlichen Theologie.

Der Proband setzt sich – zur Beruhigung und Entspannung – in einen leicht abgedunkelten Raum. Er zieht die Schuhe aus, um sich nicht eingeengt zu fühlen. Vorher hat er möglichst Blase und Darm geleert, um auch in der Hinsicht nicht belastet zu sein. Im Rhythmus von Ein- und Ausatmen denkt er mit geschlossenen Augen das Mantra, wobei hier mit Denken ein inneres Sprechen gemeint ist. Die Meditation dauert 15–20 Minuten. Sie wird zweimal täglich, morgens und abends, durchgeführt. Der im Hinblick auf ruhiges Stillsitzen lange Zeitraum von 15–20 Minuten erscheint den Meditierenden häufig sehr kurz, oft zu kurz, sodass er sich aus dem meditativen Zustand noch nicht lösen möchte. Andererseits gewinnt er ein Gefühl für den Zeitraum und beendet die Meditation quasi automatisch.

In der Meditation treten recht schnell, unmittelbar nach Beginn oder nach wenigen Minuten, Beruhigung und Entspannung ein, verbunden mit Wohlbefinden und auch Glücksgefühlen. Wie bei sich vertiefender körperlicher Ruhe können motorische Aktivitäten entstehen, die den »Einschlafzuckungen« vergleichbar sind. Diese werden, wie die sich ebenfalls zeigenden mentalen Aktivitäten, Wahrnehmungsbeeinträchtigungen und Schlaftendenzen, als Übermüdungserscheinungen oder auch Spannungslösen gedeutet (vgl. Wachsmuth 1978, 6 f.). Die mentalen Aktivitäten manifestieren sich in spontanen Gedanken sowie in optischen und akustischen Erinnerungen. Die Wahrnehmungsbeeinträchtigungen gehen bis zum Wahrnehmungsverlust (»black out«). Auch Schlaf kann eintreten. Die Meditation mündet in der Regel in einen Zustand großer Ruhe und Tiefenentspannung (status meditationis). Dieser Zustand, der in seiner optimalen Form mit einem Vergessen von Raum und Zeit sowie der eigenen Körperlichkeit bei klarer Bewusstheit (»ruhevolle Wachheit«) verbunden ist, hat deutliche physiologische Korrelate, welche dazu führen, ihn neben Wachen, Schlafen und Träumen als vierten Bewusstseinszustand zu verstehen (Wallace 1970; Bloomfield 1977; Wachsmuth 1978). Charakteristisch für den »status meditationis« sind folgende physiologische Korrelate (vgl. dazu zusammenfassend Wachsmuth 1978; auch neuere neurophysiologische Untersuchungen bestätigen diese Ergebnisse, vgl. Hilbrecht 2010; Rüegg 2010a; 2010b):

a) Abnahme des Sauerstoffverbrauchs, der aufschlussreiche Hinweise auf den Stoffwechselprozess gibt, um 15–35 % gegenüber dem Ruheumsatz. Entsprechend sinkt die Kohledioxyd-Ausscheidung, sodass der respiratorische Quotient in Ordnung bleibt und sich keine abnorme Atemveränderung ergibt.
b) Die Atemfrequenz reduziert sich um 3–5 pro Minute.
c) Das Herzminutenvolumen sinkt um 25 %, d. h. das Herz hat deutlich weniger Blut zu pumpen.
d) Die Serumlaktatkonzentration, die mit hohen Werten auf Stressreaktionen zu verweisen mag, sinkt dreimal schneller als im Schlaf von 14 auf 7 %.
e) Der spontane galvanische Hautwiderstand ist erhöht, »was auf eine größere Stabilität des autonomen Nervensystems hindeutet«. »Die autonome Stabilität des Meditierenden, wie es die niedrigen spontanen galvanischen Hautreflexe angezeigt haben, korreliert signifikant mit größerer Widerstandskraft gegen milieubedingten Stress, psychosomatische Erkrankungen und Verhaltensstabilität, sowie mit größerem Wirkungsgrad des Nervensystems, wodurch mehr Energie frei wird für verschärftes Wahrnehmungsvermögen, klares Denken und zielbewusste Aktivität« (Bloomfield 1977).
f) Die EEG-Muster unterscheiden sich von denen im Wachen, Schlafen, Träumen. Sie haben »eine charakteristische Verteilung und Verlaufsform«. Während der Meditation bleibt »klare Bewusstheit erhalten, auch wenn die EEG-Muster Formen annehmen, die sonst in Schlafmuster übergehen. Im Gegensatz zum Dösen oder Schlummern fühlen sich die Versuchspersonen … frisch, aktiv, wohlgelaunt usw.« (Wachsmuth 1978, 119).

Wie der Amerikaner Wallace meint auch der Deutsche Wachsmuth aufgrund seiner EEG-Forschungen an Meditierenden annehmen zu können, dass der »status meditationis« ein vierter Bewusstseinszustand ist.

Mit den besonderen physiologischen Parametern, die sich im »status meditationis« zeigen, sollen sich die sehr positiven, deutlichen und unterschiedlichen psychophysischen oder auch sozial-emotionalen Effekte erklären lassen, über welche die Meditierenden selbst und ihre Umwelt berichten. Anzumerken ist allerdings, dass die Bedeutung der erfassten physiologischen Parameter noch nicht ganz klar ist. So steht auch eine gut begründete Theorie zur Wirksamkeit von Meditation noch aus.

Die Tiefenentspannung der Meditation kann »als Basisprophylaxe der meisten Krankheiten gelten« (Wachsmuth 1978, 151). Da die physiologischen Parameter denen, die als Stressreaktionen festzustellen sind, genau entgegengesetzt sind, können übermäßige Belastungen besser überwunden werden und neue Kräfte besser aktiviert werden. Darüber hinaus kommen in der Phase der psycho-physischen Ruhe und Entspannung die körpereigenen Selbstheilungskräfte zur Wirkung, sodass – und dies ist gerade im Hinblick auf die immer zahlreicher auftretenden psychosomatischen Erkrankungen zu sagen – körperliche wie seelische Harmonisierung, Normalisierung und Regenerierung eintreten können.

Das Erleben tiefer Ruhe bei gleichzeitiger sensibler Wachheit kann die geistige Flexibilität fördern, womit u. a. die verbesserten schulischen und intellektuellen Leistungen Meditierender zu erklären sind.

Bedeutsam ist auch, dass der »status meditationis« ein Zustand »schöpferischer Stille« ist, in dem sich kreative Tendenzen entwickeln und ausbreiten können. Last but not least ist darauf zu verweisen, dass die Erfahrungen des Sich-selbst-beeinflussen-Könnens, des Sich-beruhigen-Könnens, der selbst induzierten tiefen Entspannung stabilisierend und Ich-stärkend wirken. Zudem erlebt der Mensch, dass er zu seinen Problemen, ja, zu sich selbst in Distanz zu treten und aus dieser Distanz sich und seine Umwelt besser zu erkennen, zu verstehen und zu meistern vermag.

Mantra-Meditation führt, wie empirische Untersuchungen belegen, bei psychosomatischen Erkrankungen von Kindern wie Erwachsenen zu positiven Ergebnissen in kognitiver wie sozial-emotionaler Hinsicht (vgl. zusammenfassend: Wachsmuth 1978, 8; Overbeck 1980). So verglichen Overbeck und Tönnies zehn lernbehinderte Schüler des 6./7. Schuljahres, die sechs Wochen meditierten, mit einer parallelisierten Kontrollgruppe, die nicht meditierte. Im Vergleich der Prä- und Post-Tests einer Testbatterie zeigte sich für die meditierenden Sonderschüler

- eine starke Verminderung von Prüfungsangst und Schulunlust,
- eine Verminderung von allgemeiner Angst und manifester Angst,
- eine tendenzmäßige Verringerung von Neurotizismus und eine tendenzmäßige Zunahme sozialer Erwünschtheit.

Durch weitere Untersuchungen konnten derartige positive Auswirkungen von Mantra-Meditation bei Förderschülern mit Lernbeeinträchtigungen gesichert werden (Overbeck 1980).

Inzwischen liegt eine Fülle von Studien zur Meditation vor, deren Ergebnisse motivieren können, sich als von Burn-out bedrohter Zeitgenosse – insbesondere also auch als Pädagoge – in Meditation einzuüben (ganz im Sinne einer Burn-out-Prophylaxe). Eine groß angelegte Metaanalyse verdeutlichte kürzlich »ausgeprägte positive Auswirkungen in nahezu allen untersuchten Aspekten. Unabhängig von der praktizierten Art der Meditation war die Wirkung auf Gefühlsaspekte (z. B. Reduzierung von Angst und anderen negativen Emotionen) stärker als die auf kognitive Aspekte (z. B. Aufmerksamkeit, Lernen, Gedächtnis). Am stärksten wirkte sich Meditation auf die Verbesserung zwischenmenschlicher Beziehungen aus« (Sedlmeier 2016a, 807, vgl. auch Sedlmeier 2016b).

7 Pädagogische Mototherapie

Neben und in Zusammenhang mit der Wahrnehmungsförderung wird auch der motorischen Förderung von Kindern und Jugendlichen mit Verhaltensstörungen in den KMK-Empfehlungen zum Förderschwerpunkt emotional-soziale Entwicklung große Bedeutung beigemessen:

»Wahrnehmung und Bewegung sind miteinander verbunden. Bewegungserziehung und Sport ermöglichen, Kontakt mit anderen Menschen aufzunehmen und sich mitzuteilen. Sie sind unverzichtbar für die individuelle Förderung der motorischen, psychomotorischen und psychosozialen Entwicklung. Die Einbeziehung vielfältiger Bewegungsmöglichkeiten in den Unterricht, ein Wechsel von Anspannung und Entspannung sowie eine zur Bewegung anregende Schullandschaft können die emotionale und soziale Entwicklung in besonderer Weise fördern. Darüber hinaus können Bewegungsimpulse und Bewegungsmöglichkeiten, die sich aus dem Unterricht ergeben, ebenso wie Sport und Tanz Anreize bieten, eigene Erfahrungen zu sammeln, neue Bewegungsabläufe zu entdecken und zu erproben, zu improvisieren und zu realisieren. Die Koordination von Bewegungsabläufen kann in besonderer Weise durch Geschicklichkeitsspiele, rhythmische Bewegungsspiele, Tanzen, Malen und Zeichnen in Verbindung mit Musik, Partner- und Gruppenübungen und durch Sportspiele gefördert werden« (KMK 2000, 17).

Entsprechend den motorischen Entwicklungsphasen und den motorischen Störungsbereichen sind verschiedene Konzepte zur Förderung der Motorik von Kindern und Jugendlichen entwickelt worden (▶ Abb. 41, nach Kiphard 1979, 18–20).

Motorische Teilbereiche	Neuro-motorik ➡	Senso-motorik ➡	Psycho-motorik ➡	Sozio-motorik
Funktionen	Reflexe Koordination	Wahrnehmen Reagieren	Gefühlsebenen Kognition	Sozialwahr-nehmung Kommunikation
Alters-bereich	Säuglingsalter	Kleinkindalter	Vorschulalter	Grundschulalter
Störungen	Insuffiziente Bewegungs-muster	Insuffiziente Wahrneh-mungsmuster	Insuffizientes Bewegungs-verhalten	Insuffizientes Sozial-verhalten
Intervention	Kranken-gymnastik (vorwiegend Einzelbehandlung)	Sensomotorische Übungen (vorwiegend Einzelbehandlung)	Psycho-motorische Übungen (vorwiegend Gruppen-behandlung)	

Abb. 41: Motorische Entwicklungsphasen und Förderkonzepte

Zu den neuromotorischen bzw. physiotherapeutischen oder krankengymnastischen Verfahren gehören die funktionellen Konzepte von Vojta, Bobath, Doman und Delacato, die möglichst schon im Säuglingsalter angewendet werden, um die weitere motorische Entwicklung zu normalisieren, und die möglicherweise auch präventiv im Hinblick auf Verhaltensprobleme wirken könnten. Zu den sensomotorischen Verfahren sind insbesondere diejenigen von Affolter, Ayres und Frostig zu rechnen. Für Störungen im psychomotorischen und soziomotorischen Bereich, vornehmlich im Vorschul- und Grundschulalter, sind im In- wie im Ausland verschiedene Konzepte entwickelt worden.

In Deutschland ist die Psychomotorische Übungsbehandlung am bekanntesten geworden, welche seit Mitte der 1950er Jahre, im pädagogisch-therapeutischen Umgang mit Kindern mit Lern- und Verhaltensstörungen, der Sportlehrer Kiphard gemeinsam mit dem Mediziner Hünnekens an der Westfälischen Klinik für Psychiatrie in Gütersloh entwickelten. Der aus den Anfangszeiten der »psychomotorischen Bewegung« stammende Begriff der Psychomotorischen Übungsbehandlung beinhaltet, dass zum einen das Verfahren auf Bewegungsübungen im psychomotorischen Bereich ausgerichtet und zum anderen eine Form medizinisch überwachter und angeordneter Behandlung ist. In der Folge hat sich eine Motologie entwickelt, und es wird zwischen Motopädagogik und Mototherapie dahingehend unterschieden, dass für Mototherapie »eine klare Indikation« und eine zeitliche Begrenzung gegeben sein müssen (Kiphard 1989a, 17): In die Psychomotorische Übungsbehandlung werden die verschiedenen motorischen Teilbereiche mit einbezogen, womit die Bezeichnung nicht mehr recht zutreffend ist und auch antiquiert wirkt. Es wurde bereits – sicher fälschlicherweise und unter Nichtbeachtung des Anspruchs auf Ganzheitlichkeit – die Auffassung vertreten, die Übungsbehandlung werde genauer mit dem Attribut »sensomotorisch« charakterisiert, da dieses »sowohl die sensorische Kontrolle der Bewegung, als auch die der im Laufe der Bewegungen hervorgerufenen Eigenreize und schließlich die im Bewegungsverhalten zu beobachtende Koordination unterschiedlicher sensorischer Systeme erfasst« (Wieland 1975, 74).

Psychomotorisches Training oder – wie wohl, um den komplexeren Ansatz zu verdeutlichen, besser zu sagen ist – Mototherapeutische Förderung für Kinder oder Pädagogische Mototherapie lässt sich bestimmen »als bewegungsorientierte Methode zur Behandlung von Auffälligkeiten, Retardierungen und Störungen im psychomotorischen Verhaltens- und Leistungsbereich« (Schilling 1986, 64). Sie versteht sich als »eine ganzheitlich-humanistische, entwicklungs- und kindgemäße Art der Bewegungserziehung« und Rehabilitation (Kiphard 1989a, 11 f.) und ist – im Gegensatz zu anderen bewegungsorientierten Verfahren – dadurch gekennzeichnet, dass es bei ihr »nicht allein um Leistungsverbesserung im Motorischen geht, sondern in erster Linie um Persönlichkeitsentwicklung und Handlungskompetenz« (a. a. O., 13). Im Rahmen der Schule steht z. B. im Vordergrund, dass das »Selbstwertgefühl auf dem Wege über lustbetonte und für den einzelnen Schüler erfolgreiche Bewegungserfahrungen erhöht und stabilisiert wird« (Kiphard 1989b, 697). Materialien und Übungen sind so ausgewählt, dass sie stark intrinsisch motivierend sind und eher als Spiel angesehen werden (▶ Abb. 42). Zielvorstellung ist dabei unter neurophysiologischem Aspekt, durch systematische motorische

Stimulation das Nervensystem sowohl quantitativ durch differenziertere Vernetzungen als auch funktional durch eine Optimierung der chemischen und physikalischen Abläufe sowie komplex-qualitativ durch eine Verbesserung der reizaufnehmenden, -verarbeitenden und -integrierenden Fähigkeiten optimal zu strukturieren.

Abb. 42: Gerätekombination aus Rollbrett und Pedalo

Pädagogische Mototherapie ist in der Praxis als »Ermutigungsprogramm« zu realisieren, das auf

- Körper-Ich-Kompetenz (z. B. eigene Körperlichkeit entdecken, Gefühle körperlich ausdrücken, Gleichgewichtserfahrungen),
- materiale Handlungskompetenz (z. B. Hindernisse einschätzen und überwinden, Werfen, Fangen, Klettern, Schwingen, Schaukeln) und
- soziale Handlungskompetenz (z. B. Körpersprache, Wahrnehmen und Verstehen, Regeln einhalten, eine soziale Rolle realisieren, Konflikte gewaltfrei lösen) ausgerichtet ist (vgl. Kiphard 1989b, 693 f.).

Mototherapeutische Verfahren sind nach Kiphard (1989a, 26) indiziert, wenn bei Kindern und Jugendlichen rezeptiv-motorische Störungen feststellbar sind, d. h. insbesondere Körperkoordinationsstörungen, Auge-Hand-Koordinationsstörungen, augenmotorische Störungen, schreibmotorische Störungen, Lateralitätsstörungen, motorische Unruhe, Sprachstörungen und Lese-Rechtschreib-Störungen auf motorischer Grundlage, vestibuläre Funktionsstörungen, Wahrnehmungsstörungen, Körperschemastörungen, Dyspraxie, Lese-Rechtschreib-Störungen auf perzeptiver Grundlage. Diese Störungen könnten aus Kiphards Erfahrung heraus (vgl. 1989b) möglicherweise zur Genese von Verhaltensstörungen beitragen: »Wir wagen aufgrund unserer langjährigen Erfahrung zu behaupten, dass das kindliche Bewegungsungeschick, verbunden mit einer langsamen, ungenauen optischen und/oder akustischen Aufmerksamkeits- und Wahrnehmungsfähigkeit, eine häufige Ursache für Verhaltens- und Leistungsstörungen aller Schattierungen darstellt« (a. a. O., 696). Vorstellbar wäre allerdings auch umgekehrt, dass sich motorische

327

Störungen auf der Basis einer Verhaltensproblematik entwickeln. Körperliche Übungen seien insbesondere für Kinder mit Verhaltensstörungen deshalb bedeutsam, »weil das Kind in erster Linie leibhaft reagiert und weil sich durch Übungen im leiblichen Bereich ein besonders guter kindgemäßer Zugang zum Psychischen eröffnet ... Bewegungsverbesserung im Sinne einer psychomotorischen Integration bewirkt, namentlich bei jüngeren Kindern, mit der Zeit eine tiefgreifende Verhaltensstabilisierung. Das hat im affektiven wie im Leistungsbereich eine gleichermaßen beruhigende und ausgleichende Wirkung« (Kiphard 1970, 15).

Unter motologischem Aspekt sind unter Kindern zwei Extremgruppen zu unterscheiden: psychomotorisch gehemmte und psychomotorisch enthemmte Kinder. Psychomotorisch gehemmte Kinder verdrängen ihre natürlichen Bedürfnisse nach motorischer Expression und Expansion. Sie erscheinen als ängstlich, regressiv und leistungsschwach. Mototherapeutische Förderung müsste den Kindern helfen, ihre Angst zu verlieren, das Selbstwertgefühl zu verbessern und die soziale Isolierung aufzuheben. Die psychomotorisch enthemmten oder auch »steuerlosen« Kinder können sich nicht bremsen, haben eine fluktuierende Aufmerksamkeit, können nicht planen, haben einen übermäßigen Antrieb, sind auch häufig aggressiv. Da bei diesen Kindern das Aktivierungsniveau herabgesetzt sei und die Hyperaktivität möglicherweise als sinnvolle Eigenstimulation verstanden werden könnte, ist es Kiphard (vgl. 1989a) folgend zunächst notwendig, sie gewähren zu lassen und ihnen Hüpfen, Wippen und Schaukeln zu ermöglichen. Sie führen damit, wie Kiphard meint, »ihrem unzureichend funktionierenden und reagierenden vestibulären System entsprechend starke Reize zu« (a. a. O., 157).

Psychomotorisches Training geht von einer motorischen Baseline aus, für die motodiagnostische Verfahren die Daten liefern (▶ Kap. 5.5.2.8). Es wurden verschiedene Trainingsmanuale zur Verfügung gestellt – siehe z. B. Eggert 1975; Hünnekens/Kiphard 1960 und 1985; Kiphard 1979 und 1983/1986; Überblick bei Fischer 2001). Die Übungen zielen nicht nur auf unterschiedlichste Bewegungsformen wie Kriechen, Hüpfen, Balancieren, Beschleunigen und Abbremsen, auf das Hantieren mit Bällen, mit Keulen, mit Ringen, sondern auch auf diverse Sinneserfahrungen über Tastsinn, Augen, Gehör bis hin zu Konzentrationsübungen, Problemlösungsaufgaben und kreativen Gestaltungen. Dabei wird jeweils an den Bedürfnissen und Möglichkeiten der Kinder angeknüpft.

Mototherapeutische Förderung lässt sich – im Gesamtverlauf und für Fortgeschrittene auch in einzelnen Übungsstunden – in fünf Phasen gliedern:

- In der an die Neuromotorik und die archaische Psychomotorik anknüpfende *Enthemmungsphase* steht ein primitiv-motorisches Sichabreagieren und Sichausleben im Vordergrund. Hyperaktive wie regressive Bewegungsmuster können sich ausleben. Regressiven Bewegungstendenzen kommen Krabbeln, Kriechen und Strampeln entgegen. Gute Möglichkeiten bietet in dieser Phase das Trampolin, das beim Springen Enthemmung wie Steuerung ermöglicht.
- Die anschließende *Experimentierphase*, in der an die Senso- und Psychomotorik angeknüpft wird, stimuliert spielerische Ich- und Umwelterfahrungen. Intentionen und Initiativen werden geweckt und umgesetzt.

- Im Rahmen der dritten, *kathartischen Phase* steht die Psychomotorik im Vordergrund; sie ist auf affektiv-expressive Konfliktverarbeitung ausgerichtet.
- Die folgende *Strukturierungsphase* zielt von der Bewegungs- auf die Selbstbeherrschung. Durch gelenkte Entspannungs-, Brems- und Steuerungsübungen werden über spieltherapeutische Verfahren, über Pantomime und Tanz, Judo, Yoga sowie leichtathletische Übungen Steuerung und Kontrolle verbessert.
- In der abschließenden *sozialen Integrationsphase* wird die Eingliederung in die Gemeinschaft angestrebt. Soziomotorische Übungen sollen zur Anpassung an die Gemeinschaft, zu Kooperations- und Kommunikationsfähigkeit führen (vgl. Kiphard 1990, 289–313).

Bei hyperaktiven Kindern bedeutet dies z. B., dass zunächst in einer Entlastungs- und Gewährungsphase vielfältige vestibulär stimulierende Aktivitäten angeboten werden, um dem »vestibulären Reizhunger« (Kiphard/Fröhlich 1981) zu genügen. Dazu dienen Geräte wie Rutschen und Wippen, der Sportkreisel, Hängegeräte, die schaukeln, schwingen, sich drehen können, sowie mit einer großen Anzahl von Übungsmöglichkeiten auch das Trampolin (vgl. dazu auch Ayres 1979; 1984 sowie den nachfolgenden Punkt 8 in diesem Kapitel). Nach dieser Übungsphase treten zur Kanalisierung und Strukturierung motorische Abbrems- und Steuerungsübungen in den Mittelpunkt. Die Kinder sind z. B. mit einem Tennisring in der Hand Autofahrer, fahren langsam an, werden allmählich schneller, bremsen ab, kommen wieder zum Stehen bzw. machen auch eine Vollbremsung aus voller Fahrt. Oder sie sind Indianer, die auf ihren Mustangs in wildem Galopp auf ein Seil zureiten, hinter dem eine Schlucht beginnt, sodass sie sich dort kräftig zügeln müssen. Auch Übungen wie Slalomlaufen um Keulen herum, das Bewältigen von Bewegungs- und Hindernisbahnen, spezifische Übungen auf dem Trampolin sowie akrobatische Partnerroutinen, Jonglieren oder auch Yoga-Haltungen haben hier ihren Platz. Bei den folgenden Übungen wird die visuelle Kontrolle ausgeschaltet, damit die Kinder sich auf taktile und akustische Orientierung ausrichten und ihr Konzentrationsvermögen schulen können. Raum und Hindernisse werden taktil erkundet, Gegenstände, Personen, Körperhaltung taktil identifiziert; die Kinder üben, Geräuschquellen zu orten, unterschiedliche Geräusche zu erkennen; in entspannter Rückenlage werden mit geschlossenen Augen mehrmals vorkommende Wörter in einer vorgelesenen Geschichte gezählt. »Dadurch erreichen auch hyperaktive Kinder eine bisher nie gekannte Konzentrationsfähigkeit. Denn gerade über die Augen fallen die meisten ablenkenden und die Kinder beunruhigenden Reize ein. Wird diese Hauptreizquelle aus freiem Entschluss ausgeschaltet, merken die Übenden mit einem Mal, dass sie andere tragfähige und verlässliche Orientierungssinne haben. Sie werden sichtlich ruhiger und aufmerksamer« (Kiphard 1989a, 159). Auf vielfältige Weise können kurze Entspannungsphasen realisiert werden mit akustisch-verbalen Aufmerksamkeitsübungen. Im Mittelpunkt des nächsten Übungsschrittes stehen optische Aufmerksamkeits- und Orientierungsübungen. Mit einem Tuch verdeckte Gegenstände werden kurzzeitig den Blicken freigegeben und dann benannt; ein Kind nimmt unsichtbar für die anderen Kinder Veränderungen an seiner Kleidung vor, die festgestellt werden müssen, Übungen werden pantomimisch gefordert usw. Nach diesen Schritten werden Bewegungsübungen mit gezielten

Aufmerksamkeitsübungen im Sinne Meichenbaums verbunden, mit Wortkarten, die Halt!/Schau!/Höre!/Denke! signalisieren und auch durch unterschiedlich farbige Lichtsignale sowie durch Bilder vermittelt werden können (▶ Kap. 6.1.6 sowie Aspekt 5 unter Kap. 6.1.7.3). Die abschließende Phase der »psychomotorischen Verhaltensmodifikation« dient dem zunächst retrospektiven, dann auch dem prospektiven Verbalisieren von Handlungsstrategien für das Lösen motorischer Aufgaben. Die Kinder berichten z. B. genau, wie sie das Problem gelöst haben, einen Gegenstand ohne Benutzung der Hände zu transportieren, oder sie stellen dar, welchen Handlungsplan sie haben, um z. B. einen möglichst hohen Turm aus Papierstreifen zu bauen. Ein wichtiges Prinzip bei allen Übungen ist, dass neben Einzelaufgaben auch sozial-integrative Aufgaben durchgeführt werden, in denen Partner miteinander oder alle Gruppenmitglieder gemeinsam Übungen machen, Probleme lösen, kreativ Gestaltungen realisieren (vgl. Kiphard 1989a, 158–160).

Pädagogische Mototherapie kann, wie Untersuchungen belegen, nicht nur die motorischen Fähigkeiten verbessern, sondern durchaus auch deutliche Fördereffekte in kognitiver, sprachlicher und sozialer Hinsicht sowie im Hinblick auf die schulische Leistungsfähigkeit erzielen (vgl. z. B. Hünnekens/Kiphard 1960; Eggert 1975; Kiphard 1989a; Fischer 2001). In einer Untersuchung von Eggert (1975, 11 ff.) mit lese-rechtschreib-schwachen Grundschulkindern wurde deutlich, dass bei Kindern mit Lern- und Verhaltensstörungen insofern in zwei Phasen vorgegangen werden muss, als zunächst eine Stabilisierung der Gesamtpersönlichkeit mit einer Erhöhung des Selbstwertgefühls und später erst die schulischen Leistungsrückstände im Mittelpunkt stehen.

Mototherapeutische Verfahren haben inzwischen ihren festen Platz im Bereich der Intervention nicht nur bei Verhaltensstörungen, sondern bei verschiedensten Behinderungen. Auch für Mediziner gilt, dass bei unterschiedlichen Störungen motorische Trainings sehr hilfreich sein können, denn: »Über die Motorik sind ganz verschiedene Funktionsbereiche anzusprechen, da Bewegungsentwicklung, Wahrnehmung und Persönlichkeitsbildung eng verflochten sind« (Neuhäuser 1983, 81). Mit der Pädagogischen Mototherapie liegt eine Methode vor, die sich wirkungsvoll durch entsprechend ausgebildete Helfer einsetzen lässt und die auch Eltern zur unterstützenden Mitarbeit vermittelt werden kann. Allerdings sind Effektivität und Wirkungen nach wie vor keineswegs eindeutig belegt; so weist Fischer (2001) darauf hin, dass sich für die herkömmlichen Verfahren eine klare Kausalität zwischen Interventionen und Wirkungen »nicht als zwingend erweist« (a. a. O., 160).

Dem mototherapeutischen Bereich sind auch Interventionen nach dem neurophysiologischen/neuropsychologischen Ansatz zuzurechnen, zu denen vor allem die Sensorisch-integrative Behandlung nach Jean Ayres, das Wahrnehmungstraining nach Marianne Frostig und die Förderung der Perzeptionsprozesse nach Félicie Affolter gehören. Im Mittelpunkt dieser Funktionstrainings stehen pädagogisch-therapeutische Maßnahmen, die durch eine medizinische Behandlung ergänzt werden können. Auch das Neurolinguistische Programmieren (NLP), das als Therapieform Adaptionen für pädagogische Handlungsfelder erfahren hat, basiert teilweise auf neurophysiologischen und neuropsychologischen Erkenntnissen (vgl. Kleber/Stein 2001, 221 ff.).

8 Interventionen nach neurophysiologischen und neuropsychologischen Erkenntnissen

Sensorisch-integrative Therapie nach Jean Ayres
Jean Ayres hat ein weltweit bekannt gewordenes Konzept zur Erklärung und Behandlung von cerebralen Funktionsstörungen auf neurophysiologischer Grundlage entwickelt. Nach ihrer Auffassung können viele Kinder mit Entwicklungs- und Lernstörungen sensorische Informationen nicht adäquat filtern, organisieren und integrieren. Infolge der cerebralen Funktionsstörungen gelingt es ihnen nicht in der notwendigen Weise, die einzelnen Sinnesfunktionen zu einer funktionalen Einheit zu verbinden bzw. in ein Gesamtsystem zu integrieren. Gestört ist die sensorische Integration. »Sensorische Integration ist der Prozess des Ordnens und Verarbeitens sinnlicher Eindrücke (sensorischen Inputs), sodass das Gehirn eine brauchbare Körperreaktion und ebenso sinnvolle Wahrnehmungen, Gefühlsreaktionen und Gedanken erzeugen kann. Die sensorische Integration sortiert, ordnet und vereint alle sinnlichen Eindrücke des Individuums zu einer vollständigen und umfassenden Hirnfunktion« (Ayres 1984, 37). Ayres verweist auf fünf Faktoren, die sie »als funktional verbundene Aspekte menschlichen Verhaltens« ansieht und welche »die Neuralsysteme widerspiegeln, in denen die Störung bei Kindern mit Lernproblemen gefunden wurde«, womit Störungsarten oder Syndrome benannt werden, die einzeln oder – zumeist – in Kombination auftreten:

1. Störungen in der okularen, posturalen und bilateralen Integration;
2. Apraxie;
3. Störungen in der Form- oder Raumwahrnehmung;
4. Hör-Sprachprobleme;
5. taktile Abwehr (Ayres 1979, 72).

Die Störung liegt bei den meisten Kindern in den phylogenetisch älteren Hirnbereichen, die auch – nach dem generellen Prinzip, »dass höhere Niveaus ohne adäquate niedere Funktion nicht optimal funktionieren« (a. a. O., 29) – die höheren kortikalen Hirnfunktionen beeinträchtigen. Fördermaßnahmen müssten deshalb bei den phylogenetisch frühen Funktionen beginnen, um komplexere Entwicklungen zu ermöglichen. Es geht also darum, auf die sensorisch-integrativen Mechanismen einzuwirken; das Ziel liegt »in einer progressiven Hirnorganisation nach einer Methode, die dem normalen Entwicklungsprozess so nahe wie möglich kommt« (a. a. O., 86). Die Behandlungsmaßnahmen sollen möglichst frühzeitig einsetzen, solange das ZNS noch nicht ausgereift und sehr plastisch ist und sich vielfältige neuronale Vernetzungen entwickeln können. »Obwohl das Gehirn in allen Altersstufen irgendwie modifizierbar ist, ist seine funktionale Kapazität fast vollständig im Alter von zehn Jahren entwickelt, und die Periode der größten sensorisch-integrativen Entwicklung ist bereits einige Jahre früher abgeschlossen« (a. a. O., 98).

Um das Förderkonzept von Jean Ayres adäquat realisieren zu können, ist eine komplexe Diagnose der sensomotorischen Funktionen notwendig, für die die Amerikanerin eine Testbatterie mit der Bezeichnung »Southern California Sensory

Integration Test (SCSIT)« vorgelegt hat (▶ Kap. 5.5). Das Förderkonzept von Ayres ist schwerpunktmäßig zunächst auf die taktile Stimulation ausgerichtet, dann auf die vestibuläre Stimulation, um letztlich adaptive Reaktionen zu erreichen.

Die taktile Reizung an Händen, Füßen, im Gesicht geschieht durch Reiben und Bürsten mit unterschiedlichen Materialien und Gegenständen, wobei das Kind zunächst passiv bleibt, aber Spaß haben soll. »Als generelle Regel gilt: das, was Spaß macht, kann als integrierend betrachtet werden« (a. a. O., 88). Die vestibuläre Stimulation, die als eine der wirkungsvollsten Methoden angesehen wird, wird insbesondere durch Drehen und Schaukeln in einem Schaukelnetz sowie durch Rollen und Drehen eines Balles, auf dem das Kind liegt, realisiert. Weitere proprioceptive Stimuli lassen sich z. B. gut mit dem Rollbrett (»Roller«) setzen (▶ Abb. 42 und Abb. 43; Ayres 1979, 120–122).

Plattformschaukel

einbeiniger
Schemel

Gleichgewichtsbrett/
Sportkreisel

Abb. 43: Geräte für die Integrationsbehandlung

Durch systematischen sensorischen Input sollen adaptive Reaktionsmöglichkeiten geschaffen werden. Die Verbesserung adaptiver Reaktionen zeigt sich darin, dass das Kind Reize adäquat zu interpretieren und mit einer adäquaten bzw. adaptiven Reaktion in Verbindung zu bringen vermag. Das Halten des Gleichgewichts stellt in dieser Hinsicht typische Anforderungen, die das Kind auf einem Therapieball liegend lernen, üben und weiterentwickeln kann. Mit wachsenden Fähigkeiten werden die Aufgabenstellungen in dieser Hinsicht schwieriger (vgl. Ayres 1977, 111 ff.; Kesper/Hottinger 2002).

Die Verbreitung der sensorisch-integrativen Behandlungsmethode war insbesondere in den 1980er und 1990er Jahren enorm (vgl. Fischer 2001, 137 ff.). Es gibt

Hinweise positiver Effekte auf motorische Leistungen und »bei so genannten Risikofällen für die Entwicklung von spezifischen Lernstörungen«. Allerdings ist eine abschließende Bewertung schwierig, da für spezifische Lernstörungen auch Untersuchungen vorliegen, die auf Ineffizienz hinweisen (Steinhausen 1989, 309). Eine umfassende Darstellung zur sensorisch-integrativen Diagnostik und Förderung mit vielen praxisdienlichen Verfahren bietet Kesper (2002). In der aktuellen Diskussion um Förderung bei Verhaltensstörungen ist der Ansatz in den Hintergrund getreten.

Wahrnehmungs- und Bewegungstraining nach Marianne Frostig
Das Wahrnehmungs- und Bewegungstraining nach Marianne Frostig folgt entwicklungspsychologischen Erkenntnissen Piagets, nach denen sich die kognitive wie die perzeptive Entwicklung von Kindern stufenartig in einer Weise vollziehen, dass die Fähigkeiten, die auf jeder Entwicklungsstufe erworben werden, in die der nächsten integriert werden – »und jede spätere Phase modifiziert und ändert das, was in früheren Phasen erworben wurde« (Frostig 1981, 10). Dabei hat die visuelle Wahrnehmung eine besondere Bedeutung: »Störungen und Mängel der visuellen Perzeption beeinträchtigen die Anpassung auf vielfache Weise, weil die Wahrnehmung als eine der grundlegendsten Funktionen des Organismus – wenn nicht tatsächlich als die zentralste überhaupt – angesehen werden kann« (a. a. O., 36). Die visuelle Perzeptionsfähigkeit wirkt sich nicht nur auf die sozial-emotionale, sondern auch auf die kognitive Entwicklung aus. So ist es nicht verwunderlich, davon auszugehen, dass Störungen und Mängel im Bereich visueller Perzeption häufig mit »Störungen im sprachlichen und sensomotorischen Bereich sowie mit Störungen in den höheren kognitiven Funktionen einschließlich des Gedächtnisses« einhergehen (a. a. O., 33). Versagenserlebnisse aufgrund dieser Störungen verunsichern, entmutigen und führen zu einer Misserfolgsorientierung. Deshalb ist gezieltes Wahrnehmungstraining notwendig, für das Frostig diagnostisches Material und viele und interessante Übungsaufgaben bereitstellt. Die Übungen dienen der visuomotorischen Koordination, der Figur-Grund-Wahrnehmung, der Förderung der Wahrnehmungskonstanz, der Wahrnehmung der Raumlage und räumlicher Beziehungen (Frostig 1974). Umfassend wird das Förderkonzept nach Frostig erst, wenn Fördermöglichkeiten im Hinblick auf Teilleistungsstörungen und sensomotorische Schwierigkeiten Berücksichtigung finden. Auch in dieser Hinsicht stellt Frostig vielfältiges Trainingsmaterial zur Verfügung (Frostig 1973; 1981).

Obwohl der Förderansatz von Frostig kritisch zu sehen ist, die Tests nicht den Testgütekriterien entsprechen und die Übungsverfahren bei Evaluationsstudien nicht gut abschnitten, sind die Materialien weit verbreitet und erfreuen sich einiger Beliebtheit.

Förderung der Perzeptionsorganisation nach Félicie Affolter
Wie Frostig misst auch Affolter (vgl. 1982) einer adäquaten Wahrnehmungsentwicklung größte Bedeutung für die Gesamtentwicklung des Kindes bei. Für die Entwicklung der Wahrnehmung gibt sie drei Stufen an, welche in der Weise aufeinander bezogen sind, dass Störungen auf einer unteren Stufe auch die Entwicklung auf den weiteren Stufen beeinträchtigen.

Auf der ersten Stufe ist die Wahrnehmung modalitätsspezifisch, d. h. sie verläuft nach den Sinnesbereichen getrennt taktilästhetisch, akustisch und visuell ab. Auf der zweiten Stufe ist intermodale Wahrnehmung möglich, d. h. ein Inbeziehungsetzen der verschiedenen Sinnesbereiche im Hinblick auf ihre Integration. Auf der dritten Stufe vollendet sich die Integration im Sinne einer Verknüpfung aller Sinnesreize. Je früher eine Störung einsetzt, desto folgenschwerer ist sie. Die sensomotorische Entwicklung mit der grundlegenden Erfassung taktil-kinästhetischer Informationen ist von besonderer Bedeutung: »Spüren bildet die Grundlage, mit der Umwelt vertraut zu werden« (a. a. O., 17). Es geht also um Förderung der taktilen Entwicklung in früher Kindheit im Bereich der modalen, der intermodalen und serealen Integration. Das Förderkonzept hat sechs Phasen, in denen dem Kind mithilfe des pädagogisch-therapeutischen Förderers Umgang mit konkreten Objekten sowie selbstständige Handlungsausführungen in fortschreitend eigentätiger und schöpferischer Weise ermöglicht werden (vgl. Affolter 1982).

Nach Affolter ist bei Schulkindern mit Teilleistungsschwächen bzw. cerebralen Funktionsstörungen mit folgenden Symptomen zu rechnen: Verminderung der Leistung auf der Serealstufe, Einschränkung der Kanalkapazität, Leistungseinschränkung durch hohe Aufgabenkomplexität, »Leistungsgrenzensymptom« (Zusammenbruch der Leistungsfähigkeit im Leistungsgrenzbereich). Für pädagogische Maßnahmen sind deshalb geringe Aufgabenkomplexität, vielfache Redundanz zur Berücksichtigung der eingeschränkten Kanalkapazität sowie vorsichtiges Abstandhalten von der Leistungsgrenze wichtig.

Auch dieser Ansatz findet sich in der Praxis der Förderung bei Verhaltensstörungen gegenwärtig nur noch vereinzelt.

Neurolinguistisches Programmieren (NLP)
Neurolinguistisches Programmieren (NLP) geht zurück auf die Amerikaner Bandler und Grinder. Bei dem Interventionskonzept handelt sich um eine Synthese verschiedener therapeutischer Techniken in Verwertung neurophysiologischer und neuropsychologischer Erkenntnisse. Das Ziel besteht darin, innere Codierungs-, Interpretations- und Repräsentationssysteme, innere »Landkarten« und das innere Weltbild so zu verändern, dass Alltagsprobleme und Konflikte, aber auch so komplexe Beeinträchtigungen wie Lern- und Verhaltensstörungen überwunden werden können. Es geht darum, »die Bedeutungen, die geschichtliche Lebensereignisse für den Betroffenen jetzt haben – und zwar häufig in einem einschränkend erlebten Sinne –, dadurch zu relativieren, dass neue Ausgangsmöglichkeiten für diese Erlebnisse hypothetisch und doch sinnlich konkret durchgespielt werden. Dadurch werden intern Wahlmöglichkeiten gegenüber den bisher sich immer wieder selbstbestätigenden Verhaltens- bzw. Erlebensweisen gebildet« (Backhausen 1993, 5).

Zu den entwickelten und häufig eingesetzten Techniken gehören z. B. »Rapport« in Verbindung mit »Pacing« und »Matching«, »Leading«, Ressourcen entdecken und trainieren in Verbindung mit Wahrnehmungstraining und Trainings im Hinblick auf Synästhesien und Submodalitäten, »Ankern«, »Time-Line-Optimierung« und Reframing (vgl. Bandler/Grinder 1992; 1994a und b; Kliebisch 1996). Beim Rapport wird versucht, mit den Klienten einen guten Kontakt herzustellen und beizubehalten, der möglichst so ist wie bei alten Ehepaaren, die sich in ihrem

Verhalten weitgehend angleichen. Dem dienen Pacing – eine Form des Spiegelns des gesamten Verhaltens des Klienten – und Matching – die Realisation eines Verhaltens, das zu dem Klienten passt. Es wird versucht, dem Klienten gleichschrittig zu folgen und sich mit ihm auf der gleichen Ebene zu bewegen. Diese Verfahren leiten über zum Leading, womit eine Form des Führens zu besseren Möglichkeiten auf der Einstellungs- und Verhaltensebene gemeint ist. Mit dem Verfahren des Ressourcen-Entdeckens werden alle Eigenschaften und Fähigkeiten aktiviert, die dazu dienen können, Ziele besser zu erreichen, mit dem Leben angemessen umzugehen und sich wohl zu fühlen. Ressourcen geben die Kraft, Ziele zu erreichen. Sie können optimiert werden mit der Technik des Ankersetzens und -stapelns. Mit dem Ankern werden akustische, visuelle und kinästhetische Reize mit Erlebensweisen, Erfahrungen und Gefühlen verbunden. Als Voraussetzung dafür können Wahrnehmungstrainings auf allen Ebenen (visuell, auditiv, kinästhetisch, olfaktorisch und gustatorisch) durchgeführt und durch Übungen im Hinblick auf Synästhesie, die Wechselbeziehung zwischen verschiedenen Repräsentationsebenen und Submodalitäten, die Differenzierung verschiedener Wahrnehmungsinhalte, vertieft werden. Das Time-Line-Verfahren zielt darauf, die Zuordnungen von inneren Repräsentationen zur Zeitdimension zu finden und zu optimieren. Das Reframing ist darauf ausgerichtet, Probleme oder Konflikte in einem anderen »Rahmen« zu sehen, sie neu zu definieren und ihre positiven Ressourcen besser einzusetzen.

NLP hat seit den 1990er Jahren auch in die Heil- und Sonderpädagogik Eingang gefunden, weil es ein modernes, praxisbezogenes und angeblich empirisch gut abgesichertes Verfahren ist. Verführerische Versprechungen zeigen ihre Wirkung, wie sie z. B. selbst die Erfinder des NLP, Bandler und Grinder, machen: »Mithilfe der Prinzipien des NLP können Sie jede menschliche Aktivität detailliert genug beschreiben, um tiefgreifende und dauerhafte Veränderungen schnell und ohne Anstrengung herbeiführen zu können« (Bandler/Grinder 1983, 14). Derartigen euphorischen Einschätzungen ist mit Holtz kritisch zu begegnen, der in Zusammenfassung empirischer Untersuchungen feststellt: »Die Techniken und Interventionsstrategien selbst werden häufig aus einer Mischung empirisch nachweisbarer Sachverhalte und Spekulationen abgeleitet. In den Bereichen, in denen eine empirische Analyse durchführbar ist, hat sich gezeigt, dass die Befunde widersprüchlich sind und bestenfalls den Schluss zulassen, dass die unterstellten Begründungszusammenhänge komplexer und die Validität der Verfahren noch genauer zu überprüfen sind« (Holtz 1997, 176; siehe auch Kleber/Stein 2001). Auch muss sich das NLP dem Vorwurf stellen, als potenziell gefährliches Manipulationsinstrument missbraucht zu werden, wozu es teilweise geradezu einlädt.

6.2 Beratung und Supervision

Beratung spielt sich auf den verschiedensten Ebenen menschlicher Kommunikation und im Hinblick auf verschiedenste inhaltliche Bereiche ab. Jeder Mensch kann zum Ratsuchenden, jeder aber auch zum Berater werden. Waren es in früheren Zeiten der Menschheitsgeschichte die Alten und die Weisen, die aufgrund ihrer Lebenserfahrung als Berater akzeptiert und herangezogen wurden, so wurden es in späteren Zeiten mit der Entwicklung der Wissenschaften die Experten, für die insbesondere in den Bereichen der Theologie, der Medizin, der Jurisprudenz und später dann in den Bereichen der Psychologie und der Pädagogik Beratung zu einem Anliegen, einer Aufgabe, zu einer Interventionsform wurde. Zur Ausweitung von Beratungsnotwendigkeiten und Beratungsangeboten in den unterschiedlichen Lebensbereichen hat ganz wesentlich die wachsende Komplexität einer industrialisierten Zivilisation beigetragen. So gibt es inzwischen neben der althergebrachten Konsultation des Arztes, der Rechts-, Erziehungs- und Eheberatung auch Drogenberatung, Verbraucherberatung, Mieterberatung, Anlagenberatung, Reiseberatung usw.

Psychosoziale Beratung, die hier das Anliegen ist, und Therapie liegen auf einem Kontinuum. Sie sind nicht strikt voneinander zu trennen und können wechselseitig ineinander übergehen. Allerdings ist es wichtig und professionell, sie möglichst voneinander abzugrenzen, und dann steht Beratung bei leichteren Problemfällen, bei vorübergehenden Schwierigkeiten an, während Therapie bei pathogenen Bedingungen und bei verfestigten psychischen Störungen indiziert ist.

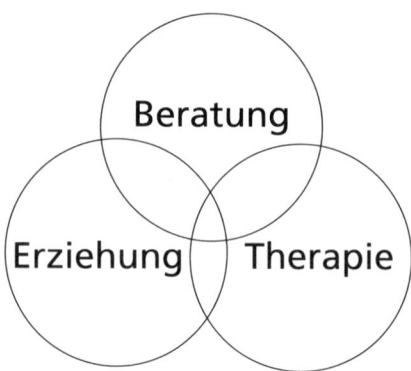

Abb. 44: Zum Verhältnis von Beratung, Erziehung und Therapie

In der psychosozialen Beratung hat sich die tradierte einkanalige Sender-Empfänger-Beratung zu einer kooperativen Beratung im Sinne eines Kommunikationszirkels weiterentwickelt. Beratungskonzepte haben sich von eindimensionalen zu multidimensionalen Modellen verändert.

Lehrer und Erzieher müssen in einer Zeit komplexer und nur schwer durchschaubarer schulischer Bedingungen sowie abnehmender familialer Erziehungskompetenz umfassende Beratungsaufgaben wahrnehmen. Sie müssen sich deshalb mit Beratungskonzepten befassen und sich in sie einüben.

Im Bereich psychosozialer Beratung lassen sich verschiedene Konzepte unterscheiden, die an relevanten psychologischen Schulen orientiert sind, wobei der systemische und der pädagogische Ansatz eine Sonderrolle einnehmen (vgl. Diouani-Streek/Ellinger 2007; Nußbeck 2010):

1. der psychodynamische Ansatz
2. der individualpsychologische Ansatz
3. der lerntheoretische Ansatz
4. der klientenzentrierte Ansatz
5. der systemische Ansatz
6. der pädagogische Ansatz

Wie in den Bereichen Ätiologie, Erziehung, Unterricht und Therapie bei Verhaltensstörungen sind diese Ansätze auch im Bereich der Beratung in nur mehr oder weniger reiner Form auffindbar und beschreibbar. Die letzten beiden der genannten Ansätze, der systemische und der pädagogische, nehmen insofern eine Sonderstellung ein, als sie – zwar mit unterschiedlichen Schwerpunktsetzungen und Modalitäten – integrierenden Prinzipien folgen und als eklektisch oder synthetisch zu charakterisieren sind.

6.2.1 Der psychodynamische Ansatz

Beratung im Sinne des psychodynamischen Ansatzes basiert auf der psychoanalytischen Theorie (▶ Kap. 4.2.1). Da nach dieser Theorie psychosoziale Störungen im Zusammenhang zu sehen sind mit der frühkindlichen Entwicklung, mit relevanten Bezugspersonen und der Dynamik der Interaktionen innerhalb des engeren Lebenskreises, muss der Berater danach trachten, Einblick zu gewinnen in vergangene und gegenwärtige Interaktionsmuster und Erlebnisqualitäten, um von diesen Erkenntnissen her Rat geben zu können. Dabei können auch Deutungen im Sinne einer Tiefenhermeneutik eine Rolle spielen. Über projektive Verfahren (▶ Kap. 5.5.2.5) geben Kinder und Jugendliche und gegebenenfalls auch ihre Eltern Einblicke in Entwicklungsverläufe, Beziehungskonstellationen oder traumatische Erlebnisse, die Anlass gewesen sein können für die Genese und die Aufrechterhaltung von Problemkonstellationen. Der erste, der die psychoanalytische Theorie umfassend und systematisch für die Erziehungsberatung nutzte, war August Aichhorn in Wien. Der österreichische Lehrer und Erzieher verstand es meisterhaft, auf die zumeist unbewussten pathogenen Kerne in der Entwicklungs- und Lebensgeschichte zu kommen, die dann zum Ausgangspunkt für die Beratung werden konnten.

Beratung nach dem psychodynamischen Modell macht sich zunutze, dass Kinder ihre Probleme auf Personen, Tiere oder auch in ganze Szenerien hineinprojizieren, wozu z. B. der Sceno-Test stimuliert. Ein Beispiel für eine Beratung auf dieser Basis bietet August Aichhorn in seinem Buch »Psychoanalyse und Erziehungsberatung« (1970). Er schildert den Fall eines 6-jährigen Mädchens, das von zu Hause weglief, stundenlang wegblieb und von der Polizei oder auch von Nachbarn zurückgebracht wurde. Nach dem Umzug in ein Siedlungshaus begann das Mädchen nicht nur, von zu Hause wegzulaufen, es wurde auch verschlossen und trotzig und gab keinerlei Gründe für das Weglaufen an. Die Mutter suchte mit dem Kind, das am Kopf eine dunkelrote »Masche« (Schleife) trug, die Beratungsstelle auf, in der sich folgender Dialog abspielte:

> »Von wem hast du die schöne Masche? – Von der Mutter.
> Hast du noch mehrere solcher Maschen? – Ja, noch eine blaue und eine weiße.
> Welche ist dir die liebste? – Die rote.
> Hast du rote Sachen gerne? – Ja.
> Gibt es bei euch zu Hause noch andere rote Sachen? – Ja, wir haben im Garten rote Rosen und rote Nelken.
> Bist du viel im Garten? – Ja.
> Was machst du dort? – Ich spiele.
> Womit spielst du? – Mit meinen Puppen.
> Wie viel Puppen hast du? – Drei.
> Wie heißen die Puppen? – Hansi, Fritzi, Toni.
> Welche ist die kleinste? – Die Toni.
> Welche ist denn die größte? – Die Fritzi.
> Welche hast du am liebsten? – Die Fritzi.
> Welche ist denn die schlimmste? – Die Fritzi.
> Was machst du, wenn sie schlimm ist? – Ich hau sie durch.
> Was stellt sie denn an? – Sie läuft immer davon.
> Warum läuft sie davon? – Weil es so langweilig ist.«
> (Aichhorn 1977, 112)

Der Berater konfrontierte das Kind mit seinen Spielsachen. Unter den drei Puppen identifizierte sich das Mädchen mit Fritzi. Durch Fritzi konnte sie kundtun, dass sie immer wegläuft, weil es ihr so langweilig ist. Der Berater gibt der Mutter den Rat, sich nach Spielfreunden für das Kind umzuschauen, damit es im neuen Siedlungsgebiet für sie interessanter wird. »Die Mutter folgt dem Rat, und im Abstand von einer Woche, einem Monat, drei Monaten und einem halben Jahr in die Erziehungsberatung bestellt, teilt sie mit, dass das Kind nicht mehr davongelaufen ist« (a. a. O., 112).

Sicher kann auch psychoanalytisch orientierte Beratung nicht immer so schnell und so erfolgreich ablaufen; das Beispiel zeigt aber in zu verallgemeinernder Weise, wie Beratung nach der psychoanalytischen Theorie gestaltet werden kann (siehe auch Nussbeck 2010, 52 ff.).

6.2.2 Der individualpsychologische Ansatz

Die individualpsychologische Beratung folgt der von Alfred Adler erarbeiteten Theorie (▶ Kap. 4.2.2). Im individualpsychologischen Beratungsgespräch geht es – kurz gefasst – darum, den Lebensplan zu erkennen und die psychischen Funktionen zu verdeutlichen, die das Leben auf der »unnützlichen Seite des Lebens« manifestieren, sowie die psychologischen Funktionen zu stärken, die der Restituierung des Gemeinschaftsgefühls dienlich sind. Der Berater hat eine erkennende, ermutigende, das Selbstgefühl stärkende und lebensverbessernde Ratschläge erteilende Funktion.

Da insbesondere solche Bedingungen von Interesse sind, die für die Entwicklung und für die gegenwärtige Ausprägung des Lebensplanes bedeutsam sind, gilt der Fokus somatischen Gegebenheiten, gegebenenfalls »Organminderwertigkeiten«, und Umweltgegebenheiten, die zu einer Reduzierung des Gemeinschaftsgefühls und zu verstärktem Geltungsstreben oder auch zu Machtstreben führen konnten. Auch den Kompensations- bzw. Überkompensationstendenzen und ihren Ausprägungen ist nachzugehen. Konstitutionellen Bedingungen wird für die Ich- wie für die Umweltfindung besonders große Bedeutung beigemessen: »Es ist schwierig, vielleicht ausgeschlossen, dass ein Kind von schwächlicher Konstitution seelisch zu jener Harmonie gelangt, die wir von gesunden Kindern erwarten. Stellen Sie sich ein Kind vor, das mit schwachen Verdauungsorganen zur Welt gekommen ist. Die Behütung wird von den ersten Tagen an eine sehr vorsichtige und ängstliche sein. Solche Kinder werden also in einer ungeheuer warmen Atmosphäre heranwachsen. Sie werden sich immer bevormundet und geleitet sehen, und ihr Lebensweg durch eine ungeheure Zahl von Verordnungen und Verboten eingeengt erscheinen. Die Bedeutung des Essens wird riesenhaft anwachsen, sodass sie selbst die Bedeutung der Nahrungsaufnahme und auch die Frage der Ernährung und Verdauung außerordentlich zu schätzen und zu überschätzen beginnen werden. Gerade die Magen-Darm-schwachen Kinder stellen ein großes Kontingent zu den schwer erziehbaren Kindern, was schon den alten Ärzten immer bekannt war« (Adler 1977a, 306). In diesem Sinne sind alle Faktoren bedeutungsvoll, die den Körper beeinträchtigen, denn sie beeinträchtigen auch die psychosoziale Entwicklung. Ein Kind mit organischen Problemen »wird z. B. einen außerordentlichen Hang zur Verzärtelung erwerben. Es wird sich von frühester Kindheit angewöhnen, dass andere ihm alle Schwierigkeiten des Lebens aus dem Weg räumen. Es wird viel schwerer zu einer Selbstständigkeit gelangen, wird gewohnheitsmäßig in allen riskanteren Situationen des Lebens größeren Anspannungen ausweichen. Sein Mut, sein Selbstvertrauen wird sich maßlos erschüttert zeigen« (a. a. O., 306 f.). Kinder mit psychosozialen Störungen lassen sich im Sinne der Individualpsychologie Alfred Adlers kurz zusammengefasst als entmutigte Kinder bezeichnen. Für die Beratung müssen also die genauen Gründe für die Entmutigung gefunden werden. Hilfreich kann die Beratung letztlich nur dann sein, wenn Ermutigung realisiert werden kann. Entmutigung stellt eine tiefgreifende Problematik dar und ist deshalb so schwer aufzuheben, weil sie im Sinne neurotischer Arrangements für die Betroffenen sowie auch für die Umwelt Gewinn bringt und deshalb stabilisierend wirkt, und zwar insofern,

- als für den Entmutigten ein Primärsymptom gegeben ist durch die Befriedigung seiner Bedürfnisse;
- als ein sekundärer Gewinn gegeben ist, weil durch die Umweltreaktionen die Bedürfnisse und Strategien des Entmutigten akzeptiert, verstärkt und aufrechterhalten werden;
- als ein tertiärer Gewinn dadurch entsteht, dass Bezugspersonen über die Symptome des Entmutigten eigenen Bedürfnissen nach Helfen-Wollen, Ablenkung, Dankbarkeit usw. nachkommen können (vgl. Adler 1977).

Auf der Basis individualpsychologischer Erkenntnisse legte Sieland ein Konzept für die Beratung vor, welches das Erkennen und die Überwindung von Entmutigung ermöglichen soll (Sieland 1990, 55–67). Für das Entmutigungssyndrom hat er vier Indikatoren gefunden:

- kognitive Indikatoren,
- motivationale Indikatoren,
- Indikatoren für defizitäre Planungs- und Handlungskompetenz sowie
- Indikatoren für defizitäres Sozialverhalten.

Die detaillierten Auflistungen zu den einzelnen Indikatoren dienen der Erfassung der Ausgangssituation wie der im Laufe der Beratung erzielten Fortschritte:

a) *»Kognitive Indikatoren*
  - Entmutigte neigen zu defizitären Selbstdiagnosen.
  - Sie vernachlässigen mindestens eine Lebensaufgabe.
  - Sie denken in unrealistischen Schwarz-weiß-Gegensätzen: Personen, Ziele und Handlungsmittel erscheinen ihnen unverzichtbar wichtig oder völlig unerreichbar, ungeeignet bzw. sehr gefährlich.
  - Sie ignorieren Ambivalenzen und kognitive Alternativen.
  - Sie reflektieren ichfern über ›die Jugend/das Schulsystem von Heute‹.
  - Sie reflektieren handlungsfern und beschränken sich auf Verstehen.
  - Sie neigen zu Kontrollillusionen oder Hilflosigkeitserwartungen.
  - Sie meiden Verantwortung durch externe Ursachenzuschreibung.

b) *Motivationale Indikatoren*
  - Entmutigte neigen zu defizitären Wertreflexionen.
  - Sie fürchten Niederlagen mehr als sie Erfolg wünschen.
  - Sie bewerten Lebensaufgaben und sich selbst unrealistisch.
  - Sie extremisieren Bedürfnisse, z. B.: um jeden Preis beliebt sein.
  - Sie leugnen vorhandene Kompetenzen oder bestehende Grenzen.
  - Sie gleichen ihre Entwicklungsideale der Lebenspraxis, sozialen Durchschnittswerten oder vermuteten Erwartungen anderer an (passive Konformität ohne Anpassungsdruck).
  - Sie benutzen ihre Wertvorstellungen, um zu illusionieren, zu legitimieren, aufzubauschen bzw. um zu bagatellisieren
  - Sie neigen zu Gefühlen der Unterlegenheit bzw. Unzulänglichkeit.

c) *Indikatoren für defizitäre Planungs- und Handlungskompetenz*
  - Entmutigte verlieren Kompetenz und Selbstwirksamkeitserfahrungen auf wichtigen Gebieten.
  - Ihre Vorsätze stabilisieren ihre Praxis statt sie zu gestalten.
  - Sie vermeiden Probehandeln im Zweifelsfall, sondern verlassen sich auf Kontrollillusionen bzw. Hilflosigkeitsannahmen. (Das kann ich sowieso! Das kann ich nie!)
  - Sie begnügen sich mit gewohnten Lösungen und fragen nicht nach alternativen Zielen und Mitteln.
  - Sie verdecken ihren Verlust an Handlungsinitiative durch gesteigerte Selbstaufmerksamkeit bzw. Überreflexion.

d) *Indikatoren für defizitäres Sozialverhalten*
  Entmutigte neigen zu
  - sozialer Isolation oder Flucht in soziale Kontakte,
  - Bagatellisierung von Erfolgen anderer,

- Verurteilung Erfolgreicher als Streber,
- Aufbauschen oder Amüsieren über fremde Fehler,
- Beschäftigung mit anderen als Selbstablenkung,
- unnötiger Hilfe für andere, die deren Selbsthilfe verhindert,
- Zustimmung, wenn andere ihre Verantwortung leugnen,
- Unfähigkeit, Wünsche zu vertreten bzw. abzulehnen ...« (Sieland, 1990, 60 f.).

Die Beratung ist dadurch charakterisiert, dass – ausgehend von einem Beratungsvertrag – die vier Syndrombereiche bzw. Indikatoren für Entmutigung durch vier zugeordnete Ermutigungsverfahren verarbeitet werden können, und zwar durch Selbstdiagnosen, durch Wert- und ihre Leitreflexionen, durch Planen und Handeln sowie durch soziale Interaktion. Bei den Selbstdiagnosen geht es ganz wesentlich darum, »neue Möglichkeiten zu finden, neue Ziele und Methoden zu erproben, Altes neu zu bewerten«, um nicht zu sehr die defizitären Aspekte der eigenen Persönlichkeit als vielmehr auch die positiven zu sehen und diese herauszustellen (a. a. O., 63).

Bei der Ermutigung durch Wert- und Leitreflexion geht es darum, zu einem Perspektivenwechsel zu kommen, Abstandsvariationen durchzuspielen, d. h. das eigene Verhalten rückblickend in seinen Veränderungen zu erfassen bzw. zu versuchen, gegenwärtige Probleme aus dem Abstand kommender Jahre zu sehen, in einer biografischen Selbstreflexion die das eigene Leben bestimmenden Prinzipien aufzuspüren bzw. den eigenen Lebensstil, den Lebensplan zu entdecken, über eine Umstrukturierung, um ein Gegensatzdenken zu überwinden, von rigiden Bewertungen abzukommen und das Ambivalenzbewusstsein zu erhöhen, über eine Kosten-Nutzen-Analyse von zu starken Prioritätssetzungen im Hinblick auf das Verhalten abzukommen, d. h. frei zu werden für Lernprozesse in alternativen Möglichkeiten.

Ermutigung durch Planen und Handeln zielt auf die Erprobung neuer Verhaltensmöglichkeiten sowie auf eine Vorsatzoptimierung in dem Sinne, dass unrealistische Tendenzen und Widerstände reduziert und Motivationen sowie Handlungssituationen verdeutlicht werden. Ermutigung durch soziale Interaktion meint, dass primärer wie sekundärer und tertiärer Symptomgewinn analysiert werden, dass über Partner-Supervision im Sinne gegenseitiger Hilfe unter Schülern oder auch zwischen Lehrer und Schülern Ermutigungen erbeten und gewährt werden und hineinmünden in Selbstermutigung. Dafür ist ein soziales Stützsystem notwendig, das sieben wichtige Funktionen zu erfüllen hat: selfdisclosure, empathisches Verstehen, emotionale Anerkennung, emotionale Herausforderung, sachliche Anerkennung, sachliche Herausforderung, Überprüfung gemeinsamer Realitätserfahrung. Die Beratung hat im Hinblick auf Schüler wie auf Lehrer bzw. allgemeiner auf Erwachsene und auf Kinder zu leisten, ob und wie diese Funktionen genutzt werden und ob und wie sie effektiver genutzt werden können (a. a. O., 65).

6.2.3 Der lerntheoretische Ansatz

Aus lerntheoretischer Sicht beruhen – wie bereits aufgezeigt wurde – die meisten Verhaltensweisen, die sozial adäquaten und adaptiven wie die sozial inadäquaten bzw. maladaptiven, auf Lernprozessen bzw. auch auf fehlenden Lernprozessen bzw. Lerndefiziten. Lerntheoretische Beratung zielt darauf, den Beratungsempfängern, z. B. Schülern und Lehrern, zu verdeutlichen, dass Verhalten im Zusammenhang zu sehen ist mit situativen Reizbedingungen, die auslösend, hemmend oder fördernd wirken können: »Das Verhalten ist eine Funktion seiner vorausgehenden und nachfolgenden situativen Bedingungen« (Lorenz et al. 1976, 47). Berater müssen lernen, Verhalten in diesem Sinne zu analysieren, um auf der Basis der erfolgten Verhaltensanalyse verhaltensmodifizierende oder auch verhaltenstherapeutische Verfahren vermitteln zu können, die Verhaltensprobleme reduzieren bzw. aufheben können. Die Beratungsempfänger sollen befähigt werden, die Verhaltensprobleme in den natürlichen Situationen selbstständig anzugehen und in Verbindung mit den relevanten Interaktionspartnern zu lösen.

Die nachfolgende Problemsituation ist Ausgangspunkt für eine mögliche lerntheoretische Beratung, wie sie Lorenz et al. (a. a. O.) zur Verdeutlichung ihres auf langjähriger Erfahrung beruhenden Konzepts darstellten:

Ein Lehrer, eine Lehrerin möchte zu folgender Problemlage beraten werden: »Seit drei Monaten ist in meiner 4. Klasse ein neuer Schüler, der mir außerordentlich ängstlich und zurückgezogen scheint: Im mündlichen Unterricht beteiligt er sich fast gar nicht, er hat kaum Kontakt zu den anderen Mitschülern gefunden, in den Pausen ist er meist für sich allein. Wenn ich ihn aufrufe, wirkt er ganz konfus und kann keine Antwort formulieren. Gutes Zureden und Ermunterung helfen dabei kaum. Er hat jedoch eine normale Intelligenz, und seine schriftlichen Leistungen sind ganz gut. Seine Mutter sieht kein Problem in seinem Verhalten, sie achtet jedoch sehr darauf, dass er die Hausaufgaben gut erledigt. Ich würde ihm gern helfen, weil mir ganz deutlich ist, dass er sich in der Klasse nicht wohlfühlt. Ich weiß nur nicht, wie ich dabei vorgehen kann!«

Lorenz et al. schlagen dazu folgendes Beratungskonzept vor:

a) »Wir würden dem Kollegen ganz kurz das Vorgehen der Verhaltensmodifikation erläutern und dabei betonen, dass es wichtig ist, sich Klarheit über Art und Häufigkeit des störenden Verhaltens zu verschaffen, herauszufinden, durch welche Bedingungen es gesteuert und aufrecht erhalten wird.

b) Wir würden ihm vorschlagen, zunächst das störende Verhalten und die steuernden Bedingungen sowie das erwünschte Verhalten genauer zu beschreiben und durch eine kurze Beobachtung des Verhaltens diese Beschreibung abzusichern und sich einen Überblick über die Häufigkeit von störendem und erwünschtem Verhalten zu verschaffen.

c) Wir würden – eventuell in einem weiteren Gespräch – mit ihm besprechen, wie er mit dem Schüler ein Gespräch über dessen Problem führen kann und ihn – sowie unter Umständen andere Klassenkameraden und die Eltern – bei einer Veränderung beraten kann.

d) Wir würden dem Kollegen kurz erläutern, mithilfe welcher Interventionsverfahren ein vermutetes Zielverhalten (selbstsicherer werden, sich am Unterricht mehr beteiligen, mehr Kontakt zu Klassenkameraden aufnehmen ...) erreicht werden kann: Signalreize für erwünschtes Verhalten, Arrangieren, systematisches Einsetzen von Verstärkung, Rollenspiel, Selbstsicherheitsübungen ...

e) Wenn der Kollege etwas mehr Zeit investieren kann, würden wir ihn über die grundlegenden Lernprinzipien informieren und ihn anregen, den Effekt seiner Bemühungen mithilfe spezifischer Beobachtungskategorien zu prüfen.

f) Insgesamt würden wir darauf achten, dass der Kollege in dem/den Gespräch(en) die Möglichkeit hat, seine persönliche Sichtweise einzubringen und zu diskutieren. Wir würden ihn durch Fragen, Informationen nur so weit unterstützen, bis er selbst Ideen, Vorschläge, Vorgehensweisen entwickelt. Wir würden darauf achten, dass er sich durch uns nicht kritisiert oder bevormundet fühlt« (a. a. O., 236–237).

Lerntheoretisch orientierte Beratung versteht sich als kognitiv-behavioral (vgl. Nussbeck 2010, 60 ff.): Neben den Formen der Konditionierung und dem Modelllernen berücksichtigt sie die Miteinbeziehung von Selbstkontrolltechniken und Selbstmanagement, die Arbeit an unangemessenen Gedanken, »kognitive Disputation« (a. a. O., 63 f.) sowie Methoden der Selbstinstruktion.

6.2.4 Der klientenzentrierte Ansatz

Der klientenzentrierte Ansatz der Beratung wurde von dem Amerikaner Carl Rogers erarbeitet. Rogers war als Professor an Universitäten in Ohio, in Chicago und Wisconsin tätig (►Kap. 1.2 sowie ►Kap. 4.2.3). Weithin bekannt wurde sein Beratungszentrum in Chicago. Mit einem – seinen Ansatz definierenden – Buch über »Counseling and Psychotherapy« (deutsch: Die Nicht-direktive Beratung) machte er 1942 weltweit auf sich aufmerksam. Mit diesem Buch zielt Rogers – wie Leonhart Carmichael im Vorwort feststellt – darauf ab, eine Methode zu konstituieren, »die das Individuum lehren kann, den geistigen und emotionellen Habitus anzunehmen, der es befähigt, seine eigenen Probleme selbst zu lösen« (Carmichael im Vorwort zu Rogers 1985). Grundlegend sind, wie für die klientenzentrierte Therapie, auch hier die drei Basisvariablen für Professionelle:

- Empathie bzw. einfühlendes Verstehen;
- unbedingte Wertschätzung bzw. bedingungsloses Akzeptieren sowie
- Kongruenz oder Echtheit (vgl. Breitenbach 2007, 34 f.).

Aus seiner Praxis in ungezählt vielen und sehr unterschiedlichen Beratungsgesprächen – insbesondere auch mit Kindern und Jugendlichen – zeigte Carl Rogers 1942 vier Merkmale auf, »die eine in höchstem Maße hilfreiche beratende Atmosphäre kennzeichnen« (Rogers 1985, 84). Er nannte:

1. »Wärme und Empfänglichkeit«, »die eine Verbindung möglich macht und die sich nach und nach in eine tiefere emotionelle Beziehung verwandelt« (a. a. O.). Diese Gefühlsbeziehung drückt sich in Akzeptanz und echtem Interesse aus.
2. »Gewährenlassen oder Gestatten in Bezug auf den Ausdruck von Gefühlen« (a. a. O., 85). Moralisierungen und Beurteilungen fehlen vollständig, alle das Leben belastenden und erschwerenden Umstände und Bedingungen können angesprochen werden.
3. »Definitive Grenzen« sind dadurch gesetzt, dass zeitliche Begrenzungen verabredet werden und dass – z. B. im spieltherapeutischen Umgang – andere schädigende Handlungen nicht erlaubt sind. Grenzsetzung ist »eines der vitalen Elemente, die die therapeutische Situation zu einem Mikrokosmos machen, in dem der Klient allen grundsätzlichen Aspekten begegnen kann, die das Leben als Ganzes kennzeichnen« (a. a. O., 86).
4. Das »Fehlen jeder Art von Druck oder Zwang«; d. h. auf Beeinflussung, auf Ratschläge, auf jedwede repressive oder auch nur dirigistische Maßnahme wird verzichtet, um »bewusstes Wählen«, »das Wachsen und die Entwicklung der Persönlichkeit« sowie »selbstgelenkte Integration« zu ermöglichen (a. a. O., 87). Der Gesprächspartner kann ganz und gar er selbst sein. Er erlebt, dass er sich nicht vor Angriffen zu schützen braucht und auch sicher ist »vor einer allzu selbstgefälligen Abhängigkeit« (a. a. O.).

Diese grundlegenden Einsichten verdichtete Rogers später, als er die Konzeption des »beratenden Interviews« zur »Gesprächspsychotherapie« weiterentwickelte.

»Das eigentliche Ziel des Beraters ist die Entwicklung einer neuen Einstellung bei dem Individuum, das er berät. Diese Einstellung sollte dem Klienten selbst wachsende Einsicht in seine Probleme geben und ihm helfen, eine zunehmende Integration seiner eigenen Persönlichkeit zu erreichen. Dann wird er in späteren Perioden seines Lebens im Stande sein, neu auftauchende Probleme zu lösen« (Carmichael im Vorwort zu Rogers 1985, 11).

Probleme im Sinne von Inkongruenzen des Selbstkonzepts macht Nussbeck (2010) an folgendem Beispiel deutlich:

»Petra nimmt sich als liebevolle, soziale und um andere besorgte Person wahr und nicht als egoistisch oder machthungrig. Sie wird also die Erfahrungen symbolisieren, die ihrem Selbstbild entsprechen und andere ausblenden, verzerren oder abwehren, die nicht zu ihrem Selbstkonzept passen. Würde sie alle Erfahrungen integrieren, müsste sie erkennen, dass sie mit der Sorge um die Anderen auch ihre Macht über sie bewahren kann, um nicht selbst in eine schwache Position zu geraten. Durch diese Unvereinbarkeit entsteht eine Spannung, die Petra immer ausgleichen muss. Es kann also sein, dass sie hin und wieder Wut verspürt, wenn ein Anderer sich nicht umsorgen lassen will und ihre Fürsorge ablehnt. Sie kann diese Erfahrung abwehren, indem sie ihre Wut, die nicht zum Bild des fürsorglichen Helfers ›passt‹, in Mitleid verzerrt, verleugnet, die Ablehnung der Hilfe durch den Anderen als Ausdruck von dessen Hilflosigkeit umdeutet oder gar nicht bemerkt« (a. a. O., 58 f.).

Hieran lassen sich auch Ziele und Vorgehen deutlich machen: Der Beratungsansatz von Rogers »zielt direkt auf die größere Unabhängigkeit und Integration des

Individuums ab, statt zu hoffen, dass sich diese Resultate ergeben, wenn der Berater bei der Lösung des Problems hilft. Das Individuum steht im Mittelpunkt der Betrachtung und nicht das Problem. Das Ziel ist es nicht, ein bestimmtes Problem zu lösen, sondern dem Individuum zu helfen, sich zu entwickeln, sodass es mit dem gegenwärtigen Problem und mit späteren Problemen auf besser integrierte Weise fertig wird. Wenn es genügend Integration gewinnt, um ein Problem unabhängiger, verantwortlicher, weniger gestört und weniger organisiert zu bewältigen, dann wird es auch neue Probleme auf diese Weise bewältigen« (Rogers 1985, 36).

Der Kontakt, die Interaktion in Beratung oder Therapie ist »selbst eine Entwicklungserfahrung. In ihr lernt das Individuum, sich selbst zu verstehen, unabhängig zu entscheiden und sich erfolgreich und auf erwachsenere Weise in Beziehung zu einer anderen Person zu bringen« (a. a. O., 37).

Die grundlegende Hypothese, die Rogers im Hinblick auf Beratung formuliert hat, lautet: »Wirksame Beratung besteht aus einer eindeutig strukturierten, gewährenden Beziehung, die es dem Klienten ermöglicht, zu einem Verständnis seiner Selbst in einem Ausmaß zu gelangen, das ihn befähigt, aufgrund dieser neuen Orientierung positive Schritte zu unternehmen« (a. a. O., 28). Alle Interaktionen, alle Methoden zielen also ab auf

1. eine freie gewährende Beziehung,
2. ein besseres Verständnis des eigenen Selbst,
3. ein positives, selbstinitiiertes Handeln.

Auch wenn ein Bedarf an Indikations- und Wirkungsforschung zu diesem Beratungsansatz besteht, ist er gerade aufgrund der zugrundeliegenden Haltung für viele sonderpädagogische und pädagogische Kontexte außerordentlich bedeutsam und ist auch in maßgebliche, verbreitete Beratungs- und Supervisionskonzepte eingeflossen (vgl. Mutzeck 1995; 2005; 2007; Weinberger/Lindner 2011; ▶ Kap. 6.2.6).

6.2.5 Der systemische Ansatz

Der systemische oder ökologische Ansatz der Beratung orientiert sich an der Systemtheorie. Jedes Individuum ist in Systeme und Subsysteme, in Makro- und Mikro-Systeme eingebettet, die auf es einwirken und auf die es wiederum wirkt. Systemische Beratung ist daher auf das Erkennen und ggf. Verändern von Systemen bzw. Systemvariablen hin ausgerichtet. Charakteristisch für systemische Beratung ist zirkuläres Denken, d. h. die Auffassung, dass menschliche Gruppierungen – wie die Familie oder die Schulklasse – offene Systeme sind, in denen die Interaktionen kreisförmig bzw. rückgekoppelt ablaufen (▶ Abb. 45).

Das offene System ist mehr als die Summe seiner Teile, der Familienmitglieder oder Schüler, und hat eine selbstregulierende immanente Tendenz zu Stabilität und Gleichgewicht (Homöostase). Veränderungen im System haben somit Auswirkungen auf das gesamte System, was auch bedeutet, dass bei intendierten Systemveränderungen mit Systemwiderstand zu rechnen ist. Dieser Widerstand kann

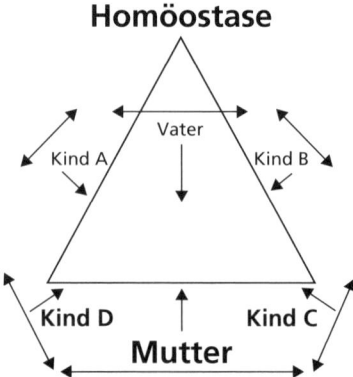

Abb. 45: Rückkopplungsmodell der Interaktion. Rückgekoppeltes, auf Homöostase ausgerichtetes Familiensystem

z. B. daraus resultieren, dass Erscheinungen, die von der Außenwelt als Störung wahrgenommen werden und verändert werden sollen, innerhalb eines Systems eine sinnvolle, stabilisierende, das Gleichgewicht erhaltende Funktion haben (vgl. z. B. Richter 1972; Schley 1989, 233). Da sich alle Mitglieder eines sozialen Systems gegenseitig beeinflussen, trägt jeder Mitverantwortung, und es gibt keine Schuldigen.

Systemtheoretisch ist also zirkulär und in größeren Zusammenhängen, in Strukturen und Wirkgefügen zu denken. Das kleine System Familie ist eingebettet in größere Systeme, die beeinflussend wirken, wie die Verwandtschaft, den Freundeskreis, die Dorfgemeinschaft oder das Stadtviertel. Vielfältige Einflüsse üben die Gesellschaft mit ihren regionalen Charakteristika, die Gesamtgesellschaft, die spezifischen Wert- und Normsysteme einer Kultur (z. B. die westliche, die europäische, die amerikanische Kultur) und letztlich das Makrosystem Erde aus, welches z. B. mit Gefährnissen, Bedrohungen, Katastrophen direkt oder auch über die Medien auf alle sozialen Systeme einwirkt. Nur eine systemische Sicht kann letztlich die Problemkonstellationen verdeutlichen, die den Einzelnen prägen, unter denen er leidet und die er mit seinen Reaktionen wiederum rückwirkend beeinflusst. Systemisches Problemlösen bedeutet danach, die Umgebung, die Umwelt, letztlich die ganze Welt in den Blick zu nehmen. Die Vernetzung hat globale Ausmaße angenommen. Nicht nur die Funktionszusammenhänge in der Familie sind zu berücksichtigen. So lässt sich beispielsweise die Genese von Ängsten nicht mehr nur über das Subsystem Familie klären; übergeordnete Aspekte wie etwa Verunsicherungen in einer sich stetig verändernden Welt oder auch die massive Bedrohung der Ökosysteme sind mitzubedenken.

Systemische Beratungskonzepte können in der pädagogisch-therapeutischen Praxis nicht global ausgerichtet sein; sie müssen sich beschränken. Sie zielen auf größere soziale Systeme wie Schulen und Heime sowie auf kleinere Systeme wie Familien in ihren verschiedenen Größen und können auch dann nur mit Beschränkungen realisiert werden.

Als beispielhaft für ein auf Problemschüler und Problemfamilien gerichtetes systemisches Beratungs- bzw. Therapie-Konzept kann das von Hennig/Knödler

(1985; 1998) gelten. Auch sie betonen in ihrer ersten These die Sinnhaftigkeit menschlichen Verhaltens in Systemzusammenhängen: »Es gibt kein sinnloses abweichendes Schülerverhalten, es sei denn, der betreffende Schüler ist permanent kognitiv überfordert (bzw. stark unterfordert), d. h. aufgrund frühkindlich erworbener oder angeborener Einschränkungen in Begabungshöhe und Begabungsstruktur« (Hennig/Knödler 1985, 26).

Aus 270 Einzelfallanalysen arbeiten sie heraus, dass nur bei 20 % der Problemschüler die Verhaltensschwierigkeiten mit Überforderung bzw. Unterforderung, jedoch bei 80 % mit emotionalen Faktoren in Verbindung standen. In ihrer Beratungspraxis haben sie die Erfahrung gemacht, dass das Familiensystem als wichtiger und einflussreicher einzuschätzen ist als die Schulklasse, die »eher das ›Schlachtfeld‹ ist, die öffentliche Bühne, auf der der Schüler das ausagiert, was sich im privaten System Familie an emotionalem Stress (z. B. offener oder verdeckter Ehekonflikt der Eltern) angestaut hat.«

So formulieren sie als zweite These: »Wenn wir ausgeschlossen haben, dass ein Schüler kognitiv überfordert ist, wird uns sein Leistungsversagen oder seine Verhaltensauffälligkeit in erster Linie vor dem Hintergrund seines familiären Bezugssystems, in zweiter Linie im Kontext des Systems Schulklasse verständlich« (a. a. O., 27).

Es wird also gesehen, dass auf der personalen Ebene relevante Bedingungsfaktoren wie Begabung und Begabungsstruktur eine Rolle spielen. Als bedeutsam herausgestellt werden aber auch Prozesse und Beziehungsmuster zwischen zwei Personen, d. h. auf der interpersonalen Ebene. Letztlich wird der Blick auf das gesamte Familiensystem bzw. auf die Systemebene gerichtet (▶ Abb. 46, nach Hennig/Knödler 1998, 39).

Nur die Systemebene, auf der alle relevanten Bezugspersonen einbezogen werden, lässt aus dieser Perspektive eine adäquate Aussage im Hinblick auf Logik und Sinn des unerwünschten Verhaltens zu. So wird der Schüler Hans auf der personalen Ebene (im ersten Stock) als unkonzentriert, aggressiv, dumm usw. beschrieben, auf der interpersonalen Ebene (im zweiten Stock) werden dyadische Bedingungen deutlich, aber erst auf der Systemebene (im dritten Stock) kann erklärt werden, warum Hans seine Mutter tyrannisiert und sie ihn verwöhnt. Hans versucht nämlich unbewusst, durch sein Problemverhalten die Eltern aneinander zu binden. Die Mutter dagegen verwöhnt ihn, um ihn als Bündnispartner gegen den Vater zu haben.

Innerhalb der gesamten Beratung ist für Hennig/Knödler das Erstgespräch besonders wichtig und bedeutsam, da von Beginn an die andere Sichtweise hilfreich sein kann, um positiven Kontakt herzustellen und einen positiven Verlauf grundzulegen. Das Erstgespräch läuft in fünf Phasen ab: Anwärmen und Kontakt herstellen, Problemdefinition, Interaktion (vor allem unter allen Familienmitgliedern), Problemsichtveränderung und Kontraktformulierung (inhaltlich: Ziele und Methoden; formal: Rahmenbedingungen). Der möglichst mit der gesamten Familie abgeschlossene Kontrakt kann auch schriftlich formuliert und der Familie mitgegeben werden. Bei besonders schwierigen, d. h. veränderungsresistenten Familien werden von den – in der Regel insgesamt nur zehn – Sitzungen drei bis vier für die Kontrakterstellung gebraucht. Der Interventionsverlauf erreicht mit der siebten/

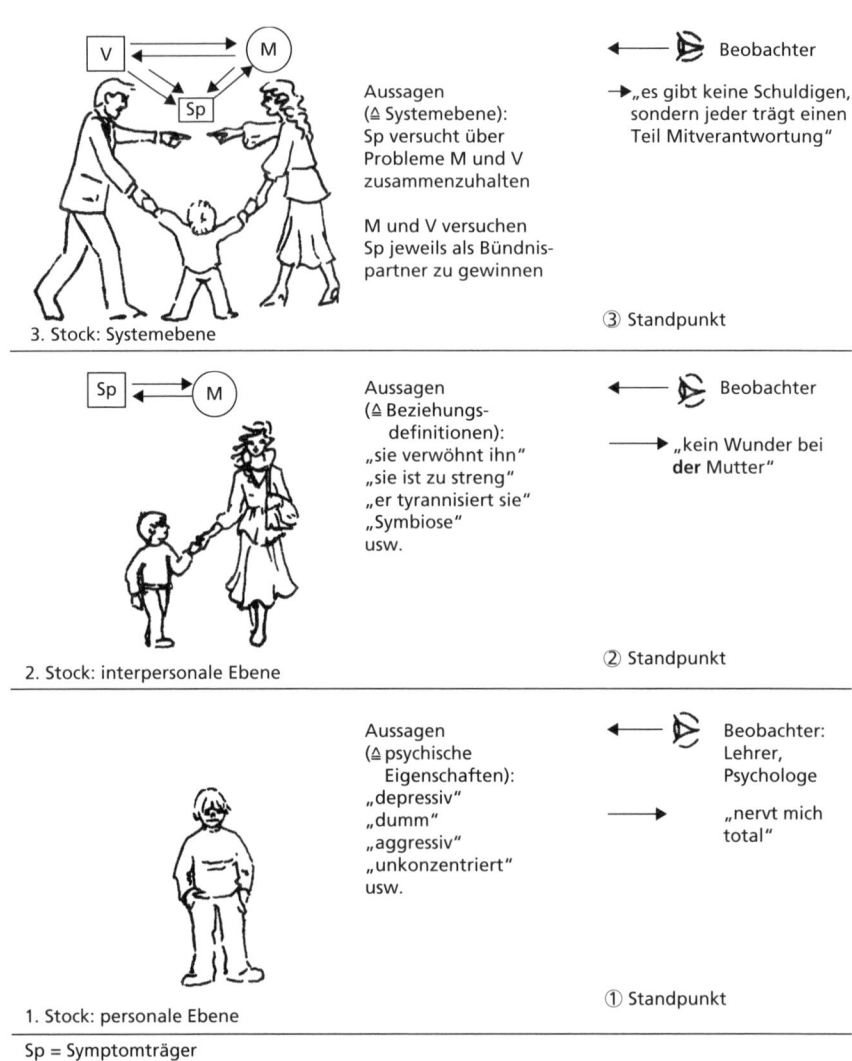

Abb. 46: »Stockwerksmodell« (aus: Hennig/Knödler 1998, 39)

achten Sitzung eine Mittelphase, in der sich Symptomatik und Familiensituation deutlich gebessert haben.

Systemische Beratung ist eine direktive, gezielt steuernde Beratungsform. Es werden Anweisungen, Aufgaben, auch Hausaufgaben gegeben. Der Berater übernimmt eine Führungsposition aufgrund seiner menschlichen und fachlichen Qualifikation. Er ist vergleichbar »einem Steuermann, der mit der Familie im gleichen Boot sitzt« (Hennig/Knödler 1998, 98).

Mit Beispielen verdeutlichen Hennig/Knödler ihr systemisches Beratungskonzept. Da ist z. B. als einer der vier typischen Fälle die »Familie H. oder ›Wenn der

Partner fehlt ...‹«. Die 7-jährige Dagmar H. besucht die erste Grundschulklasse. Sie hat Lernschwierigkeiten, arbeitet langsam und unkonzentriert. Die Mutter von Dagmar ist 25 Jahre alt, hat aus ihrer geschiedenen Ehe Dagmar und aus einer folgenden Verbindung einen neun Monate alten Sohn. Als der Vater des Sohnes sie verließ, musste sie wegen schwerer Depressionen in einer Klinik behandelt werden. Von den Vätern ihrer Kinder erfährt sie keine Unterstützung (vgl. a. a. O., 57 ff.). Die systemische Beratung bzw. Behandlung vollzieht sich in drei Schritten.

Mit dem ersten Schritt wird mithilfe eines Intelligenztests ausgeschlossen, dass das Leistungsversagen Dagmars auf eingeschränkte intellektuelle Fähigkeiten zurückzuführen ist.

Der zweite Schritt richtet sich auf die Mutter-Kind-Beziehung. Es gibt keine klare Eltern-Kind-Grenze zwischen Mutter und Tochter. Dagmar steht als emotionaler Partnerersatz auf der Elternebene. Frau H. muss wieder lernen, ihre elterlichen Funktionen gegenüber Dagmar wahrzunehmen und durchzusetzen.

Mit dem dritten Schritt wird die Intervention bei der Mutter intensiviert. »Im Laufe der Behandlung zeigt sich, dass durch die Stabilisierung des psychischen Zustandes der Mutter ... die Eltern-Kind-Generationsgrenze wieder deutlich gezogen werden kann, indem die Mutter an Dagmar klare Forderungen stellt und lernt, sich in der Erziehungspraxis durchzusetzen und ihrer Autorität als verantwortliche Elternperson. Dies wirkt sich direkt auf Dagmars schulische Leistungen aus, da ihre Mutter jetzt mit der Schule an einem Strang zieht und von ihr das verlangt, was sie leisten kann. Da Lehrerin und Mutter jetzt mehr von ihr verlangen und erwarten, verstärkt sich auch ihre Leistungsmotivation« (a. a. O., 59).

Die schulische Problematik des Kindes resultierte also aus einer Verwischung der Eltern-Kind-Generationsgrenze mit einer emotionalen Überforderung des Kindes durch die Mutter.

Systemische Beratung (und Therapie) bezieht – bei konsequenter Berücksichtigung gesamtsystemischer Verhältnisse – je nach Notwendigkeit neben der personalen die interpersonale Ebene und/oder die System-Ebene mit ein. Dieser Ansatz hat sich in Pädagogik und Sonderpädagogik weit verbreitet (vgl. etwa Vernooij 2007; Nußbeck 2010, 66 ff.; Palmowski 2011). Er ist nicht identisch, aber theoretisch verbunden mit Konzepten lösungsorientierter und ressourcenorientierter Beratung (vgl. Nußbeck 2010, 74 ff.; Berkling 2010; ▶ Kap. 6.2.6).

6.2.6 Der pädagogische Ansatz

Beratung muss im pädagogischen Bereich als ein Vorgang verstanden werden, im Zuge dessen Lebenszusammenhänge kooperativ behandelt und Ratschläge bzw. Vorschläge entwickelt werden. Als Form pädagogisch-therapeutischer Intervention sollte auch pädagogische Beratung integrativ ausgerichtet sein, d. h. anstreben, die Erkenntnisse verschiedener theoretischer Positionen zu berücksichtigen und zu nutzen (▶ Kap. 6.1).

Lehrer/Erzieher werden bei abnehmender Erziehungskompetenz der primären Agenturen, wachsender Komplexität der Lebensumstände und erhöhter Inanspruchnahme der Menschen im Alltag wie im Beruf verstärkt für Beratungsaufgaben zur Verfügung stehen müssen. Wenn Eltern z. B. bei schulischen Problemen ihrer Kinder über Beratungsmöglichkeiten nachdenken, fallen den meisten zunächst die Lehrer ein (88 %), sehr viel weniger nennen Schulpsychologen (29 %) und nur ganz wenige Ärzte oder Jugendamt (7 bzw. 6 %; Brückner et al. 1990, 213).

Der Rat von Lehrerinnen und Lehrern kann gefragt sein bei:

- allgemeinen Lebensproblemen,
- Erziehungsproblemen,
- Konflikten und psychosozialen Problemen,
- spezifischen Lernproblemen,
- schul- bzw. jugendrechtlichen Fragen,
- Fragen der Schullaufbahn,
- Fragen der beruflichen Ausbildung.

Als Beratungsadressaten stehen an:

- Kinder und Jugendliche,
- Eltern und Familien,
- Lehrer- bzw. Erzieherkollegen,
- andere Professionelle.

Beratung in der Pädagogik ergibt sich nach Kleber aus drei Ausgangslagen heraus:

- aus individuellen Bedürfnissen,
- aus Systemnotwendigkeiten,
- aus einem Bedarf an pädagogischer Förderung (Kleber 1989, 391).

Individuelles Beratungsbedürfnis resultiert – wie Kleber aufzeigt – in Abhängigkeit von gesellschaftlichen und bildungsorganisatorischen Gegebenheiten aus fünf komplexen Problemlagen, die er nicht nur als konstituierend für sonderpädagogische Beratung, sondern für die Heil- und Sonderpädagogik allgemein ansieht:

- Menschen werden hilfs- und beratungsbedürftig infolge einer Überforderung in ihrer allgemeinen Lebenssituation;
- Menschen entsprechen nicht den Erwartungsnormen der anderen, Zielsetzungen können nicht realisiert, soziale Situationen nur mit Schwierigkeiten bewältigt werden, der Betroffene selbst wie seine Umwelt entwickeln Beratungsbedürftigkeit;
- beeinträchtigte Entwicklung beeinträchtigt die Interaktionsfähigkeit, relevante Bezugspersonen des Betroffenen möchten beraten werden;
- Eltern sind in der Erziehung überfordert, ihr Erziehungsverhalten wird problematisch, sie werden mit dem Kind nicht mehr fertig, durch Beratung oder auch Erziehungsbeistandschaft erwarten sie Besserung der Verhältnisse;
- Lehrer und Lehrerinnen werden durch ihren Unterrichts- und Erziehungsauftrag überfordert, sie brauchen Rat für den oder die Schüler oder auch für sich selbst.

350

Beratungsbedürfnisse resultieren insofern aus Systemnotwendigkeiten, als gesellschaftliche und organisatorische Zusammenhänge wie in allen Bereichen so auch im Bildungs- und Erziehungsbereich immer undurchschaubarer werden. Die daraus resultierenden Beratungsbedürfnisse beziehen sich u. a. auf Bildungs- und Berufsmöglichkeiten, aber auch auf Optimierungsmöglichkeiten für das System. Für Erziehungs- und Bildungsinstitutionen bedeutet dies, dass einerseits für die Adressaten intensive Laufbahnberatung erfolgen muss, andererseits aber auch, dass die in den Institutionen professionell Tätigen mit ihrer Erstausbildung ihre Berufsqualifizierung nicht abgeschlossen haben, sondern sich neuen Verhältnissen immer wieder anpassen und Weiterentwicklung über Beratung und Fortbildung anstreben müssen.

Als pädagogische Förderung gewinnt Beratung verstärkt an Bedeutung, seit sich das Verständnis der Schule infolge von Demokratisierung und der Etablierung einer Bildung und Erziehung vom Kinde aus verändert hat. Allen Beteiligten, Eltern, Schülern und Lehrern, fällt es nicht leicht, sich den veränderten Verhältnissen anzupassen und den neuen Forderungen wie Pflichten gerecht zu werden. Gelingt es den Lehrerinnen und Lehrern nicht, sich als »Facilitatoren« bzw. als »Lernberater« zu verstehen und Erziehung und Unterricht in diesem Sinne zu organisieren, dann entwickeln sich Problemkonstellationen, die bei den Schülerinnen und Schülern zu Lern- und Verhaltensstörungen, bei den Lehrerinnen und Lehrern zu vielfältigen psychosozialen Störungen führen können (vgl. dazu Kleber 1989, 391 ff.).

Eine veränderte und erheblich erhöhte Bedeutung von Beratung ergibt sich durch die Inklusionsdiskussion im Zuge der UN-Behindertenrechtskonvention, indem nun verstärkt Sonderpädagogen in allgemeinen Bildungseinrichtungen (Schulen, Kindergärten, berufliche Bildung) tätig werden und hier auf Beratungsaufgaben stoßen (vgl. Stein 2012b).

Neben inhaltlicher Kompetenz müssen Lehrer/Erzieher zur Erfüllung ihrer Beratungsaufgaben auch über methodische Kompetenz im Sinne hilfreicher Gesprächsführung verfügen. Auf die Möglichkeiten und Bedürfnisse pädagogischer Berater ist eine Gesprächsführung ausgerichtet, wie sie in Kap. 6.1.7 dargestellt wird (► Kap. 6.1.7).

Ein sehr interessantes Konzept zur Beratung hat Spiess (2000) mit einem deutsch-schweizerischen Team entwickelt und erprobt; es soll sich unter jene Modelle einreihen, »welche die Vorgehensweise prozesshaft und nachvollziehbar formulieren und begründen und sich speziell im Kontext von Pädagogik als hilfreich und nützlich erwiesen haben« (a. a. O., 13). Der Kontext von Heil- und Sonderpädagogik ist ausdrücklich miteinbezogen und kommt in einigen Fallbeispielen anschaulich zum Ausdruck. Dem konstruktivistischen und lösungsorientierten Konzept wird aufgrund der gemachten Erfahrungen eine »Logik des Gelingens« zugeschrieben. Es umfasst Regeln, die sich aus Einsichten der Erkenntnistheorie, aus Forschungen zum menschlichen Problemlösen und therapeutischen Erfahrungen ableiten lassen. Wesentliches Spezifikum des Konzepts ist, dass nicht die Bearbeitung eines Problems, die Ursachenanalyse und Klärung im Mittelpunkt der Beratung stehen, sondern die gemeinsame Suche von Berater und Klient nach Lösungen. Nachdrücklich wird die Position vertreten, dass »der Glaube, die genaue Kenntnis der Probleme führe zu ihrer Lösung, ein weit verbreiteter Irrtum ist«

(Baeschlin/Baeschlin 2000, 153) und dass Berater mit »Problembeschreibungen der Lösung im Wege stehen und dem Klienten nicht helfen, seine Probleme loszuwerden, sondern im Gegenteil in der Gefahr sind, ihn mit ihnen zu identifizieren« (a. a. O., 153).

Regeln spielen in diesem Beratungskonzept eine bedeutende Rolle; ein Satz von Regeln bestimmt die Beratungsgespräche. Gezieltes Befragen gehört zur Methode, und zwar mit einer Fragetechnik, die sich in Kategorien wie »Zirkulärfragen«, »Skalierungsfragen«, »Wunderfragen« und »Bewältigungsfragen« spiegelt. Die nachfolgenden zehn Regeln verdeutlichen mit Leitbegriffen und Leitfragen den Ablauf eines Beratungsgesprächs unter dem Aspekt der Lösungsorientierung (Spiess 2000, 53):

1. »Begrüßung
2. Erwartungen an das aktuelle Gespräch:
   Was müsste bis um (vereinbarter Zeitpunkt für das Ende des Gespräches) passiert sein, damit Sie sagen können: »Es hat sich gelohnt!«?
3. Beschreibung des Anliegens
   (Frage-Haltung: Wie erlebt und konstruiert die zu beratende Person ihr Problem? Was hat sie zwecks Problembewältigung versucht? Inwieweit beschreibt sie Anhaltspunkte dafür, was zumindest ansatzweise geholfen hat?)
4. Entwurf einer erwünschten Zukunft:
   (Wunderfrage; Frage nach der pädagogischen Vision)
5. Suche nach aktuellen Momenten der erwünschten Zukunft. Gibt es aktuelle Momente Ihrer erwünschten Zukunft?
6. Abruf letzter wichtiger Informationen
7. Individuelle Reflexion
8. Würdigung von Stärken, Relativierung von Normen und Umdeutungen
9. Anregungen
10. Gute Wünsche«

Beratungsgespräche können auch den Aspekt der Entwicklungsorientierung akzentuieren. Es geht dann darum, mit dem Klienten eine Entwicklungsgeschichte seiner Kompetenzen zu konstruieren, um einerseits positive Fähigkeiten zu erfassen und zu verstärken, andererseits aber auch – und vor allem – Voraussetzungen festzustellen und festzuhalten für die Problemlösung bzw. eine bessere Weiterentwicklung. Der Gesprächsleitfaden für ein solches, *entwicklungsorientiertes* Beratungsgespräch würde sich an folgenden Stellen vom oben dargestellten Ablauf unterscheiden: Im dritten Schritt ginge es um aktuelle Stärken, im vierten um eine Analyse der Entwicklungsgeschichte dieser Stärken, danach um den Entwurf künftiger Stärken und im sechsten Schritt um die Suche nach aktuellen Momenten künftiger Stärken, also solchen Momenten, in denen sich Aspekte dieser Stärken bereits gegenwärtig zeigen.

Mittlerweile haben sich verschiedene Varianten lösungsorientierter Beratung entwickelt (vgl. etwa Bamberger 2007; Berkling 2010).

In den Bundesländern stehen für Beratungsaufgaben in schulischen Einrichtungen speziell ausgebildete Beratungslehrer zur Verfügung. Ihre Arbeit ist nicht nur für Schüler und Eltern von großer Wichtigkeit, sondern erweist sich auch wegen der erschwerten Bedingungen des Erziehens und Unterrichtens für Kolleginnen und Kollegen als notwendig oder gar unverzichtbar. Auch unter Lehrern/Erziehern verbreitet sich die Erkenntnis, dass sie sich mit ihren privaten und beruflichen Problem öffnen müssen, wollen sie sich nicht vorzeitig auszehren und Symptome entwickeln, die unter dem Begriff »Burn-out-Syndrom« zusammengefasst werden (vgl. z. B. Barth 1990; Enzmann 1989; Holtz 1991; John/Stein 2008; Hedderich 2009). In dieser Hinsicht erweisen sich kollegiale Praxisberatung und Supervision als hilfreich (vgl. z. B. Fatzer/Eck 1990; Mutzeck 1996; 2005; Spiess 1991; Wittrock 1991; Schlee 2004; Willmann/Reiser/Urban 2008; Stein 2012b). Vorschläge zu einem Konzept der sonderpädagogischen Beratung und Kooperation als Konsultation unter Berücksichtigung der internationalen Diskussion hat Willmann (vgl. 2008b) vorgelegt.

In vielen Kollegien von Schulen oder auch Heimen ist regelmäßige wöchentliche oder vierzehntägliche Supervision bereits zur breit akzeptierten Institution geworden (vgl. z. B. Köppel 1987; Kreische et al. 1991).

Supervision kann in der Einzel- wie in der Gruppenberatung stattfinden. Kollegiale Supervision versteht sich als »gruppenunterstützte Selbstreflexion« mit den zentralen Bearbeitungsbereichen:

- »Der Bericht des Supervisanden (Bewusstmachung und Verbalisierung).
- Das Einfühlen, Mitdenken, Feedback, Hypothesenbildung der Gruppe.
- Der systematische Erfahrungsaustausch (Gesprächsregeln, strukturierte Kooperation).
- Perspektivenwechsel, Formulierung (und Erprobung) von Handlungsalternativen.
- Das sozial-kognitive Lernen: Sowohl Supervisand als auch andere Gruppenmitglieder können (quasi stellvertretend) für die eigene Berufspraxis voneinander profitieren« (Rotering-Steinberg 1990, 346; siehe auch Schlee 2006; Mutzeck 2008).

Ein empirisch überprüftes bzw. evaluiertes Konzept in diesem Sinne, das sich seit einigen Jahren im pädagogischen Berufsalltag bewährt hat, hat Mutzeck vorgelegt (vgl. Mutzeck 1996; 2005; auch 2007). In seinem Konzept der Kooperativen Beratung wird der Mensch als reflexives Subjekt verstanden, und die Akteure im Beratungsprozess werden in einem partnerschaftlichen, symmetrischen Verhältnis gesehen, die ein »Sich-gemeinsam-miteinander-beraten« zu realisieren haben. Insofern kann dieses Beratungskonzept als kooperativ bezeichnet werden. Tragende Säulen sind die »Personenzentrierte Gesprächsführung« sowie »Kooperative Beratungsschritte zur Klärung und Lösung von Problemen«. Die von Mutzeck dargestellte personenzentrierte Gesprächsführung folgt im Wesentlichen den Erfahrungen, Forschungen und Erkenntnissen von Carl Rogers (▶ Kap. 4.2.3, Kap. 6.1.5 und Kap. 6.1.7). Über die von Rogers formulierten förderlichen Verhaltens- bzw. Handlungsvariablen hinaus werden jedoch weitere Aktivitäten in kognitiver und emotionaler Hinsicht herausgearbeitet. Es wird ein Zusammenklang folgender Berateraktivitäten als notwendig erachtet: *direktes, persönliches*

Ansprechen, Anteilnahme zeigen/Zuwendung geben, Ansprechen von Gedanken, Verbalisierung von Gefühlen sowie *zur Konkretisierung veranlassen.* Dabei wird innerhalb der Aktivität *Anteilnahme zeigen/Zuwendung geben* das Element *Zeit geben* als sehr wichtig angesehen und entsprechend akzentuiert.

Folgende zehn Beratungsschritte sind »zur Klärung und Lösung von Problemen« vorgesehen (Mutzeck 1996, 153; 2005, 178):

1. Einführung in eine Kooperative Beratung
   (Information über die Vorgehensweise, Möglichkeiten und Grenzen der Kooperativen Beratung)
2. Beschreibung des Problems und Rekonstruktion der Innensicht
   (Was war geschehen? Was dachten und empfanden Sie dabei? Wie erleben Sie das Problem jetzt?)
3. Perspektivenwechsel
   (Wie mögen Ihre Interaktionspartner die Situation gesehen haben?)
4. Analyse des Problems und Benennen der Unzufriedenheit
   (Erkennen Sie Zusammenhänge und Handlungsmuster? Was macht Sie unzufrieden? Was wollen Sie verändern?)
5. Ableiten und Entwickeln einer Zielsetzung (Handlungsabsicht) und sich bewusst dazu entscheiden
   (Wie soll der Zustand aussehen, den Sie erreichen wollen?)
6. Sammeln und Erarbeiten von zielannähernden Handlungswegen, Lösungen und Alternativen
   (Welche Wege können zum Ziel führen?)
7. Autonome Entscheidung für einen der möglichen Handlungswege
   (Für welchen der aufgezeigten Wege entscheiden Sie sich?)
8. Planung und Vorbereitung der Umsetzung des Weges in den Berufsalltag
   (Wie sehen die Schritte aus, die zu Ihrem Ziel führen? Was und wer könnte Ihnen helfen, diese Schritte in Ihrem Berufsalltag zu verwirklichen?)
9. Versuch der Durchführung der Handlungsabsicht mit praxisbegleitender Reflexion und Unterstützung
10. Nachbereitung: Beschreibung, Analyse und Bewertung des Versuchs, den Handlungsweg umzusetzen.
    (Wie ist die Umsetzung bzw. Nichtumsetzung ihres Vorhabens verlaufen? Was wirkte förderlich, hilfreich bzw. störend oder gar verhindernd?)

Viele Sonderpädagogen und Pädagogen haben eine Ausbildung in Kooperativer Beratung absolviert und machen die Erfahrung, dass das Konzept in der täglichen Praxis sehr hilfreich ist. Der Diskurs um den Ansatz ist umfänglich (vgl. etwa Mutzeck 2007).

7 Pädagogische Institutionen für Kinder und Jugendliche mit Verhaltensstörungen

In allen Bundesländern gibt es pädagogische Einrichtungen für Kinder und/oder Jugendliche mit Verhaltensstörungen, die – mit Ausnahme der kriminalpädagogischen Institutionen – sowohl vom Staat als auch von privaten Trägern geführt werden. Die pädagogischen Einrichtungen lassen sich in fünf großen Gruppen zusammenfassen:

1. schulpädagogische Institutionen,
2. sozialpädagogische Institutionen,
3. kriminalpädagogische Institutionen,
4. pädagogisch-psychiatrische Institutionen und
5. berufspädagogische Institutionen.

Diese Institutionen, auf die nachfolgend in separaten Abschnitten eingegangen wird, waren in der Vergangenheit vor allem auf Intervention in Verbindung mit Separation ausgerichtet. Gegenwärtig bestehen starke Bestrebungen hin zu einer weitest möglichen inklusiven und integrativen Förderung. Insgesamt gesehen geht – im Sinne abolitionistischer Tendenzen – die Entwicklung in der Bundesrepublik Deutschland schon seit längerem, auch bereits vor Einsetzen der Diskussion um die UN-Behindertenrechtskonvention, dahin, separierende und segregierende Organisationsformen so weit wie möglich abzuschaffen und ein gestuftes System aufzubauen, welches der universellen wie der selektiven und indizierten Prävention zu dienen vermag. Diese Tendenzen sind in allen Bereichen der Institutionenorganisation spürbar. Ein gestuftes System, welches Prävention und Inklusion mit angemessenen Maßnahmen besonderer Förderung verbindet, wäre aus verschiedensten Erwägungen heraus sinnvoll und den realen Anforderungen angemessen; eine allgemeine Akzeptanz ist allerdings in einer aktuell stark polarisierten und emotionalisierten Diskussion um Inklusion nicht sicher. Sowohl von Wissenschaftlern als auch von vielen Praktikern wird davor gewarnt, alle separierenden Einrichtungen abzuschaffen. Kinder und Jugendliche, die durch ihre Umwelt oder durch sich selbst in ihrer Entwicklung bedroht sind, müssen – auch damit adäquate Hilfe geleistet werden kann – im Sinne einer ultima ratio auch separiert und in kleinen, spezifischen Gruppen gefördert werden können (vgl. Speck 2010; Ahrbeck 2011; Stein 2011). Zunehmend erscheinen auch kritische empirische Befunde im Hinblick auf die Realisierung schulischer Inklusion in der Diskussion (vgl. etwa Lindsay 2007; Huber 2006; 2009). Unter Berücksichtigung präventiver und rehabilitativer wie inklusiver und integrativer Absichten und Notwendigkeiten sowie der unterschiedlichen Schweregrade von Verhaltensstörungen bzw. der individuellen

Hilfsbedürftigkeit muss ein differenziertes Institutionenprogramm verfügbar sein, welches zwar in wesentlichen Teilen bereits realisiert war, aktuell aber anstelle von wichtigen Ergänzungen und allgemeiner Verbreitung in der Gefahr steht, zugunsten einseitig inklusiver Lösungen wieder zerschlagen zu werden.

Die Übersicht zeigt in Entsprechung zu den genannten Absichten und Notwendigkeiten die Skizze eines gestuften Systems von Einrichtungen mit stark frühpräventivem Charakter (z. B. Elternschulung, Frühförderung) über Einrichtungen selektiver und indizierter Prävention (z. B. Erziehungs- und Familienberatung, Schulpsychologischer Dienst) bis hin zu rehabilitativen bzw. pädagogisch-kurativen Einrichtungen (z. B. Heime, Förderschulen, Einrichtungen und Schulen des Strafvollzugs, Kliniken und Schulen der Kinder- und Jugendpsychiatrie, ▶ Abb. 47).

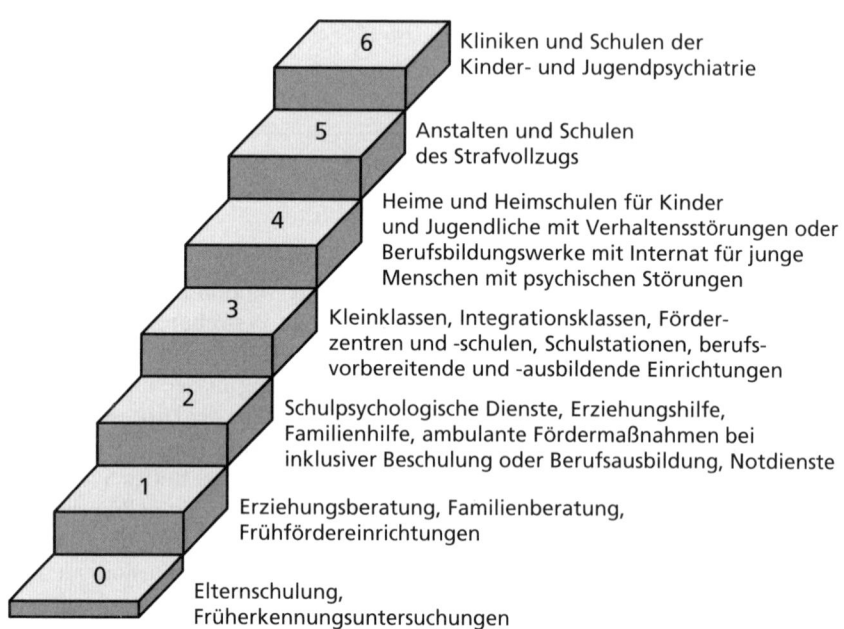

Abb. 47: Stufenmodell der Institutionen zur Prävention und Rehabilitation von Verhaltensstörungen

7.1 Schulpädagogische Institutionen

Sondereinrichtungen für Kinder und Jugendliche mit Verhaltensstörungen innerhalb des öffentlichen Schulwesens wurden in Deutschland ab 1928 in großen Städten als Kleinklassen gegründet und erfolgreich betrieben. Unter dem Terrorregime der Nationalsozialisten wurden sie aufgelöst, nach dem Zweiten Weltkrieg fanden Neugründungen statt, die – wie in Berlin – als Kleinklassensystem mit der Bezeichnung Beobachtungs- bzw. Beo-Klassen beibehalten wurden. Die in der Nachkriegszeit an vielen Orten in Westdeutschland gegründeten Sonderklassen entwickelten sich in kurzer Zeit zu voll ausgebauten Sonderschulen (▸ Kap. 1.1.4).

Tab. 17: Statistik über schulische Einrichtungen für Kinder und Jugendliche mit sonderpädagogischem Förderbedarf

Schuljahr	2006/2007	2008/2009	2010/2011	2014/2015
Förderschulen	3395	3302	3283	3117
Förderschulklassen	40 988	40 131	39 050	35 086
Schüler insgesamt	408 085	393 491	377 922	508 386
Schüler je Klasse	10,0	9,8	9,7	9,5
Schüler je Lehrer	6,4	6,1	5,7	5,3
Schüler mit sonderpädagogischem Förderbedarf in allgemeinen Schulen	76 261	88 664	108 642	173 392
Schüler mit sozial-emotionalem Förderbedarf, davon in allgemeinen Schulen	48 217 15 614	55 442 19 912	62 692 25 478	81 675 42 990

(nach: KMK 2005, XI, 5; KMK 2008, XI; KMK 2010, XI, 5; KMK 2012, XI, 5, 8, 10; KMK 2016; Statistisches Bundesamt 2012b, 29; 2015, 17)

Das öffentliche Sonderschulwesen für Kinder und Jugendliche mit Verhaltensstörungen wird zwar skeptisch betrachtet, nichtsdestotrotz wurde es aber – insbesondere nach der Wende in den neuen Bundesländern – ausgebaut, was sich deutlich in den steigenden Schüler- und Klassenzahlen der bundesweiten Statistik für sonderschulische Einrichtungen im Allgemeinen und für solche mit dem Förderschwerpunkt emotionale und soziale Entwicklung im Besonderen zeigt (▸ Tab. 17 und Tab. 18). Die Förderquote, auch der separierten Beschulung, ist für diesen Förderschwerpunkt in den letzten zehn Jahren fast explodiert – und liegt zugleich immer noch dramatisch unter den epidemiologischen Daten zu psychischen Störungen (▸ Kap. 3.5). In einigen Bundesländern wurde zum Teil intensiv versucht, spezielle Beschulung nicht auszuweiten, sondern zugunsten integrativer Einrichtungen und inklusiver Beschulung, d. h. der gemeinsamen Erziehung und Unterrichtung aller Schüler, einzuschränken, was jedoch zunächst nicht gelang. Zwar erreichte die Anzahl der Integrationsschüler eine stattliche Größe, aber nicht zuungunsten der Sonder- bzw. Förderschulen. Es bildete sich eine zusätzliche Schülergruppe, wie auch im angelsächsischen Ausland, wo vom »integration child« gesprochen wird (vgl. z. B. Myschker 1996). Willmann zitiert eine Untersuchung aus den USA, nach der in einem Vergleich über 10 Jahre 2002 »weniger Schüler mit ED (Emotional Disturbance, NM) an separierten oder segregierten Förderorten

357

beschult (wurden) und gleichzeitig … der Anteil dieser Schüler im Setting der Regelklasse um rund 10 Prozent« anstieg, bei Stagnation der Schülerzahlen in den Sonderschulen (Willmann 2008a, 166). Da sich in den Sonderklassen und Sonderschulen die Schülerzahlen trotz deutlicher Vergrößerung der Regelklassenpopulation nicht reduzierten, kann angenommen werden, dass die Integrationsaktionen – wie in anderen Ländern auch – eine neue Schülergruppe, eben die »integration children«, erbrachten.

Tab. 18: Förderschulbesuchsquoten für Schüler mit sozial-emotionalem Förderbedarf

Land	2005	2006	2007	2008	2009	2010	2014
Baden-Württemberg	0,513	0,514	0,547	0,583	0,636	0,664	0,771
Bayern	0,170	0,168	0,184	0,203	0,203	0,215	0,259
Berlin	0,120	0,120	0,126	0,118	0,132	0,155	0,087
Brandenburg	0,244	0,278	0,256	0,247	0,253	0,233	0,202
Bremen	0,110	0,107	0,111	0,094	0,076	0,077	0,132
Hamburg	0,099	0,097	0,110	0,114	0,122	0,127	0,142
Hessen	0,238	0,254	0,267	0,299	0,318	0,267	0,367
Mecklenburg-Vorpommern	0,269	0,286	0,340	0,373	0,395	0,369	0,344
Niedersachsen	0,279	0,304	0,342	0,381	0,402	0,421	0,477
Nordrhein-Westfalen	0,605	0,643	0,695	0,756	0,813	0,885	0,942
Rheinland-Pfalz	0,230	0,196	0,200	0,214	0,223	0,228	0,260
Saarland	0,095	0,092	0,463	0,091	0,084	0,104	0,573
Sachsen	0,503	0,580	0,589	0,603	0,587	0,579	0,513
Sachsen-Anhalt	0,446	0,492	0,584	0,594	0,612	0,608	0,647
Schleswig-Holstein	0,071	0,068	0,064	0,064	0,065	0,064	0,068
Thüringen	0,941	0,995	0,962	0,888	0,725	0,730	0,486
Deutschland	*0,372*	*0,387*	*0,419*	*0,444*	*0,467*	*0,486*	*0,529*

(nach: KMK 2016; 43)

Erst in jüngerer Zeit ist im Zuge der Diskussion der UN-Behindertenrechtskonvention, besonders in bestimmten Bundesländern, eine programmatisch geprägte erhebliche Intensivierung dieser Bemühungen festzustellen, deren Effekte und Nebenwirkungen abzuwarten sind. Diese Entwicklung wird vorangetrieben durch aus wissenschaftlicher Sicht problematische Expertisen (etwa Klemm/Preuss-Lausitz 2008; Klemm 2009), die der inhaltlichen und pädagogischen Differenziertheit des Forschungsstandes zur separativen versus inklusiven Beschulung bei Verhaltensstörungen nicht ausreichend gerecht werden (vgl. Stein/Ellinger 2015).

Wenn 2014/2015 in Deutschland von den 81 675 Schülern mit emotional-sozialem Förderbedarf 42 990 allgemeine Schulen besuchten, konnte damit ein Prozentsatz von 52,6 % erreicht werden; anders als in früheren Zeiten ist der Anteil der Schüler in Förderschulen mit 47,4 % oder einer Anzahl von 38 685 Schülerinnen und Schülern kleiner (▶ Tab. 18, vgl. KMK 2012, 5). Das Verhältnis integrativer zu gesonderter Beschulung hat sich in den vergangenen Jahren ständig zugunsten der erstgenannten Form verschoben – 2003/2004 lag es noch bei 28,3 zu 71,7 % (vgl. KMK 2008, 5). Die Lehrer-Schüler-Relation hat sich in den sonderschulischen Einrichtungen insgesamt wie auch in denen der Kinder und Jugendlichen mit Verhaltensstörungen in den letzten Jahren leicht verbessert. Kamen 2006 6,4 Schüler auf einen Lehrer, so waren es 2014 5,3 (▶ Tab. 17).

Für die Anteile der Schüler, welche die verschiedenen schulischen Einrichtungen besuchen, werden unterschiedliche Schulbesuchsquoten ausgewiesen.

»Als *Förderschulbesuchsquoten* werden die Anteile der Schülerinnen und Schüler in Förderschulen an der Gesamtzahl der Schüler im Alter der Vollzeitschulpflicht (Klassenstufen 1 bis 10 der allgemein bildenden Schulen einschließlich der Förderschulen) bezeichnet. Als *Förderquoten* werden die Anteile der Schülerinnen und Schüler in Förderschulen und der in allgemeinen Schulen unterrichteten Schüler mit sonderpädagogischem Förderbedarf an der Gesamtzahl der Schüler im Alter der Vollzeitschulpflicht (Klassenstufen 1 bis 9/10 der allgemein bildenden Schulen einschließlich Förderschulen) bezeichnet« (KMK 2012, X). Die Förderschulbesuchsquoten sind in den Jahren zwischen 2005 und 2014 in Deutschland ebenso ständig angestiegen wie die Förderquoten (▶ Tab. 17, Tab. 18 und Tab. 19). Allerdings zeigen die Bundesländer hinsichtlich der Förderschulbesuchsquoten unterschiedliche Entwicklungen: In elf Bundesländern sind die Quoten gestiegen, in fünf sind sie gesunken (▶ Tab. 18). Die Erhöhungen dürften damit zusammenhängen, dass die Anzahl der Schülerinnen und Schüler mit Verhaltensstörungen, die integrativ nicht oder nur sehr schwer zu fördern sind, kontinuierlich steigt.

Sehr groß sind – infolge unterschiedlicher bildungspolitischer Auffassungen und Entscheidungen – die Unterschiede zwischen den einzelnen Bundesländern. Während für die Stadtstaaten und das nördlichste Bundesland Förderschulbesuchsquoten von 0,068 (Schleswig-Holstein), 0,087 (Berlin), 0,132 (Bremen) und 0,142 (Hamburg) angegeben werden, berechnen sich für Nordrhein-Westfalen und Baden-Württemberg Quoten von 0,942 bzw. 0,771 – Unterschiede, die durch die absoluten Schülerzahlen noch deutlicher veranschaulicht werden: Schleswig-Holstein 177, Berlin 245, Bremen 71, Hamburg 209 – dagegen Baden-Württemberg 7809, Nordrhein-Westfalen 15 798. Auffällig ist die Situation für das Saarland, wo sich die Förderschulbesuchsquote seit 2010 mehr als verfünffacht hat (▶ Tab. 18 und Tab. 20). Wenn auch bundesweit wie in den meisten Bundesländern sowohl die Quote integriert geförderter als auch diejenige gesondert geförderter Schülerinnen und Schüler im Förderschwerpunkt emotionale-soziale Entwicklung gestiegen sind (die Gesamtförderquote hat sich seit dem Jahr 2005 mehr als verdoppelt; ▶ Tab. 19), so sind diese Quoten jedoch im Vergleich mit den realen Bedürfnissen, wie sie auch epidemiologische Daten zeigen, trotz inzwischen recht umfangreicher integrativer Maßnahmen insgesamt in Deutschland mit 1,12 (integrative/inklusive plus separative Beschulung) noch immer zu klein. Allein Nordrhein-Westfalen und Baden-Württemberg erreichen mit 0,942 bzw. 0,771 Förderquoten in gesonderten Schulen, die vielleicht an die wohl erforderlichen Versorgungsgrößen annähernd heranreichen könnten. Gerade in Nordrhein-Westfalen wird allerdings aktuell eine starke Rückführung oder gar Abschaffung von Förderschulen diskutiert.

Tab. 19: Förderquoten in Förderschulen und allgemeinen Schulen zusammen für Schülerinnen und Schüler mit sozial-emotionalem Förderbedarf 2005–2014

2005	2007	2009	2011	2012	2013	2014
0,537	0,639	0,750	0,863	0,943	1,035	1,118

(nach: KMK 2016, 30)

7.1.1 Sonderschulen – Förderschulen

Öffentliche Sonder- bzw. Förderschulen und Heimschulen für Kinder und Jugendliche mit Verhaltensstörungen bestehen in allen Ländern Deutschlands. Die Heimschule, ebenfalls eine schulpädagogische Einrichtung, wird wegen der engen historischen und organisatorischen Verbindung zum Heim mit den sozialpädagogischen Institutionen unter Kap. 7.2.3 behandelt (▶ Kap. 7.2.3). In den KMK-»Empfehlungen zum Förderschwerpunkt emotionale und soziale Entwicklung« aus dem Jahr 2000 wird der Stellenwert der speziellen Schulen herausgestellt und die besondere Aufgabe dieser Schulform umrissen: »In Schulen für Erziehungshilfe können Schülerinnen und Schülern mit umfangreichem Sonderpädagogischen Förderbedarf besondere, auf die persönliche Situation zugeschnittene Förderangebote gemacht werden. In Zusammenarbeit mit anderen Diensten können schulische Maßnahmen für so genannte Straßenkinder oder Jugendliche ohne festen Wohnsitz entwickelt und realisiert werden. Für einzelne Schülerinnen und Schüler können Unterricht, Therapie und soziale Fürsorge durch ein abgestimmtes Konzept grundlegender Veränderung der Lebensumstände zu langfristig wirksamen neuen Lebensentscheidungen führen. Schülerinnen und Schüler mit Förderbedarf in ihrer emotionalen und sozialen Entwicklung bedürfen in besonderer Weise strukturierender Hilfen im Tagesablauf. Schulen für Erziehungshilfe, die als Ganztagsschulen oder als Schulen mit Nachmittagsangeboten konzipiert sind, können diesem Bedürfnis durch einen rhythmisierten Tagesablauf, der schulische Aktivitäten und Freizeitangebote verbindet, entsprechen. Ist die Sonderschule mit einem heilpädagogischen Heim oder einer Tagesstätte verbunden, wird die enge Zusammenarbeit der Institutionen unerlässlich« (KMK 2000, 24 f.).

Die Schule nimmt – im Gegensatz zu den Schulen mit Förderschwerpunkt Lernen – nur Schüler auf, die mindestens durchschnittlich intelligent sind. Sie wird gekennzeichnet als Durchgangsschule. Der Unterricht folgt »grundsätzlich« (KMK 2000, 23), damit eine Rückschulung so bald wie möglich durchgeführt werden kann, den Lehrplänen der allgemeinen Schulen (vgl. auch Husslein 1983). Inwieweit die

Tab. 20: Sonderschüler mit dem Förderschwerpunkt »emotionale und soziale Entwicklung«

Land	2005	2006	2007	2008	2009	2010	2014
Baden-Württemberg	6191	6125	6409	6674	6953	7125	7809
Bayern	2337	2286	2475	2599	2554	2650	2995
Berlin	359	349	359	332	358	423	245
Brandenburg	505	536	474	457	465	436	418
Bremen	70	67	68	56	43	43	71
Hamburg	153	149	161	166	177	184	209
Hessen	1504	1585	1623	1796	1877	1528	2043
Mecklenburg-Vorpommern	369	358	404	439	470	448	446
Niedersachsen	2536	2734	3019	3199	3305	3412	3593
Nordrhein-Westfalen	12522	13068	13834	14687	15481	15986	15798
Rheinland-Pfalz	1024	858	857	902	917	915	952
Saarland	99	93	435	83	74	90	452
Sachsen	1557	1688	1649	1648	1636	1658	1598
Sachsen-Anhalt	840	859	938	941	970	975	1078
Schleswig-Holstein	226	212	196	192	190	186	177
Thüringen	1654	1636	1526	1359	1125	1155	801
Deutschland	*31946*	*32603*	*34427*	*35530*	*36595*	*37214*	*38685*

(nach: KMK 2016, 29)

Schulen für Erziehungshilfe wirklich Durchgangsschulen sind, lässt sich an der Rückschulungshäufigkeit messen. Die Zahlen für die Rückschulungen variieren in den Bundesländern und von Schule zu Schule mit Jahresdurchschnitten von 5 % und 20 % (vgl. Ammann 1986; Quenstedt 1985; Fritz 1984; Voigt 1998); selbst für den Primarbereich berichtet Willmann (2008c, 693) eher geringe Rückschulungsquoten und ein erhebliches Forschungsdefizit. Sowohl der Auswahlmodus für die rückzuschulenden Kinder und Jugendlichen als auch die Zeitpunkte sind in den verschiedenen Schulen sehr unterschiedlich. Theoretisch fundierte Rückschulungskonzepte sind kaum auszumachen (vgl. Neukäter 1989).

Zu verweisen ist in diesem Zusammenhang allerdings darauf, dass die Schüler aus Kleinklassen, wie z. B. den Berliner Beo-Klassen, traditionell konzeptionell gestützt alle zurückgeschult werden, und zwar spätestens nach dem 6. Schuljahr. Da diese systemimmanente Maßnahme manche Schüler nach Meinung der Lehrer zu früh trifft, kann die relativ geringe Rückschulungsquote in den ausgebauten Sonderschulen auch mit Notwendigkeiten seitens der Kinder/Jugendlichen zusammenhängen. Nur diejenigen mit den größten Schwierigkeiten können in die wenigen Schulen – viele haben Wartelisten – aufgenommen werden.

Die Zahl der Schülerinnen und Schüler in Sonderschulen und -Klassen für Erziehungshilfe differiert zwischen den einzelnen Bundesländern sehr stark, was sich auch schon bei den Schulbesuchsquoten zeigte. Absolut gesehen hat Nordrhein-Westfalen die weitaus größte Schüleranzahl (▸ Tab. 20). Bundesweit besuchten 2014 von den insgesamt 81 675 Schülern mit dem Förderschwerpunkt »Emotionale und soziale Entwicklung« 42 990 allgemeine Schulen (▸ Tab. 23), was einem prozentualen Verhältnis von 47,4 % gesondert Beschulter zu 52,6 % integrativ Beschulter entspricht; 2000 waren es von 34 902 nur 9200, womit das Verhältnis bei 73,64 % zu 26,36 % lag.

Integrative Förderung hat also deutlich zugenommen, was dem gegenwärtigen Zeitgeist bzw. der schulpolitischen Entwicklung und (noch) den finanziellen Möglichkeiten in Deutschland – wie in anderen entwickelten, wohlhabenden Ländern auch – entspricht (▸ Tab. 17 und Tab. 23).

Die ursprüngliche Sonderschule für Kinder und Jugendliche mit Verhaltensstörungen (auch: SfV), die sich als Schule für Erziehungshilfe versteht und teilweise auch so oder ähnlich bezeichnet wurde und wird, steht im Kreuzfeuer der Kritik. In einem gestuften System pädagogischer Hilfen – und nur dort – hat sie aber ihren Platz aus der Erkenntnis heraus – wie es ein Wuppertaler Schulkollegium vor mehr als drei Jahrzehnten formulierte –, »dass auch bei sehr günstigen allgemeinen Schulverhältnissen eine nicht unerhebliche Anzahl von Schülern verbleiben wird, die ihren Sozialisierungsprozess oder Resozialisierungsprozess nur in einem besonderen Rahmen werden absolvieren können. Für diese ist die Sonderschule für Erziehungshilfe wohl auch in Zukunft nicht zu entbehren« (Kollegium 1981, 747). Diese Erkenntnis führte in jüngster Vergangenheit zu richtungsweisenden Konzeptbildungen und organisatorischen Veränderungen (siehe dazu z. B. Pädagogisch-Therapeutisches Zentrum 1984; Engelberth et al. 1992; Förderverein der Astrid-Lindgren-Schule 1990; Opp 2003; Reiser/Willmann/Urban 2007); sie wird auch durch eine empirische Untersuchung zur Wirksamkeit der SfV für ihre Schüler vermittelt (Marx 1992). Mit der Untersuchung wird aufgezeigt, dass die Sonderschule in ihrer Wirksamkeit vierfach zu typisieren ist. Sie ist für Kinder und Jugendliche

- Moratorium,
- institutioneller Umweg,
- unwirksame Institution oder
- Schonraum.

Für diejenigen Kinder und Jugendlichen, für die die SfV Moratoriumsfunktion hat, also eine Karenzzeit, einen befristeten Aufschub bedeutet, um kognitive, soziale und emotionale Defizite auszugleichen, ist so weitgehende Um- und Nacherziehung möglich, dass sie erfolgreich in die allgemeine Schule rückgeschult werden können. Moratoriumsfunktion kann die Schule haben:

- »wenn die Eltern Empathie für ihre Kinder aufbringen und tendenziell in der Lage sind, deren Perspektive zu übernehmen;

- wenn ›Schuld‹ für das schulische Scheitern des Kindes nicht ausschließlich bei diesem selbst gesucht wird;
- wenn auch der familiäre Zusammenhang als potenziell mitverursachend von den Eltern zur Disposition gestellt wird;
- wenn die Eltern ihren Lebenslauf handlungsschematisch organisiert haben oder zumindest aufgrund der schulischen Komplikationen ihres Kindes einem Wandlungs- und Umorientierungsprozess unterziehen;
- wenn der Bewusstheitskontext betreffs der Segregation und der potenziellen Stigmatisierung gegenüber Dritten sowie gegenüber sich selbst relativ geöffnet wird, und das bedeutet, wenn als Strategien des Stigmamanagements weder Lügen noch Täuschen noch Kuvrieren benutzt werden;
- wenn Informationen, Beratung und Hilfestellungen angenommen und das pädagogische Konzept der Schule verstanden, akzeptiert und unterstützt wird« (a. a. O., 280).

Institutioneller Umweg ist die Sonderschule dann, wenn eine normale Schullaufbahn nicht durchgehalten werden kann, die Umschulung sich als wenig ertragreich, unangemessen, überflüssig oder sogar sinnlos erweist. Die Sonderschule nimmt dann Umwegcharakter an,

- »wenn die Verhaltensweisen zwar als problematisch und gestört von Eltern, Kind und Lehrern anerkannt, jedoch als weniger extrem beschrieben werden;
- wenn Eltern relativ gefestigt in ihren Lebensentwürfen sind und für sich und ihr Kind im Interesse eines handlungsschematischen Lebensablaufs Verantwortung übernehmen;
- wenn die Segregation als so stark stigmatisierend wahrgenommen wird, dass alle Handlungen von der Intention getragen sind, das Stigma abzuwenden und eine Re-Normalisierung zu erreichen;
- wenn daher ein relativ geschlossener Bewusstheitskontext gegenüber Dritten aufgebaut wird, gleichzeitig der gegenüber sich selbst relativ offen ist;
- wenn die institutionelle Maßnahme der Segregation erfolgt, ohne vorher in Zusammenarbeit mit den betroffenen Eltern deren Ressourcen zu nutzen« (a. a. O., 286).

Als unwirksame Institution wird die SfV dann verstanden, wenn sich weder im Hinblick auf den Schüler noch auf die familiäre Situation Erfolge zeigen und die weitere Schullaufbahn durch eine misslungene Reintegration beeinträchtigt ist. Eine unwirksame Institution ist die SfV dann,

- »wenn Eltern und Kinder die Sonderbeschulung als Bedrohung ihrer Orientierung an der Normalität sehen;
- wenn die Eltern weder Empathie für ihr Kind aufbringen noch dessen Perspektive übernehmen können;
- wenn die Bewältigung des eigenen Lebens für Eltern so problematisch ist, dass sie ihr Kind nicht stützen und stabilisieren können;

- wenn die Bereitschaft, elterliche Verantwortung zu übernehmen gering und die Tendenz groß ist, diese Verantwortung an Dritte zu delegieren;
- wenn die Informationen über die spezifischen Bedingungen der SfV und ihre Arbeitsweise von den Eltern weder verstanden, noch akzeptiert, geschweige denn unterstützt werden;
- wenn die Entlastung durch die SfV geringer geschätzt wird als die Belastung, welche mit der Segregation und der Stigmatisierung verbunden ist« (a. a. O., 290).

Die SfV als Schonraum nutzen können diejenigen Kinder und Jugendlichen, die schwere psycho-soziale Störungen aufweisen und für die diese Schule eine förderliche Einrichtung sein kann. Die Schule wird für das Kind ein Schutzraum, in dem es Geborgenheit, Verständnis, die notwendigen Hilfen finden und Vertrauen zu anderen sowie Selbstvertrauen entwickeln kann. Eine hilfreiche Wirkung als Schonraum kann die SfV dann entfalten,

- »wenn die Eltern und das Kind die psychische Entlastung, die ihnen die SfV bietet, wahrnehmen und empfinden können;
- wenn die Segregation nicht als Stigma empfunden wird und in einem offenen Bewusstheitskonzept gehandelt werden kann;
- wenn die Eltern zumindest ein Verständnis für die Symptomatik ihres Kindes entwickeln können;
- wenn die Arbeit der SfV akzeptiert und nicht diskreditiert wird;
- wenn eine Tendenz besteht, das Kind in den eigenen Lebensablauf zu integrieren und ein Stück weit Verantwortung für sein Leben zu übernehmen« (a. a. O., 295).

In dieser Hinsicht können Schulen für Erziehungshilfe dann durchaus Institutionen mit »inklusiven« Qualitäten sein, wie Müller (2013) aufzeigt. Deutlich kritisiert wird der bisherige Status der meisten Schulen als Halbtagsschulen und im Hinblick auf den spezifischen Förderbedarf ein Ganztagsbetrieb gefordert (vgl. Willmann 2007a, 24 ff.), der beispielsweise über die verbreitete Kooperation mit Tagesstätten als Jugendhilfemaßnahmen auch möglich ist (siehe auch ▶ Kap. 7.2.3).

Als Beispiel für die Entwicklung, die organisatorische Struktur und die inhaltliche Arbeit einer Sonderschule für Kinder und Jugendliche mit Verhaltensstörungen soll die Schule in Hannover vorgestellt werden, weil diese zu den ersten ihrer Art gehört und somit prototypisch schulische Entwicklungsgeschichte verdeutlichen kann, weil umfassende Dokumentationen vorliegen und weil die Schule in ihrer Anpassung an sich wandelnde pädagogische Bedürfnislagen und bildungspolitische Auffassungen immer wieder eine zeitgemäße Gestalt gewonnen hat. Bedarfslagen, Aufgaben, Organisationsformen und historischer Wandel können an diesem Beispiel illustriert werden.

In Niedersachsens Hauptstadt Hannover nahm am 01.04.1955 die erste Klasse für Gemeinschaftsschwierige (G-Klasse) unter Leitung eines Hilfsschullehrers mit vier Schuljahrgängen (3. bis 6. Klasse) die Arbeit in einer Volksschule auf. Als 1958 fünf G-Klassen bestanden, wurde das Niedersächsische Kultusministerium gebeten, aus diesen Klassen eine selbstständige Sonderschule zu machen. Die im April 1959 gebildete »Sonderschule für gemeinschaftsschwierige Kinder« wuchs bis 1960 auf sechs Klassen an und behielt diese Klassenzahl mehrere Jahre lang bei (vgl. Lauckert 1960, 45). Hans-Heinrich Lauckert, der langjährige Rektor der »Sonderschule G-Klassen«, bezeichnete seine Schüler als »integrationsbehindert« und klassifizierte sie in vier Gruppen als »vitale Draufgänger«, »reine Toren«, »verwahrloste Rowdys« und »missmutige Einzelgänger« (a. a. O., 56).

Die Aufgabe heilpädagogischen Handelns bei gemeinschaftsschwierigen Kindern charakterisiert er als *mäßigen, ermutigen, stützen, bewahren* und *umsorgen*. In den Klassen mit zehn bis zwölf Schülern sollten alle Unternehmungen, ob es sich um Fachunterricht oder fächerübergreifenden Gesamtunterricht, um Ausflüge, Landheimaufenthalte oder Reisen handelt, den Charakter sozialer Gruppenarbeit haben. Sowohl die Unterrichtsplanung als auch die Gestaltung des Schullebens sollten die Schwierigkeiten der integrationsbehinderten Kinder berücksichtigen. Die »heilpädagogische Einflussnahme« habe darüber hinaus »der momentanen Befindlichkeit des behinderten Kindes zu entsprechen, zu ihr in Korrespondenz zu stehen, und lässt sich damit auch als ›korrespondierende Pädagogik‹ bezeichnen« (a. a. O., 126).

In einer katamnestischen Untersuchung zur Wirksamkeit der sonderpädagogischen Arbeit, in der alle 166 Schüler erfasst wurden, die zwischen 1955 und 1964 die Sonderschule G-Klassen besucht hatten, kam Lauckert unter verschiedenen Aspekten zu einer insgesamt guten »heilpädagogischen Effektivität«. »Dabei zeigte sich, dass Unzulänglichkeiten, die an äußere Gegebenheiten der G-Klassen gebunden waren, das positive Gesamtergebnis zwar beeinträchtigen, aber nicht aufheben konnten«. Um die »institutionelle Effektivität« zu steigern, forderte er, »dass man den G-Klassen durch organisatorische Umgestaltung größere Möglichkeiten der Einflussnahme gibt« (a. a. O., 377).

Die Einsicht in die Notwendigkeit einer »organisatorischen Umgestaltung« führte zur Entwicklung eines interdisziplinären Interventionskonzepts. »Die Sonderschule für Gemeinschaftsschwierige war vor allen Dingen eine schulische Einrichtung. Sozialpädagogische, therapeutische, medizinische und andere Hilfen mussten von den Lehrern selbst gegeben oder in der Mehrzahl der Fälle in anderen Institutionen vermittelt werden. Die Kinder ›allseitig zu besorgen‹ war eine Aufgabe, deren Erfüllung durch den Umfang der Arbeit und die Kompetenz der Lehrer Grenzen gesetzt wurden. Bei stärkstem Engagement blieb Notwendiges ungetan. Entweder kamen einzelne Kinder nicht zu ihrem vollen Recht oder unterrichtsbegleitende Fördermaßnahmen von Vertretern aus der Pädagogik und benachbarten Wissenschaftsbereichen konnten nicht in wünschenswerter Weise genutzt werden. So hätten auch die Verbindungen zu den städtischen Einrichtungen wie Jugendamt und Gesundheitsamt enger sein können. Eine Intensivierung dieser immer wieder gesuchten Kontakte überstieg aber die Leistungsfähigkeit des Kollegiums der Schule« (Pädagogisch-Therapeutisches-Zentrum, PTZ, Manuskript 1984, 1). Die Lehrer erkannten also, dass sie allein mit ihren Mitteln und Möglichkeiten der komplexen Aufgabe, die sich durch Verhaltensstörungen stellt, nicht gerecht werden konnten. Die Komplexität der Aufgabe erforderte interdisziplinäre Kooperation. Es wurde ein »Kinderzentrum« konzipiert, das – weil es drei miteinander verbundene Bereiche umfassen sollte – als »TROIKA« bezeichnet wurde. Die drei Bereiche sind:

1. ein Pädagogisch-Therapeutisches-Zentrum (PTZ) für die pädagogische und therapeutische Förderung von Kindern und Jugendlichen mit Verhaltensstörungen – Schule auf der Bult – Sonderschule für Verhaltensgestörte;
2. ein Sozialpädiatrisches Zentrum zur Früherkennung und Frühbehandlung;
3. ein Kinderkrankenhaus.

In dieser »TROIKA« sollten Fachvertreter der Klinischen Pädiatrie, der Sozialpädiatrie, der Kinder- und Jugendpsychiatrie, der Sonderpädagogik, der Sozialpädagogik, der Psychologie und der Sozialarbeit als Team wirken.

Die drei Bereiche wurden bis 1983 aufgebaut – das PTZ, heute eine Förderschule mit dem Schwerpunkt emotionale und soziale Entwicklung (schule-auf-der-bult.de), arbeitet seit Beginn des Schuljahres 1978/79, das Früherkennungszentrum seit 1980 und das Kinderkrankenhaus seit August 1983. Es gelang, zwischen den Institutionen Kooperation herzustellen; zu der zumindest von den Pädagogen angestrebten inneren Verflechtung kam es jedoch nicht.

Die Schule auf der Bult ist mittlerweile gleichzeitig sonderpädagogisches Förderzentrum für den Förderschwerpunkt emotionale und soziale Entwicklung. Gegenwärtig hat die Schule 22 Klassen, in denen ca. 200 Schüler gefördert werden. Etwa 50–60 Kinder können jährlich neu aufgenommen werden. Die Schule auf der Bult erstellt jährlich mehr als 240 Gutachten im Verfahren zur Feststellung eines Bedarfs an sonderpädagogischer Unterstützung, auch für Schülerinnen und Schüler, die integrativ/inklusiv beschult werden. Seit Herbst 1979 ist die Schule auf der Bult eine gebundene Ganztagsschule mit einem verpflichtenden Ganztagsangebot an drei Tagen der Woche. Aufgabe der 51 Förderschullehrkräfte und der drei Lehrkräfte im Vorbereitungsdienst ist neben dem Unterricht nach den Kerncurricula für die Grund- und die Hauptschule auch die Gestaltung des Tagesablaufs nach dem Leitsatz der Schule: »zusammen – leben – lernen« (Bastian 2013).

Schülerinnen und Schüler bereiten gemeinsam mit Sozialpädagogen das täglich angebotene Mittagessen und das »frühe Frühstück« zu. In Arbeitsgemeinschaften werden bei einer Gruppenstärke von fünf bis neun Kindern Aktivitäten angeboten wie: Fußball, Tischtennis, Basketball, Badminton, Voltigieren, Gärtnern im angemieteten Kleingarten, Kochen, Musik und Rhythmik, Textilarbeit, Töpfern, Werken. 18 Sozialpädagogen sind in der Einzel- und Kleingruppenbetreuung tätig, auch im Rahmen der Arbeitsgemeinschaften. Besondere Angebote der Schule sind:

• die »Insel« für die regelmäßige, stundenweise Förderung in einer Kleinstgruppe;
• der »Krisenraum« für die Grundschule;
• der »Time-Out-Raum« für die Hauptschule;
• die »BOK's« (Berufsorientierungsklassen): An zwei Tagen der Woche findet der Unterricht in einer berufsbildenden Schule statt;
• hinzu kommen praxisorientierter Unterricht in der Schule auf der Bult (Hauswirtschaft, Bewirtschaftung der »Bulterie«, Catering und Übernahme hand-

werklicher Arbeiten), individuelle Praktika und gezielte Vorbereitung auf die Abschlussprüfungen.

Zentrale Aufgaben der drei Sozialarbeiter sind Elternarbeit und Kooperation mit Einrichtungen der Jugendhilfe. Für jedes Kind werden eine Dokumentation der individuellen Lernentwicklung und ein Förderplan erstellt. Schulisch beheimatet ist das Kind in seiner Klasse. Lehrkräfte, Sozialpädagogen und Sozialarbeiter bleiben über einen längeren Zeitraum (3–4 Jahre) für eine Klasse zuständig und können so zu Bezugspersonen werden. Sie bilden ein Team, welches die notwendigen Maßnahmen abspricht und koordiniert. Das Team-Konzept erweist sich aus eigener Perspektive als sehr positiv.

Die im Rahmen der Pädagogik bei Verhaltensstörungen so wichtige primärpräventive Aufgabe nimmt seit Februar 1982 die Ambulanz des PTZ wahr. Seit dem Schuljahr 2006/07 wird diese Aufgabe im Rahmen des »Mobilen Dienstes« im sonderpädagogischen Förderzentrum der Schule auf der Bult durchgeführt. Unter dieser neuen Bezeichnung hat sich die Arbeit im Förderzentrum strukturell, organisatorisch und inhaltlich erheblich gewandelt und ausgeweitet. Die Anzahl der Förderschullehrkräfte hat sich kontinuierlich von 3 auf 26 und die Zahl der Stunden von 35 auf 210 erhöht. Förderschullehrkräfte, Sozialpädagogen und Sozialarbeiter arbeiten grundsätzlich mit einem Teil ihrer Unterrichtsverpflichtung im Mobilen Dienst. Im gleichen Zeitraum stieg die Zahl der Beratungsfälle von 80 auf 420. Die Anzahl der Schülerinnen und Schüler in der Förderschule reduzierte sich von 240 auf 200.

Der Mobile Dienst der Schule auf der Bult ist das Beratungs- und Unterstützungssystem für die allgemeinen Schulen in der Landeshauptstadt und der Region Hannover im Förderschwerpunkt emotionale und soziale Entwicklung. Der Mobile Dienst hat die Aufgabe, Schulen, Lehrkräfte, Eltern und Schülerinnen und Schüler so zu beraten und zu unterstützen, dass möglichst alle Schülerinnen und Schüler in ihrer örtlichen Gemeinschaft und ihrer gewohnten Umgebung zur Schule gehen können. In diesem Sinne ist die Arbeit des Mobilen Dienstes präventiv und inklusiv ausgerichtet. Der Mobile Dienst hat für die allgemeinen Schulen einen Leistungskatalog erstellt, welcher neben der individuellen Beratung weitere Beratungs- und Unterstützungsangebote umfasst.

Zu Beginn eines jeden Beratungs- und Unterstützungsprozesses erfolgt eine individuelle Auftragsklärung, aus der die dann folgenden individuellen Maßnahmen hervorgehen:

- individuelle Beratung (auch gemeinsam) sowie Erstellung und Reflexion von Förderplänen
- Diagnostik
- Vernetzung (Moderation, Kontaktanbahnung und Kooperation)
- weitere Beratungsangebote, etwa im Hinblick auf Autismus-Spektrum-Störungen, Mobbing, Diagnostik und weitere Themenfelder)
- Unterstützungsangebote (etwa Elternkurse, Projekte, Classroom Management oder Konzeptentwicklung)

Grundsätzlich soll die Arbeit des Mobilen Dienstes im Förderschwerpunkt emotionale und soziale Entwicklung darauf abzielen, das Entstehen eines Bedarfs an sonderpädagogischer Unterstützung zu verhindern.

Weder in der Schule noch im Mobilen Dienst sind Stellen für klinische Psychotherapeuten eingerichtet worden. Da in der Schule im Rahmen eines langen Prozesses, der auch aktuell festzustellen ist, »in zunehmendem Maße Kinder und Jugendliche mit schweren und schwersten psychischen Störungen sind«, wird psychotherapeutische Hilfe als dringend notwendig erachtet. »Bleiben die notwendigen Hilfen aus, so bestehen auch für die Schule für Verhaltensgestörte keine Möglichkeiten mehr, die erwünschten Veränderungen bei diesen Schülern zu erreichen. Eine erhöhte Zahl von Einweisungen in klinische Einrichtungen oder Einrichtungen der Jugendhilfe ist die Folge. Bei der großen Anzahl von schwer gestörten Kindern und Jugendlichen, die von den Regelschulen gemeldet werden, kann die Schule für Verhaltensgestörte Gruppen- und/oder Unterrichtsfähigkeit nicht mehr voraussetzen. Sie muss neue Möglichkeiten entwickeln, gerade bei diesen Problemen angemessene Hilfe zu leisten. Das bedeutet, dass die Schule für Verhaltensgestörte grundsätzlich nicht nur einen pädagogischen, sondern auch einen therapeutischen Auftrag hat« (PTZ 1984, 6). Dies gilt aus Sicht der Schule auch heute noch (Bastian 2013).

Neben den Schulen für Erziehungshilfe sind ergänzend die Schulen für Kranke zu erwähnen, die in verschiedenen Modellen mit der Kinder- und Jugendpsychiatrie zusammenarbeiten. Bei den Schulen für Kranke handelt es sich um eigenständige Institutionen mit Bildungs- sowie Erziehungsauftrag, denen die Aufgabe zukommt, Kinder und Jugendliche mit organischen und – hier relevanten – psychischen Erkrankungen schulisch zu betreuen, insbesondere während eines Klinikaufenthalts. Insofern arbeiten sie eng mit den Kliniken zusammen und orientieren sich in der Regel an deren therapeutischem Konzept. Die Konzepte der Schulen für Kranke sind außerordentlich heterogen, und bis in die letzten Jahre fehlte es erheblich an einer systematischen Dokumentation und Forschung zu diesen Einrichtungen. Erst in jüngster Zeit vollzieht sich hier eine Entwicklung (Steins 2008; Frey/Wertgen 2012), und es liegen auch erste Evaluationsstudien zur Frage der Reintegration in die allgemeine Schule vor (Herzogenrath/Schleider 2012).

7.1.2 Kleinklassen

Die Berliner Beo-Klassen – gegenwärtig heißen sie »Sonderpädagogische Kleinklassen« (vgl. Helbig/Griese 2003) – sind Einrichtungen nach einem Kleinklassen-Konzept. Sie werden zur Zeit nach der Verordnung über die Sonderpädagogische Förderung von 2005 nach § 4, Absatz 3, eingerichtet: Sie sind in allgemeinen Schulen untergebracht und haben kleine Schülerzahlen. Mit einer tabellarischen Übersicht (▶ Tab. 21) werden grundsätzliche Unterschiede der Organisation von E-Klassen der ausgehenden 1920er Jahre und diejenige der Beo-Klassen skizziert. Die deutlich werdende Kleinklassenorganisation ist nicht unproblematisch, aber nach wie vor für Schüler und Schulwesen bedeutsam (vgl. Myschker 1982; 1990). Am Aufnahmeverfahren sind Förderausschüsse maßgeblich beteiligt, in denen Arzt, betroffene

Eltern, Schulpsychologe, gegenwärtiger und künftiger Lehrer sowie evtl. Sozialarbeiter kooperieren, den Förderbedarf feststellen und die als notwendig erachteten Fördermaßnahmen vorschlagen. Aktuell werden die Klassen als »temporäre Lerngruppen« mit sehr kleinen Zahlen (etwa sechs Schülern) geführt; im Unterschied zur Ursprungsidee des Begründers Arno Fuchs (vgl. 1930) vor fast neun Jahrzehnten können sie auch an Sonderschulen (mit anderen Förderschwerpunkten) eingerichtet werden, und es gibt einen Trend zur Kombination mit Klinikschulen und kinderpsychiatrischen Maßnahmen (vgl. Willmann 2010). Die deutliche Tendenz der Stadt Berlin ist, die Einrichtung solcher Klassen für den Förderschwerpunkt emotionalsoziale Entwicklung als Ausnahme zu sehen; diese Position ist allerdings umstritten, da sie dem enormen Bedarf nicht gerecht werden dürfte und dazu führt, dass die Kinder entweder in andere »Systeme« (Jugendhilfe, Psychiatrie) oder aber in andere Bundesländer geschoben werden. Es stellt sich auch die Frage, inwiefern sich die Realisierung der Klassen angesichts der beschriebenen Rahmenbedingungen letztlich den Funktionen von Schulen für Erziehungshilfe annähert – was nicht zu verurteilen, aber besser offen zu verhandeln wäre.

Kleinklassen wie Sonderschulen für Problemschüler entwickelten mancherorts einen separierenden und stigmatisierenden Ghetto-Charakter und schienen ihre Rechtfertigung nur noch darin zu finden, schwierige Schüler, die – wie es in den Ausführungsvorschriften für Berliner Beobachtungs-Klassen heißt – »die Erziehungsund Lernsituation der Mitschüler« gefährden, von den übrigen Schülern fernzuhalten. Im Sinne der Einsichten des Abolitionismus, der ursprünglich nur auf die Abschaffung von Strafanstalten gerichtet war, wird versucht, auch diese Einrichtungen zu beseitigen oder zumindest zu reduzieren. Um Maßnahmen der Aussonderung zu umgehen, die leicht als negative Sanktionen empfunden werden und stigmatisierende Effekte haben, werden, heute mehr denn je, alternative Formen gesucht, die ohne negative Wirkungen Hilfe und Förderung ermöglichen (Diversion; vgl. z. B. Bach 1987a; Mutzeck/Pallasch 1991 und 1996; Ansätze etwa bei Preuss-Lausitz 2004). In Berlin werden in diesem Sinne die meisten Schüler mit Verhaltensstörungen integrativ in Einzelintegration und in Integrationsklassen gefördert. Allerdings sind die Grenzen des Möglichen bei massiven Verhaltensstörungen zu bedenken.

Tab. 21: Organisation der E-Klassen und Beo-Klassen im Vergleich 1928–1989

	1928	1989
Schüler	intellektuell normal, schwer erziehbar, »Gefährdung der Mitschüler«	verhaltensgestört, gefährden die Erziehungs- und Lernsituation der Mitschüler
Klasse	»notwendige Ergänzung der Volksschule«	Sonderschuleinrichtungen, organisatorisch »Teil der Schule, an der sie eingerichtet werden«, Aufgabe: »normalisieren«
Überweisung	»Gesamtkollegium« und Schulleiter entscheiden über Antrag an Schulbehörde, »Personalbogen« anlegen	Antrag der Grundschule aufgrund eines Beschlusses der Klassenkonferenz an die Schulbehörde

Tab. 21: Organisation der E-Klassen und Beo-Klassen im Vergleich 1928–1989 – Fortsetzung

	1928	1989
Frequenz	12	10
Lehrplan	Volksschule, 50 % körperliche Betätigung	»Anlehnung an die Rahmenpläne für Unterricht und Erziehung in der Grundschule«, »Praktische Betätigung« ist »besonders zu pflegen«
Lehrer	Hilfsschullehrer	»In der Regel Sonderschullehrer«
Dauer	2 bis 3 Jahre	»baldige Rückführung in eine allgemeine Klasse der Grund- oder Oberschule«
eigenständige Sonderschule	Nein	Nein

(vgl. auch Myschker 1982, 86)

7.1.3 Integrative und inklusive Förderung

Die sich schon seit Ende der 1960er und Anfang der 1970er Jahre verstärkenden Tendenzen insbesondere gegen Sonderschulen für Lern- und Erziehungshilfe, für integrative und aktuell inklusive Erziehung und Unterrichtung fanden ihren ersten deutlichen Niederschlag in den Empfehlungen der Bildungskommission »Zur pädagogischen Förderung Behinderter und von Behinderung bedrohter Kinder und Jugendlicher« (1973), die »der bisher vorherrschenden schulischen Isolation Behinderter ihre schulische Integration entgegenstellten« (Deutscher Bildungsrat 1973) und auf breiter Basis die Sonderschulen, aber auch die Regelschulen veranlassten, Maßnahmen der integrativen Förderung zu überdenken und einzuführen. Inzwischen sind differenzierte, gestufte Systeme der schulischen Förderung entwickelt worden, die integrative Hilfen über die hauptsächlichen Organisationsformen der Einzelintegration und der Integrationsklassen ermöglichen und die Sonderschulen und Förderzentren in kooperativen Zusammenhängen mit allgemeinen oder Regelschulen sehen. Solch ein gestuftes System hat bereits seit den 1980er Jahren Eingang gefunden in amtliche Verordnungen, beispielsweise im Saarland (vgl. Chef der Staatskanzlei 1987, Nr. 39). Die Saarländische Verordnung hatte und hat mit ihrem Stufensystem Vorbildcharakter – allerdings werden nicht mehr alle Stufen realisiert, und es bleibt abzuwarten, wann und in welcher Form dieses Konzept im Zuge der aktuellen Bemühungen um stärkere Inklusion angepasst werden wird. – Die Verordnung sieht ein sechsstufiges Organisationsmodell der schulischen Förderung vor:

1. Regelklasse mit Beratung durch einen Sonderpädagogen;
2. Regelklasse mit Ambulanzlehrer, der unterstützend im Klassenunterricht wirkt, in Förderstunden gesondert unterrichtet oder auf Behinderungen bezogene Konzepte einübt (Einzelintegration);

3. Schule der Regelform mit sonderpädagogischen Fördereinrichtungen, die als Teilzeiteinrichtungen für Einzel- oder Kleingruppenunterricht zur Verfügung stehen;
4. Regelklasse mit Zwei-Pädagogen-System, in dem neben dem Lehrer der Klasse ein weiterer Lehrer mindestens 13 Wochenstunden Unterricht gibt (Integrationsklasse);
5. kooperierende Sonderklasse in einer Schule der Regelform, in der ein Sonderpädagoge Unterricht gibt und in einzelnen Fächern mit den übrigen Klassen der Regelform kooperiert;
6. Kooperation einer Sonderschule mit einer Schule der Regelform, die sich in außerunterrichtlichen Veranstaltungen sowie mit einzelnen Klassen und in einzelnen Fächern realisiert (► Abb. 48).

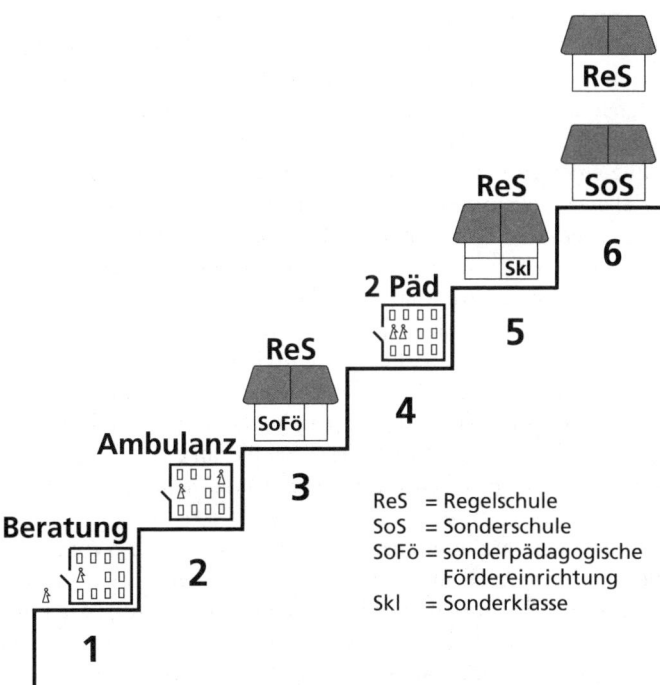

Abb. 48: Organisation der schulischen Förderung im Saarland

Ein ähnliches, förderschwerpunktspezifisches Konzept wurde mit dem »Brandenburger Fördermodell bei Verhaltensstörungen (BraV)« vorgelegt (vgl. Goetze/ Rudnick 1996; Rudnick/Goetze 1996; siehe Stein/Stein 2014, 67 f.). Hier spielt auf den mittleren Stufen Beratung eine zentrale Rolle; deren Fokus sind zunächst die Lehrkräfte der allgemeinen Schulen und damit nur indirekt die Schüler.

Integrative, nun inklusive Erziehung und Unterrichtung sollten mehr und mehr zum sonderpädagogischen »Normalfall« werden, was bundesweit auch in amtlichen Verlautbarungen und Verordnungen seinen Niederschlag fand. Die Konferenz der Länderkultusminister legte mit den »Empfehlungen zur sonderpädagogischen

Förderung in den Schulen in der Bundesrepublik Deutschland« mit Wirkung vom 06.05.1994 (KMK 1994) fest, dass nur noch solche »Kinder und Jugendliche mit sonderpädagogischem Förderbedarf, deren Förderung an einer allgemeinen Schule nicht ausreichend gewährleistet werden kann … in Sonderschulen, Sonderberufsschulen und Berufsschulen mit sonderpädagogischen Förderschwerpunkten sowie vergleichbaren Einrichtungen unterrichtet« werden sollen (a. a. O., 15).

Eine integrative Erziehung und Unterrichtung von Kindern und Jugendlichen mit Verhaltensstörungen muss allerdings nach dem Willen der Kultusminister einen Mindeststandard erreichen, um den Ansprüchen und Notwendigkeiten zu genügen. Dieser Standard wird in dem Aufgabenkatalog fixiert, den die Kultusminister unter der Überschrift »Förderschwerpunkte im Bereich der emotionalen und sozialen Entwicklung, des Erlebens und der Selbststeuerung, des Umgehen-Könnens mit Störungen des Erlebens und Verhaltens« formulieren:

»Eine Förderung von Schülerinnen und Schülern mit Beeinträchtigungen im Bereich der emotionalen und sozialen Entwicklung sowie des Erlebens und des Verhaltens zielt auf Erziehungshilfe und strebt bei einem hohen Maß an Verständnis, besonderer persönlicher Zuwendung und pädagogisch-psychologischer Unterstützung einen Aufbau von Grundverhaltensweisen an. Hilfen zur Orientierung im sozialen Umfeld und zur Selbststeuerung dienen auch der Verarbeitung von belastenden Lebenseindrücken und sollen so zu einer individuell und sozial befriedigenden Lebensführung beitragen. Wenn verschiedene Dienste beteiligt sind, ist eine Koordinierung der Maßnahmen erforderlich.

Bei allen Bemühungen sind Wege zu suchen, bei den Betroffenen Lernbereitschaft anzuregen, Leistungsfähigkeit zu entwickeln und sie gleichzeitig aufzuschließen für die Lerninhalte der Schule. Musische, sportliche und technische Unterrichtsangebote, Projekte und gruppenpädagogische Verfahren eignen sich in besonderer Weise für die Förderung dieser Schülerinnen und Schüler und sollten daher den entsprechenden Stellenwert im Rahmen der schulischen Arbeit erhalten« (a. a. O., 11).

Die im Beispiel der saarländischen Verordnung auf Stufe 2 vorgesehene ambulante Förderung hat aktuell im Zuge der Bestrebungen hin zu mehr (oder vollständiger) inklusiver Beschulung besondere Bedeutung erlangt. Sie könnte helfen, Sonderschulen und Sonderklassen zu ersetzen oder zumindest zu reduzieren. So betreuen über jeweilige bundeslandspezifische Regelungen mittlerweile zunehmend verbreitet Sonderpädagogen allgemeine Schulen. Diese schulintegrierten Erziehungs- und Unterrichtshilfen werden weiter unten differenzierter diskutiert.

Diese Bestrebungen haben dazu geführt, dass sich das sonderpädagogische Fördersystem derzeit bundesweit, allerdings jeweils bundeslandspezifisch außerordentlich unterschiedlich, in einem erheblichen Umbruch befindet. Die Entwicklung ist sehr heterogen und dynamisch; sie kann hier nur ansatzweise nachgezeichnet werden. Zudem sind viele Veränderungen noch unklar und erst im Gange. Von entscheidender Frage wird die Verzahnung der Veränderungen mit dem allgemeinen Schulsystem sein. Im Hinblick auf den Förderschwerpunkt emotionale und soziale Entwicklung sollen im Folgenden einige in den letzten drei Jahrzehnten entwickelte Konzepte vorgestellt und erörtert werden. Daraus ergibt sich ein kritisch zu betrachtender Rahmen der Möglichkeiten, die bedacht werden müssten.

In Bezug auf die integrative und inklusive Tätigkeit an allgemeinen Schulen können dabei die in Berlin schon seit den 1980er Jahren tätigen Ambulanzlehrer als Beispiel dienen. Diese haben die Aufgabe, nicht nur präventiv tätig zu sein, d. h. die von Verhaltensstörungen bedrohten Kinder zu fördern, sondern auch den Kindern mit deutlichen und verfestigten Verhaltensstörungen so zu helfen, dass eine soziale und emotionale Integration gewährleistet ist. Im Rahmen der Darstellung integrativer und inklusiver Fördermöglichkeiten soll daher nachfolgend zunächst näher auf Organisation, Probleme und Erfolge dieses Systems eingegangen werden.

Ambulanzlehrersystem für Kinder mit Verhaltensstörungen

Das Berliner Ambulanzlehrersystem wurde als Ersatz für das separierende Klein-Klassen-System der Beo-Klassen im Wesentlichen aus drei Gründen eingerichtet:

- Die erstrebte Verhaltensänderung konnte bei den Schülern mit Verhaltensstörungen zumeist weder in der verfügbaren Zeit noch in dem gewünschten Ausmaß erreicht werden.
- Die baldige Rückführung in eine allgemeine Schule war eher die Ausnahme als die Regel.
- Mit dem Beobachtungs-Klassen-System konnte nicht präventiv, sondern erst dann gearbeitet werden, wenn – wie das Sprichwort sagt – das Kind in den Brunnen gefallen ist.

Zur äußeren Organisation
Lehrer und Schüler
Für allgemeine Schulen wurden Lehrer zur Verfügung gestellt, die ambulant tätig sind. Obwohl sich diese Lehrer mit ihren unterschiedlichen Ausbildungsgängen und Qualifikationen positiv ergänzen, bestand bereits bei Start des Modells im Berliner Bezirk Steglitz die Zielvorstellung, nur Lehrer mit sonderpädagogischer Qualifikation für die Ambulanzlehrertätigkeit einzusetzen.

Der Förderbedarf erwies sich als viel höher, als es die Fördermöglichkeiten zuließen; es kam zu Wartelisten. Das Ambulanzlehrersystem wurde quantitativ begrenzt durch Vorgaben des Schulamtes, aber auch durch das Interesse bzw. Engagement der Lehrer.

Die Ambulanzlehrer wurden mit einem Teil ihres Stundenkontingents für die integrative Förderarbeit eingesetzt; eine Stunde war für wöchentliche Supervision vorgesehen. Auf die Kinder bezogen wurden zwischen drei und sieben Stunden spezielle ambulante Förderung je Woche eingeplant; so kann ein Ambulanzlehrer in der Regel mit einem, höchstens jedoch mit zwei bis drei Kindern in der Woche arbeiten. Ein größerer Teil der Kinder erhielt zusätzlich zur ambulanten Förderung eine Psychotherapie.

Anmeldeverfahren und Leitung
Mit einem Bericht über die Auffälligkeiten und Schwierigkeiten des Problemkindes stellen die Klassenlehrer einen Antrag auf ambulante Förderung beim Schulpsy-

chologischen Dienst des Bezirks. In einer ersten schulpsychologischen Untersuchung werden Daten erhoben, welche die Problemlage verdeutlichen sowie Ursachen und Genese der Schwierigkeiten erhellen können. Wenn nicht Beratung der Lehrer und Eltern ausreichen, wird das Kind mit Einwilligung der Eltern in die ambulante Förderung genommen. Ambulanz- und Klassenlehrer des Problemkindes erstellen dann einen Förderplan, der Maßnahmen, Erwartungen, Zielvorstellungen skizziert. Für Schüler mit erblichen Störungen werden Förderausschüsse gebildet, die den sonderpädagogischen Förderbedarf feststellen und die Fördermaßnahmen bestimmen.

Die Ambulanzlehrer gehören zwar zu verschiedenen Schulkollegien, ihre ambulante Fördertätigkeit wird aber zentral organisiert und geleitet vom Schulpsychologischen Dienst des Bezirks. Dort werden auch alle 14 Tage zweistündige Supervisionssitzungen durchgeführt, die als sehr notwendig und hilfreich angesehen werden.

Arbeitsbereiche des Ambulanzlehrers

Die Arbeitsbereiche eines Ambulanzlehrers sind zahlreich und sehr unterschiedlich. Im Mittelpunkt der gesamten Arbeit stehen die Kinder. Es zeigt sich aber immer wieder, dass einzelne Mitschüler oder sogar die ganze Klasse, eventuell den Lehrer eingeschlossen, in die Intervention mit einbezogen werden müssen. In diese Intervention bringt der Ambulanzlehrer sich selbst als Hauptvariable mit ein. Er muss einen pädagogischen Bezug herstellen können, die diagnostischen Ausgangsdaten durch Beobachtungstechniken ergänzen oder korrigieren und für die jeweils spezifische Situation die adäquaten Fördermaßnahmen durchführen. Befragungen der Ambulanzlehrer zur für sie notwendigen Qualifikation erbrachten dann auch – ausgehend von einem Hochschulcurriculum für die Ausbildung eines Lehrers für Sonderpädagogik mit der Fachrichtung Pädagogik bei Verhaltensstörungen – deutliche Schwerpunktsetzungen im Sinne eines breiten Ausgangswissens für den Bereich der Phänomenologie und Ätiologie von Verhaltensstörungen, im Hinblick auf Verhaltensbeobachtung und Verhaltensanalyse, im Bereich differenzieller Konzepte für Erziehung und Unterricht sowie im Hinblick auf pädagogisch-therapeutische Techniken wie therapeutische Gesprächsführung, spieltherapeutische und mototherapeutische Förderung sowie Rollenspiel/Psychodrama und Entspannungs- und Meditationsverfahren. Die Förderung von Kindern wird neben der Beratung und Information der relevanten Lehrer, Mitschüler und Personen des familiären Umfeldes durch Maßnahmen im Einzel- wie im Gruppenunterricht parallel oder zusätzlich zum üblichen Unterricht vollzogen. In einzelnen Fällen haben sich Schwierigkeiten gemeldeter Kinder nur durch beim Lehrer ansetzende Verhaltensmodifikationsprogramme aufheben lassen. Die Kooperation mit den Grundschullehrern war dann erfolgreich, wenn die Ambulanzlehrer behutsam vorgehen, nicht den »Spezialisten« herauskehren, eine eigene Klasse führen und praktisch in der Klasse mitarbeiten. Die Kooperation mit den Eltern verlangt, dass Ambulanzlehrer sich als Vermittler zwischen Schule und Elternhaus verstehen und den Lehrern wie den Eltern gegenüber als Anwalt des Kindes auftreten. So gelingt es zumeist, die häufig angespannte Situation zu entkrampfen, Verständnis bei der Schule für Eltern und Kind, bei Eltern und Kind für die Schule zu wecken. Der enge

Kontakt mit den Eltern über Telefon und regelmäßige Besuche sowie Hilfen bei Kontakten mit anderen Institutionen oder auch nur beim Ausfüllen von Antragsformularen schaffen ein engeres, tragfähiges Verhältnis zu den Eltern.

Die im Konzept vorgesehenen regelmäßigen Supervisionssitzungen, die als kollegiale Praxisberatung verstanden werden, helfen den Ambulanzlehrern, die notwendigen Maßnahmen zu finden und adäquat durchzuführen, welche die ihnen anvertrauten Kinder benötigen, derer sie aber auch selbst bedürfen, um mit den Belastungen, denen sie durch ihre Arbeit ausgesetzt sind, fertig zu werden. So ist die Supervision auch eine Möglichkeit, Burnout vorzubeugen und den Umgang mit sich selbst im Sinne der Erhaltung von seelischer und körperlicher Belastbarkeit, von Flexibilität, Geduld und Duldsamkeit zu verbessern, wozu allerdings auch Methoden wie Entspannungs- und Meditationsverfahren sowie mototherapeutische Aktivitäten verfügbar sein sollten.

Akzeptanz der Ambulanzlehrertätigkeit

In einer Untersuchung fragte der Schulpsychologische Dienst die in das Ambulanzsystem einbezogenen Grundschullehrer danach, wie sie die Zusammenarbeit mit dem Ambulanzlehrer erlebt haben, welche Maßnahmen effektiv durchgeführt wurden, ob sie mit Auswirkungen auf ihre schulalltägliche Praxis durch die Kooperation mit dem Ambulanzlehrer rechnen könnten und ob sie eine Kompetenzerweiterung im Hinblick auf schwierige Schüler erfahren hätten. Für fast Dreiviertel der an der Befragung beteiligten Grundschullehrer war die Kooperation hilfreich und unterstützend, für ein Drittel war sie entlastend, offen und ermutigend sowie sachlich und kollegial. Als effektive Maßnahmen wurden von fast der Hälfte gezielte, konkrete Probleme angehende Gespräche, gezielte Fördermaßnahmen im und neben dem Unterricht, nähere Kontakte zu den Eltern und eine Differenzierung der unterrichtlichen Anforderungen genannt. Aus der Kooperation resultierte für die Grundschullehrer ein besseres, gezieltes Vorgehen bei Schwierigkeiten (80 %) und ein kritisches Überdenken der eigenen Verhaltensweisen und Unterrichtsmethoden (40 %).

Nicht nur die beteiligten Grundschullehrer, sondern auch die beteiligten Eltern haben das Ambulanzlehrersystem akzeptiert und schätzen es als hilfreiche, Lern- und Verhaltensstörungen wirksam angehende Einrichtung ein.

Kritik am Ambulanzlehrersystem

Das Ambulanzlehrersystem wird nicht nur positiv gesehen. Eberwein (1988) sieht darin nur Nachteile: Es suggeriere, die Sonderpädagogik habe spezielle und bessere Methoden und Mittel zur Verfügung als die allgemeine Pädagogik. Es habe »bloße Feuerwehrfunktion« und sehe nur diagnostische Maßnahmen und Beratung vor. Es entlasse die Grundschullehrer aus der Verantwortung für personalisierte Schwierigkeiten und konterkariere als »rein systemimmanente Maßnahme« die Forderung nach Integration (a. a. O., 61). Die Erfahrung zeigte jedoch, dass die Ambulanzlehrer mit Verfahren, die in sonderpädagogischen Einrichtungen und für die schulische Praxis entwickelt, verfeinert oder adaptiert wurden, effektive pädagogisch-therapeutische Hilfe bieten können und dass ihre Beratungsangebote von den Grundschullehrern akzeptiert werden. Diagnostische Maßnahmen werden nicht überbewertet, sondern prozessorientiert, d. h. bezogen auf die aktuelle Praxis und in Bearbeitung konkreter Probleme eingesetzt. Sowohl bei diagnostischen als auch bei pädagogisch-therapeutischen Maßnahmen werden die Grundschullehrer herangezogen und nicht aus ihrer Verantwortung entlassen; sie bemühen sich gemeinsam mit den Ambulanzlehrern um Verbesserung der psychosozialen Situation im Hinblick auf einzelne Kinder und die Schülergruppe. Ziel dieses Systems war und ist es, Separation zu verhindern und Lehrern wie Schülern »vor Ort« zu helfen. In diesem Sinne war und ist es eine frühe Form der Unterstützung inklusiver Beschulung und der Integration von auffälligen Schülern in den Klassenverband.

Das Ambulanzlehrersystem als Teil eines Förderzentrums
In einem Ambulanzlehrersystem fällt eine Vielzahl organisatorischer Aufgaben an: Stundenpläne für Lehrer und Schüler, Beschaffung und Verwaltung von Materialien, Organisation von Vertretungen, Konferenzen usw. Daher ist eine Koordinationsstelle für die Ambulanzlehrer wichtig. In einigen Ländern der Bundesrepublik haben – wie bereits aufgezeigt wurde – Sonderschulen für Verhaltensgestörte schon relativ früh als »Heimatschule« der Ambulanzlehrer die notwendigen Organisationsaufgaben und Koordinationsfunktionen übernommen. Da es in Berlin schon seit längerem Sonderschulen für Erziehungshilfe nicht geben darf – sie existieren nur in verkappter Form, etwa als Kleinklassen –, steht für die Ambulanzlehrer keine fachlich adäquate »Heimatschule« zur Verfügung. Damit ist der konzeptionelle Rückhalt sehr fraglich. Aktuell werden Ambulanzlehrer in Berlin häufig für Kinder und Jugendliche mit Autismus eingesetzt (vgl. Autismus Deutschland 2013).

Verhaltenspädagogische Förderzentren

Die notwendigen Hilfen bzw. personellen und materiellen Ressourcen bei besonderem Förderbedarf werden für inklusive Förderung mittlerweile sehr verbreitet von Einrichtungen abgerufen, die als »Sonderpädagogische Förderzentren« bezeichnet werden. Aus sehr vielen Sonderschulen sind inzwischen »Sonderpädagogische Förderzentren« geworden; teilweise geschieht dies mittlerweile flächendeckend. Viele Förderzentren sind für verschiedene Formen von Behinderung und Beeinträchtigung zuständig; verbreitet ist eine Zusammenfassung der »Trias«-Förderschwerpunkte Lernen, Sprache und emotional-soziale Entwicklung. Der nicht einfache Veränderungsprozess wird im Hinblick auf die Gefahr, entgegen inklusiver und integrativer Bestrebungen eine »verkappte« Sonderschule zu bleiben, schon länger kritisch diskutiert (vgl. dazu z. B. Austermann 1992; Stoellger 1992 und 1997; Vernooij 1994).

Ein Prototyp eines solchen Förderzentrums ist das über Österreichs Grenzen hinaus bekannt gewordene »Zentrum für Verhaltenspädagogik« (ZVP) in Wien, das heute als »Sonderpädagogisches Zentrum für integrative Betreuung« (2013) firmiert. Hier wird das Konzept des ZVP vorgestellt, welches Mitte der 1970er Jahre aus einer aufgelösten Heimschule hervorging und seitdem nach dem Motto »Integration statt Separation« (Köppel 1991, 154) arbeitete. Auf Anforderung von Schulen, aber auch von Eltern stellte das Zentrum speziell als Beratungslehrer bei Lern- und Verhaltensschwierigkeiten ausgebildete Lehrer für integrative Fördermaßnahmen

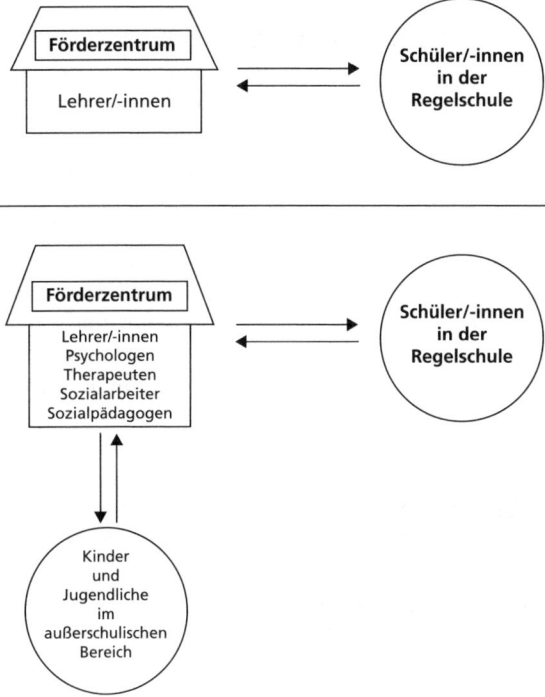

Abb. 49: Organisationsstrukturen Sonderpädagogischer Förderzentren

zur Verfügung. Die »Beratungslehrer« arbeiten mit ihrem vollen Stundenkontingent am ZVP, d. h. im Wesentlichen ambulant an zwei bis fünf Grund- und/oder auch Hauptschulen – sie können also auch als Ambulanzlehrer bezeichnet werden. Das ZVP war aber auch für die an Volksschulen eingerichteten Förderklassen zuständig. Auf diese Kleinklassen sollte nicht verzichtet werden, da die Erfahrung gemacht wurde, »dass einzelne Schüler nicht betreut werden konnten, wenn sie in der Großklasse blieben. Dieses galt besonders für schwer sozial gestörte Kinder. Sie brauchen eine Art Moratorium, einen Ort, wo sie ihre sozialen Defizite in Ruhe aufholen konnten« (Köppel 1991, 153). In den Förderklassen waren maximal sechs Schüler, mit denen zwei Lehrer (Klassenlehrer und Beratungslehrer), und zwar möglichst ein männlicher und ein weiblicher, arbeiteten, »um den Kindern Vater- und Mutterprojektion zu ermöglichen« (Knoblich 1991, 395).

Das ZVP hat sich auch die Systemberatung zur Aufgabe gemacht, d. h. es nimmt Einfluss auf die Organisation der Schulen mit dem Ziel, sie effizienter zu machen auch für Kinder mit Lern- und Verhaltensstörungen. Auch am ZVP wird gesehen, dass die Qualität aller Interventionen letztlich von der Qualität der dort Tätigen abhängt: Das wichtigste »Arbeitswerkzeug« des Beratungslehrers ist seine Persönlichkeit: Er muss verantwortlich handeln können und emotional »sattelfest« sein (Knoblich 1991, 397). Zuständigkeit des ZVP bestand für alle Wiener Schulen, wobei in der praktischen Unterstützung Grenzen gesetzt waren.

Beim Senator für das Schulwesen in Berlin wurde unter Federführung von Norbert Myschker durch eine Kommission des Beirats für Sonderpädagogik 1992 ein Konzept für den Ausbau einiger Grundschulen als »Verhaltenspädagogische Zentren« erarbeitet. Dieses Konzept wird nachfolgend in einer grafischen Übersicht sowie in einigen Grundzügen der von der Kommission beschlossenen Fassung – allerdings mit einer Anpassung an den heutigen Sprachgebrauch – vorgestellt, da es sich in vielen Diskussionen mit Fachleuten als eine situationsgerechte Lösungsmöglichkeit erwies und für die heutige Inklusionsdiskussion befruchtend sein kann.

In jedem Bezirk sollte sich zunächst eine zwei- bis dreizügige Grundschule dergestalt auf das Problem psychosozialer Schwierigkeiten spezialisieren, dass Grundschullehrer und Sonderpädagogen Kindern mit und ohne Verhaltensstörungen gemeinsamen Unterricht und zugleich, über ein Ambulanzlehrersystem, den umliegenden Schulen präventive und pädagogisch-therapeutische Hilfen bieten könnten. Das Verhaltenspädagogische Zentrum sollte als »Heimatschule« für die Ambulanzlehrer fungieren und zugleich über Teilzeitunterricht wie auch über zeitlich beschränkten Vollzeitunterricht denjenigen Schülern und Schülerinnen mit Verhaltens- und Lernstörungen optimale Fördermöglichkeiten bieten, die über ambulante Maßnahmen nicht mehr adäquat zu fördern sind.

Organisation einer Modellschule für Kinder mit und ohne Verhaltensstörungen (Integratives Förderzentrum)
Äußere Organisation
Klassen, Klassenfrequenzen
Das Integrative Förderzentrum ist eine dreizügige Grundschule, in der pro Stufe zwei Kleinklassen eingerichtet sind. In jede Kleinklasse werden maximal drei Kinder mit Verhaltensstörungen aufgenommen. Die Frequenz der Kleinklassen beginnt mit 18 und reicht bis zu 24 Schülern. Mit höherer Klassenstufe und mit der Reduzierung der Verhaltensstörungen kann die Frequenz derart steigen, dass im Zweijahresrhythmus – endend mit dem 5. Schuljahr – so viele Kinder mit Verhaltensstörungen aufgenommen werden wie eingangs entsprechend diagnostizierte Kinder wesentlich Förderfortschritte gemacht haben. Die Maximalfrequenzen der Kleinklassen gibt die nachfolgende Tabelle wieder.

Tab. 22: Maximalfrequenzen der Kleinklassen

Kleinklasse	Schüler *ohne* Verhaltensstörungen	Schüler *mit* Verhaltensstörungen	Summe
1 und 2	15	3	18
3 und 4	15–18	3	18–21
5 und 6	18–21	3	21–24

Neben den beiden Kleinklassen hat jede Stufe der Schule eine reguläre Grundschulklasse für Kinder bzw. Kinder von Eltern, die sich gegen eine integrative Beschulung wenden.

Schüler der Kleinklassen, die wegen der Stärke ihrer Verhaltensstörungen in den Stammklassen nicht angemessen zu fördern sind, können als Maßnahme innerschulischer Differenzierung vorübergehend in Kleinstgruppen (maximal sechs Schüler) zusammengefasst werden.

Schüler
In dem dreizügigen Integrativen Förderzentrum werden neben regulären Grundschülern 36 Schüler mit Verhaltensstörungen und 24 ehemals auffällige, noch stützungsbedürftige Schüler unterrichtet, sodass sich die sonderpädagogische Arbeit innerhalb der Schule auf 60 Schüler bezieht. Als Schüler mit Verhaltensstörungen werden in Kooperation von Schulpsychologen und Sonderpädagogen Kinder diagnostiziert, die besondere Förder- und Erziehungsbedürftigkeit dadurch zeigen, dass sie in sozialen Situationen nicht in erforderlicher Weise reagieren, selbst geringfügige Konflikte nicht angemessen bewältigen können sowie dadurch auch nicht adäquat lernen.

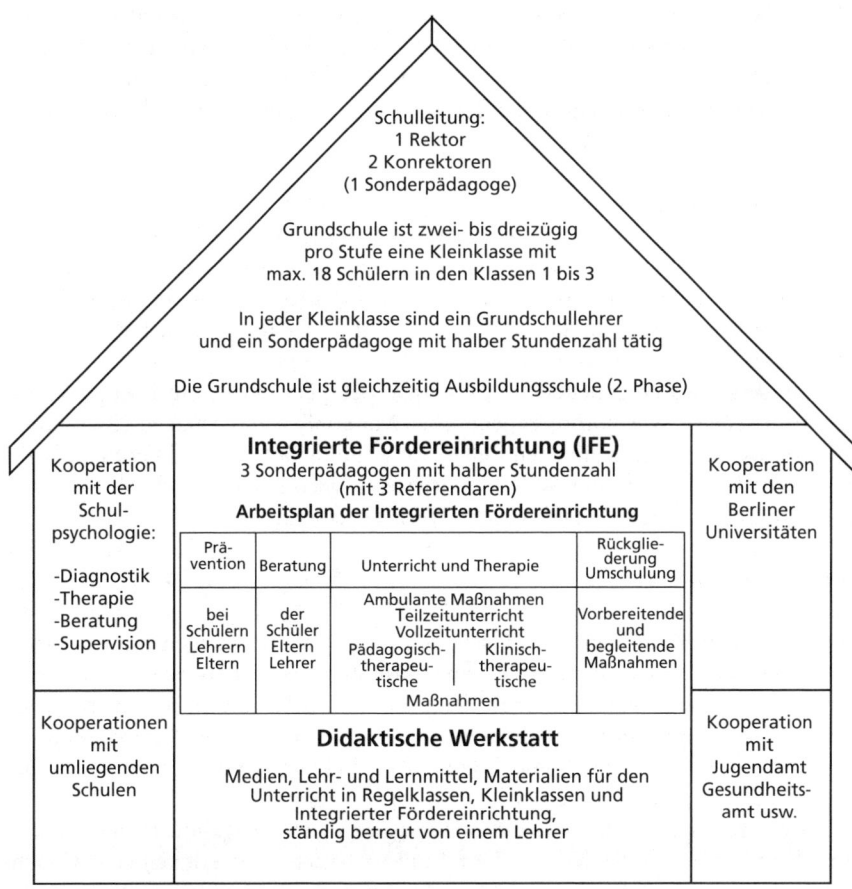

Abb. 50: Organigramm des Integrativen Förderzentrums

379

Lehrer

In jeder Kleinklasse des Integrativen Förderzentrums arbeiten ein Grundschullehrer und ein Sonderpädagoge mit der Fachrichtung Pädagogik bei Verhaltensstörungen, sodass für die dreizügige Schule zwölf Sonderpädagogen zur Verfügung stehen.

Alle Lehrer haben ein Deputat von 24,5 Wochenstunden. Die Ermäßigung der Unterrichtsverpflichtung für Grundschullehrer resultiert aus der Verpflichtung zur Teilnahme an Teamkonferenzen, Einzelfallbesprechungen, Maßnahmen zur Supervision sowie aus der häufigen Durchführung von Elternberatungen.

Die Sonderpädagogen arbeiten mit halber Stundenzahl in der Kleinklasse und mit halber Stundenzahl als Ambulanzlehrer. Sie haben präventive und pädagogisch-therapeutische Aufgaben wahrzunehmen. Der Schulleiter ist (auch) Sonderpädagoge.

Therapeuten

Für die 36 Schüler mit Verhaltensstörungen werden zwei Vollzeitstellen für klinische Psychologen eingerichtet, die an der Integrationsschule einer Außenstelle des Schulpsychologischen Dienstes zugehören. Sie gewährleisten, dass Anforderungen in Erziehung und Unterricht in der Therapie und therapeutische Erfordernisse im Unterricht berücksichtigt werden.

Räume und Materialien

Jede Kleinklasse hat einen für verschiedene Aktivitäten unterteilbaren Hauptraum und einen Gruppenraum. Jeweils drei Sonderpädagogen steht für die Arbeit mit Schülern der Kleinklasse sowie für die Ambulanzlehrertätigkeit ein großer Raum mit Nebenraum zur Verfügung, sodass insgesamt vier Raumeinheiten gebraucht werden.

Zwei dieser Raumeinheiten sind mit spieltherapeutischen, musik- und kunsttherapeutischen sowie mototherapeutischen Materialien und Anlagen ausgestattet. Die zwei weiteren Raumeinheiten stellen mit vielfältigen Lehr- und Lernmitteln für motivierenden Umgang und individualisiertes Lernen sowie verschiedensten medientechnischen Geräten »Didaktische Werkstätten« dar.

Innere Organisation
Unterricht

Der Unterricht folgt dem Grundschullehrplan. Zwölf Wochenstunden arbeiten Grund- und Sonderschullehrer gemeinsam in der Kleinklasse. Sie arrangieren Lernmöglichkeiten von Einzel- über Kleingruppen- und Großgruppenunterricht so, dass die Kinder mit Verhaltensstörungen möglichst integriert und gemeinsam mit den übrigen Schülern im Sinne kognitiver, affektiver und psychomotorischer Lernfortschritte gefördert werden.

Förderunterricht realisieren die Sonderpädagogen im Rahmen ihrer Ambulanzlehrertätigkeit für Schüler mit Lern- und Verhaltensschwierigkeiten aus Nachbarschulen. Für diese Fördermaßnahmen können die Schüler in die »Didaktische Werkstatt« der Integrationsschule kommen.

Pädagogisch-therapeutische Maßnahmen
In der Kleinklasse wie in der Tätigkeit als Ambulanzlehrer setzen die Sonderpädagogen pädagogisch-therapeutische Verfahren ein, welche auf die Reduzierung von Schulunlust sowie auf Verbesserung der Interaktionsfähigkeit, der Steuerungs- und Kontrollfähigkeit, der psycho-physischen Belastbarkeit sowie der Lern-/Leistungsmotivation zielen. In Frage kommen den schulischen Bedingungen angepasste Verfahren aus Spieltherapie, Musik- und Kunsttherapie, Verhaltensmodifikation, Selbstentspannung und Meditation sowie Gesprächstherapie und Mototherapie.

Therapie
Die der Integrationsschule zugeordneten klinischen Psychologen setzen nach eingehender Diagnose psychotherapeutische Verfahren bei allen Schülern mit Verhaltensstörungen ein, welche die Kleinklassen besuchen. Die Intervention der Psychologen vollzieht sich in engem Kontakt mit den Kleinklassenlehrern. Bei Bedarf werden auch die Eltern in das Interventionsprogramm mit einbezogen. Dieses Angebot gilt auch therapiebedürftigen Schülern der Nachbarschulen.

Beratung
Die in den Kleinklassen tätigen Lehrer und Psychologen haben den Schülern mit Verhaltensstörungen sowie deren Eltern gegenüber Aufgaben intensiver Beratung wahrzunehmen. Ambulanzlehrer und Psychologen bringen ihre Beraterkompetenz auch in den Nachbarschulen ein.

Rückgliederung
Schüler mit Verhaltensstörungen, die nicht aus dem Einzugsbereich der Integrationsschule kommen, können nach deutlicher Reduzierung der Verhaltensstörungen in die für sie zuständige Grundschule rückgegliedert werden. Die Rückgliederung erfolgt nach einem Stufenplan und wird von den Sonderpädagogen im Rahmen ihrer Ambulanzlehrertätigkeit organisiert und durchgeführt.

Umschulung/Zusatzmaßnahmen
Wenn sich bei Schülern durch die Maßnahmen des Integrativen Förderzentrums die Verhaltensstörungen nicht ausreichend reduzieren lassen, werden in Kooperation zwischen dem Integrativen Förderzentrum und relevanten Institutionen weitergehende Förderungsmöglichkeiten eingeleitet (z. B. Vollzeitpflege, Heimerziehung, Kinder- und Jugendpsychiatrische(r) Dienst/Klinik).

Nachbemerkungen
Das Integrative Förderzentrum ist auf Kinder mit Verhaltensstörungen spezialisiert und soll nur diese Gruppe aufnehmen,

- weil Kinder mit Verhaltensstörungen eine so große Zahl darstellen, dass alle verfügbaren Plätze diesen Kindern vorbehalten bleiben müssen;
- weil an der Schule Fachleute tätig sind, die speziell für die Reduzierung von Verhaltensstörungen qualifiziert sind;

- weil die gesamte Schulorganisation auf die Problematik Verhaltensstörungen ausgerichtet ist;
- weil Kinder mit Verhaltensstörungen insbesondere die Lern- und Erziehungssituation anderer beeinträchtigter Kinder gefährden.

Die inzwischen weit verbreiteten integrativen Fördermaßnahmen der Einzelintegration und der Integrationsklassen können – wie sich gezeigt hat – den Bedarf aus kapazitären und organisatorischen Gründen bis heute nicht decken, sodass die Gefahr der »Selektion bei Integration« akut wird (Sander 1992). Das vorgestellte »Verhaltenspädagogische Förderzentrum« kann eine Möglichkeit sein, dieser Gefahr zu begegnen.

Sonderschule oder ...?

Ein Schüler einer Schule für Erziehungshilfe berichtet:
»Auf der Sonderschule gefällt es mir gut. Wir haben hier kleine Klassen. Der Lehrer kann sich immer um jeden kümmern. Er ist auch meist freundlich und hat Geduld. Wir haben einen eigenen Garten. Jeder hat ein kleines Beet. Da darf er pflanzen, was er möchte. Wenn es warm ist, arbeiten wir auf der Terrasse. Wir malen, basteln und spielen viel. Viel mehr als in der alten Schule. Die ist weit weg von hier – da, wo ich wohne. Ich muss immer mit dem Bus fahren. Das bringt viel Stress. Die alten Freunde sehe ich kaum noch. Hier habe ich keinen richtigen Freund. Wir sehen uns ja immer nur in der Schule. Nachmittags treffe ich nie einen von denen. Auf der alten Schule war es auch schön. Meine alten Freunde sind alle da. Das vermisse ich schon sehr. Da möchte ich vielleicht auch wieder hin. Da gab es aber auch viel Ärger. Deshalb musste ich ja weg. Ich war immer schuld für alles. Da habe ich mich dann gewehrt. Vielleicht komme ich bald wieder in meine alte Schule.«

Integrationsklassen
Der Beschluss der Kultusminister von 1994, die allgemeine Schule grundsätzlich und mit Vorzug in die Förderung von Schülerinnen und Schülern mit Behinderungen einzubeziehen, hat Berücksichtigung in den Schulgesetzen der Bundesländer gefunden. Noch stärker war dies seit Wirksamwerden der UN-Behindertenrechtskonvention 2009 der Fall. Primat soll nun die inklusive Beschulung in allgemeinen Schulen haben; in Bayern beispielsweise sollen besondere »Inklusionsschulen« bzw. Schulen mit dem Profil Inklusion den Weg bahnen.

Deutlich früher hatten sich bereits die Schulen in einigen Bundesländern auf diese Aufgabe eingestellt. In Berlin z. B. hatten bereits zu Beginn des neuen Jahrhunderts die meisten Grundschulen auch Integrationsklassen (vgl. Helbig/Griese 2003). Der Großteil dieser Klassen ist entweder nach dem »Fläming-Modell« oder nach dem »Uckermark-Modell« bzw. Schulen mit Inklusions-Profil organisiert (siehe dazu z. B. Stoellger 1983; Heyer et al. 1990; Austermann 1992).

Auch in den Hamburger Grundschulen wurden seit dem Schuljahr 1991/92 neben den Integrationsklassen, in denen 15 Schülerinnen und Schüler ohne und drei mit Behinderung unterrichtet werden, als zweite Organisationsform integrativer

Erziehung und Unterrichtung so genannte »Integrative Regelklassen« eingerichtet. Die »Integrativen Regelklassen« haben folgende Zielsetzungen:

- In Integrativen Regelklassen an Grundschulen werden neben nichtbehinderten Kindern Kinder des Schuleinzugsbereichs unterrichtet, die bisher in Förderschulen, Sprachheilschulen oder in Schulen für Verhaltensgestörte unterrichtet wurden.
- Kinder, bei denen ein zusätzlicher Förderbedarf erst im Verlauf der Grundschulzeit erkennbar wird, sollen die notwendigen Hilfen in der Grundschule erhalten.
- Für alle Klassen eines Jahrgangs soll so ermöglicht werden, auf Aussonderung zu verzichten. Kinder mit Problemen im Bereich der Sprache, des Lernens oder des Verhaltens müssen damit in der Grundschule nicht als behindert eingestuft werden« (Behörde für Schule, Jugend und Berufsbildung 1994, 16).

Hier war seit dem Schuljahr 2001/2002 für Schülerinnen und Schüler mit Verhaltensstörungen die allgemeine Schule die Regel. Eine besondere Betreuung erfolgt durch die »Regionalen Beratungs- und Unterstützungsstellen (REBUS)« (Freie und Hansestadt Hamburg 2001; Kilius/Bonsen 2000), die zur Zeit, konzeptionell verändert, als »Regionale Bildungs- und Beratungszentren (ReBBZ)« weitergeführt werden (Freie und Hansestadt Hamburg 2013).

Einer der Vordenker und Mitbegründer der »Integrativen Regelklassen« ist Wocken, der schon früh propagierte: »Wenn also diese sonderpädagogische Grundausstattung – ein Sonderpädagoge für vier Klassen – verlässlich erwartet werden kann, dann werden wir in naher Zukunft auf die Behinderungskategorien ›Lernbehinderte‹, ›Verhaltensgestörte‹, ›Sprachbehinderte‹ verzichten können« (Wocken 1989). Dieser Behauptung ist zu widersprechen, und gegen sie führte z. B. Reiser mit Recht auf der Basis seiner empirischen Erkenntnisse an: »Das Problem der Verhaltensstörungen lässt sich, wie unsere Ergebnisse gezeigt haben, nicht durch diese Grundausstattung so lösen, dass andere Anstrengungen überflüssig würden. Die Schulen werden durch die sonderpädagogische ›Förderung‹, was immer das bei Verhaltensstörungen bedeuten mag, nicht durchweg in die Lage versetzt, massive Verhaltensprobleme zu handhaben. Es kommt zur Selektion durch Schulverweise, Schulausschlüsse, Schuleschwänzen, Heim- und Psychiatrieüberweisungen, wo dann wiederum Sonderbeschulung erforderlich wird« (Reiser 1997, 271). Im Hinblick auf eine wirklich professionelle Versorgung sind auch ganz unterschiedliche Förderbedürfnisse für die Bereiche Sprache, Lernen und Verhalten zu bedenken, die es nötig machen, entsprechende professionelle Kompetenzen vorzuhalten. Und schließlich lassen sich Probleme nicht dadurch aus der Welt räumen, dass man sie begrifflich abschafft.

Zwischenzeitlich war in Hamburg wie auch andernorts die schulische Praxis über theoretische Vorstellungen und Wünsche im Hinblick auf »totale Integration« hinweggegangen. Das System der Integrativen Regelklassen expandierte seit 1994 zwar stark und wuchs im Schuljahr 2002/03 auf 394 Klassen an, erfuhr jedoch in den Schuljahren 2003/2004 und – nach einer Zunahme im Schuljahr 2004/05 – in den Perioden 2005/2006 und 2006/2007 eine deutliche Reduzierung. Es entwickelten sich Probleme, wie sie Reiser aufzeigte, und es musste damit begonnen werden, Sonderklassen für zuvor integrativ beschulte Kinder und Jugendliche an Sonderschulen einzurichten. – Gegenwärtig hat durch die Inklusionsdiskussion eine umfassende Gegenbewegung eingesetzt: Seit 2009 wird dort, aufwachsend mit den Jahrgängen 1 und 5, unbegrenzte inklusive Beschulung praktiziert. Integrationsklassen gibt es nur noch auslaufend in den höheren Jahrgängen von Grundschule und Sekundarstufe I. Schüler mit den Förderschwerpunkten Lernen, Sprache und emotional-soziale Entwicklung werden in allen Schulen aufgenommen (Behörde für Schule und Berufsbildung Hamburg 2011). – Welche Folgen diese stark programmatisch gesteuerte Entwicklung hat und wann es zu neuen Änderungen kommt, ist derzeit nicht abzusehen.

Tab. 23: Schüler mit dem Förderschwerpunkt emotionale und soziale Entwicklung in allgemeinen Schulen

Land	2008	2009	2010	2011	2012	2013	2014
Baden-Württemberg	4012	4320	4616	4610	4687	5049	5336
Bayern	1977	1881	2532	2890	3259	3531	3685
Berlin	2322	2425	2447	2560	2539	2702	2856
Brandenburg	2054	2129	2228	2255	2381	2385	2385
Bremen	200	178	192	142	142	165	202
Hamburg	45	109	256	515	1148	1517	1511
Hessen	881	1020	1323	1324	1822	1909	1849
Mecklenburg-Vorpommern	1691	2142	2323	2497	2542	2825	2911
Niedersachsen	445	453	564	794	1047	1861	2806
Nordrhein-Westfalen	2983	3584	4263	5297	7426	9701	11710
Rheinland-Pfalz	62	63	74	71	95	89	111
Saarland	222	256	349	407	547	622	677
Sachsen	1212	1442	1825	2192	2612	2803	3355
Sachsen-Anhalt	458	630	813	931	1141	1265	1746
Schleswig-Holstein	417	366	452	585	612	620	669
Thüringen	931	1080	1221	1196	1189	1212	1181
Deutschland	*19912*	*22167*	*25478*	*28266*	*33193*	*38256*	*42990*

(nach: KMK 2016, 57)

Die Anzahl der Schülerinnen und Schüler in sonderschulischen Einrichtungen für den Förderschwerpunkt emotionale und soziale Entwicklung ist zwar, wie man am

Hamburger Beispiel sieht, in einigen Bundesländern seit 1997 infolge bildungspolitischer Entscheidungen deutlich reduziert worden, hat jedoch in den vergangenen Jahren in den meisten Bundesländern – wohl unter dem Zwang der pädagogischen Realität – zum Teil erheblich zugenommen, insbesondere im Saarland, in
Bremen, in Hessen und in Nordrhein-Westfalen (▶ Tab. 18 und Tab. 20).

Die Anzahl der Schülerinnen und Schüler mit dem Förderschwerpunkt emotionale
und soziale Entwicklung in allgemeinen Schulen ist in den vergangenen Jahren nicht
nur insgesamt in Deutschland, sondern auch in fast allen Bundesländern – in 15 von
16 – erheblich gestiegen. In vielen Bundesländern, 9 von 16, hat sich zugleich sowohl
die Anzahl der Schüler in Sonderschulen als auch diejenige in allgemeinen Schulen
vergrößert –, in einigen fand mit der Zunahme an Plätzen in allgemeinen Schulen eine
Abnahme in Sonderschulen statt (Berlin, Brandenburg, Rheinland-Pfalz, Schleswig-
Holstein sowie Thüringen). In einem Fall, Bremen, hatte sich bis 2010 sogar in beiden
Bereichen die Schülerzahl zwischenzeitlich verringert (▶ Tab. 20 und Tab. 23). Für
diese teilweise sehr unterschiedlichen Entwicklungen mögen regionale demografi-
sche Gegebenheiten, finanzielle Aspekte und/oder programmatische bzw. auch
ideologische Ausrichtungen eine Rolle spielen; derzeit sind es insbesondere die
letztgenannten Gründe. Bei signifikanten Veränderungen könnte differenzierte
empirische Forschung interessante Ergebnisse bringen.

Schulintegrierte Erziehungs- und Unterrichtshilfen

Am Beispiel des saarländischen Stufensystems wurden eingangs dieses Kapitels zur
integrierten und inklusiven Förderung die niedrigschwelligsten Stufen der Beratung
und der Ambulanz unterschieden. Die dementsprechende Tätigkeit von Sonderpädagogen in allgemeinen Schulen gewinnt im Zuge der aktuellen Veränderungen
bundesweit besondere Bedeutung. Dabei sind zwei Modelle zu unterscheiden:

- Die integrativ bzw. inklusiv tätigen Sonderpädagogen bleiben formell einer
  Förderschule oder einem Förderzentrum zugeordnet.
- Die integrativ bzw. inklusiv tätigen Sonderpädagogen werden personell der
  allgemeinen Schule zugeordnet, in der sie tätig sind.

Dies soll an einigen Modellversuchen und entwickelten Modellen diskutiert werden:

Zwei-Lehrer-System I
Bei der integrativen Erziehung und Unterrichtung von Kindern und Jugendlichen
mit Verhaltensstörungen wurden bei Schulversuchen in verschiedenen Bundesländern gute Erfolge mit einem Zwei-Lehrer-System erzielt. In Rheinland-Pfalz z. B.
wurden bei einem Modellversuch in den 1980er Jahren jeweils zwei Sonderpädagogen in je einer Klasse an jeweils einer Schule für zehn Wochenstunden über einen
längeren Zeitraum eingesetzt, um sich mit den örtlichen schulischen Gegebenheiten
sowie den Leistungs- und Verhaltensmöglichkeiten der einzelnen Schüler gut vertraut zu machen.

Die Methodik bestand aus direkten und indirekten Fördermaßnahmen. Direkte Fördermaßnahmen richten sich unmittelbar an die Adressaten; indirekte Förderung wurde durch Einflussnahme oder durch Arrangements über Dritte realisiert. Adressaten sind Schüler, Lehrer, Schulleitung, Kollegium und vor allem auch Eltern.

Zusammenfassend beurteilen die wissenschaftliche Begleitung, die betroffenen Schüler sowie die einbezogenen Klassenleiter die Akzeptanz und die Effizienz des Konzepts als gut (Kultusministerium Rheinland-Pfalz 1984).

Ein aktuelles Beispiel für dieses Modell ist die Schule für Erziehungshilfe des Lahn-Dill-Kreises (2013), die seit längerer Zeit vollständig dezentral und ambulant arbeitet. Im Jahr werden hier ca. 500 ambulante Fälle bearbeitet. Durch den präventiven Fokus soll die strukturelle Unterversorgung im Bereich Erziehungshilfe überwunden werden. Die Arbeit basiert auf einem gestuften System vom einmaligen Beratungsgespräch über z. B. die koordinierte Förderung mit verschiedenen Bausteinen bis zu den Stufen »veränderter Förderort Praktikum« sowie »Sonderunterricht innerhalb oder außerhalb der Schule«. Selbst bei psychiatrisch diagnostizierten, auch massiven Störungen wird eine Verankerung in der Allgemeinen Schule angestrebt. Extreme Eskalationen sollen durch die präventive Orientierung verhindert werden. Die Schule vermeldet selbst erhebliche Erfolge; eine externe Evaluation existiert allerdings nicht, und so stellt sich die kritische Frage, wie mit Schülern mit hohem Förderbedarf umgegangen wird und wo diese verbleiben.

Zwei-Lehrer-System II
Während nach dem Konzept von Rheinland-Pfalz die Sonderpädagogen an »ihrer Sonderschule« als Stammschule zugeordnet bleiben, sind Hamburger Sonderpädagogen schon länger voll in das Kollegium der Grundschulen integriert, an denen sie im Hinblick auf Verhaltensstörungen tätig sind; sie arbeiten also mit ihrem vollen Stundendeputat an den Grundschulen. Die Vorteile ihres Konzepts fassen die Hamburger Sonderpädagogen in fünf Punkten zusammen:

- »Die Kinder werden wohnortnah beschult. Dadurch können geknüpfte Kontakte erhalten bzw. intensiviert werden.
- Die Kinder bleiben im Klassenverband der Regelschule. Gegenseitiges Verständnis, Hilfsbereitschaft und Lernanregungen fördern ihre allgemeine und schulische Entwicklung.
- Eine flexible innere Organisation ermöglicht es, die aktuelle Problemsituation der Kinder zu berücksichtigen.
- Die Stundenplanorganisation wird nicht durch zusätzliche feste Differenzierungsgruppen belastet.
- Durch Beratung der Eltern und Kontakte mit ansässigen sozialen Institutionen kann auch auf außerschulische Probleme eingegangen werden« (Malchau/Nötzold et al. 1991, 116).

Die Stunden der Sonderpädagogen, die mit ihrem vollem Lehrkontingent in je einer Grundschule arbeiten, gehen nicht zu Lasten der Kapazität der Schule bzw. werden nicht auf deren Unterrichtsbedarf angerechnet.

An den Grundschulen steht den Sonderpädagogen jeweils ein sonderpädagogischer Arbeitsraum bzw. eine speziell geplante und ausgestattete integrierte Fördereinrichtung zur Verfügung. Dort können die Schüler einzeln oder in Kleingruppen kognitiv, emotional und psychomotorisch gefördert werden. Zumindest derartige spezielle Räumlichkeiten sollten an allen Schulen verfügbar sein, die integrativ mit Ambulanzlehrern oder einigen wenigen ständig zugeordneten Sonder- oder auch Sozialpädagogen arbeiten.

Zu einer solchen speziellen Räumlichkeit bzw. integrierten Fördereinrichtung gehört mindestens ein geeigneter, heller, in verschiedene Aktivitätsbereiche eingeteilter Raum, ausgestattet mit ausreichenden räumlichen Arbeitsmöglichkeiten, Rückzugs- und Ruheraum einschließlich entsprechenden Mobiliars, Medien und Materialien. Darunter fallen auch dem spezifischen Förderbedarf gerecht werdende Angebote und Fördermaterialien (z. B. nach Montessori und Freinet, Trainingsprogramme) für Lehrer und Schüler und Ausstattung für kreative Aktivitäten.

Ein Modellversuch in Hessen, der zunächst mit vier Sonderschullehrern an zwei Grundschulen durchgeführt wurde, der durch Vorversuchsphasen vorbereitet wurde und sich konzeptionell in der praktischen Arbeit entwickelte, erbrachte für die Sonderpädagogen an den Grundschulen fünf große Tätigkeitsbereiche:

- Vermittlung und Beratung (Erfassung, Diskussion, Weitergabe diagnostisch relevanter Daten; Kontakte zu hilfreichen Institutionen);
- Kooperation im Jahrgangsteam (Mitarbeit in den Klassen eines bestimmten Jahrgangs);
- Förderunterricht (basale Förderung in kleinen Gruppen);
- Spielgruppe (Kleingruppen mit heterogener Zusammensetzung am Nachmittag);
- KO-Unterricht (Gemeinsamer Unterricht von Sonderpädagogen und Grundschullehrern) (Reiser 1991, 133/134).

Auch hier zeigte sich, dass die beteiligten Lehrer umso eher zur Kooperation bereit sind, je mehr sie miteinander »können« bzw. einen »gemeinsamen Draht« finden. Dieser wichtige Aspekt tritt auch in Untersuchungen zu bayerischen Kooperationsklassen deutlich zutage (vgl. Müller 2010). Kooperationsbereitschaft, mit der alles steht und fällt, lässt sich nicht von oben »verordnen«. Eine erforderliche persönliche Annäherung kann allerdings konzeptionell angebahnt und fortlaufend vertieft werden – was leider oft nicht geschieht. Eine Möglichkeit sind in dieser Hinsicht auch Supervisionsangebote, die intern oder auch im Sinne kollegialer Praxisberatung durchgeführt werden können (siehe dazu z. B. Mutzeck 1995 und 2005; Spiess 1991 und 1998; Schlee 2004).

Insgesamt lassen sich für beide hier unterschiedenen Modelle der organisatorischen Zuordnung von Sonderpädagogen Vor- und Nachteile aufzeigen. An dieser Stelle soll nur ein kurzer Abgleich der jeweiligen Nachteile erfolgen: Problematisch ist es, wenn im ersten Modell (Zuordnung zu einer Fördereinrichtung) Sonderpädagogen für viele Schulen zuständig sind und dadurch ihre Arbeitsstunden stark zersplittert werden. Des Weiteren agieren die Sonderpädagogen hier oft als »Fremdkörper«, indem sie nicht Teil des Kollegiums und Systems der allgemeinen

Schule sind. Aus dem zweiten Modell (Zuordnung zu einer allgemeinen Schule) ergeben sich insbesondere drei zentrale Probleme: Die Sonderpädagogen drohen ihrer Einbindung in spezifisch sonderpädagogische Denk- und Handlungsstrukturen verlustig zu gehen; ihre Vorgesetzten sind die Schulleiter an allgemeinen Schulen, welche den Einsatz definieren können – und sie verlieren als Teil einer allgemeinen Schule aus einer systemischen Perspektive den notwendigen Außen- und Überblick. Auch geht die Arbeit bei dieser Variante von Stufe 2 nach saarländischem Modell (▶ Abb. 48) potenziell (und möglicherweise auch versteckt) in Stufe 3 über.

Kooperation mit der Jugendhilfe

Verhaltensstörungen bei Kindern und Jugendlichen stellen ein so schwieriges Problem dar, dass seit Jahrzehnten sowohl von segregierenden als auch von integrativen schulischen Einrichtungen versucht wurde, andere relevante Institutionen zur Kooperation heranzuziehen (vgl. Myschker 1974). Als besonders bedeutsam wird traditionell der Miteinbezug der sozialpädagogischen Komponente mit ihren Ressourcen beurteilt. Sowohl von den Schulen als auch von den primär zuständigen Jugendämtern wird in jüngerer Zeit – insbesondere auch unter dem Eindruck der Zunahme von Verhaltensstörungen im Allgemeinen und von Gewalt und Brutalität unter Kindern und Jugendlichen im Speziellen – einer intensiven Kooperation verstärkt das Wort geredet. Die nachfolgend beispielhaft skizzierten Kooperationsmodelle in Kiel und Berlin erwiesen sich als zweckmäßig und erfolgreich. Auch sie mögen die Konferenz der deutschen Kultusminister (KMK) in ihren »Empfehlungen zum Förderschwerpunkt emotionale und soziale Entwicklung« dazu bewogen haben, für eine Zusammenarbeit schul- und sozialpädagogischer Behörden und Einrichtungen zu plädieren, die sich so lange Zeit gegeneinander abgrenzten und zumeist nebeneinander her wirkten. Nachdrücklich betonen die Kultusminister: »Dem Zusammenwirken mit der Jugendhilfe kommt hohe Bedeutung zu« (KMK 2000, 29).

Eine wichtige Unterstützung erfuhr die Kooperation mit der Jugendhilfe durch die Ablösung des alten Jugendwohlfahrtsgesetzes (JWG) durch das Kinder- und Jugendhilfegesetz (KJHG, heute SGB VIII; Sozialgesetzbuch 2012; ▶ Kap. 7.2) mit seinen gestuften Maßnahmen in den Jahren 1990/91.

In Kiel gingen die Initiativen für die Etablierung eines kooperativen Systems zur Vermeidung von familiärer und schulischer Segregation von dem zuständigen Jugendamt aus; in Berlin z. B. wurde dafür ein Schulprojekt gestartet, an dem sich die für Kinder mit Problemen des Verhaltens und Erlebens zuständigen Ämter (Gesundheitsamt, Jugendamt, Schulbehörde) beteiligten und das zu so genannten »Schulstationen« führte, in denen Erzieher arbeiten.

Das in Kiel entwickelte Modell der sozialen Gruppenarbeit ist ein Konzept der sozialpädagogischen Betreuung von Kindern und Jugendlichen mit Verhaltensstörungen sowie ihrer Familien. Es ist allerdings – was den Verhältnissen wohl gerecht wird – »keine umfassende Alternative zur Heimerziehung, sondern kann in bestimmten Einzelfällen Heimerziehung verkürzen oder verhindern« (May/Nehter

1991, 210). Die kommunalpolitischen Gremien unterstützten dieses Projekt, denn es wurden »geeignete Kinder aus dem Heim herausgenommen und ambulant betreut, sodass die Kosteneinsparung unmittelbar zu belegen war« (a. a. O., 208). Neben den Hilfen für die meist unvollständigen und gestörten Familien hat der schulische Bildungs- und Leistungsbereich einen wesentlichen Stellenwert. Durch Gespräch, Verhaltenstraining, sinnvolle Freizeitangebote wie Wald- und Strandfahrten sowie Sport, die Verfügbarkeit eines angenehmen und motivierenden Ambientes, die Herstellung und Einnahme gemeinsamer Mahlzeiten sowie konsequente und hilfreiche Begleitung der Schularbeiten erwies sich die sozialpädagogische Gruppenarbeit als so erfolgreich, dass das Unternehmen mehr und mehr vergrößert werden konnte. Für die Schularbeit werden eineinhalb Stunden angesetzt. »Diese Schularbeitszeit wird vor allem von den Kindern, die neu in die Gruppe aufgenommen wurden, zunächst als eine erhebliche Einschränkung ihrer Freizeitinteressen erlebt. Sie sind anfänglich nicht in der Lage, die Schulaufgaben als einen unerlässlichen Bestandteil der Gruppenarbeit zu akzeptieren und entsprechend sach- und ordnungsgemäß zu erledigen« (a. a. O., 217). Die soziale Gruppe entlastet durch die halbtägige Betreuung die Familien und reduziert ihre Überforderungssituation. Zugleich wird die jeweilige Familie durch Übernahme der Verantwortung für die Schulaufgaben und durch Einschaltung in die Kommunikation mit der Schule ein ganzes Stück weit vom Konfliktbereich Schule entlastet (vgl. a. a. O., 219). Ganz entscheidend ist auch hier die Persönlichkeit des Lehrers. »So entscheidet die Einsichtsfähigkeit und Verständnisbereitschaft des Lehrers zum großen Teil über den Erfolg der Zusammenarbeit mit der sozialen Gruppe« (a. a. O., 227). Den Erfolg ihrer Arbeit konnten die Mitarbeiter der sozialen Gruppen »an den deutlichen Fortschritten der Persönlichkeitsstabilisierung bei den betreuten Kindern« sowie an den Stellungnahmen der Lehrer ablesen, nach denen die Verhaltensstörungen der Kinder deutlich abgenommen hatten. Für die kommunalen Gremien ließ sich der Erfolg auch daran ablesen, dass durch die Verhinderung oder Verkürzung von Heimerziehung tatsächlich eine Kostenersparnis von 50 % erreicht werden konnte. Als Voraussetzung für eine erfolgreiche Arbeit wird »eine sehr feine und differenzierte psycho-soziale Diagnose« vorausgesetzt (a. a. O., 230).

Auch andernorts wurden schulpädagogische und sozialpädagogische Maßnahmen verbunden, in Berlin z. B. unter dem Namen »Schulstation« (siehe dazu Hasemann/Meschenmoser 1996). Die pädagogische Arbeit in den Schulstationen wird von Erzieherinnen und Erziehern geleistet. Intendiert ist die Hilfe zur Problembewältigung sowie die Unterstützung bei akuten Konflikten. Nicht intendiert sind schulleistungsbezogene Hilfen, was daran liegt, dass die Mitarbeiter Sozialpädagogen sind und die Kinder und Jugendlichen die Schulstation nicht mit Leistungsanforderungen verbinden sollen. Schülerinnen und Schüler werden von Lehrern in die Schulstationen geschickt, können aber auch von sich aus dorthin gehen. Auch Ambulanzlehrer können in der Schulstation tätig sein. Im Sinne der Kooperation mit anderen relevanten Institutionen werden auch Treffen zwischen dem Jugendamt und den Sozialpädagogen der Schulstation realisiert. Die Erzieher sind zum Teil auch in einem Nachmittagshort tätig. Die Schulstation hat einen festen zeitlichen Plan für Schüler wie für Lehrer. Als Kernzeit wurde der Zeitraum von der ersten bis zur fünften Unterrichtsstunde vorgesehen. Auch für integrative

Maßnahmen, ob in der als »Förderwerkstatt« bezeichneten integrierten Förder-einrichtung oder in der Schulstation, werden »Hintergrundinformationen« über die Schülerinnen und Schüler mit Verhaltensstörungen für notwendig erachtet: »Die Diagnose schließt kognitive Lernvoraussetzungen ebenso ein wie Daten der persönlichen Lernbiografie, das allgemeine Lern- und Leistungsverhalten und die Motivationslage« (Kleinschmidt-Bräutigam 1997, 144–149).

Inzwischen wird von allen Beteiligten viel über gute Erfahrungen mit den Schulstationen berichtet. So resümiert eine Ambulanzlehrerin nach langjähriger Erfahrung mit Schulstationen:

- »Schulstationsarbeit trägt entscheidend dazu bei, den Erziehungsauftrag der Schule zu gewährleisten.«
- »Die Kooperation sichert, dass Schulstationen zu einem Ort der Schule werden, durch den das pädagogische Handlungsspektrum der Lehrerinnen und Lehrer bei der Erziehung ihrer Schülerinnen und Schüler erweitert und ergänzt wird.«
- »Schulstationen wirken im Hinblick auf Kinder mit sozial-emotionalen Belas-tungen präventiv, integrativ und stabilisierend.«
- »An keinem anderen Ort sind alle Kinder und Jugendlichen, die Hilfe benötigen, so einfach zu erreichen und anzusprechen wie in einer Schulstation. Dies ist eine Chance, die Kooperation von Schule und Jugendhilfe auszubauen« (Seidel 2001, 47–51). Das 2005 existierende System von 30 Schulstationen soll weiter aus-gebaut werden; im Januar 2008 beschloss z. B. der Berliner Bezirk Neukölln, sieben weitere Schulstationen einzurichten (www.berlin.de/ba-neukölln).

Die Kooperation zwischen Schule und Jugendhilfe braucht – soll sie sich entfalten und eine Zukunft als institutionalisiertes Vorhaben haben – klar definierte Voraus-setzungen, Aufgaben und Organisationsvorgaben. Das sieht die Konferenz der Kultusminister deutlich, wenn sie in den »Empfehlungen zum Förderschwerpunkt emotionale und soziale Entwicklung« – wohl auch unter dem Aspekt der finanziellen Sicherung – formuliert: »Die Kooperation zwischen Jugendhilfe und Schule erfordert

- persönlichen Kontakt zwischen Fachkräften aus beiden Bereichen,
- die Schaffung einer Struktur für eine verbindliche Zusammenarbeit,
- Rollenzuschreibungen für die Partner der Jugendhilfe und der Schule,
- gemeinsame Fortbildung,
- Transparenz vorhandener Angebote für die Eltern,
- eine effiziente Nutzung der Ressourcen durch Kooperation mit Trägern und Einrichtungen der offenen Kinder- und Jugendarbeit« (KMK 2000, 29 f.).

Die Notwendigkeit und die Bedeutung der sich insbesondere in der Schulsozialarbeit manifestierenden Kooperation von Schule und Jugendhilfe ist inzwischen zwar allgemein anerkannt. Die Forderungen der KMK sind aber noch weit von einer allgemeinen Realisierung entfernt. Dies gilt selbst für wohlhabende Bundesländer.

Eine erfreuliche Entwicklung hat seit Beginn der 1990er Jahre insbesondere die Vernetzung und Kooperation zwischen Schulen für Erziehungshilfe und Tages-stätten (gemäß § 32 SGB VIII; vgl. etwa Hechler 2011) genommen. Sie ist mittlerweile in Form unterschiedlicher Modelle sehr verbreitet, allerdings nicht immer unproblematisch aufgrund der hier zusammenkommenden unterschiedlichen Professionen.

7.2 Sozialpädagogische Institutionen

»Jeder junge Mensch hat ein Recht auf Förderung seiner Entwicklung und auf Erziehung zu einer eigenverantwortlichen und gemeinschaftsfähigen Persönlichkeit.« Mit dieser Feststellung und Verpflichtung beginnt das am 1. Januar 1991 in Kraft getretene Kinder- und Jugendhilfegesetz (KJHG). Zur Verwirklichung dieses Rechts soll staatliche Kinder- und Jugendhilfe insbesondere

1. »junge Menschen in ihrer individuellen und sozialen Entwicklung fördern und dazu beitragen, Benachteiligungen zu vermeiden oder abzubauen,
2. Eltern und andere Erziehungsberechtigte bei der Erziehung beraten und unterstützen,
3. Kinder und Jugendliche vor Gefahren für ihr Wohl schützen,
4. dazu beitragen, positive Lebensbedingungen für junge Menschen und ihre Familien sowie eine kinder- und familienfreundliche Umwelt zu erhalten oder zu schaffen« (§ 1 KJHG; Sozialgesetzbuch 2008, 1126).

Im Sinne dieser staatlichen Selbstverpflichtung, die deutlich insbesondere in präventiver Hinsicht über die Aufgabenstellungen hinausgeht, welche das Vorläufergesetz, das 1923 erlassene Gesetz für Jugendwohlfahrt (JWG) vorsah, wird ein differenziertes System der Beratung, Unterstützung, Förderung sowie der Erziehungs- und Lebenshilfe zur Verfügung gestellt (siehe Lempp 2006; Münder 2006; Müller 2006; Wiesner 2006). Die Hilfsmaßnahmen richten sich nicht nur an Kinder und Jugendliche, sondern auch an junge Menschen bis zum vollendeten 27. Lebensjahr sowie in vielfältiger Weise an Familien zur Aufrechterhaltung und Verbesserung ihrer Lebens- und Sozialisationsfunktionen. Damit kann auch eine Einmischung in familiäre Verhältnisse verbunden sein. Für die Durchsetzung des Rechts auf angemessene Pflege und Erziehung Heranwachsender behält sich die staatliche Gemeinschaft vor, notfalls in die natürlichen Rechte und Pflichten der Eltern im Sinne eines »Wächteramtes« einzugreifen (Grundgesetz Art. 6, Bürgerliches Gesetzbuch § 1666). Zu den im Gesetz vorgesehenen Maßnahmen gehören Erziehungsberatung, soziale Gruppenarbeit, Erziehungsbeistandschaft, sozialpädagogische Familienhilfe, Erziehung in einer Tagesgruppe, Vollzeitpflege in einer anderen Familie (Pflegefamilie), Fördermaßnahmen »in einer Einrichtung über Tag und Nacht (Heimerziehung) oder in einer sonstigen betreuten Wohnform« (§ 34) und »Intensive sozialpädagogische Einzelbetreuung« (§ 35) (Sozialgesetzbuch 2008, 1137 ff.; Jordan 2002, 162 ff.). Zur Erfüllung der Aufgaben, die hauptsächlich von so genannten freien Trägern, d. h. Vereinen, Selbsthilfegruppen, den

Kirchen sowie Jugend- und Wohlfahrtsverbänden, geleistet wird, sind in Kreisen und kreisfreien Städten Jugendämter und auf überörtlicher Ebene Landesjugendämter mit planender und koordinierender Funktion eingerichtet worden.

Die Kinder- und Jugendhilfe stellt eine umfangreiche und finanziell aufwändige Leistung dar. Im Jahre 1989 brachte die Gemeinschaft dafür fast 10 Milliarden DM auf. Knapp 5 Milliarden gingen an Tageseinrichtungen für Kinder und fast 2 Milliarden DM erforderte die Heimerziehung (Der Bundesminister für Frauen und Jugend 1991, 38). Dieser Betrag stieg 1992 auf das fast Dreifache (28 Milliarden) und erhöhte sich im Jahre 1999 auf über 35 Milliarden DM (Statistisches Bundesamt 2001b, 495). In den Jahren seitdem sind die Ausgaben weiter gestiegen: 2001 auf mehr als 19 Milliarden Euro und 2002 auf über 20 Milliarden Euro. Allein die Tageseinrichtungen für Kinder erforderten 2002 einen Aufwand von fast 11 Milliarden Euro, und für die Hilfen zur Erziehung sowie für junge Volljährige und die Inobhutnahme und Eingliederungshilfe für seelisch behinderte Kinder und Jugendliche brachte der Steuerzahler fast 5,5 Milliarden Euro auf (Statistisches Bundesamt 2004a, 218). Im Jahr 2004 betrugen die Ausgaben insgesamt knapp 20,7 Milliarden Euro, wovon über 11,4 Milliarden Euro an Tageseinrichtungen für Kinder und mehr als 5,6 Milliarden Euro an die Hilfen zur Erziehung und für junge Volljährige sowie an die Inobhutnahme und die Eingliederung seelisch behinderter Kinder gingen. Im Jahr 2005 gab es nur einen leichten Anstieg, aber inzwischen liegen die Gesamtkosten, mit Stand 2010, bei 28,9 Milliarden Euro – knapp 17,8 Milliarden für die Kindertagesbetreuung und mittlerweile, erneut erheblich gestiegen, ca. 7,5 Milliarden Euro für Hilfen zur Erziehung und für junge Volljährige sowie die Inobhutnahmen und die Eingliederungshilfen für seelisch behinderte Kinder und Jugendliche (Statistisches Bundesamt 2012a, 241).

Da viele Eltern trotz unterstützender Maßnahmen ihren Kindern deren Recht auf angemessene Pflege und Erziehung nicht gewährleisten können, wird für nicht wenige junge Menschen die Unterbringung und Erziehung außerhalb des Elternhauses notwendig. Im Gegensatz zur Zeit der 1970er Jahre vor der so genannten »Heimkampagne« bemühen sich die Behörden, Kinder und Jugendliche weniger in Heimen als vielmehr in Pflegefamilien oder auch bei Verwandten unterzubringen, um ihnen die systembedingten negativen Folgen der Heimerziehung zu ersparen (▶ Kap. 1.4). Tab. 24 gibt eine Übersicht über die Inanspruchnahme der Hilfen zur Erziehung außerhalb der eigenen Familie für das Jahr 2015 (nach: Statistisches Bundesamt 2016a, 7 ff.) (▶ Tab. 24).

Im Rahmen der erzieherischen Hilfen außerhalb des Elternhauses waren 1970 noch fast ¾ der Kinder und Jugendlichen in Heimerziehung und nur etwas mehr als ¼ in Pflegefamilien. Dieses Verhältnis lag Mitte der 1980er Jahre bei 50 zu 50 und machte 1999 etwa 52 zu 48 aus. 2015 waren im Rahmen begonnener Hilfen 31 210 Kinder und Jugendliche in einer Mehrgruppeneinrichtung, 16 208 lebten in einer Eingruppeneinrichtung und 1901 hatten eine eigene Wohnung (vgl. Statistisches Bundesamt 2016a, 9). Es kommen nach wie vor mehr als doppelt so viele Kinder und Jugendliche in eine Heimerziehung oder sonstige betreute Wohnform (49 457) als in Vollzeitpflege (16 250) (Statistisches Bundesamt 2016a, 9). Die Gründe dafür sind vielfältig, hängen aber sicher auch mit der reduzierten familiären Erziehungsfähigkeit und Erziehungswilligkeit zusammen.

Tab. 24: Hilfen zur Erziehung außerhalb des Elternhauses 2015

Kinder/Jugendliche/ junge Erwachsene[1]	Hilfen insgesamt	In Tagesgruppen	In Vollzeitpflege	In Heimen/ sonstigen betreuten Wohnformen	Intensive sozialpädagogische Einzelbetreuung
insgesamt[2]	77 242	7715	16 250	49 457	3820
männlich, alle	49 632	5793	8579	32 776	2484
unter 18 Jahre	45 348	5793	8234	29 692	1629
weiblich, alle	27 610	1922	7671	16 681	1336
unter 18 Jahre	24 899	1922	7305	14 866	806
insgesamt[3]	67 065	8110	14 715	40 648	3592
männlich	39 755	6049	7397	23 999	2310
unter 18 Jahre	29 667	6049	5687	16 565	1004
weiblich	27 310	2061	7318	16 649	1282
unter 18 Jahre	19 475	2061	5558	11 349	507
insgesamt[4]	173 228	16 204	71 501	81 310	4213
männlich, alle	102 325	12 172	36 759	50 628	2766
unter 18 Jahre	70 732	12 172	14 545	42 460	1555
weiblich, alle	70 903	4032	34 742	30 682	1447
unter 18 Jahre	62 978	4032	32 577	25 649	720

[1] seit 1991 Hilfen für junge Menschen bis zum vollendeten 27. Lebensjahr
[2] in 2015 begonnene
[3] in 2015 beendete Hilfen
[4] am 31.12.2015
(nach: Statistisches Bundesamt 2016a, 7–30)

Die Anzahl der Jungen, welche in Heimerziehung oder sonstiger betreuter Wohnform untergebracht werden, nimmt zwischen dem 9. und 18. Lebensjahr merklich zu, diejenige der Mädchen zwischen dem 12. und 18. Lebensjahr (a. a. O., 9; 13).

Heimunterbringung wird insbesondere bei Säuglingen und Kleinkindern vermieden, um die seit René Spitz bekannten Hospitalismus-Schädigungen zu verhindern. In den vergangenen Jahren waren in Deutschland nur sehr wenige Kinder im ersten Lebensjahr in Heimerziehung. Am 31.12.2015 befanden sich 245 Kinder unter einem Jahr in einer Einrichtung, 1098 in Vollzeitpflege (a. a. O., 17).

Über die Jahre hat sich die Zahl der Kinder und Jugendlichen mit Unterbringung in Heimen und sonstigen betreuten Wohnformen zum Stichtag 31.12. dynamisch entwickelt. Im Jahr 2000 waren 69 723 Kinder und Jugendliche in Heimen oder sonstigen betreuten Wohnformen untergebracht, im Jahre 2005 waren es nur noch 61 806 (Statistisches Bundesamt 2007b, 218). 2011 betrug die Anzahl dieser Gruppe wiederum 65 367 (Statistisches Bundesamt 2012g, 17); die Anzahl nahm 2015 auf 81 310 Kinder und Jugendliche deutlich zu (Statistisches Bundesamt 2016a, 17).

Ausländer nehmen – mit Stand 2007 – »Erzieherische Hilfen außerhalb des Elternhauses« leicht unterproportional in Relation zu Deutschen in Anspruch. Bei einem Bevölkerungsanteil von 91,8 % befinden sich 92,6 % Deutsche in diesen Hilfen; für Ausländer sind es bei einem Bevölkerungsanteil von 8,2 % nur 7,4 % (vgl. Statistisches Bundesamt 2007b, 218; keine aktuelleren Daten verfügbar). Im Vergleich zu 2003 waren das 2,5 % weniger.

Von den in Heimen untergebrachten Kindern und Jugendlichen, d. h. den schulpflichtigen unter 18 Jahren, besucht nur ein geringer Teil die Heimen angeschlossenen Heimschulen. Seit Jahren schon wird intensiv versucht, die Schüler, wenn möglich, in so genannten externen Schulen unterzubringen, damit sie inklusiv mit anderen Gleichaltrigen lernen können (▶ Kap. 7.2.2 und Kap. 7.2.3).

7.2.1 Kindergärten – Kindertagesstätten

Kindergärten sind Tageseinrichtungen der staatlichen Kinder- und Jugendhilfe und werden von verschiedenen Trägern wie z. B. den Kommunen oder der Caritas und der Inneren Mission (öffentliche und freie Träger) geführt. Sie nehmen Kinder im Alter von drei bis sechs Jahren auf, in besonderen Fällen auch noch ältere – und in zunehmendem Maße mittlerweile auch jüngere. Für Kinder mit Behinderungen stehen Sonderkindergärten zur Verfügung. In den vergangenen Jahren ist die absolute Zahl der Kinder in Kindergärten ziemlich gleichgeblieben und liegt zwischen 2,2 und 2,3 Millionen. Die Relation zur Altersgruppe macht jedoch deutlich, dass – infolge des Geburtenrückgangs – die prozentualen Anteile deutlich gestiegen sind: Besuchten 1995 nur 69,9 % der Altersgruppe zwischen drei und unter acht Jahren einen Kindergarten, so waren es im Jahr 2000 78,5 % und 2003 80,0 % (▶ Tab. 25). Zum Stichtag 15. März 2006 betrug die Besuchsquote der 3–6-Jährigen 86,6 % und der 6–11-Jährigen 18,7 % (Statistisches Bundesamt 2007b, 225). In der ehemaligen DDR lag – auf Basis eines gänzlich anderen Konzepts – die Versorgungsquote bereits in den 1970er Jahren über 90 % (vgl. Roßbach 2005; Reyer 2006).

Nach Angabe des Statistischen Bundesamtes werden seit 2006 »Vollerhebungen« durchgeführt, die deshalb mit den bisherigen Daten, wie sie Tabelle 25 (▶ Tab. 25) wiedergibt, nicht mehr vergleichbar sind. 2006 besuchten 2 333 839 Kinder im Alter von drei bis sieben Jahren Tageseinrichtungen, was einem Anteil von 79 % entspricht. 2007 waren es 2 311 790 Kinder, die einen Anteil von 77 % ausmachten (Statistisches Bundesamt 2007a); 2012 lag die Zahl bei 2 233 171 (Statistisches Bundesamt 2012h, 37).

Der Prozentsatz scheint sich bei den 3- bis unter 8-Jährigen im Bereich 80 % einzupendeln. Der höchste Prozentsatz findet sich in der Gruppe der 5- bis unter 8-Jährigen (2003 fast 90 %), die noch nicht die Schule besuchen.

Tab. 25: Kinder in Kindergärten zwischen 1995 und 2004

Jahr	in 1000	Alter von 3 bis unter 8 Jahren*, in %**
1995	2213	69,9
1996	2315	71,8
1997	2332	75,2
1998	2290	78,0
1999	2266	78,9
2000	2234	78,5
2001	2341	80,6
2002	2396	81,5
2003	2368	80,0
2004	2287	80,1

In dieser Form keine aktuelleren Angaben mehr
* Ohne Kinder, die bereits die Schule besuchen
** Bezogen auf jeweils 100 Kinder der gleichen Altersgruppe (Statistisches Bundesamt 2001b, 495; 2004a, 218; 2007a)

Bis in die 1970er Jahre hinein verlief die Arbeit in den Kindergärten noch recht ungeregelt. Viele der dort Beschäftigten hatten keine entsprechende Ausbildung, arbeiteten in zu großen Gruppen mit bis zu 40 Kindern ohne gesetzliche Richtlinien, ohne oder nach vagen Konzepten im Sinne von Friedrich Fröbel (1782–1852) – der seinen ersten Kindergarten 1840 in Bad Blankenburg gründete und als »Vater des Kindergartens« bezeichnet werden kann –, und sie waren häufig kaum mit adäquaten Spiel- und Lernmaterialien ausgestattet. Die Berufsbezeichnung Kindergärtnerin änderte sich Anfang der 1970er Jahre in Erzieherin, womit ein neuer Anspruch und ein neues Selbstverständnis signalisiert wurden. Elternmitarbeit und Elternmitbestimmung waren bis in die 1980er Jahre hinein nahezu unbekannt (vgl. Merz 2001), haben jedoch heute eine zentrale Funktion (vgl. Fried/Roux/Frey/Wolf 2003).

Allerdings war schon mit Fröbels »Kindergarten« auch erstmals ausdrücklich ein Bildungsauftrag in die Diskussion gekommen. Immer wieder oszillierten die Positionen in der Frage der Funktionsbestimmung von Kindergärten zwischen den Ausrichtungen auf Bewahren und Pflegen versus Lern- und Entwicklungsförderung (vgl. etwa Faas 2013). Mit der verbesserten Ausstattung der Kindergärten und der besseren Ausbildung der Erzieherinnen seit den 1980er Jahren sowie mit den Veränderungen in der Gesellschaft wie Arbeitslosigkeit, Scheidungsproblematik, wachsende Zahl Alleinerziehender oder Abnahme der Erziehungskompetenz der Familien änderten sich Aufgaben und Bedeutsamkeit des Kindergartens bzw. der Kindertagesstätten. Im Zuge der Integrations-, später Inklusionsbewegungen, die auf die gemeinsame Erziehung und Unterrichtung aller Kinder zielen, werden heutzutage auch Kinder mit Behinderungen in integrative bzw. inklusive Kindergärten oder integrative Gruppen aufgenommen. So wie Kinder mit Behinderungen Regelkindergärten besuchen können, werden mancherorts – im Sinne des Inklusionsgedankens – auch nichtbehinderte Kinder in speziellen Kindergärten betreut. Kinder mit Verhaltensstörungen stellen – wie in schulischen Einrichtungen – auch in Kindergärten ein besonders gravierendes Problem dar, welches häufig nur über Einzelintegration zu lösen ist. Dabei kann schon ein einzelnes Kind mit Verhaltensstörungen für die Gruppe wie die Erzieher zu einer großen Belastung werden, wenn nicht besondere Betreuungs- und Fördermöglichkeiten in personeller, materieller und räumlicher Hinsicht zur Verfügung stehen. Die Aufgaben der heutigen Kindergärten sind vielfältig:

- Ergänzung und Ersatz von Familienerziehung,
- individuelle Förderung der Kinder über alle Sinne durch Spiel und Spaß, aber auch durch gezielte Übungen zur Verbesserung der Wahrnehmung bzw. der Informationsaufnahme und -verarbeitung und der Motorik sowie
- Förderung über anspruchsvolle Tätigkeiten zur Entwicklung von Lernmotivationen, psychischer Stärke und geistiger Flexibilität,
- Vorbereitung auf die Schule (insbesondere im letzten Kindergartenjahr),
- Diagnostik und
- Beratung.

Früher und vehementer als in der Vergangenheit zeigt sich die Problematik der Verhaltensstörungen, und es gilt, mit diagnostischer Kompetenz Verhaltens- und Erlebensproblematiken, aber auch Lernstörungen bei Kindern frühzeitig zu erkennen und diesen über Elternberatung sowie pädagogisch-therapeutische Verfahren frühzeitig hilfreich zu begegnen. Auch ist es wichtig, einer Art »sozialer Vererbung« entgegenzuwirken – durch frühzeitige und geschickte Einbeziehung insbesondere von Eltern aus unterprivilegierten Verhältnissen.

Strittig ist bisher, inwieweit eine Freiheit der Förderung besteht und ob eine Festlegung auf Curricula bzw. einen Fächerkanon im Sinne frühen Lernens von Sprachen und mathematischer Kompetenz sowie der Aneignung von Sachwissen notwendig ist. Der »Mittelweg« besteht in der Integration bestimmter Programme, etwa zur Schulvorbereitung oder sprachlichen Förderung, in die Arbeit der Kindergärten (vgl. etwa Fried/Roux/Frey/Wolf 2003, 121 ff.).

Nach der ersten PISA-Studie, die das deutsche Bildungswesen in einem zwar punktuellen, aber äußerst wichtige Bereiche umfassenden Leistungsvergleich europäischer Schüler auf sehr schlechte Plätze verwies – bei zugleich großer Streuung zwischen guten und schlechten Schülern –, und den weiteren Studien von 2003, 2006 und 2009 (vgl. DIPF 2013) wurde auch das deutsche Kindergartenkonzept in Frage gestellt und neu diskutiert dahingehend, inwiefern es den Ansprüchen der heutigen Gesellschaft gerecht wird und wie es im Vergleich zu anderen europäischen Ländern aufgestellt ist. Wenn es z. B. Frankreich im Sinne der dort rezipierten und akzeptierten Forschungen zur frühkindlichen Entwicklung für notwendig und auch finanziell leistbar hält, in der École Maternelle systematische, d. h. lehrplangeleitete Frühförderung für alle Kinder kostenlos anzubieten, dann müsste dies auch in Deutschland zu realisieren sein. Allerdings stehen dem in deutschen Ländern Vorstellungen vieler Eltern – und auch Pädagogen – entgegen, die, stark an der Tradition des deutschen Kindergartens oder der »68er«-Bewegung orientiert, Leistungsanforderungen von den Jungen und Mädchen im Kindergartenalter fernhalten möchten – teilweise auch in der irrigen Annahme, Leistungen und Schule seien für Kinder grundsätzlich aversiv. Dieses Dilemma zeigte sich z. B. bei der Einrichtung eines deutsch-französischen Kindergartens in Freiburg/Breisgau. Gänzlich unterschiedliches pädagogisches Denken und Wissen wurde deutlich:

»Die Eltern aus Deutschland wollten Spiel, Spaß und soziale Kontakte für ihre Kleinen. Die französischen Mütter und Väter setzten auf Disziplin und erwarteten, dass ihr Nachwuchs auch etwas lernt... Schrecklich, stöhnten die Deutschen, warnten vor Leistungsdruck und Überforderung und beklagten lautstark den Verlust der Kindheit. Unterfordert und zur Langeweile verdammt seien die kleinen Deutschen, konterten die französischen Pädagogen. Sie konnten nicht verstehen, dass Kinder auf pädagogische Magerkost gesetzt werden, ihr schlummerndes Potenzial ignoriert wird« (Kistler, Badische Zeitung 09.01.2002).

Gerade Kinder und Jugendliche mit Verhaltensstörungen sind häufig intelligent, wissbegierig, lernaktiv und wollen sich beschäftigen; Hochbegabte sind insbesondere dann, wenn sie sich unterfordert und somit unverstanden fühlen, von sozial-emotionalen Störungen bedroht. Pädagogische Magerkost und Unterforderung wären für diese Kinder kontraindiziert.

Der 1995 den Eltern durch die Gesetzgebung zugebilligte Rechtsanspruch auf einen Kindergartenplatz für ihre Kinder, eine auch unter dem Aspekt der Prävention von Verhaltensstörungen bedeutsame Entscheidung, könnte zu einer deutlichen Verbesserung des Erziehungs- und Bildungswesens beitragen, wenn die Attraktivität der Einrichtungen entsprechend ausfällt, die Besucherzahlen weiter steigen und sich das Rahmenkonzept weiterentwickelt. Eine Intention in diese Richtung findet sich im »11. Kinder- und Jugendbericht« von 2002, in dem es heißt: »Kindertageseinrichtungen dienen nicht nur der Betreuung der Kinder, sondern sind ein eigenständiger zentraler Bereich der Erziehung und Bildung.« Und an anderer Stelle wird ausgeführt: »Kindertageseinrichtungen sind Stätten der Bildung, sie müssen zur Wahrnehmung dieser Aufgaben in die Lage versetzt werden« (Deutsches Jugendinstitut 2002). Analoge Plädoyers finden sich auch im »12. Kinder- und Jugendbericht« und im »Nationalen Aktionsplan für ein kindgerechtes Deutschland 2005–2010«. In der Zwischenbilanz zum Nationalen Aktionsplan werden die Aussagen des 11. wie auch des 12. Kinder- und Jugendberichts präzisiert: »Kindertageseinrichtungen haben einen besonderen Bildungs- und Erziehungsauftrag: Hier können Begabungen frühzeitig gefördert sowie Benachteiligungen rechtzeitig erkannt und abgebaut werden. Deshalb haben sich Bund, Länder und Kommunen darauf verständigt, bis 2013 für bundesweit durchschnittlich 35 Prozent der Kinder im Alter von 1–3 Jahren Betreuungsangebote zu schaffen. Gleichzeitig wurden Qualifizierungs- und Qualitätsinitiativen für Kindestagesstätten und die Kindertagespflege gestartet« (Bundesministerium für Familie 2008, 4). Zwar haben im heutigen Verständnis Kindertageseinrichtungen die Doppelfunktion, Bildungseinrichtungen und gleichzeitig sozialpädagogische Einrichtung der Jugendhilfe zu sein – sie fungieren aber schwerpunktmäßig nach wie vor weitgehend familienunterstützend und sozialpädagogisch; es ist noch zu wenig gelungen, adäquate Lehr-Lernarrangements zu konzeptionieren und in breiter Praxis zu realisieren (vgl. Hemmerling 2007). Eine Voraussetzung dafür ist ganz wesentlich, dass die Kindergarten-Erzieher eine der einer offenen und liberalen Wissensgesellschaft entsprechende frühpädagogische Ausbildung bekommen. Wenn sich die Rahmenkonzeption des Kindergartens dahin entwickeln kann, dass lehrplanmäßig und in altersgemäß ausgewählter und aufbereiteter Form Anteile des für ein Leben in der Informations- und Wissensgesellschaft notwendigen Grundwissens einschließlich der Grundtechniken vermittelt werden, dann sind dafür Qualifikationen notwendig, welche denen der Grundschulpädagogen nicht nachstehen. Dann lässt sich auch nachdrücklich dafür plädieren, dass – wie in jüngerer Zeit auch in Italien realisiert – Kindergarten- und Grundschulpädagogen ein gemeinsames zweisemestriges Grundstudium an der Universität haben, an das sich im Sinne von Spezialisierung ein unterschiedliches Hauptstudium zum einen der Frühpädagogik und zum anderen der Grundschulpädagogik anschließt (▶ Kap. 8.5). Damit würden sich auch gesellschaftliche Bedeutung und Ansehen der Erzieher wie der Einrichtung insgesamt steigern.

Wenn nun – wie bereits im »11. Kinder- und Jugendbericht« prognostiziert – infolge des Geburtenrückgangs die Nachfrage nach Kindergartenplätzen zurückgeht, dann sollte notwendigerweise »ihr Abbau … dem Ausbau der Ganztagsbetreuung und dem der Krippen- und Hortplätze dienen« (11. Kinder- und Jugendbericht 2002).

Forderungen nach einem wissenschaftlichen Studium auch für Kindergartenerzieher – oder besser: Frühpädagogen – wurden schon vor zwei Jahrzehnten in diesem Buch erhoben (vgl. Myschker 1993, 306). Jetzt endlich scheint die Entwicklung in diese Richtung zu gehen. Die Diskussionen über die PISA-Folgestudien, in denen Deutschland zunächst noch immer im Ländervergleich schlecht platziert war (vgl. Prenzel/Baumert/Blum et al. 2004; magisnet.com), zeigen, dass die Einsicht in die Bedeutung der Pädagogik der frühen Kindheit gewachsen ist. Erste Hochschul-Studiengänge für Kindergartenpädagogen sind eröffnet worden, wie z. B. an der Evangelischen Fachhochschule Freiburg, wo ein Bachelor-Studium mit Praktika im Ausland angeboten wird: Mit dem Bachelor-Studiengang »Pädagogik der Frühen Kindheit«, der auf sechs Semester angelegt ist, »wird ein wesentlicher Beitrag zur Weiterentwicklung der Elementarpädagogik geleistet und damit ein erster Schritt zum Anschluss Deutschlands an europäische Bildungsstandards im Bereich der Frühen Kindheit getan. Der Studiengang war einer der ersten in Deutschland, der eine grundständige Qualifizierung von Fachkräften für den Bereich »Pädagogik der Frühen Kindheit« auf akademischem Niveau gewährleistet. Zielgruppe: Der Studiengang ist ein grundständiger Studiengang. Voraussetzung: Abitur oder Fachhochschulreife sowie eine mindestens 6-monatige Berufstätigkeit/Praktikum in einer Kindertageseinrichtung« (www.efh-freiburg.de/early-childhood.htm, Zugriff am 20.05.2008). Erfreulicherweise erbrachte die Entwicklung der letzten Jahre eine Fülle frühpädagogischer Studienangebote (vgl. www.erzieherin.de 2013), und die Übergänge zwischen unterschiedlichen Qualifizierungsstufen werden zunehmend durchlässiger (▶ Kap. 8.5).

7.2.2 Heime

Die gegenwärtige Situation in den Heimen und Heimschulen der Bundesrepublik Deutschland wird häufig noch immer im Zusammenhang mit der »Heimkampagne« in den auslaufenden 1960er Jahren gesehen, obwohl sich inzwischen die Verhältnisse grundlegend geändert haben.

Der Begriff »Heimkampagne« markiert eine Phase radikaler Kritik an Heimen und – in geringerem Maße – auch an Heimschulen. Studierende, junge Sozialpädagogen, Erzieher und Lehrer, Kinder und Jugendliche aus Heimen und andere stellten mit geschärftem Demokratieverständnis und Rechtsbewusstsein die bis dahin weitgehend unbeachtet gebliebene Misere in den Heimen mit zum Teil erschütternden Situationsschilderungen in den Blickpunkt der Öffentlichkeit. »Holt die Kinder aus den Heimen!« war die Devise, die besonders vehement von Vertretern proletarischer Interessen vorgetragen wurde, da sich – wie auch schon in den 1920er Jahren – nachweisen ließ, dass 80 % bis 90 % der Kinder und Jugendlichen in den Erziehungsheimen aus Unterschichtverhältnissen stammten.

Unterstützt wurde die Heimkampagne auch durch Wissenschaftler, wie Kriminologen, Psychologen, Pädagogen, Soziologen, die – insbesondere auf Basis der Theorie des »labeling approach« – die Gefahren staatlicher Intervention, der Stigmatisierung und Selbststigmatisierung herausstellten, im Sinne des Abolitionismus für die Abschaffung separierender und insgesamt ineffektiver Kontrollinstanzen und die Ausweitung der »ambulanten Betreuung anstelle hospitalisierender Heime« plädierten (Quensel 1970, 382, vgl. auch z. B. Schumann 1985; Post 2002, 30 ff.).

In einer Zeit rückläufigen Wirtschaftswachstums und – damit verbunden – einschneidender behördlicher Sparmaßnahmen stieß der Ruf nach Reduzierung der sehr teuren Heimplätze bei der Administration auf offene Ohren. Nach einer Phase der materiellen und personellen Besserstellung der Heime werden seit einigen Jahren die Heimplätze, von denen jeder 3000,- € und mehr im Monat kostet, zugunsten – wie man hofft – humanerer und effektiverer Alternativmaßnahmen reduziert, was bei steigender Anzahl jedoch nur eine relative Veränderung bringt (▶ Tab. 24).

In manchen Bundesländern, wie z. B. in Bremen und Hamburg, wird sogar versucht, Heime ganz abzuschaffen. Auch behördlicherseits liegen die Gründe dafür wohl nicht so sehr im ökonomischen Bereich als vielmehr in der grundsätzlichen Problematik der Heimerziehung. Insbesondere im Hinblick auf Großheime wird die Problematik der »totalen Institution« (Goffman 1981; Hansen 1994, 40 ff.) seit langem gesehen. Totale Reglementierung und totale Versorgung verstärken eher die unerwünschten Verhaltensbereitschaften der Kinder und Jugendlichen als dass sie sie reduzieren. Die Abwendung von den Großsystemen mit 100 und mehr Heimplätzen hin zu kleinen und mittleren Einheiten mit etwa 15 bzw. 30 Plätzen markiert einen Fortschritt, löst jedoch nicht die Grundproblematik. Auch eine Verbesserung der materiellen und personellen Situation in den Heimen, wie sie erfreulicherweise nach der Heimkampagne eintrat, gibt allein noch keine Gewähr für eine Steigerung der »Effizienz der Heimerziehung«. Die verbesserten Bedingungen erwiesen sich vielmehr insofern als problematisch, als sie die Entfremdung der Heranwachsenden von ihrem Herkunftsmilieu wie auch von einem künftigen Leben in Selbstständigkeit, Selbstverantwortung und anstrengender Arbeit steigerten und somit eher zur Lebensuntüchtigkeit beitrugen.

Die schöne Lage eines Heims im Grünen, am Rande der Stadt, die angenehm gestalteten Räume, die dauernden Kontaktmöglichkeiten zu Gleichaltrigen oder Erwachsenen, die permanente und selbstverständliche Befriedigung von Bedürfnissen können – wie sich inzwischen zeigte – ein unrealistisches Konsumverhalten erbringen, können Anstrengungsbereitschaft im Hinblick auf materielle und affektive Bedürfnisbefriedigung erst gar nicht aufkommen lassen oder reduzieren, ein Anspruchsniveau etablieren, das dem künftigen Leben nicht entspricht sowie wichtige Fähigkeiten und Fertigkeiten, die zur Lebensbewältigung notwendig sind, in ihrer Entfaltung beeinträchtigen und untrainiert lassen. Die Entlassung aus dem Heim kann dann leicht als Bruch empfunden werden, der nur durch Flucht in den Alkohol oder andere Drogen oder durch »schnelles Geld« zur Bedürfnisbefriedigung über Diebstahl, Einbruch, Betrug oder auch Prostitution bewältigt werden kann (vgl. Dalferth 1982).

Wie karg ausgestattete Anstalten mit Kleinbudget haben also auch komfortable Heime mit Großbudget ihre negativen Seiten. Die gewonnenen Erfahrungen münden in die Tendenz, die äußere und innere Organisation der Heime nach klar umrissenen Erziehungszielen für die Sozialisanden zu organisieren. Ein entsprechender Organisationsplan wurde bereits im Kap. 6.1.7 vorgestellt (▶ Kap. 6.1.7). Die angegebene Relation zwischen Erziehungszielen und organisatorischen Bedingungen macht deutlich, dass nur Kleingruppenverhältnisse in Frage kommen, die menschliche Nähe, individuelle Förderung und lebensnahe Forderungen ermöglichen. Das bedeutet ganz wesentlich, dass die Sozialisanden ihrer Lebenswelt nicht entfremdet werden, dass öffentliche Erziehung vielmehr die Lebenswelt der verhaltensschwierigen Kinder und Jugendlichen einbezieht und Bewältigungsmöglichkeiten für diese Lebensumstände vermittelt, damit eine Entlastung nicht zu einem nicht zu bewältigenden Bruch führt. Diese Gefahr ist besonders dann gegeben, wenn Kinder und Jugendliche mit Verhaltensstörungen für eine sehr teure und wenig effiziente Unterbringung ins Ausland geschickt werden. Die unter den Stichworten Milieuwechsel, Erlebnis- und Abenteuerpädagogik laufenden Auslandsaufenthalte können nur erfolgreich sein, wenn gewährleistet ist, dass nach gründlicher Vorbereitung eine Intensivpädagogik – und nicht ein Erlebnis- und Abenteuerhunger steigerndes freies Ferienleben – realisiert wird, die jungen Menschen sich nicht den pädagogischen Maßnahmen entziehen und eine gründliche Nachbereitung zur Eingliederung in die heimischen Lebenswelten erfolgt. Diese Voraussetzungen scheinen häufig nicht gegeben zu sein: So wurden systematische Recherchen »vor Ort«, z. B. in Spanien, verhindert und möglichen negativen Berichten wurde mit Drohungen begegnet (Recherche durch NM). Es ist eben viel Geld im Spiel.

Im Sinne dieser Erkenntnisse etablieren sich mehr und mehr in ihrer Arbeit am Herkunftsmilieu orientierte Wohngruppen, die selbstständig sind oder als Verbundsysteme existieren. In Überwindung der Jugend-Wohn-Kollektiv-Konzeption der ausgehenden 1960er und beginnenden 1970er Jahre entwickelte sich z. B. das so genannte Lernwohngruppen-Programm (LWG-Programm), dem richtungsweisende Bedeutung zugesprochen werden kann. Das LWG-Programm geht davon aus, dass verhaltensschwierige bzw. delinquente Kinder und Jugendliche bestimmte Verhaltensweisen verlernen und andere neu lernen müssen. Basismerkmale des Programms sind:

Ein Erzieher wohnt und lebt mit etwa sechs Minderjährigen zusammen und wird von einem dritten Erzieher mit einer 40-Stunden-Arbeitswoche unterstützt.

Die Wohngruppe ist gemeindenah angesiedelt, damit die Sozialisation aus der Lebenswelt abgeleitet und auf diese bezogen werden kann. Die Erziehungsziele werden operationalisiert und dem Jugendlichen offengelegt. Das Erziehungskonzept, in dem sich lerntheoretische, sozialpsychologische sowie kognitiv-verhaltensmodifikatorische Erkenntnisse mit dem Problemlösungsansatz verbinden, zielt darauf ab,

- dass nach dem Aufbau von Eigenmotivation über Verhaltensübungen und Rollenspiele sozialadäquate Verhaltensweisen, Selbstkontrolltechniken und Problemlösungsstrategien trainiert werden,
- dass über Beratungsgespräche auch im Hinblick auf die Bezugspersonen Problembewältigung möglich wird,
- dass über ein Mitbestimmungsmodell Verantwortungsbewusstsein aufgebaut wird,
- dass eine Rückführung in die Herkunftsfamilie durch Elterntraining und Elternselbsthilfegruppen sowie durch materielle und soziale Besserstellung der Familien vorbereitet wird,
- dass über Anschlussunterbringung und gezielte Nachsorgeberatung Hilfe bis zu einem selbstständigen und eigenverantwortlichen Leben gewährleistet bleibt.

In diesem Programm wird, wie in vielen anderen neueren Jugendhilfekonzepten, das Elternhaus des verhaltensschwierigen Kindes als höchst bedeutsame Instanz gezielt und umfassend miteinbezogen. Aus der Erkenntnis heraus, dass die kindliche Verhaltensschwierigkeit ihren Stellenwert innerhalb eines familiären Regelkreises hat, scheint dies nur konsequent.

Beispiele für eine »Heimerziehung« für ganze Familien sind z. B. die »Triangel« im holländischen Amsterdam und das »Haus Sjövillan« im schwedischen Stockholm. Die »Triangel« kann gleichzeitig 16 Familien für sechs Monate aufnehmen. In dieser Zeit gehen die Kinder in die öffentlichen Schulen, arbeitende Eltern werden für die Dauer des Aufenthalts »krankgeschrieben«. Um voneinander zu lernen, sind jeweils vier Familien in einer Gruppe zusammengefasst.

Mit dem Aufenthalt in der »Triangel« soll versucht werden, das Leben der Familien neu zu ordnen, damit die Familienmitglieder künftig problemloser miteinander leben können. So geht es um die Bearbeitung von Problemen und Konflikten, um den Umgang mit Geld, aber auch mit Ängsten, um Kindererziehung, aber auch um sinnvolle Freizeitgestaltung sowie um Lernprozesse, die zu begründeten und sinnvollen Entscheidungen führen. »Triangel« gibt an, dass der sechsmonatige Aufenthalt der Familien in 70 % der Fälle erfolgreich ist, bei 20 % wird er als »nützlich« eingestuft und nur bei 10 % hat sich die Familiensituation nicht verbessert.

Das schwedische »Haus Sjövillan« realisiert ein vierwöchiges Living-Konzept. Die gesamte Intervention gliedert sich in vier Phasen, wobei die erste Phase der Vorbereitung auf den stationären Aufenthalt dient und bis zu sechs Wochen dauern kann. Mit der zweiten einwöchigen Phase beginnt der stationäre Aufenthalt. Die Familien werden in die Situation eingeführt und im Hinblick auf Beziehungs- und Kommunikationsstrukturen sowie auf ihre Problemlösungsstrategien genau beobachtet. Während der Wochenenden, die zu Hause verbracht werden, bekommen die Familien als Hausaufgabe einen vorbereiteten Stundenplan, um einen genauen und sinnvollen Tagesablauf zu realisieren und einzuüben. Sowohl in Therapiesitzungen als auch im konstruktiv geleiteten Zusammenleben sollen die Familien lernen, Kindererziehung sowie die gesamte familiäre Organisation zu verbessern.

Die vierte Phase dient der Nachbetreuung, die anfangs die Sjövillan-Mitarbeiter durchführen, die dann aber in eine Netzwerk-Arbeit übergeht, an der Verwandte und/oder »Kontaktfamilien« mit Patenschaften beteiligt sind (vgl. die Tagung »Arbeit mit Familien von Heimkindern« im Frühjahr 1986 in Berlin, Piorkowski-Wühr 1986, 388–394).

Familien oder familienähnliche Strukturen mit Dauerbezugspersonen und einem stabilen Orientierungsrahmen sind der Sozialisierung bzw. der Resozialisierung verhaltensschwieriger Kinder und Jugendlicher nach wie vor am dienlichsten. So haben sich mit dem Abbau der Heimplätze und einem umfassenden Ausbau ambulanter Hilfsangebote die Plätze in Pflegefamilien deutlich erhöht; allerdings liegt das Schwergewicht nach wie vor bei der Heimunterbringung (ca. 70 %:30 %, ▶ Tab. 24 und den nachfolgenden Text).

In diesem Zusammenhang wurde aber auch deutlich, dass einerseits nicht alle der öffentlichen Erziehung bedürftigen Kinder und Jugendlichen für ein Leben in Pflegefamilien geeignet sind und andererseits nicht alle Pflegefamilien den Bedürfnissen und Anforderungen der schwieriger gewordenen Kinder und Jugendlichen gerecht werden können.

Da – wie ein alter Heimpädagoge, mit verstärkter Gültigkeit auch für die Gegenwart, feststellte – »diese Kinder wesentlich verhärteter und enttäuschter sind als die Kinder der alten Heimerziehung«, ihnen »nur mit langfristigen gezielten Konzepten geholfen werden kann« (Podgornik 1985, 345) und die »alte Heimerziehung« wegen ihres schlechten Rufs sowie aufgrund neuerer pädagogischer Konzepte gründlich umstrukturiert und wesentlich verändert wurde, kommen Sonderpädagogen mittlerweile zu der Beurteilung, »dass heilpädagogische Einrichtungen, die auf der Basis theoriegeleiteter Konzepte arbeiten und in der Lage sind, eine ›Ersatzfamilien-Situation‹ zu schaffen, eine echte Alternative zur Familienerziehung darstellen können, insbesondere in Fällen, in denen die Beziehung eines Kindes zu einem oder beiden Elternteilen nachhaltig gestört ist« (Wittrock/ Vernooij 2004, 290), was zumeist bei den betroffenen Kindern und Jugendlichen der Fall sein dürfte (siehe auch Günder 2007).

Differenzierte Untersuchungen haben den häufig schlechten Ruf der Heimerziehung deutlich korrigiert: In einer sorgfältigen empirischen Untersuchung von Hansen (vgl. 1994) wurde eine positive Beeinflussung weiter Bereiche der Persönlichkeit durch Heimerziehung nachgewiesen. In der Jugendhilfe-Effekte-Studie (JES; vgl. BMFSFJ 2002) waren, auch im Vergleich der Wirkungen unterschiedlicher Hilfen zur Erziehung, die Befunde für Heimerziehung recht positiv; unter bestimmten Bedingungen erwies sie sich sogar als stärkste Hilfeform.

Nachfolgend wird als Beispiel für die inzwischen vielen deutschen Heime mit Heimschule in staatlicher wie in privater Trägerschaft, welche den gegenwärtigen Einsichten und Ansprüchen der Pädagogik bei Verhaltensstörungen gerecht werden, die Jugendhilfe-Einrichtung »Tüllinger Höhe« vorgestellt. Diese kann mit ihrer differenzierten Organisationsform und ihrem engagierten sowie gut ausgebildeten und weitergebildeten Mitarbeiterstab flexibel auf unterschiedliche Bedürfnisse der Kinder und Jugendlichen mit sozial-emotionalem Förderbedarf sowie deren Eltern eingehen und Aufgaben erfüllen, die das öffentliche Schulwesen überfordern.

Die Einrichtung liegt mit ihren verschiedenen Gebäuden auf einem kleinen Bergrücken zwischen und über den Städten Lörrach und Weil am Rhein am Südhang des Schwarzwaldes, umgeben von Weinreben, Obstwiesen und Wald (▶ Abb. 51). Die nach dem Sozialgesetzbuch VIII Hilfen zur Erziehung anbietende Jugendhilfe-Einrichtung ist ein Verein mit dem Diakonischen Werk Baden als Dachverband. Die »Tüllinger Höhe« kann auf eine recht lange Geschichte zurückblicken und gehört zu jenen Institutionen, die bereits im Zuge der Rettungshausbewegung gegründet wurden (▶ Kap. 1.1.1). Die Gründung kann in Zusammenhang gesehen werden mit der Arbeit des studierten Juristen und späteren Pädagogen Christian Heinrich Zeller (1789–1860), der über 40 Jahre Leiter eines mit einer Armenschullehrer-Anstalt verbundenen Rettungshauses auf Schloss Beuggen am Rhein war, das nicht weit von der Tüllinger Höhe direkt am Oberrhein liegt.

Abb. 51: Die Jugendhilfeeinrichtung »Tüllinger Höhe« in Lörrach-Obertüllingen, Baden-Württemberg, im Frühjahr 2018

Im November 1860 bezogen sechs Jungen und der »Hausvater« mit seiner Frau das damals recht bescheidene Anwesen, das den Namen »Friedrichshöhe« bekam. Als Zielsetzung wurde formuliert: »Zweck des Heims ist, die anvertrauten Kinder für das Leben zu erziehen und für das Himmelreich zu retten« (Haebler 1960, 11 f.).

Die damals selbständige Dorfgemeinde Tüllingen verlangte, dass dem Heim eine Schule angegliedert würde, »damit nicht später die Gemeinde mitsamt ihrem Schulmeister belastet wäre« (a. a. O.).

Als sich kein Lehrer fand, mussten die Kinder doch die Gemeindeschule besuchen. In der heutigen Zeit kaum vorstellbar ist, dass der später gefundene Lehrer »um Jesu willen« auf ein Gehalt verzichtete; er sollte jedoch nach Meinung des Heim-Komitees »gehörig in Kleidung sowie mit nötigen Büchern aus Anstaltsmitteln versehen werden« (a. a. O., 12). Lehrer, Hausvater und alle anderen Gehilfen und Gehilfinnen taten noch bis beinahe 80 Jahre nach der Gründung ihren Dienst »um Jesu willen«. Erst nach dieser recht langen Zeitspanne erfolgte die Besoldung von Hausvater und Lehrern durch den Staat, und die Bezüge der Mitarbeiter wurden denen des allgemeinen Arbeitsmarktes angeglichen. »So war die Arbeit des Rettungshauses auch im Hinblick auf die wirtschaftliche Sicherheit der getreuen ›Arbeiter im Weinberg des Herrn‹ ein Glaubenswerk« (a. a. O.). Zu dem »Glaubenswerk« gehörte ein Erziehungskonzept, das dem Familienprinzip in einer Wohngemeinschaft einerseits mit elterlicher Fürsorge, aber auch mit elterlicher Strenge im Sinne pietistischer Frömmigkeit folgte. Neben Gebet und Andacht hatten auch körperliche Arbeit und körperliche Züchtigung ihren als notwendig angesehenen Stellenwert. Im Haus und auf den Feldern der heimeigenen Landwirtschaft hatten die Kinder und Jugendlichen ihren oft sehr mühevollen Beitrag zu leisten. Erst in den 1970er Jahren änderten sich nach »Heimkampagne« und der »1968er Kulturrevolution« die Verhältnisse wesentlich – und zwar im Hinblick auf die äußere wie die innere Organisation, die mehr und mehr und gegenwärtig weitestgehend den Ansprüchen entsprechen, wie sie in einem idealtypischen Überblick in Tab. 15 dargestellt werden (▶ Tab. 15). Weil sich die Verhältnisse so wesentlich geändert haben und gegenwärtig als vorbildlich bezeichnet werden können, wird – als Beispiel für viele ähnlich strukturierte und arbeitende Heime und Heimschulen – auf die aktuelle Arbeit der »Tüllinger Höhe« näher eingegangen.

Nach einer wechselvollen Geschichte und zahlreichen Neu- und Umbauten stellt sich die »Tüllinger Höhe« als ein Gebäude-Komplex dar, der zwar mehrere Häuser umfasst, der aber in sich geschlossen wirkt, kurze Wege bietet und ein Schutzraum für die Kinder und Jugendlichen sein kann.

Baulich und inhaltlich gliedert sich die »Tüllinger Höhe « in zehn Bereiche (▶ Abb. 52):

- Das Heilpädagogische Heim (Nr. 3 auf der Abbildung)
- Die Heilpädagogischen Tagesgruppen (Nr. 2)
- Die Psychologisch-therapeutische Abteilung (Nr. 4)
- Die Schule für Erziehungshilfe (Nr. 1)
- Verwaltung und Empfang (Nr. 5)
- Haus- und Gesundheitsdienst (Nr. 6)
- Fortbildungsbereich (Nr. 7)

Abb. 52: Die »Tüllinger Höhe« aus der Luft (Archiv der »Tüllinger Höhe«)

- Spiel- und Sportplatz (Nr. 8)
- Tier-Haus (Nr. 9)
- Mitarbeiter-Wohnhaus, Seminar- und Konferenzräume (Nr. 10)

Des Weiteren gehören noch zwei Außenstellen zur »Tüllinger Höhe«, und zwar in Weil-Haltingen und im Schloss Beuggen in Rheinfelden.

Das heilpädagogische Heim
bietet für schulpflichtige Jungen und Mädchen mit Entwicklungs- und Verhaltensstörungen über 365 Tage im Jahr eine Tag und Nacht umfassende Intensivbetreuung. Die in sieben Wohngruppen mit jeweils acht Plätzen untergebrachten Jungen und Mädchen sind normal begabt oder haben eine leichte Lernbehinderung. Vor der Aufnahme werden in Kooperation mit Eltern und dem Jugendamt diagnostische Daten erhoben, und es wird ein Hilfeplan erstellt, um die breit gefächerten, interdisziplinär realisierten Hilfsmaßnahmen individuell und zielorientiert einsetzen zu können.

Für jede Wohngruppe steht ein Einfamilienhaus mit Garten zur Verfügung, wo die Kinder und Jugendlichen in Einzel- oder Zweibettzimmern untergebracht sind. Neben einem freundlichen Wohn- und Esszimmer gibt es eine zweckmäßig eingerichtete Küche, gepflegte Sanitäranlagen, Vorratsräume, Waschkeller und Multifunktionsräume. Die Erzieherinnen und Erzieher haben ein wohnliches Dienstzimmer mit Dusche und WC. Der Aufgabenkatalog für die vier bis fünf Erzieher pro Gruppe, der engagiert und konsequent, mit Fachwissen und Geschick, Konfliktfähigkeit und Geduld verfolgt wird, ist groß:

- »Überwindung von emotionalen, sozialen und kognitiven Defiziten
- Gezielte, ganzheitliche Förderung der emotionalen, sozialen, kognitiven und persönlichen Entwicklung des jungen Menschen
- Gewährleistung eines angemessenen, kontinuierlichen Schulbesuchs, in enger Kooperation mit den übrigen Fachkräften unseres Hauses und unter Beteiligung der Eltern
- Regelmäßiges Einüben von Lerninhalten durch Unterstützung und Begleitung schulischer Hausaufgaben in der Wohngruppe
- Intensive Zusammenarbeit mit Eltern und gegebenenfalls Angehörigen sowie weiterer Bezugspersonen, durch fachlichen Rat und praktische Hilfe zur Stärkung der Erziehungskompetenz und zur Entwicklung neuer Erziehungsressourcen
- Rückführung und Integration in die Familie bzw. individuelle Hilfe zur Verselbstständigung« (www.tüllingerhöhe.de).

Die Heilpädagogischen Tagesgruppen
befinden sich sowohl im Stammheim als auch in den Außenstellen. Insgesamt sind es acht Gruppen, die unterschiedlich als Regel-, Intensiv- und Verselbstständigungsgruppen strukturiert sind. Sie sind auf jeweils neun Kinder und Jugendliche ausgerichtet, die den Schulbesuch in den Kleinklassen der Heimschule für Erziehungshilfe absolvieren und begleitend therapeutische Hilfen bekommen können. Bei diesen jungen Menschen sind die Schwierigkeiten nicht so gravierend, dass eine stationäre Unterbringung nötig ist. Sie werden zielgerichtet von Montag bis Freitag von 12:30 Uhr bis 17:00 Uhr heilpädagogisch gefördert. Auch verlängerte Betreuungszeiten bis 18:15 Uhr sind möglich. Zum Abend kehren sie in ihre Familien zurück. In der begleiteten Freizeit werden vielfältige handwerkliche, sportliche, kreative, musikalische sowie kunst- und erlebnispädagogische Aktivitäten angeboten. Der Aufgabenkatalog entspricht weitgehend dem des Heims, wobei die Eltern- und Familienarbeit einen besonders hohen Stellenwert hat und sehr intensiv betrieben wird. Es werden Elternseminare angeboten, und es wird aufsuchende Elternarbeit geleistet. Besondere Akzente setzen im Jahreslauf – für Kinder wie Eltern – Feierlichkeiten, die gründlich und freudvoll vorbereitet und durchgeführt werden. Nach zwei bis drei Jahren sind die Kinder und Jugendlichen so weit, dass sie die spezielle heilpädagogische Förderung in der Tagesgruppe nicht mehr brauchen. Nach intensiver Vorbereitung und mit begleitenden Hilfen kehren sie in ihr Herkunftsmilieu zurück.

Die psychologisch-therapeutische Abteilung
hat die Arbeitsschwerpunkte Psychodiagnostik, Psychotherapie und Beratung und arbeitet als Teil des interdisziplinären Verbundsystems der »Tüllinger Höhe«. Die vier Diplom-Psychologen und approbierten Psychotherapeuten koordinieren die Kooperation mit medizinischen, jugendpsychiatrischen und anderen Fachkräften. Der Aufgabenkatalog verdeutlicht die Arbeit der Abteilung (www.tüllinger¬höhe.de):

- »Gewährleisten von rascher und gezielter Hilfe für Kinder und Jugendliche
- Nachhaltige Unterstützung der Persönlichkeitsentwicklung
- Gestalten von therapeutischen Schutz- und Entwicklungsräumen zum Aufarbeiten und Bewältigen von psychischen Konflikten und traumatischen Erfahrungen
- Aufbau sozialer und lebenspraktischer Kompetenzen
- Förderung einer eigenverantwortlichen und sinnerfüllten Lebensgestaltung
- Verbesserung der Eltern-Kind-Beziehung durch die Förderung eines neuen Verständnisses der Eltern für die Probleme ihres Kindes
- Unterstützung des therapeutischen Milieus in den Wohn- und Tagesgruppen
- Interdisziplinäre Auseinandersetzung und Koordination der Hilfen für das Kind«.

Somit hat die psychologisch-therapeutische Abteilung einen höchst bedeutsamen Stellenwert innerhalb des Heims »Tüllinger Höhe« und verleiht der Arbeit eine Qualität, wie es sie in den deutschen Heimen bis in das dritte Viertel des 20. Jahrhunderts nicht oder nur ansatzweise gab.

Die Schule für Erziehungshilfe
auf der Tüllinger Höhe ist ihrem Auftrag entsprechend eine Übergangsschule. Die Schülerinnen und Schüler sollen baldmöglichst in eine allgemeine Schule umgeschult werden. Für 140 Kinder und Jugendliche werden Bildungsgänge der Grundschule, der Werkrealschule, der Realschule und der Förderschule angeboten. Die Schulgebäude sind unter Mitwirkung der Lehrerschaft zweckentsprechend und ansprechend geplant und errichtet worden. Die engagierte und erfolgreiche schulische Arbeit der 30 – zur Fortbildung verpflichteten – Lehrerinnen und Lehrer zeigt sich im Zustand des Gebäudekomplexes, der einwandfrei und ansehnlich ist. Es gibt keinerlei mutwillige Zerstörungen oder Farbschmierereien. Es ist geglückt, auch vom Äußeren her eine »therapeutische Atmosphäre« zu schaffen, die auf alle Beteiligten angenehm und beruhigend wirkt.

Der Unterricht wird nach den Lehrplänen der entsprechenden Schule in gut ausgestatteten Kleinklassen mit durchschnittlich neun Schülern erteilt. Als Besonderheit ist eine »Schülerfirma« eingerichtet worden, in der Jugendlichen der Oberstufe »durch ein intensives Training beruflicher Basisqualifikationen wie Zuverlässigkeit, Kundenfreundlichkeit, Durchhaltevermögen, Sozialkompetenz, Organisationsfähigkeit und Freude am praktischen Tun bessere Chancen auf einen beruflichen Einstieg« ermöglicht werden sollen (Beckert/Horn 2012, 14). In allen Klassen sind typische konzeptionelle Elemente wie Klassenlehrerprinzip (Vertrauensaufbau durch Zuwendung – »Liebe auf Vorschuss« – bei personaler Stetigkeit), Lern- und Leistungsförderung (z. B. Kleingruppen, Lese-Rechtschreib- und Mathewerkstatt, Projektunterricht), Rhythmisierung (z. B. Regelmäßigkeit, verlässliche Strukturen), soziales Training (z. B. Rollenspiele, heilpädagogisches Konflikttraining) und Bewegungsförderung (z. B. viel Sport und Spiel, mehrere Tage wandern, reiten) von großer Bedeutung und werden systematisch praktiziert. Für die Schule sind drei Hauptziele zu nennen:

- »Schrittweiser Aufbau eines tragfähigen und nachhaltigen Lern-, Leistungs- und Sozialverhaltens
- Gleichzeitige Überwindung von emotionalen, sozialen und Bildungsdefiziten
- Wechsel in eine allgemein bildende Schule oder in eine Berufsausbildung« (www.tüllingerhöhe.de).

Die »Tüllinger Höhe« hat auch ein Ambulanzlehrer-System (▶ Kap. 7.1.2) mit der Bezeichnung »Sonderpädagogischer Dienst«. In diesem Dienst sind fünf Lehrerinnen und Lehrer mit einem Teil ihres Stundendeputats beobachtend, diagnostizierend, unterrichtend sowie beratend tätig und werden von Schulen im gesamten Landkreis Lörrach nachgefragt. Ihr Aufgabenfeld bezieht sich auf Schüler, Lehrer und Eltern mit den nachfolgenden Einzelaufgaben:

- »Beratung von Eltern, Schülern, Lehrern, Schulleitern
- Weiterentwicklung des sonderpädagogischen Profils der allgemeinen Schulen (Fortbildung, Pädagogische Tage u. a.)
- Einzelfallhilfen an den allgemeinen Schulen
- Angebote für Kleingruppen und Klassen
- Vermittlung und Vernetzung, Fortschreibung und Kontrolle individueller Hilfeangebote
- Abstimmung von Hilfeangeboten zwischen Jugendhilfe, Schule und Fachdiensten
- Integrationshilfe für Rückkehrer aus E-Schulen
- Konzeptionelle Weiterentwicklung der Kooperationsarbeit (intern und im Bereich des Staatlichen Schulamts Lörrach)« (»Tüllinger Höhe«: Sonderpädagogischer Dienst der Schule für Erziehungshilfe – Bericht als Skript, Lörrach 2013, 5).

Den Kindern und Jugendlichen auf der »Tüllinger Höhe« stehen für vielfältige Aktivitäten neben Spielplätzen auch ein großer Sportplatz und sogar ein Hippodrom mit zwei Therapie-Pferden zur Verfügung. Last but not least ist noch zu erwähnen, dass die »Tüllinger Höhe« eine gut eingerichtete und geleitete Küche hat, die täglich 180 Mittagessen bereitet, für das leibliche Wohl der Kinder und Jugendlichen sowie der Mitarbeiter sorgt und damit einen bedeutenden Stellenwert in der Gesamtkonzeption hat.

Mit ihrer inneren wie äußeren Organisation bietet diese Jugendhilfeeinrichtung den ihr anvertrauten jungen Menschen gute Chancen für eine positive Entwicklung und ihren Mitarbeitern sehr gute, zufriedenstellende Arbeitsbedingungen auf der Höhe der Zeit.

Da sich in den letzten Jahren die Gewaltproblematik insbesondere bei Kindern und Jugendlichen deutlich verschärft hat, Kinder- und Jugendgewalt inzwischen nicht nur auf den Straßen, sondern auch in allen Schulen ein Problem ist, wird immer wieder der Ruf nach geschlossenen Heimen laut in der Hoffnung auf die bessere Effizienz einer Erziehung, die den Kindern und Jugendlichen klare Grenzen setzt und es ihnen nicht gestattet, sich erzieherischer Beeinflussung nach Belieben zu entziehen. Zentrale Indikation ist eine bestehende Fremd- und/oder Eigengefährdung, der anders nicht begegnet werden kann. Geschlossene Unterbringungsmöglichkeiten sind in den Jahren 2003 und 2004 in sechs Bundesländern eingerichtet worden (Sonderpädagogik in Berlin, Heft 3/2004, 15). Aktuell bestehen in Deutschland insgesamt 16 Heimeinrichtungen mit freiheitsentziehenden Maßnahmen, die sich zum 2007 gegründeten Arbeitskreis »GU 14+« zusammengeschlossen haben (www.geschlo¬ ssene-heime.de, 2013). Alle Einrichtungen arbeiten nach dem Prinzip der individuellen Geschlossenheit; die Jugendlichen sollen entsprechend ihres Entwicklungsstandes sukzessive an Eigenverantwortlichkeit und größere Freiräume herangeführt werden (siehe auch Stadler 2006). Eine empirische Studie zur Einschätzung und Effizienz freiheitsentziehender Maßnahmen (FM) kommt zu folgendem Schluss: »Wenn sich die Jugendlichen auf den Hilfeprozess einlassen bzw. sich ihm anpassen können, betonen sie recht häufig und zunächst unabhängig von objektiven Erfolgskriterien den subjektiven Gewinn und ihre sozialen Lernerfahrungen während der FM. Der Zwangscharakter tritt dann zunehmend in den Hintergrund« (Hoops/ Permien 2006, 128). Auffällig ist, dass sich die Einrichtungen nach wie vor auf nur sechs der 16 Bundesländer konzentrieren (in den östlichen findet sich keine einzige) und zehn der 16 Einrichtungen in Baden-Württemberg und Bayern liegen.

Allerdings bleiben optimal organisierte Kleinstheime, Lernwohngruppen sowie Living-in-Programme die »ultima ratio« für die schwierigsten jungen Menschen.

Insbesondere seit den 1990er Jahren werden in verstärktem Maße auch stringente Konzepte der Erlebnispädagogik als Alternative oder auch Ergänzung zu anderen sozialpädagogischen Formen der Erziehungshilfe diskutiert (vgl. z. B. Bauer/Nickolai 1990; Fischer/Ziegenspeck 2000).

Weltweite Bedeutung für eine den Anregungs- und Bewegungsdrang der Jugend nutzende Abenteuer- und Erlebnispädagogik, die intensivste Hingabe und sportlichen Vergleich stimuliert sowie auf physische und psychische Stärkung ausgerichtet ist, gewann Kurt Hahn. Hahn, der berühmt gewordene Landerziehungsheime gründete, engagierte sich nicht nur mit Durchsetzungswillen und Kreativität als Pädagoge, sondern auch als Politiker (vgl. Hahn 1998). Mit seiner anspruchsvollen und zielgerichteten Pädagogik haben die seit einiger Zeit wegen ihres enormen finanziellen Aufwands und einiger sinnloser Eskapaden immer wieder sehr kritisch diskutierten sozialpädagogischen Abenteuerreisen jedoch nur noch wenig gemein.

Zu den pädagogisch-therapeutischen Erlebnis-und Abenteuerprojekten gehören z. B. Erkundungen in Wald und Feld, Umgang mit Pferden, Lamas oder auch anderen Tieren, Wanderungen, Klettern oder Hüttenaufenthalte in einsamer Bergwelt, Fahrten mit dem Moped oder dem Bus in nahe und ferne Länder oder auch monatelange Segelfahrten (vgl. z. B. Bach 2016; Gäng 2017; Streicher/Harder/Netzer 2015; Weber 2017). Am Beispiel des sozial-therapeutischen Segelns, das seit einigen Jahren durchgeführt wird, soll dieser Ansatz verdeutlicht werden.

Ein Segelschiff lässt sich verstehen als »Heilpädagogisches Jugendheim zur See«. Das Schiff ist ein geschlossener, aber schützender Raum, den man nicht verlassen, in dem man sich aber geborgen fühlen kann. »Die Begrenzung« des Schiffes durch das umgebende Meer wird als naturgegeben und selbstverständlich erlebt, eine Opposition gegen den »geschlossenen Charakter« des Schiffes taucht bei den Jugendlichen nicht einmal als Gedanke auf (Schenk 1984, 7; siehe auch Fischer/ Ziegenspeck 2000, 281 ff.).

Die Teilnehmer der Fahrt, nicht nur Jungen, sondern auch Mädchen, die Seeleute und die seemännisch versierten Pädagogen bilden eine Mannschaft, eine Gemeinschaft, in der jeder auf jeden angewiesen ist. Die Aufgaben, die zu harter, verhaltensformender Arbeit werden, stellen das Schiff, das Meer, der Wind, nicht Lehrer oder Erzieher. Der Zwang zur Reaktion, zur Auseinandersetzung, zur Arbeit resultiert aus der Situation und reflexhafter Motivation – sozusagen »auf der untersten Stufe einer Motivationshierarchie« (Schenk 1984, 16) –, die im Miteinanderleben, über gegenseitiges Verstehen und gegenseitige Hilfe zu einem komplexen Motivationsgefüge werden kann. Raum für eine positive Entwicklung wird auch dadurch gegeben, »dass die Abenteuerlust der Jugendlichen aufgrund der breiten Erlebnisqualität einer Segelfahrt angemessen abgeführt und befriedigt werden kann. Die oft in kriminellen Handlungen fehlgeleiteten Energien werden durch die Bereitschaft dieses Erlebnisfeldes absorbiert« (Kupko 1981, 35).

Das gemeinsame Bestehen von Abenteuern und Gefahren schafft Zuwendung und Identifikation unter den Menschen und auch dem Schiff gegenüber, das für einen da ist, das einen beschützt, um das man sich sorgen muss – und das deshalb pfleglich und schonend behandelt wird. Bewusste Zerstörung und destruktive Unachtsamkeiten – wie in so vielen Heimen – kommen nicht vor. Nach Wochen auf Fahrt verändert sich das Kommunikationsverhalten: »Man beginnt sich anzuschweigen, alle, auch die Erwachsenen, werden auf sich selbst zurückgeführt« (Kupko 1981, 8). Introspektion, Auseinandersetzung mit sich selbst, verändertes Erleben und Neubewertung schaffen »erst die therapeutischen Voraussetzungen, tatsächlich an Probleme zu stoßen, die den einzelnen Jugendlichen wirklich bewegen« (a. a. O.).

Kontrolliertes, gesteuertes Verhalten wird eingeübt über die alltäglichen »All-Hands-Manöver«, wie sie bei An- und Ablegen, beim Segelsetzen und Segelbergen notwendig sind. Auch die turnusmäßig stattfindenden Alarm- und Notübungen trainieren Kooperationsbereitschaft, Verantwortungsbewusstsein, Disziplin. Vielfältig sind die Möglichkeiten, Verantwortung zu übernehmen und Verantwortungsbewusstsein zu entwickeln, indem nämlich haushälterisch gewirtschaftet werden muss, Arbeiten so erledigt werden müssen, dass sich die anderen darauf verlassen können, bei der Übernahme der Wache nicht nur die Aufgabe besteht, das Schiff zu beobachten, sondern auch den Schlaf der Mannschaft zu bewachen (Gravert 1983, 12). Nach dieser Herausstellung einzelner Tätigkeiten und ihrer möglichen Effekte ist jedoch Folgendes zu bedenken und zu berücksichtigen: »Therapeutische Segelfahrten sind keine Aneinanderkettung einzelner therapeutischer Vorgänge. Das gesamte Schiff, der gesamte Tagesablauf, die gesamte Reise sind als therapeutische Einheit zu sehen, die unter vielfältigen Aspekten die Jugendlichen ganzheitlich anspricht« (Günder 1985, 72).

In der Bundesrepublik sind inzwischen mehrere interessante und gut organisierte Segelfahrt-Projekte ausgelaufen, die nach wie vor in mancherlei Hinsicht Vorbildcharakter haben. Verwiesen sei beispielhaft auf den Verein »Das Christliche Jugenddorf Deutschland«, der 13 Jahre lang den Segelschoner »Zuversicht« mit dem Heimathafen Eckernförde hatte, auf den Hamburger Verein »Sozialarbeit und Segeln«, der 15 Jahre das Segelschiff »Undine« betrieb und gegenwärtig allgemeine Kinder- und Jugendhilfe leistet, und auf das traditionsreiche »Rauhe Haus« in Hamburg, das mit dem Schiff »Nostra« sozialpädagogische/therapeutische Segelfahrten mit acht Jugendlichen und einer vierköpfigen Besatzung durchführte. Die Fahrten, die in die Nord- und Ostsee sowie im Winter in den Mittelmeerraum gingen, dauerten fünf Monate und mündeten in eine ebenfalls fünf Monate während Nachbehandlungsphase an Land, in der die Pädagogen von Bord mit den Jugendlichen eine Heimgruppe bildeten (vgl. dazu: Fentrop 1985, 42 ff.). Weithin bekannt wurde der Verein »Jugendschiff Corsar« in Bevenstedt bei Bremerhaven durch den großen Zweimast-Staksegelschoner »Outlaw«, der bis 1987 für Fahrten mit 16 Jugendlichen genutzt werden konnte. Zur seemännischen Besatzung gehörten der Kapitän, Steuermann, Wachoffizier, Bootsmann und Maschinist, zur pädagogischen Besatzung ein Lehrer, drei Sozialpädagogen und ein Psychologe. Die Segelfahrten gingen im Sommer in die Nord- und Ostsee, im Winter in den Mittelmeerraum, in das Rote Meer und das Seegebiet um die Kanarischen Inseln, jeweils für einen Zeitraum von fünf bis sechs Monaten. Diese Reisen wurden vorbereitet und – was von größter Wichtigkeit ist – durch psychologische, schulische und berufliche Maßnahmen nachbereitet.

Die Kosten pro Tag für die nicht grundsätzlich als effektiv einzuschätzenden Maßnahmen entsprachen dem Tagessatz in konventioneller Heimerziehung.

Der im Hinblick auf Segelprojekte mit schwierigen Jugendlichen unter seinem Vorsitzenden Prof. Jürgen Ziegenspeck einst sehr rührige »Bundesverband Segeln – Pädagogik – Therapie e. V.« hat sich aufgelöst und umgestaltet zum »Bundesverband Individual- und Erlebnispädagogik e. V.«, der sich, wie das Institut für Erlebnispädagogik an der Universität Lüneburg, praktisch und theoretisch der gesamten Vielfalt erlebnispädagogischer Disziplinen widmet (vgl. Bundesverband Individual- und Erlebnispädagogik 2013; Institut für Erlebnispädagogik 2013). Noch existierende, auf Segeln auch für Kinder und Jugendliche mit Verhaltensstörungen ausgerichtete Vereine machen nur kurze, bis zu einwöchige Fahrten mit mehr arbeits- und freizeitpädagogischem Schwerpunkt, wie z. B. der »Verein für sozialpädagogisches Segeln« auf dem Bodensee oder der Verein »Segeln für Behinderte – Club für Behinderte und ihre Freunde« mit Sitz in Köln, der vorwiegend im Zülpicher See segelt.

7.2.3 Heimschulen

Vielen Heimen sind Heimschulen bzw. Schulen für Erziehungshilfe an Erziehungsheimen angegliedert. Sie stellten über lange Zeit in der Bundesrepublik die Mehrzahl der schulischen Einrichtungen für Kinder und Jugendliche mit Verhaltensstörungen dar, was allerdings zur Zeit nicht mehr der Fall ist (vgl. Willmann 2007a, 29). Die Heimschulen, die früher »eine relativ starke Abgeschlossenheit – um nicht zu sagen Isolierung« zeigten (Mücke/Steinbrecher 1957, 95), haben sich in den vergangenen Jahren (»bidirektional«) mehr und mehr nach außen geöffnet, nehmen »Außenschüler« auf und geben Heimschüler an die öffentlichen Schulen (Willmann 2007, 29).

Auch die Heimschulen unterliegen abolitionistischen Tendenzen. So beschloss z. B. der Senat der Freien und Hansestadt Hamburg 1983, »die bisherigen Heimschulen zur Verbesserung der schulischen Entwicklungschancen von Kindern und

Jugendlichen in öffentlicher Erziehung durch die Schulische Erziehungshilfe, die am Prinzip der Individualförderung orientiert ist, abzulösen« (Behörde für Arbeit, Jugend und Soziales 1984). Nach diesem Konzept besuchen Kinder und Jugendliche, die in öffentliche Erziehung genommen werden müssen, weiterhin die Schulen, in die sie zuvor gegangen waren.

Die relativ freizügige, sehr aufwändige und kostenträchtige Hamburger »Schulische Erziehungshilfe« (SE), die inzwischen aufgegeben werden musste, wurde nach dem Prinzip der Subsidiarität erst dann aktiv, wenn die öffentliche Schule für den Jungen oder das Mädchen Unbeschulbarkeit im Regelschulbereich feststellte. Auf Antrag wurde dann in der Anfangsphase »die Erteilung von schulersetzendem Unterricht« vorgesehen. »In der Eingliederungsphase« sollte »schulergänzender Unterricht (9 bzw. 5 Stunden wöchentlich)« durchgeführt werden (a. a. O., 3).

Vorzugsweise wurde Einzelunterricht erteilt; bei entsprechenden Lern- und Verhaltensvoraussetzungen konnte auch in Kleinst- bzw. Kleingruppen unterrichtet werden. »Die Zielsetzung der SE verlangt ein gegenüber der herkömmlichen Schule stark verändertes Arbeitskonzept und ein hohes Maß an Einsatzbereitschaft und Flexibilität der Unterrichtenden. Formal muss ein hochdifferenzierter Einsatz- bzw. Stundenplan erstellt werden, der zudem beständig sich verändernden Situationen anzupassen ist. Dabei sind sowohl vor- wie nachmittägliche Unterrichtsstunden als auch unterschiedliche Einsatzorte und Wegstrecken zu berücksichtigen« (Isenbiel/Kugler, Hamburg 1985, 9; vgl. auch Kugler 1984).

Die Lehrer der SE waren also Ambulanzlehrer im Bereich öffentlicher Erziehung. Zugeordnet waren sie sieben so genannten Schulstellen, in denen Räume und Materialien verfügbar waren, Konferenzen stattfanden und der Schulstellenleiter seinen Sitz hatte. Die gesamte schulische Erziehungshilfe wurde von einem eigenen Oberschulrat geleitet.

Obwohl über das Hamburger Modell der schulischen Erziehungshilfe positive Erfahrungsberichte vorliegen (vgl. z. B. Kugler 1984), hat sich das System nicht durchhalten lassen. Es ist abgelöst worden durch ein allgemeines Konzept schulischer Integration bzw. Inklusion (▶ Kap. 7.1).

In den letzten Jahren hat sich die Kooperation zwischen öffentlicher Schule und der Jugendhilfe, d. h. auch mit den Heimen, wesentlich verbessert. Unterschiedlichste Formen kooperativer Erziehungshilfe werden praktiziert (siehe auch das Kapitel Kooperation mit der Jugendhilfe in ▶ Kap. 7.1.3). »Mit sehr hohem Aufwand trägt die Jugendhilfe Sondermaßnahmen, um den Regelschulbesuch zu sichern und muss dennoch häufig erleben, dass die betreffenden Kinder eine Haltung massiver Schulverweigerung einnehmen« (Ellinger/Hoffart/Möhrlein 2007, 28).

Beispielhaft sei auf ein solches, ganztagsschulisch orientiertes Kooperationsmodell verwiesen: Im Erich-Kästner-Kinderdorf in Bayern wird die Schule – was eine als Innovation empfundene Besonderheit darstellt – in Verantwortung der Jugendhilfe geführt – eine Organisationsform, die Jahrzehnte vorher und jahrzehntelang z. B. in Hamburg üblich war, wo die damalige Jugendbehörde ihre »eigenen« Heimschulen hatte und nicht die Schwierigkeiten zu meistern brauchte, die im Erich-Kästner-Kinderdorf gegeben sind. Als es für besonders belastete und schwierige – zum Teil als unbeschulbar geltende – Schülerinnen und Schüler zwischen sechs und sechzehn Jahren aller Schultypen in dem Erich-Kästner-Kinderdorf als notwendig erachtet wurde, sie im Rahmen des Heimes zu beschulen, musste eine Kooperation mit einer Schule für Kranke organisiert werden, um eine Lehrkraft zu erhalten. »Dies machte für jedes Kind eine Krankschreibung bzw. zum Teil einen Antrag auf Hausunterricht nötig, der jeweils in relativ kurzen Zeit Intervallen verlängert werden musste« (Ellinger/Hoffart/Möhrlein 2007, 29). In der Ganztagsschule im Heim sind für elf Schülerinnen und Schüler ein Sonderpädagoge, eine Dipl.-Sozialpädagogin, eine Ergotherapeutin, eine Praktikantin und ein Unterrichtshelfer tätig, was einem – gegenwärtig durchaus üblichen – Betreuungsschlüssel von 3,3 zu 1 entspricht. Dies ermöglicht insbesondere Kindern, deren Störung mit unsicheren Bindungsmustern liiert ist, Beziehungen herzustellen und sich auf feste Bindungen einzulassen. Als eine der Stärken des Projekts wird die Gleichrangigkeit von Jugendhilfe und Schule gesehen (vgl. a. a. O., 34; siehe auch Ellinger 2007 und Hoffart et al. 2008).

Heimschulen und auch Klinikschulen sind heutzutage in ihrer Mehrzahl gut ausgestattete und effektiv arbeitende Einrichtungen selbst für Kinder und Jugendliche mit schwersten Verhaltensstörungen und machen gestufte, differenzierende Angebote auch für die in der Umgebung wohnenden Schüler mit Förderbedarf in sozial-emotionaler Hinsicht (▶ Kap. 7.2.2).

7.3 Kriminalpädagogische Institutionen

Strafvollzug wird durchgeführt in verschiedenen Typen von Strafanstalten. Es gibt in der Bundesrepublik Deutschland nach der Statistik vom 31.08.2012 insgesamt 186 Vollzugsanstalten, und zwar 171 für den geschlossenen und 15 für den offenen Vollzug (Statistisches Bundesamt 2012d, 5).

Von diesen Anstalten sind die weitaus meisten reine Männer- und nur wenige reine Frauenanstalten. Außerdem bestehen in Männeranstalten Abteilungen für Frauen. Unter den genannten 195 Anstalten befinden sich einige Anstalten nur für Jugendliche, für die zudem auch noch Jugendabteilungen an den Anstalten für Erwachsene existieren. Für Jugendliche besteht im Vorfeld der Jugendstrafe als institutionelle Sonderform die Jugendarrestanstalt.

Psychisch schwerstgestörte Delinquenten werden in Sonderformen des Vollzugs, wie sozialtherapeutischen Anstalten und so genannten Sonderanstalten, rehabilitiert. Eigene Anstalten oder separierte Abteilungen in Vollzugsanstalten stehen für Untersuchungshäftlinge zur Verfügung.

So wie die Anzahl der Frauenanstalten im Vergleich zu den Männeranstalten sehr klein ist, ist die Zahl der inhaftierten Frauen (2004 = 4012, 2008 = 3916, 2012 = 3721) in Relation zur Gesamtpopulation der im Strafvollzug Inhaftierten (2004 = 79 329, 2008 = 73 203, 2012 = 65 722) so klein, dass Frauen im Vollzug unter quantitativem Gesichtspunkt keine große Rolle spielen (Statistisches Bundesamt 2012d, 5). Als Ursachen könnte man sensiblere soziale Wahrnehmung, entsprechend angepasstes Sozialverhalten, eine andere Sozialisation durch Eltern und Altersgenossen oder auch neuropsychologische Aspekte diskutieren.

Da die inhaftierten Frauen so stark in der Minderheit sind, werden sie im Vollzug sträflich vernachlässigt. Die Anstalten und Abteilungen für Frauen an Männeranstalten sind meist überbelegt. Es gibt zu wenig weibliche Bedienstete. Das Angebot an Freizeit- und Behandlungsmaßnahmen ist zu gering. Die kleine Zahl der Anstalten bzw. Abteilungen bedingt weite Wege bei Ausgang und Urlaub. Die Vernachlässigung des Frauenvollzugs hat in manchen Anstalten der Bundesrepublik problematische Zustände erbracht.

Die Erwachsenenanstalt ist auf einen Behandlungsvollzug, die Jugendanstalt auf einen Erziehungsvollzug ausgerichtet. Bei jugendlichen Straftätern geht der Gesetzgeber davon aus, dass Erziehungsbedürftigkeit und Erziehbarkeit gegeben sind und dass die Inhaftierung für eine tertiäre Sozialisation, d. h. für Korrektur- und Nacherziehung, genutzt werden kann. Erwachsenen Straftätern gegenüber setzt der Gesetzgeber voraus, dass er es mit vollentwickelten, mündigen Bürgern zu tun hat, die freiwillig und selbstverantwortlich an ihrer Behandlung mitwirken. Behandlung im Vollzug hat dabei auch die Funktion, den negativen Folgen von Degradierung, Stigmatisierung und Prisonisierung entgegenzuwirken.

Das Ziel sowohl für den Erwachsenen- wie für den Jugendvollzug ist nach § 2 des Strafvollzugsgesetzes (StVollzG), die Gefangenen zu befähigen, »künftig in sozialer Verantwortung ein Leben ohne Straftaten zu führen«. Da der Justizvollzug auch die ausdrückliche Aufgabe hat, dem Schutz der Allgemeinheit vor weiteren Straftaten zu dienen, ist die Vollzugsanstalt eine Mehrzweckinstitution.

Die Aufgaben der Erziehung, der Behandlung, des Schutzes der Allgemeinheit erbringen eine Fülle von Nebenaufgaben. Es geht um Persönlichkeitserforschung, Schul- und Berufsausbildung, Einzel- und Gruppenbetreuung, Sport- und Freizeitveranstaltungen, Organisation der Arbeit, pädagogische und therapeutische Maßnahmen im Hinblick auf Persönlichkeitsstörungen, seelsorgerische und ärztliche Betreuung, Maßnahmen der Entlassungsvorbereitung und die vielen Teilaufgaben, die damit verbunden sind, dass eine große Zahl von Menschen untergebracht, ernährt und gekleidet werden muss.

Die meisten Jugendlichen und jungen Erwachsenen im Strafvollzug zeigen deutliche psychosoziale Störungen, die besondere Interventionsmaßnahmen notwendig machen (▶ Kap. 9.6).

Pädagogik im Strafvollzug ist deshalb als Erziehung und Bildung/Ausbildung unter erschwerten Bedingungen zu verstehen. In dieser Darstellung geht es lediglich um den Jugendvollzug (JV); eine enge Verbindung von Erziehung und Bildung ist realiter nur hier gegeben. Für den Jugendstrafvollzug in den östlichen Bundesländern gilt, dass seit 1990 eine erhebliche Umorientierung von einem Verwahrvollzug zu einem Behandlungs- bzw. Erziehungsvollzug erfolgen musste.

Wenn es die Schwere der Schuld nicht erforderlich macht (z. B. schwere Körperverletzung, Mord, Totschlag), haben Jugendliche, die Straftaten begangen haben, vor einer Einweisung in eine Strafanstalt Maßnahmen erfahren, die das Jugendgerichtsgesetz (JGG) als Erziehungsmaßregeln und als Zuchtmittel bezeichnet. In den Paragraphen 13 und 16 sowie 17 ff. werden mit den Anstalten des Jugendarrests und des Jugendstrafvollzugs die Institutionen genannt, die für jugendliche Straftäter vorgesehen sind; in den Paragraphen 90, 91 und 92 werden Ausführungen zum Vollzug in diesen Anstalten gemacht (JGG 2001, 242–243):

§ 13. Arten und Anwendung (1) Der Richter ahndet die Straftaten mit Zuchtmitteln, wenn Jugendstrafe nicht geboten ist, dem Jugendlichen aber eindringlich zum Bewusstsein gebracht werden muss, dass er für das von ihm begangene Unrecht einzustehen hat.
(2) Zuchtmittel sind

1. die Verwarnung,
2. die Erteilung von Auflagen,
3. der Jugendarrest.

(3) Zuchtmittel haben nicht die Rechtswirkung einer Strafe.

§ 16. Jugendarrest. (1) Der Jugendarrest ist Freizeitarrest, Kurzarrest oder Dauerarrest.
(2) Der Freizeitarrest wird für die wöchentliche Freizeit des Jugendlichen verhängt und auf eine oder zwei Freizeiten bemessen.
(3) Der Kurzarrest wird statt des Freizeitarrestes verhängt, wenn der zusammenhängende Vollzug aus Gründen der Erziehung zweckmäßig erscheint und weder die Ausbildung noch die Arbeit des Jugendlichen beeinträchtigt werden. Dabei stehen zwei Tage Kurzarrest einer Freizeit gleich.
(4) Der Dauerarrest beträgt mindestens eine Woche und höchstens vier Wochen. Er wird nach vollen Tagen oder Wochen bemessen.

§ 90. Jugendarrest. (1) Der Vollzug des Jugendarrestes soll das Ehrgefühl des Jugendlichen wecken und ihm eindringlich zum Bewusstsein bringen, dass er für das von ihm begangene Unrecht einzustehen hat. Der Vollzug des Jugendarrestes soll erzieherisch gestaltet werden. Er soll dem Jugendlichen helfen, die Schwierigkeiten zu bewältigen, die zur Begehung der Straftat beigetragen haben.
(2) Der Jugendarrest wird in Jugendarrestanstalten oder Freizeitarresträumen der Landesjustizverwaltung vollzogen. Vollzugsleiter ist der Jugendrichter am Ort des Vollzugs.

Für die Ausgestaltung des Arrests ist eine »Verordnung über den Vollzug des Jugendarrestes (Jugendarrestvollzugsordnung – JAVollzO)« erlassen worden, die in einigen wichtigen pädagogisch relevanten Teilen wiedergegeben wird:

§ 10. Erziehungsarbeit. (1) Der Vollzug soll so gestaltet werden, dass die körperliche, geistige und sittliche Entwicklung des Jugendlichen gefördert wird.
(2) Die Erziehungsarbeit soll im Kurzarrest von mehr als zwei Tagen und im Dauerarrest neben Aussprachen mit dem Vollzugsleiter namentlich soziale Einzelhilfe, Gruppenarbeit und Unterricht umfassen. Beim Vollzug des Freizeitarrestes und des Kurzarrestes bis zu zwei Tagen soll eine Aussprache mit dem Vollzugsleiter nach Möglichkeit stattfinden.

415

§ 11. Arbeit und Ausbildung. (1) Der Jugendliche wird zur Arbeit oder nach Möglichkeit zum Unterricht oder zu anderen ausbildenden Veranstaltungen herangezogen. Er ist verpflichtet, fleißig und sorgfältig mitzuarbeiten.

§ 18. Freizeit. (1) Der Jugendliche erhält Gelegenheit, seine Freizeit sinnvoll zu verbringen. Er wird hierzu angeleitet. Aus erzieherischen Gründen kann seine Teilnahme an gemeinschaftlichen Veranstaltungen angeordnet werden.

§ 26. Fürsorge für die Zeit nach der Entlassung. (1) Fürsorgemaßnahmen, die für die Zeit nach der Entlassung des Jugendlichen notwendig und nicht schon anderweitig veranlasst worden sind, werden in Zusammenarbeit mit den Trägern der öffentlichen und freien Jugendhilfe vorbereitet.
(JAVollzO 2001, 61–64; JAVollzO 2013)

Während für den Jugendarrest eine spezielle Vollzugsordnung vorliegt, ist diese für den Jugendstrafvollzug jeweils auf Ebene der Bundesländer geregelt. Die Bundesländer haben sich allerdings auf rahmengebende Verwaltungsvorschriften (VVJug.) geeinigt. Allerdings sind nach der Definition von Jugendstrafe in den Paragraphen 17 und 18 JGG im § 91 spezifische Aussagen zum Vollzug im erzieherischen Sinne zu finden.

§ 17. Form und Voraussetzungen (1) Die Jugendstrafe ist Freiheitsentzug in einer Jugendstrafanstalt.
(2) Der Richter verhängt Jugendstrafe, wenn wegen der schädlichen Neigungen des Jugendlichen, die in der Tat hervorgetreten sind, Erziehungsmaßregeln oder Zuchtmittel zur Erziehung nicht ausreichen oder wenn wegen der Schwere der Schuld Strafe erforderlich ist.

§ 18. Dauer der Jugendstrafe. (1) Das Mindestmaß der Jugendstrafe beträgt sechs Monate, das Höchstmaß fünf Jahre. Handelt es sich bei der Tat um ein Verbrechen, für das nach dem Allgemeinen Strafrecht eine Höchststrafe von mehr als zehn Jahren Freiheitsstrafe angedroht ist, so ist das Höchstmaß zehn Jahre. Die Strafrahmen des allgemeinen Strafrechts gelten nicht.
(2) Die Jugendstrafe ist so zu bemessen, dass die erforderliche erzieherische Einwirkung möglich ist.

§ 91. Aufgabe des Jugendstrafvollzugs. (1) Durch den Vollzug der Jugendstrafe soll der Verurteilte dazu erzogen werden, künftig einen rechtschaffenen und verantwortungsbewussten Lebenswandel zu führen.
(2) Ordnung, Arbeit, Unterricht, Leibesübungen und sinnvolle Beschäftigung in der freien Zeit sind die Grundlagen dieser Erziehung. Die beruflichen Leistungen des Verurteilten sind zu fördern. Lehrwerkstätten sind einzurichten. Die seelsorgerische Betreuung wird gewährleistet.

(3) Um das angestrebte Erziehungsziel zu erreichen, kann der Vollzug aufgelockert und in geeigneten Fällen weitgehend in freien Formen durchgeführt werden.
(4) Die Beamten müssen für die Erziehungsaufgaben des Vollzugs geeignet und ausgebildet sein.

§ 92. Jugendstrafanstalten. (1) Die Jugendstrafe wird in Jugendstrafanstalten vollzogen.
(2) An einem Verurteilten, der das achtzehnte Lebensjahr vollendet hat und sich nicht für den Jugendstrafvollzug eignet, braucht die Strafe nicht in der Jugendstrafanstalt vollzogen werden. Jugendstrafe, die nicht in der Jugendstrafanstalt vollzogen wird, wird nach den Vorschriften des Strafvollzugs für Erwachsene vollzogen. Hat der Verurteilte das vierundzwanzigste Lebensjahr vollendet, so soll Jugendstrafe nach den Vorschriften des Strafvollzugs für Erwachsene vollzogen werden.
(Jugendrecht 2007, 408 f.; 431 f.)

Das JGG wird gerade im Hinblick auf Jugendarrest und Jugendstrafvollzug seit langem kritisiert. Es wurde eine breite Diskussion über die Vereinheitlichung von Jugendgerichtsgesetz und Jugendwohlfahrtsgesetz zu einem Jugendhilfegesetz geführt. Eine solche Vereinheitlichung fand jedoch nicht statt. Im Zuge der Novellierung des JWG zu einem Kinder- und Jugendhilfegesetz (KJHG) wurde das JGG nur geringfügig verändert; es bleibt also als spezielles Gesetz für delinquente bzw. kriminelle Jugendliche bestehen. Nach wie vor wird jedoch zumindest eine gründliche Novellierung des JGG angestrebt.

Maßnahmen im Jugendarrest wie im Jugendvollzug sollen erzieherische Funktion haben.

Der Jugendarrest wird als jugendstrafrechtliche Sanktion in speziellen Anstalten bzw. Einrichtungen als Freizeitarrest mit bis zu zwei Freizeiten, als Kurzarrest bis zu vier Tagen und als Dauerarrest bis zu vier Wochen durchgeführt. Jugendarrest wurde auf der Basis von Vorschlägen aus der Zeit vor dem Ersten Weltkrieg von den Nationalsozialisten 1940 zunächst auf dem Verordnungswege eingeführt und dann 1943 im Reichsjugendgerichtsgesetz (RJGG) festgeschrieben. Jugendarrest war bis 1974 mit viel Isolation in einer Zelle, mit strengen Tagen und hartem Lager verbunden. Seit 1976 ist er sozialpädagogisch ausgerichtet, d. h. beim Kurzarrest von mehr als zwei Tagen und im Dauerarrest sind »erzieherische Ausgestaltung durch Aussprache mit dem Vollzugsleiter, soziale Einzelhilfe, Gruppenarbeit, Unterricht, Arbeit, Ausbildung und sinnvolle Freizeitgestaltung« vorgesehen (Dünkel 1990, 429; §§ 10–11 JAVollzO).

Bei deutlichen regionalen Unterschieden sind die räumlichen und personellen Bedingungen in den Jugendarrestanstalten schlechter als im Jugendstrafvollzug und werden insgesamt gesehen als »trostlos« bewertet (Dünkel 1990, 431). Dauerarrestanten werden zunächst für ein oder zwei Tage völlig isoliert und eingeschlossen. Einen Eindruck vom halboffenen Vollzug vermittelt die nachfolgende Beschreibung des Tagesablaufs in einer Arrestanstalt: »Morgens um 7.00 Uhr ist

Wecken und Zellenaufschluss, um 7.30 Uhr Frühstück und anschließend Arbeitszeit. Um 12.00 Uhr gibt es Mittagessen, bis 12.30 Uhr ist Mittagspause. Laut Hausordnung dauert die Arbeitszeit bis 16.00 Uhr. In der anschließenden Freistunde bis 17.30 Uhr haben die Jugendlichen die Möglichkeit, Briefe zu schreiben oder Bücher zu tauschen. Um 17.30 Uhr ist Abendessen, und in der darauffolgenden Gemeinschaftsstunde bis 19.00 Uhr kann auch die Sporthalle benutzt werden. Der Einschluss erfolgt gegen 19.30 Uhr, das Zellenlicht wird um 21.00 Uhr gelöscht« (Schumann 1986, 363). In Bremen, woher diese Beschreibung stammt, ist der Jugendarrest inzwischen eingestellt, die Anstalt geschlossen worden. In vielen Anstalten dürfte aber auch gegenwärtig noch ein gleicher oder ähnlicher Tagesablauf wie der beschriebene gegeben sein.

Einer der Gründe liegt darin, dass nach wie vor stark auf Schock und Abschreckung gesetzt wird. Den Jugendlichen und Heranwachsenden soll verdeutlicht werden, wie es ist, eingesperrt zu sein, und was sie für mindestens sechs Monate erwartet, wenn sie nicht von Straftaten ablassen und zu einer Jugendstrafe verurteilt werden. Die Schockwirkung des Arrests zielt auf tiefgreifende Erschütterung ab. Der Jugendliche oder Heranwachsende soll hierdurch dazu gebracht werden, seine bisherigen Einstellungen und Verhaltenstendenzen zu hinterfragen, umzudenken und dementsprechend auch das Verhalten zu ändern.

Systematische Erziehungsmaßnahmen kommen im Freizeit- und Kurzarrest kaum zum Tragen. Für Dauerarrestanten gibt es aber auch konsequent pädagogisch ausgerichteten Arrestvollzug. In Hamburg z. B. ist der Arrestvollzug »weitgehend den Verhältnissen in Freiheit angeglichen. Zivilkleidung, Bewegungsfreiheit im Innern, Öffnung der Anstalt über Besuche und Ausgang, ungehinderte Kommunikation mit der Außenwelt über Telefon- und Postverkehr sowie Hilfsangebote bei Arbeits-, Wohnungssuche etc. und im Rahmen problemorientierter Einzel- und Gruppengespräche stellen wesentliche Elemente des Vollzugs dar« (Dünkel 1990, 430). Es werden Formen der Projektarbeit realisiert und Nachbetreuungsmaßnahmen angestrebt. Die Begrenztheit der erzieherischen Einwirkung im Freizeitarrest wird kritisch bewertet; mehr Möglichkeiten bestehen hier im Dauerarrest. Dies kann zu einem zwar zynisch wirkenden, aber im Hinblick auf Erziehungswirkungen nachvollziehbaren Plädoyer für Dauerarrest führen. Immer wieder wurde und wird sowohl seitens der Wissenschaft als auch kriminalpädagogischer Praktiker über die grundsätzliche Abschaffung des Jugendarrests diskutiert. Zudem ist zu bedenken, dass stationäre Maßnahmen möglicherweise nicht effektiver sind als ambulante, wie etwa soziale Trainingskurse.

Mit dem Stichtag des 31.03.2012 waren in den deutschen Jugendstrafanstalten insgesamt 5796 Gefangene untergebracht – mit einer Strafzeit bis zu einem Jahr 1360, mit mehr als einem Jahr 4436 und auf unbestimmte Dauer niemand mehr (Statistisches Bundesamt 2012 f., 16 f.). Die Verurteilungsmöglichkeit zu einer Zeit von unbestimmter Dauer ist mit der Novellierung des JGG im Zuge des Erlasses des KJHG 1990 abgeschafft worden. Dass fast dreimal (2,76) so viele Jugendliche, Heranwachsende und junge Erwachsene zu einer längeren Strafe von mehr als einem Jahr verurteilt wurden als zu einer kürzeren Strafe unter einem Jahr verweist darauf, dass die Jugendrichter im Sinne einer ultima ratio nur sehr schwierige Wiederholungstäter in den Jugendstrafvollzug einweisen und dass sie

einen längeren Zeitraum für eine effektive Durchführung von Erziehungsmaßnahmen als notwendig ansehen. Ein pädagogischer Gedanke mag auch dahinter
stecken, wenn im März 2006 von den 6995 Gefangenen im Jugendstrafvollzug 2942 oder 42 % über 21 Jahre alt und somit Erwachsene waren. Die ursprüngliche Idee des »Jugend«-Strafvollzugs wird damit allerdings konterkariert
(▶ Kap. 1.1.2).

Als Grundlagen der Erziehung nennt das JGG – wie dem oben zitierten § 91 zu
entnehmen ist – Ordnung, Arbeit, Unterricht, Leibesübungen und sinnvolle Beschäftigung in der freien Zeit. Die Reihung dieser basalen Erziehungsbereiche ist
traditionsbedingt und wird nicht mehr unbedingt im Sinne einer nach unten ab-
nehmenden Gewichtung verstanden. Gefragt werden soll nunmehr danach, inwieweit diese Bereiche auf die durch die Jugendlichen und die Anstalt gegebenen
Erschwernisse ausgerichtet sind, d. h. inwieweit Pädagogik im Vollzug

• sonderpädagogisch ausgerichtete *Schulpädagogik,*
• sonderpädagogisch und sozialpädagogisch ausgerichtete *Berufsbildungs-* und
• *Freizeitpädagogik* ist.

Eine sonderpädagogisch ausgerichtete Schulpädagogik geht von vielfältigen De-
fiziten im kognitiven, emotionalen und sozialen Bereich der Inhaftierten aus
(▶ Kap. 9.6). Die Aufgabe besteht in einer Aufarbeitung dieser Probleme mit dem
zentralen Ziel der Änderung hin zu einem sozial verantwortlichen, selbstständigen
Leben. Dieser Aufgabe wird die Schule im Vollzug gegenwärtig nur bedingt gerecht.
Es besteht verbreitet eine Einengung auf den kognitiven Bereich. Defizite im Hin-
blick auf den schulischen Fächerkanon sollen durch Kurse aufgearbeitet werden.
Die Lehrer sind in der Regel nicht Sonderpädagogen. Sie sind Angehörige der
Landesjustizbehörden und gehören innerhalb der Anstalten zum so genannten
Sozialstab, woraus sich deutliche Nachteile ergeben. Nach wie vor kann die
Schulpädagogik im Jugendstrafvollzug nicht als sonderpädagogisch orientiert bezeichnet werden. Welche spezifischen Elemente in didaktischer, methodischer und
pädagogisch-therapeutischer Hinsicht die vollzugliche Schulpädagogik zu realisieren hat, will sie die erschwerten Bedingungen berücksichtigen, verdeutlicht
nachfolgende Übersicht (vgl. Myschker/Hoffmann 1984):

1. Didaktische Elemente:
   – Bezug der Bildungsinhalte zur Lebenssituation vor der Inhaftierung (Ver-
     gangenheitsaspekt),
   – Bezug der Bildungsinhalte zur Lebenssituation in der Vollzugsanstalt (Gegen-
     wartsaspekt),
   – Bezug der Bildungsinhalte zur Lebenssituation nach der Entlassung (Zu-
     kunftsaspekt).
2. Methodische Elemente:
   – Angepasste zeitliche Planung (von relativ kurzen zu längeren Zeiteinheiten),
   – angemessener Wechsel der Aktivitäten,
   – Differenzierung der Anforderungen (individualisiertes Lernen), Einsatz
     motivierender Materialien und Medien, Kleingruppenarbeit.

3. Pädagogisch-therapeutische Elemente:
   - Schaffung einer förderlichen Lernatmosphäre,
   - pädagogischer Bezug (emotional positive Schüler-Lehrer-Beziehung),
   - positive Verstärkung (Ermutigung),
   - hilfreiche Gesprächsführung (im Sinne der Prinzipien der Gesprächspsychotherapie),
   - Life-space Interview (Konfliktbearbeitung in der konkreten Situation),
   - Metakommunikation (Reflexion über Verhalten), gruppendynamische Übungen,
   - Einsatz spezieller Techniken (z. B. Rollenspiel, Videofeedback, kunst-, musik-, bewegungstherapeutische Verfahren).

Dies bedingte aber eine andere, eben sonderpädagogisch orientierte Ausbildung der Lehrerinnen und Lehrer im Jugendstrafvollzug.

Berufliche Ausbildung wird in den Jugendanstalten getragen von Berufsschullehrern im ausbildungsbegleitenden Unterricht, die in Berufsschulen beschäftigt sind und als Externe stundenweise in die Anstalt kommen, sowie von Handwerksmeistern, die Angestellte der Justizbehörde sind.

Das Ausbildungsangebot ist zwar recht groß, beschränkt sich aber zumeist auf die traditionellen Handwerksberufe. Auch die berufspädagogischen Maßnahmen sind nicht – wie es notwendig wäre – sonderpädagogisch ausgerichtet. Zwar werden besondere Erschwernisse der Jugendlichen bei arbeitstherapeutischen Angeboten berücksichtigt, allerdings fehlt es bisher noch an einer konsistenten, erzieherisch orientierten Arbeit, die rehabilitationspädagogischen Anforderungen gerecht würde. Pädagogen mit berufspädagogischer und sonderpädagogischer Qualifizierung, eine Kombination, die an einigen Universitäten angeboten wird (▶ Kap. 8.3), sind bisher im vollzuglichen Ausbildungssystem kaum vertreten.

Die sozialpädagogischen Aufgabenstellungen sind in den Jugendanstalten umfangreich und haben große Bedeutung. Sozialpädagogen müssen z. B. Zugangsgespräche führen, bei der Aufstellung, Durchführung und Weiterentwicklung von Vollzugsplänen mitarbeiten, bei der Einzelberatung, in der Gruppenarbeit, in Behandlungs-, Betreuungs- und Wohngruppen tätig sein, soziale Trainings durchführen und Unterstützung bei Suchtproblematiken leisten, die Beziehungen der jugendlichen Inhaftieren zu Personen außerhalb der Anstalt aufrechterhalten und fördern helfen, Entlassungen vorbereiten und Hilfen zur Entlassung geben. Sie stehen im Vollzug einerseits stets in der Gefahr, ihre eigentlichen Aufgaben der sozialpädagogischen Hilfe zur Selbsthilfe den Inhaftierten gegenüber zugunsten vollzuglich-administrativer Aufgaben zu vernachlässigen – andererseits ist aber auch die Gefahr der übermäßigen Identifizierung und Solidarisierung mit den Inhaftierten gegeben, wodurch sie in einen Gegensatz geraten können zu den Sicherheits- und Ordnungsansprüchen der Anstalt.

Nach Paragraph 91 JGG ist auch die »sinnvolle Beschäftigung in der freien Zeit« eine Grundlage der Erziehung. Freie Zeit haben die jungen Inhaftierten in der Regel von 17.00 bis 21.00 Uhr mit Verkürzungen oder Verlängerungen aus aktuellen Anlässen. Inwiefern und inwieweit diese freie Zeit durch sinnvolle Beschäftigung zu füllen ist, hängt davon ab, was Gruppenerzieher als sinnvoll verstehen und was die

Gefangenen zufrieden stellt. Diese beiden Variablen können sich decken, können aber auch weit auseinanderklaffen. Zum einen ist wohl einzusehen, dass nach dem Gesetzesverständnis und wegen der Lerndefizite der Jugendlichen auch im Hinblick auf Freizeitgestaltung die Einschätzung der »Beamten« bzw. Erzieher einen gewissen Vorrang haben muss. Die Jugendlichen haben in der Regel nicht gelernt, Freizeit zur individuellen Bedürfnisbefriedigung im Rahmen eines selbstständigen und sozial verantwortlichen Lebens zu nutzen, d. h. sich zu entspannen, sich zu regenerieren, innovatorische Aspekte des Lebens zu entdecken. Sie betäuben vielmehr im Gegenteil Langeweilegefühle mit Alkohol, besuchen Spielhallen und bilden Gruppierungen, aus denen heraus es leicht zu kriminellen Handlungen kommen kann. Zu berücksichtigen ist auch, dass sie in der Anstalt ihrer gewohnten Freizeitgestaltung in keiner Weise nachgehen können. Auch andere übliche Freizeitgestaltungsmöglichkeiten – wie die Interaktion mit dem anderen Geschlecht, Reisen und Wandern, Fahrten mit dem Auto, dem Motorrad oder dem Fahrrad – sind ihnen nicht möglich. Es besteht also sowohl von den Vollzugsintentionen als auch von den Jugendlichen her ein starkes Bedürfnis nach einer Anleitung zur sinnvollen Beschäftigung in der freien Zeit innerhalb der gegebenen vollzuglichen Rahmenbedingungen. Hier muss deshalb eine Aufgabe gesehen werden, die genauso wichtig zu nehmen ist wie schulische und berufliche Ausbildung. Das ist bisher im nötigen Ausmaß zu wenig der Fall. Es werden zwar viele Angebote gemacht, wie im sportlichen Bereich Ballspiele, Tischtennis oder auch Kraftsport, im musischen Bereich Musizieren, Malen, Basteln, im technischen Bereich die Arbeit mit Computern oder im Bereich verbaler Interaktion über Gesprächsgruppen, die sich mit Alkoholproblemen (Anonyme Alkoholiker) oder mit psychopathologischen Fragen (z. B. bei Sexualtätern und jungen Menschen mit schweren Verhaltensstörungen) beschäftigen. Es fehlt aber – insgesamt gesehen – ein systematischer pädagogisch-therapeutischer Aufbau, der sich an den Erschwernissen orientiert und zielgerichtet, neigungsorientiert, Motivationen setzend und kontinuierlich realisiert wird. Es hängt zu sehr von äußeren Umständen und somit auch zufälligen Gegebenheiten ab, welche Angebote den Inhaftierten gemacht werden (vgl. Myschker/Hoffmann 1993).

Wie bedeutsam, aber auch wie problematisch die Verordnung, Umsetzung und Wirkung der Maßnahmen nach JGG, aber auch ihre Verzahnung mit anderen Bereichen und Professionen, insbesondere der Jugendhilfe, ist, zeigt der beeindruckende Bericht der Jugendrichterin Heisig über ihre Arbeit in Berlin (vgl. Heisig 2010).

7.4 Pädagogisch-psychiatrische Institutionen

»Sonderpädagogische Förderung kann«, wie es in den KMK-»Empfehlungen zum Förderschwerpunkt emotionale und soziale Entwicklung « 2000 heißt, »zeitweise oder auch auf längere Dauer in psychiatrischen oder forensischen Einrichtungen erfolgen. Hier ist sie in das Gesamtkonzept der Rehabilitation eingebunden und zielt darauf ab, für die Dauer des Aufenthalts dem Kind oder Jugendlichen eine schulische oder berufliche Bildung zu sichern, die ihm nach der Entlassung eine schulische oder berufliche Eingliederung ermöglicht. Es können auch Bildungsabschlüsse erworben oder Berufsausbildungen absolviert werden« (a. a. O., 25).

In der Bundesrepublik Deutschland existierten im Jahr 2000 insgesamt 114 Fachabteilungen für Kinder- und Jugendpsychiatrie, in denen 30 273 Patienten mit einer durchschnittlichen Verweildauer von 48,1 Tagen stationär behandelt wurden (Statistisches Bundesamt 2001a, 44). Im Jahre 2010 wurden in den inzwischen auf 137 angestiegenen kinder- und jugendpsychiatrischen Fachabteilungen mit 5460 Betten 45 895 junge Patienten zur vollstationären Behandlung aufgenommen. Die durchschnittliche Verweildauer betrug 39,0 Tage und war damit nach der in Fachabteilungen für psychotherapeutische Medizin/Psychosomatik die zweitlängste aller Patienten in den verschiedenen Krankenhausabteilungen. 204 junge Menschen mussten in Pflegeheime überwiesen werden. Die höchste Zahl der Entlassungen ging mit einer Anzahl von 1307 Patienten an andere Krankenhäuser (Statistisches Bundesamt 2011a, 25). Es ist von einem erheblichen Anstieg des Bedarfs an Plätzen in der Kinder- und Jugendpsychiatrie auszugehen.

Die weitaus meisten Kinder und Jugendlichen sind im schulpflichtigen Alter. Sie werden in angegliederten Schulklassen oder Schulen für Kranke oder auch in öffentlichen Schulen unterrichtet (siehe dazu: Kollmar-Masuch 1987; Frey/Wertgen 2012).

Wie die Schule für Erziehungshilfe hat sich auch die kinder- und jugendpsychiatrische Klinik in jüngerer Zeit hinsichtlich ihrer Funktionsbereiche erheblich ausdifferenziert. So wurden etwa neben den traditionellen stationären Bereichen heilpädagogisch-therapeutische Abteilungen mit Heimcharakter, therapeutische Wohngemeinschaften, insbesondere aber Tageskliniken, Ambulanzen oder Beratungsstellen geschaffen (vgl. etwa Remschmidt 2000, 431).

Besonders bewährt haben sich die Konzepte der Ambulanz und der Tagesklinik. Die Ambulanz »schafft im Vorfeld der Klinik die Möglichkeit eines schnellen unbürokratischen Zugangs, Hilfe und Problemlösung am Konfliktort selbst, bevor noch die Herausnahme des Kindes oder Jugendlichen aus seinem gewohnten sozialen Umfeld notwendig wird. Die Ambulanz arbeitet präventionsorientiert, sie schafft eine stärkere Gemeindenähe im Rahmen eines sektorisierten Angebotes. Ihre Aufgaben bestehen darüber hinaus in einer ambulanten Nachversorgung und der Therapiekontrolle« (Mörtl 1989, 100).

Tageskliniken, die auch eigenständig, ohne Angliederung an eine Vollklinik, organisiert sein können, nehmen nur tagsüber solche Kinder und Jugendliche auf, bei denen die quantitative und qualitative Ausprägung der Symptomatik eine teilstationäre Behandlung als erfolgreich erscheinen lässt. Zur Nacht kehren die Patienten in ihre Familien zurück, die eine gewisse Stabilität haben sollten und gewährleisten können, dass die Heranwachsenden die Tagesklinik regelmäßig besuchen. Wie bei umfassenden Konzepten in der Heimerziehung bezieht auch die Tagesklinik die Familien in die therapeutische Arbeit mit ein. Die Kinder besuchen zum Teil öffentliche Schulen oder werden einzeln und in kleinen Gruppen innerhalb der Tagesklinik unterrichtet (vgl. Paul 1985). Tageskliniken haben den Vorteil, dass

Kinder nicht von der Familie separiert werden müssen (vgl. Remschmidt 2000, 409) und dass sich innerhalb der Klinik personale Beziehungen leichter und konstanter aufbauen lassen, weil der so problematische Schichtdienst entfällt.

In der Kinder- und Jugendpsychiatrie hat sich in den letzten Jahren sehr deutlich gezeigt, dass psychopathologische Symptome und Syndrome auf einem interaktionalen Hintergrund zu sehen und systematisch anzugehen sind (▶ Kap. 9).

Für die Prävention wie für die Therapie sind stabile menschliche Beziehungen der bedeutendste Faktor. Im Hinblick auf Interventionsmethoden spielen psychotherapeutische und heil- bzw. sonderpädagogische Verfahren eine bedeutende Rolle. So werden im schulischen Bereich wie auch in der Freizeitbetreuung pädagogisch-therapeutische Verfahren eingesetzt, mit denen über Spiel und künstlerische Gestaltung, über Bewegung und über Entspannung, über Gespräche und gemeinsame Aktionen Krisen überwunden, Konflikte bearbeitet, Verhaltensweisen verlernt oder neu gelernt und Entwicklungsrückstände ausgeglichen werden sollen.

Den großen Kliniken für Kinder- und Jugendpsychiatrie sind Schulen für Kranke mit zum Teil qualitativ wie quantitativ guter pädagogischer Ausstattung angegliedert. In kleineren Kliniken gibt es meist nur weniger gut ausgestattete Sonderklassen. Die Beschulungsdauer differiert sehr zwischen wenigen Tagen und mehreren Jahren. Die sich daraus ergebenden Probleme für die Unterrichts- wie für die Therapieplanung sind groß (vgl. etwa Frey/Wertgen 2012). Die Lehrerschaft ist sehr heterogen: tätig sind Gymnasial-, Realschul-, Hauptschul-, Grundschullehrer sowie Sonderpädagogen. Die Heterogenität der Lehrerschaft verweist auf die große Heterogenität der Schülerschaft, die nicht nur bestimmt wird durch unterschiedliche schulische Vorbildung, sondern vor allem durch die sehr unterschiedlichen Krankheitsbilder bzw. Verhaltensstörungen. Eine gut ausgebaute Schule kann natürlich der aus der Heterogenität der Schülerschaft resultierenden Differenzierungs- und Individualisierungsaufgabe besser gerecht werden als ein im Extremfall aus nur einem Lehrer bestehendes Kleinsystem. In den Kleinsystemen mit ein oder zwei Lehrern werden Pädagogen nicht selten dadurch überfordert, dass sie »ständige Bereitschaft zur Auseinandersetzung sowohl mit den psychisch gestörten Patienten als auch im Team der Mitarbeiter« (Ärzte, Erzieher, Pfleger, Psychologen, Schwestern) realisieren müssen, wie schon Sprengel (1976, 150) feststellte. Dies gilt kaum verändert. Auch wenig verändert ist festzustellen, dass sich die Schulen für Kranke an kinder- und jugendpsychiatrischen Kliniken schwer damit tun, ein eigenes Selbstverständnis zu entwickeln. Das liegt nicht nur an Problemen der äußeren und inneren Organisation, sondern auch daran, dass sie in das nach dem Zweiten Weltkrieg konzipierte Ordnungssystem des Sonderschulwesens nicht einbezogen wurden. Wenn es auch lernbeeinträchtigte und geistigbehinderte Kinder und Jugendliche in den Schulen gibt, sind Klinikschulen/-klassen im Kontext Kinder- und Jugendpsychiatrie, sowohl nach der Schülerschaft als auch nach der schulischen Tradition, in den organisatorischen Rahmen schulischer Einrichtungen für Kinder und Jugendliche mit Verhaltensstörungen einzubeziehen. Analysen pädagogisch-therapeutischer Aufgabenstellung und -realisation verdeutlichen die Möglichkeiten wie die Bedeutung einer Pädagogik bei Verhaltensstörungen im klinischen Schulbereich (siehe Mörtl 1989; vgl. auch Frey/Wertgen 2012).

7.5 Berufspädagogische Institutionen

Das doppelt duale System in Deutschland mit den Systemen der Allgemeinbildung und der Berufsbildung sowie – innerhalb der Berufsbildung – der Dualität von schulischer (theoretischer) und betrieblicher (praktischer) Ausbildung birgt insbesondere für Jugendliche und junge Erwachsene mit Auffälligkeiten des Verhaltens und Erlebens einige Probleme, die zu einem Scheitern der beruflichen Sozialisation führen können. Dabei hat sich gerade das berufliche duale System im Hinblick auf Qualität im internationalen Vergleich sehr bewährt. Nach wie vor nehmen jedoch zu viele junge Menschen nach Absolvierung der Pflicht zum Besuch der allgemeinbildenden Vollzeitschule keine Ausbildung auf, brechen diese ab und drohen dann als Ungelernte in ein von Arbeitslosigkeit, auch von Drogenabhängigkeit und Straffälligkeit bedrohtes Leben zu geraten.

Die für die Schulen zuständigen Kultusbehörden der Länder sowie die für Arbeit zuständigen Behörden mit der Bundesagentur für Arbeit an der Spitze und dem Bundesinstitut für Berufsbildung versuchen in Realisation und Evaluation der Gesetzgebung auf Länder- und Bundesebene seit Jahrzehnten diese Problematik zu bewältigen. So fördern sowohl die Kultusbehörden als auch die Bundesagentur für Arbeit berufsvorbereitende Bildungsmaßnahmen; wesentliche Aufgabe der Bundesagentur sind auch die berufsausbildenden Maßnahmen. Einer Pädagogik der beruflichen Rehabilitation (vgl. Biermann 2008) fehlt es aber nach wie vor an Stringenz; an vielen Stellen ist sie zugleich Maßnahmendickicht wie »Theorie-Steinbruch« (a. a. O., 207 f.).

»Schülerinnen und Schüler mit Förderbedarf im Bereich der sozialen und emotionalen Entwicklung haben erhöhte Schwierigkeiten beim Übergang in die Berufs- und Arbeitswelt. Neue personale Bezüge, ungewohnte Anforderungen, veränderte Kommmunikationsstrukturen können zu Unsicherheiten im Verhalten, zu Leistungsversagen und Rückzug auf alte Verhaltensmuster, auch zu Aggressionen und Verweigerung führen. Ausbildungsverhältnisse scheitern dann, wenn Hilfen für den Übergang fehlen«, wird in den KMK-Empfehlungen (2000, 27) zum hier relevanten Förderschwerpunkt festgestellt. Intensive Berufshinführung im Sinne von »Berufsorientierung und Vorbereitung auf Beruf und Leben sind Schwerpunkte in den allgemeinen Schulen und Sonderschulen des Sekundarbereichs I« (a. a. O.).

Möglichkeiten bieten sich im Fach Arbeitslehre, das seit 1969 auch unter dem Aspekt der Berufshinführung eingerichtet worden ist (vgl. etwa Stein 2011b), durch gut betreute Betriebspraktika und durch die frühzeitige Einbeziehung der Berufsberatung der Agenturen für Arbeit (siehe auch Winkler 2009). Dabei sind die Effekte der schulischen Bemühungen umso größer, je mehr es gelingt, Handlungsorientierung zu realisieren.

Gerade in den Förderschulen sind daher insbesondere in den beiden letzten Jahrzehnten die Bemühungen intensiviert worden, Aspekte einer Arbeits- und Berufsorientierung in unterschiedlichster Form bereits in die letzten Schuljahre zu integrieren. Die Konzepte und Projekte richten sich dabei insbesondere auf folgende Ansatzpunkte (vgl. auch die Zusammenstellung von Projekten bei Ellinger/Stein/Breitenbach 2006):

- Praktika und sonstige Zeiten in Betrieben oder Werkstätten
- Enge Kooperation verschiedener Institutionen am Übergangsbereich Schule – Arbeit/Beruf
- Einrichtung von Schülerfirmen und Entwicklung zu Produktionsschulen
- Vermittlung von Ausbildung, Arbeitstätigkeiten und ehrenamtlichen Einstiegshilfen nach Ableisten der Schulpflicht

Unter Umständen, so hat ein Forschungsprojekt der Universität Würzburg gezeigt (vgl. a. a. O.), ist nach der Schulzeit die Vermittlung in Nischenarbeitsplätze wichtig, um aus einer Phase der Demotivation zum weiteren Lernen heraus dessen Sinnhaftigkeit (neu) zu erkennen und entsprechend neue Motivation für berufliche Bildung zu gewinnen.

Falls nach der Schule keine Ausbildungsreife vorliegt oder junge Menschen keine klare Perspektive haben, in welchen Bereich sie gehen möchten (wobei hier immer wieder auch unrealistische Vorstellungen ein Problemfeld sind), besteht ein Netzwerk berufsvorbereitender Maßnahmen. Dieses hatte sich über die Jahrzehnte zu einem wahren, noch dazu regional sehr unterschiedlich geprägten Dickicht entwickelt. Dieses wurde mittlerweile ein wenig gelichtet. Personenkreis und Anforderungen für diese Maßnahmen werden grundlegend im Abschnitt 2, Berufsausbildungsvorbereitung, des neuen Berufsbildungsgesetzes (BBiG 2005) unter § 68 definiert:

§ 68. Personenkreis und Anforderungen

(1) Die Berufsausbildungsvorbereitung richtet sich an lernbeeinträchtigte oder sozial benachteiligte Personen, deren Entwicklungsstand eine erfolgreiche Ausbildung in einem anerkannten Ausbildungsberuf noch nicht erwarten lässt. Sie muss nach Inhalt, Art, Ziel und Dauer den besonderen Erfordernissen des in Satz 1 genannten Personenkreises entsprechen und durch umfassende sozialpädagogische Betreuung und Unterstützung begleitet werden.

(2) Für die Berufsausbildungsvorbereitung, die nicht im Rahmen des Dritten Buches Sozialgesetzbuch oder anderer vergleichbarer, öffentlich geförderter Maßnahmen durchgeführt wird, gelten die §§ 27 bis 33 entsprechend. (Bundesministerium für Bildung und Forschung 2013, 15)

Besonders bedeutsame Maßnahmen der Berufsvorbereitung sind die beiden folgenden:

Das Berufsvorbereitungsjahr (BVJ) ist schulisch orientiert, wird landesspezifisch recht unterschiedlich umgesetzt und besteht in verschiedenen Varianten. »Schüler und Schülerinnen im schulischen Berufsgrundbildungsjahr erhalten eine berufsfeldbezogene Grundbildung (z. B. in den Berufsfeldern Metalltechnik, Elektrotechnik, Wirtschaft und Verwaltung). Der Unterricht wird in Vollzeitform durchgeführt. Ist der Besuch erfolgreich, kann er auf die Berufsausbildung im dualen System durch eine Verkürzung der Ausbildungszeit angerechnet werden« (BMBF 2006, 180). Das BVJ dauert in der Regel ein Jahr und wird an Berufsschulen angeboten. Zielgruppen sind vor allem Schüler ohne Hauptschulabschluss sowie

Abgänger aus Förderschulen. Es sollen für verschiedene Berufsfelder fachpraktische und fachtheoretische Grundqualifikationen vermittelt werden, auch, um schulische Lücken zu schließen. Die Teilnehmer sollen ihre berufsbezogenen Möglichkeiten und Grenzen erproben und kennenlernen. Das BVJ wird mit einer Prüfung abgeschlossen, wobei sich durch eine Zusatzprüfung auch der Hauptschulabschluss erwerben lässt. Für den Fall, dass ein junger Mensch anschließend in ein Arbeitsverhältnis (also keine Ausbildung) einsteigt, kann mit dem BVJ zugleich die Berufsschulpflicht erfüllt werden. Das BVJ kann auch mit einer Internatsunterbringung verknüpft werden.

2005 wurden verschiedene bis dahin existierende Vorbereitungsmaßnahmen durch das Konzept der Berufsvorbereitenden Bildungsmaßnahmen (BvB) abgelöst (vgl. INBAS 2004). Dieses Konzept basiert auf dem § 61 SGB III (vgl. Niehaus/Jäger 2009) und soll eine Ergänzung zu den schulischen Vorbereitungsangeboten bieten. Dabei richtet es sich an besondere Zielgruppen: Neben Jugendlichen mit mangelnder Ausbildungsreife oder fehlender Berufseignung sind dies junge Menschen mit Lernbeeinträchtigungen, mit Behinderungen, Un- und Angelernte, sozial Benachteiligte, junge Menschen mit Migrationshintergrund sowie solche Jugendlichen, denen die Aufnahme einer Ausbildung nicht gelungen ist, um ihre Marktchancen und ihre Handlungsfähigkeit zu erhöhen (a. a. O., 154). Diese Bildungsmaßnahmen sind gegliedert in eine Orientierungs- und Motivationsphase, eine Vertiefungsphase sowie eine Ablösungs- oder Übergangsphase. Neben den »normalen« BvB 1, die prinzipiell an einer maximalen Laufzeit von neun Monaten orientiert sind, bestehen mit den rehaspezifischen BvB 2 denn doch Möglichkeiten der Verlängerung, noch einmal erweitert in Form der BvB 3 als intensiv-rehaspezifische Maßnahmen. Zu den zentralen Zielen der Individualisierung von Angeboten, der Straffung der Maßnahmen sowie ihrer Ausschreibung kommt für alle BvB die Einrichtung einer Bildungsbegleitung hinzu, welche den jungen Menschen durch die Vorbereitung leitet.

Die BvB haben im Rahmen der Reform 2004/2005 unter anderem die lange Zeit sehr bekannten Förderlehrgänge abgelöst. Ziele dieser Reform lagen nicht nur darin, den Maßnahmendschungel etwas zu lichten, sondern zugleich, die immer wieder zu beobachtende, unter Umständen über mehrere Jahre reichende Aneinanderreihung vorbereitender Maßnahmen auf das Nötige zu reduzieren – und über die verbleibenden, gegebenenfalls unterschiedlichen Maßnahmen hinweg eine kontinuierliche Begleitung einzurichten. Kritiker sehen darin auch eine Maßnahme, um die Förderung zu kürzen und damit auch die Ausgaben der öffentlichen Hand. Das im Grunde sehr sinnvolle Konzept der Bildungsbegleitung ist insofern in seiner Umsetzung bedroht, als denn doch wieder auch der Auftrag dieser Begleitung an diejenigen Einrichtungen vergeben wird, welche zugleich die (punktuellen) Maßnahmen durchführen – und damit der übergreifende Gedanke dieses Konzepts nicht mehr wirken kann.

Die berufliche Ausbildung kann im Anschluss an die berufsvorbereitende Förderung in einem regulären Betrieb, in einer überbetrieblichen Einrichtung (z. B. Lehrwerkstatt) oder in einem Berufsbildungswerk durchgeführt werden.

Im Fall des besonderen Unterstützungsbedarfs für das Gelingen einer Ausbildung in einem regulären Betrieb können Ausbildungsbegleitende Hilfen (AbH) greifen. Diese stellen neben der außerbetrieblichen Ausbildung eine der beiden Säulen der sozialpädagogisch orientierten Berufsausbildung dar (Bundesministerium für Bildung und Forschung 2005; siehe unten). Im Rahmen der AbH wird durch eine Begleitperson, häufig Sozial- oder auch Sonderpädagogen, zum einen gezielter Stütz- und Förderunterricht angeboten, zum anderen jedoch auch – und dies ist gerade bei jungen Menschen mit Auffälligkeiten des Verhaltens und Erlebens wichtig – eine sozialpädagogische Begleitung. Diese kann Hilfen bei besonderen Problemen bieten, bei Amtsgängen helfen, sozialpädagogische Gruppen- sowie Freizeitangebote organisieren und durchführen, Bewerbungstrainings durchführen oder Kontakte stiften. Oft sind es aber die wichtigen Hilfen zur kleinen Bewältigung des Alltags (Beschaffen eines Weckers, Unterstützung, morgens zur Arbeit zu kommen) oder auch bei großen Krisen (Trennung vom Partner, Frustrationen mit drohendem Ausbildungsabbruch usw.), die einen Erfolg der Ausbildung bedingen.

Berufsausbildung in einer außerbetrieblichen Einrichtung (BaE) ist für solche Jugendlichen gedacht, die den Anforderungen eines Betriebs in der freien Wirtschaft noch nicht genügen können, die aber auch nicht der komplexen Betreuung und Förderung eines Berufsbildungswerks bedürfen. In Einrichtungen überbetrieblicher Ausbildung arbeiten Ausbilder, Lehrkräfte und Sozialpädagogen im Team miteinander und sind darin geschult, die Defizite und Schwierigkeiten der jungen Menschen zu berücksichtigen und sie beim Besuch der Berufsschule zu unterstützen. Die Ausbildung kann nach einem Jahr in einem Außenbetrieb fortgeführt oder in der überbetrieblichen Einrichtung abgeschlossen werden. Diese Form beruflicher Bildung orientiert sich am bereits erwähnten Konzept der früheren »Benachteiligtenförderung«, die nun als sozialpädagogisch orientierte Berufsausbildung geführt wird (Bundesministerium für Bildung und Forschung 2005; Bojanowski/Ratschinski/Straßer 2005).

Ganz grundsätzlich fallen viele junge Menschen mit Problemen des Verhaltens und Erlebens unter die Gruppe der Benachteiligten – denn so, wie diese für die berufliche Bildung definiert wird, impliziert sie gerade auch explizit »Verhaltensgestörte«, die Klientel von Jugendhilfemaßnahmen, Strafentlassene oder ehemalige Drogenabhängige (Biermann 2008, 99).

Für Jugendliche, denen weder eine betriebliche noch eine überbetriebliche Ausbildung zugemutet werden kann, sind Berufsbildungswerke als überregionale Einrichtungen etabliert worden. Berufsbildungswerke sind Einrichtungen der beruflichen Rehabilitation; sie bilden zwar innerhalb des dualen Systems aus, stellen aber realiter ein integriertes System dar, in dem sich Ausbildungswerkstätten, private oder auch staatliche Berufsschulen, begleitende soziale Dienste sowie zumeist auch Wohnmöglichkeiten befinden. Die bundesweit aktuell 52 Berufsbildungswerke halten mehr als 13 000 Ausbildungsplätze vor (vgl. Grünke/Ketzinger/ Hintz 2009). Sie bieten neben Maßnahmen der Berufsvorbereitung eine reguläre Berufsausbildung an, aber auch spezielle Ausbildungsgänge für Menschen mit Behinderungen nach § 66 BBiG – früher als »Werker«-Ausbildungsgänge bekannt, mittlerweile als »Fachpraktiker«. Die Berufsbildungswerke sind traditionell spezialisiert auf bestimmte Formen von Behinderungen. Nachdem junge Menschen mit Verhaltensstörungen traditionell auch, durch die Attestierung eines Reha-Status, in die Förderung in Berufsbildungswerke für Lernbehinderte kommen konnten, ist dies zur Zeit gefährdet, da Maßnahmen beruflicher Rehabilitation für Menschen mit Lernbehinderungen sukzessive zurückgefahren werden. Nachdem der Anteil dieser Auszubildenden in den Berufsbildungswerken traditionell über 50 % lag (vgl. a. a. O., 67 f.), findet derzeit, zusätzlich befeuert durch die allgemeine Entwicklung um Inklusion, ein massiver Umstrukturierungsprozess der Berufsbildungswerke statt. Viele stellen sich dabei um auf die berufliche Förderung von Menschen mit psychischen Störungen, den originären Bereich, in dem Jugendliche mit massiven Verhaltensstörungen traditionell bisher ohnehin, aber nur an wenigen Orten (beispielsweise dem BBW Abensberg oder dem Rotkreuz-Institut BBW Berlin) eine Förderung erhielten.

Für psychisch Schwerbehinderte stehen ergänzend die Werkstätten für Menschen mit Behinderungen (WfbM) zur Verfügung, die auch Berufsbildungsbereiche vorhalten (vgl. Triebel 2010). Nach § 136 SGB IX ist die Werkstatt für behinderte Menschen »eine Einrichtung zur Teilhabe behinderter Menschen am Arbeitsleben ... und zur Eingliederung in das Arbeitsleben. Sie hat denjenigen behinderten Menschen, die wegen Art oder Schwere der Behinderung nicht, noch nicht oder noch nicht wieder auf dem allgemeinen Arbeitsmarkt beschäftigt werden können,

1. eine angemessene berufliche Bildung und eine Beschäftigung zu einem ihrer Leistung angemessenen Arbeitsentgelt aus dem Arbeitsergebnis anzubieten und
2. zu ermöglichen, ihre Leistungs- oder Erwerbsfähigkeit zu erhalten, zu entwickeln, zu erhöhen oder wiederzugewinnen und dabei ihre Persönlichkeit weiterzuentwickeln.

Sie fördert den Übergang geeigneter Personen auf den allgemeinen Arbeitsmarkt durch geeignete Maßnahmen. Sie verfügt über ein möglichst breites Angebot an Berufsbildungs- und Arbeitsplätzen sowie über qualifiziertes Personal und einen begleitenden Dienst« (Sozialgesetzbuch 2008, 1260). Zum Personenkreis gehören auch Menschen mit seelischen Beeinträchtigungen, wenn sie einen entsprechenden Unterstützungsbedarf haben (vgl. Hirsch 2009).

Sehr hilfreich könnten die für die Benachteiligtenförderung seit einer Pilotphase von 2002 bis 2006 aufgebauten Kompetenzagenturen sein. Unter dem Motto »Neue Wege zur Integration besonders benachteiligter Jugendlicher« etablierte das Bundesministerium für Familie, Senioren, Frauen und Jugend (BFSFJ) mit den Kompetenzagenturen ein Modell mit dem Ziel, mehreren tausend jungen Menschen, »die vom bestehenden System der Hilfsangebote für den Übergang in den Beruf nicht profitieren oder den Zugang zu den Unterstützungsleistungen nicht aus eigenem Antrieb finden, Brücken in die Zukunft zu bauen« (BFSFJ 2008, 7). Kompetenzagenturen sollen in enger Kooperation mit verschiedenen Akteuren den Kontakt zu den Jugendlichen aufbauen und sie mit individuellen Hilfen unterstützen, um ihre Chance auf eine Ausbildung zu erhöhen und sie zu integrieren. Das mittlerweile stärker etablierte Programm (BMFSFJ 2013) im Rahmen der Initiative »Jugend stärken« wird vom Europäischen Sozialfonds gefördert und ist aktuell bis Ende 2013 geplant. Im Förderjahr 2011 bestanden 180 lokale Standorte; mit Stand 2013 sind es 195 (Kompetenzagenturen 2013). Die Kompetenzagenturen finden ihre Klientel »mit wirksamen Unterstützungsangeboten« sowie »über die Schulen, die Träger der Grundsicherung (ARGEn) oder über das Jugendamt«. Die Jugendlichen »werden aber auch über offene Jugendarbeit angesprochen oder finden aus Eigeninitiative oder durch Empfehlungen aus dem Bekanntenkreis den Weg zur Kompetenzagentur« (BFSFJ 2008, 9).

Im Zuge der Reduzierung oder Abschaffung von Förderschulen und möglicherweise auch von besonderen Einrichtungen der Berufsvorbereitung und beruflichen Bildung wird sich ein noch nicht absehbares »Schnittstellenproblem« ergeben: So sind etwa zwischen den (abgebenden) Förderschulen und den (aufnehmenden) Berufsbildungswerken über Jahrzehnte teilweise enge Vernetzungen und Kontakte entstanden. Diese haben zwar auch zu dem Vorwurf geführt, der Weg von der Förderschule ins Berufsbildungswerk könne zu einem Automatismus werden, ohne alternative (nichtseparative) Möglichkeiten ausreichend zu prüfen. Andererseits wurde an einem entscheidenden ökologischen Übergang strukturelle Unterstützung angeboten, und die Funktion verschiedener Einrichtungen war gut miteinander integriert. Wenn nun die entsprechenden Schülerinnen und Schüler über verschiedene Schulen »diffundieren«, müssen solche Schnittstellen neu geschaffen werden. Die Gefahr besteht darin, dass dies nicht gelingt oder aufgrund der Komplexität und Vielgestaltigkeit der involvierten Institutionen nicht gelingen kann und in diesem Prozess junge Menschen an der Schwelle übersehen werden und verloren gehen.

8 Helfende Berufe bei Verhaltensstörungen

Kindern und Jugendlichen mit Verhaltensstörungen kann nur adäquat geholfen werden, wenn die verschiedenen relevanten Berufsgruppen in Theorie und Praxis miteinander kooperieren und Betroffene auch auf derartige kooperative Hilfsmöglichkeiten zurückgreifen können. Die Verhältnisse sind in dieser Hinsicht noch sehr unbefriedigend. Es gilt deshalb, auf die wichtigsten relevanten Berufsgruppen zu verweisen, ihre spezifischen inhaltlichen und organisatorischen bzw. institutionellen Möglichkeiten in Prävention und Rehabilitation von Verhaltensstörungen aufzuzeigen, um somit eine verbesserte Kooperation anzubahnen und zu einer bestmöglichen Nutzung der vorhandenen Ressourcen zu kommen. In diesem Sinne wird auf folgende Berufsgruppen eingegangen:

1. Arzt/Ärztin
2. Psychologe/Psychologin
3. Sonderpädagoge/Sonderpädagogin
4. Analytischer Kinder- und Jugendlichen-Psychotherapeut/Analytische Kinder- und Jugendlichen-Psychotherapeutin
5. Kinderpfleger/Kinderpflegerin – Erzieher/Erzieherin – Heilpädagoge/Heilpädagogin – Sozialpädagoge/Sozialpädagogin (Diplom, BA, MA) – Pädagoge/Pädagogin (Diplom, BA, MA)
6. Motopäde/Motopädin – Mototherapeut/Mototherapeutin – Motologe/Motologin (Diplom, Master)
7. Förderlehrerinnen und Förderlehrer.

8.1 Ärztinnen und Ärzte

Da Verhaltensstörungen mit organischen Beeinträchtigungen oder Funktionsstörungen verbunden sein können und sich Verhaltensstörungen bei Kindern und Jugendlichen unter Umständen auch auf dem Hintergrund von Erkrankungen erklären lassen, ist es unter Umständen sehr wichtig, Ärzte hinzuzuziehen, wenn es um die Diagnose und die Behandlung von Verhaltensstörungen geht (▶ Kap. 4.1, 5.1 und Kap. 9.2). Gemeint sind unter diesem Aspekt insbesondere allgemeine Ärzte, Kinderärzte und – nicht zuletzt – Kinder- und Jugendpsychiater. Während allgemeine Ärzte, so genannte »Hausärzte«, bei auffälligen Verhaltensweisen der

Kinder und bei nicht so schwierigen Problemlagen eine der ersten »Anlaufstellen« besorgter Eltern sein mögen, müssen bei schwierigeren und spezielleren Störungen (z. B. bei frühkindlichem Autismus, massiven Aufmerksamkeits- oder Hyperaktivitätsstörungen) Fachärzte für Kinderheilkunde oder Fachärzte für Kinder- und Jugendpsychiatrie herangezogen werden.

Im Hinblick auf somatische wie auf psychische Schädigungen, Beeinträchtigungen, Störungen ist die Erwartungshaltung der Bevölkerung Ärzten gegenüber groß (»Götter in Weiß«) und das notwendige Vertrauen trotz einiger Beschädigungen in den vergangenen Jahren nach wie vor gegeben; ist es doch zentrale Aufgabe des Arztes, »das Leben zu erhalten, die Gesundheit zu schützen und wiederherzustellen sowie Leiden zu lindern« (»Berufsordnung für die deutschen Ärzte«).

Wenn für Ärzte allgemein eine ausgeprägte Hilfsbereitschaft, ein gutes Einfühlungsvermögen, Entschlussfreudigkeit und ein sicheres Urteilsvermögen, Gewissenhaftigkeit und ein starkes Verantwortungsbewusstsein verlangt werden (vgl. Bachmann 1991, 4), so gilt darüber hinaus für Ärzte, die es mit Kindern und Jugendlichen mit Verhaltensstörungen zu tun haben – also vor allem für Kinderärzte und Kinder- und Jugendpsychiater –, dass sie Geduld und Behutsamkeit, freundliche Zuwendung und Empathie sowie eine pädagogische Haltung realisieren können.

Neben der Therapie von Störungen und Krankheiten werden für Ärzte – insbesondere auch im Hinblick auf Verhaltensstörungen – verstärkt die primäre Prävention (Verhütung) und die sekundäre Prävention (Früherkennung) bedeutsam.

Relevante Tätigkeitsbereiche von Ärzten für Konsultationen bei Verhaltensstörungen sind vor allem die freie Praxis, Krankenhäuser und Universitätskliniken, der öffentliche Gesundheitsdienst, die Jugendhilfe und der Justizvollzugsdienst.

In der freien Praxis sind niedergelassene Ärzte tätig, die häufig in der näheren Wohnumgebung angesiedelt sind und eine Funktion als »Hausarzt« haben können. Werden sie bei psychosozialen Störungen konsultiert, können sie möglicherweise aus ihrer genaueren Kenntnis der Familienverhältnisse selbst eine Behandlung vornehmen oder – insbesondere auch bei differentialdiagnostischen Fragestellungen – an Spezialisten in freier Praxis oder, wenn eine längere Beobachtungszeit notwendig erscheint, an spezialisierte Kliniken z. B. für Kinder- und Jugendpsychiatrie weiterüberweisen.

Im öffentlichen Gesundheitsdienst tätige Amtsärzte leiten z. B. in ihrer Funktion als Schulärzte notwendige Maßnahmen ein – sie selbst führen keine Behandlung durch – oder werden zur Begutachtung und zur Einleitung von Hilfsmaßnahmen z. B. über das Sozialgesetzbuch Kap. IX (§ 2) sowie XII (§ 53 f., »seelische Behinderung«; Sozialgesetzbuch 2012) von Jugendämtern, Kindertageseinrichtungen oder auch schulischen Einrichtungen herangezogen.

Im Justizvollzugsdienst haben Anstaltsärzte die Aufgabe, die Inhaftierten medizinisch zu betreuen. Von Wichtigkeit ist dabei die Mitwirkung bei diagnostischen Erhebungen sowie bei klinisch-therapeutischen und pädagogisch-therapeutischen Maßnahmen, die der psychosozialen Förderung und der Resozialisierung dienen.

Die Ausbildung zum/zur Arzt/Ärztin erfolgt nach dem Abitur an den medizinischen Fakultäten/Fachbereichen der Universitäten. Die gesamte Ausbildung, die wissenschaftliche und praktische Teile hat, wird durch die »Approbationsordnung für Ärzte« geregelt.

Das Studium dauert mindestens sechs Jahre und besteht aus einer vorklinischen und einer klinischen Phase. In der vorklinischen Phase stehen inhaltlich im Mittelpunkt die Anatomie, Physiologie und Biochemie, medizinische Psychologie und Soziologie sowie die Grundlagenfächer Biologie, Chemie und Physik. Die vorklinische Phase wird mit der als »Physikum« bezeichneten ärztlichen Vorprüfung abgeschlossen. In der klinischen Phase des Medizinstudiums befassen sich Studierende schwerpunktmäßig mit Pathologie und Pathophysiologie, mit Untersuchungs- und Therapiemethoden der einzelnen klinischen Fächer (z. B. Innere Medizin, Chirurgie, Orthopädie), mit Humangenetik, Immunologie, Pharmakologie und Toxikologie, mit Hygiene, Arbeits- und Rechtsmedizin usw. In das Studium eingelagert sind Praktika innerhalb und außerhalb der Universität (Erste Hilfe, Krankenpflege, Famulatur). Zum Ende der klinischen Phase ist ein »Praktisches Jahr« an einer Hochschulklinik oder einem Lehrkrankenhaus zu absolvieren. Daran schließt die ärztliche Abschlussprüfung an, die bis 2003 in drei Abschnitte unterteilt war. An die ärztliche Prüfung schloss sich bis Oktober 2003 eine schlecht bezahlte Tätigkeit als »Arzt im Praktikum« an, die eineinhalb Jahre dauerte. Diese Tätigkeit wurde abgeschafft, um den Arztberuf wieder attraktiver zu machen und den Jungmedizinern mit der Erteilung der Approbation und der Anstellung als Assistenzarzt/-ärztin ein angemessenes Einkommen zu sichern (siehe Bundesagentur für Arbeit 2004; 2008).

Wenn alle Ausbildungsteile mit den zugeordneten Prüfungen erfolgreich durchlaufen sind, wird auf Antrag die selbstständige ärztliche Tätigkeit durch die zuständige Landesbehörde mit der Approbation genehmigt.

Spezialisierungen auf medizinischen Gebieten oder Teilgebieten sind über Weiterbildungsmaßnahmen möglich, die z. B. für das Gebiet der Kinderheilkunde fünf Jahre und für das Gebiet der Kinder- und Jugendpsychiatrie vier Jahre dauern.

Der Arzt für Kinderheilkunde ist kompetent für »die Erkennung und Behandlung aller körperlichen und seelischen Erkrankungen des Kindes von der Geburt bis zum Abschluss seiner somatischen Entwicklung einschließlich Prävention, Schutzimpfung, pädiatrischer Intensivmedizin, Rehabilitation und Fürsorge im Kindesalter« (Bachmann 1991, 39). Das Gebiet der Kinder- und Jugendpsychiatrie »umfasst die Erkennung, nichtoperative Behandlung, Prävention und Rehabilitation bei psychischen, psychosomatischen und neurologischen Erkrankungen oder Störungen, der psychischen und sozialen Verhaltensauffälligkeiten im Kindes- und Jugendalter sowie Psychotherapie« (a. a. O.).

Bei den vielfältiger und komplexer werdenden Verursachungs- wie Behandlungsmöglichkeiten psychosozialer Störungen und psychischer wie psychosomatischer Erkrankungen ist der Arzt/die Ärztin auf die Kooperation mit anderen helfenden Berufen – wie z. B. Psychologen und Pädagogen – angewiesen, zumal durch Apparate- und Pharmakamedizin sowie durch kapazitäre und zeitliche Limitierungen im Arzt-Patient-Verhältnis die notwendige persönliche Zugewandtheit bzw. dialogische Komponente stark bedroht ist (vgl. Arnold et al. 1981; Bachmann 1991; auch schon Schulten 1966).

8.2 Diplom-Psychologinnen und -psychologen bzw. B. Sc. Psychologie und M. Sc. Psychologie

Das Berufsbild des Diplom-Psychologen ist noch relativ jung. 1941 wurde eine erste Diplomprüfungsordnung erlassen. Diplom-Psychologen und -Psychologinnen haben im Hinblick auf Kinder und Jugendliche mit Verhaltensstörungen vielfältige Aufgaben in den Bereichen der psychologischen Diagnostik und Beratung, der forensischen und der Kriminalpsychologie, der klinischen sowie – last but not least – der Schulpsychologie.

Psychologische Beratung findet institutionalisiert in den Beratungsstellen staatlicher, kirchlicher oder freier Träger statt mit den Aufgaben der Diagnose, insbesondere auch der Frühdiagnose in Verbindung mit präventiven Maßnahmen zur Verhinderung oder Einschränkung von Fehlentwicklungen, der Beratung zur Optimierung von Erziehungsbedingungen in Familien oder Heimen usw. sowie therapeutischer Maßnahmen (Einzel- und Gruppentherapien, Familientherapien).

Im forensisch- und kriminalpsychologischen Bereich stellen sich insbesondere im Strafvollzug bzw. in den Justizbehörden als Aufgaben die Überprüfung von Glaubwürdigkeit, von Verantwortlichkeit und Schuldfähigkeit sowie die Eruierung von Tatmotiven, des Weiteren diagnostische und beratende Maßnahmen, auch Einzel- und Gruppentherapien bei Straftätern sowie Fortbildung und Beratung der in den Justizbehörden bzw. im Vollzug Beschäftigten.

In den Jugendämtern stehen neben Beratungsaufgaben im Hinblick auf Kinderkrippen, Kindergärten, Kinderhorte, Tagesstätten, Heimerziehung usw. auch Supervisionsaufgaben an. In Heimen und Institutionen der Sozial- und Sonderpädagogik bestehen die Aufgaben in der Diagnose und in der Erstellung von Interventionsplänen, in der Beratung von Kindern, Jugendlichen und ihrer Eltern, in der Durchführung von Therapien sowie in der Beratung (Supervision), Anleitung und Weiterbildung des Personals.

Klinisch-psychologische Aufgaben stellen sich in den freien Praxen niedergelassener Psychologen, die mit Fachärzten zusammenarbeiten, sowie in den kinder- und jugendpsychiatrischen Kliniken als diagnostische Untersuchungen sowie Einzel- und Gruppentherapien (Gesprächstherapie, kognitive Verhaltenstherapie, psychodynamische Therapie, systemische und Familientherapie, Entspannungsverfahren, Biofeedback usw.) und allen weiteren Maßnahmen, die der Rehabilitation bei psychischen Störungen dienlich sind.

Auf die Optimierung von Erziehungs- und Unterrichtsprozessen ist die Tätigkeit von Schulpsychologen ausgerichtet, wobei häufig auch Störungen des Erziehungs- und Bildungsprozesses bei einzelnen Schülern wie in Schulklassen oder ganzen Schulen anstehen. Neben der Beratung von Schülern, Lehrern und Eltern auf der Basis diagnostischer Erhebungen werden verstärkt auch Interventionsmaßnahmen notwendig. Schulpsychologen führen auch Schullaufbahnberatung durch, überprüfen hinsichtlich möglicher Hochbegabung, initiieren und betreuen Schulversuche, entwickeln und verbessern diagnostische Instrumente und können auch im Bereich von Erziehung und Bildung Grundlagenforschung vor Ort betreiben.

Die Ausbildung zum Psychologen findet an Universitäten statt und schloss bisher – je nach Universität – nach einem Studium von acht bis zehn Semestern mit einer Diplomprüfung und der Verleihung des Diplomgrades »Diplom-Psychologe (Dipl.-Psych.)« ab. Zum Studium gehört eine sechsmonatige berufspraktische Tätigkeit, die nicht in die Regelstudienzeit einbezogen ist (siehe Bundesagentur für Arbeit 2004). Im Rahmen der Bologna-Reform wurden die Studiengänge großflächig auf eine Bachelor- und Masterstruktur umgestellt sowie modularisiert. Dabei gilt der Bachelor-Abschluss als erster berufsqualifizierender Abschluss; für eine unabhängige, selbstständige berufliche Tätigkeit als Psychologin oder Psychologe ist jedoch im Verständnis der europäischen Fachgesellschaften für Psychologie ein Masterabschluss unabdingbar. Bachelor-Absolventen werden für Routinetätigkeiten, etwa im Rahmen von Diagnostik oder Evaluation, vorgesehen. Für Psychologen sind die (naturwissenschaftlich orientierten) Abschlüsse des Bachelor oder Master of Science (B. Sc., M. Sc.) vorgesehen. Für den Bachelorabschluss sind drei, für den Master weitere zwei Jahre vorgesehen. Der Masterabschluss wird analog zum früheren Diplom gesehen (vgl. Deutsche Gesellschaft für Psychologie 2013). *Grundlagendisziplinen* der Psychologie sind folgende (a. a. O.):

- Allgemeine Psychologie
- Biopsychologie
- Entwicklungspsychologie
- Geschichte der Psychologie
- Kulturvergleichende Psychologie
- Methodenlehre
- Persönlichkeitspsychologie und Differentielle Psychologie
- Sozialpsychologie
- Vergleichende Psychologie

Anwendungsdisziplinen sind (a. a. O.):

- Arbeits- und Organisationspsychologie
- Evaluation
- Gesundheitspsychologie
- Gerontopsychologie
- Klinische Psychologie
- Markt- und Werbepsychologie
- Medienpsychologie
- Neuropsychologie
- Pädagogische Psychologie
- Psychologische Diagnostik
- Rechtspsychologie
- Rehabilitationspsychologie
- Umweltpsychologie
- Verkehrspsychologie

Damit sind zwar nicht alle, aber doch viele Anwendungsbereiche für die Pädagogik bei Verhaltensstörungen relevant. Im Vordergrund stehen Pädagogische, Klinische und Rehabilitationspsychologie.

Für Psychologen, die in den Bereichen der Klinischen Psychologie und der Pädagogischen Psychologie tätig sein wollen, werden Weiterbildungsmaßnahmen und Spezialisierungen als notwendig erachtet. Zum Schulpsychologen kann ernannt werden, wer neben dem Studium der Psychologie ein Lehramtsstudium absolviert und die zweite Lehrerprüfung bestanden hat (vgl. Hockel 1985 und 1988; Heyse 1985; Dörner/Selg 1985). Allerdings gibt es bundeslandspezifische Unterschiede. In Bayern stocken spätere Schulpsychologen ein Lehramtsstudium durch ein psychologisches Basisstudium auf, welches nicht dem Niveau eines grundständigen Psychologiestudiums entspricht. Dieses spezifische Studium ist in Bayern nur an zwei Universitäten – Bamberg und München – möglich.

8.3 Sonderpädagoginnen und Sonderpädagogen

Für Kinder und Jugendliche mit Verhaltensstörungen wird im Rahmen des Lehramtsstudiums sonderpädagogischer Fachrichtungen seit Ende der 1960er Jahre in der Bundesrepublik ein Spezialstudium angeboten. Das Studium war zunächst nur als Aufbaustudium konzipiert: Absolventinnen und Absolventen mit 1. und 2. Staatsexamen des allgemeinen Lehramts, welche die Schulpraxis gut kennen gelernt und vielfältige Erfahrungen mit Kindern und Jugendlichen gesammelt hatten, wurden für vier Semester vom Schuldienst beurlaubt und gingen nach dem Staatsexamen für das Lehramt an Sonderschulen mit verbesserter Qualifikation und besserer Bezahlung an die Schulen zurück. Da durch das Aufbaustudium einerseits der Bedarf nicht gedeckt werden konnte und andererseits die Schulbehörden durch eine Reduzierung bzw. durch einen Wegfall des für sie teuren Aufbaustudiums zu Einsparungen kommen wollten, wurde in den Bundesländern Mitte der 1970er Jahre ein so genanntes grundständiges Studium eingeführt. Das Studium der Sonderpädagogik mit zwei sonderpädagogischen Fachrichtungen – z.B. Pädagogik bei Verhaltensstörungen und Pädagogik bei Lernbeeinträchtigungen – sowie einem Unterrichtsfach – z.B. Germanistik, Mathematik oder Sport, aber auch Grundschulpädagogik und -didaktik – wurde zum Regelfall und kann direkt nach dem Abitur aufgenommen werden. An das in der Regel insgesamt acht bis zehn Semester dauernde wissenschaftliche Studium für das Lehramt an Sonderschulen an Universitäten oder Pädagogischen Hochschulen schließt sich ein 1- bis 2-jähriges Referendariat an. Studierende für das Lehramt an Berufsschulen können teilweise neben einem berufspädagogischen Fach als zweites Fach auch Sonderpädagogik mit zwei sonderpädagogischen Fachrichtungen studieren. In den Diplomstudiengängen Erziehungswissenschaft (und teilweise auch in Magisterstudiengängen) konnte Sonderpädagogik als ein Schwerpunkt studiert werden.

Durch die Umstellung auf modularisierte Studiengänge wurden die Studienstrukturen bundesweit zum Teil erheblich verändert. Dabei sehen die Lehramtsstudiengänge in den meisten Bundesländern ein konsekutives Bachelor-Master-System vor; in Bayern wird der Abschluss nach wie vor mit dem Staatsexamen gemacht. Die Modelle sind mittlerweile sehr unterschiedlich und reichen von breit angelegten Studienvarianten mit geringer fachrichtungsspezifischer Vertiefung (»crosskategoriale« Inhalte und Fokus auf den Umgang mit Heterogenität) bis zum traditionellen Modell der Wahl zweier Fachrichtungen (in der Regel einer dabei vertieft), in Bayern bisher auch nur einer einzigen. An verschiedenen Studienstätten, so etwa Bremen, wurden allerdings im Zuge der Diskussion um Inklusion auch Verbundstudiengänge zwischen allgemeinem und sonderpädagogischem Lehramt eingeführt. Des Weiteren bestehen starke Bestrebungen, sonderpädagogische Grundlagen auch in die allgemeinen Lehramtsstudiengänge hineinzuführen. Im Vordergrund steht dabei in der Regel die »Trias« der Förderschwerpunkte Lernen, Sprache sowie sozial-emotionale Entwicklung. Dies führt in jüngster Zeit auch zu Konzepten wie aktuell 2012/13 in der Diskussion in Berlin, das sonderpädagogische Lehramtsstudium komplett abzuschaffen und in die anderen Lehramtsstudiengänge als (optionales) Element zu integrieren. Sieht man das Spektrum und die Anforderungen einer Pädagogik bei Verhaltensstörungen, so dürften allerdings im Hinblick auf eine ernsthafte Professionalisierung vertiefende spezifische Studiengänge unverzichtbar sein.

Nachdem die Diplomstudiengänge ausgelaufen sind, bestehen auch hier Bachelor- und Masterstrukturen. Dabei hat sich ein kaum mehr durchschaubares Dickicht unterschiedlichster Studiengänge entwickelt. Die neuen Studienstrukturen haben grundsätzlich eine enge Vernetzung unterschiedlicher Studienfächer ermöglicht; von besonderem Interesse sind Verbindungen zwischen Sonderpädagogik und Pädagogik sowie anderen pädagogischen Spezialdisziplinen (etwa Sozialpädagogik). Abschlüsse sind zumeist der Bachelor of Arts und der Master of Arts. Ob es angesichts der gewaltigen Diversität der neuen Studiengänge zukünftig gelingt, wie intendiert tatsächlich die Mobilität zwischen Studienstätten durch wechselseitige Anerkennbarkeit der Studienleistungen zu erhöhen, scheint sehr fraglich. Angesichts des Druckes zur primären Qualifizierung von Lehramtsstudierenden sowie des teilweise erheblichen Abbaus von Professuren in verschiedenen Bundesländern haben sich neue nichtschulische sonderpädagogische BA- und MA-Studiengänge eher im Schatten des Lehramts entwickelt. Allerdings besteht potenziell durch die Vergabe von Bachelor- und Masterabschlüssen im Lehramt in den meisten Bundesländern für die Absolventen auch die Möglichkeit, in außerschulische Arbeitsfelder zu gehen; teilweise ist diese Option auch direkt angelegt. Zentrale Basiselemente der meisten sonderpädagogischen Studiengänge in Deutschland sind die Folgenden:

- pädagogische Grundlagen
- Aspekte allgemeiner Heil- und Sonderpädagogik
- Wissenschaftstheorie, wissenschaftstheoretische Positionen und wissenschaftliches Arbeiten
- Diagnostik, Förderdiagnostik sowie Testtheorie
- Psychologie sowie Soziologie bei Behinderungen

- medizinische Aspekte (Aspekte der Organmedizin sowie Kinder- und Jugendpsychiatrie)
- ethische Grundfragen und Aspekte
- Integration, Inklusion und Teilhabe
- Heterogenität und Diversität

Für den Kontext Pädagogik bei Verhaltensstörungen können am Beispiel der entsprechenden bayerischen Lehramtsstudiengänge folgende zentralen Aspekte genannt werden:

- Grundlagen wie Begrifflichkeit, Kriterien und Normen, Einteilung und Klassifikation, Epidemiologie, Institutionen, Geschichte
- theoretische Ansätze zur Erklärung von Verhaltensstörungen einschließlich von Konsequenzen für Beurteilung und Diagnostik sowie für Förderung
- Verhaltensstörungen in Abhängigkeit von gesellschaftlichen, familiären sowie schulischen Bedingungen (auch: familiäre Erziehung und Sozialisation; soziologische Theorien abweichenden Verhaltens)
- Grundlagen der Psychologie: insbesondere Entwicklungs-, Persönlichkeits-, Sozial- und Klinische Psychologie
- Theorie und Praxis der Erziehung
- Didaktik und Unterricht (etwa didaktische Modelle sowie Unterrichtskonzeptionen, bei Berücksichtigung inklusiver, integrativer sowie gesonderter schulischer Settings)
- Diagnostik emotional-sozialen (sowie kognitiven) Förderbedarfs
- spezifische Phänomene und Störungsbilder
- Institutionen
- pädagogische und pädagogisch-therapeutische Förderkonzepte
- Rolle, Lehrerpersönlichkeit und Selbsterfahrung
- begleitete Praxiserfahrung

Für die sich bisher eher zögerlich entwickelnden außerschulischen Studiengänge stellt sich die Frage der relevanten und die Absolventen auch tragfähig aufnehmenden Praxisfelder. Es ergibt sich eine teilweise deutliche Konkurrenz zu anderen nicht lehramtsbezogenen pädagogischen Studiengängen, etwa den allgemeinpädagogischen oder auch sozialpädagogischen. Für die Absolventen solcher Studiengänge eröffnen sich insbesondere folgende potenzielle Einsatzbereiche:

- Frühpädagogik und Frühförderung
- außerschulische und schulisch unterstützende Lernförderung
- Schulsozialarbeit an allgemeinen und Förderschulen
- Kinder- und Jugendhilfe
- Arbeits- und Berufshinführung (Benachteiligtenförderung, Berufliche Rehabilitation)
- Freizeit und Wohnen (etwa hinsichtlich von Internaten, Heimen, Wohngruppen und -gemeinschaften für Menschen mit Behinderungen)

- Beratung und Supervision
- Erwachsenenbildung für Menschen mit Behinderungen und Beeinträchtigungen
- sonderpädagogische Betreuung älterer und alter Menschen mit Behinderungen
- Sprachtherapie (auf Basis spezifisch sprachheilpädagogischer Studiengänge)

Seit es Einrichtungen für Kinder und Jugendliche mit Verhaltensstörungen gibt, wird gesehen, dass die Effizienz der Arbeit in diesen Einrichtungen abhängt von der theoretischen und praktischen Kompetenz der in ihnen Tätigen. So schrieb schon 1927 der Berliner Magistratsschulrat Arno Fuchs, der die Einrichtung der ersten Erziehungsklassen für Schwererziehbare in Deutschland initiierte: »Mit dem Lehrer dieser Klasse steht und fällt die Einrichtung. Er muss in jeder Beziehung und von Natur aus für sie geeignet sein. Besitzt er diese Eignung nicht, so wird er sie sich nie aneignen können. Nicht nur muss diese Persönlichkeit von der Liebe, dem Geist und der Tatkraft eines Pestalozzi erfüllt, sie muss auch durch ein feines psychologisches Verständnis, überlegenes Wissen und Können und einen hohen Grad von Takt ausgezeichnet sein, damit die eigenartigen Zöglinge in ihm stets den überlegenen, sie durchschauenden und doch den gütigen Freund erkennen« (Fuchs 1927, 38).

Heute werden zunächst die Aufgabenfelder für Sonderpädagogen in den Blick genommen. Zentrale Aufgaben sind die sonderpädagogisch fokussierte Erziehung und Bildung, pädagogisch-therapeutische Förderung, Diagnostik, Beratung sowie intra- und interprofessionelle Kooperation. Weitere zentrale Anforderungen sind eine besondere, auch kritische Reflexion und Planung sowie die Parteinahme für Menschen mit Behinderungen, Beeinträchtigungen und Benachteiligungen (vgl. Stein 2004, 104 ff.). Aber auch spezifische Anforderungen an die Persönlichkeit werden gefordert – allem voran der Umgang mit Konflikthaftigkeiten, Ambiguitäten und Unbestimmtheiten der eigenen Rolle. Für den Förderschwerpunkt emotional-soziale Entwicklung stehen die Fähigkeit zur sensiblen Beziehungsbildung, auch besondere kommunikative Kompetenzen, innere Integrität und Authentizität, emotionale Belastbarkeit und hohe Frustrationstoleranz sowie Verlässlichkeit und Konsequenz im Vordergrund der Diskussion (a. a. O., 123 ff.). Empirisch lässt sich zeigen, dass Lehrerinnen und Lehrer in diesem Förderschwerpunkt besonders deutlich innere Sicherheit sowie eine gesunde Distanz zum eigenen Beruf anstreben, aufgeschlossen gegenüber kollegialen und wissenschaftlichen Anregungen sind sowie guter kollegialer Kooperation und auch Elternarbeit besondere Bedeutung zuweisen (a. a. O., 475 ff.).

Dem Anforderungskatalog an Sonderpädagogen mit seinem durchaus hohen, bisweilen überhöhten Anspruch stehen verschiedene Probleme entgegen: die Realität der Ausbildung, die sicher all die geforderten Fähigkeiten und Fertigkeiten nicht vollständig vermitteln kann, die häufig (zunächst) nicht optimal »passbare« (aber stabile) studentische Persönlichkeitsstruktur als »das insgesamt der relativ überdauernden, manifestierten und aktualisierten Merkmale und Verhaltenszüge«, die »zum Teil von der Sozialisation, der Personalisation, der körperlichen Entwicklung und den Rollenerwartungen abhängen« (Brütting 1980, 130) – sowie die Realität der Institutionen mit ihren häufig nicht ausreichenden organisatorischen

Strukturen und alltäglichen Belastungen, besonders prägnant in schulischen Kontexten.

Für die verschiedenen Studiengänge ist es im Hinblick auf die praktische Arbeit in Kontexten der Erziehungshilfe von besonderer Bedeutung, neben theoretischem Wissen Gelegenheiten zu schaffen für die Ausbildung adäquater Einstellungen und Persönlichkeitsdimensionen durch eine Verbesserung der Selbst- und Fremdwahrnehmung, die Reflexion der Möglichkeiten sozial-integrativen Lehrerverhaltens (vgl. Tausch/Tausch 1991), durch Aufarbeitung kommunikationsstörender, eigener innerer Konflikthaftigkeiten (vgl. Münch 1983, 233), durch die Einsicht in Identifizierungstendenzen mit den Schülern, durch die Reflexion der Bedeutung von Übertragung und Gegenübertragung (Finger-Trescher 1987, 139 f.) oder durch das Erkennen und Überwinden des eventuell relevanten Helfer-Syndroms. »Das Helfer-Syndrom, die zur Persönlichkeitsstruktur gewordene Unfähigkeit, eigene Gefühle und Bedürfnisse zu äußern, verbunden mit einer scheinbar omnipotenten Fassade ist sehr weit verbreitet« und zeigt sich unter anderem darin, »dass Schwäche und Hilflosigkeit, offenes Eingestehen emotionaler Probleme nur bei anderen begrüßt und unterstützt wird, während demgegenüber das eigene Selbstbild von solchen ›Flecken‹ um jeden Preis freigehalten werden muss« (Schmidbauer 1977, 12/14).

Ein künftiger Lehrer für Kinder und Jugendliche mit Verhaltensstörungen muss sich während seines Studiums prüfen können, ob er diesen Beruf gewählt hat, um »nicht nur Beschädigungen auszugleichen, die er seiner familiären Sozialisation verdankt, sondern auch für sich selbst gefühlsmäßige Ziele zu erreichen, die sich auf einer professionellen Ebene nicht vollständig verwirklichen lassen« (Pühl/Schmidbauer 1986, 13).

Auch in der 2. Phase der Lehrerbildung, welche – wie die 1. Phase – in den einzelnen Bundesländern sehr unterschiedlich gestaltet wird, dürfen nicht nur fachliches Wissen und Können vermittelt werden, dürfen also nicht nur didaktische und methodische Kenntnisse und Fertigkeiten im Mittelpunkt stehen, es müssen vielmehr systematisch die für die Pädagogik unter erschwerten Bedingungen bedeutsamen persönlichkeitsbezogenen Fähigkeiten, Einstellungen, Motivationen und Persönlichkeitsdimensionen gefördert werden.

Zur Verbesserung der Kompetenz in Erziehung und Unterricht können in beiden Phasen der Lehrerbildung sowie auch in der Lehrerfortbildung Trainingskonzepte und kompetenzfördernde Ansätze realisiert werden, die mehr unterrichtsbezogen – wie z. B. das micro-teaching –, mehr erziehungsbezogen – wie z. B. die Verhaltensmodifikation – oder mehr persönlichkeitsbezogen ausgerichtet sind – wie z. B. Konzepte des Gestaltansatzes (Perls et al. 1990; Prengel 1989; Stein 2005), der Themenzentrierten Interaktion (Cohn 1984; Reiser/Lotz 1995) oder des Psychodramas (Moreno 1959; vgl. dazu Mutzeck/Pallasch 1983; Bäuerle 1985; Fricke/Kury 1983). Von großer Bedeutung sind in dieser Hinsicht auch Verfahren der kollegialen Beratung und der Supervision, in denen, zumeist fallbezogen, praxisberatend und praxisanleitend gearbeitet wird (vgl. Conrad/Pühl 1985; Pühl/Schmidbauer 1986; Spiess 1991 und 1998; Mutzeck 1995, 1996, 2005; Schlee 2004). Für die Weiterbildung erwähnenswert sind auch auf die Pädagogenkompetenz bezogene Ansätze wie das Konstanzer Trainingsmodell (KTM; Tennstädt/

Krause/Humpert/Dann 1987; Humpert/Dann 2001) oder das störungsspezifisch ausgerichtete Aggressions-Bewältigungsprogramm (ABPro; Dutschmann 2001; 2003a; 2003b).

8.4 Analytische Kinder- und Jugendlichen-Psychotherapeutinnen und -therapeuten

Analytische Kinder- und Jugendlichen-Psychotherapeuten sind zum größten Teil vollzeitlich oder halbtags freiberuflich tätig (45 % + 13 %; Hopf 1996, 8). Sie arbeiten freiberuflich oder im Angestelltenverhältnis in den verschiedenen Beratungseinrichtungen, in Kliniken für Kinder- und Jugendpsychiatrie sowie in Heimen und schulischen Einrichtungen für Kinder- und Jugendliche mit Verhaltensstörungen. Kernbereich ihrer Tätigkeit sind psychische Störungen bei Kindern und Jugendlichen im Sinne von neurotischen Störungen, psychosomatischen Störungen oder Störungen infolge frühkindlicher traumatisierender Einflüsse oder körperlicher Schädigungen. Die Störungen müssen immer psychische Konflikte zum Hintergrund haben.

Die Ausbildung zum Psychotherapeuten erfolgt berufsbegleitend in mindestens fünf Studienjahren. Voraussetzungen für die Ausbildung an einem der psychoanalytischen und psychotherapeutischen Institute sind ein Hochschulstudium in Medizin, Psychologie, Pädagogik, Sozialpädagogik oder unter Umständen auch im Lehramt, eine mindestens 3-jährige Berufspraxis sowie ein Mindestalter von 27 und ein Höchstalter von 40 Jahren. Theoretische Basis der analytisch-psychotherapeutischen Tätigkeit ist die Tiefenpsychologie. Deshalb werden eine Lehranalyse von mindestens 300 Stunden und eine theoretisch-wissenschaftliche Ausbildung in psychoanalytischer Entwicklungspsychologie, in Neurosenlehre und Psychosomatik sowie in tiefenpsychologischen Diagnose- und Behandlungsverfahren für Kinder und Jugendliche verlangt. Auch eine praktisch-wissenschaftliche Ausbildung in verschiedenen Praktika mit Supervision ist erforderlich.

Die Prüfungen werden in Instituten durchgeführt, die dem Verein »Ständige Konferenz der Ausbildungsstätten für analytische Kinder- und Jugendlichen-Psychotherapeuten in der Bundesrepublik Deutschland« angeschlossen sind (vgl. Hopf 1996; siehe auch VAKJP 2013).

Neben der Analytischen Psychotherapie sind heute auch Verhaltenstherapie sowie tiefenpsychologisch fundierte Psychotherapie sozialrechtlich anerkannt. Gerade Psychologen neigen deutlich zu einer verhaltenstherapeutischen Weiterqualifizierung. Kritiker weisen darauf hin, dass diese Beschränkung auf drei Therapieverfahren der aktuellen Situation nicht mehr gerecht werde (vgl. Barthel et al. 2011).

440

8.5 Kinderpflegerinnen und -pfleger – Erzieherinnen und Erzieher – Heilpädagoginnen und -pädagogen – Sozialpädagoginnen und -pädagogen (Diplom, BA, MA) – Pädagoginnen und Pädagogen (Diplom, BA, MA)

In Kinderkrippe, Kindergarten, Kinderhort, in der Heimerziehung und in der Jugendarbeit bzw. in dem großen Bereich der Erziehungs- und Jugendhilfe werden heutzutage an die Beschäftigten große Anforderungen im Hinblick auf Ergänzung und Ersatz von Familienerziehung gestellt. Früher und vehementer als in der Vergangenheit zeigt sich die Problematik der Verhaltensstörungen, und es gilt, bei Kindern Verhaltensschwierigkeiten frühzeitig zu erkennen und Verhaltensstörungen frühzeitig hilfreich zu begegnen. Umfassende hilfreiche pädagogische Kompetenz ist deshalb von allen Beschäftigten zu erwarten. Umso erstaunlicher ist es, dass – zwar traditionsbedingt, aber immer noch – in diesen Erziehungsfeldern Berufsgruppen mit unterschiedlicher sozialpädagogischer Ausbildung und zum Teil unzureichender Kompetenz tätig sind. Es ist eine im Hinblick auf Ausbildung, Bezahlung und Sozialstatus gewisse hierarchische Struktur auszumachen, von Kinderpflegern/Kinderpflegerinnen über Erzieher/Erzieherinnen und Heilpädagogen/Heilpädagoginnen bis zu Diplom-Sozialpädagoge/Diplom-Sozialpädagoginnen (FH) sowie Diplom-Pädagogen/Diplom-Pädagoginnen. Neu hinzu kommt nun die Stufung in Bachelor- und Masterabschlüsse.

Kinderpflegerinnen und -pfleger haben i. d. R. einen Hauptschulabschluss und werden an Berufsfachschulen und Berufskollegs in zwei bis drei Jahren ausgebildet – die Ausbildungsdauer ist in den einzelnen Bundesländern unterschiedlich. Die ursprünglich auf eine Tätigkeit als Helferin in der Familie mit erzieherischen, pflegerischen und hauswirtschaftlichen Aufgaben ausgerichtete Ausbildung gewann in der jüngeren Vergangenheit eine stärkere sozialpädagogische Akzentuierung, womit sich einerseits die problematische Anstellung als Hilfskraft neben vollausgebildeten Erziehern in Kindergruppen und andererseits die positiv zu bewertende Weiterbildungsmöglichkeit zum Erzieher legitimiert.

Die Ausbildung zum Erzieher setzt in der Regel den Abschluss der Realschule oder eines gleichwertigen Bildungsganges und eine abgeschlossene Berufsausbildung oder eine langjährige Berufstätigkeit voraus und findet an Fachschulen bzw. Fachakademien für Sozialpädagogik statt. Diese sozialpädagogischen Ausbildungsstätten sind zumeist Berufsfachschulen angegliedert, deren Trägerschaft beim Staat oder bei privaten Institutionen – zumeist bei den Kirchen – liegt. Die 3-jährige Ausbildung ist so gegliedert, dass auf eine schulische Phase von zwei Jahren ein 1-jähriges betreutes Berufspraktikum folgt.

Die Erzieherausbildung, wie auch die auf sie aufbauende Weiterbildungsmöglichkeit zum Heilpädagogen, erfolgt sehr praxisnah. Neben pädagogischen bzw. heilpädagogischen, psychologischen, medizinischen, soziologischen und juristischen Grundkenntnissen werden Praktika angeboten und pädagogisch-therapeu-

441

tische Verfahren eingeübt wie z. B. rhythmisch-musikalische Erziehung, Förderung durch Spiel, durch bildnerisches Gestalten und Werken, psychomotorische Übungsbehandlung und Verhaltensmodifikation. Spezialisierungen sind im Sinne der anthroposophischen und der Montessori-Pädagogik möglich.

Während in der Bundesrepublik die Erzieherausbildung relativ breit und umfassend auf die unterschiedlichen sozialpädagogischen Arbeitsbereiche hin ausgerichtet ist, wurden in der ehemaligen DDR differenzierte Ausbildungsgänge vorgehalten: Krippenerzieher wurden in drei Jahren an einer medizinischen Fachschule, Kindergartenerzieher in drei Jahren an einer Pädagogischen Schule, Horterzieher und Lehrer für untere Klassen sowie Heimerzieher mit Lehrbefähigung in einem Fach und Pionierleiter an Instituten für Lehrerbildung qualifiziert.

Die gegenwärtige Erzieherausbildung ist auch in Relation zu anderen EU-Ländern und im Hinblick auf ein vereintes Europa als problematisch anzusehen. Als angemessen erscheint – wie für alle verantwortlich pädagogisch Tätigen – auch für Erzieher ein wissenschaftliches Studium, vergleichbar dem Lehrerstudium, da die zwar qualitativ unterschiedlichen Anforderungen doch auf gleichem Niveau liegen und vergleichbare Kompetenzen erfordern. Der 1995 den Eltern durch die Gesetzgebung zugebilligte Rechtsanspruch auf einen Kindergartenplatz für ihre Kinder, eine auch unter dem Aspekt der Prävention von Verhaltensstörungen bedeutsame Entscheidung, wird nur dann zu einer deutlichen Verbesserung des Erziehungs- und Bildungswesens beitragen können, wenn die als Erzieher in Kindergärten Tätigen eine der einer offenen und liberalen Wissensgesellschaft entsprechende frühpädagogische Ausbildung an einer Universität bekommen. Gilt es im zeitgemäßen Kindergarten doch nicht nur, die schwierige Aufgabe zu leisten, Lernmotivationen, psychische Stärke und geistige Flexibilität zu stimulieren und zu fördern sowie ein für ein Leben in der Informations- und Wissensgesellschaft notwendiges Grundwissen zu vermitteln, sondern auch der »sozialen Vererbung« entgegenzuwirken durch frühzeitige und geschickte Einbeziehung insbesondere von Eltern aus unterprivilegierten Verhältnissen. Dafür sind Qualifikationen notwendig, die denen der Grundschulpädagogen nicht nachstehen. Es gilt also nachdrücklich dafür zu plädieren, dass – wie seit kurzem auch in Italien – Elementarpädagogen (Kindergarten- und Grundschulpädagogen) ein gemeinsames zweisemestriges Grundstudium an der Universität haben, an das sich im Sinne von Spezialisierung ein unterschiedliches Hauptstudium zum einen der Frühpädagogik und zum anderen der Grundschulpädagogik anschließt.

Unter anderem aus dem Druck der unbefriedigenden Ergebnisse der frühen PISA-Studien von 2003 und 2006 heraus, aber auch bedingt durch verschiedene neue Aufgaben von Kindertagesstätten und des dort tätigen Personals wurde in den letzten Jahren eine Fülle frühpädagogischer Studiengänge an Fachhochschulen sowie auch Universitäten eingerichtet (vgl. im Überblick unter www.erzieherin.de 2013). In den einzelnen Bundesländern ist die Ausbildung nach wie vor recht unterschiedlich. Ergänzend ist festzustellen, dass durch die Einführung modularisierter Studiengänge auch die Weiterqualifizierungsmöglichkeiten gestiegen sind. So arbeiten Fachschulen verbreitet mit Fachhochschulen oder Universitäten zusammen und ermöglichen ihren Absolventen einen Übertritt hin zu einem akademischen Studium (mit Bachelor-Abschluss und dann auch weiter zu einem Mastergrad).

Eine aufbauende Weiterqualifizierung besteht für Erzieher darin, an einer Fachschule für Heilpädagogik die 1 ½- bis 2-jährige Ausbildung zum Heilpädagogen zu absolvieren, mit der eine besser bezahlte Arbeit mit Behinderten, auch mit Kindern und Jugendlichen mit Verhaltensstörungen in unterschiedlichen Einrichtungen möglich wird. Der Bedarf für heilpädagogisch qualifizierte Erzieher resultierte zunächst aus der Konzipierung »Heilpädagogischer Heime«, in die Kinder und Jugendliche mit sehr ausgeprägten Verhaltensstörungen aufgenommen werden. Gegenwärtig stellen sich heilpädagogische Anforderungen in Einrichtungen der Frühförderung, in Wohngruppen, Heimen, bei der Mitarbeit in Kliniken für Kinder- und Jugendpsychiatrie, in Sonderschulen für Erziehungshilfe, in Tagesstätten sowie auch in Berufsbildungseinrichtungen und Werkstätten. Die Maßnahmen erfolgen in Einzel- und in Gruppenförderung. Möglich ist im Anschluss auch die Weiterqualifizierung zum Sozialpädagogen (BA), bereits früher zum Diplom-Sozialpädagogen (vgl. von Derschau 1991, 973–987; von Derschau/Scherpner 1989; Lucks et al. 1988).

Von Sozialpädagoginnen und Sozialpädagogen (Diplom, BA, MA) wird Kompetenz auf dem wissenschaftlichen Gesamtgebiet der Sozialen Arbeit erwartet, die als Hilfe zur Lebensbewältigung in sozialen Kontexten verstanden werden kann. Es geht also darum, »Menschen verschiedener Altersstufen in entwicklungs-, reife-, konflikt- oder notbedingten Situationen so zu helfen, dass sie möglichst zur vollen Entfaltung ihrer Persönlichkeit und all ihrer Kräfte und Möglichkeiten kommen, dass sie sich aus unnötiger Abhängigkeit lösen und Sozialisationsdefizite wie Benachteiligungen und Unterprivilegierungen überwinden können« (Pfaffenberger 1986, 7; siehe auch Hamburger 2003 sowie die unterschiedlichen Verständnisweisen Sozialer Arbeit bei Engelke 2004, 287 ff.). Dabei beziehen sich die Aufgaben von Sozialpädagogen auf alle Altersbereiche vom Säugling bis zum Greis.

Im Hinblick auf Kinder und Jugendliche mit Verhaltensstörungen liegen die Aufgabenbereiche vor allem in Kindergarten, Kindertagesstätte und Hort, in der niederschwelligen Jugendhilfe, in Tagesstätten, in Erziehungsheimen, sonder- und heilpädagogischen Heimen, Jugendfreizeitstätten, Jugendwohnheimen, in der Betreuung gefährdeter Jugendlicher, in der Jugendgerichtshilfe, der Bewährungshilfe für Jugendliche und Heranwachsende sowie in Strafvollzugsanstalten sowohl für Jugendliche als auch für Erwachsene sowie im Gruppen- und Sozialdienst der kinder- und jugendpsychiatrischen Krankenhäuser. In den Tageseinrichtungen für Kinder wie in den verschiedenen Formen der Heimerziehung leiten Sozialpädagogen die einzelnen Gruppen oder auch die gesamte Einrichtung, wobei sie wichtige Aufgaben im Sinne der Prävention und Rehabilitation von Verhaltensstörungen wahrzunehmen haben. In der Familienhilfe unterstützen sie die Familie in Pflege- und Erziehungsaufgaben und leisten »Fallarbeit«, kümmern sich also um Familienmitglieder in Problemlagen und leiten Hilfemaßnahmen ein. In der Jugendgerichtshilfe gehen Sozialpädagogen den Hintergründen von Straftaten jugendlicher Delinquenten nach. Für Jugendrichter müssen alle Fakten zusammengetragen werden, welche die Verhältnisse von Jugendlichen, ihre Entwicklung, ihren Umgang, ihre Tatmotive, Verantwortungsfähigkeit usw. zu erhellen vermögen. In der Gerichtsverhandlung stehen Sozialpädagogen in dem Dilemma, einerseits die Interessen des Jugendlichen, andererseits aber auch die Interessen des Staates im Sinne sozialer Kontrolle vertreten zu sollen.

Bewährungshelfer sind zumeist den Justizbehörden der Länder unterstellt mit der Aufgabe, jugendlichen und heranwachsenden Straftätern nach der Bewährungsentlassung aus dem Strafvollzug oder bei Aussetzung eines richterlichen Urteils auf Bewährung dabei zu helfen, selbstständig, sozialverantwortlich und ohne Begehung von Straftaten zu leben.

Sozialpädagoginnen und -pädagogen in Strafanstalten wirken bei Resozialisierungsaufgaben mit und stehen den Gefangenen zur Verfügung – mit Rat und Tat während ihrer Haftzeit und auch mit Maßnahmen, die die Entlassung vorbereiten. Dabei haben sie die große Schwierigkeit zu meistern, einerseits das Vertrauen der Gefangenen, andererseits aber auch das Vertrauen der Anstaltsleitung zu rechtfertigen und zu behalten – ein Balanceakt, der nicht selten scheitert. Auch im Strafvollzug können sie als Gruppenleiter tätig sein.

In heilpädagogischen Kindergärten und -horten sowie in Heimen und Jugendwohngruppen stellen sich ihnen als Gruppen- oder Einrichtungsleiter die schwierigen Aufgaben der Früherkennung von Verhaltensstörungen, der Durchführung von Pflege-, Erziehungs- und Interventionsmaßnahmen sowie einer intensiven Eltern- und Behördenarbeit.

In Elternschulen und Familienbildungsstätten können Sozialpädagogen ihr Wissen und ihre Erfahrungen zur primären, sekundären wie tertiären Prävention von Verhaltensstörungen weitergeben.

Die Ausbildung von Sozialpädagoginnen und -pädagogen findet an Fachhochschulen für Sozialwesen, an Fachhochschulen und Fachbereichen für Sozialpädagogik sowie auch in Studiengängen an Universitäten statt. Voraussetzung für die Aufnahme in einen dieser Studiengänge ist die allgemeine oder auch die fachgebundene Hochschulreife sowie die Fachhochschulreife, die in vielen Bundesländern nach Absolvierung einer Fachschule für Sozialpädagogik und einer Zusatzprüfung vergeben wird.

Mittlerweile sind die Studiengänge Sozialwesen, Soziale Arbeit oder Sozialpädagogik, teilweise auch mit anderen Bezeichnungen, bundesweit modularisiert. Das Studium selbst enthält häufiger starke projektorientierte Anteile. Nach einem berufsqualifizierenden Bachelor-Abschluss wird häufig auch ein Master angeboten, beispielsweise für den Bereich »Jugendhilfe«. Hier bestehen, auch durch einen möglichen Hochschulwechsel nach dem Bachelor-Abschluss, vielfältige Weiterqualifizierungs- und Spezialisierungsmöglichkeiten. So bietet etwa die PH Heidelberg einen Master »Straßenkinderpädagogik« an.

Entsprechend den beruflichen Anforderungen ist der Fächerkanon in den Fachhochschulen für Sozialpädagogik/Sozialarbeit breit und umfassend und besteht mit unterschiedlichen Wahl- und Pflichtanteilen im Wesentlichen aus folgenden inhaltlichen – in alphabetischer Reihenfolge aufgeführten – Elementen:

- ästhetische Bildung
- Behandlung und Betreuung
- Beratung
- Berufsfelder
- Bildung
- Erziehung

- Geschichte
- Handlungsfelder der Sozialen Arbeit
- Heil- und Sonderpädagogik sowie Rehabilitation
- interkulturelle und internationale Soziale Arbeit
- Kommunikation und Interaktion
- Kultur
- Sozialmanagement
- Medienpädagogik
- methodische und didaktische Grundlagen
- professionelles Handeln
- projektorientiertes Arbeiten
- psychologische Grundlagen
- rechtliche Grundlagen (insbesondere SGB)
- Sozialmedizin und Psychopathologie
- Sozialphilosophie und Sozialethik
- sozialwissenschaftliche und sozialpolitische Grundlagen
- soziologische Grundlagen
- (teilweise auch) Sprachkurse
- Theorien der sozialen Arbeit
- Verwaltung und Organisation

Pädagoginnen und Pädagogen mit dem früheren Abschluss Diplom und den heutigen Abschlüssen Bachelor (of Arts, auch of Education) und Master (Erziehungswissenschaften, Sonderpädagogik) werden an Universitäten ausgebildet, um auf wissenschaftlicher Grundlage in Erziehungs-, Bildungs-, Weiter- und Fortbildungs- sowie in Beratungseinrichtungen tätig zu sein. Dieses breite Aufgabenfeld erfordert Spezialisierung, die bereits an der Universität durch die Ausrichtung des Studiums auf jeweils oft besondere Studienschwerpunkte realisiert wird. Angeboten werden Studienschwerpunkte wie Sozialpädagogik und Sozialarbeit, Erwachsenenbildung, vorschulische Erziehung/Pädagogik der frühen Kindheit, Berufs- und Betriebspädagogik, Schulverwaltung und Bildungsplanung oder auch Sonderpädagogik (▶ Kap. 8.3). Vertiefungen sind über verschiedene Fächerkombinationen im Rahmen der Studienphasen Bachelor und Master möglich, aber teilweise auch durch Wahlpflichtbereiche.

Das Studium kann grundsätzlich gleich nach dem Abitur für eine Dauer von mindestens sechs Semestern aufgenommen werden. Bachelor-Studiengänge sind unterschiedlich mit sechs oder auch acht Semestern konfiguriert; optional kann ein vier- oder auch zweisemestriger Masterstudiengang angeschlossen werden.

In den ersten Semestern stehen zumeist erziehungswissenschaftliche Grundprobleme im Vordergrund, ergänzt durch ausgewählte Themen aus den Bereichen Psychologie und Soziologie. In den weiterführenden Semestern können neben allgemeinen Problembereichen Studienschwerpunkte und Wahlpflichtbereiche sowie auch speziellere handlungsbezogene Bereiche wie z. B. Beraten, Diagnostizieren, Planen, Verwalten studiert werden. In das Studium integriert ist die Ableistung von Praktika.

Die Wahl eines BA- oder auch MA-Haupt- bzw. Nebenfaches Sonderpädagogik/ Heilpädagogik mit einem differenzierten Angebot zu allgemeinen theoretischen

Grundfragen dieser Disziplin, zu gesellschaftlichen Bedingungen, zur Phänomenologie und Ätiologie verschiedener Behinderungen, zu Diagnostik, zu Erziehung und Bildung bei Behinderungen und Beeinträchtigungen, zu rechtlichen Grundlagen sowie zu zentralen Handlungsfeldern qualifiziert insbesondere zur pädagogischen Arbeit mit Kindern, Jugendlichen und Erwachsenen mit Behinderungen und Beeinträchtigungen, denen auch Menschen mit Verhaltensstörungen zugeordnet werden.

Pädagogen mit Bachelorabschluss können in sehr unterschiedlichen Arbeitsfeldern eingesetzt werden, wo sie, insbesondere wenn sie die Schwerpunkte Sozialpädagogik oder Sonderpädagogik gewählt haben, auch potenziell kompetente Ansprechpartner bei Verhaltensstörungen sind – sei es nun im vorschulischen oder im schulischen Bereich, in der Erziehungs- und Jugendhilfe, in der beruflichen Bildung, in der Gerichts- und Gefängnisfürsorge, im Strafvollzug oder im Gesundheitswesen (etwa der Kinder- und Jugendpsychiatrie). Insbesondere in diesen Bereichen treffen sie auf die Konkurrenz der an Fachhochschulen qualifizierten Sozialpädagogen – und sind oft ebenso, für spezifischer sonderpädagogische Kontexte unter Umständen auch passender qualifiziert. Frühere Unterschiede zwischen der Ausbildung an Fachhochschulen bzw. Universitäten verwischen sich mittlerweile zugunsten der Unterscheidung der beiden Qualifizierungsniveaus Bachelor und Master, wobei Letzteres sich auf Basis seiner längeren, vertiefteren und häufig auch spezialisierten Qualifikation eher für leitende Positionen empfiehlt. Entscheidend wird zukünftig wohl oft die spezifische Passung zwischen dem konkreten Arbeitsplatz mit seinen Aufgaben einerseits und der mitgebrachten Qualifizierung im Sinne des absolvierten Studienganges und der unter Umständen persönlich gewählten Profilbildung andererseits sein.

8.6 Motopäde/Motopädin – Mototherapeut/ Mototherapeutin – Motologe/Motologin (Diplom, Master)

»Bewegungserziehung und Sport ermöglichen, Kontakt mit anderen Menschen aufzunehmen und sich mitzuteilen. Sie sind unverzichtbar für die individuelle Förderung der motorischen, psychomotorischen und psychosozialen Entwicklung« (KMK 2000). Mit dieser Feststellung weisen die KMK-»Empfehlungen zum Förderschwerpunkt emotionale und soziale Entwicklung « der Bewegung und der Bewegungserziehung in Einrichtungen für Kinder und Jugendliche mit Verhaltensstörungen den diesem Bereich zukommenden hohen Stellenwert zu (▶ Kap. 6.1.7.3 und Kap. 7.). Da sich Bewegungserziehung und Bewegungstherapie als sehr effizient bei sozial-emotionalen Störungen erwiesen haben und die Nachfrage groß ist, hat sich in den vergangenen Jahren für dieses Gebiet ein spezielles Berufsbild entwickelt. Der Ausbildungsgang ist eine landesrechtlich geregelte schulische Ausbildung als

Erstausbildung an Berufsfachschulen oder als Weiterbildung an Fachschulen und Berufskollegs. Die Erstausbildung dauert drei Jahre, die Weiterbildung ein bis eineinhalb Jahre.

Mit dem noch relativ neuen Berufsbild des Diplom-Motologen bekam der Bereich der Motorik und der motorischen Entwicklung und Erziehung seine akademische Anerkennung. Seit 2005/2006 ist das entsprechende Studium nur noch im Rahmen eines konsekutiven Masterstudiengangs möglich. Voraussetzung für dieses Aufbaustudium ist der Bachelorgrad oder ein vergleichbarer Hochschulabschluss in Erziehungs- oder Sportwissenschaften, Psychologie oder Physiotherapie (vgl. Bundesagentur für Arbeit 2008).

Als Weiterbildung werden Motopädie/Mototherapie für Sport- und Gymnastiklehrer, für Ergo- und Physiotherapeuten sowie für Alten- und Krankenpfleger angeboten. Während der Ausbildung werden z. B. folgende Inhalte vermittelt:

- »Motopädie/Psychomotorik:
  - praktisches Nachvollziehen der Bewegungsentwicklung
  - psychomotorisches Spiel-, Übungs- und Therapiematerial kennen lernen, erfahren und anwenden
- Soziomotorik:
  - Spiele im Wasser, Spiele des Tanzes, Akrobatik und Jonglieren
- Rhythmik:
  - Gruppentänze, Singspiele, Einsatz verschiedener Musikinstrumente
- Entspannung:
  - Gymnastik- und Musikentspannung, autogenes Training, Eutonie, angeleitete Übungen
- Methodik/Didaktik der Motopädie:
  - unterschiedliche Konzepte motopädischer Förderung
  - Aufbau, Durchführung und Reflexion zielgruppenspezifischer motopädischer Förderungspläne
- Motodiagnostik:
  - Methoden und Verfahren, Zielsetzungen, Ebenen der Informationsgewinnung
- Psychologie:
  - Grundlagen der Entwicklungspsychologie und Pädagogischen Psychologie
- Motopathologie:
  - anatomische und physiologische Grundlagen sensomotorischer Regulation sowie Kennen lernen der Regulationsstörungen (= Krankheitsbilder)« (Bundesanstalt für Arbeit 1998).

Der Vertiefung in theoretischer und praktischer Hinsicht dienen in die Ausbildung integrierte Praktika in relevanten Praxisfeldern.

Als Tätigkeitsfelder kommen nach Abschluss der Ausbildung beratungs-, förder- und heilpädagogische Einrichtungen sowie Schulen, insbesondere auch Förderschulen, in Betracht. Die Gründung einer eigenen Praxis ist nach mehreren Berufsjahren möglich. Fortbildung und Spezialisierung ist im Bereich von Behandlungskonzepten auf neurophysiologischer und neuropsychologischer Grundlage (z. B. Sensorisch-integrative Therapie) möglich.

8.7   Förderlehrerinnen und Förderlehrer

Die besonderen Notwendigkeiten, die sich in Gruppen von Kindern und Jugendlichen mit Verhaltensstörungen ergeben, erfordern neben dem hochqualifizierten Pädagogen einen Assistenten, wie er bereits 1973 im »Bildungsgesamtplan« der »Bund-Länder-Kommission für Bildungsplanung und Forschungsförderung« vorgesehen war. Diese Empfehlung hat in den Ländern der Bundesrepublik Deutschland letztlich nur Bayern realisiert, das (bis 1994 »Pädagogische Assistenten« genannte) Förderlehrer sowie heilpädagogische Förderlehrer qualifiziert und im Gesetz über das Erziehungs- und Unterrichtswesen unter Art. 60 festlegt: »Die Förderlehrerin bzw. der Förderlehrer unterstützt den Unterricht und trägt durch die Arbeit mit Schülergruppen zur Sicherung des Unterrichtserfolges bei .... Sie bzw. er nimmt besondere Aufgaben der Betreuung von Schülerinnen und Schülern selbständig und eigenverantwortlich wahr und wirkt bei sonstigen Schulveranstaltungen und Verwaltungstätigkeiten mit .... Heilpädagogische Förderlehrerinnen bzw. Förderlehrer ... unterstützen die Erziehungs- und Unterrichtstätigkeit der Lehrkraft; im Rahmen eines mit den Sonderschullehrerinnen bzw. Sonderschullehrern gemeinsam erstellten Gesamtplans wirken sie bei Erziehung, Unterrichtung und Beratung von Kindern und Jugendlichen mit sonderpädagogischem Förderbedarf mit. Sie nehmen diese Aufgaben selbständig und eigenverantwortlich wahr und wirken bei sonstigen Schulveranstalten und bei Verwaltungstätigkeiten mit. Heilpädagogische Förderlehrerinnen bzw. Förderlehrer und das sonstige Personal für heilpädagogische Unterrichtshilfe leiten die Gruppen der Schulvorbereitenden Einrichtungen im Einvernehmen mit der Sonderschullehrerin bzw. dem Sonderschullehrer und erfüllen in Absprache mit der Sonderschullehrerin bzw. dem Sonderschullehrer Aufgaben der sonderpädagogischen Förderung und Beratung im Rahmen der Mobilen Sonderpädagogischen Dienste und Hilfen« (Bayerische Staatsregierung 2013).

Durch (heilpädagogische) Förderlehrerinnen und -lehrer wird das akademisch qualifizierte Lehrpersonal zum einen besser verfügbar für seine eigentlichen Aufgaben der Beratung sowie der Erziehungs- und Unterrichtsorganisation, zum anderen kann durch die Assistenten in Gruppen von Kindern mit Verhaltensstörungen die überaus wichtige Aufgabe der Durchführung situativ notwendig werdender Einzelbetreuung und -förderung wahrgenommen werden, wie sie auch in verschiedenen Konzepten der Unterrichtung und Erziehung vorgesehen ist. Weiterhin können Förderlehrer bei der Erstellung bzw. Bereitstellung des für einen individualisierenden Unterricht notwendig erachteten didaktischen Materials behilflich sein, »das Aufforderungscharakter besitzen, leicht verfügbar und von differenzierter Schwierigkeit sein muß«, wie es gut nachvollziehbar in den inzwischen aufgehobenen Empfehlungen der deutschen Kultusminister von 1978 hieß (KMK 1978, 10).

Aus den Erfahrungen in Bayern stehen für Förderlehrerinnen und Förderlehrer nach wie vor folgende bereits von Selzle (vgl. 1986) für »Pädagogische Assistenten« beschriebene Tätigkeitsmerkmale im Vordergrund:

»Mitwirken am Unterricht
Nach Weisungen von Schulleiter/Kooperationslehrern

- Sicherung des Unterrichtserfolges durch unmittelbare Hilfeleistung für Lehrer und Schüler (direkte Kooperation),
- Sicherung des Unterrichtserfolges durch Arbeit mit Schülergruppen (indirekte Kooperation).

Die Mitwirkung des Pädagogischen Assistenten am Unterricht erstreckt sich auf die Unterstützung des Lehrers bei der *Vorbereitung* des Unterrichts durch Tätigkeiten wie

- Bereitstellen und Herstellen von Lehr- und Lernmitteln (für die ganze Klasse, für Schülergruppen, für einzelne Schüler),
- Vorarbeiten für die Unterrichtsplanung des Lehrers (Zusammenstellen von Fehlerlisten, Aufbau von Versuchen usw.),
- Vorbereitung von Unterrichtsgängen;

Durchführung des Unterrichts durch Tätigkeiten wie

- Besprechen mündlich oder schriftlich erstellter Hausaufgaben mit Schülern,
- Hilfestellungen für Schüler bei plötzlich auftauchenden Verständnisschwierigkeiten,
- Beratung von Schülern bei Gruppenarbeiten im Klassenzimmer,
- Übernahme von häufig ähnlich wiederkehrenden Unterrichtsphasen (z. B. beim Training der Rechenfertigkeit),
- Sammlung von Unterrichtsergebnissen in Arbeitsteilung mit dem Lehrer (z. B. in Tafelanschriften und Schaubildern),
- Maßnahmen zur Unterstützung des Lehrers bei der Aufrechterhaltung des geordneten Unterrichtsbetriebes,
- Bedienung audiovisueller Geräte im Unterricht« (a. a. O., 5 f.).

Darüber hinaus können Förderlehrer bei entsprechender Anleitung und Begleitung spezifische Kurse, Neigungsgruppen und Arbeitsgemeinschaften durchführen oder auch bei Verwaltungstätigkeiten unterstützen.

Die Ausbildung zur Förderlehrerin bzw. zum Förderlehrer erfolgt nach dem Realschulabschluss an einem Staatsinstitut über drei Jahre mit einem anschließenden zweijährigen Vorbereitungsdienst. Während des Vorbereitungsdienstes sind sie als Anwärter an Schulen praktisch tätig und nehmen an Seminarveranstaltungen teil. Förderlehrerinnen und Förderlehrer haben sich über Jahrzehnte in der Praxis bayerischer Schulen etabliert und gut bewährt (siehe auch schon Selzle 1986, 12; Vilgertshofer 1979). Eine ähnliche Unterstützungsfunktion könnten zukünftig sonderpädagogisch qualifizierte Bachelor-Absolventen nach einem sechssemestrigen Studium wahrnehmen.

9 Spezielle Störungen

Die nachfolgend behandelten »speziellen Störungen« sind zumeist in einem engen Zusammenhang mit der Gefühlswelt des Menschen zu sehen oder beziehen sich direkt auf diesen psychischen Bereich, sind also mehr oder weniger emotionale Störungen. Deshalb sollen zunächst einige allgemeine Anmerkungen über Emotionen gemacht werden.

Um die Vielfalt der Emotionen bzw. Gefühle, die Menschen erleben, in eine begriffliche Ordnung zu bringen, wurden zusammenfassende Bezeichnungen geprägt, fand die Sprache Kategorien wie Wut, Aggressivität, Freude, Trauer, Liebe. Im sprachlichen Umgang sind wir uns nicht immer dessen bewusst, dass jeder dieser Begriffe wenig eindeutig ist und von den einzelnen Menschen unter Umständen auf sehr verschiedene Phänomene bezogen wird. Nach einem Grobraster werden bestimmten Verhaltensweisen bestimmte Gefühle, Emotionen oder Affekte zugeordnet. Diese Affekte werden alltagstheoretisch als selbstverständlich existente psychische Funktionen oder »Mechanismen« verstanden. Es gilt jedoch, sich vor Augen zu führen, dass Wut nicht gleich Wut, Angst nicht gleich Angst ist, dass es große interindividuelle und situationsabhängige Unterschiede gibt –und zwar qualitativ und quantitativ. Wichtig ist auch das Wissen darum, dass Emotionen gleicher Art auf sehr unterschiedliche psychische Abläufe zurückzuführen sein können. Weint da jemand, weil er sich freut, weil er traurig oder weil er wütend ist? Ist die Ursache für das körperliche Gerangel Liebe oder Aggressivität? Emotionale Kategorien sind also deskriptive Konstrukte, die Menschen als sprachliche Zeichen brauchen, um Ordnung in die Vielfalt emotionaler Phänomene zu bringen und diese Phänomene analysierbar und erklärbar zu machen.

Emotionen bauen auf der Dualität von Lust und Schmerz auf, sind auf zielgerichtetes Handeln ausgerichtet und dienen somit letztlich dem Überleben. Sie lassen sich nach neueren Erkenntnissen nicht getrennt vom Bewusstsein sehen. In Verbindung mit Rezeptionen in frühester Lebenszeit, insbesondere auch mit Bewegungs- und Tiefenwahrnehmungen, bilden sie die Grundlage für die Entwicklung von Bewusstsein. Rezeptionen, Emotionen und Kognitionen beeinflussen sich wechselseitig. Wahrnehmungen werden durch Erinnerungen eingefärbt, die wiederum mit Emotionen verbunden sind und Bewertungen nicht nur von gegenwärtigen Situationen, sondern auch von Handlungsabsichten und -plänen beeinflussen, wenn nicht bestimmen. Emotionen sind also für das menschliche Leben von höchster Bedeutsamkeit.

Unterschieden werden fünf Grundemotionen: Freude/Glück, Angst/Furcht, Ärger/Wut/Zorn, Trauer und Ekel/Hass. Darauf, dass Emotionen als Hilfen innerhalb eines Problemlösungskonzepts angesehen und als Übergangsphänomene zu anderen Zielen oder Plänen verstanden werden können, deuten ihre fünf wichtigsten

Eigenschaften hin: »Sie enthalten einen unwillkürlichen Drang zum Handeln; – sie sind oft mit körperlicher Unruhe verbunden; – meist ist ein unbewusstes spezifisches Gefühl vorhanden; – es kommt zu einem erkennbaren Ausdruck des Gefühls wie Lächeln, Stirnrunzeln; – es entstehen unwillkürliche Gedanken, die uns eine Zeit lang beschäftigen« (Oatley 1990, 32). Neben den Grundemotionen existiert eine Vielzahl an Gefühlsmischungen. So können Aggressionen sowohl mit den Gefühlen Ärger, Hass oder auch Angst in Verbindung mit der Kognition zusammenhängen, dass eine aggressive Handlung das situative Problem erfolgreich lösen kann. Einige Tiere, vor allem aber Menschen der verschiedenen Rassen, können ihre Emotionen nonverbal, über analoge Kommunikationskanäle, d. h. über Mimik, Gestik, Tonfall mitteilen, die in allen Kulturen verstehbar sein sollen.

Emotionen sind – so lässt sich zusammenfassend feststellen – über Jahrtausende lange Evolution entwickelte psychische Zustände, Ereignisse zu bewerten und die aus Anlage- und Lernbedingungen resultierenden Verhaltensmuster selbstbestimmt zu aktivieren, für die entsprechende physiologische Abläufe verfügbar sind (vgl. auch Ulich/Mayring 1992; Hülshoff 2006).

Lange Zeit wurden im Gehirn Angst- und Aggressions-Zentren vermutet und gesucht. Durch Experimente mit Tieren, aber auch im Zusammenhang mit Erkrankungen, Verletzungen und Operationen beim Menschen wurden Strukturen im Mittelhirn und im Hypothalamus, insbesondere aber der Nucleus Amygdalae als Aggressionszentren ausgemacht. Nach Jahren der Hirnforschung und durch Operationen, die auch beim Menschen zur Reduzierung übermäßiger Angst und Aggressivität gemacht wurden, ist festzustellen, dass solche komplexen emotionalen Phänomene wohl Funktionszentren haben, aber nicht an bestimmte, punktuelle Bereiche des Zentralnervensystems gebunden sind. Einigkeit herrscht z. B. darüber, dass das Limbische System große Bedeutung für die Generierung und Modulation der Emotionen und für die Regulation aggressiven Verhaltens hat. Wie die meisten komplexen psychischen Funktionen sind jedoch auch die Emotionen als Gesamtleistung verschiedener Bereiche des Zentralen Nervensystems über vielfältige Vernetzungen zu verstehen.

Große Bedeutung für Emotionen und Verhalten haben Hormone. Hormone, die z. B. die Gehirndrüse, die Hypophyse, und die vielen Körperdrüsen wie die Schilddrüse oder die Keimdrüsen ausschütten, wirken auf die Psyche ein und beeinflussen ganz wesentlich das Verhalten. Störungen und Erkrankungen des hormonellen Systems führen zu psychischen Veränderungen bzw. Störungen, wobei endokrin bedingte Störungen, die im Zentralnervensystem wirksam werden, stärkere Veränderungen erbringen als die endokrinen Drüsen, die peripher wirken. Es gibt zwar keine linearen Verbindungen zwischen bestimmten endokrinen Störungen und psychischen Veränderungen, mit bestimmten endokrinen Funktionsstörungen sind jedoch häufig bestimmte psychische Veränderungen verbunden. So finden sich bei der Hyperthyreose (Schilddrüsenüberfunktion) gehäuft innere Spannungen und Reizbarkeit, Müdigkeit und Ängstlichkeit, aber auch Aggressivität. Bei der Hypoglykämie (verringerter Blutzuckerspiegel) zeigen sich verlangsamte psychische Aktivitäten, Müdigkeitsgefühle, Spannungs- und Stressgefühle, aber auch Tendenzen zur Aggressivität. Bedeutende Einflüsse haben die Hormone des Nebennierenmarks wie Adrenalin und Noradrenalin (Katecholamine). Adrenalin, das die psychische Aktivität und Wachheit beeinflusst, wird vermehrt bei Erregung und Angst ausgeschieden; es löst Unruhe und körperliche Symptome wie Herzklopfen und Zittern aus. Auch Noradrenalin beeinflusst die psychische Aktivität und Wachheit, allerdings im Sinne von Aggressivität, Wut und Zorn. Die Androgene, wie z. B. das Geschlechtshormon Testosteron, sind von zentraler Bedeutung für die Organisation eines geschlechtstypischen Verhaltens, insbesondere des Sexualverhaltens. Über Zusammenhänge zwischen erhöhten Testosteronwerten und übermäßiger Aggressivität liegen widersprüchliche Aussagen vor. Es scheint jedoch so zu sein, dass es – entgegen häufiger Meinungen – nicht als eine Art »Aggressions-Hormon« bezeichnet werden kann. Testosteron muss eher als aktivierende, Energien stimulierende Substanz verstanden werden (vgl. Huber 1991). So gilt beispielsweise im Hinblick auf endokrine Systeme und Aggressivität auch gegenwärtig noch, was Murken vor Jahrzehnten zusammenfassend feststellte: »Ein bestimmtes morphologisches Substrat für einen Aggressionstrieb, speziell für dessen übersteigerte Form, kann die Endokrinologie bisher nicht beibringen« (Murken 1973, 153).

9.1 Übermäßige Angst

Es wurde bereits verdeutlicht, dass Angstproblematiken epidemiologisch zu den häufigsten Störungen bei Kindern und Jugendlichen gehören. Daher werden sie auch in diesem Kapitel an erster Stelle behandelt. Jeder weiß, was unter Angst zu verstehen ist, weil jeder sie aus eigenem Erleben mit Inhalt füllen kann. Da es sich jedoch letztlich um ein hypothetisches Konstrukt handelt, um eine Art Sammelbezeichnung, die eine Vielzahl emotionaler Tendenzen in Verbindungen mit Kognitionen und psychomotorischen Aktionen bzw. Reaktionen beinhaltet, hat letztlich jeder wiederum doch eine etwas andere Vorstellung, sodass zur besseren Verständigung definitorische Festlegungen notwendig sind. Bevor nun spezifischer auf Angst und Ängste eingegangen wird, sei darauf hingewiesen, dass es Gemeinsamkeiten zwischen Angst und Aggressivität gibt: Angst kann in Aggressivität umschlagen und umgekehrt. Manch einer weiß aus eigenem Erleben, dass aufsteigende Wut, die Bereitschaft zu Aggressionen sich angesichts der Potenzen des Gegners in Angst und Fluchtbereitschaft wandeln können. Psychophysische Abläufe bereiten zur Flucht wie zum Kampf vor: Das Flight-or-Fight-Syndrom umfasst bedeutende, lebenswichtige Erlebens- und Verhaltensqualitäten bei Menschen wie auch bei höheren Tieren. Angst wie Aggressivität haben gleichermaßen selbsterhaltende Funktion, in ihren extremen Ausprägungen können sie jedoch auch selbstzerstörerisch sein.

9.1.1 Begriffsbestimmung

Angst meint das als unangenehm erlebte Gefühl, das als Reaktion auf innere oder äußere, tatsächliche oder auch nur erlebte bzw. antizipierte Bedrohungen oder

Gefahren entstehen kann. Von Ängstlichkeit kann gesprochen werden, wenn das unangenehme Gefühl der Bedrohung chronifiziert ist, wenn also eine überdauernde Bereitschaft entsteht, häufig, stark und situationsübergreifend mit dem Affekt Angst zu reagieren.

Mit dieser sehr allgemeinen Begriffsbestimmung wird eine erste Annäherung an den Gegenstand intendiert. In detaillierender Betrachtung sollen im Folgenden Ergänzungen, Spezifizierungen, theorieabhängige Bestimmungen gegeben werden.

9.1.2 Formen der Angst

Angst hat viele Formen (siehe z. B. Riemann 2006; Schneider 2004 und 2006; Suhr-Dachs 2006; Fröhlich-Gildhoff 2007; Stein 2012c). Es gibt verschiedene Möglichkeiten der differenzierenden Betrachtung. Schwarzer (vgl. 1978) unterscheidet drei große Gruppen: Existenzangst, soziale Angst und Leistungsangst. Der Existenzangst sind die Todesangst (Alters-, Krankheits-, Infektions-, Herzangst usw.), die Verletzungsangst (Unfall-, Flug-, Höhenangst usw.) und die Angst vor Unheimlichkeiten (Dunkel-, Gewitter-, Kriegsangst) zuzuordnen. Zur sozialen Angst gehören Scham, Verlegenheit, Angst vor Publikum und Vorgesetzten sowie Schüchternheit. Leistungsangst ist im Wesentlichen die Angst vor Bewertungen mit der Prüfungsangst, der Schul-, Berufs- oder auch der Sexualangst usw. Alle diese Formen können extreme Ausmaße annehmen, sich zu neurotischen Ängsten und auch zu Phobien entwickeln oder sich gar zur Panik steigern. Von neurotischer Angst kann gesprochen werden, wenn die Emotion übersteigert ist, als krankhaft empfunden wird, anfallartig auftritt, sich – was häufig der Fall ist – auf einzelne Organe zentriert, z. B. auf das Herz, den Magen, die Atmung. Als Phobie lässt sich eine Angstreaktion bezeichnen, die in keinem Verhältnis zum Auslöser steht und zugleich auf spezifische Gegebenheiten wie auf enge Räume (Klaustrophobie), auf freie Plätze (Agoraphobie), auf so ungefährliche Tiere wie Spinnen, Mäuse, Kaninchen zentriert ist. Panik ist eine für den Betroffenen völlig unsteuerbare, unkontrollierbare Reaktion, die ihren Auslöser im Erschrecken, d. h. in der Konfrontation mit einer unerwarteten, plötzlichen Situationsänderung, in sich anfallartig auswirkenden inneren Stimuli oder auch in sich entwickelnden Vorstellungen haben kann.

Da Angst ein deskriptives Konstrukt ist, wird sie unter dem Aspekt verschiedener theoretischer Ansätze unterschiedlich bestimmt und auch auf unterschiedliche Ursachen zurückgeführt. Eingegangen werden soll auf den philosophischen Aspekt, den ethologischen Aspekt, den psychologischen Aspekt mit den beispielhaften psychoanalytischen und lerntheoretischen Sichtweisen, den soziologischen Aspekt und den pädagogischen Aspekt.

9.1.3 Der philosophische Aspekt

Sehr eingehend hat sich mit der Angst Kierkegaard beschäftigt. Er unterscheidet Furcht – ein intentionales Gefühl – und Angst – eine gegenstandslose Stimmung. Dieser Unterscheidung schließen sich unter anderen auch Heidegger und Jaspers an. Furcht ist also gegenstandsbezogen, ist auf etwas Bestimmtes gerichtet. Angst dagegen ist gegenstandslos (Jaspers 1923, 95). Sie entsteht, wenn auslösende Gefahrenreize und somit auch adäquate Reaktionsweisen nicht genau zu bestimmen sind. Der amerikanische Angsttheoretiker Epstein bringt zur Illustration dieses Unterschieds ein anschauliches Beispiel: Fährt ein Autofahrer auf einem Dschungelpfad und hat plötzlich eine Elefantenherde vor sich, erlebt er Furcht. Er kann schnell wenden und sich somit der Gefahr entziehen. Hört er jedoch auf seiner Fahrt durch den Dschungel nahe, aber nicht genau lokalisierbare Geräusche von Elefanten, wird er unsicher; er weiß nicht, wie er zur Abwendung der Gefahr reagieren soll. Er kommt in einen Zustand der Angst (Epstein 1967). Furcht und Angst sind zwar, wie jeder aus eigenem Erleben weiß, äußerst unangenehme Gefühle – als spezielle Erregungszustände, die den Organismus in einen Alarmzustand, in die Bereitschaft zu Flucht oder Angriff bringen, dienen sie jedoch dem Überleben.

Die alten Griechen kannten nur den begrifflichen Inhalt der Furcht. Nach Platon ist Furcht zu überwinden durch Tapferkeit, die erzielt wird durch sittliche Erziehung, also letztlich eine pädagogische Aufgabe. Angst als gegenstandslose Stimmung wird als Existenzangst oder Weltangst erst in der Spätantike bzw. im frühen Christentum thematisiert. Für die frühen Christen war die Welt als gottferne Stätte naturgemäß ein Ort der Angst. Angst und Weltwahn waren durch den Glauben zu überwinden. Der Zusammenhang von Angst und Glauben ist durch die Geschichte der vergangenen neunzehn Jahrhunderte hindurch sehr deutlich, und nicht selten ist Angst durch Worte und vor allem auch durch Bilder verbreitet worden, um den Glauben zu vertiefen. Obwohl für die Menschen gegenwärtig kein so großes direktes Problem mehr, steckt doch noch vielen Zeitgenossen aus Kindheitstagen die Angst vor dem strafenden Gott, vor Fegefeuer und Hölle in den Knochen. Durch die Postulate der Vernunft, wie sie z. B. Galilei, Descartes und Hegel aufstellten, war die durch die Religion aufgekommene und verbreitete Angst nicht zu überwinden. Im Gegenteil, sie wurde verstärkt durch die Fortschritte, die menschliche Vernunft durch Aufklärung und Forschung, in Wissenschaft und Technik machte. Der Zweifel, ob das Leben sinnvoll ist, erbrachte Ängste, die nicht durch den Glauben an einen tragenden Gott und ein Ziel in Gott überwindbar erscheinen. Das In-der-Welt-Sein an sich wurde – wie von Heidegger – als Grund für die Angst gesehen. Dem menschlichen Leben in seiner Bedrohung und seiner Unsicherheit und in dem Bewusstsein eines drohenden Endes ist die Angst immanent (Kierkegaard 1937). Angst wird somit letztlich zur Todesangst (Heidegger 1949). Die Unsicherheit des Lebens, der Zwang zur Entscheidung, die Aussicht auf das Ende machen Angst. Damit gehört Angst unüberwindbar zum menschlichen Leben. Der Mensch, sich seiner selbst bewusst, reflektiert diese Angst und verstärkt sie dadurch noch. Die Angst kann zum lebensumfassenden und lebensbedrohenden Problem werden. Für Sartre ist der Mensch zur Freiheit und auch zur Angst verdammt. Freiheit wie Angst sind an die Verantwortung des Menschen für sich und die Gesamtheit gebunden. Aus dieser Verantwortung heraus müssen Freiheit, Angst, das Leben ertragen werden. Hilfreich kann in dieser Situation die Verbindung mit der Transzendenz im Glauben sein. Im Wissen um die notwendige Zerstörung von Gewissheiten und die damit verbundene Entstehung von Angst gründet sich die Überzeugung, dass der Mensch den Glauben an die Transzendenz braucht (Jaspers 1923).

Die Geschichte lehrt, dass Angst stärker wird und weiter verbreitet ist, wenn Ordnungen brechen. Mit den äußeren Ordnungen brechen auch innere Ordnungen bei den Menschen: es entstehen Haltlosigkeit und Ängstlichkeit.

In Zusammenfassung dieser kurzen philosophischen Betrachtung lässt sich sagen, dass der Mensch notwendigerweise in Angst vor Möglichkeiten und in Furcht vor Wirklichkeiten lebt. Für Kierkegaard hat jemand, »der gelernt hat, auf die rechte Weise Angst zu haben, ... das höchste gelernt«. Der Mensch muss also Angst akzeptieren, er muss lernen, mit ihr umzugehen, sie nicht übermächtig werden zu lassen, sie situationsadäquat auszuleben. Damit stellt sich eine große pädagogische Aufgabe, die bei allen Kindern und Jugendlichen relevant ist, besonders aber bei jenen, bei denen äußere und innere Ordnungen erst gar nicht entstehen konnten oder gebrochen sind und die deshalb häufig nicht mehr zu ertragende Ängste erleiden, die sie in ihrem Leben, in ihrer Entfaltung einschränken und die sich auch zu Aggressionen wandeln können – gegen sich selbst oder gegen die Umwelt.

9.1.4 Der humanethologische Aspekt

Aus humanethologischer Sicht ist Angst ein angeborener Instinkt, der allerdings durch Lernprozesse modifizierbar ist. Angst geht auf ein primär endogen produziertes Erregungspotential zurück, das z. T. durch angeborene Auslöser, wie z. B. plötzliches Fallen, näherkommende Objekte, großen Lärm, Drohgebärden eines überlegenen Gegenübers aktiviert wird. Durch das Erleben mäßig gefährlicher Situationen in Spiel, Sport oder auch im Film sorgen wir dafür, dass dieses Potenzial nicht zu groß wird und regelmäßig und schubweise abgebaut werden kann. Eine angeborene Angstkomponente wird heute von den meisten Angstforschern nicht angezweifelt, wohl aber das Instinktmodell mit dem linear kausalen Erregungspotenzial-Auslöser-Mechanismus, das bei Tieren zutreffen mag, den komplexen Gegebenheiten beim Menschen aber nicht gerecht wird.

9.1.5 Der psychologische Aspekt

Die psychoanalytische Sichtweise

Ausgangspunkt für die Angstpsychologie der Psychoanalyse ist das Geburtstrauma, dessen physiologische Komponenten künftig stets als Signal für Bedrohung oder Gefahr, d. h. als Angstemotion aktiviert werden. Ort des Angsterlebens ist für Freud das Ich. Angst als Realangst kann direkt aus dem Ich kommen, als Gewissensangst kommt sie aus dem Über-Ich und als neurotische Angst aus dem Es, oder – anders ausgedrückt: Zu unterscheiden sind drei Angstformen: Realangst durch konkrete Anlässe, neurotische Angst als Reaktion des Ichs auf bedrohliche Triebregungen aus dem Es und Gewissensangst als Reaktion des Ichs auf ein überstrenges Über-Ich (vgl. Krohne 2010, 151 ff.).

Auf Bedrohungen aus der Umwelt reagiert das Ich mit Signalen, die zu psychischen und physischen Aktivitäten führen und je nach Einschätzung Flucht oder Kampf (Flight-or-Fight-Syndrom) auslösen können.

Das Ich hat die Aufgabe, bei Bedrohung oder Gefahr rechtzeitig Gegenmaßnahmen einzuleiten. Wird die Gefahr als nicht zu bewältigen eingeschätzt, treten Abwehrmechanismen wie Verdrängung, Projektion, Sublimierung, Somatisieren usw. auf (▶ Kap. 4.2.1). Die Angsttheorie Freuds erscheint heute zwar als ungenau und rudimentär, wesentliche Komplexe erweisen sich aber als vereinbar mit neuesten Einsichten. So konnte das Freud'sche Angstabwehr-Konzept nicht nur eine empirische Bestätigung, sondern auch einen Niederschlag in der modernen kognitiven Psychologie finden, etwa in einem bipolaren Persönlichkeitsmodell der Angstabwehr mit den Polen Sensitisation – Repression, womit jeweils an den extremen Polen unangemessene, abnorme Formen der Angstverarbeitung gemeint sind. Sensitizer neigen dazu, eine Situation als schädigend einzuschätzen und entsprechend zu reagieren, Represser machen sich leicht Gefahrlosigkeit vor und handeln im Sinne dieser Beurteilung. Sensitizern sind die Angstverarbeitungsweisen Kompensieren, Intellektualisieren, Projizieren, Phantasieren sowie depressives und zwangsneurotisches Reagieren zuzuordnen. Für Represser typisch sind die Mechanismen Verdrängen, Verleugnen, Verschieben, Identifizieren, Sublimieren, Rationalisieren und Somatisieren (vgl. Krohne 1975, 56–67).

Ausgehend von der Angstemotion entwickelte Riemann (vgl. 1961) ein originär psychoanalytisches Persönlichkeitsmodell. Angst ist im Sinne dieses Modells für die menschliche Entwicklung von so zentraler Bedeutung, dass sie als ein persönlichkeitsformendes Element anzusehen ist, welches die charakterlichen Grundformen der schizoiden Persönlichkeit, der depressiven Persönlichkeit, der zwanghaften Persönlichkeit und der hysterischen Persönlichkeit hervorbringt. Persönlichkeitsstrukturen treten selten oder nie in reiner Form, sondern zumeist als Mischformen auf. Diese Grundformen können sich in unauffälliger Form darstellen, aber auch in schweren neurotischen bis hin zu psychotischen Störungen. Sie gehen auf die frühkindlichen psychosexuellen Entwicklungsphasen in der Weise zurück, dass schizoide und depressive Strukturen aus Störungen in der oralen, Zwangsstrukturen aus Störungen in der analen und hysterische Strukturen aus Störungen in der ödipal-phallischen Phase resultieren.

Die lerntheoretische Sichtweise

Lerntheoretische Angstforschung erreichte bereits in den 1920er Jahren einen Höhepunkt. Berühmt – und berüchtigt – geworden ist aus dieser Zeit das Experiment von Watson mit dem kleinen, knapp einjährigen Albert. Dem Jungen wurden immer, wenn er mit einer weißen Ratte spielte, laute Geräusche – Schläge mit einem Hammer auf Metall – dargeboten, auf die er mit Furcht reagierte. Diese Angst wurde nach einigen Tagen auf alles Pelzige – Hund, Hase, Pelzmuff, Weihnachtsmann-Maske – transferiert bzw. generalisiert und war auch nach vier Monaten noch existent. Auf der Basis derartiger Versuche und einer Vielzahl von Beobachtungen bei Mensch und Tier entwickelte sich eine Zweikomponenten-Theorie der Angst, die u. a. von dem englischen Psychiater Stanley Rachman vertreten wird. Danach wird Angst entweder gelernt oder durch spezifische Stimuli ausgelöst. Gelernt wird Angst durch klassisches Konditionieren und operantes Konditionieren sowie durch Modell-, Imitations- oder stellvertretendes Lernen. Beim klassischen Konditionieren wird, wie bei dem kleinen Albert, ein neutraler Stimulus – wie z. B. die Ratte – mit einem Schmerz-Furcht-Stimulus – z. B. plötzlichem Lärm – verbunden. So wird der neutrale Stimulus zu einem konditionierten Stimulus, der künftig auch ohne Anwesenheit des Schmerz-Furcht-Stimulus zu einer konditionierten Angstreaktion z. B. vor Ratten und allem Pelzigen führt. Operantes Konditionieren oder Verstärkungslernen setzt dann ein, wenn ein Mensch mit einer konditionierten Angstreaktion die konditionierten Angststimuli meidet, um nicht Angst erleben und erleiden zu müssen. Dadurch aber wird die Vermeidungsreaktion verstärkt, wie es die Zweiprozesstheorie von Mowrer erklärt (vgl. etwa Essau 2003, 166; Krohne 2010, 179 ff.). Wenn der kleine Albert künftig allem Pelzigen aus dem Wege gegangen sein sollte, dann hat er wohl Angstgefühle vermeiden, nicht aber seine Pelzphobie loswerden können, denn gelernte Verhaltensweisen können nur dadurch gelöscht werden, dass sie hervorgerufen, aber nicht verstärkt werden. Imitations- oder stellvertretendes Lernen meint, dass wir aus unserer Umwelt Verhaltensweisen, ja, ganze Verhaltensketten imitierend übernehmen. Eine große Zahl von Angstreaktionen wird so durch soziale Übertragung vermittelt. Mit signifikanter Wahrscheinlichkeit haben deshalb hochängstliche Mütter hochängstliche Kinder. Die zweite Komponente der hier behandelten Angsttheorie ist die Angstauslösungs-Hypothese. Danach gibt es die bereits angesprochenen Schmerz-Furcht-Stimuli, die, wie Rachman sagt, aufgrund intrinsischer Qualitäten angeborenermaßen zu Angstauslösern prädisponiert sind. Vor allem sind das Reize, die intensiv und neu sind und plötzlich auftreten. Erweisen sich diese Reize als ungefährlich, verlieren sie ihre angstauslösende Wirkung. So reagieren viele zweijährige Kinder auf plötzliche laute Geräusche und lärmende Ereignisse mit Angst. Diese Angst verliert sich, denn im 6. Lebensjahr zeigten nur sehr wenige Kinder derartige Reaktionen.

Lerntheoretische Einsichten bieten die Basis für Konzepte der Verhaltenstherapie. Verhaltenstherapeutische Methoden der Angst sind vor allem systematische Desensibilisierung, Reizüberflutung und, insbesondere bei Kindern, Modelllernen. Die systematische Desensibilisierung, von dem klinischen Psychologen Wolpe zur Therapie von Phobien entwickelt, wird verbreitet eingesetzt, weil sie einen sehr großen Therapieerfolg erbringt. Angstpatienten werden in einem Zustand der Entspannung oder in Verbindung mit anderen angstinkompatiblen Reaktionen wie Essen und Trinken mit Angststimuli in für sie erträglichen Dosen konfrontiert. Es wird eine Angsthierarchie vom Imaginären bis zum In-vivo-Erleben der Angstobjekte erstellt und systematisch durchgearbeitet, was in relativ kurzer Zeit zur Reduzierung der Angstproblematiken führen kann.

9.1.6 Der soziologische Aspekt

Menschen müssen zwar mit Angst leben, es fragt sich jedoch, ob sie unter den gesellschaftlichen Verhältnissen mehr Angst erleben und mit mehr Angst leben müssen als notwendig und unumgänglich ist. Nachzugehen ist z. B. der Hypothese, die Mitscherlich (vgl. 1965) folgendermaßen formulierte: »Nach unserer Auffassung erweckt unsere Kultur, die für mehr und mehr Menschen Anpassungs-, also Lernleistungen bis ins Alter notwendig macht, in ihren bisherigen Erziehungsformen im großen Durchschnitt viel zu viel und völlig unnötig Angst in der frühen Kindheit und blockiert damit das Lernen« (a. a. O., 295). Die »Erziehungsformen« – um mit Mitscherlich zu sprechen – sind durch gesellschaftliche Werte, Normen, Erwartungen, Tabus bestimmt. In der Gesellschaft des Mittelalters war es selbstverständlich, Kinder aufzuziehen und Erwachsene zu beeinflussen mit der Furcht vor Gottes Strafgericht, der Furcht vor dem Teufel sowie der Furcht vor schrecklichen weltlichen Strafen wie dem Pranger, dem Ausgepeitschtwerden, den Daumenschrauben, der eisernen Jungfrau usw. Hexenverbrennungen, Teufelaustreibungen, Folterungen verbreiteten allgemeine Angst: Jeder konnte getroffen werden, der Unschuldige konnte sich nicht wehren. Fürsten herrschten unumschränkt und hielten das Volk in furchtvoller Ehrerbietung. Da es diese Ängste nun nicht mehr gibt, müssten wir im Grunde gegenwärtig vergleichsweise angstfrei leben. Das ist jedoch nicht der Fall; die Angstmacher sind nur andere, vielleicht sogar stärkere als in früheren Zeiten. In einer freien, offenen Gesellschaft ist da die Angst vor dem Versagen in Konkurrenzsituationen, die Angst vor dem Verlust des Arbeitsplatzes, die Angst vor der Vernichtung eigener Arbeitsergebnisse, die Angst vor dem Verlust der Identität, die Angst vor dem Verlust sozialer Beziehungen, vor Uninformiertheit, vor Terminen, vor Konzeptions- und Sinnlosigkeit, vor der Atombombe, vor Zerstörung der Atmosphäre, der Ökosysteme, des Weltklimas usw. Viele dieser Angst- bzw. Furchterreger lassen sich reduzieren, und sie werden auch angegangen. Völlig werden sie sich nicht abbauen lassen, und selbst wenn das der Fall sein sollte, würde damit den Menschen nicht ein Leben in Angstfreiheit beschert sein. Der Mensch als ein »Nesthocker« (Portmann 1956) ist in seiner frühen Lebenszeit auf die symbiotische Beziehung mit der Mutter oder einer anderen Bezugsperson angewiesen. Alle notwendigen Unlustempfindungen werden als Bedrohung und damit als Angst empfunden, sei es, dass sie aus Hunger, Durst, dem Alleinsein oder der Dunkelheit resultieren.

Mit der Verselbstständigung und der Eroberung der Umwelt ist weiteres Furcht- und Angsterleben verbunden, ob beim Laufenlernen, beim Umgang mit Gegenständen wie der Gabel oder dem Messer oder mit Einrichtungsgegenständen wie dem heißen Ofen oder der spitzen Tischkante, in der Begegnung mit fremden Menschen oder im Erleben aggressiver Tiere. Auch das Einleben in neue Gruppen, sei es im Kindergarten, in der Schule oder in Vereinen, die Erfahrungen der Unterschiedlichkeit physischer und psychisch-geistiger Kräfte können angstauslösend sein. Der Situation des Menschen als »animal sociale«, als soziales Wesen, das Mitmenschen brauchen und fürchten muss, ist Angst immanent. Damit soll nicht einem Fatalismus oder einer Lethargie gegenüber Angstgeneratoren das Wort geredet werden; es ist vielmehr notwendig, alle überflüssigen, alle angehbaren Angstauslöser abzubauen, um mit denen, die notwendigerweise aus der Natur des Menschen und seiner Umwelt resultieren, besser umgehen und psychisch gesund bleiben zu können. Gesellschaftliche Gegebenheiten müssen also auf anxiogene Faktoren hin analysiert werden und Kinder müssen von klein auf lernen, ein notwendiges Maß von Angst zu ertragen, mit Angst richtig umzugehen, mit der Angst – ohne Angst vor der Angst – zu leben.

9.1.7 Der pädagogische Aspekt

Für eine günstige Entwicklung kleiner Kinder ist es unabdingbar, sie in ihren Grundbedürfnissen zu befriedigen. Sie müssen sich durch Lustempfindungen wohlfühlen lernen, müssen die Erfahrung machen, dass ihnen bei Unlustempfindungen – wie Hunger, Durst, körperlichen Schmerzen, Alleinsein –, die sie als Bedrohung und somit als Angst empfinden, geholfen wird, um das lebensnotwendige »Urvertrauen« (Erikson) entwickeln zu können. Werden diese Bedingungen nicht erfüllt, folgen schreiende Proteste, Angstreaktionen, Autoaggressionen, apathische und depressive Tendenzen, psychische und physische Retardierungen, die auch zum Tode führen können (vgl. Spitz 1967). Bleibt das Leben erhalten, drohen auf der Basis eines »Urmisstrauens« (Erikson) schwere sozial-emotionale Störungen zu resultieren, die irreversibel sein und das ganze kommende Leben beeinträchtigen können. Die Fähigkeit zur Angstbewältigung setzt also zunächst einmal die Entwicklung eines Urvertrauens voraus. Auf der Basis dieses Urvertrauens kann ein Kind lernen, mit Unlust und Angst erlebte Verzögerungen der Bedürfnisbefriedigungen, Trennungen von nahen Bezugspersonen und situative Veränderungen zu ertragen und so in einen Entwicklungsprozess vom Lustprinzip zum Realitätsprinzip (Freud) zu kommen. Später bringt es sich dann – in Abhängigkeit von Entwicklungsbedingungen im Sinne von Stabilität und Belastbarkeit – selbst in angemessene Situationen zur Angstbewältigung. In der magisch-symbolhaften Phase haben Märchen für die Förderung des Ertragens von Angst große Bedeutung. Die Kinder konfrontieren sich mit angstmachenden Situationen, mit der Hexe, die Hänsel und Gretel bedroht, mit dem Wolf, der die Großmutter und das Rotkäppchen fressen will usw. Diese Konfrontation geschieht am besten über Erzählungen und in der Vorstellung im ganz individuellen magisch-symbolhaften Erleben. Wenn Kinder im Märchenalter heute in Film und Fernsehen mit anxiogenen Ereignissen konfrontiert werden, die als Realität erlebt werden und deshalb nur schwer zu verarbeiten sind, dann ist damit eine Überforderung gegeben. Kinder brauchen für ihre Entwicklung Märchen (vgl. Bettelheim 1989), aber sie müssen sie ihren Möglichkeiten und Fähigkeiten entsprechend in der Phantasie erleben, nicht in pseudo-realen Bildern, die unter Umständen viel mehr an Angstbewältigung verlangen, als das Kind leisten kann. Auch noch im Abenteueralter lässt sich die Bewältigung von Angst besser in der Vorstellung, d. h. über die Lektüre entsprechender Bücher, als durch die Konfrontation mit einer brutalen Realität, etwa in Kriminal- oder Horrorfilmen bzw. entsprechenden Spielen und simulierten Welten, lernen. Später dann in der Pubertät, wenn die Möglichkeit zur Distanz besteht, lassen sich auch über Filme vermittelte anxiogene Wirklichkeiten und Unwirklichkeiten besser ertragen. Dennoch hat die Begegnung mit ertragbarer wie verarbeitbarer angstauslösender Wirklichkeit, wie z. B. bei Nachtwanderungen usw., ihre größere Bedeutung.

Ängstlichkeit als habitualisierte Verhaltensbereitschaft resultiert zumeist aus familiären und schulischen Bedingungen. Im Hinblick auf familiäre Bedingungen wurde z. B. festgestellt, dass Eltern hochängstlicher Kinder (HÄ) häufiger negativ sanktionieren als Eltern von nichtängstlichen Kindern (NÄ), dass sie auch stärker kontrollieren (vgl. Essau 2003, 186; Stein 2012c, 51), dass Eltern der HÄ weniger Gespräche mit ihren Kindern führen als Eltern der NÄ, dass im Hinblick auf ihre berufliche Karriere frustrierte Väter häufig HÄ haben (vgl. Gärtner-Harnach 1972), dass ängstliche Kinder häufig wenig Förderung zur Selbstständigkeit in ihrem familiären Umfeld erleben (vgl. Essau 2003, 186), dass andererseits eine verfrühte Selbstständigkeitserziehung Leistungsängstlichkeit erbringen kann, die jedoch zumeist aus schulischen Bedingungen resultiert, dass inkonsequentes Erziehungsverhalten und Tadel sowie Bestrafung bei Leistungsversagen Leistungsangst erbringen können (vgl. Schwarzer 1987; Helmke 1983; Essau 2003, 182 ff.), dass Angst das Denken behindern, zu psychosomatischen Störungen und Unkonzentriertheit sowie zu Überanpassung führen kann (vgl. Singer 1981; Krohne 2010, 334 ff.). Zusammenhänge zwischen Angst und Leistung sind seit langem bekannt. Nach dem so genannten Yerkes-Dodson-Gesetz besteht ein kurvenlinearer Zusammenhang zwischen Angst und Lernleistungen in dem Sinne, dass sehr wenig und sehr viel Angst die Lerneffekte beeinträchtigen, ein mittleres Ausmaß an Angst jedoch optimale Leistungen erbringen kann. Levitt fasst die Erkenntnisse dieses Gesetzes folgendermaßen zusammen: »Ein geringes Maß an Angst genügt nicht, um die Leistung zu fördern. Ein mäßiges Maß treibt den Menschen an und verbesserte hierdurch seine Leistung. Bei einem weiteren Anwachsen der Angst ist mit nachteiligen Folgen zu rechnen« (Levitt 1976, 96). Zu bedenken ist jedoch, dass diese Gesetzmäßigkeit bei einfachen Aufgaben gilt. Bei schwierigeren Aufgaben kann bereits der Schwierigkeitsgrad eine übermäßige anxiogene Wirkung erbringen; die Zusammenhänge sind komplex (vgl. Krohne 2010, 351 ff.). Lehrer, die ihre Schüler nicht überfordern, vermeiden auch anxiogene Entwicklungen. Häufig genug wird jedoch in den Schulen nicht beachtet, dass starker Leistungsdruck und hohe Ängstlichkeit das Lern- und Leistungsvermögen beeinträchtigen. Schüler, deren schulische Leistungen den Erwartungen nicht entsprechen, geraten häufig genug unter Leistungsdruck, entwickeln Ängstlichkeit, wodurch das Leistungsvermögen weiter reduziert wird und kommen so in einen circulus vitiosus, der das allgemeine Erscheinungsbild der Verhaltensstörungen oder die spezielle Symptomatik der Schulangst erbringen kann. In der Schulangst verdeutlicht sich die Selbstwertproblematik des Schülers in der Antizipation negativer Bewertungen und eines negativen Sozialstatus als Reaktion auf schulisches Leistungsversagen. Nicht selten sind es die Eltern, die ihre Kinder durch überhöhte Forderungen, z. B. auch durch eine falsche Schulwahl, in diese Problematik treiben. Auch an dieser Stelle wird die Notwendigkeit intensiver Elternberatung deutlich.

Die Schulphobie als Extremform der Schulverweigerung entsteht weniger auf der Basis einer kognitiven als vielmehr einer sozial-emotionalen Leistungsproblematik. Schulphobische Kinder, die häufig psychisch gestörte Eltern haben, stehen in zu starken Abhängigkeitsverhältnissen und bauen – in unbewusster Verstärkung durch die Eltern – übermäßige Trennungsängste auf (vgl. Strian 1983; Stein 2012c, 81 f.). Bei Kindern mit Schulphobien kann zumeist nur familientherapeutische Hilfe eine dauerhafte Besserung erbringen. Einer Entwicklung von Angst- oder Depressionsstörungen sollte beizeiten bzw. bereits präventiv begegnet werden (siehe Barrett/Webster/Turner 2003; Fröhlich-Gildhoff 2007).

Im Hinblick auf pädagogische Hilfe lassen sich grundsätzlich zwei Ansatzpunkte unterscheiden (vgl. Stein 2012c, 134 ff.):

- Zum einen bestehen verschiedene Möglichkeiten einer Gestaltung des Lernfeldes, um dem Entstehen von Ängsten vorzubeugen: eine schülerzentrierte Haltung und das Achten auf Einschätzbarkeit seitens der Pädagogen selbst, die Gestaltung des Lernfeldes auf verschiedenen Ebenen (etwa Schule sowie Schulklasse), die Vermeidung des Entstehens unnötiger Ängste bei der Gestaltung von Lernprozessen und insbesondere Prüfungen, die Beachtung von angsterzeugenden Prozessen in der Gruppe (etwa durch subtiles Mobbing) und die Einflussnahme auf die Gruppenatmosphäre sowie auch eine gute Elternarbeit (etwa im Hinblick auf familiäre Prozesse, die Ängste von Kindern befördern könnten). Dieser Ansatzpunkt an der Situation ist stark präventiv orientiert.
- Darüber hinaus gibt es verschiedene Möglichkeiten einer pädagogischen Förderung, welche direkt auf die Person der Kinder und Jugendlichen bezogen sind – potenzielle Ansatzpunkte sind Wahrnehmung (von Bedrohungen), Förderung von Entspannung, Ansatz am (z. B. vermeidenden) Verhalten, Unterstützung sozialer Kontakte, Förderung von Kompetenzen zum Umgang mit potenziell angsterzeugenden Situationen, Veränderung der eigenen Bewertungen, Ausweitung des Bewältigungsrepertoires, Arbeit am Selbstkonzept der Schüler sowie der Arbeit an ihren subjektiven Werten (z. B. einer überstarken Leistungsorientierung, die starke Versagensängste nach sich zieht). Dabei ist es wichtig, dass Pädagogen ihre Möglichkeiten sehen, aber auch die Grenzen eigenen Handelns sensibel im Auge behalten und gegebenenfalls rechtzeitig für weitere professionelle Unterstützung sorgen (a. a. O., 164 f.).

9.2 Aggression und Aggressivität

Unter Aggressionen werden individuen- und sachschädigende Handlungen oder unterlassene Handlungen verstanden. Aggressionen sind destruktive Verhaltensweisen, die mit den Grundemotionen Ärger, Wut, Hass, Zorn oder einer entsprechenden Gestimmtheit zusammenhängen. Aggressivität meint die zur überdauernden Bereitschaft gewordene Disposition, sich gegen Individuen und Sachen schädigend zu verhalten. Als Verhaltensbereitschaft/Persönlichkeitsmerkmal stellt sie eine übermäßige Ausprägung und reduzierte Kontrolle der angesprochenen Emotionen dar.

9.2.1 Formen der Aggression/Aggressivität

Es lassen sich verschiedene Aggressionsformen unterscheiden (vgl. Selg 1992, 2):

- verbale und körperliche,
- offene und verdeckte (phantasierte),

- affektbegleitete (wütend, feindselig) und instrumentelle (zielerreichende, Mittel-Zweck-Relation),
- Selbst- und Fremd-Aggression,
- direkte und verschobene (andere Form oder Objekt),
- spontane und reaktive,
- ernste und spielerische, individuelle und Gruppenaggression (z. B. Krieg unter Völkern).

In empirischen Untersuchungen und faktorenanalytischer Auswertung fand der Amerikaner Quay drei Formen von Aggressivität, die deutlich machen, dass Aggressivität sich zum einen ausprägt über eine ungenügende Sozialisation der Aggressionskontrolle in einer offenen Form, zum anderen als eine Sozialisation aggressiver Verhaltensbereitschaft in einer verdeckten Form und drittens als eine Mischung aus diesen beiden Formen. Nachfolgende Übersicht gibt dazu Goetze (2001, 103):

1. Untersozialisierte, offen ausgetragene Aggressivität (»undersocialized aggressive conduct disorder«). Merkmale: Streitlust, Impulsivität, Angriffslust, Drohgebärden, Grausamkeit, Ungehorsam.
2. Sozialisierte, verdeckt-indirekt ausgetragene Aggressivität.
   Merkmale: lügen, stehlen, Feuer legen, an Bandenaktivitäten teilnehmen, Schulschwänzen, Drogen-/Alkoholkonsum.
3. Kombinationen aus offenen und verdeckten Formen von Aggressivität.

In jüngerer Zeit werden eine »heiße« und eine »kalte« Aggressivität unterschieden (vgl. etwa Dutschmann 2001; 2003a; 2003b; ▸ Kap. 9.6.1.3).

Zur Erklärung der Verursachung und Genese von Aggressionen/Aggressivität haben humanwissenschaftliche Disziplinen vielfältige Beiträge geleistet (siehe dazu z. B. Ittel/von Salisch 2004; Essau/Conradt 2004; Schubarth 2010, 21 ff.). Nachfolgend wird auf humanethologische, psychologische, soziologische und pädagogische Aspekte eingegangen.

9.2.2 Der humanethologische Aspekt

Die ethologische Sichtweise der Aggressivität stellte erstmals umfassend Konrad Lorenz 1963 in seinem berühmt-berüchtigt gewordenen Buch »Das so genannte Böse – zur Naturgeschichte der Aggression« einem größeren Publikum vor. Das Buch rief einerseits eine große Gegnerschaft auf den Plan, stimulierte aber auch andererseits außerordentlich stark die Forschung. Für besondere Aufregung sorgte wohl sein Eintreten für eine »Dampfkesseltheorie der Aggression«, nach der sich auch bei Menschen aggressive Triebenergien ansammeln können, nach Abreaktion verlangen und sich, wenn sich entsprechende Möglichkeiten nicht bieten, ohne Auslöser beliebig entladen können – als so genannte Leerlaufreaktionen. Lorenz machte den Fehler, viele Ergebnisse aus der ethologischen Forschung bei Tieren auf Menschen zu übertragen bzw. durch Beispiele aus der

Tierwelt Verhaltensaspekte des Menschen zu illustrieren. Der Zusammenhang zwischen tierischen und menschlichen Verhaltensaspekten ergibt sich für die Ethologie aus der Evolutions- oder Deszendenztheorie, die Darwin grundlegte und nach der sich alles Leben aus einfachen zu immer komplexeren Formen entwickelte und somit durch verwandtschaftliche Beziehungen verbunden ist. Da sich bei Tieren sehr deutlich zwischenartliche wie innerartliche Aggressionen beobachten lassen, die im Lebenskampf nützlich sind und dem Überleben dienen, nahm Lorenz an, dass auch Menschen über ihre Evolution Aggressivität als einen arterhaltenden Instinkt oder Trieb entwickelt haben. Sicher vertreiben im Sinne zwischenartlicher Aggression auch Menschen ihre Fressfeinde, zeigen im Sinne innerartlicher Aggression, die das »so genannte Böse« ist, spielerische Aggressionen, Wutverhalten, Beschimpfungen, Fremdenablehnung, Reaktionen auf Außenseiter, Besitzstreben, Territorialverhalten, Ritualisierungen, und sie zeigen auch aggressionshemmendes Verhalten wie Lächeln, gemeinsames Essen, Schmollen, Weinen, Kopfsenken, Kinder vorschieben – wie Eibl-Eibesfeldt (vgl. 1967/1999) feststellte –, aber sie sind diesen – wenn auch, wie in der Ethologie angenommen wird, angeborenen – Verhaltensbereitschaften nicht ausgeliefert.

Die These, mit der Lorenz für Aufregung sorgte, dass Aggression ein auf den Artgenossen gerichteter Kampftrieb bei Tier und Mensch sei, wird in der heutigen Humanethologie nur in modifizierter Weise akzeptiert. Eibl-Eibesfeldt z. B. sieht menschliches Verhalten allgemein, entsprechend auch aggressives Verhalten, als Ergebnis des Zusammenwirkens angeborener Potenziale und Umweltbedingungen. So hat der Mensch angeborene agonale Potenziale mit aggressiven Tendenzen wie auch affiliative Potenziale mit verbindenden Tendenzen z. B. im Sinne von Friedenssehnsucht (Eibl-Eibesfeldt 1988, 34/203 ff.).

Für Konrad Lorenz liegt in der Aggressivität des Menschen eine große Gefahr, und er empfahl dringend, Möglichkeiten für die Bewältigung der Aggression bereitzustellen. Er nannte

- kathartische Verhaltensmöglichkeiten, d. h. Abreaktionen an Ersatzobjekten;
- Möglichkeiten der Sublimierung, d. h. den Gegner z. B. mit Streitschriften statt mit den Fäusten zu bekämpfen;
- aggressive Ritualisierungen, wie sie z. B. im Sport möglich sind;
- Fraternisierung der Menschen verschiedener Völker, um durch persönliche Bekanntschaften Aggressionshemmungen aufzubauen und die Kriegsgefahr zu verringern (vgl. Lorenz 1963, 372 ff.).

9.2.3 Der psychologische Aspekt

Von den vielfältigen psychologischen Sichtweisen werden wegen ihrer Ergiebigkeit in der Forschung und ihrer auch in das Alltagswissen eingegangenen Erkenntnisse die psychoanalytische Sichtweise, die Frustrations-Aggressions-Theorie, die individualpsychologische und die lerntheoretische Perspektive vorgestellt.

Die psychoanalytische Sichtweise

In Freuds Verständnis von Aggression lassen sich drei markante Phasen unterscheiden. In der ersten Phase, in der für Freud die Beschäftigung mit der Entwicklung der frühen Triebdynamik im Vordergrund stand, sah er aggressive Tendenzen in Verbindung zu den nahrungsaufnehmenden und den -abgebenden Organen sowie zum Sexualorgan. Im frühen Säuglingsalter, in der oralen Phase, hat das Trinken an der Mutterbrust aggressive Komponenten; wenn die Zähne gewachsen sind, können sich beim Kauen und Beißen aggressive Tendenzen äußern wie auch beim Schreien, Strampeln und Schlagen. In der analen Phase erreicht die Aggressionsentwicklung bereits einen Höhepunkt. Elternwille und sich entwickelnder Kindeswille prallen aufeinander, die Reinlichkeitserziehung löst widerstrebende Tendenzen aus. In der ödipal-phallischen Phase zielen komplexe aggressive Tendenzen einerseits auf eine ungestörte libidinöse Beziehung zu beiden Elternteilen, andererseits aber auch auf die Beseitigung des gleichgeschlechtlichen Elternteils (Ödipusproblematik). Das Kind ist jedoch in einer ambivalenten Situation, es liebt – allerdings verdeckt und weniger intensiv – auch den gleichgeschlechtlichen Elternteil, entwickelt deshalb Hassgefühle dem andersgeschlechtlichen Elternteil gegenüber und löst diese Konflikte durch Identifikation mit dem Rivalen und durch Bindung der entstandenen Potenziale an die Über-Ich-Entwicklung. In einer zweiten Phase unterschied Freud Ich- oder Selbsterhaltungstriebe auf der einen Seite und Sexualtriebe auf der anderen Seite. Während die Ich- und Selbsterhaltungstriebe aus dem umweltbedingten »Ringen des Ichs um seine Erhaltung und Behauptung« resultieren, stammt der Sexualtrieb aus biologischen Bedingungen. Der von Freud gesehene Zusammenhang zwischen »Unlustempfindungen« und zerstörerischen Absichten gegen die auslösenden Quellen dieser Unlustempfindungen führte zur Entwicklung der Frustrations-Aggressions-Hypothese. Seiner dualen Triebkonzeption treu bleibend, postulierte Freud nach den Erlebnissen des Ersten Weltkrieges den Lebenstrieb (Eros) auf der einen Seite sowie den Todestrieb (Thanatos) auf der anderen Seite. Situationsabhängige Frustrationen werden in diesem Konzept nicht mehr als alleiniger Anlass für schwere aggressive Reaktionen gesehen. Es wird die Existenz eines im Menschen angelegten Todestriebes angenommen, der sich in seiner Ableitung über das Muskelsystem als Aggressions- bzw. Destruktionstrieb bezeichnen lässt, der also immer existent ist und durch Frustrationen allenfalls verstärkt werden kann. Lebenstrieb wie Todestrieb zielen auf einen Zustand der Spannungslosigkeit, auf die Lösung sexueller Spannung einerseits, auf die Lösung aller Spannungen des Lebens mit dem Ziel des Todes andererseits. Allerdings treten diese beiden Triebe nicht in reiner Form auf, sondern in den unterschiedlichsten Vermischungen (vgl. im Überblick Brenner 1976; Mertens 1992).

Eine dem Menschen innewohnende triebhafte Veranlagung zur Destruktion wird von der Psychoanalyse verbundenen, gesellschaftskritisch orientierten Autoren wie Adorno, Fromm, Markuse und Reich nicht mehr angenommen. Es wird vielmehr davon ausgegangen, dass gesellschaftsimmanente Werte, Normen und Machtstrukturen die libidinösen Tendenzen der Menschen einschränken oder unterdrücken mit dem Erfolg, dass sich destruktive Tendenzen aufbauen und abreagieren. Diese Tendenzen sind jedoch modifizierbar durch Änderung repressiver Strukturen und Lebensbedingungen und durch die Etablierung enger sozialer Beziehungen unter den Menschen auf der Basis emotional positiver Bindungen (vgl. Verres/Sobez 1980).

Die individualpsychologische Sichtweise

Aus der Situation des Menschen als einem Mängelwesen resultieren Minderwertigkeitsgefühle. Diese sowohl phylogenetisch als auch ontogenetisch erlebten Gefühle der Minderwertigkeit stimulierten zur Entwicklung kompensierender Fähigkeiten den stärkeren, schnelleren, fliegenden, besser schwimmenden Tieren gegenüber, wie sie auch den einzelnen Menschen in seiner eigenen Entwicklung motivieren, seine Kleinheit zu überwinden und groß und stark zu werden, seine Sprechhemmungen zu überwinden, um ein guter Redner zu werden (vgl. Demosthenes) oder besonders fleißig zu sein, um Begabungsmängel auszugleichen. Für Adler (vgl. 1927/1977a; 1974b; 1976b) sind die Triebe mit den Organen verbunden, d. h. sie haben die Aufgabe, organischen Bedürfnissen, möge es sich um motorische, sexuelle, sensorische, nahrungsaufnehmende oder -verarbeitende Organe handeln, auf irgendeine Weise zu genügen. Wenn diesen organisch bedingten Tendenzen äußere Bedingungen entgegenstehen, kommt es zu Durchsetzungstendenzen, die sich im Laufe der Entwicklung im psychischen Apparat manifestieren und somit zu einem Teil des Psychischen zur Erkämpfung von Befriedigungsbedürfnissen bzw. zu einem Aggressionstrieb werden. Die Entwicklung dieser aggressiven Bedürfnisbefriedigungstendenz geschieht quantitativ wie qualitativ in Korrespondenz mit der Umwelt und in Regulierung durch das Gemeinschaftsgefühl. Der Aggressionstrieb ist aus dieser Sicht also Resultat primärer, organbezogener Triebe in Verbindung mit einer Lernbiografie und somit ein sekundärer Trieb. Aggression lässt sich also auch in Verbindung sehen mit Frustrationen, ein Zusammenhang, der zum Zentrum der Frustrations-Aggressions-Hypothese der Yale-Schule wurde.

Die Frustrations-Aggressions-Theorie

Die Frustrations-Aggressions-Theorie geht zurück auf die amerikanischen Forscher Dollard, Dubb, Miller, Mowrer und Sears von 1939. Die in Anlehnung an psychoanalytische Erkenntnisse entwickelte Theorie hat außerordentlich stark auf die Forschung gewirkt und auch das Alltagsdenken der Menschen stark beeinflusst. Nach dieser Theorie ist Aggression immer eine Folge von Frustration oder, anders ausgedrückt, Frustration erbringt immer in irgendeiner Form Aggression. Unter Frustration wird dabei die Unterbrechung einer zielgerichteten Handlung verstanden. Nach den Zusatzannahmen für diese Theorie gibt es einen Zusammenhang zwischen der Stärke von Frustration und Aggression. Aggressionen können gehemmt oder auch auf andere Objekte als auf das frustrationsauslösende verschoben werden. Wenn Hemmungen oder Verschiebungen auf andere nicht möglich sind, kann es auch zu Selbstaggressionen kommen. Ausgeführte Aggressionen erbringen eine Art Erleichterung (Katharsishypothese). Überprüfungen der Aggressions-Frustrations-Theorie führten zu vielfältigen Modifikationen und letztlich zu einer Reduktion dahingehend, dass über Frustrationen Erregungen stimuliert bzw. Antriebe aktiviert werden, die in sehr unterschiedliche Handlungsmöglichkeiten einmünden können (vgl. Selg 1973). Aggression ist nur eine Möglichkeit. Eine weitere, die pädagogisch bedeutsam und anwendbar ist, ist die Verwendung der aus der Frustration resultierenden Energien zur kreativen Bedürfnisbefriedigung bzw. Situationsbewältigung. Die Katharsishypothese, die für so viele Entschuldigungen herhalten musste, erweist sich als äußerst fatal. Aggressive Entladungen erhöhen nämlich eher die Bereitschaft, sich in ähnlichen Situationen ebenfalls aggressiv zu verhalten. Weder als Kurzzeitmodell (sofortige Umsetzung der Frustration in Aggression) noch als Langzeitmodell (frühkindliche Frustrationen führen zu aggressivem Verhalten bei Erwachsenen) hat sie sich als wissenschaftlich haltbar erwiesen und muss, gerade weil sie in manchen pädagogisch-psychologischen Konzepten noch wirksam ist, entschieden abgelehnt werden (vgl. Nolting 2008, 189 ff.). Allerdings ist festzuhalten, dass Frustrationen einen möglichen Beitrag zur Entstehung von Aggressionen leisten. Das psychische Geschehen ist jedoch wesentlich komplexer, als es die Yale-Schule und ihre Nachfolger annahmen.

Die lernpsychologische Sichtweise

Aus lernpsychologischer Sicht ist Aggressivität nicht auf Triebe zurückzuführen oder mit angeborenen Bedürfnissen in Verbindung zu bringen. Aggressivität ist vielmehr im Wesentlichen ein Ensemble gelernter Gewohnheiten, welches sich über die Lerngesetze etabliert.

Besondere Bedeutung haben Selbstverstärkungsprozesse und das Lernen am Modell (Nolting 2008, 89 ff.; Schubarth 2010, 24 ff.). Mit einer Vielzahl von Experimenten konnte belegt werden, dass aggressive Modelle, wie sie tagtäglich in Filmen, im Fernsehen, auf Videos, bei Computerspielen von Kindern und Jugendlichen gesehen werden, Aggressionsbereitschaft und aggressives Verhalten steigern. Es ist angesichts der vorliegenden empirischen Daten unerträglich, wenn um der Geschäftemacherei willen immer wieder noch behauptet wird, Darstellungen von Aggressionen in den Medien seien völlig ungefährlich, hätten sogar einen kathartischen Effekt (vgl. Martin 1999). »Neuere, in den weltbesten Journalen publizierte Studien zeigen klar, dass das Ausmaß an täglichem Bildschirmkonsum in direkter und proportionaler Beziehung zu jugendlichen Gewaltverbrechen steht« (Bauer 2005, 121; Johnson/Cohen et al. 2002). Beobachtungen aggressiven Verhaltens haben noch nach einem halben Jahr ihre Nachwirkungen und Vergewaltigungsszenen können dazu führen, dass Frauen negativer und die Tat positiver gesehen wird (vgl. Selg 1992, 3). Nach einer Studie des bundesdeutschen Ministeriums für Jugend wurden trotz dieser Erkenntnisse schon 1992 je Woche 481 Menschen auf deutschen Fernseh-Bildschirmen ermordet. Geballt erscheint die Gewalt in den von vielen Kindern gesehenen Vorabendprogrammen. Alle Gewaltszenen aneinandergeschnitten ergaben pro Woche ein »25-stündiges Mord- und Totschlag-Programm« (Braunschweiger Zeitung, Nr. 206, 47, 1992). In der Zwischenzeit dürften Gewaltszenen im Fernsehen noch deutlich zugenommen haben. Verstärkt werden diese Fernseherlebnisse durch Horrorvideos und durch zum Teil exzessiv genutzte Kampfspiele an PC und Konsolen. Nach einer Analyse der einschlägigen Untersuchungen – insbesondere aus den USA – kommt Goetze zu dem Schluss: »Durch Fernsehen, Internet und Computerspiele vermittelte aggressive Akte können auf eine identifizierbare Gruppe von Kindern und Jugendlichen, zu denen insbesondere Risikokinder gehören, die Wirkung haben, antisoziales Verhalten auszulösen« (Goetze 2001, 84; vgl. auch Schick 2011, 30). Medienpädagogik mit gezielten Interventionsprogrammen ist also angesagt, insbesondere bei Kindern und Jugendlichen mit emotional-sozialem Förderbedarf (siehe dazu z. B. Fitting/Leidig 2002).

Lerntheoretische Orientierung erweist sich bei der Verhaltensanalyse wie bei Interventionsprogrammen – systematisch angewandt – bei vielen maladaptiven Verhaltensweisen als effektiv (▶ Kap. 6.1.6). Selbst bei schwerem aggressivem Verhalten von Kindern wird über erfolgreiche Intervention auf leichte Weise berichtet (vgl. schon Brown/Elliott 1965, 103 ff.). Dementsprechend sind in erheblichem Maße lerntheoretische Erkenntnisse und Vorgehensweisen in viele aktuelle Konzepte und Trainingsprogramme eingeflossen, von präventiven Konzepten der Förderung sozialer Kompetenzen bis hin zu Interventionsprogrammen für Täter massiver Gewalt (vgl. die Überblicke bei Nolting 2008, 177 ff.; Schubarth 2010; Deegner/Körner 2011).

9.2.4 Der soziologische Aspekt

Wo immer in menschlichen Bezügen Macht eine Rolle spielt, wird auch häufig offen oder verdeckt Aggression realisiert. Die Eltern haben Macht über ihre Kinder und setzen sie nicht selten in Aggressionen um. Vermieter haben Macht über ihre Mieter und können ihnen aggressiv begegnen, indem sie diese zum Verlassen der Wohnung zwingen. Verbrecher begehen ständig aggressive Handlungen, durch Einbrüche, durch Körperverletzung, durch Raubüberfälle, durch Mord und Totschlag. Der Staat reagiert ebenfalls in aggressiver Weise. »Die Gesellschaft, die Delinquenten durch den Staat verfolgen, aburteilen und bestrafen lässt, folgt dabei, nicht nur, wie so gerne angenommen wird, rationalen Überlegungen, sie reagiert gleichzeitig, wenn nicht in erster Linie, ihre eigenen Aggressionsbedürfnisse ab« (Naegeli 1973, 170). Gewalt als »Anwendung von physischem und psychischem Zwang gegenüber Menschen« (Melzer/Schubarth/Ehninger 2004, 53), als »staatliche Gewalt« zur sozialen Regulation notwendig, wird insofern häufig auch im problematischen und negativen Sinne ausgeübt, auf individueller wie auf Herrschaftsebene. Sie stellt dann den Sonderfall von Aggression als problematischen, schädigenden Machtmissbrauch dar.

Bei den Betroffenen lösen solche Aggressionen Gegenaggressionen aus, ggf. so lange, bis sie hineinmünden in Resignation. Große Bedeutung für die Generierung aggressiver Tendenzen bei Kindern und Jugendlichen hat neben primären Sozialisationsinstanzen die Peer-group, die – wenn in ihr aggressive Modelle geboten und akzeptiert werden – sehr aggressivitätsfördernd sein kann. Außenseiterposition und soziale Randständigkeit z. B. durch Armut, Arbeitslosigkeit, Wohnungslosigkeit sind der Entwicklung aggressiver Tendenzen förderlich. Überhaupt erbringen zu stark ausgeprägte sozio-ökonomische Ungleichheiten in einer Gesellschaft aggressive Potenziale, die sich in sinnlosen Zerstörungen (Vandalismus) entladen können. Auch übertriebenes Leistungsstreben nimmt leicht schädigende und verletzende Formen an, wenn aggressionshemmende Normen ihre Wirkung verlieren (vgl. Dann 1974). Viele Väter und Mütter sind in Betriebsstrukturen eingebunden, in denen nicht nur durch den Leistungsanspruch, sondern auch durch die Hierarchisierung systemimmanent Frustrationen generiert werden, die sich in familiären Kontexten ausleben. Auf Zusammenhänge zwischen Aggressionsbereitschaft und ökonomischen Faktoren sowie übermäßiger Bevölkerungsdichte verweist die Zunahme von Aggressions-Delikten in Depressionszeiten sowie die vergleichsweise hohe Kriminalitätsrate in den großen Städten. Der Faktor Bevölkerungsdichte wirkt sich aber nicht nur im Makrosystem einer Stadt oder eines Volkes aus, sondern auch im Mikrosystem der Familie, der Kindergartengruppe, der Schulklasse. Räumliche Enge beeinträchtigt die Gestimmtheit, setzt Frustrationen, führt zu Erregung und Gereiztheit, woraus leicht Aggressionen resultieren. In Gruppenbezügen auf Mikro- wie auch Makroebene spielt es für die Aggressionsbereitschaft eine große Rolle, ob Anonymität und emotionale Distanz oder Bekanntheit und Vertrautheit gegeben sind. Gruppenideologien sind aus aggressionssoziologischer Sicht sehr kritisch zu sehen. Sie fördern zwar den Gruppenzusammenhalt, gefährden aber durch soziozentrische und Abgrenzungstendenzen das friedliche Zusammenleben mit anderen Gruppen. Ein Gruppengegner, den die Ideologie generiert, stiftet Frieden nach innen, aber Feindschaft nach Außen (vgl. Hofstätter 1986). Die Massenmedien nehmen nicht nur insofern Einfluss auf Einstellungen, Verhaltensbereitschaften, Werterleben und Normenbindungen, als sie Modelle bieten für aggressive Auseinandersetzungen (▶ Kap. 4.5), sondern auch dadurch, dass sie als »öffentliche Meinung« bzw. »veröffentlichte Meinung« Druck ausüben im Sinne spezifischer Überzeugungen. Gegenwärtig scheint es so zu sein, dass durch eine Vielzahl gesellschaftlicher Faktoren in ökonomischer, kultureller, sozialer Hinsicht eine Wert- und Normenunsicherheit vermittelt wird, die in die »veröffentlichte Meinung« eingeht und sich insbesondere auf Kinder und Jugendliche nachteilig auswirkt, z. B. indem aggressionshemmende Stimuli nicht oder nur selten gesetzt werden (▶ Kap. 4).

9.2.5 Der pädagogische Aspekt

Unter pädagogischem Aspekt sind Aggression und Aggressivität auf einem multikausalen Bedingungshintergrund zu sehen (siehe dazu auch Martin 1999; Ittel/ Salisch 2004; Schubarth 2010). Zu berücksichtigen sind die oben aufgezeigten Erkenntnisse verschiedener humanwissenschaftlicher Disziplinen, die zu beziehen sind auf die Gegebenheiten in pädagogischen Feldern. Pädagogik ist stets Ausdruck gesamtgesellschaftlicher Verhältnisse; Erscheinungen und Bedingungen in Familie, Kindergarten, Heim, Schule usw. können also nicht losgelöst von zeitspezifischen

Ausprägungen in der Umwelt, im kulturellen Bereich, d. h. vom »Zeitgeist«, gesehen werden (vgl. Nissen/Strunk 1974). Der aber hat sich in den vergangenen Jahrzehnten deutlich verändert. Lange Zeit forderte auch in Deutschland der »Zeitgeist« eine Erziehung im Sinne einer »Zeigefinger-Pädagogik« mit Geboten und Verboten nach dem Motto »Du sollst ...! Du sollst nicht ...!«, und dieses Verhalten war lange Zeit auch ein probates Mittel zur Untertanenerziehung. Mit Recht wehrten sich die Menschen dagegen. Viele reagierten aber nach der Ablösung des Obrigkeitsstaates, mit der Einführung der Demokratie schon nach dem Ersten Weltkrieg und insbesondere dann nach dem Zweiten Weltkrieg seit den beginnenden 1970er Jahren – im Sinne eines Pendelausschlags in entgegengesetzte Richtung – mit antipädagogischen Tendenzen bzw. mit der Einschränkung oder gar Ablehnung sozialer Kontrolle im Erziehungsgeschehen. Die Erziehungsintentionen der Erwachsenen sind unsicherer, nachlässiger geworden, in manchen Bereichen wurden sie ganz aufgegeben (vgl. z. B. Brezinka 1986; von Cube 1986; Speck 1991; 1996; Ahrbeck 2004; 2010; Willmann 2012).

Weitgehender Konsens herrscht darüber, dass die Menschen angeborene aggressive Tendenzen haben. Aber nicht wenige wehren sich dagegen – wie schon Freud erkannte –, »wenn die angeborene Neigung des Menschen zum ›Bösen‹, zur Aggression, Destruktion und damit auch zur Grausamkeit erwähnt wird« (Freud 1953, 159). Freud geht auch nicht davon aus, dass es ein »natürliches Unterscheidungsvermögen für Gut und Böse« gebe. Das Böse werde zunächst nur deshalb nicht getan, weil Angst vor Liebesverlust, vor Bestrafung bestehe. »Beim kleinen Kind kann es niemals etwas anderes sein, aber auch bei vielen Erwachsenen ändert sich nicht mehr daran, als dass anstelle des Vaters oder beider Eltern die größere menschliche Gemeinschaft tritt« (a. a. O., 164).

In den skandinavischen Ländern und in den USA, in denen die aufgezeigte Problematik schon länger relevant und gegenwärtig nicht mehr viel stärker ausgeprägt ist als in Deutschland, werden diese Zusammenhänge im Sinne des angegebenen Freud-Zitats deutlich gesehen und angesprochen. Eltern wie professionelle Erzieher beginnen einzusehen, dass zwar eine »Zeigefinger-Pädagogik« den Kindern nichts bringt und eher zu Aufbegehren veranlasst, dass aber eine völlige Freigabe der moralischen Entwicklung der Kinder und Jugendlichen keine positiven Ergebnisse zeigt (vgl. z. B. Piaget 1954; Kohlberg 1987; Lind/Raschert 1987; Speck 1991; 1996). Die Freigabe scheint vielmehr ein Vakuum erbracht zu haben, in dem sich äußerst unerwünschte Tendenzen entfalteten. »Die erhoffte Hervorbringung und Befreiung starker und schöpferischer Energien kamen in Kindern nicht zustande. Der Mangel an moralischen Vorschriften wurde bald durch eigene Vorschriften der stärkeren Gruppenmitglieder ersetzt, die sich dann oft anderen, schwächeren gegenüber ungerecht verhielten« (Ott/Watts 1991, 343). Primitive Regulative wie Faustrecht und Hackordnung werden wirksam. In erschreckenden Beispielen wird diese Erkenntnis gegenwärtig tagtäglich in Familien, auf Straßen, in Einrichtungen der öffentlichen Erziehung und Bildung veranschaulicht. Mobbing oder Bullying, auch in ihren aktuellen technisch gestützten Varianten des Cyber-Bullying und Happy Slapping (vgl. Schubarth 2010, 78 ff.; Kindler 2011), werden zu bedrohlichen Problemen (▶ Kap. 3.1). In einer komplex angelegten Untersuchung wiesen die Täter hohe Aggressivitätswerte und ein »positives Verhältnis zum

Gebrauch von gewalttätigen Mitteln« aus (Juul 1991, 57). Während die Opfer eher aus behüteten Familienverhältnissen mit engem Kontakt und positivem Verhältnis zu den Eltern stammten, kamen die Täter aus Familien, in denen negative emotionale Beziehungen, Duldung von aggressiven Verhaltensweisen, autoritäre Erziehungsmethoden und körperliche Bestrafung herrschten. Als aggressionserzeugend erkannt wurde »ein konfliktbeladener häuslicher Hintergrund in Wohnvierteln, für die soziale Desorganisation und ein allgemeiner Mangel an Fürsorge und Beaufsichtigung charakteristisch waren« (a. a. O.).

Im Sinne obiger Erkenntnisse zeigte Speck schon vor fast dreißig Jahren auf, dass die Erziehungskrise eine moralische Krise ist (Speck 1991, 13). Aus dieser Krisensituation gehen »zunehmend orientierungslose und sozial normativ entkoppelte Kinder und Jugendliche« hervor (a. a. O., 14). Dies gilt ohne Abstriche auch noch heute, vielleicht sogar verstärkt (vgl. Heisig 2010). Warnend wies Speck darauf hin, dass mit den immer problematischer werdenden Verhaltensweisen von Kindern und Jugendlichen die erzieherische Hilflosigkeit zunehmen wird, die nur weitgehend auf Reparatur ausgerichteten Interventionskonzepte einer »Endlosschraube« gleichen, dass die Problematik letztlich in einer »Vernachlässigung oder Ausklammerung der moralischen Dimension« liegt, die der »Erziehungshilfe und Therapie den Boden entzieht und nicht länger hingenommen werden kann« (a. a. O., 14).

Es sind gegensteuernde Konzepte entwickelt worden, mit denen versucht wird, das Problem bei der Wurzel zu fassen und orientierungslosen, haltlosen, ihren egoistischen, aggressiven Impulsen und Neigungen ausgelieferten Kindern und Jugendlichen wieder Orientierung und Halt in einer stabilisierenden Umwelt zu geben (▶ Kap. 6, vgl. auch Baulig 1982 und insbesondere Olweus 2002).

Aggressive Auseinandersetzungs- und Erziehungsmodi gehören in vielen Familien zur Kommunikation und Sozialisation. Viele Kinder werden geschlagen, damit sie gehorsam und arbeitswillig sind, sich in ihren Leistungen steigern oder auch aggressives Verhalten unterlassen (vgl. Martin 1999). So wird nicht selten versucht, mit dem Teufel Beelzebub auszutreiben. Einerseits ist Gewalt ein weit verbreitetes Erziehungsmittel (und zieht nachweislich rasch Aggressionen der Kinder nach sich; vgl. Deegener/Körner 2011), andererseits wird aber auch versucht, erzieherische Intentionen zu reduzieren, was dann leicht zu einem die Kinder verwirrenden illegalen Erziehungsstil führt – oder die erzieherische Toleranz kippt um in erzieherische Aggression; oft mündet sie auch in Resignation. Nicht nur in den Familien entfalten sich bei den Kindern und Jugendlichen aggressive Tendenzen, sondern auch in professionell-pädagogischen Feldern. Für die Schule machen z. B. Ortner/Ortner eine Fülle aggressionsfördernder Stimuli aus. Neben einer schulfeindlichen Haltung der Eltern, die sich auf das Kind überträgt, Projektionen, die sich bei Konflikten mit den Eltern auf den Lehrer übertragen, aggressiven Potenzialen, die sich in einer Schulklasse als einer Zwangsgemeinschaft mit spezifischen Leistungs- und Verhaltensforderungen ergeben, der Überbetonung der Lehrstoffvermittlung und der Nichtberücksichtigung persönlicher Schwierigkeiten und Entwicklungskrisen der Schüler, neben einem inadäquaten Lehrerverhalten durch einen autoritären oder auch einen Laissez-faire-Stil und Desinteresse oder Fehlreaktionen der Lehrer bzw. Erzieher sowie Beziehungsstörungen im Lehrer-Schüler-Verhältnis stellen sie folgende Ursachen fest:

- »Versagenserlebnisse (wie z. B. schlechte Zensuren) beim Schüler
- Das Suchen nach Bestätigung seitens der Mitschüler in einer Außenseiterposition
- Innerhalb der Schulklasse existierendes Konkurrenzdenken oder Leistungsdruck
- Frustrationen, die durch die Übergewichtung kognitiven Lernens, durch Überforderung (besonders bei lernschwachen Schülern), Einschränkung des Bewegungsbedürfnisses oder zu langes Stillsitzenmüssen entstehen
- Fehlende Lernmotivation (z. B. nur durch Fremdbestimmung)
- Der Wunsch nach Zuwendung und Anerkennung durch den Lehrer (auch Scheinaggressionen sind aus diesem Grund möglich)
- Eine mangelnde Geborgenheitsatmosphäre in der Schule, die z. B. durch zu hohe Klassenfrequenz, Wanderklassen, ein großes Schulsystem oder häufigen Lehrerwechsel bedingt sein kann
- Aggressive Reaktionen des Kindes mit einer grundsätzlichen Abwehrhaltung aus dem subjektiven Gefühl des Angegriffen-Seins heraus, also aufgrund falscher Wahrnehmung sozialer Geschehnisse in der Schule« (Ortner/Ortner 1991, 114–115).

Pädagogen haben also die zuvörderst ihnen obliegende Aufgabe und Pflicht, ihr Terrain nach aggressionsfördernden Gegebenheiten zu sondieren und sich dafür zu engagieren, dass sich die Verhältnisse im Sinne der dargestellten Erkenntnisse über Aggression und Aggressivität verbessern (siehe dazu Martin 1999). In dieser Hinsicht kann Pädagogik nur ein Langzeitprogramm sein. Das Ziel eines möglichst aggressionsfreien Umgangs darf jedoch niemals aus den Augen verloren gehen. Dabei mögen spezielle Trainingsprogramme (vgl. z. B. Petermann/Petermann 1984; 2009; 2010b; 2012) eine gewisse Berechtigung und Bedeutsamkeit haben, sie kurieren aber häufig – wenn überhaupt – nur Symptome, dringen nicht bis zu den eigentlichen Ursachen vor bzw. können diese gar nicht erreichen (zur Problematik von Trainingsprogrammen siehe z. B. Tänzer 2002 und 2004).

Gezielte Interventionen bzw. hilfreiche Maßnahmen, wie sie im Rahmen umfassender Konzepte (▶ Kap. 6) oder breit angelegter Projekte durchgeführt werden, erweisen sich als effizienter und finden breite Akzeptanz. Gegen Gewalt unter Kindern und Jugendlichen, gegen Mobbing und Bullying hat das Anti-Gewalt-Programm des Norwegers Olweus von der Universität Bergen in mehreren EU-Staaten wie auch in Deutschland große Verbreitung gefunden (Olweus [3]2002). Einigen Schulen gelingt es bereits seit mehreren Jahren, dieses Programm mit gutem Erfolg zu realisieren (siehe z. B. Humboldt-Schule Korbach 2013).

Nach umfangreichen empirischen Erhebungen zu Aggression und Delinquenz bei jungen Menschen in Deutschland, die auf Initiative des Bundeskriminalamtes die Forscher Lösel von der Universität Erlangen-Nürnberg und Bliesener von der Universität Kiel durchführten, wurde ein multimodaler Interventionsansatz entwickelt, der dem von Olweus sehr ähnlich ist. Eine kurz gefasste Übersicht gibt nachfolgende Darstellung:

- »Bildung sog. Handlungsallianzen und Schaffung von inhaltlich übereinstimmenden Informationskanälen zwischen allen Betroffenen, d. h. Vernetzung von Schule, Eltern, Kindern/Jugendlichen und Polizei
- Pflege eines positiven Schul- und Klassenklimas durch Verhaltenstraining und Einhaltung von gemeinsam aufgestellten Regeln
- Steigerung der Erziehungskompetenz durch Angebot von Elterntrainingsprogrammen und familientherapeutischer Beratung bei Erziehungsproblemen
- Förderung der kognitiven und sozialen Kompetenz bei Kindern/Jugendlichen, insbesondere im Bereich der sozialen lnformationsverarbeitung und Selbstkontrolle
- Ausbildung und Einsatz von Polizeibeamten als Kontaktbeamte
- Angebot gut strukturierter Freizeitangebote mit integrativer Wirkung, nicht nur für die Gruppe der Problemjugendlichen
- Einsatz gezielter Medienpädagogik
- Einrichtung ›Runder Tische‹ auf kommunaler Ebene
- Kontrollierte Evaluation von Präventions- und lnterventionsmaßnahmen statt bloßem Aktionismus« (Bundeskriminalamt 2003, 4; vgl. auch Lösel/Bliesener 2003).

Das Bundeskriminalamt sieht die Gewalt-Problematik als so gravierend an, dass es verständlicherweise die Einbeziehung der Polizei für notwendig erachtet, was auch unter pädagogischen Aspekt befürwortet werden kann, wenn diese Maßnahme diskret durchgeführt wird und darauf angelegt ist, nach und nach auszulaufen.

Von großer Bedeutung ist die mitverantwortliche Einbindung der Eltern.

Gründlich fundiert und evaluiert ist ein präventives Anti-Gewalt-Curriculum, das in den USA und in einer Adaption in Deutschland, Österreich und in der Schweiz möglichst früh schon in Kindertagesstätten und in der Grundschule eingesetzt wird, in den USA unter der Bezeichnung »Second Step« weite Verbreitung fand und sich in Deutschland erfolgreich als »Faustlos« etabliert hat (Beland 1988; Cierpka 2001 und 2004). In der ersten und bis zur dritten Klasse werden von den Lehrkräften in 51 Lektionen und mit speziell entwickelten Materialien verhaltensrelevante Bereiche gefördert, die sich bei aggressiven, gewaltbereiten Kindern als Problembereiche erwiesen haben:

- Empathie
- Impulskontrolle
- Umgang mit Ärger und Wut

Im Rahmen der Evaluationen dieses Programms ließ sich zeigen, dass mit einer Verbesserung der Steuerung und Kontrolle der Emotionen ein sozialadäquates Verhalten erreicht werden kann. Zu bedenken ist, dass über ein solches Training nicht alle Formen von Aggressivität zu erreichen sind; insbesondere feindselige und auch lustvolle Formen von Aggression können ein Problem bleiben.

Vielfältige und umfassende Vorschläge zum Umgang mit Aggressionen und Gewalt, auch speziell zu schulbezogenen Maßnahmen auf verschiedenen Ebenen, finden sich bei Melzer/Schubarth/Ehninger 2004 sowie auch bei Schubarth 2010 und Deegener/Körner 2011.

9.3 Aufmerksamkeits- und Hyperaktivitätsstörungen

»Aifos heißt Sofia« – diesen Titel gab eine schwedisch-finnische Mutter der deutschen Übersetzung ihres Buches, mit dem sie über ihr Problemkind berichtet (Tikkanen 1984). In ergreifender Weise schildert sie, wie ihre Tochter von klein auf in fast allen Lebensbereichen Probleme hatte und den übrigen Familienmitgliedern durch ihr unstetes, unkontrolliertes und ungeschicktes Verhalten Schwierigkeiten bereitete. Obwohl ihre Geschwister keinerlei Verhaltensstörungen zeigten, ihr vielmehr mit viel Liebe und viel Geduld begegneten, konnte Sofia auch zu ihrem eigenen Leidwesen ihr Problemverhalten nicht in den Griff bekommen. Die Konsultationen verschiedener Fachleute erbrachten zunächst weder diagnostische Hinweise noch die so dringend gewünschten Hilfen. Die Schule wurde zu einem Leidensweg. Lesen- und Schreibenlernen wurden zur Qual: Ihren Namen schrieb sie spiegelbildlich: »Aifos«.

Die Geburt von Sofia war unkompliziert. Mit zehn Monaten lernt sie sitzen. Ihre ersten Schritte macht sie mit einem Jahr und neun Monaten. Mit zweieinhalb Jahren »redet sie immer noch sehr wenig, gebraucht jedenfalls kaum Worte« (a. a. O., 25). Mit zehn Monaten fällt sie von einem Stuhl. Mit vier Jahren kommt Sofia in einen Kindergarten, fühlt sich dort wohl und ist angeblich gänzlich unauffällig. Mit fünf Jahren ist Sofia »ein richtig liebes kleines Mädchen« – wie die Kindergärtnerin sagt. Ihren Vater, der sie sehr liebt, wickelt sie um den kleinen Finger; mit ihren größeren Brüdern macht sie Streiche. Viele Wörter spricht sie nur verstümmelt. So sagt sie »G'lund«, meint aber Hagalund (a. a. O., 37). Ein Hörtest erbringt keinen Befund. Ihre Sprachschwierigkeiten bleiben. Häufig vertauscht sie Wörter in einem Satz. So sagt sie z. B.: »Kannst du mir an die Schuhe ziehen?« oder »Meine fass mal Füße an.« Oder sie sagt »Spitzerbleistift«, wenn sie Bleistiftspitzer meint. Bei einer psychologischen Untersuchung mit Klötzchen, kleinen Puppen und Spielen im Sandkasten (Welttest?) klagt die Psychologin, dass sie überhaupt keinen Kontakt mit dem Kind herstellen könne. Einen Befund bekommt die besorgte Mutter daher nicht.

Nach zwei Jahren im Kindergarten kommt Sofia – sie ist nun sechs Jahre alt – in die Vorschule. Mit viel Mühe, Weinen, Wut und Ausdauer lernt sie Seilspringen: »Sie springt und stolpert, springt und stolpert und bleibt wieder hängen, aber sie gibt nicht auf« (a. a. O., 47). »Sie kann nur von der einen Seite einspringen, und manchmal hält sie nicht besonders lange durch, aber ab und zu klappt es richtig gut« (a. a. O., 48). Asphalt kann sie nicht sagen, sie sagt »Affalt« und wird dafür von ihrem jüngeren Bruder ein bisschen gehänselt (a. a. O., 50). »Sofia malt sehr gern mit Wachsstiften, aber auch mit Wasserfarben und mit Fingerfarben, ja sogar mit Ölfarben auf einer Leinwand«. »Sie malt Muster. Menschen, Dinge und Tiere malt sie kaum, sondern meistens Muster« (a. a. O., 54). Nach Meinung des Vaters, der malender Künstler ist, hat sie »einen einzigartigen Farbensinn« (a. a. O., 54).

Nachdem sie in die Schule gekommen ist, wirkt sie resigniert: »Sie sieht kleiner aus als sonst, ist schmal und blass« (a. a. O., 55). In ihrer Klasse, in der schon viele Kinder lesen und schöne gleichmäßige Zahlen sowie auch ihren Namen sauber und ordentlich schreiben können, schreibt Sofia ihren Namen als MLFA in Erinnerung daran, dass sie Sofia Magdalena heißt und als kleines Kind Malena genannt wurde (a. a. O., 59). Aus den Tests der Schulpsychologin »geht hervor, dass Sofia noch nicht schulreif ist. Sie hat Schwierigkeiten, die Aufgaben zu erfassen und größere Zusammenhänge herzustellen. Ihr Gestaltungs- und Ausdrucksvermögen liegt nicht auf der Ebene gleichaltriger Kinder«. Zu den Klassenkameraden habe sie keinen guten Kontakt. Eine »leichte Schädigung des Nervensystems ist nicht auszuschließen« (a. a. O., 60). Die Konsultation eines Neurologen wird empfohlen. Geraten wird auch zum Besuch einer Sonderschulklasse, in der »das Lerntempo langsamer, die Klasse kleiner und die pädagogische Betreuung qualifizierter« sei (a. a. O., 61).

Sofia ist nun sieben Jahre alt. Eine neurologische Untersuchung erbringt, dass »ein leichter nervlicher Defekt« nicht auszuschließen sei. Es könne sich aber »höchstens um eine Kleinigkeit handeln«, »gut möglich, dass es sich auswächst« (a. a. O., 63). Sofia wiederholt die Vorschulklasse nicht, sie besucht die Regelschule und findet eine sehr fähige und fürsorgliche Lehrerin. Sofia erhält Aufmunterung und Verständnis, auch wenn ihre Lernfortschritte nicht dem Rest der Klasse entsprechen. Fünf Tage lang wird Sofia dann in der Gesundheitsbehörde und der Kinderklinik gründlich untersucht. Diagnostiziert wird eine »Minimal Brain Dysfunction« (Minimale Cerebrale Dysfunktion – MCD): »Der Fehler sitzt in der linken Gehirnhälfte, weshalb er in der rechten Körperhälfte zum Tragen kommt« (a. a. O., 67). Zurückgeführt wird diese Störung auf eine mögliche unauffällige Virusinfektion während der Schwangerschaft. »Eine kleine Narbe im linken Schläfenlauf verursacht außerdem Störungen der Hirnaktivität, unregelmäßige kurze Ausfälle, die sich als kleine epileptische Anfälle äußern, so genannte ›petits mals‹. Die Anfälle hätten nichts mit der MCD zu tun, sondern seien eine Sache für sich. Solche Anfälle waren wohl die Ursache, als Sofia mit 10 Monaten vom Lehnstuhl fiel, als sie drei Jahre alt, mit unserer Haushaltshilfe auf dem Rückweg vom Laden umgekippt ist, und ein andermal, als sie mit sechs Jahren vom Schuppendach fiel« (a. a. O., 67). Nun gibt es eine im EEG ablesbare Ursache für Sofias »abweichendes Verhalten, ihren Jähzorn und ihre Launenhaftigkeit, ihre Konzentrationsschwierigkeiten und ihre Probleme, Großes von Kleinem, Weitentferntes von Nahem, Vordergrund vom Hintergrund und Wichtiges von Unwichtigem zu unterscheiden« (a. a. O., 68). Die Diagnose wird als Erleichterung empfunden: Sofias Mutter geht nun davon aus, dass die Probleme ihres Kindes nicht aus ihrer »Unfähigkeit als Mutter und Erzieherin« resultieren.

Mit sieben Jahren schafft es Sofia erstmals, ihre Schnürsenkel zuzubinden. Ihr beeinträchtigtes Körpergefühl bringt es mit sich, dass Einkäufe von Kleidern wie auch von Schuhen äußerst problematische und selten zufrieden stellende Handlungen sind. Ihr sprachliches Ausdrucksvermögen ist eigenartig und sprunghaft:

»Sofia fängt meistens mitten in der Geschichte an, die sie erzählen will, und ihre Zeit-, Orts- und Figurenangaben lassen das ganze schon in ein Rätsel für Fortgeschrittene ausarten« (a. a. O., 81). Sie hat offenkundige Schwierigkeiten, relevante von irrelevanten Informationen zu trennen: »Sie beißt sich an einem Detail fest, das sie ständig wiederholt, und verliert dabei den Zusammenhang aus den Augen« (a. a. O., 81) – und das nicht nur beim Geschichtenerzählen, sondern in vielen Lebensbereichen. Sofia ist nun acht Jahre alt, zieht sich wutentbrannt in ihr Zimmer zurück, wenn sie sich ärgert und schreibt an die Tür: »kein daf im Zimer komm« (a. a. O., 82). Wenn sie wütend ist, zerreißt sie Papier, schreibt aber auch böse Briefe: »Dofe Mama waru hastu blos ne Müze kauft för mich dofe Mama Scheißmama« (a. a. O., 83). Sie kann sich nicht beeilen, hat kein Zeitgefühl, kann auch die Uhr nicht lesen. Auf neue Situationen kann sie sich nur schwer einstellen und braucht viel Zeit.

Ab der 2. Klasse bekommt sie Sonderunterricht. In der kleinen Klasse sind weniger als zehn Schüler, die alle nach ihren eigenen Möglichkeiten arbeiten. Dort fällt auf, dass sie mit Rechtschreiben wie mit Rechnen Schwierigkeiten hat. »Sofia hat das Alphabet gelernt, sie kann auf ihre Art schreiben; durchaus verständlich, wenn man genügend Fantasie und Geduld aufbringt. Sie kann Texte lesen, die nicht zu kompliziert und zu klein gedruckt sind«. Sofias Mutter schildert die Erfahrung, dass das Gedächtnis von Kindern mit MCD anders arbeite als bei anderen Menschen: »Sie können sich nicht einfach erinnern, wie viel 2 mal 3 ist, sondern müssen es jedes Mal von neuem ausrechnen. Und dass 3 mal 2 dasselbe ist, leuchtet ihnen auch nicht so ohne weiteres ein. Mit dem Übergang zwischen Zehnern tun sie sich schwer, ganz zu schweigen davon, wie viel Mühe es ihnen bereitet, Zahlen wie 201 und 2001 zu lesen und auseinanderzuhalten« (a. a. O., 91). Das Zusammenleben mit Sofia ist nicht leicht; Konflikte können nicht angemessen gemeistert, Wutausbrüche nicht verhindert werden. Probleme im sozialen Miteinander resultieren immer wieder daraus, dass sich Sofia nur schwer auf die Anforderungen der Situationen ein- und umstellen kann, was häufig dazu führt, dass sich ihre Gemütslage blitzschnell verändert und die Umwelt dementsprechend erhebliche Schwierigkeiten hat, sich auf ihr auffälliges Verhalten vorzubereiten und adäquat darauf reagieren zu können.

»Viele Eltern von MCD-Kindern wissen von Schwierigkeiten in ihrem Umgangskreis zu berichten mit Nachbarn oder Verwandten, die annehmen, ein ganz normal aussehendes Kind würde sich schlecht benehmen, weil die Eltern es nicht zur Vernunft bringen können. Mit mehr oder weniger Recht glauben sie, die Eltern seien zu nachgiebig und würden den Weg des geringsten Widerstandes gehen.

Dies trifft auch oft zu. Man ist nicht immer zu langwierigen Auseinandersetzungen bereit und vielleicht auch nicht darauf eingestellt, dass sich ein sonniges Gemüt blitzschnell ins Gegenteil verkehrt. Oder dass eine Sache, die noch gestern, vor einer Woche oder vor einer Stunde wunderbar geklappt hat, plötzlich überhaupt nicht mehr geht« (a. a. O., 103). Obwohl Sofia für Sinneseindrücke eine niedrige Reizschwelle hat, bestimmte Farben, Farbkombinationen oder Formen wie auch bestimmte akustische oder taktile Reize nicht ausstehen kann, mit Übelkeit, Aggressionen und Ängsten auf sie reagiert, malt und plasticiert sie gerne. Und obwohl sie unter leichten epileptischen Anfällen leidet, hat sie gerne mit Pferden zu tun und reitet liebend gerne. Vielleicht ergeben sich daraus berufliche Perspektiven. Vielleicht wird Sofia einmal eine »malende Reitlehrerin. Oder eine reitende Künstlerin« – wie die Mutter nachdenklich, hoffend, fragend meint (a. a. O., 121).

Auch wenn sich die Probleme und ihre möglichen Ursachen bei Sofia als komplex darstellen, kann sie als Beispiel dienen für jene Kinder, die wohl immer schon wegen ihrer andersartigen Verhaltensweisen und ihrer Lernbeeinträchtigungen in den Familien, den Schulen, den Spielgemeinschaften auffielen, denen ihr unruhiges, unstetes, bizarres Verhalten als Eigenwilligkeit, Ungehorsam oder auch Trotz angelastet wurde und die man auch durch Ermahnungen und schwere Strafen nicht verändern konnte. Auch aktuell gibt es deutliche Befunde für die problematische soziale Integration dieser Kinder, etwa in der Schulklasse (vgl. Abelein 2017). Viele dieser Kinder mussten – und müssen in wohl nicht kleiner Zahl immer noch – einen viel qualvolleren Leidensweg gehen als Sofia, weil sie weder hilfreiche Eltern hatten, noch verständnisvolle Lehrer fanden, noch einem relevanten Störungsbild zugeordnet werden oder gar mit »harten« medizinisch-diagnostischen Daten – wie Sofia hier mit EEG-Auffälligkeiten – aufwarten konnten.

Im Hinblick auf Bezeichnungen für Symptomverbindungen, wie sie bei Sofia auftraten und sich ähnlich bei vielen Kindern mit Verhaltensstörungen zeigen, herrscht auch gegenwärtig, nach wie vor, unter einer sicher scheinenden Oberfläche sehr viel Unsicherheit und zudem eine verwirrende Begriffsvielfalt. Es macht große Schwierigkeiten, die Problematik terminologisch und diagnostisch wie ätiologisch und therapeutisch bzw. interventionsbezogen in den Griff zu bekommen.

Durch eine kurze historische Betrachtung soll zunächst versucht werden, bessere Übersicht und mehr Klarheit zu finden.

Beginnen wir mit dem Psychiater Heinrich Hoffmann, der 1845 zur Unterhaltung und Belustigung seiner Kinder die vor allem männlichen Kinder mit »Sofia-Syndrom« in seinen Geschichten vom Struwwelpeter als den »Zappel-Philipp« und den »Hanns Guck-in-die-Luft« schilderte.

> Die Geschichte vom Zappel-Philipp
> »Ob der Philipp heute still
> wohl bei Tische sitzen will?«
> Also sprach in ernstem Ton
> der Papa zu seinem Sohn,
> und die Mutter blickte stumm
> auf dem ganzen Tisch herum.
> Doch der Philipp hörte nicht,
> was zu ihm der Vater spricht.
> Er gaukelt
> und schaukelt,
> er trappelt
> und zappelt
> auf dem Stuhle hin und her.
> »Philipp, das missfällt mir sehr!«
> (Hoffmann o. J., 18)

Auf der Suche nach Ursachen wurden die Kinder als »moralisch schwachsinnig« bezeichnet (moral insanity), ihre Schwierigkeiten wurden ihnen als »Kinderfehler« angelastet (von Strümpell 1890), ihre »Psychopathie« wurde in Erbbedingungen gesucht. Manch ein Arzt zeigte bis in die Gegenwart hinein seine Ratlosigkeit hilfesuchenden Eltern gegenüber mit dem Hinweis: »Das gibt sich wieder, das wächst sich aus!«. Nachdem im Ersten Weltkrieg einige exakte Kenntnisse über Zusammenhänge zwischen Hirnverletzungen und Verhalten gesammelt worden waren, gab der Zweiten Weltkrieg genügend Möglichkeiten, die Erkenntnisse in dieser Hinsicht zu verfeinern und auszuweiten, sodass nun der Weg nicht mehr weit war, Lern- und Verhaltensschwierigkeiten bei Kindern mit prä-, sub- und postnatalen Gehirnverletzungen in Zusammenhang zu bringen, zumal bereits seit den 1920er Jahren Forschungen über Lern- und Verhaltensprobleme nach enzephalitischen Erkrankungen vorlagen. Richtungsweisende Untersuchungen in dieser Hinsicht machten Goldstein (Aftereffects of brain-injuries in war, New York 1942) sowie Strauss und Lehtinen (Psychopathology and education of the brain-injured child, New York 1947). Die Zusammenhänge, die Strauss und Lehtinen bei hirngeschädigten geistigbehinderten Kindern zwischen Schädigungen im Zentralnervensystem und Verhaltensstörungen sichern konnten, wurden wenig später – Mitte der 1950er Jahre – von Cruickshank auch für durchschnittlich intelligente Kinder mit Hirnschädigungen und Verhaltensstörungen postuliert.

Cruickshank meinte, fünf *signifikante* Mängel oder Störungen bei leicht hirngeschädigten Kindern benennen zu können, und zwar:

* motorische und sensorische Hyperaktivität
* Dissoziation
* Figur-Grund-Störung
* Perseveration
* motorische Unreife oder Inkoordination.

Hyperaktivität typisiert Cruickshank mit dem Ausspruch: »He is always on the qui vive«. Er betrachtet diese Störung differenzierend als eine sensorische und eine motorische Form. Die sensorische Hyperaktivität, die insbesondere auf schulische Leistungen beeinträchtigend wirke, meine, »dass das Kind auf unwesentliche oder nicht zur Sache gehörende Stimuli reagiert« (Cruickshank 1981, 31). Die Kinder seien also leicht ablenkbar, sie reagierten quasi zwanghaft auf alle Stimuli in ihrer Umgebung. Mit motorischer Hyperaktivität ist hier gemeint, dass die Kinder dauernd in Bewegung sind, nicht zur Ruhe kommen, nicht längere Zeit stillsitzen können und durch feinmotorische Tätigkeiten – wie z. B. durch Schreiben – leicht zu grobmotorischen Aktivitäten stimuliert werden.

Unter Dissoziation wird die Unfähigkeit verstanden, »Dinge im Zusammenhang zu sehen, als Gesamtheit oder als Gestalt« (a. a. O., 36). So kann ein Kind z. B. zwei einander überlappende Vierecke oder Dreiecke auf einem Marmelbrett nicht als solche erkennen und auf einem zweiten Brett nachlegen oder zeichnerisch darstellen.

Figur-Grund-Störung ist der Terminus für die Unfähigkeit, eine Teilgestalt aus einer Gesamtheit zu erfassen und zu erkennen (▶ Abb. 53). Perseveration wird definiert als »die Unfähigkeit, sich mühelos von einer geistigen Tätigkeit einer anderen zuzuwenden« (a. a. O., 47). Die Kinder »kleben« also an situativ gegebenen Bedingungen und können sich nur schwer auf neue Tätigkeiten, Anforderungen usw. umstellen. Perseveration zeigt sich z. B. in Wiederholungen beim Sprechen, beim Schreiben und beim Rechnen.

Abb. 53: Vorlagenbeispiel zur Erfassung der Figur-Grund-Störung (Frostig 1979, Arbeitsblatt 56)

Motorische Unreife oder Inkoordination drückt sich in mangelhaften motorischen Fertigkeiten, in Ungeschicklichkeiten, in einem nicht altersgemäßen fein- und grobmotorischen Status sowie in Beziehungsstörungen zum eigenen Körper aus.

Aufgrund dieser Forschungen verbreitete sich unter Medizinern, Psychologen und Pädagogen die Überzeugung, dass kindliche Hirnschädigungen mit Übererregbarkeit und Unkonzentriertheit kovariierten und dass Kinder, die derartige Symptome zeigten, auch hirngeschädigt sein müssten (vgl. Gaddes 1991, 165).

Da sich insbesondere pädagogische und psychologische Praktiker gegen die verallgemeinernden wie auch stigmatisierenden und pädagogischen Pessimismus verbreitenden Tendenzen des Hirnschädigungskonzepts wandten, wurde später einschränkend von Minimalen Hirnschädigungen (Minimal Brain Damage, MBD) gesprochen.

Zu Beginn der 1960er Jahre wurde dann auch die diagnostische Zuschreibung einer minimalen Hirnschädigung abgelehnt mit der Begründung, dass bei vielen Kindern mit den in Frage stehenden Verhaltensschwierigkeiten keine Hirnschädigungen nachweisbar seien und es auch unzulässig sei, von Verhaltensweisen auf organische Schädigungen zu schließen (vgl. Kessler 1980). Das Konzept wurde dahingehend geändert, dass nun nicht mehr von Schädigungen, sondern nur noch von Funktionsstörungen die Rede war und das Konzept als Minimal Brain Dysfunction (MBD) bzw. als Minimale Cerebrale Dysfunktion (MCD) bezeichnet wurde. Daneben bürgerten sich im anglo-amerikanischen und deutschen Sprachraum im zum Teil synonymen, zum Teil auch differenzierenden Gebrauch Begriffe ein wie exogenes Psychosyndrom, Hyperaktivität, Hyperkinetisches Syndrom, Neurogene Lernstörungen sowie Teilleistungsschwächen bzw. -störungen.

Im deutschsprachigen Raum spielten und spielen auch nach wie vor die auf frühkindliche Hirnschädigungen zurückgeführten Symptomkomplexe nach Göllnitz und nach Lempp eine Rolle. Für die Pädagogik bei Verhaltensstörungen in der ehemaligen DDR war das von Göllnitz beschriebene hirnorganische Achsensyndrom nahezu konstitutiv. Göllnitz nannte für das Achsensyndrom als wesentliche Symptome »gesteigerte Ermüdbarkeit, Konzentrationserlahmen, Leistungsvariabilität, Denkverlangsamung, visuomotorische Desintegration, verringerte Differenzierungsfähigkeit; Vergröberung der Affekte, Affektstauungen, Affektentladungen, Affektverarmung; Antriebsüberschuss, ziellose Aggressionen, Stumpfheit; erhöhte Abhängigkeit von Umweltreizen« (Göllnitz/Rösler 1975, 24).

Lempp (vgl. 1970), der das auf frühkindliche Hirnschädigungen zurückgeführte Erscheinungsbild als exogenes Psychosyndrom bezeichnete, fand als Leitsymptome »eine erhöhte Reizempfindlichkeit, eine Störung der Figur-Hintergrund-Relation, oder eine andere sensorische Erfassungsstörung, die sich auch in der intellektuellen Leistungsfähigkeit ausdrücken kann, persistierende unwillkürliche Aufmerksamkeit, gestörtes Distanzgefühl, verminderte Kommunikationsfähigkeit, u. U. verbunden mit erhöhter Kontaktfähigkeit, sowie vermindertes Sozialgefühl« (a. a. O., 65).

Die Zustandsbilder des hirnorganischen Achsensyndroms nach Göllnitz und des exogenen Psychosyndroms nach Lempp entsprechen weitgehend der Syndrombeschreibung, die Cruickshank für die Erscheinungsformen des »Minimal Brain Damage« gefunden hatte.

Mit cerebralen Funktionsstörungen wurden die »spezifischen Lernstörungen« im Zusammenhang gesehen, die nach einer im deutschen Sprachraum verbreiteten Terminologie auch als Teilleistungsstörungen oder -schwächen bezeichnet werden (▶ Kap. 3.2). In den USA kam das »National Advisory Committee for the Handicapped« für die spezifischen Lernstörungen zu der folgenden »allgemein anerkannten Begriffserklärung«: »Kinder mit spezifischen oder speziellen Lernstörungen weisen eine Störung in einem oder in mehreren psychologischen Prozessen auf, sodass sie bei der Aufnahme oder beim Gebrauch gesprochener und geschriebener Sprache behindert sind. Störungen des Hörens, Denkens, Sprechens, Lesens, Buchstabierens, Schreibens oder Rechnens zeigen dies an. Hierzu zählen Zustände, wie sie auf Wahrnehmungsstörungen, Hirnverletzungen, geringe Hirndysfunktionen, Legasthenie oder sekundäre Aphasie zurückgeführt werden können. Nicht hierzu werden diejenigen Lernstörungen gezählt, die primär auf geistige Behinderung, Verhaltensstörung oder auf Milieuschäden zurückzuführen sind« (zitiert nach Kirk/Kirk 1976, 20). Die so breit diskutierte Schulleistungsproblematik, die als Legasthenie oder Lese-Rechtschreib-Schwäche in den allgemeinen Sprachgebrauch eingegangen ist, wäre in diesem Sinne also auch als spezifische Lernstörung oder als Teilleistungsstörung zu verstehen. Hirnschädigungen sind bei leserechtschreibschwachen Kindern allerdings meist nicht nachzuweisen. Von größter Bedeutung scheint eine Verzögerung der Entwicklung jener Hirnareale zu sein, die der sprachlichen Artikulation, der Begriffsbildung und der akustischen Differenzierung bzw. allgemein der Informationsverarbeitung dienen. Resümierend stellt Sigrun Richter fest: »Eine einheitliche und empirisch überprüfte Theorie der Lese-Rechtschreib-Schwäche liegt nicht vor« (Richter 2007, 160). Sonderpädagogisch stellt sich bei den betroffenen Kindern und Jugendlichen die Aufgabe, Sprach- und Sprechübungen intensiv zu pflegen, Techniken zur verbesserten Lautanalyse und Lautsynthese einzuführen und Informationsaufnahme über die verschiedensten Kanäle bzw. Sinnesorgane einzuüben (siehe Angermeier 1974; Kirk/Kirk 1976; zu Förderprogrammen siehe Plume/Warnke 2006; Tacke 2008; Scherer-Neumann 2008).

Auch das Syndromkonzept der Minimalen Cerebralen Dysfunktion (MCD) stieß zunehmend auf Ablehnung. Zum einen wurde darauf verwiesen, dass die Störungen für das Kind wie für seine Umwelt häufig durchaus nicht minimal seien; zum anderen war festzustellen, dass die Symptome so vielfältig und in so vielen individuellen Mischungen erschienen, dass von einem einheitlichen Zustandsbild gar nicht gesprochen werden konnte. In der Folge wurde ein so umfassender und letztlich auch nichtssagender Ausdruck vorgeschlagen – und in der Schweiz verbreitet verwendet – wie der des Psycho-Organischen-Syndroms (POS). Es fanden sich auch Argumente für die MCD-Klassifikation: nicht nur, weil das Konzept sich eingebürgert hatte, sondern vor allem weil es eine spezifische neurologische Problematik kommunizierbar machte und der psychiatrischen Tradition entsprach, phänomenologisch in einem Beziehungszusammenhang stehende Symptome unter einem Syndrombegriff zusammenzufassen. Auch aus neuropsychologischer Sicht wurden gewichtige Gründe ins Feld geführt, die diagnostische Kategorie Minimale Cerebrale Dysfunktion beizubehalten (vgl. Gaddes 1991). In der Folge wurden in den 1980er Jahren als Ersatz bzw. als Neuformulierung sowie als Differenzierung für das Konzept der minimalen frühkindlichen Hirnschädigung mehrere Syndrombezeichnungen genannt. So wurden im Sinne einer differenzierenden Betrachtung aus nosologischen und phänomenologischen Erwägungen heraus z. B. die folgenden drei Bezeichnungen für spezifische, sich allerdings teilweise überschneidende Syndrome vorgeschlagen:

- das Hyperkinetische Syndrom,
- die Minimale Cerebrale Dysfunktion und
- spezifische Lernstörungen (Steinhausen 1984).

Für das Hyperkinetische Syndrom (HKS) gab Steinhausen (vgl. 1982, 22) sieben zentrale Merkmale an, die bei der Diagnose abgeklärt werden müssten: Hyperaktivität, Aufmerksamkeitsstörung, Impulsivität, Erregbarkeit/Irritierbarkeit, emotionale Störungen, dissoziales Verhalten sowie Lernstörungen.

Mit dieser Merkmalszusammenstellung wird im Wesentlichen das allgemeine Bild der hyperkinetischen Störungen dargestellt, welches auch in aktuellen internationalen Klassifikationssystemen im Vordergrund steht, allerdings unter veränderter Begrifflichkeit (siehe weiter unten).

Im Hinblick auf Aufmerksamkeitsstörungen bestanden und bestehen zwei divergierende Auffassungen: Sie werden im Sinne einer sensorischen Hyperaktivität einerseits in Zusammenhang gebracht mit perzeptiven Aufnahme- und Selektionsstörungen und mit einer Reizüberempfindlichkeit, andererseits aber auch mit einer intensivierten Reizsuche infolge von Reizmängeln. Dem Modell der Überstimulierung steht somit das der Unterstimulierung entgegen, für das nicht nur die Wirksamkeit der Stimulanzientherapie spricht, sondern auch die so genannte Vigilanzhypothese, nach der eine reizangereicherte Umgebung erfahrungsgemäß die Vigilität, d. h. die Wachheit, steigert. Für diese Hypothese spricht, dass z. B.

Menschen, die einer sensorischen Deprivation ausgesetzt waren, über motorische Aktivitäten Konzentrationsstörungen abreagieren können (vgl. Zentall 1977/ 1978).

Die Störungen wurden zu Beginn der 1990er Jahre in den beiden weltweit verbreiteten Klassifikationssystemen, dem DSM-IV der APA und der ICD-10 der WHO (► Kap. 3.1), neu gewichtet und geordnet. Die ICD-10 unterscheidet zwei Hauptvarianten:

- die »einfache Aktivitäts- und Aufmerksamkeitsstörung« sowie
- die »hyperkinetische Störung des Sozialverhaltens« (WHO 1991, 275 ff.; Dilling/Mombour/Schmidt 1993, 291 ff.; DIMDI 2016, 226).

Diese Differenzierung hat sich als notwendig erwiesen, weil Untersuchungen erbrachten, »dass der Verlauf bis ins Adoleszenz- und Erwachsenenalter stark davon beeinflusst wird, ob Aggressivität, Delinquenz oder dissoziales Verhalten begleitend vorhanden sind oder nicht« (WHO 1991, 278).

Im aktuellen DSM-5® werden je nach Dominanz der Symptome drei Typen von »Aufmerksamkeitsdefizit-/Hyperaktivitätsstörungen« (ADHS; englisch: Attention-Deficit Hyperactivity Disorder, ADHD) unterschieden (vgl. APA 2015, 43):

- ein vorwiegend unaufmerksames Erscheinungsbild,
- ein vorwiegend hyperaktiv-impulsives Erscheinungsbild sowie
- ein gemischtes Erscheinungsbild.

Für den gesamten Bereich der Aufmerksamkeitsdefizit- und Hyperaktivitätsstörungen werden – auf der Basis breiter empirischer Untersuchungen – drei Hauptmerkmale angegeben, und zwar eine dem sonstigen Entwicklungsstand nicht entsprechende

- übermäßige Unaufmerksamkeit,
- Impulsivität und
- Hyperaktivität.

Die *Unaufmerksamkeit* zeigt sich zuhause »in der Unfähigkeit, Bitten und Aufforderungen anderer nachzukommen, sowie im häufigen Wechsel von Aktivitäten, wobei keine wirklich zu Ende geführt wird«; unter Gleichaltrigen können die betroffenen Kinder »Regeln strukturierter Spiele nicht befolgen oder anderen Kindern nicht zuhören«.

Für die *Impulsivität* werden folgende Merkmale angeführt: Die Kinder platzen mit einer Antwort heraus, bevor die Fragestellung abgeschlossen ist; sie können nicht warten, bis sie an der Reihe sind, sie versuchen Aufgaben zu erledigen, ohne die Anweisungen recht zu kennen, in der Schule unterbrechen sie die Lehrer und die Mitschüler, in der Familie die übrigen Familienmitglieder; sie drängen sich auf, sie haben eine Neigung zu Unfällen, beim Spielen können sie nicht warten, bis sie an der Reihe sind, sie unterbrechen Mitspieler, sie unternehmen gefährliche Aktivitäten, ohne die Konsequenzen zu überdenken und zu beachten.

Die *Hyperaktivität* kann sich zeigen in Schwierigkeiten, ruhig zu sitzen, in übermäßigem Herumtollen, Herumrennen, Herumzappeln, im Herumspielen mit Gegenständen, im unruhigen Hin- und Herrutschen auf dem Stuhl. Zuhause können die Kinder nicht sitzen bleiben, bei ihren Aktivitäten sind sie übermäßig laut, unter Gleichaltrigen reden sie übermäßig viel, können nicht ruhig spielen und halten sich nicht an Spielregeln.

Die Merkmale können auch eine altersspezifische Ausprägung haben. Im Vorschulalter sind die Kinder vor allem motorisch hyperaktiv, sie rennen und klettern übermäßig viel herum, sind ständig in Bewegung, wechseln häufig ihre Aktivitäten. Ältere Kinder und Adoleszenten zappeln übermäßig herum und sind rastlos, Aufträge können sie nicht zu Ende führen oder erledigen sie nachlässig; anstatt Aufträgen nachzukommen wenden sie sich anderen Aktivitäten zu.

Als Nebenmerkmale sind ein niedriges Selbstwertgefühl, übermäßige Stimmungsschwankungen, eine niedrige Frustrationstoleranz, Wutausbrüche und unterdurchschnittliche schulische Leistungen festzustellen. Auch können »leichte« neurologische Symptome wie motorisch-perzeptorische Funktionsstörungen auftreten.

Beim gemeinsamen Auftreten von ADHS und einer Störung des Sozialverhaltens sieht das DSM allerdings nicht – wie in der ICD – die (Kombinations-) Diagnose einer »Hyperkinetischen Störung des Sozialverhaltens« (F90.1) vor, sondern betrachtet beide als getrennte Störungen und Diagnosen.

Im DSM-5® ist eine Liste der wichtigsten Merkmale für die ADHS zusammengestellt, die als Kriterienkatalog der Diagnose dienen kann, wobei die angeführten Kriterien nur dann als erfüllt gelten, wenn sich die Verhaltensweisen im Vergleich zu gleichaltrigen Kindern deutlich häufiger zeigen. Folgende diagnostische Kriterien werden für die Aufmerksamkeitsdefizit-/Hyperaktivitätsstörung angegeben:

»(1) Unaufmerksamkeit:

Sechs (oder mehr) der folgenden Symptome von Unaufmerksamkeit sind während der letzten sechs Monate beständig in einem mit dem Entwicklungsstand nicht zu vereinbarenden Ausmaß aufgetreten und wirken sich direkt negativ auf soziale und schulische/berufliche Aktivitäten aus (…):

  (a) Beachtet häufig Einzelheiten nicht oder macht Flüchtigkeitsfehler bei den Schularbeiten, bei der Arbeit oder bei anderen Tätigkeiten (…).
  (b) Hat oft Schwierigkeiten, längere Zeit die Aufmerksamkeit bei Aufgaben oder beim Spielen aufrechtzuerhalten (…).
  (c) Scheint häufig nicht zuzuhören, wenn andere ihn bzw. sie ansprechen (…).
  (d) Führt häufig Anweisungen anderer nicht vollständig durch und bringt Schularbeiten, andere Arbeiten oder Pflichten am Arbeitsplatz nicht zu Ende (…).
  (e) Hat häufig Schwierigkeiten, Aufgaben und Aktivitäten zu organisieren (…).
  (f) Vermeidet häufig, hat eine Abneigung gegen oder beschäftigt sich häufig nur widerwillig mit Aufgaben, die länger andauernde geistige Anstrengungen erfordern (z. B. Mitarbeit im Unterricht oder Hausaufgaben …).

(g) Verliert häufig Gegenstände, die für bestimmte Aufgaben oder Aktivitäten benötigt werden (...).
(h) Lässt sich oft durch äußere Reize leicht ablenken (...).
(i) Ist bei Alltagstätigkeiten häufig vergesslich (...).

(2) Hyperaktivität und Impulsivität:

Sechs (oder mehr) der folgenden Symptome sind während der letzten sechs Monate beständig in einem mit dem Entwicklungsstand nicht zu vereinbarenden und unangemessenen Ausmaß aufgetreten und wirken sich direkt negativ auf soziale und schulische/berufliche Aktivitäten aus:

(a) Zappelt häufig mit Händen oder Füßen oder rutscht auf dem Stuhl herum.
(b) Steht oft in Situationen auf, in denen Sitzenbleiben erwartet wird (...).
(c) Läuft häufig herum oder klettert exzessiv in Situationen, in denen dies unpassend ist (bei Jugendlichen oder Erwachsenen kann dies auf ein subjektives Unruhegefühl beschränkt bleiben).
(d) Hat häufig Schwierigkeiten, ruhig zu spielen oder sich mit Freizeitaktivitäten ruhig zu beschäftigen.
(e) Ist häufig ›auf dem Sprung‹ oder handelt oftmals, als wäre er bzw. sie ›getrieben‹.
(f) Redet häufig übermäßig viel. Platzt häufig mit den Antworten heraus, bevor die Frage zu Ende gestellt ist (...).
(g) Kann häufig nur schwer warten, bis er bzw. sie an der Reihe ist (...).
(h) Unterbricht oder stört andere häufig (...).
B. Mehrere Symptome der Unaufmerksamkeit oder der Hyperaktivität-Impulsivität treten bereits vor dem Alter von 12 Jahren auf.
C. Mehrere Symptome der Unaufmerksamkeit oder der Hyperaktivität-Impulsivität bestehen in zwei oder mehr verschiedenen Lebensbereichen (z. B. zu Hause, in der Schule oder bei der Arbeit; mit Freunden oder Verwandten; bei anderen Aktivitäten).
D. Es sind deutliche Hinweise dafür vorhanden, dass sich die Symptome störend auf die Qualität des sozialen, schulischen oder beruflichen Funktionsniveaus auswirken oder diese reduzieren.
E. Die Symptome treten nicht ausschließlich im Verlauf einer Schizophrenie oder anderen psychotischen Störung auf und können auch nicht durch eine andere psychische Störung besser erklärt werden (z. B. affektive Störung, Angststörung, dissoziative Störung, Persönlichkeitsstörung, Substanzintoxikation oder -entzug)« (APA 2015, 40–43).

Die Symptome werden zunächst allgemein beschrieben, wobei deutlich wird, dass sich die drei Störungsbereiche Unaufmerksamkeit, Hyperaktivität und Impulsivität zum Teil überlappen. So sind z. B. die Symptome »Aufgaben nicht konsequent zu Ende führen« und Schwierigkeiten, »übertragene Arbeiten zu organisieren und korrekt auszuführen« sowie »den Eindruck machen, nicht zuzuhören oder das

Gesagte nicht gehört zu haben« und unordentliche, nachlässige, impulsive Verrichtung von Arbeiten den Störungsbereichen Unaufmerksamkeit und Impulsivität ebenso gemeinsam zuzuordnen wie die Zerstreutheits-Problematik, »dass Gegenstände angestoßen oder umgeworfen werden oder dass die Kinder selbst hinfallen« (vgl. APA 1991, 79; Hoffmann 1845: Hanns-Guck-in-die-Luft). Die Überlappung der drei Kernsymptome zeigt sich beispielsweise auch darin, dass das Item »redet häufig übermäßig viel« im DSM-5® dem Kernsymptom Hyperaktivität zugeordnet wird, während die ICD-10 diese Verhaltensbeschreibung als Anzeichen für Impulsivität wertet. Im DSM-5® wurden denn auch die ursprünglich getrennten Bereiche Hyperaktivität und Impulsivität zu einem Komplex zusammengefasst.

> Die Geschichte vom Hanns Guck-in-die-Luft
> Wenn der Hanns zur Schule ging,
> stets sein Blick am Himmel hing.
> Nach den Dächern, Wolken, Schwalben
> schaut er aufwärts allenthalben.
> Vor die eigenen Füße dicht,
> ja, da sah der Bursche nicht,
> also daß ein jeder ruft:
> »Seht den Hanns Guck-in-die-Luft!«
> (Hoffmann, o. J., 21)

Von großer Bedeutung ist eine sorgfältige, differenzierte Diagnose dahingehend, ob die Kriterien für ADHS wirklich gegeben sind. Zudem ist auch wegen der hohen Komorbiditätsraten von ADHS eine gründliche Differentialdiagnose notwendig (vgl. Lehmkuhl/Döpfner 2008, 215; Quaschner/Theisen 2005, 158; 2011). Es muss ausgeschlossen werden, dass die auftretenden Symptome nicht vordergründig auf andere psychische Störungsbilder zurückzuführen sind – insbesondere affektive Störungen, Angststörungen oder Störungen des Sozialverhaltens.

Zum Verlauf der Aufmerksamkeitsdefizit- und Hyperaktivitätsstörung (ADHS) ist bemerkenswert, dass die Störung die gesamte Kindheit hindurch anhält und sich Weiterentwicklungen mit einer »Störung mit oppositionellem Trotzverhalten« und einer »Störung des Sozialverhaltens« häufig erst im weiteren Verlauf der Kindheit ergeben (vgl. Ettrich/Ettrich 2006). Wird eine »Störung des Sozialverhaltens« entwickelt, dann zeigt sich im Erwachsenenalter signifikant häufig eine »antisoziale Persönlichkeitsstörung«. Das Syndrom der ADHS hält sich bei bis zu zwei Dritteln der Betroffenen bis ins Erwachsenenalter mit zum Teil so belastenden Symptomen, »dass sie deren Rolle als Student, Berufstätiger, Partner oder Elternteil behindern« (Wender 2002, 128). Prognostisch besonders ungünstig ist die Merkmalskombination »Störung des Sozialverhaltens«, niedriger IQ, schwere psychische Störung der Eltern.

Zur Verbreitung von ADHS gibt die APA an, dass die Störung häufig auftritt und bis zu 5 % der Schulkinder betreffen kann. Die Prävalenzrate von ADHS bei Kindern im Schulalter liegt weltweit bei 3,5 % (vgl. Polanczyk/de Limas/Horta/Biederman/Rohde 2007). Jungen sind in nichtklinischen Stichproben dreimal häufiger und in klinischen Stichproben sechs- bis neunmal häufiger als Mädchen betroffen (vgl. auch Frölich et al. 2002); die APA (vgl. 2000) nennt hier Verhältnisse von 4:1 bis 9:1 in klinischen, 2:1–3:1 in nichtklinischen Stichproben.

Aufmerksamkeits- und Hyperaktivitätsstörungen sind zumeist multifaktoriell bedingt. Anlagebedingte wie milieubedingte Defizite, Störungen und Belastungen sind beeinträchtigende bzw. prädisponierende Faktoren, die interdependent zusammenwirken. »Nach verbreiteter Überzeugung spielen konstitutionelle Faktoren eine entscheidende Rolle in der Genese dieser Störungen, jedoch fehlt zum jetzigen Zeitpunkt Kenntnis über die spezifische Ätiologie« (Dilling et al. 1993, 293). In der Historie von ADHS wurden unterschiedlichste organische Problematiken diskutiert:

Seit langem war bekannt, dass Blei eine giftige Substanz ist und in hohem Maße toxisch auf den cerebralen Stoffwechsel einwirkt. So wurde angenommen, dass Bleiintoxikation bei Kindern Aufmerksamkeit- und Hyperaktivitätsstörungen hervorrufen kann. Seit Mitte der 1970er Jahre wurde auch bestimmten Stoffen, die Nahrungsmitteln und Getränken wie Würsten oder Limonaden beigegeben werden, zugeschrieben, dass sie zu Aufmerksamkeits- und Hyperaktivitätsstörungen führen können (▶ Kap. 6.1.1). Wender (vgl. 2002) jedoch, Pionier und Senior der ADHS-Forschung, sieht das ADHS-Syndrom als eine »Erbkrankheit«, »durch neurochemische Veränderungen im Gehirn verursacht« (a. a. O., 37). Diese Auffassung hat sich weitgehend durchgesetzt. Die Lehrmeinungen zusammenfassend, formuliert der »Pschyrembel«: »Biol. u. konstitionelle Faktoren sind für die Entstehung, psychosoziale Faktoren für die Aufrechterhaltung verantwortlich« (Pschyrembel 2004, 167).

Mittlerweile wird Transmitterstörungen eine bedeutsame Rolle zugewiesen: Forscher des amerikanischen National Institut of Mental Health kamen über ein die Stoffwechselaktivitäten des Gehirns messendes Verfahren zu dem Ergebnis, dass die Ursache für Hyperaktivität wohl weitgehend auf einer Stoffwechselstörung im Zentralnervensystem beruht. Über szintigrafische Erhebungen an hyperaktiven Erwachsenen, die auch hyperaktive Kinder hatten, arbeiteten sie heraus, dass der ZNS-Stoffwechsel insbesondere in den Regionen, die Aufmerksamkeit und Motorik steuern, deutlich niedriger ist als bei einer nichthyperaktiven Kontrollgruppe (Psychologie Heute 18, 1991, Heft 5, 43–44, Wender 2002, 38). Neuere Studien bestätigen die große Bedeutung biologischer Faktoren für die Ätiologie von ADHS (siehe dazu z. B.: Ahrbeck 2007; Breitenbach 2005, 109–119; Ettrich/Ettrich 2006; Ellinger 2007, 116–148) – wobei nach wie vor vielfach von einer Verbindung neurobiologischer Voraussetzungen einerseits und ungünstiger Umweltbedingungen andererseits ausgegangen wird (vgl. Lauth/Naumann 2008).

Die cerebralen Dysfunktionen lassen sich neurophysiologisch aus der Komplexität des Gehirns und der Funktion der Nervenzellen erklären. »Die Nervenzelle gibt einen winzigen Teil gewisser chemischer Stoffe ab, diese werden von einer zweiten Zelle aufgenommen und veranlassen sie, zu feuern. Die chemischen Stoffe heißen Neurotransmitter. Wenn von einem bestimmten Neurotransmitter zu wenig vorhanden ist, feuert die zweite Zelle nicht, weil von der ersten Zelle nicht genug freigesetzt wurde. Obwohl die Nervenzellen selbst intakt sind, hat es den Anschein, dass die Verbindung unterbrochen ist. In verschiedenen Teilen des Gehirns gibt es verschiedene Neurotransmitter. Wenn die Menge eines Neurotransmitters nicht ausreicht, funktioniert jener Teil des Gehirns, den er betreibt, nicht richtig. Hyperaktive Kinder haben wahrscheinlich einen Mangel an einigen Neurotransmittern« (Wender/Wender 1980, 32). Der Neurotransmittermangel kann aus Anlagebedingungen sowie aus Entwicklungsstörungen während der Schwangerschaft resultieren (a. a. O., 33). Eindeutig hat sich diese Auffassung bisher nicht belegen lassen, für die jedoch Untersuchungsergebnisse sprechen, nach denen Kinder mit ADHS bereits während der Fötalzeit erhöhte Aktivitäten zeigen (vgl. Ross/Ross 1976). Auf die Möglichkeit eines Überschusses des Neurotransmitters Noradrenalin verweisen Erfahrungen mit dem Medikament Clonidin, das den Noradrenalinspiegel senkt, »bei einigen Kindern Aufmerksamkeit und Konzentration verbessert und ihnen helfen kann, weniger impulsiv, ängstlich und launisch zu sein« (Freed/Parsons 2001, 256). Dieses Mittel wird eingesetzt, wenn Kinder und Jugendliche auf das Standardmedikament Ritalin® nicht ansprechen oder in Kombination mit Ritalin®, wenn Ritalin® in zu hohen Dosen angewendet werden müsste.

Die Aufmerksamkeitsdefizit- und Hyperaktivitätsstörung wird von einigen Fachleuten nicht als Krankheit, sondern als funktionelle Störung aufgefasst. Zur Erklärung der sich zeigenden Phänomene werden aber auch psychische Schutzfunktionen oder ausschließlich pathogene Umweltbedingungen herangezogen. So kann die Aufmerksamkeits- und Hyperaktivitätsstörung »eine Reaktion auf Interaktionsstörungen, der Versuch einer Konfliktbewältigung durch gesteigerte Selbstwahrnehmung sein. Sie führt nicht zur Lösung des Konflikts, doch kann sie als erfolgreiche Abwehr gegen schwerwiegendere Störungen wie Psychosen und Depressionen angesehen werden. Sie ist eine psychisch gesündere Reaktion, da hier nicht resigniert, sondern noch gekämpft wird« (von Lüpke 1983, 63). Aus extremer Position werden HKS, MCD und ADHS als »Mythos« bezeichnet (vgl. Roggensack 2006), und es wird in gewisser Missachtung weltweiter Forschung und der Komplexität der Genese von Verhaltensstörungen pauschalisierend –und darin liegt der Hauptkritikpunkt – verkündet: »Auffälliges Verhalten von Kindern und Jugendlichen in den verschiedensten Erscheinungsformen bis hin zu physischen, psychosomatischen oder körperlichen Erkrankungen ist eine *gesunde* Reaktion auf eine *krankmachende* Lebenswelt« (Voss 1991, 38). Derartige Ansichten in ihrer Extremform (wie z. B. Armstrong 2002) sind kaum haltbar und durch neuere Untersuchungen widerlegt (siehe dazu Döpfner/Lehmkuhl 2005; Ettrich/Ettrich 2006).

Wenn davon ausgegangen wird, dass es Faktoren gibt, die für Aufmerksamkeitsdefizit- und Hyperaktivitätsstörungen den biologischen Hintergrund darstellen und prädisponierende Wirkung haben, muss die weitere Genese erklärt werden. Ein verschiedene Aspekte vereinendes, auch heute noch aktuell erscheinendes und für die pädagogisch-therapeutische Intervention nützliches psychologisches Erklärungsmodell entwickelte Douglas (vgl. 1980). Sie geht davon aus, dass sich auf der Basis prädisponierender konstitutioneller Gegebenheiten für die Kinder Schwierigkeiten ergeben,

- Daueraufmerksamkeit und Anstrengungsbereitschaft aufrechtzuerhalten,
- Inhibitionskontrolle zu realisieren, d. h. ineffiziente Reaktionen zu hemmen, nicht vorschnell zu handeln, sondern vielmehr auf der Basis von Verhaltensplänen zu agieren,
- einen angemessenen Aktivierungszustand zu realisieren und aufrechtzuerhalten, woraus sich eine Reizsuchtendenz aufbauen kann.

Infolge dieser Beeinträchtigungen bzw. Mängel kommt es zu mangelhaften Metakognitionen, d. h. zu situationsanalytischen, planungstechnischen, organisatorischen Mängeln, die chaotische Handlungsstrukturen erbringen. Die Beeinträchtigungen bzw. Mängel führen zu Misserfolgserlebnissen, aus denen wiederum Misserfolgsorientierung und Vermeidungsverhaltensweisen resultieren, die sich in kompensatorischen Ersatzhandlungen mit Aggressionen, Clownerien, Lügen usw. äußern können. Daraus ergibt sich wiederum eine Verschlechterung der primären Mängel mit Entmutigung und verstärkter Misserfolgserwartung, womit eine Ausgangslage für eine erhöhte Wahrscheinlichkeit von Misserfolgserlebnissen gegeben ist. So entwickelt sich in einem Circulus vitiosus eine sich mehr und mehr verschärfende Problemlage (vgl. a. a. O.).

Die Vielzahl von Erklärungsmöglichkeiten zu den Aufmerksamkeits- und Hyperaktivitätsstörungen, die sich zum Teil auch widersprechen, lässt den Schluss zu, dass zwar das Wissen über die Ätiologie dieses Erscheinungsbildes noch unvollständig ist, dass aber bei der Bewertung gegenwärtiger Untersuchungen auf ein Zusammenwirken biologischer und psychosozialer Faktoren zu schließen ist, bei einem Übergewicht der biologischen Bedingungen (vgl. Döpfner/Lehmkuhl 2005).

Zu betonen ist, dass dies für ADHS im engeren, seriös und genau diagnostizierten Sinne gilt. Die Diagnose von Aufmerksamkeits- und Hyperaktivitätsstörungen ist mehrdimensional. Neben anamnestischen Gesprächen mit Eltern und explorativen Gesprächen mit Erziehern und Lehrern und/oder dem Einsatz von Fragebögen werden systematische Verhaltensbeobachtung, Intelligenz- und Leistungstests (ggf. auch differentielle Leistungstests sowie Schulleistungstests), spezielle neuropsychologische sowie neurologische Verfahren sowie ergänzende organische Untersuchungen eingesetzt, wobei letztere jedoch Ärzten vorbehalten sind (▶ Kap. 5.1). Auch die Bundesärztekammer (vgl. 2005) empfiehlt ein solches komplexes diagnostisches Vorgehen, um die Störung auf sechs Achsen abzubilden.

Bei der Diagnose ist nach DSM zu beachten, dass Aufmerksamkeits- und Hyperaktivitätsstörungen eine gewisse Nähe zu affektiven Störungen aufweisen. Bevor daher eine Aufmerksamkeitsdefizit- und Hyperaktivitätsstörung diagnostisch festgeschrieben wird, ist differentialdiagnostisch eine Abgrenzung zu affektiven Störungen notwendig (vgl. APA 1996, 121). Aus medizinischer Sicht ist auch zu bedenken und differentialdiagnostisch zu klären, dass »vorschreitende Erkrankungen des Zentralnervensystems, wie Tumoren oder heredodegenerative Prozesse, mit den Symptomen einer MCD« – sprich in heutiger Terminologie einem ADHS – beginnen können (Neuhäuser 1983, 80).

Neben den genannten Formen der Aufmerksamkeitsdefizit- und Hyperaktivitätsstörung gibt es auch Störungsformen mit Unaufmerksamkeit und Hyperaktivität-Impulsivität, die den Diagnosekriterien nicht eindeutig entsprechen, sowie eine Störungsform mit Unaufmerksamkeit und *Hypoaktivität*, die häufig einhergeht mit Lese-Rechtschreibschwäche und/oder Rechenschwäche (so genanntes ADS). Wender (vgl. 2002, 11) fordert für das gesamte Syndrom die Bezeichnung ADHS. Da die Störung sowohl mit Hyperaktivität als auch ohne und stattdessen – relativ häufig – mit *Hypo*aktivität auftritt, könnte das »H« in der Bezeichnung in beiderlei Sinne verstanden werden, eine Auffassung, die man teilweise findet. Häufig wird gegenwärtig jedoch noch von ADS mit Hypoaktivität gesprochen (siehe dazu z. B. Simchen 2004; 2007).

Wie die Diagnose ist auch die Intervention bei Aufmerksamkeits- und Hyperaktivitätsstörungen ganzheitlich und multimodal auszurichten, d. h. die betroffenen Kinder müssen in ihrer Gesamtpersönlichkeit über ein breitgefächertes, individualisierend einzusetzendes Angebot gefördert werden (vgl. Döpfner, Schürmann et al. 2006). Dem tragen vorliegende Konzepte in unterschiedlichem Maße Rechnung. Komplexe Diagnose- und Interventionsprogramme für den psychotherapeutischen und den pädagogischen Bereich legten Döpfner und Mitarbeiter vor (THOP, Wackelpeter und Trotzkopf, PEP; Überblick in: Döpfner/Schürmann et al. 2006; Ettrich/Ettrich 2006). Weite Verbreitung hat auch das einschlägige Trainingsprogramm für aufmerksamkeitsgestörte Kinder von Lauth/Schlottke (vgl. 1997; mittlerweile 2009) erfahren.

Es wurden sehr unterschiedliche Konzepte und Maßnahmen entwickelt. Die Schwerpunkte liegen heute zum einen bei medikamentösen Maßnahmen, zum anderen bei verhaltenstherapeutischen Vorgehensweisen. Dabei wird seitens der Forschung und der konzeptionellen Vorgaben in der Regel davon ausgegangen, dass beides im Sinne einer multimodalen Therapie miteinander verknüpft sein muss – dies gilt aber leider häufig keineswegs für die Praxis, in der oft eine medikamentöse Therapie bar jeglicher weiterer gezielter Fördermaßnahmen erfolgt. Aus pädagogischer Perspektive wäre die stärkere Verbindung medikamentöser mit gut geplanten pädagogischen Maßnahmen wünschenswert. Breitenbach (vgl. 2005) stellt in Zusammenfassung des aktuellen Forschungsstandes fest, dass von unterschiedlichen, aufeinander aufgelagerten Störungsebenen auszugehen ist. In Entsprechung zum Konzept von Douglas (vgl. 1980) kann man darauf aufbauend auch ein multimodales Fördermodell beschreiben, wie es Ellinger (vgl. 2007a) skizziert:

Nach wie vor besteht allerdings ein deutlicher Mangel an Arbeiten zur pädagogischen Förderung bei AD(H)S – ein Konzept wird bei Abelein/Stein (2017) vorgelegt. Anhand einer Analyse des internationalen Forschungsstandes fokussiert es auf

- Aspekte einer entsprechenden (sonder-)pädagogischen Haltung;
- die Gestaltung der Lernsituationen;
- die Unterstützung der Kinder und Jugendlichen (Förderung von Aufmerksamkeit und Konzentration, Förderung von Gedächtnisleistungen, Förderung der Fähigkeit zur Selbstregulation sowie Förderung eines angemessenen Selbstkonzepts);
- die Unterstützung der Kompetenz der Pädagoginnen und Pädagogen (Aspekte erfolgreichen Lehrerhandelns, Maßnahmen für Pädagogen und Lehrkräfte, Weiterentwicklung des dezidierten Fachwissens als Grundlage professionellen Handelns);
- die Arbeit mit der Gruppe – sowie
- die Berücksichtigung der Kompetenz und der Einbindung der Eltern (ebd., 149 ff.).

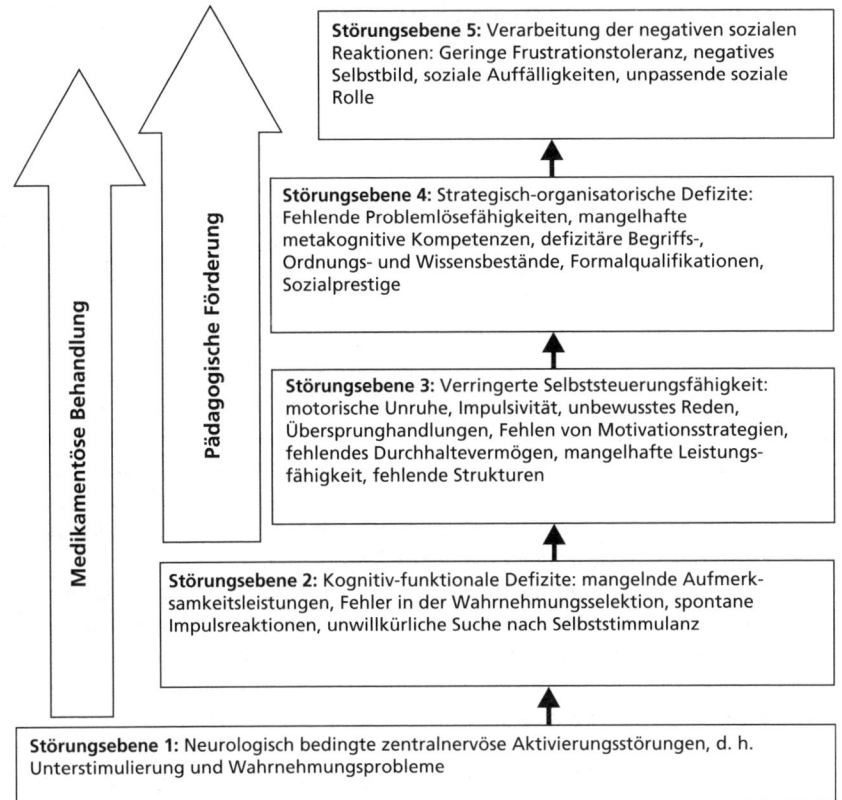

Abb. 54: Medikamentöse Behandlung und pädagogische Förderung im Rahmen eines multifaktoriellen Ursachen- und Fördermodells von ADS/ADHS (Ellinger 2007a, 136)

Einen konsequent an Paul Moor orientierten heilpädagogischen Ansatz zum Umgang mit ADHS hat Stiehler (vgl. 2007a; 2007b) vorgelegt.

Wender stellte 2002 fest: »Die aktuelle und hoffentlich endgültige Bezeichnung lautet ›Aufmerksamkeitsdefizit-Hyperaktivitätsstörung‹ (ADHS)« (a. a. O., 11). Angesichts der begrifflichen, konzeptionellen und erklärungsbezogenen Wandlungen über die vergangenen Jahrzehnte und der Unsicherheiten, mit denen die aktuellen Konzepte, bei aller oberflächlich scheinenden Sicherheit gerade der medizinischen Positionierung, immer noch behaftet sind, ist zu ahnen, dass diese Bezeichnung keine Endgültigkeit haben wird.

9.4 Psychophysische Störungen bei Kindern und Jugendlichen

Unter psychophysischen Störungen werden hier solche Erscheinungen verstanden, die aus der Wechselwirkung von Körper und Seele in einer Weise resultieren, dass psychische Störungen den Körper beeinträchtigen oder gar krankmachen. Psychophysische oder – in synonymer Formulierung – psychophysiologische Störungen sind also psychische Störungen mit einer körperlichen Symptomatik.

Schon Babys zeigen deutliche individuelle Unterschiede. Die einen sind freundlich, kontaktfreudig und schaffen es leicht, ihre Bezugspersonen einzustimmen, ihnen die Wünsche von den Lippen abzulesen und ihre Bedürfnisse zu befriedigen. Andere dagegen sind zurückhaltend, mürrisch und quengeln viel. Das kann ihre Bezugspersonen leicht dazu bringen, sie abweisend zu behandeln oder sogar zu vernachlässigen. Schon Babys können dann psychophysische Störungen zeigen, die von einfachen Entwicklungsbeeinträchtigungen bis zu schweren, lebensbedrohenden Hospitalismus-Störungen reichen (▶ Kap. 4.2.1).

Geringfügigere psychophysische Störungen wie Kopf- und Magenschmerzen, Schlafstörungen, bestimmte Formen der Dermatosen und Allergien oder auch leichtere Tics weisen fast alle Kinder und Jugendlichen mit Verhaltensstörungen auf. Für das Kindes- und Jugendalter wird eine Klassifikation der psychophysischen bzw. -physiologischen Störungen in Krankheiten mit Organveränderungen, somatoforme Störungen, Essstörungen, Schlafstörungen, Bewegungsstörungen, Enuresis, Enkopresis und Deprivationssyndrome vorgeschlagen (vgl. Steinhausen 1989). In engerer Fassung lassen sich unter psychophysischen Störungen die Essstörungen Adipositas, Anorexia nervosa, Bulimia nervosa, Pica und Rumination sowie Asthma bronchiale, Geschwüre im Magen- und Darmbereich und einige Formen der Allergien und Dermatosen fassen. Die Häufigkeitsangaben für psychophysische Störungen im Kindes- und Jugendalter variieren zwischen 6 % und 30 %. Jene Störungen, die zu schweren Erkrankungen werden können, treten auf der Basis organisch-physiologischer Dispositionen durch ein Zusammenwirken intrapsychischer und psychosozialer Belastungen auf, wobei familiäre Bedingungen von besonderer Bedeutung sind.

Beispielhaft für psychophysische Störungen, für die überaus sensible und rigorose Reaktion kleinster Kinder wie Jugendlicher und junger Erwachsener auf negative Umweltbedingungen sowie wegen ihrer gegenwärtigen Häufigkeit und wegen ihrer Lebensbedrohlichkeit werden Essstörungen behandelt, und zwar Pica, Adipositas, Anorexia nervosa und Bulimia nervosa (siehe Jacobi Paul/Thiel 2004; Tuschen-Caffier/Pook/Hilbert 2005).

9.4.1 Pica

Pica (Essen von Ungenießbarem) und Rumination (Hervorwürgen und erneutes Kauen und Schlucken von Speisen) sind selten vorkommende Essstörungen. Pica wird in der ICD-10 gesondert diagnostiziert (vgl. Dilling et al. 1993, 321; DIMDI 2016, 231); es handelt sich um eine Essstörung, die zumeist um das vollendete erste Lebensjahr, aber auch früher beginnt. Die Kinder essen über einen längeren Zeitraum ungenießbare Stoffe wie Textilien, Farben, Bindfäden, Steinchen, Insekten, Mörtel, Sand, tierische Abfälle und Kot, wodurch sich Vergiftungen oder Infektionen ergeben können. Soweit die Störung nicht in eine umfassendere Problematik wie etwa Autismus eingebettet auftritt, remittiert sie zumeist in der frühen Kindheit, kann sich aber bis ins Jugend- und Erwachsenenalter halten. Ursächlich für diese Essstörung sind zumeist familiäre Beziehungsstörungen – insbesondere zwischen Mutter und Kind. Es besteht die Gefahr der Kindesmisshandlung und nicht selten wird Vernachlässigung des Kindes festgestellt. Die Intervention muss also darauf abzielen, die familiären Verhältnisse zu verbessern, die Vernachlässigung aufzuheben und dem Kind Liebe und das Gefühl der Geborgenheit zu vermitteln. Relativ schnell wirkende positive Beeinflussung lässt sich über verhaltenstherapeutische Maßnahmen erzielen.

9.4.2 Anorexia nervosa

Diese – auch Magersucht oder Pubertätsmagersucht genannte – Störung tritt fast nur bei Mädchen auf (Verhältnis Mädchen zu Jungen mindestens 10:1) und erreicht einen Erkrankungsgipfel mit 16 Jahren (vgl. Vernooij 2008). Kinder und Jugendliche mit Anorexia nervosa entwickeln ein extrem gestörtes Verhältnis zum Essen und zu ihrem Gewicht. Als weitere Merkmale zeigen sich eine gestörte Körperwahrnehmung, körperliche Veränderungen im Hormonhaushalt – häufig verbunden mit Amenorrhoe – sowie im EEG und ein perfektionistisches Leistungsstreben mit zwanghaften Zügen und Ängsten. Häufig werden auffällige Familienverhältnisse mit autoritären, stark kontrollierenden und ängstlichen Müttern beschrieben (vgl. z. B. Remschmidt 1988, 239–245). Die Betroffenen haben meist kein Krankheitsgefühl; ihre inneren Spannungen im Sinne aggressiver und depressiver Tendenzen wandeln sich bei verbleibender depressiver Verstimmung in zeitweilig euphorische Zustände um (vgl. Klessmann 1988; Mester 1981). Das magersüchtige Verhalten führt zu Mangelerscheinungen, die das Leben bedrohen können (vgl. Fichter 1985). Mit der Dauer der Störung reduzieren sich die Heilungschancen, die zwischen 40 % (fast vollständig) und 70 % (zumindest partiell) liegen – bei zugleich recht hohen Todesraten von 10–15 % (vgl. Vernooij 2008, 300; siehe auch die klassische psychologische Annäherung an Magersucht von Bruch 1982).

Das DSM-5® nennt für die Diagnose der Anorexia nervosa folgende Kriterien:

»A. Eine in Relation zum Bedarf eingeschränkte Energieaufnahme, welche unter Berücksichtigung von Alter, Geschlecht, Entwicklungsverlauf und körperlicher Gesundheit zu einem signifikant niedrigen Körpergewicht führt. *Signifikant niedriges Gewicht* ist definiert als ein Gewicht, das unterhalb des Minimums des normalen Gewichts oder, bei Kindern und Jugendlichen, unterhalb des minimal zu erwartenden Gewichts liegt.

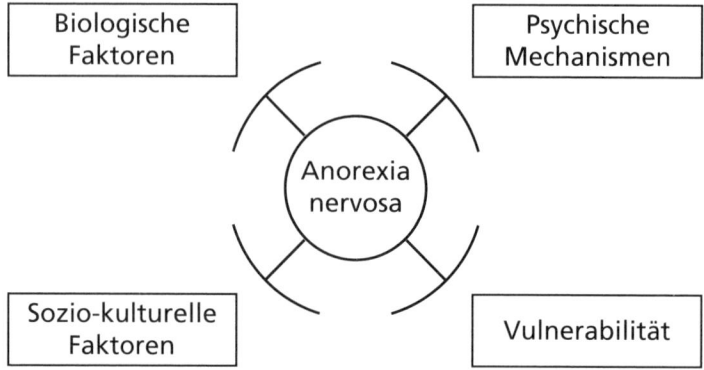

Abb. 55: Genese der Anorexia nervosa

B. Ausgeprägte Angst vor einer Gewichtszunahme oder davor, dick zu werden, oder dauerhaftes Verhalten, das einer Gewichtszunahme entgegenwirkt, trotz des signifikant niedrigen Gewichts.

C. Störung in der Wahrnehmung der eigenen Figur oder des Körpergewichts, übertriebener Einfluss des Körpergewichts oder der Figur auf die Selbstbewertung oder anhaltende fehlende Einsicht in Bezug auf den Schweregrad des gegenwärtig geringen Körpergewichts« (APA 2015, 197).

9.4.3 Bulimia nervosa

Mit Bulimia nervosa (Bulimie) werden Heißhunger- bzw. Fressattacken bezeichnet, die häufig mit selbstinduziertem Erbrechen oder anderen »Maßnahmen« gegen das Dickwerden verbunden sind. Bulimie tritt oft als Vorphase oder im Gefolge einer Anorexia nervosa auf. Auch diese Störung findet sich vorwiegend beim weiblichen Geschlecht (vgl. Dilling et al. 1993, 202 f.), tritt jedoch in der Regel später auf als eine Anorexia – mit einem Häufigkeitsgipfel bei etwa 22 Jahren (vgl. Vernooij 2008, 294 f.). Die Mädchen und jungen Frauen zeigen häufig eine depressive Grundstimmung und im Verlauf ihrer Esssucht Störungen im Hormon- und Elekrolythaushalt sowie Unwohlsein und Schwellungen an den Extremitäten. Nach DSM-5® müssen für die Diagnose der Bulimia nervosa folgende Kriterien erfüllt werden:

»A. Wiederholte Episoden von Essanfällen. Ein Essanfall ist durch die folgenden beiden Merkmale gekennzeichnet:
(1) Verzehr einer Nahrungsmenge in einem bestimmten Zeitraum (z. B. innerhalb eines Zeitraums von zwei Stunden), wobei diese Nahrungsmenge erheblich größer ist als die Menge, die die meisten Menschen in einem vergleichbaren Zeitraum unter vergleichbaren Bedingungen essen würden.
(2) Das Gefühl, während der Episode die Kontrolle über das Essverhalten zu verlieren (z. B. das Gefühl, nicht mit dem Essen aufhören zu können oder keine Kontrolle über Art und Menge der Nahrung zu haben).

B. Wiederholte Anwendung von unangemessenen kompensatorischen Maßnahmen, um einer Gewichtszunahme entgegenzusteuern, wie z. B. selbstin-
duziertes Erbrechen, Missbrauch von Laxantien, Diuretika oder anderen
Medikamenten, Fasten oder übermäßige körperliche Bewegung.

C. Die Essanfälle und die unangemessenen kompensatorischen Maßnahmen
treten im Durchschnitt mindestens einmal pro Woche über einen Zeitraum
von drei Monaten auf.

D. Figur und Körpergewicht haben einen übermäßigen Einfluss auf die Selbstbewertung.

E. Die Störung tritt nicht ausschließlich im Verlauf von Episoden einer Anorexia
Nervosa auf« (APA 2015, 199).

Genesungsraten liegen hier mit etwa 50–60 % (fast vollständig) sowie zusätzlich
20–30 % mit partieller Genesung höher als bei Anorexia nervosa; allerdings ist
andererseits eine Chronifizierungsrate von etwa 20 % zu bedenken (vgl. Vernooij
2008, 300). Ergänzend erwähnenswert ist die Binge-Eating-Störung, die allerdings von Bulimie als eigenem Störungsbild abzugrenzen ist. Es handelt sich um
ein Syndrom, welches nicht als offizielle Störung geführt wird, aber unter Umständen häufiger auftritt als Anorexie und Bulimie (vgl. Davison/Neale 2002,
281). Bei dieser Störung treten Episoden von Essanfällen auf, die durch fehlende
Kontrolle und durch Verzweiflung der Betroffenen angesichts der Anfälle gekennzeichnet sind. Es findet allerdings kein nennenswerter Gewichtsverlust statt,
und es werden zugleich keine maßgeblichen gegensteuernden Maßnahmen wie
etwa Erbrechen, Abführmittel oder Fasten ergriffen. Bisweilen wird die Binge-
Eating-Störung auch als »weniger ernsthafte Version der Bulimia nervosa«
(a. a. O.) gesehen.

9.4.4 Adipositas

Adipositas, auch als Fettsucht bezeichnet, meint eine Übergewichtigkeit, die häufig
schon im Säuglingsalter beginnt, zwar dispositionelle Hintergrundfaktoren hat, im
Wesentlichen jedoch aus Umweltbedingungen resultiert. Die betroffenen Kinder
und Jugendlichen haben ein gestörtes Appetit- und Sättigungsempfinden. Die
Adipositas kann auf eine Verbindung von Missbehagens- und Hungergefühlen
zurückgeführt werden. Bei Spannungen, Konflikten und in Krisensituationen treten
Hungergefühle auf, deren Befriedigung die Übergewichtigkeit erbringt, ein Ergebnis, für das sich verniedlichend auch die Bezeichnung »Kummerspeck« gefunden hat. Diese Essstörung tritt mit einem Anteil von 20 % relativ häufig auf (vgl.
Steinhausen 1989), bei offenkundig steigender Tendenz in den USA, aber auch
vielen europäischen Ländern (vgl. Hebebrand 2000), und findet sich bei Jungen mit
etwas höherem Anteil als bei Mädchen. Mit der starken Übergewichtigkeit sind
häufig passives und hypoaktives Verhalten verbunden. Negative Umweltreaktionen erbringen bei den Kindern und Jugendlichen leicht aggressive Entladungen
und/oder ängstlich gehemmtes Verhalten.

Erklärungsansätze für Essstörungen

Zur Erklärung der Essstörungen liegen neben organisch-medizinischen Erklärungsansätzen tiefen-, lern- und kognitionspsychologische sowie systemtheoretische und feministische Konzepte vor. Aus psychoanalytischer Sicht sind Essstörungen vorwiegend in der frühen Mutter-Kind-Beziehung, und zwar in der oralen Phase begründet. Aus lernpsychologischer Sicht werden die Symptome durch Lernprozesse, d. h. über klassisches und operantes Konditionieren in dem Sinne erklärt, dass adäquate intrapsychische Regulationsmechanismen durch äußere gelernte Faktoren überdeckt werden. Modelllernen spielt auch eine Rolle: etwa 40 % der Kinder und Jugendlichen mit Adipositas haben auch adipöse, etwa 80 % deutlich übergewichtige Eltern. Die Genese der Anorexia nervosa kann über Modelle phobischer Vermeidungsentstehung erklärt werden. Auch kognitive Prozesse spielen insofern eine Rolle, als Essstörungen mit verstärkter Aufmerksamkeit seitens der Umwelt verbunden sind, sodass das unerwünschte Essverhalten einerseits verstärkt und andererseits auch bewusst zur Umweltkontrolle eingesetzt wird. Da sich Essstörungen zumeist bei Mädchen und jungen Frauen zeigen, sind auch feministische Erklärungsansätze vorgelegt worden, nach denen gesellschaftliche Pressionen und Restriktionen Frauen gegenüber zur Ablehnung der vor allem durch Männer vermittelten Schönheitsideale, zur Ablehnung der Frauenrolle schlechthin oder zu einer allgemeinen Rebellion führen. Die auch die Umwelt erheblich belastenden Störungen können auch als Versuche zur Verbesserung von Kontroll- und Einflussmöglichkeiten verstanden werden.

Systemtheoretische Erklärungsansätze stellen die Bedeutung der familiären Kommunikationsstrukturen heraus. Danach verdeutlichen sich in Essstörungen familiäre Krisen als ein Aufbegehren gegen Erwartungen mit Versuchen zur Veränderung von Beziehungsdefinitionen oder zur Verbesserung der Kontrollmöglichkeiten (vgl. Minuchin 1981; Selvini-Palazzoli 1978; Vernooij 2008).

Interventionen sind bei Essstörungen in Abhängigkeit von der Schwere der Problematik zumeist komplex anzulegen und beinhalten neben Elternberatung und Familientherapie bei älteren Kindern und Jugendlichen bzw. Jungerwachsenen auch psychotherapeutische oder verhaltenstherapeutische Maßnahmen (siehe dazu z. B.: Steinhausen 1981; Remschmidt/Schmidt 1985; Gaebel/Müller-Spahn 2002).

9.5 Suizidalität bei Kindern und Jugendlichen

»Suizid heißt: Es gibt niemanden, der mich liebt, keiner, der mir hilft, das zu erreichen, was ich erreichen möchte und das zu sein, was ich sein möchte. Die Aggression ist nicht nur gegen die eigene Person, sondern auch gegen die anderen als aggressive Heimzahlung für inadäquate Stimuli und Unterstützung gerichtet« (Bomba 1991, 100).

Während bei Jugendlichen die Selbsttötungsproblematik seit langem bekannt und mit Statistiken und Berichten gut belegt ist, finden sich über Kinder, die sich selbst umzubringen versuchten, eher wenige, aber sehr erschütternde Darstellungen. So berichten die amerikanischen Psychiater McKnew und Cytryn über vier Kinder:

Ein erst sieben Jahre alter Junge dachte, »er könne sich mit einer Mistgabel umbringen; er wollte sie so in eine Scheunenecke stellen, dass sie durch eine leichte Störung, sogar durch das Geräusch von Schritten auf ihn hinabstürzen würde. Sobald er sie aufgestellt hatte, lief er ein paar Schritte zurück, um dann nach vorn zu stürmen. Nach seinem Plan sollte sie ihn im Lauf erwischen, und die Zinken sollten seinen Magen durchbohren, sodass er sterben würde. Obwohl er es immer wieder probierte, klappte es nicht. Jedes Mal fiel die Gabel harmlos auf den Boden, ohne ihn zu berühren. Enttäuscht und verzweifelt dachte er …: ›Was bin ich nur für eine Niete, ich schaffe es noch nicht einmal, mich umzubringen‹«. Bei dem Jungen wurden depressive Störungen festgestellt.

Ein 8-jähriges Mädchen schrieb ihr Testament, in dem sie mit liebevollen Grüßen ihren Besitz den Eltern und Geschwistern vermachte, schleppte dann einen schweren Felsbrocken in das Zimmer ihres Vaters und bat: »Papa, könntest du mir bitte den Schädel einschlagen?« Die völlig verstörte Familie konsultierte einen Kinderpsychiater, der eine manisch-depressive Erkrankung diagnostizierte.

»Ein anderes ungefähr 11-jähriges Mädchen versuchte sich zu ertränken. Sie watete ins Meer hinaus, bis ihr das Wasser bis zum Halse stand. Dann warf sie sich nach vorn und versuchte unterzugehen, aber die Wellen warfen sie landwärts zurück, und bald fand sie sich am Strand wieder. Sie versuchte es wieder und wieder, glücklicherweise ohne Erfolg.

Ein Junge gleichen Alters versuchte, sich vor fahrende Autos zu werfen, aber alle bremsten rechtzeitig oder schafften es durch Ausweichen, einen Aufprall zu verhindern« (McKnew et al. 1985, 54 f.).

Suizid (lat.: sui = sich selbst/caedes = das Töten) ist ein spezifisch menschliches Phänomen: nur der Mensch weiß um seinen Tod, nur er kann Handlungen bewusst planen und durchführen, die sein Leben beenden. Suizid meint in Abgrenzung zum Suizidversuch die Handlung oder auch unterlassene Handlung, die zum Tode führt. Der Suizidversuch ist eine suizidale Handlung ohne letale Folge. Die Begriffswahl »Suizid« bringt eine wertneutrale Haltung zum Ausdruck wie z. B. auch der deutsche Begriff Selbsttötung. Der Begriff »Selbstmord« vermittelt jedoch eine moralisierende, abwertende Einstellung z. B. im Sinne christlich-religiöser Vorstellungen, nach denen Suizid Sünde ist und eine posthume Strafe nach sich zieht. Er sollte nicht mehr benutzt werden, auch wenn er in der Literatur teilweise noch auftritt (z. B. Ringel 1953; 1969; Specht/Schmidtke 1986). Auch der Begriff »Freitod« scheint für den allgemeinen Gebrauch nicht angemessen, da er eine Freiheit und Autonomie signalisiert, die wohl nur in ganz wenigen Fällen gegeben ist (vgl. Amery 1976).

Suizidalität kann – insbesondere bei Kindern und Jugendlichen mit Verhaltensstörungen – als extremer Ausdruck gestörten Verhaltens verstanden werden, der aber, wie jeder Ausdruck einer sozial-emotionalen Störung, auch ein Hilfeschrei ist (vgl. die Einleitung zu diesem Buch). Dieses pädagogische Verständnis wird im aktuelleren Suiziddiskurs nach dem Modell der Salutogenese von Antonowsky besonders akzentuiert und weiterentwickelt (vgl. Antonowsky 1997; Bründel 2004). In der Suizidalität wird ein »psychischer Reorganisationsvorgang« gesehen (Kind 2000, 116); zu destruktiven kommen konstruktive Tendenzen. Suizidale

Kinder und Jugendliche »wollen nicht wirklich sterben, sie wollen nur so wie bisher nicht mehr weiterleben; ihr Verhalten ist der verzweifelte Versuch, dem Leben eine Kehrtwendung zu geben« (Bründel 2004, 46).

Wenn die Selbsttötung eines Erwachsenen schon die Umwelt erschreckt und irritiert, so lösen Suizide von Kindern und Jugendlichen, die gerade erst ihr Leben beginnen, es noch gar nicht recht kennen, in der Bewältigung nicht erprobt sind, äußerste Betroffenheit, große Nachdenklichkeit und bei den Angehörigen oder näheren Bezugspersonen auch tiefe Schuldgefühle aus (vgl. Orbach 1990).

Bei Suiziden und Suizidversuchen ist die Dunkelziffer groß. Noch vor nicht allzu langer Zeit wurde betont, »dass unter 15 Jahren Selbstmordversuche und auch Selbstmorde außerordentlich selten sind und unterhalb 10 Jahren noch seltener und unterhalb 6 Jahren nicht vorkommen« (Pohlmeier 1986, 14). Dagegen ist gegenwärtig davon auszugehen, dass suizidale Handlungen von Kindern häufig nicht als solche erkannt werden. Erst in einer therapeutischen Situation können Suizidversuche von kleinen Kindern sozusagen dekodiert und auch begründet werden.

Bei den Angaben von Statistiken ist diese Erkenntnis zu berücksichtigen und insbesondere der Bereich über Suizide von Kindern ab fünf Jahren kritisch unter dem Aspekt der Dunkelziffer zu lesen (▶ Tab. 26).

Mittlerweile wird auch über Suizidversuche von noch sehr kleinen Kindern berichtet. David z. B. war erst vier Jahre alt, als er sich in eine Decke wickelte und diese anzündete. Er gab an, traurig gewesen zu sein, weil er seine Mutter vermisste. Als Begründung für den Verbrennungsversuch gab er an: »Weil ich kein guter Junge bin. David muss sterben. Weil meine Mami das möchte.« Ein 3-Jähriger stürzte sich über einen längeren Zeitraum eine hohe Treppe hinunter und erlitt dabei schwere Prellungen. Oftmals schlug er auch mit dem Kopf gegen den Boden und zog sich blutende Verletzungen zu. Als Begründung gab er an: »Jeff ist böse, und böse Jungen müssen sterben.« Er konnte nicht verkraften, dass ein Junge geboren worden war und »meine Mami nicht mich, sondern meinen kleinen Bruder mag«. Bei diesen wie auch bei anderen Kindern waren Verlusterlebnisse und -ängste sowie Belastungs- bzw. Stresserfahrungen übermächtig geworden und »sie zimmerten sich in ihrer Not eine Gleichung: traurig = verrückt = böse. Sie versuchten, ihren Verlust und ihre Trauer zu überwinden, indem sie um Aufmerksamkeit bettelten. Durch Ausagieren versuchten sie mit ihrer Angst, Wut und Frustration fertig zu werden. Gleichzeitig versuchten sie, durch Verletzung der eigenen Person für ihre Schlechtigkeit und Sünden zu bezahlen« (McKnew et al. 1985, 56 ff.).

Dass diese Berichte nicht singuläre Fälle wiedergeben, macht eine Untersuchung an 58 sechs bis zwölf Jahre alten Kindern deutlich, die unterschiedliche Stress-Situationen durchlebt hatten, und zwar »Sorgen über schulisches Versagen, gestörte Freundschaften, Angst vor elterlicher Bestrafung, Veränderungen in der Familie oder in der Schule. Wesentlich mehr als die Hälfte der Kinder, 42 der insgesamt 58 hatten Selbstmordgedanken, hatten mit Selbstmord gedroht oder einen Suizidversuch unternommen« (a. a. O., 58). In Zusammenfassung der Untersuchungsergebnisse wird konstatiert, »dass Selbstmordgedanken oder -verhalten verbreitete Symptome bei schwer gestörten Kindern im Alter zwischen 6 und 12 Jahren sind« (a. a. O., 59).

Bei Kindern und Jugendlichen werden Suizidversuche häufig deshalb als solche nicht erkannt und ausgewiesen, weil eine Ernsthaftigkeit nicht gegeben scheint oder

Tab. 26: Suizid von Kindern und Jugendlichen in Deutschland 2006–2015

Altersgruppen nach Geschlecht	2006	2007	2008	2009	2010	2011	2012	2013	2014	2015
männlich										
1 Jahr bis unter 5 Jahre	–	–	–	–	–	–	–	–	–	–
5 Jahre bis unter 10 Jahre	1	1	2	1	1	–	–	–	–	–
10 Jahre bis unter 15 Jahre	19	14	9	11	21	12	11	6	20	6
15 Jahre bis unter 20 Jahre	157	149	160	147	143	130	139	119	137	243
20 Jahre bis unter 25 Jahre	297	299	296	297	331	330	300	272	260	243
weiblich										
1 Jahr bis unter 5 Jahre	–	–	–	–	–	–	–	–	–	–
5 Jahre bis unter 10 Jahre	1	–	–	–	–	–	–	–	–	–
10 Jahre bis unter 15 Jahre	8	9	6	9	6	9	9	12	8	13
15 Jahre bis unter 20 Jahre	45	47	50	47	46	42	45	46	57	63
20 Jahre bis unter 25 Jahre	67	63	80	75	86	79	76	65	64	73

(nach: Statistisches Bundesamt 2004b, 8; 2005a, 8; 2005b, 8; 2006a, 12; 2007c, 13; 2008, 12; 2010a, 12; 2010b, 7; 2011b, 5; 2012c, 6; 2013a, 8; 2014a, 8; 2015a, 8; 2016b, 8)

die Handlungen als Unfälle eingeordnet werden. Diese »Unfälle« treten vielfältig in Erscheinung und können beim Spiel, im Straßenverkehr, im Umgang mit Medikamenten oder auch mit Elektrizität usw. passieren. Zu bedenken ist auch, dass Unkenntnis oder falsch verstandene Rücksichtnahme sowohl dem Kind als auch den Angehörigen gegenüber (wegen Stigmatisierungsbefürchtungen) in nicht wenigen Fällen die Erfassung von suizidalen Handlungen bei Kindern und Jugendlichen verhindert. Die Unterschätzungen reichen bis zu 500 %.

In der Vergangenheit betrug bei den 5–15-jährigen Jungen die Suizidrate (Anzahl der Suizide auf 100 000 Einwohner im Jahr) 1,3, bei den 15- bis 25-jährigen jungen Männern jedoch durchschnittlich 18,6. Bei den weiblichen Kindern und Jugendlichen lagen die Suizidraten deutlich niedriger: sie reichten von durchschnittlich 0,4 (5- bis 15-Jährige) bis 5,4 (15- bis 25-Jährige, vgl. Schmidtke/Häfner 1986; Kass/Oldham et al. 1996).

Der Anteil der registrierten Suizide an allen Todesfällen der 5- bis 15-Jährigen ist – wie in den vergangenen Jahren – 2015 mit 19 männlichen und weiblichen Kindern

> **Schlechte Noten:**
> **Schüler hängte sich im Wohnzimmer auf**
> dpa Rosian
>
> **Ein 13-jähriger Junge aus Rosian (Sachsen-Anhalt) hat sich wegen schlechter Noten erhängt. Er hatte zuvor mit seiner Mutter eine Auseinandersetzung über seine Disziplin und schulische Leistung gehabt.**
> Dabei hatte er nach Angaben der Polizei wörtlich gesagt: „Am besten hänge ich mich gleich auf." Seine jüngere Schwester fand den Jungen im Wohnzimmer des Elternhauses, wo er sich mit einem Schal an der Türklinke erhängt hatte.

Abb. 56: Bericht aus einer Tageszeitung

Tab. 27: Selbsttötungsraten in der Bundesrepublik Deutschland (je 100 000 Einwohner im Jahr)

Jahr	insgesamt	nur männlich	nur weiblich
1980	20,8	28,2	14,1
1990	17,1	26,7	9,6
1995	15,3	24,6	7,9
2000	12,8	20,8	6,2
2005	11,4	18,3	5,6
2010	10,8	17,3	5,1
2015	12,3	18,4	6,5

(Quelle: Statistisches Bundesamt 1972; 1987; 2017a; OECD 2012b)

relativ niedrig ($m = 6$, $w = 13$). Er steigt bei den 15- bis 20-Jährigen auf 306 stark an ($m = 243$, $w = 63$) und erreicht bei den 20- bis 25-Jährigen mit 316 Todesfällen ($m = 243$, $w = 73$) einen so deutlichen Höhepunkt, dass er in diesem Altersbereich zu den häufigsten Todesursachen zählt (vgl. Statistisches Bundesamt 2012c, 12; 2017a).

In der Bundesrepublik Deutschland starben jährlich – über die vergangenen Jahrzehnte gerechnet – durchschnittlich 15 000 Menschen durch Suizid. In den vergangenen Jahren hat sich diese Zahl deutlich verringert und liegt mittlerweile auch in historisch vergleichender Betrachtung sehr niedrig (vgl. Rossmann/Reicher 2008, 278):

- 2000 = gesamt 11 065, $m = 8131$, $w = 2968$
- 2005 = gesamt 10 260, $m = 7523$, $w = 2737$

- 2010 = gesamt 10 021, m = 7465, w = 2556
  (nach OECD 2012b)
- 2015 = gesamt 10 078, m = 7397, w = 2681
  (nach Statistisches Bundesamt 2017a, 8)

Der Anteil der männlichen Suizidopfer ist in Ländern der Europäischen Union durchgängig fast drei- bis viermal so hoch wie der der weiblichen, in den baltischen Staaten sowie Polen und Rumänien sogar nochmals deutlich höher (▶ Tab. 28 und ▶ Abb. 57).

Tab. 28: Selbsttötungsraten im In- und Ausland (je 100 000 Einwohner)

Land	Jahr	Rate insgesamt	männl.	weibl.
Japan	2009	19,7	29,2	10,5
Frankreich	2008	13,8	21,6	6,8
Kanada	2004	10,2	15,7	4,9
Deutschland	2009	8,9	14,1	4,1
USA	2007	10,5	17,1	4,3
Großbritannien	2009	6,2	9,8	2,6
Italien	2007	4,9	8	2,1

(nach: OECD 2011, 35)

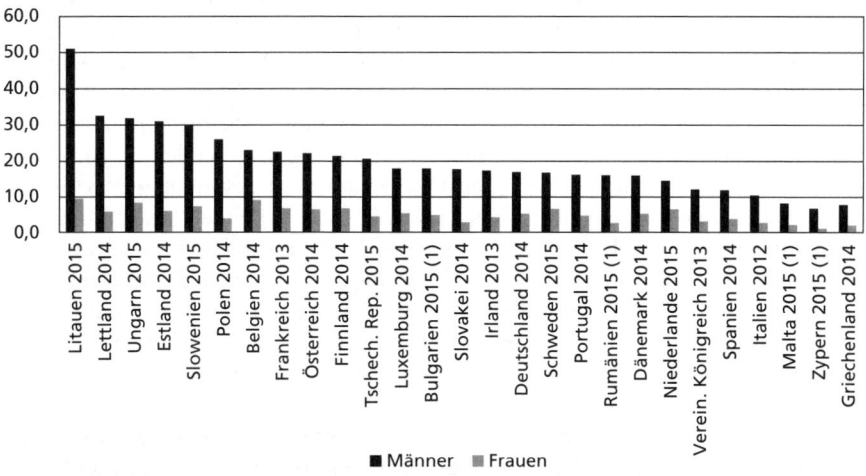

Abb. 57: Todesfälle durch Suizid in der Europäischen Union 2016 – Standardisierte Sterberate (pro 100 000 Einwohner) (Quellen: OECD 2016; 1: https://en.¬ wikipedia.org/wiki/List_of_countries_by_suicide_rate)

Unter den Suizidmethoden werden Erhängen, Vergiften und Sich-aus-der-Höhe-Stürzen besonders häufig angewendet, wobei die männlichen jungen Menschen mehr Erhängen, die weiblichen mehr Vergiften wählen. Es gibt allerdings Hinweise, dass auch bei den Mädchen und Frauen die harten Methoden des Erhängens und des Sich-aus-der-Höhe-Stürzens zunehmen (vgl. Schmidtke/Häfner 1986, 30–34). Insgesamt überwiegt bei den weiblichen Suizidanten allerdings ein geringerer Gewaltanteil (Davison/Neale 2002, 344 f.).

Über Suizidversuche werden keine Statistiken geführt. Aber schon in den ausgehenden 1970er Jahren wurde für Kinder und Jugendliche mit 14 000 Suizidversuchen jährlich gerechnet (vgl. Thomas 1986). Versuche ohne Todesfolge treten deutlich häufiger bei Frauen auf (Davison/Neale 2002, 344; Rossmann/Reicher 2008, 277).

Untersuchungen zur Rezidivität von Suiziden differieren stark. Bis zu 20 % der Suizidanden scheinen innerhalb von drei Jahren zu wiederholen. Dabei werden Wiederholungen mit steigender Ernsthaftigkeit und Erfolgsaussicht angelegt (vgl. Abram et al. 1980, 172–178). Weltweit hat sich ein Zusammenhang zwischen suizidalen Handlungen und den Jahreszeiten nachweisen lassen: Im Mai erreicht die Suizidhäufigkeit ihren Höhepunkt, sodass von einem »Frühjahrsgipfel« gesprochen wird (Stengel 1969, 24). Für Kinder und Jugendliche scheint der Frühjahrsgipfel nicht zuzutreffen; es gibt jedoch einzelne Indizien dahin, dass ein Zusammenhang mit der Zeugnisvergabe besteht (vgl. Ficker 1976, 263).

Ursachen suizidalen Handelns

Die Erforschung der Ursachen suizidalen Handelns ist relativ jung. Seit der Mitte des 19. Jahrhunderts setzten sich Psychiater mit dem Problem der Selbsttötung auseinander (vgl. z. B. Emminghaus 1887; Griesinger 1861). Im Bemühen um die Erklärung und Verhinderung von Suizid hat somit die Medizin die längste Tradition. Seit den Anfängen der Psychiatrie wird Suizid in Verbindung gebracht mit Krankheit und Vererbung. Eine direkte Vererbung zur Selbsttötung ist auszuschließen. Die epidemiologisch festgestellten so genannten »Selbstmörderfamilien« sind wohl im Zusammenhang zu sehen mit Lernprozessen, Tendenzen zu psychischer Labilität oder auch veranlagten Dispositionen zu bestimmten psychischen Krankheiten, die mit einem erhöhten Suizidrisiko verbunden sind. Zu diesen Krankheiten gehören Psychosen, insbesondere Depressionen und Formen der Schizophrenie. »Es besteht eine enge Beziehung zwischen Suizid und Depression sowie Deprivation und Verlusterlebnis« (Bomba 1991, 103). Rossmann/Reicher (vgl. 2008, 281) weisen anhand retrospektiver Studien insbesondere auf Zusammenhänge mit Depressionen, aber auch mit verschiedenen anderen psychischen Störungen hin.

Zu den Symptomen der Depression sind neben Angst und Antriebsschwäche tieftraurige Verstimmung und Denkstörungen, psychophysische Symptome und Wahnvorstellungen, Pessimismus und Zweifel am Lebenssinn zu rechnen (▶ Kap. 9.6). Von großer Bedrohlichkeit sind dabei die suizidalen Tendenzen, die eine das Leben beherrschende Qualität gewinnen können. Endogene Depressionen erreichen in ihrer

Häufigkeitsverteilung einen ersten Gipfel bereits im Altersbereich zwischen Pubertät und 25. Lebensjahr (vgl. Kielholz 1971), sodass sie auch im pädagogischen Umgang in Betracht gezogen werden müssen. Bedeutungsvoll im Sinne der Suizidgefährdung sind auch die psychogenen Depressionen, etwa psychoreaktive und Erschöpfungsdepression. Diese Depressionen, die insbesondere auf dem Hintergrund belastender Umweltgegebenheiten entstehen, sind deshalb gefährlich, weil sie relativ stark verbreitet sind und viele Opfer fordern (vgl. Hollderegger 1979).

Mit Durkheim (vgl. 1897) begann Ende des 19. Jahrhunderts die soziologische Erforschung des Suizids. Durkheim lehnte medizinische Erklärungsansätze, die Krankheit im Vordergrund sehen, ab. Er versuchte, Suizide aus gesellschaftlichen Verhältnissen heraus zu erklären. Suizidalität verstand er also nicht nur als individuelles Ereignis, das die Psychologie zu untersuchen hat, sondern als ein von gesellschaftlichen Bedingungen abhängendes Phänomen. Seine Suche nach suizidbegünstigenden Faktoren erbrachte eine Klassifikation von drei Suizidtypen: Er unterschied die egoistische, die altruistische sowie die anomische Selbsttötung. Während der egoistische Suizid mit einer »übermäßigen Individuation«, mit einer Hypertrophierung des individuellen Ichs zuungunsten des sozialen Ichs einhergeht, werden beim altruistischen Suizid zu sehr die Ansprüche der Umwelt berücksichtigt, wobei Ideologien (Gruppenwerte) einbezogen sind zuungunsten individueller Ansprüche. Dadurch kennzeichnen sich Situationen, die z. B. alte, sich überflüssig fühlende Menschen oder auch Fanatiker in den Tod treiben. Der anomische Suizid verweist auf gesellschaftliche Zusammenhänge der Regellosigkeit. Normen und Werte verlieren ihren regelnden Charakter, womit Individuen ihre notwendigen Begrenzungen in der Bedürfnisbefriedigung verlieren. Mit der Wert- und Normenlosigkeit steigt die Orientierungslosigkeit – und zwar bei allen tiefgreifenden gesellschaftlichen Veränderungen, sowohl bei unerwartet eintretenden Wirtschaftskrisen als auch unter Boom-Verhältnissen. Die anomische Situation, die gestörte kollektive Ordnung, ist ein starker suizidogener Faktor. Als vierte Kategorie kann die der fatalistischen Selbsttötung gelten. Von fatalistischem Suizid ist zu sprechen, wenn Normen und Werte übermächtig werden, Reglementierungen zu stark einschränken und das Leben nicht mehr lebenswert erscheinen lassen. Im Gegensatz zu Durkheim, der diesen vierten Suizidtyp als weniger bedeutungsvoll ansah und ihn nur am Rande erwähnte, betonten Weiterdenker wie Dreitzel seine Relevanz (vgl. Dreitzel 1968, 46 ff.).

Durkheims Analysen verweisen auf auch heute noch gültige Erkenntnisse über gesellschaftliche Zusammenhänge. Von Wichtigkeit bleibt seine integrationstheoretische Erkenntnis, nach der eine Verbindung besteht zwischen Suizidrisiko sowie der Stärke und dem Umfang der sozialen Integration. Danach hat ein Mensch, der wenig oder gar nicht gruppenintegriert ist, ein verstärktes Suizidrisiko. Suizidalität muss also aus sozialen Zusammenhängen heraus verstanden werden. Diese frühe Einsicht führte deutlich über den medizinischen Ansatz hinaus und bereitete den Weg für das heutige interaktionale Verständnis.

Mit Sigmund Freud begann in der Zeit des Ersten Weltkriegs die psychologische Erforschung des Suizids. Angeregt bzw. aufgeschreckt durch vermehrte Suizide Wiener Schüler beschäftigte sich Freud seit etwa 1910 mit der Suizidproblematik. In seiner Abhandlung von 1916 über »Trauer und Melancholie« verstand er den

Suizid als die Bestrafung eines introjizierten Liebesobjekts. Seit den 1920er Jahren (»Jenseits des Lustprinzips«; »Das Ich und das Es«) konzipierte er ein dualistisches Triebkonzept mit Eros und Thanatos. Thanatos, der Todestrieb, wird selbstdestruktiv wirksam, wenn entstehende Aggressionen nicht nach außen abgeleitet werden können; selbstzerstörerische Tendenzen überwiegen die selbsterhaltenden, erbringen Ängste und Todessehnsucht. Freuds Überlegungen haben die psychologische Suizidforschung stimuliert; das Konzept des Todestriebes hat sich jedoch nicht als weiterführend erwiesen und wird abgelehnt. Die aggressionstheoretischen Teile sind jedoch nach wie vor relevant und führten z. B. dazu, Suizid und Suizidversuch nach der Stärke der autoaggressiven Potenziale zu differenzieren (vgl. Stengel 1969). Auch Freuds Einsichten zum Narzissmus, zur Einstellung des Menschen zu sich selbst, wirkten in der Suizidforschung weiterführend und erbrachten z. B. das Konzept der narzisstischen Störung im Sinne übertriebener Selbstwert- und Minderwertigkeitsgefühle. Narzisstische Störungen können große Selbstunsicherheit, Konfliktanfälligkeit, Partnerprobleme und letztlich – insbesondere auch in der Adoleszenz – suizidale Tendenzen hervorrufen, die vorwiegend Appellcharakter haben (vgl. Henseler, 1974).

Untersuchungen an Suizidanten verweisen auch auf die Relevanz des lerntheoretischen Paradigmas. Spätestens, seit Goethe 1774 seinen europaweiten Bestseller »Die Leiden des jungen Werther« publizierte, ist bekannt, dass suizidales Verhalten Vorbildcharakter gewinnen und viele Menschen zu Imitationen anregen kann. Bei einer Stichprobe 16-jähriger Suizidanten fand Teicher, dass bei 25 % ein Elternteil, bei 44 % Menschen aus der Verwandtschaft oder dem Freundeskreis Suizide versucht hatten (vgl. Teicher 1978, 25 f.). In einer ähnlichen Stichprobe fand Ficker (vgl. 1976, 470) sogar bei 55 % der Suizidanten suizidale Handlungen in der näheren Umgebung. Weitere Untersuchungen, die zu ähnlichen Ergebnissen führten, unterstrichen die Bedeutung von Lernprozessen auch im Hinblick auf suizidales Handeln. Allerdings werden zwei recht unterschiedliche Lernmöglichkeiten deutlich – die eine dahingehend, dass ein Kind nach traumatisierenden Erlebnissen (Verlust der Bezugsperson, schwere Bestrafungen) lernt, psychische Spannungen über Autoaggressionen abzureagieren und künftig auf derartige Bewältigungsweisen fixiert bleibt, die andere dahingehend, dass ein Suizidversucher sehr große Zuwendung durch die Umwelt erfährt und dadurch in seiner Suizidalität verstärkt wird.

Suizidalität bei Kindern und Jugendlichen muss auch unter entwicklungspsychologischen Gesichtspunkten gesehen werden. Säuglinge bedürfen einer Dauerbezugsperson; sie brauchen Zuwendung und Liebe, um sich adäquat entwickeln, das Leben annehmen zu können. Ein Drittel der Kinder, die René Spitz im Zustand der Mutterentbehrung in einem Findelhaus beobachtete, starb bis zum Ende des 2. Lebensjahres, kam durch psychisch bedingten Verfall zu Tode (vgl. Spitz 1967, 290). Auch für seine weitere adäquate Entwicklung benötigt ein kleines Kind neben liebevoller Zuwendung eine gleichmäßige Befriedigung seiner Grundbedürfnisse, um »Urvertrauen« (Erikson) und damit psychische Stabilität auch in Konfliktsituationen ausbilden zu können. Auf der Basis dieses Vertrauens kann es das Leben bejahen und nicht an ihm verzweifeln.

Die recht hohe suizidale Mortalität in der Adoleszenz muss auf dem Hintergrund entwicklungsbedingter Umstellungen und Aufgabenstellungen gesehen werden.

Verwiesen sei in diesem Zusammenhang insbesondere auf Wachstumsprobleme, Probleme mit dem körperlichen Gestaltwandel, sexuelle Probleme, Geschlechtsrollenprobleme, Ablösungsprobleme, Selbstwert- und Identitätsprobleme (▶ Kap. 4.2 und Kap. 9.7). Unter besonderen Belastungen, wie sie in der schulischen und beruflichen Ausbildung, in Systemen mit starken Begrenzungen und Anforderungen sowohl in kognitiver als auch in emotionaler und sozialer Hinsicht gegeben sind, können entwicklungsbedingte Probleme mit institutionsbedingten Problemen zu einem Problembündel werden, das Auszubildende, Schüler, Studenten und Soldaten zu überfordern vermag und sie im Hinblick auf Suizidalität zu Risikogruppen macht.

Im Hinblick auf die Ursachen herrscht weitestgehend Konsens darüber, dass suizidale Handlungen multifaktoriell bedingt sind und die Entstehung suizidalen Verhaltens prozesshaft verläuft (vgl. etwa Rossmann/Reicher 2008; auch Davison/ Neale 2000, 341 ff.). Multifaktorielle Bedingtheit meint, dass verschiedene Faktoren zusammentreffen, um im Ereignis der suizidalen Handlung zu kulminieren. In der Aufgabe, ihrer integrationswissenschaftlichen Funktion gerecht zu werden, muss die Pädagogik bei Verhaltensstörungen diese verschiedenen Faktoren berücksichtigen und für ein Konzept präventiver und rehabilitativer Intervention nutzbar machen. Eine ausgezeichnete Basis dafür dürfte auch heute noch das symptomatologische und ätiologische Modell darstellen, das der Wiener Psychiater Ringel vor sechs Jahrzehnten unter der Bezeichnung »präsuizidales Syndrom« herausgearbeitet hat (vgl. Ringel 1953). Das präsuizidale Syndrom, welches Ringel aufgrund systematischer Analysen zur psychischen Situation sowie zur suizidalen Entwicklung von Suizidversuchern beschrieb, konnte im Wesentlichen weltweit bestätigt werden. Er beschrieb drei typische präsuizidale Befindlichkeiten:

- Einengung
- gehemmte und gegen die eigene Person gerichtete Aggression
- Suizidphantasien.

Die spezifische präsuizidale Dynamik entwickelt sich aus dem Zusammenspiel aller drei Faktoren. Allerdings ist der erste Faktor, die Einengung, der wichtigste. Einengung ist in vierfacher Hinsicht gegeben: in situativer, dynamischer, zwischenmenschlicher und wertspezifischer. Die situative Einengung wird als Ohnmacht, Hilflosigkeit und Verringerung von Verhaltensmöglichkeiten erlebt. Die situative Einengung bzw. die Einengung persönlicher Möglichkeiten kann im Zusammenhang stehen mit realen Außenfaktoren wie schwerer Krankheit oder Tod in der Verwandtschaft oder auch mit Innenfaktoren, die sich als erlebte Zwangsläufigkeit, als Ergebnis eigenen Verhaltens oder auch nur als Einbildungen darstellen. Selbst die Einbildungen können eine äußerst bedrohliche Kraft entfalten. Mit dynamischer Einengung ist vor allem die Einförmigkeit von Verhaltensweisen, ist Hemmung und Passivität, Einengung der Antriebskräfte, der Gefühle und der Abwehrmechanismen gemeint. Die Einengung zwischenmenschlicher Beziehungen vollzieht sich auf dem Hintergrund des Gefühls totaler Isolierung, führt zur Reduzierung von Außenkontakten und zur »Entwertung praktizierter Beziehungen« (Ringel 1976, 19). Selbst das Zusammenleben mit nahen Bezugspersonen ist mit

Einsamkeits- und Verlassenheitsgefühlen verbunden. Eine Einengung der Wertwelt ist insofern gegeben, als nichts mehr besonders wichtig genommen wird, Werte als unbedeutend angesehen werden und keine Initiativen mehr auslösen können. Die allgemeine Einengung führt dazu, dass Aggressionspotenziale nicht mehr in der Außenwelt abreagiert, sondern nur noch gegen das eigene Ich gewendet werden können (vgl. Ringel 1969, 60 f.). Ein sich deutlich auch in der Außenwelt zeigendes Element des suizidalen Syndroms sind Suizidphantasien, die sich mehr und mehr steigern und letztlich das gesamte Denken beherrschen können. Die drei Elemente des suizidalen Syndroms stehen zueinander in einem Wirkzusammenhang, verstärken sich wechselseitig und können in eine suizidale Handlung münden, wenn sie nicht als dem Suizid vorausgehende Phänomene erkannt und ernst genommen werden und man sie zu beeinflussen versucht.

Das präsuizidale Syndrom muss nicht als Deskription krankhafter Symptome und Prozesse gesehen werden, es kann auch verstanden werden als die Summe vieler Appelle an die Umwelt um Hilfe in einer als krisenhaft erfahrenen Lebenssituation. Insofern hat das präsuizidale Syndrom immense pädagogische Bedeutung. Es verdeutlicht eine solche Krise, in der Außen- und Innenfaktoren zusammenwirken. Die bedeutsamen Außen- und Innenfaktoren müssen – über den psychiatrischen Ansatz Ringels hinaus – unter Rückgriff auf Ergebnisse anderer Ansätze ergänzt werden, zumal die Beschreibung eines präsuizidalen Syndroms spezifisch für Kinder und Jugendliche im engeren Sinne bisher noch aussteht.

Von besonderer pathogener Bedeutung für Suizidalität von Kindern und Jugendlichen ist die familiäre Situation. In einer Stichprobe suizidaler Kinder und Jugendlicher wurden beispielsweise folgende familiäre Belastungsfaktoren gefunden:

Tab. 29: Belastungsfaktoren in Familien suizidaler Kinder und Jugendlicher (nach Mansmann/Schenck 1983, 939 ff.)

Alkoholismus in der Familie	24 %
Berufstätigkeit beider Eltern	26 %
unvollständiges Elternhaus	über 33 %
Ehezerrüttung	49 %
Auffälligkeiten bei Geschwistern	52 %
andauernde emotionale Beziehungsstörung	ca. 66 %

Mangels analoger aktuellerer Daten wird hier auf eine ältere Quelle zurückgegriffen, aber ähnliche Aspekte werden auch auf Basis des aktuellen Forschungsstandes als bedeutsame Faktoren für das Entstehen oder die Beförderung suizidaler Tendenzen bei Kindern und Jugendlichen diskutiert (vgl. Rossmann/Reicher 2008, 280 f.). Natürlich ist auch aus dem schulischen Bereich eine Vielzahl von Belastungsfaktoren zu nennen (▶ Kap. 4.4). Allerdings haben Belastungen in schulischer oder beruflicher Ausbildung meist nicht ursächliche Bedeutung. Sie sind als Sekundärfaktoren Motiv oder Anlass bzw. letztes auslösendes Moment.

Im Hinblick auf die Genese von Suizidalität muss zwischen Ursachen, Motiven und Anlässen/auslösenden Faktoren unterschieden werden (vgl. Gaupp 1912; Abram/Berkemeier/Kluge 1980, 244). Ursachen sind Persönlichkeitsdimensionen, Habitualisierungen, Entwicklungsstörungen. Motive sind zeitlich länger andauernde Konfliktsituationen in der Schule (durch Beziehungen zum Lehrer, überfordernde Leistungsansprüche), im Freundeskreis (Ablehnung, Liebeskummer); letzter Auslöser bzw. entscheidender Anlass kann dann eine Kleinigkeit sein, ein momentaner Streit, eine schlechte Zensur, ein abwertendes Schimpfwort.

Prävention und Intervention im Hinblick auf Suizidgefährdung

Intervention bei Suizidgefährdung hat auf die Innen- wie die Außenfaktoren zu achten. Sie müssen in ihrer Bedrohlichkeit ernst genommen werden, auf sie ist differenziert einzuwirken. Damit werden Aufgaben formuliert, denen sich insbesondere Pädagogen stellen müssen. Notwendig sind Maßnahmen primärer, sekundärer und tertiärer Prävention. Bei der primären Prävention geht es darum, Kinder und Jugendliche allgemein z. B. nach den Konzepten der Resilienz und der Salutogenese in ihren Bewältigungsfähigkeiten zu stärken und in ihren sozial-emotionalen Kompetenzen zu fördern sowie Umweltbedingungen zu verändern bzw. protektive Faktoren zu etablieren und zu steigern, damit sich das Suizidrisiko reduziert (siehe dazu z. B. Bründel 2004). In dieser Hinsicht ist aber auch der Einfluss auf die Berichterstattung in Medien zu erwähnen, um mögliche Nachahmungseffekte zu minimieren (vgl. Rossmann/Reicher 2008, 284). Im angloamerikanischen Bereich wurden verschiedene Suizidpräventionsprogramme entwickelt, die im Wesentlichen drei Ansätzen folgen: psychoedukative Aufklärung, direkte Fallfindung mithilfe von Screenings sowie die Durchführung präventiver Gruppeninterventionen wie Problemlöse-, Stressbewältigungs- und Entspannungstrainings (a. a. O., 284 f.).

Aufgabe der sekundären Suizidprävention ist es, in akuten Krisensituationen Betroffener suizidale Handlungen zu verhindern. Hier haben die verschiedenen Interventionszentren staatlicher Stellen wie auch privater Vereine (vor allem Krisentelefondienste, Kriseninterventionszentren, verschiedene Beratungsstellen), an die vermittelt werden kann, ihre bedeutungsvolle Aufgabe.

Für den Bereich primärer und sekundärer Suizidprävention im pädagogischen Bereich hat Gappmayer (vgl. 1987) ein interessantes Konzept vorgelegt: Mit einem Arbeitsblatt, das sowohl bildhafte als auch verbale Informationen zur Vergangenheit, zur Zukunft, zur Familiensituation sowie – im Sinne projektiver Tests – Verbalisationen zur Stellung eines Jungen bzw. eines Mädchens innerhalb eines Gruppengeschehens stimuliert, versucht sie, Lebensumstände, Konfliktsituationen und Bewältigungstendenzen im Sinne suizidaler Vorstellungen erfassbar und kommmunikabel zu machen. In einer Untersuchung mithilfe des Arbeitsblattes, die 268 Schüler und Schülerinnen zu etwa gleichen Teilen erfasste, fand sie, dass die 11- bis 14-Jährigen nicht nur intra- und interpersonale Konflikte, sondern auch »eine spezifische gedankliche Nähe zum Tod« darstellten (31 %), indem sie suizidale Gedanken und Vorstellungen (10 %), Todeswünsche gegen andere (13 %) sowie

Tötung anderer mit anschließender Selbsttötung des Mörders oder Tötung durch andere (8 %) zum Ausdruck brachten (Gappmayer 1987, 166 f.). Über Interpretationen der Schüler, durch Gespräche, durch Vermittlung der erfassten Botschaft an signifikante Bezugspersonen, nötigenfalls auch durch Hinzuziehung professioneller Helfer soll dann suizidverhindernd agiert werden.

Bei der tertiären Suizidalprävention geht es darum, in möglichst interdisziplinärer Kooperation von Medizinern, Psychologen, Sozialpädagogen, Sonder- und Heilpädagogen soweit machbar unmittelbar nach einem Suizidversuch hilfreiche Maßnahmen anzubieten, die weitere Versuche verhindern. Für einen vollendeten Suizid gilt es, etwa für Schulen im Sinne von »Postvention« (Rossmann/Reicher 2008, 286) einen Plan zu haben, der das Schulleben aufrechterhält und sensibel wie gezielt auf die psychische Situation von Mitschülern, Eltern und Lehrerkollegium reagiert.

Nach ärztlicher Maßgabe sind in akuten Krisensituationen Psychopharmaka einsetzbar. Diese haben letztlich jedoch nur dann ihre Berechtigung, wenn im Hintergrund der Suizidalität Erkrankungen stehen und wenn sie als die pädagogisch-therapeutischen Maßnahmen unterstützende Hilfsmittel angesehen werden, die helfen, eine extreme Krisensituation zu überbrücken und dann systematisch und schnellstmöglich ausgeblendet werden müssen. Da Suizidalität zumeist mit sozialen Bewältigungsproblemen in Zusammenhang steht, sind gruppen- und familientherapeutische Maßnahmen angezeigt. Eine spezifisch »antisuizidale Psychotherapie« hat Ringel entwickelt. Ausgehend von seinen Erkenntnissen über das »präsuizidale Syndrom« schlägt er vor, auf der Basis einer intensiven persönlichen Bindung durch systematische Ermutigung das Selbstwertgefühl zu verbessern, Aggressionsabfuhr zu ermöglichen und positive Phantasien zu stimulieren. Damit werden interventionsmethodische Möglichkeiten aufgezeigt, die für den Bestand der Pädagogik bei Verhaltensstörungen nützlich gemacht werden sollten (▶ Kap. 6). Letztlich muss es darum gehen, suizidbedrohte junge Menschen in feste mitmenschliche Bezüge zu integrieren, ihnen im Kreis relevanter Bezugspersonen Akzeptanz, emotionale Wärme, Geborgenheit zu vermitteln und mit ihnen gemeinsam Offenheit sowie wechselseitige Verantwortungsbereitschaft zu entwickeln. Hilfreiche Vorschläge zur Prävention und gerade auch für pädagogische Kontexte bieten beispielsweise Nevermann/Reicher (vgl. 2009, 77 ff.).

9.6 Psychopathologische Syndrome

Die Genese psychopathologischer Zustände wird mittlerweile auch in der Kinder- und Jugendpsychiatrie multidimensional gesehen. Am Beispiel der Anorexia nervosa lässt sich dies verdeutlichen. Man geht von einer biologischen Vulnerabilität aus, wobei Essstörungen und affektive Erkrankungen sowie Suchterkrankungen in der Aszendenz möglicherweise eine genetische Prädisposition ausmachen. Aber auch physiologische Voraussetzungen wie chronische körperliche Erkrankungen, die entweder die Nahrungsaufnahme beeinträchtigen oder aber den Patienten zu einer restriktiven Nahrungsaufnahme zwingen, spielen hier mit hinein. Psychische Prädispositionen sind bestimmte Persönlichkeitseigenschaften, gestörte Familienverhältnisse, insbesondere solche, die autonome Bestrebungen in der Adoleszenz behindern, beeinträchtigte Ich-Funktionen sowie Störungen der Selbstwahrnehmung. Das soziale Klima mit der Idealisierung einer dünnen Frauengestalt bei zugleich bestehendem gesellschaftlichem Druck zur Selbstdarstellung bilden die Gegebenheiten, die oft in eine klinisch manifeste Essstörung einmünden. Diese multidimensionale Genese wurde in Abb. 55 in eine einfache graphische Übersicht gebracht (▶ Abb. 55).

9.6.1 Schizophrenie

»Sie brachten Deborah in einen kleinen unscheinbaren Raum und beobachteten sie, bis die Duschen frei waren. Auch dort wurde sie bewacht von einer Frau, die milde und gelassen in dem Dampf saß und sie von oben bis unten musterte, als sie sich abtrocknete. Deborah tat gehorsam, was man ihr sagte, aber sie hielt ihren linken Arm leicht nach innen, um die beiden kleinen, bereits abheilenden Wunden an ihrem Handgelenk zu verdecken. Eingestellt auf die neue Routine, ging sie in das Zimmer zurück und beantwortete einige Fragen zur Person, die ihr von einem hämischen, anscheinend missvergnügten Arzt gestellt wurden. Es war offensichtlich, dass er das Gebrüll hinter ihr nicht hörte.

In dem Vakuum der Zwischenwelt, in der sie zwischen Yr und Jetzt stand, begann der Chorus lebendig zu werden. Bald würden sie ihr Verwünschungen und Verspottungen zuschreien und sie für beide Welten taub machen. Sie kämpfte gegen ihr Vordringen wie ein Kind, das der erwarteten Strafe mit wildem Umsichschlagen zuvorkommt. Sie begann, dem Arzt auf einige Fragen, die er stellte, die Wahrheit zu sagen; mochte man sie ruhig faul oder eine Lügnerin nennen. Das Gebrüll schwoll ein wenig an, sie konnte einige Worte darin verstehen. Das Zimmer bot keine Ablenkung. Um dem Sturz in den Abgrund zu entgehen, gab es nur das Hier und Jetzt mit diesem eiskalten Arzt und seinem Notizbuch – oder Yr mit seinen goldenen Wiesen und Göttern. Aber auch Yr hatte Orte des Schreckens und der Verlorenheit, und sie wusste nicht mehr, zu welchem der Reiche in Yr es einen Zugang gab. Ärzte sollten angeblich dabei behilflich sein.

Sie sah den an, der mitten in dem Tumult verschwommen vor ihr saß, und sagte: ›Ich habe ihnen die Wahrheit gesagt über diese Dinge, die sie mich gefragt haben. Werden sie mir jetzt helfen?‹

›Das hängt von dir ab‹, sagte er säuerlich, klappte sein Notizbuch zu und verließ den Raum. *Ein Spezialist*, lachte Anterrabae, der Fallende Gott. *Laß mich mit dir gehen*, bat sie ihn, an seiner Seite tiefer und tiefer fallend, denn er war der in Ewigkeit Fallende.

So soll es sein, sagte er. Sein Haar, das Feuer war, kräuselte sich ein wenig im Fallwind.

Diesen und den nächsten Tag verbrachten sie auf Yrs weiten, leichten, glatten Hügelketten, wo die Tiefe des Raumes dem Auge wohltat.

Für diese große Barmherzigkeit war Deborah den Mächten zutiefst dankbar. In den vergangenen schweren Monaten hatte es zu viel Blindheit, Kälte und Schmerz in Yr gegeben. Während ihr Schatten nach den Regeln der Welt umherging und antwortete und fragte und handelte, sang und tanzte sie – nicht mehr Deborah, sondern eine Person, die einen für Bewohner von Yrs Gefilden angemessenen Namen trug – sang und tanzte und rezitierte die feierlichen Gesänge zu dem streichelnden Wind, der über die langen Halme der Gräser blies« (Green 1984, 12 f.).

Deborah war jetzt 16 Jahre alt, und das Reich Yr existierte für sie schon seit einigen Jahren. Es war ein geheimes Reich, über das sie – streng kontrolliert und überwacht von einem Zensor – nicht sprechen durfte. In Yr hatte Deborah den Namen Januce – nach Janus, dem Gott mit den zwei Gesichtern, weil sie mit einem Gesicht in der irdischen Wirklichkeit und dem anderen in Yr lebte. Mit fünf Jahren hatte sie eine Operation gehabt am »geheimen Teil ihres Körpers« (a. a. O., 40). Ein Tumor war ihr aus der Urethra entfernt worden – ein für sie beschämendes, schmerzhaftes, belastendes Ereignis. Upuru strafte dafür.

Nach einem Selbstmordversuch brachten ihre Eltern sie in eine Nervenheilanstalt mit der Einweisungsdiagnose: Schizophrenie.

Nach traditioneller Kategorisierung wird die Schizophrenie den Psychosen zugeordnet. Die Symptomatik der Psychosen ist sehr vielfältig und unterschiedlich. Schizophrenien »sind schwerwiegende psychische Erkrankungen, die zu einer Desintegration der Persönlichkeit führen« (Remschmidt 2000, 283). Kennzeichnend sind Störungen im Ich-Erleben sowie Affekt-, Denk- und Kommunikationsstörungen. Die zentrale Problematik bei Psychosen bezeichnet Lempp (vgl. 1983) als »Realitätsbezugsstörung«. Die schizophrenen und die affektiven Psychosen werden auch als endogene Psychosen bezeichnet, womit auf das Fehlen organischer Nachweise sowie auf heriditäre Bedingungen verwiesen wird.

Die verschiedenen Formen der Schizophrenie (griech.: χίζείν schizein = spalten/ φρην phren = Geist, Gemüt) gehören zu den wenigen psychiatrischen Krankheitsbildern, deren Kategorien und Deskriptionen seit ihrer ersten differenzierten Darstellung ohne wesentliche Veränderungen beibehalten werden konnten. Der deutsche Psychiater Eugen Bleuler prägte 1911 den Namen Schizophrenie und konnte bei seinen Beschreibungen zurückgreifen auf die zusammenfassende Darstellung durch Kraepelin von 1896, der die Bezeichnung dementia praecox geprägt hatte. Nach wie vor bis in die neueste Klassifikation der Weltgesundheitsorganisation gilt die Hauptkategorie mit ihren Unterkategorien, die sich aus dem Vorherrschen bestimmter Störungen ergeben.

Nach der ICD-10 der Weltgesundheitsorganisation ist eine Schizophrenie dann zu diagnostizieren, wenn aus den nachfolgend angeführten Symptomgruppen 1 bis 4 ein Symptom oder aus den Gruppen 5 bis 8 zwei Symptome deutlich und eindeutig mindestens einen Monat oder länger in Erscheinung treten:

1. »Gedankenlautwerden, Gedankeneingebung oder Gedankenentzug, Gedankenausbreitung.
2. Kontrollwahn, Beeinflussungswahn, Gefühl des Gemachten, deutlich bezogen auf Körper- oder Gliederbewegungen oder bestimmte Gedanken, Tätigkeiten oder Empfindungen; Wahnwahrnehmungen.

3. Kommentierende oder dialogische Stimmen, die über den Patienten und sein Verhalten sprechen, oder andere Stimmen, die aus einem Teil des Körpers kommen.
4. Anhaltender, kulturell unangemessener oder völlig unrealistischer (bizarrer) Wahn, wie der, eine religiöse oder politische Persönlichkeit zu sein, übermenschliche Kräfte und Fähigkeiten zu besitzen (z. B. das Wetter kontrollieren zu können oder im Kontakt mit Außerirdischen zu sein).
5. Anhaltende Halluzinationen jeder Sinnesmodalität, begleitet entweder von flüchtigen oder undeutlich ausgebildeten Wahngedanken ohne deutliche affektive Beteiligung, oder begleitet von anhaltenden überwertigen Ideen, täglich für Wochen oder Monate auftretend.
6. Gedankenabreißen oder Einschiebungen in den Gedankenfluss, was zu Zerfahrenheit, Danebenreden oder Neologismen führt.
7. Katatone Symptome wie Erregung, Haltungsstereotypien oder wächserne Biegsamkeit (Flexibilitas cerea), Negativismus, Mutismus und Stupor.
8. ›Negative‹ Symptome wie auffällige Apathie, Sprachverarmung, verflachte oder inadäquate Affekte, zumeist mit sozialem Rückzug und verminderter sozialer Leistungsfähigkeit. Diese Symptome dürfen nicht durch eine Depression oder eine neuroleptische Medikation verursacht werden.
9. Eine eindeutige und durchgängige Veränderung bestimmter umfassender Aspekte des Verhaltens der betreffenden Person, die sich in Ziellosigkeit, Trägheit, einer in sich selbst verlorenen Haltung und sozialem Rückzug manifestiert« (Dilling et al. 1993, 104 f.).

Schizophrenie ist unter den Geschlechtern nahezu gleich verteilt, bei Frauen beginnt sie etwas später. Dem Ausbruch der Schizophrenie kann eine Prodromalphase vorausgehen, in der sich Verhaltensweisen zeigen »wie Interesseverlust an der Arbeit, an sozialen Aktivitäten, am persönlichen Erscheinungsbild und an der Körperhygiene zusammen mit generalisierter Angst, leichter Depression und Selbstversunkenheit« (WHO 1991, 97).

Bleuler unterschied primäre bzw. Grundsymptome und sekundäre bzw. akzessorische Symptome. Zu den primären Symptomen, die das Zentrum der Störung ausmachen und von grundlegender Bedeutung sind, gehören Denkstörungen, Störungen der Affektivität und Störungen des Antriebs. Wahnvorstellungen, Halluzinationen bzw. Sinnestäuschungen und katatone Phänomene wertete er als Sekundärsymptome, die als Reaktionen der Betroffenen auf die primäre Symptomatik zu verstehen sind und nicht immer oder auch nur passager auftreten.

Unter dem Aspekt der Symptomatologie und des Verlaufs werden mittlerweile sieben Hauptformen der Schizophrenie unterschieden (vgl. Dilling et al. 1993, 101 ff.; DIMDI 2016, 187 f.):

- paranoide Schizophrenie
- hebephrene Schizophrenie
- katatone Schizophrenie
- undifferenzierte Schizophrenie
- postschizophrene Depression

- schizophrenes Residuum
- Schizophrenia simplex

Die paranoide Schizophrenie ist die auf der Welt häufigste Form der Schizophrenie. Kennzeichnend sind dauerhafte Wahnvorstellungen und Halluzinationen, z. B. Verfolgungs- und Sendungswahn, Hören von Stimmen, die drohen und befehlen, Geruchs- oder Geschmackshalluzinationen. Affektverflachung ist weniger stark gegeben, deutlich sind dagegen Stimmungsstörungen »wie Reizbarkeit, plötzliche Wutausbrüche, Furchtsamkeit und Misstrauen« (WHO 1991, 98). Die paranoide Schizophrenie verläuft schubartig, episodenhaft, wobei sich sowohl spontane Remissionen als auch eine Chronifizierung ergeben können.

Die hebephrene Schizophrenie beginnt bereits zwischen dem frühen Jugend- und frühen Erwachsenenalter. »Die Symptomatik kann als krankhafte Übersteigerung und Verzerrung pubertären Verhaltens gezeichnet werden« (Seidel et al. 1980, 193). Das Verhalten ist unberechenbar, verantwortungslos, bizarr, das Denken ungeordnet, die Sprache zerfahren und weitschweifig, sodass verbale Kommunikation schwierig wird. »Eine oberflächliche und manieristische Vorliebe für Religion, Philosophie und andere abstrakte Themen kann es dem Zuhörer zusätzlich erschweren, dem Gedankengang zu folgen« (WHO 1991, 99). Halluzinationen und Wahnvorstellungen zeigen sich nicht in sehr ausgeprägter Form. Affekt-, Denk- und Antriebsstörungen kennzeichnen das Zustandsbild. Der Verlauf ist häufig chronisch-progredient mit einer eher schlechten Prognose.

Bei der katatonen Schizophrenie sind psychomotorische Störungen kennzeichnend (Stupor oder Erregung). Weiterhin zeigen sich Zwangshaltungen und -stellungen (bizarre Körperhaltungen), ein negativistisches Verhalten und kataleptische oder auch wächsern-biegsame Reaktionen bei von außen kommenden Haltungsänderungsversuchen.

Psychotische Zustandsbilder, die nicht genau zu bestimmen sind, prägen das Bild der undifferenzierten Schizophrenie. Mehr oder länger anhaltende depressive Episoden im Anschluss an eine Schizophrenie werden als postschizophrene Depression kategorisiert – und ein verfestigtes Zustandsbild im Verlauf einer schizophrenen Erkrankung finden eine Bezeichnung als schizophrenes Residuum.

Die Schizophrenia simplex hat nicht eine so offensichtliche Symptomatik wie die anderen Störungsformen. Sie ist relativ symptomarm, Wahnvorstellungen und Halluzinationen zeigen sich nicht. Von der Umwelt als merkwürdig empfundene Verhaltensweisen lassen die Betroffenen als »Sonderlinge« erscheinen, sodass es ggf. zu keiner Diagnose kommt, was höchst problematisch ist, da die Reduzierung der Leistungsfähigkeit und die Verminderung von Antrieb einen sozialen Abstieg bedingen können. Der Verlauf ist meist episodenhaft, seltener chronisch-progredient, anfangs sind Remissionen nicht selten. Während die Prävalenzrate in den Industrieländern abgenommen hat, ist sie in den übrigen Ländern gleichgeblieben (vgl. WHO 1991, 100).

Schizophrenien sind im Kindesalter sehr selten: »Etwa 4 % aller Schizophrenien treten vor dem 15. Lebensjahr auf, etwa 1 % vor dem 10. Lebensjahr« (Remschmidt 2000, 183). Die geschätzte Quote schizophrener Erkrankungen beträgt 1–2 % bei Kindern und 2–3 % bei Jugendlichen (a. a. O.).

Schizophrenien des Kindesalters weisen andere Symptome und Verlaufsformen auf als diejenigen des Erwachsenenalters. Bei Kindern sind die klassischen Formen selten; häufiger treten sie im Jugendalter auf. Ca. 50 % der Kinder mit Schizophrenie zeigten Prodromalerscheinungen wie plötzliche Aggressions- und Angstausbrüche, Konzentrationsstörungen, Unruhe, regressives oder dissoziales Verhalten usw. in einem deutlichen Kontrast zu dem vorherigen Verhalten. Vor dem 10. Lebensjahr treten wahnhafte Manifestationen und Halluzinationen kaum auf. Es zeigen sich vielmehr

- Antriebsstörungen z. B. als Lustlosigkeit, Desinteresse, autistische Tendenzen;
- Sprachstörungen z. B. als Beeinträchtigungen des Sprachflusses bis hin zur Sprechverweigerung (Mutismus);
- emotionale Störungen z. B. als Affektlabilität und -verflachung sowie
- motorische Störungen z. B. als Grimassieren, Stereotypien und roboterhafte Bewegungen.

Nicht selten sind auch zwanghafte Gedanken und Handlungen (vgl. Steinhausen 1988, 66; siehe auch Lempp 1989, 903; Remschmidt 2000, 184). Nach der Pubertät zeigen sich im Jugendalter umschriebene Formen ähnlich den klinischen Bildern bei Erwachsenen.

Die Ursachen der Schizophrenie wurden lange Zeit divergent diskutiert: Während die einen vor allem Milieubedingungen als pathogene Faktoren sahen (z. B. Watzlawick et al. 1969), stellten andere genetische Bedingungen als ätiologisch noch nicht genau zu erfassende endogene Funktionsstörungen in den Vordergrund (Schizophrenie als eine endogene Psychose). So wurde eine genetisch bedingte »Stoffwechselstörung mit Auswirkung auf die Steuerung der synaptischen Transmission in den für spezifisch menschliches Erleben zuständigen ZNS-Anteilen« angenommen (Seidel et al. 1980, 192). Orientiert am gegenwärtigen Stand der Forschung geht Gaebel (2008) davon aus, »dass bei der Entwicklung einer Schizophrenie chemische Prozesse im Gehirn gestört sind. Man geht davon aus, dass hierfür Störungen im System der Botenstoffe (Neurotransmitter) des Gehirns verantwortlich gemacht werden können. Eine wesentliche Rolle spielt dabei vermutlich eine Überfunktion des Neurotransmitters Dopamin«. Allerdings könnte weiter über die Hintergründe solcher biochemischen Abweichungen diskutiert werden.

Als wahrscheinlich wird heute nach verbreiteter Überzeugung ein Zusammenwirken verschiedener Faktoren in der Weise angenommen, dass es z. B. bei einem Zustand stoffwechselbedingter Labilisierung und/oder gestörter Gehirnchemie wesentlich von den Umweltgegebenheiten abhängt, ob es zum Ausbruch der Störung kommt oder nicht (▶ Abb. 58). So stellt auch Remschmidt (vgl. 2000, 188) fest, dass man von einer umfassenden Ursachenklärung noch weit entfernt ist – und erörtert drei Faktorengruppen: genetische, organische sowie psychogene Einflüsse. Im Hinblick auf letztere unterscheidet er individuelle Charakteristika der Patienten, belastende Ereignisse sowie familiäre Einflüsse. Dabei wird auch die Familienforschung aufgenommen, die von pathogenen Beziehungsstrukturen innerhalb der Familie ausgeht, insbesondere seitens der Eltern, die zu Schizophrenie als dem letztlich einzig verfügbaren Kommunikationsmuster der Patienten im Rahmen einer extremen familiären Kommunikation führen.

Die Behandlung, die früher im Wesentlichen medikamentös erfolgte und viele Menschen mit Schizophrenie zu Dauerpatienten und zu Hospitalgeschädigten machte, erfolgt heute in multimodaler Weise – insbesondere medikamentös mit stützender Psychotherapie und oft auch der Miteinbeziehung der Familie in den therapeutischen Prozess.

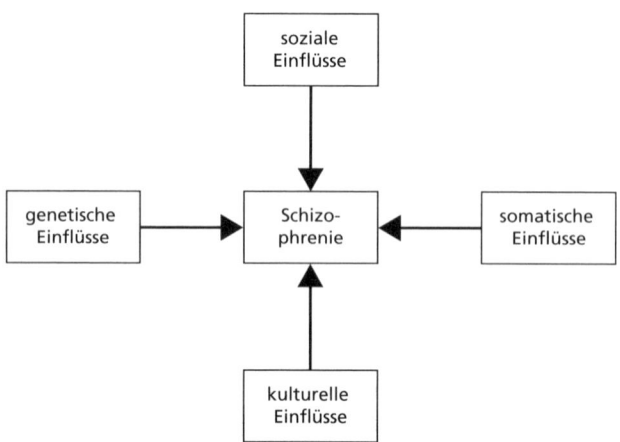

Abb. 58: Entstehungsbedingungen der Schizophrenie

Psychosen wie Schizophrenie bedürfen zunächst einmal therapeutischer Behandlung durch psychiatrische und psychotherapeutische Fachkräfte. In diese Behandlung sind für Kinder und Jugendliche in der Regel auch schon unterstützende pädagogische Maßnahmen eingebunden: Hilfen zum Umgang mit und zur Bewältigung von Ängsten, Hilfen bei der Realitätserfassung insbesondere über Spiel, kunst- und musiktherapeutische Verfahren sowie über Verfahren der (pädagogischen) Verhaltensmodifikation. In den mit den Kliniken kooperierenden Schulen für Kranke erhalten die Kinder und Jugendlichen schulische Förderung, die im Falle von Psychosen unbedingt der für den Kontext Verhaltensstörungen spezialisierten Pädagogen bedarf, da Unterricht einhergeht mit intensiver erzieherischer Arbeit. Die Arbeit mit Schizophrenen ist dabei häufig eine ganz besondere Herausforderung; im Unterschied zu Depressionen erscheinen sie in einschlägigen pädagogischen Grundlagenwerken teilweise gar nicht (vgl. etwa Gasteiger-Klicpera/Julius/Klicpera 2008). Dabei ist es zugleich jedoch wichtig, nach Beendigung eines Klinikaufenthalts den »aufnehmenden« allgemeinen Schulen Unterstützungsmaßnahmen zu bieten, damit ein angemessener Umgang mit den Betroffenen im schulischen Alltag gelingen kann. Hier bieten, falls notwendig und sinnvoll, auch Schulen für Erziehungshilfe hoch spezialisierte Schonräume. Das Gleiche gilt für Kinder und Jugendliche mit Depressionen, die nachfolgend thematisiert werden; der pädagogische Radius ist im Vergleich der Problembilder allerdings bei depressiven Problematiken potenziell größer.

9.6.2 Depressivität

Gespräch eines Therapeuten mit einem depressiven Schüler:

» Wie fühlst du dich heute?
Es kommt und geht. Ich bin nicht die ganze Zeit deprimiert. Meistens passiert etwas – vielleicht etwas ganz Unbedeutendes –, und es geht los, ich fühle mich dann wegen irgendetwas schlecht, und ich kann nichts tun. Heute ist alles ziemlich gut gegangen, und ich fühle mich überhaupt nicht schlecht. Aber – wissen Sie – an anderen Tagen will ich dann vielleicht gar nicht aufstehen oder überhaupt etwas tun.

Kannst du mir mehr darüber sagen? Was empfindest du außerdem?
Als ob alles vollkommen sinnlos ist, als ob es sinnlos ist, überhaupt da zu sein. Mehr bringe ich dann nicht fertig. Es ist – es kommt mir sogar dumm vor, weiterzumachen, zu existieren. Und jeden Tag fragt man sich, ob man es bis zum nächsten schafft – ob es – ob man es aushalten kann – ob es sich lohnt, bis morgen auszuhalten. Und –

Kannst du mir ein bisschen darüber sagen, wie der Schmerz sich anfühlt?
Ach – ich weiß nicht. Es ist nur – ich fühle mich nur wie – ich fühle mich meistens wertlos, als ob etwas mit mir nicht in Ordnung ist. Es ist kein schönes Gefühl zu wissen, dass man ein totaler Versager ist, ein völliges Nichts, und ich fange an zu glauben, dass ich nie etwas Richtiges oder Wertvolles oder überhaupt was gemacht habe. Nur ...« (McKnew et al. 1985, 20 f.).

Depressionen (lat. depressio = Niedergedrücktsein) gehören zu den affektiven Störungen, die sich einteilen lassen in depressive Störungen einschließlich der schwersten Form der Major (vollständig ausgeprägten) Depression (Depression ohne manische oder hypomanische Episoden), manische sowie bipolare Störungen (manische oder hypomanische Episoden, eigenständig oder einander abwechselnd) (Dilling et al. 1993, 29 ff.).

Die manische Episode ist gekennzeichnet durch Reizbarkeit, eine gehobene Stimmungslage, Beeinträchtigung beruflicher Leistungsfähigkeit und sozialer Aktivitäten, Steigerung des Selbstwertgefühls, Größenwahn, Ideenflucht, aktive Umtriebigkeit ohne Erkennen der Konsequenzen (a. a. O., 132 ff.). Die Störung tritt meist erst mit dem frühen Erwachsenenalter auf.

Bipolare Störungen (a. a. O., 135 ff.) sind charakterisiert durch manische Episoden und Perioden einer Major Depression. Die zyklothyme Störung, die auch als leichte Form der bipolaren Störung verstanden werden kann, zeigt sich bei Kindern und Jugendlichen durch eine mindestens ein Jahr andauernde Auffälligkeit mit hypomanischen und depressiven Symptomen. Während der hypomanischen Episode ist die berufliche und soziale Leistungsfähigkeit nicht eingeschränkt, wird aber während der depressiven Perioden ständig und schwer wiegend beeinträchtigt. »Im Kindes- und Jugendalter treten bipolare Störungen noch eher selten auf und werden außerdem oftmals als Aufmerksamkeits-Hyperaktivitäts-Störung verkannt« (Reicher/Rossmann 2008, 243).

Eine dysthyme Störung (Dysthymia; a. a. O., 10 f.) wird bei Kindern und Jugendlichen bei mindestens einjährigem Andauern der typischen Merkmale der depressiven Verstimmung verbunden mit Erschöpfungsgefühlen, Konzentrations- und Entscheidungsschwierigkeiten, Gefühlen des geringen Selbstwerts und der Hoffnungslosigkeit. Sie steht im Zusammenhang mit Aufmerksamkeitsstörungen, sozialen Verhaltensstörungen, Entwicklungsstörungen oder schwer beeinträchtigenden Milieubedingungen. Die dysthyme Störung unterscheidet sich von der Major Depression durch Dauer und Schweregrad; eine Major Depression bzw. schwere depressive Episode wird als ausgeprägtes, über mindestens zwei Wochen andauerndes Zustandsbild bestimmt (vgl. Reicher/Rossmann 2008, 243; APA 1991; WHO 1991; siehe auch DSM-5® der APA 2015, 109–134).

Tab. 30: Symptome einer ausgeprägten Depression (aus: Remschmidt 2000, 197)

Emotionale Symptome	Kognitive Symptome	Körperliche Symptome
Traurige Grundstimmung Antriebshemmung Schuldgefühle Interessenverlust Angst/ Irritierbarkeit Gefühl der Erschöpfung Gefühl der Gefühllosigkeit Stimmungsschwankungen (Tagesschwankungen) Suizidalität	Denkhemmung/Grübeln Konzentrationsstörungen Selbstherabsetzung/Selbstkritik Hilflosigkeit/Machtlosigkeit Insuffizienzgefühle Düstere Zukunftserwartung Todesgedanken Negative Einstellungen zur eigenen Person Katastrophenerwartung Versündigungsideen Verarmungsideen Misserfolgsorientierung	Schlafstörungen Appetitverlust Gewichtsverlust Müdigkeit/Abgeschlagenheit Psychomotorische Retardierung oder Agitation Libidoverlust Hypochondrische Beschwerden Vegetative Beschwerden (Kopfschmerzen, Bauchschmerzen, Verdauungsstörungen)

Lange Zeit hielt man es nicht für möglich, dass auch Kinder depressive Störungen entwickeln können. Erste Hinweise auf Depressionen bei Kindern gaben die Forschungen von Spitz zum »Hospitalismus« (▶ Kap. 4.2.1). Seine Filme über die »Anaklitische Depression« bei kleinen Kindern erregten nicht nur die Fachwelt. Inzwischen gilt als gesichert, dass bei Kindern Depressionen bereits im Alter von fünf bis sechs Jahren entstehen können (vgl. McKnew et al. 1985, 47). Nach neueren Untersuchungen nehmen Depressionen bei Kindern nicht nur zu, sondern treten – insgesamt gesehen – auch früher auf (siehe dazu ausführlich Essau 2002; 2007).

Unangenehme Ereignisse können bei Kindern leicht eine gedrückte Stimmung auslösen. Wenn dieses Zustandsbild jedoch bei leichteren Belastungen nicht nach einer Woche und bei schwereren Belastungen nach spätestens einem halben Jahr deutliche Besserungen zeigt, müssen die Kinder als gefährdet und von einer depressiven Störung bedroht angesehen werden. Erste Hinweise auf die Entwicklung einer depressiven Störung können Veränderungen der Ess- und Schlafgewohnheiten, der Mitarbeit in der Schule, Interessenverlust, andauernde Freudlosigkeit und Traurigkeit, ein Sich-Absondern von anderen, ein stilles Vor-sich-hin-Weinen und eine Verernstung, aber auch Körpersymptome wie etwa häufige Bauch- oder Kopfschmerzen sein. Kinder versuchen nicht selten und mit Erfolg ihre depressiven Störungen vor den Erwachsenen zu verbergen: »Das Stadium, in dem bei Erwachsenen offensichtlich schon eine Depression erkannt wird, bleibt bei Kindern oft von Lehrern, Eltern und sogar Freunden unerkannt« (McKnew et al. 1985, 31).

McKnew et al. teilen die Depressionen bei Kindern zwischen sechs und zwölf Jahren in die drei Haupttypen akut, chronisch und verdeckt ein. Der akute Typ steht in direktem Zusammenhang mit bedrückenden Ereignissen (ein geliebter Verwandter gestorben, ein Elternteil im Krankenhaus), während bei dem chronischen Typ keine konkreten Anlässe vorliegen, die Problematik sich schon seit längerer Zeit zeigt und Hinweise zu finden sind auf Depressionen im Familienkreis. Kinder des verdeckten Depressionstyps zeigen ein ausagierendes Verhalten und fallen durch delinquente Verhaltensweisen (Feuerlegen, Stehlen, Gewalttätigkeiten) auf. Das Ausagieren im Zusammenhang mit negativer Selbstbeurteilung, Hilflosigkeitsgefühlen und allgemeinen Gefühlen der Traurigkeit sowie mit ausgeprägten Gewaltphantasien ist als der Versuch zu verstehen, sich gegen die depressive Störung zu wehren.

Neben genetischen Prädispositionen und Persönlichkeitsmerkmalen wie Introversion, erhöhte Angstbereitschaft und Neurotizismus (vgl. Remschmidt 2000, 202 f.) kommen als auslösende Momente für depressive Störungen bei Kindern Belastungen durch Stress, durch Trennungs- und Verlusterlebnisse und andere Traumatisierungen, Gefühle der Ablehnung durch die Eltern und – was sehr häufig der Fall ist – depressives Verhalten bei den Eltern selbst in Frage. Diese Übernahme der elterlichen Depression durch das Kind kann mit Vererbung, aber auch mit Identifikationsprozessen in der Weise zusammenhängen, dass Kinder die elterlichen depressiven Verhaltensnormen internalisieren und nun ihrerseits im Sinne dieser Normen leben. Depressionen bei Kindern wie bei Erwachsenen werden auch in Zusammenhang gebracht mit biologischen Störungen in dem Sinne, dass ein Ungleichgewicht der für die Reizübermittlung im zentralen Nervensystem so wichtigen Neurotransmitter (z. B. Dopamin, Noradrenalin, Serotonin) vorliegt – »ein relatives Defizit an Serotonin könnte zudem ein Suizidalitätsmarker sein« (Reicher/Rossmann 2008, 247).

Zur Verbreitung der Depression bei Kindern und Jugendlichen geben Ihle/Esser (vgl. 2002) eine Prävalenzrate von 4,4 % an. Essau (vgl. 2007, 47) geht für Grundschulkinder von Prävalenzraten der Major Depression zwischen 1 und 5 % aus. Bei Jugendlichen liegen die Depressionsraten mit bis zu 18 % deutlich höher (vgl. a. a. O. sowie auch Essau 2002, 48 ff.). Reiser/Rossmann (2008, 246) stellen »eindeutig eine generelle Zunahme der Lebenszeithäufigkeiten von Major Depression in jüngeren Geburtsjahrgängen in westlichen Industrieländern« fest.

Wichtig ist auch hier die Früherkennung. Darüber hinaus können, aus der Kenntnis der Symptomatik und der auslösenden und verursachenden Faktoren, Pädagogen in leichteren Fällen Hilfe dadurch geben, dass sie Belastungsmomente reduzieren und den Betroffenen vielfältige Möglichkeiten geben, sich zu äußern. Das bezieht sich sowohl auf die Bereitstellung kreativer Verfahren als auch auf die

Ermöglichung von Gesprächen. Hilfreich sein kann auch die Vermittlung freundschaftlicher Kontakte zu anderen Kindern in relevanten Gruppen oder auch innerhalb eines Vereinslebens. Bei akuten depressiven Störungen mag dadurch bereits eine effiziente Hilfe gegeben sein. Allerdings ist ein enger Kontakt mit der Familie notwendig, auch im Sinne einer intensiven Elternberatung. Auch bei den von McKnew als »verdeckte Depression« bezeichneten Störungen mit starken antisozialen Verhaltensweisen der Kinder und Jugendlichen können Pädagogen durchaus hilfreich intervenieren. Wenn jedoch die Störung länger anhält und der Verdacht auf eine Chronifizierung besteht (Andauern der depressiven Störung über ein halbes Jahr hinaus), muss eine Therapie durch Kinder- und Jugendpsychiater, klinische Psychologen und Psychotherapeuten eingeleitet werden. Hier werden sowohl psychoanalytische als auch lerntheoretisch orientierte Therapien – bezogen auf das Kind allein oder angesichts der Kenntnis familialer Verursachungsfaktoren auch auf die gesamte Familie – als mono- oder auch als multimodale Interventionen (insbesondere in Verbindung mit medikamentöser Therapie) eingesetzt (vgl. etwa Essau 2007, 159 ff.). Psychodynamische Verfahren zielen darauf, unbewusste Belastungen und Konflikte zu verdeutlichen, negative emotionale Tendenzen auf den Therapeuten oder andere Personen zu projizieren und sie auf diese Weise beherrschbar zu machen und die gesunden Anteile der Persönlichkeit systematisch zu stützen. Im Sinne lerntheoretischer Intervention sind die Umweltbedingungen, welche die depressive Störung auslösen und verstärken, zu reduzieren oder zu eliminieren und Verhaltensweisen angemessener Situationsbewältigung systematisch zu verstärken. Dabei wird im Sinne des kognitiven Ansatzes insbesondere auf eine Veränderung der negativen Selbsteinschätzung, der negativen Beurteilung vergangener und gegenwärtiger Verhältnisse und Situationen und die negative Zukunftsperspektive eingewirkt. Diese Bereiche stellt auch die humanistisch-psychologische Gesprächstherapie in den Mittelpunkt, bei der in Kooperation zwischen Therapeut und Klienten eine situationsgerechte Selbstfindung und Lebensplanung entwickelt werden soll. Sehr verbreitet sind mittlerweile aber auch Ansätze der Familientherapie.

Bei der Behandlung depressiver Störungen werden drei unterschiedlich ansetzende und wirkende Medikamente verwendet: Trizyklische Antidepressiva, serotoninspezifische Wiederaufnahmehemmer sowie Monoaminoxydasehemmer. »Viele *antidepressive Medikamente*, die Erwachsenen verschrieben werden, wurden auch zur Behandlung von Kindern eingesetzt, insbesondere Trizyklika wie Imipramin und Amitryptilin« (Essau 2007, 197). Der Medikamenteneinsatz kann – insbesondere wenn zusätzlich suizidale Tendenzen gegeben sind –eindrucksvolle und hilfreiche Wirkungen entfalten. Zu bedenken sind immer aber auch Nebenwirkungen, was bei Kindern und Jugendlichen, die im Wachstum befindlich sind, besonders problematisch ist. So erscheint es als angezeigt, insbesondere bei Kindern und Jugendlichen medikamentöse Therapie stets mit psychosozialen Interventionsmaßnahmen zu verbinden, um sie in möglichst kleinen Dosen halten und – nach Überwindung einer Krise – baldigst absetzen zu können. Reicher/Rossmann (vgl. 2008, 250) weisen sehr kritisch auf Trends zu immer häufigeren Verschreibungen hin und mahnen an, dass eine medikamentöse Behandlung auf schwere Störungsbilder beschränkt bleiben sollte. Die positiven Wirkungen von Antidepressiva seien deutlich weniger empirisch belegt, als man dies für Erwachsene feststellen könne.

Wichtig ist es, mit den Kindern über ihre Sorgen, Nöte, über die Einschätzung ihres Lebens überhaupt zu sprechen. Wenn eine persönliche Beziehung besteht, wenn die äußeren Bedingungen entsprechend sind und eine entspannte, angenehme Atmosphäre gegeben ist, dann werden Kinder häufig erzählen, weil sie unbewusst auf der Suche danach sind, sich auszusprechen, sich umzuorientieren und ihr Leben als schön und sinnvoll zu empfinden. Es geht also darum, Sprechmöglichkeiten zu schaffen und mit Anteilnahme und Geduld zuzuhören. Dazu muss eine Problematik allerdings zunächst sensibel erkannt werden. Besonderes präventives Potenzial liegt dann in der Stärkung emotionaler Kompetenzen, dem Angehen und Verändern pessimistischer Gedanken, der Verbesserung von Kompetenzen zum Problemlösen und zur Stressbewältigung sowie auch dem sozialen Lernen (vgl. Reicher/Rossmann 2008, 253; siehe auch Nevermann/Reicher 2009, 192 ff.).

In den vergangenen Jahren sind auch verschiedene präventive und frühinterventive, sich an Risikogruppen richtende Programme entwickelt worden, die auch in pädagogischen Kontexten einsetzbar sind. Dabei zielen frühpräventive Konzepte meist zugleich auf die Vorbeugung gravierender Depressivität, Ängstlichkeit und eine Stärkung psychischer Gesundheit (siehe Essau 2007, 178 ff.; Reicher/Rossmann 2008, 251 ff. sowie insbesondere Nevermann/Reicher 2009, 245 ff.).

9.6.3 Autismus und Autismus-Spektrum-Störungen

Raun kam als rundherum gesunder Junge zur Welt. Die Schwester im Entbindungsraum meinte, »er sei ein perfektes Kind« (Kaufman 1984, 12). Aber schon im ersten Monat zeigte er unerwartete Verhaltensweisen. »Er schien irritiert, er schrie Tag und Nacht. Er reagierte nicht, wenn man ihn auf den Arm nahm oder fütterte, als ob er von irgendeiner inneren Störung gelenkt wurde« (a. a. O.). Der Kinderarzt konstatierte völlige Gesundheit und Normalität. In seiner vierten Lebenswoche bekam Raun eine Infektion im Ohren- und Rachenraum. Zu hohe Antibiotikadosen erbrachten eine schwere Dehydration (Wasserverlust), die einen Krankenhausaufenthalt erforderlich machte. Als Raun aus dem Krankenhaus entlassen wurde, hatte er zwei geplatzte Trommelfelle, aber er hatte keine Schmerzen mehr. »Er lächelte den ganzen Tag, war glücklich, lebhaft und reagierte auf alles« (a. a. O.).

In der Folge lachte er viel und spielte mit seinen beiden Schwestern. Sein Gehör war unauffällig; er schien gesund und normal – »mit der einen Ausnahme: Er streckte seine Arme nicht aus, um auf den Arm genommen zu werden« (a. a. O.).

Nachdem er ein Jahr alt geworden war, stellten die Eltern fest, dass er immer geräuschunempfindlicher wurde. »Er reagierte immer weniger, wenn man ihn beim Namen rief, und auch auf allgemeine Geräusche kam immer weniger Reaktion. Es war, als würde er zunehmend weniger hören« (a. a. O., 16). Er fing auch nun an, »vor sich hin zu starren und passiv zu sein. Er schien lieber allein für sich zu spielen, als mit uns zusammen zu sein. Wenn man ihn aufnahm, ließ er die Arme gleichgültig hängen, als ob sie nicht zu ihm gehören würden. Oft äußerte er eine Abneigung gegen Körperkontakt und zeigte, dass er sich dabei unwohl fühlte, indem er unsere Hände wegschob, wenn wir ihn umarmen oder streicheln wollten. Er zeigte eine Vorliebe für Gleichförmigkeit und Wiederholung, indem er beständig mit nur ein oder zwei Dingen spielte und sich damit dann immer an den gleichen Platz im Haus zurückzog. Eine Gehörschädigung konnte ausgeschlossen werden. Die wenigen Worte, die er bereits gesprochen hatte, verlernte er wieder. Statt sprechen zu lernen, war er stumm geworden. Nicht einmal eine präverbale Gehsprache mit Gesten und Zeichen existierte« (a. a. O.). Dann stellte der Vater auch fest, dass Raun über den Blick keinen Kontakt herstellte. »Er schaute mich immer noch an, durch mich hindurch. Seine Augen schienen mein Bild nicht in sich aufzunehmen, sie spiegelten mich nur. Ich fragte ihn noch einmal, aber es war, als ob man den Wind frage« (a. a. O., 17).

Nun erschienen auch weitere Verhaltensweisen als auffällig, wie die Schaukelbewegungen vor und zurück, der Rückzug aus der heimischen Welt, Kreiseln und Vor-sich-hin-Starren, große Geschicklichkeit, Faszination durch unbelebte Objekte, ständiges Hantieren mit den Fingern an den Lippen, »wegschieben der ihn umgebenden Menschen und seine schweigende Einsamkeit. Wenn Raun sich einem zuwandte, schaute er durch einen hindurch, als ob man durchsichtig sei. Er war jetzt 1 ½ Jahre alt, kommunizierte aber weder verbal noch nonverbal. Das war nicht einfach ein Kind, das langsam sprechen lernte, es gab überhaupt keine Kommunikation, weder durch Stöhnen noch durch Gesten, keinen Ausdruck für Wünsche, Vorlieben oder Ablehnung« (a. a. O., 18). Aufgrund dieser Verhaltensweisen musste sich der Vater, ein Psychologe, fragen, ob sein Sohn unter frühkindlichem Autismus litt.

Das Erscheinungsbild des frühkindlichen Autismus haben erstmals 1943 nahezu gleichzeitig und unabhängig voneinander die Psychiater Asperger in Österreich und Kanner in den USA als spezielle Form kindlicher Psychosen erkannt und beschrieben. Der Begriff Autismus geht auf den deutschen Psychiater Bleuler zurück, der mit dem aus dem Griechischen abgeleiteten Wort (autos = selbst) eine spezifische Symptomatik erwachsener Schizophrener bezeichnete, die sich in einem extremen Selbstbezug, einer Abkapselung gegen die Umwelt, in Teilnahmslosigkeit und dem Leben in einer Phantasiewelt ausprägt. Asperger beschrieb 1943 in seiner Habilitationsschrift für die Wiener Universität die von ihm als spezielles Syndrom im Kindesalter erkannte »autistische Psychopathie«. Kanner nannte das von ihm beobachtete Krankheitsbild »early infantile autism«. Da die beiden Formen des Syndroms, die heute zumeist unter der Bezeichnung des frühkindlichen Autismus zusammengefasst werden, einige Unterschiedlichkeiten zeigen, sollen sie nacheinander vorgestellt werden.

Autistische Psychopathie nach Asperger

Kernsymptom ist die Abwendung von der Umwelt, die Beschränkung auf sich selbst, die Selbstisolation. Die Kinder zeigen eine »Einschränkung des persönlichen Kontaktes zu Dingen und Menschen« (Asperger 1968, 177). Selbst ihr Blick sucht keinen Kontakt, es ist, als wenn sie durch die Menschen in ihrer Umgebung hindurch in eine weite Ferne schauten. Herausragend ist ihre Fähigkeit für »eine differenzierte Selbstbeschau: Es werden körperliche Vorgänge, der Herzschlag, das

Atmen, aber auch die Denkprozesse im Gehirn belauscht und differenziert beschrieben« (Asperger 1982, 294). Die Sprache ist gestört, »unnatürlich, wie eine Karikatur« (Asperger 1968, 179), hat hinsichtlich Lautstärke und Sprachmelodie auffallende Eigentümlichkeiten. Sprache wird von den Kindern früh gelernt und kann gekennzeichnet sein durch kreative Eigentümlichkeiten. »Sie lernen früher reden als gehen, sie haben rasch eine grammatikalisch gut gefügte Sprache« (Asperger 1982, 296). Die Kinder zeigen Störungen im körperlichen Bereich, machen den Eindruck, als seien sie »in ihrem Körper nicht zuhause« (Asperger 1968, 192). »Die Motorik ist hölzern oder ungeschickt, gar nicht fließend, nicht zur Bewältigung der praktischen Aufgaben geeignet, und zeigt manchmal Stereotypien« (Asperger 1982, 294). So fallen diese Kinder dann auch häufig durch vielfältige Ungeschicklichkeiten auf. Ihr soziales Verhalten scheint darauf ausgerichtet zu sein, Kontakten durch lange andauernde Beschäftigungen mit Gegenständen, durch Fixierungen auf bestimmte Bewegungsabläufe oder durch selbstbeschäftigende bzw. selbststimulierende Rituale aus dem Wege zu gehen. Auf pädagogische Impulse reagieren sie abweisend und mit negativistischem Verhalten, mit Widerstand oder paradoxen Handlungen. Der mitmenschlichen Umwelt gegenüber können sie äußerst aggressiv durch Worte und Handlungen, egozentrisch und rücksichtslos, aber auch gefühlvoll und bindungsfähig sein. Autistisch-psychopathische Kinder sind durchschnittlich bis überdurchschnittlich intelligent. Häufig zeigen sie auch spezielle Begabungen und ein »eng umgrenztes, isoliertes Sonderinteresse, das geradezu hypertrophisch entwickelt ist« (a. a. O., 184). Auf diese Sonderinteressen sind sie völlig ausgerichtet und können das breit gefächerte Angebot der Schule nicht im erwarteten Maße annehmen, sodass sich schulische Schwierigkeiten ergeben. Auf ihren Spezialgebieten können sie intensiv und ausdauernd arbeiten und zu herausragenden Leistungen kommen. Insgesamt gesehen erscheint das Syndrom der autistischen Psychopathie, das Asperger nur bei Jungen feststellte, auf den Leistungsbereich bezogen, wie die Karikatur des zurückgezogenen, im Elfenbeinturm lebenden Wissenschaftlers, was Asperger dazu führte, von einer »Extremvariante des männlichen Charakters« zu sprechen. Diese extreme Ausprägung sah er als erbbedingt an. »Bei Aspergers Autisten ist eine Heredität eindeutig festzustellen: Fast ausnahmslos finden sich ähnliche Charaktere in der Aszendenz« (Asperger 1982, 293). Im Vergleich zu dem Syndrom, das Kanner beschrieb, stellt die Form nach Asperger eine leichtere Verlaufsform dar.

Frühkindlicher Autismus nach Kanner

Kanner kategorisierte seine Beobachtungen und Erfahrungen im Hinblick auf ein Erscheinungsbild, welches er »early infantile autism« nannte und das charakterisiert ist durch zwei Primärsymptome und drei Sekundärsymptome. Zu den Primärsymptomen, die für die Diagnose von zentraler Bedeutung sind, gehört das Vorliegen einer schweren Kontaktstörung insbesondere zur personalen Umwelt, die sich von Geburt an zeigt. Im Hinblick auf die dingliche Umwelt ist »ein zwanghaftes Bedürfnis nach Gleicherhaltung«, d. h. eine ausgeprägte Veränderungsangst auffällig. Als Sekundärsymptome bezeichnete Kanner

- schwere Störungen in der Sprachentwicklung: Z. B. werden Pronomen umgekehrt verwendet (»du« statt »ich«), Sprachäußerungen anderer werden sofort oder mit einiger Verzögerung wiederholt (Echolalie);
- selektive Objektfixierungen: Einzelne, oft ausgefallene Gegenstände binden das Interesse über längere Zeiträume;
- normale intellektuelle Fähigkeiten, die jedoch emotional blockiert sind, sodass die Intelligenz als unterdurchschnittlich erscheint bzw. umfassende oder auch partielle Störungen aufweist.

Die von Kanner erfassten Kinder waren in ihrer motorischen Entwicklung unauffällig, konnten hübsch aussehen und graziös wirken. Die Familien, aus denen die Kinder stammten, bezeichnete er als »Intellektuellenfamilien«, die Väter und Mütter erschienen ihm »hochintelligent und kühl«; er meinte ein »autistisches Familienmilieu« feststellen zu können. Die Störungen der Kinder führte er auf diesen familiären Hintergrund zurück. Diese Annahme ist durch neuere Forschungen ebenso widerlegt worden wie die, dass der frühkindliche Autismus eine Frühform der Schizophrenie sei.

Um beide Syndrome besser miteinander vergleichen zu können, werden in Anlehnung an Nissen (1989, 525) zugeordnete Symptome in einer tabellarischen Übersicht (▶ Tab. 31) idealtypisch dargestellt.

Tab. 31: Asperger- und Kanner-Syndrom in der Gegenüberstellung

Kategorien	Asperger-Syndrom	Kanner-Syndrom
Beginn der Störungen	2.–3. Lebensjahr	in den ersten Lebensmonaten, vor 3. Lebensjahr
Kontaktstörung	Mitmenschen erscheinen als Störfaktoren; Blickkontakt fehlt oder ist selten	Mitmenschen erscheinen als nicht existent; Blickkontakt möglich, aber nur kurz
Geschlecht Sprache	fast nur Jungen (8:1) häufig sehr früh beginnende Sprachentwicklung mit herausragendem Sprachvermögen, Kind spricht, bevor es läuft	Jungen und Mädchen (3:1) häufig verzögerte oder dauerhaft gehemmte Sprachentwicklung, Kind läuft, bevor es spricht
Motorik	Ungeschicklichkeiten, motorische Retardierungen	motorische Entwicklung ist unauffällig
Intelligenz	durchschnittlich bis überdurchschnittlich, herausragende Spezialbegabung Abstraktionsvermögen und Symbolverständnis eher gut	häufig unterdurchschnittlich, partielle oder universelle Störungen, Abstraktionsvermögen und Symbolverständnis eher schlecht
familiärer Hintergrund	intellektuelle Väter mit autistischen Zügen	Intellektuellenfamilien Väter und Mütter mit autistischen Zügen
Prognose	Defizite bis ins Erwachsenenalter	Persistieren bis in Adoleszenz und Erwachsenenalter

Die beiden von Asperger und Kanner beschriebenen autistischen Syndrome der frühen Kindheit stellen sich häufig nicht in ihrer reinen Form dar, sondern in vielfältigen Mischformen. So sind die Diagnoseschemata nicht nur auf Differenzierungen nach Asperger oder Kanner ausgerichtet, sie geben auch weitere Syndrome mit den wichtigsten Symptomen an. Nach ICD-10 gehören die Formen des Autismus im frühen Kindesalter zu den »tiefgreifenden Entwicklungsstörungen«. Unterschieden werden

- der »frühkindliche Autismus« (Kanner-Syndrom),
- der »atypische Autismus« (späterer Krankheitsbeginn, Nichterfüllung aller Kriterien),
- das »Rett-Syndrom« (nur bei Mädchen, nach normaler Entwicklung in den ersten Monaten Verlust erworbener Fähigkeiten zwischen dem 7. und dem 24. Monat),
- eine »andere desintegrative Störung des Kindesalters« (desintegrative Psychose/ Heller-Syndrom; mindestens 2-jährige normale Entwicklung, phasenhafter Abbau von Fähigkeiten bis zur schweren Intelligenzminderung mit schlechter Prognose),
- eine »hyperkinetische Störung mit Intelligenzminderung und Bewegungsstereotypien« (IQ unter 50, Hyperaktivität mit Stimulanzien nicht beeinflussbar, Überaktivität wird in der Adoleszenz zur Unteraktivität) und
- das für den Kontext Verhaltensstörungen besonders bedeutsame Asperger-Syndrom (WHO 1991, 264–271; Weber/Remschmidt 2000; siehe auch DIMDI 2016, 224 f.).

Für das Kanner-Syndrom werden Häufigkeiten von 0,04 bis 0,05 % der vier- bis 15-jährigen Kinder und Jugendlichen angegeben; das Verhältnis Jungen zu Mädchen liegt bei etwa 3:1 (vgl. Remschmidt 2002, 20). Für den Asperger-Autismus ist die Datenlage unsicherer, auch, weil die Definitionen in Studien tlw. recht unterschiedlich ausfallen. Zu bedenken ist hier auch ein sehr weites Spektrum der Schweregrade, das die Eingrenzung nicht einfach macht. Auf Basis einer der sehr wenigen einschlägigen Studien kann vermutet werden, dass die Prävalenzraten mit ca. 0,36 % für sichere Fälle und 0,71 % bei Einbeziehen der Verdachtsfälle höher liegen als beim Kanner-Syndrom; auch das Jungen-Mädchen-Verhältnis ist hier mit 4:1 etwas anders (vgl. Hippler/Klicpera 2008, 335 f.; Remschmidt 2002, 45 f.). Heute wird teilweise auch von einem Spektrum autistischer Problematiken ausgegangen, das die Kategorien Kanner- versus Asperger-Autismus ebenso umstritten erscheinen lässt wie die Frage der Abgrenzung zu »Normalität« (vgl. Hippler/ Klicpera 2008, 335). Mittlerweile ist aus solchen Gründen auch zunehmend häufiger von »Autismus-Spektrum-Störungen« die Rede.

Zur Verursachung und Genese frühkindlich autistischer Syndrome liegen über die Jahrzehnte ganz unterschiedliche Erklärungsmodelle vor. Diskutiert wurden und werden Chromosomenschädigungen, subnataler Sauerstoffmangel und cerebrale Funktionsstörungen auf neurobiologischer Basis. Eine ethologische Sichtweise haben Tinbergen/Tinbergen (vgl. 1984) bekannt gemacht. Aus psychoanalytischer Sicht wurde Autismus als eine schwere Störung der Individuation diskutiert (vgl. etwa Mahler 1982). Zentrale Bedeutung wurde einer gestörten

Mutter-Kind-Beziehung beigemessen (vgl. Bettelheim 1983). Aus lerntheoretischer Perspektive wurden beeinträchtigende Lernbedingungen in den Vordergrund gestellt, durch welche die biologisch bedingten Störvariablen bzw. Entwicklungsstörungen nicht adäquat aufgefangen oder sogar verstärkt würden (vgl. Cordes 1980). In jüngerer Zeit wurde die Bedeutung der Funktionseinschränkung verschiedener Spiegelneuronensysteme diskutiert (vgl. Bauer 2005, 74).

Größere Verbreitung haben schon seit längerem Ansätze der multifaktoriellen Bedingtheit von Autismus gefunden. Danach handelt es sich um »polyätiologische, wahrscheinlich jedoch regelmäßig genetisch mitbedingte Syndrome, die sich phänomenologisch nicht immer scharf voneinander trennen lassen und denen im Einzelfall vorwiegend psychodynamische, heriditäre und hirnorganische Ursachen zugrunde liegen, die sich noch gegenseitig überlagern und verstärken können« (Nissen 1980, 431). Es wird eine wechselseitige Verstärkung zwischen genetischen, hirnorganischen und psychogenetischen Faktoren gesehen. Einseitig psychogenetische Betrachtungsweisen werden abgelehnt. So verweist die »National Society for Autistic Children« in den USA unter Verwerfung psychogenetischer Theorien auf organische Auffälligkeiten: »aufgefundene neurologische, biochemische und wahrnehmungspsychologische Veränderungen werden in einem ursächlichen Zusammenhang mit dem Symptombild gesehen« (Bernard-Opitz 1984, 8). Aus heutiger Perspektive spielen zentrale Erziehungsfehler und mangelnde Wärme in der Eltern-Kind-Beziehung als Ursachen von Autismus keine Rolle. »Die Symptome sind vielmehr als Konsequenz einer Entwicklungsstörung neuronaler Netze anzusehen, die zu einer Beeinträchtigung der Wahrnehmung und der Informationsverarbeitung führt… Verursachende Faktoren hierbei sind wahrscheinlich genetische Einflussvariablen sowie Hirnschädigungen und Hirnfunktionsstörungen. Als basale Grundstörung im Hintergrund werden spezielle neuropsychologische Besonderheiten angenommen« (Hippler/Klicpera 2008, 336; siehe auch Remschmidt 2002, 52 ff.). Im Zentrum psychologischer Betrachtungen steht dabei oft die mangelnde oder fehlende Fähigkeit, eine »theory of mind« zu erwerben, also sich selbst und anderen Personen psychische Zustände wie Gefühle oder Intentionen zuzuschreiben und damit auch das Verhalten anderer Menschen erklären und verstehen zu können (vgl. Silbereisen/Ahnert 2002, 613 f.; Hippler/Klicpera 2008, 338 f.).

Zur Frage der Intervention soll zunächst die eingangs dieses Kapitels begonnene Geschichte von Raun fortgeführt werden, mit der auch die große Bedeutung der Eltern bei allen Interventionsmaßnahmen herausgestellt werden soll (vgl. Kaufman 1984).

Aus der Angst heraus, »dass Diagnosen oft ›self-fulfilling prophecies‹ seien«, verweigerten die Ärzte eine endgültige Diagnose. In einem Jahr sollten die Eltern wiederkommen. Auch in einem zweiten Krankenhaus konnte keine Behandlung erreicht werden, da davon ausgegangen wurde, dass das Kind dafür drei oder vier Jahre alt sein müsste. So lange wollten die Eltern nicht warten, zumal sie zusehen mussten, »wie Raun uns jeden Tag ein wenig mehr entglitt, sich ein wenig mehr zurückzog. Wie er audio-visueller Stimulation gegenüber immer unempfänglicher wurde. Wie er sich immer mehr abkapselte« (a. a. O., 26).

Nach langer Suche und nach der Beschäftigung mit den vielen Theorien über frühkindlichen Autismus und seine Behandlung fanden Rauns Eltern in der

»Options-Methode« die für sie richtige Möglichkeit, auf sich verändernd und auf ihren Sohn auch heilend einzuwirken. »Wir entschieden, dass wir zwar etwas anderes und vielleicht manchmal ganz bestimmte Dinge für Raun wollten, dass unsere Beziehung zu ihm aber nie davon abhängen durfte, ob unsere Wünsche erfüllt wurden. Wir wollten glücklich mit ihm sein und nicht anfangen, ihn unserer Beurteilung zu unterwerfen ... Damit wollten wir beginnen« (a. a. O., 44). Sie wollten ihren Sohn zunächst besser kennen und verstehen lernen, beobachteten ihn, versuchten seine bizarren Verhaltensweisen als »Adaptionsversuche eines nicht funktionierenden Systems« aufzufassen (a. a. O., 45). Sie spielten seine stereotypen Spiele mit, ließen wie er die Teller kreiseln, versuchten ihm durch ihr Verhalten zu zeigen, »dass er in Ordnung war, dass wir ihn liebten, dass wir uns um ihn kümmerten und ihn akzeptierten, wo immer er auch war« (a. a. O., 46). Sie kamen in der Folge zu dem Ergebnis, dass bei ihrem Sohn »eine Störung seiner Perzeption und seiner Denkfähigkeit vorlag« (a. a. O., 52). »Es war eine Frage der Perzeption, und das Problem war ein Problem des Erkennens, des Behaltens und des Sich-Erinnerns ... Es war ein kognitives Problem, die Unfähigkeit, neues Erfahrungsmaterial zu altem in Beziehung zu setzen, die Unfähigkeit, von einer Erfahrung ausgehend zu verallgemeinern. Er konnte seine Einzelerfahrungen nicht in einen Zusammenhang bringen. Der Zauber, der die Teile zusammenhielt, fehlte« (a. a. O., 55). Sie konzipierten ein Drei-Phasen-Programm, nach dem auf die erste Phase der Kontaktaufnahme und der Vermittlung von Akzeptanz und Liebe die zweite Phase Raun Erfahrungen vermitteln und ihn motivieren sollte. »Wir wollten Raun zeigen, dass unsere Welt schön und aufregend interessant war. Wir wollten ihm zeigen, dass diese Welt der zusätzlichen Mühe wert war, die es ihn kosten würde, seine Welt der Rituale zu verlassen« (a. a. O., 58). Mit der dritten Phase sollte ein Lernprogramm realisiert werden, »das jede Tätigkeit, jedes Geschehen, in kleine, begreifbare Teile aufbrechen würde. Wir wollten seine äußere Umgebung stark vereinfachen, damit er selbst sich neue Wege bauen konnte anstelle der alten, die beschädigt oder zerbrochen waren« (a. a. O.).

Systematisch wurden Stimulierungen gesetzt, vor allem durch sich steigernden Körperkontakt, durch Umarmen, Streicheln, Kitzeln, Umhertollen, in die Luft werfen, durch den Umgang mit verschiedenen Materialien und durch Musik. »Raun hörte den Tönen und Melodien sofort sehr aufmerksam zu. Jeden Tag zeigte er mehr Interesse. Wir hatten ein weiteres Mittel gefunden, ihn zu erreichen« (a. a. O., 65). Über dauernden Kontakt und dauernde Stimulierung, über motivierende Materialien und zunächst einfache, dann schwierigere Lernspiele erreichten sie, dass er nach acht Wochen dann und wann Blickkontakt aufnahm, auf seinen Namen hörte, aktiver wurde, einen Wunsch zunächst durch Weinen kundtat.

Er fing an, Worte nachzusprechen, monoton, und ohne ihnen Bedeutung beizumessen. Raun erprobte seine Mimik vor dem Spiegel und begann seine Umwelt aktiv mit in die Spiele einzubeziehen. Er konnte allmählich auch mit anderen Personen arbeiten. Neben Fortschritten gab es auch Rückschläge, dann aber, nach einer Phase des Rückzugs und der Verweigerung, sprach er Wörter, die er vorher nie gesprochen hatte, tat deutlich seinen Willen kund, wollte spielen und lernen. Als er 22 Monate alt war, in der 22. Woche seines Programms, wurde deutlich, dass er sich »für die Menschen um ihn herum und nicht für seine autistischen Symptome, für den Kontakt mit Menschen und gegen seine selbststimulierende Isolation entschieden« hatte (a. a. O., 149). Die autistischen Symptome traten zunehmend zurück.

Dies soll nicht darüber hinwegtäuschen, dass die Förderung von Kindern mit Autismus und das Erzielen von Förderfortschritten sehr große Herausforderungen darstellen. In Passung zu der noch keineswegs wirklich geklärten Ursachenfrage wurde über die Jahrzehnte eine Fülle ganz unterschiedlicher Förderansätze entwickelt. Interventionen werden wiederum bestimmt durch die verschiedenen ihnen zugrundeliegenden Erklärungsansätze.

Erste erfolgreiche Interventionen wurden auf lerntheoretischer Basis mit verhaltenstherapeutischen Programmen durchgeführt (vgl. Lovaas 1977), auch in einzelnen frühen Schulversuchen (vgl. Cordes 1980, IV). Ein weltweit bekannt gewordenes psychoanalytisches Konzept praktizierte Bettelheim (1970; 1976; 1985). Auf der Basis ethologischer und verhaltensbiologischer Erkenntnisse wurde das »Prinzip des Festhaltens« entwickelt, welches sowohl körperlich als auch sozial-emotional orientiert ist. In Extremzuständen seiner angstdominierenden emotionalen Gleichgewichtsstörung (Tinbergen) wird das Kind von der Bezugsperson in einer festen Umarmung gehalten, wobei »das Erleben des Körper- und Blickkontaktes von grundlegender Bedeutung« ist (Klein 1984, 15). »Durch das Festhalten soll sich beim Kind ein Gefühl von Sicherheit und Geborgenheit entwickeln. Diese Methode wurde zunächst sehr prominent, stand dann jedoch im Widerstreit der Meinungen und wurde vehement kritisiert als biologistisch und als Banalisierung der verhaltenssteuernden zentralnervösen und psychischen Regulationen des Menschen (vgl. Feuser 1984, 50). In jüngerer Zeit finden sich immer wieder Konzepte der systematischen Kommunikation mit Tieren – z. B. mit Pferden und Delphinen (vgl. z. B. Greiffenhagen 1991), die auch öffentlich sehr bekannt geworden sind. Klare Wirksamkeitsnachweise dieser oft spektakulären Therapieansätze stehen im Wesentlichen allerdings noch aus.

Für die oft nur wenige Worte oder gar nicht sprechenden jungen Menschen mit dem Autismus-Syndrom könnte »gestützte Kommunikation« eine Methode der Wahl sein, um Blockierungen und Hemmungen zu überwinden. Eine Computertastatur kann bei äußerem Halt durch eine Bezugsperson, die mit ihrer Hand den Unterarm stützt, für das Kind oder den Jugendlichen eine Möglichkeit sein, seinen Gefühlen, Gedanken Ausdruck zu geben, mit der Umwelt in eine schriftliche Kommunikation einzutreten. Der 18-jährige Birger aus Berlin z. B. galt fast achtzehn Jahre lang wegen seiner schweren autistischen Störungen und seiner Kommunikationsunfähigkeit als geistig behindert. Dann erfuhren seine Eltern von den Möglichkeiten gestützter Kommunikation und konfrontierten ihn mit einem Schreibcomputer. Mühsam bediente er die Tasten, aber es war, wie seine Mutter sagte, »als hätte man eine Quelle angestochen«. Es stellte sich heraus, dass er seit seinem fünften Lebensjahr lesen und schreiben konnte. Nun konnte er über sich berichten, über seine auch für ihn furchtbare Situation der Empfindlichkeit, der Ängstlichkeit, vor allem der Einsamkeit. Er schrieb alles nur in Kleinbuchstaben, ohne Punkt und Komma. »ich bin oft erschreckt worden denn die leute haben nicht gewusst dass ich alles verstehe so haben sie einfach alles gesagt, was ich nicht hören sollte ... eine überempfindlichkeit ist einfach auf allen gebieten da ich kann ein wenig zu viel hören und ein wenig zu viel sehen aber die sinnesorgane sind o. k. einfach innen geht ein durcheinander leider los wörter sätze ideen werden so auseinandergerissen und zerrissen die einfachsten dinge werden aus dem zusammenhang der wichtigen wirklichen einzelnen anderen außenwelt gerissen ein gedanke ist zu schwer wie ein richtiger innerweltskasten« (Klonovsky 1992, 30; vgl. auch Sellin 1995; 1997).

Die vielen Jahre, in denen ihn die Außenwelt für verrückt hielt und entsprechend behandelte, hat er als Demütigung empfunden, sie haben ein positives Selbstwertgefühl nicht aufkommen lassen. Deshalb redete er nie, deshalb will er auch weiterhin nicht reden: »ein einsamer ersetzt wichtige erfahrungen der armseligen menschheit durch ewiges reden meistens im einsamen innern«. Er hat sich in sich selbst zurückgezogen, er will aber »kein in mich mehr sein«. Er möchte seine Einsamkeit überwinden, aber er fühlt sich ausgeschlossen, isoliert: »wie soll einer wissen wie die dinge funktionieren wenn er aus der gesellschaft ausgestoßen ist und die richtig wichtigen wörter nicht weiß total einsam tut er sich selbst erklärungen einfach wunderbar zusammenreimen total irrsinnige hohe antworten eimerweise müll einsicht einfach zu bekommen ist mein ziel einsicht und erfahrungen ein wiederentdeckter heisshunger nach wissen aus einsicht ein hunger nach idealem richtigen verhalten« (a. a. O., 34). Sicher ist es der Entwicklung eines positiven Selbstwertgefühls dienlich, wenn seine schriftlichen Mitteilungen über sich selbst publiziert werden. Der Computer hatte ihm neue und viele Möglichkeiten eröffnet.

»Derzeit gibt es keine wirksamen Therapiemethoden, mit denen die Ursachen der Störung behandelt werden könnten. Daher ist die Behandlung immer unterstützender und symptomatischer Art« (Remschmidt 2002, 57). Einen Überblick wesentlicher Ansatzpunkte der Intervention in der aktuellen Diskussion gibt Tab. 32 nach Remschmidt (2002) (▶ Tab. 32).

Von besonderer pädagogischer Bedeutung sind (aufklärende) Information und Psychoedukation – sowohl der Betroffenen als auch ihrer Bezugspersonen und -gruppen. Hierzu sind mittlerweile auch Ratgeber verfügbar (vgl. Hippler/Klicpera 2008, 342 f.). Verbreitet werden lerntheoretisch orientierte Programme eingesetzt, insbesondere TEACCH (»Treatment and Education for Autistic and other Communication Disabled Children«; Schopler/Mesibov/Hearsey 1995; Häußler 2012). Als weitere wichtige Ansatzpunkte und Konzepte nennen Hippler/Klicpera (vgl. 2008, 344 ff.) soziale Kompetenzgruppen, spezifische Trainingspogamme zur sozialen Kognition und zum Beziehungsaufbau, spieltherapeutische Ansätze, spezifische funktionelle Therapien (Motorik, sensorische Integration, Körperwahrnehmung oder Handlungsplanung) sowie unterstützende Psychotherapie und Familientherapie. Im Hinblick auf soziale Kognition hebt Remschmidt (vgl. 2002, 58 f.) die besondere Bedeutung einer Förderung der »theory of mind« hervor.

Mittlerweile liegt eine Vielzahl von Berichten und Untersuchungen über die erfolgreiche Förderung von Kindern und Jugendlichen mit Autismus im außerschulichen wie auch im schulischen Bereich vor (vgl. Klicpera/Hippler/Gasteiger-Klicpera 2006). Sogar eine integrative Beschulung hat sich für sie nicht nur als erfolgreich, sondern oft als förderlicher als spezielle Schulen erwiesen: Es lassen sich »größere Fortschritte in ihrem Sozialverhalten und zum Teil auch in der sprachlichen Entwicklung … als bei getrenntem Unterricht« feststellen (a. a. O., 137). Dies gilt insbesondere für Kinder und Jugendliche mit Asperger-Symptomatik, deren intellektuelle Kompetenzen eine entsprechende integrative bzw. inklusive Beschulung erlauben und nahelegen.

Tab. 32: Therapeutische Interventionen bei Asperger-Syndrom und »High-functioning«
-Autismus (aus Remschmidt 2002, 58)

Individuelle Behandlung

- Anregung von Lernprozessen zur eigenen Lebensperspektive
- Aufbau einer Beziehung und des Gespürs für Vertrauen
- Anregung zur Analyse und Organisation der eigenen Denkprozesse
- Herausarbeitung der Zusammenhänge von Ereignissen
- Einübung der Bewältigung von Alltagsproblemen

Einübung sozialer Fertigkeiten in einer Gruppensituation

- Förderung des Interesses an sozialen Interaktionen
- Förderung des Verständnisses sozialer Regeln
- Vermittlung sozialer Erfahrungen

Berufliches Training und Beschäftigung

- Nutzung der Spezialinteressen für die berufliche Ausbildung
- Bereitstellung beruflicher Möglichkeiten, die den besonderen individuellen Fähigkeiten angepasst sind
- Vermeidung von Beschäftigungen, die intensive soziale Kontakte erfordern

Medikation

- Zielorientierte Anwendung einer Medikation nach Maßgabe der Symptomatik bzw. der Verhaltensauffälligkeiten
- Die Medikation darf stets nur eine Komponente in einem umfassenderen Behandlungsplan sein.

9.6.4 Borderline-Syndrom

»Ein gut begabter 16-jähriger Oberschüler sucht selbstständig die Klinik auf, nachdem er wochenlang der Schule aus dem Empfinden heraus, dass alles so unbedeutend sei, fernblieb. Er schilderte depressiv getönt, dass er zwar Gleichaltrige genau wahrnehmen könne – er nahm auch sexuelle Beziehungen zu einem Mädchen in dieser Zeit auf –, klagte aber differenziert darüber, dass ihn Gemütsbewegungen der anderen nicht erreichten, es sei alles wie blöd, so leer. Stundenweise beteiligte er sich ganz unauffällig, lustig und intensiv an den Gruppenveranstaltungen auf der Station, schlief aber stets mit den Kleidern und vernachlässigte sich. Überwiegend beschäftigte er sich mit dem eigenen Körper, schilderte beunruhigt und farbig etwa wie eine Körperhälfte anders als die andere sei, er seine Brust als tiefes schwarzes Loch empfinde …« (Strunk 1989, 558).

Bei Jugendlichen – wie obiges Beispiel zeigt –, aber auch schon bei Kindern können sich Störungen im Sinne einer Borderline-Problematik zeigen, die gekennzeichnet ist durch »eine schwere Beeinträchtigung des Selbstkonzepts« bzw. durch »Einbrüche psychotischer Desorientierung« (Strunk 1989, 59 und 558). Als Symptome, die in unterschiedlicher Kombination und mit unterschiedlicher Intensität auftreten und »einer ständigen Fluktuation unterliegen« (Rohde-Dachser 1989, 43), werden beschrieben:

- Affektive Instabilität mit depressiven Tendenzen,
- Beeinträchtigung der Steuer- und Kontrollfunktionen (Ich-Schwäche),
- bizarre Verhaltensweisen,
- Depression,
- dissoziative Reaktionen, zerfahrenes Denken und Sprechen,
- Essstörungen,
- Gefühle der Verlassenheit, der Leere und der Langeweile,
- Gefühlskälte,
- gestörtes Selbstbild,
- Identitätsstörungen,
- impulsives und verantwortungsloses Handeln, episodischer Verlust der Impulskontrolle,
- Instabilität in menschlichen Beziehungen mit einem Wechsel zwischen Überidealisierung und Abwertung,
- Konversionssymptome,
- multiple Phobien,
- plötzliche und unkontrollierte Erregungszustände mit Aggressionen und Selbstdestruktionen,
- polymorph-perverse Sexualität,
- schwere Angstzustände, chronische freiflottierende Angst,
- suizidale Tendenzen mit Appellationscharakter,
- temporäre Halluzinationen,
- temporäres Depersonalisationserleben,
- Tendenzen zur sozialen Isolierung,
- unklare Ziele und innere Präferenzen,
- Wechsel zwischen Selbstbehauptung und Abhängigkeit,
- Zwangssymptome (vgl. Ekstein 1971; Kernberg 1983; 1991; Rohde-Dachser 1989; WHO 1991).

Wenn mehrere dieser Symptome über einen längeren Zeitraum auftreten, kann ein Borderline-Syndrom vorliegen. Der Unterschied zur Schizophrenie besteht darin, dass die Fähigkeit zur Realitätsprüfung und zu realitätsgerechten Handlungen erhalten bleibt und dass die Störung leidvoller erlebt wird (vgl. Lempp 1989, 904).

In der ICD-10 wird der »Borderline Typus« als eine Form spezifischer Persönlichkeitsstörungen geführt (vgl. Dilling et al. 1993, 230) bzw. als Form emotional instabiler Persönlichkeitsstörungen (DIMDI 2016, 213). Im Vordergrund der Bestimmung stehen emotionale Instabilität sowie Selbstbildstörungen, Gefühle innerer Leere und Unbeständigkeit. Nach DSM-5® ist die Borderline-Persönlichkeitsstörung ganz analog charakterisiert durch ein »tiefgreifendes Muster von Instabilität in zwischenmenschlichen Beziehungen, im Selbstbild und in den Af-

fekten sowie von deutlicher Impulsivität. Der Beginn liegt im frühen Erwachsenenalter, und das Muster zeigt sich in verschiedenen Situationen« (APA 2015,
367 f.).

Eine Borderline-Persönlichkeitsstörung liegt vor, wenn mindestens fünf der
folgenden Kriterien erfüllt sind:

(1) »Verzweifeltes Bemühen, tatsächliches oder vermutetes Verlassenwerden zu
    vermeiden. (...) (Hier werden keine suizidalen oder selbstverletzenden Hand-
    lungen berücksichtigt, die in Kriterium 5 enthalten sind.)
(2) Ein Muster instabiler und intensiver zwischenmenschlicher Beziehungen, das
    durch einen Wechsel zwischen den Extremen der Idealisierung und Entwertung
    gekennzeichnet ist.
(3) Identitätsstörung: ausgeprägte und andauernde Instabilität des Selbstbildes
    oder der Selbstwahrnehmung.
(4) Impulsivität in mindestens zwei potenziell selbstschädigenden Bereichen
    (Geldausgaben, Sexualität, Substanzmissbrauch, rücksichtsloses Fahren, ›Ess-
    anfälle‹. ((...) Hier werden keine suizidalen oder selbstverletzenden Hand-
    lungen berücksichtigt, die in Kriterium 5 enthalten sind.)
(5) Wiederholte suizidale Handlungen, Selbstmordandeutungen oder -drohungen
    oder Selbstverletzungsverhalten.
(6) Affektive Instabilität infolge einer ausgeprägten Reaktivität der Stimmung (z. B.
    hochgradige episodische Dysphorie, Reizbarkeit oder Angst, wobei diese Ver-
    stimmungen gewöhnlich einige Stunden und nur selten mehr als einige Tage
    andauern).
(7) Chronische Gefühle von Leere.
(8) Unangemessene, heftige Wut oder Schwierigkeiten, die Wut zu kontrollieren
    (z. B. häufige Wutausbrüche, andauernde Wut, wiederholte körperliche Aus-
    einandersetzungen).
(9) Vorübergehende, durch Belastungen ausgelöste paranoide Vorstellungen oder
    schwere dissoziative Symptome« (APA 2015, 368).

Die Prävalenz in der Allgemeinbevölkerung liegt nach neueren Studien zwischen
1 % und 2 %, in speziellen Populationen wie in der stationären Heimerziehung bei
bis zu über 60 % (vgl. Fröhlich-Gildhoff 2007, 168).

Breit und intensiv haben sich Tiefenpsychologen mit der Borderline-Störung
beschäftigt. Für Rohde-Dachser umfasst die Borderline-Störung ein prozesshaftes
Geschehen, »in welchem sich vor allem die Entfaltung der *Autonomiebestrebungen*
des Kindes in besonderer Weise konflikthaft gestaltet« (Rohde-Dachser 1989, 156).
Die Dominanz psychoanalytischer Erklärungskonzepte gilt auch heute noch, wobei diese zu »Objekt-Beziehungs-Theorien weiterentwickelt« wurden (Fiedler
2001, 250 ff.).

Ausgangspunkt der psychoanalytischen Konzeptbildung war die These, dass das
Syndrom aus einer »frühen und tiefgreifenden Störung der Mutter-Kind-Beziehung« entsteht (a. a. O., 1989, 154). Nach tiefenpsychologischen Erkenntnissen
beginnt die Borderline-Störung im 2. und 3. Lebensjahr. Sie resultiert nach Kernberg (vgl. 1983) aus frühen oralen Traumata und im weiteren daraus, dass ag-

gressive und libidinöse Tendenzen nicht integriert werden können, sodass die prägenitalen Entwicklungsphasen vorschnell durchlaufen werden und in eine vorzeitige Ödipalisierung einmünden. Identifikationsstörungen führen zu einer gestörten Über-Ich-Entwicklung. Über Spaltungsmechanismen werden aggressive Tendenzen auf die Außenwelt projiziert, die so zur Bedrohung wird und für die Normenübernahme nicht in Frage kommen kann. Nach Mahler et al. (vgl. 1982) kann die Borderline-Störung dadurch entwickelt werden, dass das Kind in seinem Loslösungs- und Individuationsprozess zwischen dem 18. und 36. Lebensmonat die Ambivalenzen zwischen Getrennt- und Selbstsein einerseits und der Erfahrung des Angewiesenseins andererseits nicht bewältigen kann und in der so genannten Wiederannäherungskrise starke Trennungsängste wie Verlassenheitsgefühle entwickelt. In der Latenz, vor allem aber in der Adoleszenz, in der wiederum Loslösungsprozesse sowie starke Tendenzen zur Autonomie und Ich-Identität aktiviert werden, können dann Borderline-Symptome ausgelöst werden.

Bestimmte gesellschaftliche Erscheinungsformen zur Bewältigung familiärer, nationaler und internationaler Bedrohungen in ökonomischer wie ökologischer, in ontologischer wie soziologischer Hinsicht können, als eine Art »kollektiver« Borderline-Problematik, die Entwicklung des individuellen Borderline-Syndroms begünstigen.

Pädagogen, die Kindern und Jugendlichen mit Borderline-Störungen hilfreich begegnen wollen, stehen in der Gefahr, als Aggressoren abgelehnt oder zum Ich-Ideal gemacht zu werden, wobei beide Positionierungen einander ablösen können. Pädagogisch-therapeutisch bedeutsam ist ein bedingungsloses Akzeptieren in Verbindung mit stützenden Maßnahmen im Sinne einer äußeren Haltgebung. Verstehende Gespräche können den Betroffenen ihre Situation klären helfen, sie ermutigen bzw. ihr schwaches Ich stärken und die Entwicklung einer stabilen Persönlichkeit unterstützen; Maßnahmen äußeren Halts (z. B. Grenzsetzungen, Verhaltensmodifikation) dienen verbesserter Realitätsprüfung und Anpassung. Dazu bedarf es gerade aufgrund der starken Spaltungen der Betroffenen in positiv und negativ, in »Gut« und »Böse« sowie ihrer abrupten Einstellungs- und Verhaltensveränderungen einer stabilen Pädagogenpersönlichkeit mit Kompetenz zur angemessenen Abgrenzung.

9.6.5 Tourette-Syndrom

Zu den schwersten Verhaltensstörungen bei normaler Intelligenz überhaupt gehört das Tourette-Syndrom. Diese als Vulnerabilität bzw. starke Disposition vererbte Störung wird klassifikatorisch den Tics zugerechnet, weil sich die Symptome plötzlich, schnell, sich wiederholend, unrhythmisch und stereotyp in Bewegungen und/oder Lautäußerungen zwanghaft einstellen (vgl. American Psychiatric Association 1996, 143). Bei einer Prävalenz von 3–4 auf 10 000 hat die Störung eine sehr komplexe, differenzierte und die betroffenen jungen Menschen wie die Umwelt außerordentlich belastende Symptomatik, die »von einfachen Bewegungs-Tics wie Augenblinzeln, Nasenrümpfen, Kopfwerfen, Grimassieren, über das Ausstoßen von bedeutungslosen Lauten, Husten, Grunzen, Nachahmung von Tiergeräuschen

u. a. bis zum ständigen Springen, Stampfen, Zupfen, Schnüffeln, ja unflätigen Worten oder obszönen Gesten« reicht; eine nach Tic-Formen geordnete Auflistung der Symptome vermittelt die nachfolgende Tabelle (psychosoziale-gesundheit.net 2013):

Tab. 33: Tics im Rahmen des Tourette-Syndroms

Einfache Tics:	• *vokal* (stimmliche Äußerungen):	Augenblinzeln, Kopfrucken oder -werfen, Schulterrucken oder -zucken, Grimassieren, Naserümpfen, Mundzuckungen usw.
	• *motorisch* (Muskelgruppen):	Räuspern, Hüsteln, Fiepen, Quieken, Grunzen, Schnüffeln, Zungenschnalzen sowie die Nachahmung von Vogelstimmen oder anderen Tiergeräuschen u. a.
Komplexe Tics:	• *vokal* (stimmliche Äußerungen):	Herausschleudern von Worten in kurzen Sätzen, die nicht im logischen Zusammenhang mit dem Gesprächsthema stehen; Ausstoßen sinnloser, beschimpfender, schmutziger, unflätiger, obszöner oder blasphemischer (gotteslästerlicher) u. a. Worte (Koprolalie); Wiederholung von Lauten bzw. Wortfetzen, die gerade gehört wurden (Echolalie); Wiederholung von gerade selbst gesprochenen Worten (Palilalie) usw.
	• *motorisch* (Muskelgruppen):	Berühren von Personen oder Gegenständen, Zurechtzupfen der Kleidung, Spielen mit den Haaren, Springen, Stampfen, »wildes« Grimassieren, Nachahmung der Bewegung von anderen, schnüffelndes Riechen, Verdrehen des Körpers oder In-die-Hocke-Gehen, Zeigen obszöner Gesten (Kopropraxie), manchmal sogar selbstverletzendes Verhalten, z. B. sich schlagen, kneifen, Kopf anschlagen u. a.

Als typische Verhaltenssymptome gelten Streitsucht, geringe Frustrationstoleranz, Wutausbrüche und provozierendes Verhalten (Steinhausen 1998, 367). Schon im frühen Kindesalter kann die Störung beginnen, als diagnostisches Kriterium gilt der Beginn vor dem 18. Lebensjahr. Sie kann das gesamte Leben bis ins späte Erwachsenenalter bestimmen. Die Prognose ist ungünstig, Remissionen und die Reduzierung auf phasenhafte Verläufe sind jedoch möglich. Die Symptomatik kann durch Medikamente gelindert werden.

Pädagogische Hilfen können gegeben werden durch Ignorieren der Symptome, die Vermeidung von Stress, die Schaffung einer angstfreien Atmosphäre und die Nutzung der besonderen Stärken, die sich bei Kindern und Jugendlichen mit dem Tourette-Syndrom finden. Wie durch neuere Forschungen herausgefunden wurde (vgl. kinderaerzte-im-netz.de 2013), können Kinder, die unter diesem Syndrom leiden, im Vergleich mit Kindern ohne diese Störung besser und schneller auf klaren Regeln beruhende Aufgaben lösen. Bessere Leistungen wurden auch bei sprachlichen Fähigkeiten erzielt, wenn es um die Benennung von Objekten ging, deren Benutzung mit Körperbewegungen verbunden ist (z. B. Hammer, Fahrrad usw.).

Damit zeigt sich, wie vermutet wird, »dass Abweichungen in der Gehirnfunktion, wie beim Tourette-Syndrom, nicht nur zu Tics führen, sondern zu einem breiten Spektrum an schnellen und nicht unterdrückten Verhaltensweisen« (a. a. O.).

9.6.6 Epilepsie

»Ich schlief mit meinem Bruder in einem Doppelstockbett. Er schlief unten; ich schlief oben. Plötzlich wurde ich aus dem ersten Schlaf gerissen. Das ganze Bett wackelte, bewegte sich so wild hin und her, als wenn es von einem Erdbeben geschüttelt würde. Ich schreckte hoch und sprang aus dem Bett. Da sah ich, dass mein Bruder die Bettbewegungen verursachte. Über seinen Körper gingen Wellen von Zuckungen. Er hatte Schaum vor dem Mund. Inzwischen waren auch andere Familienmitglieder in das Zimmer hineingestürzt. Fassungslos standen wir vor dem wackelnden Bett mit dem zuckenden Menschen darin, der uns erschreckte, dem wir helfen wollten, indem wir seine Arme, seine Beine, seinen Körper festhielten, dessen Zustand wir aber nicht verändern konnten. Bevor der Arzt kam, den das Telefon herbeigerufen hatte, hörten die Bewegungen auf. Der Junge lag nun ganz entspannt da, schlief friedlich, atmete regelmäßig. In unserer Sorge, in unserer Unkenntnis weckten wir ihn auf. Er reagierte ganz verschlafen, mürrisch, wusste nicht, was wir von ihm wollten, erinnerte sich an nichts Besonderes. Er klagte über Kopfschmerzen und darüber, dass er sehr müde sei. Er fühlte sich völlig abgeschlafft und wollte gleich weiterschlafen. Mit Mühe brachten wir ihn aus dem Bett, sahen, dass Laken und Bettbezug nass waren, legten ihn, weil er wie schlaftrunken nicht stehen wollte, auf den Teppich. Der Arzt kam, hörte unsere Schilderungen und klärte uns darüber auf, dass unser Bruder einen epileptischen Anfall gehabt hatte. Wir erinnerten uns, dass er vor Wochen beim Spielen auf einem Baugrundstück von einem schweren Stein am Kopf getroffen worden war, dass er wohl kurz bewusstlos gewesen war und über Unwohlsein geklagt hatte, das sich aber bald wieder gegeben hatte. Er war ein paar Tage zu Hause geblieben und dann wieder zur Schule gegangen. Nun musste er ins Krankenhaus, es wurde ein Elektro-Enzephalogramm (EEG) gemacht, und weitere Untersuchungen wurden durchgeführt, die die Diagnose erbrachten: Traumatische Epilepsie, zurückzuführen auf ein Hirntrauma mit Narbenbildungen. Diese Narbenbildungen störten nun die elektrischen Prozesse von Hemmung und Erregung, führten zu Dysregulationen und lösten die Anfälle aus, wie uns der Arzt erklärte. Mein Bruder durfte nicht mehr mit dem Fahrrad fahren, er durfte auch nicht mehr weit ins Meer hinausschwimmen. Er bekam eine medikamentöse Behandlung, für die nach unerwünschten Folgen wegen Über- oder Unterdosierung die richtige Dosis erst nach einigen Versuchen und einiger Zeit gefunden werden konnte. Die Tabletten, auf die er eingestellt worden ist, nimmt er nun regelmäßig. Zunächst hatte er noch so dann und wann einen Anfall, der mich aus dem Erstschlaf riss. Dann wurden die Anfälle immer weniger und wir dachten, er sei geheilt. Er schwamm nun wieder mit hinaus aufs Meer. Eines Tages machten wir ein Wetttauchen, bei dem er mit viel Ehrgeiz mit mir gleichzog. Kurz danach stürzte er hin, sein Körper erstarrte, geriet dann wieder in wilde Zuckungen. Später kam die Erklärung: Der Sauerstoffmangel hatte den schweren Anfall ausgelöst. So musste er lernen, mit seiner Störung im Gehirn zu leben. Seit langem hat er nun keine Anfälle mehr. Er konnte bis jetzt in der Schule mitkommen, wenn auch mit Schwierigkeiten, wurde immer versetzt – und wurde irgendwie anders« (Bericht eines Schülers über seinen Bruder).

Epilepsie (griechisch: epilepsis = Anfall) beruht auf einer cerebralen Funktionsstörung. Die Funktionsstörung resultiert daraus, dass in engumschriebenen Hirnarealen einige der Milliarden Nervenzellen den üblichen Abläufen von Erregung und Hemmung nicht folgen, hyperaktiv werden und durch ihre abnormen elektrischen Entladungen die benachbarten Neuronen quasi »anstecken«, sodass es zu verbreiteten irregulären Erregungsprozessen kommt, die wie ein Gewitter die Funktionstüchtigkeit des gesamten zentralen Nervensystems beeinträchtigen. Diese elektrische Störung manifestiert sich in einem Anfall, in Bewusstlosigkeit verbunden mit unterschiedlichen weiteren Symptomen. Hauptsächliche Anfallsformen sind Absencen, tonisch-klonische Krampfanfälle, Jackson-Anfälle, Adversiv-Anfälle, Halbseitenkrämpfe und Dämmerzustände sowie Dämmerattacken (vgl. Seidel et al. 1980, 150).

Personen, die eine Absence haben, wirken sekundenlang wie abwesend, scheinen mit starrem, leerem Blick in die Ferne zu schauen und reagieren nicht, wenn sie angesprochen werden. Dieser Zustand der Bewusstseinstrübung kann auch mit motorischen und vegetativen Symptomen verbunden sein, häufig zeigen sich rhythmische Zuckungen der Augen und der Kopf kann hochgezogen werden. Nach dem Anfall sind die Betroffenen wieder ganz bei der Sache und meinen z. B. nur, sie hätten etwas nicht richtig verstanden.

Tonisch-klonische Anfälle sind dadurch charakterisiert, dass auf einen Zustand erstarrender Verkrampfung minutenlange rhythmische Zuckungen folgen.

Jackson-Anfälle zeigen sich in motorischen und/oder sensiblen Störungen bei primärer Einbeziehung einzelner Körperteile, z. B. einer Hand, eines Fußes, einer Gesichtshälfte. Das Bewusstsein kann erhalten bleiben, der Anfall kann sich aber auch ausbreiten und in einen großen Anfall hineinmünden. Der Anfall kann einige Minuten andauern.

Adversiv-Anfälle wirken sich wie die Jackson-Anfälle partiell aus in ruckartigen Bewegungen der Augen verbunden mit einer tonischen Kopfwendung zur gleichen Seite wie die Augenbewegungen.

Halbseitenkrämpfe zeigen sich in tonischen und chronischen Anfällen über eine Körperhälfte.

Dämmerzustände und Dämmerattacken sind nur wenige Minuten, aber auch Stunden oder Tage andauernde Bewusstseinstrübungen, die mit Sinnestäuschungen, mit geordneten, aber auch mit sinnlosen Handlungen einhergehen und häufig verbunden sind mit typischen Automatismen wie Schmatzen, Schluckbewegungen, ungerichteten Bewegungen der Arme und der Beine. Nachträglich ist oft keine oder nur eine teilweise Erinnerung gegeben.

Die Verlaufsformen von Epilepsie werden differenziert in den Grand Mal, den großen Krampfanfall, und den Petit Mal, den kleinen Krampfanfall.

Ein Grand Mal wird häufig durch eine Aura, durch eine mit spezifischen Wahrnehmungen und Erlebnissen verbundene Vorphase eingeleitet, die dem Betroffenen die Möglichkeit geben kann, sich noch rechtzeitig in eine dienliche

Position zu bringen. Der eigentliche Anfall beginnt dann mit Bewusstlosigkeit, die gesamte Körpermuskulatur verkrampft sich, die Verkrampfung des Brustkorbs und der Stimmbänder führt unter Umständen zu einem »epileptischen Schrei« und der Betroffene stürzt zu Boden, wenn er ein Auraerleben nicht gehabt hatte oder nicht rechtzeitig berücksichtigen konnte. Nach der tonischen Krampfphase kommt es zur klonischen Phase mit rhythmischen Zuckungen über den ganzen Körper mit verstärkter Speichelabsonderung, die sich als Schaum vor dem Mund zeigt, wobei es auch zum Zungenbiss, zum Einnässen oder Einkoten kommen kann. Nach einigen Minuten läuft der Anfall aus, der Körper entspannt sich. Der Anfall wird nicht erinnert, aber es bleiben Kopfschmerzen, Schlafbedürfnis und ein allgemeiner Erschöpfungszustand zurück. Unter dem Begriff Petit Mal werden in ihrer Anfalls- wie Verlaufsform recht unterschiedliche Anfallsleiden zusammengefasst. Bei den Blitz-, Nick- und Salaamkrämpfen wird der Kopf ruckartig und schnell oder manchmal auch langsam nach vorn bewegt und es kommt zu Nickbewegungen. Die Arme zieht es nach oben oder nach vorn, die Beine werden angezogen und der ganze Rumpf kann in den Anfall miteinbezogen sein. Das Leiden beginnt meist schon zwischen dem 1. und 4. Lebensjahr. Petit Mal-Anfälle treten auch als Ab- sencen auf, die mit ihren Bewusstseinspausen die Kinder und Jugendlichen im Schulalter primär wie sekundär sehr beeinträchtigen können.

Das myoklonisch-astatische Petit Mal (Lennox-Syndrom) ist gekennzeichnet durch Tonusverlust, der häufig mit Schlaf oder Erwachen verbunden ist – und unter Umständen plötzliches Hinstürzen bei vollem Bewusstsein auslöst.

Unter Pyknolepsie wird eine Reihung von vielen, bis zu 100 Absencen pro Tag verstanden, die mit Automatismen und motorischen Symptomen verbunden sein können. Der Beginn des Leidens liegt im Vorschul- und Schulalter.

Der Impulsiv-Petit-Mal zeigt sich in Myoklonien, d. h. in Zuckungen um- schriebener Muskelpartien, insbesondere um die Schultern herum, die nur wenige (2–3) Sekunden dauern und von den Betroffenen wie elektrische Schläge empfun- den werden, die ihnen festgehaltene Gegenstände aus der Hand schleudern. Das Leiden zeigt sich zumeist im späten Kindes- und Jugendalter (vgl. Seidel et al. 1980, 155).

Unter ätiologischem Aspekt sind die symptomatische und die genuine Epilepsie voneinander zu unterscheiden. Während die symptomatische Epilepsie auf Hirnschädigungen vor und während der Geburt oder auf Unfälle, Infektionen, Tumore und Durchblutungsstörungen zurückgeführt werden kann, ist bei der genuinen Epilepsie keine Ursache nachzuweisen und es ist davon auszugehen, dass das Leiden auf eine angeborene Bereitschaft zurückgeht. Diese angeborene Bereitschaft, die sich in einer krankhaft herabgesetzten Krampfschwelle bzw. einer erhöhten Krampfbereitschaft zeigt, bezieht sich nur auf ca. 7 % der Men- schen mit Epilepsie. Eine Herabsetzung der Krampfschwelle kann sich bei jedem Menschen durch außergewöhnliche Reize ergeben, sodass es zu »Gelegenheits- krämpfen« kommt. Eine Epilepsie kann deshalb erst dann diagnostiziert werden, wenn die Anfälle wiederholt auftreten und sich Nachweise im EEG erbringen lassen.

Epileptische Anfälle können situative Ereignisse bleiben und sich nicht weiter auf die Entwicklung und die kognitiven, emotionalen sowie psychomotorischen

Potenzen des Menschen auswirken. Selbst berühmte Tatmenschen wie Cäsar oder Napoleon litten unter Epilepsie, die in der griechischen Antike als »heilige Krankheit« (Demokrit) verstanden wurde. Epileptische Anfälle (beispielsweise Absencen) können aber bei Kinder und Jugendlichen mit Symptomen verbunden sein, wie sie auch im Rahmen von Aufmerksamkeitsdefizit- und Hyperaktivitätsstörungen beschrieben werden, und mit Lernstörungen und sekundären Verhaltensstörungen kovariieren, die aus inadäquaten Umweltreaktionen resultieren. Eine genaue Differentialdiagnostik ist hier sehr wichtig. Die elektrischen Entladungen können aber auch zum Untergang neuronalen Gewebes und in der Folge zu mentalen Beeinträchtigungen, aber eben auch zu Persönlichkeitsstörungen und zu Wesensveränderungen führen. Es können sich Störungen im Ich-Erleben sowie Affekt-, Denk- und Kommunikationsstörungen ergeben. Aktuelle Symptome wie Dämmerzustände mit reduziertem Denkvermögen, gestörter Realitätserfassung, gesteigerter Erregbarkeit, ängstlicher Verstimmung, Unruhe und Misslaunigkeit können – abhängig von der Schwere und Dauer der Krankheit sowie konstitutionellen Gegebenheiten – hineinmünden in chronische Persönlichkeitsveränderungen und fortschreitenden Abbau kognitiver Funktionen.

Grand-Mal-Anfälle, die nicht behandelt werden und sich in einer Aufeinanderfolge aneinanderreihen, werden als »status epilepticus« lebensbedrohlich und können zum Tode führen.

Ärzte, aber auch Pädagogen haben Kindern und Jugendlichen mit Epilepsie gegenüber die nur in Kooperation zu bewältigende Aufgabe, zu einer adäquaten Behandlung und Förderung zu kommen. Ärzte benötigen neben technischen Hilfen zur Diagnose auch genaue Verhaltensschilderungen aus unterschiedlichen Situationen vor, während und nach Anfällen. Auch für die medikamentöse Einstellung sind sie auf Informationen auch aus pädagogischen Feldern (Kindergarten, Schule, Heim usw.) bei unterschiedlichen Tätigkeiten und Belastungen angewiesen.

Nach der Mithilfe bei Diagnose und medikamentöser Einstellung können Lehrer und Erzieher aber auch einen wesentlichen Beitrag bei der Rehabilitation leisten, die heutzutage bei den meisten Menschen mit Epilepsie zu einem Leben in Unabhängigkeit und Selbstbestimmung führt. Es ist darauf zu achten, dass die Kinder und Jugendlichen angemessen gefordert und gefördert werden – was bedeutet, sie nicht zu überfordern, aber auch nicht zur Überbehütung zu neigen. Außenseiterpositionen in sozialen Gruppen sind für sie besonders gefährlich, weil sie einerseits sehr empfindlich, andererseits aber auch reizbar sein können. Die erlebten Anfälle und sich eventuell einstellende Symptome wie perseverierendes, zähflüssiges, träges Verhalten können zu Ablehnungen, zu Benachteiligungen durch andere, vor allem aber bei den Betroffenen selbst durch erlebte Beeinträchtigungen zu einem schwachen Selbstwertgefühl führen. Es kann sich, in Abhängigkeit von der Schwere der Schädigung, eine Symptomatik in Folge leichterer Hirnschädigungen einstellen, wie sie weiter oben dargestellt wurde – welche dann eine entsprechende pädagogisch-therapeutische Intervention notwendig macht. Zu berücksichtigen ist auch, dass es zu einer anfallbedingten Leistungsreduzierung kommen kann und zu Nebenwirkungen durch die medikamentöse Behandlung.

9.7 Delinquentes Verhalten – Kriminalität – Drogenabhängigkeit

9.7.1 Jugend-Delinquenz

»Hamburg, den 22.9.1982

Am ... 1964 wurde ich als Sohn der kaufmännischen Angestellten R. unehelich geboren. 1970 wurde ich in die Grundschule Bad N. (Hessen) eingeschult, und im selben Jahr heiratete meine Mutter den gelernten Metzger R. Nachdem ich 1973 das Ziel der 3. Klasse nicht erreicht hatte, zog unsere Familie, zu der inzwischen meine Schwester U. hinzugekommen war, um nach K. in Schleswig-Holstein. Dort wiederholte ich die 3. Klasse und kam dann, nachdem ich am Ende des 5. Schuljahrs eine entsprechende Prüfung absolviert hatte, auf die Realschule in N., die ich aber schon nach halbjährigem Aufenthalt wieder verließ, da die Faulheit über die Intelligenz siegte. Daraufhin besuchte ich weiter die Hauptschule, bis ich in die Realschule in G. überwechselte, die ich auch wieder nach einem halbjährigen Besuch, wegen mangelnden Fleißes, verlassen musste. 1979 entstanden zu Hause starke Spannungen. Auch gab es inzwischen zwei neue Familienmitglieder, meine Schwestern S. und E. Wahrscheinlich wurde ich durch falsche Erziehungsmaßnahmen 1979 als schwererziehbar in das Kreiskinderheim L. eingeliefert. Schwierigkeiten mit meinem Stiefvater und kleine Diebstahldelikte zerstörten das Verhältnis zwischen meiner Mutter und mir. In L. besuchte ich die dortige Realschule, musste diese aber wieder wegen Lustlosigkeit und schlechten Leistungen in den Fächern Mathematik und Physik verlassen. Weiterhin lernte ich in der dortigen Hauptschule, bis ich in mehrere andere Heime überwechselte und auch in die dortigen Schulen gehen musste. Zuletzt besuchte ich die Schule ›G ... B ...‹ in L., wiederholte dort das 8. Schuljahr und bekam 1980, als ich sie verließ, nur ein Abgangszeugnis. In L. begann ich auch eine Lehre als Stahlbauschlosser, brach sie aber wegen Nichtgefallen wieder ab. Wegen einiger Abweichungen vom geraden Weg kam ich 1981 in das Erziehungsheim G. Meine Mutter, die inzwischen schon lange zur Hausfrau übergewechselt war, bedauerte dies sehr. Noch mehr bedauerte sie, dass ich 1982 im Amtsgericht zu P. zu einer Strafe von mindestens 1 Jahr bis 3 Jahre wegen Diebstahls und schweren Raubes verurteilt wurde. Nun bin ich hier in der Jugendstrafanstalt H., stehe kurz vor der Entlassung und bin bereit, den Hauptschulabschluss nachzuholen« *(Lebenslauf,* den ein delinquenter Jugendlicher in der Jugendstrafanstalt schrieb).

Delinquenz ist ein Begriff, der aus dem Englischen stammt. Er bezeichnet ein gegen geltende Gesetze verstoßendes Verhalten, das differenzierter benannt werden kann als Pflichtverletzung, Missetat, Vergehen und Verbrechen. Delinquenz und Kriminalität werden hier als synonyme Begriffe gebraucht.

Im Jugendgerichtsgesetz (JGG) wird bestimmt, unter welchen Bedingungen junge Menschen als Straftäter anzusehen sind. In den Paragraphen 1 und 3 heißt es:

§ 1 Persönlicher und sachlicher Anwendungsbereich. (1) Dieses Gesetz gilt, wenn ein Jugendlicher oder ein Heranwachsender eine Verfehlung begeht, die nach den allgemeinen Vorschriften mit Strafe bedroht ist.
(2) Jugendlicher ist, wer z. Z. der Tat vierzehn, aber noch nicht achtzehn, Heranwachsender, wer z. Z. der Tat achtzehn, aber noch nicht einundzwanzig Jahre alt ist.

§ 3 Verantwortlichkeit. Ein Jugendlicher ist strafrechtlich verantwortlich, wenn er z. Z. der Tat nach seiner sittlichen und geistigen Entwicklung reif genug ist, das Unrecht der Tat einzusehen und nach dieser Einsicht zu handeln. Zur Erziehung eines Jugendlichen, der mangels Reife strafrechtlich nicht verantwortlich ist, kann der Richter dieselben Maßnahmen anordnen wie der Familien- oder Vormundschaftsrichter. (JGG 2001, 216 f.)

Kinder vor Vollendung des 14. Lebensjahres sind also strafrechtlich nicht verantwortlich. Für die Definition einer Straftat gilt bei Jugendlichen und Heranwachsenden – gleichermaßen wie bei Erwachsenen – das Strafgesetzbuch.

Es ist davon auszugehen, dass der Prozess der Normenübernahme in Kindheit und Jugend mit Normverstößen verbunden ist; dies gilt auch im Hinblick auf Strafrechtsnormen. Dunkelfelduntersuchungen, d. h. anonyme Befragungen über die Verbreitung delinquenten Verhaltens bei Kindern, Jugendlichen und Erwachsenen, haben nämlich gezeigt, dass fast alle nichtbestraften Befragten (90 %) Straftaten begangen hatten. Allerdings handelt es sich meist um eine Minimaldelinquenz: es sind leichte Delikte, die nur einmal oder wenige Male begangen wurden. Verstöße gegen Strafrechtsnormen bzw. kriminelle Verhaltensweisen sind also allgemein verbreitet, sie sind ubiquitär. Im Februar 1991 machte beispielsweise die Zeitschrift »Psychologie Heute« eine Umfrage zum kriminellen Verhalten und zu moralischen Einstellungen ihrer Leser und Leserinnen, zu denen überwiegend Psychologen, Lehrer, Sozialpädagogen, Mediziner, Wissenschaftler und Studenten bzw. Schüler gehören. Selbst in dieser speziellen Klientel, in der das Abitur mit 67 % der am stärksten vertretene Schulabschluss ist, zeigte sich sehr deutlich die Ubiquität kriminellen Verhaltens und eine ausgeprägte Doppelmoral.

- 94 % halten sich nicht an Geschwindigkeitsbegrenzungen
- 89 % parken falsch
- 86 % bedienen sich so genannter Höflichkeitslügen
- 69 % haben in den letzten Jahren das Finanzamt betrogen
- 68 % haben Güter durch den Zoll geschmuggelt
- 76 % telefonieren privat auf Kosten ihres Arbeitgebers
- 60 % bestehlen ihren Arbeitgeber.

Die Doppelmoral zeigt sich z. B. darin, dass fast 50 % nahe stehende Menschen über wichtige Dinge getäuscht haben, 76 % aber ärgerlich oder sehr ärgerlich darüber wären, wenn sie selbst getäuscht würden; fast 70 % hatten das Finanzamt betrogen, 46 % würden aber sehr ärgerlich reagieren, wenn andere das gleiche täten; fast 40 %

haben ihren Partner betrogen, aber fast 70 % würden dieses Verhalten bei ihrem Partner ärgerlich und sehr ärgerlich finden (Psychologie Heute, 18.1991, 22–29).

Im Vergleich zur übrigen Bevölkerung zeigen durch Sanktionsinstanzen erfasste Straftäter deutliche Unterschiede dahingehend, dass die Delikthäufigkeiten um ein vielfaches größer und die begangenen Delikte ungleich schwerer sind. Bei solchen Straftätern muss davon ausgegangen werden, dass sie in ihrer Sozialisation delinquente Tendenzen bzw. »schädliche Neigungen« (Jugendgerichtsgesetz) ausgebildet haben, d. h. die überdauernde Bereitschaft zu sozialschädlichen Verhaltensweisen. Von Delinquenz oder Kriminalität wird also nur dann gesprochen, wenn Delikthäufigkeit und Deliktschwere auf eine sozialschädliche Verhaltensbereitschaft verweisen und im Interesse des Täters wie der Opfer neben juristischen Konsequenzen pädagogisch-therapeutische Interventionen notwendig werden.

Zur Erklärung kriminellen Verhaltens gibt es eine Vielzahl kriminologischer, soziologischer und psychologischer Theorien, auf die nachfolgend auszugsweise eingegangen wird. Die wissenschaftliche Diskussion scheint sich dahin zu entwickeln, die wachsende Kinder- und Jugendkriminalität nicht linear-kausal allein auf die Wahl der Zielerreichung mit illegalen Mitteln aus einer anomischen Situation heraus, auf deprivierende Umweltbedingungen oder auf gesellschaftliche Straf- und Ausstoßungstendenzen zurückzuführen, sondern auf eine Vielzahl intervenierender Variablen wie Arbeitsteilung, Urbanisierung, Anonymität, Leistungs- und Gewinnorientierung, Verminderung der »Regulierungskraft der traditionellen Normen von Religion, Sitte und Konvention« einschließlich ihrer Vermittlung im Rahmen von Erziehung, auf eine »Vermehrfachung der strafbewehrten Normen« (Kaiser 1973, 351, vgl. 335–353), aber auch auf Anlagebedingungen (vgl. Döfner et al. 2007; Steinhausen 2008). Neben gesellschaftlichen Bedingungen sind auch individuelle Faktoren in den Blick zu nehmen. Die Berliner Polizei nannte z. B. für die in den Großstädten zunehmende und brutaler werdende Jugendgruppengewalt als »wesentliche individuelle Ursachen« bereits vor über zwei Jahrzehnten Faktoren, die auch aktuell diskutiert werden (vgl. Heisig 2010) – vor allem

- »mangelnde Sozialisation durch Elternhaus und Schule
- mangelndes und defektes Selbstwertgefühl und
- Konsum von Gewalt (Medien, Videos, Computerspiele)« (Polizeipräsident 1990, 29).

Elternhaus und Schule sind deshalb – insbesondere in einer Zeit reduzierter Erziehungsbereitschaft und Erziehungsfähigkeit – aufgerufen, sich intensiver mit Jugenddelinquenz auseinanderzusetzen und schon im Vorfeld durch präventive Maßnahmen tätig zu werden (siehe dazu z. B.: Haymoz/Herrmann et al. 2008; Tschöpe-Scheffler 2005).

Über die Delikte von Jugendlichen, Heranwachsenden und Erwachsenen werden unterschiedliche Statistiken geführt. Bedeutungsvoll sind die Polizeistatistik, die Verurteiltenstatistik sowie die Strafvollzugsstatistik. Während die Polizeistatistik alle Straftaten summiert, die im Zuge der Strafverfolgung aktenkundig werden, erfasst die Verurteiltenstatistik nur jene Straftaten, auf die hin richterliche Sanktionen erfolgt sind. Die Strafvollzugsstatistik stellt zu den erstgenannten Statistiken eine weitere Reduktion in dem Sinne dar, dass nur noch Delikte erfasst

Tab. 34: Alter und Geschlecht der Tatverdächtigen 2015

Altersgruppe	insgesamt	männlich	weiblich	weiblich in %
Kinder	79 371	53 533	25 838	32,6
bis unter 6	10 375	5647	4728	45,6
6 bis unter 8	5731	3814	1917	33,4
8 bis unter 10	9357	6709	2648	28,3
10 bis unter 12	17 009	12 296	4713	27,7
12 bis unter 14	36 899	25 067	11 832	32,1
Jugendliche	218 025	162 140	55 885	25,6
14 bis unter 16	87 845	60 975	26 870	30,6
16 bis unter 18	130 180	101 165	29 015	22,3
Heranwachsende (18 bis unter 21)	231 426	183 084	48 342	20,9
Erwachsene	1 840 214	1 382 631	457 583	24,9
21 bis unter 25	298 166	232 813	65 353	21,9
25 bis unter 30	339 704	262 405	77 299	22,8
30 bis unter 40	479 386	362 837	116 549	24,3
40 bis unter 50	340 923	252 521	88 402	25,9
50 bis unter 60	224 807	162 967	61 840	27,5
60 und älter	157 228	109 088	48 140	30,6
Tatverdächtige insgesamt	*2 369 036*	*1 781 388*	*587 648*	*24,8*
Tatverdächtige ohne strafunmündige Kinder	*2 289 665*	*1 727 855*	*561 810*	*24,5*

(nach: Bundesministerium des Innern 2015, 42)

werden, die zu Haftstrafe und Haftvollzug führten. In der Realität stellt sich die Sanktionspraxis der Justiz so dar, dass auf eine große Zahl Tatverdächtiger eine deutlich kleinere Zahl Verurteilter und nur sehr wenige Strafgefangene kommen. 2015 wurden in Deutschland 2 289 665 strafmündige Tatverdächtige registriert (Bundesministerium des Innern 2015, 42); verurteilt wurden 2015 739 487. Anhand der Zahlen wird deutlich, dass sehr viel mehr Menschen wegen Straftaten polizeilich in Erscheinung traten als verurteilt wurden. Zum Stichtag 31. März 2015 saßen 52 412 Strafgefangene in den deutschen Justizvollzugsanstalten ein (Statistisches Bundesamt 2015b, 15). Somit kommen – bei punktueller Erfassung der Strafgefangenen – auf einen Strafgefangenen 44 Tatverdächtige (▶ Abb. 59).

2016 waren unter insgesamt 2 270 169 Tatverdächtigen in Deutschland 79 371 Kinder (▶ Tab. 33). Beinahe die Hälfte dieser Kinder (43,9 %) hatte sich des Diebstahls

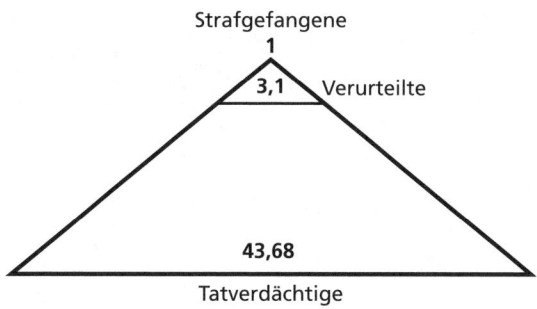

Abb. 59: Das Verhältnis Tatverdächtiger zu Strafgefangenen (nach: Statistisches Bundesamt 2017c; 2017d)

schuldig gemacht (Bundesministerium des Innern 2017, 17). 24,9 % der tatverdächtigen Jugendlichen besaßen keine deutsche Staatsangehörigkeit, womit diese Gruppe weit überrepräsentiert ist (Bundesministerium des Innern 2017, 18): Der Anteil von Ausländern (8 651 958) an der Gesamtbevölkerung (82 175 684) lag zugleich bei 10,5 % (Statistisches Bundesamt 2016c, 7). 2012 stellte das Bundesministerium des Inneren fest: »Die Gruppe der nichtdeutschen tatverdächtigen Jugendlichen war mit einem nahezu gleich hohen Anteil wie die der deutschen Jugendlichen am Ladendiebstahl (23,9 %) und an Diebstahlsdelikten insgesamt (39,5 %) beteiligt. Bei einfachem Diebstahl (33,4 %), bei Rohheitsdelikten und Straftaten gegen die persönliche Freiheit (31,5 %) sowie bei Körperverletzungsdelikten (26,0 %) wiesen hingegen nichtdeutsche Tatverdächtige innerhalb ihrer Altersgruppe höhere Anteile als deutsche jugendliche Tatverdächtige auf« (a. a. O., 12).

Es zeigt sich eine Problematik, die sich bei den Jugendlichen fortsetzt und die schon im Kindesalter als bedeutende gesellschaftliche und insbesondere auch als pädagogische Aufgabe gesehen werden muss.

Nach stetigen Zunahmen zwischen 1996 und 2001 hat die Anzahl der Jugendlichen und Heranwachsenden, die wegen der Schwere ihrer Taten oder wegen ihrer »schädlichen Neigungen« zu Jugendstrafen ohne Bewährung verurteilt werden mussten, zwischen 2004 und 2016 kontinuierlich abgenommen (▶ Tab. 35). Waren es noch 2004 7304 junge Menschen, die zum Stichtag 31. März in einer Jugendanstalt einsaßen, so waren es im Jahr 2010 nur noch 6184 und 2016 »lediglich« 4010. Hinzuzurechnen zu den jugendlichen und heranwachsenden Delinquenten im Jugendstrafvollzug ist noch eine kleine Gruppe von Heranwachsenden, für die die Richter eine Freiheitsstrafe im Erwachsenenvollzug für notwendig hielten und die sich seit 2004 im Bereich um 200 einpendelt. Die durchaus recht große Anzahl junger Menschen (21-jährig und älter), die nicht zu einer Freiheitsstrafe, sondern zum Vollzug in einer Jugendanstalt verurteilt wurden, ist zwischen 2004 und 2010 kontinuierlich gesunken und in den folgenden zwei Jahren leicht gestiegen. Dies verdeutlicht auch, dass hier einer Teilgruppe straffälliger Erwachsener noch die Möglichkeit zu einer positiven Entwicklung durch adäquate Erziehung gegeben werden soll (▶ Tab. 35; Statistisches Bundesamt 2005c, 2006b, 2009, 2010c, 2012 f, 2015b, 2017b).

Tab. 35: Zu Freiheits- und Jugendstrafen verurteilte Jugendliche und Heranwachsende

		2008	2010	2012	2014	2016
Altersgruppe von ... bis unter ... Jahren	Freiheitsstrafe 18–21	197	222	207	163	226
	Jugendstrafe insgesamt	6557	6184	5796	4910	4010
	14–18	663	640	581	500	399
	18–21	3181	3075	2709	2178	1801
	21 und mehr	2713	2469	2506	2232	1810

(nach: Statistisches Bundesamt 2005c, 8; 2006b, 14; 2009, 14; 2010c, 14; 2012f, 14, 2015b, 11 ff., 2017b, 20 f.)

9.7.1.1 Deliktstruktur

Wie Tabelle 35 zeigt, ist die gegenwärtige jugendrichterliche Praxis darauf ausgerichtet, Jugendliche kurz nach Erreichen der Strafmündigkeit noch nicht zu einer Jugendstrafe zu verurteilen (▶ Tab. 36). So ist die Zahl der 14- bis unter 16-Jährigen in den Jugendstrafanstalten sehr klein, obwohl diese Jugendlichen häufig schon eine große Anzahl von Straftaten begangen haben, wovon dicke Akten über Delikte und zahlreiche Interventionsversuche zeugen. Allgemein wird versucht, durch intensive Nutzung der Maßnahmen im Vorfeld des Jugendstrafvollzugs (z. B. Erziehungsmaßregeln, Zuchtmittel) die jungen Menschen positiv zu beeinflussen. »Erziehungsmaßregeln und Zuchtmittel wurden (2003) in 83 % der Verurteilungen ausgesprochen. Verhängung von Jugendstrafe mit Bewährung erfolgte in 10 %, Jugendstrafe ohne Bewährung in 7 % der Fälle. Die häufigste Art der Sanktionen stellen die Zuchtmittel dar: 2003 wurden gegenüber mehr als 77 000 Verurteilten über 109 000 verschiedene Zuchtmittel verhängt; der Jugendarrest als einziges stationäres Zuchtmittel betrifft dabei mit knapp 19 000 Fällen 19 % aller Verurteilten. Gegenüber ca. 7000 Verurteilten wurde als schwerste Sanktion eine Erziehungsmaßregel ausgesprochen, fast immer in Form einer Weisung« (Jehle 2005).

Auch die jungen Delinquenten in Untersuchungshaft stellen eine recht große Problemgruppe und pädagogische Aufgabe dar. Am 31.03.2016 saßen für den Zeitraum der Untersuchungshaft 437 Jugendliche und 1045 Heranwachsende ein (Statistisches Bundesamt 2017b, 17). Unabhängig vom Alter sind nicht nur im Jugendstrafvollzug, sondern auch in der Untersuchungshaft »ausländische Gefangene mit Einschluss der jungen so genannten Spätaussiedler aufgrund fehlender oder mangelnder Sprachkenntnisse, aufgrund kultureller Eigenarten bis hin zu besonderen Essgewohnheiten sowie aufgrund gesellschaftlicher Ausgrenzungen und fehlender Perspektiven« die Hauptproblemgruppen (Ostendorf 2003, 867). Sie grenzen sich auch nach ethnischer Herkunft gegeneinander ab und bilden innerhalb der Anstalten subkulturelle Gemeinschaften bzw. auch kriminelle Banden. Wegen dieser Problematik ist eine differenzierte Betrachtung der Delikte von deutschen und ausländischen Jugendlichen und Heranwachsenden notwendig. Die

Tab. 36: Jugendliche und Heranwachsende im Jugendstrafvollzug 2016 nach Alter und Geschlecht

Jugendstrafvollzug 2016[1]				
Altersgruppe von … bis unter … Jahren	insgesamt	dar. im offenen Vollzug	männlich	weiblich
Jugendliche zusammen	399	12	368	31
14–15	–	–	–	–
15–16	32	–	31	1
16–17	111	–	99	12
17–18	256	12	238	18
Heranwachsende zusammen	1801	135	1740	61
18–19	443	28	427	16
19–20	611	44	590	21
20–21	747	63	723	24
Untersuchungshaftvollzug 2016[1]				
zusammen	1622			
14–18	437	–	381	56
18–21	1185	–	1124	61

[1] am 31.03.2016
(nach: Statistisches Bundesamt 2016d, 15; 2017b, 17)

Kriminalitätsproblematik bildet sich qualitativ wie quantitativ realistischer und deutlicher in der Polizeilichen Kriminalstatistik ab als in der Verurteiltenstatistik. Nur in der Polizeilichen Kriminalstatistik werden alle Straftaten aufgeführt, erscheinen noch alle Straftaten, die von den Staatsanwaltschaften im Vorfeld von Gerichtsverfahren abgehandelt wurden – z. B. bei geringer Schuld, wenn kein öffentliches Interesse erkannt wird, wenn Ermahnungen bzw. Verwarnungen oder die Erteilung von Auflagen als hinreichend angesehen werden –, und es werden vor allem auch die Straftaten von strafunmündigen Kindern erfasst.

Die tabellarische Übersicht (▶ Tab. 37) macht deutlich, dass selbst schon bei sehr jungen Kindern und besonders ausgeprägt bei Jungen mit erschreckend großen Zahlen Diebstahldelikte, Rohheitsdelikte, Körperverletzungen und Straßenkriminalität vorkommen. Ein ähnliches Bild zeigt sich bei Jugendlichen und Heranwachsenden, wobei bei diesen Gruppen auch schon Rauschgiftdelikte eine große Rolle spielen. Bei einer differenzierten Betrachtung der Delikte von deutschen und nichtdeutschen Tatverdächtigen wird deutlich, dass in Fällen von Diebstahl (40,3 %), Rohheitsdelikten und Straftaten gegen die persönliche Freiheit (30,4 %) sowie bei Körperverletzungsdelikten (31,6 %) nichtdeutsche jugendliche Tatverdächtige innerhalb ihrer Gruppe höhere Anteile als die deutschen jugendlichen Tatverdächtigen aufwiesen; der Anteil an Ladendiebstahl war in beiden Gruppen nahezu gleich hoch (vgl. Bundesministerium des Innern 2017, 75).

Auch nach der Verurteiltenstatistik stellen ausländische Jugendliche und Heranwachsende im Vergleich zu deutschen Verurteilten der gleichen Altersgruppe mit 18,1 % einen überproportional hohen Anteil (vgl. Statistisches Bundesamt 2012e, 461). Dies zeigt sich auch in der Belegung der Jugendstrafanstalten deutlich: 20,6 % der dortigen Insassen sind Ausländer oder Staatenlose (vgl. a. a. O., 15).

Eine vergleichende Betrachtung der Tatverdächtigenziffern (Anteil je 100 000 der gleichen Personengruppe) erbringt in allen Hauptdeliktgruppen bei Erwachsenen deutlich niedrigere Werte als bei Jugendlichen und Heranwachsenden. Damit erweist sich das Problem nicht nur der Vermögensdelikte in gewissem Umfang als altersspezifisch bzw. als Versagen bei der Bewältigung von Entwicklungsaufgaben. Es wird die pädagogische Aufgabe deutlich, in diesem Bereich im Hinblick auf Ursachen, Kriminalprophylaxe und korrigierende Maßnahmen verstärkt Erkenntnisse zu gewinnen und mit Engagement umzusetzen.

9.7.1.2   Soziokulturelle Merkmale der Straftäter

Zu den soziokulturellen Merkmalen sollen der Sozialstatus, die Schulbildung und die berufliche Ausbildung gerechnet und kurz dargestellt werden.

Die meisten Straftäter kommen aus der sozialen Unterschicht. Eine Untersuchung, die in den Jugendanstalten Hahnöfersand und Vierlande in Hamburg gemacht wurde, erbrachte z. B., dass nach relevanten Sozialindikatoren (z. B. Beruf und Einkommen der Eltern, eigene Schul- und Berufsausbildung) 2/3 der jugendlichen Inhaftierten aus der unteren und oberen Unterschicht stammen, womit die Unterschichtzugehörigen in der Strafanstalt deutlich überrepräsentiert sind. Dagegen sind nur 33,7 % der Inhaftierten der unteren und oberen Mittelschicht zuzuordnen. Zugehörige dieser Schichten sind also in der Strafanstalt unterrepräsentiert.

Straffällige Jugendliche haben in Relation zu nichtstraffälligen Jugendlichen deutlich mit geringerem Erfolg die Schule besucht. Der Anteil der ehemaligen Schüler aus Schulen mit dem Förderschwerpunkt Lernen ist unter den jugendlichen Straftätern wesentlich höher als in der Gesamtbevölkerung. Das gleiche gilt für jugendliche Delinquenten ohne Hauptschulabschluss. Jugendliche mit Hauptschulabschluss sind dagegen in den Jugendanstalten unterrepräsentiert. Ehemalige Real- und Gymnasialschüler kommen nur sehr vereinzelt vor.

Eine schlechte schulische Ausbildung ist zwar nicht als kriminogener Faktor zu werten; geringer Schulerfolg kovariiert aber mit Verwahrlosungstendenzen und Schulabsentismus. Sozial unangepasstes Verhalten und Herumstreunen als Verwahrlosungssymptome haben für Straffälligkeit prognostische Bedeutung, verweisen also darauf, dass die Gefahr einer kriminellen Entwicklung besteht.

Eine schlechte Schulbildung ist auch insofern von Bedeutung, als sie die beruflichen Chancen reduziert. Es ist also zu erwarten, dass ein Großteil der Inhaftierten auch die berufliche Sozialisation nicht erfolgreich absolvierte. Der weitaus größte Teil der jugendlichen Strafgefangenen hat keine abgeschlossene Berufsausbildung.

Tab. 37: Straftaten von Tatverdächtigen nach Alter, Geschlecht und Delikten 2016 (nach: Bundeskriminalamt 2017)

Altersgruppe	Gegen sexuelle Selbstbestimmung	Rohheitsdelikte und Straftaten gegen die persönliche Freiheit	Körperverletzung	Raub, räuberische Erpressung und räuberischer Angriff auf Kraftfahrer	Diebstahl insges.	Straßenkriminalität	Rauschgiftdelikte
				Straftaten der Tatverdächtigen			
Kinder insgesamt	1420	16951	14524	663	24672	9284	1229
bis unter 6	8	64	56	5	243	165	2
6 bis unter 8	48	614	572	12	924	639	2
8 bis unter 10	115	1889	1696	33	2612	1102	5
10 bis unter 12	279	4400	3829	119	6385	2178	44
12 bis unter 14	970	9984	8371	494	14508	5200	1176
Männliche Kinder	1187	13869	11996	572	15382	7820	817
Weibliche Kinder	233	3082	2528	91	9290	1464	412
Jugendliche insges.	4655	51114	41801	5076	58308	30889	30661
14 bis unter 16	2306	20750	16918	1852	27894	12445	9543
16 bis unter 18	2349	20364	24883	3224	30414	18444	21118
Männliche Jugendl.	4300	40806	33245	4572	38363	27024	25121
Weibliche Jugendl.	355	10308	8556	504	19945	3865	5540
Heranwachsende (18 bis unter 21)	2881	54981	45027	4532	40587	27651	43308
Männliche Heranw.	2792	46533	38016	4218	31177	25383	38740
Weibliche Heranw.	89	8448	7011	314	9410	2268	4568
Erwachsene ab 21	24577	508353	383417	17849	322859	124951	170533
21 bis unter 23	1652	36219	29781	2245	24282	14771	24177
23 bis unter 25	1538	36006	29195	2068	23584	12780	20813
Erwachsene 21 – 25	3190	72225	58976	4313	47866	27551	44990
Männliche 21 – 25	3037	61415	50032	3994	37032	25133	40345
Weibliche 21 – 25	153	10810	8944	319	10834	2418	4645
Tatverdächtige insgesamt	33533	631399	484769	28120	446426	192775	245731

(nach: Bundeskriminalamt 2017)

Sehr groß ist die Zahl derer, die häufig die berufliche Tätigkeit gewechselt haben. Der Anteil derer, die eine Ausbildung abgeschlossen haben, ist sehr gering.

In dem Mangel an schulischem und beruflichem Erfolg der delinquenten Jugendlichen drückt sich eine Problematik aus, die sich als Kombination kriminovalenter Merkmale beschreiben lässt (vgl. Göppinger 1971). Die Jugendlichen haben – zumeist auf dem Hintergrund einer fehlenden Einbettung in ein geordnetes und tragendes Familienleben – Verhaltensweisen entwickelt, die als kriminalitätsfördernd gelten, wie z. B. geringe Frustrationstoleranz, geringe Zielverfolgungsbereitschaft über längere Zeiträume hinaus, Verlangen nach sofortiger Bedürfnisbefriedigung, Bereitschaft zu aggressiver Konfliktlösung, reduzierte personale Bindungsfähigkeit. Diese wirken sich auf Schule und Bildungsprozesse aus, bevor und auch während es zu Delinquenz kommt. Sie stehen »hinter« der ganzen Breite der oft festzustellenden Schwierigkeiten.

Bei jugendlichen Strafgefangenen zeigt sich neben der Problematik des geringen Schul- und Berufserfolgs also auch eine Persönlichkeitsproblematik, die für kriminelles Verhalten von zentraler Bedeutung ist und deshalb eingehender beschrieben werden muss.

9.7.1.3 Persönlichkeitsstruktur der Straftäter

Die bei jugendlichen Straftätern häufig problematische primäre Sozialisation in der Familie und die sekundäre Sozialisation in Schule und Beruf legen die Annahme nahe, dass viele delinquente Jugendliche kriminalitätsfördernde Persönlichkeitsdimensionen entwickelt haben. Beispielhaft für andere Untersuchungen in diesem Bereich mögen zwei Untersuchungen im Hamburger Jugendstrafvollzug stehen; die eine wurde Anfang der 1970er Jahre in den Jugendstrafanstalten Hahnöfersand und Vierlande mit 89, die andere 1991 mit 51 Jugendlichen in Hahnöfersand durchgeführt (vgl. Myschker/Hoffmann 1993).

Die auf Basis von Testergebnissen mit dem Freiburger Persönlichkeits-Inventar (FPI) durchgeführten Analysen erbrachten signifikante Abweichungen von der Norm, d. h. in Relation zur Eichstichprobe. Im Hinblick auf notwendige pädagogisch-therapeutische Interventionen ist zu bedenken, dass die hier untersuchten inhaftierten Jugendlichen folgendermaßen zu charakterisieren waren:

- überdurchschnittlich psychophysisch gestört und unausgeglichen (Dimension Nervosität – Ner),
- aggressiv, emotional unreif, impulsiv und unbeherrscht (Dimension Aggressivität – Agg),
- missgestimmt, unsicher, ängstlich und konzentrationsschwach (Dimension Depressivität – Dep),
- reizbar, leicht frustriert, unverträglich und intolerant (Dimension Erregbarkeit – Err) – sowie
- durchsetzungsstark, streng, engstirnig, intrigant, argwöhnisch und egozentrisch (Dimension Dominanzstreben – Dom).

Die hier ermittelten signifikanten Normabweichungen weisen darauf hin, dass wohl sehr viele Jugendliche im Strafvollzug im Sinne des behandelten Begriffsverständnisses (▶ Kap. 2) als Menschen mit Verhaltensstörungen zu sehen sind und unbedingt entsprechender pädagogisch-therapeutischer Förderung bedürfen (vgl. Myschker 1976; siehe auch: Steinhausen/Bessler 2008).

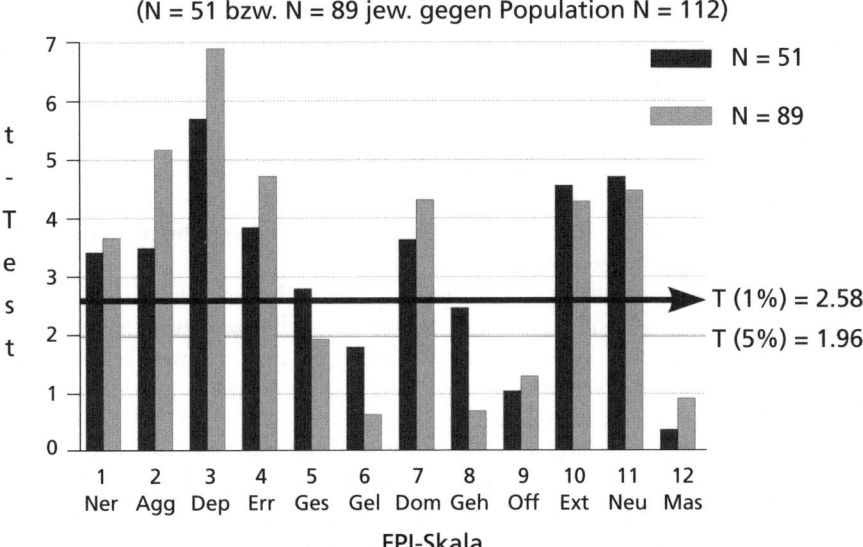

Abb. 60: Persönlichkeitsdimensionen von zwei Stichproben jugendlicher Straftäter im Vergleich mit der Eichstichprobe (Gleichaltrigengruppe)

Die aufgezeigte sozial-emotionale Problematik jugendlicher Straftäter wird auch durch weitere Untersuchungen verdeutlicht. So stellte Kury (vgl. 1981) bei einer Untersuchung von 699 jugendlichen Delinquenten in U-Haft mit einer Testbatterie in 34 von 45 Persönlichkeitsdimensionen statistisch hochsignifikante Abweichungen von den Daten nichtstraffälliger Jugendlicher fest. Dabei ist zu betonen, dass die Abweichungen nicht als Prisonisierungseffekte interpretiert werden können, da die U-Haftprobanden ja alle erst ganz kurzzeitig inhaftiert waren. Die jugendlichen Delinquenten zeigten ausnahmslos ein gestörtes Persönlichkeitsbild, »so schildern sie sich z. B. ›aggressiver‹, ›erregbarer‹, ›sozial fehlangepasster‹, aber auch ›ängstlicher‹ und ›depressiver‹«. Außerdem erbrachten sie stark erhöhte Werte in den Dimensionen »Extraversion«, »emotionale Labilität« sowie in den Risikoskalen, womit sie also risikobereiter und wagemutiger zu bezeichnen sind, »worin mit eine Ursache für ihr delinquentes Verhalten gesehen werden kann« (a. a. O., 345).

Bei einer differenzierten Analyse des gesamten Sozialverhaltens 20- bis 30-jähriger Straffälliger konstatierte Göppinger (vgl. 1983) gruppentypische Auffälligkeiten, die sich in einem »ungebremsten Leben im Augenblick« zeigen, »das gekennzeichnet ist durch eine kurze Zeitperspektive, mangelnde Realitätskontrolle und fehlende Lebensplanung. Diese Lebensweise wird vor allem dadurch bestimmt, dass die sofortige Befriedigung augenblicklicher Wünsche und spontaner Bedürfnisse gesucht wird ohne Rücksicht auf schädliche Folgen körperlicher, materieller oder auch ideeller Art für sich und andere. Damit verbunden besteht einerseits eine Haltung, die bei geringer Ausdauer und Belastbarkeit dazu führt, Anforderungen an die eigene Person bei irgendwelchen Problemen auszuweichen, und zwar ohne dadurch möglicherweise erst hervorgerufene, wesentlich gravierendere Schwierigkeiten zu bedenken. Andererseits lässt sich eine Einstellung erkennen, die man mit einem inadäquat hohen Anspruchsniveau, paradoxer Anpassungserwartung und Forderung nach Ungebundenheit beschreiben kann« (a. a. O., 136).

Die Forschung zu Problemprofilen von Straftätern wird vermutlich in den nächsten Jahren durch den »Persönlichkeitsfragebogen für Inhaftierte« (Seitz/ Rautenberg 2010) befruchtet werden, ein sehr spezifisches Verfahren für diesen Bereich, das eine Lücke füllt. Aufgrund der Neuheit des Verfahrens liegen bisher kaum dezidierte Befunde vor.

Die bisherige Darstellung sollte deutlich gemacht haben, dass viele der delinquenten Jugendlichen und Heranwachsenden als psychosozial auffällig anzusehen sind, wenn auch sicher nicht alle. Ein besonders ernst zu nehmender Anteil fällt dabei im Sinne eines psychiatrischen Verständnisses in den Bereich des Syndroms der »antisozialen Persönlichkeitsstörung«:

Die »antisoziale Persönlichkeitsstörung« beginnt in der Kindheit oder in der frühen Adoleszenz und kann bis ins Erwachsenenalter andauern. Als psychiatrische Diagnose gilt sie dann, wenn der/die Jugendliche mindestens 18 Jahre alt und schon vor dem vollendeten 15. Lebensjahr durch eine »Störung des Sozialverhaltens« aufgefallen ist (vgl. APA 1991; WHO 1991). In der ICD-10 wird die Bezeichnung »dissoziale Persönlichkeitsstörung« gewählt (vgl. Fiedler 2001, 209 ff.; DIMDI 2016, 213).

Prädisponierend sind eine Aufmerksamkeits- und Hyperaktivitätsstörung sowie insbesondere eine Störung des Sozialverhaltens in der Kindheit, vor allem dann, wenn eine konsequente hilfreiche Erziehung der Eltern ausbleibt oder Misshandlungen, Verlust der Eltern oder Entfernung aus dem Elternhaus gegeben sind.

Als typische Merkmale in der Kindheit werden folgende beschrieben: »Lügen, Stehlen, Schuleschwänzen, Vandalismus, Anzetteln von Prügeleien, Fortlaufen von zu Hause und körperliche Grausamkeit« (APA 1991, 414). Als Erwachsene können sich die Betroffenen nicht den gesellschaftlichen Normen anpassen, sie kommen finanziellen oder beruflichen Verpflichtungen sowie ihren Aufgaben als Eltern nicht adäquat nach und fallen durch delinquentes Verhalten wie Diebstahl, Sachbeschädigungen oder Körperverletzungen auf.

Jugendliche und Erwachsene mit antisozialer Persönlichkeitsstörung zeigen mangelnde Empathie, andauernde Reizbarkeit, Aggressivität und Verantwortungslosigkeit im Umgang mit anderen, sie haben eine geringe Frustrationstoleranz, nehmen häufiger an Schlägereien – auch innerhalb der Familie – teil, sind leichtsinnig im Umgang mit Alkohol wie mit Kraftfahrzeugen, wechseln häufig ihre

Sexualpartner, können Schuldbewusstsein und Reue nicht erleben und rechtfertigen ihre Fehlverhaltensweisen (im Sinne von Neutralisationstechniken und durch »vordergründige Rationalisierungen«) (WHO 1991, 214). Jenseits des 30. Lebensjahres kann sich die Symptomatik deutlich bessern. Mit der Störung verbunden sind zumeist Schulschwierigkeiten und eine ungünstige berufliche Karriere.

Die Prävalenzraten dieser Störung liegen zwischen 1 und 3 %, wobei drei Viertel der Betroffenen Männer sind (Fiedler 2001, 220). In der forensischen Psychiatrie liegt die Rate teilweise bei 30 % (a. a. O.). In den USA findet sich die Störung häufiger in den unteren Bevölkerungsschichten, weil die Einkommensverhältnisse schlechter sind und ein Elternteil oder beide Elternteile selbst die Störung haben – ein Befund, der auch weitgehend die deutschen Verhältnisse trifft.

Für die psychiatrische Diagnostik gibt die APA einen Katalog an, aus dem vier Kriterien erfüllt sein müssen, um eine »antisoziale Persönlichkeitsstörung« festzustellen:
»Der Betroffene

(1) ist unfähig, eine dauerhafte Tätigkeit auszuüben, angezeigt durch eines der folgenden Merkmale (mit ähnlichen Verhaltensweisen in einem akademischen Umfeld im Falle von Studenten):
   (A) war innerhalb eines Zeitraumes von fünf Jahren sechs Monate oder länger arbeitslos, obwohl er arbeitsfähig und Arbeit verfügbar war;
   (B) fehlte wiederholt am Arbeitsplatz, ohne dass dies durch eigene Krankheit oder durch Krankheit in der Familie begründet war;
   (C) löste mehrere Arbeitsverhältnisse auf, ohne eine neue Arbeit im Auge zu haben;
(2) kann sich nicht an rechtliche Normen der Gesellschaft anpassen, begeht wiederholt antisoziale Handlungen, die einen Grund für eine Festnahme darstellen (egal ob mit oder ohne Festnahme), z. B. Zerstörung fremden Eigentums, Belästigung anderer Personen, Diebstahl oder Ausüben einer illegalen Tätigkeit;
(3) ist reizbar und aggressiv, was sich in wiederholten Schlägereien oder Überfällen ausdrückt (nicht bedingt durch die ausgeübte Tätigkeit, Selbstverteidigung oder die Verteidigung einer anderen Person), einschließlich Verprügeln der Ehefrau oder des Kindes;
(4) erfüllt wiederholt nicht seine finanziellen Verpflichtungen, kann z. B. seine Schulden nicht bezahlen oder Zahlungen für das Kind oder andere abhängige Personen nicht regelmäßig leisten;
(5) kann nicht vorausschauend planen oder ist impulsiv, angezeigt durch eines oder beide der folgenden Kriterien:
   (A) reist planlos durch die Gegend, ohne vorherige Arbeitsplanung und ohne eine klare Vorstellung über die Dauer der Reise;
   (B) hat mindestens einen Monat keine feste Adresse;
(6) hat kein Wahrheitsempfinden, was gekennzeichnet ist durch wiederholtes Lügen, Ausflüchte oder ›Betrügen‹ anderer Personen zum persönlichen Vorteil oder Vergnügen;
(7) ist rücksichtslos gegenüber sich selbst oder gegenüber anderen, was gekennzeichnet ist durch Trunkenheit am Steuer oder wiederholte Raserei;

(8) kann als Elternteil oder Erziehungsberechtigter nicht verantwortungsvoll handeln;

(9) hatte nie länger als ein Jahr eine monogame Beziehung;

(10) verspürt keine Gewissensbisse (Kränkungen, Misshandlungen oder Diebstähle werden als gerechtfertigt angesehen)« (APA 1991, 417 f.).

In den letzten Jahren verstärkt sich landesübergreifend – denn Jugenddelinquenz ist als ein weltweites Problem anzusehen – unter Fachleuten eine Positionierung dahingehend, »dass Delinquenz und Kriminalität Untergruppen eines breiteren antisozialen und aggressiven Verhaltensmusters darstellen« (Steiner/Karnick et al. 2008, 13.). Nach neueren Erkenntnissen ist es gerechtfertigt und im Hinblick auf hilfreiche Maßnahmen für jugendliche Straftäter notwendig, Jugendkriminalität als psychopathologisch zu klassifizieren, »weil delinquente Jugendliche hohe Prävalenzraten für psychische Störungen aufweisen« (a. a. O., 14) und sich in der Mehrzahl nach einem »Psychopathy-Konzept« erfassen lassen: »Neben antisozialen Verhaltensmerkmalen zeichnet sich die Psychopathy durch histrionische und narzisstische Persönlichkeitszüge und zusätzliche emotionale Auffälligkeiten wie mangelnde Empathie, allgemeine Gefühlsarmut und Egozentrismus aus« (Sevecke/Krischer 2008, 64, vgl. Dutton [2]2014). Häufiges Merkmal dieser Erscheinungen ist auch, dass »sie sich in Beziehung zu psychosozialen Kräften und Umwelteinflüssen entwickeln, welche die normale Sozialisation der Aggression verhindern« (Steiner/Karnick et al. 2008, 19, Dutton [2]2014). Diese Befunde und Thesen sind ernst zu nehmen, im Hinblick auf den spezifischen Fall jedoch auch immer kritisch zu prüfen. – Auch neurowissenschaftlich konnten die verschiedenen Aggressionstypen »heiße« und »kalte« Aggression identifiziert werden, die ganz unterschiedliche Interventionen erfordern: Heiße Aggression ist reaktiv, affektiv, defensiv sowie impulsiv und mit den Emotionen Ärger, Frustration, Irritabilität und Furcht verbunden.

Kalte Aggression dagegen ist proaktiv sowie instrumentell geplant und mit den Emotionen Freude, Interesse und Ekel sowie Verachtung für das Objekt verbunden (a. a. O., 20–21).

Die Berücksichtigung der vorliegenden Erkenntnisse könnte das Dilemma der weitgehenden Erfolglosigkeit des gegenwärtigen Straf- und Behandlungssystems beseitigen (siehe dazu Steinhausen/Bessler 2008). Das Aggressions-Bewältigungsprogramm von Dutschmann (vgl. 2001; 2003a; 2003b) geht von einer solchen Unterscheidung aus und schlägt je nach Aggressionsformen sehr differenzierte Maßnahmen vor.

Die Intelligenzverteilung bei jugendlichen Straftätern entspricht dem Bevölkerungsdurchschnitt. Da jedoch Stützfunktionen der Intelligenz wie Motivation, Konzentrationsfähigkeit, Leistungsbereitschaft und Leistungswille sowie Durchhaltevermögen u. a. nicht adäquat ausgebildet sind, können die Betroffenen (Steiner/Karnick et al. 2008) nicht in gleicher Weise kognitiv gefordert werden wie andere durchschnittlich intelligente Populationen; auch hierauf muss die Förderung Rücksicht nehmen.

9.7.1.4 Erklärungsmodelle kriminellen Verhaltens

Da präventive Maßnahmen zu den vordringlichen pädagogischen Aufgaben gehören und Interventionen bei Fehlverhalten Kenntnisse über mögliche Ursachen voraussetzen, ist es notwendig, sich mit Erklärungsmodellen für kriminelles Verhalten auseinander zu setzen. Kriminelles Verhalten ist grundsätzlich – wie Verhaltensstörung allgemein – meist multifaktoriell bedingt, muss also unter verschiedenen Aspekten, d. h. unter Einbeziehung der Erkenntnisse aller humanwissenschaftlichen Disziplinen gesehen werden. Um Ursache und Genese kriminellen Verhaltens zu erklären, sollen die wesentlichen drei Theoriebereiche herangezogen werden:

- kriminalbiologische Theorien
- psychologische Theorien
- soziologische Theorien.

Kriminalbiologische Theorien

Seit langem wird versucht, kriminelles Verhalten aus konstitutionellen Gegebenheiten zu erklären. Sehr populär geworden ist die sozialdarwinistische Theorie von Lombroso, nach der ein Zusammenhang besteht zwischen Anlage und Delinquenz. Lombroso stellte in seinen Untersuchungen kriminelle und nicht kriminelle Gruppen einander gegenüber und verglich sie anhand von Merkmalen wie Schädelkapazität, fliehende Stirn, Entwicklung der Kiefer- und Jochbögen, dichtes krauses Haar, große Ohren, Anomalien des Ohrs, Sehschärfe usw. Anhand der gewonnenen Daten beschrieb Lombroso den »geborenen Verbrecher«, der physisch und psychisch einer niederen Stufe menschlicher Entwicklung entsprechen und seinen kriminellen Neigungen unausweichlich ausgeliefert sein sollte.

Obwohl der englische Gefängnisarzt Charles Gorig bereits vor dem Ersten Weltkrieg in einer breit angelegten Untersuchung nachweisen konnte, dass im Hinblick auf atavistische und degenerative Merkmale kein signifikanter Unterschied zwischen kriminellen und nichtkriminellen Gruppen bestand, wurden und werden auch später noch kriminalbiologische Theorien vertreten. So stellte in den ausgehenden 1930er Jahren z. B. der Amerikaner Hooton die These auf, dass »Verbrecher biologisch unterentwickelte Wesen seien, die durch ererbte Fehlanlagen zu Verbrechen bestimmt seien, und die die Zeichen ihrer Minderwertigkeit körperlich an sich trügen« (Cohen 1972, 90).

In Interpretation seiner Untersuchungsergebnisse forderte er Verbrechensprophylaxe durch Eugenik und Fortpflanzungskontrolle. Untersuchungen dieser Art führten unter der Herrschaft der Nationalsozialisten in Deutschland nicht nur zu Forderungen, sondern zu schrecklichen Realisierungen, d. h. letztlich auch zur Ausmerzung »lebensunwerten Lebens«. Mit Ergebnissen subtiler kriminalbiologischer Forschung versuchte auch noch 1949 Sheldon seine Tendenz zu stützen, den zur Delinquenz neigenden Menschentypus zu eliminieren.

Die nationalsozialistische Tradition belastet bis in die Gegenwart eine Auseinandersetzung mit möglicher erbbedingter Kriminalität, der inzwischen mit differenzierten Untersuchungsmethoden nachzugehen versucht wird. Insbesondere die Zwillingsforschung wird bei derartigen Untersuchungen herangezogen. Im Verdacht waren über die vergangenen Jahrzehnte sowohl bestimmte Chromosomenaberrationen als auch Zusammenhänge zwischen kriminellem Verhalten und bestimmten, über die Nahrung aufgenommenen Chemikalien (etwa Phosphaten) (vgl. Hafer 1979; Neukäter 1989; Steinhausen 1995). Für den Fall der dissozialen bzw. antisozialen Persönlichkeitsstörung sind auch heute hereditäre Faktoren in der Diskussion: im Sinne einer genetischen Prädisposition, einer geringeren Konditionierbarkeit der Betroffenen sowie auch psychophysiologischen Korrelaten wie etwa einem allgemein erniedrigten Aktivationsniveau (vgl. Fiedler 2001, 225 ff.). Allerdings sind die Befunde nicht konsistent; der Anteil solcher Faktoren lässt sich nur sehr grob schätzen und interferiert sehr stark mit Erziehungs- und Sozialisationsbedingungen.

Psychologische Theorien

Unter den psychologischen Theorien spielen insbesondere entwicklungspsychologische, psychoanalytische, individualpsychologische und lernpsychologische Aspekte und Ansätze eine Rolle.

Der entwicklungspsychologische Ansatz

Jugend ist nach den heutigen Rechtsnormen die Zeit vom Beginn des 14. bis zum Ende des 17. Lebensjahres (vgl. Bürgerliches Gesetzbuch, Jugendgerichtsgesetz).

Kindheit und Jugend werden erst seit relativ kurzer Zeit als besondere, eigenständige Lebensabschnitte gesehen. Erst im 18. Jahrhundert entwickelte sich die Ansicht, dass Kindheit eine durch Lernen und Spiel charakterisierte Entwicklungsphase sein muss, dass Kinder gegenüber den Erwachsenen ohne Belastung durch Broterwerb und Arbeit einen Sonderstatus haben müssen. Abgeschafft wurde die entwicklungsbeeinträchtigende, nicht selten lebensverkürzende Kinderarbeit nach Einschränkungen, welche die Gewerbeordnung von 1890/91 brachte, erst nach dem Inkrafttreten des Kinderschutzgesetzes im Januar 1904 – zunächst allerdings auch nur auf dem Papier und in einigen deutschen Ländern nur für Kinder bis zum vollendeten 12. Lebensjahr (vgl. Günther et al. 1976; Weber-Kellermann 1981).

Eine eigentliche Jugendphase mit der Freisetzung von Arbeitsverpflichtungen wurde den Heranwachsenden mit der Verlängerung der Vollzeit-Schulpflicht auf neun bis zehn Jahre erst in jüngster Vergangenheit zugebilligt. Bis in das beginnende 20. Jahrhundert hinein war Jugend nur in privilegierten Schichten eine Phase des Lernens und der Vorbereitung für die Übernahme sozial hochbewerteter Aufgaben (vgl. Flitner/Hornstein 1964; Hornstein 1976).

In der entwicklungspsychologisch nur unscharf abzugrenzenden Jugendphase (11–14 bis 18–20 Jahren) liegt als Hauptaufgabe »die Gewinnung und Festigung der Identität« (Oerter 1982, 264; Erikson 1966; Oerter/Dreher 2002, 290 ff.), d. h. die Entwicklung eines stabilen, starken, steuerungs- und kontrollfähigen Ichs. Dabei ergeben sich Aufgaben und Probleme, die häufig zu intrapsychischen Spannungen, zu Konflikten mit der Umwelt, zu Verhaltensschwierigkeiten und nicht selten auch zu Devianz führen. Jugendliche mit Behinderungen und/oder Störungen sind in dieser »Übergangsphase« zum Erwachsenenalter besonders großen Schwierigkeiten ausgesetzt und brauchen spezifische Hilfen. Jugendlichen stellen sich insbesondere die folgenden Entwicklungsaufgaben:

1. »Akzeptieren der eigenen körperlichen Erscheinung und effektive Nutzung des Körpers.«
2. »Erwerb der männlichen bzw. weiblichen Rolle.«
3. »Erwerb neuer und reiferer Beziehungen zu Altersgenossen beiderlei Geschlechts.«
4. »Gewinnung emotionaler Unabhängigkeit von den Eltern und anderen Erwachsenen.«
5. »Vorbereitung auf eine berufliche Karriere.«
6. »Vorbereitung auf Heirat und Familienleben.«
7. »Gewinnung eines sozial verantwortungsvollen Verhaltens.«
8. »Aufbau eines Wertsystems und eines ethischen Bewusstseins als Richtschnur für eigenes Verhalten« (Oerter 1982, 244–246; vgl. auch Oerter/Dreher 2002).

Die Entwicklung im Jugendalter impliziert Probleme dadurch (vgl. Oerter/Dreher 2002),

- dass die Körperteile nicht synchron wachsen, was sich z. B. in schlaksigen und ungelenkigen Bewegungen zeigt;
- dass körperliche Veränderungen auf Geschlechtlichkeit verweisen und Sexualität stimulieren;
- dass die körperliche Entwicklung weit früher abgeschlossen ist (mit 18 bis 20 Jahren) als der selbstständige Status des Erwachsenen erreicht ist;
- dass von vielen Eltern Ablösungstendenzen, die auf Selbstständigkeit und Unabhängigkeit zielen, nicht verstanden und akzeptiert werden;
- dass die berufliche Ausbildung häufig bis zum Ende des 3. Lebensjahrzehnts dauert;
- dass die Übernahme gesellschaftlicher Normen und Werte durch negative Gegebenheiten und Vorbilder in der Gesellschaft erschwert wird (Korruption, kriminelle Bereicherung, Arbeitslosigkeit, überstarke Konsumanreize, Gewalt in den Medien);
- dass sich der Jugendliche in einer »Übergangsperiode« befindet und sich als »Randpersönlichkeit« zwischen Kindheit und Jugend erlebt mit den vier Wirkungen
  - der Scheu, Empfindlichkeit und Aggressivität,
  - der Wert-, Ideologie- und Lebensstil-Konflikte,
  - der affektiven Instabilität und Gespanntheit,
  - der Bereitschaft zu extremen Haltungen und Handlungen bzw. der Neigung zu Extremismus, Radikalismus, Rigorismus und Wechselhaftigkeit (vgl. Lewin 1963, 172–181);

- dass sich eine peer-group-culture entwickelt, die eine Generationenkluft erbringt, was über Outfit, Sprache, Musik usw. demonstriert wird;
- dass aus der Marginalsituation, dem Streben nach Anerkennung und einem positiven Selbstwertgefühl sowie dem Protest gegen negative Bedingungen Devianz resultieren kann im Sinne primärer und sekundärer Devianz als Kriminalität, Verwahrlosung, psychische Störungen sowie Drogenmissbrauch und -abhängigkeit.

Der psychoanalytische Ansatz

Der psychoanalytisch-kriminologische Ansatz (die Grundlagen unter ▶ Kap. 4.2.1) stellt kriminelles Verhalten als Triebdurchbrüche aus dem Es, als Regressionen der Libidoentwicklung oder als Identifikationsproblematik dar. Nach psychoanalytischer Theoriebildung liegen die Ursachen für kriminelles Verhalten letztlich in der frühen Kindheit. Das Kind kommt als sozial nicht angepasstes, »polymorph-perverses«, seinen Triebregungen ausgeliefertes, d. h. »kriminelles« Wesen auf die Welt. Es muss ein kontrollierendes und steuerndes Ich aufbauen, das sich nach Normen ausrichtet, die im Über-Ich internalisiert sind und das Verhalten des Menschen leiten.

Kriminelles Verhalten muss sich zeigen, wenn das Ich sich zu schwach entwickelt, sich gegenüber den Triebansprüchen des Es nicht durchsetzen kann, oder wenn das Über-Ich sozial inadäquate Normen oder gar antisoziale Normen internalisiert. Die Auseinandersetzungen zwischen Es, Ich und Über-Ich werden zumeist unbewusst geführt und vom Ich über Abwehrmechanismen wie Projektion, Regression, Verdrängung oder Verschiebung bewältigt. Regressionen als Rückfälle in frühkindliche Entwicklungsphasen im Sinne oral-aggressiven, anal-sadistischen oder auch polymorph-perversen Verhaltens können bis hin zu Tötungsdelikten gegen Normen massiv verstoßen und als kriminell typisiert werden.

Kriminelles Verhalten kann aber auch auf den »Ödipuskomplex« zurückzuführen sein, der mit Schuldgefühlen einhergeht; es entwickelt sich ein Strafbedürfnis. Das Strafbedürfnis führt möglicherweise zur Straftat, die wiederum seelische Entlastung nach sich zieht. Freud ging in seiner Theoriebildung davon aus, dass auf diese Weise das ödipale Schuldgefühl abgebaut wird.

Kriminelles Verhalten kann mit Verwahrlosung kovariieren, d. h. ein schwaches, unvollständiges oder inadäquates Über-Ich kann die Triebimpulse aus dem Es nicht entsprechend steuern, kann sozial unangemessenes kriminelles Verhalten nicht verhindern. Ursachen für diese Ich- und Über-Ich-Probleme liegen zumeist, wie in der Nachfolge von Aichhorn, Bettelheim und Redl oder in Deutschland Moser (vgl. 1975) erörtert wurde, in misslungener Identifikation mit relevanten Bezugspersonen bzw. in Identifikationsstörungen. Kriminalität ist somit Ergebnis misslungener Sozialisation, geht zurück auf unfähige, ablehnende, lieblose, kalte, inkonsequente, überfordernde und/oder überforderte Eltern. So werden aus dieser Perspektive auch für die antisoziale Persönlichkeitsstörung »die pathologischen Überich-Bildungen ... vor allem auf die Abwesenheit, Inkonsistenz oder extreme Härte elterlicher Autorität zurückgeführt« (Fiedler 2001, 232). Fiedler (a. a. O.) merkt allerdings kritisch an, dass dabei gesellschaftliche Ursachen zu wenig Berücksichtigung finden.

Der individualpsychologische Ansatz

Nach Adler (► Kap. 4.2.2) steht jeder Mensch ob seines Minderwertigkeitserlebens in der Gefahr, kriminelles Verhalten als Kompensation zu zeigen. Ein kleines Kind kann den großen Erwachsenen gegenüber organische Minderwertigkeit erleben müssen, kann über Entmutigungen seine Ziele auf der »unnützen Seite des Lebens« zu erreichen suchen, kann Machtstreben entwickeln und versuchen, Überlegenheit zu erreichen. Kommt es hierbei zu Hypertrophierungen, wird das »Gemeinschaftsgefühl« aufgegeben, bahnt sich eine kriminelle Entwicklung an. Tiefe organisch oder sozial bedingte Minderwertigkeitsgefühle, übersteigertes Geltungsbedürfnis und Machtstreben auf der einen Seite und Entmutigung sowie ein eingeschränktes oder aufgegebenes Gemeinschaftsgefühl auf der anderen Seite sind aus individualpsychologischer Perspektive Wegbereiter einer kriminellen Entwicklung, die letztlich zu einer kriminellen Lebensleitlinie bzw. einem kriminellen Selbstbild führt.

Der lerntheoretische Ansatz

Lerntheoretisch gesehen wird kriminelles Verhalten genauso gelernt wie sozialadäquates Verhalten. Dabei spielen die Lernprinzipien Klassisches Konditionieren, Operantes Konditionieren und Modelllernen eine maßgebliche Rolle (► Kap. 4.2.4).

Die Theorie der differentiellen Kontakte des Amerikaners Sutherland folgt lerntheoretischen Erkenntnissen und stellt zentral heraus, dass konforme wie kriminelle Verhaltensweisen in gleicher Weise erlernt werden. Sie versucht zu erklären, wie kriminelle Werte und Normen von Individuen übernommen werden. Die Theorie wurde von Sutherlands Schüler Cressey weitergeführt und spielt in der Kriminologie eine bedeutende Rolle (Sutherland 1968; Sutherland/Cressey 1974). Sutherlands Theorie lässt sich in folgenden Thesen zusammenfassen:

1. »Das kriminelle Verhalten wird erlernt.
2. Das kriminelle Verhalten wird in der Interaktion mit anderen Personen in einem Kommunikationsprozess erlernt.
3. Der Hauptteil des Lernprozesses, in dem kriminelles Verhalten erworben wird, vollzieht sich im Rahmen intimer persönlicher Gruppen.
4. Das Erlernen von kriminellem Verhalten umfasst sowohl Techniken, mit deren Hilfe das Verbrechen begangen wird, als auch die spezifische Richtung der entsprechenden Beweggründe, Strebungen, Rationalisierungen und Einstellungen.
5. Die spezifische Richtung der Motive und Triebe wird durch die Definitionen der Gesetzbücher als gesetzmäßig oder gesetzwidrig erkannt.
6. Eine Person wird delinquent, wenn sie mehr Definitionen erlernt, welche die Gesetzesübertretung begünstigen, als solche, welche sie missbilligen.
7. Differentielle Kontakte können verschieden sein nach Häufigkeit, Dauer, Priorität und Intensität.
8. Der Prozess des Erlernens von kriminellem Verhalten aufgrund der Assoziation mit kriminellen und antikriminellen Kulturmustern umfasst die gleichen Mechanismen, die sich auch in allen anderen Lernprozessen finden.

9. Obgleich das kriminelle Verhalten eine Ausdrucksform allgemeiner Bedürfnisse und Werte darstellt, kann es nicht aus diesen allgemeinen Bedürfnissen und Werten erklärt werden, da nicht kriminelles Verhalten dieselben Bedürfnisse und Werte zum Ausdruck bringt« (Göppinger 1971, 40; siehe auch Lamnek 1996, 188 ff.).

Soziologische Theorien

Die wichtigsten soziologischen Erklärungsansätze für abweichendes Verhalten können als einander ergänzend angesehen werden. Als besonders wichtig werden bewertet die Anomietheorie, das Paradigma der Sozialisationsstörungen und -defekte, die Theorie der differentiellen Kontakte und die Theorie des labeling approach. Auf diese Erklärungsansätze wurde bereits weiter oben näher eingegangen (▶ Kap. 4.3). Sie erklären Delinquenz über einen spezifischen Umgang mit Ziel-Mittel-Konflikten, über die Wirkung des Lebens in Subkulturen sowie auch über Etikettierungsprozesse.

9.7.1.5 Maßnahmen

Auch für Interventionen bei Jugenddelinquenz bzw. bei Jugendstraftaten ist das Jugendgerichtsgesetz (JGG) von großer Bedeutung. Auf den im JGG dargestellten institutionellen Aspekt wurde bereits weiter oben eingegangen (▶ Kap. 7.3). An dieser Stelle sollen deshalb nur die Passagen des JGG herangezogen werden, die angeben, welche Interventionsmaßnahmen seitens des Staates vorgesehen sind (JGG 2001, 217–219). Nachdem im Kap. 7.3 die »höherschwelligen« Maßnahmen Jugendarrest und Jugendstrafe im Vordergrund standen, soll es in der Folge um die pädagogisch bedeutsamen »niedrigschwelligen« Maßnahmen gehen: die Erziehungsmaßregeln (▶ Kap. 7.3).

---

§ 5. Die Folgen der Jugendstraftat. (1) Aus Anlass der Straftat eines Jugendlichen können Erziehungsmaßregeln angeordnet werden.
(2) Die Straftat eines Jugendlichen wird mit Zuchtmitteln oder mit Jugendstrafe geahndet, wenn Erziehungsmaßregeln nicht ausreichen.
(3) Von Zuchtmitteln und Jugendstrafe wird abgesehen, wenn die Unterbringung in einem psychiatrischen Krankenhaus oder einer Entziehungsanstalt die Ahndung durch den Richter entbehrlich macht.

Erziehungsmaßregeln
§ 9. Arten. Erziehungsmaßregeln sind

1. die Erteilung von Weisungen,
2. die Anordnung, Hilfe zur Erziehung im Sinne des § 12 in Anspruch zu nehmen.

§ 10. Weisungen. (1) Weisungen sind Gebote und Verbote, welche die Lebensführung des Jugendlichen regeln und dadurch seine Erziehung fördern und

---

sichern sollen. Dabei dürfen an die Lebensführung des Jugendlichen keine un-
zumutbaren Anforderungen gestellt werden. Der Richter kann dem Jugendlichen
insbesondere auferlegen,

1. Weisungen zu befolgen, die sich auf den Aufenthaltsort beziehen,
2. bei einer Familie oder in einem Heim zu wohnen,
3. eine Ausbildungs- oder Arbeitsstelle anzunehmen,
4. Arbeitsleistungen zu erbringen,
5. sich der Betreuung und Aufsicht einer bestimmten Person (Betreuungshelfer)
   zu unterstellen,
6. an einem sozialen Trainingskurs teilzunehmen,
7. sich zu bemühen, einen Ausgleich mit dem Verletzten zu erreichen (Täter-
   Opfer-Ausgleich),
8. den Verkehr mit bestimmten Personen oder den Besuch von Gast- oder
   Vergnügungsstätten zu unterlassen oder
9. an einem Verkehrsunterricht teilzunehmen.

(2) Der Richter kann dem Jugendlichen auch mit Zustimmung des Erzie-
hungsberechtigten und des gesetzlichen Vertreters auferlegen, sich einer heil-
erzieherischen Behandlung durch einen Sachverständigen oder einer Entzie-
hungskur zu unterziehen. Hat der Jugendliche das sechzehnte Lebensjahr
vollendet, so soll dies nur mit seinem Einverständnis geschehen.

§ 12. Hilfe zur Erziehung. Der Richter kann dem Jugendlichen nach Anhörung
des Jugendamtes auch auferlegen, unter den im Achten Buch Sozialgesetzbuch
genannten Voraussetzungen Hilfe zur Erziehung

1. in Form der Erziehungsbeistandschaft im Sinne des § 30 des Achten Buches
   Sozialgesetzbuch oder
2. in einer Einrichtung über Tag und Nacht oder in einer sonstigen betreuten
   Wohnform im Sinne des § 34 des Achten Buches Sozialgesetzbuch in Anspruch zu nehmen.

Wegen der Problematik einer »Erziehung zur Freiheit durch Freiheitsentzug« – wie
ein gängiges Schlagwort den Sachverhalt überspitzt formuliert – setzen Jugendrichter seit einigen Jahren verstärkt auf Diversion. Unter dem Begriff Diversion
(englisch: Umleitung) werden Maßnahmen zusammengefasst, mit denen Jugendstrafe zugunsten zumeist ambulanter, vor allem aber effektiverer Maßnahmen
umgangen wird. Schon auf dem 21. Jugendgerichtstag 1989 wurden Maßnahmen
der Diversion stark befürwortet – aus folgenden Gründen:

- »Kriminalstrafen können Kriminalität nicht verhindern, vielmehr geht von
  Verurteilung und Bestrafung eine eher problemverschärfende Wirkung aus
- je formeller und schärfer justizielle Eingriffe sind, desto höher ist die Gefahr einer
  erneuten Verurteilung

- pädagogisch fragwürdige Strafen sollten durch erzieherisch sinnvolle Alternativen ersetzt werden
- eher eine Art Konfliktregelung statt herkömmliche Sanktionierung
- in der weit überwiegenden Zahl der Fälle handelt es sich nicht um besonders schwere Kriminalität
- notwendige erzieherische Maßnahmen sind dann am wirksamsten, wenn sie so früh als möglich, am besten sofort nach der Tat, ergriffen werden« (Polizeipräsident Berlin 1992, 27).

Als erzieherisch wirksame Diversionsmaßnahmen haben sich z. B. Formen des Täter-Opfer-Ausgleichs und Projekte in der Alten-, Behinderten- und Krankenhilfe erwiesen.

Diversionsmaßnahmen sind im Hinblick auf ihre Umsetzung und die erzielten Effekte nicht unproblematisch, scheinen aber – auch von der Polizei – bei Erst- wie bei Mehrfachtätern als sinnvolle Alternative zu tradierten Sanktionierungsformen angesehen zu werden. Leider wird hier wie bei anderen Maßnahmen nach JGG oft die unbedingt notwendige zeitliche Nähe von Intervention und Tat nicht erreicht, was ein erhebliches Problem darstellt (vgl. Heisig 2010). Für die Möglichkeiten, die zu erwägenden Kriterien und Verfahrensschritte, aber auch für die Schwierigkeiten dieses Ansatzes repräsentativ ist ein Bericht der Berliner Polizei:

»Als problematisch stellt sich derzeit zumindest in Berlin noch der Zugang entsprechender Fälle von der Polizei über die Jugendbehörden in Richtung Justiz dar. Denn: Der Täter-Opfer-Ausgleich strebt zwar die Zurückdrängung staatlicher Eingriffe und damit die Ausweitung staatlicher Konfliktregulierungen an, muss aber die Rechtsstaatlichkeit des Verfahrens gleichwohl sicherstellen« (Senatsverwaltung für Justiz: Konzepte zum Täter-Opfer-Ausgleich – Informationsmappe, 2).

Dazu gehört z. B., dass die Polizei nunmehr nicht nur die Umstände einer Tat zu klären, sondern auch zu beurteilen hat, ob sie entsprechend einer Reihe von Prüfkriterien Sachverhalt, Täter und Opfer für geeignet hält, im Täter-Opfer-Ausgleich behandelt zu werden.

Die Polizei teilt dann bei Abschluss der Ermittlungen ihre diesbezüglichen Feststellungen sowohl der Staatsanwaltschaft als auch der Jugendgerichtshilfe mit (zur Jugendgerichtshilfe ▶ Kap. 8.5). Im positiven Falle kann die Staatsanwaltschaft die Voraussetzungen für die Einstellung des Verfahrens prüfen oder bei Anklageerhebung auf einen bereits vollzogenen Täter-Opfer-Ausgleich hinweisen.

Vorrangig handelt es sich um den Kreis der Ersttäter, bei dem ein Täter-Opfer-Ausgleich in Form einer materiellen Wiedergutmachung, einer Entschuldigung oder einer sonst wie gearteten, Reue ausdrückenden Geste in Frage kommt.

Im Hinblick auf die negativen Erfahrungen mit Kriminalstrafen schlechthin schlossen Fachleute nicht aus, dass auch mehrfach auffällige Jugendliche, wenn überhaupt, nur über diese oder ähnliche Formen der Konfliktbewältigung erreicht werden können.

Dass bereits zu Beginn der 1990er Jahre der Anfang (auch in Berlin) als erfolgversprechend beurteilt wurde, zeigt ein Urteil des Jugendschöffengerichtes vom 06.02.1991, in welchem ein zur Tatzeit (15.10.1990) Jugendlicher wegen versuchten gemeinschaftlichen Raubes in Tateinheit mit gefährlicher Körperverletzung, begangen an einer 74-jährigen Rentnerin, für schuldig befunden wurde.

Das Opfer erlitt bei der Tat einen Oberschenkelhalsbruch mit längerfristigen Folgen. Der geständige und auch reumütige, bis dahin strafrechtlich noch nicht in Erscheinung getretene Jugendliche wurde durch das Gericht zur Ableistung von zwei Freizeitarbeiten sowie zum Kauf eines Blumenstraußes für die Rentnerin verurteilt. Das Gericht betrachtete den damit angestrebten Täter-Opfer-Ausgleich in Form einer Geste und einer Entschuldigung als angemessene, aber auch notwendige Konsequenz, um »dem Täter die Folgen seiner Tat unmittelbar vor Augen zu führen. Die Umsetzung des Urteils wurde der Jugendbehörde übertragen« (Polizeipräsident 1991, 27). In jüngerer Zeit wird das Verfahren recht optimistisch betrachtet: »Trotz mancher Schwierigkeiten und Bedenken – vor allem unmittelbar nach Einführung des Täter-Opfer-Ausgleichs – kann heute als Ergebnis festgehalten werden, dass sich der Täter-Opfer-Ausgleich in Deutschland durchgesetzt hat und aus dem heutigen Sanktionssystem nicht mehr wegzudenken ist. Eines seiner wesentlichen Ziele, die Geschädigten mehr in das Verfahren einzubeziehen und ihnen im Verfahren Genugtuung zukommen zu lassen, wird – wie sich aus der hohe Quote der geschlossenen Vereinbarungen und der noch höheren Quote der Erfüllung dieser Vereinbarungen zeigt – in den meisten Fällen erreicht« (Zypries 2005, 1).

9.7.2 Drogenabhängigkeit

»An einen ›blonden Engel‹ erinnert sich die Mutter, doch an ein ›von Geburt an schwieriges Kind‹. Sie hat die Probleme mit Patrick ›so hingenommen‹, und das ›war sicher falsch‹, wie sie heute meint: ›Es hat bei uns in der Erziehung total an Autorität gefehlt. Ich kam aus der 68er Zeit, ich war jung und wusste nicht, dass Patty ein Kind war, das klare Grenzen gebraucht hätte.‹ Sie hatte eine Ausbildung als Lehrerin und musste doch an sich feststellen: ›Das einzige, was man nicht lernt, ist, wie man seine Kinder erzieht.‹

Hellsichtig durch den Schmerz trägt sie zusammen, was Patrick schon als Kind zum Drogenmissbrauch disponiert haben könnte: dass er keinen Frust ertragen und keine Disziplin aufbringen konnte, dass er aber ›alles Tolle‹ haben oder machen wollte wie etwa Gitarre spielen: ›Doch wenn er sich anstrengen sollte, hörte sein Engagement sofort auf.‹

Stets wollte er im Mittelpunkt stehen, so vergegenwärtigt sich die Mutter, doch wenn dem Knaben das nicht leichthändig gelang, dann schaffte er es im negativen Sinn durch Explosionen.

Der Vater hatte seinem Sohn ›Freund‹ und ›Kumpel‹ sein wollen. Der erfolgreiche Münchener Werbekaufmann ist ein toleranter Mann, der seinem Erstgeborenen so gut wie jede Eskapade nachsah. Gewiss, Patrick machte immer wieder Schwierigkeiten, weil er ›so schlecht angepasst und wahnsinnig jähzornig war‹, aber dieser Vater liebte an seinem Sohn, ›dass er so freiheitsliebend und nicht duckmäuserig war.‹

Schon dem 6-Jährigen wurde ins Zeugnis geschrieben: ›Patrick fällt es schwer, sich im sozialen Verband der Klasse zurechtzufinden. Wenn sein oft auffälliges

Verhalten nicht die von ihm gewünschte Reaktion bei seinen Mitschülern bewirkt, reagiert er sofort aggressiv.‹

Im Nachhinein, so sagt die Mutter, ›betrachte ich das als Alarmsignal‹.

Niemand, nicht die Eltern und erst recht nicht die staatlichen Erziehungsinstitutionen, reagierten richtig auf die Alarmzeichen. Ganz im Gegenteil: Patrick wurde viermal aus der Schule gefeuert. Eine Drogenclique, in der ein vollgepumpter Junge seine Freundin erstach, zog ihn nieder. Polizisten, die ihn in ein Scheingeschäft verwickelten, Staatsanwälte und Richter gaben ihm den Rest. Sein Traum, ›ganz toll zu leben‹, endete im Alter von 19 Jahren in einem letzten exzessiven Rausch« (Barth 1991, 70).

Das Schicksal von Patrick teilten in Deutschland 1991, im Jahr seines Todes, nach offiziellen Angaben 2026 junge Menschen. Seit der Jahrtausendwende zeigte sich ein Auf und Ab bei der Anzahl der Rauschgifttoten; seit 2009 (1331 Rauschgifttote) über 2010 (1237) und 2011 (986) bis 2012 (944) ergaben sich starke Reduzierungen (Die Drogenbeauftragte der Bundesregierung 2012, 32; 2013). Es schien eine gewisse Trendwende einzutreten, mit Hinweisen auf den Erfolg der bestehenden, insbesondere auch der niedrigschwelligen Unterstützungs- und Behandlungsangebote (vgl. Die Drogenbeauftragte der Bundesregierung 2012, 14). Die weitere Entwicklung der Zahlen nach 2012 (▶ Abb. 61) stimmt hier allerdings leider skeptisch.

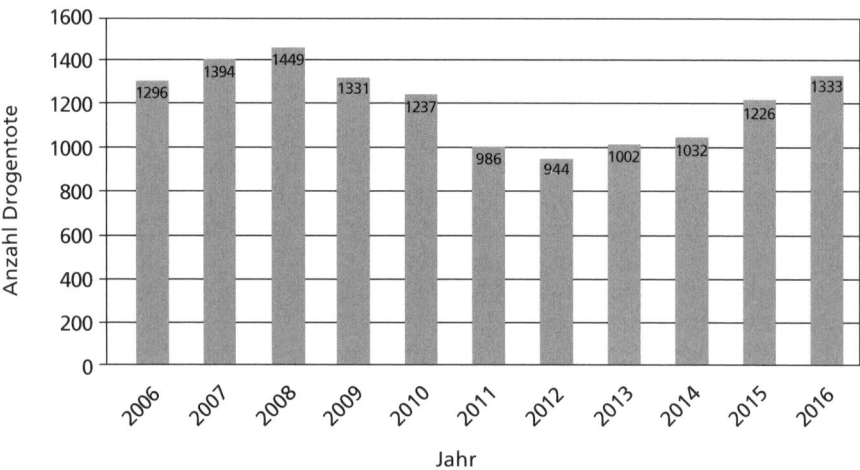

Abb. 61: Rauschgifttote in der Bundesrepublik Deutschland 2012–2016 (nach: Die Drogenbeauftragte der Bundesregierung 2017, 48)

Eine Rauschgiftkarriere dauert meist nicht länger als ein gutes Jahrzehnt. Viele betroffene Menschen sterben an einer Überdosis, die sie sich unwissentlich oder aber auch absichtlich verabreichen. Viele sterben auch an Langzeitfolgen des Missbrauchs, an Unfällen unter Drogeneinfluss oder im Zusammenhang mit den Entzugserscheinungen. Wer seine Sucht nicht überwinden kann, hat ein nur kurzes Leben.

»Kinder und Jugendliche mit Sonderpädagogischem Förderbedarf im Bereich des emotionalen Erlebens und sozialen Handelns sind in besonderem Maße durch Drogenkonsum gefährdet. Dies trifft für immer jüngere Schülerinnen und Schüler zu. Die Einnahme von Drogen ermöglicht die rasche Flucht in eine Traumwelt, einen höheren Status in der Freundschaftsgruppe und die Bewältigung des Gruppendrucks. Drogenkonsum kann zur Missachtung von Regeln ermutigen. Um die Drogensucht zu finanzieren, spielt die Beschaffungskriminalität eine große Rolle und führt zu besonderen Belastungen in der Schule« (KMK 2000, 9).

9.7.2.1 Psychotrope Substanzen und ihre Wirkung

Drogen können physisch und/oder psychisch abhängig machen. Sie können – in Abhängigkeit von gesellschaftlichen Konventionen – legal oder illegal sein. Kennzeichnend für Drogen ist, dass sie psychotrop wirken, d. h. die neurophysiologischen Prozesse und das psychische Erleben beeinflussen. In diesem Sinne unterscheidet die Weltgesundheitsorganisation (WHO) neun psychotrope Substanzen, die in Tab. 38 in einer Übersicht mit Beispielen angegeben werden (▶ Tab. 38):

Tab. 38: Psychotrope Substanzen

Psychotrope Droge	Formen
Alkohol	Bier, Likör, Schnaps, Wein, Weinbrand usw.
Opioide	Opium, Morphin, Heroin, Kodein, Methadon
Cannabinoide	Marihuana, Haschisch, andere Produkte aus der Pflanze Cannabis sativa
Sedativa und Hypnotika	Benzodiazepine, Metaqualon usw.
Kokain	Kokain, Coca-Blätter usw.
Koffein und andere Stimulanzien	Kaffee, Amphetamin, Metylphenidat, Phenmetrazin usw.
Halluzinogene	Diäthylamid, Dimethyltryptamin, Lysergsäure, Meskalin, Psilocybin usw.
Tabak	Zigarren, Zigaretten, Schnupftabak usw.
Flüchtige Lösungsmittel	Haushaltsreiniger, Klebemittel, Lackverdünner, Nitroverdünnung, Terpentin usw.

Diese psychotropen Substanzen können in Abhängigkeit von dem mengenmäßigen und zeitlichen Applikationsverhalten zur Abhängigkeit führen. Das Abhängigkeitssyndrom kennzeichnet die Weltgesundheitsorganisation als »eine Gruppe körperlicher Verhaltens- und kognitiver Phänomene, bei denen der Konsum einer Substanz oder einer Substanzklasse für die betroffene Person Vorrang hat gegenüber anderen Verhaltensweisen, die von ihm früher höher bewertet wurden. Ein entscheidendes Charakteristikum der Abhängigkeit ist der oft starke, gelegentlich übermächtige Wunsch, Substanzen oder Medikamente (ärztlich verordnet oder nicht), Alkohol oder Tabak zu konsumieren« (WHO 1991, 85).

Zur Feststellung des Abhängigkeitssyndroms gibt die WHO sechs Kriterien an, von denen mindestens drei während des letzten Jahres erfüllt sein müssen, um Drogenabhängigkeit zu diagnostizieren (Dilling et al. 1993):

1. »Ein starker Wunsch oder eine Art Zwang, psychotrope Substanzen zu konsumieren.
2. Verminderte Kontrollfähigkeit bezüglich des Beginns, der Beendigung und der Menge des Konsums.
3. Ein körperliches Entzugssyndrom ... bei Beendigung oder Reduktion des Konsums, nachgewiesen durch die substanzspezifischen Entzugssymptome oder durch die Aufnahme der gleichen oder einer nahe verwandten Substanz, um Entzugssymptome zu mildern oder zu vermeiden.
4. Nachweis einer Toleranz. Um die ursprünglich durch niedrigere Dosen erreichten Wirkungen der psychotropen Substanz hervorzurufen, sind zunehmend höhere Dosen erforderlich (eindeutige Beispiele hierfür sind die Tagesdosen von Alkoholikern und Opiatabhängigen, die bei Konsumenten ohne Toleranzentwicklung zu einer schweren Beeinträchtigung oder sogar zum Tode führen würden).
5. Fortschreitende Vernachlässigung anderer Vergnügen oder Interessen zugunsten des Substanzkonsums, erhöhter Zeitaufwand, um die Substanz zu beschaffen, zu konsumieren oder sich von den Folgen zu erholen.
6. Anhaltender Substanzkonsum trotz Nachweises eindeutiger schädlicher Folgen, wie z. B. Leberschädigung durch exzessives Trinken, depressive Verstimmungen infolge starken Substanzkonsums oder drogenbedingte Verschlechterung kognitiver Funktionen. Es sollte dabei festgestellt werden, daß der Konsument sich tatsächlich über Art und Ausmaß der schädlichen Folgen im klaren war oder daß zumindest davon auszugehen ist« (a. a. O., 92 f.).

Das Entzugssyndrom wird von Drogenabhängigen als äußerst unangenehm erlebt und führt nicht selten zum Abbruch von Behandlungsmaßnahmen. Es tritt bei Abhängigkeit auf, wenn die Droge entzogen oder deutlich reduziert wird, und kann von einigen Tagen bis zu wenigen Wochen andauern. Zu den Symptomen des Entzugssyndroms können auch Krampfanfälle oder, bei Alkoholabhängigkeit, das Delirium tremens gehören. Das Delirium tremens ist »ein kurzdauernder, aber gelegentlich lebensbedrohlicher toxischer Verwirrtheitszustand, der von somatischen Störungen begleitet wird« (WHO 1991, 88).

Der Konsum psychotroper Substanzen kann schwere psychische Störungen nach sich ziehen – etwa Gedächtnisstörungen oder auch Psychosen. Psychotische Störungen mit Halluzinationen, Wahn- und/oder Beziehungsideen, psychomotorischen und Affektstörungen sind z. B. bei Alkohol-, Amphetamin-, Kokain-, LSD-, Meskalin- oder Cannabis-Konsum bekannt. Gedächtnisstörungen bis hin zum amnestischen Syndrom können durch den Missbrauch aller psychotropen Substanzen auftreten, auch in Verbindung mit Persönlichkeitsveränderungen, Initiativlosigkeit, apathischen und selbstvernachlässigenden Tendenzen.

Alkohol ist auch unter Kindern und Jugendlichen die am meisten verbreitete und somit gefährlichste Droge. Unter den Kindern, die jährlich in der Bundesrepublik durch Alkoholkonsum der Eltern geschädigt zur Welt kommen, werden sehr viele unter Entwicklungs-, Verhaltens- und Lernstörungen zu leiden haben. Etwa 4000 von ihnen haben das mit schweren körperlichen, geistigen und seelischen Behinderungen verbundene Fetale Alkoholsyndrom (FASD) (vgl. Die Drogenbeauftragte der Bundesregierung 2012, 45). Durch übermäßigen Alkoholkonsum wird die Infektanfälligkeit erhöht und das Immunsystem geschädigt. Das Krebsrisiko im Bereich der nahrungsaufnehmenden und -verarbeitenden Organe steigt deutlich an. Nicht weniger gefährlich ist der Tabakkonsum. In Deutschland rauchten 2009 fast 25,7 % der über 15-jährigen, etwa 14,7 Millionen Menschen (vgl. a. a. O., 21). 2011 rauchten 11,7 % der Kinder und Jugendlichen im Alter von 12–17 Jahren Zigaretten – nur noch halb so viele wie zehn Jahre zuvor (vgl. a. a. O., 9).

Mehr als 73 000 Tote fordert der Alkoholismus jährlich in Deutschland, an den direkten Folgen des Rauchens sterben vorzeitig ca. 110 000 Menschen, etwa 3300 an den Folgen des Passivrauchens (vgl. a. a. O., 18, 21). Dagegen erscheint die Zahl der 986 Rauschgifttoten aus dem Jahr 2011, deren Tod auf den Konsum illegaler Drogen zurückgeht, als geradezu gering in Anbetracht dessen, dass die große Zahl der Alkohol- und Rauchertoten wenig Aufregung auslöst, die relativ kleine Zahl der Drogentoten jedoch jedermann beschäftigt (vgl. a. a. O., 33). Im Gegensatz zum Alkohol- und Rauchertod, die sich schleichend und der Öffentlichkeit zumeist verborgen einstellen, ist der Tod infolge illegaler Drogen nach wie vor wohl deshalb ein Medienereignis, weil er plötzlich kommt, häufig unter erschütternden Umständen eintritt und oft sehr junge Menschen trifft (der rauschgifttote Jugendliche auf der Toilette, die Nadel noch im Arm) – und wohl auch, weil diese Form des Todes aus generalpräventiven Intentionen heraus von den Strafverfolgungsbehörden der Öffentlichkeit bevorzugt vorgestellt wird.

Die breite Diskussion über die Gefahr der so genannten »Alkopops« für Kinder und Jugendliche, die zum erfolgreichen Schutz der Minderjährigen durch eine drastische Verteuerung der süßen, aber gefährlichen Getränke führte, hat die Öffentlichkeit für die gesellschaftliche Gesamtproblematik der legalen Suchtmittel sensibilisiert. Seit 2003 hat die Bundesregierung Erhebungen zum Alkohol- und zum Tabak-Konsum sowie Programme zur Prävention und Intervention veranlasst, den »Aktionsplan Drogen und Sucht« und ein »Gesetz zur Verbesserung des Schutzes junger Menschen vor Gefahren des Alkohol- und Tabakkonsums« verabschiedet. Das Einstiegsalter in den gesellschaftlich legalisierten Drogenkonsum von Alkohol und Tabak verschob sich in den letzten Jahren zwar nach hinten, wirkt jedoch nach wie vor alarmierend. So erhöhte sich das Alter des ersten Alkoholkonsums von durchschnittlich 14,1 Jahren (2004) auf 14,5 Jahre (2011) und auch der Zeitpunkt für den ersten Tabakkonsum stieg von 13,7 auf 14,3 Jahre (vgl. BZgA 2012, 32, 44). Hierzu werden durch die BZgA keine aktuelleren Zahlen erfasst bzw. vorgelegt.

Im Jahr 2011 wurden in Deutschland im Rahmen der »Europäischen Schülerstudie zu Alkohol und anderen Drogen« (ESPAD) 356 184 Schülerinnen und Schüler der 9. und 10. Jahrgangsstufe an Haupt-, Real- und Gesamtschulen sowie Gymnasien nach ihrem Drogenkonsum befragt. Bezogen auf den Tabak-Konsum zeigen die Ergebnisse, »dass tendenziell mehr Jungen als Mädchen rauchten. Der Anteil der aktuellen Raucher war in Hauptschulen am größten (45,6 %) und an

Gymnasien an [sic!] geringsten (26,4 %)…. Jeder fünfte befragte Jugendliche (20,4 %) rauchte im Monat vor der Befragung täglich Zigaretten« (Kraus/Pabst/Piontek 2012, 23). Schüler von Hauptschulen hatten die höchsten Werte hinsichtlich der Lebenszeiterfahrung mit dem Rauchen (77,1 %). Gymnasiasten zeigten die niedrigsten Werte (54,1 %) (vgl. a. a. O., 55).

Hinsichtlich des Alkoholkonsums zeigen die Ergebnisse, dass in den zwölf Monaten vor der Erhebung 91,6 % der Jungen und 88,2 % der Mädchen Alkohol zu sich genommen hatten. »Im letzten Monat vor der Erhebung wurde am häufigsten Bier getrunken (62,9 %), gefolgt von alkoholischen Mixgetränken (59,0 %), Spirituosen (47,3 %) und Wein/Sekt (45,9 %)« (a. a. O., 24). 21,6 % der befragten Jugendlichen berichteten von Trunkenheitserlebnissen, 53,0 % der Schülerinnen und Schüler von einem Konsum von fünf oder mehr Einheiten Alkohol in den letzten 30 Tagen (vgl. a. a. O., 24).

Die Ergebnisse der ESPAD werden hinsichtlich des Alkoholkonsums bestätigt durch eine jüngere Untersuchung der Bundeszentrale für gesundheitliche Aufklärung (BZgA). Die Kinder und Jugendlichen im Alter zwischen 12 und 17 Jahren trinken zwar nach wie vor viel, jedoch bedeutsam weniger als in den Jahren zuvor. Die Zahl der Rauschtrinker (Binge Drinking) bleibt jedoch besorgniserregend. »Während im Jahr 2004 noch 22,6 % aller Jugendlichen angaben, in den letzten 30 Tagen mindestens einmal fünf Gläser Alkohol und mehr hintereinander getrunken zu haben, sind es im Jahr 2011 nur noch 15,2 %« (BZgA 2012, 28). Diese Zahl ist im Jahr 2015 auf 14,1 % weiter gesunken (vgl. BZgA 2016, 44).

»Im Zeitraum von 2000–2006 hat sich die Zahl der wegen akuten Alkoholmissbrauchs ins Krankenhaus eingelieferten Kinder und Jugendlichen im Alter von 10–20 Jahren mehr als verdoppelt: 19 500 Patienten zwischen 10 und 20 Jahren wurden 2006 mit der Diagnose ›akute Alkoholvergiftung‹ im Krankenhaus behandelt, 2000 waren es noch 9500. Die größte Gruppe waren mit 54 % (10 500 Patienten) männliche Jugendliche zwischen 15 und 20 Jahren« (Die Drogenbeauftragte der Bundesregierung 2008, 11). 2010 wurden alkoholbedingt sogar 25 995 Kinder und Jugendliche dieser Altersgruppe in ein Krankenhaus eingeliefert (vgl. Die Drogenbeauftragte der Bundesregierung 2012, 20).

Es muss davon ausgegangen werden, dass bei Kindern und Jugendlichen mit Verhaltensstörungen die Prozentanteile im Bereich Drogenkonsum höher sind als in der übrigen Bevölkerung (vgl. KMK 2000, 9). Wie die Erfahrung zeigt, ist diese Gruppe besonders anfällig für den Konsum jedweder Suchtmittel, zumal die Gefahren allgemein unterschätzt werden und vor allem der mögliche Lustgewinn im Vordergrund der Aufmerksamkeit steht. »Schülerinnen und Schüler erwarten von dem Alkoholkonsum eher positive als negative Wirkungen. Mehr als die Hälfte der Jugendlichen meint, durch den Konsum alkoholischer Getränke Spaß zu haben, die Kontaktfreudigkeit steigern zu können sowie Glücksgefühle und Entspannung hervorrufen zu können« (Die Drogenbeauftragte der Bundesregierung 2004, 20).

9.7.2.2 Erklärungsmodelle

Die Ursachenerforschung bei Drogenabhängigkeit kann sich nicht nur an den Betroffenen selbst festmachen. Auch Drogenabhängigkeit ist als multifaktoriell bedingt anzusehen. Als bedingende Variablen spielen Dispositionen bei den einzelnen Menschen in Verbindung mit Umweltgegebenheiten sowie der Attraktivität und der Verfügbarkeit der Droge eine Rolle. Bei vielen Menschen, die zu Drogenverbrauchern werden, finden sich prädisponierende Faktoren. Folgende Persönlichkeitsmerkmale wurden übereinstimmend immer wieder in einer Vielzahl von Untersuchungen gefunden:

- »mangelndes Selbstvertrauen/fehlende Selbstsicherheit;
- Kontaktschwierigkeiten;
- mangelnde Kooperationsfähigkeit und -bereitschaft;
- erhöhte Labilisierung bei auftretenden Konflikten, verbunden mit einem geringen Ausmaß an problemadäquaten Entscheidungsfällen;
- irreale Einschätzung eigener Fähigkeiten/Nicht-Wissen um latente Fähigkeiten und die damit verbundenen Möglichkeiten, Fertigkeiten neu zu erlernen;
- mangelnde Selbstkritik bzw. die Kritik anderer kann nicht ertragen werden;
- Angst, emotionale Erlebnisinhalte nach außen zu verbalisieren;
- Erleben einer verkrampft tabuisierten Sexualität und daraus resultierenden Folgeschäden;
- Schwierigkeiten bei der Einhaltung von Regeln und Verbindlichkeiten« (Tschöpe 1979, 57).

Im Hinblick auf Alkoholabhängigkeit ist als korrespondierendes Forschungsergebnis zu obiger Zusammenfassung festzuhalten: »Die meisten Studien haben gefunden, dass die prämorbiden Merkmale mit antisozialer Persönlichkeit, einschließlich Impulsivität, Aggressivität, Hyperaktivität, Ablenkbarkeit, Ungeduld und Erregbarkeit, einhergehen und prädiktiven Wert in Bezug auf den Alkoholmissbrauch im jungen Erwachsenenalter haben« (Bohman 1991, 133). Als mitverursachende Variable werden bei Alkoholismus auch Erbbedingungen in Betracht gezogen (vgl. Leune 1991, 25).

Viele Studien verweisen im Hinblick auf Drogenabhängigkeit auf die große Bedeutung der Sozialisationsbedingungen, insbesondere auf die der familialen Sozialisation. Wie empirische Untersuchungen belegen, wuchsen die meisten drogenabhängigen jungen Menschen unter ungünstigen Bedingungen auf, fanden – wie Patrick im obigen Beispiel – nicht die adäquate Erziehungsumwelt, hatten Schwierigkeiten in der Schul- und Berufsausbildung und entwickelten Einstellungen und Verhaltensbereitschaften, die den Rang von psychosozialen Störungen haben und sie letztlich zur Flucht in die Droge bringen. Bezogen auf die familiale Sozialisation ist in einer Zusammenfassung empirischer Untersuchungen zu konstatieren:

- »Drogenabhängige kommen häufig aus unvollständigen Familien
- In den Herkunftsfamilien späterer Drogenabhängiger sind Kommunikationsprozesse häufiger gestört
- Bereits in der Herkunftsfamilie werden (spätere) Drogenabhängige mit Suchtmitteln konfrontiert
- Die Ehebeziehung der Eltern (späterer) Drogenabhängiger ist häufig gestört« (Leune 1991, 22).

In dieser Hinsicht interessant ist eine umfassende Längsschnittstudie aus den USA, die an der University of California in Berkeley gemacht wurde.

Shedler und Block untersuchten Kinder in ihrer Entwicklung vom dritten Lebensjahr bis zum achtzehnten Lebensjahr, wobei sie relevante Daten im dritten, fünften, siebten, elften, vierzehnten und im achtzehnten Lebensjahr erhoben. Sie erfassten 101 Jungen und Mädchen. Im Hinblick auf Drogenkonsum fanden sie drei Gruppen in ihrer Stichprobe, die etwa gleich stark waren:

- Abstinenzler (kein Drogenkonsum)
- User (mindestens einmal pro Woche Drogenkonsum, Erfahrungen mit weiteren Drogen)
- Experimentierer (gelegentlicher Konsum von Marihuana, nur eine weitere Droge bekannt).

Die User hatten schon mit sieben Jahren Probleme mit anderen Kindern, konnten schlecht Beziehungen herstellen, wurden leicht zum Sündenbock, hatten kein Selbstvertrauen und kamen sich schlecht und geringwertig vor, waren unzuverlässig, im Umgang wenig solidarisch und unfair, somatisierten unter Stress. Als sie elf Jahre alt waren, zeigten sie stures, unkooperatives, misstrauisches Verhalten, waren unkonzentriert, ohne gefühlsmäßige Beziehung zu ihren Tätigkeiten und hatten eine geringe Frustrationstoleranz. Als 18-jährige User hatten sie dann deutliche psychosoziale Störungen, verhielten sich feindselig und entfremdet »von Liebe und Arbeit«, konnten nicht zielgerichtet agieren, zeigten sich situativen Impulsen ausgeliefert und kamen in einen Teufelskreis. Sie zogen sich zurück und flohen vor Isolations- und Versagensgefühlen in die Droge, wodurch sie Isolation und Versagen noch steigerten. Ihre Mütter waren ihnen gegenüber wenig ermutigend und unterstützend, forderten aber Leistungen und verhielten sich im Übrigen abweisend und teilnahmslos.

Da die Mütter von Abstinenzlern ähnliche Merkmale zeigten, sich die Väter aber in der Art unterschieden, dass die der Abstinenzler im Vergleich zu denen der User als streng, autoritär und kontrolliert bezeichnet wurden, mag zu schließen sein, dass die Väter bei einer User-Entwicklung eine bedeutende Rolle spielen bzw. dass das Zusammenspiel von mütterlichem und elterlichem erzieherischen Fehlverhalten jene Verzweiflungs- und Versagenssituation erbringt, die bei den Jugendlichen letztlich zur Flucht in die Droge führt (Barth 1991, 70–91).

Ursachenforschung bei Drogenabhängigkeit erfordert also letztlich eine systemische Sichtweise. Es sind die Interaktionsstrukturen in den relevanten Systemen wie Familie, Schule und Freundeskreis, aber auch makrosystemische Bedingungen im gesellschaftlichen Bereich – wie z. B. zeitspezifische kulturelle Ausprägungen, Werte und Normen – zu berücksichtigen, die sich unter der Bezeichnung »Zeitgeist« zusammenfassen lassen (▶ Kap. 6.2.6). Allgemeine Suchttendenzen, wie sie im Sinne des Lustprinzips alle Menschen haben, werden seit Urzeiten – kontrolliert durch religiöse und gesellschaftliche Normen und Werte – befriedigt. Diese steuernden und stabilisierenden Normen und Werte haben in der Gegenwart ihre Wirkkraft weitgehend verloren. Sie konnten jenen jungen Menschen, die drogensüchtig bzw. drogenabhängig wurden, den notwendigen »äußeren Halt« nicht geben. In Verbindung mit ihren Fehlentwicklungen bzw. ihrer Ich-Schwäche mag in diesem Defizit ein weiterer Grund dafür liegen, dass sie ihre Suchttendenzen nicht kontrollieren konnten und sie zum Mittelpunkt ihres Lebens machten. Es ist deshalb auch nicht verwunderlich, dass jugendliche Straftäter, die in der Mehrzahl deutliche psychosoziale Störungen haben, mit vielfältigen Drogenerfahrungen oder gar drogenabhängig in den Jugendvollzug kommen oder dort dann – wobei die Bedingungen der Haft begünstigend wirken – Drogenerfahrungen machen oder süchtig werden, wie weiter oben bereits dargestellt wurde.

9.7.2.3 Maßnahmen

Hinsichtlich legaler wie illegaler Drogen stehen zur Prävention und Intervention vielfältige Hilfen (z. B. Ausstiegshilfen, Telefon- und E-Mail-Beratung) und kostenfreie, gut erprobte Materialien zur Verfügung (siehe dazu: www.bzga.de; www.¬drogenbeauftragte.de).

Maßnahmen gegen Drogenmissbrauch müssen im Sinne des erörterten systemischen Paradigmas umfassend ansetzen. Dem Problem des Missbrauchs der illegalen Drogen ist sicher nicht durch Freigabe beizukommen. Die traditionelle westeuropäische Droge Alkohol belastet als legales Mittel die einzelnen Menschen wie die Gesellschaft insgesamt schon genug und in nicht vertretbarer Weise. Die Freigabe der z. Zt. illegalen Drogen würde zwar die Beschaffungskriminalität verringern, die Problematik insgesamt gesehen aber eher vergrößern. Mit leichterer Verfügbarkeit wird auch leichter zur Droge gegriffen – wie der Alkoholkonsum zeigt. Darauf verweist auch das Beispiel Island, wo nach der Aufhebung des Verbots für starkes Bier insbesondere bei Jugendlichen, bei Jungen wie bei Mädchen, nicht nur der Bierkonsum, sondern auch der Schnapskonsum deutlich anstieg. Zu Zeiten des Bierverbots betranken sich 14 %, nach der Freigabe fast 20 % (vgl. Wünschmann 1991, 16).

Einigkeit herrscht dahingehend, dass Sucht- und Drogenprävention ganzheitlich ausgerichtet sein muss. Angst machen und auf Abschreckung setzen allein genügt nicht. Die Drogen zu verknappen allein genügt auch nicht. Es müssen »Informations- (Aufklärung) und Affektivitätsstrategien (Entwicklung affektiver Kompetenzen und Erlebnisse) eingesetzt werden, aber auch die Familienbeziehungen gefördert und alternative Freizeitbeschäftigungen angeboten werden«, wie eine Analyse von Schnaps et al. erbrachte (vgl. Dembach/Kappel 1991, 141; siehe dazu auch Bossong 1988; Kollehn/Weber 1985; Vernooij 2004).

Mittlerweile ist eine Fülle von Konzepten, Maßnahmen und Programmen zur Prävention von Drogenmissbrauch und Abhängigkeit verfügbar. Dabei können drei unterschiedliche Ausrichtungen unterschieden werden (vgl. Beelmann 2008, 450 ff.):

- Mit Informationsprogrammen wird darauf gesetzt, dass sachbezogene Informationen zur Wirkung von Alkohol und Drogen sowie zu Nebenwirkungen und Folgen von Abhängigkeit warnende und abschreckende Effekte zeigen.
- Programme zur Förderung der sozialen Standfestigkeit (social resistance) zielen die Förderung psychischer Stabilität an, aus der heraus der Verlockung von psychotropen Substanzen widerstanden wird.

- Nachdem diese beiden Programmformen sich empirisch nur unzureichend bewähren konnten, fokussiert das »Life-Skill-Training« auf eine Kombination unterschiedlicher Zielbereiche, insbesondere folgende drei: »(1) Allgemeine Selbstmanagement-Fertigkeiten, (2) generelle soziale Kompetenzen und (3) Informationen und Fertigkeiten, die speziell mit der Sucht- und Drogenthematik assoziiert sind« (a. a. O., 451).

Drogenabhängige sind kranke Menschen, die der Unterstützung durch erfahrene Fachleute bedürfen. Hilfreiche Maßnahmen bei Rauschgiftabhängigkeit reichen gegenwärtig von der Verabreichung des synthetischen Opiats Methadon – das die Sucht nicht aufhebt – bis zu den unterschiedlichsten Therapiemaßnahmen. Eine Behandlung muss drei relevante Ebenen umfassen:

- die körperlichen Auswirkungen (Entzugssymptomatik)
- die psychischen Funktionsstörungen (z. B. Angststörungen, Wahrnehmungs-, Problemlöse-, Motivationsstörungen, emotionale und psychomotorische Störungen)
- die Entwicklungsstörungen (z. B. Entwicklungsdefizite, defizitäre Schul- und Berufsbildung, Perspektivlosigkeit) (vgl. Thomasius 2006, 26).

Methadon, das im Ausland und in einigen Modellvorhaben auch in Deutschland kostenlos und unter Aufsicht ausgegeben wird, ermöglicht den Abhängigen einen relativ »normalen« Tagesablauf, zumal die Wirkung bis zu 36 Stunden anhalten kann, bei Aufgabe beschaffungskriminellen Verhaltens. Kontrollierte Methadongabe gilt als Alternative für die sehr kraft- und zeitaufwändigen Therapien. Die Therapien in spezialisierten Einrichtungen werden von vielen Abhängigen nicht durchgehalten, weil der Drogenentzug äußerst anstrengende physische und psychische Auswirkungen hat und insbesondere die »psychische Abhängigkeit« von den – wie dargestellt – häufig labilen und wenig belastungsfähigen jungen Menschen nur sehr schwer überwunden werden kann. Nur langzeitig anzusetzende Interventionen in dialogischen, psychisch stützenden und persönlichkeitsstabilisierenden Bezügen können hilfreich sein.

Die Zahl der Erstkonsumenten harter Drogen ist lange Zeit gestiegen – 1991 waren es 10 784, mehr als doppelt so viel wie 1987 (vgl. Leune 1991, 21) –, hat dann 2003 auf hohem Niveau im Vergleich zum Vorjahr um 11 % auf 17 937 abgenommen, ist im Jahr 2007 mit 18 620 Personen im Vergleich zu 2006 zwar um 4 % gesunken, im Vergleich zu 2003 aber deutlich gestiegen. 2011 wurde mit 21 315 Erstkonsumenten harter Drogen der höchste Stand seit 2001 erreicht (vgl. Die Drogenbeauftragte der Bundesregierung 2004; 2008; 2012). Die Entwicklung bei Heroin (- 14,3 %) ist gegenüber 2010 rückläufig, die Zahl der erstauffälligen Konsumenten ist jedoch insgesamt um 14,5 % gestiegen (Kokain: + 4,1 %; Ecstasy: + 12,1 %; Meth-/Amphetamin: + 19,6 %; Crack: + 40,8 %; Sonstige: + 117,7 %). Nach aktuelleren Schätzungen konsumieren zwischen 525 000 und 750 000 der 18–64-jährigen deutschen Bevölkerung Cannabis problematisch und etwa 200 000 Menschen in Deutschland andere illegale Substanzen risikohaft, d. h. Opiate, Kokain, Amphetamine und Halluzinogene (vgl. Die Drogenbeauftragte der Bundesregierung 2012,

26). Weltweit haben ca. 230 Millionen Menschen (also etwa jeder zwanzigste 15–64-Jährige) mindestens einmal im Laufe des Jahres 2010 illegale Substanzen konsumiert. Schätzungsweise 27 Millionen wiesen einen problematischen Drogenkonsum auf (vgl. UNODC 2012, 59). Der jährliche Umsatz im Drogengeschäft wird auf weltweit 320 Milliarden US-Dollar geschätzt (vgl. a. a. O., 60). Die Drogenproblematik als große Aufgabe für die Menschheit muss international angegangen werden.

Die Größe des Problems in Deutschland spiegelt sich auch in den Rauschgiftdelikten. Auf hohem Niveau hat sich im Jahr 2011 die Zahl der Rauschgiftdelikte insgesamt (allgemein gem. § 29 BtMG, Illegaler Handel und Illegale Einfuhr) um 2,4 % auf 236 478 Fälle erhöht. Angestiegen sind auch die Verstöße gegen § 29 BtMG mit Amphetamin/Methamphetamin und deren Derivate (einschließlich Ecstasy) um 19,9 % auf 42 577 Fälle. Illegale(r) Handel, Herstellung, Abgabe und Besitz nicht geringer Mengen von Betäubungsmitteln fiel leicht um 4,2 % auf 9519 Fälle (vgl. Bundesministerium des Innern 2012, 63). Während mit 1914 Kilogramm Kokain eine um 36,0 % geringere Menge als im Vorjahr sichergestellt wurde und auch die sichergestellte Menge an Haschisch auf 1747 Kilogramm (0–18,5 %) und die an Marihuana auf 3957 Kilogramm (0–18,8 %) sank, waren bei den anderen illegalen Drogen teilweise enorme Zuwächse zu verzeichnen. 98 Kilogramm sichergestelltes Heroin entspricht einer Zunahme von 5,0 % und bei der Beschlagnahme von Amphetamin/Methamphetamin kam es zu einer deutlichen Steigerung um 17,0 % auf 1408 Kilogramm. Insbesondere der Anstieg von kristallinem Methamphetamin (»Crystal«) um 48,8 % auf 40 Kilogramm und die um 110,5 % gestiegene sichergestellte Menge an Ecstasy (484 992 Tabletten) sind besorgniserregend (vgl. a. a. O., 9). Alle Menschen haben Kenntnis hinsichtlich der schrecklichen Folgen von Drogenkonsum und Sucht, erfahren täglich in den Medien vom mühevollen, erniedrigenden Leben und sinnlosen Sterben der Drogenabhängigen.

Mit diesem Faktum verdeutlicht sich eine Problematik ähnlich der, die sich auch bei jugendlichen Straftätern zeigt und die auf eine menschliche und damit pädagogische Grundproblematik verweist. Sokrates (470 bis 399 vor Christus) konnte noch denken und lehren, dass Wissen vermittelt werden müsse, damit Menschen tugendhaft, d. h. vernünftig handeln. Die Geschichte der vergangenen zweieinhalb Jahrtausende hat jedoch gelehrt, dass Wissen allein nicht ausreicht, um als Mensch verantwortungsbewusst, sozialadäquat, konstruktiv und solidarisch agieren zu können. In der gegenwärtigen Informationsgesellschaft ist jeder über fast alles bestens informiert, aber unvernünftiges Tun, irreales Handeln, Gewalt gegen sich und andere nehmen erschreckende Ausmaße an.

Die Lebensverhältnisse müssen es zum einen ermöglichen, dass von frühester Kindheit an lebens- und menschengerechte Normen und Werte internalisiert werden, die als »Über-Ich« lebensbestimmende Qualität gewinnen können. Hinzukommen muss aber auch, dass die Lebensverhältnisse die Entwicklung psychischer Stabilität, eines »starken Ich« ermöglichen (▶ Kap. 4.2.1). Wenn sich für immer mehr und immer jüngere Menschen das Leben als nur schwer zu ertragende Belastung darstellt und Verzweiflung in der Gegenwart wie vor der Zukunft mit der Folge der Flucht vor den Realitäten Platz greifen, dann verdeutlichen sich Phänomene der Instabilisierung. Mit der größer gewordenen Freiheit bzw. der Lösung aus

Abhängigkeiten – auch und gerade aus religiösen – ist die Lebensbewältigung schwieriger, die Angst, die bedrohliche Existenzangst, größer geworden. Es fällt schwer, ein Individuum zu werden und zu sein – auf dem Weg zu sich selbst bei einem stabilen, akzeptierten Selbst anzukommen und diesen Status beizubehalten, das Leben als sinnvoll und lebenswert anzusehen (vgl. Frankl 1984 und 1985). Der Wille zur Lust (S. Freud), der Wille zur Macht (F. Nietzsche, A. Adler) und der Wille zum Lebenssinn können als die großen Generatoren menschlichen Handelns angesehen werden (▶ Kap. 4.2, Frankl 1984; 1985), deren Befriedigung und Begrenzung zentrale gesellschaftspolitische und somit auch pädagogische Aufgaben darstellen. Ein Versagen in dieser Hinsicht bedroht die psychische Gesundheit der Menschen und ihr soziales Zusammenleben. Dem Willen zum Lebenssinn wird die gegenwärtige Situation der Welt, der Gesellschaft, der Religionen, auch der Pädagogik nicht gerecht.

Die große Verbreitung psychosozialer Störungen in ihren vielfältigen Erscheinungsformen signalisiert eine gesellschaftliche Krise. Sie erfordert Umdenken und Neukalibrierung auf allen Systemebenen bzw. Umgestaltung in allen Lebensbereichen.

Verzeichnis der Abbildungen

Verzeichnis der Tabellen

Sachverzeichnis

Literaturverzeichnis

Abelein, P.: »Ich sehe was, was du nicht siehst?!« Subjektive und fremde Wahrnehmung der sozialen Integration bei Schülern mit AD(HS). Eine empirische Untersuchung an bayerischen Grundschulen. Baltmannsweiler 2017

Abelein, P./Stein, R.: Förderung bei Aufmerksamkeits- und Hyperaktivitätsstörungen. Stuttgart 2017

Abraham, A.: Der Mensch-Test. München, Basel 1978

Abram, A./Berkemeier, B./Kluge, K. J.: Suizid im Jugendalter. München 1980

Achenbach, T. M.: The Classification of Childrens Psychiatric Symptoms: A Factor Analytic Study. In: Psychological Monographs, 80 (1966), H. 7, 1–37

Adam, A./Peters, M.: Störungen der Persönlichkeitsentwicklung bei Kindern und Jugendlichen. Ein integrativer Ansatz für die psychotherapeutische und sozialpädagogische Praxis. Stuttgart 2003

Adler, A.: Die Seele des schwererziehbaren Kindes (1930). Frankfurt/M. 1974a

Adler, A.: Individualpsychologie in der Schule – Vorlesungen für Lehrer und Erzieher (1929). Frankfurt/M. 1976b

Adler, A.: Kindererziehung (The education of children 1930). Frankfurt/M. 1976c

Adler, A.: Menschenkenntnis (1927). Frankfurt/M. 1976a

Adler, A.: Praxis und Theorie der Individualpsychologie. Vorträge zur Einführung in die Psychotherapie für Ärzte, Psychologen und Lehrer. Frankfurt/M. 1974b

Adler, A.: Studie über Minderwertigkeit von Organen (1927). Frankfurt/M. 1977a

Adler, A.: Über den nervösen Charakter – Grundzüge einer vergleichenden Individual-Psychologie und Psychotherapie (1912). Frankfurt/M. 1977b

Adler, A./Furtmüller, C./Wexeberg, E.: Heilen und Bilden – Ein Buch der Erziehungskunst für Ärzte und Pädagogen (1928). Frankfurt/M. 1973

Affolter, F.: Wahrnehmung, Wirklichkeit und Sprache. Villingen, Schwenningen 1982

Ahlheim, R./Hülsemann, W./Kapcynski, H. et al.: Gefesselte Jugend. Fürsorgeerziehung im Kapitalismus. Frankfurt a./M. 1971

Ahrbeck, B.: Das Schlüsselkind als Held der neuen Zeit. In: Sonderpädagogik in Berlin. Heft 2, 2004b, 10–18

Ahrbeck, B.: Der Umgang mit Behinderung. Stuttgart 2011

Ahrbeck, B.: Erziehungsnotwendigkeiten und Bruchstellen der Entwicklung. In: Ahrbeck, B./ Willmann, M. (Hrsg.): Pädagogik bei Verhaltensstörungen. Ein Handbuch. Stuttgart 2010, 215–225

Ahrbeck, B.: Kinder brauchen Erziehung. Die vergessene pädagogische Verantwortung. Stuttgart 2004a

Ahrbeck, B.: Konflikt und Vermeidung. Psychoanalytische Überlegungen zu aktuellen Erziehungsfragen. Neuwied 1998

Ahrbeck, B.: Verhaltensstörungen. In: Borchert, J. (Hrsg.): Handbuch der Sonderpädagogischen Psychologie. Göttingen, Bern, Toronto 2000, 868–882

Ahrbeck, B./Rath, W.: Psychologie der Sehbehinderten. In: Fengler, J./Jansen, G. (Hrsg.): Heilpädagogische Psychologie. Stuttgart, Berlin, Köln, Mainz 1987, 29–43

Ahrbeck, B./Willmann, M. (Hrsg.): Pädagogik bei Verhaltensstörungen. Ein Handbuch. Stuttgart 2010

Aichhorn, A.: Verwahrloste Jugend – Die Psychoanalyse in der Fürsorgeerziehung. Bern, Stuttgart [7]1971

Aissen-Crewett, M.: Kunst-Psychotherapie-(Sozial-)Medizin-Pädagogik. Köln 1986
Akademie für öffentliches Gesundheitswesen in Düsseldorf (Hrsg.): Verhaltensauffälligkeiten und Sprachstörungen bei Kindern und Jugendlichen. Düsseldorf 1981
Alsaker, F. D.: Psychische Folgen von Mobbing. In: Steinhausen, H.-C. (Hrsg.): Schule und psychische Störungen. Stuttgart 2006, 38–51
Althaus, H.: Die NSV-Jugendhilfe. In: Reichsminister der Justiz und der Reichsjugendführer der NSDAP und Jugendführer des Deutschen Reiches (Hrsg.): Deutsches Jugendrecht, H. 4 – Zum neuen Jugendstrafrecht. Berlin 1944, 107–111
Althaus, H.: Nationalsozialistische Wohlfahrt – Wesen, Aufgabe und Ausbau. Berlin 1937
Alvin, J.: Musiktherapie – Ihre Geschichte und ihre Anwendung in der Heilbehandlung. Nördlingen 1983
Aly, G. (Hrsg.): Die Aktion T 4 1939 – 1945. Die Euthanasie-Zentrale in der Tiergartenstraße 4. Berlin 1987
Amelang, M./Lasogga, F.: Unkontrollierte Faktoren des Behandlungserfolges beim Einsatz von Gesprächsmethoden. In: Zeitschrift für Entwicklungspsychologie und Pädagogische Psychologie, Jg. 7 (1975), H. 4, 276–288
American Psychiatric Association (APA): Diagnostical and Statistical Manual of Mental Disorders. DSM-III R, übersetzt von Wittchen, H.-U./Saß, H./Zaudig, M./Köhler, K.: Diagnostisches und statistisches Manual psychischer Störungen. DSM-III-R. Weinheim, Basel [2]1989, [3]1991
American Psychiatric Association (APA): Diagnostical and Statistical Manual of Mental Disorders. Fourth Edition. Deutsche Bearbeitung: Saß, H./Wittchen, H.-U./Zaudig, M.: Diagnostisches und Statistisches Manual psychischer Störungen. DSM-IV. Göttingen, Bern 1996
American Psychiatric Association (APA): Diagnostical and statistical manual of mental disorders. DSM-IV-TR. Washington, D. C. 42000. Deutsche Übersetzung: Saß, H./Wittchen, H. U./Zaudig, M./Houben, I. (Hrsg.): Diagnostisches und Statistisches Manual psychischer Störungen – Textrevision – DSM-IV. Göttingen 2003
American Psychiatric Association (APA): Diagnostische Kriterien DSM-5®. Deutsche Ausgabe herausgegeben von Falkai, P./Wittchen, H. U. Göttingen 2015
Amery, J.: Hand an sich legen – Diskurs über den Freitod. Stuttgart 1976
Amman, G./Wipplinger, R. (Hrsg.): Sexueller Missbrauch. Überblick zu Forschung, Beratung und Therapie. Ein Handbuch. Tübingen [3]2005
Anders, W.: Eutonie und autogenes Training bei verhaltensauffälligen Schülern. In: Motorik, Jg. 8 (1985), H. 2, 58–66
Angermeier, M.: Psycholinguistischer Entwicklungstest – PET. Weinheim 1974
Ansbacher, H. L./Ansbacher, R. R.: Alfred Adlers Individualpsychologie. Eine systematische Darstellung seiner Lehre in Auszügen aus seinen Schriften. München [2]1975
Antonowsky, A.: Salutogenese. Zur Entmystifizierung der Gesundheit. Tübingen 1997
Antor, G./Bleidick, U. (Hrsg.): Handlexikon der Behindertenpädagogik. Schlüsselbegriffe aus Theorie und Praxis. Stuttgart, Berlin, Köln 2001
Arbeitsgruppe deutsche Child-Behavior-Checklist: Elternfragebogen für Klein- und Vorschulkinder CBCL 1½–5. Köln: Universität 2008
Arbeitsgruppe deutsche Child-Behavior-Checklist: Elternfragebogen über das Verhalten von Kindern und Jugendlichen. Deutsche Bearbeitung der Child Behavior Checklist CBCL/4–18. Köln: Universität [2]1998b
Arbeitsgruppe Integrative Förderung/Sonderpädagogik in der gemeinnützigen Gesellschaft Gesamtschule (GGG): Zur integrativen Förderung von Schülern mit abweichendem Lern- und Sozialverhalten – Teil II: Projektberichte. Bochum 1976
Armstrong, T.: Das Märchen vom ADHS-Kind. 50 sanfte Möglichkeiten, das Verhalten Ihres Kindes zu verbessern – ohne Zwang und Psychopharmaka. Paderborn 2002
Arnold, L. E.: Minimal Brain Dysfunction: A Hydraulic Parfait Model. In: Diseases of the Nervous System, Jg. 37 (1976), H. 4, 171–173
Arnold, M./Brauer, H.-P./Deneke, J. F. V./Fiedler, E.: Der Beruf des Arztes in der Bundesrepublik Deutschland. Köln 1981
Asanger, R./Wenninger, G. (Hrsg.): Handwörterbuch Psychologie. Weinheim [4]1992

Asperger, H.: Heilpädagogik – Einführung in die Psychopathologie des Kindes für Ärzte, Lehrer, Psychologen, Richter und Fürsorgerinnen. Wien, New York [5]1968

Asperger, H./Wurst, F.: Psychotherapie und Heilpädagogik bei Kindern. München 1982

Asratjan, E. A.: Das wissenschaftliche Erbe Pawlows. Leipzig 1980

Asratjan, E. A.: Iwan Petrowitsch Pawlow. Leipzig 1986

Astrid-Lindgren-Schule Eschweiler (Schule mit dem Förderschwerpunkt emotionale und soziale Entwicklung): Im Internet unter: http://www.sfe-als.de/, Abruf vom 14.02.2013

Atkins, R. N.: Angst, Phobie und Panik bei Kindern und Jugendlichen. In: Nissen, G. (Hrsg.): Psychogene Psychosyndrome – und ihre Therapie im Kindes- und Jugendalter. Berlin, Stuttgart, Toronto 1991, 82–95

Atzesberger, M./Frey, H.: Verhaltensstörungen in der Schule – Erscheinungsformen, Diagnostik, Behandlung. Stuttgart 1978

Aufenanger, S./Garz, D./Zutaven, M.: Erziehung zur Gerechtigkeit – Unterrichtspraxis nach Lawrence Kohlberg. München 1981

Austermann, M.: Rückwirkungen von Bemühungen um die schulische Integration behinderter Kinder und Jugendlicher auf Schule unter morphologischem Ansatz. Egelsbach 1992

Autismus Deutschland, Vereinigung zur Förderung von Menschen mit Autismus, Landesverband Berlin e. V.: Im Internet unter: http://www.autismus-berlin.de/ambulanzlehrer.¬php, Abruf vom 14.02.2013

Avé-Lallemant, U.: Baum-Tests. Mit einer Einführung in die symbolische und graphologische Interpretation. München [7]2016

Avé-Lallemant, U.: Baum-Tests. München [2]1994

Axline, V. M.: Kinder-Spieltherapie im nicht-direktiven Verfahren. Mit einem Geleitwort von R. Tausch. München [11]2016

Axline, V. M.: Dibs – Die wunderbare Entfaltung eines menschlichen Wesens. Bern, München, Wien [14]1977

Ayres, A. J.: Bausteine der kindlichen Entwicklung – Die Bedeutung der Integration der Sinne für die Entwicklung des Kindes. Berlin, Heidelberg, New York, Tokyo 1984

Ayres, A. J.: Lernstörungen – Sensorisch-integrative Dysfunktion. Berlin, Heidelberg, New York 1979

Bach, H.: Konzept und Praxis schulintegrierter Förderung bei Verhaltensauffälligkeiten. In: Mutzeck, W./Pallasch, W. (Hrsg.): Integration von Schülern mit Verhaltensstörungen. Weinheim [4]1992, 101–109

Bach, H.: Schulintegrierte Förderung bei Verhaltensauffälligkeiten – Konzept und Praxis. Mainz [2]1987a

Bach, H. (Hrsg.): Sonderpädagogik im Grundriss. Berlin [12]1987b

Bach, H.: Verhaltensstörungen und ihr Umfeld. In: Goetze, H./Neukäter, H. (Hrsg.): Handbuch der Sonderpädagogik, Bd. 6 – Pädagogik bei Verhaltensstörungen. Berlin 1989, 3–35

Bach, H./Bach, T.: Erlebnispädagogik im Wald. Arbeitsbuch für die Praxis. München 2016

Bachmair, S./Faber, J./Henning, C./Kolb, R./Willig, W.: Beraten will gelernt sein. Weinheim, Basel 1982

Bachmann, P.: Angeborene und erworbene Ursachen der so genannten minimalen zerebralen Dysfunktionen. In: Nissen, G. (Hrsg.): Psychiatrie des Säuglings- und des frühen Kleinkindalters. Stuttgart 1982, 102–112

Bachmann, W.: Arzt/Ärztin – Bundesanstalt für Arbeit (Hrsg.) – Blätter zur Berufskunde, Bd. 3 – II A 01. Bielefeld [8]1991

Backhausen, W.: NLP im Kontext einer systemischen Hypnotherapie. In: M.E.G.a.Phon. Informationsblatt der Milton Erickson Gesellschaft e. V., 18, 1993, 3–5.

Bader, B./Lang, E.: Stricher-Leben. Hamburg 1991

Baer, A.: Der Selbstmord im kindlichen Lebensalter. Leipzig 1901

Baeschlin, M./Baeschlin, K.: Beratung von Jugendlichen und Eltern Im Rahmen von Sonderschule und Heim. In: Spiess, W. (Hrsg.): Die Logik des Gelingens. Dortmund [2]2000, 149–192

Baeumler, A.: Politik und Erziehung. Berlin 1937

Baier, H.: Sonderschullehrer/Sonderschullehrerin. Bundesanstalt für Arbeit (Hrsg.): Blätter zur Berufskunde, Bd. 3 – III A 02. Bielefeld [7]1991 und [8]1997

Baillet, D.: Freinet – praktisch – Beispiele und Berichte aus Grundschule und Sekundarstufe. Weinheim [2]1989

Bamberger, G. G.: Lösungsorientierte Beratung. In: Diouani-Streek, M./Ellinger, S. (Hrsg.): Beratungskonzepte in sonderpädagogischen Handlungsfeldern. Oberhausen 2007, 89–109

Bandler, R./Grinder, J.: Metasprache und Psychotherapie. Die Struktur der Magie. Paderborn 1983, [8]1994a

Bandler, R./Grinder, J.: Neue Wege der Kurzzeit-Therapie. Neurolinguistische Programme. Paderborn [11]1994b

Bandler, R./Grinder, J.: Reframing. Ein ökologischer Ansatz in der Psychotherapie (NLP). Paderborn [5]1992

Bandura, A. (Hrsg.): Lernen am Modell. Stuttgart 1976

Bandura, A.: Aggression – Eine sozial-lerntheoretische Analyse. Stuttgart 1979

Bandura, A./Walters, R. H.: Social Learning and Personality Development. London 1970

Barkmann, C.: Psychische Auffälligkeiten bei Kindern und Jugendlichen in Deutschland. Ein epidemiologisches Screening. Hamburg 2004

Barkmann, C./Schulte-Markwort, M.: Prevalance of emotional and behavioural disorders in German children and adolescents: a meta-analysis. In: Journal of Epidemiology & Community Health, 66(3) 2010, 194–203.

Barmer GEK (Hrsg.): Barmer GEK Arztreport 2013. Schwerpunkt: ADHS. Berlin 2013

Barret, P./Webster, H./Turner, C.: Freunde für Kinder. Trainingsprogramm zur Prävention von Angst und Depression. Deutsche Bearbeitung von C. A. Essau und J. Conradt. München 2003

Bärsch, W.: Erziehungskonflikte – Bewältigung abweichenden Verhaltens. Königstein/Ts. [3]1984

Bärsch, W.: Psychologie der Verhaltensauffälligen. In: Fengler, J./Jansen, G. (Hrsg.): Handbuch der Heilpädagogischen Psychologie. Stuttgart, Berlin, Köln, Mainz 1987, 170–191

Barth, A.: Endlich bewegt sich was. In: Der Spiegel, Jg. 45 (1991), H. 21, 70–90

Barth, A.-R.: Burnout bei Lehrern – Eine empirische Untersuchung. Universität Erlangen-Nürnberg 1990 (Diss.)

Barthel, Y./Lebiger-Vogel, J./Zwernez, R./Beutel, M./Leuzinger-Bohleber, M./Rudolf, G./Schwarz, R./Thomä, H./Brähler, E. (2011): Motive zur Berufswahl Psychotherapeut. In: Psychotherapeutenjournal 10 (2011) 4, 339–345

Bartsch, E.: Spielzeugwerkstatt – Spielsachen zum Selbermachen für behinderte und nicht-behinderte Kinder. Weinheim 1992

Bastian, W.: Aktualisierte Informationen zur Schule auf der Bult. Unveröffentlichtes Manuskript; schriftliche Mitteilung des Schulleiters an die Verfasser. Hannover 2013

Bastine, R./Jacobi, J. R.: Epidemiologie. Soziale Bedingungen von Verhaltensproblemen. In: Hornstein, W./Bastine, R./Junker, H./Wulf, Ch. (Hrsg.): Funk-Kolleg Beratung in der Erziehung, Bd. 1. Frankfurt/M. 1977, 143–176

Bateson, G.: Ökologie des Geistes. Frankfurt/M. 1981

Bateson, G./Jackson, D. D./Haley, J./Weakland, J. H.: Towards a Theory of Schizophrenia. In: Behavioral Science, 1, 1956, 251–26

Bateson, G./Jackson, D. D./Laing, R. D./Lidz, Th./Wynne, L. C. et al.: Schizophrenie und Familie. Frankfurt/M. 1969

Bauer, H.-G./Nickolai, W. (Hrsg.): Erlebnispädagogik in der sozialen Arbeit. Lüneburg 1990

Bauer, J.: Warum ich fühle, was du fühlst. Intuitive Kommunikation und das Geheimnis der Spiegelneurone. München 2006

Bäuerle, S.: Schülerfehlverhalten – Lehrertraining zum Abbau von Schülerfehlverhalten in Theorie und Praxis. Regensburg 1985

Baulig, V.: Auffälliges Schülerverhalten – Pädagogische Maßnahmen auf ausagierendes Verhalten. Weinheim, Basel 1982

Baumann, U.: Vom Recht auf den eigenen Tod. Weimar 2001

Baumgartner, S.: Verhaltensauffälligkeiten bei Kindern an Schulen für Sprachbehinderte. München 1978

Bayerisches Staatsministerium für Unterricht und Kultur (StMUK): Inklusion – Erste Regelschulen mit dem Profil Inklusion in Bayern bekannt gegeben. Im Internet unter: http://www.km.bayern.de/lehrer/meldung/613.html, Abruf vom 14.02.2013

Bayerische Staatsregierung: Bayerisches Gesetz über das Erziehungs- und Unterrichtswesen (BayEUG) in der Fassung der Bekanntmachung vom 31. Mai 2000. Letzte berücksichtigte Änderung: Inhaltsübersicht und mehrfach geänd. (§ 2g v. 09.07.2012, 344). Im Internet unter: http://www.gesetze-bayern.de/jportal/portal/page/bsbayprod.psml?showdoccase=1¬ &doc.id=jlr-EUGBY2000rahmen&doc.part=X&doc.origin=bs&st=lr, Abruf vom 02.03. 2013

Beck, A. T./Emery, G./Rush, J./Shaw, B. F.: Kognitive Therapie der Depression. Weinheim 1986

Beck, B.: Verhaltensauffälligkeiten Hörgeschädigter. In: Sonderpädagogik 25 (1995) 68–78

Beck, C. H. (Hrsg.): Strafvollzugsgesetz (StVollzG) – Untersuchungshaft, Strafvollstreckungs- ordnung, Jugendgerichtsgesetz, Bundeszentralregistergesetz, Opferentschädigungsgesetz. Beck-Texte im dtv. München [12]1992

Beck, U.: Risikogesellschaft – Auf dem Weg in eine andere Moderne. Frankfurt/M. 1986

Becker, A./Horn. B.: Bewegung im Schulkonzept – Trainingseinheiten für den Berufsstart. Tüllinger Blätter, Ausgabe 13 | Dezember 2012

Becker, G. S.: Der ökonomische Ansatz zur Erklärung menschlichen Verhaltens. Tübingen 1999

Becker, H. S.: Außenseiter – Zur Soziologie abweichenden Verhaltens. Stuttgart 1973

Beckmann, M.: Polygrafische Vergleichsstudien an normalen und verhaltensgestörten Kin- dern mit autistischen Zügen. München 1979 (Diss.)

Beelmann, A.: Prävention dissozialer Entwicklungen: Psychologische Grundlagen und Eva- luation früher kind- und familienbezogener Interventionsmaßnahmen. Habilitations- schrift, Universität Erlangen-Nürnberg 2000

Beelmann, A.: Prävention im Schulalter. In: Gasteiger-Klicpera, B./Julius, H./Klicpera, C. (Hrsg.): Sonderpädagogik der sozialen und emotionalen Entwicklung. Göttingen 2008, 442–464

Behörde für Schule und Berufsbildung in Hamburg. Im Internet unter: http://www.¬ bildungsmonitoring.hamburg.de/index.php/article/detail/1250, Abruf vom September 2011, Abruf vom 14.02.2013

Behörde für Schule, Jugend und Berufsbildung (Hrsg.): Die Integration behinderter Kinder in der Grundschule (Referentenentwurf). Hamburg 1989

Behörde für Schule, Jugend und Berufsbildung (Hrsg.): Integrationsklassen in Hamburg. Hamburg 1994

Behörde für Schule, Jugend und Berufsbildung/Amt für Jugend Hamburg: Information über die schulische Erziehungshilfe (SE). Hamburg 1984

Behörde für Schule, Jugend und Berufsbildung/Amt für Schule: Integrationsklassen und Integrative Regelklassen in Hamburg (Tabellarische Übersicht per Fax). Hamburg 2002

Beland, K.: Second Step. A violence-prevention curriculum. Grades 1–3. Seattle 1988

Belschner, W./Dross, M.: Verhaltenstherapie in Erziehung und Unterricht – Anwendung. Stuttgart, Berlin, Köln, Mainz 1980

Benenzon, R. O.: Einführung in die Musiktherapie. München 1983

Benkmann, K.-H.: Pädagogische Erklärungs- und Handlungsansätze bei Verhaltensstörungen in der Schule. In: Goetze, H./Neukäter, H. (Hrsg.): Handbuch der Sonderpädagogik, Bd. 6 – Pädagogik bei Verhaltensstörungen. Berlin 1989, 71–119

Benkmann, K.-H./Neukäter, H.: Verhaltensmodifikatorische Aspekte der schulischen För- derung bei Kindern und Jugendlichen mit Verhaltensauffälligkeiten – Studienbrief der FU Hagen, Nr. 3467/3/01. Hagen 1984

Benzel, W./Kluge, K.-J.: Schulen für Verhaltensauffällige. Berlin 1974

Berbalk, H./Mutzeck, W.: Forschungsmethoden in der Pädagogik bei Verhaltensstörungen. In: Goetze, H./Neukäter, H. (Hrsg.): Handbuch der Sonderpädagogik, Bd. 6 – Pädagogik bei Verhaltensstörungen. Berlin 1989, 120–154

Berger, E. (Hrsg.): Minimale cerebrale Dysfunktion bei Kindern – Kritischer Literaturüber- blick. Bern 1977

Berger, E.: Schulprobleme – Ursachen und Vorschläge zur Bewältigung. Ratgeber für Eltern, Lehrer und Schüler. Stuttgart 1989

Bergsson, M.: Ein entwicklungstherapeutisches Modell für Schüler mit Verhaltensauffälligkeiten. – Organisation einer Schule. – Essen 1995

Bergsson, M.: Von Drachen, Igeln und Schnecken – Entwicklungsförderung von Kindern mit Verhaltensauffälligkeiten in der Grundschule. Studienbrief der FernUniversität – Gesamthochschule Hagen. Hagen 1999

Berkling, H.: Lösungsorientierte Beratung. Stuttgart 2010

Bernard-Opitz, V.: Amerikanische Förderansätze am Beispiel der Los Ninos School (San Diego). In: Bundesverband Hilfe für das autistische Kind (Hrsg.): Grundlagen der Pädagogik autistischer Kinder unter besonderer Berücksichtigung ihrer schulischen Erziehung und Bildung. Hamburg 1984, 7–12

Bernart, E.: Sorgenkinder der Volksschule. München 1958

Bettelheim, B.: Der Weg aus dem Labyrinth (A Home for the Heart) – Leben lernen als Therapie. Übersetzt aus dem Amerikanischen von Gärtner, E. Stuttgart 1975

Bettelheim, B.: Die Geburt des Selbst. München 1977

Bettelheim, B.: Ein Leben für Kinder – Erziehung in unserer Zeit. Stuttgart 1987

Bettelheim, B.: Kinder brauchen Märchen – The Uses of Enchantment (Aus dem Amerikanischen von Nickel/Weitbrecht). München [13]1989

Bettelheim, B.: Liebe allein genügt nicht – Die Erziehung emotional gestörter Kinder. Stuttgart 1970

Bettelheim, B.: So können sie nicht leben. München 1985

Betz, D./Breuninger, H.: Teufelskreis Lernstörungen – Theoretische Grundlegung und Standardprogramme. München, Weinheim [2]1987

Beyer, C./Strobl, C./Müller, T.: »Hier kommste nicht raus«. Geschlossener Jugendwerkhof Torgau: Endpunkte erzieherischer Willkür der SED gegenüber verhaltensabweichenden Jugendlichen. Baltmannsweiler 2016

Bierbrauer, G.: Sozialpsychologie. Stuttgart 2004

Biermann, G.: Autogenes Training mit Kindern und Jugendlichen. München, Basel 1975

Biermann, G. (Hrsg.): Handbuch der Kinderpsychotherapie. München, Basel 1969

Biermann, G. (Hrsg.): Kinder im Schulstress. München, Basel 1977

Biermann, H. (Hrsg.): Inklusion im Beruf. Stuttgart 2015

Biermann, H.: Pädagogik der beruflichen Rehabilitation. Stuttgart 2008

Biermann, H./Bonz, B. (Hrsg.): Inklusive Berufsbildung. Baltmannsweiler [2]2012

Birkenbihl, M.: Musiktherapeutische Ambulanz in Frankfurt/Main und Saarbrücken. Einblick in die beiden vom Gemeinnützigen Verein zur Unterstützung spezieller Kindertherapie e. V. eingerichteten Therapiezentren für psychomotorisch-verhaltensauffällige Kinder und Jugendliche. In: Musiktherapeutische Umschau, Jg. 4 (1983), 233–235

Birnstein, U.: Der Erzieher. Wie Johann Hinrich Wichern Kinder und Kirche retten wollte. Berlin 2007

Bittner, G./Ertle, Ch. (Hrsg.): Pädagogik und Psychoanalyse. Würzburg 1985

Bittner, G./Ertle, Ch./Schmid, V.: Schule und Unterricht bei verhaltensgestörten Kindern. In: Deutscher Bildungsrat (Hrsg.): Sonderpädagogik 4. Stuttgart 1974, 13–102

Bittner, G./Schmid-Cords, E. (Hrsg.): Erziehung in früher Kindheit. München [4]1971

Blackham, G. J.: Der auffällige Schüler. Weinheim, Berlin, Basel 1971

Bleidick, U.: Berufliche Bildung Behinderter in Berufsbildungswerken. In: Bleidick, U./Ellger-Rüttgardt, S. (Hrsg.): Berufliche Bildung behinderter Jugendlicher. Stuttgart, Berlin, Köln, Mainz 1982, 149–158

Bleidick, U.: Individualpsychologie, Lernbehinderungen und Verhaltensstörungen – Hilfen für Erziehung und Unterricht. Berlin 1985

Bleidick, U.: Pädagogik der Behinderten – Grundzüge einer Theorie der Erziehung behinderter Kinder und Jugendlicher. Berlin 1972

Bleidick, U.: Probleme der beruflichen Vorbereitung in der Sonderschule. In: Bleidick, U./Ellger-Rüttgardt, S. (Hrsg.): Berufliche Bildung behinderter Jugendlicher. Stuttgart, Berlin, Köln, Mainz 1982, 91–106

Bleidick, U./Ellger-Rüttgardt, S. (Hrsg.): Berufliche Bildung behinderter Jugendlicher. Stuttgart, Berlin, Köln, Mainz 1982

Bleidick, U./Ellger-Rüttgardt, S. (Hrsg.): Lehrer für Behinderte. Stuttgart 1978

Bloomfield, H. H.: Anwendungsmöglichkeiten des Programmes der Transzendentalen Meditation auf die Psychiatrie. In: Binder, V./Binder, A./Rimland, B. (Hrsg.): PsychoFahrplan – Ein praktischer Führer durch 12 verschiedene Therapieformen zur Überwindung psychischer Probleme. München 1977, 125–151

Blumenberg, F.-J./Kutzschenbach, G. (Hrsg.): Arbeit mit jungen Straffälligen – Konzepte – Projekte – Entwicklungen. Freiburg 1986

BMFSFJ, Bundesministerium für Familie, Senioren, Frauen und Jugend (Hrsg.): Effekte erzieherischen Hilfen und ihre Hintergründe. Stuttgart 2002

Bobath, B.: Abnorme Haltungsreflexe bei Gehirnschäden. Stuttgart 1976

Bochow, P./Wagner, H.: Suggestopädie (Superlearning) – Grundlagen und Anwendungsberichte. Speyer 1986

Bogerts, B.: Die Hirnstruktur Schizophrener und ihre Bedeutung für die Pathophysiologie und Psychopathologie der Erkrankung. Stuttgart 1991

Bohman, M.: Persönlichkeit in der Kindheit und die Vorhersage des Alkoholmissbrauchs bei jungen Erwachsenen, eine longitudinale prospektive Studie. In: Nissen, G. (Hrsg.): Psychogene Psychosyndrome – und ihre Therapie im Kindes- und Jugendalter. Berlin, Stuttgart, Toronto 1991, 132–142

Böhnisch, L.: Abweichendes Verhalten. Weinheim 1999

Bojanowski, A./Ratschinski, G/Strasser, P. (Hrsg.): Diesseits vom Abseits. Bielefeld 2005

Bomba, J.: Depression und Suizidalität. Therapie und Prävention. In: Nissen, G. (Hrsg.): Psychogene Psychosyndrome – und ihre Therapie im Kindes- und Jugendalter. Berlin, Stuttgart, Toronto 1991, 96–104

Böder, R.: Marc nervt ...! Was kann ich tun, um ihm (und mir) zu helfen? In: Preuss-Lausitz, U. (Hrsg.): Schwierige Kinder – Schwierige Schule. Konzepte und Praxisprojekte zur integrativen Förderung verhaltensauffälliger Schülerinnen und Schüler. Weinheim, Basel 2004, 79–93

Bonhoeffer, K.: Ein Rückblick auf die Auswirkungen des nationalsozialistischen Sterilisationsgesetzes. In: Der Nervenarzt, Jg. 20 (1949), 1–5

Borchert, J. (Hrsg.): Handbuch der Sonderpädagogischen Psychologie. Göttingen, Bern, Toronto 2000

Borchert, J.: Verhaltenstheoretische Ansätze. In: Borchert, J. (Hrsg.): Handbuch der Sonderpädagogischen Psychologie. Göttingen, Bern, Toronto 2000, 146–158

Borchert, J./Hartke, B./Jogschies, P. (Hrsg.): Frühe Förderung entwicklungsauffälliger Kinder und Jugendlicher. Stuttgart 2008

Borkenau, P./Ostendorf, F.: NEO-Fünf-Faktoren-Inventar nach Costa und McCrae. Göttingen [2]2008

Bossong, H.: Drogen und Alkohol. In: Hörmann, G./Nestmann, F. (Hrsg.): Handbuch der psychosozialen Intervention. Opladen 1988, 286–303

Bower, E. M.: Early Identification of Emotionally Handicapped Children in School. Springfield, Ill./USA [3]1981

Bowlby, J.: Bindung – Bd. 1 Bindung, Bd. 2 Verlust, Bd. 3 Trennung. München 2016

Bowlby, J.: Frühe Bindung und kindliche Entwicklung – Mit einem Vorwort von M. Endres und einem Beitrag von M. D. Salter Ainsworth. München [4]2001; [7]2016.

Bowlby, J.: Mütterliche Zuwendung und geistige Gesundheit. München 1980

Brack, U. B. (Hrsg.): Frühdiagnostik und Frühtherapie – Psychologische Behandlung von entwicklungs- und verhaltensgestörten Kindern. München, Weinheim 1986

Bracken, H. von (Hrsg.): Erziehung und Unterricht behinderter Kinder. Frankfurt/M. 1968

Brand, I./Breitenbach, E./Maisel, V.: Integrationsstörungen – Diagnose und Therapie im Erstunterricht. Würzburg 1985

Breitenbach, E.: Aufmerksamkeitsstörungen – therapeutische und pädagogische Maßnahmen. In: Ellinger, S./Wittrock, M. (Hrsg.): Sonderpädagogik in der Regelschule: Konzepte – Forschung – Praxis. Stuttgart 2005, 109–120

Breitenbach, E.: Klientenzentrierte Beratung. In: Diouani-Streek, M./Ellinger, S. (Hrsg.): Beratungskonzepte in sonderpädagogischen Handlungsfeldern. Oberhausen 2007, 33–49

Brem-Gräser, L.: Familie in Tieren – Die Familiensituation im Spiegel der Kinderzeichnung. München, Basel [4]1980

Brem-Gräser, L.: Familie in Tieren. Die Familiensituation im Spiegel der Kinderzeichnung. Entwicklung eines Testverfahrens. München [11]2014

Brenner, C.: Grundzüge der Psychoanalyse. Frankfurt/M. 1976

Brezinka, W.: Erziehung in einer wertunsicheren Gesellschaft – Beiträge zur praktischen Pädagogik. München, Basel [2]1986

Brickenkamp, R.: Test d2 – Aufmerksamkeits-Belastungs-Test. 9., überarbeitete und neu normierte Auflage. Göttingen 2002

Brickenkamp, R./Schmidt-Atzert, L./Liepmann, D.: d2-R (Test d2-Revision). Göttingen 2010

Brisch, K.-H: Bindungsstörungen: Von der Bindungstheorie zur Therapie. Stuttgart 2011

Brisch, K.-H.: Eltern-Säugling-Psychotherapie. In Nissen, G./Warnke, A./Badura, F. (Hrsg.), Therapie altersabhängiger psychischer Störungen 2006. Stuttgart.

Bröcher, J.: Bilder einer zerrissenen Welt. Kunsttherapeutisches Verstehen und Intervenieren bei auffälligem Verhalten an Grund- und Sonderschulen. Heidelberg 1999a

Bröcher, J.: Kunsttherapie als Chance. Das Ästhetische in der Grund- und Sonderschuldidaktik bei auffälligem Verhalten. Heidelberg 1999b

Bröcher, J.: Lebenswelt und Didaktik. Unterricht mit verhaltensauffälligen Jugendlichen auf der Basis ihrer (alltags-) ästhetischen Produktionen. Heidelberg 1997

Bronfenbrenner, U.: Die Ökologie der menschlichen Entwicklung. Stuttgart 1981

Brosat, H./Tötemeyer, N.: Der Mann-Zeichen-Test. 11. Auflage. Münster 2007

Brown, J. S./Elliott, R.: Control of Aggression in a Nursery School Class. In: J. exp. Child Psychol. (1965) H. 2, 103–107

Bruch, H.: Der goldene Käfig. Das Rätsel der Magersucht. Frankfurt/M. 1982

Brückner, G./Häring, H.-G./Kunkel, Ch.: Eine empirische Erhebung der Bekanntheit schulischer Berater bei Eltern. In: Grewe, N. (Hrsg.): Beratungslehrer – eine neue Rolle im System. Neuwied, Frankfurt/M. 1990, 212–216

Brückner, J./Mederaackel./Ulbrich, Ch.: Musiktherapie für Kinder – Rezipieren, Improvisieren, Kommunizieren, Bewegen. Berlin (Ost) 1982

Bruhn, H.: Musiktherapie. Geschichte – Theorien – Methoden. Göttingen 2000

Brumlik, M. (Hrsg.): Vom Missbrauch der Disziplin. Antworten der Wissenschaft auf Bernhard Bueb. Weinheim 2007

Bründel, H.: Jugendsuizidalität und Salutogenese. Stuttgart 2004

Brusten, M./Hurrelmann, K.: Abweichendes Verhalten in der Schule – Eine Untersuchung zu Prozessen der Stigmatisierung. München [2]1974

Brütting, L.: Einwirkungen des unmittelbaren Berufsfeldes auf die Lehrerpersönlichkeit und das Lehrverhalten. In: Schnitzer, A. (Hrsg.): Schwerpunkt Lehrerpersönlichkeit: pädagogische, psychologische und soziologische Aspekte. München 1980, 125–156

Buber, M.: Reden über Erziehung. Heidelberg 1953

Buchinger, H.: Zur Historiografie von Erziehungsschwierigkeiten in der Schule. In: Seibert, N. (Hrsg.): Erziehungsschwierigkeiten in Schule und Unterricht. Bad Heilbrunn 1998, 85–103

Bueb, B.: Lob der Disziplin. Eine Streitschrift. Berlin [2]2006

Bühler, Ch.: Psychologie im Leben unserer Zeit. München/Zürich 1962

Bundesagentur für Arbeit: Das Informationssystem Bildung und Beruf. Onlinepublikation: www.berufenet.arbeitsamt.de, Abruf vom 17.04.2008

Bundesanstalt für Arbeit (Hrsg.): Behinderte Jugendliche vor der Berufswahl. Nürnberg 1993

Bundesanstalt für Arbeit (Hrsg.): Berufskundliche Kurzbeschreibungen: Motopäde/Motopädin – Mototherapeut/Mototherapeutin. Bielefeld, Mannheim 6/1998

Bundesarbeitsgemeinschaft der Berufsbildungswerke (Hrsg.): Belegungs- und Anmeldesituation in den Berufsbildungswerken und Teilnehmernachbefragung 2001 und 2002. Offenburg 2003

Bundesarbeitsgemeinschaft der Berufsbildungswerke: Onlinepublikation: www.bagbbw.de, Abruf vom 10.04.2008

Bundesarbeitsgemeinschaft für ambulante Maßnahmen nach dem Jugendrecht in der deutschen Vereinigung für Jugendgerichte und Jugendgerichtshilfen e. V. (DVJJ): Thesen der Bundesarbeitsgemeinschaft für ambulante Maßnahmen nach dem Jugendrecht in der DVJJ. In: Bundesministerium der Justiz (Hrsg.): Diversion im deutschen Strafrecht – Thesen, Empfehlungen, Bibliografie. Bonn 1989, 44–64

Bundesärztekammer: Aufmerksamkeitsdefizit-/Hyperaktivitätsstörung (ADHS) Langfassung. 2005. Im Internet unter: http://www.bundesaerztekammer.de/downloads/ADHSLang.¬ pdf, Abruf vom 19.03.2013

Bundeskriminalamt (Hrsg.): Aggression und Delinquenz unter Jugendlichen. Untersuchungen von kognitiven und sozialen Bedingungen. Beilage zum Bundeskriminalblatt Nr. 10. Wiesbaden 2003

Bundeskriminalamt (Hrsg.): Polizeiliche Kriminalstatistik 2011. Bundesrepublik Deutschland. Wiesbaden 2012

Bundeskriminalamt (Hrsg.): Polizeiliche Kriminalstatistik 2016. Bundesrepublik Deutschland. Wiesbaden 2017. Onlinepublikation: https://www.bka.de/DE/AktuelleInforma¬ tionen/StatistikenLagebilder/PolizeilicheKriminalstatistik/PKS2016/Standardtabellen/¬ standardtabellenTatverdaechtige.html;jsessionid=C352A4EB23FB5C39D156B4770C¬ D8A172.live0602?nn=65720, Abruf vom 24.10.2017

Bundeskriminalamt (Hrsg.): Polizeiliche Kriminalstatistik. Wiesbaden 1997

Bundeskriminalamt, Kriminalistisches Institut, Fachbereich KI 12 (Hrsg.): Polizeiliche Kriminalstatistik 2006. Wiesbaden 2007

Bundesminister für Familie, Jugend und Gesundheit (Hrsg.): Drogenberatung – wo? – Einrichtungen der Beratung, Behandlung und Wiedereingliederung für Drogen-, Alkohol- und Medikamentengefährdete und -abhängige in der Bundesrepublik Deutschland. Bonn 1987

Bundesminister für Frauen und Jugend: Das neue Kinder- und Jugendhilfegesetz. Bonn 1991

Bundesminister für Jugend, Frauen und Gesundheit (Hrsg.): Achter Jugendbericht – Bericht über Bestrebungen und Leistungen der Jugendhilfe. Bonn 1990

Bundesministerium für Justiz (Hrsg.): Diversion im deutschen Strafrecht – Thesen, Empfehlungen, Bibliografie. Bonn 1989

Bundesministerium des Innern (Hrsg.): Die Kriminalität in der Bundesrepublik Deutschland. Polizeiliche Kriminalstatistik für das Jahr 2007. Berlin 2008

Bundesministerium des Innern (Hrsg.): Die Kriminalität in der Bundesrepublik Deutschland. Polizeiliche Kriminalstatistik 2003. Berlin 2004 (www.bmi.bund.de)

Bundesministerium des Innern (Hrsg.): Polizeiliche Kriminalstatistik 2016. Berlin 2017. Onlinepublikation: https://www.bmi.bund.de/SharedDocs/downloads/DE/publikationen/¬ 2017/pks-2016.pdf?__blob=publicationFile&v=4, Abruf vom 14.10.2017

Bundesministerium des Innern (Hrsg.): Polizeiliche Kriminalstatistik 2011. Berlin 2012. Onlinepublikation: http://www.bmi.bund.de/SharedDocs/Downloads/DE/Broschueren/¬ 2012/PKS2011.pdf?_blob=publicationFile, Abruf vom 18.12.2012

Bundesministerium für Arbeit und Sozialordnung (Hrsg.): Berufsbildungswerke. Einrichtungen zur beruflichen Rehabilitation junger Menschen mit Behinderung. Bonn 2002

Bundesministerium für Bildung und Forschung (BMBF): Berufsbildungsgesetz (BBiG) vom 23. März 2005 (BGBl. I S. 931), zuletzt geändert durch Art. 9b des Gesetzes vom 07.09.2007 (BGBl. I S. 2246). Im Internet unter: http://www.bmbf.de/pubRD/bbig.pdf, Abruf vom 20.02.2013

Bundesministerium für Bildung und Forschung (BMBF) (Hrsg.): Berufliche Qualifizierung Jugendlicher mit besonderem Förderbedarf. Bonn 2005

Bundesministerium für Familien, Senioren, Frauen und Jugend: Brücken in die Zukunft: Kompetenzagenturen – Lotsen für besonders benachteiligte Jugendliche in Beruf und Gesellschaft. Berlin 2008

Bundesministerium für Familien, Senioren, Frauen und Jugend: Nationaler Aktionsplan für ein kindergerechtes Deutschland 2005–2010 – Zwischenbilanz. Berlin 2008

Bundesverband Hilfe für das autistische Kind (Hrsg.): Grundlagen der Pädagogik autisitischer Kinder unter besonderer Berücksichtigung ihrer schulischen Erziehung und Bildung – Fachgespräch von Pädagogen am 29. Oktober 1983 an der Universität Bremen. Hamburg 1984

Bundesverband Individual- und Erlebnispädagogik. Im Internet unter: http://www.¬ bundesverband-erlebnispaedagogik.de, Abruf vom 20.02.2013

Bundesverband Segeln-Pädagogik-Therapie: Eine Dokumentation. In: Zeitschrift für Erlebnispädagogik, Jg. 2 (1989), 10 ff.

Bundschuh, K.: Dimensionen der Förderdiagnostik bei Kindern mit Lern-, Verhaltens- und Entwicklungsproblemen. München, Basel 1985

Bundschuh, K.: Einführung in die sonderpädagogische Diagnostik. München, Basel [2]1984

Bundschuh, K.: Praxiskonzepte der Förderdiagnostik. Bad Heilbrunn [2]1994

Burow, O.-A.: Grundlagen der Gestaltpädagogik. Dortmund 1988

Butollo, W. H. L./Meyer-Plath, S./Winkler, B.: Bedingungen der Entwicklung von Verhaltensstörungen. In: Pongratz, L. (Hrsg.): Handbuch der Psychologie, Bd. VIII/2 – Klinische Psychologie. Göttingen 1978, 3074–3101

BZgA, Bundeszentrale für gesundheitliche Aufklärung: Die Drogenaffinität Jugendlicher in der Bundesrepublik Deutschland 2015. Der Konsum von Alkohol, Tabak und illegalen Drogen: aktuelle Verbreitung und Trends. Köln 2016. Onlinepublikation: https://www.¬drogenbeauftragte.de/fileadmin/dateien-dba/Drogenbeauftragte/2_Themen/1_Drogen¬politik/2_Initiativen/DAS_2015_Basis-Bericht_fin.pdf, Abruf vom 14.3.2018

BZgA, Bundeszentrale für gesundheitliche Aufklärung: Die Drogenaffinität Jugendlicher in der Bundesrepublik Deutschland 2011. Der Konsum von Alkohol, Tabak und illegalen Drogen: aktuelle Verbreitung und Trends. Köln 2012. Onlinepublikation: http://drogen¬beauftragte.de/fileadmin/dateien-dba/Presse/Pressemitteilungen/Pressemitteilungen_2012/¬Drogenaffinitaetsstudie_BZgA_2011.pdf, Abruf vom 13.03.2013, oder https://drugscouts.¬de/sites/default/files/image/Drogenaffinitaetsstudie_BZgA_2011.pdf, Abruf vom 28.03.2018

Campus.doccheck.com: Im Internet unter: campus.doccheck.com, Abruf vom 31.05.2013

Caplan, G.: Prevention of Mental Disorders in Children. Initial Explorations. New York 1961

Castelijns, J./Damen, H./Stevens, L. M./Werkhoven, van W./Jaeger, A.: Individuele hulp in de klas – Bevorderen van taakgericht gedrag door responsiviteit. Utrecht 1992

Charlton, M./Feierfeil, R./Furch-Krafft, E./Wetzel, H.: Konfliktberatung mit Jugendlichen – Eine Einführung in sozial-kognitive Beratungsstrategien. Weinheim, Basel 1980

Chef der Saatskanzlei (Hrsg.): Amtsblatt des Saarlandes Nr. 39. Saarbrücken 1987

Cierpka, M. (Hrsg.): FAUSTLOS. Ein Curriculum zur Förderung sozial-emotionaler Kompetenzen und zur Gewaltprävention für den Kindergarten. Göttingen 2004

Cierpka, M. (Hrsg.): FAUSTLOS. Ein Curriculum zur Prävention von aggressivem und gewaltbereitem Verhalten bei Kindern der Klassen 1 bis 3. Göttingen 2001

Claessens, D.: Familie und Wertsystem – Eine Studie zur zweiten soziokulturellen Geburt des Menschen und die Belastbarkeit der Kernfamilie. Berlin 1972

Claussen, W. H./Dohse, W./Myschker, N./Rath, W.: Einführung in die Behindertenpädagogik. Schwerhörigen-, Sehbehinderten-, Sprachbehinderten- und Verhaltensgestörtenpädagogik. Stuttgart, Berlin, Köln, Mainz 1981

Clement, C./Fleischhaken, C.: Die oligoantigene Diät bei Kindern. In: UGBforum 6 (2016), 296–299

Clement, C./Rehm, S.: Hyperaktiv wegen Tomaten? In: Badische Zeitung – Der Sonntag, 22.01.2017, 4

Cohen, A. K.: Abweichung und Kontrolle. München 1972

Cohen, A. K.: Kriminelle Jugend – Zur Soziologie des Bandenwesens. Hamburg 1961

Cohn, R.: Von der Psychoanalyse zur Themenzentrierten Interaktion. Stuttgart 1984

Comenius, A.: Didactica magna – Bearbeitung von Altemöller, W. Paderborn 1913

Conrad, G./Pühl, H.: Team-Supervision – Gruppenkonflikte erkennen und lösen. Berlin 1985

Conrad, P.: Die Entdeckung der Hyperkinese. In: Voss, R. (Hrsg.): Pillen für den Störenfried – Absage an eine medikamentöse Behandlung abweichender Verhaltensweisen bei Kindern und Jugendlichen. München, Basel 1983, 93–106

Cordes, H.: Autistische Kinder in der Schule – Unterricht und Therapie für autistische Kinder nach lerntheoretischen Prinzipien. Modellversuch A 5261. Bremer Projekt. Sonderklasse für autistische Kinder. Bremen 1980

Cordes, H.: Lerntheoretische Prinzipien in Unterricht und Therapie für autistische Kinder – Curriculare und methodische Überlegungen. In: Bundesverband Hilfe für das autistische Kind (Hrsg.): Grundlagen der Pädagogik autistischer Kinder unter besonderer Berücksichtigung ihrer schulischen Erziehung und Bildung. Hamburg 1984, 21–28

Corman, L.: Der Schwarzfuß-Test. München, Basel 1992

Correll, W.: Pädagogische Verhaltenspsychologie. München, Basel 1965

Cory, G. A./Gardner, R. (Hrsg.): The Evolutionary Neuroethology of Paul MacLean: Convergences and Frontiers. Praeger Publishers 2002

Crisand, E.: Psychologie der Gesprächsführung. Heidelberg 1990

Cruickshank, W. M.: Schwierige Kinder in Schule und Elternhaus – Förderung verhaltensgestörter, hirnbeschädigter Kinder. Berlin 1973

Cube, F. von: Verhaltensbiologie und Pädagogik. In: Roth, L. (Hrsg.): Pädagogik – Handbuch für Studium und Praxis. München 1991, 122–131

Cube, F. von/Alshuth, D.: Fordern statt Verwöhnen – Die Erkenntnisse der Verhaltensbiologie in Erziehung und Führung. München 1986

Cullinan, D.: Students with emotional and behavioral disorders. An introduction for teachers and other helping professions. Upper Saddle River 2007

Curic, L.: Musiktherapie bei Behinderten. Salzburg 1981

Dalferth, M.: Erziehung im Jugendheim – Bausteine zur Veränderung der Praxis. Weinheim, Basel 1982

Dalferth, M.: Spiegelneuronen und Autismus. Geistige Behinderung, H. 3, 215–231, 2007

Damasio, A. R.: Der Spinoza-Effekt. Wie Gefühle unser Leben bestimmen. Berlin [3]2006

Damon, W.: Die soziale Entwicklung des Kindes – Ein entwicklungspsychologisches Lehrbuch. Stuttgart 1989

Datler, W. (Hrsg.): Bilden und Heilen. Auf dem Weg zu einer pädagogischen Theorie psychoanalytischer Praxis. Mainz 1995

Datler, W. (Hrsg.): Verhaltensauffälligkeit und Schule – Konsequenzen von Schulversuchen für die Pädagogik der Verhaltensgestörten. Frankfurt/M. 1987

Davison, G. C./Neale, J. M.: Klinische Psychologie. Ein Lehrbuch. Herausgegeben von M. Hautzinger. Weinheim [6]2002

Decker-Voigt, H.-H.: Schulen der Musiktherapie. München 2001

Deegener, G.: Anamnese und Biografie im Kindes- und Jugendalter. München 1984

Deegener, G./Körner, W. (Hrsg.): Gewalt und Aggression im Kindes- und Jugendalter. Weinheim 2011

Deegener, G./Körner, W. (Hrsg.): Kindesmisshandlung und Vernachlässigung. Ein Handbuch. Göttingen 2005

Dehmelt, P./Kuhnert, W./Zinn, A.: Diagnostischer Elternfragebogen – DEF. Weinheim [4]1981

Dembach, B./Kappel S.: Sucht und Drogenprävention in der Bundesrepublik Deutschland. In: Deutsche Hauptstelle gegen Suchtgefahren (Hrsg.): Jahrbuch Sucht 1992. Geesthacht 1991, 134–156

Denham, S. A./Burton, R.: Social and emotional prevention and intervention programming for preschoolers. New York, Boston, Dordrecht 2003

Denk, K.: Pädagogik bei verhaltensgestörten Kindern. In: Jussen, H. (Hrsg.): Handbuch der Heilpädagogik in Schule und Jugendhilfe. München 1967, 382–409

Denker, R.: Angst und Aggression. Stuttgart 1974

Denker, R.: Aufklärung über Aggression. Stuttgart, Berlin, Köln, Mainz [3]1971

Dennerlein, H./Schramm, K.: Handbuch der Behindertenpädagogik, Bd. 1 und 2. München 1979

Derbolowsky, U.: Die Entstehung von Verhaltensstörungen. In: Zeitschrift für Heilpädagogik, Jg. 34 (1983), 1–7

Derschau, D. von: Erzieher/Erzieherin. In: Roth, L. (Hrsg.): Pädagogik – Handbuch für Studium und Praxis. München 1991, 973–987

Derschau, D. von/Dittrich, J.: Erzieher/Erzieherin – Bundesanstalt für Arbeit (Hrsg.): Blätter zur Berufskunde, Bd. 2 – IV A 20. Bielefeld [7]1989

Derschau, D. von/Scherpner, M.: Erzieher/Erzieherin – Bundesanstalt für Arbeit (Hrsg.): Blätter zur Berufskunde, Bd. 2 – IV A 20. Bielefeld [6]1989

Destunis, G.: Die Schwererziehbarkeit und die Neurosen des Kindesalters – Eine psychopathologische Betrachtung. Stuttgart 1961

Destunis, G./Seebandt, R.: Beitrag zur Musikeinwirkung auf die zwischenhirngesteuerten Funktionen des Kindes. In: TEIRICH, H. R. (Hrsg.): Musik in der Medizin – Beiträge zur Musiktherapie. Stuttgart 1958, 34–42

Deutsche Gesellschaft für Psychologie. Im Internet unter: http://www.dgps.de/studium/¬ abschluesse/, Abruf vom 20.02.2013

Deutsche Hauptstelle gegen Suchtgefahren (Hrsg.): Jahrbuch Sucht 1991. Geesthacht 1991

Deutscher Bildungsrat (Hrsg.): Empfehlungen der Bildungskommission – Strukturplan für das Bildungswesen. Stuttgart ²1972

Deutscher Bildungsrat (Hrsg.): Zur pädagogischen Förderung behinderter und von Behinderung bedrohter Kinder und Jugendlicher. Stuttgart 1973

Deutsches Institut: Zwölfter Kinder- und Jugendbericht über die Lebenssituation junger Menschen und die Leistungen der Kinder- und Jugendhilfe in Deutschland. München 2005

Deutsches Jugendinstitut (Hrsg.): Hoops, S./Permien, H.: »Mildere Maßnahmen sind nicht möglich!« – Freiheitsentziehende Maßnahmen nach § 1631b BGB in Jugendhilfe und Jugendpsychiatrie

Deutsches Jugendinstitut: 11. Kinder- und Jugendbericht – Zusammenfassung. 2002 (Download aus dem Internet).

Deutsches Rotes Kreuz – Landesverband Berlin: Berufsbildungswerk Rotkreuz-Institut – Berlin 22, Krampnitzer Weg 83–87 (Broschüre). Berlin 1988

Dewey, J./Kolpatrick, W. H.: Der Projekt-Plan – Grundlegung und Praxis. Weimar 1935

Die Drogenbeauftragte der Bundesregierung, Bundesministerium für Gesundheit. (Hrsg.): Drogen- und Suchtbericht. Berlin 2004

Die Drogenbeauftragte der Bundesregierung, Bundesministerium für Gesundheit. (Hrsg.): Drogen- und Suchtbericht. Berlin 2007

Die Drogenbeauftragte der Bundesregierung, Bundesministerium für Gesundheit. (Hrsg.): Drogen- und Suchtbericht. Berlin 2008

Die Drogenbeauftragte der Bundesregierung, Bundesministerium für Gesundheit. (Hrsg.): Drogen- und Suchtbericht. Berlin 2012

Die Drogenbeauftragte der Bundesregierung, Bundesministerium für Gesundheit (Hrsg.): Drogen- und Suchtbericht. Berlin 2013. Onlinepublikation: http://drogenbeauftragte.de/¬ fileadmin/dateien-dba/Presse/Downloads/12-05-22_DrogensuchtBericht_2012.pdf, Abruf vom 18.12.2012

Die Drogenbeauftragte der Bundesregierung, Bundesministerium für Gesundheit (Hrsg.): Drogen- und Suchtbericht. Berlin 2017. Onlinepublikation: https://www.drogenbeauf¬ tragte.de/fileadmin/dateien-dba/Drogenbeauftragte/4_Presse/1_Pressemitteilungen/2017/¬ 2017_III_Quartal/Drogen-_und_Suchtbericht_ 2017_V2.pdf, Abruf vom 12.12.2017

Dienelt, K.: Pädagogische Anthropologie. München, Basel 1970

Dietel, B.: Schulangst und psychosomatische Beschwerden – Ursachen, Bedingungen und Konsequenzen. Eine empirische Untersuchung bei 9–16-Jährigen Schülern verschiedener Schultypen. Frankfurt/M., Bern, New York, Nancy 1984

Dilling, H./Mombour, W./Schmidt, M. H.: Internationale Klassifikation psychischer Störungen. ICD-10 Kapitel V (F). Klinisch-diagnostische Leitlinien. Bern: Huber ²1993

DIMDI, Deutsches Institut für medizinische Dokumentation und Information: ICD-10-GM 2017. Systematisches Verzeichnis. Köln 2016

Dinkmeyer, D./Dreikurs, R.: Ermutigung als Lernhilfe. Stuttgart ²1970

Diouani-Streek, M./Ellinger, S. (Hrsg.): Beratungskonzepte in sonderpädagogischen Handlungsfeldern. Oberhausen 2007

DIPF, Deutsches Institut für internationale pädagogische Forschung: PISA 2009. http://¬ pisa.dipf.de, Abruf vom 01.02.2013

DKSB, Deutscher Kinderschutzbund Bundesverband e. V. (Hrsg.): Stellungnahme des Deutschen Kinderschutzbundes Bundesverbandes e. V. Berlin 2012. Onlinepublikation: http://¬ www.dksb.de/images/web/PDFs/SN%20Gewalt%20gegen%20Kinder%20Entwurf%20¬ 2012-11-14%20CLT.pdf, Abruf vom 05.02.2013

Dollard, J./Doob, L. W./Miller, N. E./Mowrer, O. H./Sears, R. R.: Frustration und Aggression. Weinheim, Berlin, Basel 1970

Doman, G.: Was können Sie für Ihr hirnverletztes Kind tun? – Oder für ihr hirngeschädigtes, geistig retardiertes, geistigbehindertes, cerebral gelähmtes (CP), verhaltensgestörtes Kind. Freiburg 1980

Döpfner, M./Breuer, D./Schürmann, S./Wolff Metternich, T./Rademacher, C./Lehmkuhl, G.: Effectiveness of an adaptive multimododal treatment in children with Attention Deficit Hyperactivity Disorder – global outcome. European Child and Adolescent Psychiatry, 13 Supplement 1, 2004, I/117–129

Döpfner, M./Frölich, J./Lehmkuhl, G.: Hyperkinetische Störungen. Göttingen 2000

Döpfner, M./Lehmkuhl, G.: Evidenzbasierte Therapie von Kindern und Jugendlichen mit Aufmerksamkeitsdefizit-/Hyperaktivitätsstörung – ADHS. In: Praxis der Kinderpsychologie und Kinderpsychiatrie 51 (2002), 419–440

Döpfner, M.,/Plück, J./Kinnen, C. für die Arbeitsgruppe Deutsche Child Behavior Checklist: Deutsche Schulalter-Formen der Child Behavior Checklist von Thomas M. Achenbach. Göttingen 2014

Döpfner, M./Schürmann, S./Lehmkuhl, G.: Wackelpeter und Trotzkopf – Hilfen für Eltern bei hyperkinetischem und oppositionellem Verhalten. Weinheim ²2000

Döpfner, M./Schürmann, S./Wolff Metternich, T.: Das Therapieprogramm für Kinder mit hyperkinetischem und oppositionellem Problemverhalten (THOP) und davon abgeleitete Programme. In: Schermer, F. J., Weber, A. (Hrsg.). Methoden der Verhaltensänderung: Komplexe Interventionsprogramme. Stuttgart 2007, 11–36

Döpfner, M./Walter, D.: Schulverweigerung. In: Steinhausen, H.-C. (Hrsg.): Schule und psychische Störungen. Stuttgart 2006, 218–235

Dörner, K.: Nationalsozialismus und Lebensvernichtung. In: Vierteljahres-Hefte für Zeitgeschichte (1967), H. 2, 121–152

Dörner, K./Plog, U.: Irren ist menschlich – Lehrbuch der Psychiatrie/Psychotherapie. Rehburg, Loccum 1982

Dörner, T./Fröhlich-Gildhoff, K.: Freiburger Anti-Gewalt-Training (FAGT). Ein Handbuch. Stuttgart 2006

Dornes, M.: Der kompetente Säugling. Frankfurt/M. 1993

Dornes, M.: Die emotionale Welt des Kindes. Frankfurt/M. 2000

Dornes, M.: Die frühe Kindheit. Frankfurt/M. 1997

Douglas, V. I.: Attentional and Cognitive Problems. In: Rutter, M. (Hrsg.): Developmental Neuropsychology. Edinbourgh 1984, 280–329

Douglas, V. I.: Treatment and Training Approaches to Hyperactivity. Establishing Internal or External Control. In: Whalen, C. K./Henker, B. (Hrsg.): Hyperactive Children – The Social Ecology of Identification and Treatment. New York, London, Toronto, Sydney, San Francisco 1980, 283–317

Drawe, W./Rumpler, F./Wachtel, P. (Hrsg.): Empfehlungen zur sonderpädagogischen Förderung. Allgemeine Grundlagen und Förderschwerpunkte (KMK). Würzburg: Bentheim 2000

Dreitzel, H. P.: Die gesellschaftlichen Leiden und das Leiden an der Gesellschaft – Vorstudien zu einer Pathologie des Rollenverhaltens. Stuttgart 1968

Drinkmann, A.: Rollenspiel. In: Schermer, F. J./Weber, A./Drinkmann, A./Jungnitsch, G. (Hrsg.): Methoden der Verhaltensänderung – Basisstrategien. Stuttgart 2005

Duhm, E./Althaus, D. (Hrsg.): Beobachtungsbogen für Kinder im Vorschulalter – BKV. Braunschweig ²1980

Duhm, E./Hansen, J.: Der Rosenzweig P-F Test. Deutsche Bearbeitung der ›Rosenzweig Picture Frustration Study‹. Form für Kinder. Göttingen 1957

Dührssen, A.: Heimkinder und Pflegekinder in ihrer Entwicklung. Göttingen ⁶1977

Dührssen, A.: Psychogene Erkrankungen bei Kindern und Jugendlichen – Eine Einführung in die allgemeine und spezielle Neurosenlehre. Göttingen ¹³1982

Dührssen, A.: Psychotherapie bei Kindern und Jugendlichen. Göttingen ⁶1980

Dünkel, F.: Freiheitsentzug für junge Rechtsbrecher – Situation und Reform von Jugendstrafe, Jugendstrafvollzug, Jugendarrest und Untersuchungshaft in der Bundesrepublik Deutschland und im internationalen Vergleich. Bonn 1990

Durkheim, E.: Der Selbstmord – Deutsche Übersetzung von: Le Suizide. Paris 1897. Neuwied, Berlin 1973

Durkheim, E.: Über die Anomie. In: Mills, C. W. (Hrsg.): Klassik der Soziologie. Eine polemische Auslese. Frankfurt a. M. 1966, 394–436

Durlak, J. A./Weissberg, R. P./Dymnicki, A. B./Taylor, R. D.: The Impact of Enhancing Students' Social and Emotional Learning: A Meta-Analysis of School-Based Universal Interventions. In: Child Development 2011, 82 (1), 405–432

Dutschmann, A.: Aggressionen und Konflikte unter emotionaler Erregung. Manual zum Typ B des ABPro. Tübingen [2]2003b

Dutschmann, A.: Aggressivität und Gewalt bei Kindern und Jugendlichen. Manual zum Typ C des ABPro. Tübingen [2]2001

Dutschmann, A.: Verhaltenssteuerung bei aggressiven Kindern und Jugendlichen. Manual zum Typ A des ABPro. Tübingen [2]2003a

Dutton, K.: Psychopathen. Was man von Heiligen, Anwälten und Serienmördern lernen kann. München [2]2014

Dworschak, W./Kannenwischer, S./Ratz, C./Wagner, M. (Hrsg.): Schülerschaft mit dem Förderschwerpunkt geistige Entwicklung (SFGE). Oberhausen 2012

Eberlein, G.: Autogenes Training für Kinder mit Märchen. Düsseldorf 1977

Eberwein, H. (Hrsg.): Behinderte und Nichtbehinderte lernen gemeinsam. Weinheim, Basel 1988

Eberwein, H.: Konsequenzen der Integrationsentwicklung für die Sonderpädagogik – Das Ambulanzsystem als sonderpädagogische Überlebensform? In: Meissner, K./Hess, E. (Hrsg.): Integration in der pädagogischen Praxis – Bericht über den Kongress der Diesterweg-Hochschule vom 16. bis 18. Oktober 1987 in Berlin. Berlin 1987, 53–64

Eberwein, H./Knauer, S.: Handbuch Lernprozesse verstehen – Wege einer neuen (sonder-) pädagogischen Diagnostik. Weinheim, Basel 1998

Eckstein, R.: Grenzfallkinder – Klinische Studien über die psychoanalytische Behandlung von schwer gestörten Kindern. München, Basel 1973

Egan, G.: Helfen durch Gespräch – Ein Trainingsprogramm. Stuttgart 1989

Egger, J./Stolla, A./McEwen, L. M.: The Allergy Unit – Controlled Trial of Hyposensitisation in Children with Food-induced Hyperkinetic Syndrome. In: Lancet, Jg. 339 (1992), H. 8802, 1150–1153

Eggers, Ch./Lempp, R./Nissen, G./Strunk, P. (Hrsg.): Kinder- und Jugendpsychiatrie. Berlin, Heidelberg, New York, London, Paris, Tokyo, Hong Kong [5]1989

Eggert, D. (Hrsg.): Psychomotorisches Training. Weinheim, Basel 1975

Ehlers, B./Ehlers, Th./Makus, H.: Marburger Verhaltensliste – MVL. Göttingen 1978

Ehrhardt, H.: Euthanasie und Vernichtung lebensunwerten Lebens. Stuttgart 1965

Eibl-Eibesfeldt, I.: Der Mensch – das riskierte Wesen – Zur Naturgeschichte menschlicher Unvernunft. München, Zürich 1988

Eibl-Eibesfeldt, I.: Die Biologie des menschlichen Verhaltens – Grundriss der Humanethologie. München, Zürich 1984; Weyarn [3]1997

Eibl-Eibesfeldt, I.: Grundriß der vergleichenden Verhaltensforschung. München [1]1967; [8]1999

Eibl-Eibesfeldt, I.: Liebe und Hass – Zur Naturgeschichte elementarer Verhaltensweisen. München, Zürich [5]1982

Eigenmann, J. (Hrsg.): Erziehungsschwierige heute – Folgerungen für die Heimpädagogik. Luzern 1987

Einsiedler, W.: Das Spiel der Kinder. Zur Pädagogik und Psychologie des Kinderspiels. Bad Heilbrunn [2]1994

Eisenberg, U.: Jugendarrest wegen schuldhafter Nichtbefolgung von Weisungen oder Auflagen. In: Zentralblatt für Jugendrecht und Jugendwohlfahrt, Jg. 76 (1989), H. 1, 16–21

Eisenberg, U.: Jugendgerichtsgesetz. München [10]2003

Eisert, H.-G./Eisert, M.: Multimodale Intervention: Verhaltenstherapie. Pädagogische Ansätze und medikamentöse Behandlung beim hyperkinetischen Syndrom. In: Steinhausen, H.-Ch. (Hrsg.): Das konzentrationsgestörte und hyperaktive Kind. Stuttgart 1982, 144–165

Eisert, H.-G.: Der Resource Room – eine Alternative zur Sonderschule? In: Sander, A. (Hrsg.): Sonderpädagogik in der Regelschule. Berlin 1976, 253–266

Eisert, H.-G.: Sozial-kognitive Interventionen bei aggressiven Kindern – eine Übersicht. In: Petermann, F. (Hrsg.): Verhaltensgestörtenpädagogik. Berlin 1987

Eisert, H.-G./Barkey, P.: Verhaltensmodifikation im Unterricht – Interventionsstrategien in der Schule. Bern, Stuttgart, Wien 1975

Eisert, H.-G./Eisert, M./Schmidt, M. H.: Stimulantientherapie und kognitive Verhaltensmodifikation bei hyperaktiven Kindern. In: Zeitschrift für Kinder- und Jugendpsychiatrie, Jg. 10 (1982), H. 3, 196–215

Elhardt, S.: Tiefenpsychologie – Eine Einführung. Stuttgart, Berlin, Köln [12]1990

Eliot, L.: Was geht da drinnen vor? Die Gehirnentwicklung in den ersten fünf Lebensjahren. Berlin 2001

Ellger-Rüttgardt, S. (Hrsg.): Bildungs- und Sozialpolitik für Behinderte. München, Basel 1990

Ellger-Rüttgardt, S.: Berufsvorbereitende Maßnahmen für behinderte Jugendliche. In: Bleidick, U./Ellger-Rüttgardt, S. (Hrsg.): Berufliche Bildung behinderter Jugendlicher. Stuttgart, Berlin, Köln, Mainz 1982, 107–128

Ellger-Rüttgardt, S.: Das sonderpädagogische Bildungsziel der Erwerbsfähigkeit im historischen Wandel. In: Bleidick, U./Ellger-Rüttgardt, S. (Hrsg.): Berufliche Bildung behinderter Jugendlicher. Stuttgart, Berlin, Köln, Mainz 1982, 54–63

Ellger-Rüttgardt, S.: Zur Situation der Berufsbildung in der Bundesrepublik Deutschland unter besonderer Berücksichtigung von Problemgruppen. In: Bleidick, U./Ellger-Rüttgardt, S. (Hrsg.): Berufliche Bildung behinderter Jugendlicher. Stuttgart, Berlin, Köln, Mainz 1982, 11–30

Ellinger, S.: Aufmerksamkeitsstörung und Hyperaktivität (ADS/ADHS). In: Ellinger, S./Koch, K./Schroeder, J.: Risikokinder in der Ganztagsschule. Ein Praxishandbuch. Stuttgart 2007, 116–148

Ellinger, S.: Schulaversives Verhalten. In: Ellinger, S./Koch, K./Schroeder, J.: Risikokinder in der Ganztagsschule. Ein Praxishandbuch. Stuttgart 2007, 171–192

Ellinger, S.: Störungen im Bindungsverhalten. In: Ellinger, S./Koch, K./Schroeder, J.: Risikokinder in der Ganztagsschule. Ein Praxishandbuch. Stuttgart 2007, 149–170

Ellinger, S.: Veränderte Berufsbilder in der Ganztagsschule (auch) für Risikokinder. In: Ellinger, S./Koch, K./Schroeder, J.: Risikokinder in der Ganztagsschule – Ein Praxishandbuch. Stuttgart 2007, 194–209

Ellinger, S./Hogffart, E. M./Möhrlein, G.: Jugendhilfe macht Schule – Zwischenbericht über eine Organisationsentwicklung. In: Dialog Erziehungshilfe, 3, 2007, 27–35

Ellinger, S./Stein, R./Breitenbach, E.: Nischenarbeitsplätze für Menschen mit geringer Qualifikation. Forschungsstand und erste Ergebnisse eines Projektes im Kontext von Lernbeeinträchtigungen und Verhaltensauffälligkeiten. In: Zeitschrift für Heilpädagogik 2006, 57 (4), 122–132

Ellinger, S./Stein, R.: Effekte inklusiver Beschulung: Forschungsstand im Förderschwerpunkt emotionale und soziale Entwicklung. In: Empirische Sonderpädagogik 2012, 4 (2), 85–109

Ellinger, S./Wittrock, M. (Hrsg.): Sonderpädagogik in der Regelschule. Konzepte – Forschung – Praxis. Stuttgart 2005

Emminghaus, H.: Die psychischen Störungen des Kindesalters. Tübingen 1887

Engelberth, H. J./Hinsen, B./Kollmar-Masuch, R. et al.: Null-Bock auf Schule – Ein Erfahrungsbericht der Rheinischen Schule für Erziehungshilfe über die Integration von erziehungsschwierigen Kindern in Grund- und Hauptschulen im Kreis Viersen von 1973–1991. Köln 1992

Engelke, E.: Die Wissenschaft Soziale Arbeit. Werdegang und Grundlagen. Freiburg i. Br. [2]2004

Engfer, A.: Kindesmisshandlung. Stuttgart 1986

Enquete-Kommission des Deutschen Bundestages (Hrsg.): Schutz des Menschen und der Umwelt. Bonn 1994 und 1997

Enzmann, D.: Helfer-Leiden – Stress und Burnout in psychosozialen Berufen. Heidelberg 1989

Epstein, S.: Towards a Unified Theory of Anxiety. In: Maher, B. A. (Hrsg.): Progress in Experimental Personality Research, Bd. 4. New York 1967, 2–90

Erikson, E. H.: Identität und Lebenszyklus. Frankfurt/M. 1966

Erikson, E. H.: Kindheit und Gesellschaft. Stuttgart [9]1984

Erikson, E. H.: Wachstum und Krisen der gesunden Persönlichkeit. Stuttgart 1953

Ermert, C.: Scenotest-Handbuch. Bern: Huber 1997

Ertle, Ch.: Sozialpädagogische Schule. In: Goetzke, H./Neukäter, H. (Hrsg.): Handbuch der Sonderpädagogik, Bd. 6 – Pädagogik bei Verhaltensstörungen. Berlin 1989, 271–282

Ertle, Ch./Möckel, A. (Hrsg.): Fälle und Unfälle der Erziehung. Stuttgart 1981

Erzieherin.de – das Portal für die Frühpädagogik. Im Internet unter: http://www.erzieherin.de/Fruehpaedagogik-studieren.php, Abruf vom 01.03.2013

Essau, C. A.: Angst bei Kindern und Jugendlichen. München 2003

Essau, C. A.: Depression bei Kindern und Jugendlichen. München [2]2007

Essau, C. A.: Depressive Kinder und Jugendliche: Psychologisches Grundlagenwissen. München 2002

Essau, C. A./Conradt, J.: Aggression bei Kindern und Jugendlichen. München 2004

Esser, G./Schmidt, M.: Minimale cerebrale Dysfunktion – Leerformel oder Syndrom? Stuttgart 1987

Ettrich, C./Ettrich, K. U.: Verhaltensauffällige Kinder und Jugendliche. Berlin, Heidelberg, New York 2006

Europäische Kommission: Helios II – Europäischer Leitfaden für empfehlenswerte Praktiken – auf dem Weg zur Chancengleichheit für behinderte Menschen. Luxemburg 1996

Eyrich, M.: Fürsorgezöglinge, erbbiologisch gesehen. In: Zeitschrift für Kinderforschung, Jg. 47 (1939), 250–262

Eysenck, H.-J./Rachman, S.: Neurosen – Ursachen und Heilmethoden. Berlin 1968

Faas, S.: Berufliche Anforderungen und berufsbezogenes Wissen von Erzieherinnen. Theoretische und empirische Rekonstruktionen. Wiesbaden 2013

Fahrenberg, J./Hampel, R./Selg, H.: Freiburger Persönlichkeitsinventar (FPI-R). Göttingen [8]2010

Fahrenberg, J./Selg, H./Hampel, R.: Das Freiburger Persönlichkeitsinventar – FPI. Göttingen [2]1973

Faltermaier, T.: Gesundheitspsychologie. Stuttgart 2005

Fasel, Ch.: Schlagringe im Tornister. In: Stern Magazin (1991) H. 42, 324–327

Fassnacht, G.: Systematische Verhaltensbeobachtung. München 1979

Fatke, R.: Schulumwelt und Schülerverhalten. München, Zürich 1977

Fatzer, G./Eck, C. D. (Hrsg.): Supervision und Beratung – Ein Handbuch. Köln 1990

Feingold, B. F.: Why your Child is hyperactive. New York 1975

Fend, H./Knörzer, W./Nagl, W./Specht, W./Väth-Szusdziara, R.: Sozialisationseffekte der Schule. Weinheim 1976

Fendel, E.: Rhythmik, Theorie und Praxis der körperlich-musikalischen Erziehung. München 1926

Fendel, E.: Rhythmisch-musikalische Erziehung bei Schwererziehbaren. In: Zeitschrift für Heilpädagogik, Jg. 4 (1953), 124–128

Fend-Engelmann, E.: Spieldiagnostik. In: Kreuzer, J. (Hrsg.): Handbuch der Spielpädagogik: Spiel im therapeutischen und sonderpädagogischen Bereich., Bd. 4. Düsseldorf 1984, 21–38

Fengler, J./Jansen, G. (Hrsg.): Handbuch der Heilpädagogischen Psychologie. Stuttgart 1987

Fentrop, U.: Segeln als sonderpädagogische Maßnahme bei Kindern und Jugendlichen mit Verhaltensstörungen. Unveröffentlichte Examensarbeit. Berlin 1985

Feuser, G.: Autismus heute – Forderungen an morgen. In: Bundesverband Hilfe für das autistische Kind (Hrsg.): Grundlagen der Pädagogik autistischer Kinder unter besonderer Berücksichtigung ihrer schulischen Erziehung und Bildung. Hamburg 1984, 45–53

Feuser, G.: Autistische Kinder. Solms, Oberbiel 1981

Rohde-Dachser, Ch.: Das Borderline-Syndrom. Bern, Stuttgart, Wien [4]1989

Fichter, M. M.: Magersucht und Bulimia – Empirische Untersuchungen zur Epidemiologie, Symptomatologie, Nosologie und zum Verlauf. Berlin, Heidelberg, New York, London, Paris, Tokio 1985

Ficker, F.: Tabletten und kindliche Selbstmordhandlungen. In: Das Deutsche Gesundheitswesen (1976) H. 10, 468–471

Fiedler, P.: Persönlichkeitsstörungen. Weinheim [5]2001

Fingerle, M.: Risiko- und Resilienzfaktoren der kindlichen Entwicklung. In: Ahrbeck, B./ Willmann, M. (Hrsg.): Pädagogik bei Verhaltensstörungen. Ein Handbuch. Stuttgart 2010, 121–128

Fingerle, M.: Risiko- und Schutzfaktoren innerhalb der Schule. In: Borchert, J./Hartke, B./ Jogschies, P. (Hrsg.): Frühe Förderung entwicklungsauffälliger Kinder und Jugendlicher. Stuttgart 2008, 206–217

Finger-Trescher, U.: Trauma, Wiederholungszwang und projektive Identifizierung. Was wirkt heilend in der Psychoanalytischen Pädagogik? In: Reiser, H./Trescher, H.-G. (Hrsg.): Wer braucht Erziehung? – Impulse der Psychoanalytischen Pädagogik. Mainz 1987, 130–145

Fischer, K.: Einführung in die Psychomotorik. München 2001

Fischer, T./Ziegenspeck, J. W.: Handbuch Erlebnispädagogik. Bad Heilbrunn 2000

Fitting-Dahlmann, K./Leidig, T.: Neue Medien in der Erziehungsschwierigenpädagogik. In: Sonderpädagogik. H. 1 2002

Fitting-Dahlmann, K./Reuter, S.: TIPI – Tiere in Pädagogik integrieren – Forschungsbereich Tiergestützte Förderpädagogik an der Universität Köln. In: Tiere als Therapie [1]2004, 47–51

Fleischer, T./Greuer-Werner, M./Heyse, H. (Hrsg.): Schule im Spannungsfeld von Beratung – Berichte aus Schulpsychologie und Bildungsberatung. Veranstalter: Sektion Schulpsychologie im Berufsverband Deutscher Psychologen. Bonn 1991

Fleischer, T./Grewe, N./Jötten, B./Seifried, K./Sieland, B. (Hrsg.).: Handbuch Schulpsychologie. Psychologie für die Schule. Stuttgart 2007

Flitner, A. (Hrsg.): Spielen Lernen: Praxis und Deutung des Kinderspiels. München, Zürich 1986

Flitner, A./Hornstein, W.: Kindheit und Jugendalter in geschichtlicher Betrachtung. In: Zeitschrift für Pädagogik, Jg. 10 (1964), 311–339

Florin, I./Tunner, W.: Behandlung kindlicher Verhaltensstörungen. München [4]1972

Flosdrorf, P.: Heilpädagoge/Heilpädagogin – Bundesanstalt für Arbeit (Hrsg.) – Blätter zur Berufskunde, Bd. 2 – II B 30. Bielefeld [4]1988, [5]1994

Fonagy, P./Target, M./Gergely, G./Hellen, J. G./Bateman, A.: Entwicklungspsychologische Wurzeln der Borderline-Persönlichkeitsstörungen – Reflecting functioning und Bindung. Persönlichkeitsstörungen, 8 (49, 217–229). Freiburg/Basel/Wien 2007

Förderverein der Astrid-Lindgren-Schule e. V. (Hrsg.): Fördersystem für erziehungshilfebedürftige Schüler im Kreis Aachen – Beratung – Stammschule – Sozialarbeit – Kooperation – Therapie. Eschweiler 1990

Francke, A. H.: Schriften über Erziehung und Unterricht – Bearbeitet und mit Erläuterungen versehen von Karl Richter. Berlin 1871

Franck-Weber, B./Sander, A./Schuler, S.: Bericht über die Sonderpädagogischen Förderzentren (Schulversuche) im Saarland. In: Sander, A./Christ, K./Franck-Weber, B. et al. (Hrsg.): Gemeinsame Schule für behinderte und nichtbehinderte Kinder und Jugendliche – Jahresbericht 1989 aus dem Saarland. (Saarbrücker Beiträge zur Integrationspädagogik Bd. 4). St. Ingbert 1990, 139–163

Frankl, V. E.: Das Leiden am sinnlosen Leben. Freiburg i. Br. [8]1984

Frankl, V. E.: Der Wille zum Sein. Bern 1972

Frankl, V. E.: Theorie und Therapie der Neurosen – Einführung in die Logotherapie und Existenzanalyse. München, Basel [6]1985

Frederking, U.: Häufigkeiten, somatische und soziale Bedingungen von Verhaltensstörungen zehnjähriger Schulkinder. In: Praxis der Kinderpsychologie und Kinderpsychiatrie, Jg. 24 (1975), 204–213

Freed, J./Parsons, L.: Zappelphilipp und Störenfrieda lernen anders. Wie Eltern ihren hyperaktiven Kindern helfen können, die Schule zu meistern. Weinheim, Basel 2001

Frei, E. et al.: Heilpädagogische Handlungsfelder. Bern, Stuttgart 1986

Freie und Hansestadt Hamburg: Rebus – Regionale Beratungs- und Unterstützungsstellen in Hamburg. Bericht. Im Internet unter: http://www.hamburg.de/contentblob/69666/data/¬ bbs-hr-rebus-pdf-07-01.pdf, Abruf vom Juli 2001, Abruf vom 14.02.2013

Freie und Hansestadt Hamburg: Rebus. Im Internet unter: http://www.hamburg.de/rebus, Abruf vom 15.02.2013

Freinet, C.: Die moderne französische Schule. Paderborn [2]1979

Freinet, E.: Erziehung ohne Zwang. Stuttgart 1981

Freud, A.: Das Ich und die Abwehrmechanismen. München 1971

Freud, A.: Einführung in die Technik der Kinderanalyse. München, Basel 1973

Freud, A.: Psychoanalyse für Pädagogen. Bern, Stuttgart [5]1971

Freud, S.: Abriss der Psychoanalyse – Das Unbehagen in der Kultur. Frankfurt/M. 1953

Freud, S.: Studienausgabe. Bde I-X – Hrg. von Mitscherlich, A./Richards, A./Strachey, J. Frankfurt/M. 1969

Freud, S.: Zur Psychopathologie des Alltagslebens. Frankfurt/M. [5]1969

Frey, H./Wertgen, A. (Hrsg.): Pädagogik bei Krankheit. Lengerich 2012

Frey, K.: Die Projektmethode. Weinheim, Basel 1982

Fricke, R./Kury, H. (Hrsg.): Erzieherverhaltenstraining – Grundlagen und Ergebnisse zum Training des Lehrer- und Beraterverhaltens. Braunschweig 1983

Fried, L./Roux, S./Frey, A./Wolf, B. (Hrsg.): Vorschulpädagogik. Baltmannsweiler 2003

Fröhlich-Gildhoff, K.: Freiburger Anti-Gewalt-Training (FAGT). Ein Handbuch. Stuttgart 2006

Fröhlich-Gildhoff, K./Rönnau, M./Dörner, T.: PRiK – Prävention und Resilienz in Kindertageseinrichtungen. Ein Trainingsprogramm. München 2007

Fromm, E.: Über den Ungehorsam. 1985

Frostig, M.: Bewegen – Wachsen – Lernen – Bewegungserziehung. Dortmund 1974

Frostig, M.: Bewegungs-Erziehung – Neue Wege der Heilpädagogik. München, Basel 1973

Frostig, M./Maslow, Ph.: Lernprobleme in der Schule. Stuttgart 1978

Frostig, M./Müller, H.: Teilleistungsstörungen – Ihre Erkennung und Behandlung bei Kindern. München, Wien, Baltimore 1981

Fuchs, A.: Erziehungsklassen (E-Klassen) für schwererziehbare Kinder in der Volksschule. Halle 1930

Fürstenau, P.: Zur Psychoanalyse der Schule als Institution. In: Fürstenau, P./Furck, C.-L./Müller, C. W./Schulz, W./Wellendorf, F.: Zur Theorie der Schule. Berlin, Basel, Weinheim 1969, 9 ff.

Gaddes, W. H.: Lernstörungen und Hirnfunktion – Eine neuropsychologische Betrachtung. Berlin, Heidelberg 1991

Gaebel, W.: Kompetenznetz Schizophrenie. Max-Planck-Gesellschaft 2008

Gaebel, W./Müller-Spahn, F. (Hrsg.): Diagnostik und Therapie psychischer Störungen. Stuttgart 2002

Gaebel, W./Müller-Spahn, F.: Diagnostisch-therapeutischer Prozess in der Psychiatrie – Grundprinzipien. In: Gaebel, W./Müller-Spahn, F. (Hrsg.): Diagnostik und Therapie psychischer Störungen. Stuttgart 2002, 1–72

Gaertner-Harnach, V.: Angst und Leistung. Weinheim, Basel 1976

Gagné, R. M.: Die Bedingungen des menschlichen Lernens – Vollständige Neubearbeitung. Hannover, Dortmund, Berlin [5]1980

Gäng, M.: (Hrsg.): Erlebnispädagogik mit dem Pferd. Erprobte Projekte aus der Praxis. München 2017

Gappmayer, A.: Adoleszenz und Selbsttötung – Schüler zeichnen aktuelle Suizidgedanken. Regensburg 1987

Garbarino, J.: See Jane hit: why girls are growing more violent and what we can do about it. New York 2006

Garlichs, A.: Alltag im offenen Unterricht – Das Beispiel Lohfelden-Vollmarshausen. Frankfurt/M. [2]1991

Garz, H.-G.: Sorgenkind Schule für Erziehungshilfe – Pädagogische und psychologische Perspektiven zum Umgang mit schwierigen Kindern. In: Zeitschrift für Heilpädagogik (55) 2004, 17–23

Gauch, S.: Besondere Erziehung – Normen und Ziele der Sonderpädagogik. Mainz [2]1986

Gaupp, R.: Psychologie des Kindes. Leipzig 1912

Gawrilow, C.: Lehrbuch ADHS. Modelle, Ursachen, Diagnose, Therapie. München [2]2016

Gehlen, A.: Der Mensch – Seine Natur und seine Stellung in der Welt. Bonn [6]1958

Gehlen, A.: Die Seele im technischen Zeitalter – Sozialpsychologische Probleme in der industriellen Gesellschaft. Hamburg 1957

Geissler, E. E.: Erziehungsmittel. Bad Heilbrunn [6]1982

Georgens, J. D./Deinhardt, H. M.: Die Heilpädagogik – Bd. 1. Leipzig 1861. (Neuauflage Gießen 1979)

Gers, D. (Hrsg.): Das sonderpädagogische Förderzentrum. Soltau 1991

Gerspach, M.: Wohin mit den Störern. Zur Sozialpädagogik der Verhaltensauffälligen. Stuttgart 1998

Geschlossene Heime. Im Internet unter: http://www.geschlossene-heime.de, Abruf vom 20.02.2013

Geuss, H./Schlevoigt, G.: Diagnostischer Lesetest für 2. und 3. Klassen – DLT 2/3. Weinheim 1978

Geyer, Ch. (Hrsg.): Hirnforschung und Willensfreiheit. Zur Deutung der neuesten Experimente. Frankfurt/M. 2004

Giesecke, H.: Neue Sozialisationswege als Reaktion von Jugendlichen auf ihre Lebensbedingungen – Anforderungen an die Heimerziehung. In: Materialien zur Heimerziehung (IGfH) (1990) 5–8

Ginott, H. G.: Gruppenpsychotherapie mit Kindern – Theorie und Praxis der Spieltherapie. Weinheim, Basel 1971

Goetze, H.: Grundriss der Verhaltensgestörtenpädagogik. Berlin 2001

Goetze, H.: Handbuch der personenzentrierten Spieltherapie. Göttingen 2002

Goetze, H.: Konzepte zur integrierten Unterrichtung von Schülern mit Verhaltensstörungen – dargestellt an Ergebnissen der amerikanischen Mainstreamingforschung. In: Vierteljahresschrift für Heilpädagogik und ihre Nachbargebiete, Jg. 60 (1991), H. 1, 6–17

Goetze, H.: Life-Space-Intervention. In: Sonderpädagogik 25 (1995), 108–112

Goetze, H.: Offenes Unterrichten bei Schülern mit Verhaltensstörungen. In: Goetze, H./Neukäter, H. (Hrsg.): Handbuch der Sonderpädagogik, Bd. 6 – Pädagogik bei Verhaltensstörungen. Berlin 1989, 569–584

Goetze, H. (Hrsg.): Pädagogik bei Verhaltensstörungen – Innovationen. Bad Heilbrunn 1994

Goetze, H.: Personenzentrierte Spieltherapie mit Sonderschülern. In: Holtz, K.-L. (Hrsg.): Sonderpädagogik und Therapie. Rheinstetten 1980, 197–204

Goetze, H.: Personenzentrierte Spieltherapie. Göttingen 1981

Goetze, H. (Hrsg.): Spieltherapie bei Kindern mit Verhaltensstörungen. In: Goetze, H./Neukäter, H. (Hrsg.): Handbuch der Sonderpädagogik, Bd. 6 – Pädagogik bei Verhaltensstörungen. Berlin 1989, 871–883

Goetze, H.: Spieltherapie bei Kindern mit Verhaltensstörungen. In: Goetze, H./Neukäter, H. (Hrsg.): Pädagogik bei Verhaltensstörungen. Handbuch der Sonderpädagogik, Bd. 6. Berlin [2]1993, 871–883

Goetze, H./Jäger, W.: Offenes Unterrichten von Schülern mit Verhaltensstörungen; Unterrichtsversuch in einer 6. Klasse der Schule für Verhaltensgestörte. In: Sonderpädagogik, Jg. 21 (1991), H. 1, 28–39

Goetze, H./Neukäter, H. (Hrsg.): Handbuch der Sonderpädagogik – Pädagogik bei Verhaltensstörungen. Berlin 1989

Goetze, H./Neukäter, H.: Strukturierter Unterricht. In: Goetze, H./Neukäter, H.: Handbuch der Sonderpädagogik, Bd. 6 – Pädagogik bei Verhaltensstörungen. Berlin 1989, 520–545

Goetze, H./Rudnick, M.: Förderung für Grundschulkinder mit emotionalen Störungen/Verhaltensauffälligkeiten. Konzeptpapier zum Brandenburger Fördermodell bei Verhaltensstörungen (BraV), Ministerium für Bildung, Jugend und Sport und Institut für Sonderpädagogik der Universität Potsdam. Potsdam 1996

Goffman, E.: Asyle. Frankfurt/M. [4]1981

Goffman, E.: Stigma. Frankfurt/M. 1975

Goldstein, K.: Aftereffects of Brain-injuries in War. New York 1942

Göllnitz, G.: Neuropsychiatrie des Kindes- und Jugendalters. Stuttgart [4]1981

Gontard, A. von: Enkopresis. Erscheinungsformen – Diagnostik – Therapie. Stuttgart 2004

Goodenough, F. L.: Measurement of Intelligence by Drawings. New York 1926

Goodman, R.: The Strengths and Difficulties Questionnaire: A Research Note. Journal of Child Psychology and Psychiatry, Jg. 38 (1997), 581–586

Göppel, R.: »Der Friederich, der Friederich ...« Das Bild des »schwierigen Kindes« in der Pädagogik des 19. und 20. Jahrhunderts. Würzburg 1989

Göppel, R.: Haben Verhaltensauffälligkeiten bei Kindern und Jugendlichen dramatisch zugenommen? In: Göppel, R.: Aufwachsen heute. Veränderungen der Kindheit – Probleme des Jugendalters. Stuttgart 2007, 181–208

Göppel, R.: Ursprünge der seelischen Gesundheit. Würzburg 1997

Göppinger, H.: Der Täter in seinen sozialen Bezügen. Berlin 1983

Göppinger, H.: Kriminologie – Eine Einführung. München 1971

Gordon, Th.: Lehrer-Schüler-Konferenz – Wie man Konflikte in der Schule löst. Reinbek bei Hamburg 1977

Grabski, S./Kissing, G./Neukäter, H./Benkmann, K.-H.: Strukturierter Unterricht mit verhaltensgestörten Schülern. Rheinstetten 1978

Grawet, Ch.: Ein Wochenende am Bord des Jugendschiffes Johannes Georgi – Informationsdienst Segeln und Sozialpädagogik. Lüneburg 1982

Green, H.: Ich hab dir nie einen Rosengarten versprochen (I never promised you a rose garden). Reinbek bei Hamburg 1984

Greiffenhagen, S.: Tiere als Therapie – Neue Wege in Erziehung und Heilung. München 1991

Grewe, N. (Hrsg.): Beratungslehrer – eine neue Rolle im System. Neuwied, Frankfurt/M. 1990

Griesinger, W.: Die Pathologie und Therapie der psychischen Krankheiten für Ärzte und Studierende. Stuttgart ^{2}1861

Griffiths, R./Brandt, I.: Griffiths Entwicklungsskalen (GES) zur Beurteilung der Entwicklung in den ersten beiden Lebensjahren – Deutsche Bearbeitung des Originalwerkes von Ruth Griffiths durch I. Brandt. Weinheim, Basel 1983

Grissemann, H.: Förderdiagnostik von Lernstörungen – Zusammenarbeit von kinderpsychiatrischen, psychologischen und pädagogisch-therapeutischen Fachkräften am Beispiel Legasthenie. Bern, Stuttgart, Toronto 1990

Grissemann, H.: Hyperaktive Kinder – Kinder mit minimaler zerebraler Dysfunktion und vegetativer Labilität als Aufgabe der Sonderpädagogik in der allgemeinen Schule. Ein Arbeitsbuch. Bern, Stuttgart, Toronto 1986

Grissemann, H.: Soviel Integration wie möglich – soviel Separation wie unbedingt notwendig! Begründungen eines innovativen integrationsorientierten Kleinklassenmodells. In: Vierteljahresschrift für Heilpädagogik und ihre Nachbargebiete, Jg. 61 (1992), H. 2, 207–229

Grissemann, H.: Unterrichts-, Förder- und Therapiematerialien in der Pädagogik bei Verhaltensstörungen. In: Goetze, H./Neukäter, H.: Handbuch der Sonderpädagogik, Bd. 6 – Pädagogik bei Verhaltensstörungen. Berlin 1989, 492–519

Grob, A./Smolenski, C.: Fragebogen zur Erhebung der Emotionsregulation bei Kindern und Jugendlichen (FEEL-KJ). Bern: Huber ^{2}2009

Groen, G./Petermann, F.: Depressive Kinder und Jugendliche. Göttingen 2002

Groen, G./Pössel, P./Petermann, F.: Depression im Kindes- und Jugendalter. In: Petermann, F./Niebank, K./Scheithauer, H. (Hrsg.): Entwicklungswissenschaft. Heidelberg 2004, 437–481

Grosse, S.: Bettnässen, Diagnostik und Therapie. Weinheim 1986

Grossmann, G./Gerth, A. und Autorenkollektiv: Rehabilitationspädagogik Verhaltensgeschädigter. Berlin 1990

Grossmann, G./Schmitz, W.: Sonderpädagogik verhaltensgestörter Kinder. Berlin 1969

Grossmann, K. E./Winkel, R.: Angst und Lernen – Angstfreie Erziehung in Schule und Elternhaus. München 1977

Grözinger, W.: Kinder kritzeln, zeichnen, malen. München ^{3}1966

Gruber, H./Ledl, V./Geiger, B.: Wir lernen anders – Unterrichtshilfen für Kinder mit Schulschwierigkeiten und Behinderngen. Wien 2014

Grünke, M./Ketzinger, W./Hintz, A.-M.: Außerbetriebliche Einrichtungen: Berufsbildungswerke und Berufsförderungswerke. In: Stein, R./Orthmann Bless, D. (Hrsg.): Integration in Arbeit und Beruf bei Behinderungen und Benachteiligungen. Baltmannsweiler 2009, 58–87

Grünke, M./Viganske, C.: Sonderpädagogische Gruppenforschung. In: Gasteiger Klicpera, B./Julius, H./Klicpera, C. (Hrsg.): Sonderpädagogik der sozialen und emotionalen Entwicklung. Göttingen 2008, 996–1008

Gsella, M./Bort-Gsella, W.: Wir fallen aus der Rolle – Rollenspiele für Kinder ab 3 Jahren. Münster 1992

Gudjons, H.: Handlungsorientiert lehren und lernen. Schüleraktivierung – Selbsttätigkeit – Projektarbeit. Bad Heilbrunn/Obb. 2001

Gudjons, H.: Was ist Projektunterricht? Begriffe – Merkmale – Abgrenzungen. In: Westermanns Pädagogische Beiträge, Jg. 36 (1984), H. 6, 260–66

Guldimann, T./Lauth, G. W.: Förderung von Metakognition und strategischem Lernen. In: Lauth, G. W./Grünke, M./Brunstein, J. C. (Hrsg.): Interventionen bei Lernstörungen. Göttingen 2004, 176–186

Günder, R.: Aufgabenfelder der Heimerziehung – Planmäßige Entwicklungsförderung, Elternarbeit. Frankfurt/M. 1989

Günder, R.: Hüttenpädagogik und therapeutisches Segeln. Alternative Konzepte für die Arbeit mit schwierigen Kindern und Jugendlichen. In: Unsere Jugend (1987) H. 8, 300–311

Günder, R.: Praxis und Methoden der Heimerziehung. Entwicklungen, Veränderungen und Perspektiven der stationären Erziehungshilfe. Freiburg [3]2007

Günther, K.-H./Hofmann, F./Hohendorf, G./König, H./Schuffenhauer, H.: Geschichte der Erziehung. Berlin (Ost) 1976

Haan, G. de/Harenberg, D.: Nachhaltigkeit als Bildungs- und Erziehungsaufgabe. Möglichkeiten und Grenzen schulischen Umweltlernens. In: Der Bürger im Staat, 48 (1998), 100–104

Haebler, W.: Bericht zum hundertjährigen Bestehen des Erziehungsvereins Evangelisches Kinderheim »Tüllinger Höhe«. Lahr 1960, 11–12

Haussler, A.: Der TEACCH Ansatz zur Förderung von Menschen mit Autismus: Einführung in Theorie und Praxis. Dortmund [3]2012

Hafer, H.: Die heimliche Droge – Nahrungsphosphat. Heidelberg 1984

Hafer, H.: Nahrungsphosphat als Ursache für Verhaltensstörungen und Jugendkriminalität. Heidelberg 1978

Hagenmeister, U.: Die Schuldisziplin. Weinheim, Berlin 1968

Hagenah, U./Vloet, T.: Psychoedukation für Eltern essgestörter Jugendlicher. 2005

Hahmann, H./Zimmer, R.: Bewegungserziehung in Kindergarten, Vorschule und Verein. Bonn 1984

Hahn, K.: Reform mit Augenmaß. Ausgewählte Schriften eines Politikers und Pädagogen. Hrsg. Knoll, M. Stuttgart 1998

Hall, R. T.: Unterricht über Werte – Lernhilfen und Unterrichtsmodelle. München, Wien, Baltimore 1979

Hamburger, F.: Einführung in die Sozialpädagogik. Stuttgart 2003

Hanke, B./Huber, G. L./Mandl, H.: Aggressiv und unaufmerksam – Die Aufgaben des Lehrers bei Schulschwierigkeiten. Weinheim, Basel [3]1984

Hanke, P.: Öffnung des Unterrichts. In: Einsiedler, W./Götz, M./Hacker, H./Kahlert, J./Keck, R. W./Sandfuchs, U. (Hrsg.): Handbuch Grundschulpädagogik und Grundschuldidaktik. Bad Heilbrunn [2]2005, 439–448

Hanselmann, H.: Sorgenkinder – Daheim und in der Schule. Heilpädagogik im Überblick für Eltern und Lehrer. Zürich, Leipzig 1930

Hanselmann, H.: Sorgenkinder – daheim, in der Schule, in der Anstalt, in der menschlichen Gesellschaft. Heilpädagogik im Überblick für Eltern, Lehrer, Geistliche, Fürsorger, Ärzte, Juristen, Schul- und Erziehungsbehörden. Zürich 1954

Hanselmann, P. G.: Kinder in fremder Erziehung. Weinheim, Basel 1986

Hansen, G.: Die Persönlichkeitsentwicklung von Kindern in Erziehungsheimen. Weinheim 1994

Harding, G. (Hrsg.): Spieldiagnostik: Das Spiel als diagnostisches Mittel in der Kinderpsychiatrie. Weinheim, Basel 1972

Harnack, G. A. von: Nervöse Verhaltensstörungen beim Schulkind. Stuttgart 1958

Harnisch, G.: Schulstress – Praktische Hilfen für Lehrer, Erzieher, Eltern. Düsseldorf 1984

Hartke, B.: Beziehungsaufbau im Unterricht mit durch Misshandlung traumatisierten Kindern. In: Vernooij, M. A./Wittrock, M. (Hrsg.): Beziehung(-s) Gestalten. Oldenburg 2003, 153–167

Hartke, B.: Schulische Erziehungshilfe durch regionale sonderpädagogische Förderzentren in Schleswig-Holstein. Fachliche und geschichtliche Grundlagen – aktuelle Daten – Perspektiven. Dissertation Universität Hamburg, Hamburg 1998

Hartke, B.: Schulische Prävention – Welche Maßnahmen haben sich bewährt. In: Ellinger, S./Wittrock, M. (Hrsg.): Sonderpädagogik in der Regelschule: Konzepte – Forschung – Praxis. Stuttgart 2005

Hartke, B.: Spezifische Unterrichtsprinzipien. In: Gasteiger Klicpera, B./Julius, H./Klicpera, C. (Hrsg.): Sonderpädagogik der sozialen und emotionalen Entwicklung. Göttingen 2008, 797–810

Hartmann, B./Mutzeck, W/Fingerle, M. (2003): Die Prävalenz von Verhaltensauffälligkeiten. In: Sonderpädagogik 33 (4), 191–197

Hartmann, J.: Zappelphilipp, Störenfried – Hyperaktive Kinder und ihre Therapie. München 1981

Hasemann, K./Meschenmoser, H. (Hrsg.): Pädagogik in Kooperation – Zur Prävention und Reduktion von Verhaltensproblemen. Hohengehren 1996

Hasselhorn, M./Marx, H./Schneider, W. (Hrsg.): Deutscher Mathematiktest. Beltz Test. Göttingen 2006

Hassenstein, B.: Verhaltensbiologie des Kindes. München, Zürich 1973

Hastenteufel, P.: Fallstudien aus dem Erziehungsalltag. Bad Heilbrunn 1980

Havers, N.: Erziehungsschwierigkeiten in der Schule – Klassifikation, Häufigkeit, Ursachen und pädagogisch-therapeutische Maßnahmen. Weinheim, Basel 1978

Haymoz, S./Herrmann, L./Lucia, S./Killias, M.: Zunehmende Jugenddelinquenz – eine Herausforderung auch für die Schule. In: Steinhausen, H.-C./Bessler, C. (Hrsg.): Jugenddelinquenz – Entwicklungspsychiatrische und forensische Grundlagen und Praxis. Stuttgart 2008, 50–63

Hebebrand, J.: Adipositas. In: Remschmidt, H. (Hrsg.): Kinder- und Jugendpsychiatrie. Stuttgart [3]2000, 252–258

Hebenstreit, S.: Spieltheorie und Spielförderung im Kindergarten. Stuttgart 1979

Hechler, O.: Hilfen zur Erziehung. Stuttgart 2011

Hechler, O.: Pädagogische Beratung. Stuttgart 2010

Hechler, L./Weiss, G.: Das hyperkinetische Kind. In: Nissen, G. (Hrsg.): Die Bedeutung der medikamentösen Therapie bei Verhaltensstörungen im Kindesalter – Beiträge zu einem Symposium veranstaltet am 6. Weltkongress für Psychiatrie in Honululu, Hawaii im August 1977. Bern, Stuttgart, Wien 1979, 17–25

Heckhausen, H.: Entwurf einer Psychologie des Spielens. In: Graumann, C. F./Heckhausen, H. (Hrsg.): Pädagogische Psychologie: Entwicklung und Sozialisation, Bd. 1. Frankfurt/M. 1978, 155–174

Hedderich, I.: Burnout. Ursachen, Formen, Auswege. München 2009

Hedderich, I.: Einführung in die Montessori-Pädagogik. München 2001

Heidebrink, H.: Einführung in die Moralpsychologie. Weinheim [2]1996

Heidegger, M.: Sein und Zeit. Tübingen [6]1949

Heinlich, U.: Einführung in die Spielpädagogik. Bad Heilbrunn 1993

Heinemann, E./Rauchfleisch, U./Grüttner, T.: Gewalttätige Kinder. Psychoanalyse und Pädagogik in Schule, Heim und Therapie. Frankfurt/M. 1992

Heinrichs, N./Hahlweg, K./Bertram, H./Kuschel, A./Naumann, A./Harstick, S.: Die langfristige Wirksamkeit eines Elterntrainings zur universellen Prävention kindlicher Verhaltensstörungen. Ergebnisse aus Sicht der Mütter und Väter. Zeitschrift für Klinische Psychologie und Psychotherapie, 35 (2), 2006, 82–96.

Heinrichs, N./Sassmann, H./Hahlweg, K./Perrez, M.: Prävention kindlicher Verhaltensstörungen. Psychologische Rundschau, 53 (4) 2002, 170–183

Heisig, K.: Das Ende der Geduld. Konsequent gegen jugendliche Gewalttäter. Freiburg i. Br. 2010

Helbig, G./Griese, H.: Ein Wegweiser durch die Berliner Schullandschaft. Berlin [3]2003

Helmke, A.: Schulische Leistungsangst: Erscheinungsformen und Entstehungsbedingungen – Integration theoretischer Ansätze und empirische Analysen zu Risikofaktoren schulischer Leistungsangst in Schule und Familie. Bern 1983

Hemmerling, A.: Der Kindergarten als Bildungsinstitution. Hintergründe und Perspektiven. Wiesbaden 2007

Hennemann, T.: Entwicklung, Erprobung und Evaluation eines Trainingsmanuals zur Förderung der emotionalen Intelligenz bei Kindern in der Grundschule – eine empirische Untersuchung, Dissertation Universität Köln 2002

Hennemann, T./Hillenbrand, C.: Klassenführung – Classroom Management. In: Hartke, B./ Koch, K./Diehl, K. (Hrsg.): Förderung in der schulischen Eingangsstufe. Stuttgart 2010, 255–279

Hennemann, T./Hövel, D./Casale, G./Hagen, T./Fitting-Dahlmann, K.: Schulische Prävention im Bereich Verhalten. Stuttgart 2015

Hennig, C./Knödler, U.: Problemschüler – Problemfamilien – Ein praktisches Lehrbuch zum systemischen Arbeiten mit schulschwierigen Kindern. Weinheim 1985, [5]1998

Henseler, H.: Narzisstische Krisen – Zur Psychodynamik des Selbstmords. Reinbek 1974

Hering, W. (Hrsg.): Spieltheorie und pädagogische Praxis: Zur Bedeutung des kindlichen Spiels. Düsseldorf 1979

Hermann, C.: Hochbegabtenberatung – Evaluation der Arbeit einer Beratungsstelle für hochbegabte Kinder und Jugendliche. Berlin 1987 (Diplomarbeit)

Herschkowitz, N.: Das Gehirn. Was stimmt? Die wichtigsten Antworten. Freiburg 2008

Herz, B./Puhr, K./Ricking, H. (Hrsg.): Problem Schulabsentismus. Bad Heilbrunn 2004

Herz, B./Zimmermann, D./Meyer, M.(Hrsg.): »…und raus bist Du!« Pädagogische und institutionelle Herausforderungen in der schulischen Erziehungshilfe. Bad Heilbrunn 2015

Herzka, H. S.: Kinderpsychopathologie. Basel, Stuttgart 1986

Hetzer, H.: Das Spiel des Hilfsschulkindes. In: Zeitschrift für Heilpädagogik, Jg. 6 und 7 (1955, 1956), 642–648 und 1–19

Hetzer, H.: Das Spiel in der Schule. Frankfurt, Berlin, Hamburg, München 1956

Hetzer, H. (Hrsg.): Spiel und Spielzeug für jedes Alter: Mit einem Beitrag über Spielförderung von sozio-kulturell benachteiligten Kindern. München 1972

Heuer, G.: Selbstmord bei Kindern und Jugendlichen – Ein Beitrag zur Suizidprophylaxe aus pädagogischer Sicht. Konzepte der Humanwissenschaften. Stuttgart 1979

Heward, W. L.: Exceptional children: An introduction to special education. Upper Saddle River 2005

Hewett, F. M.: The Emotionally Disturbed Child in the Classroom. Boston, USA 1968

Hewett, F. M./Forness, St. R.: Education of exceptional Learners. Boston 1974

Heyer, P./Preuss-Lausitz, U./Sack, L. (Hrsg.): Länger gemeinsam lernen. Frankfurt/Main, Aurich 2003

Heyer, P./Preuss-Lausitz, U./Zielke, G: Wohnortnahe Integration – Gemeinsame Erziehung behinderter und nichtbehinderter Kinder in der Uckermark-Grundschule in Berlin. Weinheim 1990

Hilbrecht, H.: Meditation und Gehirn: Alte Weisheit und moderne Wissenschaft. Stuttgart 2010

Hillenbrand, C.: Didaktik bei Unterichts- und Verhaltensstörungen. Stuttgart [3]2011

Hillenbrand, C.: Einführung in die Pädagogik bei Verhaltensstörungen. München [4]2008

Hillenbrand, C./Hennemann, Th./Schell, A.: »Lubo aus dem All!« – Vorschulalter. Programm zur Förderung sozial-emotionaler Kompetenzen. München [2]2016

Hilsheimer, G. von: Verhaltensgestörte Kinder und Jugendliche – Übungsprogramme und praktische Anregungen für Erzieher, Lehrer und Eltern. Ravensburg 1975

Hippel, R. von: Die geschichtliche Entwicklung der Freiheitsstrafe. In: Bumke, E. (Hrsg.): Deutsches Gefängniswesen. Ein Handbuch. Berlin 1928

Hippler, B.: Mobile schulische Erziehungshilfe – ein Schulversuch im Regierungsbezirk Schwaben (Bayern) zur Förderung verhaltensgestörter Schüler in Regelschulen. In: Mutzeck, W./Pallasch, W. (Hrsg.): Integration von Schülern mit Verhaltensstörungen – praktische Modelle und Versuche. Weinheim 1991, 170–187

Hippler, B.: Mobile schulische Erziehungshilfe – Pädagogisch-therapeutische Maßnahmen von Sonderschullehrern bei verhaltensgestörten Kindern an Grund- und Hauptschulen. Birkach, Bamberg 1985

Hippler, K./Klicpera, C.: Das Asperger-Syndrom. In: Gasteiger Klicpera, B./Julius, H./Klicpera, C. (Hrsg.): Sonderpädagogik der sozialen und emotionalen Entwicklung. Göttingen 2008, 325–352

Hirsch, S.: Werkstätten für behinderte Menschen. In: Stein, R./Orthmann Bless, D. (Hrsg.): Integration in Arbeit und Beruf bei Behinderungen und Benachteiligungen. Baltmannsweiler 2009, 31–57

Hirsch-Herzogenrath, S./Schleider, K.: Schulische Reintegration psychisch kranker Kinder und Jugendlicher. Hamburg 2012

Hobusch, A./Lutz, N./Wiest, U.: Sprachstandsüberprüfung und Förderdiagnostik für Ausländer- und Aussiedlerkinder (SFD): 1. bis 4. Schuljahr. Buxtehude [4]2012

Hockel, M.: Diplom-Psychologe/Diplom-Psychologin – Bundesanstalt für Arbeit (Hrsg.) – Blätter zur Berufskunde, Bd. 3 – II B 01. Bielefeld [6]1988

Hoffart, E. M./Möhrlein, G./Ellinger, S: Schule abschaffen, um Schule zu ermöglichen. In: Verband Sonderpädagogik, Landesverband Bayern (Hrsg.): Spuren – Sonderpädagogik in Bayern (51), 2008, 6–18

Hoffmann, G.: Classroom Management: Anleitung zur Verhaltensmodifikation in der Schule. In: Preuss-Lausitz, U. (Hrsg.): Schwierige Kinder – Schwierige Schule. Konzepte und Praxisprojekte zur integrativen Förderung verhaltensauffälliger Schülerinnen und Schüler. Weinheim, Basel 2004, 65–78

Hoffmann, H.: Der Struwwelpeter – oder lustige Geschichten und drollige Bilder für Kinder von 3 bis 6 Jahren – Frankfurter Originalausgabe. Stuttgart o. J.

Hoffmann, M.: Unterricht im Strafvollzug. In: Goetze, H./Neukäter, H. (Hrsg.): Handbuch der Sonderpädagogik, Bd. 6 – Pädagogik bei Verhaltensstörungen. Berlin 1989, 464–472

Hoffmann, N./Gerbis, K. E.: Gesprächsführung in psychologischer Therapie und Beratung, Bd. 1 und 2. Salzburg 1981

Hoffmann-Riem, Ch.: Das adoptierte Kind. München 1984

Hofmann, T:: Experientielle Kommunikation. Wie kann soziales Miteinander in komplexen Situationen gelingen? Weitramsdorf-Weidach 2016

Hofstätter, P. R.: Gruppendynamik – Kritik der Massenpsychologie. Reinbek bei Hamburg (Vollständig überarbeitete und erweiterte Neuausgabe) 1986

Höhn, E.: Der schlechte Schüler. München [5]1980

Höhn, E./Schick, C. P.: Das Soziogramm. Stuttgart 1954

Holderegger, A.: Suizid und Suizidgefährdung. Freiburg 1979

Holland, J./Skinner, B.: Analyse des Verhaltens. München, Berlin, Wien 1971

Hölling, H./Erhart, M./Ravens-Sieberer, U./Schlack, R. (2007): Verhaltensauffälligkeiten bei Kindern und Jugendlichen. Erste Ergebnisse aus dem Kinder- und Jugendgesundheitssurvey (KiGGS). Bundesgesundheitsblatt – Gesundheitsforschung – Gesundheitsschutz 5/6, 784–793

Hölling, H./Schlack, R./Petermann, F./Ravens-Sieberer, U./Mauz, E. (2014): Psychische Auffälligkeiten und psychosoziale Beeinträchtigungen bei Kindern und Jugendlichen im Alter von 3 bis 17 Jahren in Deutschland – Prävalenz und zeitliche Trends zu 2 Erhebungszeitpunkten (2003–2006 und 2009–2012). In: Bundesgesundheitsblatt 57, 807–819

Holmes, J.: John Bowlby und die Bindungstheorie. München 2002

Holtappels, H.-G.: Abweichendes Verhalten oder Schulalltagsbewältigung? Subjektive Deutungsmuster von Schülern zu Problemen im Schulalltag. In: Die Deutsche Schule, Jg. 76 (1984), H. 1, 18–30

Holtappels, H.-G.: Schulprobleme und abweichendes Verhalten aus der Schülerperspektive – Empirische Studie zu Sozialisationseffekten im situationellen und interaktionellen Handlungskontext der Schule. Bochum 1987

Holtz, K.-L.: Argumente für eine Entwicklungstherapie. In: Sonderpädagogik, Jg. 21 (1991), H. 2, 70–83

Holtz, K.-L.: Burn-out. In: Sonderpädagogik, Jg. 21 (1991), H. 2, 98–103

Holtz, K.-L.: Neurolinguistisches Programmieren (NLP). In: Sonderpädagogik 27 (1997), 170–177

Holtz, K.-L. (Hrsg.): Sonderpädagogik und Therapie. Rheinstetten 1980

Holtz, K.-L./Kretschmann, R.: Psychologische Grundlagen der Pädagogik bei Verhaltensstörungen. In: Goetze, H./Neukäter, H. (Hrsg.): Handbuch der Sonderpädagogik, Bd. 6 – Pädagogik bei Verhaltensstörungen. Berlin 1989, 908–966

Homfeldt, H. G.: Stigma und Schule. Düsseldorf 1974

Honig, M.-S.: Verhäuslichte Gewalt. Frankfurt/M. 1992

Hopf, H.: Analytische Kinder- und Jugendlichen-Psychotherapeutin/Analytischer Kinder- und Jugendlichen-Psychotherapeut. Bundesanstalt für Arbeit (Hrsg.): Blätter zur Berufskunde, Bd. 3 – III A 02. Bielefeld 1996

Hörmann, G.: Die zweite Sozialisation – Psychische Behinderung und Rehabilitation in Familie, Schule und Beruf. Opladen 1985

Horn, W.: Leistungsprüfsystem – LPS. Göttingen 1962

Hornstein, W.: Kindheit – Jugend. In: Wulf, C. (Hrsg.): Wörterbuch der Erziehung. München [2]1976, 316–321

Hornstein, W./Bastine, R./Junker, H./Wulf, C.: Funk-Kolleg Beratung in der Erziehung, Bd. 1 und 2. Frankfurt/M. 1977

Hoyningen-Süess, U./Lienhard, P. (Hrsg.): Hochbegabung als sonderpädagogisches Problem. Luzern 1998

Hrabal, V.: Soziometrische Rating-Methode für die Diagnostik und Planung von Interventionsstrategien bei schwierigen Schulklassen und gefährdeten Schülern an Sekundarschulen. Göttingen 2010

Huber, A.: Testosteron und Aggressivität. In: Psychologie Heute, Jg. 18. (1991), H. 7, 42–43

Huber, C.: Gemeinsam einsam? Empirische Befunde und praxisrelevante Ableitungen zur sozialen Integration von Schülern mit Sonderpädagogischem Förderbedarf im Gemeinsamen Unterricht. In: Zeitschrift für Heilpädagogik 60 (2009), 242–248

Huber, C.: Soziale Integration in der Schule?! Eine empirische Untersuchung zur sozialen Integration von Schülern mit sonderpädagogischem Förderbedarf im gemeinsamen Unterricht. Marburg 2006

Huizinga, J.: Homo ludens. Hamburg 1962

Hülshoff, T.: Emotionen. München [3]2006

Humboldt-Schule Korbach. Im Internet unter: http://www.humboldt-schule-korbach.de, Abruf vom 04.03.2013

Humpert, W./Dann, H.-D.: Das Beobachtungssystem BAVIS – Ein Beobachtungsverfahren zur Analyse von aggresionsbezogenen Interaktionen im Schulunterricht. Göttingen 1988

Humpert, W./Dann, H.-D.: KTM kompakt. Basistraining zur Störungsreduktion und Gewaltprävention. Bern: Huber 2001

Hünnekens, H./Kiphard, E. J.: Bewegung heilt – Psychomotorische Übungsbehandlung bei entwicklungsrückständigen Kindern. Gütersloh [1]1960, [7]1985

Hünnekens, H./Kiphard, E. J.: Übung der Motorik als therapeutische Methode bei entwicklungsrückständigen Kindern – Jahrbuch für Jugendpsychiatrie, Bd. 2. Bern, Stuttgart 1960

Hurrelmann, K.: Familienstress – Schulstress – Freizeitstress: – Gesundheitsförderung für Kinder und Jugendliche. Weinheim 1990

Hurrelmann, K./Rixius, N./Schirp, H. (Hrsg.): Gewalt in der Schule. Ursachen – Vorbeugung – Intervention. Weinheim [2]1999

Hurrelmann, K./Ulich, D. (Hrsg.): Handbuch der Sozialforschung. Weinheim, Basel [2]1981

Hurrelmann, K./Wolf, H. K.: Schulerfolg und Schulversagen im Jugendalter – Fallanalysen von Bildungslaufbahnen. Weinheim, München 1986

Hürther, G.: Die nutzungsabhängige Herausbildung hirnorganischer Veränderungen bei Hyperaktivität und Aufmerksamkeitsstörungen. Einfluss präventiver Maßnahmen und therapeutischer Interventionen. In: Leuzinger-Bohleber, M/Brandl, Y./Hürther, G. (Hrsg.): ADHS – Frühprävention statt Medikalisierung. Theorie, Forschung, Kontroversen. Göttingen 2006, 222–237

Huschke-Rhein, R. (Hrsg.): Systemische Pädagogik – Zur Praxisrelevanz der Systemtheorien. Köln 1990

Husslein, E.: Der Schulangst-Test (SAT). Göttingen 1978

Husslein, E.: Schule und Unterricht für Kinder und Jugendliche mit Verhaltensstörungen. Würzburg 1983

Husslein, E.: Unterrichtsgestaltung in der Schule für Verhaltensgestörte. In: Goetze, H./ Neukäter, H.: Handbuch der Sonderpädagogik, Bd. 6 – Pädagogik bei Verhaltensstörungen. Berlin 1989, 473–491

Hüther, G.: Die Macht der inneren Bilder. Wie Visionen das Gehirn, den Menschen und die Welt verändern. Göttingen 2006

Iben, G.: Verhaltensstörung als abweichendes Verhalten. Hagen 1984

Ihle, W./Esser, G.: Epidemiologie psychischer Störungen des Kindes- und Jugendalters. In: Gasteiger Klicpera, B./Julius, H./Klicpera, C. (Hrsg.): Sonderpädagogik der sozialen und emotionalen Entwicklung. Göttingen 2008, 49–62

Ihle, W./Esser, G.: Epidemiologie psychischer Störungen im Kindes- und Jugendalter: Prävalenz, Verlauf, Komorbidität und Geschlechtsunterschiede. In: Psychologische Rundschau 53 (4) 2002, 159–169

Imhof, F./Stockwell, T./Weiss, H.: Schulversuch Lozanov 1984/85: Auszüge aus dem Schlussbericht eines 5-wöchigen Suggestopädie-Test-Kurses an der Oberschule Vaduz, Fürstentum Liechtenstein. In: Bochow, P./Wagner, H.: Suggestopädie (Superlearning) – Grundlagen und Anwendungsberichte. Speyer 1986, 100–130

INBAS (Institut für berufliche Bildung, Arbeitsmarkt- und Sozialpolitik GmbH): Bildungsbegleitung als Bestandteil individueller Qualifizierung. Offenbach a. M. 2004

Ingenkamp, K.: Die Schulpsychologischen Dienste in der Bundesrepublik Deutschland. Weinheim 1966

Iinstitut für Erlebnispädagogik der Universität Lüneburg. Im Internet unter: http://www.¬ uni-lueneburg.de/einricht/erlpaed/institut_intro.htm, Abruf vom 20.02.2013

Ittel, A./Salisch, M. von (Hrsg.): Aggressionen bei Kindern und Jugendlichen. Grundlagen, Erscheinungsformen und Interventionsprogramme. Stuttgart 2004

Izard, C. E.: Die Emotionen des Menschen. Weinheim 1981

Jacobi, C./Paul, T./THIEL, A.: Essstörungen. Göttingen 2004

Jacobi, G.: (Hrsg.): Kindesmisshandlung und Vernachlässigung. Epidemiologie, Diagnostik und Vorgehen. Bern 2008

Jacobs, K.: Autismus – Schulische Förderung und ambulante Therapie. Bonn-Bad Godesberg [2]1985

Jaeggi, E.: Kognitive Verhaltenstherapie – Kritik und Neubestimmung eines aktuellen Konzepts. Weinheim, Basel 1979

Jaeggi, E./Kastner, P./Kohl, K.-H. et al.: Andere verstehen – Ein Trainingskurs für psychosoziale Berufe. Weinheim, Basel 1983

Jahoda, M.: Current Concepts of Mental Health. New York 1958

Jakob-Muth-Schule Essen. Im Internet unter: www.jakob-muth-schule-essen.de, Abruf vom 05.02.2013

Jantzen, W.: Sozialgeschichte des Behindertenbetreuungswesens. München 1982

Jantzen, W.: Sozialisation und Behinderung. Gießen 1974

Jantzen, W.: Soziologie der Sonderschule – Analyse einer Institution. Weinheim, Basel 1981

Jaspers, K.: Allgemeine Psychopathologie – Für Studierende, Ärzte und Psychologen. Berlin, Heidelberg [3]1923

JAVollzO (Verordnung über den Vollzug des Jugendarrests; Jugendarrestvollzugsverordnung). Im Internet unter: http://www.gesetze-im-internet.de/javollzo/BJNR005050966.¬ html, Abruf vom 20.02.2013

Jehle, J.-M.: Strafrechtspflege in Deutschland 2003 – Zahlen und Fakten. Hrsg. Bundesministerium der Justiz. Berlin 2003

Jensen, M. M.: Introduction to emotional and behavioral disorders. Recognizing and managing problems in the classroom. Upper Saddle River 2005

Jetter, K./Schönberger, F. (Hrsg.): Verhaltensstörung als Handlungsveränderung – Beiträge zu einem Förderkonzept Behinderter. Bern, Stuttgart, Wien 1979

Jochimsen, P.: Spiel als sozialpädagogisches Medium: Aus der Arbeit mit verhaltensgestörten Kindern. Stuttgart 1982

John, D./Stein, R.: Lehrergesundheit: Forschungsstand und Schlussfolgerungen – unter besonderer Berücksichtigung von Lehrerinnen und Lehrern in Kontexten der Erziehungshilfe. In: Zeitschrift für Heilpädagogik 2008, 59 (11), 402–411

Johnson, J./Cohen, P./Smailes, E. M./Kasen, S./Brook, J. S.: Television viewing and aggressive behaviour during adolescence and adulthood. Science (2959) 2002, 2458–2471

Jordan, E.: Kinder- und Jugendhilfe. Weinheim ^{2}2005

Josef, K.: Gemütspflege bei schwer erziehbaren Kindern durch einfaches Musizieren. Marburg 1958

Josef, K.: Untersuchungen über die Wirkungen selbsttätiger Musik auf das Soziogramm einer Hilfsschulklasse. In: Zeitschrift für Heilpädagogik, Jg. 15 (1964), 32–40

Jugendrecht. München ^{28}2007

Julius, H.: Beziehungsorientierte Interventionen für verhaltensgestörte Kinder. In: Erziehung und Unterricht (152) 2002, 121–132

Julius, H.: Bindungsgeleitete Interventionen. In: Gasteiger Klicpera, B./Julius, H./Klicpera, C. (Hrsg.): Sonderpädagogik der sozialen und emotionalen Entwicklung. Göttingen 2008, 570–585

Julius, H.: Diagnostik kindlicher Beziehungskonzepte. In: Ellinger, S./Wittrock, M. (Hrsg.): Sonderpädagogik in der Regelschule: Konzepte – Forschung – Praxis. Stuttgart 2005, 179–190

Julius, H.: Die Prävalenz familiärer Gewalt-, Verlust- und Vernachlässigungserfahrungen bei Kindern, die an Schulen für Erziehungshilfe unterrichtet werden. In: Heilpädagogische Forschung (27) 2001, 88–94

Julius, H.: Lehrer-Schüler-Beziehungen aus bindungstheoretischer Perspektive. In: Vernooij, M. A./Wittrock, M. (Hrsg.): Beziehung(-s) Gestalten. Oldenburg 2003, 31–63

Julius, H./Gasteiger Klicpera, B./Kissgen, R. (Hrsg.): Bindung im Kindesalter: Diagnostik und Intervention. Göttingen 2009

Julius, H./Goetze, H.: Fördern von Risikokindern. Ein Training zur Veränderung maladaptiver Attributionsmuster. Berlin 1999

Julius, H./Goetze, H.: Resilienz. In: Borchert, J. (Hrsg.): Handbuch der Sonderpädagogischen Psychologie. Göttingen, Bern, Toronto 2000, 294–304

Jung, C. G.: Der Mensch und seine Symbole. Freiburg i. Br. ^{12}1980

Jung, C. G.: Psychologie und Erziehung. Zürich 1950

Jungnitsch, G.: Entspannungsverfahren. In: Schermer, F. J./Weber, A./Drinkmann, A./Jungnitsch, G. (Hrsg.): Methoden der Verhaltensänderung: Basisstrategien. Stuttgart 2005, 172–209

Jürgens, E.: Offener Unterricht. In: Arnold, K.-H./Sandfuchs, U./Wiechmann, J. (Hrsg.): Handbuch Unterricht. Bad Heilbrunn 2006, 280–284

Jussen, H. (Hrsg.): Handbuch der Heilpädagogik in Schule und Jugendhilfe. München 1967

Just, H.: Gedanken zur heilpädagogischen Spieltherapie. In: Jugendwohl, Jg. 54 (1973), H. 3, 111–114

Juul, K. D.: Mobbing/Pöbeln in Schulen. Skandinavische Initiativen zur Prävention und Reduktion von Gruppengewalt. In: Neukäter, H. (Hrsg.): Verhaltensstörungen verhindern – Prävention als pädagogische Aufgabe – Bericht über die Fachtagung in Oldenburg vom 15.–17. März 1990. Oldenburg 1991, 55–60

Juul, K. D.: Modelle pädagogischer Förderung von Kindern mit Verhaltensstörungen – vornehmlich in den USA. In: Speck, O. (Hrsg.): Pädagogische Modelle für Kinder mit Verhaltensstörungen. München, Basel 1979, 70–99

Kabat-Zinn, J.: Im Alltag Ruhe finden: Meditationen für ein gelassenes Leben. München 2010

Kabat-Zinn, J.: Gesund durch Meditation. Das große Buch der Selbstheilung mit MBSR. München 2013

Kaiser, G.: Jugendkriminalität. Weinheim, Basel 1982

Kalff, D. M.: Sandspiel. Seine therapeutische Wirkung auf die Psyche. Erlenbach, Zürich 1979

Kaltenbrunner: Die Jugendarbeit des Sicherheitsdienstes. In: Reichsminister der Justiz und der Reichsjugendführer der NSDAP und Jugendführer des Deutschen Reiches (Hrsg.): Deutsches Jugendrecht, H. 4 – Zum neuen Jugendstrafrecht. Berlin 1944, 26–32

Kämmerer, A.: Weibliches Geschlecht und psychische Störungen – epidemiologische, diagnostische und ätiologische Überlegungen. In: Francke, A./Kämmerer, A (Hrsg.): Klinische Psychologie der Frau. Ein Lehrbuch. Göttingen 2001

Kanner, L.: Child Psychiatry. Springfield, USA [4]1960

Kant, I.: Gesammelte Werke. Berlin 1902–1941

Kanter, G.: Organisationsformen sonderpädagogischen Handelns im Bereich der Lernbehindertenpädagogik. Hagen 1988

Kasper, H.: Schüler-Mobbing – Tun wir was dagegen! Lichtenau 2002

Kass, F. I./Oldham, J. M./Pardes, H. (Hrsg.), Wittchen, H.-U.; Bearbeiter und Herausgeber der deutschen Ausgabe: Das große Handbuch der seelischen Gesundheit – Früherkennung und Hilfe bei sämtlichen psychischen Störungen. Weinheim, Berlin 1996

Kauffman, J. M.: Characteristics of emotional and behavioural disorders of children and youth. Columbus Ohio, Upper Saddle River 1. Aufl. 1977; 2. Aufl. 1981; 3. Aufl. 1985; 4. Aufl. 1989; 5. Aufl. 1993; 6. Aufl. 1997; 7. Aufl. 2001; 8. Aufl. 2005

Kauffman, J. M./Landrum, T. J.: Characteristics of emotional and behavioral disorders of children and youth. Upper Saddle River, N. J.: Prentice Hall [10]2012

Kaufman, B. N.: Ein neuer Tag – Wie wir unser Sorgenkind heilten. München 1984

Keckeisen, W.: Die gesellschaftliche Dimension abweichenden Verhaltens. München 1974

Keese, A.: Psychologie der Sprachbehinderten. In: Fengler, J./Jansen, G. (Hrsg.): Heilpädagogische Psychologie. Stuttgart, Berlin, Köln, Mainz 1987, 73–89

Kegan, R.: Die Entwicklungsstufen des Selbst – Fortschritte und Krisen im menschlichen Leben. München 1986

Keller, G./Thiel, R.-D.: Lern- und Arbeitsverhaltensinventar (LAVI). Göttingen 1998

Kemmler, L.: Die Anamnese in der Erziehungsberatung. Bern [2]1972

Kemper, W.: Eigentümlichkeiten der frühkindlichen Erlebniswelt und deren Auswirkungen. In: Biermann, G. (Hrsg.): Handbuch der Kinderpsychotherapie. München, Basel 1969, 19–39

Kephart, N. C.: Das lernbehinderte Kind im Unterricht. München 1977

Kern, H. J.: Verhaltensmodifikation in der Schule – Anleitung für die Schulpraxis. Stuttgart, Berlin, Köln, Mainz 1974

Kernberg, O.: Borderline-Störungen und pathologischer Narzissmus. Frankfurt/M. 1983

Kernberg, O.: Schwere Persönlichkeitsstörungen – Theorie, Diagnose, Behandlungsstrategien. Stuttgart [3]1991

Kesper, G. (Hrsg.): Sensorische Integration und Lernen. Grundlagen, Diagnostik und Förderung. München 2002

Kesper, G./Hottinger, C.: Mototherapie bei sensorischen Integrationsstörungen. Eine Anleitung zur Praxis. München [6]2002

Keupp, H. (Hrsg.): Verhaltensstörungen und Sozialstruktur – Epidemiologie: Empirie, Theorie, Praxis. München 1974

Key, E.: Das Jahrhundert des Kindes. Berlin [14]1908 (schwedische Erstveröffentlichung 1900)

Kierkegaard, S.: Der Begriff der Angst, Bd. 5 – Gesammelte Werke. Jena 1937

KiGGS – Kinder- und Jugendgesundheitsstudie, durchgeführt 2007 v. Robert-Koch-Institut Berlin. In: Bundesgesundheitsblatt, Gesundheitsforschung, Gesundheitsschutz, H. 5/6

Kilius, D./Bonsen, M.: Hilfen für Schüler in schwierigen Problemlagen. Externe Evaluation der Einrichtung Regionaler Beratungs- und Unterstützungsstellen in Hamburg (REBUS). Dortmund 2000

Kinderärzte im Netz: Im Internet unter: kinderaerzte-im-netz.de, Abruf vom 20.06.2013

Kindler, W.: Gegen Mobbing und Gewalt. Ein Arbeitsbuch für Lehrer, Schüler und Peergruppen. Seelze, Velber 2002

Kiphard, E. J.: Motopädagogik. Dortmund 1980, [9]2001

Kiphard, E. J.: Mototherapie – Teil 1. Dortmund 1983

Kiphard, E. J.: Mototherapie – Teil 2. [2]1986

Kiphard, E. J.: Psychomotorik in Praxis und Theorie – Ausgewählte Themen der Motopädagogik und Mototherapie. Gütersloh 1989a

Kiphard, E. J.: Psychomotorische Erziehung (Motopädagogik). In: Goetze, H./Neukäter, H. (Hrsg.): Handbuch der Sonderpädagogik, Bd. 6 – Pädagogik bei Verhaltensstörungen. Berlin 1989b, 690–702

Kiphard, E. J./Huppertz, H.: Erziehung durch Bewegung – Sportunterricht mit motorisch schwachen und lernbehinderten Kindern. Dortmund 1987

Kiphard, E. J./Schilling, F.: Körperkoordinationstest für Kinder – KTK. Weinheim 1974

Kirk, S. A./Kirk, W. D.: Psycholinguistische Lernstörungen – Diagnose und Behandlung. Weinheim 1976

Kistler, P.: Keine Angst vor dem zu frühen Ende der Kindheit. In: Badische Zeitung vom 9.1.2002

Klauss, T.: Heilerziehungspfleger/Heilerziehungspflegerin, Heilerzieher/Heilerzieherin – Bundesanstalt für Arbeit (Hrsg.): Blätter zur Berufskunde, 2 – IV A 14, Bielefeld [3]1996

Kleber, E. W.: Beratung in der Schule (und ihre Probleme). In: Goetze, H./Neukäter, H. (Hrsg.): Handbuch der Sonderpädagogik, Bd. 6 – Pädagogik bei Verhaltensstörungen. Berlin 1989, 390–419

Kleber, E. W.: Diagnostik in pädagogischen Handlungsfeldern. Weinheim 1992

Kleber, E. W.: Die Zone zwischen Unterricht und Therapie – Sonderpädagogische Beratung. In: Holtz, K.-L. (Hrsg.): Sonderpädagogik und Therapie – Bericht der 16. Arbeitstagung für Dozenten an Sonderpädagogischen Studienstätten in deutschsprachigen Ländern in der Pädagogischen Hochschule Heidelberg im Oktober 1979. Rheinstetten 1980

Kleber, E. W.: Lehrbuch der sonderpädagogischen Diagnostik. Berlin [3]1978

Kleber, E. W.: Tests in der Schule. Instrumente zur Gewinnung diagnostischer Informationen zur Lernsteuerung und zur Lernkontrolle. München 1979

Kleber, E. W./Kleber, G./Hans, O.: Differentieller Leistungstest – KG (DL – KG) – Test zur Erfassung des Leistungsverhaltens bei konzentrierter Tätigkeit im Grundschulalter. Göttingen, Toronto, Zürich 1975

Kleber, E. W./Stein, R.: Lernkultur am Ausgang der Moderne. Baltmannsweiler 2001

Kleiber, W.: Musiktherapie im Strafvollzug. In: Harrer, G.: Grundlagen der Musiktherapie und Musikpsychologie. Stuttgart 1975, 263–268

Klein, F.: Heilpädagogik des Haltens bei autistischen Kindern im schulpflichtigen Alter unter besonderer Berücksichtigung der Befunde von Tinbergen und Zaslow. In: Bundesverband Hilfe für das autistische Kind (Hrsg.): Grundlagen der Pädagogik autistischer Kinder unter besonderer Berücksichtigung ihrer schulischen Erziehung und Bildung. Hamburg 1984, 13–20

Klein, G.: Präventive Frühförderung für Risikokinder. Stuttgart 2002

Klein, G.: Zur Praxis der Frühförderung entwicklungsverzögerter und -gefährdeter Kinder. Hagen (Fernuniv.) 1984

Klein, M.: Das Seelenleben des Kleinkindes und andere Beiträge zur Psychoanalyse. Stuttgart 1962

Klein, M.: Die Psychoanalyse des Kindes. Wien 1932, Stuttgart 1983

Kleinschmidt-Bräutigam, M.: Förderung – Anliegen und Auftrag der Grundschule. In: Hasemann, K./Meschenmoser, H. (Hrsg.): Pädagogik in Kooperation – Zur Prävention und Reduktion von Verhaltensproblemen. Hohengehren 1996, 144–149

Klemm, K.: Sonderweg Förderschulen: Hoher Einsatz, wenig Perspektiven. Eine Studie zur Wirksamkeit von Förderschulen in Deutschland. 2009. Im Internet unter: http://www.¬bertelsmann-stiftung.de/cps/rde/xbcr/SID-89D2A12F-5008CC3D/bst/xcms_bst_dms_¬29959_29960_2.pdf, Abruf vom 31.07.2011

Klemm, K./Preuss-Lausitz, U.: Gutachten zum Abruf vom und zu den Perspektiven der sonderpädagogischen Förderung in den Schulen der Stadtgemeinde Bremen. Essen und Berlin 2008

Klewitz, E./Mitzkat, M.: Entdeckendes Lernen und offener Unterricht. Braunschweig 1979

Klicpera, C./Gasteiger Klicpera, B.: Der Zusammenhang zwischen kognitiver und sozialemotionaler Entwicklung. In: Gasteiger Klicpera, B./Julius, H./Klicpera, C. (Hrsg.): Sonderpädagogik der sozialen und emotionalen Entwicklung. Göttingen 2008, 353–365

Klicpera, C./Hippler, K./Gasteiger Klicpera, B.: Autismus. In: Steinhausen, H.-C. (Hrsg.): Schule und psychische Störungen. Stuttgart 2006, 133–146

Kliebisch, U.: Psycho-Coaching: NLP und andere Power-Programme für Ihre Zukunft!: ein Trainings-Handbuch. Hohengehren 1996

Klimke, A.: Suizidalität. In: Gaebel, W./Müller-Spahn, F. (Hrsg.): Diagnostik und Therapie psychischer Störungen. Stuttgart 2002, 1099–1107

Klink, J.-G.: Schwererziehbarkeit und Erziehungsschwierigkeit in der Schule. Hamburg 1962

Klockhaus, R./Habermann-Morbey, B.: Psychologie des Schulvandalismus. Göttingen 1986

Klonovsky, M.: Ich ertrinke in Einsamkeit. In: ZEIT-Magazin (1992) H. 32, 28–35

Klosniki, G./Bertsch-Wunram, S. L.: Jugendliche Brandstifter. Entwicklungspsychopathologie, Diagnostik, Therapie, forensische Begutachtung. Stuttgart 2003

Kluge, K.-J.: Die Lösung von Konfliktsituationen durch Rollenspiel. Hannover 1982

Kluge, K.-J. (Hrsg.): Einführung in die Sonderschuldidaktik. Darmstadt 1976

Kluge, K.-J.: Pädagogik der Schwererziehbaren. Berlin 1969

Kluge, K.-J.: Sie prügeln sich und leisten wenig. Neubergweiler 1975

Kluge, N.: Spielen und Erfahren – Der Zusammenhang von Spielerlebnis und Lernprozess. Bad Heilbrunn/Obb. 1981

Kluge, K.-J./Hasenkamp, B./Heinrad, M. et al.: Heimerziehung – ohne Chance – Zur Lage der Heimerziehung in Vergangenheit und Zukunft – eine Zwischenbilanz für Praktiker. Rheinstetten 1981

Kluge, K.-J./Kornblum, K.: Schulangst = Kinderangst – Ein Beitrag zum Thema Kinderangst, ihre Erscheinungsformen, Auswirkungen, Ursachen und pädagogische Konsequenzen. Bern 1981

Kluge, K.-J./Patschke, P. (Hrsg.): Spielen, Spielmittel und Spielprogramme zur Förderung behinderter Kinder und Jugendlicher. Ravensburg 1976

Kluge, K.-J./Vosen, M.: Kölner Verhaltensauffälligenpädagogik – Grundsätze, Methoden und Forschungsergebnisse. Ein Beitrag zum Selbstverständnis einer Variante von Pädagogik für Verhaltensauffällige. Rheinstetten 1975

KMK, Sekretariat der ständigen Konferenz der Kultusminister der Länder in der Bundesrepublik Deutschland: Die Sonderschulen in der Bundeseinheitlichen Schulstatistik – 1986 bis 1995, Dokumentation Nr. 140, Bonn 1997

KMK, Sekretariat der ständigen Konferenz der Kultusminister der Länder in der Bundesrepublik Deutschland (Hrsg.): Dokumentation Nr. 177 – November 2005: Sonderpädagogische Förderung in Schulen 1994 bis 2003. Bonn 2005a. Onlinepublikation: http://¬www.kmk.org/fileadmin/pdf/PresseUndAktuelles/Dokumentation177.pdf, Abruf vom 10.12.2012

KMK, Sekretariat der ständigen Konferenz der Kultusminister der Länder in der Bundesrepublik Deutschland (Hrsg.): Dokumentation Nr. 185 – April 2008: Sonderpädagogische Förderung in Schulen 1997 bis 2006. Bonn 2008. Onlinepublikation: http://www.kmk.¬org/fileadmin/pdf/PresseUndAktuelles/Dok185.pdf, Abruf vom 10.12.2012

KMK, Sekretariat der ständigen Konferenz der Kultusminister der Länder in der Bundesrepublik Deutschland (Hrsg.): Dokumentation Nr. 189 – März 2010: Sonderpädagogische Förderung in Schulen 1999 bis 2008. Berlin 2010. Onlinepublikation: http://www.¬kmk.org/fileadmin/pdf/Statistik/Dok_189_SoPaeFoe_2008.pdf, Abruf vom 10.12.2012

KMK, Sekretariat der ständigen Konferenz der Kultusminister der Länder in der Bundesrepublik Deutschland (Hrsg.): Dokumentation Nr. 196 – Februar 2012: Sonderpädagogische Förderung in Schulen 2001 bis 2010. Berlin 2012. Onlinepublikation: http://¬www.kmk.org/fileadmin/pdf/Statistik/KomStat/Dokumentation_SoPaeFoe_2010.pdf, Abruf vom 10.12.2012

KMK, Sekretariat der ständigen Konferenz der Kultusminister der Länder in der Bundesrepublik Deutschland (Hrsg.): Empfehlungen für den Unterricht in der Schule für Verhaltensgestörte. Neuwied 1978

KMK, Sekretariat der ständigen Konferenz der Kultusminister der Länder in der Bundesrepublik Deutschland: Empfehlungen zum Förderschwerpunkt emotionale und soziale Entwicklung. Beschluss der Kultusministerkonferenz vom 10.03.2000, Anlage 2 zu RS Nr. 208/2000. Bonn 04.05.2000

KMK, Sekretariat der ständigen Konferenz der Kultusminister der Länder in der Bundesrepublik Deutschland: Empfehlung zur Ordnung des Sonderschulwesens vom 16. März 1972. In: Zeitschrift für Heilpädagogik, Jg. 23 (1972), Beiheft 9, 9–40

KMK, Sekretariat der ständigen Konferenz der Kultusminister der Länder in der Bundesrepublik Deutschland: Empfehlungen zur sonderpädagogischen Förderung in den Schulen in der Bundesrepublik Deutschland. Beschluss der Kultusministerkonferenz vom 06.05.1994

KMK, Sekretariat der ständigen Konferenz der Kultusminister der Länder in der Bundesrepublik Deutschland: Gutachten zur Ordnung des Sonderschulwesens. Bonn 1960

KMK, Sekretariat der ständigen Konferenz der Kultusminister der Länder in der Bundesrepublik Deutschland: Inklusive Bildung von Kindern und Jugendlichen mit Behinderungen in Schulen. Beschluss der Kultusministerkonferenz vom 20.10.2011. Im Internet unter Onlinepublikation: http://www.kmk.org/fileadmin/veroeffentlichungen_beschluesse/¬2011/2011_10_20-Inklusive-Bildung.pdf, Abruf vom 02.02.2013

KMK, Sekretariat der ständigen Konferenz der Kultusminister der Länder in der Bundesrepublik Deutschland: Sonderpädagogische Förderung in Schulen 1990 bis 1999. Dokumentation 153. Bonn 2001

KMK, Sekretariat der ständigen Konferenz der Kultusminister der Länder in der Bundesrepublik Deutschland: Sonderpädagogische Förderung in Schulen 1993–2002. Statistische Veröffentlichung der Kultusministerkonferenz, Dokumentation 170, 2003. Onlinepublikation: www.kmk.org/statist/home.htm?pub, Abruf vom 10.04.2008

KMK, Sekretariat der ständigen Konferenz der Kultusminister der Länder in der Bundesrepublik Deutschland: Schüler, Klassen, Lehrer und Absolventen der Schulen 1997–2007. Statistische Veröffentlichung der Kultusministerkonferenz, Dokumentation 184. Onlinepublikation: www.kmk.org/statist/home.htm?pub, Abruf vom 10.04.2008

KMK, Sekretariat der ständigen Konferenz der Kultusminister der Länder in der Bundesrepublik Deutschland: Sonderpädagogische Förderung in Schulen 2005–2014. Februar 2016. Onlinepublikation: https://www.kmk.org/fileadmin/ Dateien/pdf/Statistik/Doku¬mentationen/Dok_210_SoPae_2014.pdf, Abruf vom 24.10.2017.

Knauthe, F.: Die Pädagogik im Heilerziehungsheim. In: Zeitschrift für Kinderforschung, Jg. 24 (1919), 268–273 und 321–343

Knoblich, R.: Integrative Betreuung verhaltensauffälliger Schüler in Österreich – das Wiener Beratungslehrermodell. In: Neukäter, H. (Hrsg.): Verhaltensstörungen verhindern – Prävention als pädagogische Aufgabe. Oldenburg 1991, 393–397

Knura, G.: Grundfragen der Sprachbehindertenpädagogik. In: Knura, G./Neumann, B. (Hrsg.): Pädagogik der Sprachbehinderten, Bd. 7 – Handbuch der Sonderpädagogik. Berlin ²1982, 3–64

Kobi, E.: Grundfragen der Heilpädagogik – Eine Einführung in heilpädagogisches Denken. Bern, Stuttgart ⁴1983; Berlin ⁶2004

Kobi, E.: Therapie aus heilpädagogischer Sicht. In: Vierteljahresschrift für Heilpädagogik und ihre Nachbargebiete, Jg. 47 (1978), 214–224

Koch, J. A. L.: Die psychopathischen Minderwertigkeiten, Bd. 1–3. Ravensburg 1891–1893

Kochan, B.: Rollenspiel als Methode sozialen Lernens – Ein Reader. Königstein/Ts. 1981

Koch-Tremming, H./Plahl, C.: Teil I: Grundlagen der Kindermusiktherapie. In: Koch-Tremming, H./Plahl, C. (Hrsg.): Musiktherapie mit Kindern. Bern: Huber 2005, 23–63

Kohlberg, L.: Eine Neuinterpretation der Zusammenhänge zwischen der Moralentwicklung in der Kindheit und im Erwachsenenalter. In: Döbert, R./Habermas, J./Nunner-Winkler, G. (Hrsg.): Entwicklung des Ichs. Königstein im Taunus 1980, 225–252

Kohlberg, L.: Essays on Moral Development – 1. und 2. Aufl. New York 1981

Kohlberg, L.: Moralische Entwicklung und demokratische Erziehung. In: Lind, G./Raschert, J. (Hrsg.): Moralische Urteilsfähigkeit – Eine Auseinandersetzung mit Lawrence Kohlberg. Weinheim, Basel 1987, 25–43

Kollegium einer Schule für Erziehungshilfe: Eine Schule sucht ihre Form – Bericht über die Entwicklung der städtischen Schule für Erziehungshilfe Hessische Straße in Wuppertal. In: Zeitschrift für Heilpädagogik, Jg. 32 (1981), 737–749

Kollehn, K./Weber, N. H. (Hrsg.): Der drogengefährdete Schüler – Perspektiven einer schülerorientierten Drogen- und Suchtprävention. Düsseldorf 1985

Kollmar-Masuch, R.: Hat der Lehrer in der stationären Kinder- und Jugendpsychiatrie eine Chance? München 1987

Kompetenzagenturen. Im Internet unter: http://www.kompetenzagenturen.de, Abruf vom 20.02.2013

König, C.: Zur Musik-Therapie in der Heilpädagogik. In: Teirich, H. R. (Hrsg.): Musik in der Medizin – Beiträge zur Musiktherapie. Stuttgart 1958, 77–88

Köppel, K.: Das Zentrum für Verhaltenspädagogik, Wien – Ein Projekt zur integrativen Betreuung verhaltensauffälliger Schüler durch ein Beratungslehrer- und Förderklassensystem. In: Mutzeck, W./Pallasch, W. (Hrsg.): Integration von Schülern mit Verhaltensstörungen – praktische Modelle und Versuche Weinheim [4]1992, 152–169

Korf, W.: Umweltethik. In: Junkernheinrich, M./Klemmer, P./Wagner, G. R. (Hrsg.): Handbuch zur Umweltökonomie. Berlin 1995, 278–284

Kornmann, R. (Hrsg.): Förderungsdiagnostik – Konzept und Realisierungsmöglichkeiten. Heidelberg [3]1994

Kornmann, R.: Psychologie der Lernbehinderten. In: Fengler, J./Jansen, G. (Hrsg.): Heilpädagogische Psychologie. Stuttgart, Berlin, Köln, Mainz 1987, 89–118

Kornmann, R./Meister, H./Schlee, J. (Hrsg.): Förderungdiagnostik – Konzept und Realisierungsmöglichkeiten. Heidelberg 1983

Korte, J.: Disziplinprobleme im Schulalltag – Über den unpädagogischen Umgang mit schwierigen Schülern. Weinheim, Basel 1982

Kösel, E.: Die Modellierung von Lernwelten – Ein Handbuch zur subjektiven Didaktik. Elztal-Dallau [2]1995

Kos-Robes, M./Reinelt, T.: Zum Schülerselbstmord. In: Biermann, G. (Hrsg.): Kinder im Schulstress, Bd. 24 – Beiträge zur Kinderpsychotherapie. München, Basel 1977, 110–119

Kounin, J. S.: Techniken der Klassenführung – Discipline and Group Management in Classrooms. Bern 1976

Kraepelin, E.: Psychiatrie – Ein kurzes Lehrbuch für Studierende und Ärzte. Leipzig [2]1887

Kraiker, Ch. (Hrsg.): Handbuch der Verhaltenstherapie. München 1974

Krappmann, L.: Soziologische Dimensionen der Identität – Strukturelle Bedingungen für die Teilnahme an Interaktionsprozessen. Stuttgart [5]1978

Kratzsch, D.: Plädoyer für eine Revision des jugendstrafrechtlichen Subsidiaritätsprinzips und der Zuchtmittel. Zum Spannungsverhältnis zwischen Autonomie und subsidiärer Erziehung. In: Heilpädagogische Forschung, Jg. 15 (1989), H. 3, 155–164

Kraus, L./Pabst, A./Piontek, D.: Die Europäische Schülerstudie zu Alkohol und anderen Drogen 2011 (ESPAD): Befragung von Schülerinnen und Schülern der 9. und 10. Klasse in Bayern, Berlin, Brandenburg, Mecklenburg-Vorpommern und Thüringen. München 2012. Onlinepublikation: http://www.ift.de/literaturverzeichnis/Bd_181_Espad-2011.¬ pdf, Abruf vom 13.03.2013

Kraus, R.: Die Fürsorgeerziehung im Dritten Reich (1933–1945). In: Archiv für die Wissenschaft und Praxis in der sozialen Arbeit, Jg. 5 (1974), 161–210

Krebs, B.: Essstörungen. In: Deutsche Hauptstelle gegen Suchtgefahren (Hrsg.): Jahrbuch Sucht 1992. Geesthacht 1991, 94–102

Krech, D./Crutchfield, R./Livson, N./Wiilson, W./Parducci, A.: Grundlagen der Psychologie – 8 Bände. Weinheim, Basel 1985

Kreische, R./Myschker, N./Reisen, I.: Prävention von Verhaltensstörungen durch Ambulanzlehrertätigkeit – das schulische Ambulanzsystem in Berlin-Steglitz. In: Neukäter, H. (Hrsg.): Verhaltensstörungen verhindern – Prävention als pädagogische Aufgabe. Oldenburg 1991, 398–407

Krieck, E.: Erziehung im nationalsozialistischen Staat. Berlin 1935

Krieger, D. J.: Einführung in die allgemeine Systemtheorie. München 1996

Krisch, K.: Enkopresis – Ursachen und Behandlung des Einkotens. Bern, Stuttgart, Toronto 1985

Kriz, J.: Systemtheorie für Psychotherapeuten, Psychologen und Mediziner. Wien: Facultas 1999

Krohne, H. W.: Angst und Angstverarbeitung. Stuttgart 1975

Krohne, H. W.: Entwicklungsbedingungen von Ängstlichkeit und Angstbewältigung – Ein Zweiprozessmodell elterlicher Erziehungswirkung. Osnabrück 1982

Krohne, H. W.: Psychologie der Angst. Stuttgart 2010

Krohne, H. W.: Theorien zur Angst. Stuttgart 1976

Krowatscheck, D.: ADS und ADHS – Diagnose und Training. Alle Materialien des Marburger Verhaltenstrainings. Dortmund 2003

Krowatscheck, D./Krowatscheck, G.: Cool bleiben? Mobbing unter Kindern. Lichtenau 2003

Krüger, M.: Psychologie der Gehörlosen und Schwerhörigen. In: Fengler, J./Jansen, G. (Hrsg.): Heilpädagogische Psychologie. Stuttgart, Berlin, Köln, Mainz 1987, 43–72

Krumenacker, F.-J.: Bruno Bettelheim. München 1998

Kube, K. (Hrsg.): Spieldidaktik. Düsseldorf 1977

Kubinger, K. D.: Psychologische Diagnostik. Theorie und Praxis psychologischen Diagnostizierens. Göttingen 2006

Kugler, A./Isenbiel, J.: Schulische Erziehungshilfe in Hamburg. Konzept und erste Erfahrungen. In: Internationale Gesellschaft für Heimerziehung (Hrsg.): Materialien zur Heimerziehung. Frankfurt/M. 1984, 69–73

Kuhlen, V.: Verhaltenstherapie im Kindesalter. München 1973

Kuhlenkamp, S.: Lehrbuch Psychomotorik. München 2017

Kuhmerker,L./Gielen, U./Hayes, R. L.: Lawrence Kohlberg. Seine Bedeutung für die pädagogische und psychologische Praxis. München 1996

Kuturministerium Rheinland Pfalz (Hrsg.): Schulintegrierte Förderung bei Verhaltensauffälligkeiten – Konzept und Praxis. Mainz 1984

Kümmel, W. F.: Musik und Medizin – Ihre Wechselbeziehungen in Theorie und Praxis von 800 bis 1800. München 1977

Kunert, S.: Verhaltensstörungen und psychagogische Maßnahmen bei körperbehinderten Kindern. Neuburgweiler 1974

Kunz, D.: Verhaltensauffälligkeiten bei gehörlosen Kindern und Jugendlichen – Eine empirische Untersuchung am Beispiel von Schülern der Berliner Ernst-Adolf-Eschke-Schule für Gehörlose. Berlin 1988

Künzel, E.: Jugendkriminalität und Verwahrlosung. Göttingen 1971

Kupko, S.: Entstehung und Bewältigung jugendlicher Dissozialität – Teil 1: Strukturen öffentlicher Ersatzerziehung und abweichendes Verhalten von Kindern und Jugendlichen. Teil 2: Sozialtherapie auf dem Jugendschiff Outlaw als Alternative zur geschlossenen Unterbringung in Heimen und Jugendanstalten. Lüneburg 1985

Kutter, P.: Moderne Psychoanalyse – Eine Einführung in die Psychologie unbewusster Prozesse. Stuttgart [2]1992

Lamnek, S.: Theorien abweichenden Verhaltens. München [6]1996

Landesarchiv Berlin: Akte Stadtpräsident, Rep 57

Landolt, M./Hensel, T. (Hrsg.): Traumatherapie bei Kindern und Jugendlichen. Göttingen 2007

Langenkamp, B./Steinacker, J./Kröner, B.: Autogenes Training bei 10-jährigen Kindern. Beschreibung des Kursprogramms und kindlichen Verhaltens während der Übungsstunden. In: Praxis der Kinderpsychologie und Kinderpsychiatrie, Jg. 31 (1982), 238–243

Langfeldt, H.-P./Prücher, F.: Bildertest zum sozialen Selbstkonzept (BSSK). Weinheim 2004

Langmaack, B.: Einführung in die Themenzentrierte Interaktion. Weinheim [3]2004

Lasogga, F.: Gesprächstherapie. Zu viel Ideologie? In: Psychologie Heute, Jg. 13 (1986), H. 8, 45–50

Laucht, M.: Individuelle Merkmale misshandelter Kinder. In: Martinius, J./Frank, R. (Hrsg.): Vernachlässigung, Missbrauch und Misshandlung von Kindern. Bern, Stuttgart, Toronto 1990, 39–48

Lauckert, H. H.: Integrationsbehinderte Schüler – Ein Bericht über schulpraktische Formen ihrer Förderung und die Ergebnisse des heilpädagogischen Handelns. Diss. phil., Georg-August-Universität. Göttingen 1969

Lauth, G.-W.: Verhaltensstörungen im Kindesalter – Ein Trainingsprogramm zur kognitiven Verhaltensmodifikation. Stuttgart 1983

Lauth, G.-W./Heubeck, G.: Kompetenztraining für Eltern sozial auffälliger und aufmerksamkeitsgestörter Kinder – KES. Göttingen: 2005

Lauth, G.-W./Naumann, K.: Aufmerksamkeitsdefizit-/Hyperaktivitätsstörungen. In: Gasteiger-Klicpera, B./Julius, H./Klicpera, C. (Hrsg.): Sonderpädagogik der sozialen und emotionalen Entwicklung. Göttingen 2008, 207–218

Lauth, G.-W./Schlottke, P. F.: Training mit aufmerksamkeitsgestörten Kindern. Weinheim 1993; [3]1997; [6]2009. Materialien: http://shop.beltz.de/downloads.php, Abruf vom 20.12.2012

Lauth, G.-W./Viebahn, P.: Soziale Isolierung – Ursachen und Interventionsmöglichkeiten. München, Weinheim 1987

Ledl, V.: Kinder beobachten und fördern. Eine Handreichung zur gezielten Beobachtung und Förderung von Kindern mit besonderen Lern- und Erziehungsbedürfnissen. Wien 1994

Lehmkuhl, G./Döpfner, M.: Aufmerksamkeitsdefizit-/Hyperaktivitätsstörungen. In: Remschmidt, H./Mattejat, F./Warnke, A. (Hrsg.): Therapie psychischer Störungen bei Kindern und Jugendlichen. Stuttgart 2008, 224–229

Lelgemann, R.: Körperbehindertenpädagogik. Didaktik und Unterricht. Stuttgart 2010

Lempp, R.: Die seelische Behinderung bei Kindern und Jugendlichen als Aufgabe der Jugendhilfe. [§ 35a SGB VIII]. Stuttgart 2006

Lempp, R.: Frühkindliche Hirnstörung und Neurose. Bern, Stuttgart, Wien [2]1970

Lempp, R.: Gerichtliche Kinder- und Jugendpsychiatrie. Bern, Stuttgart, Wien 1983

Lempp, R.: Medizinische Grundlagen der Verhaltensstörungen. In: Goetze, H./Neukäter, H.: Handbuch der Sonderpädagogik – Pädagogik bei Verhaltensstörungen. Berlin 1989, 887–907

Leontjew, A. N.: Tätigkeit, Bewusstsein, Persönlichkeit. Stuttgart 1977

Leune, J.: Illegale Drogen. In: Deutsche Hauptstelle gegen Suchtgefahren (Hrsg.): Jahrbuch Sucht 1992. Geesthacht 1991, 19–35

Leuner, H.: Katathymes Bilderleben. Stuttgart 1980

Leuner, H.: Lehrbuch des katathymen Bilderlebens – Grundstufe, Mittelstufe, Oberstufe. Bern, Stuttgart 1985

Leuner, H./Horn, G./Klessmann, E.: Katathymes Bilderleben mit Kindern und Jugendlichen. München, Basel [3]1990

Leuner, H./Horn, G./Klessmann, E.: Katathymes Bilderleben mit Kindern und Jugendlichen. München [5]2017

Levitt, E. E.: Die Psychologie der Angst. Stuttgart, Berlin, Köln, Mainz 1976

Lewin, K.: Feldtheorie in den Sozialwissenschaften. Stuttgart, Bern 1963

Leyen, R. von der: Aus der Arbeit des Deutschen Vereins zur Fürsorge für jugendliche Psychopathen e. V. in den Jahren 1919–1924. In: Zeitschrift für Kinderforschung, Jg. 32 (1926), 448–663

Leyendecker, Ch.: Psychologie der Körperbehinderten. In: Fengler, J./Jansen, G. (Hrsg.): Heilpädagogische Psychologie. Stuttgart, Berlin, Köln, Mainz 1987, 138–165

Libet, B.: Mind Time. Wie das Gehirn Bewusstsein produziert. Frankfurt/Main 2005

Lickona, T.: Wie man gute Kinder erzieht! – Die moralische Entwicklung des Kindes von der Geburt bis zum Jugendalter und was Sie dazu beitragen können. München 1989

Liebetrau, G./Hähner, U./Decker-Voigt, H.-H.: Musiktherapie in der Heimerziehung. Lilienthal, Bremen 1977

Lind, G./Raschert, J. (Hrsg.): Moralische Urteilsfähigkeit – Eine Auseinandersetzung mit Lawrence Kohlberg. Weinheim, Basel 1987

Linderkamp, F.: Konditionierung und Verhaltensmodifikation. In: Gasteiger Klicpera, B./ Julius, H./Klicpera, C. (Hrsg.): Sonderpädagogik der sozialen und emotionalen Entwicklung. Göttingen 2008, 471–486

Lindmeier, B.: Die Pädagogik des Rauhen Hauses. Bad Heilbrunn 1998

Lindsay, G.: Educational psychology and the effectiveness of inclusive education/mainstreaming. In: British Journal of Educational Psychology 77 (2007), 1–24

Loh, S. von: Entwicklungsstörungen bei Kindern. Stuttgart 2003

Lombroso, C.: Ursachen und Bekämpfung des Verbrechens. Berlin 1902

Lorenz, K.: Das so genannte Böse. Wien 1963

Lorenz, R./Molzahn, R./Teegen, F.: Verhaltensänderung in der Schule – Systematisches Anleitungsprogramm für Lehrer. Reinbek bei Hamburg 1976

Lösel, F./Bliesener, T.: Aggression und Delinquenz unter Jugendlichen – Untersuchungen von kognitiven und sozialen Bedingungen. München, Neuwied 2003

Lovaas, O. I.: The Autistic Child – Language Development through Behavior Modification. New York 1977

Löwe, A.: Verhaltensauffälligkeiten bei hörgeschädigten Kindern: ihre Ursachen und Möglichkeiten zu ihrer Vermeidung. In: Hörgeschädigte Kinder, Jg. 22 (Mai 1985), H. 2, 87–94

Lucks, M./Friese, I./Kischkel, G.: Kinderpfleger(in) – Bundesanstalt für Arbeit (Hrsg.) – Blätter zur Berufskunde, Bd. 2 – IV A 12. Bielefeld [6]1988

Lüpke, H. von: Der Zappelphilipp. Bemerkungen zum hyperkinetischen Kind. In: Voss, R. (Hrsg.): Pillen für den Störenfried – Absage an eine medikamentöse Behandlung abweichender Verhaltensweisen bei Kindern und Jugendlichen. München 1983, 53–72

Lüscher, K. (Hrsg.): Urie Bronfenbrenner – Ökologische Sozialisationsforschung. Stuttgart 1976

Machover, K.: Personality Projection in the Drawing of the Human Figure. Springfield 1949

Mahler, M. S./Pine, F./Bergman, A.: Die psychische Geburt des Menschen – Symbiose und Individuation. Aus dem Amerikanischen von H. Weller. Frankfurt/M. [2]1982

Malchau, I./Nötzold, M./Schirmacher, A./Tepp, K.: Das Hamburger Projekt – Förderung Behinderter und von Behinderung bedrohter Kinder durch Sonderpädagogen an Grundschulen. In: Mutzeck, W./Pallasch, W. (Hrsg.): Integration von Schülern mit Verhaltensstörung – praktische Modelle und Versuche. Weinheim [4]1992, 110–130

Malson, L./Itard, J./Mannoni, O.: Die wilden Kinder. Frankfurt/M. 1979

Mand, J.: Lern- und Verhaltensprobleme in der Schule. Stuttgart 2003

Manifest 2004: Elf führende Neurowissenschaftler über Gegenwart und Zukunft der Hirnforschung. Gehirn & Geist 6, 2004, 30–37

Mansmann, V./Schenk, K.: Vordergründige Motive und langfristige Tendenzen zum Suizid bei Kindern und Jugendlichen. In: Jochmus, I./Förster, E. (Hrsg.): Suizid bei Kindern und Jugendlichen, Bd. 24 – Klinische Psychologie und Psychopathologie. Stuttgart 1983

Mantell, D. M.: Familie und Aggression – Zur Einübung von Gewalt und Gewaltlosigkeit. Frankfurt/M. 1978

Martikke, H. J.: Die Rehabilitation der Verhaltensgestörten (Bd. 9 der Reihe: Die Rehabilitation der Entwicklungsgehemmten). München, Basel 1978

Martin, L. R.: Diplom-Pädagoge/Diplom-Pädagogin – Bundesanstalt für Arbeit (Hrsg.): Blätter zur Berufskunde, Bd. 3 – III E 05. Nürnberg 1986

Martin, L. R.: Gewalt in Schule und Erziehung. Grundformen der Prävention und Intervention. Bad Heilbrunn/Obb. 1999

Martinius, J./Frank, R.: Vernachlässigung, Missbrauch und Misshandlung von Kindern – Erkennen, Bewusstmachen, Helfen. Bern, Stuttgart, Toronto 1990

Marx, R.: Die Sonderschule für Verhaltensgestörte in der Sicht von Schülern und Eltern – Eine kasuistische Analyse. Berlin, Freie Universität 1990 (Diss.)

Marx, R.: Integrieren oder aussondern – Die Sonderschule in der Sicht von Schülern und Eltern. Weinheim, Basel 1992

Maslow, A. A.: Psychologie des Seins. Ein Entwurf. München 1973

Mattmüller, F.: Eine Schule für soziokulturell benachteiligte Kinder. In: Zeitschrift für Heilpädagogik, Jg. 22 (1971), 830 ff.

Maturana, H. E./Varela, F. J.: Der Baum der Erkenntnis – Die biologischen Wurzeln des menschlichen Erkennens. Bern und München 1987

May, M./Nehter, J.: Soziale Gruppenarbeit – das Kieler Modell. In: Mutzeck, W./Pallasch, W. (Hrsg.): Integration von Schülern mit Verhaltensstörung – praktische Modelle und Versuche. Weinheim [4]1992, 206–230

May, P.: Hamburger Schreib-Probe (HSP 1–9). Diagnose orthographischer Kompetenz zur Erfassung grundlegender Rechtschreibstrategien. 6., aktualisierte und erweiterte Auflage. Hamburg 2002

Mayer, A./Rütter, J. (Hrsg.): Abschied vom Heim – Erfahrungsberichte aus ambulanten Diensten und Zentren für selbstbestimmtes Leben. München 1988

McKnew, D./Cytryn, L./Yahraes, H.: Warum kann Michael nicht weinen? – Depressionen bei Kindern. Reinbek bei Hamburg 1985

Mead, G. H.: Geist, Identität und Gesellschaft (1934). Frankfurt/M. [7]1988

Meichenbaum, D. H.: Cognitive Behaviour Modification – An Integrative Approach. New York, London 1977; deutsch: Kognitive Verhaltensmodifikation. München 1979

Meierhofer, M./Keller, W.: Frustration im frühen Kindesalter. Bern 1966

Meile, B.: Verhaltensauffällige Schüler – Zur theoretischen Analyse und Begründung des Stressmodells. Basel, München, Paris, London, New York, Tokio, Sydney 1982

Meins, W.: Psychopharmaka im Kindesalter – Prävalenz und kognitive Wirkungen. In: Zeitschrift für Heilpädagogik, Jg. 42 (1991), H. 6, 353–363

Melzer, W./Schubarth, W./Ehninger, F.: Gewaltprävention und Schulentwicklung. Bad Heilbrunn 2004

Meng, H.: Zwang und Freiheit in der Erziehung. Bern, Stuttgart ³1961

Mersi, F.: Psychosoziale Konsequenzen subnormalen Sehens im sozial-emotionalen Bereich. In: Internationales wissenschaftliches Archiv Nr. 6: Sehgeschädigte 1975, 58–82

Mersi, F.: Spezielle Probleme einer angemessenen pädagogischen Förderung hochgradig sehbehinderter Kinder und Jugendlicher. In: Rath, W./Hudelmayer, D. (Hrsg.): Handbuch der Sonderpädagogik – Pädagogik der Blinden und Sehbehinderten. Berlin 1985, 259–274

Mertens, W.: Psychoanalyse. Stuttgart ⁴1992

Merton, R. K.: Sozialstruktur und Anomie. In: Sack, F./König, R. (Hrsg.): Kriminalsoziologie. Frankfurt/M. 1968, 283–313

Merz, Ch.: 30 Jahre ›kindergarten heute‹ im Spiegel der Pädagogik. In: kindergarten heute 2001, Download aus dem Internet

Mester, H.: Die Anorexia Nervosa – Monografie aus dem Gesamtgebiete der Psychiatrie. Berlin, Heidelberg, New York, London, Paris, Tokio 1981

Meyer, B.: Einstellungen männlicher Jugendlicher in der Jugendvollzugsanstalt Hahnöfersand – Eine Untersuchung mit dem Freiburger Persönlichkeitsinventar. 1972 (Wissenschaftliche Hausarbeit zum 1. Staatsexamen)

Meyer, H.: Leitfaden zur Unterrichtsvorbereitung. Königstein/Ts. ³1980

Meyer, P.: Soziobiologie und Soziologie – Eine Einführung in die biologischen Voraussetzungen sozialen Handelns. Darmstadt, Neuwied 1982

Mierke, K.: Konzentrationsfähigkeit und Konzentrationsschwäche. Bern, Stuttgart 1957

Millar, S.: Psychologie des Spiels. Ravensburg 1973

Miller, R.: Sich in der Schule wohl fühlen – Wege für Lehrerinnen und Lehrer zur Entlastung im Schulalltag. Weinheim, Basel ⁵1992

Miltner, W./Birbaumer, N./Gerber, W.-D.: Verhaltensmedizin. Berlin, Heidelberg, New York, Tokio 1986

Milz, I./Steil, H. (Hrsg.): Teilleistungsschwächen bei Kindern und Jugendlichen. Frankfurt/M. 1982

Minister für Kultus, Bildung und Wissenschaft: Verordnung – Schulordnung – über die gemeinsame Unterrichtung von Behinderten und Nichtbehinderten in Schulen der Regelform (Integrations-Verordnung) vom 4. August 1987. Saarbrücken 1987

Minsterium für Bildung, Wissenschaft, Forschung und Kultur des Landes Schleswig-Holstein: Erkennen – Beraten – Fördern. Kiel 2000

Minsel, W.-R.: Praxis der Gesprächspsychotherapie. Wien, Köln, Graz, Böhlau 1977

Minuchin, S.: Familie und Familientherapie. Freiburg i. Br. 1981

Mitscherlich, A.: Auf dem Weg zur vaterlosen Gesellschaft – Ideen zur Sozialpsychologie. München 1965

Mitscherlich, M./Mitscherlich, A.: Die Unfähigkeit zu trauern – Grundlagen kollektiven Verhaltens. München, Zürich 1977

Möckel, A.: Lese-Schreibschwäche als didaktisches Problem. Bad Heilbrunn, 1997

Moll, G./Dawirs, R./Niescken, S.: Hallo, hier spricht mein Gehirn. Eine Entdeckungsreise von der Zeugung bis zum Schulanfang. Weinheim 2006

Mönks, F. J.: Ein interaktionales Modell der Hochbegabung. In: Hany, E. A./Nickel, H. (Hrsg.): Begabung und Hochbegabung. Theoretische Konzepte, empirische Befunde, praktische Konsequenzen. Bern 1992, 17–22

Montessori, M.: Grundlagen meiner Pädagogik – und weitere Aufsätze zur Anthropologie und Didaktik. Heidelberg 1965

Montessori, M.: Kinder sind anders. Stuttgart ⁸1967 (ital. Erstveröffentl. 1950)

Montessori, M.: Über die Bildung des Menschen. Freiburg i. Br., Basel, Wien 1966

Moog, H. (Hrsg.): Musik bei Behinderten. Frankfurt/M., Bern 1988

Moor, P.: Heilpädagogik – Ein pädagogisches Lehrbuch. Bern, Stuttgart, Wien [3]1974

Moor, P.: Kinderfehler – Erziehungsfehler. Bern 1969

Moreno, J. L.: Gruppenpsychotherapie und Psychodrama. Stuttgart 1959

Mörtl, G.: Der Präventionsaspekt in der Sonderpädagogik – Möglichkeiten und Perspektiven der Prävention psychosozialer Störungen und der schulischen Rehabilitation von Schülern in der Kinder- und Jugendpsychiatrie. Eine Handlungsforschungs-, erfahrungswissenschaftliche Studie. Frankfurt/M., Bern, New York, Paris 1989

Moser, T.: Jugendkriminalität und Gesellschaftsstruktur – Zum Verhältnis von soziologischen, psychologischen und psychoanalytischen Theorien des Verbrechens. Frankfurt/M. 1975

Mück, U.: Yoga als unterrichtstherapeutischer Versuch an einer Schule für Geistigbehinderte. In: Motorik, Jg. 2 (1979), H. 3, 105–111

Mücke, R.: Sonderschuleinrichtungen für gemeinschaftsschwierige Kinder. In: Lesemann, G. (Hrsg.): Beiträge zur Geschichte und Entwicklung des deutschen Sonderschulwesens. Berlin 1966, 55–64

Mühl, H.: Einführung in die Geistigbehindertenpädagogik. Stuttgart, Berlin, Köln [4]2000

Müller, H.: Suizid bei Kindern und Jugendlichen. In: Therapie der Gegenwart, Jg. 114 (1975), H. 7, 1055–1068

Müller, H.: Suizidalität und Suizidprophylaxe bei Kindern und Jugendlichen. In: Der Kinderarzt, Jg. 9 (1978), H. 9, 1168–1174

Müller, J.: Heimerziehung: Entwicklungen, Veränderungen und Perspektiven des Theorie-, Forschungs- und Methodenwissens der stationären Erziehungshilfe. Hamburg 2006

Müller, K.: Bayerische Kooperationsklassen im Konflikt zwischen integrativer Schulentwicklung und separativem Schulsystem. Hamburg 2010

Müller, R.: Diagnostischer Rechtschreibtest für 3. Klassen – DRT 3. Weinheim 1983; [4]2003

Müller, R.: Diagnostisches Soziogramm – DSO. Braunschweig 1980

Müller, R. G. E.: Verhaltensstörungen bei Schulkindern. München, Basel 1970

Müller, T.: »Ich kann Niemandem mehr vertrauen.« Konzepte von Vertrauen und ihre Relevanz für die Pädagogik bei Verhaltensstörungen. Bad Heilbrunn 2017

Müller, T.: Schulen zur Erziehungshilfe – inklusive Schulen? In: Vierteljahresschrift für Heilpädagogik und ihre Nachbargebiete 2013a, 82 (1), 35–45

Müller, T.: Sonderschule für Erziehungshilfe. In: Heimlich, U./Stein, R./Heimlich, U./Wember, F. B. (Hrsg.): Handlexikon Lernschwierigkeiten und Verhaltensstörungen. Stuttgart 2013b

Müller, W./Scheuermann, U. (Hrsg.): Praxis Krisenintervention. Ein Handbuch für Psychologen, Ärzte, Sozialpädagogen und Rettungsdienste. Stuttgart 2004

Müller-Fohrbrodt, G.: Ausbildung zur Werterziehung – Grundüberlegungen zu einem Werterziehungstraining für angehende Lehrer. In: Montada, L./Reusser, K./Steiner, G. (Hrsg.): Kognition und Handeln. Stuttgart 1983, 277–293

Müller-Küppers, M./Schilf, E.: Beiträge zur Kinderpsychologie – Selbstmord bei Kindern. In: Psychiatrie, Neurologie und Medizinische Psychologie, Jg. 7 (1955), 42–53

Münch, W.: Die Institution Schule, der Lehrer und sein berufliches Handeln – Gruppensupervision mit Lehrern. Frankfurt/M. 1983 (Diss.)

Münder, J.: Frankfurter Kommentar zum SGB VIII: Kinder- und Jugendhilfe. Weinheim [5]2006

Murken, J.-D.: Bestätigt die Hormonforschung einen Aggressionstrieb? In: Plack, A. (Hrsg.): Der Mythos vom Aggressionstrieb. München 1973, 145–154

Murphy, L. B.: Kleinkinderspiel und kognitive Entwicklung. In: Flitner, A. (Hrsg.): Das Kinderspiel. München [2]1974, 195–203

Muth, J.: Integration von Behinderten – Über die Gemeinsamkeit im Bildungswesen. Essen 1986

Muthesius: Die öffentliche Jugendhilfe im Kriege. In: Reichsminister der Justiz und der Reichsjugendführer der NSDAP und Jugendführer des Deutschen Reiches (Hrsg.): Deutsches Jugendrecht, H. 4 – Zum neuen Jugendstrafrecht. Berlin 1944, 112–123

Mutzeck, W. (Hrsg.): Förderdiagnostik bei Lern- und Verhaltensstörungen. Weinheim, [2]2000

Mutzeck, W. (Hrsg.): Förderplanung. Grundlagen – Methoden – Alternativen. Weinheim 2000

Mutzeck, W. (Hrsg.): Kollegiale Supervision – Modelle zur Selbsthilfe für Lehrerinnen und Lehrer. Heidelberg 1995

Mutzeck, W.: Kooperative Beratung – Grundlagen und Methoden der Beratung und Supervision im Berufsalltag. Weinheim 1996, [5]2005

Mutzeck, W.: Kooperative Beratung. In: Diouani-Streek, M./Ellinger, S. (Hrsg.): Beratungskonzepte in sonderpädagogischen Handlungsfeldern. Oberhausen 2007, 71–87

Mutzeck, W.: Supervision. In: Gasteiger Klicpera, B./Julius, H./Klicpera, C. (Hrsg.): Sonderpädagogik der sozialen und emotionalen Entwicklung. Göttingen 2008, 887–906

Mutzeck, W.: Verhaltensgestörtenpädagogik und Erziehungshilfe. Bad Heilbrunn/Obb. 2000

Mutzeck, W./Pallasch, W. (Hrsg.): Integration von Schülern mit Verhaltensstörungen – praktische Modelle und Versuche. Weinheim 1991, [4]1992

Myschker, N.: Das Ambulanzlehrersystem als integrationspädagogisches Konzept für Kinder mit Verhaltensstörungen. In: Pädagogische Akademie Ljubljana, Slowenien, Jugoslawien (Hrsg.): Gesellschaftliche Fürsorge in Erziehung, Ausbildung und Sozialsicherung für entwicklungsgestörte Kinder und Jugendliche – Integration, Alternative und Innovationen – Sammelband der Referate des Kongresses 18.–20.10.1990. Ljubljana, Jugoslawien 1990, 208–211

Myschker, N.: Der Verband der Hilfsschulen Deutschlands und seine Bedeutung für das deutsche Sonderschulwesen. Nienburg 1969

Myschker, N.: Diagnose und Intervention bei Verhaltensstörungen nach dem interaktionistischen Ansatz. In: Ellinger, S./Wittrock, M. (Hrsg.): Sonderpädagogik in der Regelschule. Konzepte – Forschung – Praxis. Stuttgart 2005, 39–58

Myschker, N.: Disziplin und Disziplinierung in der Nazi-Zeit. In: Goetze, H./Neukäter, H. (Hrsg.): Disziplinkonflikte und Verhaltensstörungen in der Schule. Oldenburg 1988, 28–34

Myschker, N.: Gemeinsames Lernen von Schülern mit und ohne Behinderungen in Australien. In: Zeitschrift für Heilpädagogik 47 (1996) 222–232

Myschker, N.: Geprügelt, ausgesondert, getötet – Zur Intervention bei Kindern und Jugendlichen mit sozial-emotionalen Auffälligkeiten. In: Amman, W./Klattenhoff, K./Neukäter, H. (Hrsg.): Pädagogik: Theorie und Menschlichkeit – Festschrift für Enno Fooken zum 60. Geburtstag. Oldenburg 1986, 473–482

Myschker, N.: Interaktionspädagogischer Ansatz. In: Vernooij, M. A./Wittrock, M. (Hrsg.): Verhaltensgestört – Perspektiven, Diagnosen, Lösungen im pädagogischen Alltag. Paderborn [1]2004, [2]2008, 61–81

Myschker, N.: Isolieren – Normalisieren – Ausmerzen. Zur Geschichte der Pädagogik bei Kindern und Jugendlichen mit Verhaltensstörung. In: Zeitschrift für Heilpädagogik, Jg. 38 (1987), Beiheft 13, 14–17

Myschker, N.: Kunst- und musiktherapeutische Förderung von Kindern und Jugendlichen mit Verhaltensstörungen. In: Goetze, H./Neukäter, H. (Hrsg.): Handbuch der Sonderpädagogik, Bd. 6 – Pädagogik bei Verhaltensstörungen. Berlin 1989, 655–689

Myschker, N.: Kunsttherapie bei Kindern und Jugendlichen mit Verhaltensstörungen. In: Zeitschrift für Heilpädagogik, Jg. 38 (1987), Beiheft 13, 138–141

Myschker, N.: Meditation in der Sonderpädagogik. In: Gerber, G./Kappus, H./Datler, W./Reinert, T. (Hrsg.): Der Beitrag der Wissenschaften zur interdisziplinären Sonder- und Heilpädagogik. Wien 1985, 533–541

Myschker, N.: Musik- und kunsttherapeutische Aspekte der Förderung verhaltensgestörter Kinder und Jugendlicher. Hagen (Fernuniversität d. Gesamthochschule) [2]1984

Myschker, N.: Organisation und Perspektiven der Pädagogik in den Berliner Beo-Klassen für Kinder mit Verhaltensstörungen. In: Klein, G./Möckel, A./Thalhammer, M. (Hrsg.): Heilpädagogische Perspektiven in Erziehungsfeldern. Heidelberg 1982, 83–100

Myschker, N.: Prävention psychosozialer Störungen durch pädagogische Kunsttherapie. In: Neukäter, H. (Hrsg.): Verhaltensstörungen verhindern – Prävention als pädagogische Aufgabe. Oldenburg 1991, 342–346

Myschker, N.: Psychosozial deformierte Kinder und Jugendliche fordern heraus – Pädagogisch-therapeutische Hilfe als Hauptaufgabe professioneller Erziehung? In: Goetze, H. (Hrsg.): Pädagogik bei Verhaltensstörungen – Innovationen. Bad Heilbrunn 1994, 14–40

Myschker, N.: Schulleistungsentlastende und leistungsmotivierende Methoden in Erziehung und Unterricht verhaltensgestörter Kinder – z. B.: Musikmalen. In: Praxis der Kinderpsychologie und Kinderpsychiatrie, Jg. 22 (1973), 62–68

Myschker, N.: Sondereinrichtungen und -maßnahmen für Schüler mit psychosozialen Schwierigkeiten im öffentlichen Schulwesen Berlins. In: Ellger-Rüttgardt, S. (Hrsg.): Bildungs- und Sozialpolitik für Behinderte. München, Basel 1990, 102–115

Myschker, N.: Verhaltensgestörtenpädagogik. In: Bleidick, U. et al. (Hrsg.): Einführung in die Behindertenpädagogik, Bd. III. Stuttgart, Berlin, Köln, Mainz [3]1992, 103–136; [4]1995, 103–141

Myschker, N.: Verhaltensgestörtenpädagogik im Strafvollzug. Hagen (Fernuniv.) 1982

Myschker, N.: Verhaltensmodifikation im Unterricht jugendlicher Straftäter. In: Zeitschrift für Strafvollzug und Straffälligenhilfe, Jg. 25 (1976), H. 3, 145–153

Myschker, N.: Zur Geschichte der Pädagogik bei Verhaltensstörungen. In: Goetze, H./Neukäter, H. (Hrsg.): Handbuch der Sonderpädagogik, Bd. 6 – Pädagogik bei Verhaltensstörungen. Berlin 1989, 155–190

Myschker, N.: Zur integrativen Beschulung verhaltensgestörter Kinder in Regelschulsystemen – Kleinklassen in Hamburg. In: Heilpädagogische Forschung (1974/75), H. 3, 333–364

Myschker, N.: Zur Quantität und Qualität schichtspezifischer Verhaltensstörungen – Ergebnisse einer empirischen Untersuchung mit einer Testbatterie bei Kindern der Unterschicht und der Mittel-/Oberschicht. Vortrag in der Universität Hamburg – Unveröffentlichtes Manuskript. Hamburg 1974

Myschker, N./Hoffmann, M.: Pädagogik hinter Gittern. In: Neukäter, H./Wittrock, M. (Hrsg.): Pädagogik bei Verhaltensstörungen: Erziehung – Unterricht – Beratung. Oldenburg 1993

Myschker, N./Hoffmann, M.: Unterricht mit jugendlichen Inhaftierten. Hagen (Fernuniversität) 1984

Myschker, N./Muggelberg, P.: Zur Förderung von Kindern mit psychosozialen Störungen durch ambulante sonderpädagogische Maßnahmen – Das Ambulanzlehrersystem in Berlin-Steglitz. In: Sander, A./Raidt, P. (Hrsg.): Saarbrücker Beiträge zur Integrationspädagogik – Integration und Sonderpädagogik. Referate der 27. Dozententagung für Sonderpädagogik in deutschsprachigen Ländern im Oktober 1990 in Saarbrücken. St. Ingbert 1990, 170–179

Myschker, N./Ortmann, M. (Hrsg.): Integrative Schulpädagogik. Stuttgart, Berlin, Köln 1999

Naegeli, E.: Verbrechen und Strafe als Formen der Aggression. In: Plack, A. (Hrsg.): Der Mythos vom Aggressionstrieb. München 1973, 157–180

Nedjat, S./Röttgers, H. R.: Psychiatrie für Sozialberufe. Krankheitslehre – Behandlungsverfahren – Rechtsfragen. Stuttgart 2003

Neise, K.: Psychologie der Geistigbehinderten. In: Fengler, J./Jansen, G. (Hrsg.): Heilpädagogische Psychologie. Stuttgart, Berlin, Köln, Mainz 1987, 118–138

Neuhäuser, G. (Hrsg.): Entwicklungsstörungen des Zentralnervensystems – Ursachen und Folgen. Stuttgart 1986

Neuhäuser, G.: Minimale Cerebrale Dysfunktion. Kritische Betrachtung eines medizinischen Konzeptes. In: Voss, R. (Hrsg.): Pillen für den Störenfried – Absage an eine medikamentöse Behandlung abweichender Verhaltensweisen bei Kindern und Jugendlichen. München 1983, 73–92

Neuhäuser, H./Rülcker, T.: Moralische Alltagstheorien von Kindern. In: Preuss-Lausitz, U./Rückler, T./Zeiher, H. (Hrsg.): Selbstständigkeit für Kinder. Weinheim, Basel 1990, 192–205

Neuhäuser, A.: Schülerselbstmorde. In: Unsere Jugend, Jg. 28 (1976), H. 3, 135–136

Neukäter, H. (Hrsg.): Erziehungshilfe bei Verhaltensstörungen. Oldenburg 1996

Neukäter, H.: Projektorientiertes Lernen in der schulischen Arbeit mit verhaltensgestörten Schülern. In: Sonderpädagogik, [10]1980, 151–158

Neukäter, H.: Re-Integration. In: Goetze, H./Neukäter, H. (Hrsg.): Handbuch der Sonderpädagogik, Bd. 6 – Pädagogik bei Verhaltensstörungen. Berlin 1989, 261–270

Neukäter, H.: Verhaltensstörungen und Disziplinprobleme durch Ernährung? In: Goetze, H./Neukäter, H. (Hrsg.): Disziplinkonflikte und Verhaltensstörungen in der Schule. Oldenburg 1988, 56–60

Neukäter, H. (Hrsg.): Verhaltensstörungen verhindern – Prävention als pädagogische Aufgabe. Oldenburg 1991

Neukäter, H./Goetze, H.: Strukturierte und schülerzentrierte Unterrichtsansätze bei Verhaltensgestörten – Studienbrief der FU Hagen. Hagen 1982

Neukäter, H./Ricking, H.: Schulabsentismus. In: Borchert, J. (Hrsg.): Handbuch der Sonderpädagogischen Psychologie. Göttingen, Bern, Toronto 2000, 814–823

Neukäter, H./Schröder, U.: Kann man Verhaltenskonflikte durch metakognitives Verhalten beeinflussen. In: Neukäter, H. (Hrsg.): Verhaltensstörungen verhindern – Prävention als pädagogische Aufgabe – Bericht über die Fachtagung in Oldenburg vom 15.–17. März 1990. Oldenburg 1991, 187–196

Neukäter, H./Schröder, U.: Metakognition bei Kindern aus Schulen für Lernbehinderte und Verhaltensgestörte im Vergleich mit Grundschulkindern. In: Sonderpädagogik 21 (1991), H. 1, 12–27

Neukäter, H./Wittrock, M.: Berufsorientierung bei Jugendlichen mit Verhaltensstörungen in der Schule. In: Neukäter, H./Wittrock, M. (Hrsg.): Pädagogik bei Verhaltensstörungen: Erziehung – Unterricht – Beratung. Oldenburg 1993

Nevermann, C./Reicher, H.: Depressionen im Kindes- und Jugendalter. München [2]2009

Niehaus, M./Jäger, D. J.: Das Berufshinführungs- und Ausbildungssystem bei Behinderungen und Benachteiligungen. In: Stein, R./Orthmann Bless, D. (Hrsg.): Integration in Arbeit und Beruf bei Behinderungen und Benachteiligungen. Baltmannsweiler 2009, 145–170

Nissen, G. (Hrsg.): Prognose psychischer Erkrankungen im Kindes- und Jugendalter – Psychodynamische, psychopathologische, entwicklungspsychiatrische, neuropädiatrische, anthropologische, heilpädagogische und sozialpsychiatrische Aspekte. Bern, Stuttgart, Toronto 1987

Nissen, G. (Hrsg.): Psychiatrie des Kleinkind- und Vorschulalters. Bern, Stuttgart, Wien 1983

Nissen, G. (Hrsg.): Psychiatrie des Säuglings- und des frühen Kleinkindalters. Bern, Stuttgart, Wien 1982

Nissen, G. (Hrsg.): Psychiatrie des Schulalters. Bern, Stuttgart, Wien 1984

Nissen, G. (Hrsg.): Psychogene Psychosyndrome und ihre Therapie im Kindes- und Jugendalter – Psychiatriehistorische, humangenetische, soziale, zerebralorganische psychotherapeutische, heilpädagogische, familientherapeutische, verhaltenstherapeutische, psychopharmakologische, biologische und prognostische Aspekte. Bern, Stuttgart, Toronto 1990

Nissen, G.: Suizid und Suizidalität bei Kindern und Jugendlichen. In: Der Kinderarzt, Jg. 6 (1975), H. 1, 30–31

Nissen, G.: Verhaltensstörung bei Kindern: Manifestationsform der depressiven Verstimmung. In: Medical Tribune (1973) H. 8, 6–12

Nissen, G./Eggers, Ch./Martinius, J.: Kinder- und jugendpsychiatrische Psychopharmakotherapie. Berlin 1984

Nissen, G./Strunk, P. (Hrsg.): Seelische Fehlentwicklung im Kindesalter und Gesellschaftsstruktur. Neuwied und Berlin 1974

Nolting, H.-P.: Lernfall Aggression – Wie sie entsteht – Wie sie zu vermindern ist. Theorie und Empirie aggressiven Verhaltens und seiner Alternativen. Reinbek bei Hamburg 1978

Nolting, H.-P.: Lernfall Aggression. Reinbek [3]2008

n-tv.de/CNN.de: Pisa-Ergebnisse – Blauer Brief für Deutschland. Im Internet unter: n-tv.de/CNN.de, Abruf vom 04.12.2001

Nussbeck, S.: Einführung in die Beratungspsychologie. München [2]2010

Oaklander, V.: Gestalttherapie mit Kindern und Jugendlichen. Stuttgart 1981

Oatley, K.: Wozu brauchen wir Gefühle? In: Psychologie Heute, Jg. 17 (1990), H. 1, 30–35

OECD (Hrsg.): Health at Glance: Europe 2012. 2012a. Onlinepublikation: http://www.¬oecd-ilibrary.org/social-issues-migration-health/health-at-a-glance-europe2012_9789¬264183896-en, Abruf vom 14.12.2012

OECD (Hrsg.): Health at Glance 2011. OECD Indicators. 2011. Onlinepublikation: http://¬
www.oecd-ilibrary.org/social-issues-migration-health/health-at-a-glance-2011_health¬
glance-2011-en, Abruf vom 14.12.2012

OECD (Hrsg.): Gesundheitsdaten. 2012b. Onlinepublikation: http://stats.oecd.org/Index.¬
aspx?DataSetCode=HEALTH_STAT#, Abruf vom 14.12.2012

OECD (Hrsg.): Suicide Rates. 2016. Onlinepublikation: https://data.oecd.org/healthstat/¬
suicide-rates.htm, Abruf vom 12.12.2017

Oerter, R.: Jugendalter. In: Oerter, R./Montada, L. (Hrsg.): Entwicklungspsychologie.
München 1982, 242–313

Oerter, R.: Kindheit. In: Oerter, R./Montada, L. (Hrsg.). Entwicklungspsychologie. Weinheim [5]2002, 209–257

Oerter, R.: Psychologie des Spiels. Weinheim 1999

Oerter, R./Dreher, E.: Jugendalter. In: Oerter, R./Montada, L. (Hrsg.). Entwicklungspsychologie. Weinheim [5]2002, 258–318

Oevermann, U.: Theoretische Skizze einer revidierten Theorie professionalisierten Handelns.
In: Combe, A./Helsper, W. (Hrsg.): Pädagogische Professionalität. Frankfurt/Main 1996,
70–182

Oleary, K. D./Pelham, W. E./Rosenham, A./Price, G. H.: Behavioral Treatment of Hyperkinetic Children. In: Clinical Pediatrics, Jg. 15 (1976), 510–515

Olweus, D.: Aggression in the schools. Bullies and whipping boys. Washington 1978, [2]2002

Olweus, D.: Gewalt in der Schule. Was Lehrer und Eltern wissen sollten – und tun können.
Bern [3]2002

Opitz, E.: Psychiatrisches Landeskrankenhaus. In: Heese, G./Wegner, H. (Hrsg.): Enzyklopädisches Handbuch der Heilpädagogik. Berlin 1969, 1871–1882

Opp, G. (Hrsg.): Arbeitsbuch schulische Erziehungshilfe. Bad Heilbrunn 2003

Opp, G.: Schmerzbasiertes Verhalten – eine paradoxe pädagogische Herausforderung. In:
Zeitschrift für Heilpädagogik 1/2017, 22–30

Opp, G./Puhr, K./Sutherland, K.: Verweigert sich die Schule den Bildungsansprüchen
verhaltensschwieriger Schülerinnen und Schüler? In: Zeitschrift für Heilpädagogik (57)
2006, 59–68

Oppl, H./Tomaschek, A. (Hrsg.): Sozialarbeit 2000, Bd. 1, 2. Freiburg i. Br. 1986

Orbach, I.: Kinder, die nicht leben wollen. Göttingen 1990

Orpha.net: Im Internet unter: www.orpha.net, Abruf vom 31.05.2013

Ortner, A./Ortner, R.: Verhaltens- und Lernschwierigkeiten – Ein Handbuch für die Grund-
schulpraxis. Weinheim, Basel 1991 und [5]2000

Oser, F./Fatke, R./Höffe, O. (Hrsg.): Transformation und Entwicklung – Grundlagen der
Moralerziehung. Frankfurt/M. 1986

Oseretzky, N. I.: Lincoln-Oseretzky-Skala – LOS-KF 18 – Kurzform zur Messung des motorischen Entwicklungstandes von normalen und behinderten Kindern im Alter von 5 bis
13 Jahren. Bearbeitet von D. Eggert. Weinheim [2]1974

Ostendorf, H.: Jugendgerichtsgesetz. Köln [6]2003

Ostendorf, H.: Wider die Verselbstständigung des so genannten Ungehorsamsarrestes zu einer
zusätzlichen jugendgerichtlichen Sanktion. In: Zentralblatt für Jugendrecht und Jugendwohlfahrt, Jg. 70 (1983), H. 12, 563–576

Ostrander, S.: Super-learning – Lernen ohne Stress. Bern, München 1982

Ott, W. H.: Zur Entwicklung von moralischen Einstellungen bei Kindern und Jugendlichen
mit Lern- und Verhaltensproblemen. In: Goetze, H./Neukäter, H. (Hrsg.): Disziplinkonflikte und Verhaltensstörungen in der Schule. Oldenburg 1988, 118–121

Ott, W. H./Watts, W. J.: Erziehung zu moralischen Einstellungen bei Kindern und Jugendlichen mit Verhaltensstörungen. In: Goetze, H./Neukäter, H. (Hrsg.): Handbuch der Sonderpädagogik, Bd. 6 – Pädagogik bei Verhaltensstörungen. Berlin 1989, 342–353

Overbeck, G./Overbeck, A. (Hrsg.): Seelischer Konflikt – körperliches Leiden – Reader zur
psychoanalytischen Psychosomatik. Reinbek bei Hamburg 1985

Overbeck, K. D.: Auswirkungen der Transzendentalen Meditation auf die psychosomatische
Befindlichkeit. Rheinstetten 1980

Overberg, B.: Anweisung zum zweckmäßigen Schulunterricht für die Schullehrer im Hochstifte Münster. Münster 1793

Pädagogisch-therapeutisches Zentrum (PTZ) (Hrsg.): Modellversuch – Abschlussbericht. Hannover 1984

Pallasch, W.: Pädagogisches Gesprächstraining – Lern- und Trainingsprogramm zur Vermittlung therapeutischer Gesprächs- und Beratungskompetenz. Weinheim, München [2]1990

Palmowski, W.: Anders handeln. Lehrerverhalten in Konfliktsituationen. Dortmund [3]2000

Palmowski, W.: Systemische Beratung. Stuttgart 2011

Palmowski, W.: Unterricht in Heimschulen. In: Goetze, H./Neukäter, H. (Hrsg.): Handbuch der Sonderpädagogik – Pädagogik bei Verhaltensstörungen. Berlin 1989, 451–463

Paul, G.: Möglichkeiten und Grenzen tagesklinischer Behandlung in der Kinder- und Jugendpsychiatrie. In: Praxis der Kinderpsychologie und Kinderpsychiatrie, Jg. 34 (1985), 84–89

Perleth, C./Heller, K. A.: The Munich Longitudinal Study of Giftedness. In: Subotnik, R./Arnold, K. (Hrsg.): Beyond Terman: Longitudinal studies in contemporary gifted education. Norwood 1994, 77–114

Perls, F. S./Hefferline, R. F./Goodman, P.: Gestalt-Therapie. Stuttgart 1990

Pestalozzi, J. H.: Briefe an einen Freund über den Aufenthalt in Stans – Herausgegeben von W. Heise und H. Deiters. Berlin, Leipzig 1947

Petermann, F. (Hrsg.): M-ABC-2. Movement Assessment Battery for Children – Second Edition. Deutschsprachige Adaptation nach S. E. Henderson, D. A. Sugden und A. L. Barnett. Frankfurt/M. 2008

Petermann, F. (Hrsg.): Movement Assessment Battery for Children-2 (Movement ABC-2): Manual. Frankfurt/M. [2]2009

Petermann, F.: Training mit aggressiven Kindern: Einzeltraining, Elterngruppen, Elternberatung. München, Wien 1984

Petermann, F./Petermann, U.: Hamburg-Wechsler-Intelligenztest für Kinder IV (HAWIK-IV). Göttingen 2007; [4]2010a

Petermann, F./Petermann, U.: Training mit aggressiven Kindern. Weinheim 1978, [12]2008; [13]2012

Petermann, F./Petermann, U.: Training mit Jugendlichen. Göttingen [9]2010b

Petermann, F./Stein, I. A./Macha, T.: Entwicklungstest sechs Monate bis sechs Jahre. Frankfurt/M. [3]2008

Petermann, U. (Hrsg.): Ruherituale und Entspannung mit Kindern und Jugendlichen. Baltmannsweiler 1996

Petermann, U./Petermann, F.: Erfassungsbogen für aggressives Verhalten in konkreten Situationen. Braunschweig 1980

Petermann, U./Petermann, F.: Training mit Jugendlichen – Förderung von Arbeitsund Sozialverhalten. München, Weinheim 1987

Petermann, U./Petermann, F.: Training mit sozial unsicheren Kindern. München [3]1989; Weinheim [10]2009

Petermann, U./Zimmermann, B./Menzel, S.: Wirkungen kindangemessener Entspannungsverfahren. In: Zeitschrift für Heilpädagogik 1998, 49 (11), 497–506

Petersen, P.: Der kleine Jenaplan. Frankfurt/M. 1955

Petersen, P. und E.: Die pädagogische Tatsachenforschung. Paderborn 1965

Peterson, D. R./Quay, H. C./Tiffany, T. C. (1961): Personality Factors related to juvenile delinquency. In: Child Development 32, 355–372

Peukert, D.: Volksgenossen und Gemeinschaftsfreude. Anpassung, Ausmerze und Aufbegehren unter dem Nationalsozialismus. Köln 1982

Pfaffenberger, H.: Diplom-Sozialpädagoge/Diplom-Sozialpädagogin, Diplom-Sozialarbeiter/Diplom-Sozialarbeiterin (FH) – Bundesanstalt für Arbeit (Hrsg.) – Blätter zur Berufskunde, Bd. 2 – IV A 30. Bielefeld [5]1986

Pfeiffer, Ch.: Kriminalprävention im Gerichtsverfahren. Köln, Berlin, Bern, München 1983

Pfeiffer, W. M.: Otto Rank – Wegbereiter personenzentrierter Psychotherapie. In: Schulz, W./Hautzinger, M. (Hrsg.): Klinische Psychologie und Psychotherapie. Tübingen 1980, 93–101

Pflüger, L.: Neurogene Entwicklungsstörungen. München 1991

Philipov, E.: Die Suggestopädie als ein neuer Lernansatz und Modell ganzheitlichen Lernens. In: Bochow, P./Wagner, H.: Suggestopädie (Superlearning) – Grundlagen und Anwendungsberichte. Speyer 1986, 13–24

Piaget, J.: Das moralische Urteil beim Kinde. Zürich 1954

Piaget, J.: Nachahmung, Spiel und Traum: Die Entwicklung der Symbolfunktion beim Kinde. Stuttgart 1969

Piaget, J.: Theorien und Methoden der modernen Erziehung. Frankfurt/M. 1972

Pikas, A.: A Pure Concept of Mobbing Gives the Best Results for Treatment. In: Z. School Psychology International, Jg. 10. (1989), 95–104

Piorkowski-Wühr, I.: Arbeit mit Familien von Heimkindern. In: Unsere Jugend, Jg. 38 (1986), 388–394

Plack, A. (Hrsg.): Der Mythos vom Aggressionstrieb. München 1973

Plume, E./Warnke, A.: Legasthenie. In: Steinhausen, H.-C. (Hrsg.): Schule und psychische Störungen. Stuttgart 2006,196–204

Podgornik, R.: Heimerziehung. Notwendigkeit, Anspruch und Entwicklung. In: Unsere Jugend, Jg. 37 (1985), 342–350

Pohlmeier, H. (Hrsg.): Beiträge zur Erforschung selbstdestruktiven Verhaltens. Regensburg 1985

Pohlmeier, H.: Selbstmord und Selbstmordverhütung. München, Wien, 1983

Pohlmeier, H.: Suizid und Suizidversuch in der Adoleszenz. In: Specht, F./Schmidtke, A.: Selbstmordhandlungen bei Kindern und Jugendlichen. Regensburg 1986, 13–26

Polanczyk, G./De Limas, M. S./Horta, B.L./Biederman, J./Rohde, L. A.: The worldwide prevalence of ADHD: A systematic review and metaregression analysis. American Journal of Psychiatry 164 (2007), 942–948

Polizeipräsident in Berlin (Hrsg.): Polizeiliche Kriminalstatistik Berlin 1990 – Kriminalität in Berlin. Berlin 1991

Poppe, G.: Weggesperrt. Hamburg [7]2016

Portmann, A.: Zoologie und das neue Bild vom Menschen. Reinbek bei Hamburg 1956

Post, W.: Erziehung im Heim. Weinheim [2]2002

Preiser, S.: Das Spiel als pädagogisches Medium. In: Spiel, W. (Hrsg.): Die Psychologie des 20. Jahrhunderts: Konsequenzen für die Pädagogik. Zürich 1980, 357–379

Prekop, K.: Der kleine Tyrann. München 1990

Prengel, A.: Gestaltpädagogik. In: Goetze, H./Neukäter, H. (Hrsg.): Handbuch der Sonderpädagogik, Bd. 6 – Pädagogik bei Verhaltensstörungen. Berlin 1989, 793–803

Prenzel, M./Baumert, J./Blum, W. et al. (Hrsg.): PISA 2003. Der Bildungsstand der Jugendlichen in Deutschland – Ergebnisse des zweiten internationalen Vergleichs. Münster 2004

Presse- und Informationsdienst der Bundesregierung: Bulletin Nr. 56 – Die Kriminalität in der Bundesrepublik Deutschland. Polizeiliche Kriminalstatistik für das Jahr 1991. Bonn 1992

Preuss-Lausitz, U.: Die Sonderschule und die Zukunft sonderpädagogischer Arbeit. In: Pädagogik, Jg. 40 (1988), H. 2, 33–37

Preuss-Lausitz, U.: Fördern ohne Sonderschule. Weinheim, Basel 1981

Preuss-Lausitz, U. (Hrsg.): Schwierige Kinder – Schwierige Schule. Konzepte und Praxisprojekte zur integrativen Förderung verhaltensauffälliger Schülerinnen und Schüler. Weinheim, Basel 2004

Priestley, M.: Analytische Musiktherapie – Vorlesungen am Gemeinschaftskrankenhaus Herdecke. Stuttgart 1983

Priestley, M.: Musiktherapeutische Erfahrungen. Stuttgart, Kassel 1982

Probst, E.: Beobachtungsklassen – Ergebnisse und Erfahrungen von drei Jahrzehnten. Basel, München, Paris, London, New York, Tokio, Sydney 1960

Projektgruppe für die vergessenen Opfer des NS-Regimes (Hrsg.): Verachtet – verfolgt – vernichtet. Hamburg 1986

Pschyrembel, W./Dörner, Th./Feldkamp, J. et al.: Pschyrembel – Klinisches Wörterbuch. Berlin 2004

Psychologie heute: Hyperaktivität: eine Hirnanomalie? In: Psychologie Heute, Jg. 18. (1991), H. 5, 43–44

Psychosoziale-Gesundheit.net: Im Internet unter: www.psychosoziale-gesundheit.net/psy¬ chiatrie/tourette.html, Abruf vom 31.05.2013

Pühl, H./Schmidbauer, W. (Hrsg.): Supervision und Psychoanalyse – Plädoyer für eine emanzipatorische Reflexion in helfenden Berufen. München 1986

Purmann, E.: Freinet und andere. Kostproben aus Konzepten praktischen Lernens in der Grundschule. In: Hofgeismarer Protokolle 230 (1987) 31–63

Purmann, E.: Projektarbeit als Alltag in Jenaplan-Schulen. In: Grundschule, Jg. 17 (1985), H. 5, 47–49

Quaschner, K./Theisen, F. M.: Hyperkinetische Störungen. In: Remschmidt, H. (Hrsg.): Kinder- und Jugendpsychiatrie. Eine praktische Einführung. Stuttgart [4]2006, 156–164

Quaschner, K./Theisen, F. M./Becker, K.: Hyperkinetische Störungen. In: Remschmidt, H. (Hrsg.): Kinder- und Jugendpsychiatrie. Eine praktische Einführung. Stuttgart [6]2011, 157–166

Quay, H. C./Morse, W./Cutler, R. L.: Personality Patterns of Pupils in Special Classes for the Emotionally Disturbed. In: Exceptional Children, Jg. 32 (1966), 297–301

Quay, H. C./Werry, J. S. (Hrsg.): Psychopathological Disorders of Childhood. New York 1972

Quensel, St.: Drogenelend – Cannabis, Heroin, Methadon. Frankfurt/M. 1982

Qenstedt, F.: Zwölf entwicklungsgestörte Kinder in einer Klasse. In: Unsere Jugend, Jg. 36 (1984), 403 ff.

Qqitmann, H.: Besondere Begabungen. In: Fleischer, T./Grewe, N./Jötten, B./Seifried, K./ Sieland, B. (Hrsg.).: Handbuch Schulpsychologie. Psychologie für die Schule. Stuttgart 2007, 124–133

Rabe, O.: Musiktherapeutische Förderung von Jugendlichen mit Verhaltensstörungen im Jugendstrafvollzug. FU Berlin 1990 (Wissenschaftliche Hausarbeit zum 1. Staatsexamen)

Rabenstein, R.: Kinderzeichnungen, Schulleistung und seelische Entwicklung. Bonn 1980

Rachman, S.: Angst. Formen, Ursachen und Therapie. München 1975

Radigk, W.: Der Blick ins lebende Gehirn. Was leistet die Emissions-Tomografie zur Aufklärung geistiger Operationen? In: Gerber, G./Kappus, H./Datler, W./Reinelt, T. (Hrsg.): Der Beitrag der Wissenschaften zur interdisziplinären Sonder- und Heilpädagogik. Wien 1985, 243–249

Radigk, W.: Kognitive Entwicklung und cerebrale Dysfunktion. Dortmund 1986

Raimbault, G.: Kinder sprechen vom Tod. Frankfurt/M. 1980

Rath, W.: Sehbehindertenpädagogik. Stuttgart, Berlin, Köln, Mainz 1987

Rath, W./Ahrbeck, B.: Psychologie der Blinden. In: Fengler, J./Jansen, G. (Hrsg.): Heilpädagogische Psychologie. Stuttgart, Berlin, Köln, Mainz 1987, 15–28

Rather, W.: Das unbekannte Phänomen Lehrerangst – vielfältige Ursachen – weit reichende Folgen. Freiburg/Br. 1982

Rattner, J.: Aggression und menschliche Natur. Freiburg i. Br. 1970

Ratz, C.: Verhaltensstörungen und geistige Behinderung. Oberhausen 2012

Rauchfleisch, U. (1979a): Handbuch zum Rosenzweig Picture-Frustration Test (PFT) (Bd. 1: Grundlagen, bisherige Resultate und Anwendungsmöglichkeiten des PFT). Bern: Huber

Rauchfleisch, U. (1979b): Handbuch zum Rosenzweig Picture-Frustration Test (PFT) (Bd. 2: Manual zur Durchführung des PFT und Neueichung der Testformen für Kinder und Erwachsene). Bern: Huber

Raven, J. C./Court, J./Horn, R.: SPM. Raven's Standard Progressive Matrices and Vocabulary Scales: Standard Progressive Matrices. Göttingen [2]2009

Raven, J. C./Court, J./RavenJ. (Jr.): RAVEN-Matrizen-Test – Standard Progressive Matrices – SPM – Deutsche Bearbeitung von Heinrich Kratzmeier unter Mitarbeit von Ralf Horn. Weinheim 1979

Redl, F.: Erziehung schwieriger Kinder. München 1971

Redl, F.: Erziehungsprobleme – Erziehungsberatung. München 1978

Redl, F./Wineman, D.: Kinder, die hassen. Freiburg i. Br. 1970

Redl, F./Wineman, D.: Steuerung des aggressiven Verhaltens beim Kind. München 1976

Redlich, A./Schley, W.: Kooperative Verhaltensmodifikation im Unterricht. München 1978

Redlich, E./Lazar, E.: Über kindliche Selbstmörder. Berlin 1914

Rehm, W.: Die psychoanalytische Erziehungslehre. München 1968

Reich, K.: Systemisch-konstruktivistische Pädagogik. Neuwied [2]1997

Reicher, H./Rossmann, P.: Depression. In: Gasteiger Klicpera, B./Julius, H./Klicpera, C. (Hrsg.): Sonderpädagogik der sozialen und emotionalen Entwicklung. Göttingen 2008, 243–257

Reichsminister der Justiz und der Reichsjugendführer der NSDAP und Jugendführer des Deutschen Reiches (Hrsg.): Deutsches Jugendrecht, H. 4 – Zum neuen Jugendstrafrecht. Berlin 1944

Reiser, H.: Lern- und Verhaltensstörungen als gemeinsame Aufgabe von Grundschul- und Sonderpädagogik unter dem Aspekt der pädagogischen Selektion. In: Zeitschrift für Heilpädagogik 48 (1997) 266–275

Reiser, H.: Psychoanalytisch-systemische Pädagogik. Erziehung auf der Grundlage der Themenzentrierten Interaktion. Stuttgart 2006

Reiser, H.: Sonderpädagogik als Service-Leistung? – Perspektiven der sonderpädagogischen Berufsrolle. In: Zeitschrift für Heilpädagogik 49 (1998) 46–54

Reiser, H.: Sonderschullehrer in hessischen Grundschulen – ein Ansatz zur integrativen Arbeit bei Lern- und Verhaltensproblemen. In: Mutzeck, W./Pallasch, W. (Hrsg.): Integration von Schülern mit Verhaltensstörungen – praktische Modelle und Versuche. Weinheim [4]1992, 131–151

Reiser, H./Lotz, W.: Themenzentrierte Interaktiojn als Pädagogik. Mainz 1995

Reiser, H./Trescher, H.-G. (Hrsg.): Wer braucht Erziehung? – Impulse der Psychoanalytischen Pädagogik. Mainz 1987

Reiser, H./Willmann, M./Urban, M.: Sonderpädagogische Unterstützungssysteme bei Verhaltensproblemen in der Schule – Innovationen im Förderschwerpunkt Emotionale und Soziale Entwicklung. Bad Heilbrunn 2007

Remschmidt, H.: Autismus. München [2]2002

Remschmidt, H.: Untersuchungen lateralisierter Funktionen. In: Remschmidt, H./Schmidt, M. (Hrsg.): Neuropsychologie des Kindesalters. Stuttgart 1981, 44–49

Remschmidt, H. (Hrsg:): Kinder- und Jugendpsychiatrie. Stuttgart, New York [2]1987; [3]2000; [4]2005

Remschmidt, H./Schmidt, M. (Hrsg.): Neuropsychologie des Kindesalters. Stuttgart 1981

Remschmidt, H./Walter, R.: Psychische Auffälligkeiten bei Schulkindern – Mit deutschen Normen für die Child Behaviour Checklist. Göttingen, Toronto, Zürich 1990

Renzulli, J. S.: Ein praktisches System zur Identifizierung hochbegabter und talentierter Schüler. Psychologie in Erziehung und Unterricht. 40 (1993) 217–224

Reyer, J.: Geschichte frühpädagogischer Institutionen. In: Fried, L./Roux, S. (Hrsg.): Pädagogik der frühen Kindheit. Handbuch und Nachschlagewerk. Weinheim 2006, 268–280

Rhodes, W. C./Tracy, M. L.: A study of child variance, Bd. 1 – Theories. Ann Arbor 1972

Rich, L.: Disturbed students – Characteristics and Educational Strategies. Austin 1982

Richter, H.-E.: Eltern, Kind und Neurose – Psychoanalyse der kindlichen Rolle. Reinbek bei Hamburg 1969

Richter, H.-E.: Patient Familie. Reinbek bei Hamburg 1972

Richter, H.-G.: Leidensbilder. Psychopathische Werke und nicht-professionelle Bildnerei. Frankfurt/Main, Berlin, Bern 1997

Richter, H.-G. (Hrsg.): Pädagogische Kunsttherapie. Düsseldorf 1984

Richter, H.-G.: Therapeutischer Kunstunterricht. Düsseldorf 1977

Richter, S.: Lesen lernen, Schreiben lernen und Lese-Rechtschreibschwäche. In: Fleischer, T./Grewe, N./Jötten, B./Seifried, K./Sieland, B. (Hrsg.): Handbuch Schulpsychologie. Psychologie für die Schule. Stuttgart 2007, 151–160

Ricking, H.: Schulabsentismus. In: Sonderpädagogik 27 (1997), 229–240

Ricking, H./Schulze, G./Wittrock, M. (Hrsg.): Schulabsentismus und Dropout. Stuttgart 2009

Rieder, O. (Hrsg.): Allgemeiner Schulleistungstest (AST 2). Weinheim 1991

Riemann, F.: Grundformen der Angst. München 1961; 37. Auflage, München 2006

Ringel, E.: Der Selbstmord – Abschluss einer krankhaften psychischen Entwicklung. Wien, Düsseldorf 1953

Ringel, E.: Schülerselbstmord – ein SOS Ruf an die Gesellschaft. In: Erziehung und Unterricht, Jg. 124 (1974), H. 4, 217–228

Ringel, E.: Selbstmord – Appell an den anderen. München [2]1976

Ringel, E. (Hrsg.): Selbstmordverhütung. Bern, Stuttgart, Wien 1969

Rittelmeyer, C.: Kindheit in Bedrängnis. Zwischen Kulturindustrie und technokratischer Bildungsreform. Stuttgart 2007

Robert Koch-Institut (Hrsg.): Erste Ergebnisse der KiGGS-Studie. Zur Gesundheit von Kindern und Jugendlichen in Deutschland. Berlin 2006

Rödler, K.: Vergessene Alternativschulen – Geschichte und Praxis der Hamburger Gemeinschaftsschulen 1919 – 1933. Weinheim/München 1987

Rödler, P.: Diagnose: Autismus – Ein Problem der Sonderpädagogik. Frankfurt/M. 1983

Rogers, C. R.: Der neue Mensch. Stuttgart 1981

Rogers, C. R.: Die klient-bezogene Gesprächstherapie – Client-Centered Therapy. München [2]1972

Rogers, C. R.: Die Kraft des Guten. Ein Appell zur Selbstverwirklichung. München 1978

Rogers, C. R.: Die nicht-direktive Beratung – Counseling and Psychotherapy. Frankfurt/M. [6]1985

Rogers, C. R.: Eine neue Definition von Einfühlung. In: Jankowski, P./Tscheulin, D./Fietkau, H.-J./Mann, F. (Hrsg.): Klientenzentrierte Psychotherapie heute – Bericht über den I. Europäischen Kongress für Gesprächspsychotherapie in Würzburg 28.9.-4.10. 1974. Göttingen, Toronto, Zürich 1976, 33–51

Rogers, C. R.: Encounter-Gruppen – Das Erlebnis der menschlichen Begegnung. München [4]1974

Rogers, C. R.: Entwicklung der Persönlichkeit – Psychotherapie aus der Sicht eines Psychotherapeuten. Stuttgart 1973

Rogers, C. R.: Klientenzentrierte Psychotherapie. In: Corsini, R. J. (Hrsg.): Handbuch der Psychotherapie. Weinheim 1983, 471–512

Rogers, C. R.: Lernen in Freiheit. Zur Bildungsreform in Schule und Universität. München 1979

Rogers, C. R.: Meine Beschreibung einer personenzentrierten Haltung. In: Zeitschrift für personenzentrierte Psychologie und Psychotherapie, Jg.1 (1982), H.1, 75–77

Rogers, C. R.: Therapeut und Klient – Grundlagen der Gesprächspsychotherapie. München 1977

Roggensack, C.: Mythos ADHS. Konstruktion einer Krankheit durch die monodisziplinäre Gesundheitsforschung. Heidelberg 2006

Rohde-Dachser, Ch.: Das Borderline-Syndrom. Bern, Stuttgart, Wien [4]1989

Rohde-Dachser, Ch.: Ich-strukturelles Defizit. In: Mertens, W. (Hrsg.): Psychoanalyse – Ein Handbuch in Schlüsselbegriffen. München 1983, 83

Rollet, B./Bartram, M.: Anstrengungsvermeidungstest – AVT. Braunschweig [2]1981

Rolus-Borgward, S.: Schulleistungen von Kindern und Jugendlichen mit Verhaltensstörungen – eine Literaturanalyse. In: Sonderpädagogik 27 (1997) 194–201

Romey, S.: Listennummer 1237/43 – Meine Schwester Irma. In: Behindertenpädagogik, Jg. 23 (1984), 166–171

Rosa, K. R.: Das ist die Oberstufe des Autogenen Trainings. Frankfurt/M. 1983

Ross, A. O./Petermann, F.: Verhaltenstherapie mit Kindern und Jugendlichen – Methoden und Anwendungsgebiete. Stuttgart 1987

Ross, D. M./Ross, S. A.: Hyperactivity – Research, theory, and action. New York 1976

Rossbach, H.-G.: Vorschulische Erziehung. In: Cortina, K. S./Baumert, J./Leschinsky, A./MayerK. U./Trommer, L. (Hrsg.): Das Bildungswesen in der Bundesrepublik Deutschland. Strukturen und Entwicklungen im Überblick. Reinbek [2]2005, 252–284

Rossmann, P./Reicher, H.: Suizidales Verhalten. In: Gasteiger Klicpera, B./Julius, H./Klicpera, C. (Hrsg.): Sonderpädagogik der sozialen und emotionalen Entwicklung. Göttingen 2008, 276–290

Rost, D. H.: Erziehungspsychologie für die Grundschule. Bad Heilbrunn 1982

Rost, D. H. (Hrsg.): Lebensweltanalyse hochbegabter Kinder. Göttingen 1993

Rost, D. H.: Verhaltensanalyse. In: Rost, D. H. (Hrsg.): Handwörterbuch Pädagogische Psychologie. Weinheim [4]2010, 909–919

Rotering-Steinberg, S.: Kollegiale Praxisberatung/Supervision als präventives Angebot für Beratungslehrerinnen und Beratungslehrer. In: Grewe, N. (Hrsg.): Beratungslehrer – eine neue Rolle im System. Neuwied, Frankfurt/M. 1990, 346–349

Roth, G.: Persönlichkeit, Entscheidung und Verhalten. Warum es so schwierig ist, sich und andere zu ändern. Stuttgart 2007

Roth, H.: Empirische pädagogische Anthropologie – Konzeption und Schwierigkeiten. In: Zeitschrift für Pädagogik, Jg. 11 (1965), 207–221

Roth, M./Seiffg-Krenke, I.: Die Relevanz von familiären Belastungen und aggressivem, antisozialem Verhalten in Kindheit und Jugend für Delinquenz im Erwachsenenalter: Eine Studie an ›leichten‹ und ›schweren‹ Jungs in Haftanstalten. In: Seiffig-Krenke, I. (Hrsg.): Aggressionsentwicklung zwischen Normalität und Pathologie. Göttingen 2005, 283–308

Rozman, D.: Meditating with Children – The Art of Concentrating and Centering. Boulder Creek [3]1977

Rudnick, M.: Behinderte im Nationalsozialismus. Von der Ausgrenzung und der Zwangssterilisation zur Euthanasie. Weinheim, Basel 1985

Rudnick, M./Goetze, H.: Förderung für Grundschulkinder mit emotionalen Störungen/Verhaltensauffälligkeiten in Brandenburg. In: Sonderpädagogik 1996, 26 (2), 104–109

Ruedi, J.: Die Bedeutung Alfred Adlers für die Pädagogik – Eine historische Aufarbeitung der Individualpsychologie aus pädagogischer Perspektive. Bern, Stuttgart, Wien 1992

Rüegg, J. C.: Gehirn, Psyche und Körper. Stuttgart [5]2010b

Rüegg, J. C.: Mind & Body: Wie unser Gehirn die Gesundheit beeinflusst. Stuttgart 2010a

Ruf-Bächtiger, L.: Das frühkindliche psychoorganische Syndrom – Minimale cerebrale Dysfunktion, Diagnostik und Therapie. Stuttgart 1987

Rutherford, R. B./Quinn, M. M./Mathus, S. R. (Hrsg.): Handbook of research in emotional and behavioral disorders. New York: Guilford Press 2007

Rutter, M./Tizard, J./Yule, W./Graham, P./Whitmore, K.: Epidemiologie in der Kinderpsychiatrie – die Isle of Wight-Studien 1964–1974. In: Zeitschrift für Kinder- und Jugendpsychiatrie, Jg. 5 (1977), 238–279

Rutter, M.: Hilfen für milieugeschädigte Kinder – (Helping troubled children). München, Basel 1981

Samstag, K./Sander, A./Schmidt, R.: Diagnostischer Rechentest – DER 3 – Für dritte Klassen. Weinheim, Berlin 1971

Sander, A. et al.: Behinderte Kinder und Jugendliche in Regelschulen. St. Ingbert 1988

Sander, A.: Fördermaßnahmen für lernschwache Schüler. Hagen 1984

Sander, A.: Selektion bei der Integration? – Der Beitrag von Sonderpädagogischen Förderzentren. Vortrag auf dem DGfE-Kongress an der FU Berlin, 17.03.1992. Berlin 1992

Sander, A.: Überlegungen zu Konzeptionen von Sonderpädagogischen Förderzentren. In: Erziehung und Wissenschaft im Saarland, Jg. 38 (1991), H. 10, 19–22

Sander, A.: Untersuchungen zur Häufigkeit der sonderschulbedürftigen Behinderten. In: Muth, J. (Hrsg.): Sonderpädagogik 1. Stuttgart 1973, 16–28

Sarmski, K.: Geistige Behinderung. In: Steinhausen, H.-C. (Hrsg.): Schule und psychische Störungen. Stuttgart 2006, 119–132

Schaefer, C. E./Millmann, H. L.: Kompendium der Psychotherapie in Kindheit und Pubertät (Therapies for children). Frankfurt/M. 1984

Schäfer, M.: Musiktherapie als Heilpädagogik bei verhaltensauffälligen Kindern. Frankfurt/M. 1976

Scheerer-Neumann, G.: Frühe Rechtschreibförderung zur Vorbeugung von Rechtschreibschwäche. In: Borchert, J./Hartke, B./Jogschies, P. (Hrsg.): Frühe Förderung entwicklungsauffälliger Kinder und Jugendlicher. Stuttgart 2008, 164–177

Scheerer-Neumann, G.: Was kommt schon dabei raus? Lernen und Leisten in offenen Lernsituationen. In: Grundschule, Jg. 21 (1989), H. 1, 51–55

Schell, H.: Emotionale Störungen – Studienbrief (Deutsches Institut für Fernstudien an der Universität Tübingen). Tübingen 1988

Schenk, K.: Neue Wege in der Kinder- und Jugendpsychiatrie. Das sozialtherapeutische Segeln als Alternative zur geschlossenen Unterbringung. In: Segeln und Sozialpädagogik, Jg. 17 (1984), 1–21

Schenk-Danzinger, L. (Hrsg.): Entwicklung – Sozialisation – Erziehung: Von der Geburt bis zur Schulfähigkeit. Wien 1984

Schenk-Danzinger, L.: Entwicklungstests für das Schulalter. Wien: Jugend & Volk ²1971

Schermer, F. J.: Operante Methoden. In: Schermer, F. J./Weber, A./Drinkmann, A./Jungnitsch, G. (Hrsg.): Methoden der Verhaltensänderung: Basisstrategien. Stuttgart 2005, 50–95

Scherpner, H.: Geschichte der Jugendfürsorge. Göttingen 1979

Scheuerl, H.: Beiträge zur Theorie des Spiels. Weinheim 1954

Scheuerl, H. (Hrsg.): Das Spiel, Bd. 2 – Theorien des Spiels. Weinheim, Basel 1991

Scheuerl, H.: Das Spiel. Untersuchungen zu seinem Wesen, seinen pädagogischen Möglichkeiten und Grenzen. Weinheim, Basel ¹⁰1977

Scheuerl, H.: Theorien des Spiels. Erweiterte und ergänzte Neuausgabe der Beiträge zur Theorie des Spiels. Weinheim, Basel ¹⁰1975

Scheunpflug, A./Wulf, Ch. (Hrsg.): Biowissenschaft und Erziehungswissenschaft. Beiheft 5 der Zeitschrift für Erziehungswissenschaft. Wiesbaden 2006

Schick, A.: Entstehungsbedingungen aggressiven Verhaltens im Kindes- und Jugendalter. In: Deegener, G./Körner, W. (Hrsg.): Gewalt und Aggression im Kindes- und Jugendalter. Weinheim 2011, 20–34

Schick, A./Cierpka, M.: FAUSTLOS: Evaluation eines Curriculums zur Förderung sozial-emotionaler Kompetenzen und zur Gewaltprävention in der Grundschule. In: Kindheit und Entwicklung 12 (2) 2003, 100–110

Schier, E.: Zur Klassifikation suizidalen Verhaltens bei Heranwachsenden. In: Specht, F./ Schmidtke, A.: Selbstmordhandlungen bei Kindern und Jugendlichen. Regensburg 1986, 65–74

Schiffler, H.: Spielformen als Lernhilfe. Freiburg i. Br. 1982

Schiffler, L.: Einige kritische Anmerkungen zu den Versuchen von Lozanov. In: Bochow, P./ Wagner, H.: Suggestopädie (Superlearning) – Grundlagen und Anwendungsberichte. Speyer 1986, 41–47

Schiffler, L.: Suggestopädie und Superlearning – Empirisch geprüft. Weiterentwicklung für Schule und Erwachsenenbildung. Frankfurt/M. 1989

Schlee, J.: Kollegiale Beratung und Supervision für pädagogische Berufe. Stuttgart 2004

Schlee, J.: Selbsthilfe durch Kollegiale Beratung und Supervision. In: Schnoor, H. (Hrsg.): Psychosoziale Beratung in der Sozial- und Rehabilitationspädagogik. Stuttgart 2006, 66–73

Schley, W.: Kooperative Verhaltensmodifikation. In: Goetze, H./Neukäter, H. (Hrsg.): Handbuch der Sonderpädagogik, Bd. 6 – Pädagogik bei Verhaltensstörungen. Berlin 1989, 546–568

Schley, W.: Projektunterricht mit verhaltensgestörten Schülern: Prozessorientierte Arbeit mit Chancen und Risiken. In: Goetze, H./Neukäter, H. (Hrsg.): Disziplinkonflikte und Verhaltensstörungen in der Schule. Oldenburg 1988, 109–113

Schley, W./Redlich, A.: Kooperative Verhaltensmodifikation (KVM). In: Fittkau, B.: Pädagogisch-psychologische Hilfen für Erziehung, Unterricht und Beratung, Bd. 1. 1983, 173–199

Schmeichel, M.: Behinderte Menschen – lebensunwert für das Dritte Reich. Zeitschrift für Heilpädagogik, Jg. 33 (1982), 87–99

Schmid, P.: Verhaltensstörungen aus anthropologischer Sicht – Elemente einer Psychologie und Pädagogik für Verhaltensgestörte. Bern, Stuttgart 1985

Schmidbauer, W.: Die hilflosen Helfer. Reinbek bei Hamburg 1977

Schmidbauer, W.: Psychotherapie – Ihr Weg von der Magie zur Wissenschaft. München 1983

Schmidt, M. H.: Zur Prognose psychogener Störungen im Kindes- und Jugendalter. In: Nissen, G. (Hrsg.): Psychogene Psychosyndrome – und ihre Therapie im Kindes- und Jugendalter. Berlin, Stuttgart, Toronto 1991, 180–190

Schmidt-Atzert, L.: Emotionspsychologie. Stuttgart 1981

Schmidt, S./Ennemoser, M./Krajewski, K.: Deutscher Mathematiktest für neunte Klassen (DEMAT 9). Göttingen 2012

Schmidtchen, S.: Kinderpsychotherapie – Grundlagen, Ziele, Methoden. Stuttgart, Berlin, Köln 1989

Schmidtchen, S. (Hrsg.): Klientenzentrierte Spieltherapie. Weinheim, Basel [2]1980

Schmidtke, A./Häfner, H.: Suizide und Suizidversuche im Kindes- und Jugendalter in der Bundesrepublik Deutschland: Häufigkeiten und Trends. In: Specht, F./Schmidtke, A.: Selbstmordhandlungen bei Kindern und Jugendlichen. Regensburg 1986, 27–49

Schneewind, K. A.: Sozialisation unter entwicklungspsychologischen Perspektiven. In: Montada, L.: Brennpunkte der Entwicklungspsychologie. Stuttgart 1979, 288–299

Schneider, S.: Angststörungen bei Kindern und Jugendlichen – Grundlagen und Behandlungen. Berlin 2004

Schneider, S.: Verhaltenstherapie bei Kindern und Jugendlichen mit Angststörungen. Behandlungsbedarf und Behandlungsmöglichkeiten. Psychotherapeut, 50 (2006), 99–106

Schnitzler, A. (Hrsg.): Schwerpunkt Lehrerpersönlichkeit: pädagogische, psychologische und soziologische Aspekte. München 1980

Scholz-Ehrsam, E.: Zur Psychopathologie des schwachsinnigen Kindes. Berlin (Ost) 1962

Schöne, C./Dickhäuser, O./Spinath, B./Stiensmeier-Pelster, J.: Skalen zur Erfassung des schulischen Selbstkonzepts (SESSKO). Göttingen [2]2012

Schopler, E./Mesibov, G. B./Hearsey, K.: Structured Teaching in the TEACCH System. In: Schopler, E./Mesibov, G. B. (Hrsg.): Learning and Cognition in Autism. New York: Plenum 1995, 243–268

Schor, B.: Mobile Sonderpädagogische Dienste. Konzeption, Praxisorientierung, Handlungshilfen für ein integratives Bildungsangebot. Donauwörth 2001

Schottenloher, G.: Das therapeutische Potenzial spontanen bildnerischen Gestaltens unter besonderer Berücksichtigung körpertherapeutischer Methoden – Ein integrativer Therapieansatz. Konstanz 1989

Schröder, U.: Lernbehindertenpädagogik. Stuttgart [2]2005

Schröder, U./Wittrock, M. et al. (Hrsg.): Lernbeeinträchtigung und Verhaltensstörung – Konvergenzen in Theorie und Praxis. Stuttgart, Berlin, Köln 2002

Schroeder, J./Thielen, M.: Das Berufsvorbereitungsjahr. Stuttgart 2009

Schubarth, W.: Gewalt und Mobbing an Schulen. Möglichkeiten der Prävention und Intervention. Stuttgart 2010

Schuck, K. D.: Zur Bedeutung der Diagnostik bei der Begleitung von Lern- und Entwicklungsprozessen. In: Zeitschrift für Heilpädagogik (55) 2004, 350–360

Schule auf der Bult, Hannover. Im Internet unter: http://www.schule-auf-der-bult.¬de/default.htm, Abruf vom 13.02.2013

Schule für Erziehungshilfen des Lahn-Dill-Kreises. Im Internet unter: http://sfeh.de/index2.¬html, Abruf vom 14.02.2013

Schule Mindenerwald. Im Internet unter: www.schule-mindenerwald.de, Abruf vom 05.02.2013

SchulG, Schulgesetz für das Land Berlin vom 01.01.2007. Onlinepublikation: www.berlin.de, Abruf vom 10.04. 2008

Schulte, D.: Verhaltenstherapeutische Diagnostik. In: Deutsche Gesellschaft für Verhaltenstherapie (Hrsg.): Verhaltenstherapie. Theorien und Methoden. Tübingen [5]1993, 16–42

Schulten, H.: Der Arzt. Stuttgart 1966

Schultheis, J. R.: Entwicklung und Vorkommenshäufigkeit von Leitbegriffen in der Verhaltensgestörtenpädagogik. In: Heilpädagogische Forschung, Jg. 5 (1974), H. 1, 69–94

Schultz, A.-K.: Kooperation von Lehrkräften und Eltern bei Schulabsentismus. In: Ricking, H./Schulze, G./Wittrock, M. (Hrsg.): Schulabsentismus und Dropout. Stuttgart 2009, 277–290

Schultz, J. H.: Übungsheft für das autogene Training – Konzentrative Selbstentspannung. Stuttgart [13]1967

Schultz -Hencke, H.: Lehrbuch der analytischen Psychotherapie. Stuttgart [2]1970

Schulz, W.: Offene Fragen beim Offenen Unterricht. In: Grundschule, Jg. 21 (1989), H. 2, 30–37

Schulz, E./Fleischhaker, C./Wehmeier, P. M.: Medikamentöse Behandlung. In: Remschmidt, H. (Hrsg.): Kinder- und Jugendpsychiatrie. Stuttgart [3]2000, 391–400

Schulze, A.: Eine Spiel- und Beschäftigungsserie für entwicklungsgehemmte und erziehungsschwierige Kinder. In: Bracken, H. von (Hrsg.): Erziehung und Unterricht behinderter Kinder. Frankfurt/M. 1968

Schulze, G./Wittrock, M.: Schulaversives Verhalten. In: Gasteiger-Klicpera, B./Julius, H./Klicpera, C. (Hrsg.): Sonderpädagogik der sozialen und emotionalen Entwicklung. Göttingen 2008, 219–233

Schumacher, G.: Neues Lernen mit Verhaltensgestörten und Lernbehinderten – Der durchstrukturierte Klassenraum. Berlin 1975

Schumacher, K./Schäfer, M.: Theaterspiel und Musik – Gruppentherapie mit Problemkindern. Frankfurt/M. 1984

Schumann, F.: Der Jugendarrest – (Zucht-)Mittel zu jedem Zweck? In: Zentralblatt für Jugendrecht und Jugendwohlfahrt, Jg. 73 (1986), H. 8–9, 363–369

Schwab, J./Ice, J. F./Kokott, L./Stephenson, J./Schwab-Stone, M.: Familiäre Faktoren mit Einfluss auf die seelische Gesundheit und Krankheit von Kindern und Jugendlichen. In: Nissen, G. (Hrsg.): Psychogene Psychosyndrome – und ihre Therapie im Kindes- und Jugendalter. Berlin, Stuttgart, Toronto 1991, 155–168

Schwabe, Ch.: Regulative Musiktherapie. Jena 1979

Schwäbisch, L./Siems, M.: Selbstentfaltung durch Meditation. Reinbek bei Hamburg 1976

Schwarzer, R.: Angst. In: Klauer, K. J./Reinartz, A. (Hrsg.): Sonderpädagogik in allgemeinen Schulen, Bd. 9 – Handbuch der Sonderpädagogik. Berlin 1978, 143–150

Schwarzer, R.: Stress, Angst und Hilflosigkeit – Die Bedeutung von Kognition und Emotion bei der Regulation von Belastungssituationen. Stuttgart [2]1987

Schweitzer, F.: Moral, Verantwortung und Ich-Entwicklung. In: Zeitschrift für Pädagogik, Jg. 26 (1980), 931–942

Schwenk, B.: Verhältnis, pädagogisches. In: Lenzen, D. (Hrsg.): Pädagogische Grundbegriffe. Reinbek 1989, 1566–1572

Schweppe, G.: Zum Problem der Rückschulung von Sonderschülern mit Verhaltensstörungen in der Regelschule. In: Zeitschrift für Heilpädagogik, Jg. 32 (1981), 788–791

Sedlmeier, P.: Die Kraft der Meditation: Was die Wissenschaft darüber weiß. Reinbek 2016

Sedlmeier, P.: Meditation und Wissenschaft - Die moderne Analyse uralter Techniken. In: Forschung und Lehre - Alles Was Die Wissenschaft Bewegt. 23. Jg. 9/16, 806–807

Seibert, N. (Hrsg.): Erziehungsschwierigkeiten in Schule und Unterricht. Bad Heilbrunn/Obb. 1999

Seidel, K./Schulze, H. A. F./Göllnitz, G.: Neurologie und Psychiatrie – einschließlich Kinderneuropsychiatrie und Gerichtliche Psychiatrie. Berlin (Ost) [2]1980

Seidel, M.: Wie verändert eine Schulstation die Schule? In: VDS Fachverband für Behindertenpädagogik Landesverband Berlin (Hrsg.): Sonderpädagogik in Berlin, H. 3/2001, 46–52

Seitz, W.: Diagnostik bei Störungen des Erlebens und Verhaltens. In: Leonhardt, A./Wember, F. B. (Hrsg.): Grundfragen der Sonderpädagogik. Weinheim 2003, 218–243

Seitz, W.: Problemlage und Vorgehensweise der Diagnostik im Rahmen der Pädagogik bei Verhaltensstörungen. In: Hansen, G. (Hrsg.): Sonderpädagogische Diagnostik. Pfaffenweiler 1992, 107–139

Seitz, W.: Verhaltensstörungen von Kindern und elterliche Erziehung. In: Gösslbauer, J. P. et al. (Hrsg.): Brennpunkte der Psychologie. Sonderheft 4/1981 der Zeitschrift Politische Studien. München 1981, 31–51

Seitz, W./Rausche, A.: Persönlichkeitsfragebogen für Kinder zwischen 9 und 14 Jahren (PFK 9–14). Göttingen [4]2004

Seitz, W./Rautenberg, M.: Persönlichkeitsfragebogen für Inhaftierte. Göttingen 2010

Seitz, W./Stein, R.: Verhaltensstörungen. In: Rost, D. H. (Hrsg.): Handwörterbuch Pädagogische Psychologie. Weinheim [4]2010, 919–927

Selg, H.: Aggression. In: Asanger, R./Wenninger, G. (Hrsg.): Handwörterbuch Psychologie. Weinheim [4]1992, 1–4

Selg, H. (Hrsg.): Zur Aggression verdammt? Stuttgart, Berlin, Köln, Mainz [3]1973

Sellin, B.: Ich Deserteur einer artigen Autistenrasse. Herausgegeben von M. Klonovsky. Köln 1997

Sellin, B.: Ich will kein Inmich mehr sein. Herausgegeben von M. Klonovsky. Köln 1995

Selvin-Palazzoli, M.: Magersucht – Von der Behandlung einzelner zur Familientherapie. Aus dem Amerikanischen von H. Weller. Stuttgart 1982

Selye, H.: Stress beherrscht unser Leben. Düsseldorf 1957

Selzle, E.: Pädagogischer Assistent/Pädagogische Assistentin – Bundesanstalt für Arbeit (Hrsg.) – Blätter zur Berufskunde, Bd. 2 – III B 32. Bielefeld [3]1986

Senat der Stadt Berlin: Fördermaßnahmen für Schüler mit Verhaltensstörungen. Antwort zur Kleinen Anfrage 3677. Berlin 1998

Senat der Stadt Berlin: Fortbildungsprogramm für Grundschulen und Förderzentren in Berlin. Im Internet unter: http://www.berlin.de/lb/lkbgg/ gewalt_und_kriminalitaetspraevention/¬ schule-und-gewaltpraevention/allgemeines/index.html, Abruf vom 05.02.2013

Sevecke, K./Krischer, M.: Das Psychopathy-Konzept für Jugendliche – empirische Ergebnisse und forensisch-psychiatrische Aspekte. In: Steinhausen, H.-C./Bessler, C. (Hrsg.): Jugenddelinquenz – Entwicklungspsychiatrische und forensische Grundlagen und Praxis. Stuttgart 2008

Shaftel, F. R./Shaftel, G.: Rollenspiel als soziales Entscheidungstraining. München, Basel 1977

Shephard, M./Oppenheim, B./Mitchel, S.: Auffälliges Verhalten bei Kindern (Children Behaviour and Mental Health) – Verbreitung und Verlauf. Eine epidemiologische Untersuchung. Göttingen 1973

Sidler, M.: Die Zürcher Realbeobachtungsklasse in den den Jahren 1926–1936. Zürich 1937

Sidler, M./Moos, W.: Die Beobachtungsklasse Zürich, eine heilpädagogische Einrichtung. In: Zeitschrift für Kinderforschung (1928) 75–83

Sieland, B.: Beratung als Ermutigung. In: Grewe, N. (Hrsg.): Beratungslehrer – eine neue Rolle im System. Neuwied, Frankfurt/M. 1990, 55–67

Sieland, B./Siebert, M. (Hrsg.): Klinische Psychologie für Pädagogen. Braunschweig 1979

Sieverts, R.: Arbeitsvertragsbrüche Jugendlicher und ihre Behandlung. In: Reichsminister der Justiz und der Reichsjugendführer der NSDAP und Jugendführer des Deutschen Reiches (Hrsg.): Deutsches Jugendrecht, H. 4 – Zum neuen Jugendstrafrecht. Berlin 1944, 61–82

Silbenreisen, R. K./Ahnert, L.: Soziale Kognition. Entwicklung von Sozialem Wissen und Verstehen. In: Oerter, R./Montada, L. (Hrsg.): Entwicklungspsychologie. Weinheim [5]2002, 590–618

Simchen, H.: ADS. Unkonzentriert, verträumt, zu langsam und viele Fehler im Diktat. Hilfen für das hypoaktive Kind. Stuttgart [4]2004; [5]2007

Simchen, H.: Die vielen Gesichter des ADS. Begleit- und Folgeerkrankungen richtig behandeln. Stuttgart 2004

Simchen, H.: Verunsichert, ängstlich, aggressiv. Verhaltensstörungen bei Kindern und Jugendlichen – Ursachen und Folgen. Stuttgart 2008

Simon, W.: Befund: Legasthenie. – Neue Ergebnisse für die Praxis. Düsseldorf 1981

Singer, K.: Lehrer-Schüler-Konflikte gewaltfrei regeln – Erziehungsschwierigkeiten und Unterrichtsstörungen als Beziehungsschwierigkeiten bearbeiten. Weinheim, Basel 1988

Singer, K.: Maßstäbe für eine humane Schule – Mitmenschliche Beziehung und angstfreies Lernen durch partnerschaftlichen Unterricht. Frankfurt/M. 1981

Smale, G. G.: Die sich selbst erfüllende Prophezeiung – Positive oder negative Erwartungshaltungen und ihre Auswirkungen auf die pädagogische und therapeutische Beziehung. Freiburg i. Br. [2]1983

Snijders, J. Th./Snijders-Oomen, N.: Snijders-Oomen nicht-verbale Intelligenztestreihe (S.O.N.) – Nicht-verbale Intelligenzuntersuchung für Hörende und Taube. Groningen [2]1964

Soetemann, W./Wormland, A.: Integrierte schulische Erziehungshilfe an einer Grund- und Hauptschule in Köln. In: Muth, J./Kniel, A./Topsch, W. (Hrsg.): Schulversuche zur Integration behinderter Kinder in den allgemeinen Unterricht. Braunschweig 1976, 104–125

Solarová, S.: Prinzipien sonderpädagogischen Handelns. In: Bächtold, A./Jeltsch-Schudel, B./ Schlienger, I. (Hrsg.): Sonderpädagogik – Handlung Forschung Wissenschaft. Festschrift zum 60. Geburtstag von G. Heese. Berlin 1986, 149 ff.

Solarová, S.: Therapie und Erziehung im Aufgabenfeld des Sonderpädagogen. In: Sonderpädagogik 2 (1971) 49–58

Solarová, S.: Zur Theorie der Mehrfachbehinderungen. In: Asperger, H. (Hrsg.): 4. Internationaler Kongress für Heilpädagogik. Wien 1970, 76–81

Solarová, S.: Zur Theorie der Mehrfachbehinderungen. In: Die Rehabilitation, Jg. 9 (1970), 132–139

Sonderpädagogisches Zentrum für integrative Betreuung Wien. Im Internet unter: http://¬www.schulen.wien.at/schulen/909013/, Abruf vom 14.02.2013

SoPädVo, Verordnung über die Sonderpädagogische Förderung vom 19. JANUAR 2005. Onlinepublikation: www.berlin.de/sen/bildung/rechtsvorschriften, Abruf vom 12.04.2008

Sozialgesetzbuch: Bücher I–XII. München [36]2008; [41]2012; [44]2015

Spangler, G./Zimmermann, P.: Bindung und Anpassung im Lebenslauf: Erklärungsansätze und empirische Grundlagen für Entwicklungsprognosen. In: Oerter, R./von Hagen, C./Röper, G./Noam, G. (Hrsg.): Klinische Entwicklungspsychologie. Weinheim 1999, 170–194

Specht, F./Schmidtke, A. (Hrsg.): Selbstmordhandlungen bei Kindern und Jugendlichen – Beiträge zur Erforschung selbstdestruktiven Verhaltens. Regensburg 1986

Speck, O.: Chaos und Autonomie in der Erziehung. München 1991

Speck, O.: Erziehung und Achtung vor dem Anderen. München 1996

Speck, O.: Hirnforschung und Erziehung – Eine pädagogische Auseinandersetzung mit neurobiologischen Erkenntnissen. München 2008

Speck, O.: Kooperation zwischen Schule, Eltern und Tagesheim. Folgerungen aus dem Schulversuch Differenzierte Grundschule in München. In: Datler, W. (Hrsg.): Verhaltensauffälligkeit und Schule. Frankfurt, Bern 1987, 219–233

Speck, O. (Hrsg.): Pädagogische Modelle für Kinder mit Verhaltensstörungen – Berichte aus dem Ausland. München, Basel 1979a

Speck, O.: Schulische Inklusion aus heilpädagogischer Sicht. Rhetorik und Realität. München 2010

Speck, O.: Sonderpägogische Organisationsformen. In: Goetze, H./Neukäter, H. (Hrsg.): Handbuch der Sonderpädagogik, Bd. 6 – Pädagogik bei Verhaltensstörungen. Berlin 1989, 191–228

Speck, O.: Sonderschule, Benachteiligung und Elternrecht. In: Zeitschrift für Heilpädagogik 48 (1997); 233–241

Speck, O.: System Heilpädagogik – Eine ökologisch reflexive Grundlegung. München, Basel [2]1991; [5]2003

Speck, O.: Verhaltensstörungen, Psychopathologie und Erziehung – Grundlagen zu einer Verhaltensgestörtenpädagogik. Berlin 1979

Speck, O./Gottwald, P./Havers, N./Innerhofer, P.: Schulische Integration lern- und verhaltensgestörter Kinder – Bericht über ein Forschungsprogramm. München, Basel 1978

Speck, O./Martin, K.-R. (Hrsg.): Sonderpädagogik und Sozialarbeit, Bd. 10. – Handbuch der Sonderpädagogik. Berlin 1990

Spiel, W. (Hrsg.): Psychologie und Erziehung, Bd. 1 und 2 – Hilfe bei Entwicklungsstörungen. Weinheim, Basel 1986

Spiess, W. (Hrsg.): Die Logik des Gelingens. Entwicklungs- und lösungsorientierte Beratung im Kontext von Pädagogik. Dortmund [1]1998; [2]2000

Spiess, W.: Fachwissenschaftliche Stellungnahme zu den Empfehlungen zum Förderbereich emotionale und soziale Entwicklung. In: Drawe, W./Rumpler, F./Wachtel, P. (Hrsg.): Reader zur sonderpädagogischen Förderung. Würzburg: Bentheim 2000a

Spiess, W.: Förderschwerpunkt Emotionale und soziale Entwicklung. In: Zeitschrift für Heilpädagogik (55) 2004, 128–136

Spiess, W. (Hrsg.): Gruppen- und Teamsupervision in der Heilpädagogik – Konzepte und Erfahrungen. Bern, Stuttgart 1991

Spiess, W.: Lern- und Verhaltensstörungen bei ein und demselben Kind: Koinzidenz oder Komorbidität? In: Schröder, U./Wittrock, M. (Hrsg.): Lernbeeinträchtigung und Verhaltensstörungen. Stuttgart 2002, 17–26

Spiess, W.: Suche zuerst nach den Ursachen! oder Suche gleich die Lösungen! – Welche Strategie professionellen Handelns ist die bessere? In: Sonderpädagogik 1 (2000b), 30–41

Spitz, R. A.: Die anaklitische Depression. Eine Untersuchung der Genese psychischer Störungen in der frühen Kindheit. In: Cremerius, J. (Hrsg.): Psychoanalyse und Erziehungspraxis. Frankfurt/M., Hamburg 1971, 204–234

Spitz, R. A.: Vom Säugling zum Kleinkind. Stuttgart 1967

Spitzer, R. L./Gibbon, M./Skodol, A. E./Williams, J. B. W./First, M. B.: DSM-III-R Falldarstellungen – Diagnostisches und Statistisches Manual Psychischer Störungen DSM-III-R. Weinheim 1992

Sprau-Kuhlen, V.: Verhaltensmodifikation für verhaltensgestörte Schüler. In: Goetze, H./Neukäter, H. (Hrsg.): Handbuch der Sonderpädagogik – Pädagogik bei Verhaltensstörungen. Berlin 1989, 836–851

Staabs, G. von: Sceno-Test. Bern, Stuttgart, Wien ^{9}2004

Staatsinstitut für Schulpädagogik: Disziplinschwierigkeiten in der Schule – Ursachen, Vorbeugung, Abhilfe. Handreichung für Lehrer der Jahrgangsstufen 5 – 10. Donauwörth 1983

Stachura, P. D.: Das Dritte Reich und Jugenderziehung: Die Rolle der Hitlerjugend 1933–1939. In: Heinemann, M. (Hrsg.): Erziehung und Schulung im Dritten Reich. Teil 1: Kindergarten, Schule, Jugend, Berufserziehung. Stuttgart 1980, 90–112

Städeli, H. (Hrsg.): Die chronische Depression beim Kind und beim Jugendlichen. Bern 1978

Stadler, B.: Therapie unter geschlossenen Bedingungen – ein Widerspruch? Berlin 2006 (edoc.hu-berlin.de/dissertationen)

Stadler, C./Janke, W./Schmeck, K.: Inventar zur Erfassung von Impulsivität, Risikoverhalten und Empathie bei 9- bis 14-jährigen Kindern (IVE). Göttingen 2004

Staercke, K./Schumann, T.: Tendenzen staatlicher Jugendpolitik in Deutschland bis 1933 am Beispiel der Jugendpflege. Berlin 1975 (Diplomarbeit)

Stahlmann; M./Schiedeck; J.: Erziehung zur Gemeinschaft – Auslese durch Gemeinschaft. Zur Zurichtung des Menschen im Nationalsozialismus. Bielefeld 1991

Stapf, A.: Hochbegabung: Was ist das? In: Ministerium für Kultus, Jugend und Sport (Hrsg.): Begabung fördern. Hochbegabte Kinder in der Grundschule. Stuttgart 1998

Stapf, K. H./Hermann, Th./Stapf, A./Stäcker, K. H.: Psychologie des elterlichen Erziehungsstils – Komponenten der Bekräftigung in der Erziehung. Stuttgart 1972

Statistisches Bundesamt: Allgemeinbildende Schulen – Schuljahr 2011/2012. Fachserie 11 Reihe 1. Wiesbaden 2012b. Onlinepublikation: https://www.destatis.de/DE/Publikationen/ThematischBildungForschungKultur/Schulen/AllgemeinbildendeSchulen21101001¬27004.pdf?__blob=publicationFile, Abruf vom 10.12.2012

Statistisches Bundesamt: Bevölkerung und Erwerbstätigkeit. Vorläufige Ergebnisse der Bevölkerungsfortschreibung 2011. Wiesbaden 2012i. Onlinepublikation: https://www.¬destatis.de/DE/Publikationen/Thematisch/Bevoelkerung/Bevoelkerungsstand/VorlBe¬voelkerungsfortschreibung5124103119004.pdf?__blob=publicationFile, Abruf vom 18.12.2012

Statistisches Bundesamt: Bevölkerung und Erwerbstätigkeit. Vorläufige Ergebnisse der Bevölkerungsfortschreibung 2015. Wiesbaden 2016c. Onlinepublikation: https://www.¬destatis.de/DE/Publikationen/Thematisch/Bevoelkerung/Bevoelkerungsstand/Bevoelke¬rungsfortschreibung2010130157004. pdf?__blob=publicationFile, Abruf vom 14.10.¬2017

Statistisches Bundesamt: Bildung und Kultur. Allgemeinbildende Schulen, Schuljahr 2014/2015. Onlinepublikation: https://www.destatis.de/DE/Publikationen/Thematisch/Bildung¬ForschungKultur/Schulen/AllgemeinbildendeSchulen2110100157004.pdf?__blob=publi¬cationFile, Abruf vom 03.10.2017.

Statistisches Bundesamt: Gesundheit. Todesursachen in Deutschland. Fachserie 12 Reihe 4. Wiesbaden 2004b, 2005a, 2005b, 2006a, 2007c, 2008, 2010a, 2010b, 2011b, 2012c, 2013a, 2014a, 2015a, 2016b, 2017a. Onlinepublikation: https://www.destatis.de/DE/¬ZahlenFakten/GesellschaftStaat/Gesundheit/Todesursachen/Todesursachen.html - Tabellen, Abruf vom 10.10.2017

Statistisches Bundesamt: Grunddaten der Krankenhäuser 2010. Fachserie 12 Reihe 6.1.1. Wiesbaden 2011a. Onlinepublikation: https://www.destatis.de/DE/Publikationen/The¬matisch/Gesundheit/Krankenhaeuser/GrunddatenKrankenhaeuser2120611107004.pdf?_blob=publicationFile 1, Abruf vom 13.01.13

Statistisches Bundesamt: Grunddaten der Krankenhäuser und Vorsorge- oder Rehabilita-tionseinrichtungen 2000. Fachserie 12 Reihe 6.1. Wiesbaden 2001a. Onlinepublikation: https://www.destatis.de/DE/Publikationen/Thematisch/Gesundheit/Krankenhaeuser/¬GrunddatenKrankenhaeuser2120610007004.pdf?__blob=publicationFile, Abruf vom 13.01.13

Statistisches Bundesamt: Rechtspflege. Bestand der Gefangenen und Verwahrten in den deut-schen Justizvollzugsanstalten nach ihrer Unterbringung auf Haftplätzen des geschlossenen und offenen Vollzugs jeweils zu den Stichtagen 31. März, 31. August und 30. November eines Jahres. Wiesbaden 2012d. Onlinepublikation: https://www.destatis.de/DE/Publi¬kationen/Thematisch/Rechtspflege/StrafverfolgungVollzug/BestandGefangeneVerwahr¬tePDF_5243201.pdf?__blob=publicationFile, Abruf vom 18.12.2012

Statistisches Bundesamt: Rechtspflege. Bestand der Gefangenen und Verwahrten in den deut-schen Justizvollzugsanstalten nach ihrer Unterbringung auf Haftplätzen des geschlossenen und offenen Vollzugs jeweils zu den Stichtagen 31. März, 31. August und 30. November eines Jahres. Wiesbaden 2016d. Onlinepublikation: https://www.destatis.de/DE/Publi¬kationen/Thematisch/Rechtspflege/StrafverfolgungVollzug/Strafvollzug2100410167004.¬pdf?__blob=publicationFile, Abruf vom 14.10.2017

Statistisches Bundesamt: Rechtspflege. Strafverfolgung. Fachserie 10 Reihe 3. Wiesbaden 2012e. Onlinepublikation: https://www.destatis.de/DE/Publikationen/Thematisch/Rechts¬pflege/StrafverfolgungVollzug/Strafverfolgung2100300117004.pdf?__blob=publicationFile, Abruf vom 18.12.2012

Statistisches Bundesamt: Rechtspflege. Strafvollzug – Demographische und kriminologische Merkmale der Strafgefangenen zum Stichtag 31.3. Fachserie 10 Reihe 4.1. Wiesbaden 2005c, 2006b, 2009, 2010c, 2011c, 2012 f, 2015b, 2017b. Onlinepublikation: https://¬www.destatis.de/DE/ZahlenFakten/GesellschaftStaat/Rechtspflege/Rechtspflege.html#¬Tabellen, Abruf vom 12.12.2017

Statistisches Bundesamt: Tatverdächtige: Deutschland, Jahre, Nationalität, Geschlecht zum Stichtag 12.12.2017. Wiesbaden 2017c. Onlinepublikation: https://www-genesis.¬destatis.de/genesis/online;jsessionid=8E1D41F6AA20032E16036DBDDFA8340D.tomcat_¬GO_2_3?operation=previous&levelindex=2&levelid=1513073468777&step=2, Abruf vom 12.12.2017

Statistisches Bundesamt: Strafvollzug. Strafgefangene nach Geschlecht, Alter und Art des Vollzugs, voraussichtliche Vollzugsdauer zum Stichtag 12.12.2017. Wiesbaden 2017d. Onlinepublikation: https://www.destatis.de/DE/ZahlenFakten/GesellschaftStaat/Rechts¬pflege/Tabellen/Strafgefangene.html, Abruf vom 12.12.2017

Statistisches Bundesamt: Statistik der Kinder- und Jugendhilfe Teil III, 1. Wiesbaden 2007a, Auskunft vom 10.04.2008

Statistisches Bundesamt: Statistiken der Kinder und Jugendhilfe. Erzieherische Hilfe, Ein-gliederungshilfe für seelisch behinderte junge Menschen, Hilfe für junge Volljährige. Wiesbaden 2012g. Onlinepublikation: https://www.destatis.de/DE/Publikationen/The¬matisch/Soziales/KinderJugendhilfe/ErzieherischeHilfe5225112117004.pdf?__blob=¬publicationFile, Abruf vom 11.12.2012

Statistisches Bundesamt: Statistiken der Kinder und Jugendhilfe. Kinder und tätige Personen in Tageseinrichtungen und in öffentlich geförderter Kindertagespflege am 01.03.2012. Wiesbaden 2012h. Onlinepublikation: https://www.destatis.de/DE/Publikationen/Thema¬tisch/Soziales/KinderJugendhilfe/TageseinrichtungenKindertagespflege5225402127004.¬pdf?__blob=publicationFile, Abruf vom 11.12.2012

Statistisches Bundesamt: Statistische Jahrbücher für die Bundesrepublik Deutschland. Stutt-gart/Wiesbaden 1972, 1987, 2001b, 2004a, 2007b, 2012a

Statistisches Bundesamt: Statistiken der Kinder und Jugendhilfe. Erzieherische Hilfe, Ein-gliederungshilfe für seelisch behinderte junge Menschen, Hilfe für junge Volljährige. Wiesbaden 2016a. Onlinepublikation: https://www.destatis.de/DE/Publikationen/The¬

matisch/Soziales/KinderJugendhilfe/ErzieherischeHilfe5225112157004.pdf?__blob=¬ publicationFile, Abruf vom 10.10.2017

Steffgen, G./Dusi, D.: Ärgerbewältigungstraining. In: Schermer, F. J./Weber, A. (Hrsg.): Methoden der Verhaltensänderung: Komplexe Interventionsprogramm. 37–64. Stuttgart 2007

Stein, R.: Arbeitslehre. In: Kaiser, A./Schmetz, D./Wachtel, P./Werner, B. (Hrsg.): Didaktik und Unterricht. Behinderung, Bildung und Partizipation – Enzyklopädisches Handbuch der Behindertenpädagogik, Bd. 4. Stuttgart 2011b, 237–241

Stein, R.: Beratung als Aspekt sonderpädagogischer Professionalität. Skizze einer Baustelle – am Beispiel des Kontextes Erziehungshilfe. In: Zeitschrift für Heilpädagogik 2012b, 63 (7), 279–286

Stein, R.: Einführung in die pädagogische Gestaltarbeit. Baltmannsweiler 2005

Stein, R.: Förderung bei Ängstlichkeit und Angststörungen. Stuttgart 2012c

Stein, R.: Grundwissen Verhaltensstörungen. Baltmannsweiler [3]2012a; [5]2017

Stein, R.: Pädagogik bei Verhaltensstörungen – zwischen Inklusion und Intensivangeboten. In: Zeitschrift für Heilpädagogik 2011a, 62 (9), 324–336

Stein, R.: Zum Selbstkonzept im Lebensbereich Beruf bei Lehrern für Sonderpädagogik. Hamburg 2004

Stein, R./Ellinger, S.: Zwischen Separation und Inklusion: zum Forschungsstand im Förderschwerpunkt emotionale und soziale Entwicklung. In: Stein, R./Müller, T. (Hrsg.): Inklusion im Förderschwerpunkt emotionale und soziale Entwicklung. Stuttgart 2015. 76–109.

Stein, R./Faas, A.: Unterricht bei Verhaltensstörungen. Ein integratives Modell. Neuwied, Berlin 1999

Stein, R./Kranert, H.-W./Wagner, S.: Inklusion an beruflichen Schulen. Bielefeld 2016

Stein, R./Orthmann Bless, D. (Hrsg.): Integration in Arbeit und Beruf bei Behinderungen und Benachteiligungen. Baltmannsweiler 2009

Stein, R./Stein, A.: Unterricht bei Verhaltensstörungen. Bad Heilbrunn [1]2006; [2]2014

Steinbrecher, W.: Die Bildungssituation schulpflichtiger Kinder und Jugendlicher in Heimen der öffentlichen Erziehung – Ergebnisse einer Untersuchung. Hannover 1984

Steiner, H./Karnik, B./Plattner, B./Silvermann, M./Shaw, R.: Neue Ansätze zur Jugenddelinquenz: Neurowissenschaften und Entwicklungspsychiatrie. In: Steinhausen, H.-C./Bessler, C. (Hrsg.): Jugenddelinquenz – Entwicklungspsychiatrische und forensische Grundlagen und Praxis. Stuttgart 2008

Steingrüber, H./Lienert, G. A.: Hand-Dominanz-Test (HDT). Göttingen 1971

Steinhausen, H.-C. (Hrsg.): Das konzentrationsgestörte und hyperaktive Kind. Stuttgart 1982

Steinhausen, H.-C.: Hyperkinetische Störungen im Kindes- und Jugendalter. Stuttgart 1995

Steinhausen, H.-C.: Psychische Störungen bei Kindern und Jugendlichen – Lehrbuch der Kinder- und Jugendpsychiatrie. München, Wien 1988

Steinhausen, H.-C.: Psychosomatische Störungen und Krankheiten bei Kindern und Jugendlichen. Stuttgart 1981

Steinhausen, H.-C. (Hrsg.): Risikokinder – Ergebnisse der Kinderpsychiatrie und -psychologie. Stuttgart 1984

Steinhausen, H.-C. (Hrsg.): Schule und psychische Störungen. Stuttgart 2006

Steinhausen, H.-C./Bessler, C. (Hrsg.): Jugenddelinquenz – Entwicklungspsychiatrische und forensische Grundlagen und Praxis. Stuttgart 2008

Steinhausen, H.-C./Wefers, D.: Körperbehinderte Kinder und Jugendliche – Empirische Untersuchung zur Psychologie der Körperbehinderung. Weinheim, Basel 1977

Steinke, B.: Problemkonstellationen Jugendlicher und Erfolge im berufsbefähigenden Lehrgang (BB-10). Unveröffentlichte Diplomarbeit, Freie Universität Berlin 1991

Steinmetz-Brand, U.: In der Krise wächst die Chance. Ganzheitliches Gewaltpräventions- und Interventionsprogramm der Georg Büchner Schule, Schule für Erziehungshilfe und Kranke. In: Fröhlich-Gildhoff, K.: Gewalt begegnen. Konzepte und Projekte zur Prävention und Intervention. Stuttgart 2006, 134–151

Steins, G. (Hrsg.): Schule trotz Krankheit – Eine Evaluation von Unterricht mit kranken Kindern und Jugendlichen und Implikationen für die allgemeinbildenden Schulen. Lengerich 2008

Stengel, E.: Selbstmord und Selbstmordversuch. Frankfurt/M. 1969

Steuber, H.: Zur Häufigkeit von Verhaltensstörungen im Grundschulalter. In: Praxis der Kinderpsychologie und Kinderpsychiatrie, Jg. 22 (1973), 246–250

Stiehler, M.: AD(H)S – Erziehen statt behandeln – Göttingen 2007b

Stiehler, M.: Konzentrationserziehung statt AD(H)S-Therapie. Ein Modell nach Paul Moor. Bad Heilbrunn 2007a

Stiksrud, A.: Wertewandel. In: Asanger, R./Wenninger, G. (Hrsg.): Handwörterbuch Psychologie. Weinheim [4]1992, 848–854

Stockert, F. G. von: Kinderselbstmorde. In: Stockert, F. G. von/Hufschmidt, H. J.: Einführung in die Psychopathologie des Kindesalters. München 1967, 109–112

Stoellger, N.: Behinderte und nichtbehinderte Kinder in gemeinsamen Klassen der Fläming-Grundschule in Berlin. In: Deppe-Wolfinger, H. (Hrsg.): behindert und abgeschoben. Weinheim: Beltz, 1983, 170–194

Stoellger, N.: Das Sonderpädagogische Förderzentrum – Darstellung und Entwicklung eines Reformkonzepts. Zeitschrift für Heilpädagogik 48, 1997, 98–104

Stoellger, N.: Von der Sonderschule zum Sonderpädagogischen Förderzentrum. Zeitschrift für Heilpädagogik 43, 1992, 445–458

Stöhr, R.-M.: Misshandelnde Eltern und ihre psychosoziale Situation. In: Martinius, J./Frank, R.: Vernachlässigung, Missbrauch und Misshandlung von Kindern. Bern, Stuttgart, Toronto 1990, 31–38

Stott, D. H./Marston, N. C./Neill, S. J.: Taxonomy of behavior disorders. London 1975

Strasburg, P. A.: Geschlossene Unterbringung von gewalttätigen Jugendlichen? Eine auch in New York aktuelle Frage. In: Zeitschrift für Sozialpädagogik, Jg. 22. (1980), H. 2, 83–86

Strasser, U.: Schulschwierigkeiten – Entstehungsbedingungen, pädagogische Ansätze, Handlungsmöglichkeiten. Luzern 1987

Strauss, A. A./Lehtinen, L. E.: Psychopathology and Education of the Brain-injured Child. New York 1947

Streicher, B./Harder, H./Netzer, H. (Hrsg.): Erlebnispädagogik in den Bergen. Grundlagen, Aktivitäten, Ausrüstung und Sicherheit. München 2015

Strenghts and Difficulties Questionnaire (SDQ). Im Internet unter: http://www.sdqinfo.com/. Abruf vom 11.12.2012

Strain, F.: Angst: Grundlagen und Klinik – Ein Handbuch zur Psychiatrie und medizinischen Psychologie. Berlin 1983

Strohmayer, W.: Vorlesungen über die Psychopathologie des Kindesalters für Mediziner und Pädagogen. Tübingen 1910

Strümpell, L.: Die pädagogische Pathologie oder die Lehre von den Fehlern des Kindes. Leipzig [4]1910

Strunk, A.: Jugendarbeitslosigkeit, Jugendkriminalität, Jugendberufshilfe. In: Die berufliche Sozialarbeit, Jg. 39 (1988), H. 6, 134–138

Strunk, P.: Formenkreis der endogenen Psychosen. In: Eggers, Ch./Lempp, R./Nissen, G./Strunk, P. (Hrsg.): Kinder- und Jugendpsychiatrie Berlin, Heidelberg, New York, London, Paris, Tokyo, Hong Kong [5]1989, 535–573

Strunk, P.: Grundzüge der Diagnostik. In: Eggers, Ch./Lempp, R./Nissen, G./Strunk, P. (Hrsg.): Kinder- und Jugendpsychiatrie Berlin, Heidelberg, New York, London, Paris, Tokyo, Hong Kong [5]1989, 37–61

Stulz, G.: Das Wesen der sonderpädagogischen Arbeit am schwererziehbaren Kinde – Dargestellt an einem Falle von Schwererziehbarkeit (Diss. phil.). Hamburg 1930

Stumpf, E.: Förderung bei Hochbegabung. Stuttgart 2012

Suchodoletz, W. von (Hrsg.): Therapie der Lese-Rechtschreibstörung (LRS). Traditionelle und alternative Behandlungsverfahren im Überblick. Stuttgart 2003

Suhr-Dachs: Schule und Leistungsängste. In: Steinhausen, H.-C. (Hrsg.): Schule und psychische Störungen. Stuttgart 2006, 52–67

Süllwold, F./Berg, M.: Problemfragebogen für Jugendliche – Deutsche Fassung des SRA Youth Inventory von H. H. Remmers und B. Shimberg. Göttingen 1967

Sutherland, E. H.: Die Theorie der differentiellen Kontakte. In: Sack, F./König, R. (Hrsg.): Kriminalsoziologie. Frankfurt/M. 1968, 395 ff.

Sutherland, E. H./Cressey, D.: Principles of Criminology. Philadelphia, New York, Toronto 1974

Sutton-Smith, B.: Die Dialektik des Spiels. Schorndorf 1978

Swarthout, D. W.: Enhancing the Moral Development of Behaviorally/Emotionally Handicapped Students. In: J. Behavioral Disorders, Jg. 14 (1988), H. 1, 57–68

Tacke, G.: Frühe Leseförderung zur Vorbeugung von Leseschwäche. In: Borchert, J./Hartke, B./Jogschies, P. (Hrsg.): Frühe Förderung entwicklungsauffälliger Kinder und Jugendlicher. Stuttgart 2008, 152–163

Tänzer, U.: Die Illusion von Trainingsverfahren. Oldenburg 2002

Tänzer, U.: Die (Nicht-)Eignung von Trainingsverfahren zur möglichen Erhöhung der Partizipation von Schülerinnen und Schülern mit Förderbedarf im Bereich der emotionalen und sozialen Entwicklung. In: Wittrock, M./Lütgenau, B. (Hrsg.): Wege zur Partizipation – Förderung an der Schnittstelle von Lernen und Verhalten. Oldenburg 2004, 81–92

Tarnopol, L. (Hrsg.): Neurogene Lernstörungen – Medizinische, psychologische und soziale Aspekte der Behandlung. München, Basel 1981

Tausch, R.: Gesprächspsychotherapie. Göttingen [4]1970

Tausch, R./Tausch, A.-M.: Erziehungspsychologie – Begegnung von Person zu Person. Göttingen, Toronto, Zürich [10]1991

Tausch, R./Tausch, A.-M.: Erziehungspsychologie. Göttingen [8]1977

Tausch, R./Tausch, A.-M.: Gesprächspsychotherapie – Einfühlsame Gruppen- und Einzelgespräche in Psychotherapie und alltäglichem Leben. Göttingen 1979

Tausch, R./Tausch, A.-M.: Kinderpsychotherapie im nicht-direktiven Verfahren. Göttingen 1956

Teicher, J. D.: Kinder, die sterben wollen. In: Tempo Medical (1978) H. 6, 24–28

Tellegen, P. J./Laros, J. A.: SON-R 2 ½–7. Non-verbaler Intelligenztest. Göttingen 2007

Tellegen, P. J./Laros, J. A.: SON-R 5 ½–17 (Snijders-Oomen non-verbaler Intelligenztest). Göttingen [3]2005

Tellegen, P. J./Laros, J. A./Petermann, F.: SON-R 6–40. Non-verbaler Intelligenztest. Göttingen 2012

Tennstädt, K.-C./Krause, F./Humpert, W./Dann, H. D.: Das Konstanzer Trainingsmodell (KTM). Ein integratives Selbsthilfeprogramm für Lehrkräfte zur Bewältigung von Aggression und Störung im Unterricht auf der Basis subjektiver Theorien. Trainingshandbuch. Konstanz 1987

Textor, M. R.: Kindergartenpädagogik – Onlinehandbuch – Gehirnentwicklung und Lernen im Kleinkindalter. Abruf vom 15.5.2008

Textor, M. R. (Hrsg.): Praxis der Kinder- und Jugendhilfe – Handbuch für die sozialpädagogische Anwendung des KJHG. Weinheim 1992

Thalmann, H.-Ch.: Verhaltensstörungen bei Kindern im Grundschulalter. Stuttgart 1971

Thielen, M. (Hrsg.): Pädagogik am Übergang. Bad Heilbrunn 2011

Thimm, K.: Schulverweigerung. Zur Begründung eines neuen Verhältnisses von Sozialpädagogik und Schule. Münster 2000

Thomas, K.: Suizid bei Schülern und seine Verhütung. In: Specht, F./Schmidtke, A.: Selbstmordhandlungen bei Kindern und Jugendlichen. Regensburg 1986, 75–82

Thomasius, R.: Drogenabhängigkeit bei Jugendlichen. In: Möller, C. (Hrsg.): Drogenmissbrauch im Jugendalter. Ursachen und Auswirkungen. Göttingen 2006, 13–36

Thurner, F./Tewes, U.: Kinder-Angst-Test-II (KAT II). Göttingen 2000

Tieber, E.: Allgemeine körperliche Untersuchung. In: Remschmidt, H. (Hrsg:): Kinder- und Jugendpsychiatrie. Eine praktische Einführung. Stuttgart, New York [2]1987, 31–33

Tieber, E.: Neurologische Untersuchung. In: Remschmidt, H. (Hrsg:): Kinder- und Jugendpsychiatrie. Eine praktische Einführung. Stuttgart, New York [2]1987, 34–35

Tieber, E.: Zusätzliche Laboruntersuchungen. In: Remschmidt, H. (Hrsg:): Kinderund Jugendpsychiatrie. Eine praktische Einführung. Stuttgart, New York [2]1987, 37–48

Tikkanen, M.: Aifos heißt Sofia – Leben mit einem besonderen Kind. Reinbek b. Hamburg 1984

Tinbergen, E. A./Tinbergen, N.: Autismus bei Kindern – Fortschritte im Verständnis und neue Heilbehandlungen lassen hoffen. Berlin, Hamburg 1984

Tischler, B.: Musik bei neurosegefährdeten Schülern. Regensburg 1983

Tornow, H.: Verhaltensauffällige Schüler aus der Sicht des Lehrers. Weinheim, Basel 1978

Trabandt, H./Wurr, R.: Prävention in der sozialen Arbeit – Planung und Durchsetzung institutioneller Neuerungen. Opladen 1989

Trappe, H.-J.: Mit Musik den Blutdruck senken. In: DRUCKPUNKT – Das Magazin für Prävention und Behandlung des Bluthochdrucks und seiner Folgen, 2/2010 ;28–29

Trescher, H.-G.: Theorie und Praxis der psychoanalytischen Pädagogik. Frankfurt/M. 1985

Triebel, A.: Der Berufsbildungsbereich in der Werkstatt für behinderte Menschen. In: Mecklenburg, H./Storck, J. (Hrsg.): Handbuch Berufliche Integration und Rehabilitation. Wie psychisch kranke Menschen in Arbeit kommen und bleiben. Bonn 2010, 177–182

Troch, A.: Gesprächskreise mit Schülern – Heterogene Beratungsgruppen als Angebot des Beratungszentrums einer Gesamtschule. Berlin, Freie Universität 1985 (Diss.)

Trost, F.: Die Göttingsche Industrieschule. Berlin 1930

Trube-Becker, E.: Gewalt gegen das Kind. Heidelberg 1982

Trüper, J.: Psychopathische Minderwertigkeiten im Kindesalter. Gütersloh 1893

Tschöpe, B.: Die Bedeutung des Sports in der Rehabilitation drogenabhängiger Jugendlicher. Hamburg 1979

Tschöpe-Scheffler, S.: Neue Konzepte der Elternbildung – Ein kritischer Überblick. Opladen 2005

Tüllinger Höhe. Im Internet unter: http://tuellingerhoehe.de/; Abruf vom 25.03.2013

Tüllinger Höhe: Sonderpädagogischer Dienst der Schule für Erziehungshilfe, Bericht als Skript, Lörrach 2013, 5

Tuschen-Caffier, B./Pook, M./Hilbert, A.: Diagnostik von Essstörungen und Adipositas. Göttingen 2005

Ufer, Ch.: Das Wesen des Schwachsinns. In: Ufer, Ch.: Beiträge zur pädagogischen Pathologie. Langensalza 1893

Uhle, R.: Gewalt und Mobbing – Was Schulen wissen sollten. In: Fleischer, T./Grewe, N./ Jötten, B./Seifried, K./Sieland, B. (Hrsg.): Handbuch Schulpsychologie. Psychologie für die Schule. Stuttgart 2007, 245–272

Ulich, D.: Das Gefühl – Eine Einführung in die Emotionspsychologie. München 1982

Ulich, D./Mayring, P.: Psychologie der Emotionen. Stuttgart 1992

Ulich, K. (Hrsg.): Wenn Schüler stören. München 1980

Umbreit, J./Ferro, J./Liaupsin, C. J./Lynne Lane, K.: Functional Behavioral Assessment and Function-Based Intervention: An effective, practical approach. Upper Saddle River 2007

Unabhängiger Beauftragter für Fargen des sexuellen Kindesmissbrauchs. Im Internet unter: http://beauftragter-missbrauch.de/, Abruf vom 29.01.2013

UNODC, United Nations Office on Drugs and Crime: World Drug Report 2012. New York 2012. Onlinepublikation: http://www.unodc.org/documents/data-and-analysis/WDR2012/¬ WDR_2012_web_small.pdf, Abruf vom 14.03.2013

Urban, K. K.: Förderung besonderer Begabungen. Demokratischer Anspruch – Pädagogische Herausforderung. Rodenberg 1996

Vaitl, D./Petermann, F. (Hrsg.): Entspannungsverfahren. Das Praxishandbuch. Weinheim 2004

VAKJP, Vereinigung analytischer Kinder- und Jugendlichenpsychotherapeuten in Deutschland e. V. Im Internet unter: http://www.vakjp.de/, Abruf vom 01.03.2013

Van der Kooij, R.: Spiel und Verhaltensstörungen bei Schülern. In: Goetze, H./Neukäter, H. (Hrsg.): Pädagogik bei Verhaltensstörungen. Handbuch der Sonderpädagogik, Bd. 6. Berlin [2]1993, 354–372

Van der Kooij, R./Been, P. H.: Neue Modelle für die diagnostische Praxis. Bern 1996

Vent, H.: Verwahrlosung Minderjähriger. Hanau 1979

Vernooij, M. A.: Anthropologische Grundlagen. In: Goetze, H./Neukäter, H. (Hrsg.): Handbuch der Sonderpädagogik, Bd. 6 – Pädagogik bei Verhaltensstörungen. Berlin 1989, 50–70

Vernooij, M. A.: Beratung unter systemischem Aspekt. In: Diouani-Streek, M./Ellinger, S. (Hrsg.): Beratungskonzepte in sonderpädagogischen Handlungsfeldern. Oberhausen 2007, 51–69

Vernooij, M. A.: Das Sonderpädagogische Förderzentrum – eine neue Möglichkeit der institutionalisierten Hilfe für Schüler mit Verhaltensauffälligkeiten. In: Goetze, H. (Hrsg.): Pädagogik bei Verhaltensstörungen – Innovationen. Bad Heilbrunn 1994, 41–57

Vernooij, M. A.: Einführung in die Heil- und Sonderpädagogik. Wiebelsheim [8]2007

Vernooij, M. A.: Erziehung und Bildung beeinträchtigter Kinder und Jugendlicher. Paderborn 2005

Vernooij, M. A.: Essstörungen. In: Gasteiger Klicpera, B./Julius, H./Klicpera, C. (Hrsg.): Sonderpädagogik der sozialen und emotionalen Entwicklung. Göttingen 2008, 291–304

Vernooij, M. A.: Hampelliese – Zappelhans – Problemkinder mit hyperkinetischem Syndrom unter besonderer Berücksichtigung des individualpsychologischen Aspektes. Bern, Stuttgart 1992

Vernooij, M. A.: Schulische Einrichtungen für Verhaltensgestörte. Hagen 1982

Vernooij, M. A.: Suchtprävention bei Kindern und Jugendlichen. In: Wittrock, M./Lütgenau, B. (Hrsg.): Wege zur Partizipation – Förderung an der Schnittstelle von Lernen und Verhalten. Oldenburg 2004, 151–168

Vernooij, M. A.: Verhaltensstörungen. In: Borchert, J. (Hrsg.): Handbuch der Sonderpädagogischen Psychologie. Göttingen, Bern, Toronto 2000, 32–45

Vernooij, M. A./Schneider, S.: Handbuch der Tiergestützten Intervention. Wiebelsheim 2008

Vernooij, M. A./Wittrock, M. (Hrsg.): Beziehung(-s) Gestalten. Oldenburg 2003

Vernooij, M. A./Wittrock, M. (Hrsg.): Verhaltensgestört. Perspektiven, Diagnosen, Lösungen im pädagogischen Alltag. Paderborn, München, Wien 2004; [2]2008

Verres, R./Sobez, I.: Ärger, Aggression und soziale Kompetenz. Stuttgart 1980

Vester, F.: Denken, Lernen, Vergessen. Stuttgart 1975

Vester, F.: Phänomen Stress – Wo liegt sein Ursprung. Warum ist er lebenswichtig. Wodurch ist er entartet. Stuttgart [2]1980

Vilgertshofer, R.: Der Pädagogische Assistent in den Volksschulen Bayerns. München 1979 (Diss.)

VN-BRK (Behindertenrechtskonvention der Vereinten Nationen): Gesetz zu dem Übereinkommen der Vereinten Nationen vom 13. Dezember 2006 über die Rechte von Menschen mit Behinderungen sowie zu dem Fakultativprotokoll vom 13. Dezember 2006 zum Übereinkommen der Vereinten Nationen über die Rechte von Menschen mit Behinderungen vom 21. Dezember 2008. Im Internet unter: www.un.org/Depts/german/uebe¬reinkommen/ar61106-dbgbl.pdf. Abruf vom 02.01.2013

Voigt, U.: Empirische Untersuchungen zum Rückschulungserfolg von Schülern mit Verhaltensstörungen. Hamburg 1998

Vojta, V.: Die zerebralen Bewegungsstörungen im Säuglingsalter – Frühdiagnostik und Frühtherapie. Stuttgart 1976

Vopel, K.: Interaktionsspiele für Kinder. Hamburg 1978

Vopel, K. W.: Kunsttherapie für Kinder 110 Ideen zum Zeichnen und Malen. Salzhausen [3]2016

Voss, R.: Anpassung auf Rezept. Stuttgart 1987

Voss, R. (Hrsg.): Das Recht des Kindes auf Eigensinn – Die Paradoxien von Störung und Gesundheit. München, Basel 1989

Voss, R. (Hrsg.): Pillen für den Störenfried. Hamm 1983

Voss, R.: Warum Philipp zappelt. In: Psychologie Heute, Jg. 18 (1991), H. 6, 36–42

Votsmeier-Röhr, A./Wulf, R.: Gestalttherapie. München 2017

Wachsmuth, D.: Zur Psychophysiologie ruhevoller Wachheit – Medizinische Dissertation. Frankfurt/M. 1978

Wagner, H.: Rauschgift-Drogen. Berlin, Heidelberg, New York 1969

Wagner, H./Baumgärtel, F.: Hamburger Persönlichkeitsfragebogen für Kinder – HAPEF-K. Göttingen 1978

Wagner, J. W. L./Ingenkamp, K. H. (Hrsg.): Fragebogen zum Selbstkonzept für 4.–6. Klassen – FSK 4–6. Weinheim 1977

Wallace, R. K.: The Physiological Effects of Transcendental Meditation – Dissertation Thesis. Los Angeles 1970

Wallrabenstein, W.: Offene Schule – Offener Unterricht. Reinbek [4]1994

Walter, J.: Ritalin und Schulleistungen bei HKS: Befunde bei Langfrist- und Kombinationsbehandlungen. In: Sonderpädagogik 2001, 31 (4), 191–210

Watson, J. B.: Behaviorismus. Köln, Berlin 1968

Watts, A.: Kreative Meditation. Basel 1982

Watzlawick, P. (Hrsg.): Die erfundene Wirklichkeit. Beiträge zum Konstruktivismus. München, Zürich [10]1998

Watzlawick, P.: Wie wirklich ist die Wirklichkeit – Wahn, Täuschung, Verstehen. München [17]1989

Watzlawick, P./Beavin, J. H./Jackson, D. D.: Menschliche Kommunikation. Bern, Stuttgart 1969

Weber, A.: Kognitive Verhaltensmodifikation. In: Schermer, F. J./Weber, A./Drinkmann, A./ Jungnitsch, G. (Hrsg.): Methoden der Verhaltensänderung: Basisstrategien. Stuttgart 2005, 96–127

Weber, D.: Der frühkindliche Autismus – Unter dem Aspekt der Entwicklung. Bern, Stuttgart, Wien 1985

Weber, D./Remschmidt, H.: Autistische Syndrome. In: Remschmidt, H. (Hrsg.): Kinder- und Jugendpsychiatrie. Stuttgart [3]2000, 168–182

Weber, E.: Erziehungsstile. Donauwörth [6]1984

Weber, M.: Erlebnispädagogik in der Grundschule. 89 Aktionen und Spiele. München 2017

Weber, W.: Wege zum helfenden Gespräch – Gesprächspsychotherapie in der Praxis. München [3]1975

Weber-Kellermann, I.: Die deutsche Familie – Versuch einer Sozialgeschichte. Frankfurt/ M. [6]1981

Weber-Nau, M.: Wenn Kinder zu Tyrannen werden. In: Stern Magazin (1989), 56–62

Wegler, H.: Die Entwicklungstherapie nach Mary Wood – Modell eines integrativen Therapiezentrums mit Spezialunterricht. In: Speck, O. (Hrsg.): Pädagogische Modelle für Kinder mit Verhaltensstörungen. München, Basel 1979, 100–137

Weidlich, S./Derouiche, A./Hartje, W.: DCS-II. Diagnosticum für Cerebralschädigung-II. Ein figuraler visueller Lern- und Gedächtnistest nach F. Hillers. Bern: Huber 2011

Weidlich, S./Lamberti, G.: Diagnosticum für Cerebralschädigung – DCS – Handbuch. Bern, Stuttgart, Wien [2]1980

Weinberger, S.: Klientenzentrierte Gesprächsführung – Eine Lern- und Praxisanleitung für helfende Gespräche. Weinheim, Basel 1988

Weinberger, S./Lindner, H.: Personzentrierte Beratung. Stuttgart 2011

Weinert, F. E.: Schulstress und Schülerängstlichkeit. Tübingen 1982

Weinert, F. E.: Wird man zum Hochbegabten geboren, entwickelt man sich dahin oder wird man dazu gemacht? In: Hany, E. A./Nickel, H. (Hrsg.): Begabung und Hochbegabung. Theoretische Konzepte, empirische Befunde, praktische Konsequenzen. Bern 1992, 197–203

Weingarten, E./Sack, F. (Hrsg.): Ethnomethodologie – Beiträge zu einer Soziologie des Alltagshandelns. Frankfurt/M. 1976

Weis, S./Thaller, R./Villringer, A./Wenger, E.: Das Gehirn des Menschen – Morphologie, Kernspintomografie und 3 D-Computerrekonstruktion. Göttingen, Toronto, Zürich 1992

Weiss, H.: Familie und Frühförderung – Analyse und Perspektiven der Zusammenarbeit mit Eltern entwicklungsgefährdeter Kinder. München 1989

Weiss, R. H.: Grundintelligenztest Skala 2 – Revision – (CFT 20-R) mit Wortschatztest und Zahlenfolgentest – Revision (WS/ZF-R). Göttingen 2008

Weiss, R. H.: Grundintelligenztest Skala 2-Revision (CFT 20-R). Göttingen 2006

Weltgesundheitsorganisation (WHO): Weltbericht Gewalt und Gesundheit. Zusammenfassung. Kopenhagen 2003. Im Internet unter: http://www.who.int/violence_injury_preven¬ tion/violence/world_report/en/summary_ge.pdf, Abruf vom 05.02.2013

Weltgesundheitsorganisation (WHO): Weltbericht Gewalt und Gesundheit. Zusammenfassung. Kopenhagen 2003. Onlinepublikation: http://www.who.int/violence_injury_pre¬ vention/violence/world_report/en/summary_ge.pdf, Abruf vom 05.02.2013

Weltgesundheitsorganisation (WHO)/Dillinger, H./Mombour, W./Schmidt, M. H. (Hrsg.): Internationale Klassifikation psychischer Störungen – ICD-10 Kapitel V (F) – Klinisch-diagnostische Leitlinien. Bern, Göttingen, Toronto 1991

Wender, P.: Aufmerksamkeits- und Aktivitätsstörungen bei Kindern, Jugendlichen und Erwachsenen. Stuttgart 2002

Wender, P. H./Wender, E. H.: Das hyperaktive Kind und das Kind mit Lernstörungen. Ravensburg 1988

Wendlandt, W. (Hrsg.): Rollenspiel in Erziehung und Unterricht. München 1977

Wendt, H./Kummer, R.-M./Tuchscheerer, G.: Spieltherapiekatalog – Hilfsmittel im Umgang mit psychisch fehlentwickelten Kindern. Leipzig 1981

Wendt, W. R.: Diplom-Sozialpädagoge/Diplom-Sozialpädagogin (BA) – Bundesanstalt für Arbeit (Hrsg.) – Blätter zur Berufskunde, Bd. 2 – IV A 31. Bielefeld [1]1987

Wendt, W. R.: Geschichte der sozialen Arbeit. Stuttgart [2]1985

Wenzel, H.: Moderne didaktische Handlungs- und Unterrichtskonzepte. In: Opp, G./Theunissen, G. (Hrsg.): Handbuch schulische Sonderpädagogik. Bad Heilbrunn 2009, 73–85

Werkhoven, W. van: Das Projekt Abstimmung der Lehrerinstruktion auf die Bedürfnisse des Schülers dargestellt am Beispiel des Schriftspracherwerbs. Utrecht o. J.

Werkhoven, W. van: The Attunement Strategy Abroad – A brief report on work undertaken in Berkshire and in Berlin. Utrecht o. J.

Werner, P.: Die Einweisung in polizeiliche Jugendschutzlager. In: Reichsminister der Justiz und der Reichsjugendführer der NSDAP und Jugendführer des Deutschen Reiches (Hrsg.): Deutsches Jugendrecht, H. 4 – Zum neuen Jugendstrafrecht. Berlin 1944, 95–106

Werning, R.: Das sozial auffällige Kind – Lebensweltprobleme von Kindern und Jugendlichen als interdisziplinäre Herausforderung. Münster, New York 1989

Westmeyer, H.: Logik der Diagnostik – Grundlagen einer normativen Diagnostik. Stuttgart 1972

Wettstein, A.: BASYS. Beobachtungssystem zur Analyse aggressiven Verhaltens in schulischen Settings. Bern: Huber 2008

Wevelsiep, C.: Pädagogik bei emotionalen und sozialen Entwicklungsstörungen. Stuttgart 2015

Wichern, J. H.: Ausgewählte Schriften, Bd. 1 u. Bd. 2 – Herausgegeben von K. Janssen. Gütersloh 1956 und 1958

Wienhus, J.: Die Schule für Kranke. Rheinstetten 1979

Wiesenhütter, E.: Erscheinungswesen und Ursachen der Verhaltensstörungen. In: Lückert, H.-R. (Hrsg.): Handbuch der Erziehungsberatung, Bd. 1. München 1964, 138–169

Wiesner, R., (Hrsg.): SGB VIII, Kinder- und Jugendhilfe Kommentar. München [3]2006

Willmann, M.: De-Psychologisierung und Professionalisierung der Sonderpädagogik. Kritik und Perspektiven einer Pädagogik für »schwierige« Kinder. München 2012

Willmann, M.: Die Schule für Erziehungshilfe/Schule mit dem Förderschwerpunkt Emotionale und Soziale Entwicklung: Organisationsformen, Prinzipien, Konzeptionen. In: Reiser, H./Willmann, M./Urban, M.: Sonderpädagogische Unterstützungssysteme bei Verhaltensproblemen in der Schule. Bad Heilbrunn 2007a, 13–69

Willmann, M.: Grenzen der schulischen Integration von Schülern mit Gefühls- und Verhaltensstörungen in den USA. In: Zeitschrift für Heilpädagogik, 59 (2008a) 162–173

Willmann, M.: Schule für Erziehungshilfe, Förderschule im Bereich Emotionale und soziale Entwicklung. In: Gasteiger Klicpera, B./Julius, H./Klicpera, C. (Hrsg.): Sonderpädagogik der sozialen und emotionalen Entwicklung. Göttingen 2008c, 686–700

Willmann, M.: Schulische Erziehungshilfe. In: Ahrbeck, B./Willmann, M. (Hrsg.): Pädagogik bei Verhaltensstörungen. Ein Handbuch. Stuttgart 2010, 67–75

Willmann, M.: Sonderpädagogische Beratung und Kooperation als Konsultation. Hamburg 2008b

Willmann, M.: Steigerung der erzieherischen Kompetenzen von Lehrern durch sonderpädagogische Konsultation. In: Zeitschrift für Heilpädagogik 58 (2007b) 214–222

Willmann, M./Reiser, H./Urban, M.: Kooperation und Beratung zwischen Lehrkräften an Regelschulen zu Fragen der schulischen Erziehungshilfe. In: Gasteiger Klicpera, B./Julius,

H./Klicpera, C. (Hrsg.): Sonderpädagogik der sozialen und emotionalen Entwicklung. Göttingen 2008, 950–970

Willms, H.: Musiktherapie bei psychotischen Erkrankungen. Stuttgart 1975

Winkel, R.: Pädagogische Psychiatrie für Eltern, Lehrer und Erzieher – Einführung in neurotische und psychotische Schul- und Erziehungswirklichkeiten. München 1977

Winkel, R.: Pädagogische Psychiatrie für Eltern, Lehrer und Erzieher – Neuausabe der Einführung in neurotische und psychotische Schul- und Erziehungswirklichkeiten. Frankfurt/M. 1991

Winkel, R.: (Hrsg.): Schwierige Kinder – Problematische Schüler. Baltmannsweiler 1996

Winkeler, C.: Aspekte schulischer Berufsvorbereitung. In: Stein, R./Orthmann Bless, D. (Hrsg.): Integration in Arbeit und Beruf bei Behinderungen und Benachteiligungen. Baltmannsweiler 2009, 109–144

Winkeler, U.: Entspannungssequenzen im Unterricht. Bad Heilbrunn 1998

Winterhoff, M.: Warum unsere Kinder Tyrannen werden. München [9]2010

Wittrock, M.: Kollegiale Praxisberatung. In: Sonderpädagogik, Jg. 21 (1991), H. 2, 94–98

Wittrock, M.: Verhaltensstörungen als Herausforderung: Pädagogisch-therapeutische Erklärungs- und Handlungsansätze. Oldenburg 1998

Wittrock, M./Lütgenau, B. (Hrsg.): Wege zur Partizipation – Förderung an der Schnittstelle von Lernen und Verhalten. Oldenburg 2004

Wocken, H: Erfahrungen mit integrativen und präventiven Maßnahmen. In: Behörde für Schule, Jugend und Berufsbildung (Hrsg.): Die Integration behinderter Kinder in der Grundschule (Referentenentwurf). Hamburg 1989, 4–13

Woerner, W./Becker, A./Friedrich, C./Klasen, H./Goodman, R./Rothenberger, A.: Normierung und Evaluation der deutschen Elternversion des Strengths and Difficulties Questionnaire (SDQ): Ergebnisse einer repräsentativen Felderhebung. Zeitschrift für Kinder- und Jugendpsychiatrie und Psychotherapie, Jg. 30 (2002), 105–112

Wöhler, K.: Sonderpädagogische Förderung: Ökologische Perspektive. In: Zeitschrift für Heilpädagogik, 8 (1986) 521–534

Wolff, R.: Kindesmisshandlung. In: Speck, O./Martin, K. R. (Hrsg.): Sonderpädagogik und Sozialarbeit, Bd. 10 – Handbuch der Sonderpädagogik. Berlin 1990, 589–596

Wolffersdorff, Ch. von/Sprau-Kuhlen, V./Kersten, J.: Geschlossene Unterbringung in Heimen – Zusammenfassende Darstellung von Projektergebnissen. München 1987

Wolpe, J.: Experimental Neurosis as a Learnt Behavior. In: British Journal of Psychology, Jg. 43 (1952), 243–268/613–616

Wood, M. M.: Developmental Therapy – A Textbook for Teachers or Therapists for Emotionally Disturbed Children. Baltimore 1975

Wundt, M.: Goethes Wilhelm Meister und die Entwicklung des modernen Lebensideals. Berlin, Leipzig 1932

Wünschmann, B.: Alkohol. In: Deutsche Hauptstelle gegen Suchtgefahren (Hrsg.): Jahrbuch Sucht 1992. Geesthacht 1991, 5–18

Wurst, F.: Varianten des Spielverhaltens aus klinischer Sicht. In: Kreuzer, K. J. (Hrsg.): Handbuch der Spielpädagogik: Spiel im therapeutischen und sonderpädagogischen Bereich, Bd. 4. Düsseldorf 1984, 225–238

Wustmann, C.: Resilienz: – Widerstandsfähigkeit von Kindern in Kindertageseinrichtungen fördern. Weinheim 2004

Yell, M. L./Meadows, N. B./Dragsgow, E.: Evidence-based practices for educating students with emotional and behavioral disorders. Upper Saddle River, NJ : Prentice Hall 2008

Zentall, S. S.: Environmental Stimulation Model. In: Exceptional children, Jg. 43 (1977), 502–510

Zentralstelle für psychologische Information und Dokumentation an der Universität (Hrsg.): Drogenabhängigkeit – Drogensucht – 1. Entstehung, Prävention, Drogenpolitik 2. Intervention, Therapie, Rehabilitation. Trier 1987

Ziehen, Th.: Die Geisteskrankheiten einschließlich des Schwachsinns und der psychopathischen Konstitutionen im Kindesalter. Berlin Bd. I 1915, Bd. II 1917, [2]1926

Ziler, H.: Der Mann-Zeichen-Test. Münster [6]1977, [10]1997

Zimmermann, D./Meyer, M./Hoyer; J. (Hrsg.): Ausgrenzung und Teilhabe. Perspektiven einer kritischen Sonderpädagogik auf emotionale und soziale Entwicklung. Bad Heilbrunn 2016

Zimmermann, V.: Den neuen Menschen schaffen. Die Umerziehung von schwererziehbaren und straffälligen Jugendlichen in der DDR (1945–1990). Köln 2004

Zulliger, H.: Die Angst unserer Kinder – 10 Kapitel über Angstformen, Auswirkungen, Vermeidung und Bekämpfung der kindlichen Ängste. Stuttgart 1966

Zulliger, H.: Heilende Kräfte im kindlichen Spiel. Stuttgart ^{5}1967

Zulliger, H.: Schwierige Kinder. Bern, Stuttgart, Wien ^{6}1970

Zumkley-Münkel, C.: Freiheit und Zwang in Erziehung und Unterricht. Göttingen 1984

Zygowsky, H.: Psychotherapie. In: Hörmann, G./Nestmann, F. (Hrsg.): Handbuch der psychosozialen Intervention. Opladen 1988, 128–139

Zypries, B.: Zum Geleit. In: Bundesministerium der Justiz (Hrsg.): Täter-Opfer-Ausgleich in der Entwicklung. Berlin 2005, 1